dtv

Es gibt keinen deutschen Kanzler, dessen Regierungszeit so voller dramatischer Wendungen war – vom gescheiterten Mißtrauensvotum gegen ihn über den folgenden größten Wahlerfolg der SPD, die umkämpfte Ostpolitik, den Friedensnobelpreis bis zur Spionageaffäre, die ihn zum Rücktritt veranlaßte. Er war ein charismatischer Visionär und ein pragmatischer Realist, ein Mensch mit Schwächen und einer der wenigen, die in der Politik moralische Maßstäbe gesetzt haben. Peter Merseburger hat für seine Biographie alle zugänglichen Quellen ausgewertet und mit vielen Zeitgenossen gesprochen. Einfühlsam, detailliert und mit kritischer Symphatie zeichnet er den bewegten Lebenslauf Willy Brandts nach.
»Der Autor hat den gewaltigen Stoff mit souveräner Übersicht geordnet. Es ist die Biographie, die des Mannes würdig ist – die erste.« *Klaus Harpprecht in ›Die neue Gesellschaft. Frankfurter Hefte‹*

Peter Merseburger, geboren 1928 in Zeitz, war Redakteur beim ›Spiegel‹, Moderator des Fernsehmagazins ›Panorama‹, ARD-Korrespondent und Studioleiter in Washington, Ostberlin und London. Er lebt als freier Publizist in Berlin und Südfrankreich. Veröffentlichungen u. a.: ›Der schwierige Deutsche: Kurt Schumacher‹; ›Mythos Weimar. Zwischen Geist und Macht‹ (dtv 30787).

Peter Merseburger

Willy Brandt

1913–1992

Visionär und Realist

Deutscher Taschenbuch Verlag

Von Peter Merseburger ist im
Deutschen Taschenbuch Verlag erschienen:
Mythos Weimar (dtv 30787)

Ungekürzte Ausgabe
Juni 2004
Deutscher Taschenbuch Verlag GmbH & Co. KG,
München
www.dtv.de

Umschlagkonzept: Balk & Brumshagen
Umschlagfoto: © Agentur Focus/Konrad R. Müller
Satz: Druckerei C. H. Beck, Nördlingen
(nach einer Vorlage von Brigitte Müller, Stuttgart)
Druck und Bindung: Druckerei C. H. Beck, Nördlingen
Gedruckt auf säurefreiem, chlorfrei gebleichtem Papier
Printed in Germany · ISBN 3-423-34097-5

Inhalt

Vorwort

Gegen Ende seines Lebens stand seine persönliche und politische Autorität beinahe über den Parteien, auch die einstigen Gegner zollten seiner politischen Leistung Bewunderung und Respekt. Die Nation ehrte den großen Verstorbenen mit einem Staatsakt, wie es ihn im Reichstag zu Berlin zuvor nur für Walter Rathenau und Gustav Stresemann gegeben hatte. Und doch sollte kein noch so großer Abschied mit Trommelwirbel und militärischem Zeremoniell vergessen machen, wie sehr dieser Willy Brandt als deutscher Kanzler und Parteiführer umstritten war. Adenauer haben die Deutschen respektiert, Willy Brandt aber polarisierte wie kein anderer Politiker, ausgenommen vielleicht Franz Josef Strauß. Er wurde gehaßt, aber auch geliebt – schon um seiner Schwächen willen, die ihn den Menschen näherrückten.

Mit keinem Namen der Nachkriegszeit ist soviel Hoffnung auf moralische Erneuerung der Politik, auf mehr Demokratie und soziale Gerechtigkeit verbunden wie mit dem Willy Brandts. Er war Idol und Hoffnungsträger der deutschen Linken bis tief in das aufgeklärte Bürgertum hinein, und er hat die Generation der Achtundsechziger mit ihrem Land versöhnt. Doch wie kein anderer wurde er von der deutschen Rechten gnadenlos gejagt und verleumdet – als Linkssozialist, der sich für die Sache der spanischen Republik engagierte, als Emigrant und »Vaterlandsverräter«, der norwegische Uniform getragen hat, als Verfasser zahlreicher Bücher, die sich kritisch mit dem nationalsozialistischen Deutschland auseinandersetzten. Doch die Ironie der Geschichte wollte es, daß Willy Brandt gerade wegen der Anfeindungen gegen seine frühe Biographie, einem dialektischen Prozeß ähnlich, an Bedeutung gewann: Je heftiger und verbissener die deutsche Rechte das unehelich geborene Proletarierkind Herbert Frahm als ehemals linken Revolutionär anfeindete, desto klarer wurden seine politischen Konturen, desto deutlicher wuchs er zur politischen Gegenfigur der Adenauerschen Obrigkeitsdemokratie heran.

Seine historische Leistung für die Deutschen ist unbestritten und nur derjenigen Konrad Adenauers vor ihm und der Helmut Kohls nach ihm vergleichbar: Versöhnte Adenauer den freien Teil Deutschlands mit dem Westen, schlug Brandt Brücken nach Osten. Verankerte der eine die Bundesrepublik fest im Europa der Integration und der Atlantischen Allianz, streckte der andere die Hand zur Versöhnung nach Osten aus. Erst Brandts Vertragspolitik gegenüber Polen und der Sowjetunion machte die Bundesrepublik zum Partner, der nach allen Seiten voll handlungsfähig war, erst mit seinem Eintritt in die Vereinten Nationen spielte Bonn in der internationalen Liga mit und gewann an Gewicht.

Der politische Realist Brandt anerkannte die Lage, wie sie ist, um politischen Spielraum und Freiheit des Manövrierens zu gewinnen. Seine Politik der Entspannung baute Feindbilder ab und trug dazu bei, den Prozeß der deutschen Einigung zu ermöglichen, den Helmut Kohl dann zusammen mit Hans-Dietrich Genscher steuerte. All das sichert Willy Brandt einen Platz in den Büchern der deutschen Nachkriegsgeschichte. Doch mit seinem Namen verbindet sich mehr: Er brauchte Macht wie jeder Politiker, der gestalten will, aber Macht war ihm nicht alles, er klammerte sich nicht an sie und setzte, wie sein Rücktritt zeigt, mit dieser Haltung moralische Maßstäbe. Es gelang ihm, die Kluft zwischen Geist und Macht zu verringern, indem er Intellektuelle, Dichter und Künstler an sich band. Er hatte, wie Günter Grass einmal treffend bemerkt, die seltene Gabe, Zukunft näher heranzurücken, schemenhafte Hoffnungen und Gefährdungen zu konturieren. Das machte den Realisten zum Visionär, der den tristen Alltag mit klaren Zielsetzungen aufhellen konnte. Damit kam er, der soviel Distanz hielt zu den Einzelnen, den Vielen nahe – was einen großen Teil der Massenwirksamkeit des Ausnahmepolitikers Willy Brandt erklären mag. Doch lauerten darin auch Gefahren: Indem er die Sehnsüchte und Wünsche der Vielen auf sich vereinen konnte, schuf er einen Erwartungshorizont, dem seine eigene Regierung schließlich nicht gerecht wurde.

Sein Aufstieg verlief nicht gerade, sondern in Kurven und Kehren, sein Weg nach oben war voller Kämpfe, in denen ihm Wunden geschlagen wurden, die nur schwer vernarbten. Seine politische Biographie ist voller Dramen – man denke nur an den gescheiterten Kanzlersturz durch das Mißtrauensvotum und die Spionageaffäre Guillaume. Oberflächlich betrachtet, mögen die politischen Positionen, die er im Laufe seines Lebens bezog, widersprüchlich erscheinen: linksrevolutionär in der Jugend, langsame Wandlung zum demokratischen Sozialisten in der skandinavischen Emigration, Kalter Krieger in Berlin, Kanzler der Versöhnung mit dem Osten in Bonn und Friedensnobelpreisträger, Begründer der deutschen Zweistaatlichkeit und, am Ende seines politischen Lebens, dann wieder energischer Fürsprecher einer schnellen deutschen Vereinigung.

Bedenkt man freilich, daß der überzeugte Gegner des Nationalsozialismus bereits als 19jähriger das Land verließ, erklärt sich manche dieser Wendungen als Lernprozeß, und spätestens seit der Berliner Zeit folgen die Positionswechsel einer inneren Logik, auch wenn die Spätphase nicht frei von Irrtümern bleibt. Er war ein Mann der vielen Abschiede und Anfänge, ein Politiker mit hochentwickeltem Gespür für den Zeitgeist, und er scheute den Positionswechsel nicht, wenn Einsicht in die veränderte Lage dies gebot. Viel zu intelligent, eine Sache nicht von allen Seiten zu betrachten, empfand er es nicht als Schwäche, sondern als Stärke, einen als falsch erkannten Kurs rechtzeitig zu korrigieren.

Brandt verkörperte – rar in deutschen Landen – ein Stück ungebrochener Freiheitstradition, die vom Lübeck der frühen dreißiger Jahre über den Kampf gegen die Nationalsozialisten und die Emigration bis hin zur Verteidigung West-Berlins gegen Stalinisten und Realsozialisten reicht. Unvergessen bleibt, wie kraftvoll, aber geschickt der Regierende Bürgermeister von Berlin im Kalten Krieg die Interessen dieser umzingelten, belagerten, von Chruschtschow ultimativ bedrohten Stadt auf der internationalen Bühne vertrat; unvergessen auch das Charisma, das er hier erstmals entwickelte, als es galt, die Bürger vom Sturm auf das Brandenburger Tor abzuhalten oder den zweieinhalb Millionen Berlinern nach dem Bau der Mauer den Mut zum Ausharren zu vermitteln.

Das Jahrzehnt der großen Berlin-Krise war seine Bewährungsprobe, in dieser Zeit gewann er nicht nur nationale, sondern auch internationale Statur und wuchs zu einer Art natürlichem Gegenaußenminister, wenn nicht Gegenkanzler der Bundesrepublik heran.

Die Berliner Erfahrung, das Scheitern der bisherigen Deutschlandpolitik, demonstriert durch den Mauerbau, wurde prägend für Willy Brandt: Seither kämpfte er gegen die große Doppelillusion der deutschen Nachkriegsgeschichte an – die von der kurzen Dauer der Teilung, aber auch gegen die Illusion vom Provisorium, vom Übergangscharakter der Bundesrepublik. Bewußt forderte er, praktisch als Gegenstück zu seiner Politik eines *modus vivendi*, der Anerkennung eines zweiten deutschen Staates, die Selbstanerkennung der Bundesrepublik durch ihre Bürger. Damit griff er eine Forderung des Historikers Waldemar Besson auf, nach dem das international vielfach verflochtene Gemeinwesen namens Bundesrepublik die Identität von Staat und Staatsvolk brauchte, wenn es eine Chance des Bestehens haben sollte.

Als die freie Selbstbestimmung der Deutschen in weiten Fernen zu liegen schien, in einer Zeit, als auch die Regierung Helmut Kohl sich in den von Brandt verlegten Gleisen seiner Ostpolitik bewegte und Erich Honecker in Bonn empfing, nannte er die Wiedervereinigung einmal die »Lebenslüge« der zweiten Republik. Mit ihren Sonntagsreden über die deutsche Einheit wolle die offizielle Bonner Politik nur verschleiern, daß die von ihr betriebene, immer festere Verflechtung mit dem Westen ebendiese Vereinigung immer unerreichbarer mache. Aber den Begriff der Nation wie den der Selbstbestimmung schrieb Willy Brandt damit nicht ab, im Gegenteil: Seine »kleinen Schritte« in Berlin, wie später die Ostpolitik, zielten darauf, die Spaltung, wenn sie sich schon nicht beseitigen ließ, doch wenigstens erträglich zu machen. Er wollte, daß die Deutschen wieder zueinanderkommen könnten, in der Hoffnung, daß so das Bewußtsein der einen Nation lebendig bliebe – bis hin zu dem Tag, an dem sich die Einheit wiedergewinnen ließe. Als dieser Tag durch Gorbatschows Neues Denken und die friedliche Revolution im Osten dann plötzlich greifbar nahe schien, war er einer der ersten, der darauf drang, die historische Chance zu nutzen – im Gegensatz zur Generation seiner »Enkel« in der eigenen Partei, mit der er sich in dieser Frage überwarf.

Eine »sozialdemokratische Jahrhundertgestalt« nannte ihn Hans-Peter Schwarz, weil er alle Epochen des zwanzigsten Jahrhunderts durchlebte – die Weimarer Republik, die Zeit des Nationalsozialismus, die deutsche Spaltung und schließlich den Prozeß der deutschen Einigung. Selbst die Epoche August Bebels und der kaiserlichen Sozialdemokratie war in Brandt noch präsent, weil der Großvater seinem Enkel von den Bebelschen Entwürfen einer utopischen Welt gesprochen und die naiven frühsozialistischen Bilder einer besseren Gesellschaft im Bewußtsein des Heranwachsenden ihren festen Platz gefunden hatten. Dem Vaterlosen, der ohne normales Familienleben aufwuchs, war die Partei stets ein wichtiges Stück Heimat.

Willy Brandt stand mit seiner Person gegen die beiden Totalitarismen, die Verantwortung für die großen Tragödien und Massenmorde des letzten Jahrhunderts tragen. In eine Gesellschaft, die keine existentiellen Herausforderungen durch Diktaturen kennt, in der Anpasser und blasse Manager im grauen Flanell das Sagen haben, die Politik der Parteien sich nur zu oft nach den letzten Umfrageergebnissen definiert, ragte der späte Willy Brandt zuletzt hinein wie politisches Urgestein.

Mutterstadt Lübeck

Proletarische Prägungen

Es gibt schwierige Vaterländer, aber auch schwierige Vaterstädte. Genau besehen, war Lübeck, wo Willy Brandt aufwuchs, nicht seine Vater-, sondern seine Mutterstadt. Mit dem Lübeck der Senatorensöhne Mann hatte die Stadt an der Trave wenig gemein. Als er in den engen Gassen mit dem Kopfsteinpflaster herumtollte, hieß er Herbert Karl Frahm, und einen Heiligabend wie im Hause Buddenbrook, ein Fest mit A-cappella-Gesang, Lesung aus der Weihnachtsgeschichte des Lukas, mit duftendem, lamettabehangenem Tannenbaum und holzgeschnitzten Figuren in der Krippe, ein derart stimmungsvolles Familientreffen, zu dem Kaviar und Champagner, Gänseleber und Rehrücken gereicht wurden, hat der später einmal Regierende Bürgermeister von Berlin und deutsche Bundeskanzler in seiner Jugend nie kennengelernt.

Für Thomas Mann, dieses »Urenkelkind deutsch-bürgerlicher Kultur«, war Lübeck hanseatisch und patrizisch geprägt, von Kaufleuten des Heiligen Römischen Reichs, die weltoffen und seefahrend Handel trieben weit über die Ostsee hinaus.[1] Dagegen war die Lübecker Prägung, die Willy Brandt erhielt, jene der sozialdemokratischen Subkultur, die sich überall im Reich abseits der bürgerlichen entfaltete – als Alternative und Vorbereitung auf eine Zukunft ohne Stände, ohne Klassen und ohne die überkommene Staatsorganisation, als Hoffnung auf eine neue Ordnung, deren Umrisse freilich vage waren.

Vermögende Patrizier wie die Manns und ihre Vorrechte würde es in dieser künftigen Welt nicht mehr geben. Gerechtigkeit würde herrschen, Geld überflüssig werden, der Mensch dem Menschen nicht länger Wolf sein, soviel war gewiß. Man lebte in der Erwartung des großen Kladderadatschs, des Zusammenbruchs des kapitalistischen Systems, den der Arbeiterkaiser August Bebel unermüdlich prophezeit hatte. Daß es dieser Vision für die Zukunft an Konkretheit mangelte, verlieh ihr den Charakter der Verheißung und stärkte eher die Glaubenskraft derer, die sich von dieser neuen Welt Trost und Aufbruch zu neuen Ufern erwarteten. Für seinen Großvater, meint Willy Brandt einmal, sei der Sozialismus eine Art Religion gewesen.[2] Auch seine Mutter gehörte zur Millionenschar der Hoffenden.

August Bebel, die große Gegenfigur zu Bismarck und später zum Kaiser, der unbestrittene Vorkriegsführer der deutschen Sozialdemokratie, dessen Bild in jeder sozialdemokratischen Wohnstube hing, verehrt als Idol »mit dem guten Blick und dem väterlichen weißen Bart«[3], starb im selben Jahr 1913, in dem Willy Brandt geboren wurde. Anders als viele sozialdemokratische Führer, die aus dem Bürgertum zur Arbeiterbewegung stießen – Wilhelm Liebknecht etwa oder Ferdinand Lassalle, Ernst Reuter oder Kurt Schumacher –, ist Willy Brandt eindeutig proletarischer Herkunft. Weil der Großvater Ludwig Frahm und die Mutter Martha Frahm mehr waren als nominelle Mitglieder der Partei Bebels, wird er in den Sozialismus buchstäblich hineingeboren und mit der Milch sozialdemokratischer Denkweise großgezogen.

Als uneheliches Kind einer proletarischen Mutter auf die Welt gekommen, ist er gleich doppelt unterprivilegiert. Heute, da viele Mütter ihre Kinder allein erziehen und uneheliche Geburt kein Makel ist, muß nachgerade unverständlich erscheinen, daß Christdemokraten, auch ihr Kanzler Konrad Adenauer, in Wahlkämpfen den Gegner Brandt bei den Wahlbürgern als einen unehelich Geborenen zu diffamieren suchten. Noch 1972 sah sich Heinrich Böll veranlaßt, den um die Wiederwahl kämpfenden ersten sozialdemokratischen Kanzler der Bundesrepublik gegen den »Urmakel« der unehelichen Geburt, jene »idiotische Urerbsünde der bürgerlichen Welt«, bei bürgerlich-katholischen Wählern zu verteidigen. Böll sprach in diesem Zusammenhang von geradezu »wütender, haßgetränkter Abneigung«, die Brandt entgegenschlage.[4] Als der Dichter dies schrieb, war aus Herbert Frahm längst der Mann mit dem Kampfnamen Willy Brandt geworden, und dieser hatte einen weiten Weg zurückgelegt – heraus aus den schmalen Gassen Lübecks, die Eierschalen eines engstirnigen, linken Sektierertums abstreifend, sich langsam, aber beharrlich zur Welt öffnend und ihren widrigen Realitäten stellend, die so gar nicht den alten Dogmen entsprechen wollten.

Diesem Willy Brandt wird wahrlich nichts geschenkt. Als junger Emigrant muß er sich in der norwegischen Fremde durchsetzen; als Illegaler geht er für ein halbes Jahr nach Berlin, um eine Widerstandsgruppe zu reorganisieren – beides wird ihn in einer Bundesrepublik, in der in den Reihen der Rechten bis tief in die siebziger Jahre noch deutschnationaler Geist wabert, üblen Verdächtigungen und Verleumdungen aussetzen. Seine Karriere in der nach dem Krieg zunächst ganz von Kurt Schumacher geprägten Sozialdemokratie ist beschwerlich und folgt nicht immer einer geraden Linie. Brandts Aufstieg ist der eines aus Fehlern Lernenden, er steckt voller Rückschläge und Niederlagen, aber vollzieht sich beharrlich – wenn auch im »Kriechgang einer Schnecke«, wie Günter Grass im Jahr des großen Triumphs von Willy Brandt 1972 einmal anmerken wird.[5]

Über den frühen Jahren hänge ein undurchsichtiger Schleier, grau wie der Nebel über dem Lübecker Hafen; schattenhaft die Gestalten und Gesichter, die auftauchten, um gleich wieder zu verschwinden – »wie Strandgut auf den Wellen der nordischen See«. Einem Gebrauchslyriker gleich notierte Leo Lania im Jahre 1960 die Jugendeindrücke Willy Brandts für die erste Biographie, die rechtzeitig zu dessen erstem Bundestagswahlkampf erscheint: »Es ist«, läßt er den Kanzler-Kandidaten sagen, »schwer für mich zu glauben, daß der Knabe Herbert Frahm ich selber war.«[6] Mit dem politischen Erfolg treten die frühen Konturen dann deutlicher hervor. Zeitzeugen berichten, Rechercheure, freundlich gesonnene wie feindliche, sichten Archive in Lübeck und Oslo, Stockholm und Washington, der ehemalige Kanzler selbst beschreibt seinen Werdegang und meldet sich mit Erinnerungen zu Wort.

Das Lübeck, in dem der Knabe Herbert Ernst Karl Frahm am 18. Dezember 1913 um 11 Uhr 45 in der Arbeitervorstadt St. Lorenz das Licht der Welt erblickt, hat 114 000 Einwohner, ist mit einigen Dörfern der Umgebung und dem Vorort Travemünde der kleinste Bundesstaat des Deutschen Reiches und wird bürgerlich-patrizisch regiert. Ein undemokratisches Zensuswahlrecht, das Begüterten das Mehrfache an Stimmen einräumt, kombiniert mit einem restriktiv gehandhabten Bürgerrecht, kann die Sozialdemokraten vor dem

Ersten Weltkrieg von der Macht fernhalten. Die Verfassung des Stadtstaates, der überwiegend vom Großhandel lebt, entspricht ganz der Tradition der alten Hansestadt. Kaufleute und Akademiker, fast sämtlich Juristen, bilden den Senat und gehören ihm, einmal gewählt, auf Lebenszeit an. Als seien sie Gemälden Rembrandts entstiegen, tragen die Senatoren weiße Halskrause, schwarzen Umhang und Schnallenschuhe; erst kurz vor dem Ersten Weltkrieg wird die altertümliche Tracht durch die zeitgemäße bürgerliche Festtagskleidung, Frack und Zylinder, ersetzt.

Längs der Trave, die Lübeck mit der Ostsee verbindet, haben sich seit der Jahrhundertwende Industrien angesiedelt, die sich auf die Veredelung von Importen, vor allem auf die Eisen- und Holzverarbeitung, spezialisieren; Hochöfen und Werften sind entstanden, die rasche, vor dem Ersten Weltkrieg geradezu rasante Industrialisierung hat Arbeitskräfte aus dem Umland, vor allem aus dem Mecklenburgischen, angelockt. Auf sie gestützt, gewann der Sozialdemokrat Theodor Schwartz mit 55 Prozent der Wählerstimmen die Reichstagswahlen von 1903, bei denen, anders als im Stadtstaat Lübeck, das allgemeine und gleiche Wahlrecht galt. Schwartz konnte seinen Wahlkreis selbst bei den sogenannten Hottentottenwahlen von 1907 (der Name rührt von den parlamentarischen Auseinandersetzungen über die Kriegsführung in Deutsch-Südwestafrika her) verteidigen, die im ganzen Reich einen Rechtsruck brachten – wenn auch mit der knappen Mehrheit von ein paar hundert Stimmen gegen den Oberpostassistenten Julius Klein, den Kandidaten für die vereinigten bürgerlichen Parteien.

Zu seinen Wählern zählte zweifellos auch Ludwig Frahm, Willy Brandts Großvater, der Anfang des Jahrhunderts nach Lübeck zog und Anstellung als Lastkraftwagenfahrer in den Drägerwerken fand, einer Apparatefabrik, die Biersiphons, medizinisches Gerät, aber auch Instrumente für die U-Boote der schimmernden Wehr des Kaisers herstellte. Wilhelm II. hatte Lübeck im August 1913, im letzten Friedensjahr, von einer seiner Nordlandfahrten kommend, einen Besuch abgestattet – in der Uniform eines Admirals, »des Führers auf den blauen Meeresfluten«, wie ein offenbar vom majestätischen Glanz geblendeter Berichterstatter in vaterländischem Überschwang vermerkt. »Ich schütze den Kaufmann, sein Feind ist mein Feind«, versicherte der Kaiser den Stadtvätern bei der abendlichen Audienz und stiftete ein Fenster für die gotische Ratskirche St. Marien. Die kaiserliche Gabe erhielt einen Platz oberhalb der Totentanzkapelle. In einer Bombennacht des Zweiten Weltkriegs versank sie mitsamt der mittelalterlichen Pracht des stolzen Gotteshauses in Schutt und Asche.

Ein Foto zeigt Großvater Ludwig Heinrich Carl Frahm mit Nickelbrille, kurzgeschnittenem Schnauzbart und kahlgeschorenem Schädel, der, so Willy Brandt, auch in eine östlichere Umgebung gepaßt hätte.[7] Ursprünglich Landarbeiter in Mecklenburg, hatte er sich den halbfeudalen Zuständen auf Gut Klütz durch Abwanderung nach Lübeck entzogen, wo er vor seiner Anstellung als Kraftfahrer zunächst als angelernter Arbeiter seinen Lebensunterhalt verdiente. Er trat der SPD bei und wurde deren gewählter Vertrauensmann im Stadtteil Holstentor-Süd; einmal kandidierte er auch auf aussichtslosem Platz auf der Liste der SPD für die Wahlen zur Bürgerschaft. Von Gestalt eher untersetzt, hat er den schweren Gang eines Bauern und spricht fast ausschließlich Platt, eine Tatsache, die dem Enkel in der Osloer Emigration das Erlernen des Norwegischen sehr erleichtern wird.

Schon auf Gut Klütz galt Ludwig Frahm als Roter, weil er einen Versuch des Gutsverwalters verhinderte, die in der Verfassung garantierte allgemeine, direkte und geheime Wahl zum Reichstag durch Überwachung der Stimmabgabe seiner Landarbeiter zu kontrollieren. Leo Lania schildert die Szene: Erst traktierte der Verwalter seine Arbeiter mit Schnaps; als es zur Abstimmung kam, mußten diese, einer hinter dem anderen, ins Haus der Gutsverwaltung treten und ihre Wahlzettel in eine große Suppenterrine legen, fein säuberlich einen Zettel auf den anderen. Der Verwalter saß daneben und notierte die Namen, damit er später feststellen könnte, wo jeder sein Kreuz gemacht hatte. »Als der Großvater an die Reihe kam, stieß er wie zufällig die Terrine um, alle Wahlzettel wurden durcheinandergeworfen: der Verwalter tobte, aber da war nichts mehr zu machen, er konnte nicht mehr herausfinden, welcher Zettel von welchem Arbeiter abgegeben worden war.«[8]

Brandt nennt den Großvater einmal eine »treue und genügsame Seele der Mehrheitssozialdemokratie«, der Revolution gesagt und den Übergang von der Monarchie zur Demokratie gemeint habe, aber auch den Achtstundentag und seine Rechte als Staatsbürger.[9]

»Einfach im Denken und stark im Glauben«[10], habe er die demokratische Republik, von der Brandt schon als Fünfzehnjähriger meinte, es gebe nicht viel an ihr zu verteidigen, stets als großen Fortschritt betrachtet. Der Enkel wird nie die Lektion in Arbeiterstolz vergessen, die ihm der Großvater erteilte; sie zählt zu den wichtigsten Kindheitserlebnissen, wie er später schreibt[11], denn sie hat mit dem täglichen Brot zu tun, das für ihn in seiner Jugend nie selbstverständlich gewesen ist. Herbert Frahm zählt etwa acht Jahre, als die Belegschaft der Apparate-Fabrik, für die der Großvater arbeitet, wegen eines Streiks ausgesperrt wird. Ein Direktor des Werks trifft den Jungen auf der Straße und fragt ihn, ob er zu Hause genug zu essen habe. Als dieser mit der Antwort offenbar zögert, nimmt ihn der Direktor an der Hand, führt ihn zum nächsten Bäckerladen an der Ecke und schenkt ihm zwei große, frischgebackene Laibe Brot. Strahlend läuft er nach Hause. Doch der Großvater, streng wie sonst nie, befiehlt ihm, die Brote umgehend zurückzubringen, denn ein streikender Arbeiter nehme kein Geschenk vom Arbeitgeber an. »Wir lassen uns nicht vom Feind bestechen. Wir sind keine Bettler, die man mit Almosen abspeist. Wir wollen unser Recht, keine Geschenke.«

Mutter Martha Frahm, dunkelblond, von lebhaftem Naturell und ein wenig zu Korpulenz neigend, vererbt ihrem Sohn die hohen, slawischen Backenknochen und die Lust am Lachen. Anders als der Großvater zieht sie, Verkäuferin in einem Laden des Konsumvereins, Hochdeutsch dem Platt vor und spricht es fehlerfrei, was nach dem Urteil Brandts damals in Lübecker Arbeiterkreisen keineswegs selbstverständlich war. Martha zeigt kulturelles Interesse, entleiht regelmäßig Bücher, besitzt ein Abonnement an der Volksbühne, engagiert sich bei den Naturfreunden und bei der Freien Jugend, einem Teil der Arbeiterjugend, halb Wandervogel, halb Klassenorganisation.[12]

Sie arbeitet am Proletarischen Sprechchor mit, der Chorstücke von Toller und Schönlank, aber auch Gedichte von Tucholsky und dem Lübecker Lyriker Karl Albrecht aufführt.[13] Die sozialistische Bewegung ist ihr nicht weniger Heimat als ihrem Vater, bei dem sie wohnt.

Kaum zwanzigjährig – ihre Mutter Wilhelmine Frahm ist kurz zuvor verstorben – gebiert sie Herbert in der kleinen Dreizimmerwohnung in der Lübecker Meierstraße 16. In der Geburtsurkunde des Knaben fehlt jeder Hinweis auf den Vater. Der Großvater muß 1914 in den Krieg, die Mutter zieht den kleinen Herbert zunächst also ganz allein auf, aber das Arbeitermilieu bietet ihr dabei Halt und Solidarität. Eine Nachbarin nimmt ihren Sohn in Pflege, während sie im »Konsum« sechs Tage in der Woche ihr Geld verdient. Mit 16 bis 18 Stunden gibt der Wirtschaftshistoriker Jürgen Kuczynski die damalige durchschnittliche Belastung einer Arbeiterin durch Beruf, Einkaufen und Haushalt an. Wenn sie abgerackert und hundemüde von der Arbeit kommt, fangen die Vorbereitungen für das Abendessen an. Am Wochenende ist Waschtag, man bringt die Arbeitskleidung in Ordnung und schneidert seine Kleider selbst, ein großer Berg Strümpfe wartet aufs Stopfen, für die Freizeit bleibt eigentlich nur der Samstagabend oder der Sonntagnachmittag.[14] Dennoch: Lebenslustig sieht Martha Frahm aus, trägt einen breitkrempigen Hut, den ein Blumenbouquet ziert. Sie vergnügt sich, wie dies damals in Lübecker Arbeiterkreisen üblich ist: Samstags geht man zum Ball, etwa zum sozialdemokratischen Verein in Schwartau-Rensefeld, der durch Inserat im *Volksboten* ins Lokal des Herrn Evers in Klein-Mühlen lädt – zu niedrigen Preisen; Herren zahlen nur 60 Pfennige, der Eintritt für Damen ist frei.[15] Oder man fährt am Sonntagnachmittag an die Ostsee, in ein Heim der Naturfreunde oder zum Kaffee in ein Gartenlokal im nahen Wald.

Gewiß hat sie ihren Sohn, soweit ihr dies bei dieser Belastung überhaupt möglich war, nicht vernachlässigt. Keineswegs ärmlich, sondern gepflegt und adrett, sommers in weiße, winters in blaue Matrosenanzüge gekleidet, stellt sich Herbert dem Photographen, von keinem wohlhabenden Bürgerkind zu unterscheiden. Wer die Bilder sieht, mag sich fragen, durch welchen Verzicht dies alles ermöglicht worden ist. Dem Großvater werden sogar Photos seines vaterländisch-martialisch drapierten Enkels ins Feld geschickt: Der Drei- bis Vierjährige muß da mit Pickelhaube und Gewehr oder als Kaiserlicher Matrose des (Kriegs-)Schiffs seiner Majestät »SMS Schlesien« posieren. Und doch sind alle diese Photos trügerisch. Dem Sohn Martha Frahms fehlt es an einem festen Zuhause, an jenem stabilen familiären Bezugssystem, das Psychologen für die Entwicklung des frühen kindlichen Charakters für unerläßlich halten. Von Beginn an vermißt Herbert Frahm Nestwärme. Deshalb wird Willy Brandt zeitlebens nach ihr suchen, vorzugsweise bei

Frauen, und manche seiner vielen Affären mögen damit zu erklären sein.

Ist dies auch der Grund dafür, daß er zwar viele Freunde hat, aber keinen, der ihm wirklich nahe ist? Selbst langjährige, ihm vertraute, enge Mitarbeiter werden später sagen, sie hätten stets eine gewisse Distanz gespürt, er habe niemanden an sich herankommen lassen. Nur schwer öffnet er sich anderen Menschen, »aus frühesten Jahren hatte ich mir diese Scheu bewahrt«, heißt es in der Biographie Leo Lanias.[16] »Lange Jahre gewohnt, mit mir allein auszukommen, fiel es mir nicht leicht, meine Gefühle und innersten Gedanken mit anderen zu teilen.«

Im Rückblick erscheint der Großvater, zu dem Herbert Papa sagt und der selbst noch auf dem Realgymnasium als Vater herhalten muß, als die stärkste und prägende Bezugsperson der Kindheit. Als er aus dem Krieg heimkehrt, bezieht Ludwig Frahm eine Zweizimmerwohnung der Drägerwerke und nimmt den Enkel zu sich, die Mutter kümmert sich ein- oder zweimal in der Woche um ihn. Aber der Großvater heiratet ein zweites Mal, und das Verhältnis zwischen der Stief-Großmutter und Herbert bleibt mehr als kühl. »Tante Dora« nennt der Junge sie. Er kann sie nicht ausstehen. Als der Großvater eine Zweizimmer-Parterrewohnung in einem Neubau in der Trappenstraße 11a bezieht, verfügt diese nicht nur über eine gesonderte Küche und ein modernes Badezimmer, was für den ehemaligen Landarbeiter einen Riesenluxus darstellt. Es gibt auch eine Dachkammer – sechs Quadratmeter groß und mit einem Fenster zum Hof versehen –, die Herbert ganz zu seinem Reich macht, in der er viel liest und allein zu sein lernt. Er bleibt auch beim Großvater, als seine Mutter den »baumlangen, stämmigen Maurerpolier«[17] Emil Kuhlmann heiratet, den Herbert nun »Onkel« nennt.

Der eigene leibliche Vater blieb ihm unbekannt, weder Großvater noch Mutter sprachen über ihn, und er selbst stellte keine Fragen. »Da er so offenkundig nichts von mir wissen wollte«, so Willy Brandt in seinen Erinnerungen, »hielt ich es auch später nicht für angezeigt, die väterliche Spur zu verfolgen.«[18] Unbehaust nennt er die eigene Jugend und spricht von »familiärem Chaos«, das komplettiert worden sei, als er während der Emigration in einem Gespräch mit Ernst Kuhlmann, dem Bruder seines Stiefvaters, bei einem Treffen in Kopenhagen erfuhr, daß Großvater nicht der leibliche Vater seiner Mutter gewesen sei. Diese war in der Tat unehelich geboren, von Ludwig Frahms erster Frau Wilhelmine mit in die Ehe gebracht und von ihrem Ehemann als sein eigenes Kind anerkannt worden. Natürlich gab das zu Spekulationen Anlaß. War der Erzeuger der Mutter etwa fürstlichen oder gräflichen Geblüts? Oder doch nur ein einfacher Landarbeiter? Im alten Mecklenburg, schreibt Brandt, wäre es nicht das erstemal gewesen, daß eine Landarbeiterin dem gutsherrlichen *ius primae noctis*, dem Recht auf die erste Nacht, hätte gehorchen müssen.[19]

Wildere Spekulationen gab es um den natürlichen Vater des Vaterlosen. Im Jahr 1960, Willy Brandt war bereits Kanzlerkandidat und weilte zu Besuch beim SPD-Chef in Bonn, bat Erich Ollenhauer den Genossen aus Berlin ins Nebenzimmer und legte ihm eine Nachricht aus London vor. Danach sei erwiesen, daß der Vater ein bulgarischer Kommunist namens Wladimir Pogoreloff gewesen sei. Brandt berichtet dies in seinen Memoiren, mit altersmilder Ironie und der für ihn so typischen Distanz. Eine im Ausland erschienene »Deutsche Nationalbibliographie« hatte sein Buch über den Krieg in Norwegen vermerkt und als Verfasser »Brandt, W.(ladimir, d.i. Wladimir Pogoreloff) angegeben. War da nicht zuvor einmal als Vater ein Graf Plessen aus Mecklenburg genannt worden, dann wieder der berühmte Dirigent Hermann Abendroth, der in Lübeck als Kapellmeister gewirkt hatte, oder ein deutschnationaler Amtsgerichtsrat aus Bad Schwartau namens Otto Carstens? Im Jahr 1948 bittet er die Mutter, »dabei die briefliche Distanz wählend«, um Auskunft, weil er seine Papiere mit genauen Angaben zur Person für die deutsche Wiedereinbürgerung in Schleswig-Holstein präparieren muß. Sie schickt einen Zettel zurück, auf dem steht, daß der Vater ein John Möller, Buchhalter in Hamburg, gewesen sei.[20] Viele Worte haben Mutter und Sohn offenbar darüber auch damals nicht gewechselt.

Recherchen von Journalisten ergeben im September 1989, John Möller sei vor 1933 Lehrer gewesen, habe für die SPD Flugblätter verteilt, wegen seiner sozialdemokratischen Gesinnung aus dem Dienst ausscheiden müssen und sich danach als Buchhalter einer Kohlenhandlung durchgeschlagen. Er sei stets von Büchern umgeben und ein sehr gebildeter Mann gewesen.[21] Übrigens meldet sich 1961 der Brandt bis dahin völlig unbekannte Gerd André Rank mit einem Brief beim Regierenden Bürgermeister und stellt sich als Enkel der gemeinsamen Großmutter Maria Möller vor. John Möller, heißt es in diesem Brief, den Brandt nicht ohne Stolz in seinen »Erinnerungen« zitiert, habe eine »außergewöhnliche menschliche Tiefe besessen« und sei trotz seiner einfachen Position eine beeindruckende Persönlichkeit gewesen. Doch hat Brandt, auch als er schließlich von John Möller Anfang 1948 durch seine Mutter erfuhr, den leiblichen Vater nie aufgesucht. Und John Möller wiederum, der 1958 starb, hatte keine Ahnung davon, daß es sich bei Willy Brandt, von dem er doch in der Zeitung las, denn er wurde 1955 zum Präsidenten des Berliner Abgeordnetenhauses, 1957 zum Regierenden Bürgermeister von Berlin gewählt, um seinen Sohn gehandelt hat.

Heinrich Böll spricht einmal von der Verletztheit und Verletzlichkeit, die Brandt durch jenen Mangel an lübischer »Ehrbarkeit bürgerlicher Provenienz« mit auf den Weg gegeben wurde, obschon deren verlogene Brüchigkeit spätestens mit den Buddenbrooks offenbar geworden sei. Warum hat Brandt zu der üblen Nachrede, die sich ein langes politisches Leben an seine Herkunft knüpfte, geschwiegen, warum hat er die banale Personalie nicht auf den Tisch gelegt, als ihn Adenauer 1961 »alias Frahm« titulierte? Erstaunt, so scheint es, fragt sich der alte Willy Brandt dies selbst. Offen spricht er von einem Stachel, der ihm eingepflanzt worden sei, und verweist auf die Hemmungen, die er in sich getragen habe: Sie reichten tief, »zu tief, als daß ich die Befangenheit hätte ablegen können«.[22]

Der junge Willy Brandt wird in der geschlossenen Welt der Arbeiterkultur sozialisiert, die Sozialdemokraten und Gewerkschafter in ihre Organisationen einbindet von der Wiege bis zur Bahre und eigene Vereine hat für alles und jedes, von den Nestfalken für die Kleinen, der Arbeiter-Wohlfahrt und dem Arbeiter-Samariter-Bund bis hin zum Arbeiter-Verein »Pflege des Esperanto«. Im Arbeiter Turn- und Sportverein Lübeck e.V. wird nicht nur Turnen, Gymnastik, Handball, Fußball und Leichtathletik gepflegt, es gibt auch spezielle Vereinigungen für Rad- und Kraftfahren, Angeln, Kegeln, Wassersport, Segeln, ja selbst für Schach und Briefmarkensammeln. Mehr als zwanzig künstlerische Arbeiter-

Vereine der Stadt sind von der Musik dominiert, ihr übergreifender Dachverband, der »Deutsche Arbeiter-Sängerbund«, Bezirk Lübeck, zählt 1100 Sänger und Sängerinnen; daneben gibt es Gruppen, in denen spezielle Instrumente gespielt werden: Schalmeien, Flöten und Trompeten, Trommeln und Mandolinen.[23]

Kaum daß er laufen kann, stecken Mutter und Großvater den Knaben Herbert in die Kindergruppe des Arbeitersports und in einen Arbeiter-Mandolinenklub.[24] Das Mandolinenspiel wird er nie verlernen, ein Plakat des erwachsenen Willy Brandt mit Mandoline zierte 1978 sogar das Büro eines Mitarbeiters von Jimmy Carter im Nationalen Sicherheitsrat des Weißen Hauses. Bei den Roten Falken, denen man bis zum Abschluß der Volksschule angehört, trägt er den obligaten blauen Kittel und vertauscht ihn, als er in die Sozialistische Arbeiterjugend (SAJ) überwechselt, mit dem (kornblumen-)blauen Hemd und dem (mohn-)roten Schlips. Die Falken haben einen ähnlichen Ehrenkodex wie die Pfadfinder, sie sollen ehrlich, hilfsbereit und pünktlich sein, Alkohol und Nikotin sind zu meiden – er selbst, der später die Zigarette kaum lassen kann, stimmt einmal für den Ausschluß von Sündern, die geraucht hatten.

Die Zeit in der sozialistischen Jugendbewegung bedeutet Brandt viel, die Gemeinschaft bietet ihm eine Art Familienersatz. Bei den Falken, aber auch bei Teilen der SAJ gehörten den Gruppen Jungen und Mädchen an, gemeinsam ging man auf Wanderungen und Zeltfahrten, »es wurde gespielt, gescherzt, geflirtet«, schreibt Brandt, man saß zusammen am Lagerfeuer und sang Volkslieder oder Kampfgesänge der Arbeiterbewegung. In den Sommerferien wurden Kinderrepubliken errichtet – Zeltlager in der Lüneburger Heide, auf der Rheinhalbinsel Namedyer Werth bei Andernach oder an der Lübecker Bucht, in denen die Jungen und Mädchen Demokratie probten: Sie wählten ein Lagerparlament, das wiederum einen Bürgermeister ernannte. In der Kinderrepublik Namedy steuert Herbert Frahm als Junghelfer ein Kasperletheater zur Unterhaltung bei, zur Eröffnung der Kinderrepublik an der Lübecker Bucht spielt er die Hauptrolle in einem Stück, welches, urteilt man nach seinem Titel – »Hans Urian geht nach Brot« –, zweifellos agitatorischen Charakters war. Den Text, so erinnert er sich, hatte er so schlecht einstudiert, daß es ohne die tüchtige Souffleuse wohl zum Skandal gekommen wäre.

In den Ferien schließt er auch erste Bekanntschaft mit Skandinavien. 1928 nimmt er an einem Schüleraustausch mit dem dänischen Velje teil, 1931 trampt er mit einem Freund per Anhalter nach Dänemark, setzt mit einem Frachter nach Bergen über und lernt die großartige Welt der Fjorde kennen. Sie geben ihm einen Vorgeschmack dessen, was er dann in der Emigration an Skandinavien, vor allem an Norwegen schätzen wird: die wortkarge Freundlichkeit und natürliche Anständigkeit der Menschen.[25]

Hat Brandt eine doppelte Bildungsschicht gehabt, die sozialistische von Haus aus und dazu eine bürgerliche, wie Klaus Harprecht[26] einmal meinte – nämlich die des Lübecker Johanneums, das er die letzten vier Jahre vor dem Abitur wegen besonderer Begabung als Stipendiat besuchen konnte? Bebel also *und* Bismarck? Das wäre glänzend getroffen und könnte in der Tat Brandts spätere Breitenwirkung erklären; Brandt selbst freilich äußert sich da eher zurückhaltend. Nach der Volksschule hatte er zuerst eine Mittel-, dann eine Realschule besucht. Die letzten vier Jahre auf dem Johanneum, einem Reform-Realgymnasium, gaben ihm viele Anregungen und einen soliden Grundstock der im Bürgertum seiner Zeit gängigen Bildung, gewiß. Auch war er, anders als die meisten Arbeiterkinder, gezwungen, sich im ihm fremden bürgerlichen Milieu zu behaupten. Aber aus der geschlossenen Welt der Arbeiterkultur, bekennt er selbst, hätten ihn auch so fördernde, verständnisvolle Lehrer wie der Professor Eilhard Erich Pauls nicht hinausgeführt – »dazu reichten die häuslichen Wurzeln zu tief«.[27]

Pauls, ein »baumlanger, rotblonder, schnauzbärtiger Friese«[28], der mit seinem Kneifer wie ein typischer Professor aussah und nicht nur dozierte, sondern mit seinen Zöglingen auch diskutierte[29], hat auf Brandt bleibenden Einfluß ausgeübt, wie er bei der Verleihung der Ehrenbürgerschaft der Stadt Lübeck bekennt. Ein »großartiger Geschichtslehrer« sei Pauls gewesen, kein Sozialist, aber ein guter, liberaler, toleranter Mensch mit einem konservativen Schuß[30], der neben Geschichte auch Brandts zweites Lieblingsfach Deutsch unterrichtete und sich aufgeschlossen für das politische Engagement des jungen Herbert Frahm zeigte. Der war, offenbar aus Protest gegen die Pflege der Bismarcktradition im Johanneum, an einem 18. Januar in der Kluft der SAJ, im Blauhemd mit rotem Schlips, in der Aula erschienen. Er sollte ein Gedicht rezitieren, wurde aber wegen seiner Kleidung, die gänzlich aus dem gutbürgerlich-konservativen Rahmen fiel, prompt nach Hause geschickt.[31] Doch war das Lehrerkollegium, was die frühen politischen Bekenntnisse des Schülers Frahm anging, offenbar nicht einig. Dem Oberprimaner jedenfalls gestattete Pauls, für den Abituraufsatz in Geschichte als Thema ausgerechnet »August Bebel, Leben und Bedeutung« zu wählen.

Wer die Arbeit liest, stellt schnell fest, daß Frahm auf dem Johanneum aus seinem Herzen keine Mördergrube machen mußte, im Gegenteil. Er schildert den Arbeiterkaiser als schneidigen Disputierer im Reichstag, als begeisternden Redner auf Massenveranstaltungen und meint, die gegenwärtige »Krise der proletarischen Bewegung« rufe »den alten Führer in die Erinnerung zurück«. Schwingt da nicht die Sehnsucht nach der Einheit der Arbeiterbewegung in der Vorkriegszeit mit, die ihn einige Monate zuvor zur Sozialistischen Arbeiterpartei (SAP) hat stoßen lassen? »Bei dem Ruf nach der Synthese des revolutionären Sozialismus aus der These des Reformismus und der Antithese des Bolschewismus«, so schreibt der Abiturient, »spielt der Name Bebel eine große Rolle. August Bebel nannte sich stolz ebenso gern Kommunist wie Sozialist.«

Zu seiner politischen Gesinnung bekennt er sich auch in der eigentlichen Abiturarbeit, die der Frage gilt, ob das in der Schule Unterrichtete vielleicht gar nicht zu gebrauchen und die Jugend überhaupt ohne Hoffnung sei. Voller Spott schreibt er 1932 mit Blick auf die wachsenden Erwerbslosenziffern während der großen Wirtschaftskrise, wenn alles gut gehe, habe ihm die Schule einen Berechtigungsschein gegeben, der zu nichts berechtige: »Aber vielleicht kann ich ja Konditor mit Abitur werden.« Wer will, mag in dieser Arbeit auch schon den späteren Brandt des »Sowohl-als-auch« heraushören, denn es heißt da, er, Frahm, habe sich mit Thesen in seinem Aufsatz auseinanderzusetzen, zu denen es ihm schwer falle, ja oder nein, *tertium non datur* zu sagen: Zwischen den Extremen gebe es zu mannigfache Zwischentöne. Andererseits bezieht er unmißverständlich Stellung, wenn er die eigene Schule, also sein Johanneum, bezichtigt, sie lebe in schwankendem Liberalismus dahin und habe sich nie auf demokratischen Boden gestellt. Freilich schränkt er sofort ein: Diesen demokratischen Boden habe es ja in ganz Deutschland nur auf dem Papier und nie in Wirklichkeit gegeben. »Die demokratische Republik war die neue politische Form. Die Wirtschaft aber änderte sich nicht. Auch die anderen Machtfaktoren, Militär, Bürokratie usw. nicht.« Früh also finden sich Überzeugungen, denen er sein Leben lang treu bleiben wird: Politische Demokratie allein, schreibt er, gebe es nicht, soziale und kulturelle Demokratie gehörten zur wirklichen Demokratie hinzu.

Dem Liberalismus seiner Zeit, den er für verrottet hält, läßt er keine Chance und kreidet der Schule besonders an, daß sie keinen neuen Weg gefunden habe. So setzt er gegen sein Johanneum, das für ihn gleichbedeutend ist mit dem Schultypus eines Liberalismus, der auf der ganzen Linie zusammengebrochen sei, zwei andere, zeitgemäßere Modelle – das autoritäre des faschistischen Italien und das auf Erziehung zur Gemeinschaft gerichtete Modell der Sowjetunion, dem allein er positive Züge abgewinnt. Italien wolle Gehorsam dem Führer, militärische Erziehung und nationalen Unterricht vom fünften Jahr an – wer das faschistische System bejahe, müsse zweifellos diese Form der Erziehung für den Ausweg halten. Er selbst findet den sowjetischen Weg besser, der vor allem tüchtige Menschen für Wirtschaft und Industrie heranbilden wolle. Sein Aufsatz läßt keinen Zweifel, daß es die Sowjetunion ist, die ihn sehr beeindruckt. Wirtschaftlich leisteten die Sowjets Ungeheures, sie machten aus einem rückständigen Agrarland ein fortschrittliches Land mit modernster Technik und vollendeter Industrialisierung. »Dieses«, schreibt Herbert Frahm, »ist also der andere Weg aus der Haltlosigkeit unserer Tage. Erziehung für die Gemeinschaft, Erziehung für den planmäßigen Aufbau.« Zwar würden die Wege Mitteleuropas andere sein als die Rußlands oder Italiens, aber doch »irgendwie in einer dieser Richtungen liegen«. Daß er die sowjetische für angezeigter hält, daraus macht er keinen Hehl.

Nun versteht sich von selbst, daß er mit diesen radikalen Ansichten im durch und durch bürgerlichen Lehrerkollegium keine Zustimmung findet. Um so mehr spricht es für die grundliberale und tolerante Einstellung, die in der Endphase der Weimarer Republik am Lübecker Johanneum herrscht, wenn er für diese Abiturarbeit von seinem Lehrer Pauls ein »sehr gut« erhält. Sein Klassenlehrer Dr. Kramer vermerkt allerdings mit Rotstift, der Schüler Frahm sei von ihm »oft davor gewarnt worden, daß seine verfrühte, bewußt enge parteipolitische Einstellung ihn geistig verarmen würde« und stuft die Note herab. Krakelig steht da am Ende, der Schüler Frahm habe dies zwar nicht glauben wollen – aber: »... die Tatsache seiner geistigen Armut verhinderte eine bessere Schlußnote der Kl. L. [Klassenleistung] als gut.«[32]

Nun ist eine Zwei im Abitur für das Proletarierkind auf dem Bürgergymnasium auch eine stattliche Leistung.[33] Lania berichtet, der Oberstudienrat Dr. Kramer, ein Mann, der übrigens durchaus Sinn für den Oppositionsgeist seiner Schüler bezeugte, habe eines Tages Mutter Martha Frahm gewarnt: »Halten Sie Ihren Sohn von der Politik fern! Der Junge hat gute Anlagen, es ist schade um ihn. Die Politik wird ihn ruinieren.«[34] Kramer unterrichtete Englisch und Französisch, Fächer, in denen Brandt, der sich später so sprachbegabt zeigen wird, bei der Reifeprüfung nicht gerade glänzte. In Französisch erhielt er ein Genügend, seine Klassenleistung in Englisch wurde zunächst als mangelhaft eingestuft, dann aber, weil er einen mit Gut zensierten Abitur-Aufsatz über den Beginn der amerikanischen Revolution, die Boston Tea Party, geschrieben hat, als genügend nach oben korrigiert.[35] Die Ironie freilich will, daß Politik nicht den Schüler Herbert Frahm, wohl aber seinen Klassenlehrer ruiniert: Als Gegner des Nationalsozialismus muß Kramer das Johanneum 1933 verlassen. In seiner Verzweiflung gibt er sich selbst den Tod.[36]

War Herbert Frahm auf dem Johanneum wegen Herkunft und politischer Überzeugung ein gemiedener Außenseiter? Es ist dies eine jener unsinnigen Behauptungen, mit denen wohlmeinende und verklärende Berichte gespickt sind, die nach der Wahl Brandts zum Kanzler dessen Jugendzeit aufzuhellen suchten. Der »verschlossene Junge aus unterstem Stand«, hieß es da einmal, habe in den Pausen in der Uniform der Sozialistischen Arbeiterjugend meist allein in einer Ecke des Schulhofs gestanden und sei stets Zielscheibe »von Angriffen der Sprößlinge aus gutem Bürgerhaus« gewesen.[37]

Nach der Lektüre dieses Artikels meldete sich ein alter Schulkamerad, Heinz Neumann aus Erlangen, beim Bundeskanzler – Anrede: »Mein lieber Brandt« – und schrieb, er müsse nun zweifeln, je mit Brandt in eine gemeinsame Klasse gegangen zu sein.[38] Nichts von alledem sei wahr. »In meiner Erinnerung lebtest Du eigentlich – und zwar auch bevor ich ahnte, daß der Herbert

Frahm und der reg. Bürgermeister von Berlin identisch seien – als einer der Wortführer ... unserer Klasse.« Zu dem, was da geschrieben worden sei, passe auch schlecht, »dass Du, wenn einmal der Gedichtaufsager vom Dienst – sagen wir mal – indisponiert war, keine Bedenken hattest, mit einem Kampflied milderen Kalibers einzuspringen, worauf dann Herr Eilhard Erich Pauls eben daran seine Monologe knüpfte«.

Aus Neumanns Brief geht auch eindeutig hervor, daß Brandt nicht der einzige in seiner Klasse gewesen ist, der sich offen zur Sozialdemokratie bekannte. Mit seinem Klassenkameraden Wilken zog er zusammen nach dem Unterricht meist in ein Stammlokal der Linken in die Hundestraße. Über Politik wurde zwischen den Schülern offen diskutiert, ohne daß die Auseinandersetzungen je in Handgreiflichkeiten ausgeartet wären: »Auch, dass die politischen Gegensätze bei uns weder verniedlicht wurden noch zu brachialen Auseinandersetzungen führten, habe ich für ein Positivum gehalten«, schreibt Neumann. »So war es doch kein Problem, daß nach Veranstaltungen ausserhalb der Schule beide Linksaussen, der Rechtsaussen und meine Wenigkeit, die entweder von Dir oder von Wilken als ›bürgerliche Mitte mit einer leichten Neigung nach rechts-links‹ eingruppiert wurden, diskutierenderweise durch die Strassen gehen konnten, was übrigens für beide Extreme für diese Zeit auch den Schutz vor Gesinnungsgenossen der anderen Seite garantierte.«

Auch bei ihm, der längst journalistische Schluderarbeit und Klischeevorstellungen nicht mehr ernst nehme, habe der Artikel Kopfschütteln verursacht, antwortete Brandt. An einer Stelle müsse er allerdings Neumanns Erinnerungen korrigieren: »Als ich kein Gedicht gelernt hatte, habe ich mich nicht mit einem Kampflied milderen Kalibers ›herausgemogelt‹, sondern mit ›Wilde Gesellen‹, und das würde ich eher dem Wandervogel zurechnen.« In der Tat gab es mit Rudolf Wilken einen Gesinnungsgenossen am Johanneum, mit dem zusammen er am 1. Mai im Blauhemd der roten Pioniere hinter der roten Fahne hermarschierte – die Mütze des Johanneums stolz auf dem Kopf.

Daß Herbert, dem damaligen Brauch der Schule gemäß, jährlich eine andere bunte Mütze tragen mußte, war für Mutter wie Großvater Symbol eines gelungenen Aufstiegs und erfüllte sie mit Stolz.

Anfangs zählte er zu den besten Schülern seiner Klasse, das Lernen fiel ihm leicht, die Lehrer schätzten seine Belesenheit.[39] Zu den Autoren, die er in seiner Dachkammer studierte, gehörten neben dem klassischen Pflichtstoff deutscher Schulen Thomas Mann und Erich Maria Remarque, Jack London und Upton Sinclair, B. Traven und Martin Andersen Nexö, Ludwig Renn und Henri Barbusse, Maxim Gorki und Ernst Toller – Bücher, die ihm inhaltlich etwas gaben und politisch seiner Einstellung entgegenkamen. Für Poesie hatte er wenig Sinn, es fiel ihm schwer, sich an Rhythmus und Melodie der Gedichte zu berauschen[40], sein Leben lang wird er Handfestes bevorzugen – Biographien oder Reportagen, die ihm Einblick in historische und soziale Probleme vermitteln.

Mit wachsendem politischem Engagement ließen allerdings die Leistungen in der Schule nach. Zu nächtlicher Stunde wurde das Kopfsteinpflaster der engen Lübecker Gassen oft zum Kampfplatz mit der Hitlerjugend. Einmal, nach einer Schlägerei an der Mühlenbrücke, stand er vor Gericht, wurde jedoch wegen Mangels an Beweisen freigesprochen. Seinen braven Oberstudiendirektor, steht bei Lania zu lesen, habe dies nicht befriedigt, denn er habe es schon als »genug schandbar« empfunden, daß ein Schüler seines Realgymnasiums sich überhaupt als Angeklagter zu verantworten hatte.[41]

Andere Schüler interessierten sich für Autos, Fußball oder Segeln, Herbert Frahm nahezu ausschließlich für Politik, und bald wurde das Schülerdasein zu einer Art Nebenbeschäftigung. Mit 15 Jahren wählte man ihn zum Vorsitzenden einer SAJ-Gruppe der Roten Falken (Frahm spricht in seinen Artikeln von Roten Pionieren), und mit ersten, zaghaften Berichten über die Tätigkeit der Lübecker Arbeiterjugend im *Volksboten* begann er wenig später auch seine Karriere als Journalist. Seine Artikel handeln von Fahrten und Zeltlagern, Heimabenden und Kinderrepubliken, aber auch eigenen Urlaubsreisen. So erzählt er, wie er im Juli 1931 mit einem leeren dänischen Fischauto, das aus Berlin zurückfährt, nach Dänemark trampt, sich radebrechend mit seinem »Kartoffeldänisch« zu verständigen versucht und einen Nachmittag und Abend im Trubel des Kopenhagener Tivoli verbringt. »Die dänischen Autobesitzer sind freundlicher als in Deutschland«, urteilt Herbert Frahm: »Eine Fordkiste wird angehalten. Nimmt uns ›natürlich‹ mit. Die jagt alles, was das Zeug hält. Vorher hatte ich so etwas wie Locken, aber nachher ganz glattes, strähniges Haar. Unterwegs hatten wir noch eine Reifenpanne. Aber mit vereinten Kräften hatten wir den Schaden bald repariert.«[42]

Geht es um die eigene Organisation, gibt er sich voller Ernst und läßt sich an Treue im sozialistischen Glauben schwerlich überbieten. Wer die Roten Falken sind? »Arbeiterjungens und Arbeitermädels«, schreibt der Jüngling Herbert Frahm in einem Beitrag, der sich wie eine Werbeanzeige liest, »die ihre Freizeit in Gemeinschaft mit ihren Klassengenossen bei frohem Spiel und Tanz, aber auch ernster Arbeit verbringen. Die auf Fahrt selbst nähen, selbst kochen und stets hilfsbereit sind.« Abseits von Nikotin, abseits von Schundliteratur und Kinokitsch erzögen sie sich für den geistigen Kampf der Arbeiter, damit sie, »wenn sie selbst im Kampfe stehen, die rote Fackel hineinschleudern ... in die schwarze Masse des Unverstandes, um dann mit der roten Fahne in der Hand vorwärts zu stürmen auf dem Wege zur sozialistischen Republik!« Er brachte dies eine Woche vor seinem 16. Geburtstag zu Papier.[43] Ein Jahr später heißt es dann bei dem knapp 17jährigen Herbert Frahm, wenn die Roten Falken hinauszögen, führten sie stets ihren Gruppenwimpel mit, ihr rotes Sturmfähnlein: »Rot ist die Farbe unseres noch immer geknechteten Körpers und Rot ist die Farbe der aufgehenden Sonne. Dieses Rot ist zum Symbol der um ihre Befreiung ringenden Arbeiterklasse geworden.«[44] Aber auch an feuilletonistischen Versuchen, die er nicht mit seinem Namen oder seinen Initialen zeichnet, sondern mit »Felix«, fehlt es nicht. »Grauer Tag, grauer Abend, dunkle Nacht«, heißt es elegisch in dem Stück »Herbst in uns«: Da fallen »vom Baum des Lebens die Blätter, die früher prangten«, und »Hoffnungen, die einst so voll waren, fahren dahin, werden in Staub zertreten.«[45] Nein, das Poetische und das Feuilletonistische sind seine Sache nicht, und als »Felix« sich einmal über das Angeln lustig macht – es solle »ihm sonstwo begegnen«, er habe keine Lust, sich von den lausigen Fischen zum Narren halten zu lassen[46] – greifen die »Sportgenossen Sportangler« erbost zur Feder, monieren seine erbärmliche Unwissenheit und bieten Nachhilfeunterricht im Arbeiter-Anglersportverein »Trave« an. Er müsse endlich lernen, daß man zum Barschangeln nicht, wie von ihm beschrieben, Seidenschnüre nehme.[47]

Die Angelei und Brandt, das ist die beinahe unendliche Geschichte einer langen, nicht immer glücklichen Liebe. Er angelt gern, aber schätzt er wirklich den Sport, oder ist es mehr die kontemplative Nachdenklichkeit, eine Pose, die den Staatsmann ziert? War Angeln für ihn je mehr als eine Welt, die er gern zu seiner eigenen gemacht hätte und die ihm doch unerreichbar blieb – Symbol eines Lebens voll Müßiggang, das er nie führen konnte? Das Glück jedenfalls ist ihm bei diesem Sport selten hold. Als die erste Regierungserklärung auf einem Schloß in der Eifel entworfen wird, angeln Brandt, einige Mitarbeiter und seine Leibwächter Forellen in einem nahen Bach. Alle erwischen stattliche Exemplare – Brandt muß sich mit einer winzigen Forelle zufriedengeben, die ihm die Hausherrin dann in einer Anwandlung von schwarzem Humor auch noch zum Abendessen serviert.[48]

Auf einer Reise nach Mexiko, die der Vorsitzende der Sozialistischen Internationale auf Einladung des mexikanischen Staatschefs Echeverria unternimmt, begeben sich Egon Bahr und Willy Brandt aufs Schiff und wollen Haifische angeln. Einen Hai erwischt weder der eine noch der andere – aber im Gegensatz zu Brandt, der völlig leer ausgeht, hat Bahr wenigstens einen riesigen Hecht am Haken. An Land schließlich, als sie sich den wartenden Fotografen stellen müssen, leiht sich Brandt den Fisch von Bahr und präsentiert sich voller Stolz mit dem Fang.[49] Er wollte nicht als Blamierter dastehen. Alles nur Anglerlatein?

Die Falkengruppe, deren Leitung Brandt mit 15 übernahm, nannte sich Karl Marx, andere hießen Karl Liebknecht oder Rosa Luxemburg. Schon die Namen zeigen die Richtung an, welche die Arbeiterjugend damals steuerte: »Republik, das ist nicht viel, Sozialismus ist das Ziel«, lautete die Parole, mit der sie Front machte gegen eine gewiß müde und verkalkte SPD-Obrigkeit und ihre Parteiwebel an der Basis. Im *Freien Wort* verteidigte Herbert Frahm 1930 beherzt, daß seine Gruppe das Luxemburg-Liebknecht-Lied singe: Jede Kritik an Ebert und Noske werde zwar von der Parteiführung mit Ausschlußandrohungen beantwortet, aber das ändere doch nichts daran, daß Rosa Luxemburg und Karl Liebknecht nach seiner Auffassung als wahre Klassenkämpfer gefallen seien. »Sie sind unser Vorbild, und wir halten ihnen die Treue, die sie dem Sozialismus stets gehalten haben.«

Der Gedanke ihres Lieds, das sei die Rache an allen, die den Mord ausgeführt oder beschönigt hätten – »Und das ist der Gedanke, aus dem heraus wir Gedenkfeiern veranstalten und unsere Gruppen nach diesen Vorbildern nennen.«[50] Nachträglich könne er vielleicht auf eine Jugendamnestie plädieren, meint Brandt einmal[51], aber er spricht auch von der »Betulichkeit der parteioffiziellen Straßenbahnlinie« in Lübeck, an der er damals Anstoß genommen habe, von den »behäbigen Untugenden eigener Parteifreunde«, der »ausladenden Halbherzigkeit« und der »bisweilen bedrückenden Temperamentlosigkeit des eigenen Lagers«.[52]

Wer so über die eigene Partei dachte, mußte nur zu bald in Konflikt kommen mit der großen Mehrheit der Lübecker SPD, in der seit langem der reformerische Flügel der bestimmende war. Zwar hatte der Lübecker Reichstagsabgeordnete Schwartz seit 1915 gegen die Kriegskredite gestimmt, aber für die Lübecker Parteiorganisation war sein Verhalten ohne Folgen geblieben – eine Unabhängige Sozialdemokratie sollte sich hier nicht vor Anfang 1919 bilden, und dann war sie, wie später die Kommunistische Partei, in Lübeck kaum von Bedeutung.

Während der Revolution hatte sich die Linke in der Stadt mit den sieben Türmen ganz besonders brav verhalten. Zwar war Lübeck der zweite Ort nach dem Reichskriegshafen Kiel, in dem die revolutionären roten Matrosen das Regiment übernahmen – schon am Abend des 5. November 1918, doch das Rathaus besetzten sie nicht. Laut Lübecker Soldatenrat war »größte Ruhe« die erste Bürgerpflicht. Nichts werde er unternehmen, so versicherte der Soldatenrat, »was den Betrieb zwecks Aufrechterhaltung des wirtschaftlichen Lebens stören könnte«; in seinem Aufruf hieß es, kaum glaubhaft, aber wahr: »Es geht alles seinen alten Gang.« Wegen versuchten Diebstahls ließ er zwei Soldaten als Plünderer erschießen. Was an der Trave im November 1918 geschah, erinnert in manchem an den Runden Tisch in der ersten DDR-Wendezeit. Praktisch gab es in Lübeck als einzigem Bundesstaat des Deutschen Reiches keinen Umsturz; der alte Senat konnte sich bis zu den ersten Wahlen nach Abschaffung des Zensuswahlrechts im Amt halten, weil er sich mit den revolutionären Soldaten arrangierte. Ganz anders in Bremen, wo der Arbeiter- und Soldatenrat den Senat absetzte und eine Räteregierung bildete; anders auch in

Hamburg, wo die revolutionären Soldaten fünf Monate regierten und die Stadtstaatregierung stürzten, um sie dann, freilich mit erheblich beschränkter Machtbefugnis und nur zur Fortführung der Routinegeschäfte, wieder einzusetzen.

War es die »Lust an der Ohnmacht«, jene von Julius Leber 1933 im Kerker in Lübeck angeprangerte Erbsünde der SPD[53], welche die Lübecker Sozialdemokraten dazu brachte, auf die volle Ausübung der Macht zu verzichten, obschon sie mit 52 Prozent der Stimmen bei den ersten Wahlen nach der Revolution die absolute Mehrheit errungen hatten? Sie stimmten einem »bruchlosen Übergang«[54] zu, einem Koalitionssenat, in dem aus der Zeit vor der Revolution gewählte Senatoren weiter die Mehrheit bildeten. Die Sozialdemokraten und Demokraten rückten erst langsam in freiwerdende Stellen nach und blieben bis in die Mitte der zwanziger Jahre in der Minderheit.

Als frühes Kindheitserlebnis bleibt in Herbert Frahms Gedächtnis haften, daß er als Zehnjähriger seinem Großvater das Mittagessen im Kochgeschirr auf ein Polizeirevier brachte, weil er dort am Schreibtisch seines Amtes waltete. Ludwig Frahm war Mitglied der »Vereinigung Republik«, einem Vorläufer des sozialdemokratischen Reichsbanners, die Polizeiaufgaben in der Stadt übernahm, nachdem Lübecker Polizisten auf Teilnehmer einer Erwerbslosen-Demonstration eingeprügelt hatten. Als der Senat, der von einer Minderheit der Sozialdemokraten mitgetragen wurde, kein Wort des Tadels fand, kochte die Volksstimmung im mehrheitlich roten Lübeck über. Die Polizei hielt es deshalb für ratsam, sich einige Tage in den Kasernen aufzuhalten.[55]

Herbert Frahm, der politisch Frühreife, wird entgegen den Parteistatuten, die ein Mindestalter von 18 Jahren vorsehen, im Sommer 1930, noch sechzehnjährig, in die SPD aufgenommen, macht Karriere und wird bald Vorsitzender des Unterbezirks der SAJ in Lübeck. Wie Bruno Römer, ein SAJ-Freund und sein Stellvertreter im SAJ-Vorsitz, die damalige Versammlungspraxis von Herbert Frahm beschreibt, ist viel von dem, was später den auf Konsens und Integration gerichteten Führungsstil des Kanzlers und Parteivorsitzenden Brandt ausmachen und Kritik, etwa von Helmut Schmidt, hervorrufen wird, schon in frühester Jugend angelegt: Brandt schätzt lange Diskussionen und besitzt die Fähigkeit zum

Zuhören; er greift die wichtigsten Themen auf, die in den Debatten zur Sprache gekommen sind, er bündelt sie, um sie sodann, so Römer, »in die Versammlung hineinzusprechen«.[56]

Den Herbert Frahm vom Anfang der dreißiger Jahre hat er nicht als guten Organisator in Erinnerung, aber als außerordentlich begabten Redner, der es verstanden habe, komplizierte Zusammenhänge einfach darzustellen. Sein ganzer Lebensinhalt seien die Partei und der Sozialismus gewesen, alles andere, ausgenommen allerdings hübsche Junggenossinnen, hätte ihn nicht sehr interessiert. Einmal, so weiß er zu berichten, seien Beschwerden von SAJ-Mitgliedern an ihn herangetragen worden. Offenbar hatte Brandt mit einer jungen Genossin getändelt und sie vor aller Augen geküßt. In SAJ-Kreisen war so etwas damals ungewöhnlich. Man versuchte, Politik und Liebesbeziehungen streng auseinanderzuhalten. »So war er eben«, meinte Römer, »sein Bedürfnis nach Liebe war durch die unbehauste Jugend nicht gedeckt.«

Daß die Arbeiterjugend in der Endzeit der Weimarer Republik immer weiter nach links rückte, war wahrlich kein auf Lübeck beschränktes Phänomen. Es erklärt sich mit dem Tolerierungskurs der Sozialdemokratie gegenüber der Regierung Brüning und deren Sparmaßnahmen und Notverordnungen, die – wie Einschnitte ins soziale Netz meist – vor allem die Arbeitnehmer und die Erwerbslosen trafen. Aber auch der Versuch der Parteiführung, das schlimmere Übel durch die Wahl des kleineren zu verhindern, spielte eine Rolle und stieß nicht nur bei den radikaleren Jungen auf Widerstand. Großvater Ludwig Frahm, berichtet Brandt, habe es nicht über sich bringen können, dem Aufruf der Parteiführung zu folgen und 1932 Hindenburg zu wählen, um Hitler von der Macht fernzuhalten.[57]

Schon 1929 und 1930 spricht Herbert Frahm im *Volksboten* die wachsende Entfremdung zwischen den Älteren und der Parteijugend an, verteidigt die Unabhängigkeit und volle Selbstverwaltung der SAJ gegen Versuche der Parteibürokratie, welche sie, wie vor etlichen Jahren, wieder der Führung älterer Genossen unterstellen will, um so der Tendenz zum Radikalismus zu begegnen. Die Roten Pioniere, wie er beharrlich seine Roten Falken nennt, wollten nicht Parteijugend werden, sondern eine freie Jugendorganisation bleiben, die allerdings ideell der Sozialdemokratie verbunden sei. »Wir Jungen«, begründet Herbert Frahm, »haben nun eben noch ein anderes Feuer in uns als die Alten. Für uns steht die Idee noch viel mehr im Vordergrund als die tausend Tagesfragen der Partei!« Mit vollem Recht könnten sie den Satz »Republik das ist nicht viel – Sozialismus ist das Ziel!« zu ihrer Parole machen, ohne damit »die Republik als Kampfobjekt der Alten zu verkennen«. Mit der Jugend ziehe ein neuer Geist, sie hoffe, in den Älteren kameradschaftlich bereite Mitkämpfer zu finden, doch die »mit den ewigen Erfahrungen und Abgeklärtheiten« und anderen Alterskrankheiten sollten besser gleich zu Hause bleiben. Die allerdings noch wüßten, daß sie einmal jung gewesen seien und denen etwas liege an einer heranwachsenden roten Avantgarde, seien als Berater und Freunde stets willkommen – »für den internationalen Befreiungskampf des internationalen Proletariats«.[58]

Zog Erich Ollenhauer, später Willy Brandts langjähriger Parteivorsitzender, auch gegen Herbert Frahm vom Leder, als er auf dem SPD-Parteitag in Leipzig im Juni 1931 kritisierte, daß nur der schärfste Radikalismus, nur die unbedingte Negation den aktiven Teil der Jugend befriedigen könne? »Die Jungen haben die Mentalität der Maschinenstürmer«, behauptete Ollenhauer, ihre Sprache nannte er »hemmungslos und verantwortungslos« und unterstützte den Beschluß, daß künftig die Organisationen der Partei wieder die Verantwortung für die Auswahl der älteren Jugendfunktionäre tragen sollten. In der Londoner Zentrale des Exilvorstands der SPD wird er die politische Tätigkeit Willy Brandts in Skandinavien kritisch verfolgen und sich noch 1947 als Stellvertreter Kurt Schumachers den Einflüsterungen eines nach Schweden emigrierten Sozialdemokraten zugänglich zeigen, der Brandt mangelnder Loyalität gegenüber klassischen sozialdemokratischen Positionen bezichtigt. Brandt umgekehrt wird in Ollenhauer, so sehr er ihn als loyalen Parteiarbeiter auch schätzt, immer den braven, rechtschaffenen Mann der Parteibürokratie, den wenig inspirierenden Funktionärstyp beinahe Weimarer Prägung sehen.

Der Konflikt zwischen den Alten und den Jungen in Lübeck spitzt sich zu, kaum daß die SPD-Linken Max Seydewitz und Kurt Rosenfeld, beide als unversöhnliche Gegner der Tolerierungspolitik vom Parteiausschluß bedroht, zum 4. Oktober 1931 in Berlin eine Reichskonferenz oppositioneller Sozialdemokraten einberufen und die

Sozialistische Arbeiterpartei (SAP) aus der Taufe gehoben haben. Daß die neue Partei nur zu bald das Dasein einer überflüssigen und einflußlosen Sekte führen wird, wollen ihre Anhänger zunächst nicht glauben. Sie versteht sich ja als Kristallisations- und Sammelpunkt für eine neue Arbeiter-Einheitspartei, ein politisches Konzept, das ohne große Mühe die Sympathien der von Herbert Frahm geführten, radikal eingestellten Lübecker Arbeiterjugend gewinnen kann.

Ist die bürgerlich-kapitalistische Republik nicht am Ende, sind angesichts der rapide wachsenden Arbeitslosigkeit und nach dem großen Bankenkrach vom 13. Juli 1931 nicht revolutionäre Schritte unerläßlich? Ist nach den sensationellen Erfolgen der NSDAP bei den Wahlen zum Reichstag 1930, als sie sprungartig von bisher 12 auf 107 Mandate kletterte, nicht eine proletarische Einheitsfront dringender denn je, um Hitler von der Macht fernzuhalten? Die Sehnsucht nach einer geschlossenen, einigen, nicht in Flügel zerrissenen und in Bruderkämpfe verstrickten Arbeiterpartei und mit dieser Sehnsucht der Traum von einem kühnen, unbestrittenen, die Flügel integrierenden Führer, wie August Bebel einer gewesen ist, beides macht die neue Splitterpartei für die Arbeiterjugend in Lübeck attraktiv.

So kommt es bald zum völligen Bruch. Der Freund aus damaligen Tagen, Heinrich Bruhn, beschreibt die Szene: »Wir von der Arbeiterjugend – Herbert war unser Anführer – haben der SPD und den Gewerkschaften vorgeworfen, daß sie zu wenig täten, um die Machtergreifung der Nazis zu verhindern. Auf einer großen Versammlung im Gewerkschaftshaus mit Julius Leber machten wir, auch Herbert, Zwischenrufe. Es kam zum Tumult. Wir wurden vom Saalschutz rausgeboxt und rausgeprügelt. Eine Straße weiter, in einem Arbeitersportheim, haben wir dann eine Lübecker Ortsgruppe der SAP gegründet. Herbert wurde der Agitprop-Leiter, der die Reden und Flugblätter entwarf.«[59] Bei Leber, dem Chefredakteur des *Volksboten*, der über die Versammlung selbst berichtete, obschon er dort einer der Hauptredner gewesen war, liest sich das so: Die SAJ-Führung habe ihre Ämter niedergelegt, und als die Partei in einer Versammlung versuchte, wieder Ordnung in der Lübecker Arbeiterjugend zu schaffen, seien einige angerückt, um Radau und Krawall zu machen. »Und es standen als Anführer inmitten des wilden Haufens der Student Peters und der Schüler

Frahm, die beide zu den Spaltern gehören.« Einige Reichsbannerleute hätten den Radaumachern einfach mitgeteilt, »daß es mit dem Gebrüll und Gezänk nun zu Ende sei«.[60]

Nun war Julius Leber, der Elsässer Bauernsohn, Frontoffizier und Träger des EK I, der sich Demokratie nicht anders als wehrhaft vorstellen konnte, dafür bekannt, daß er in der Auseinandersetzung mit dem Gegner nie Glacéhandschuhe trug. Als es in einer Versammlung einmal zu einer Schlägerei kam und die SA das Reichsbanner bereits aus dem Saal geprügelt hatte, blieb er allein auf der Bühne, zertrümmerte einen Stuhl, nahm zwei Beine in seine kräftigen Fäuste und kämpfte sich den Weg nach draußen frei.[61] Den »Doktor Leber mit der Faust«[62] nennt ihn Brandt später einmal. Mit seinen ungeschliffenen Umgangsformen machte der Sozialdemokrat auf Helmuth Graf Moltke im Kreisauer Widerstandskreis zunächst einen bäurischen Eindruck – der weltläufige Aristokrat meinte, der politische Pragmatiker Leber unterschätze stets das Geistige.[63] Unter den Widerständlern hatte er seine Vergangenheit als Frontoffizier mit dem EK I betont, was seine gute Zusammenarbeit mit dem Grafen Stauffenberg erklären mag.

Im eigenen Blatt bedachte Leber den politischen Feind gern mit derben Worten: »Haut sie zusammen«, prangte am 9. April 1932 in riesiger Balkenschrift auf Seite eins des *Volksboten*, dazu die Aufforderung: »Wählt Hindenburg. Macht Deutschland frei von Hitlers Horden.« In der Versammlung, in der es um die Lübecker Arbeiterjugend ging, rechnete er gnadenlos mit der bisherigen SAJ-Führung, also mit Frahm und seinem Stellvertreter Römer ab, zieh sie der finanziellen Mißwirtschaft, behauptete, die Abtrünnigen hätten die Schränke der Jugendheime geplündert und rückte sie damit in die Verdachtszone der Kriminalität. Verständnis dafür, daß es zu Zeiten der Wirtschaftskrise schwer gewesen ist, Beiträge zu kassieren, wie Römer später entschuldigend behauptet[64], zeigte der demagogisch begabte Leber nicht: »Kassenbestand Null! Dafür unbezahlte Schulden überall – und seit Monaten keine Beitragsabrechnung. Ein Defizit von insgesamt 1283 Mark! Das ist das Resultat einer Wirtschaft, die sich seit Jahren an wilden Phrasen berauschte, aber an Leistungen nicht das geringste aufzuweisen hatte, außer einer schon ans Lächerliche grenzenden Hetze gegen die Partei.«

Kein Zweifel: Der Bruch zwischen Herbert Frahm und Julius Leber, der den begabten jungen Mitarbeiter beim *Volksboten* bisher gefördert hatte, war im Herbst 1931 endgültig. Behauptungen, die beiden hätten trotz des schweren politischen Zerwürfnisses in Lübeck ein gutes persönliches Verhältnis aufrechterhalten[65], wurden von Willy Brandt selbst widerlegt. Es sei ein Mißverständnis, daß ihn Leber im Herbst 1931 nach der Parteispaltung noch einmal empfangen hätte, schreibt er in der Einleitung zu einer Leber-Biographie von Dorothea Beck: »Ich will nicht den Eindruck von Harmonie erwecken, wo ganz andere Gefühle an ihre Stelle getreten waren.«[66] Doch bedeutet der Bruch für Herbert Frahm mehr als nur den Verzicht auf die Möglichkeit, am *Volksboten* mitzuarbeiten und sein Taschengeld zu verdienen, Verzicht auch auf das Studienstipendium, für das sich sein journalistischer Mentor Leber für die Zeit nach dem Abitur ursprünglich bei der Partei hatte verwenden wollen.

Wer vaterlos aufwächst, schaut nach Ersatz aus, zu Männern, zu denen er aufschauen kann und die ihm Identifikation erlauben. Die Ironie will nun, daß in einer der wilden Spekulationen über den lange unbekannten Erzeuger Willy Brandts auch Julius Leber als Vater des Vaterlosen genannt wurde, obschon, wie Brandt später spöttisch bemerkt, Leber erst nach Lübeck gekommen war, als sein angeblich unehelicher Sohn bereits acht Lenze zählte.[67] Doch für den jungen Herbert Frahm ist Julius Leber, dieser kämpferische Republikaner und kraftvolle Volkstribun, zweifellos ein Vorbild gewesen, an dessen Aufstieg, Erfolg und politischer Haltung er sich hatte orientieren können, bis die Zweifel an der offiziellen Parteilinie, die Leber beharrlich weiter vertrat, schließlich obsiegten.

Statt Vorbild ließe sich sagen: Vaterfigur, auch wenn Brandt sich selbst gegen diesen Begriff wehrte und einmal von einer »ihm angedichteten Orientierung an Vaterfiguren« sprach.[68] Symbolisierte Julius Leber nicht den Gipfel alles Erstrebenswerten und Erreichbaren? Konnte sich der im Arbeitermilieu aufgewachsene, bei der Parteijugend engagierte Herbert Frahm, der als Schüler Gelegenheitsartikel verfaßte und ein paar Groschen damit verdiente, sich überhaupt ein höheres Lebensziel vorstellen, als einmal Chefredakteur und Reichstagsabgeordneter zu werden? War Leber nicht sein Mentor gewesen, verteidigte er ihn nicht, nachdem Herbert

Frahm in einer Berliner Parteizeitschrift den Vorsitzenden der preußischen SPD-Landtagsfraktion, Ernst Heilmann, attackiert hatte? In einem Dreiergespräch mit einem aufgebrachten Parteisekretär, der empört war, daß »so etwas Linkes aus Lübeck kam«, verurteilte Leber seinen *Volksboten*-Mitarbeiter nicht, obschon er, wie Brandt später meint, in der Sache der Meinung des »Parteiwebels« gewesen sei.[69] Statt dessen riet er ihm, der doch schreiben könne, das Geschriebene reifen zu lassen, es erst einmal in die Schublade zu legen und es sich am nächsten Tag wieder anzuschauen. »Und wenn's geht, danach noch einmal. Dann wird es oft besser.« Leber wurde in Lübeck der König der kleinen Leute genannt, er war, weniger seiner formalen Stellung wegen – da gab es Genossen über ihm – als vielmehr dem Einfluß nach die höchste sozialdemokratische Autorität der Stadt.

Über Monate, ja Jahre zog sich der Ablösungsprozeß vom Ersatzvater hin, eine Phase der Auseinandersetzung, in der Herbert Frahm mehr und mehr auf politischen Gegenkurs zu Leber ging. Der Mann, der aus dem Elsaß stammte, dachte betont national, hatte nach dem Krieg für Deutschland optiert und als Leutnant im Grenzschutzverband Hammerstein bis zum Kapp-Putsch im März 1920 geholfen, die Ostgrenze gegen Kommunisten und Polen zu verteidigen. Die Ablehnung alles Militärischen durch seine Genossen war seine Sache nicht, er trat für die Aussöhnung der Arbeiterschaft mit der bewaffneten Macht ein und war eher der Parteirechten zuzurechnen. Leber sprach sich für den Bau des Panzerkreuzers A aus, optierte also in einer Frage, welche die Partei zerriß, für eine, wenn auch sehr begrenzte, deutsche Marinerüstung – der Arbeiterjugend war der bloße Gedanke an ein deutsches Kriegsschiff ein Sakrileg; Leber befürwortete einen freiwilligen Arbeitsdienst – Herbert Frahm kämpfte vehement dagegen; Leber war Anhänger der Tolerierungspolitik gegenüber Brüning – der Vorsitzende der Lübecker SAJ bezeichnete sie als verhängnisvoll und sah in ihr eine der Ursachen für sozialdemokratische Wahlniederlagen.

Vergeblich warnte der Chefredakteur des *Volksboten* seinen begabten jungen Mitarbeiter, den Funktionär, der noch ein Schüler war, vor dem Eintritt in die SAP: Ob dieser denn von allen guten Geistern verlassen sei? Was er, der doch einen guten Tropfen und die Gunst eines schönen Mädchens zu schätzen wisse, in einem Laden zu suchen habe, den Zukurzgeratene führten, die aus der

Erkenntnis ihrer physischen oder sonstigen Unzulänglichkeit in den Radikalismus geflüchtet seien? Auf Frahm, der die flapsige Bemerkung über mögliche Gebrechen der Parteigründer Seydewitz und Rosenfeld unstatthaft fand, verfehlte die Warnung damals ihre Wirkung.[70] Er hätte erst lernen müssen, schreibt er in »Links und frei«, »daß Absplitterungen und Sondergruppen auf Querulanten und Neurotiker – in stärkerem Maße, als es in der Politik ohnehin der Fall ist – eine besondere Anziehungskraft ausüben.«[71] Daß Leber ihm einen Irrweg hatte abschneiden wollen, wird er erst später einsehen. Als Dreiundvierzigjähriger bekennt er in Berlin, sein Verhältnis zu Julius Leber sei »mit einer Art Vater-Sohn-Komplex« behaftet gewesen, er habe sich in jugendlicher Ungeduld gegen väterliche Autorität aufgelehnt.[72]

Ein Blick auf die Biographien zeigt, wieviel Brandt und Leber miteinander gemein hatten: Beide wurden unehelich geboren, wuchsen in kleinen Verhältnissen auf; für beide war der Großvater die prägende Figur der Kindheit; beide versuchten sich früh im Journalismus und schrieben die ersten Artikel als Schüler; beide hielten nicht sonderlich viel von sozialistischer Theorie. Der Parallelen sind viele, selbst ihre Schwächen haben sie gemein: Frauen und Alkohol. Aus der Emigration zurück, feilt und poliert Brandt dann an einem beinahe verklärenden Leber-Bild, als wolle er, längst den dogmatischen Kinderschuhen entwachsen, Wiedergutmachung dafür leisten, daß er sich einst im jugendlichen Zorn von dem politischen Übervater abgewendet hatte.

Nun sind Lebers Verdienste im Widerstand völlig unbestritten, Brandt nennt ihn zu Recht einen »Ehrenretter der Nation«. Indem er Lebers Andenken hochhält, betont er die Rolle gleich mehrerer Sozialdemokraten im Kreis der Widerständler des 20. Juli – man denke nur an Leuschner, Reichwein oder Haubach – und nimmt damit dem Aufstand des Gewissens den Nimbus, er sei allein die Sache einer Handvoll Militärs oder Konservativer wie Goerdeler gewesen. Aber überzieht Brandt dabei nicht, wenn er Leber »zur wohl stärksten Potenz der deutschen Linken«, zur »Figur eines Revolutionsführers in einer Umgebung, die nach Mittelmaß fragte«[73], hochstilisiert? Obschon Brandt behauptet, Leber sei schon in Lübeck »ein scharfer Kritiker der Hinhaltepolitik« gewesen[74], finden sich bei Durchsicht des *Lübecker Volksboten* aus den Jahren

1930 bis 1933 in den Leitartikeln seines Chefredakteurs nicht jene mannhaften Sätze gegen die Strategie der Berliner Parteizentrale, die man danach erwarten müßte.

Seine Biographin Dorothea Beck, die ihn wie auch Kurt Schumacher, Carlo Mierendorff und Theodor Haubach einen militanten Sozialisten nennt, moniert wohl zu Recht, Leber habe anders als jene seine Kritik an der Verbürokratisierung der Partei und der Vernachlässigung des emotionalen Bereichs in der SPD-Werbung nie deutlich geäußert. Er war und blieb eben ein Lokalmatador, der über Lübeck hinaus bestenfalls als einer von mehreren Wehrexperten seiner Partei Beachtung fand und der in der Reichstagsfraktion wie in der SPD-Zentrale in der Berliner Lindenstraße als Außenseiter galt. Erst im Widerstand, als er für den bei einem Bombenangriff umgekommenen Carlo Mierendorff nachrückte, der nach dem Urteil Joachim Fests womöglich farbigsten, bewegtesten und kraftvollsten Figur im Kreisauer Kreis[75], wuchs Leber dann zu unbestrittener Größe heran.

Dessen »Todesursachen der deutschen Sozialdemokratie« zählen unstreitig zu den großen Dokumenten jener Zeit, auch zu den interessantesten, denn er macht die Misere der deutschen Linken nicht etwa an deren Hinwendung zur Nation durch die Bewilligung der Kriegskredite fest, im Gegenteil: Die Wendung gegen die Internationale befürwortet er entschieden, rügt allerdings das Versagen der Partei danach. »Ein richtiger Führer hätte entweder nach dem 4. August oder nach der Marneschlacht ein Bekenntnis abgelegt für die deutsche Einheit, hätte die Partei der Arbeiterschaft zum höchsten Einsatz aufgerufen, hätte aber zugleich Einfluß verlangt auf die Staatsführung und damit auf die äußere Politik, also auf Krieg oder Frieden.«[76] Die zweite Ursache sieht Leber darin, daß in den Männern der Revolution von 1918 »kein Wissen lebte von der zu errichtenden neuen deutschen Gemeinschaft«. In blutleerem Idealismus hätten sie von der Hand in den Mund gelebt und auf die Revolution unbewußt verzichtet – und damit »auf die geistige und schließlich wirtschaftliche Umformung der deutschen Gesellschaft und des deutschen Menschen«.

All dies wurde freilich nach der Machtübertragung an Hitler, nach dem Zusammenbruch der Arbeiterbewegung in der Gefängniszelle geschrieben – *post mortem* SPD also. Als Brandt das Manuskript zusammen mit der Witwe Annedore Leber erstmals herausgab, hielt er es für richtig, manche verfänglichen Stellen vorher zu streichen – darunter solche, von denen Dorothea Beck bewußt als »Peinlichkeiten« spricht. So moniert sie einige Verbeugungen des Autors vor dem Nationalsozialismus, etwa wenn sie schreibt, jener Leber, der Hitler in seinem Blatt stets lächerlich gemacht habe, würdige ihn jetzt als »große Persönlichkeit«, »die nach dem Höchsten greift, selbst auf die Gefahr hin, mit Sicherheit am Unmöglichen zugrunde zu gehen«.

In der Ausgabe von 1983 gesteht Brandt in seinem Vorwort ein, er habe das Manuskript damals »gekürzt und, wenn man so will, frisiert«. Als Begründung gibt er an, »Bewußtseinstrübungen« bei Leber hätten Verwirrung stiften und den Eindruck hervorrufen können, der »politische Frontoffizier« Leber (Gustav Dahrendorf) habe in der Gefängniszelle so manchen seiner Überzeugungen abgeschworen. »Mit Gesinnungswandel«, schreibt Brandt, »würde es übrigens auch noch nichts zu tun gehabt haben, wenn sich bei Leber – wie bei anderen – unter dem Eindruck der kampflosen Niederlage Stimmungen partieller Verwirrung eingestellt hätten.« Er wisse aus eigener Erfahrung, wie man im Exil einige Jahre später, nach Hitlers Blitzsiegen, zu Folgerungen habe kommen können, die sich im nachhinein defaitistisch oder jedenfalls wenig überzeugend anhören müßten. Übrigens setzte Leber in seiner Zelle Emigration mit Flucht gleich und wollte zu den Landesflüchtlingen, wie er seine emigrierten Reichstagskollegen nannte, einen scharfen Trennungsstrich gezogen wissen.[77]

Wer fragt, warum Brandt an dieser Stilisierung Lebers gearbeitet hat, wird mehrere Antworten finden. Die erste hat zweifelsfrei damit zu tun, daß die Sozialdemokratie, die in der Regierungsverantwortung 1969 bis 1982 den Verteidigungsminister stellt, den Frontoffizier und Widerstandskämpfer als Kronzeugen für ihr Konzept der wehrhaften Demokratie benötigte. Schon 1956 in Berlin hatte Brandt gesagt, Julius Leber habe die Sozialdemokratie gelehrt, daß »Macht nicht an und für sich etwas Böses sei«, sondern in den Dienst einer gesunden Staatsauffassung gestellt werden müsse. Leber habe überliefert, »daß wir zum Vaterland Ja zu sagen haben, daß wir aber nur ganz Ja sagen können, wenn wir entschlossen sind, es zum Vaterland der Liebe und Gerechtigkeit zu machen«.[78] Die zweite Antwort mag damit zu tun haben, daß Annedore Leber, in deren Hause er nach dem Krieg in Berlin sein künftiges Vorbild Ernst Reuter kennenlernte, als Herausgeberin der Berliner Parteizeitung *Telegraf* zeichnete und sie damit für ihn nicht gerade unwichtig war, als er in der Berliner Partei Fuß zu fassen suchte. Die dritte Antwort gibt er selbst in seinen Erinnerungen, und sie hat mit Kurt Schumacher zu tun. Bekanntlich hatte der erste Chef der Nachkriegs-SPD ein problematisches Verhältnis zum 20. Juli und wertete ihn – die historischen Quellen waren zu seinen Lebzeiten noch nicht hinreichend erschlossen – als eine verspätete, reaktionär orientierte Offiziersrevolte ab. Schumacher habe nicht recht verstehen können, daß einer den Bund mit konservativen Kräften gesucht habe und deshalb einiges dafür getan, »Lebers Andenken nicht über Gebühr« wachzuhalten.[79] Ob dies so stimmt, bleibe dahingestellt, denn was Brandt schreibt, hat einerseits mit dem Verhältnis Leber–Schumacher vor 1933 zu tun, andererseits mit den keineswegs spannungsfreien Beziehungen zwischen Kurt Schumacher und Willy Brandt.

Am 20. Juli 1932, ein Dreivierteljahr nach Brandts Bruch mit Julius Leber in Lübeck, geschah dann, was den jungen Herbert Frahm in seiner Abwendung von der SPD und seinem Engagement für die revolutionär gesonnene SAP nur bestärken konnte: Kampflos kapitulierte die preußische Regierung Braun/Severing vor dem Reichskanzler Papen, der sie ihres Amtes enthob. Bis zu diesem sogenannten Preußenschlag hatte das »rote« Preußen mit rund 5/8 der Bevölkerung und 3/5 der Fläche des Reichs als sozialdemokratisches Bollwerk gegolten, die Namen des langjährigen Ministerpräsidenten Otto Braun und des Innenministers Carl Severing standen für Republiktreue und eine fortschrittliche demokratische Politik. »Ihre Namen«, schrieb Leber in seinen »Todesursachen«, »bedeuteten viel in dem großen Glauben breiter Massen«, mit ihrem Abgang habe dieser Glaube »seinen besten Ankergrund« verloren.[80]

In der Tat war es Severing gelungen, die Schlüsselstellungen der preußischen Verwaltung mit demokratisch gesonnenen Beamten zu besetzen und eine seiner Regierung ergebene, schlagkräftige Polizei aufzubauen, die von vielen als Schutztruppe der Republik betrachtet wurde. Wer Preußen hat, hat das Reich – mit diesen Worten tröstete sich die Sozialdemokratie in der für sie bitteren Tolerierungsphase über so manche Notverordnung Brünings hinweg, die ihrer Wählerschaft besondere Opfer abverlangte. Der Satz blieb auch nach dem 20. Juli 1932 richtig, nur hatte er plötzlich seine politische Bedeutung verkehrt: Einmal Herren über Preußen, würden die Konservativen bald das ganze Reich an Hitler übergeben.

Über die Frage, ob es Sinn gehabt hätte, sich gegen die Amtsenthebung Brauns und Severings mit der Waffe zur Wehr zu setzen, streiten Historiker noch heute. So gewiß damals die Männer des Reichsbanners und der gewerkschaftlichen Hammerschaften, durchaus zum Kampf bereit, nur auf ein Aufstandssignal aus Berlin gewartet hatten, so ungewiß bleibt, ob die preußische Polizei sich wirklich für eine Regierung geschlagen hätte. Eine Mehrheit im Landtag hatte sie nach den letzten Wahlen nicht mehr und war zwar legitim, aber doch nur auf die Geschäftsordnung gestützt, noch im Amt, weil sich der neugewählte Landtag nicht auf eine neue Regierung hatte einigen können.[81] Immerhin konnte Papen sein Vorgehen auf eine Notverordnung Hindenburgs stützen, der obersten Autorität im Reich, der erst drei Monate zuvor mit den Stimmen der Sozialdemokraten wiedergewählt worden war.

Hätte Preußens Polizei wirklich gegen den Reichspräsidenten Front gemacht, der den militärischen Ausnahmezustand verkündet und damit keinen Zweifel daran gelassen hatte, notfalls die Reichswehr gegen sie ins Feld zu führen? Und wenn doch, hätten die preußischen »Schupos« mit ihren leichten Waffen, unterstützt von weit schlechter gerüsteten Reichsbanner-Einheiten, gegen die schwer bewaffnete Reichswehr, welche SA und Stahlhelm als Hilfstruppen ausrüsten konnte, überhaupt eine Chance gehabt? Skepsis ist angebracht, letztlich muß die Frage offen bleiben. Doch der Lübecker Herbert Frahm meinte in jenen Tagen besonders gut zu wissen, wie recht er daran getan habe, sich von der SPD loszusagen und sich einer radikalen, linksrevolutionären Gruppe anzuschließen, die im außerparlamentarischen Kampf den Vormarsch der NSDAP stoppen wollte. Im *Volksboten* des Chefredakteurs Leber las er weder einen Aufruf an das Reichsbanner, zu den Waffen zu greifen, noch einen Appell an die Arbeiter zum Generalstreik, statt dessen Ermahnungen zum Stillhalten. Leber folgt ganz der Berliner Parteilinie. Zwar ist in seinen Artikeln von innerlicher Empörung bis zur Siedehitze die Rede, mit der sich »unsere Kameraden« dem

»obersten Gebot der Arbeiterbewegung« gefügt hätten, das da laute: Disziplin. Aber es heißt auch: »Wir sind nicht töricht und verantwortungslos genug, deutsche Arbeiter vor die Mündung schußbereiter Maschinengewehre zu treiben, solange noch ein Funken Hoffnung da ist, dem Recht und der Verfassung ohne Blutvergießen Gehör zu verschaffen.«[82] Der *Volksbote* spielte damit auf die Tatsache an, daß die sozialdemokratische Führung das Vorgehen Papens gegen die legal amtierende Regierung Braun/Severin vor dem Reichsgericht anfechten wollte.

Die vielbeschworene »Eiserne Front«, jene Gründung aus Reichsbanner, gewerkschaftlichen Hammerschaften und Arbeitersportbund, als Gegengründung zur Harzburger Front gedacht, hatte sich als tönern erwiesen, über eine Million Reichsbannermänner, die in Bereitschaft gelegen hatten, wurden von der Parteiführung nach Hause geschickt. Herbert Frahm wertete dies damals als ein feiges, unverantwortliches Ausweichen vor der entscheidenden Auseinandersetzung. Noch der späte Willy Brandt wird die Entschuldigung Severings, er habe nicht auf Kosten seiner preußischen Polizeibeamten tapfer sein wollen, nicht gelten lassen. Er ist überzeugt davon, man hätte am 20. Juli 1932, diesem »schrecklichen Tag«, nicht kapitulieren dürfen, sondern kämpfen müssen: »... daß nichts wert ist, wer sich nicht wehrt, hätte man wissen müssen. Demokratischer Kampfesmut hätte nicht nur den Nazis die Siegesgewißheit genommen, sondern auch kommunistische Anhänger – kaum die bolschewistischen Führer – beeindruckt. Daß die KPD soviel Zulauf fand, hatte mit dem Kleinmut derer zu tun, mit denen sie konkurrierte.«[83]

Ob Mitglieder der Kommunistischen Partei eine militärische Aktion der sozialdemokratischen Eisernen Front unterstützt hätten, scheint allerdings mehr als fraglich, denn im Preußischen Landtag – und das zeigt die aussichtslose Lage, in der sich überzeugte Republikaner am Ende der Weimarer Republik befanden – hatte die KPD, parallel zu den Nationalsozialisten, die amtierende Regierung Braun/Severing erbittert bekämpft und ihren Rücktritt gefordert. Brandts Urteil über den 20. Juli 1932 ist wesentlich von seinen Erfahrungen im Exil bestimmt. In Norwegen mußte er erleben, daß die österreichischen Sozialisten, deren Schutzbündler sich gegen das Verbot durch den austrofaschistischen Kanzler Dollfuß aufgelehnt hatten, als Emigranten mit sehr viel mehr Respekt empfangen wurden als die Vertreter der einst stolzen und mächtigen deutschen Arbeiterbewegung, die so schmählich abgetreten war. Zwar waren auch die Schutzbündler nach einigen Tagen bewaffneter Auseinandersetzung unterlegen, aber Brandt meint, ihr Auflehnen habe wenigstens jenes Ausmaß an »Demoralisierung« verhindert, das die »kampflose Niederlage« in Deutschland zweifellos bewirkte.[84] »In offenem Kampf zu unterliegen, ist tragisch – kampflos zu kapitulieren, macht die Tragödie zur Farce«, heißt es bei Lania. »Sie nimmt dem Geschlagenen das Letzte, das er besitzt, das Kostbarste: seine Selbstachtung.«[85]

Der Wandlungsprozeß hin zum Radikalen, schrieb Herbert Frahm jetzt in der *Sozialistischen Arbeiterzeitung*, der Tageszeitung der SAP, habe sich bei ihm und seinen Freunden aus der ehemaligen SAJ so weit vollzogen, »daß wir der SPD ideologisch nicht näher stehen als irgendeiner anderen proletarischen Partei. Im Gegenteil, vielleicht stehen wir der SPD am wenigsten nahe.«[86] Gut ein Viertel seiner Lübecker SAJ war ihm in die neue Partei gefolgt und hatte ihn zum Vorsitzenden ihres »Sozialistischen Jugendverbands« (SVJ) gekürt. Unbedingter denn je zog er, jetzt als Mitglied des örtlichen SAP-Parteivorstands zuständig für Agitation und Propaganda, von kleinen zu kleinsten Versammlungen und entwarf Flugblätter und Plakate. Die freie Rede fiel ihm leichter als später, er wurde zu einem »Parteiführer im kleinen«, wie es in seinen Erinnerungen heißt; als mecklenburgische Genossen ihn 1932 baten, für den Landtag zu kandidieren, waren sie verblüfft, daß er das nötige Alter für das passive Wahlrecht noch nicht besaß.[87]

Ursprünglich hatte er nach dem Abitur im Februar 1932 Geschichte und Germanistik studieren wollen, doch weil das Studium nach dem Bruch mit Leber in unerreichbare Ferne entrückt war, lernte er ab Mai nun das »Klarieren und Konnossieren«, das Vermitteln und Deklarieren von Frachten und das Ausfüllen von Zollpapieren. Als Volontär der Lübecker Schiffsmaklerfirma F. H. Bertling, die im Reederei-, Speditions- und Versicherungsgeschäft tätig war, nahm er den Kapitänen kleiner skandinavischer und holländischer Schiffe die Zollformalitäten ab. Zwar gab ihm die Arbeit Gelegenheit, seine rudimentären Kenntnisse der skandinavischen Sprachen auszubauen; auch konnte er, der zu Hause beim Großvater und in der Grundschule ja Platt gesprochen hatte, bald mühelos mit niederländischen und flämischen Seeleuten parlieren. Doch interessierte ihn die Arbeit wenig, so daß der größere Teil seiner Energie nach Feierabend und an den Wochenenden der SAP zugute kam, deren Gründung von vielen linksbürgerlichen Intellektuellen, darunter Albert Einstein, geradezu enthusiastisch begrüßt worden war. So erhoffte sich Carl von Ossietzky, der Herausgeber der *Weltbühne*, von der SAP, daß sie besten sozialdemokratischen Geist retten und, was in der SPD noch an Kampfeslust und Vitalität vorhanden sei, aus der »Erstarrung der Formen« erlösen könne. Weil die Tolerierungspolitik entnervend gewirkt habe, sei ihr Funktionärstum dazu nicht mehr in der Lage. Und Lion Feuchtwanger schrieb, er sei einer jener deutschen Schriftsteller, die sich nach einer sinnvolleren Ordnung der deutschen Dinge gesehnt, aber bislang in keine politische Organisation gefunden hätten, »zu der wir Ja sagen konnten«. So gratulierte er den SAP-Parteigründern – »Ihnen und uns allen, daß Sie endlich eine solche Organisation geschaffen haben.«[88]

Nach ihrem Programm wollte die SAP an die besten Traditionen der Vorkriegs-SPD anknüpfen, aber letztlich blieb jedem einzelnen Mitglied überlassen, was es persönlich für diese besten Traditionen hielt. Die Abgrenzung sowohl zur KPD wie zur SPD sei undeutlich geblieben, moniert der Sozialhistoriker Hanno Drechsler, »weil nirgendwo Charakter und Zielsetzung der neuen Partei präzise umschrieben« worden seien.[89] Folgt man ihm, der die erste gründliche Arbeit über die neue Partei vorgelegt hat, dann ist deren Geschichte von Fraktionskämpfen, Intrigen und Winkelzügen gezeichnet, von Ein- und Austrittsbewegungen verschiedener linker Grüppchen, die sich, wie bei echten Sektierern und Dogmatikern üblich, aufs Heftigste gegenseitig bekämpften. Je nach Schaden oder Nutzen traten dabei Mehrheit und Minderheit einmal als Befürworter, dann wieder als Gegner der innerparteilichen Demokratie auf. Es ging um Krieg und Revolution, wobei die Pazifisten in der SAP mit der Linken im Streit lagen, welche eine pazifistische Orientierung für unvereinbar hielt mit dem Charakter einer revolutionären Partei.

Nach Drechsler war die SAP stark von Otto Bauer und dem Austromarxismus beeinflußt, einer Tatsache, die besonders in der Haltung der SAP zur Sowjetunion spürbar wurde. Unter dem Eindruck der Weltwirtschaftskrise hatte Bauer die sozialökonomischen Prozesse im Reich der Bolschewiki als inhaltlich proletarisch-sozialistischen Prozeß charakterisiert, also in seinem Sinne als eine durchaus positive Entwicklung, die allerdings einen erheblichen Pferdefuß hatte: Angesichts der Rückständigkeit Rußlands konnte sie sich nur unter den Bedingungen einer terroristischen Diktatur vollziehen. Doch hegte Bauer die Hoffnung, daß mit steigendem Lebensstandard der Terror durch schrittweise Demokratisierung des Regimes abgebaut werden könne.[90] In der Prinzipienerklärung der SAP finden sich seine Überlegungen wieder, denn es heißt dort, unter Führung der kommunistischen Partei, welche die Diktatur der Arbeiterklasse zum »machtvollen Instrument des Proletariats« gestalte, würden in der Sowjetunion die Grundlagen für die Verwirklichung des Sozialismus geschaffen. Mehr noch als die Überlegungen Bauers finden sich in der Prinzipienerklärung der SAP Überlegungen von Mitgliedern der ehemaligen KPO-Minderheit um Jacob Walcher und Paul Frölich, die zur SAP gestoßen sind und ihr Urteil über die Sowjetunion weitgehend auf die Erkenntnisse Trotzkis stützen.

»Schwierigkeiten beim Aufbau« des Sozialismus in der Sowjetunion buchte die SAP nun vorrangig auf das Konto vorrevolutionärer, zaristischer Zeiten, der nach Bauer im zurückgebliebenen Rußland nötige Terrorismus wurde unter dem Einfluß Walchers und Frölichs eher beschönigend und entschuldigend zur Kenntnis genommen. Allerdings waren dieser Einschätzung in der Prinzipienerklärung heftige Auseinandersetzungen vorausgegangen, und die Stellung zur Sowjetunion wird auch in der Emigration, vor allem nach den Moskauer Prozessen gegen die alten Bolschewiki 1936 und nach dem deutsch-sowjetischen Pakt 1939 innerhalb der SAP äußerst kontrovers diskutiert werden.

Zwar fordert die SAP eine neue Einheitspartei, aber ihr Nahziel bleibt zunächst die Einheitsfront, das Zusammenwirken noch selbständiger Organisationen bei gemeinsamen Aktionen. In einem offenen Brief schlägt ihre Führung 32 Kundgebungen gegen die neue Notverordnung und die Verelendung der Arbeiterklasse vor – bei gleicher Redezeit für jede Organisation, ganz gleich, wie stark sie sei. Da die KPD dies empört ablehnt und auch die SPD die kalte Schulter zeigt, weil sie mit den Spaltern nicht zusammenarbeiten will, muß sich die SAP mit der Teilnahme von Splittergruppen zufriedengeben. Und weil ihr großer Traum, zum Sammelbecken all jener zu werden, die eine einige Arbeiterbewegung erstreben, nie in Erfüllung geht, wird auch die SAP selbst stets eine Splittergruppe bleiben. Ganze 72 630 Wähler, das sind gerade einmal 0,2 Prozent, machten bei den Reichstagswahlen am 31. Juli ihr Kreuz für die SAP, die damit nicht ein einziges Mandat erringen konnte; bei den Novemberwahlen desselben Jahres hatte sie nur noch 45 000 Wähler oder 0,1 Prozent. Zwar konnte sich die SAP in Lübeck im November 1932 etwas besser als im Reich behaupten, sie errang immerhin das Doppelte, nämlich 0,2 Prozent der Stimmen; doch waren dies nicht mehr als 190 Wähler. So groß muß die Enttäuschung in der Lübecker Arbeiterschaft über die neue Partei gewesen sein, daß es ihrem Hauptwahlkampfredner Frahm nur mit Mühe gelang, die auf 200 Mitglieder geschätzte eigene Hausmacht bei der Stange zu halten. Als Wunderwaffe im Wahlkampf hat der junge Lübecker Agitpropchef sich mit dieser Leistung nicht erwiesen. Ein halbes Jahrhundert später wird Brandt von einer Kette bitterer Enttäuschungen sprechen und die Gründung einer linkssozialistischen Partei einen Fehler nennen, auch wenn die Gesinnung, aus der heraus er gehandelt habe, keiner Entschuldigung bedürfe.[91]

Doch im Winter 1932/33 ließ sich Herbert Frahm weder durch Mißerfolge noch durch zunehmende Fraktionskämpfe entmutigen, im Gegenteil, er wurde eher unbedingter, gläubiger und kampfentschlosser, ganz im Sinne jenes Appells der SAP-Führung, mit dem sie ihre Anhänger nach dem Wahldebakel moralisch aufzurüsten suchte. Nicht der Tageserfolg, hieß es in dem Aufruf, sei für eine revolutionäre Partei entscheidend, sondern allein die Frage, »ob die Partei mit ihren Grundsätzen und ihrer Politik recht hat«.[92] Lassen Niederlagen dogmenstrenge Sektierer nicht noch enger und fester zusammenstehen, bewirken politische Schicksalsschläge nicht, daß sie widrigen Realitäten noch hartnäckiger, noch entschlossener, ja verbohrter Trotz bieten? Unverdrossen schrieb Herbert Frahm Artikel im Blatt der SAP, er verteilte Zeitungen und drückte von ihm verfaßte Flugblätter den Arbeitern vor den Docks, Werften und Fabriken Lübecks bei Feierabend in die Hand. Selbst innerhalb der ohnehin linken SAP steuerte er nach links und fühlte sich zu Jacob Walcher, Paul Frölich und August Enderle hingezogen, ehemaligen Kommunisten, die aus Krieg und Revolution über konspirative Erfahrungen verfügen, Kenntnisse, die nach dem 30. Januar 1933 zunehmend wichtiger wurden.[93] Walcher und Frölich sprachen von der demokratischen Verfassung der Republik oft als »kretinistischem Parlamentarismus«, den sie durch die konsequente Diktatur des Proletariats ersetzen wollten. Sie kämpften für einen kommunistischen Charakter der SAP und wollten deren alte Führung stürzen. Ihr Ziel war allerdings ein »reiner Kommunismus«, eine kommunistische Internationale, die alle Bindungen an die von der KPdSU beherrschte Komintern abstreifen und damit den sowjetischen Staatsinteressen nicht länger untergeordnet sein sollte.

Hitler amtierte bereits seit einem Monat in der Reichskanzlei, die Parteizeitung durfte seit dem Reichstagsbrand am 27. Februar 1933 nicht mehr erscheinen, da löste der SAP-Vorstand am 3. März die Partei einfach auf. Nur Massenbewegungen, nicht Splitterparteien könnten den Ansturm des Faschismus aufhalten, meinten jetzt die Begründer der SAP. Max Seydewitz empfahl der Mitgliedschaft deshalb den Beitritt zur SPD, Kurt Rosenfeld dagegen rief zum Eintritt in die KPD auf. Kamen beide mit diesem Beschluß der eigenen Entmachtung durch die Parteilinke nur zuvor, wie Drechsler meint? Jedenfalls widersetzten sich Walcher, Frölich und die Linke dem Auflösungsbeschluß. Um die Partei zu retten, riefen sie alle Mitglieder, die dem Beschluß von Seydewitz und Rosenfeld nicht folgen wollten, zu einem illegalen Parteitag am 11. und 12. März in eine Gastwirtschaft in einem Vorort Dresdens.

Herbert Frahm, von dem auf ihn eingeschworenen Lübecker SAP-Ortsverein delegiert, der ja weitgehend identisch war mit den früheren Mitgliedern seiner alten SAJ-Gruppe, nahm den Zug nach Dresden via Berlin und setzte die Gymnasiastenmütze auf, die er als Oberprimaner des Johanneums getragen hatte. Dem inzwischen 19jährigen schien sie die geeignete Tarnung, doch »in Wirklichkeit«, schreibt er später, war diese Camouflage alles andere denn intelligent gewählt, sie kam eher »einem Steckbrief nahe«.[94] Fast alle der sechzig Delegierten legten sich Decknamen zu – Herbert Frahm wählte den Namen, der zu seinem Kampfnamen wurde und den er von jetzt an sein ganzes Leben tragen wird: Willy Brandt. Etwa sechzig Delegierte entschieden in Dresden, die SAP weiterzuführen, wählten einen illegalen Vorstand, der sich jetzt Reichsleitung nannte, und beschlossen, den »Befreiungskampf« im Reich in den Mittelpunkt ihrer illegalen Arbeit zu stellen. Um den Organisationen im Untergrund vom Ausland her mit Material und Informationen zu helfen, wurde die Errichtung von Auslandsstützpunkten geplant. Den Aufbau in Paris sollte Jacob Walcher leiten, für Oslo, dem im Konzept der SAP besondere Bedeutung zukam, nominierten die Delegierten Paul Frölich. Weil die norwegische Arbeiterpartei weit links von den deutschen Sozialdemokraten stand, versprach sich die SAP besonderes Verständnis der norwegischen Genossen für die eigenen politischen Positionen, aber auch die finanzielle Förderung ihrer illegalen Arbeit im Reich.

»Wenn die Arbeiter zusammenstehen, müssen Hitler und Papen stempeln gehen« – die griffige Parole findet sich in einem auf der Schreibmaschine getippten Lübecker Flugblatt, das erhalten blieb, mit den Worten »Briefe an einen Jungarbeiter« überschrieben ist und die Handschrift Willy Brandts, des örtlichen SAP-Propagandachefs, trägt. Besser als seine spät niedergeschriebenen Erinnerungen gibt es Einblick in Brandts Denken und Fühlen wenige Monate nach Hitlers Regierungsantritt. Daß es die Nazis gewesen sind, die den Reichstagsbrand als »letzte große Wahlreklame« vorbereitet und durchgeführt haben, ist für ihn »schon heute genau festgestellt«, schreibt er im ersten Teil des Flugblatts, einem »Brief aus Deutschland«. Freilich gibt er damit nur wieder, was auf der Linken gängige Überzeugung war und bleiben sollte, bis Fritz Tobias Anfang der sechziger Jahre mit der These von der Alleintäterschaft des Brandstifters van der Lubbe derlei antifaschistische *political correctness* nachhaltig erschütterte.

Interessanter dagegen die Ursachen, mit denen er den Zusammenbruch der deutschen Linken erklärt: Wenn Hitler und seine SA »ihre Stiefel in unseren Nacken« setzen konnten, dann sei vorrangig schuldig der »sogenannte Reformismus« von Gewerkschaften und SPD. Der Willy Brandt vom März 1933 hat keine Zweifel daran, daß die Sozialdemokraten zu »Totengräbern der Sache des Proletariats« geworden sind und den Faschisten den Weg bereitet haben, weil sie den Arbeitern die Begriffe Demokratie und Republik als Heiligtümer eingeredet hätten. Es seien eben Sozialdemokraten gewesen, die mit den »Todfeinden der Arbeiterklasse Arm in Arm« marschierten, mit ihnen in der Regierung saßen und noch deren Herrschaft duldeten, »als sie selbst bereits den Fußtritt erhalten hatten«. Von dem späteren und verlogenen antifaschistischen Gründungsmythos der SED und der DDR ist das so weit nicht entfernt. Zwar kritisiert er auch die Kommunisten, aber die Kritik an ihnen fällt eher maßvoll aus: Trotz der imposanten Millionenstimmen, die sie erhielt, habe sich die KPD, die Partei des revolutionären Flügels, nicht als fähig erwiesen, die Massen zu sammeln und sie »in den Kampf zu führen gegen den Faschismus, für die proletarische Diktatur«. Etwas pathetisch klingt dann seine Verheißung, »unter den Schlägen des Faschismus« würden »neue Kader revolutionärer Arbeiter entstehen« und die Trümmer der großen Arbeiterorganisationen, nunmehr gereinigt von »Geschäftssozialisten, Parolenschustern, Überläufern«, zu einer erneuerten deutschen Arbeiterbewegung zusammenführen.

Im zweiten Teil dieses Flugblattes, einem »Brief aus dem Ausland«, als dessen Autor Brandt allerdings nicht nachgewiesen ist, wird mit der SPD noch schärfer ins Gericht gegangen, denn dort fällt das tückische Wort vom »Arbeiterverrat«. Deutlicher als im ersten Brief werden hier allerdings auch KPD und Komintern kritisiert: Die KPD sei nur ein »ausführendes Organ der Stalinfraktion« (in der Komintern) gewesen; aus den Fehlern der falschen kommunistischen Gewerkschafts- und Einheitsfrontpolitik müßten die kommunistischen Genossen lernen, aber auch – Trotzki läßt grüßen! – aus den Irrtümern der Stalinschen »Theorie des Aufbaus des Sozialismus in einem Lande und der bürokratischen Herrschaft innerhalb der Komintern«, damit sie zum wahren Marxismus-Leninismus zurückkehren könnten.[95]

Es sind solche Flugblätter, mit denen Brandt und sein kleines Häuflein politischer Freunde in den ersten Wochen und Monaten der Illegalität ihre politische Arbeit in Lübeck fortsetzen. Die Wachsmatrizen werden von einer jungen Frau in ihrer Wohnung geschrieben und dann unter dem Teppich versteckt. Nachts steigen die jungen SAP-Genossen über den Dachboden in das Büro eines Bekannten ein und setzen den dort vorhandenen Vervielfältigungsapparat in Betrieb. Eine Nacht später schleicht man sich von hinten durch die Gärten an die Hausbriefkästen an und wirft die Flugblätter ein – so erinnert es Emil Peters, ein SAP-Genosse von Brandt und damals Referendar beim Landgericht.[96] Als diejenige Arbeiterpartei, die nach dem Urteil Hanno Drechslers gegen Ende der Weimarer Republik an Einsicht in die Notwendigkeit einer Einheitsfront allen anderen überlegen gewesen sei, rechnet sich die SAP im Untergrund besondere Chancen aus – größere jedenfalls, als es dem organisatorischen Gewicht eines kleinen Haufens entspricht, der bestenfalls zwölftausend Mitglieder zählt.

Bei seinem ersten konspirativen Unternehmen ist das Glück Willy Brandt allerdings nicht hold. Am Rande des Dresdner Parteitags war er vom neuen Vorstand beauftragt worden, die Ausreise Paul Frölichs nach Norwegen zu organisieren. Von Beruf Redakteur und Schriftsteller, der als Rosa-Luxemburg-Biograph bekannt geworden und lange Zeit Mitglied des Reichstags gewesen war, gehörte Frölich dem SAP-Vorstand an. Da er bereits steckbrieflich gesucht wurde und die neuen Machthaber die Kontrollen an den Grenzen verstärkt hatten, kam nur die Überfahrt bei Nacht mit einem Fischerboot in Frage. Brandt nahm deshalb Kontakt zu Hans Bruhn vom Lübecker Kommunistischen Jugendverband auf, der Verbindungen zu Fischern auf Fehmarn hatte. Doch Bruhn wird in Lemkenhafen von einem SA-Mann erkannt, und wenig später, am 21. März 1933, verhaftet Polizei den als Fischer verkleideten Frölich in Landkirchen auf Fehmarn.[97]

Trotz dieses Fehlschlags und trotz seiner jungen Jahre erhielt Brandt, so seine eigene Darstellung, nunmehr den Auftrag der Reichsleitung, an Frölichs Stelle selbst nach Norwegen zu gehen und in Oslo den geplanten Auslandsstützpunkt aufzubauen. Anderen Quellen zufolge hat die SAP-Gruppe Lübeck dies eigenständig entschieden, weil sie nicht nur glaubte, die Gestapo fahnde nach Brandt als dem Verfasser beschlagnahmter Flugblätter, sondern weil sie ihn nach der Verhaftung Frölichs auch für besonders gefährdet hielt.[98] Zwar nannte Frölich selbst unter Folter nicht die Namen seiner Fluchthelfer und wurde für die restlichen Monate des Jahres 1933 ins KZ Lichtenburg gesperrt – aber wie hätte die SAP-Gruppe Lübeck, die über keinen Informanten bei der Lübecker Polizei verfügte, von seinem beharrlichen, den jungen Fluchthelfer schützenden Schweigen wissen können? Zudem hatte Brandt bereits die Aufmerksamkeit möglicher Verfolger auf sich gelenkt, als er am 6. Februar in der Lübecker Holstenhalle bei einer Massenversammlung der »Antifaschistischen Aktion« als SAP-Redner zum einheitlichen Kampf aller Arbeiterorganisationen gegen den Faschismus aufrief.[99]

Um den Weggang Brandts aus Lübeck ranken sich später gleich mehrere Fluchtlegenden. Rechtsradikale Gegner werden im Wahlkampf 1972 sogar behaupten, er sei vor dem Staatsanwalt geflohen, denn er habe den Mord an einem SA-Mann auf dem Gewissen, der bei einer Schlägerei mit Julius Leber und seinen Leibwächtern vom Reichsbanner umgekommen war – eine üble Verleumdung, denn Brandt hat an dieser Schlägerei in der Nacht vom 30. Januar 1933 in der Lübecker Hundegasse nachweislich nicht teilgenommen. 1957 sagte er der Journalistin Ilse Elsner von der *Welt* in einem Interview, er wisse selbst nicht, ob seine Flucht aus Lübeck 1933 »unbedingt nötig war oder nicht«.[100] Emigrierte er also aus freiem Willen, ohne Gefahr im Verzuge, und verließ das Land nur im Auftrage seiner Partei?

In einer gründlichen Untersuchung über Brandts Ausbürgerung beantwortet der Historiker und Politologe Hans Georg Lehmann die Frage mit einem klaren Ja. Die Polizei habe zunächst gar nicht bemerkt, daß Brandt aus Lübeck verschwunden sei, und später geglaubt, er sei erst am 14. Juni weggegangen. Zentrales Motiv, sich aus Deutschland abzusetzen, ist für Lehmann mithin die Parteimission gewesen. Folgt man seinen Überlegungen, hat Brandt die Motive seiner Emigration später so zurechtgerückt, »wie er sie nachträglich als sozialdemokratischer Bundeskanzler zu sehen wünschte«. Lehmann spricht von einer »autobiographisch verengten Sichtweise« Brandts, bei der die Parteiorder, in Oslo einen Auslandsstützpunkt aufzubauen, nach und nach in den Hintergrund getreten und der Akzent statt dessen ganz auf die drohende Verfolgung und die Notwendigkeit der Flucht gelegt worden sei. Unkritische Leser, vor allem Verehrer, seien dadurch in dem Glauben oder dem Wunsch bestätigt worden, »als sei Brandt den NS-Häschern in höchster Not entronnen«.[101] Indes erscheint die Frage nach dem Motiv Brandts, Lübeck zu verlassen, wie der Streit um Kaisers Bart. Denn selbst wenn es objektiv Anfang April 1933 keine dringliche Gefährdung gab, der sich Willy Brandt durch Flucht entziehen mußte, hätte es sie nur zu bald gegeben. Wenige Tage nach seiner Abreise werden 14 Mitglieder seiner SAP-Gruppe wegen Verteilung von Flugblättern festgenommen, am 30. September 1933 viele seiner politischen Freunde aus Lübeck zu mehrmonatigen Haftstrafen verurteilt.[102] Auch seine Freundin Gertrud

Meyer, eine Verkäuferin bei Karstadt in Lübeck, die Bruno Römer als ein »blondes, lustiges, lebensfrohes Mädchen« beschreibt, wird im Mai 1933 wegen ihrer politischen Tätigkeit für die SAP in Lübeck verhaftet. Sie hatte Glück, meint der norwegische Historiker Einhart Lorenz, denn bei einer Haussuchung fand man kein belastendes Material, und sie stand nicht unter Observation. Auch nach ihrer Freilassung wird sie nicht entdeckt, als sie die Reifen ihres Fahrrads mit illegalem Material vollstopft, um ihre politische Tätigkeit fortzusetzen.

Feigheit, meint Brandt in »Links und frei«, habe er sich in der Rückschau auf jene Jahre nicht vorzuwerfen. Doch fällt schon auf, daß er auch in diesem Bericht den Begriff Flucht in den Vordergrund rückt: »Eine sittliche Pflicht, im Dritten Reich zu bleiben und es dem Zufall zu überlassen, ob man schon früh in einem Keller erschlagen oder erst später in einem hassenswerten Krieg verheizt würde, konnte es nicht geben. Über den Entschluß zur Flucht mußte sich jeder selbst Rechenschaft ablegen. Mein Lebensweg blieb ohnehin atypisch.«[103] Lehmanns These von der »autobiographisch verengten Sichtweise« Brandts wird übrigens durch eine Notiz gestützt, die der Regierende Bürgermeister seinem Senatsdirektor Uhlitz zukommen läßt. Man schreibt das Jahr 1961, es herrscht Wahlkampf, und es geht darum, vor Gericht die üble Emigrantenhetze eines Hans Frederik zurückzuweisen. Deshalb legt Brandt in seinen Zeilen an Uhlitz Wert darauf, in den Unterlagen für das Gericht den Begriff »Emigrant« möglichst zu vermeiden und ihn durch den des »politischen Flüchtlings« zu ersetzen, zumal dieser korrekter sei. Seine Begründung ist die eines von rechtem Rufmord Verfolgten, wegen seiner früheren politischen Tätigkeit als Linkssozialist immer wieder Verleumdeten, vielfach Leidgeprüften, dem als Emigranten die Fähigkeit abgesprochen wird, er könne jemals deutscher Kanzler sein: Den meisten Leuten, schreibt Brandt an Uhlitz, liege heute die Vorstellung nicht, »man sei so etwas ähnliches wie ›Berufsrevolutionär‹ gewesen«, auch wenn auf der Hand liege, »daß politische Flüchtlinge den Inhalt ihres Lebens darin sehen, daß das Gewaltregime, dem sie entwichen sind, gestürzt wird«.[104]

Ende März vermitteln Freunde – SAP-Vorstandsmitglied Emil Peters und der Trommelschläger des Reichsbanners, Carl Griesenhagen – eine Verbindung zum Fischermeister Johannes Johannsen, einem treuen SPD-Mitglied in Travemünde, der als Kapitän die Privatjacht des Chefs der Drägerwerke betreut. Johannsen beauftragt seinen Stiefsohn, den Fischer Paul Stooß, der oft des Nachts zum Fischen aufs Meer fährt, Brandt an Bord zu nehmen und ins dänische Rödbyhavn überzusetzen.

Das genaue Datum läßt sich nicht mehr feststellen, aber es muß in den ersten Apriltagen gewesen sein, daß Willy Brandt um Mitternacht an Bord des Fischkutters TRA 10 geht, der mit Motor und Segel ausgerüstet ist. Großvater hat ihm vor der Reise 100 Mark zugesteckt, die er von seinem Sparbuch nahm. In einer Aktentasche führt Brandt nur ein paar Hemden und den ersten Band des »Kapital« von Karl Marx mit, Lektüre, die ihm freilich nicht dazu verhilft, »je ein geeichter Marxist zu werden«, wie er später spöttisch bemerkt.[105] Verborgen hinter Kisten und Tauwerk, bleibt er bei einer Routinekontrolle des Zolls unentdeckt.

Erscheint ihm diese Reise, weil sie einen Bruch mit seinem bisherigen Leben bedeutet, in der Rückschau dramatischer, als sie gewesen ist? Oder hat sein Memoirenschreiber Leo Lania den Vorgang um des Effektes willen aufgebauscht? Was das Wetter angeht, klaffen die Einschätzungen von Kapitän und geheimem Passagier jedenfalls weit auseinander. Stooß behauptet, sie seien bei klarem Wetter über eine ruhige See zur dänischen Insel Lolland gesegelt.[106] Lania legt Brandt in den Mund, es habe sich um die schlimmste Reise gehandelt, die er in seinem Leben je mitgemacht habe: »Das Wetter war fürchterlich, die Qualen der Seekrankheit erschienen mir unerträglich.« Als sie glücklich in Rödbyhavn gelandet seien, habe er kaum auf den Beinen stehen können.

So beginnt, der Jungfunktionär zählt noch keine 20 Lenze, das Abenteuer der Emigration, in der er dann sehr wohl auf die Beine zu fallen versteht. Durch den Anschluß an die SAP hat sich sein geistiger und politischer Horizont eher verengt. Durch die Erfahrungen in Skandinavien, die Schule des Nordens, wie Brandt sie einmal nennt, wird er wieder geweitet – vom Dogma weg zur Entdeckung der realen Welt. Lübeck wird er erst nach dem Kriege wiedersehen, als er, dann Korrespondent für norwegische Blätter und auf dem Wege zum Nürnberger Prozeß, von Bremen aus im Wagen des Bürgermeisters Wilhelm Kaisen einen Abstecher zu seiner Mutter macht.

Norwegische Spuren

Abkehr vom Dogmatismus

Zwei norwegische Bauern sitzen schweigend bei einer Flasche Aquavit und haben sie bereits halb geleert. Da sagt der eine plötzlich: Skål! Der andere daraufhin: Willst du nun saufen oder willst du reden? So lautete Willy Brandts Lieblingswitz über die bedächtigen, eigenbrötlerischen Norweger, den er oft und, als Meister im Variieren, in verschiedensten Fassungen erzählt hat.

Norwegische Zurückhaltung und norwegisches *understatement* zu verstehen, dafür brauchte selbst der Norwegen-Emigrant Max Tau einige Zeit, obschon er zuvor als Lektor die norwegische Autorin Sigrid Undset in Deutschland bekannt gemacht und damit ihren Weltruhm begründet hatte. Es sei schwer für ihn gewesen, durch die Sprache hindurchzusehen und ihren Gefühlswert zu erkennen. Auf die Frage, wie es einem gehe, habe sein norwegischer Freund stets mit einem »ikke så allerverst« – auf Deutsch: nicht ganz so übel – geantwortet. Als er ihn daraufhin zur Rede stellte und fragte, was ihn denn bedrücke, habe der Freund gesagt: Ihm fehle nichts, aber in Norwegen wage man eben nicht zu sagen, was den Deutschen offenbar ganz leicht falle – daß es einem gut gehe.[1] Max Tau, der erste Friedenspreisträger des deutschen Buchhandels, kam aus jüdischem Haus in Oberschlesien, vor der erzwungenen Emigration hatte er erst im fröhlichen, lebenslustigen Trier, dann im diskussionsfreudigen, ja geschwätzigen Berlin gelebt. Der eher verschlossene, auf Distanz bedachte Norddeutsche Willy Brandt dagegen, der es von Jugend auf gewohnt ist, mit sich allein auszukommen, fühlt sich unter den herben, wortkargen Norwegern schnell wohl, zumal er hinter der demonstrativ zur Schau getragenen Zurückhaltung bald deren Ehrlichkeit und Offenheit, ihre Freundlichkeit, Hilfsbereitschaft und Freiheitsliebe erkennt und schätzen lernt. Oslo mit seinen 250 000 Einwohnern kennt keine

Straßenschluchten, die ihn in Berlin, bei seinem ersten Besuch, auf der Durchreise zum Dresdner SAP-Parteitag, bedrückt haben und später in New York den Atem nehmen werden.[2] Es ist eine breit hingelagerte Stadt am Fjord, ebenso weltoffen wie provinziell, überschaubar und ihm deshalb bald vertraut. Jeder scheint hier jeden zu kennen, steife Förmlichkeit im Umgang gibt es in einer Gesellschaft nicht, die niemals höfisch-aristokratisch nach französischem Vorbild ausgerichtet war.[3] Als Stefan Szende, Brandts Freund und Mitglied der SAP-Gruppe in Stockholm, 1938 zu einem Vortrag nach Oslo kommt, zeigt er sich beeindruckt von den einfachen, aber demokratischen Umgangsformen. Er sitzt im Theatercafé, dem Treffpunkt des intellektuellen Oslo, und ist ins Gespräch vertieft mit Arne Ording, einem Professor am Osloer Nobelinstitut, da tritt ein hochgewachsener, schlanker Mann an ihren Tisch, reicht ihm die Hand, setzt sich dazu und nimmt am Gedankenaustausch teil. Es ist Oscar Torp, Vorsitzender der Arbeiterpartei, seit kurzem Sozialminister, davor Verteidigungsminister. Wo gibt es noch ein Land, fragt Szende, in dem selbstverständlich ist, daß ein Minister, zugleich Vorsitzender der regierenden Partei, sich zu einem Fremden an den Tisch setzt und einfach mitparliert?[4]

Mit seinen 19 Jahren gehört Brandt nicht zu jenen Emigranten, die einer erfolgreichen Karriere, gesicherten Existenz oder ihrem Vermögen nachtrauern könnten. Viel zu verlieren hat er als Proletarierkind und Volontär einer Lübecker Schiffsmaklerfirma wahrlich nicht, auch ist er noch nicht in jenem Alter, in dem es schwerfällt, in einem fremden Land Wurzeln zu fassen. Einfügen will er sich in die neue Umgebung, nicht Außenseiter bleiben, nur nicht jener typische Emigrant werden, der stets von der alten Heimat träumt und für die Gegenwart keinen Blick hat, weil er die Wochen, Monate oder Jahre bis zur Heimkehr zählt. Nein, ein Fremder im Exil, wie Nelly Sachs ihn sah – der Fremde, der die Heimat im Arm hält wie eine Waise –, ein solcher Fremder will er nicht sein.[5]

Schnell lernt er Norwegisch, was ihm nicht nur wegen seiner Kenntnis des Plattdeutschen leicht fällt, sondern weil er die Gabe besitzt, »mit den Ohren zu lernen«. David Binder, dem er das später zu Protokoll geben wird, schreibt von einem »parrots-gift«, der Begabung des Papageien, über die Brandt verfügte und die dessen besondere Sprachbegabung erklären mochte.[6] Dazu kommt, daß die Grammatik der neuen Sprache relativ einfach ist, viele Redewendungen und Worte neben dem Platt auch dem Englischen ähneln und ein relativ geringer Wortschatz eine gute Verständigung erlaubt. Sein erster Artikel in Norwegen erscheint noch auf deutsch – in *Norges Gymnasiastblad*, der Zeitschrift der sozialistischen Gymnasiastenunion. Auf den meisten Gymnasien Norwegens wird damals Deutsch als erste Fremdsprache gelehrt, denn im Gegensatz zum anglophilen Handelsbürgertum ist das norwegische Bildungsbürgertum – bis zum Kriegsausbruch jedenfalls – am deutschen Kulturkreis orientiert und germanophil eingestellt. Deutsche Professoren, die als Emigranten nach Norwegen kamen, meint Einhart Lorenz[7], hatten keine Probleme damit, ihre Vorlesungen in deutscher Sprache zu halten oder ihre Beiträge in wissenschaftlichen Publikationen deutsch zu veröffentlichen.

Doch schon Brandts nächste Artikel, die er in Zeitungen und Zeitschriften der Arbeiterpartei und der Gewerkschaften veröffentlicht und die er oft mit Felix, F(elix) Franke oder Martin zeichnet, werden auf norwegisch verfaßt. Seinen ersten Vortrag hält er kurz nach seiner Ankunft auf einer »Sozialistischen Tagesschule« vor Vertrauensleuten der norwegischen Arbeiterpartei (Det norske Arbeiderparti, DNA). Unter den Zuhörern befindet sich der spätere norwegische Ministerpräsident Trygve Bratteli, gedolmetscht wird von Aase Lionæs, der späteren Vorsitzenden des Nobelkomitees. Als er einen Monat später zu einem zweiten Vortrag gebeten wird, kann er bereits auf ihre Übersetzungskünste verzichten – er hat, so Einhart Lorenz, inzwischen so viel Norwegisch gelernt, daß er sich selbst verständlich machen kann.[8]

Wenn Willy Brandt in Norwegen schnell Fuß fassen konnte, hat dies vor allem mit dem sozialistischen Milieu zu tun, das ihn auffängt, das internationalistisch denkt und ihm schon immer Heimat gewesen ist – die wichtigere vielleicht als Lübeck oder das jetzt nationalsozialistisch regierte Deutschland. Sicher, dieser norwegische Sozialismus hat andere, für ihn zum Teil befremdliche Akzente, von denen gleich die Rede sein muß. Aber die neuen Genossen sind nicht nur hilfsbereit, sondern auch neugierig und wollen erfahren, wie es zum Zusammenbruch der deutschen Arbeiterbewegung hatte kommen können. Warum ist sie, die doch so mächtig und stolz war, kampflos abgetreten, warum hat Hitler in

Deutschland gesiegt? Das ist die Frage, welche die norwegischen Genossen immer wieder stellen, und ihr Wissensdurst erklärt zum guten Teil, warum der junge Fremdling Willy Brandt, Augenzeuge einer Katastrophe, die sich erst vor wenigen Monaten abgespielt hat, als Versammlungsredner und Artikelschreiber gefragt ist und sich einen Namen machen kann. Nicht zufällig trägt einer seiner ersten Artikel genau diese Frage als Überschrift.

Daß er bei seiner Ursachenforschung des traurigen Niedergangs die klassische Sozialdemokratie als Hauptschuldigen anprangert, macht ihn beim Gros der DNA populär, die sich selbst lange Zeit als linkssozialistisch versteht und ihr politisches Profil zwischen Kommunismus und klassischer Sozialdemokratie angesiedelt sieht. Allerdings gibt es in ihren Reihen auch Kritiker der Brandtschen Position, und sie werden zahlreicher in dem Maße, in dem die DNA selbst im Laufe der Jahre mehr zur Mitte rückt. Als in dem Buch »Tyskland under hakekorset« – »Deutschland unter dem Hakenkreuz« – ein Beitrag von ihm über die deutsche Arbeiterbewegung erscheint, moniert Halvard Lange, der Historiker und spätere Außenminister, Brandts Urteil sei zu einseitig und von Gesichtspunkten geprägt, »die im kommunistischen Flügel der Sozialdemokratischen Arbeiterpartei herrschten«.[9] Lange meinte natürlich die SAP, die Brandt in Norwegen noch immer vertritt.

Abweisend oder gar feindlich ist die Fremde für den jungen Mann aus Lübeck also nicht. Schon in Kopenhagen, wo er nach der Landung in Rödbyhavn auf Lolland erste Station gemacht hat, wurde er von Oscar Hansen aufgenommen, dem Jugendredakteur des dänischen *Socialdemokraten*, der Zeitung der damals in Dänemark regierenden Partei. Hansen war als Dichter, vor allem aber als Verfasser zahlloser Arbeiterlieder bekannt geworden. In seiner Wohnung im Stadtteil Brönshög wohnte Brandt einige Tage, ehe er sich nach Oslo einschiffte und dort sofort Kontakt mit einem anderen Genossen suchte – mit Finn Moe, dem 31jährigen Außenpolitiker des *Arbeiderbladet*, der offiziellen Parteizeitung der DNA. Moe hatte die Jahre 1927 bis 1932 als Korrespondent seines Blattes in Berlin verbracht, verfügte seither über gute Kontakte nach Deutschland und kannte die SAP von internationalen Konferenzen. Er wußte im voraus, daß Brandt bei ihm auftauchen würde, denn die illegale SAP-Reichsleitung hatte ihm das Kommen ihres jungen Emissärs avisiert.

Es ist vor allem Finn Moes Verdienst, wenn die norwegischen Genossen dem jungen Brandt unter die Arme greifen und ihm aus dem Arbeiterjustizfonds (Arbeidernes Justisfond) eine kleine Unterstützung von wöchentlich 30 Kronen zahlen, dazu eine Mietbeihilfe von monatlich 50 Kronen. Ursprünglich sollte dieser Fonds Gewerkschaftern helfen, die mit dem Gesetz in Konflikt geraten waren, doch entwickelte er sich nach 1933 zur wichtigsten Hilfsinstanz für politische Flüchtlinge. Insgesamt standen Brandt, so errechnete es Hans Georg Lehmann, nach seiner Ankunft in Oslo damit 170 Kronen pro Monat zur Verfügung. Bedenkt man, daß eine Krone 1933 knapp eine Reichsmark wert war, dann ist das eine Summe, von der er nur notdürftig leben konnte, die er allerdings bald durch Honorare für seine Artikel aufzubessern wußte.[10] Einhart Lorenz bescheinigt dem jungen Willy Brandt »nimmermüde Aktivität«: Schon wenige Wochen nach seiner Ankunft arbeitet er im Pressebüro der DNA, zusammen mit einem jungen norwegischen Juristen, ab August auch in der Flüchtlingsbetreuung der Partei; seine Artikel verschickt er durch das Gemeinschaftsbüro der Arbeiterpresse an mehrere Dutzend Zeitungen; er stellt einen gewerkschaftlichen Pressedienst zusammen, hält Vorträge und wirkt als Referent an Bildungskursen der Gewerkschaften mit – seine Arbeitskraft schien unbegrenzt. Bereits im Frühsommer 1933 veröffentlicht er eine 24seitige Broschüre über Hitler-Deutschland, wenige Monate später – in dem Buch »Deutschland unter dem Hakenkreuz« – jenen Beitrag über die Tragödie der deutschen Arbeiterbewegung, der die Kritik Halvard Langes finden wird.[11] Er gibt Deutschunterricht, er dolmetscht, er schreibt und schreibt und schreibt – viel zuviel, wird er später sagen: Weniger wäre mehr gewesen, weil Zeilenhonorare nicht zur Qualität erziehen. Es waren, sagt Brandt, Berichte aus und über Deutschland, mit denen er sein Geld verdiente – »bescheidene außenpolitische Kommentare«, Beiträge für Gewerkschaftsblätter, nach einiger Zeit auch einige Serien für Provinzblätter.[12]

Finn Moe hat ihm fürs erste ein möbliertes Zimmer besorgt, das er gegen ein größeres vertauscht, als seine Freundin Gertrud Meyer aus Lübeck nach Oslo kommt. Nach fünf Wochen Polizeihaft wieder auf freiem Fuß, hatte Gertrud ihr Versprechen wahr gemacht und war Brandt in eine ungewisse Zukunft nach Oslo gefolgt. Um nicht von Unterstützung zu leben, arbeitet sie zunächst als Hausgehilfin in einem Osloer Vorort, später bei dem Psychoanalytiker Fenichel, danach bei Wilhelm Reich, als diese nacheinander nach Norwegen kommen. Sie ist Brandt eine treue, ergebene Gefährtin, die nach ihrer Verhaftung, auf dem Weg zum Polizeirevier, einen seiner Briefe verschluckte, um Belastungsmaterial gegen sich zu vernichten[13]; auch eine nicht minder treue politische Kameradin, die seine Korrespondenz erledigt, schrittweise einen großen Teil der Parteiarbeit der SAP-Gruppe Oslo übernimmt und sie weiterführt, als er von der SAP-Auslandszentrale zur illegalen Arbeit nach Berlin und dann als Verbindungsmann zur POUM, der spanischen Bruderpartei der SAP, nach Barcelona geschickt wird. Im Jahr 1935 können beide sich die erste Vierzimmerwohnung in einem Altbau in der Hollandergate 2/III leisten, einer Anschrift, unter welcher der deutsche Gesandte Heinrich Sahm den Journalisten Herbert Frahm noch 1938 im Osloer Adreßbuch ausfindig macht, als im Zuge des Ausbürgerungsverfahrens vom Auswärtigen Amt seine Stellungnahme angefordert wird. Bis dahin ist der Gesandtschaft, durch den Decknamen Brandt und die Pseudonyme Felix, Franke oder Martin in die Irre geführt, offenbar entgangen, daß es sich bei Frahm und Brandt um ein und dieselbe Person handelt. Gelegentlich stellt Brandt seinen Freunden Gertrud Meyer, genannt Trudel, als seine Frau vor, wie Foto-Unterschriften in Büchern bezeugen.

Die Wohnung in der Hollendergate ist nicht nur ein kleines Parteihauptquartier, in dem sich die Akten stapeln und die Junggenossen sich zu Diskussionen treffen, die oft bis tief in die Nacht währen und meist um die Frage kreisen, wie sich Hitler durch eine revolutionäre Aktion der Arbeiterklasse stürzen läßt; sie wird zur Auffangstelle für neu ankommende SAP-Mitglieder, aber auch für den Begründer der Partei, Max Seydewitz, der durch Vermittlung von Finn Moe eine Aufenthaltsgenehmigung für Norwegen erhalten hat. Zwar will Seydewitz längst nichts mehr von der SAP wissen und steht inzwischen den Kommunisten nahe, aber das hindert ihn nicht, die ersten Nächte in Oslo – Willy Brandt befindet sich gerade auf einer seiner vielen Reisen – die Gastfreundschaft »der damaligen Frau von Willy Brandt« zu genießen. Er und seine Frau Ruth kannten Gertrud Meyer aus der gemeinsamen Parteiarbeit und schätzten sie.[14]

Ist es ein Zeichen seines Wohlbehagens, daß der Zigarettenraucher sich nun gelegentlich mit Pfeife zeigt? Ohne Zweifel gehört Willy Brandt zu den wenigen Emigranten, denen es im Exil schnell gelingt, auf eigenen Beinen zu stehen. Zwar variieren später die eigenen Angaben über seine persönliche Lage im norwegischen Exil – einmal sagt er, er habe sich recht und schlecht durchgeschlagen, dann wieder, es sei ihm zuvor nie so gut gegangen.[15]

Widersprechen muß sich das nicht. Gemessen an den ärmlichen Lübecker Jahren geht es ihm nicht schlecht. Im Sommer reist er mit Trudel Meyer ans Meer oder an einen See zum Schwimmen, im Winter geht es in die Berge zum Skifahren. Daß er freilich, wie er 1947 in einem Brief an Kurt Schumacher schrieb, nur in den ersten Wochen des Exils auf Unterstützung angewiesen war, eine Behauptung, die sich auch bei Lania findet[16], scheint gewaltig übertrieben. Einhart Lorenz weist nach, daß Herbert Frahm im März 1934 den Justizfonds gebeten hat, ihm weiter die Miete zu zahlen, und daß der Justizfonds Brandt noch im Sommer 1936 die »reguläre wöchentliche Unterstützung« bewilligte. Mit eher mildem Tadel spricht Lorenz deshalb von einer »Erinnerungsverschiebung«, der Brandt zum Opfer gefallen sei.

Allerdings schließt er auch nicht aus, daß Brandt die Gelder aus der Unterstützungkasse für die Arbeit der Partei verwendet hat, die in der Tat immer knapp bei Kasse gewesen ist. Möglich scheint das durchaus, denn die SAP brauchte dringend Geld für die illegale Arbeit im Reich und hatte sich von den norwegischen Genossen dafür mehr finanzielle Unterstützung erhofft, als diese zu geben bereit waren. Zwar bewilligten sie ab und an einige Mittel für Publikationen der SAP, Anfang 1935 für deren illegale Arbeit im Reich sogar die damals stolze Summe von 2000 Kronen[17], aber für die Auslandszentrale unter Jacob Walcher in Paris waren dies bestenfalls Tropfen auf den heißen Stein.

Schon während des Dresdner Parteitags hatte Brandt den Umgang mit unsichtbarer chemischer Tinte gelernt, wie er selbst berichtete.[15] Eine blutstillende Watte konnte konspirative Mitteilungen, die mit dieser Tinte zwischen den Zeilen eines ganz normalen, den Zensor harmlos dünkenden Briefes notiert waren, später sichtbar machen. In Oslo beschafft er mit seiner Gruppe sogenanntes Bibelpapier, also Dünndruckblätter besonderer Qualität, und versucht, illegale Schriften und Schulungsmaterial fotomechanisch verkleinert herzustellen. Doch will dies ob der lichtarmen Wintermonate in Norwegen nur im Sommer gelingen – da »machten wir es in der Sonne«, heißt es in einem Brief Willy Brandts an Jacob Walcher, »und das ging relativ gut«. Versuche mit künstlicher Beleuchtung seien dagegen negativ verlaufen.[19]

Es gelingt Brandt, Genossen von der norwegischen Arbeiterpartei oder der Mot-Dag-Gruppe für Kurierfahrten ins Reich und das Einschmuggeln illegaler Zeitschriften und Broschüren zu gewinnen. Einer von ihnen versteckt das Material in einem Koffer mit doppeltem Boden und sichert ihn, indem er auf die Autoritätsgläubigkeit deutscher Kontrolleure vertraut: Er legt seine Offiziersjacke im Koffer obenauf.[20] Bald lernt die SAP-Gruppe Oslo auch, gefälschte Reisepapiere, sogenannte »Wäsche«, herzustellen – mit einem norwegischen Paß auf den Namen Gunnar Gaasland, der mit einem Bild Willy Brandts versehen ist, reist Brandt 1936 selbst nach Berlin. Pro forma und um ihre Einbürgerung zu erwirken, hatte der Student Gaasland, ein norwegischer Genosse, Brandts Freundin Gertrud Meyer geheiratet und Brandt seinen Paß zur Verfügung gestellt. Je fester sich der Nationalsozialismus im deutschen Volk einnistet und Anhänger gewinnt, um so mehr rückt die Zellenbildung in nationalsozialistischen Organisationen, vor allem der Hitlerjugend, dem Reichsarbeitsdienst und der Deutschen Arbeitsfront (DAF), ins Zentrum der illegalen SAP-Arbeit. Man will Taktik und Methoden der Massenstimmung anpassen, die von den Nazis selbst geschaffenen Einrichtungen ausnutzen und an deren Materialien anknüpfen. So heißt es in den Richtlinien und Ratschlägen der SAP vom Oktober 1937, neben einem Wust von nazistischer Phraseologie und rassistischem Unsinn, der sich in den Zeitungen der Deutschen Arbeitsfront fände, gebe es darin auch glänzende Ansatzpunkte für Gespräche, die von der Gestapo schwer zu erfassen seien – Unterhaltungen über Urlaubsregelungen, Berufsschulzeiten oder Kantinenverpflegung.

Von Oslo aus versucht Brandt, Kontakt mit dem Rechtsreferendar Emil Peters zu halten, der zusammen mit Herbert Frahm jene Versammlung gestört hatte, auf der Leber mit den »jungen Spaltern« in Lübeck abrechnete, und im April verhaftet worden war. Zu manchen Treffs reist er nach Kopenhagen, das für die illegalen

SAP-Genossen im Reich leicht zu erreichen ist, wenn sie Gruppenreisen und Wochenendfahrten buchen. Einmal angekommen, setzen sie sich dann einen halben Tag von ihren Mitreisenden ab und suchen den Genossen aus der Emigration in einem vorher vereinbarten Lokal auf. Einmal treffen Willy Brandt und Gertrud Meyer in Kopenhagen ihre beiden Mütter, die mit einem »Kraft-durch-Freude«-Dampfer von Lübeck angereist sind. Über die Internationale Transportarbeiter-Föderation (ITF), in der Seeleute, Binnenschiffer und Eisenbahner organisiert sind und die Kontakt zu gewerkschaftlichen Widerstandsgruppen in Deutschland hält, wird versucht, SAP-Material nach Deutschland einzuschleusen. Edo Fimmen, der Generalsekretär der ITF-Zentrale in Amsterdam und frühere Heilsarmee-Oberst, ist ein engagierter Antifaschist und scheut die Zusammenarbeit mit westlichen Geheimdiensten nicht. Mit seiner Hilfe versucht Brandt, die deutschen Seeleute in norwegischen Häfen zu infiltrieren.[21]

Das Norwegen, in dem der junge Partei-Emissär am 7. April 1933, mit der »Dronning Maud« aus Kopenhagen kommend, an Land gegangen war, zählte nicht zu den großen Ländern des Exils. Brandt selbst schätzt die Zahl der Flüchtlinge einmal auf knapp zweihundert »Politische« aus dem Dritten Reich, die trotz aller Streitigkeiten und Intrigen eine überparteiliche Flüchtlingsvereinigung gegründet hätten.[22] Sicher ist, daß die deutschen Emigranten nicht mit offenen Armen aufgenommen wurden, im Gegenteil: Die Wirtschaftskrise hatte auch vor den Toren des Drei-Millionen-Landes Norwegen nicht haltgemacht, allein in der holzverarbeitenden Industrie, die in der Wirtschaft eine Schlüsselstellung hielt, lag die Arbeitslosigkeit bei 55 Prozent.

War ein solches Land gegen die Versuchung des Faschismus gefeit? Halvard Lange bescheinigte weiten Kreisen des bürgerlichen Norwegen, daß sie für antidemokratisches Denken anfällig gewesen seien. Viele bürgerliche Zeitungen verfolgten die ersten Schritte der nationalsozialistischen Regierung in Berlin mit Sympathie, Hitler und Mussolini, schreibt Lorenz, hätten auf sie eine gewisse Strahlkraft ausgeübt, weil sie beide gegen Marxismus und Klassenkampf Front machten.[23] Mitglieder der Quisling-Bewegung spionierten den Emigranten nach und leiteten ihre Erkenntnisse an die deutsche Gesandtschaft weiter. Freilich konnte Vidkun Quisling, jener norwegische Nationalsozialist, der während der deutschen Besetzung weltweit zum traurigen Inbegriff des Kollaborateurs werden sollte, bei den Wahlen 1933 mit seiner »Nasjonal Samling« gerade einmal 2,2 Prozent aller Wählerstimmen gewinnen, auch wenn er zuvor Minister in zwei bürgerlichen Kabinetten gewesen war und als der jeweils starke Mann dieser Regierungen gegolten hatte.

Ernster zu nehmen als Quisling waren da schon zwei andere Entwicklungen – einmal die Tatsache, daß die regierende Bauernpartei im Zuge der Wirtschaftskrise sich zunehmend aufgeschlossen gegenüber faschistischen Tendenzen zeigte, zum zweiten, daß die bürgerliche Rechte mit einem Vaterlandsverein, dem »Fedrelandslaget« mit seinen hunderttausend Mitgliedern, die Gewerkschaften zu kriminalisieren versuchte. Von den Auseinandersetzungen zwischen zwei Lagern – der Arbeiterpartei und ihrem Widerpart, den vereinten bürgerlichen Parteien und der Bauernpartei, war denn auch das innenpolitische Klima der ersten Osloer Jahre Willy Brandts bestimmt. Zwar durften sich die Sozialisten – die mit 40,1 Prozent aller Stimmen einen Gewinn von fast 10 Prozent für sich buchen konnten – eindeutig als die großen Sieger fühlen, aber einer Koalition von Bürgern und Bauern gelang es mit hauchdünner Mehrheit, Streiks mittels Gesetz einzuschränken und die DNA von der Regierung fernzuhalten. Wenn dieses Unternehmen nach vielen Krisen 1935 schließlich fehlschlug, gebärdete sich der Staatsapparat bis dahin jedoch »immer autoritärer«[24], wie Knut Kjelstadli meint.

Vor diesem Hintergrund wird erklärlich, daß die norwegische Kriminalpolizei mit der Gestapo zusammenarbeitete und der Leiter des norwegischen »Centralpasskontoret«, ein konservativer Bürokrat namens Leif Konstad, mit dem deutschen Gesandten Ernst von Weizsäcker – ab 1938 Staatssekretär des Auswärtigen Amtes – die geheime Absprache traf, »Informationen über Emigranten auszutauschen und sich so gegenseitig bei ihren Observationen zu unterstützen.«[25] Nach Kräften war Konstad bemüht, der bürgerlichen Regierung Mowinckel bei ihren Versuchen zu helfen, Politemigranten als lästige Ausländer wieder abzuschieben. Er konnte sich dabei nicht nur auf das norwegische Fremdengesetz stützen, das erst 1927 verschärft worden war und weder den Begriff des Asylrechts noch den des politischen Flüchtlings enthielt.[26]

Der Präsident des norwegischen Parlaments, des »Storting«, hatte eine Interpellation eingebracht, in der die Regierung Mowinckel aufgefordert wurde, »ausländischen Agitatoren« ihre besondere Aufmerksamkeit zu widmen, und die bürgerliche Presse, allen voran das *Morgenbladet*, beklagte, daß sich Agenten wie »Frahn« und andere, auch der Verfasser einer Broschüre »Deutschland unter dem Hakenkreuz«, ein gewisser »Willi Braun«, noch immer in Norwegen aufhielten. Natürlich waren Herbert Frahm und Willy Brandt gemeint, und gleich zweimal sollte der Flüchtling aus Lübeck ausgewiesen werden. Nach dem ersten Bescheid des Zentralpaßkontors hatte er das Land zum 20. Mai zu verlassen, erhielt aber durch eine Intervention des DNA-Vorsitzenden Oscar Torp bei der Regierung schließlich Aufschub, der zunächst bis zum 1. September, abends 7 Uhr befristet war.

Mit der Begründung, er wolle an der Universität Oslo Philologie studieren, stellte er daraufhin den Antrag auf eine Aufenthaltserlaubnis. Zwar ist die Polizei davon überzeugt – und sie geht damit ja auch nicht in die Irre –, daß Brandt »stärkere Interessen an Politik als an akademischen Studien« habe. Wenn der Antragsteller dennoch bleiben darf, verdankt er dies wiederum Torp, dessen Votum bei der liberalen Regierung nach dem Wahlsieg seiner Arbeiterpartei an Gewicht gewann: Frahm sei ein »sympathischer Jugendlicher«, schreibt der DNA-Vorsitzende, der den Behörden nicht zur Last falle und dem, wenn er nach Deutschland zurückgeschickt werde, wahrscheinlich der Tod drohe, bestenfalls aber das Konzentrationslager.

Als die norwegischen Sozialisten 1935 die Regierung übernahmen, änderten sie sofort die Abschiebungspraxis. Allen inneren Widerständen zum Trotz liberalisierte das neue Kabinett Nygaardsvold die norwegische Flüchtlingspolitik. Über Aufenthaltsgenehmigungen, so Lorenz, entschied nun nicht so sehr das Zentralpaßkontor, wichtiger wurde der Justizfonds, der durch seinen Beschluß, einen Flüchtling zu unterstützen, die notwendige Voraussetzung für ein Bleiberecht schuf – die Garantie nämlich, daß der Antragsteller der Öffentlichkeit nicht zur Last fallen werde.[27] Mit dem Ziel, sozialistischen Emigranten aus Deutschland und Österreich zu helfen, gründete die Arbeiterpartei in Oslo auch ein Flüchtlingskomitee (Flyktningscomité), das eng mit dem Justizfonds zusammenarbeitete. Unterstützung durch dieses Flüchtlingskomitee wird von der Kieler Gestapo dann als ein wichtiger Grund für die am 28. April 1938 beantragte Ausbürgerung Herbert Frahms bzw. Willy Brandts benannt.[28]

Torp setzt sich auch 1934 wieder für Brandt ein, als dieser längst gegen die norwegische Parteiführung opponiert und den linken Flügel für das Konzept der Revolutionierung der Arbeiterpartei gewinnen will, das er im Auftrag der SAP-Auslandszentrale, aber auch aus innerer Überzeugung verfolgt. Verstanden die Norweger, fragt Lorenz – und hinzuzufügen wäre: anders als die Deutschen –, Politik und Mensch zu trennen, veränderten politische Kontroversen ihr menschliches Verhalten nicht?[29] Wer die Radikalität bedenkt, mit der Brandt den Kurs der Führung kritisiert, kaum daß er Mitglied des Jugendverbands »Arbeidernes Ungdoms-Fylking« (AUF) und damit auch der Arbeiterpartei geworden ist, kann die Haltung Torps nur als äußerst großzügig bezeichnen. Sicher hat Verständnis für Brandts Jugend dabei eine Rolle gespielt. Aber es erstaunt schon, wie selbstverständlich die norwegische Partei den Deutschen aus Lübeck als einen der Ihren akzeptiert.

Weil sie dies tut, kann Brandt am Anfang seiner skandinavischen Jahre eine politische Mehrfach-Existenz führen – als Genosse der SAP, der zielstrebig einen Auslandsstützpunkt für seine deutsche Partei aufbaut und die illegale Arbeit im Reich fördern will; als Genosse und Vorsitzender des SJV, des Jugendverbandes der SAP, deren »Zentrale Auslandsstelle« in Oslo er leitet; als Genosse der AUF und der Norwegischen Arbeiterpartei, der sich ebenso energisch wie konsequent in ihren Flügelkämpfen engagiert; schließlich als Genosse der Gruppe Mot Dag (Dem Tage entgegen), die sich als Gralshüter und revolutionäres Gewissen des Marxismus in Norwegen versteht. Spätestens seit Ende 1933, als er mit prominenten Vertretern des linken Flügels der DNA über die Möglichkeiten diskutiert, wie die Partei zu erobern sei, verfolgt er sein Konzept der »Revolutionierung bzw. Spaltung der Arbeiterorganisation im Gastlande«.[30] Er bedient sich dabei konspirativer Methoden, gründet ein Komitee zur Koordination der oppositionellen Arbeit und schreibt am 2. Februar 1934 an Jacob Walcher, er arbeite systematisch daran, »einen Apparat von solchen Verbindungen für den Tag stehen zu haben, wo wir offiziell mit der NAP fertig sind«. Fertig sein soll wohl bedeuten: Wenn wir sie endlich erobert und auf unseren revolutionären Kurs gebracht haben, und »NAP« benutzt er in seinem Brief als die bei der SAP gebräuchliche Abkürzung für den unter Deutschen gängigen Namen für die DNA, nämlich Norwegische Arbeiter-Partei.

Wer ist dieser Jacob Walcher im fernen Paris, dem er über seine Unterwanderungsversuche berichtet – sein intellektueller Mentor, sein neues großes Vorbild, vielleicht die neue Vaterfigur? Wer den Briefwechsel zwischen Walcher und Brandt aus jenen Jahren studiert, findet manchen Satz, der diese Thesen stützen kann. Fast wie ein Vater an seinen Sohn schreibt Walcher am 14. November 1933 an Brandt, er schätze es, wenn jemand mannhaft zu seinen Werken stehe, doch müsse er ihn warnen, sich aufs hohe Roß zu setzen. Die Sache, um die es in diesem Brief geht – Brandt hatte Kritik, welche die Inlandsleitung der SAP an einem seiner Berichte über die DNA geübt hatte, empört zurückgewiesen –, ist hier weniger interessant als der Ton, dessen sich Walcher bedient: »Schau, lieber Willy«, so seine wohlwollende Mahnung, »in dieser Hinsicht ist es sicherlich ein Mangel, dass Du allein stehst und dass Du deswegen des grossen Nutzens einer positiven Kritik älterer Genossen verlustig gehst. Ich bin überzeugt, dass Du auch so Deinen Weg finden wirst, doch wird Dir das umso leichter und sicherer gelingen, wenn Du Dir stets in klarer und selbstkritischer Weise über Dein eigenes Tun und Lassen Rechenschaft gibst.«[31] Eingeweihten gilt Brandt lange als Walchers junger Mann, der in SAP-Diskussionen nahezu ausnahmslos dessen Partei ergreift. Daß Walcher kein blutleerer Intellektueller war, mag einen Teil seiner Anziehungskraft ausmachen, vor allem aber beeindruckt den jungen Brandt, daß er in den Kämpfen und Auseinandersetzungen, welche die Arbeiterbewegung schließlich spalteten, immer auf der – in Brandts Augen damals – richtigen, nämlich der revolutionären Seite gefochten hat.

Von Beruf Dreher und aus einfachsten Verhältnissen von der Schwäbischen Alb stammend, hatte Walcher in Württemberg vor dem Ersten Weltkrieg Parteikarriere gemacht: Clara Zetkin, die Vorsitzende der Württembergischen Preßkommission, holte ihn als Redakteur in jene *Schwäbische Tagwacht*, die zum Ärger der Berliner SPD-Zentrale ein Sprachrohr der Linken wurde. Nach dem Krieg, als die Rechte die Parteizeitung längst zurückerobert hatte, heuert dort als Chef vom Dienst Kurt Schumacher an. Walcher stößt zur USPD und zum Spartacus-Bund, 1919 präsidiert er, zusammen mit Wilhelm Pieck, dem Gründungsparteitag der KPD, geht dann später zur KPD-Opposition und landet schließlich bei der neugegründeten SAP, in der er – seit dem illegalen Dresdner Parteitag 1933 – mit Paul Frölich den Kurs bestimmt. Brandt beschreibt ihn 1982 als einen der kernigsten Repräsentanten der alten Arbeiterbewegung – selbstsicher, kulturbewußt und vielbelesen, man könne sich heute kaum noch vorstellen, »welche Bildung, auch klassischer Prägung, und welches Kunstverständnis sich dieser Typus eines klassenbewußten Arbeiters angeeignet hatte«.[32] Daß er mit diesem Urteil nicht allein stand, belegt Werner Mittenzwei in seiner Brecht-Biographie. Brecht habe mit Walcher lange Diskussionen über Rosa Luxemburg geführt und ihn in seinem Testament mit der Hälfte der Einnahmen seines »Puntila« bedacht – eine Zuwendung, die freilich nie wirksam wurde.[33] Nach Mittenzwei galt der alte Revolutionär, der sich nach dem Krieg für den Osten entschieden hatte, aber beim DDR-Regime als Westemigrant und Weimarer KP-Renegat bald in Ungnade fiel, im Berliner Ensemble als eine Art Lichtgestalt – ein Kommunist, der seinen Idealen treu geblieben und sich weder durch Stalin noch durch Ulbricht hatte verderben lassen.

Dieser Jacob Walcher nun, der in der Emigration die SAP-Auslandszentrale in Paris leitete und den Kurs der Partei bestimmte, war im Sommer 1933 nach Oslo gekommen und hatte Willy Brandt mit Erling Falk, dem Leiter der Gruppe Mot Dag, bekannt gemacht, den er aus gemeinsamen Tagen der internationalen Kommunistischen Opposition gut kannte. Brandt erhielt den Auftrag, in Zusammenarbeit mit Falk die NAP so zu beeinflussen, daß sie sich zu einer nordischen SAP wandeln würde. Im nachhinein wirkt die ihm zugewiesene Aufgabe unglaublich arrogant: Funktionäre einer Splitterpartei einer Arbeiterbewegung, die eine historische Niederlage ohnegleichen hat hinnehmen müssen und nicht einmal den Versuch zum bewaffneten Widerstand unternahm wie die österreichische, wollen die norwegischen Genossen *mores* lehren. Daß die Norweger die deutsche Lektion schon deshalb nicht benötigten, weil sie, anders als die Deutschen, die Einheit der Organisation über alle Thesen und Dogmen stellten, daß sie die Gefahr des Faschismus pragmatisch abwendeten, nämlich durch einen historischen Kompromiß mit der Bauernpartei, wird Brandt erst erkennen und würdigen, als die Regierung Nygaardsvold ihr erstes Arbeitsprogramm vorgelegt hat. Knapp fünfzig Jahre danach aber bekennt er offen, wie peinlich ihm die eifernde Überheblichkeit sei, mit der er damals »als Versprengter einer Armee, die keinen Ruhm an ihre Fahnen geheftet habe, anderen beibringen wollte, wie sie Niederlagen vermeiden oder Schlachten gewinnen sollten«.[34]

Aber diese Einsicht kommt spät. Erst einmal gerät der Jüngling aus Lübeck ganz unter den Einfluß Falks, der zu formulieren und analysieren versteht, aber auch zu hypnotisieren und zu bezaubern – so jedenfalls Brandt, der ihn als intellektuellen Hohepriester des Marxismus und asketischen Guru schildert, als hochaufgeschossenen, kränkelnden, eher häßlichen Menschen, auf dessen Geierhals der Kopf eines gerupften Vogels sitzt, freilich ausgestattet mit Adleraugen. Straff, ja autoritär führt Falk jene Mot-Dag-Gruppe, die nach dem Ersten Weltkrieg von Studenten und jungen Akademikern zunächst als Unterorganisation der Arbeiterpartei mit dem Ziel gegründet worden war, sozialistische Agitation unter Intellektuellen an Hochschulen und Universitäten zu betreiben.

Brandts Mentor Walcher kannte Falk aus gemeinsamen Zeiten bei der Internationalen Vereinigung Kommunistischer Opposition (IVKO), zu der Mot Dag nach dem Bruch mit der Komintern gehört hatte. Lorenz spricht einmal von einem Zickzackkurs, den Falk mit Mot Dag in den zwanziger Jahren zwischen den norwegischen Kommunisten und der DNA gesteuert habe, und in der Tat sind die erbitterten Fraktionskämpfe, an denen dieser im Lager der norwegischen Linken teilgenommen hat, schwer darstellbar.[35] Doch ist, als Brandt sich Mot Dag anschließt, der Bruch zwischen Falk und der Norwegischen Arbeiterpartei längst vollzogen, so daß Mot Dag, das etwa hundert Mitglieder zählt, nun von außerhalb auf die Partei einzuwirken versucht. Die Gruppe, eine Art Lebensgemeinschaft mit der strengen Disziplin eines Ordens, versteht sich als intellektuelle Avantgarde, als »selbsternannte Elite«, wie Brandt sie einmal nennt. Ihr Ziel ist, mittels Diskussionen, Abendkursen und Sommerlagern, Büchern und einer anspruchsvollen Zeitschrift den arbeitenden Menschen das »richtige« linke Bewußtsein einzuhauchen, über das die Führung der DNA nach Meinung Falks, aber auch Walchers und Brandts, schon lange nicht mehr verfügt.[36] Als willkommener Verbindungsmann zu oppositionellen Gruppen innerhalb der Arbeiterpartei und ihrer Jugendorganisation AUF, der zudem über zahlreiche internationale Kontakte verfügt, wird Brandt schnell in den Vorstand von Mot Dag aufgenommen.

Bei seiner konspirativen Arbeit innerhalb der NAP stützt er sich auf linke Flügelmänner, die man auch als Traditionalisten bezeichnen könnte, denn im Grunde wollen sie die norwegische Arbeiterpartei, deren Führung sich auf den Weg nach »rechts« begibt, wieder dahin rücken, wo sie einmal gestanden hatte. Folgt man Kjelstadli[37], dann ähnelte die DNA in vielem dem linken Flügel der Austromarxisten. Ursprünglich Mitglied der Komintern, schied sie 1923 aus dieser aus, ohne sich der sozialdemokratischen Internationale anzuschließen. Nach ihrem Selbstverständnis konnte sie dieser auch überhaupt nicht angehören, denn sie hielt, ihrem eigenen revolutionären Konzept folgend, weder etwas vom Parlamentarismus noch gar von der Legalität, sondern strebte, auf die Aktion der Massen gestützt, eine sozialistische Wirtschaft und die politische Macht auf der Basis von Arbeiterräten an. Und weil der Staat ihr nur als eine Widerspiegelung der wirtschaftlichen Machtverhältnisse galt, spielte dieser im DNA-Konzept auch keine große Rolle. Nach dem Motto: wer erst einmal die Wirtschaft hat, dem fallen Gesellschaft und Staat ohnehin wie reife Früchte in den Schoß, sollten die Arbeiter erst einmal die Kontrolle über die Betriebe erkämpfen, dann würde sich alles andere beinahe automatisch einstellen.

Für eine Partei, die sich den Durchbruch zu sozialistischen Veränderungen durch den Kampf der Arbeiter in den Fabriken und Werkstätten erhoffte, waren natürlich die Gewerkschaften als Massenbasis unentbehrlich. Deshalb reklamierte sie auch nicht die führende Rolle für sich allein, sondern sie verstand sich als Partner der Gewerkschaften – zusammen bildeten beide, Partei und Gewerkschaften, eine politische Einheit im Kampf um die Macht. Es handelte sich hier um ein originär nordisches Konzept, dem es sicher an lateinischer Klarheit gebrach, aber sein Charakter war zweifellos revolutionär: Der Sozialismus sollte als unmittelbares Ziel direkt, ohne Umweg über eine Mehrheit im Parlament, verwirklicht werden.

In vielem mochte dieses Programm die Handschrift Martin Tranmæls tragen, des Chefredakteurs des *Arbeiderbladet*, der zwar nicht der Stellung nach, wohl aber vom Einfluß her Jahrzehnte unbestrittener Führer der norwegischen Arbeiterpartei gewesen ist. Der Bauernsohn und Malergeselle hatte einige Jahre in den USA gelebt und war 1905 in Chicago an der Gründung der radikal-sozialistischen IWW beteiligt, der International Workers of the World, von deren späterem Syndikalismus Brandt bei Tranmæl Spuren zu entdecken meint – verschmolzen allerdings mit Ideen des demokratischen Sozialismus.[38] Walcher mußte diese DNA schon deshalb als ein natürlicher Partner erscheinen, weil sie nach dem Austritt aus der Komintern zu jenem Kreis unabhängiger, sich betont links gebender Parteien gehörte, der zwischen beiden Internationalen stand – einer lockeren Gruppierung, der sich auch die SAP nach ihrer Gründung angeschlossen hatte.

Der junge Willy Brandt wiederum zeigte sich, so jedenfalls Kjelstadli, stark vom »genuinen proletarischen Charakter« der norwegischen Arbeiterpartei beeindruckt. Um so größer seine Enttäuschung, als die norwegischen Genossen zu den Wahlen im Herbst 1933 mit einem Programm antraten, welches die Krise durch ein staatliches Sofortprogramm beheben sollte – durch öffentliche Arbeitsbeschaffungsmaßnahmen und Schuldenmoratorien, durch Hilfe für die Landwirtschaft und ein *deficit spending* à la Keynes, kurz: mit systemkonformen Reformen, die den Staat plötzlich wieder in den Mittelpunkt rückten und das Parlament aufwerteten, das bislang eher als Plattform für Agitation mißachtet worden war. Erling Falk und die marxistischen Akademiker des Mot-Dag-Kreises, aber auch die linke Opposition in Partei und Jugendverband werteten dies als prinzipienlosen Opportunismus und sprachen von einem drastischen Schritt in die Richtung des bislang vielgeschmähten Reformismus.

Zwar betont Kjelstadli, daß die Führung der DNA damals das langfristige Ziel des Sozialismus keineswegs habe aufgeben, sondern nach der angestrebten wirtschaftlichen Erholung mit einer veränderten Strategie wieder anstreben wollen. Als Motiv für den Kurswechsel benennt er die Erkenntnis der Parteispitze, daß die Arbeiterschaft, in dem damals noch weithin agrarisch bestimmten Norwegen ohnehin ein weitaus schwächerer Faktor als in den klassischen Industrienationen, in Zeiten der Krise eher an Gewicht verlieren denn an Stärke gewinnen müsse. Gerade vor diesem Hintergrund habe die Furcht vor dem Anwachsen des Faschismus im eigenen Land eine große Rolle gespielt und den Rechtsschwenk mit beflügelt. Willy Brandt allerdings, der in seinem Beitrag zu »Deutschland unter dem Hakenkreuz« den Reformismus der Sozialdemokratie und die Hoffnungen, die diese in Republik, Demokratie und Parlament gesetzt habe, als die entscheidenden Faktoren für den Sieg Hitlers angeprangert hatte, vermochte im neuen Programm nur Gefahr im Verzuge zu erkennen. Waren die Norweger nicht drauf und dran, ebenjene Fehler zu begehen, welche in Deutschland zur Katastrophe geführt hatten? So schreibt er am 2. Februar 1934 an Walcher in Paris, die DNA verfolge immer unverhüllter einen rein sozialdemokratischen Kurs; für die SAP erwachse daraus die Pflicht, »alles zu stützen und voranzutreiben, was einer starken und bewußten Opposition in Norwegen dient«.

Er nutzt seine Reisen in die Provinz, wo er in Kursen über Deutschland und Vorträgen über die internationale Jugendbewegung spricht, für »engere Fraktionsberatungen«, wie er Walcher wissen läßt, stößt indes zunehmend auf Widerstand bei der Führung der Partei und ihres Jugendverbandes AUF, dem »Arbeidernes Ungdoms-Fylking«. Als ein Oppositionsvertreter auf einer Sitzung des AUF-Landesvorstands im März 1934 vorschlägt, den beredten Willy Brandt als Koreferenten zu hören, wird sein Vorschlag von der rechten Mehrheit geradezu wütend zurückgewiesen. Die »ganze Sippschaft der Partei- und Jugendleitung« sei in Raserei geraten, klagt er gegenüber Walcher, sie habe »alle ihre Wut und ihren Geifer über die Opposition und über mich als den hinter ihr stehenden Teufel« ausgelassen.[39]

Wenige Wochen später, am 10. April 1934, muß sich Brandt bittere Vorwürfe von Oscar Torp anhören, jenem DNA-Vorsitzenden, der bislang bei der Fremdenpolizei seine schützende Hand über ihn gehalten hat. Für alle radikalen Strömungen in der Bewegung, so Torp, habe er Verständnis – aber warum habe Brandt seine Bedenken ihm nicht persönlich vorgetragen? Nicht dulden könne die DNA, daß einer, »den wir als einen der unsrigen betrachten, eine fraktionelle Tätigkeit in Zusammenarbeit mit einer gegnerischen Organisation betreibt« – und meint hier zweifelsfrei Brandts

Bindung an Mot Dag. Nach dem Bericht über die Unterredung, die Brandt seiner Zentrale in Paris geschickt hat, versuchte er zunächst, sich gegenüber Torp herauszureden: Aus seinen Beziehungen zu Mot Dag habe er nie ein Geheimnis gemacht, auch kenne er viele Genossen der DNA, die wie er Verbindungen nach dort unterhielten – ob das etwa ein Verbrechen sei? Als der Vorsitzende der Arbeiterpartei darauf die direkte Frage stellt, ob er Mitglied sei, sagt Brandt dann wahrheitswidrig: »Ich (ge)höre nicht der Gruppe ›Mot Dag‹ als Mitglied an, denn ich bin ja Mitglied eures Jugendverbandes und damit Mitglied der Partei.«

Scheint ihm im konspirativen Fraktionskampf um die Eroberung der DNA das Mittel der Lüge selbst gegenüber seinem Gönner gerechtfertigt? Oder glaubt er, er müsse die Zahlung seiner monatlichen Miete durch die Partei retten? Drohend hatte Torp ja darauf verwiesen, daß Unterstützung nur jenen gewährt werden könne, »die sich loyal gegenüber der Partei verhalten«. Gerade das tat Brandt um diese Zeit eindeutig nicht. Aber auch Torp verhält sich zweideutig, als er – wiederum drohend – Brandts politische Tätigkeit anspricht und darauf hinweist, er habe gegenüber der Regierung versichern müssen, daß sein Schützling keinerlei Propaganda betreibe. Rechtfertigen nur solche Artikel und Reden, in denen Brandt sich gegen die Parteiführung wendet, eine Ausweisung? Daß Brandt sich nicht an das Verbot politischer Betätigung hält, welches ja grundsätzlich mit einer Aufenthaltsgenehmigung für Norwegen verknüpft ist, wird von Torp, der DNA und dem Justizfonds geflissentlich übersehen, solange Brandt sich mit seinen Aktivitäten innerhalb der, allerdings weit gezogenen, Grenzen der Parteidiskussion bewegt. Erst die Mitgliedschaft zu Mot Dag kam eindeutig einer Grenzüberschreitung gleich.

Ob nun Torp dem sympathischen jungen Flüchtling aus Deutschland dessen Mot-Dag-Lüge glaubte, ob er annahm, wie Lorenz andeutet, Brandt sei nicht aktiv Handelnder, sondern werde nur von Gegnern der DNA mißbraucht, oder ob es sich einmal mehr um einen Beweis für den vielerprobten norwegischen Großmut und die Hilfsbereitschaft gehandelt hat – der angedeutete Entzug der Mietbeihilfe von 50 Kronen fand nicht statt, Torp schützte den Deutschen aus Lübeck weiter vor der Ausweisung. »Der gesamte Umfang von Brandts Kontakten mit Mot Dag«, so Lorenz, »dürfte der DNA-Führung nicht bekanntgeworden sein, und was bekannt war, konnte bei ihm aufgrund seiner (jugendlichen) ›Unerfahrenheit‹ eher entschuldigt werden ...«[40]

Erst im Frühjahr 1935, als er erkannt hat, daß der »arrogante Standpunkt« der Schulmeister von Mot Dag von den »gesunden oppositionellen Elementen der Partei« abgelehnt wird[41], der reale Einfluß des Intellektuellen-Ordens auf die norwegischen Arbeiter wegen seiner »hochmütigen und elitären Attitüden« also gleich null ist, zieht Willy Brandt sich von Mot Dag zurück. Doch führt er, wie er selbst schreibt, für die Trennung ein »falsches Argument«[42] ins Feld: daß die Falk-Gruppierung für seinen Geschmack plötzlich zu sehr nach rechts abgedriftet sei. Am 15. März 1935 hat die Arbeiterpartei nämlich eine Minderheitenregierung gebildet, die sich auf die Tolerierung durch die Bauernpartei stützen kann. Dieser Regierung, die Premierminister Johan Nygaardsvold führt und die ein Krisenprogramm für Arbeiter, Bauern und Fischer verwirklichen will, steht Mot Dag nach Meinung Brandts zu aufgeschlossen gegenüber.

Falsch muß ihn dieses Argument aus dem Abstand der beinahe fünfzig Jahre, in dem er dies schrieb, natürlich dünken, ob es freilich auch damals die wahre und unumstößliche Meinung des jungen Brandt wiedergab, darf bezweifelt werden. Offenbar hat Willy Brandt um diese Zeit eine Phase ideologischer Verwirrung durchgemacht, teils von Verständnis für den Kurs der Arbeiterpartei, teils von Kritik geprägt; gelegentlich hat er sich in Norwegen auch anders eingelassen als in Beratungen der SAP-Auslandszentrale in Paris. Dort aber bezeichnete er es in seinem Bericht über die Lage in Norwegen bereits am 26. Februar 1935, also drei Wochen vor der Regierungsbildung, als »linke« Forderung, daß die Norwegische Arbeiterpartei endlich die Regierung übernehme und dafür ein Programm ausarbeite. Es sei falsch gewesen, daß die SAP den Krisenplan, mit dem die norwegischen Genossen 1933 die Wahlen gewonnen hätten, nur negativ beurteilt und nicht mit positiver Kritik beantwortet habe.

Ist hier der Brandt des Februar 1934 kaum wiederzuerkennen, der ja Pläne für den Tag geschmiedet hatte, an dem die SAP mit der Arbeiterpartei »fertig« sei, wird seine Wandlung vollends nach dem Amtsantritt der Regierung Nygaardsvold deutlich. Da schickt er für die *Neue Front*, das Blatt der SAP, einen Bericht nach Paris, dessen Druck Walcher verweigert, weil Brandts Stellungnahme zur Regierung der DNA »zu unkritisch und zu positiv« ausgefallen sei. Ob die Osloer und Willy – den er konsequent Willi nennt – denn wirklich glaubten, daß im Rahmen einer kapitalistischen Gesellschaft und nur mit parlamentarischen Mitteln eine Reformpolitik möglich sei?

Brandt hat in Norwegen die reale Not der Arbeiter, Bauern und Fischer vor Augen und sieht die Notwendigkeit eines Sofortprogramms. Sein Meister im fernen Paris dagegen, Hüter des reinen Glaubens, belehrt den Schüler: Die Regierung Nygaardsvold werde nur dann keine Etappe oder Episode auf dem Weg zum norwegischen Faschismus sein, wenn sie revolutionäre Maßnahmen gegen die Besitzenden ergreife. Um den Faschismus aufzuhalten, seien »despotische« Eingriffe in die Eigentumsstruktur nötig, und die norwegischen Genossen müßten entschlossen sein, alle Widerstände gegen eine solche radikale Politik mit »eiserner Faust« niederzuhalten.[43] Davon finde er im Regierungsprogramm keine Spur, weshalb kühle Reserve und die »Einnahme einer klaren Oppositionsstellung« angebracht seien.

Walcher mit dem Decknamen Jim, der alte Mitstreiter Rosa Luxemburgs, will eindeutig die Aktion der Massen und die Revolution, sein Schützling aber, der Jungfunktionär Herbert Frahm mit dem Decknamen Willy, identifiziert sich mehr und mehr mit dem neuen Programm der Norweger, auch wenn er an der revolutionären Zielsetzung – Änderung der Eigentumsverhältnisse, Abschaffung des Kapitalismus – festhält. Die Regierungsübernahme werde die Stellung der Arbeiterpartei stärken, so das Brandtsche Resümee in einem Manuskript über »Die DNA als Regierungspartei«, und damit könne sie die Voraussetzungen für eine spätere, wirkliche Machtübernahme durch die Arbeiterklasse verbessern.

Hat er sich damals noch vorgegaukelt, die parlamentarische Machtübernahme sei nur ein erster Schritt zu einem Systemwechsel, der ohne Umsturz der Eigentumsverhältnisse nicht denkbar ist und wahrscheinlich keinen Parlamentarismus mehr kennt? Er selbst spricht 1982 von einer »zum Teil widersprüchlichen Terminologie«, deren er sich damals bedient habe, von einer Art »Doppeldenken«, welche die konkurrierenden Einflüsse Walchers und der Norweger offenbar bei ihm bewirkt haben. In der Tat: Liest man die SAP-Protokolle der dreißiger Jahre und seine Artikel aus dieser Zeit, dann setzt er vor den deutschen Freunden nahezu ausschließlich auf die revolutionäre Aktion, zeigt in Norwegen indes Verständnis für einen völlig anderen politischen Zugriff. Der spätere schwedische Außenminister Torsten Nilsson, damals Vorsitzender des sozialdemokratischen schwedischen Jugendverbandes, hat dieses Doppeldenken in seinen Erinnerungen beschrieben. Als er Brandt im Frühjahr 1935 bei einer Tagung in Oslo traf, bewunderte er zwar dessen fließendes Norwegisch, aber zeigte sich verwirrt von seiner Widersprüchlichkeit: »Sein Norwegisch tendierte zum Reformismus, während er als Deutscher weiterhin revolutionärer Sozialist war.«[44]

Weil er sich dem Sog der unmittelbaren Umgebung nicht entziehen konnte, ging Brandt den Weg der DNA mit, die nach der Regierungsübernahme 1935 zu den benachbarten sozialdemokratischen Parteien Schwedens und Dänemarks aufschloß, sich zum Reformismus mauserte und eine Politik führte, die man auch als eine der »kleinen Schritte» bezeichnen könnte. Er nannte sie zwar nicht so – er wird den Begriff ja erst später in Berlin unter ganz anderen Umständen mit Leben füllen –, aber im Grunde ging es ihm nicht nur um Reformismus kontra Revolution. Der Pragmatismus der norwegischen Genossen beeindruckte ihn, weil er zu »Verbesserungen für die Menschen« führte, weil ihr Programm den Arbeitern, den Fischern und Bauern im täglichen Leben Vorteile brachte.

Zwei Jahre später, im März 1937, ist seine Abkehr vom Dogmatismus schon klar erkennbar, wenn er seine Junggenossen vor der Überbetonung von »Ismen« warnt. Für den einfachen Menschen, schreibt er da, bestehe das Leben eben nicht aus »Ismen«, sondern aus »Essen, Schlafen, Fußballspielen, Kanarienvögeln, Schrebergarten und anderen schönen Dingen«. Es sei Lenin gewesen, der vorgeschlagen habe, »mit der Forderung nach Teewasser Leben in den Betrieben auszulösen«. Und er folgert: »Wir müssen lernen, nicht immer von der hohen Politik zu reden, sondern ihr den Weg durch das jeweilige ›Teewasser‹ zu bahnen.«[45]

Sicher war dies als Handlungsanweisung für Widerstandsgruppen im Reich gedacht, die ja nationalsozialistische Massenorganisationen infiltrieren sollten, um im Gespräch mit den Arbeitern Zweifel an den nationalsozialistischen Machthabern zu wecken. Die Hinwendung zu pragmatischeren Denkweisen, auch wenn sie hier durch Verweis auf Lenin vor den eigenen Genossen revolutionär legitimiert werden, konnte ihm so schwer nicht fallen, da er nie zum Kreis der marxistischen Schriftgelehrten zählte. Zwar hatte er etliche Schriften der Klassiker gelesen und war mit dem ersten Band des »Kapital« von Karl Marx in die Emigration aufgebrochen, aber die Bibel des Sozialismus richtig zu studieren, dazu kam er erst, als er 1934 an einer Übersetzung ins Norwegische bei Mot Dag mitarbeitete. Die sozialistischen Ideen, mit denen ihn der Großvater aufzog, waren weniger wissenschaftlich begründet als auf naive Bebelsche Verheißungen gebaut. »Für uns war Sozialismus gleichbedeutend mit Kampf gegen Unrecht und Ausbeutung, Unterdrückung und Krieg: links, wo das Herz schlägt«, schreibt Brandt in »Links und frei«. Dort stellt er die Frage: »Waren wir Marxisten?«, und räumt ein, daß sie »nicht einfach zu beantworten« sei. In der Tat kam in seiner Jugendzeit auch ein moralisch inspirierter Sozialismus nicht selten vulgärmarxistisch drapiert daher.

Wenn Brandt sich in seinen ersten SAP-Jahren auch sicher als Marxist verstanden hat, ist er doch im Laufe der norwegischen Jahre vom Marxismus abgerückt. Er formte sein eigenes Bild von der Entwicklung des sozialistischen Denkens, in dem Marx und Engels zwar einen wichtigen Platz hatten – doch »alles andere erdrückend waren sie nicht«.[46] So nimmt nicht Wunder, wenn dieser Willy Brandt mit seinem Doppeldenken, seinem Hang zum Ambivalenten, Vielschichtigen, ja Zwiespältigen bei dogmenstrengen Genossen in Paris bald in den Verdacht mangelnder Glaubens- und Prinzipientreue gerät. Wie später läßt er manche Widersprüche einfach stehen, für ihn führen jetzt mehrere Wege zum Sozialismus. Im Streit um die erste Regierung der Norwegischen Arbeiterpartei, die Jacob Walcher als Sündenfall betrachtet, benutzt er einmal das Bild vom Bergsteiger, der zum Gipfel wolle, dem es aber nicht in den Sinn komme, auf geradem Weg dahin zu klettern. Der Genosse Brandt, hält man ihm daraufhin spöttisch entgegen, werde nie den Gipfel stürmen, denn er habe jetzt die Norwegische Arbeiterpartei im Rucksack.[47]

Der Gegensatz blieb unüberbrückt, ohne daß dies die Freundschaft zwischen Brandt und Walcher trüben konnte. Brandt war überzeugt, die Arbeiterpartei handele richtig, weil das Vertrauen der Bevölkerung in die Demokratie sich nur aufrechterhalten ließ, wenn es gelang, die vordringlichsten wirtschaftlichen Probleme zu lösen. Wie die norwegischen Genossen wertete er ihr Krisenprogramm also als eine Barriere gegen das Vordringen des Faschismus. Willys Meister Jim, der orthodox-marxistische Parlamentsverächter, sah dies in Paris genau umgekehrt: Weil eine Regierung, die auf den Parlamentarismus vertraue und den revolutionären Willen zur Macht vermissen lasse, nur oberflächliche Reformen im Rahmen des kapitalistischen Systems durchführen könne, werde der Faschismus in Norwegen nur um so schneller kommen. Müßig, zu untersuchen, wer hier schließlich recht behalten hat. Doch beginnt mit der »Norwegenfrage« ein Prozeß der Ablösung Brandts von seinem Vorbild und Mentor, der sich sich über Jahre hinziehen wird.

Im späteren Parteiführer Brandt wird manches vom Habitus seiner norwegischen Genossen erkennbar werden – etwa in seinem duldsamen Umgang mit Parteiflügeln oder den radikal orientierten Jungsozialisten, den ihm Kritiker als Führungsschwäche auslegen werden. Die DNA bietet Platz für Linke und Rechte, sucht eine sozialistische Volksbewegung diesseits der Kommunisten zu sein und zeigt sich bei innerparteilichen Diskussionen durchweg tolerant. »Unser Ziel«, so der Co-Autor des Krisenprogramms von 1933, Ole Colbjørnson, im Storting, » ist nicht ein kommunistischer oder russischer-marxistischer Proletensozialismus, sondern ein volkstümlicher demokratischer Sozialismus mit Verankerung in norwegischer Wesensart und norwegischen Traditionen.« Wenn er einräumt, daß die Partei auf dem sogenannten Marxismus aufbaue, sieht Einhart Lorenz darin nur eine Konzession, mit der die Parteilinke habe beruhigt werden sollen. Denn im gleichen Atemzuge habe Colbjørnson erklärt: Besser sei es, von einer ökonomischen oder realistischen Geschichtsauffassung zu sprechen, das Wort »marxistisch« lasse sich deshalb gut aus dem Vokabular der norwegischen Arbeiterbewegung ausrangieren.[48]

Norwegen hinterläßt Spuren. Sie prägen den jungen Brandt, und nicht nur ihn. Alle linken Emigranten aus Deutschland waren als überzeugte Republikaner in ein Land gekommen, das nicht nur über eine intakte Monarchie verfügte, sondern auch einen König hatte, der nicht wie in England entrückt über allem schwebte, sondern volksnah war, ein Monarch zum Anfassen sozusagen. Die Deutschen verbanden mit dem Begriff Monarchie die Erinnerung an das Dreiklassenwahlrecht, einen säbelrasselnden Kaiser Wilhelm II. in seinen unzähligen, je nach Anlaß variierenden Uniformen, an Drill und Gnadenlosigkeit der preußischen Militärmaschine, auch an die schnarrende Arroganz ihrer Offiziere.

Wie ganz anders dagegen diese Monarchie in Norwegen! Die Memoiren fast aller deutschen Emigranten, gleich welcher politischen Couleur, künden von ihrem Staunen über einen durch und durch zivilen, keinesfalls unnahbar oder majestätisch sich gebenden König und eine im Alltag des Volkes verwurzelte Monarchie. Als König Haakon VII. durch die Gemächer seines Schlosses ging und auf eine deutsche Emigrantin traf, die beim Putzen gerade auf eine Leiter geklettert war, sprach er sie an und sagte, er sei froh, daß auch ein Einwanderer bei ihm Arbeit erhalten habe. So berichtet es Otto Friedländer.[49] Als die Stadt Oslo ihr neues Rathaus eröffnen wollte und Einladungen für die Einweihungsfeier verschickte, war der König leer ausgegangen. Er rief daraufhin beim Bürgermeister an und fragte, ob denn Spender eingeladen würden, die sich mit einer Geldsumme an den Baukosten beteiligt hätten. Als man ihm dies bestätigte, schickt er einen Scheck und wird prompt zur Eröffnung gebeten – so erzählt es Max Seydewitz.[50]

Auch Willy Brandt zeigt sich vom sozialen und demokratischen Engagement Haakons beeindruckt. Der König habe nicht gezögert, sich »als eine Art Sozialdemokrat« zu verstehen, wenn auch von eher dänischer, also besonders gemäßigter Richtung. Nach den Wahlen von 1927, als die Norwegische Arbeiterpartei erstmals stärkste Partei geworden war, hätten ihn Abgeordnete »aus der konservativen Ecke« bedrängt, von der ungeschriebenen Regel abzuweichen, nach der die jeweils stärkste Partei mit der Regierungsbildung beauftragt werden muß. Als ein bürgerlicher Abgeordneter aufgeregt im Schloß erschienen sei, um Majestät aufzuklären, er dürfe nicht einen »Kommunisten« die Regierung bilden lassen, habe Haakon ebenso einfach wie entschieden gesagt: »Ich bin auch der König der Kommunisten.« (Daß die erste Regierung der Arbeiterpartei sich dann nur zwei Wochen im Amt halten konnte, steht auf einem anderen Blatt.)

Krieg und Exil, so Brandts Urteil, hätten erwiesen, welche glückliche Hand die Norweger zeigten, als sie 1905, nach der Trennung von Schweden, den dänischen Prinzen Carl zu ihrem König machten: »Er ermöglichte seinem schwergeprüften und durch mancherlei Spaltung bedrohten Volk, sich in einem unangefochtenen Staatsoberhaupt wiederzufinden.« Selbst »radikale« republikanische Dichter hätten dem König 1940, nach der deutschen Besetzung, gehuldigt und dafür Verfolgung auf sich genommen.[51] Welch ein Wandel zum Positiven, dem sein Bild von der Monarchie in Norwegen unterliegt! Noch Ende März 1934 hatte er in der SAP-Zeitschrift *Neue Front* den damaligen Storting-Präsidenten kritisiert, weil dieser bei der Eröffnung des Parlaments die traditionelle Formel gebraucht hatte: »Gott behüte den König und das Vaterland.« Daß auch Abgeordnete der Arbeiterpartei am Festessen im Schloß teilnahmen, fand damals seine Billigung nicht.

Brandts SAP-Genosse Peter Blachstein, der von Prag nach Oslo übersiedelt, empfand Norwegen zunächst als klein, eng und einsam – als europäische Provinz. Doch als er am 17. Juni 1936 den ersten norwegischen Nationalfeiertag erlebt, gewinnt er dem neuen Exil nur angenehme Seiten ab: Er ist vom »zivilen Charakter« des norwegischen Volkes überrascht. In fast allen Ländern, schreibt Blachstein in seinem Tagebuch[52], sei der Nationalfeiertag mit Paraden und Säbelrasseln, patriotischen Reden und Gesängen verknüpft. Anders in Oslo – da sei nur sparsam und fast nur auf öffentlichen Gebäuden, großen Geschäften und Hotels geflaggt. »Am Morgen Kinderzug mit Fähnchen zum Schloß, wo die Schuljugend dem König huldigte und die Königsfamilie mit dem Kronprinzenpaar und kleinen Prinzessinnen auf dem Balkon erschien ... Es gab ein Volk in Europa im Jahre 1936, das nicht hysterisch wurde, wenn es den Tag der Verfassung beging, das die Nationalhymne nicht gern sang und von seiner Fahne kein Aufhebens machte.« Und herzlich hätten die Norweger über ihre Wikinger-Vorfahren gelacht: »Wir sind auch mal Räuber gewesen, haben geraubt, geplündert und geschändet. Jeder hat seine Flegeljahre, auch Völker heute sind wie Erwachsene. Wir sind stolz auf unsere Seefahrer, auf die Forscher, auf unsere Maler und Dichter und auf unsere Humanität: Nansen!«

Immer wieder verwundert deutsche Emigranten auch das Antiautoritäre in der politischen Praxis und beim Vorgehen der Polizei, die wie die britischen Bobbies keine Waffen trägt. »Es gibt keinen Autoritätsglauben in Norwegen!« notiert der Mathematiker Walter Romberg. Die Erziehung der norwegischen Jugend sei anders als die deutsche – nicht Strafe werde angedroht, sondern man versuche, mit dem Argument zu überzeugen: »Wir tun so etwas nicht.« Als eher komische Seite dieses Verzichts auf alle Repression in der Pädagogik führt er das Beispiel von Lampen an, die regelmäßig von Jugendlichen mit Steinen zertrümmert würden. Eigens für die Reparatur dieser Lampen hätten die Stadtväter einen Budgetposten mit der Begründung eingesetzt: »Als wir jung waren, taten wir das auch. Waren Sie nie jung?«[53]

Im norwegischen Alltag finden die Emigranten weniger »Distinktion gegenüber statusähnlichen Anderen«, also weniger horizontale Ungleichheit, weil die »Norweger nicht bei jedem Treffen herausstrichen, wer sie waren, d.h. welche gesellschaftliche Macht sie besaßen und welche soziale Position sie bekleideten«. Der Unterschied zwischen ganz oben und ganz unten, so Frank Meyer, sei für die Flüchtlinge in Norwegen weniger spürbar gewesen als in Deutschland.[54]

Brandt rühmt ebenfalls das Fehlen von Standesdünkel und die Selbstverständlichkeit, mit der auch die kleinsten Bauern und die einfachsten Arbeiter sich als vollwertige Bürger fühlten. Schon auf seiner ersten Skandinavienreise als Schüler hatte ihn beeindruckt, daß die Abgeordneten aus dem dänischen Parlament, dem Folketing, nach der Sitzung sich im sogenannten »Snapseting« an einen Tisch setzten, manchmal »kuhhandelten, manchmal aber auch Politik Politik sein ließen, sich über den Garten und die Kinder unterhielten oder eben ohne viel Worte ganz einfach ein Gläschen Schnaps tranken«. Auch im norwegischen Storting wurde das Gemeinsame gepflegt, denn die Abgeordneten saßen nicht nach Parteien, sondern nach Wahlkreisen und Regionen zusammen, der Konservative neben dem Sozialdemokraten, der Liberale neben dem Kommunisten.[55]

Schon die Sitzordnung garantierte, daß Sprachlosigkeit zwischen den Fraktionen oder Feindschaft zwischen politischen Gegnern, erbitterte gar wie in Deutschland üblich, nicht aufkommen konnten. Wenn Brandt in seinem ersten Bundestagswahlkampf nach dem Mauerbau dann eine Allparteienregierung fordern wird, zeigt dies, wieviel vom skandinavischen Politikverständnis er übernommen hat. Zur politischen Kultur der Norweger oder Schweden gehört ganz selbstverständlich, daß man in gefährlichen Zeiten eng zusammensteht und auf besondere Herausforderungen nach einer möglichst gemeinsamen Antwort sucht.

Brandt kann in Norwegen erste politische Erfolge erzielen, auf die er später noch stolz sein wird. Da ist einmal seine Kampagne für die inhaftierten Mitglieder der SAP-Inlandsleitung, darunter Max Köhler, Klaus Zweiling, Max Liebermann und Edith Baumann, die spätere erste Frau Erich Honeckers. Wegen Fortführung einer verbotenen Partei und entweder Vorbereitung oder aber Aufforderung zum Hochverrat stehen Ende 1934 in Berlin insgesamt 24 Angeklagte vor dem 2. Senat des Volksgerichtshofs; die Anklage gegen Stefan Szende lautet sogar auf »Hochverrat, begangen in Zusammenarbeit mit dem Ausland«, ein Verbrechen, das mit dem Tod bestraft wird. Brandt gelingt es, die Namen von ein paar Dutzend norwegischen Richtern und Anwälten zusammenzubringen, die in einer Eingabe juristische Einwände gegen den Prozeß vorbringen. Zu den Unterzeichnern zählt auch der spätere Justizminister und erste Generalsekretär der Vereinten Nationen, Trygve Lie.

In ihrem Schreiben vom 22. Oktober 1934, das an das Reichsjustizministerium gerichtet ist und im Gerichtssaal laut verlesen wird, findet sich unter anderem das Argument, kein zivilisiertes Land habe zuvor versucht, neuerlassene Gesetze rückwirkend anzuwenden. Außerdem protestieren die norwegischen Richter und Anwälte gegen die »unmenschlichen Mißhandlungen«, welche die wehrlosen Angeklagten während der Untersuchungshaft hätten erleiden müssen und fordern statt des angeblich geplanten Geheimprozesses eine Verhandlung in aller Öffentlichkeit. Besonderes Gewicht verlieh dieser Intervention die Tatsache, daß zwei Anwälte, Aake Ording und der spätere Osloer Bürgermeister Brynjulf Bull, für die anderen mitunterzeichneten. Damit wurde der Eindruck erweckt, sie hätten sich als Vertreter des norwegischen Juristenverbandes geäußert – ein Mißverständnis, das die deutschen Richter wahrscheinlich zu milderen Strafen bewogen hat. Jedenfalls kommen Max Köhler und die anderen Mitlieder der SAP-Inlandsleitung mit drei Jahren Gefängnis davon, Stefan Szende muß für zwei Jahre ins Zuchthaus; den Anklagepunkt, auf den die Todesstrafe stand, hatte der Staatsanwalt während der Verhandlung stillschweigend fallengelassen.

Haben die Richter mit diesem milden Urteil damals Mut bewiesen? Brandt vermutet, es seien Deutschnationale gewesen, die den Volksgerichtshof nicht einfach als Willkürinstanz betrachtet hätten.[56] Wenn sie den Angeklagten während der öffentlichen Verhandlung nicht das Wort entzogen, als sie von Torturen sprachen, denen sie ausgesetzt waren, und wenn der zuständige Gestapo-Beamte wegen Mißbrauchs seiner Amtsgewalt demonstrativ im Gerichtssaal verhaftet wurde, dann läßt dies zwei Erklärungsmöglichkeiten zu: Entweder hatten sie Anweisung, die norwegische Eingabe durch die Art ihrer Prozeßführung zu widerlegen, oder aber es handelte sich – was für Brandts Annahme spräche – um Richter, die noch nicht völlig gleichgeschaltet waren.

Ein zweiter politischer Erfolg Brandts in seinen frühen norwegischen Jahren hat mit dem Versuch zu tun, Carl von Ossietzky durch die Nominierung zum Friedensnobelpreis vor den schlimmsten Mißhandlungen in nationalsozialistischen Konzentrationslagern zu schützen. Als Herausgeber der *Weltbühne* und überzeugter Pazifist hatte Ossietzky die geheime Aufrüstung und die Zusammenarbeit der Reichswehr mit der Roten Armee, beides Verstöße gegen die Verfassung und gegen internationale Verträge, in seinen Artikeln aufgedeckt. Wegen dieser Veröffentlichungen war er schon in der Weimarer Republik zu einer anderthalbjährigen Gefängnisstrafe verurteilt, aber Ende 1932 amnestiert worden. Sofort nach dem Reichstagsbrand ließen die Nationalsozialisten, denen er wegen seiner Artikel als besonders übler Vaterlandsverräter galt, ihren Rachegelüsten freien Lauf. Sie verhafteten ihn, warfen ihn erst ins Konzentrationslager Sonnenburg, dann in das berüchtigte Moorlager Papenburg-Esterwegen und unterzogen ihn einer Sonderbehandlung, die klar darauf hinauslief, Ossietzky durch Arbeit beim Entwässern der Sümpfe zugrunde zu richten. Könnte dies nicht verhindert werden, wenn der von seinen Schergen hinter Stacheldraht gequälte und gepeinigte Ossietzky, der obendrein an Tuberkulose erkrankt ist, den Friedensnobelpreis erhält? Müßten die

Nationalsozialisten einen Nobelpreisträger Ossietzky nicht freilassen, es sei denn, sie wollten eine weltweite Kampagne liberaler und linker Medien gegen das »neue Deutschland« und seine »nationale Revolution« riskieren? Es ist der nach Straßburg emigrierte Berthold Jacob, ein ehemaliger Mitarbeiter der *Weltbühne*, der in diesem Sinne Ende Mai 1934 an das Nobelkomitee schreibt und seine Überlegungen publiziert – freilich in einem Pressedienst, der bei der Gestapo seit längerer Zeit als Instrument der französischen Militärbehörden gilt. Das schadet Ossietzky mehr, als daß es ihm nützen könnte. Auch entspricht sein Vorschlag an das Nobelkomitee weder der Form, noch zählt Jacob zu jenem erlesenen Kreis, dessen Mitgliedern überhaupt gestattet ist, einen Anwärter zu nominieren. Aber sein Gedanke wird aufgegriffen und bald weltweit, wenn auch kontrovers, diskutiert. Formal hat auch Romain Rolland, Träger des Nobelpreises für Literatur, kein Vorschlagsrecht, doch findet sein Appell Gehör, »endlich einen Apostel des Friedens« mit dem Nobelpreis zu krönen, der es »bis zum Marty-rium geblieben ist«.[57]

Jane Addams, die weltberühmte amerikanische Philantropin, selbst Trägerin des Friedensnobelpreises 1931, macht sich nun für Ossietzky stark, Albert Einstein und Thomas Mann, André Gide und eine Reihe von Nobelpreisträgern und Gelehrten schließen sich an. Zwar hält Knut Hamsun, als Bewunderer Hitlers ein falscher Freund Deutschlands, in der Osloer *Aftenposten* dagegen: Er behauptet, Ossietzky hätte ja fliehen können, dies aber bewußt verschmäht, um als »lebende Demonstration« dem Regime unbequem zu sein. Aber Zorn und Empörung im Lager der liberalen und linken Intelligentsia in Norwegen über diese Äußerungen sind so groß, daß die Befürworter der Preisvergabe an Ossietzky nur an Zulauf gewinnen. Und gerade auf Norweger kommt es ja an, denn die Auswahl des Friedenspreisträgers obliegt einem Komitee, dessen Mitglieder vom norwegischen Storting benannt werden und die formell ihre Entscheidung völlig souverän treffen können.

Für den Freundeskreis »Carl von Ossietzky«, der sich in Paris um die frühere *Weltbühnen*-Sekretärin Hilde Walter und um Konrad Reisner von der Deutschen Liga für Menschenrechte gebildet hat, spielen deshalb zwei ihrer Osloer Mitarbeiter eine Schlüsselrolle: Mimi Sverdrup Lunden und Willy Brandt. Während die Studienrätin Lunden für Ossietzky in intellektuellen und liberalen Kreisen wirbt, bearbeitet Brandt, den Reisner noch aus Deutschland kennt, das linke politische Spektrum. In der Presse der Arbeiterpartei, die allein in der Provinz über 40 Zeitungen verfügt, versucht er, die Sache des bisher nahezu unbekannten Ossietzky populär zu machen. Martin Tranmæl hilft ihm bereitwillig und öffnet die Spalten seines *Arbeiderbladet*. Brandt führt auch »eine lange Reihe von Besprechungen«[58] mit Vorstandsmitgliedern der Arbeiterpartei und ihres Jugendverbandes, die ursprünglich dazu neigten, einen Kandidaten aus Schweden vorzuschlagen. Auch schwedische Sozialdemokraten, die der Flüchtling aus Lübeck aus seiner internationalen Arbeit kennt, sucht er zugunsten von Ossietzky zu beeinflussen. Daß die schwedischen Genossen, vor allem aber daß die Norwegische Arbeiterpartei und die Storting-Fraktion der DNA am 23. Januar 1936 dem Norwegischen Nobelkomitee dann vorschlagen, den Friedensnobelpreis dem deutschen Pazifisten Carl von Ossietzky zu verleihen, ist nicht zuletzt Willy Brandts Verdienst.

Zwar steht ihm die Führung der Norwegischen Arbeiterpartei wegen seiner früheren Beziehungen zu Mot Dag reserviert gegenüber, wie Gertrud Meyer klagt. In einem Brief an die Auslandszentrale schreibt sie vom Mißtrauen der Norweger gegen die ganze SAP-Gruppe, das wohl mit den Erfahrungen von 1934 zu tun habe, »als Willy sich innerhalb der norwegischen Bewegung gegen die Leitung exponierte«.[59] Doch wenn es um den gemeinsamen Kampf gegen Hitler geht, haben die norwegischen Genossen nicht nur offene Taschen für die SAP, sondern auch ein offenes Ohr für die Argumente des jungen Willy Brandt.

Deutschland, zweitwichtigster Handelspartner Norwegens, warnt massiv vor einer öffentlichen Demütigung des Dritten Reichs durch Vergabe des Preises an einen inhaftierten Gegner des Regimes, und zwei Mitglieder des Nobelkomitees legen deshalb ihre Ämter nieder. Erst als Martin Tranmæl nachrückt, der überzeugte Antifaschist, ist die Wahl Ossietzkys gesichert. Die Skandinavier haben mit ihrer Wahl Hitler eine empfindliche propagandistische Niederlage beigebracht, und der »Führer« schäumt vor Wut. Willy Brandt jedoch, dessen Anteil daran nicht gering zu veranschlagen ist, erfährt davon nicht in Oslo, sondern in Berlin, wo er als »Martin« im Untergrund die Arbeit der illegalen SAP-Gruppen reorganisieren soll.

Erste Lehr- und Wanderjahre

Oslo, Berlin, Paris

Obschon des Norwegischen so weit mächtig, daß er bald nach seiner Ankunft Vorträge halten und Artikel schreiben kann, bittet Willy Brandt um die Erlaubnis, seine Klausurarbeit über den französischen Philosophen Auguste Comte auf deutsch schreiben zu dürfen. Um der Ausweisung zu entgehen, aber auch auf Vorschlag seiner intellektuellen Freunde von Mot Dag, die ihm zur Weiterbildung raten, hat er sich im September 1934 an der Universität Oslo immatrikulieren lassen. Voraussetzung für das Studium ist eine vorbereitende Prüfung in Philosophie, aber weil die norwegische Sprache »aller Phraseologie, auch der philosophischen, wenig Auslauf läßt«, verfaßt er die Arbeit lieber auf deutsch – sonst hätte er »bei gleichem Wissensstand einen nicht annähernd so umfangreichen Text produzieren können« und voraussichtlich eine schlechtere Note erhalten. Er besteht die Prüfung mit gut und belegt anschließend Vorlesungen auf dem Gebiet, das ihn sein ganzes Leben besonders interessieren wird: Geschichte.

Wäre er ein guter Historiker geworden? Zweifellos verfügt er über etliche Voraussetzungen für das Fach, denn er versteht es, sich in andere hineinzuversetzen, ihre Motive aufzuspüren, fremde Traditionen zu begreifen, Konflikte zu analysieren, widerstreitende Interessenlagen zu erkennen und gegeneinander abzuwägen – wann immer er sich später mit einer widerspenstigen Partei und ihren manchmal kleinlichen, spießigen Funktionären herumschlagen muß und geradezu angewidert erwägt, »den ganzen Kram hinzuschmeißen«, droht er damit, daß er ja auch Geschichtsprofessor oder Autor historischer Biographien werden könnte. Dabei ist ganz klar, daß sein Interesse an der Wissenschaft sehr viel geringer entwickelt ist als sein Drang zum politischen Handeln. In Oslo jedenfalls erlaubte sein politisches Engagement »mit den damit verbundenen langen Abwesenheiten« kein systematisches Studium[1], auch wenn er einmal davon spricht, vor allem der Krieg habe ihn daran gehindert, seine Studien »zu einem organischen Abschluß zu bringen«.[2]

Einhart Lorenz spricht von einem eindeutig »taktisch motivierten Studium« und meint damit, es sei vor allem begonnen worden, um die norwegische Aufenthaltsgenehmigung zu erhalten. Damit legt er den Gedanken nahe, daß Willy Brandt nie die Absicht hatte, es bis zu einem Examen fortzuführen.[3] Unstrittig ist, daß Brandt sehr bald das Leben als akademischer Bürger aufgegeben und sich wieder ausschließlich der Politik zugewendet hat, die ihn, den Jugendfunktionär, in der Tat mit Aufgaben überhäufte. Immer wieder führte sie ihn in die Länder Westeuropas und ließ ihn – anfänglich proletarische – Weltläufigkeit erwerben. »Revolutionstourismus« nennt Biograph Peter Koch ein wenig verächtlich die vielen Reisen des jungen Brandt nach Stockholm und Kopenhagen, nach Amsterdam und Brüssel, nach Prag und Mährisch-Ostrau, nach Barcelona und ins englische Letchworth, vor allem aber seine häufigen Besuche in Paris.

Gemessen an den SAP-Stützpunkten in Prag und Paris fiel die Gruppe Oslo zahlenmäßig kaum ins Gewicht. Jörg Bremer schätzt die Auslandsgruppen jener »Elite in den Massen«, als die sich die SAP verstand, auf insgesamt 180 Mitglieder, von denen in den ersten zwei Jahren nach Hitlers Regierungsantritt in den beiden Zentren der deutschen Emigration, in Prag zwischen 20 und 30, in Paris rund 40 Genossen lebten.[4] Das Sitzungsprotokoll der SAP-Auslandsleitung vom 26. Februar 1935 führt für Norwegen ganze 7 SAP-Mitglieder auf, davon gehören vier zur Gruppe Oslo, drei SAP-Angehörige leben in Bergen. Im Januar 1937 ist die Gruppe Oslo immerhin auf ganze neun Mitglieder und zwei Sympathisanten angewachsen, Bergen hat nur zwei Mitglieder und einen Kandidaten.[5]

Winzig also ist der Stützpunkt Oslo, doch kommt ihm nach Meinung der SAP-Auslandszentrale nicht nur wegen der Beziehungen zur DNA besondere Bedeutung zu, weil diese die einzige Massenpartei im Rahmen der Internationalen Arbeitsgemeinschaft linkssozialistischer Parteien darstellte. Es waren ja vor allem junge SAJ-Mitglieder, die mit ihrem Übertritt zur SAP und deren Sozialistischem Jugendverband Deutschlands (SJVD) der Splitterpartei von Seydewitz und Rosenfeld die Masse ihrer rund zehntausend Mitglieder gebracht hatten. In einer insgesamt überdurchschnittlich jugendlichen Partei mußte ihr Jugendverband also über besonderes Gewicht verfügen – und mit ihm auch die winzige SAP-Zelle Oslo, weil deren Kopf Willy Brandt ab Herbst 1933 auch die Zentrale Auslandsstelle des SJVD leitete.

Unterstützt vor allem von Gertrud Meyer und den SAP-Junggenossen Walter Michaelis (Deckname: Sverre) und Emil Dinkla (Deckname: Ewald), ab Sommer 1935 auch von Peter Blachstein (Deckname: Hans), den der Kanzler Brandt später einmal als Botschafter der Bundesrepublik nach Jugoslawien schicken wird, redigierte Brandt Rundbriefe und Mitteilungsblätter für die Jugendorganisation der Partei, dazu einen *Nachrichtendienst*, der sich an einen größeren Interessentenkreis wendete und einmal *Jugend-Korrespondenz*, ab 1937 dann *Sozialistische Jugend* hieß. Der Gruß der SJVD-Mitglieder lautete »Kampfbereit«, und dieser Gruß diente später als Titel für ein Funktionärsblatt des SJVD, das fotomechanisch hergestellt wurde. Er prangte auch auf den Deckblättern mehrerer, auf Dünndruckpapier hergestellter Broschüren, die auf geheimen Kanälen ihren Weg nach Deutschland fanden. Mehr Bedeutung hatte, wenigstens für die Jahre 1934 bis 1937, das *Internationale Jugend-Bulletin*, herausgegeben vom Internationalen Büro Revolutionärer Jugendorganisationen. Formell residierte das Büro zwar in Stockholm, die praktische Arbeit jedoch, die Leitung des Sekretariats und die Kontakte zu den im Büro vertretenen internationalen Gruppierungen, oblag Willy Brandt, und zu seinen wichtigsten Aufgaben zählte die Redaktion des Büro-eigenen Mitteilungsblatts, das in mehreren Sprachen erschien.

Willy Brandt, der Vielfach-Funktionär – wem schwirrte angesichts der vielen Titel, Blättchen und Posten da nicht der Kopf? Als assoziiertes Mitglied der Gruppe »Frihet«, einer Unterorganisation des norwegischen Jugendverbandes AUF, ist er praktisch Genosse der Norwegischen Arbeiterpartei, als SAP-Mitglied leitet er den Jugendverband seiner Partei und vertritt diesen auf internationalen Konferenzen. Auf dem Parteitag in Mährisch-Ostrau 1936 – Brandt zählt gerade einmal 23 Jahre – kandidiert er für die Parteileitung der SAP, deren Sitz nach der Zerschlagung der wichtigsten Widerstandsgruppen im Reich nun eindeutig Paris ist. Und als eines der wichtigsten Mitglieder im Internationalen Büro Revolutionärer Jugendorganisationen versucht er, dessen Zielsetzung energisch voranzutreiben: die »Neuformierung der internationalen Arbeiterjugendbewegung auf der Grundlage des revolutionären Marxismus«. Läßt man das Parteichinesisch weg, dann geht es um den Aufbau einer neuen Jugendinternationale.

Gegründet wurde dieses Internationale Büro im Februar 1934 in Brüssel, obschon alle Beteiligten zur Tarnung sich später stets des Begriffs »Liller Konferenz« bedienten. Brandt war von Oslo bisher nur nach Schweden und Dänemark gereist, erstmals fuhr er nun nach Westeuropa, um an der Gründung der neuen Organisation teilzunehmen. Er benutzte seinen deutschen Reisepaß Nr. 472, ausgestellt am 2. Juli 1931 durch das Polizeiamt Mecklenburg-Schwerin. Die Personalbeschreibung las sich wie folgt: »Gestalt groß, Gesicht oval, Farbe der Augen graubraun, Farbe des Haares dunkelbraun, besondere Kennzeichen keine.« Und er reiste zusammen mit Finn Moe von der Norwegischen Arbeiterpartei und Aake Ording vom Mot Dag, was ihm zu großem Glück gereichen sollte. Die Konferenz war in eine Jugendherberge des holländischen Ortes Laren nahe der deutschen Grenze einberufen, einem Künstlerdorf, das sich in etwa dem deutschen Worpswede vergleichen ließ. Doch zunächst trafen sich die jungen Revolutionäre im Goldenen Löwen in Amsterdam, schräg gegenüber der Börse, dem Heiligen Gral des niederländischen Kapitalismus und unweit des Königsschlosses, um von dort mit einem Omnibus nach Laren zu fahren.

Die Holländerin Elisabeth Fischer-Spanjer, zwei Jahre jünger als der damals 21jährige Willy Brandt, erinnerte sich noch im Herbst 2000, wie sehr der Deutsche aus Norwegen sie damals beeindruckte: »Willy war herrlich. Er sah glänzend aus mit seinem dunkelbraunen, zurückgekämmten Haar.« Er war jung, attraktiv und heiter, er trug ein Hemd mit Schillerkragen und einen modischen Pullover aus Baumwoll-Velour, der ihm gut stand und ihr offenbar noch Jahrzehnte später in bester Erinnerung geblieben ist.[6] Brandt hatte Erfolg bei Frauen, nicht nur in Norwegen, wo die jungen Deutschen – ausgerechnet sie, die doch Mutter Natur weder mit Leichtigkeit, Heiterkeit oder der Gabe der Konversation gesegnet hat! – als besonders fesch galten, weil sie sich – noch? – weniger steif aufführten als die Norweger, vielleicht auch, weil sie ohne Alkohol lustig sein konnten und nicht, wie manche Damen im Lande der Fjorde beklagten, bei privaten Festen wie die jungen Norweger stundenlang neben ihnen saßen, ohne einen Ton von sich zu geben. Waren in Norwegen alle Menschen freundlich, waren doch am freundlichsten die Mädchen – so zitiert Frank Meyer einen deutschen Emigranten und bedauert in diesem Zusammenhang ausdrücklich, daß der schriftliche Nachlaß des späteren Bundeskanzlers dazu völlig steril sei. Dabei hätte doch gerade »ein bekannter Charmeur wie Willy Brandt« zu diesem Thema einiges zu sagen gehabt ...[7]

Eingeladen hatten der Sozialistische Jugendverband der Niederlande, gekommen waren revolutionäre Jung-Sektierer aus den verschiedensten Ländern: außer dem SJVD Willy Brandts sind der Revolutionäre Jugend-Verband Holland, die Guild of Youth der Independent Labour Party (ILP), verschiedene Sektionen der trotzkistischen Internationalen Kommunistischen Liga (IKL) und ein kommunistischer Jugendverband aus Amerika vertreten; Norwegen war mit Mot Dag und dem Jugendverband der Norwegischen Arbeiterpartei AUF erschienen. Weil bei solchen Konferenzen damals meistens deutsch gesprochen wurde, dolmetschte Elisabeth Fischer-Spanjer für Franzosen und Briten. Die Konferenz in der Jugendherberge von Laren begann nach einem gemeinsamen Abendessen. »Wir saßen an einem langen Tisch«, erinnert sich Elisabeth Fischer-Spanjer, »das Kongreßmaterial war verteilt und alle hatten sich vorgestellt. Man bereitete gerade die Wahl des Präsidiums vor, da wurde ein Vorhang beiseite gerissen und Polizei stürmte herein. Einige von uns sprangen aus dem Fenster. Alle wurden verhaftet, die meisten kamen nach Amsterdam. Nur die Deutschen wurden von der Polizei von Laren auf Anweisung des Bürgermeisters in Handschellen an die Grenze verfrachtet und dort der deutschen Polizei überstellt.«

Der Bürgermeister von Laren, ein katholischer Faschist, der nach dem Einmarsch der Deutschen 1940 mit der Besatzungsmacht kollaborierte[8], ließ Brandts SAP-Genossen Kurt Liebermann, Franz Bobzien, Hans Goldstein und Heinz Hosse in Emmerich der Gestapo überstellen; sein Polizeioffizier gehörte den holländischen

Nationalsozialisten an, die seit 1934 mit der deutschen NSDAP zusammenarbeiteten.[9] Die nichtdeutschen Teilnehmer wurden ins Polizeigefängnis nach Amsterdam gebracht, wo man ihnen erklärte, Holland wünsche keinerlei politische Betätigung von Ausländern auf seinem Boden, auch dann nicht, wenn damit keine Einmischung in niederländische Angelegenheiten bezweckt werde. Schließlich wurden sie alle nach Belgien abgeschoben. Die Niederlande achteten peinlich auf ihre Neutralität und wollten alles vermeiden, was Hitler, der noch als Regierungschef eines befreundeten Landes galt, hätte reizen können.

Erklärt sich damit vielleicht die gewollte Blauäugigkeit des Justizministers, der das Vorgehen des Larener Bürgermeisters im Parlament deckte und auf eine Anfrage der niederländischen Sozialdemokraten erklärte, die nach Deutschland abgeschobenen vier SAP-Mitglieder hätten keinerlei »unangenehme Folgen« zu befürchten, da sie sich nach ihren eigenen Aussagen in Deutschland keines Vergehens schuldig gemacht hätten? Tatsächlich wurden diese vier erst ins berüchtigte Columbia-Haus, die Folterzentrale der Gestapo in Berlin gebracht und dort »scharfen Verhören« unterzogen, danach in ihren Heimatorten vor Gericht gestellt und abgeurteilt.

Von den vier nach Deutschland Abgeschobenen stand Brandt der sieben Jahre ältere Hamburger Franz Bobzien nahe, der 1933 nach Kopenhagen ausgewichen war. In »Links und frei« schildert er Bobzien, der ihn mehrmals von Hamburg aus in Lübeck besucht hatte, als »drahtig und doch sensibel«, ein Junglehrer, der zwar marxistisch argumentierte, dessen sozialistische Überzeugung jedoch ethisch motiviert gewesen sei.[10] Er wurde zu vier Jahren Zuchthaus verurteilt, nach Verbüßung der Strafe in das KZ Sachsenhausen eingeliefert und kam 1941 bei einem Bombenräumkommando ums Leben. Kurt Liebermann erhielt sechs Jahre Zuchthaus und saß danach im Konzentrationslager ein. Hans Goldstein durfte nach Palästina auswandern, Heinz Hoose wurde unter Gestapo-Aufsicht gestellt.

Brandt aber hatte das sprichwörtliche Glück, das ihn sein Leben lang begleiten wird und das ihm grimme Genossen und späte Weggefährten wie Herbert Wehner, die sich in der Emigration vom Schicksal ungleich härter gebeutelt fühlten, stets neiden werden. Auf Anraten von Finn Moe und Aake Ording, die sich bei der

Kontrolle der Ausweise nicht von ihm trennten, zeigte er nicht seinen deutschen Reisepaß vor, sondern seine norwegische Aufenthaltsgenehmigung, die in einer Schutzhülle steckte und einen paßähnlichen Eindruck machte. Möglich, daß die drei miteinander auch demonstrativ norwegisch parlierten, jedenfalls tat das Papier seine Wirkung: Weil die Holländer ihn für einen Norweger hielten, entging Brandt den Handschellen und der Überstellung an die Gestapo in Emmerich.

Von holländischer Polizei auf einem Schleichpfad über die grüne Grenze nach Belgien abgeschoben, fuhren die Teilnehmer zu einer Schule an der Place Moderne in der Nähe des Brüsseler Südbahnhofs, wo der trotzkistische Pedell ihnen Räume zur Verfügung stellte. Hier in Brüssel wurde, mit vier Tagen Verspätung, am 18. Februar 1934 schließlich jenes Internationale Büro Revolutionärer Jugendorganisationen aus der Taufe gehoben, das ursprünglich in Laren gegründet werden sollte und von dem Brandt im Rückblick sagt, es habe sich um »ein blutleeres Gebilde« gehandelt, das über Ansätze nicht hinausgekommen sei.[11]

Im Jahr 1934, als er noch mit Mot Dag und der linken Fraktion innerhalb der Norwegischen Arbeiterpartei gegen den reformistischen Kurs ihrer Führung rebellierte, hat er das allerdings nicht so gesehen, sonst hätte er kaum an die zwei Jahre harter Arbeit in die Redaktion des *Internationalen Jugend-Bulletins* und in die Sekretariatsarbeit gesteckt. Damals war er noch ganz von der Hoffnung beflügelt, der Zusammenschluß der verschiedenen linkssozialistischen Gruppen im Jugendbüro könnte Schrittmacherdienste für eine neue Internationale leisten. Brandts SJVD hatte in Brüssel eine Resolution durchgesetzt, nach der es die Pflicht der internationalen Arbeiterklasse sei, die Sowjetunion, die »auf Grund der Sozialisierung der Produktionsmittel ein proletarischer Staat« sei, gegen jeden imperialistischen und konterrevolutionären Angriff zu verteidigen. Der Kampf gegen den Krieg müsse darauf ausgerichtet sein, das Proletariat und seine Jugend fähig zu machen, »den imperialistischen Kampf in einen revolutionären Kampf gegen das kapitalistische System zu wandeln«[12].

Sein *Jugend-Bulletin* strebte die Vernetzung der internationalen Kontakte zwischen den Mitgliedern des revolutionären Büros an und sollte die theoretische Schulungsarbeit fördern. Als Informationsgrundlage wurden das *Pariser Tageblatt*, die *Frankfurter Zeitung*, die *Baseler Rundschau* sowie Stockholmer und Osloer Zeitungen benutzt.[13] Die Jugend, schrieb Brandt gleich in der dritten Ausgabe des neuen Bulletins, müsse da, wo die Parteien zurückgeblieben seien, »die vorbereitende Führung« übernehmen – für die Bildung einer »wirklich kommunistischen Internationale«, ohne welche der internationale Sieg des Proletariats nicht möglich sei.[14] »Wortstarke Texte«, die wenig besagten, wird er den eigenen revolutionären Jargon später nennen und hinzufügen, daß es von Anfang an diesem Büro am gemeinsamen Nenner gefehlt habe.[15]

In der Tat: der Reibereien und Fraktionskämpfe, die oft in erbitterte persönliche Fehden ausarteten, waren nicht wenige. Der rechtskommunistische schwedische Jugendverband, bei dem das Sekretariat ursprünglich angesiedelt werden sollte, hatte die Aufgabe an Mot Dag in Oslo abgegeben, auch wenn es zur Tarnung auf Briefköpfen und im Impressum weiter in Stockholm residierte. Mot Dag stellte die Räume und übernahm die Finanzierung des Informationsdienstes wie des Sekretariats. Die Hauptarbeit aber oblag Willy Brandt mit seinem SJVD und dem Vertreter der trotzkistischen Internationalen Kommunistischen Liga (IKL), Heinz Epe aus Remscheid, der den Decknamen Walter Held führte.

Der Streit zwischen Brandt und Epe, der als Co-Redakteur von Kopenhagen nach Oslo übergesiedelt war, entzündete sich an der Frage einer IV. Internationale, deren schnelle Gründung Trotzki vorschwebte, indes Brandt, die SAP und Mot Dag, obschon auch sie sich ja für eine neue Internationale stark machten, statt einer schnellen Neugründung erst einmal einen Klärungs- und Reifeprozeß abwarten wollten, der Gruppierungen in den beiden vorhandenen Internationalen, der sozialistischen wie der kommunistischen, einbeziehen sollte.[16] Auch wenn Willy Brandt diese Auseinandersetzungen damals sehr ernst genommen haben muß, würde es doch zu weit führen, sie im einzelnen zu schildern, zumal sie aus dem Abstand von gut siebzig Jahren wie marxistisch-scholastische Streitereien um die Frage wirken, wie viele proletarische Engel wohl Platz auf der Spitze einer Stecknadel finden könnten. Wichtig ist hier vor allem, daß in diesem Internationalen Büro Revolutionärer Jugendorganisationen immer wieder Fragen diskutiert wurden, die auch innerhalb der Emigrantengruppen der SAP kontrovers waren: die Stellung zur Sowjetunion und die sogenannte Kriegsfrage, die beide eng miteinander verknüpft waren.

Erstmals hatte die Reise nach Laren und Brüssel Brandt auch nach Paris geführt, wo er im Kreise von Jacob Walcher, Paul Frölich und der in Paris lebenden Genossen der SAP einen Eindruck davon erhielt, mit welcher Heftigkeit und Intensität diese Debatten bei den alten Revolutionären geführt wurden. Je spärlicher die inoffiziellen Nachrichten aus Deutschland flossen, die ihnen ein unverfälschtes Bild von der Lage im Inneren des Reichs geben konnten, desto größeren Stellenwert erhielten theoretische Überlegungen, wie der Kampf gegen Hitler zu führen sei. Daß es nach 1933 nur noch die Alternative Revolution und Diktatur des Proletariats oder Gegenrevolution und faschistische Diktatur gebe, daß ein dritter Weg einer bürgerlich demokratischen Republik praktisch ausgeschlossen sei, war damals das vorherrschende Denken in der linken Emigration, hatte doch selbst der Prager Exilvorstand der Sozialdemokratie Anfang 1934 ein revolutionäres Manifest herausgegeben, von dem er sich allerdings bald wieder distanzierte.

Anders als die SoPaDe in Prag, die stets Abstand zu den Kommunisten und vor allem zu Moskau wahrte, betrachteten Jacob Walcher und die Seinen die Sowjetunion als »Bollwerk des internationalen Proletariats« und proklamierten die »Pflicht der gesamten Arbeiterklasse der Welt«, diese erste Bastion des Sozialismus »gegen alle Angriffe der kapitalistischen Konterrevolution zu verteidigen«. Zwar sprach die SAP von der »falschen Konzeption« des Stalinismus und war nicht bereit, »kritiklos alle Erscheinungen des russischen Lebens und der Politik der Sowjetregierung« zu billigen, aber ausdrücklich würdigte sie die »heroischen Kämpfe, Opfer und Anstrengungen der russischen Arbeitsbrüder« und stellte mit Genugtuung fest, »dass sie mit wachsendem Erfolg eine sozialistische Wirtschaft aufbauen«.[17]

Als Frankreich Anfang Mai 1935, nach der Verkündung der allgemeinen Wehrpflicht durch Hitler, einen Beistandspakt mit der Sowjetunion abschloß, entbrannte die Debatte innerhalb der SAP, wie man sich im Kriegsfall in einem kapitalistischen Land verhalten sollte, das mit der Sowjetunion verbündet war. Galt da noch die alte leninistische These, ein Burgfrieden sei zu vermeiden und

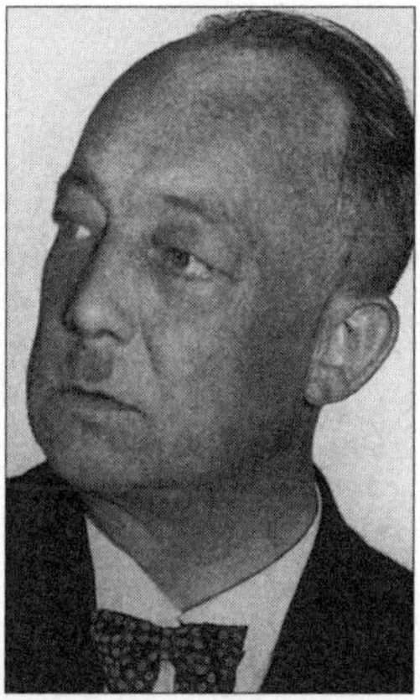

Unbehauste Kindheit: Willy Brandt, der seinen Vater John Möller (rechts) nie gesehen hat, wuchs bei der Mutter und bei Großvater Ludwig Frahm (links) auf.

Mutter Martha Frahm mit ihrem kleinen Sohn Herbert, der sich 1933, fast zwanzigjährig, den Namen Willy Brandt zulegen wird.

Blick auf den Lindenplatz in Lübeck (um 1924). So hat ihn der junge Herbert während seiner Kindheit gesehen. Das Foto auf Seite 98 zeigt ihn im Matrosenanzug bei der Einschulung, links im Alter von etwa neun Jahren.

Die proletarische Herkunft ist dem Konfirmanden (links), der die letzten vier Jahre vor dem Abitur wegen besonderer Begabung als Stipendiat das Lübecker Johanneum (oben) besuchen darf, nicht anzusehen. Brandts Lieblingsfächer sind Deutsch und Geschichte.

Mit Artikeln über die Lübecker Arbeiterjugend beginnt der Schüler (rechts als Siebzehnjähriger, unten 1932 bei der Lektüre der Zeitung »Kampfsignal«) seine journalistische Karriere beim »Lübecker Volksboten«.

Chefredakteur des »Lübecker Volksboten« war der Sozialdemokrat Julius Leber, der nach dem 20. Juli 1944 hingerichtet wurde.

1933 ging Willy Brandt, der im Herbst 1931 die SPD verlassen und sich der Sozialistischen Arbeiterpartei (SAP) angeschlossen hatte, ins Exil, zunächst nach Norwegen, nach dem deutschen Einmarsch dann nach Schweden. Rechts ist er 1934 als Student der Universität Oslo zu sehen, auf dem Foto unten mit seiner Freundin Gertrud Meyer 1937 in Paris.

Im Frühjahr 1941 heiratet Brandt seine erste Frau Carlota Thorkildsen. Das Foto aus dem Jahr 1944 zeigt das Paar mit Tochter Ninja in Stockholm.
Das Porträtfoto stammt aus dem spanischen Bürgerkrieg.

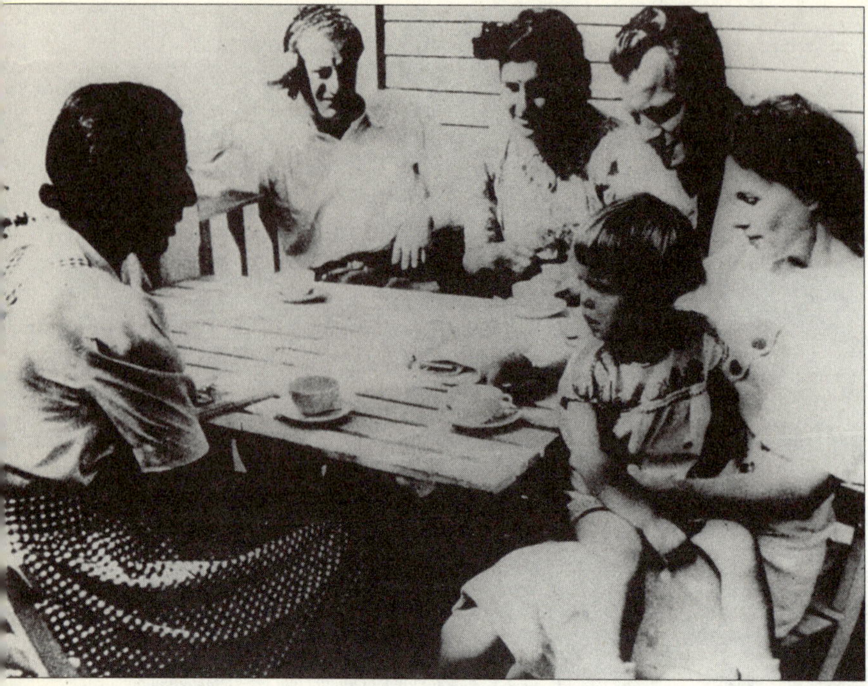

Der spätere österreichische Bundeskanzler Bruno Kreisky und seine Frau Vera 1944 zu Besuch bei Willy Brandt und seiner Familie.

der Krieg in einen Bürgerkrieg zu verwandeln, an dessen Ende die Machtergreifung des Proletariats stehen sollte? Oder würde die Aktion gegen den Krieg in Frankreich die gemeinsame Front gegen Hitler schwächen und die Sowjetunion gefährden, die zu verteidigen und zu stärken doch Pflicht eines jeden Proletariers war? »War die Revolution im eigenen Land wichtiger als die Kriegsteilnahme der Arbeiterklasse als Bündnispartner der SU?« fragt Bremer.[18] Als »quälend und zeitraubend« bezeichnet Brandt einmal diese endlosen und erbitterten Diskussionen über die Kriegsfrage.[19]

Zunächst wertete die SAP das Bündnis Moskau-Paris als einen Akt »revolutionärer Realpolitik«, bezweifelte aber, ob daraus die Pflicht resultiere, die Kriegsvorbereitungen einer bourgeoisen Regierung zu unterstützen. Stalin hatte diese, was Frankreich betraf, ausdrücklich gebilligt und damit die Moskau-treuen Kommunisten auf die Befürwortung der französischen Aufrüstung eingeschworen. Was wäre aus Stalins Sicht ein Bündnis mit einem militärisch schwachen Partner auch schon wert gewesen? Neigte die SAP also dazu, jede Burgfriedenspolitik, jeden Verzicht auf eine wahrhaft revolutionäre Politik abzulehnen und damit auch den Völkerbund, jenes internationale Instrument der herrschenden Bourgeoisie, dem Stalin beigetreten war, änderte sich die Haltung unter dem Eindruck von Mussolinis Abessinien-Abenteuer im Herbst 1935. Jacob Walcher, Paul Wassermann und die Mehrheit der Auslandszentrale lehnten jetzt jede Aktion gegen Aufmarschbefehle der Bourgeoisie in den mit der Sowjetunion verbündeten Ländern ab, weil die UdSSR allein gegen das »imperialistische, volksfeindliche und konterrevolutionäre« Hitlerdeutschland nicht bestehen könne.

Allerdings blieb diese Haltung innerhalb der SAP umstritten. Paul Frölich, der alte Luxemburg-Gefährte, kritisierte Wassermann wie Walcher mit der These, sie wollten »eine neue Art Burgfriedenspolitik« führen, und die Pariser Ortsgruppe der SAP um Walter Fabian sah in der Position Walchers die gefährliche Tendenz, die Weltrevolution den Interessen des russischen Generalstabs und den Bedürfnissen der sowjetischen Staatsführung unterzuordnen. So urteilte auch Max Diamant als »Hans« in der *Marxistischen Tribüne*[20]. Er, Peter Blachstein und die Gruppe um Fabian wandten sich gegen jede Schwächung des revolutionären Kampfes im eigenen Land; sie gingen von der utopischen Annahme aus, daß erst die

Bourgeoisie gestürzt und dann der Krieg mit einer neuen »proletarisch-revolutionären Staats- und Militärorganisation« an der Seite der Sowjetunion zu führen sei. Dem Sieg eines zwar revolutionären, aber von einer »entarteten Bürokratie« beherrschten Staates werde erst durch die siegreiche Aktion der westlichen Arbeiterklasse ein revolutionärer Inhalt gegeben.

Kam für Blachstein also weder ein bedingter Burgfriede noch ein zeitweiliges Schwächen des revolutionären Kampfes aus militärischen Rücksichten in Frage[21], vertrat Brandt eher die Linie Walchers und setzte sich in der *Marxistischen Tribüne*[22] zunächst für eine »revolutionäre Realpolitik« in der Kriegsfrage ein. Darunter verstand er, daß in Ländern, die sich im Krieg mit der Sowjetunion befänden, die Arbeiterklasse »konsequenten Defaitismus« betreiben und planmäßig auf die Niederlage des eigenen Landes hinarbeiten müßte. In den anderen Ländern dagegen, die sich an der Seite der Sowjetunion befänden, müßten – hier liegt die Differenz zur Position Blachsteins – nicht die Aufmarschbefehle der Bourgeoisie bekämpft, sondern die Verwandlung des Krieges in einen revolutionären Krieg an der Seite der Sowjetunion erstrebt werden.

Walchers grundsätzliche Einstellung zur Sowjetunion und mit ihm die Brandts, der ihm ungeachtet der Differenzen in der Beurteilung der Norwegischen Arbeiterpartei in den meisten Fragen folgte, änderte sich nur wenig, als Stalin nach der Ermordung Kirows in den ersten großen Schauprozessen mit der Liquidierung der sogenannten trotzkistischen Opposition unter Sinowjew und Kamenjew begann. Im September 1936 schrieb Jim von einem kurzen Urlaub aus Lyon handschriftlich an Willy, daß die SAP in diesem Prozeß selbstverständlich »Anklage, Urteil und Vollstreckung« ablehnen müsse.[23] Hatte er schon früher der stalinistischen Führung und ihren Methoden skeptisch gegenübergestanden, sieht er sich nun in dieser kritischen Haltung bestärkt. Zugleich aber unternimmt er Rationalisierungsversuche, die dem schauerlichen Tribunal im höheren Interesse der Sowjetunion einen Sinn hätten geben können. War der »Opfertod von Sinowjew und Genossen« gedacht, die Ängste der Bourgeoisie zu besänftigen, weil mit der Vernichtung der trotzkistischen Opposition der Beweis erbracht wurde, der Sowjetunion gehe es wirklich nur um den »Aufbau des Sozialismus innerhalb der Grenzen der UdSSR«? Brauchten irgendwelche Verbündeten jetzt nicht mehr zu befürchten, »daß sie für Zwecke der proletarischen Revolution mißbraucht werden könnten«? Offenbar habe Stalin eine solche Beweisführung in der Folge der spanischen Ereignisse für sehr aktuell gehalten.

»Daß der Kommunismus in der S.U. nur von jenen repräsentiert wird, die erschossen oder in die Gefängnisse geworfen werden«, schreibt Walcher, »das ist eine allzukühne Behauptung, die noch zu beweisen wäre.« Auch nach diesem schrecklichen Prozeß und so mancher anderer Schandtat bleibe die Sowjetunion das Land ohne Kapitalismus, das Land mit den vergesellschafteten Produktionsmitteln und damit der Gegenpol des kapitalistischen Systems in dem vor sich gehenden weltumspannenden Ringen. Es bestehe die Gefahr, dies der Rat Walchers an Brandt, daß man bei der Verurteilung der stalinistischen Methoden zu weit gehe und »unversehens aus einer konsequent kritischen zu einer feindlichen Einstellung zur S.U. kommt«.

Ganz anders dagegen August Enderle, Brandts Freund und SAP-Genosse in Stockholm, der in seiner Antwort auf einen Brief Brandts, in dem dieser offenbar ähnliche Erklärungsversuche unternommen hatte, von Stalin als »Joseph dem Grausamen« spricht, vom Moskauer Byzantinismus und einer Führervergottung, der ganz außergewöhnliche Menschenopfer gebracht werden müßten. »Lies die Geschichte aller Despotenregimes«, rät er Brandt, »so wirst Du immer 100mal weniger Vernunft finden, als die Zeitgenossen vermuteten, immer findet man hinterher, daß diese Despoten geradezu blind in ihren Sturz torkelten.«[24]

Laut einem Sitzungsprotokoll zeigt sich Willy Brandt im Februar 1937 befriedigt, daß die SAP sich in einer kurzen Resolution für die Verteidigung der Sowjetunion ausgesprochen hat.[25] Als es 1938 dann zum Prozeß gegen Bucharin, Rykow, Rakowsky und Genossen kommt, protestiert die SAP öffentlich gegen den Schauprozeß und spricht von Ungeheuerlichkeiten, mit denen dem »Ansehen der SU, mit der wir uns tief verbunden fühlen, aufs neue unermesslicher Schaden zugefügt« werde. Das Vertrauen der Arbeitermassen aller Länder werde durch diese »Diskreditierung der engsten Mitarbeiter Lenins, durch diese Selbstbesudelung hervorragender Bolschewiki als Verräter und Spione gewaltig geschwächt und vielfach gänzlich vernichtet«.

Von einem Ja zum System und einem Nein zu den Systembeherrschern sei das Verhältnis der SAP zur Sowjetunion geprägt, meint Bremer. Letztlich hätten sich die SAP-Mitglieder erst nach dem deutsch-sowjetischen Nichtangriffspakt im August eingestanden, daß die Parole vom Schutz der Sowjetunion aufzugeben sei, weil »die SU von Stalin nicht zu trennen wäre«.[26] Hoffte Walcher bis dahin, daß »gesündere Kräfte« als Stalin sich durchsetzen würden, wie Brandt anmerkt? Frölich und Walcher, schreibt er, hätten sich beinahe in Permanenz über die Sowjetunion gestritten, aber näher als der gegenüber Moskau reserviertere Frölich habe ihm Walcher gestanden – schon vom Typ und vom Temperament her, auch wenn er dessen »gesundbeterischen Optimismus« über die Sowjetunion nicht habe teilen können.[27]

Paris mit seinen großen Boulevards und den intimen, engen Quartiers dazwischen beeindruckt Willy Brandt als Mischung von großzügiger Planung und rührendem Wildwuchs. Wie bei allen Städten braucht er Zeit, mit der Metropole an der Seine vertraut zu werden. Bei der ersten Reise, die ihn über Laren und Brüssel an die Seine führte, fehlt es ihm an Geld. Er wohnt bei SAP-Freunden und durchwandert mit einem Freund aus Norwegen den Montmartre. In einem Restaurant essen sie sich an »Fromage à discretion« satt, der für 20 Francs inklusive Rotwein angeboten wird. Als sie den gesamten Käsevorrat des Restaurants, etwa 20 Sorten, in sich hineingestopft haben, verflucht der Wirt alle Norweger und schmeißt die beiden höchstpersönlich aus dem Lokal.

Im Mai 1936 kann Brandt sich ein kleines Hotel in der rue Monsieur le Prince leisten und lernt, sich im Quartier Latin zurechtzufinden, das ihm bald am meisten zusagt. Zusammen mit deutschen Freunden diskutiert er in deren Stammlokal am Boulevard St. Michel, und er saugt die historische Atmosphäre einer Stadt in sich ein, »in der fast jeder Quadratmeter voll von Geschichte ist«. Er bessert sein holpriges Französisch auf, besichtigt die Monumente der französischen Revolution, Napoleons, der großen Kriege und natürlich die Gräber der Pariser Kommunarden auf dem Friedhof Père Lachaise. Am Wochenende unternimmt er mit Freunden Ausflüge zu touristischen Attraktionen in der Umgebung und lernt die *auberges* an den Straßen kennen, einfache Landgaststätten mit ihrer rustikalen, meist hervorragenden Küche. Achtmal hat ihn der Weg von Norwegen oder Spanien oder Deutschland in den Jahren vor dem Krieg nach Paris geführt. Vielen gelte er fälschlich als einseitig skandinavisch-angelsächsisch geprägt, meint Brandt in »Links und frei«, doch sei gerade das Frankreich zwischen 1934 und 1938 ihm »ein europäisches Erlebnis« geworden, in dem er sich besser ausgekannt habe als in England, das er in diesen Jahren nur einmal besucht.[28] Politisch sind es für ihn Jahre der großen Hoffnung, denn es liegt bereits ein Hauch von Volksfront in der Luft, als Brandt erstmals im Februar 1934 nach Paris kommt. Als Antwort auf den Marsch der faschistischen »Action Française« zum Parlament, der beinahe zu einem rechten Staatsstreich geführt hatte, schlossen sich die Mitglieder der linken Parteien in Frankreich zu einer Einheitsfront von unten zusammen. Zwar folgte die französische KP-Führung noch immer der offiziellen Moskauer These vom Sozialfaschismus und hielt feindlichen Abstand zu den Sozialisten, aber die kommunistischen Gewerkschaften waren dem Appell der CGT zum Generalstreik gefolgt und gemeinsam mit den Sozialisten am 12. Februar durch die Straßen von Paris marschiert.

Eine Welle des Enthusiasmus ergreift alles, was sich links fühlt und reißt die skeptischen Parteiführer mit. Begeistert feiern linke Intellektuelle, was sich als die wiedergefundene Einheit der Arbeiterklasse darstellt, einer Einheit, von der Brandt zwar immer geträumt hat, die bislang jedoch wegen der Moskauer Sozialfaschisten-These Utopie bleiben mußte. Mit dem Schwenk der Komintern im Juni 1934, als Sozialisten und Sozialdemokraten für sie nicht länger der Hauptfeind sind, sondern – zusammen mit den bürgerlichen Demokraten – Allianzpartner im Kampf gegen den Faschismus werden, segnet die kommunistische Führung das »Bündnis von unten« offiziell ein und unterzeichnet einen gemeinsamen Aktionspakt von Sozialisten und Kommunisten gegen den Faschismus. Damit ist der Grundstein zu jener Volksfront-Regierung gelegt, die unter Léon Blum nach den Wahlen im Frühjahr 1936 ins Amt kommen wird.[29]

Kein Zufall, daß Brandt jenes Frühjahr in Paris in seinen Erinnerungen am lebendigsten beschreibt, denn das Erlebnis der Stadt Paris in ihrer schönsten Jahreszeit fällt mit dem politischen Aufbruch der Franzosen zu neuen Ufern zusammen – selbst der Genußmensch Brandt bleibt eben stets Politiker. Auf einer großen Versammlung von Schicksalsgefährten, vor allem aus den Jugendorganisationen, spricht er von der neuen Hoffnung, welche die Emigranten erfüllt, und von den »verbesserten Chancen, die sich im Kampf gegen Hitler jetzt ergeben könnten«.[30]

Bei dem Versuch, Frankreich zu verstehen, fällt ihm als wichtigster Unterschied zu Deutschland ins Auge, daß es eine breite liberale Mitte gibt, die sich nicht aus Tradition, Prinzip und ideologischem Starrsinn krampfhaft nach links abgrenzt. Doch beeindruckt ihn, den immer noch radikalen Linken, für den Rosa Luxemburg und Karl Liebknecht Repräsentanten der unverfälschten Sozialdemokratie sind, ein Mann wie Léon Blum zunächst wenig. Er macht auf ihn eher den Eindruck eines politisierenden Schöngeistes und wortgewaltigen Zauderers – »kultiviert und vornehm, dabei gutwillig, halbherzigen Kompromissen zugeneigt«.[31]

Mit diesem Urteil stand er nicht allein, Franz Borkenau nannte Blum einen »sanftmütigen, gehemmten und im tiefsten Inneren naiven Menschen«, der als Führer keine klare und feste Politik vertrat, die den Massen den Weg hätte weisen können.[32] Blum, Rechtsanwalt und Literaturkritiker, war ein gefühlvoller Poet und Träumer, der zu perlgrauen Handschuhen und Spazierstock stets eine Blume im Knopfloch trug und vielen deshalb als weichlicher Dandy galt. Er stammte aus bourgeoisem jüdischen Haus, stand seit 1920 an der Spitze der Sozialistischen Partei, argumentierte zwar oft marxistisch, war in seinem Sozialismus jedoch wesentlich von den ethischen und idealistischen Motiven eines Jean Jaurès inspiriert. Blum sei der lebendige Gegenbeweis der Behauptung, daß ein Sozialist das Kulturelle und Intellektuelle stets dem Materiellen und Sozialen unterordnet – so die These der englischen Autorin Louise Elliot Dalby.[33]

In der Tat ist Blum ein Mann, wie es ihn eben nur in Frankreich, aber auch da nur von Zeit zu Zeit geben kann: der Typ des Intellektuellen als Politiker. Nach Blum wird sich François Mitterrand, bescheidener im Anspruch, aber sehr viel erfolgreicher bei der Durchsetzung seiner Politik und auch im politischen Überleben, in dieser Rolle versuchen. Blum verstand Sozialismus als eine eminent kulturelle Frage, er bedeutete ihm schlicht die Summe allen menschlichen Wissens und den Gipfel aller Zivilisation. In einem seiner eher ironisch zu verstehenden literarischen Versuche ließ er Goethe seinen »Faust« neu schreiben: Da kehrt Faust, für den Jean Jaurès jetzt Modell steht, als sozialistischer Führer in die moderne Gesellschaft zurück, als Mephisto dient ihm die Figur von Jules Guesde, dem marxistischen Gegenspieler von Jean Jaurès vor dem Ersten Weltkrieg. Erst viel später wird Brandt Tragik, aber auch Größe von Léon Blum verstehen – als ihm der israelische Sozialist Shimon Peres 1978 eine Blum-Biographie mit den Worten schenkt: »Hieraus magst Du ersehen, was für eine Art Sozialist ich bin – Kultursozialist im Sinne von Léon Blum.«[34]

Als Regierungschef erweist sich der vermeintliche Träumer und Idealist Blum erst einmal überraschend energisch und legt ein Reformprogramm vor, das sich mit den ersten hundert Tagen von Franklin Delano Roosevelt durchaus messen kann: Er führt die 40-Stunden-Woche und Branchentarifverträge auf nationaler Ebene ein, hebt die Löhne erheblich an, Arbeiter erhalten jetzt 15 bezahlte Urlaubstage pro Jahr, die Rüstungsindustrie wird verstaatlicht und der Einfluß der »200 Familien« auf die Banque de France beschnitten. Strukturreformen, die weitergehende Verstaatlichungen vorsehen, scheitern am Einspruch der Kommunisten, die das antifaschistische Zweckbündnis mit den Liberalen nicht durch Provokationen des bürgerlichen Lagers gefährdet sehen wollen. Der ehemalige Pazifist Blum, »der neue Parsifal«, wie Borkenau einmal sagt, der stets den Ausgleich mit Deutschland gepredigt und den Vertrag von Versailles kritisiert hat, setzt auch das bisher größte Aufrüstungsprogramm in der Geschichte Frankreichs durch – sein Fehler ist freilich, daß er dessen Umsetzung ausschließlich den Generälen überläßt, die bekanntlich stets den letzten Krieg gewinnen wollen.

Seine Volksfront leidet von Anfang an unter der Tatsache, daß die französischen Kommunisten (KPF) nicht Teil seiner Regierung sind, die er zusammen mit den liberalen Radicaux bildet. Zwar sagt die KPF ihre Unterstützung zu, aber mit Rücksicht auf die bürgerlichen Koalitionspartner bleiben sie lieber außerhalb und werden so bald zum Sprecher jener Unzufriedenheit, die bei den Arbeitern nicht ausbleiben kann, als das wirtschaftliche Programm der Regierung durch die massive Kapitalflucht und einen Investitionsstreik der Unternehmer gefährdet wird. Fehlt es Blum an der notwendigen Härte, die der Politiker braucht, um Krisen durchzustehen?

Als der spanische Bürgerkrieg beginnt, gerät seine Volksfrontregierung zusätzlich zu innenpolitischen Krisen auch in außenpolitische Schwierigkeiten. Zwar liefert er, als die spanische Regierung Ende Juli 1936 um Waffenhilfe bittet, zunächst Rüstungsgüter an die Truppen der befreundeten, von Sozialisten geführten spanischen Regierung und honoriert damit ein Abkommen, das Paris und Madrid im Vorjahr geschlossen hatten. Aber als die britische Regierung auf die strikte Neutralität Frankreichs drängt, lenkt er ein und befolgt einen Kurs der Nichtintervention. Zwar gibt es noch diese oder jene geheimen Lieferungen der französischen Volksfront-Regierung an Spanien, aber sie bleiben weit hinter der Unterstützung zurück, die Franco durch Mussolini und Hitler erhält.

Blums Schwenk hat mit einem doppelten Alptraum zu tun – einmal befürchtete er, Frankreich werde, auf sich allein gestellt, eine Kraftprobe mit den faschistischen Mächten nicht bestehen[35]; zum zweiten sah er die Gefahr eines Bürgerkriegs voraus, weil die Rechte vehement Front gegen die Unterstützung der spanischen Republikaner machte und ihre Presse vor einer Außenpolitik warnte, welche Frankreich in einem »Krieg zwischen den Nationen der Ordnung und den proletarischen Ländern« plötzlich auf der Seite der UdSSR engagiert hätte.[36] Die Einstellung der Waffenhilfe durch Blum spaltet natürlich das linke Lager in der Volksfront – selbst in den Reihen von Blums eigener Partei, der SFIO (Section Française de l'Internationale Ouvriere – Französische Sektion der Arbeiter-Internationale, wie sich die sozialistische Partei in Frankreich nennt) wird seine Wendung nun mit jener Appeasement-Politik verglichen, welche die bürgerlichen Vorgängerregierungen während der Rheinlandbesetzung und der Abessinienkrise verfolgt hatten. Als auch die Sowjetunion im Herbst 1936 ihre Politik der Nichtintervention aufgibt, greift die KPF offen seine Haltung zu Spanien an und spricht von Verrat.

Daß Brandt und seine Freunde in der SAP Léon Blums Experiment kritisch verfolgten, hatte allein schon mit seinem Konzept von der Volksfront zu tun, das ja mehr die Zusammenarbeit mit den liberalen Bürgerlichen als der proletarischen Einheitsfront mit revolutionärer Zielsetzung betonte. Das wurde in den Auseinandersetzungen zwischen der SAP-Auslandszentrale um Walcher und Frölich und der kommunistischen Emigration in Paris deutlich, als es ab 1936 darum ging, eine deutsche Volksfront zu schaffen – eine Volksfront ohne Volk, wie Brandt einmal bitter schreibt.[37]

Wie Generäle ohne Armeen wirkten jene Politiker und Schriftsteller, die sich im Winter 1935/36 um Heinrich Mann im Lutetia-Kreis versammelten, um im französischen Exil eine parteienübergreifende gemeinsame Aktion gegen den Nationalsozialismus aufzubauen. Motto: »Seid einig gegen Hitler!« Für Heinrich Mann war die Volksfront »die Summe vieler vereinzelter Handlungen, die endlich ineinander fließen«, sie werde geboren aus »abertausend Bekehrungen«, die tief wurzelten; der Volksfront Wesen sei human, und wenn irgend etwas heute die Tyrannen stürzen könne, werde es »der neue lebendige Humanismus« sein. Hehre Gedanken, doch ein Walter Ulbricht – Mann soll das zu seinem Leidwesen nur zu bald erfahren – läßt sich nicht so schnell bekehren.

Das Lutetia-Comité, jener »Ausschuß zur Vorbereitung einer deutschen Volksfront«, wollte ins Reich hineinwirken, aber dort waren nur noch Reste von Widerstandsgruppen tätig, die nicht für das Konzept Volksfront zu begeistern waren. Willi Jasper hat darauf hingewiesen[38], daß allein in den ersten zwei Jahren nationalsozialistischer Herrschaft 3942 Gegner Hitlers ermordet und insgesamt 132 544 Antifaschisten verwundet und verkrüppelt wurden. Die wenigen Zellen, die zur Zeit des Pariser Volksfrontausschusses im deutschen Untergrund noch existierten, hätten eine überparteiliche Kontaktaufnahme aus Angst vor dem brutalen Repressionsapparat der Nazis und vor eingeschleusten Gestapospitzeln vermieden.

Versuche zum Aufbau einer deutschen Volksfront waren nach dem Kurswechsel der Komintern möglich geworden, die jetzt eine Zusammenarbeit mit Sozialdemokraten und Bürgerlichen in einer gemeinsamen Abwehrfront gegen Hitler anstrebte. In Paris war es vor allem Willi Münzenberg, der begabte kommunistische Agitator und mit allen Wassern gewaschene Geschäftsmann, der sich des Volksfrontgedankens annahm und Sozialdemokraten, Emigranten katholischer und liberaler Parteien und Schriftsteller von Rang und Namen zusammenbrachte, darunter Lion Feuchtwanger und Leopold Schwarzschild, Rudolf Olden und Anna Siemsen, Ernst Toller und Konrad Heiden, den Autor einer ersten kritischen Hitler-Biographie. Zwar widersetzte sich der Exilvorstand der SPD mit Otto Wels und Hans Vogel in Prag allen Bündnis-Offerten der KP-Führung, und Brandt schreibt betont kritisch über die SoPaDe in Prag, sie sei »zwischen Texten über ›revolutionären‹ Sozialismus, Kommunistenfurcht und Hoffnungen auf die Reichswehr«, die sich Hitler angeblich widersetzen wolle, hin und her getapst.[39] Die ablehnende Haltung von Wels war nicht zuletzt von den Moskauer Prozessen gegen Sinowjew und Kamenjew motiviert, welche die despotischen Züge im Regime Stalins überdeutlich hervortreten ließen. Auch machte er, nach Jahren wütender Beschimpfungen der Sozialdemokraten als Sozialfaschisten, einen formellen Nichtangriffspakt der Führungen von KPD und SPD zur Vorbedingung, eine Forderung, welche die KP-Emissäre Pieck und Ulbricht nicht erfüllen wollten.

Gefallen fand der inzwischen 23jährige Brandt in dieser Situation an zwei Sozialdemokraten, die im Gegensatz zum Prager Exilvorstand nicht zögerten: an Max Braun, dem früheren Chef der saarländischen SPD, und an Rudolf Breitscheid, die beide wichtige Vertreter der Exilgruppe der SPD in Frankreich waren und dem Volksfrontunternehmen – zunächst wenigstens – aufgeschlossen gegenüberstanden, ja seinetwegen mit der Prager SoPaDe in Streit gerieten. An Breitscheid, dem hochgewachsenen Mann von umfassender Bildung und lässiger Eleganz, imponierte ihm, daß dieser als Basis der Volksfront ein Kartell der marxistischen Linken wünschte, was den Forderungen der SAP entgegenkam, welche der Volksfront ohnehin mißtrauisch, ja zwiespältig gegenüberstand.

Entsprachen die Ziele, welche die Kommunisten mit der Volksfront verfolgten, nicht ganz den außenpolitischen Bedürfnissen des Sowjetstaates? Kam es, wenn die französischen Kommunisten der Volksfrontregierung Blum empfahlen, auf alle Maßnahmen zu verzichten, die das Bürgertum hätten provozieren können – etwa auf eine umfassende Nationalisierung von Betrieben, wie sie von der SFIO erwogen wurde – nicht einem Verzicht auf die revolutionäre Zielsetzung gleich, der unmöglich zu billigen war? Zu Recht verdächtigten Walcher und seine Freunde die KPD, daß sie um der Volksfront willen ihre Ziele verstecke, nannten ein solches Verhalten »verdächtig und verächtlich«[40] und setzten in einem Volksfrontaufruf zusammen mit den Sozialdemokraten der Landesgruppe Paris gegen die KPD durch, daß nicht nur ein freies und glückliches, sondern auch ein »sozialistisches Deutschland« erkämpft werden müsse. Daß die deutsche Volksfront in Paris bald scheitern sollte, hat mit den Ereignissen in Spanien, der wütenden Moskauer Kampagne gegen die Trotzkisten und den Moskauer Prozessen zu tun, die 1938 mit den Verfahren gegen Bucharin und Tuchatschewski ihren Höhepunkt erreichten. Doch steht Willy Brandts Name unter drei Volksfrontaufrufen des Jahres 1936, obschon er damals in Paris entweder gar nicht anwesend war oder sich an den Ausschußsitzungen nicht beteiligt hat – seine Freunde verfügten einfach über seinen Namen, weil »die Unterschrift des Leiters des Exil SJV... größere Repräsentativität« vermitteln konnte.[41] Wie Brandt unterzeichneten Walter Ulbricht – als Walter – und Herbert Wehner – als Kurt Funk –, aber Ulbricht begegnete er nie, Herbert Wehner erst in den Jahren gemeinsamer SPD-Arbeit nach dem Exil, obschon beider Wege sich in Paris, vor allem aber in Schweden durchaus hätten kreuzen können.

Im September 1938 wurde Brandt Heinrich Mann im Hotel Lutetia am Boulevard Raspail vorgestellt, jenem Hotel, in dem das Volksfrontkomitee tagte und das später Sitz der Abwehr des Admirals Canaris werden wird. Der Schriftsteller war neugierig auf den 25jährigen deutschen Emigranten, der wie er aus Lübeck stammte und in Oslo lebte. Es war dies die einzige Volksfrontsitzung, an der Brandt teilgenommen hat, wenn auch nur in der Rolle eines Beobachters, denn seine Freunde aus der SAP, von der KPD übel als Trotzkisten beschimpft, hatten sich längst aus der aktiven Arbeit zurückgezogen. Die Begegnung mit Heinrich Mann fand offenbar kurz vor der Münchener Konferenz statt, zu einer Zeit also, da Hitler fest im Sattel zu sitzen schien, aber schon Krieg in der Luft lag. Hochgewachsen und durchdringend wirkend, so beschreibt Brandt Heinrich Mann: Die Tränen seien ihm gekommen, als er von der »Stadt mit den sieben Türmen« gesprochen und gemeint habe, wohl nie würden er und Brandt ihr Lübeck wiedersehen.

Den Eindruck, den er von der Sitzung gewann, nennt Brandt »makaber«. Mann habe vorgelesen, was man ihm aufgeschrieben hatte und den Eindruck eines Mißbrauchten gemacht. Auch war das Aufgebot an Intellektuellen und »freiheitlichem Bürgertum« nach seinem Urteil bereits erheblich geschrumpft.[42] In der Tat hatte die Komintern inzwischen den auf Selbständigkeit des Komitees bedachten Münzenberg zurückgezogen und verlangt, er solle sich in Moskau einem »Untersuchungsverfahren« stellen – eine Forderung, der er klugerweise nicht nachgekommen ist. Heinrich Mann, der gegen die Abberufung Münzenbergs protestiert hatte, mußte nun erleben, wie Walter Ulbricht als Münzenbergs Nachfolger versuchte, die deutsche Volksfront in Paris enger an die Moskauer Leine zu legen, die Dominanz der KP zu sichern und dem Versuch einer breiten Bewegung gegen den Faschismus damit den Todesstoß zu versetzen.

Daß Willy Brandt in jenen Jahren ein überzeugter Anhänger der Volksfrontidee gewesen ist, die von Konservativen noch in den sechziger Jahren als Bürgerschreck im Wahlkampf gegen ihn gewendet wird, steht außer Zweifel. Ende 1935 reist er aus Oslo zur Gründung der Freien Deutschen Jugend nach Paris, die man auch als eine Jugendvolksfront zwischen Kommunistischem Jugendverband (KJV), Sozialistischer Arbeiter-Jugend (SAJ) und Sozialistischem Jugend-Verband (SJV) bezeichnen kann. Ihr schloß sich auch die Jugend des winzigen Internationalen Sozialistischen Kampfbundes (ISK) an, jener am ethischen Sozialismus Leonhard Nelsons orientierten Gruppierung, die den Kampf gegen Hitler weitaus radikaler führte als die klassische deutsche Sozialdemokratie. Die Arbeiterjugend, sagt Brandt auf der Gründungsversammlung, könne ihre Mission nur dann erfüllen, »wenn sie die breiten Massen der nichtproletarischen, aber ebenfalls nicht am Fortbestehen der herrschenden Zustände interessierten Jugend mit sich zusammenschweißt«.[43]

Der neuen Jugend-Einheitsfront war freilich kein langes Leben beschieden. Getreu ihrer Taktik, linke Volksfrontorganisationen zu unterwandern, um sie später zu beherrschen und in den Dienst der Komintern zu stellen, löste sich die Kommunistische Jugend in dieser Freien Deutschen Jugend auf, indes SJV und SAJ als autonome Gruppen innerhalb der neuen Organisation bestehenblieben. Zwar erklärte Brandt noch im Juli 1938 auf einer Arbeitstagung in Paris, die neue Organisation sei gefestigt – aber wenig später wird sie auseinanderbrechen, weil nach dem Hitler-Stalin-Pakt für die Linkssozialisten eine Zusammenarbeit mit den Kommunisten nicht mehr möglich ist. Was die Kommunisten bei der Gründung der FDJ im Sinne hatten, wird dann 1946 offenbar – da nutzten sie in Ostdeutschland den Namen FDJ für ihren im März 1946 gegründeten Einheitsjugendverband, der sich anfangs überparteilich gab, sich aber bald zur Partei- und Staatjugend der DDR, zur Nachwuchsschule für marxistisch-leninistische Kader der SED entwickelte.

Einhart Lorenz hat zu Recht darauf hingewiesen, daß Brandt sich mit sehr viel mehr Verve als viele seiner Genossen für die Volksfront eingesetzt hat.[44] Im Frühjahr 1936 rügte der SJV-Vertreter auf Sitzungen der Auslandszentrale in Paris, daß die Haltung der SAP zur Volksfront von Unsicherheit geprägt sei, fand zuviel Zurückhaltung bei den führenden Genossen und nannte ihr Verhalten rückwärtsgewandt, an alten ideologischen Auseinandersetzungen der Weimarer Zeit orientiert und schlicht »sektiererisch«. Im Oktober 1936, offenbar beflügelt von Léon Blums Volksfrontexperiment in Frankreich, wirft er im theoretischen Organ der SAP, der *Marxistischen Tribüne*, die Frage auf, ob die Moskauer Prozesse die Einstellung der SAP zum Einheitsproblem ändern müßten und beantwortet die Frage mit einem klaren: »Jetzt erst recht müssen wir zum vordersten Bannerträger der Einheit werden.« Zwar beschönigt und bagatellisiert er keineswegs, was in Moskau vorgegangen ist, doch hofft er auf die Einsicht vieler »parteikommunistischer Genossen in allen Ländern«, daß sie gerade wegen der Schauprozesse gegen die Mitstreiter Lenins jetzt die »Notwendigkeit der Unabhängigkeit von Moskau« leichter einsehen würden.

Wer den Artikel Brandts heute liest, spürt ein wenig vom alten Führungsanspruch der SAP als Kristallisationspunkt aller Einheitsbestrebungen, vermißt allerdings ideologische, aber auch intellektuelle Trennschärfe, die nie Brandts Sache gewesen ist. Zu jener »pfäffischen Kamarilla« von Marxisten, die sich nach einem Wort Bert Brechts zu Walter Benjamin in »Deutungen und Umdeutungen« gefiel, hat er nie gehört. Vieles an seinem engagierten Eintreten für die Volksfront mag sich aus den Erfahrungen im moderaten Klima des norwegischen Exils erklären, in dem Pragmatismus und praxisorientierte politische Tätigkeit allemal wichtiger waren als erbitterte ideologische Hahnenkämpfe, zumal die norwegischen Genossen sektiererische Fehden zwischen deutschen Emigrantengruppen demonstrativ mit Verachtung straften.

Nach Lorenz hat auch die Abwesenheit prominenter Führungskräfte unter den kommunistischen Emigranten dazu geführt, daß ideologische Auseinandersetzungen nicht mit Heftigkeit entbrannten und die Zusammenarbeit zwischen SAP- und KP-Emigranten in Oslo belasteten. So erhielten SAP-Mitglieder zeitweilig finanzielle Unterstützung von der kommunistischen Roten Hilfe, und trotz der offiziellen KP-Kampagne gegen die Trotzkisten, zu denen Moskau die SAP wegen der Haltung in Spanien zählte und sie deshalb mit Kübeln von Dreck überschüttete, waren »freundschaftliche Unterredungen« mit KPD-Vertretern möglich. So jedenfalls berichtete es Gertrud Meyer nach Paris.[45] Brandt spürte offenbar, daß die Kommunisten, die in Oslo die stärkste Emigrantenfraktion stellten, Weisungen aus Moskau nicht auf Punkt und Komma nachvollziehen und sich einen Rest von Unabhängigkeit bewahren wollten. Diese Haltung machte wohl auch jene Nordische Herbst-Konferenz 1937 im schwedischen Göteborg möglich, auf der Sozialdemokraten, Kommunisten und SAP aus Schweden und Norwegen zusammenkamen und im Rahmen der Volksfront einen Jugendausschuß gründeten, dessen Vorsitz Willy Brandt übernahm. Auch die Erkenntnis, daß die »alten Gruppengrenzen« bei den SAP-Genossen im Reich, die noch in Widerstandsgruppen aktiv waren, inzwischen weitgehend »abgetragen« worden sind, bestärkt ihn in seiner pragmatischen Politik der Zusammenarbeit.[46]

»Die wiederholte Frage ›Und was würde Rosa gesagt haben?‹ begann mir allmählich zum Halse herauszuhängen«, heißt es in »Links und frei«.[47] Mit diesen Worten beschreibt Brandt seinen Abnabelungsprozeß von der Zentrale und ihren typischen Emigrantendebatten, wie er sie zwischen Jacob Walcher und Paul Frölich in Paris erlebte, den alten Mitstreitern Rosa Luxemburgs. Es waren Debatten, die zunehmend jeden Bezug zur Realität und zu praktischen Fragen, etwa der nach Sinn, Möglichkeiten und der

Taktik des Widerstands im Reich, vermissen ließen. In Paris, heißt es bei Lania, »gab es Gezänk und Streit«, es herrschte ein wenig erfreuliches Emigrationsklima, das alles andere denn ermutigend wirkte.

In seiner Skepsis gegenüber der Zentrale fühlt er sich bestärkt nach einer Reise in den deutschen Untergrund, mit der ihn seine Parteiführung im Herbst 1936 beauftragte. Um seine »Wäsche« zu erproben, einen mit seinem Bild versehenen Paß auf den Namen Gunnar Gaasland, des formellen Ehemanns seiner Freundin und Gefährtin Gertrud Meyer, fährt er über Berlin nach Paris, wo er in seine neue Aufgabe eingewiesen werden soll. Via Kopenhagen reist er nach Gjedser, von dort mit der Fähre nach Warnemünde und dann mit dem Zug nach Berlin. Am Kurfürstendamm übernachtet er in einer billigen Pension und fährt am nächsten Tag mit dem Zug über Aachen nach Paris.

Als Aufgabe wurde ihm die politische Betreuung der SAP-Gruppen von »Metro« zugewiesen, das im konspirativen SAP-Jargon als Codewort für Berlin stand. Brandt sollte nicht, wie ursprünglich von Jacob Walcher geplant, als neuer »Reichsleiter« die Untergrundarbeit der SAP-Zellen übernehmen, sondern sich ein systematisches Bild von den Chancen und Möglichkeiten der illegalen Arbeit machen, der Parteileitung darüber berichten und vor allem die Wahl von Delegierten für die sogenannte »Familienfeier« organisieren. Damit war die Kattowitzer Konferenz der SAP gemeint, die für den Dezember 1936 einberufen wurde. Da die Restpartei in Paris wieder einmal von Spaltung bedroht war, brauchte Jacob Walcher, der Chef der Auslandsleitung, bei dieser »Familienfeier« Delegierte aus dem Reich, die im Zweifel für ihn, nicht für die innerparteilichen Gegner stimmen und seine Stellung stärken würden. Um dies sicherzustellen, wurde Brandt nach Berlin geschickt.

Daß es sich um einen auf rund drei Monate begrenzten Auftrag handelte, erhöhte seine Chancen, das gefährliche Untergrund-Abenteuer mit heiler Haut zu überstehen. Und daß er in ein Berlin kam, in dem nach den Olympischen Spielen noch jene eher gelockerte, Fremden gegenüber aufgeschlossene Atmosphäre herrschte, mit der das Regime um Anerkennung und Prestige bei den internationalen Besuchern gebuhlt hatte, mag ihm bei seinem Vorhaben zustatten gekommen sein. Wochen hat er an seiner »Legende« gestrickt, immer wieder die Daten, den Lebensweg, das familiäre Umfeld des neuen Paßinhabers auswendig gelernt, damit er die angenommene Identität auch im schlimmsten Fall – dem Verhör unter Folter – aufrechterhalten konnte. Der norwegische Student Gunnar Gaasland alias Willy Brandt müht sich, wenn er deutsch spricht, um einen norwegischen Akzent, mietet sich bei Frau Hamel, einer liebenswürdigen Wirtin an der Ecke Joachimsthaler Straße und Kurfürstendamm neben dem Café Kranzler ein, arbeitet jeden Vormittag in der Preußischen Staatsbibliothek und studiert im Lesesaal NS-Literatur – von Hitler über Rosenberg bis Darré. Er tut das nicht nur zu Tarnungszwecken, sondern will den politischen Gegner, den er bekämpft, besser kennenlernen. Bisher nämlich hat er nationalsozialistische Bücher nicht gelesen – auch nicht Hitlers »Mein Kampf«.

Wissenschaftliche Quellen für Brandts Berlin-Aufenthalt gibt es nicht, glücklicherweise blieb er ja unentdeckt, so daß der Biograph ganz auf Brandts Schilderungen angewiesen ist.[48] Das Wichtigste: Seine »Wäsche« hält. Als das Polizeirevier an der Gedächtniskirche ihn auffordert, seinen Paß abzugeben, diesen einige Tage bei sich behält und dann anstandslos wieder zurückreicht, weiß er die hervorragende Arbeit zu schätzen, welche die norwegischen Paßfrisierer geleistet haben. Immer wieder kommt es zu Situationen, die ihm gefährlich werden können, die jedoch glimpflich verlaufen – nicht nur bei den Untergrund-Treffs mit SAP-Mitgliedern, von denen es in »Metro« nur noch etwa 200 gibt. Das gilt schon für den Beginn der Reise, denn da steht er in Warnemünde unverhofft einem deutschen Zollbeamten gegenüber, den er aus der Lübecker Zeit gut kennt. Doch gleichmütig mustert dieser Brandt, erkennt nicht den Lübecker Herbert Frahm in ihm und läßt ihn passieren.

In Berlin dann, in der Reichsbank, als er seinen norwegischen Scheck einlösen will, spricht ihn ein norwegischer Studienkollege an, der offenbar große Sympathien für die Nationalsozialisten hegt – ist Brandts Norwegisch da gut genug für die Legende von Gunnar Gaasland, dem Kommilitonen aus Oslo, der so demonstrativ nichts von Politik wissen will? In einem Café in der Friedrichstraße, ein paar Tische neben ihm, entdeckt Gaasland, der Illegale, einen sozialdemokratischen Lehrer aus Lübeck, den er im Konzentrationslager wähnt. Der Lübecker Genosse erkennt Brandt, gibt ihm aber zu verstehen, daß er nicht angesprochen werden will. Hätte ein überwachender Agent der Gestapo den Augenkontakt bemerkt, wären böse Folgen dieser zufälligen Begegnung eher wahrscheinlich gewesen. Brandt exzerpiert vormittags die Bücher der NS-Größen, trifft am späten Nachmittag oder Abend die Genossen im Untergrund, saugt ihre Informationen in sich ein, aber auch die politische Atmosphäre in der Hauptstadt der Diktatur. Er führt den Decknamen Martin und hat die chemische Tinte, mit der er zwischen den Zeilen nach Paris berichtet, in seinem Rasierzeug versteckt.

Anders als in Oslo oder Paris lebt er spartanisch und asketisch: keine Flirts, kein Alkohol, keinerlei gesellschaftlicher Umgang, keine Abendessen mit Freunden in Restaurants. Alle Treffs finden im Freien statt, gelegentlich kommt er mit mehreren Vertrauensleuten bei einer Wanderung durch die Wälder im Norden Berlins zusammen. Die Zahl derer, die sich treffen, übersteigt nie vier oder fünf, und was er erfährt, ist in höchstem Maße desillusionierend. Kaum einer rechnet noch damit, das Regime ließe sich durch Aktionen aus dem Untergrund erschüttern oder gar stürzen. Die Hauptaktivitäten werden deshalb ganz auf die Zeit gegen Ende des Regimes gerichtet, das – die Nachrichten aus den Betrieben über Kriegsvorbereitungen lassen keinen Zweifel – auf einen Waffengang zusteuert und danach, so die allgemeine Überzeugung, stürzen wird. So gilt es vor allem, die Kader beisammen zu halten, sie für die Zeit danach zu schulen und diskrete Hilfe für die in Gefängnissen oder Lagern inhaftierten Genossen zu organisieren. Er erkennt, wie sehr der Faktor des Nationalen, den die Nationalsozialisten geschickt für sich mobilisieren, von den Emigranten bisher unterschätzt worden ist.

Nationalsozialistische Propaganda hat offenbar auch die Haltung der eigenen Genossen gegenüber der Sowjetunion beeinflußt – so der Eindruck Brandts, den er in einem »Marianne« unterzeichneten Brief an die Freunde in Paris schildert. Er spricht da von der »ungeheuren Hetze gegen die Russen«, die auch an klassenbewußten Arbeitern vielfach nicht spurlos vorübergegangen sei. So habe ihn »ein guter junger Funktionär« gefragt, ob es stimme, daß sich die Lebensbedingungen der Arbeiter in Rußland seit der Vorkriegszeit nicht verbessert hätten. Andere seiner Freunde hätten die Stachanow-Kampagne als das »schlimmste Antreibersystem« bezeichnet, das sie kennen. All dies und dazu noch die Moskauer Prozesse gegen die Altbolschewiken, die auch unter den Kommunisten im Widerstand kaum Verteidiger fänden, hätten bei den Freunden im Reich eine Stimmung erzeugt, derzufolge die klassische SAP-These von der proletarischen Pflicht zur Verteidigung der Sowjetunion besser aufzugeben sei. Brandt empfiehlt deshalb, im eingeschmuggelten Schulungsmaterial die Notwendigkeit der Verteidigung der Sowjetunion »noch eindeutiger als früher zu betonen«, gleichzeitig müßten allerdings »Auseinandersetzungen über den widerlichen Charakter der heutigen Sowjetgesellschaft stattfinden«. Zwar lernt er während seiner Monate in Berlin keine überzeugten Nazis kennen, aber Mitläufer und Angepaßte ohne Zahl.

Als er später im besetzten Norwegen mit falschen Papieren reisen wird, bemerkt er einen entscheidenden Unterschied zu seinen Erfahrungen in Berlin: Auch in Norwegen mußte er auf Kontrollen gefaßt sein, aber unter einer sympathisierenden Bevölkerung fühlt er sich als Illegaler eher wie ein Fisch im Wasser. In Berlin 1936 fand er zwar standhafte Freunde und anständige Leute, doch fühlte er sich »als Illegaler wie ein Aussätziger«. Nur einen Luxus leistet er sich in den drei Monaten des Berliner Untergrunds: Er pilgert abends häufig in die Philharmonie und entdeckt Furtwängler und die klassische Musik. »Nachgeborene, die dem Dirigenten vorhalten, den Nazis gedient zu haben«, schreibt er in seinen »Erinnerungen«, »wissen nicht, wovon sie reden. Die Wege zwischen begnadeter Kunst und erbärmlicher Politik sind verschlungen. Ich wandte mich jedenfalls gleich nach dem Krieg gegen ein Auftrittsverbot und war dabei, als ihn die Amerikaner 1947 im Titania-Palast wieder musizieren ließen.«

Die Fahrt als einer der vier Berliner Delegierten nach Kattowitz führt ihn über das Goldene Prag, in dem er endlich wieder frei aufatmen kann. Hier hat die ewige Verstellung ein Ende, »der Zwang, sich niemals seine wahren Gefühle anmerken zu lassen; das Mißtrauen, das einen in jedem Tischnachbarn einen Spitzel und in jedem Genossen einen Verräter fürchten läßt«[49]. In der Stadt Kafkas, Max Brods und Egon Erwin Kischs, in der man sich fast noch im deutschen Kulturkreis fühlt, hat sich die Masse der deutschen

Emigration angesiedelt, und sie kann bis Mitte 1937, bis der Druck Hitlers übermächtig wird, auf die wohlwollende Duldung, ja Unterstützung der tschechoslowakischen Regierung rechnen.

Doch die Zahl der Agenten und Spione der Nationalsozialisten wächst, je länger Hitler im Sattel sitzt. Um sie in die Irre zu führen, verlegt die SAP-Leitung die ursprünglich nach Brünn einberufene »Familienfeier« kurzfristig nach Mährisch-Ostrau, hält zugleich aber an dem offiziellen Namen eines »Treffens von Kattowitz« fest. Untergebracht bei sudetendeutschen Arbeitern, »armen, stolzen, solidarischen Söhnen der dort noch intakten Sozialdemokratischen Familie«, wie Brandt schreibt, treffen sich die Delegierten aus den Auslandsgruppen, darunter Brandts Freundin Gertrud Meyer als Vertreterin Oslos, mit den wenigen Delegierten aus dem Reich. Otto Bauer, der in die Tschechoslowakei emigrierte Führer der österreichischen Sozialdemokratie, hatte mit seinen guten Kontakten zu den sudetendeutschen Sozialdemokraten bei der Vorbereitung geholfen.

Es ist die letzte Heerschau einer ohnehin kleinen Polit-Armee, die stets zu Selbstüberschätzung neigte, jetzt nur noch in Bruchteilen existiert und deren Mitglieder drinnen und draußen zunehmend eine andere Sprache sprechen. Bremer schätzt die Zahl der aus dem In- und Ausland angereisten Delegierten auf insgesamt 16. Selbst wenn er damit zu gering greift, ist es doch ein winziger Haufen, der jetzt eine Partei vertritt, die sich einst dazu berufen fühlte, Kristallisationspunkt einer mächtigen, einigen, wahrhaft kommunistischen Massenpartei zu werden; zudem sind die Delegierten aus dem Ausland eindeutig in der Überzahl. Ein großer Teil der verbliebenen Kader im Reich lebt inzwischen mehr als Traditionskompagnien denn als aktive politische Zellen, und die Tätigkeit der wenigen Obleute, die es noch gibt, erschöpft sich mehr darin, Kontakt zwischen den verbliebenen Gesinnungsfreunden zu halten denn gegen das NS-System aktiv zu werden.

In Briefen und bei konspirativen Kontakten in Kopenhagen, Prag oder Amsterdam hatten die Illegalen aus dem Reich seit Monaten vor den Illusionen im Ausland und vor »Emigrantenphantasien« gewarnt. Es gibt sie nicht, ja es hat sie nie gegeben – jene große, illegale, zum Kampf bereite Untergrundarmee, die den Sturz Hitlers durch eine revolutionäre Aktion einleiten würde. Mit der

Erfahrung seiner drei Monate im Berliner Untergrund unterstützt Brandt jetzt das Insistieren der Illegalen, die Auslandsleitung solle ihre großartigen Wunschträume begraben. Weil der verbliebene Manövrierraum unter den Bedingungen der Hitlerdiktatur äußerst gering sei und die wenigen verbliebenen Kader nicht geopfert werden dürften, komme es darauf an, unter Nutzung aller legalen Möglichkeiten in den faschistischen Massenorganisationen – in Arbeitsfront, Hitlerjugend und Arbeitsdienst – vorhandene Mißstimmungen zu vertiefen und sie in systemkritische Bahnen zu lenken. Vor allem den Vertrauensleuten in den Betrieben falle dabei eine besondere Rolle zu, auch wenn sie »altbewährte freigewerkschaftliche Kollegen« seien, keiner politischen Gruppe angehörten und illegale Arbeit ablehnten.

Lief das darauf hinaus, bei Wahlen zu den Vertrauensleuten der NS-Arbeitsfront alte Gewerkschafter zu fördern, falls sie auf den Listen zu finden waren? Hieß das, den »Klassenkampf nur als unterirdischen Kleinkampf in den Betrieben« zu führen, wie das ein »Fritz Kraemer« einmal in seinen »Gedanken eines Illegalen« formuliert hatte? Folgt man Bremer[50], haben zwei der illegalen Delegierten aus dem Reich solche Vorschläge rundweg abgelehnt. Auf Anregung Brandts jedenfalls wird keine neue Reichsleitung der SAP gewählt, weil damit nur eine unnötige Gefährdung von treuen Genossen verbunden gewesen wäre. Da es unmöglich geworden ist, die SAP im Reich wiederzubeleben, wird die Loslösung von den noch vorhandenen Trümmern der einstigen Reichspartei vollzogen: Die Auslandszentrale heißt nun »Parteileitung« – eine begriffliche Trennung, die den Tatsachen entspricht, doch nach Bremer »bei den so langwährenden Träumen einer lebendigen revolutionären illegalen Bewegung« besondere Enttäuschung hervorrufen muß.

Unter den Resolutionspunkten, die das Häuflein der verbliebenen SAP-Aufrechten in Mährisch-Ostrau verabschieden, sind zwei von besonderem Interesse. Der erste betrifft die Volksfront und unterstreicht die kritische Position der SAP gegenüber einem antifaschistischem Bündnis, das die Liberalen einschließt und mithin rein defensiv gedacht ist. Demgegenüber fordert die SAP, eine Zusammenarbeit zwischen dem Proletariat und den Mittelschichten herbeizuführen, bei der »die Führung der Arbeiterklasse und der sozialistischen Zielsetzung gesichert ist«. Der zweite Punkt betrifft die Sowjetunion und den »unerschütterlichen Willen« zu ihrer Verteidigung, den die Versammlung ungeachtet aller Kritik an den Prozessen gegen die alten Bolschewiki bekundet. Der sozialistische Staat Stalins bleibe bei aller Kritik »eine mächtige Position der Weltarbeiterbewegung gegen den Faschismus und Kapitalismus, die das Proletariat im kommenden Krieg um seiner selbst willen mit allen Kräften« unterstützen müsse. Kein Zweifel: Jacob Walcher hat sich mit seinen Vorstellungen auf der ganzen Linie gegen den in beiden Fragen weitaus skeptischeren Paul Frölich durchgesetzt.

Brandt selbst kandidiert zwar bei den Wahlen zur engeren Parteileitung, wird aber nicht gewählt, weil – so die Begründung, die Paul Frölichs Frau Rosa »in unangenehmem Tonfall« vorbringt – »die Zeit der 23jährigen noch nicht gekommen« sei.[51] Gekommen aber ist in Kattowitz ein neuer Parteiauftrag: Der »Außenminister Jacob Walchers«, wie Rosa Frölich den jungen Genossen Willy Brandt spöttisch nennt, soll nach Spanien gehen und die SAP bei der Bruderpartei POUM in Barcelona vertreten.

Im spanischen Bürgerkrieg

Kampf mit publizistischen Mitteln

»Kurz vor fünf geht es los. Unsere Grenaderos haben die Attacke eingeleitet. Sie belegen die Spitze des Hügels mit Handgranaten, nachdem sie unbemerkt soweit heraufkamen«, schreibt Willy Brandt im März 1937 über einen Angriff vor den Toren des Ortes Huesca an der Aragonfront. Wie Silhouetten heben sich die beiden ersten Kameraden vom Himmel ab, als sie den höchsten Punkt erreicht haben: »Fünfzig Mann der faschistischen Truppen müssen ins Gras beißen.«[1] Es ist dies einer der wenigen Kriegsberichte, die Brandt, Beobachter des Gefechts aus etwa tausend Metern Entfernung, für das Blatt seines Jugendverbandes verfaßt hat. In derselben Nummer der *Sozialistischen Jugend* findet sich sein Nachruf auf den Freund und SJVD-Genossen Herbert Wolf, der als Angehöriger eines »Batallion de choque« der POUM-Miliz, des Stoßtrupps also einer linken Partei-Armee, »im Kampf gegen den internationalen Faschismus, für die sozialistische Revolution« vor Huesca gefallen sei. Brandt entbietet ihm »ein letztes Kampfbereit!«, den Gruß der SAP-Jugend, und zeichnet seinen Bericht: »An der Front, 18. März 1937. WB.«

Knapp vier Monate, von Ende Februar bis Ende Juni 1937, hielt sich Willy Brandt in Spanien auf, und was der damals immer noch 23jährige auf republikanischer Seite getan hat, ob er als Rotbrigadist neben und mit Kommunisten gegen Franco gekämpft oder mit der spanischen POUM, der *Partido Obrero de Unificación Marxista,* die Revolution im Hinterland der republikanischen Front vorbereitet hat, sind Fragen, deren sich der Kanzlerkandidat 1961 in seinem ersten Bundestagswahlkampf genauso zu erwehren hat wie des Vorwurfs, er habe 1940 in norwegischer Uniform gegen deutsche Truppen gekämpft.

Neben ehrenwerten Motiven gibt es bei der CDU auch ein stattliches Arsenal schmutziger Waffen, mit denen sie 1961 ihre Stellung als regierende Staatspartei der jungen Bundesrepublik gegen die mit Brandt an die Macht drängende SPD-Opposition behaupten will. Und in dieser wahrlich finsteren Waffenkammer befindet sich ein Sonderheft des CDU-Rednerdiensts, in dem behauptet wird, Brandt habe sich in Spanien radikaler gebärdet als die kommunistische Partei. »Die POUM fliegt mit« nannte Günter Grass, einer der frühen Brandt-getreuen Intellektuellen und Wahlkampfhelfer, einen Einakter, in dem er den Kanzlerkandidaten auf dem Flug zu einer Wahlkampfveranstaltung eine Stellungnahme zu Vorwürfen seiner christdemokratischen Wahlkampfgegner diktieren läßt. Warum Ereignisse, die ein gutes Vierteljahrhundert zurückliegen, damals plötzlich Relevanz bekamen, macht ein »wirrer Traum« deutlich, in den Grass den mitreisenden Schriftsteller in diesem Stück plötzlich fallen läßt: »POUM! POUM! Als ich zehn Jahre alt war, pfiffen wir auf dem Pausenhof den Marsch der Legion Condor und spielten die Verteidigung des Alcazar.«[2] Im kollektiven Bewußtsein der übergroßen deutschen Mehrheit, in dem die Verseuchungen eines Doktor Goebbels bis tief in die sechziger Jahre, ja darüber hinaus ihre Spuren hinterlassen hatten, war die Sache der spanischen Republik noch immer vorwiegend negativ besetzt – mit den klassischen Schreckensbildern bolschewistischer und anarchistischer Grausamkeit von Priestermorden und Kirchenschändungen, von Plünderungen und Brandschatzungen, von Massenexekutionen an Kleinbürgern und Landbesitzern. Dazu kam, daß Franco-Spanien, das sich ab 1960 für den deutschen Massentourismus öffnete, den Amerikanern Stützpunkte eingeräumt hatte, mit der NATO sympathisierte, den Anschluß an die EWG suchte und die Atmosphäre des Kalten Krieges, in der Brandt zu seiner ersten Kanzlerkandidatur ansetzte, für eine objektive Aufarbeitung der Geschehnisse im spanischen Bürgerkrieg wenig geeignet schien. Zwar war Brandt nicht, wie ihm unterstellt wurde, »Rotfrontkämpfer« gewesen. Doch mannhaft erklärte er, er würde sich nicht schämen, wenn er, wie einige seiner Freunde, mit der Waffe in der Hand verteidigt hätte, was sich ihm als Sache der legalen spanischen Republik und der europäischen Demokratie darstellte.[3]

Indes hielt er es in einem *Spiegel*-Gespräch vom Frühjahr 1961 für taktisch angebracht, seine damaligen Aktivitäten in Spanien herunterzuspielen. Seine Haupttätigkeit, so Brandt zum *Spiegel*, seien Berichte gewesen, die er für das Korrespondenzbüro der Norwegischen Arbeiterpartei geliefert habe.[4] Tatsache dagegen ist, daß die Artikel Brandts, die in skandinavischen Blättern erschienen, bestenfalls ein Nebenprodukt seiner Tätigkeit in Spanien gewesen sind.[5] Brandt reiste nicht als Korrespondent für norwegische Zeitungen nach Katalonien, sondern als Funktionär des SJVD und Emissär seiner Partei, der den Kontakt zwischen der SAP, ihrem Jugendverband und der POUM halten und die »Bruderpartei« auf den richtigen politischen Kurs bringen sollte. Auf einer Liste der Parteileitung in Paris vom Januar 1938 – gezeichnet: »Jim«, was für Walcher steht – werden insgesamt 24 SAP-Genossen aufgeführt, die nach Spanien gegangen waren – davon sind 8 gefallen, 9 zurückgekehrt, 5 befinden sich in Barcelona im Gefängnis, zwei noch an der Front; Willy Brandts Name erscheint als letzter mit der Nr. 24 auf der Liste, und seine Funktion wird so beschrieben: »Anfang März als Vertreter des SJV nach Barc.(elona), bis Ende Juni 37. Ab Mitte April Parteivertreter und Leiter der deutschen Sektion der POUM.«[6]

Aus heutiger Distanz wird die Aufregung, die Anfang der sechziger Jahre um sein angeblich geheimnisumwittertes Engagement auf der republikanischen Seite geherrscht hat, nur verständlich, wenn man bedenkt, daß viele den spanischen Bürgerkrieg mythisch als Vorgefecht jenes großen Weltgemetzels verklärten, das 1939 zwischen den Kräften des Guten und des Bösen anhob. Hätte ein Sieg der Republikaner in Spanien das große Abschlachten im Zweiten Weltkrieg womöglich verhindern können? Oder war Spanien letztlich nur ein riesiges Manöverfeld, auf dem die Weltdiktaturen ihre modernen Waffen erprobten? Wie kaum ein anderes politisches Geschehen in den dreißiger Jahren hat das Drama auf der iberischen Halbinsel die Aufmerksamkeit der Welt in ihren Bann gezogen und ist bei vielen noch heute von Romantik umwoben. Meinten nicht all jene Intellektuellen, die voller Enthusiasmus als Freiwillige zu den republikanischen Fahnen strömten, die André Malraux, Ernest Hemingway und George Orwell, auf den Schlachtfeldern von Aragon und vor Madrid die Entscheidung für eine bessere Zukunft zu erzwingen, wollten sie nicht die rückwärtsgewandten Kräfte der Finsternis schlagen, erstrebten sie nicht eine Welt der Freiheit und Gerechtigkeit, in der es weder Ausbeutung noch

Knechtschaft, weder die Herrschaft des Kapitals noch Kerker mit faschistischen Bütteln gab? Befand sich Brandt nicht in allerbester Gesellschaft?

Wer den linken Zeitgeist jener Jahre verstehen will, sollte bedenken, daß es, Großbritannien und die USA ausgenommen, als Folge der Weltwirtschaftskrise in den westlichen Industriestaaten Vertrauen in die überkommenen demokratischen Institutionen bürgerlich-kapitalistisch verfaßter Gesellschaften kaum mehr gab. Nach dem lähmenden Entsetzen, das die europäische Linke mit dem kampflosen Abtreten der deutschen Arbeiterbewegung erfaßte hatte, galten die Siege der Volksfrontbündnisse bei den Wahlen in Spanien im Februar 1936 und in Frankreich im darauffolgenden Mai deshalb als ermutigende Signale einer politischen Wende. Plötzlich schien die europäische Linke wieder in der Offensive. Als die spanischen Generale um Franco im Juli 1936 dann gegen die legitime Regierung der Republik putschten, wurde Spanien zum Schlachtfeld, auf dem der Gegner endlich offen zu stellen war. Brandt selbst nannte den spanischen Bürgerkrieg »die erste offene Schlacht gegen den internationalen Faschismus« und ein Vorgefecht in der unweigerlich herannahenden »Weltauseinandersetzung zwischen Fortschritt und Reaktion, zwischen Faschismus und Sozialismus«.[7]

Nicht wenige der deutschen oder italienischen Kommunisten und Sozialisten, die als Freiwillige zu den internationalen Brigaden eilten, suchten vor Madrid, bei Guadalajara oder am Ebro Revanche für die Niederlage, die sie durch Mussolinis Marsch auf Rom oder Hitlers Regierungsübernahme 1933 erlitten hatten. Daß die Diktatoren der »Achse« Franco massiv mit Truppen, Panzern, Flugzeugen und Material unterstützten, daß die Komintern internationale Brigaden aufstellte, Stalin Waffen mitsamt Offizieren als Berater, aber auch ein Kontingent Jagdflugzeuge mit sowjetischen Piloten schickte, gab der Auseinandersetzung den Charakter eines *internationalen* Bürgerkriegs. An jenen Teilen der Front, an denen deutsche oder italienische Interbrigadisten Einheiten der Legion Condor oder der italienischen Schwarzhemden gegenüberstanden, nahm dieser Waffengang aber auch die Züge eines erbitterten *nationalen* Bürgerkrieges an. Brandt selbst beschreibt einmal, wie er bei Huesca von »Landsleuten der Legion Condor« unter Feuer genommen wurde, die ihn, den Beobachter und seine Genossen, vom Flugzeug aus mit dem Maschinengewehr aufs Korn genommen hätten.[8]

Von der »Familienfeier« in Mährisch-Ostrau, wo er den Parteiauftrag für Spanien erhalten hatte, war Willy Brandt zunächst über Danzig nach Norwegen heimgekehrt, um von dort Anfang Februar mit Per Monsen, dem Sohn des norwegischen Verteidigungsministers, nach Spanien aufzubrechen. Die Reise führte über Dänemark mit dem Fährschiff nach Antwerpen und von dort nach Paris, wo Brandt in einem Schlafsack in der kleinen Wohnung von Jacob und Hertha Walcher übernachtete. Da die Volksfrontregierung Blum sich bereits der britischen Politik der Nichteinmischung angeschlossen hatte, war für die Überquerung der Grenze ein besonderes französisches Ausreisevisum erforderlich, das nach Tagen des Wartens schließlich gegen einige Francscheine, als Bestechungsgeld in den Paß gelegt, erhältlich war. Bei Cebère passierte Brandt zusammen mit Monsen den Tunnel nach Port Bou, um an einem milden Wintertag, es muß Ende Februar oder Anfang März gewesen sein, endlich in der Hauptstadt Kataloniens anzukommen.

Barcelona, das politische Zentrum der spanischen Anarchosyndikalisten, mit dem er erstmals Bekanntschaft schließt, prangt in den schwarzroten Fahnen der libertären Kommunisten von der FAI und der CNT – der *Federación Anarquista Ibérica* und der ihr nahestehenden anarchosyndikalistischen Gewerkschaft *Confederación Nacional del Trabajo*, die in der katalonischen Regionalregierung vertreten sind. Die Speisekarten sind mehr als frugal, aber er kann sie lesen, denn auf dem Lübecker Johanneum hat er Spanisch als vierte Fremdsprache gelernt – zwar nur ein Jahr, aber das genügte, eine rudimentäre Kenntnis der Sprache zu erlangen, was ihm jetzt zustatten kommt. Als er sich mit Monsen, der als Korrespondent eines norwegischen Blatts anderntags nach Madrid weiterreisen muß, hungrig zu Tisch setzt, hat der Ober nur Apfelsinen, Oliven und Rotwein anzubieten. Ein Trinkgeld, das Brandt, wie in Oslo gewohnt, ihm zurücklassen will, weist dieser als Beleidigung empört zurück und droht damit, ihn niederzuschlagen.

Eine ähnliche Erfahrung macht George Orwell, der sich die Strafpredigt des Hotelchefs anhören muß, als er dem Hotelboy einige Peseten geben will. Jeder Laden, jedes Restaurant, jedes Café sind sozialisiert, ja selbst die Schuhputzer kollektiviert, schreibt Orwell in »Mein Katalonien«. Als er im Dezember 1936, also wenige Wochen vor Brandt, nach Barcelona kommt, zieren die Anfangsbuchstaben der Revolutionsparteien und revolutionäre Plakate die Häuserfronten, private Autos gibt es nicht mehr, sie wurden requiriert, gut gekleidete Menschen sind aus dem Straßenbild verschwunden – man trägt grobe Arbeitskleidung, blaue Overalls oder ein der Milizuniform ähnliches Kleidungsstück. Orwell glaubt sich in einem Arbeiterstaat, der die Revolution bereits hinter sich hat.[9] Völlig verstört kommt der schwedische Abgeordnete und Schriftsteller Ture Nerman zu einem Rendezvous mit Brandt ins Victoria-Hotel an der Placa de Cataluna, weil Arbeiter ihn, der immerhin ein Mitbegründer der schwedischen Kommunistischen Partei gewesen ist, festgehalten hatten. Grund: Nerman trug einen Hut, der nach einer Empfehlung der katalonischen Regierung als Symbol des Klassenfeindes besser im Kleiderschrank geblieben wäre.[10]

Wer ist nun diese POUM, die Günter Grass in seinem Stück zum Wahlkampf mitfliegen läßt und die den Kanzlerkandidaten bis in die 60er Jahren verfolgen wird? Entscheidend für den späteren Sieg Francos in diesem internationalen Bürgerkrieg sind blutige Rivalitäten im Lager der Linken selbst. Ein Beispiel dafür sind die Auseinandersetzungen, zu denen es im Mai 1937 in Barcelona zwischen Volksfront und Stalinisten auf der einen, den Anarchosyndikalisten der CNT und der POUM auf der anderen Seite kommen wird. Einer der Führer der POUM, Andrés Nin, hat lange Jahre in der Sowjetunion gelebt und sich, als enger Vertrauter Trotzkis, dessen Opposition gegen Stalin angeschlossen. Anfang der dreißiger Jahre von den Sowjets ausgewiesen, läßt sich der Spanier in Barcelona nieder und gründet eine »kommunistische Linke«, die sich 1935 mit dem katalonischen marxistischen »Arbeiter- und Bauernblock« des Lehrers Joaquin Maurín zum *Partido Obrero de Unificación Marxista*, POUM, zur »Arbeiterpartei für marxistische Einheit«, vereinigt. Mit ihren etwa fünfzigtausend Mitgliedern hat diese Partei ihren Schwerpunkt in Katalonien, wird dort zur wichtigsten linken Kraft neben den Anarchisten und den anarchosyndikalistischen Gewerkschaften und gehört, wie die SAP, dem »Internationalen Büro für revolutionäre Sozialistische Einheit« mit Sitz in London an, das aus der Internationalen Arbeitgemeinschaft hervorgegangen ist.

Wer die Rolle verstehen will, welche die POUM innerhalb der republikanischen Linken in Katalonien und seiner Hauptstadt Barcelona spielt, muß zunächst einen Blick auf die Anfänge des spanischen Bürgerkriegs werfen. Es waren ja Arbeitermilizen, die der schwachen, seit Monaten von rapidem Autoritätsverfall geplagten linksbürgerlichen Volksfrontregierung Azaña gegen den Putsch der Generale beigestanden und die Junta-Kräfte um Franco in den ersten Auseinandersetzungen zurückgeschlagen hatten. In dieser frühen Phase des spanischen Bürgerkriegs glichen diese Milizen nicht selten schlecht bewaffneten Partei- oder Gewerkschafts-Armeen, die in die Schlacht zogen und glaubten, der Krieg sei im Stile der alten Guerilla zu Zeiten Goyas oder der Carlistenkriege zu gewinnen. Oft folgten die Frauen ihren Männern mit in den Kampf, und auf beiden Seiten wurde die Auseinandersetzung mit unglaublicher Grausamkeit, ja Bestialität geführt: Den Greueltaten der Faschisten, die katholische Priester, Freimaurer und Gewerkschaftsführer umbrachten, jeden Bürgermeister oder Beamten samt ihren Angehörigen, die bisher mit der Regierung der Volksfront, der Frente Popular, zusammengearbeitet hatten, standen jene der Republikaner wahrlich nicht nach. Als Franz Borkenau nach Ausbruch des Bürgerkriegs durch das republikanische Spanien reist, erzählen ihm Dorfbewohner, meist Anarchisten in der Kneipe von Fraga, einem 1000-Seelen-Dorf direkt hinter der Front, strahlend von ihren Heldentaten. Sie hätten 38 »Faschisten« getötet – oder vielmehr alle jene, die sie für Faschisten hielten oder an denen sie aus anderen Gründen ihr Mütchen kühlen wollten: den Priester, seine aktivsten Gemeindemitglieder, Gläubige und Helfer, einen Rechtsanwalt und dessen Sohn, dazu etliche reiche Großbauern.[11]

Gleich zweimal schreibt Brandt von Grausamkeiten, die er an der Front beobachtet hat – das eine Mal bei den Gegnern, das andere Mal in den Reihen der Republikaner. Mit eigenen Augen habe er gesehen, so heißt es in seinem »Kriegsbericht« über die »Attacke vor den Toren Huescas«, wie die Faschisten einen bestimmten Punkt der Straße immer dann mit Artilleriefeuer belegten, »wenn sie eine Ambulanz sichteten, die unsere Verwundeten abtransportierte oder aus dem Lazarett zurückkehrte«. Sein Kommentar: »Uns fehlt die Unmenschlichkeit unserer Gegner.«[12] Einige Wochen später, ebenfalls vor Huesca, beobachtet er von der vorgeschobenen

Stellung eines Stabes aus, daß es Unmenschlichkeit auch auf der eigenen Seite gibt. Er verfolgt, wie eine Ausländereinheit zusammen mit spanischen Kameraden eine Anhöhe stürmt und wieder räumen muß. Unter den Gefangenen, welche die Republikaner zurückbringen, befindet sich ein Priester: »Mit dem Bajonett wurde ihm der Bauch aufgeschlitzt ... Ich fand bestätigt, daß der Krieg die Bestie im Menschen herauslockt.« Die erste Beobachtung über das Bestialische im Menschen hat er während des Bürgerkriegs veröffentlicht, die zweite findet sich erst in den Betrachtungen eines Brandt, der bereits altersweise geworden ist.[13]

Die Arbeitermilizen retten zwar die republikanische Regierung gegen die Putschisten, aber mit der demokratischen Republik haben sie wenig im Sinn: Hinter der Front führen sie ihren Sozialismus ein, oft einen ganz nach dem Geschmack der libertären, aller staatlichen Autorität und Organisation feindlich gesonnenen Anarchisten, und er zeigt gelegentlich rührende Züge. »In einzelnen der etwa 500 katalanischen Kollektivwirtschaften wurde mit einer geldlosen Gütergemeinschaft experimentiert«, schreibt Brandt. »In einem Fall hatte man zuvor die in der Gemeindekasse vorhandenen Peseten gleichmäßig verteilt.« Es waren dies Experimente, die ihn an seinen Großvater denken ließen, der in der Partei Bebels gelernt hatte, daß die Abschaffung des Geldes ein nicht so fernes Ziel der Arbeiterbewegung sei.[14]

Daß die Linke schon vor Ausbruch des Bürgerkrieges innerhalb der Volksfront zielstrebig auf die gesellschaftliche Umwälzung hinarbeitete, hatte Largo Caballero, der Führer der spanischen Sozialisten, im Februar 1936 im Wahlkampf deutlich gemacht: »Nach dem Wahlsieg wird die Arbeiterklasse den richtigen Augenblick wahrnehmen und den vollen Sieg des Marxismus erzwingen.«[15] Doch als die schwache und unentschlossene Regierung des Linksrepublikaners Azaña nach dem Wahlsieg der Frente Popular den Staatsapparat praktisch unangetastet bestehen ließ, kam es zu Massendemonstrationen der radikalen Sozialisten und Anarchisten bis hin zu politischen Mordanschlägen – Tendenzen, welche die britische Entscheidung, im spanischen Konflikt neutral zu bleiben, letztlich bestimmten. Die britische Regierung, die sich als Feind der Faschisten wie der Kommunisten betrachtete, wollte sich weder für die eine noch die andere Seite engagieren.

In seinem Referat über »Krieg und Revolution in Spanien«, in dem Brandt nach seinem Barcelona-Aufenthalt seine spanischen Erfahrungen schilderte, unterstrich er diese revolutionären Tendenzen innerhalb der Volksfront und interpretierte die Francistische Generalsrevolte als »präventive Konterrevolution«, zu der die Reaktion durch eine »Zuspitzung der Klassenkampfsituation« und eine »Stärkung der Arbeiterkräfte« innerhalb der Volksfront getrieben worden sei. Was formell ein Angriff gegen die demokratische Republik war, so Brandt in seiner Analyse Anfang Juli 1937, nachdem er Spanien wieder verlassen hatte, »das bedeutet im Kern der Sache einen Schlag der reaktionären Kräfte gegen die herannahende zweite Revolution«.

Zu den Kräften dieser zweiten Revolution gehörte auch die POUM, deren Milizen, wie auch die der Anarchisten, nicht in die Schlacht zogen, die schwächliche Republik zu verteidigen, sondern die sozialistische Revolution einzuführen. Ihr Beharren auf der Gleichzeitigkeit von Krieg und Revolution bringt sie in Gegensatz zur spanischen KP, deren Rolle mit der Intervention der Komintern für die Fortführung des Krieges immer zentraler wird. Anders als die POUM wollen die Kommunisten nicht die Revolution hier und heute, sondern den Sieg der republikanischen Waffen und der Volksfront mit den linksbürgerlichen Kräften – ob die Einführung des Sozialismus einmal auf die Tagesordnung kommt, wird erst nach gewonnenem Krieg entschieden. Wegen des offenen Engagements von Hitler und Mussolini für Franco nennen sie den Krieg für die republikanische Sache einen »nationalen Befreiungskrieg« – die POUM dagegen beharrt trotzig darauf, es handele sich um einen Klassenkrieg gegen die spanische und die internationale Bourgeoisie. Weil Stalin eine Annäherung zwischen den Westmächten und der Achse Berlin–Rom verhindern will, kann er an einer echten Sowjetbewegung in Spanien kein Interesse haben und läßt, so Franz Borkenau, jede Tendenz zu einer sozialen Bewegung »niederstampfen«.[16]

Die Strategie der Komintern ist klar: Bündelung aller vorhandenen Kräfte und Energien, um die Voraussetzungen für eine effiziente Kriegführung zu schaffen, doch mit ihrer Parole von der Verteidigung der demokratischen Republik vollzieht sie eine Abkehr von Lenin und seinen ursprünglichen Ideen, was ihr im linken Lager mehr Feinde als Freunde macht. Dabei haben die Kommunisten, zumindest was die Kriegführung angeht, oft die besseren Argumente auf ihrer Seite. Die Naivität und Spontaneität, mit der die spanischen Anarchisten und die Angehörigen der POUM-Milizen hinter der Front ihren unbürokratischen *grassroots*-Sozialismus einführten, und das libertäre, romantische, oft ans Chaotische grenzende Element in der Kriegführung dieser Parteitruppen sichern ihnen bei linken Intellektuellen bis heute besondere Sympathien.

Auch Willy Brandt sang in seinen Berichten das »Heldenlied der spanischen Milizianos« von ihrem Kampf der Fäuste gegen Maschinengewehre, der Jagdflinten gegen Flugzeuge, der Dynamitbüchsen und Benzinflaschen gegen Panzer.[17] Aber daß die von Hitler und Mussolini unterstützten Franco-Truppen so nicht zu schlagen sind, wird selbst militärisch ungeschulten Beobachtern wie ihm klar. Erschüttert sieht er mit an, wie auf der anderen Seite »jede militärische Regung einen Sinn hatte, während bei uns der Angriff anderthalb Stunden zu spät begann, die Artillerie wild schoss, u.a. in die eigenen Stellungen, und wie sich hinterher bei Betrachtungen über den misslungenen Handstreich herausstellte, dass sich alles für einen Feldherren hält, was irgendwie über den Rang des Miliziano herausgekommen ist. Und dabei sahen wir noch eine der besten Truppen, nämlich die zentralen Streitkäfte der POUM.« Er schreibt dies an Walcher am 21. März 1937 nach einem Angriff vor Huesca.[18] Ein andermal berichtet er nach Paris, es sei äußerst zweifelhaft, ob man »von dem Versuch der Aufrechterhaltung der Parteitruppe im Volksheer überhaupt etwas Nützliches erreichen könne«. So zeigt er Verständnis für das, was die Kommunisten fordern und was bei der Linken Kataloniens damals schlicht »Militarisierung« genannt wird: die Disziplinierung dieser oft verwilderten Arbeiter-Milizen durch Eingliederung in ein straffer organisiertes Volksheer, das ihnen erst einmal professionelle militärische Kampfausbildung angedeihen läßt und für eine einheitliche Kommandogewalt sorgt.[19]

Das Fehlen einer effizienten militärischen Organisation notiert auch Borkenau beim Besuch einer POUM-Kolonne an der Front. Offiziere hatten nur die Funktion von Beratern, die Befehlsgewalt über alle militärischen Aktionen lag bei einem Komitee, und der Kontakt von POUM-Kolonne zu POUM-Kolonne, die jeweils verschiedene Dörfer besetzt hielten, dünkte ihn mehr als mangelhaft.[20]

Die POUM aber, deren Programmatik stark vom Rätegedanken geprägt ist, will kein republikanisches, womöglich traditionell hierarchisch gegliedertes Volksheer, sie tritt für eine proletarische revolutionäre »Rote Armee« nach dem Muster der bolschewistischen Revolution ein und hat deshalb, wie Brandt meint, »nicht die richtige Vorstellung von den militärischen Notwendigkeiten gehabt«. Gerade als revolutionäre Partei hätte sie sich nach seinem Urteil zur entschlossensten Kriegspartei machen müssen und nicht zulassen dürfen, daß diese Funktion auf andere Parteien überging.[21]

Es ist also eine betont kritische Solidarität, die Willy Brandt gegenüber der Bruderpartei empfindet und die ihn bald zwischen alle Stühle bringt. Einerseits teilt er die Übereinstimmung mit den revolutionären Zielsetzungen der POUM, mit ihrer Grundlosung, nach der Krieg und Revolution untrennbar miteinander verbunden sind. Andererseits kritisiert er die Verbissenheit, mit der sie den Krieg ausschließlich als nationalen und internationalen Klassenkrieg versteht und nicht einsehen will, daß »in dieser Etappe der Auseinandersetzung das Schwergewicht auf das Element des Freiheitskrieges gegen den internationalen Faschismus übergegangen« ist. Wenn er Walcher schreibt, die POUM habe »keinen korrekten Standpunkt zu den nationalen und ›nichtproletarischen‹ Elementen des Krieges«, dann kritisiert er ihre Haltung zur Volksfront, in welche die POUM in der Tat nur formell eingewilligt hat, um nicht völlig in die Isolierung zu geraten – in der Praxis zielt sie weiter auf eine revolutionäre Arbeiter-Einheitsfront mit den Anarchisten.

Weil das so ist, hat die POUM in seinen Augen ein völlig falsches Verhältnis zu den Verbündeten, ohne die der Sieg nicht errungen werden kann – zu Kleinbürgern und Bauern. Die POUM überschätzt ihre Kraft, meint Brandt, und setzt einen »Wunderglauben in das internationale Proletariat«, das wegen Spanien angeblich zur Weltrevolution schreiten müsse. Als Beleg führt er ein Plakat der POUM-Jugend an, das er kurz vor seiner Abreise nach Paris an den Häuserwänden Barcelonas entdeckte und dessen Parole lautete: »Kampf bis zum Tod gegen den Faschismus und die bürgerliche Demokratie«.[22]

Alles in allem waren Brandts Einwände gegen die POUM-Führung nicht strategischer, sondern überwiegend taktischer Natur. Er forderte nicht den Verzicht auf revolutionäre Politik, sondern behauptete, durch die Zusammenarbeit mit der Volksfront, gegen die sich die POUM sperrte, werde späteren revolutionären Maßnahmen desto sicherer der Boden bereitet. Seine kritische Position läßt sich in dem Satz zusammenfassen: Nicht gegen die Volksfront, sondern mit ihr und dann, zu gegebener Zeit, über sie hinaus.

Um internationale Solidarität zu demonstrieren, hatte die SAP eine deutsche Sektion bei der POUM in Barcelona gegründet, die auch eine eigene Zeitschrift, *Die spanische Revolution*, herausgab, welche offiziell als »Organ der Arbeiterpartei für Marxistische Einheit (P.O.U.M.), Spanien« firmierte. Etliche Freiwillige der SAP kämpften in den POUM-Milizen. Und als Geste der Solidarität war auch der Umzug des Revolutionären Büros Internationaler Jugendorganisationen von Oslo nach Barcelona gedacht, das Peter Blachstein in Abwesenheit Willy Brandts übernommen hatte. Doch kommt es bald zum Bruch zwischen Blachstein und Brandt, wie sich denn in der blutigen Tragödie vom Mai 1937 in Barcelona die Geister zwischen den verschiedenen linken Gruppierungen endgültig scheiden werden. Brandt spürt diese Auseinandersetzung bereits nahen, als er an dem Versuch mitarbeitet, zum 1. Mai eine Jugend-Einheitsfront zustande zu bringen, die sowohl proletarische als auch bürgerliche antifaschistische Elemente zusammenfassen soll. Der Versuch scheitert, da sich die POUM-Jugend nicht nur weigert, mit den bourgeoisen Vertretern in der Volksfront zusammenzugehen, mit der Begründung, die Kommunisten seien Konterrevolutionäre, sperrt sie sich auch gegen die Zusammenarbeit mit deren Jugendverband.

Kommunisten als Konterrevolutionäre? Der Vorwurf wirkt verwirrend, aber er ist ein wichtiger Aspekt jenes dogmatischen Streits, der in Spanien hinter der republikanischen Front zwischen der freiheitlichen Linken, die nur zu oft eine Ultralinke war, und den Stalinisten ausgetragen wurde. Mit Blick auf ihre linksbürgerlichen Volksfrontpartner versuchten die Moskau-treuen Kommunisten überall dort, wo sie über Einfluß verfügten, die Agrarreform zu blockieren, sich gegen die staatliche Kontrolle der Märkte auszusprechen und die Macht der lokalen Komitees und Ausschüsse zu brechen, die nach der Erhebung Francos spontan entstanden waren.[23] Gegen diese Politik, die sie als »Restauration des Staates« ablehnten – eben des bürgerlichen, den sie doch längst überwunden glaubten –, machten die anarchistischen »Freunde von Durutti« des katalanischen CNT Front, aber auch POUM-Führer wie Andrés Nin, der einmal behauptete, die Komintern und die von ihr gesteuerte kommunistische Einheitspartei PSCU seien für die Revolution gefährlicher als die Bourgeoisie selbst.

Die linkskommunistische Juventud Comunista Ibérica (Kommunistische Iberische Jugend), die Parteijugend der POUM, forderte die Beibehaltung der sowjetartigen Komitees wie der Partei-Milizen, das Verbot des Privateigentums, den Tauschhandel und – beinahe rührend gut siebzig Jahre danach, auch – die »freie Liebe«. Und in der irrigen Meinung, der Bürgerkrieg ließe sich als revolutionärer Massenkrieg auch ohne ausländische Hilfe gewinnen, verlangte sie einerseits die Ausweisung aller Ausländer, wollte andererseits aber Trotzki, den Schöpfer der Roten Armee, nach Barcelona einladen.[24] Nur Phantastereien ultralinker Sektierer können dies nicht gewesen sein, von Sektierern allerdings, die nach dem Urteil Brandts in der POUM nicht ohne Einfluß waren. Jedenfalls herrschte, so Orwell in »Mein Katalonien«, bei den meisten Arbeitern im Mai 1937 in Barcelona das Gefühl vor, die Revolution sei sabotiert worden.[25]

Als Polizeikräfte der Volksfrontregierung die bis dahin von den Anarchisten besetzte Telefonzentrale in Barcelona stürmen, entlädt sich der Zorn über diesen »Verrat«. Allenthalben werden Barrikaden errichtet, das Hotel Falcon, der Sitz des POUM-Exekutivkomitees, in dem Brandt ein Zimmer bezogen hat, verwandelt sich in eine waffenstarrende Festung. George Orwell, der sich gerade in Barcelona auf Urlaub befindet und vom Aufstand überrascht wird, wirkt als Schütze auf dem Dach an der Verteidigung mit, wie sich Julián Gorkin erinnert.[26] Anarchisten und POUM-Milizen halten die Arbeitervorstädte besetzt, die Regierungskräfte behaupten die Innenstadt östlich der Rambla und das Regierungsviertel. Die Ereignisse scheinen sich zu überschlagen: Die Zentralregierung setzt Truppen von Valencia gen Barcelona in Marsch, die Anarchisten bitten eine ihrer Divisionen von der Aragonfront um Hilfe. Erst als die Regierung Kriegsschiffe schickt, die ihre Geschütztürme drohend gegen Barcelona drehen, verkündet der von den

Anarchisten kontrollierte Rundfunk: »Zurück zur Normalität! Die Barrikaden nieder! Jeder Bürger nimmt einen Pflasterstein.«[27]

Fünf Tage und vier Nächte dauerten die blutigen Straßenkämpfe, 500 Todesopfer und 2000 Verwundete waren zu beklagen. Brandts Urteil über die Entwicklungen, die zur Blutwoche von Barcelona geführt haben: Die isolierte Orientierung der POUM auf eine Arbeiterfront nur mit den Anarchisten sei falsch gewesen, meldet er am 18. Mai nach Paris, denn man werde nicht darum herumkommen, mit der KP und der Sowjetunion »als entscheidenden Faktoren auf der antifaschistischen Seite zu rechnen, an denen man mit wirklichkeitsbestimmter Aktionseinheitspolitik nicht freiwillig vorbeiarbeiten darf«.[28]

Mit dieser Ansicht sieht er sich allerdings in der »Bruderpartei«, deren winzige deutsche Sektion er inzwischen leitet, völlig isoliert. Die POUM-Führung verurteilt ja die Volksfront, die Brandt ihr predigt, als unerlaubte »Klassenzusammenarbeit« und bezichtigt die SAP, sie setze sich mit ihren Vorstellungen von einer Einheitspartei für stalinistische Vorstellungen ein.[29] Das gespannte Verhältnis zwischen Brandt und der POUM spitzt sich zu, als das Internationale Büro Revolutionärer Jugendorganisationen, das in Barcelona ganz unter den Einfluß der POUM-Jugend gerät, zwei Tage nach Einstellung der Kämpfe tagt, in einer Entschließung einen Aufruf des von Brandt vertreten SJVD für eine deutsche Volksfront als »reaktionär« bezeichnet und Brandt abwählt. An seiner Stelle kommt Peter Blachstein in den Vorstand, der sich ganz der POUM-Politik verschrieben hat. Als das Büro eine als Organisation praktisch nur fiktiv vorhandene, von der SJVD abgespaltene »Revolutionär-Sozialistische Jugend Deutschlands« aufnimmt, welche die POUM-Positionen unkritisch übernimmt, zieht Brandt die Konsequenzen und erklärt den Austritt des SJVD aus dem Büro. Fünf Monate später, auf einer Konferenz des Londoner Büros im September im englischen Letchworth, läßt er sich diesen Entschluß von den nach dort gekommenen Vertretern des SJVD dann offiziell bestätigen.

Es sind gewiß nicht die glücklichsten Erfahrungen, welche der junge Brandt während seiner vier Monate in Spanien machen muß. Schon nach den ersten vier Wochen in Barcelona klagt er der Leitung des SJVD von einer »persönlich-materiellen Misere«, in der er sich befindet, weil er mittellos ist und Schulden machen muß. Wenn er diese Arbeitsbedingungen gekannt hätte, so Brandt, wäre er von Anfang an gar nicht nach Spanien gefahren.[30] Mit der politischen Mission, die ihm Jacob Walcher erteilt hat, nämlich die POUM auf Volksfrontlinie zu bringen, ist er praktisch gescheitert. Nun lernt er den stalinistischen Terror kennen, der sich nach der Blutwoche von Barcelona in voller Wucht gegen die Anarchisten, vor allem aber gegen die POUM entlädt, welche der Kreml seit langem als Hauptfeind im republikanischen Lager ausgemacht hat. Den Stalinisten gilt die Bruderpartei der SAP als trotzkistisch, und im Moskautreuen kommunistischen Vokabular dieser Zeit ist, so Franz Borkenau, ein Trotzkist schlicht einer, der umgebracht werden muß.[31]

Die sowjetische Intervention zugunsten der Republikaner fiel ja mit den großen Schautribunalen gegen die alten Bolschewiki zusammen – 1936 gegen Sinowjew und Kamenjew, die als Vertreter der trotzkistischen Opposition vor Gericht standen, 1937 gegen Radek, Pjatakow und Sokolnikow, 1938 dann gegen Bucharin, Rykow und Rakowsky. Und die POUM hatte den besonderen Zorn Moskaus nicht nur wegen der trotzkistischen Vergangenheit von Andrés Nin erregt; als einzige linke Partei Spaniens bezog sie offen Stellung gegen die Moskauer Prozesse, während die anderen sie mit Blick auf die sowjetische Waffenhilfe lieber mit vorsichtigem Schweigen übergingen. Nicht etwa, daß die POUM keine sowjetischen Waffen gefordert hätte – im Gegenteil, sie hielt sowjetische Unterstützung für eine proletarische Pflicht, deren sich auch die stalinistische UdSSR nicht entziehen dürfe. Doch protestierte sie im selben Atemzuge öffentlich gegen die »finstere Posse der durch physische und moralische Folter entrissenen ›Geständnisse‹« und zog sich deshalb den tödlichen Haß der Stalinisten zu.[32]

Nach den Mai-Unruhen nehmen die Stalinisten, die inzwischen in Barcelona das Heft fest in der Hand halten, blutige Rache an der POUM. Sie haben eine schlagkräftige Geheimpolizei aufgebaut, die direkt dem NKWD in Moskau untersteht, ihre Interbrigaden stellen das Rückgrat des republikanischen Heeres, und die politischen Fäden in Barcelona lenkt der sowjetische Generalkonsul Wladimir Antonow-Owsejenko, der als Erstürmer des Winterpalais 1917 zu den großen Helden der Oktoberrevolution zählt. Es kommt zu einer großen Mordwelle, der viele anarchistische Anführer zum

Opfer fallen, die POUM-Führer werden verhaftet und vor Gericht gestellt, das Hotel Falcon wird besetzt und durchsucht, und die POUM-Zeitung *La Batalla* darf nicht erscheinen. Andrés Nin, angeblich von Faschisten aus dem Spezialgefängnis des NKWD in Alcalá de Henares entführt, wird erschossen aufgefunden.

Brandt selbst gerät zwischen die Fronten. Zu den vom NKWD Verschleppten und spurlos Verschwundenen, die dem großen Morden zum Opfer fallen, zählt auch der Wiener Kurt Landau, einer der Mitbegründer der österreichischen KP. Sein Fall wird Brandt noch Monate beschäftigen, weil Landaus Freunde und vor allem dessen Witwe Katja behaupten, er sei an der Entführung und Ermordung ihres Mannes mitschuldig, eine These, die rechtsextreme Gegner Brandts später noch in Wahlkämpfen hochspielen werden.

Doch schon vor den tragischen Mai-Ereignissen war Marc Rein verschleppt worden, der Sohn des in Paris lebenden, mit Léon Blum befreundeten russischen Menschewiken Rafael Abramowitsch Rein. Mit Marc, der als Ingenieur für das katalonische Fernmeldewesen arbeitete und im Hotel Continental wohnte, hatte sich Brandt angefreundet. In Berlin aufgewachsen, gehörte Rein ursprünglich der SAJ an und war inzwischen zu »Neu Beginnen« gestoßen. Brandt hatte am 9. April abends mit ihm eine politische Versammlung besucht, ihn bis zum Hotel gebracht und danach nie wiedergesehen.

Interventionen der zweiten Internationale, seinen Verbleib zu klären, blieben so erfolglos wie Brandts eigene Bemühungen, mit seinen »bescheidenen Möglichkeiten«, wie er schreibt, Klarheit zu schaffen. In einem Seitenflügel der »Casa Carlos Marx«, einem ehemaligen Bankgebäude, in dem das »Militärkomitee für Ausländer« residierte, sprach er mit einem hohen Komintern-Vertreter namens Fritz Arndt. Hinter diesem Namen verbarg sich der spätere Rostocker SED-Funktionär Karl Mewis, der Anfang der vierziger Jahre zusammen mit Herbert Wehner als Komintern-Agent in Schweden tätig war und diesen – fälschlich – in Moskau des Verrats bezichtigte, den er offenbar selbst begangen hatte. Brandt drang auf Aufklärung des Falles Rein und versuchte, Arndt/Mewis davon zu überzeugen, die Entführung des Sohnes eines bekannten Sozialdemokraten, der bei der französischen Volksfront über Freunde verfügte, müsse in Frankreich »weitreichende Folgen« haben. Doch Mewis machte Ausflüchte und stellte sich unwissend.

War Rein, wie damals vermutet, nach Rußland entführt worden, um seinen Vater zu erpressen? Brandt hielt dies für unwahrscheinlich. Ermittlungen hätten mit annähernder Sicherheit ergeben, daß Rein »tatsächlich entführt, eingesperrt und dann mißhandelt worden« sei, schreibt er in »Links und Frei«. Als die Affäre zuviel Staub aufwirbelte, sei er vermutlich liquidiert worden. »Wer auf einer schwarzen Liste stand«, so Brandt über den stalinistischen Terror in Barcelona, »wurde leichthin als Landesverräter, Spion, Deserteur oder als Angehöriger von Francos Fünfter Kolonne bezeichnet. Die Diffamierung trieb abscheuliche Blüten. Das Gespenst des ›Sozialfaschismus‹ ging wieder um. Neue Varianten waren ›Anarchofaschismus‹ und der ›Nazitrotzkismus‹ (oder ›Trotzkifaschismus‹). Man mißbrauchte Kriegsrecht, um mit politischen Widersachern aufzuräumen. Deshalb stand in der Begründung der Polizeiakten gegen die POUM-Führung die ungeheuerliche Behauptung, sie habe mit Italien, Deutschland und Franco zusammengearbeitet.«[33]

Nach der Blutwoche von Barcelona herrscht eine Atmosphäre, in der überall Verrat gewittert wird, und Brandt, der in seinem Bemühen um eine einheitliche Jugendvolksfront Kontakt nach allen Seiten, natürlich auch zu den Moskau-treuen Kommunisten unterhalten hatte, sieht sich üblen Verdächtigungen ausgesetzt. Viele seiner SAP-Genossen, die sich voll zum POUM-Kurs bekannten und sich der SAP-Abspaltung »Neuer Weg« angeschlossen hatten, wurden von den Verfolgungen durch die stalinistisch geführte Polizei nicht ausgenommen, er dagegen, der ihre Linie stets für falsch gehalten hatte, genoß erst einmal volle Freizügigkeit. Fenner Brockway, der Generalsekretär der britischen Independent Labour Party, veröffentlichte im Rahmen eines Spanienberichts für seine Partei eine Liste, nach der im Juli 1937 allein fünf deutsche SAP-Angehörige im Hotel Falcon, dem ehemaligen POUM-Hauptquartier, in Haft saßen.

Als Gefangener im Hospital los Pinos wird auch Peter Blachstein angeführt, den der NKWD festgenommen und windelweich geprügelt hatte. Blachstein, aber auch Siggi Neumann, ein verwundeter POUM-Milizionär, der später unter Kurt Schumacher kurze Zeit das Ostbüro der SPD in Hannover leiten wird, werfen Brandt lange seine »kominternfreundliche« Volksfront- oder Einheitspolitik vor und kreiden ihm mangelnde Härte im Umgang mit Stalinisten an. In der Post, die der zurückgetretene Bundeskanzler Willy Brandt nach der Guillaume-Krise erhält, befindet sich ein Brief Blachsteins, in dem dieser an zwei Meinungsverschiedenheiten erinnert – die eine habe ihre »verschiedene Einstellung zur Sowjetunion und der Politik der kommunistischen Parteien im spanischen Bürgerkrieg« betroffen, die andere die Einschätzung der kommunistischen Parteien im Zweiten Weltkrieg. »Beide Male glaubte ich bei Dir zu wenig kritische Schärfe und zu viel politische Erwartungen feststellen zu müssen«, schreibt Blachstein, »aber ich glaube, dass Deine Fehleinschätzungen im Fall Guillaume aus gleicher Quelle stammen.«

Brandt reagiert verärgert, hält die ganze Fragestellung für schief und meint, »ganz abwegig ist es, dieses Muster auf mein Verhalten gegenüber dem Agenten« anzuwenden, der das Erscheinungsbild eines rechten Sozialdemokraten geboten habe.[34] Daß Blachstein wegen dieser Meinungsunterschiede aus der gemeinsamen Kampfzeit lange zu den Gegnern Brandts in der SPD gehörte und erst Frieden mit ihm schloß, als dieser bereits die Spitze erklommen hatte und für die eigene, Blachsteins, Karriere etwas tun konnte, bestätigt Brandt in »Links und frei«. Wegen der Einheitsfrage, schreibt er da rückblickend, sei er in Barcelona mit Blachstein »weit auseinander« gewesen: »Es wäre nicht richtig, wenn ich sagte, er sei mir für den Rest des Exils wohlgesonnen oder in der ersten Nachkriegszeit besonders hilfreich gewesen.«[35]

Brandt hatte in Barcelona auch Kurt Landau kennengelernt, jenen Wiener Linkskommunisten, der in Spanien zunächst mit der POUM sympathisierte und, als diese verfolgt wurde, bei den Anarchisten Schutz gesucht hatte. Wie hart Landau mit den Stalinisten aus seiner kommunistischen Überzeugung heraus ins Gericht ging, geht aus einem seiner Artikel hervor, in dem er die POUM zur wahren kommunistischen Partei stilisiert. Wenn sie nicht zur Komintern, zur Dritten Internationale gehöre, dann nicht, weil die POUM, sondern »weil der Stalinismus, der die Komintern beherrscht, mit dem Kommunismus gebrochen hat«.[36] Nach dem spurlosen Verschwinden Landaus, der im Gegensatz zu Brandt die Volksfrontbemühungen ablehnte, äußerte »ein französischer Eiferer, der für die

POUM sprach«, den Verdacht, Brandt sei mit einem besonders kritischen Bericht Landaus, den die Stalinisten als belastendes Material gegen ihn verwerten konnten, so sorglos umgegangen, daß er in ihre Hände gefallen sei.

Der Vorwurf, Brandt sei damit zum Helfershelfer der Stalinisten geworden, fällt im August 1937 auf einer Tagung des Londoner Büros in Letchworth, nördlich von London. Brandt muß sich dort auch anderer kritischer Einwände wegen seiner Haltung in Barcelona erwehren und spricht von einer Atmosphäre »haßerfüllter fraktioneller Scherbenrichter«, die damals in Letchworth geherrscht habe. Empört weist er den Verdacht zurück und meint: »Die längere Erwiderung gelang mir – auf englisch – durchaus fließend.« Vielleicht sei sie sprachlich nicht völlig korrekt gewesen, doch sie müsse überzeugend gewirkt haben, weil der Vorsitzende die Debatte danach für abgeschlossen erklärte. Aber völlig aus der Welt geräumt sind die Vorwürfe für Brandts Gegner danach keineswegs.

Hegen Kritiker der Walcherschen Volksfrontlinie in den befreundeten Parteien, aber auch abgefallene SAP-Genossen heimlich den Verdacht, Brandt habe sich während der Kämpfe in Barcelona auf seiten der Stalinisten engagiert? Anders jedenfalls läßt sich kaum erklären, daß Jacob Walcher noch im Juni 1939 Brandt schriftlich bescheinigt, dieser habe an den »inneren Kämpfen der spanischen Bewegung niemals teilgenommen« und sei »insbesondere an den Kämpfen der Barcelonaer Maiwoche unbeteiligt« gewesen. Walchers Erklärung ist, wie das Schreiben ausdrücklich festhält, »zur Abwehr infamer anonymer Verdächtigungen« gedacht, und Walcher hätte sich wohl kaum die Mühe einer besonderen Erklärung gemacht, wenn es solche anonymen Verdächtigungen damals nicht gegeben hätte.

Auch Paul René Gauguin, der Urenkel des berühmten französischen Malers, den Brandt aus Oslo kennt und der ihm nach dem Einmarsch der Deutschen in Norwegen im April 1940 seine norwegische Uniform leiht, damit er den Besatzern nicht als Deutscher auffällt, wird als Zeuge für Brandt bemüht. In einer kurzen Erklärung vom 5. Juni 1939 bezeichnet er die Vorstellung, Brandt habe mit der Waffe in der Hand auf irgendeiner Seite an Kämpfen teilgenommen, als »kompletten Unsinn« und als »Spinnerei«. Er sei während der tragischen Maikämpfe in Barcelona jeden Tag mit Willy Brandt zusammen gewesen und könne bezeugen, daß dieser an den Ereignissen in keiner Weise teilgenommen habe. Nur einmal hat Brandt in Spanien eine Waffe in die Hand genommen: Als er nachts Freunde besuchte, die ein Gebäude an Barcelonas Prachtboulevard, den »Ramblas«, bewachten. Sie gaben ihm ein Gewehr, mit dem Brandt »zum eigenen Schutz und dem meiner Freunde« geschossen hätte – aber die Situation, in der dies nötig geworden wäre, ist offenbar nie eingetreten.[37]

Anders als der zehn Jahre ältere Journalist Orwell, dem Brandt einige Male im Hotel Falcon begegnete und den er als hochaufgeschossen und schmal in Erinnerung hat[38], kämpfte Brandt ausschließlich mit politischen Waffen, denen der Publizistik und der Agitation gegen Franco und gegen Hitler. Orwell dagegen, mit bürgerlichem Namen Eric Blair, diente als Freiwilliger in den Reihen der britischen POUM-Brigade und wurde mit einem Kehldurchschuß schwer verwundet. Auf die naheliegende Frage, warum Brandt nicht ebenfalls zu den Waffen gegriffen habe, um wie Orwell »die Revolution zu retten«, antwortet Per Monsen, der mit Brandt zusammen nach Spanien gekommen war, ebenso einleuchtend wie verblüffend: Von allen Menschen, die er kenne, sei Brandt derjenige mit dem geringsten Trieb zur Aggression gewesen.[39]

Ein anderer Willy Brandt allerdings, der diesen Taufnamen trug, hatte auf der republikanischen Seite mit der Waffe in der Hand gekämpft – als Mitglied der Internationalen Brigaden in der Centuria Thälmann: Liborius Philip Wilhelm Brandt, genannt Willy, ein hessischer Kommunist und dem Lübecker Herbert Frahm um sechs Jahre voraus. Diesem Willy Brandt, der nach dem Bürgerkrieg nach Brüssel ging und von dort nach Dachau verschleppt wurde, stellt die Gestapo immer wieder Fragen nach seiner Tätigkeit in Oslo oder Stockholm. Daß es sich um zwei völlig unterschiedliche Personen gleichen Namens handelt, will ihren Vernehmern lange nicht in den Kopf. Willy Liborius Philip überlebt die Lagerhölle, handelt nach dem Krieg mit Blumen in Brüssel und schaut ab 1969, aus lauter Freude, daß ein Antifaschist in Deutschland an die Regierung gekommen ist, gelegentlich mit einem Blumenstrauß bei dem anderen Willy in Bonn vorbei.

Im Laufe des Juni 1937 wird die Lage des Walcher-Emissärs in

Barcelona langsam unhaltbar: Erstens hat Brandt sich mit der POUM überworfen, die ihn als Helfershelfer der Stalinisten beschuldigt; zweitens verurteilt er den Terror, mit dem der NKWD die POUM verfolgt und gerät allein dadurch in Konflikt mit den Stalinisten, bei denen er, das SAP-Mitglied, drittens sowieso als Trotzkist gilt, mithin als Erz- oder Todfeind ihrer Sache. Als auch sozialistische und anarchistische Funktionäre eingekerkert, ihre Häuser beschlagnahmt, ihre Presse unterdrückt werden, als der NKWD den Kommandeur der POUM-Truppen, den Divisionär Josep Rovira, von der Front weg verhaftet, hält er es für geraten, aus dem Hotel Falcon auszuziehen. Bei einer Bekannten am Stadtrand findet er Unterschlupf und übernimmt dann die Wohnung eines französischen Freundes, der bereits abgereist ist. Als er dort Briefe und Berichte im Kamin verbrennen will, die den Bütteln der Geheimpolizei nicht in die Hände fallen sollen, entdeckt er zu seinem Schrecken, daß unter dem Rost Munition gelagert ist. Wäre sie bei einer Durchsuchung entdeckt worden, hätte dies in der Atmosphäre, die im damaligen Barcelona herrscht, unweigerlich zu seiner Festnahme geführt.

Zeit zum Rückzug also. Kaum hat er das nötige Ausreisevisum in der Tasche, läßt Willy Brandt, laut Paß immer noch Gunnar Gaasland, Barcelona und »lehrreiche, doch überwiegend unglückliche Monate«[40] hinter sich und reist nach Paris. In Katalonien hat er die Bruderkämpfe der zerstrittenen spanischen Linken mitangesehen, das Wüten der Stalinschen Liquidationsmaschinerie, die viele seiner alten Genossen nicht verschont. Auch den ersten Versuch der Kommunisten zur »Errichtung einer demokratischen Republik neuen Typs«[41], in der sie über das Führungsmonopol verfügten – jener Art Volksdemokratie also, welche die Sowjets nach 1945 den durch ihre Armee von den Nazis befreiten und dann von ihnen selbst unterdrückten Ländern aufzwingen werden.

In Paris findet er jetzt eine SAP-Zentrale vor, die durch die spanischen Ereignisse zutiefst verunsichert und gespalten ist, Genossen, die einander als Trotzkisten oder Stalinisten bekämpfen, verdächtigen und beschimpfen. Fast die Hälfte seiner Pariser Freunde halten den Kurs Jacob Walchers, der noch immer die Zusammenarbeit mit den Stalinisten in der Volksfront will, für fatal. Sie haben sich unter Führung von Walter Fabian und Erwin Ackerknecht von der

SAP-Zentrale losgesagt und folgen als »Neuer Weg« ihrer eigenen Politik: volle Unterstützung der POUM und niemals ein Bündnis mit den Kommunisten Stalins, solange diese Schauprozesse gegen die alten Bolschewiki führen und, wie in Spanien, auf revolutionäre Forderungen verzichten oder gar bereits errungene revolutionäre Positionen zugunsten eines Bündnisses mit der linken Bourgeoisie wieder aufgeben. Je kleiner die Sekte, desto erbitterter der Streit um die reine Lehre. Selbst die winzige Rest-SAP, die in Paris nun kaum mehr als 30 Genossinnen und Genossen zählt, wird weiter von inneren Auseinandersetzungen geplagt, denn auch die Gruppe um Paul Frölich äußert Bedenken gegen den »überzogenen« Volksfrontkurs Jacob Walchers.[42]

Willy Brandt legt Rechenschaft über seine Tätigkeit in Spanien ab, berichtet über seine Erfahrungen und geht mit der POUM wie dem stalinistischen Terror gleichermaßen ins Gericht. Sein Referat »Ein Jahr Krieg und Revolution in Spanien«, das er Anfang Juli 1937 vor der erweiterten Parteileitung hält, veröffentlicht die SAP anschließend als Broschüre. Er gilt nun – muß das dem 23jährigen nicht zu Kopf steigen? – als der ausgewiesene Spanienexperte seiner Partei und fühlt sich auf dem eingeschlagenen Weg zum Berufspolitiker damit voll bestätigt. Vergebens wird ihm ein Jahr später Jeanne Maurín, eine attraktive Französin und Frau des in Franco-Spanien eingekerkerten, verhafteten Mitbegründers der POUM, bei einem erneuten Besuch in Paris ins Gewissen reden: Ob er der zweifelhaften Politik nicht besser adieu sagen und erst einmal einen ordentlichen Beruf erlernen wolle? Brandt, dessen Stellung als Vertrauensmann Walchers durch den Spaltungs- und rapiden Schrumpfungsprozeß der winzigen Exilpartei noch gewachsen ist, erklärt ihr, er könne sich »in dieser kritischen Vorkriegssituation« nicht aus seiner Arbeit »und dem Kreis der Genossen« lösen.[43]

Vieles, was er in seinem Referat über Spanien sagt, fand sich bereits in seinen Briefen, die er aus Barcelona an die Parteileitung geschrieben hat. Für ihn ist die POUM immer noch jene revolutionäre Kraft, in der sich »zehntausende der besten Vertreter des marxistischen Flügels der Arbeiterbewegung« gesammelt haben, jene Partei also, welche die richtigen Thesen von der »Hegemonie der Arbeiterklasse in der Revolution« und eine überzeugende Grundkonzeption vertritt. Nur nimmt sie leider in jeder praktischen

Frage, bei der Volksfront oder beim Militär, eine völlig falsche Position ein. Die Fehler der POUM, so Brandt, »sind zumeist ultralinker und sektiererischer Art«.

Mit seiner Analyse trägt er zum Bruch der SAP mit der POUM bei, doch zugleich nimmt er sie gegen den stalinistischen Terror in Schutz: Keiner dieser taktischen Fehler rechtfertige die Hetze der KP, ihre Verleumdungen, ihren Terror. Zwar wollten die Kommunisten aufrichtig Franco schlagen. Aber die Komintern verfolge zugleich die »wahnwitzige Zielsetzung, alle Kräfte zu vernichten, die sich ihr nicht gleichschalten wollen«. Diesen Schlag der Komintern müsse die internationale Arbeiterbewegung »entsprechend parieren« und die freie, demokratische Diskussion unter den linken Kräften fordern: »Es geht darum, ob es zugelassen werden soll, dass die Träger einer anderen Auffassung, dass revolutionäre Arbeiter mit den Mitteln der Fälschung, der gemeinsten Verleumdung, der Lüge, des Terrors ausgerottet werden sollen. Dem muss man in den Arm fallen!« Spanien befindet sich »in einer Entwicklung zur kommunistischen Parteidiktatur«, deshalb kommt er, ausgehend von seiner klassischen Position des Linkssozialisten oder unabhängigen Linkskommunisten – die Grenzen sind bei ihm da fließend – zu dem Urteil: »So sind wir denn, wenn nicht auf dem Wege zu einem kommunistischen, so doch zu einem KP-Spanien …«

In der Auseinandersetzung um Krieg und Revolution zwischen der POUM und den Anarchisten auf der einen, der stalinistischen KP auf der anderen Seite, bezieht er eine mittlere Position. Wer erst die Revolution machen und dann Krieg führen wolle, werde mit Sicherheit von den Faschisten geschlagen werden. Erst den Krieg gewinnen, um dann die Revolution zu machen, sei gewiß eine verführerische These, denn aus dem Sieg würde »die revolutionäre Bewegung ungeheure neue Kräfte schöpfen können«. Aber eindringlich warnt Brandt davor, den Krieg zu führen und die bereits errungenen revolutionären Positionen aufzugeben, wie die Stalinisten dies wollen.[44] Seine Begründung, man könne letzten Endes nicht siegen, »wenn man die Revolution erdrossele«, ist nicht so weit entfernt von dem Urteil Franz Borkenaus, der meint, die Moskau-treuen Kommunisten hätten mit Disziplin, Zentralisierung und Modernisierung im zurückgebliebenen Spanien zwar die Voraussetzungen für eine effiziente Kriegführung geschaffen. Doch zugleich habe ihr eingefleischtes Mißtrauen gegen alles Spontane und Unkontrollierte, das Massenbewegungen nun einmal an sich haben, dazu geführt, daß chaotischer Enthusiasmus nicht in disziplinierten verwandelt worden sei. Statt diesen für einen Sieg notwendigen disziplinierten Enthusiasmus zu schaffen, hätten sie vielmehr den Enthusiasmus selbst erstickt – und damit die Voraussetzung für den eigenen Erfolg.[45]

Als Willy Brandt, gereift um die Erfahrungen im Berliner Untergrund, ernüchtert durch das tragische Geschehen in Barcelona und enttäuscht von dem Emigrantengezänk in Paris, nach fast einjähriger Abwesenheit wieder norwegischen Boden unter den Füßen hat, empfindet er Oslo nicht mehr als Exil oder als Fremde, er fühlt sich wie nach Hause gekommen. Doch der Spaltpilz, der die SAP zerfrißt, jene emigrationstypische Krankheit, die politische Sekten befällt und die Brandt später einmal ironisch mit der Zellteilung vergleicht, die zum Zweck der Fortpflanzung eigentlich niederen Lebewesen vorbehalten sei, dieser Spaltpilz zerstört nach den Außenstellen Prag und Kopenhagen und nach der Pariser Zentrale auch die SAP-Zelle in Oslo, die doch bisher in den Augen Walchers »beispielgebend« und leuchtendes Vorbild gewesen ist. Hat es damit zu tun, daß er sich in seiner Funktionärsbedeutung bestätigt und gewachsen sieht, wenn es ihm nicht gelingen will, in gewohnter Art wieder die Zügel der SAP-Zelle Oslo in die Hand zu nehmen? Bislang war er unbestrittener Chef der kleinen Gruppe gewesen, die bis Mitte 1936 zwar nie mehr als sechs Mitglieder umfaßte, der jedoch innerhalb der SAP wegen der Nähe zur norwegischen Arbeiterpartei besonderes Gewicht beigemessen wurde.

Nach seiner Rückkehr findet er sich im eigenen Revier, in dem er sich bisher so unangefochten und sicher wähnte, plötzlich herausgefordert. Brandt spricht in diesem Zusammenhang von »Emigrationsintrigen« und »Mißsucht«.[46] Nach Einhart Lorenz[47], der ebenso verdienstvoll und gründlich wie erschöpfend über Willy Brandt im norwegischen Exil gearbeitet hat, sind die Gründe für die Auseinandersetzung, in die er sich verstrickt sieht, nicht ideologischer, sondern eher persönlicher Natur. Einmal hat die Gruppe gelernt, während Brandts Abwesenheit auf eigenen Füßen zu stehen und unter der Führung von Gertrud Meyer das Verhältnis zur norwegischen Partei zu entspannen. Zweitens ist sie durch Neuzugänge auf zehn Mitglieder gewachsen, und der Zuzug gerade von älteren, erfahrenen SAP-Mitgliedern hat den nach Alter und proletarischer Herkunft so homogenen Charakter des Osloer Jugendkollektivs gesprengt. Ein dritter, vielleicht entscheidender Grund ist in dem eigenwilligen Führungsstil Willy Brandts zu finden, den die Neuzugänge »selbstherrlich« und »illoyal« nennen und dem sie sich nicht beugen wollen.

Vor allem Paul Wassermann bietet ihm Paroli, der mit zwei deutschen Akademikern und ihren Frauen nach Oslo kam und dem 24jährigen nicht nur an Jahren, sondern als alter Arbeiterstudent, Mitglied der SAP-Parteileitung und Redakteur der Parteizeitung *Neue Front* an politischer Erfahrung voraus und intellektuell zweifellos überlegen ist. Präzise Details des Konflikts nachzuzeichnen, der sich zwischen beiden entlädt, ist wegen fehlender Quellen selbst Einhart Lorenz schwergefallen. Jedenfalls unterliegt Brandt bei der Wahl zum Vorsitzenden seinem Rivalen Wassermann im April 1938 mit drei zu sieben Stimmen, erklärt indes nach seiner Abwahl trotzig, er werde in Paris die Nichtanerkennung der Wahl beantragen und bis dahin sein bisheriges Amt weiterführen. Wassermann hatte Brandt zynischen und karrieristischen Individualismus vorgeworfen und damit offenbar die Mehrheit der Osloer SAP-Mitglieder überzeugen können. Weil Brandt eine »völlig falsche, egozentrische Einstellung zur Funktionärsrolle« habe, forderte er von der Parteileitung in Paris organisatorische Maßnahmen, zumindest aber »die Aberkennung der Fähigkeit zur Bekleidung von verantwortlichen Parteifunktionen für die Dauer eines Jahres gegen Willy B.«.

Soll Jacob Walcher seinen jungen Mann, in den er so große Hoffnungen setzt, einfach fallenlassen? Soll er dem Rat ausgerechnet Wassermanns folgen, der ohne Einwilligung der Zentrale von Paris nach Oslo gezogen ist und damit selbst gegen die Parteidisziplin verstoßen hat? Erst einmal schickt er Max Köhler von Kopenhagen nach Oslo, damit er den Streit schlichte. Das gelingt zwar nicht, da Walcher nicht willens scheint, einigen offenbar Brandt-kritischen Empfehlungen Köhlers zu folgen, sondern seinen Jünger aus Lübeck ohne Vorbehalte weiter stützt. Wenn die Gruppe Oslo nur »wieder so fungiere wie in der Vergangenheit«, meint Walcher, »würden [wir] es um diesen Preis sogar verschmerzen, wenn Willy etwas mehr Selbständigkeit zeigte, als das nach den Spielregeln der Demokratie angebracht erscheint«. Die von den Rebellen um Wassermann verlangte »demokratische Korrektur« der vom Parteizentrum angeblich geübten »ungesunden und demoralisierenden Organisationspraxis« bleibt also aus. Deshalb lehnen sie die weitere Mitverantwortung für die SAP in Oslo ab und vollziehen den organisatorischen Bruch.

Ist eine Erklärung für den Konflikt vielleicht darin zu sehen, daß die Osloer Gruppe aus »verhaeltnismaessig jugendlichen und z. T. recht geltungsbeduerftigen Genossen zusammengesetzt ist«, wie ein durchreisender Pädagoge aus Braunschweig, Werner Buchheister, den SAP-Freunden in Paris schreibt? Und hat Buchheister damit vor allem Willy Brandt gemeint? Unstrittig jedenfalls ist seine Beobachtung, daß in einer Gruppe, die nur aus Funktionären besteht und der die Mitglieder fehlen, »für die Befriedigung des Geltungsbedürfnisses aller« kein Platz sein kann.[48] Seine Analyse trifft ein zentrales Problem der in zahllose kleine Gruppen zersplitterten Emigration und mag die vielen Fehden erklären, die mit vorgeschobenen ideologischen und dogmatischen Argumenten im Exil ausgetragen werden, ihre Ursache aber meist in persönlichen Rivalitäten und Feindschaften haben.

Brandt jedenfalls ist nach der Abspaltung mit seinen Getreuen wieder allein, Chef einer kleineren, jedoch ganz auf ihn eingeschworenen Truppe und damit erneut unbestrittener Herrscher über sein Revier. Kein Zweifel, daß er schon im Exil ein Mann ist, an dem sich die Geister scheiden – außerhalb, aber auch innerhalb der SAP: »Seine oft harten Urteile über andere Emigranten, die häufig nur aus der Konkurrenzsituation des politischen Exils erklärbar sind«, meint Lorenz, andererseits aber auch seine Bereitschaft, aus politischen Erwägungen mit Personen und Gruppen zusammenzuarbeiten, die noch kurz zuvor verurteilt wurden, haben ihm nicht nur Kritik eingetragen, sondern auch persönliche Feindschaften. In Oslo hinterließ die Spaltung bittere Gegensätze politischer Natur. In Norwegen schien sie einmal mehr das Bild von den zerstrittenen Deutschen zu bestätigen.[49] Der interne Streit, so Lorenz, habe in vieler Beziehung zwar die externe Arbeit der einst so erfolgreichen Gruppe gelähmt, doch sei die Arbeit des Kreises um Brandt nie zum Erliegen gekommen.

Daß Brandt die Zusammenarbeit mit Gruppen sucht, die er bisher verurteilt hat, wird in seinem Bemühen deutlich, Anschluß an die Jugend der Sozialdemokratie herzustellen. Wenn er 1938 nach Paris fährt und mit Erich Ollenhauer, der mit der SoPaDe inzwischen von Prag an die Seine übergesiedelt ist, über die Frage spricht, wie die Jugendorganisationen wieder zusammengeführt werden können, darf er sich als Schrittmacher eines politischen Kurses fühlen, den auch die SAP-Zentrale einschlägt, die nach dem Ausscheiden von Brandts Jugendverband SJVD schließlich selbst aus dem Londoner Büro der unabhängigen revolutionären sozialistischen Parteien austritt. Sind selbst ein Walcher und ein Frölich der abstrakten Diskussionen müde, auch der »sektiererischen Ketzerrichterei«, die sie nun dem Büro vorwerfen, obschon sie selbst dabei doch lange kräftig mitgesündigt haben? Folgt man Bremer, dann hat die SAP schließlich erkannt, daß es keinen Platz mehr zwischen den Internationalen der Sozialisten und der Kommunisten geben kann. Vor die Frage gestellt, zu welcher der beiden Kräfte man sich hinwenden soll, hat schließlich die Option für den Anschluß an die sozialdemokratischen Kräfte gesiegt, wenn auch an jene, die aus Sicht der SAP den eher fortschrittlichen Flügel innerhalb der sozialdemokratischen Bewegung repräsentierten. Brandt interessierten dort »diejenigen, die zwar Sympathien für die Sowjetunion, nicht aber für Stalin hegten, die zwar organisatorisch zur SoPaDe oder der II. Internationale gehörten, aber mit deren Politik nicht übereinstimmten«, meint Bremer und sieht ihn zu seinen Lübecker Wurzeln zurückkehren: zum radikalen Klassenkampf-Flügel der SPD, dem sich Brandt mit seiner Arbeiterjugend verbunden fühlte und aus dem die SAP-Gründer Seydewitz und Rosenfeld ja einst gekommen waren.[50]

»Wir sollen also entschlossen und klar das Ziel der Verschmelzung mit den aktiven sozialdemokratischen Kräften ins Auge fassen«, zitiert Brandt sich selbst in seinen »Erinnerungen« und meint, nach der Rückkehr aus Berlin und Barcelona habe er sich nicht länger als Suchender gefühlt, sondern sei seiner Sache sicher gewesen. Der Leser muß den Eindruck gewinnen, Brandt habe damit seine Hinwendung zum Reformismus gemeint, doch scheint diese Entwicklung in der Rückschau wohl doch arg verkürzt. Der Satz, mit dem er sich selbst zitiert, findet sich in einem Rundschreiben, das er zu Jahresbeginn 1938 verschickte, aber einen Verzicht auf die revolutionäre Zielsetzung beinhaltet die darin angestrebte Verschmelzung mit den »aktiven sozialdemokratischen Kräften« keineswegs. Erst in seinem zweiten, dem Stockholmer Exil, wird Brandt eindeutig seinen Frieden mit der repräsentativen Demokratie und dem Parlamentarismus machen.

Jacob Walcher hatte ja genau verfolgt, wie die SPD im Exil ihren abgespaltenen Flügel der Revolutionären Sozialisten wieder integrierte, er wittert nun die Chance für ein Zusammengehen von Reformismus und revolutionärem Sozialismus in einer antifaschistischen Einheitspartei diesseits der KPD. Ansätze zu einer solchen Konzentration sozialistischer Kräfte werden zunächst mit den revolutionären Sozialisten Österreichs und mit der Gruppe »Neu Beginnen« versucht. Daß Walcher darauf setzt, in einer akuten Krise werde der revolutionäre Flügel der angestrebten neuen Partei die Führung übernehmen, versteht sich dabei von selbst – der Verzicht auf den Begriff des »wahrhaften Kommunismus«, den die SAP als vermeintliches Entgegenkommen einbringen will, ist mithin eher taktisch und formal zu sehen.

Auch nach seiner spanischen Erfahrung herrscht bei Brandt noch einige Zeit jenes Doppeldenken vor, das ihn als Freund der norwegischen Entwicklung mehr und mehr zur klassischen Sozialdemokratie und zum Reformismus treibt, als deutschen Linkssozialisten aber zugleich der Sache der sozialistischen Revolution treu bleiben läßt. Er weiß Taktik und Strategie stets sich ändernden Umständen anzupassen, er ist ein Mann, der sich ungern Optionen verbaut und sie deshalb möglichst lange offenhält – flexibel und undogmatisch, werden die Freunde, zu schillernd, werden die Feinde sagen. An den letzten Versuchen zu einer Volksfront im Pariser Hotel Lutetia im September 1938 nimmt er zwar teil, aber die Tragödie von Barcelona und die Tribunale in Moskau hatten den Graben zu den Kommunisten zu tief werden lassen. »Zu meinen, mit den KP-Leuten um Ulbricht gemeinsame Sache machen zu können, war Naivität«, schreibt er rückschauend: »Heinrich Mann merkte nicht, was gespielt wurde, und ließ sich mißbrauchen, als 1938 fast nur noch kommunistische Parteigänger oder Stipendiaten mit von der Partie waren ...«[51]

So gehört Brandt nicht zu den Unterzeichnern des Aufrufs, der zur ihrer Wiederauferstehung führen sollte. Statt dessen fördert er nach Kräften erst den Zusammenschluß der Jugendverbände SAJ und SJVD in Oslo, dann die Zusammenarbeit von SAP, »Neu Beginnen« und Revolutionären Sozialisten (Sozialdemokraten) im Rahmen einer »Arbeitsgemeinschaft der deutschen Sozialisten«, ein Schritt in Richtung sozialistischer Konzentration, von dem Lorenz meint, daß er auch unter dem wohlwollenden Druck der norwegischen Arbeiterbewegung zustande gekommen ist.[52] Immer intensiver nimmt er am politischen Leben der Norwegischen Arbeiterpartei teil, hält Vorträge und schreibt Artikel über seine Spanienerfahrungen, schließlich wird er Sekretär der von den Gewerkschaften getragenen Spanien-Hilfe, die Medikamente und Lebensmittel an die Opfer des Bürgerkriegs auf der republikanischen Seite verschickt.

Wenn in seiner deutsch-norwegischen Doppelexistenz langsam das norwegische Element zu überwiegen beginnt, hat dies nicht nur damit zu tun, daß Willy Brandt nun schon seit Jahren in Norwegen lebt und hier sein Brot verdient. Eine Rolle spielt dabei auch die Trennung von seiner langjährigen Freundin Gertrud Meyer, ein Abschied, der sich in den häufigen, oft langen Phasen seiner Abwesenheit vorbereitet hat. Dazu kommt zweifellos seine Ausbürgerung, von der er Ende 1938 nach der Rückkehr von einer seiner Paris-Reisen erfährt. Ein Freund, der deutsche Publikationen auswertete, hatte ihn darauf aufmerksam gemacht, daß er im Deutschen Reichsanzeiger Nr. 206 vom 5. September 1938 auf der Liste derer verzeichnet war, denen die deutsche Staatsbürgerschaft durch die nationalsozialistische Regierung aberkannt wurde. Brandt stand auf der 51. Liste der Ausgebürgerten an 11. Stelle – ein Vorgang, den er jedoch nicht sonderlich ernst nahm. Von seinem deutschen Paß machte er keinen Gebrauch mehr, zudem war dieser im Juli 1936 abgelaufen. Längst reiste er entweder als Gunnar Gaasland oder mit einem norwegischen Fremdenpaß, den er im Herbst 1936 erhalten hatte.[53] Mußte er den Entzug der Staatsangehörigkeit durch Hitler nicht als formale Bestätigung dafür werten, daß der antifaschistische Kampf des jungen Brandt von seinen Gegnern endlich ernst genommen wurde? Hieß ausbürgern nicht »entnazen«, wie Bert Brecht gesagt hatte?

Wenn Brandt nun die norwegische Staatsbürgerschaft beantragt, wird er dazu auch von seinem Mentor in Paris gedrängt, der angesichts der wachsenden Kriegsgefahr die Übersiedlung der SAP-Zentrale von Paris in das neutrale Oslo erwägt. Innerhalb der SAP nicht unangefochten, will sich Walcher ganz der Unterstützung Brandts versichern und denkt zunächst an dessen ständige Mitarbeit in der Parteileitung in Paris. Die dauernde Anwesenheit seines Jüngers, schreibt er Brandt, würde es erleichtern, eine »annehmbare und relativ feste Linie« zu verfolgen. Ein andermal faßt er einen Umzug nach London ins Auge, will ihn aber nur ernsthaft in Betracht ziehen, wenn auch Brandt nach London kommt. Doch solle er diesen Schritt »bereits als Norweger machen können«.[54] Ein norwegischer Staatsbürger Brandt, denkt Walcher, könne für seine Pläne mehr ausrichten als ein Staatenloser.

Gedrängt wird der Deutsche ohne ordentlichen Paß aber auch von seiner neuen Freundin Anna Carlota Thorkildsen, die Brandt zunächst als engagierte Sozialistin bei Mot Dag und dann näher an der Universität Oslo kennengelernt hat. Carlota, neun Jahre älter als er, studierte in Paris Sprachen und Soziologie, in Oslo Volkswirtschaft und arbeitet als wissenschaftliche Sekretärin im Institut für vergleichende Kulturforschung. Beide leben inzwischen zusammen und beabsichtigen zu heiraten, denn die Gründung einer Familie bedeutet ihm »ein Stück Halt in der Flucht der sich überstürzenden Ereignisse«, wie es bei Lania heißt.[55] Die sensible, brünette Carlota ist eine Intellektuelle durch und durch, Tochter eines norwegischen Seilbahn-Ingenieurs und einer Deutsch-Amerikanerin. Durch eine Heirat mit dem staatenlosen Willy Brandt würde sie zwar nicht ihre eigene norwegische Staatsbürgerschaft verlieren, doch ist ihr der Gedanke zuwider, daß ihr Mann ein Ausländer dritter Klasse sei.[56]

Eine der Voraussetzungen für die norwegische Einbürgerung – der Nachweis eines mindestens fünfjährigen Aufenthalts im Lande – kann Brandt erfüllen, eine zweite – daß er in diesen Jahren regelmäßig Steuern gezahlt hat – offenbar nicht.[57] Unabhängig davon, daß es sich von unversteuertem Einkommen immer besser lebt als von versteuertem, wäre die Angabe seiner Honorare beim Finanzamt einer Selbstanzeige gleichgekommen, da er ja lange ohne

Arbeitserlaubnis leben mußte. Sein Antrag wird ein Jahr zurückgestellt. Erst im Spätsommer 1940, in seinem zweiten, dem schwedischen Exil, wird ihm die nach London ausgewichene norwegische Regierung dann mitteilen, daß er die norwegische Staatsbürgerschaft erhalten hat.

Seine Freundin und treue Gefährtin aus Lübecker Zeiten, Gertrud Meyer, hatte sicher Hoffnung in eine gemeinsame Zukunft mit Willy Brandt gesetzt, sie aber im Lauf der Jahre aufgeben müssen – zu häufig war der Freund als Reisender in Politik unterwegs, zu unstet auch in ihrer Beziehung, als daß sie hätte dauern können. Karg und spröd wie immer, wenn es um Persönliches und Privates geht, charakterisiert Brandt die Freundin als blonde, offene, willensstarke und politisch wache Lübeckerin, die aus der Arbeiterschaft kam wie er. Beide hatten sich bei einer Balgerei ihrer SAJ-Gruppen kennengelernt. Er lobt ihre besondere Hilfsbereitschaft. Zeitweilig nahm sie ihm die Last ab, hinter kleinen Artikelhonoraren herzujagen, der Sprache und Lebensart des norwegischen Exils paßte sie sich so mühelos an wie Brandt.[58] Der Form halber mit Gunnar Gaasland verheiratet und dadurch im Besitz der norwegischen Staatsbürgerschaft, ist Gertrud Meyers Bleiberecht in Norwegen nie bedroht.

Sie arbeitet ursprünglich als Sekretärin für den österreichischen Psychoanalytiker Otto Fenichel, der 1933 nach Oslo kam, nicht recht Fuß fassen konnte und nach Prag weiterzog, danach für Wilhelm Reich, den Gründer des Berliner Sexpol-Verlags, der zunächst nach Dänemark, dann nach Schweden gegangen und, aus beiden Ländern ausgewiesen, Mitte 1934 in Oslo ein »Institut für sexualökonomische Lebensforschung« gründet. Reich ist vor allem als Autor der »Massenpsychologie des Faschismus« bekannt geworden, die 1933 erschien und den ersten Versuch darstellt, den Faschismus mit dem Instrumentarium von Marxismus *und* Psychoanalyse zu deuten – ein Ansatz, den die westdeutsche Studentenbewegung in den sechziger Jahren der Vergessenheit entreißen wird. Die beiden linksstehenden Psychoanalytiker, so Lorenz, fanden in Oslo »verständnisvolle Aufnahme in einem vertrauten Milieu« und machten die norwegische Hauptstadt vorübergehend zu einem »Zentrum der internationalen psychoanalytischen Entwicklungsarbeit«.[59]

In der Tat fanden Fenichel, Reich, aber auch Max Hodann, ein früherer Mitarbeiter Magnus Hirschfelds, der ebenfalls vorübergehend in Oslo tätig ist, in der norwegischen Hauptstadt bereiteten Boden vor: Viele sozialistische Mediziner hatten bei den politischen Freudianern in Berlin studiert und gaben eine Zeitschrift für sexuelle Aufklärung heraus, die in etwa den Maximen von Reichs Verlag für Sexualpolitik folgte. Alle sexuelle Unterdrückung führte nach Reich zu Unterwerfung, zur autoritären Familie und schließlich zum autoritären Staat. Die Ironie will es zwar, daß Gertrud Meyers erster Arbeitgeber Fenichel ihren zweiten, Wilhelm Reich, als Biologisten und »Fetischisten der genitalen Sexualität« kritisiert und seiner neuen »Entdeckung«, der Orgonomie, zutiefst – und zu Recht – mißtraut. Aber Gertrud, die gern für Fenichel gearbeitet hat, fühlt sich bei Reich ebensogut aufgehoben, zumal dieser ein reges gesellschaftliches Leben führt und sie, aber auch Willy Brandt daran teilhaben läßt.

Reichs damalige Frau Elsa Lindenberg, eine Gymnastik-Therapeutin, arbeitet als Choreographin am Osloer Nationaltheater. Reich und sie halten Hof im Operncafé, treffen sich mit vielen Künstlern und Schriftstellern, Gertrud und Willy lernen durch sie wichtige Personen der intellektuellen Szene Norwegens kennen. Wilhelm Reich, wie ihn Willy Brandt beschreibt – »rötliches Gesicht, graue Haare, stechender Blick, bezwingende Sprache« –, ist ihm »in den ersten Osloer Jahren in Sachen Politik, Literatur und Sexualverhalten ein anregender und phantasievoller Gesprächspartner«, freilich gewinnt er bald den Eindruck, daß dieser »beachtliche Intellekt auf Abwege« gerät.[60]

Das ist mehr als milde formuliert. Weit kritischer als Brandt urteilt sein Freund Stefan Szende, der Reich aus Wien kennt und bei einem Besuch in Oslo 1939 wiedertrifft. Als er dem Sexualforscher begegnete, so Szende, habe dieser sich »bereits in den Grenzbereichen der Psychose« bewegt. Umgehend und mit Feuereifer habe er seinem Besucher eine schwarze Kiste vorgeführt, durch die er elektrische Impulse leitete, um so Libido zu konzentrieren, sexuelle Potenz zu erhöhen und allerlei Krankheiten zu heilen. Peinlich berührte Szende vor allem, als ihn Reich belehrte: »Wenn du deinen Tag nicht jedesmal mit einem Beischlaf beginnst, wirst Du nichts Wertvolles zustande bringen. Du wirst es zu nichts bringen in der Welt.«[61] Da Reich seine Orgonomie-Theorie den Entdeckungen eines Galileo Galilei und Giordano Bruno verglich, begannen selbst seine Freunde an seinem Verstand zu zweifeln und meinten, er leide an den Folgen eines psychischen Zusammenbruchs.[62]

Kein Wunder also, daß Reich in Norwegen bald ins Fadenkreuz der Kritik gerät und von links wegen psychoanalytischer Quacksalberei, von rechts wegen »jüdischer Pornographie« angegriffen wird. Oscar Torp, der Vorsitzende der Arbeiterpartei und inzwischen Sozialminister, befürchtet, Reich könne die Jugend Norwegens moralisch verderben, und die Medizinische Fakultät bezweifelt die Wissenschaftlichkeit seiner Studien, womit die Voraussetzungen für eine Verlängerung von Reichs Aufenthaltsgenehmigung nicht länger gegeben sind – eine Moralkontroverse, die eher einer Posse gleicht und, so das Urteil von Lorenz, den »provinziellen Charakter Norwegens« offenbart.[63]

Brandt hat Reich wohl zu Vorträgen vor Jugendgruppen eingeladen, aber dem persönlichen Einfluß Reichs widerstand er. Nie hat er sich einer Analyse unterzogen und das Leben »auch ohne diese Hilfe« gemeistert, wie er schreibt.[64] Gertrud Meyer wird Reich bald eine unersetzliche Assistentin und geht für ihn, der einen Ruf als Professor für Medizinische Psychologie an die New School of Social Research erhält, im August 1939 nach Amerika, um seine Übersiedlung vorzubereiten. Der Krieg hindert sie an der Rückkehr nach Norwegen, und so arbeitet sie etliche Zeit im neuen Reich-Institut in Forest Hills auf Long Island mit seinen Bionenkulturen und seinen Versuchsmäusen, bis sie sich von ihm trennt. Es ist bereits die Zeit, da Reich sich für Jesus Christus hält. Gertrud Meyer heiratet einen norwegischen Kapitän und wird für die norwegische Seemannshilfe in den USA tätig.

Nicht nur persönlich, durch die geplante Heirat mit Carlota, auch politisch werden Willy Brandts Bindungen an Norwegen immer enger. Der deutsche Linkssozialist identifiziert sich mehr und mehr mit der Arbeiterpartei, die sich bewußt ein nationales Programm gibt und nicht mehr nur an die Arbeiterklasse wendet[65], und dieser Prozeß geht, gewiß nicht zufällig, mit einer immer kritischeren Haltung zur Sowjetunion einher. In einer Broschüre Brandts, die im Frühsommer 1939 im Parteiverlag der DNA erscheint und von den norwegischen Kommunisten prompt als »Schmutzprodukt« verurteilt wird, setzt er sich kritisch mit der Komintern auseinander. Vieles an seinen Einwänden, die er für ein norwegisches Publikum niederschreibt, stammt aus den Erfahrungen, die er in Spanien und im Lutetia-Comité in Paris gesammelt hat. Im wesentlichen entsprechen sie dem, was die SAP immer gegen die Dritte Internationale vorgebracht hat: daß sie ein Instrument der nationalen Interessen Moskaus sei, denen sich die internationale Arbeiterbewegung nicht unterordnen dürfe.

Brandt fordert Meinungsvielfalt und die Unabhängigkeit der europäischen Arbeiterbewegung, die sich frei von der Komintern selbst ihr Urteil über die Lage erarbeiten müsse. Mit den Russen Solidarität zu üben, ist er bereit, zu der von der Komintern geforderten Unterwerfung natürlich nicht. Kommunisten können für ihn zwar gute »Klassengenossen« sein, aber politisch will er eine scharfe Grenze zwischen der Norwegischen Arbeiterpartei und der norwegischen Kommunistischen Partei gezogen sehen. Und trauen will er angesichts des inneren Zustands der kommunistischen Bewegung auch nicht ihren sogenannten Vertrauensleuten: »Man weiß nicht einmal, ob sie morgen noch dasein werden oder ob sie bei der nächsten Runde bereits als Verräter oder Verbrecher abgestempelt sind. Eine Bewegung, die jahrelang nach solchen Prinzipien geführt wird, muß von innen verrotten …«[66]

Daß die norwegischen Genossen seine Analyse der Komintern drucken – wenn auch ohne Angabe des Autors – zeigt deutlich, daß die Stimme des nun 25jährigen Brandt im außenpolitischen Diskurs der Norweger Gewicht bekommen hat. Das gilt besonders für eine zweite Broschüre Brandts über die sowjetische Außenpolitik, die im Herbst, nach dem Hitler-Stalin-Pakt, ebenfalls im Verlag der Arbeiterpartei erscheint. Durch das Bündnis mit dem faschistischen Deutschland, schreibt er da, habe die Sowjetunion einen »tiefen Graben zwischen sich und der europäischen Arbeiterbewegung aufgerissen«, sich in eine Reihe mit den »aggressiven Grossmächten gestellt«, und die Arbeiterbewegung in England, Frankreich und den neutralen Ländern fühle sich durch ihre Politik »verraten«.[67] Wenn der Schock über den Hitler-Stalin-Pakt in Norwegen besonders tief sitzt, hat dies mit der Tatsache zu tun, daß die Arbeiterpartei, die ja bis 1923 zur Komintern gehört hatte, stets

Sympathien für den sowjetischen Nachbarn empfand. Nach Lorenz hatte der *grand old man* der DNA, Martin Tranmæl, bei aller Kritik an Stalin doch stets an die Erfolge der sowjetischen Wirtschaft und ihrer Fünfjahrespläne geglaubt, ja »auch die Anklagen der Moskauer Prozesse akzeptiert«. Der Umschwung in der Beurteilung Moskaus sei erst mit dem deutsch-sowjetischen Pakt und dem finnisch-sowjetischen Winterkrieg gekommen.[68] Als kleines Land war Norwegen stets auf eine Politik des Arrangements mit der Sowjetunion, des Nachbarn am Eismeer bedacht. Es entsprach dieser Politik, aber auch der Rücksicht auf die eigenen Handels- und Fischerei-Interessen, wenn die Regierung Nygaardsvold sowjetischem Druck nachgab und Leo Trotzki, dem sie im Juni 1935 Asyl gewährt hatte, im Sommer 1936 internierte und dann auf einem eigens für die Überfahrt von ihr angemieteten Petroleumdampfer nach Mexiko expedierte. Der literarisch hochgebildete Trotzki verglich die Haltung des norwegischen Justizministers Trygve Lie, der ihn von der Abschiebung in Kenntnis setzte, mit der des Bürgermeisters Stockmann, des Bösewichts aus Ibsens »Volksfeind«, und meinte bissig: »Ihre (Lies') Regierung hat sämtliche Laster einer bürgerlichen Regierung, ohne eine einzige ihrer Tugenden zu besitzen.«[69]

Zu einer Begegnung zwischen dem jungen Brandt und dem legendären Organisator der Roten Armee ist es nie gekommen. Als Trotzki noch in Barbizon bei Paris lebte, versuchte Brandt zwar, ein Gespräch mit ihm zu verabreden. Mit seinem Appell zur Einheitsfront gegen den Faschismus und seiner Kritik an Stalins Sozialfaschismus-These hatte der Kampfgefährte Lenins großen Eindruck bei ihm hinterlassen und ihn auf ein Gespräch neugierig gemacht. Doch wurde das Gespräch dann von Trotzki abgesagt, weil er Brandts Einschätzung der Norwegischen Arbeiterpartei für zu opportunistisch hielt. In Norwegen, schreibt Brandt, habe er dann keine Lust mehr verspürt, den alten Bolschewiken und Theoretiker der permanenten Revolution zu besuchen. Zwar bewunderte er Trotzkis intellektuelle Kraft, aber ihn störten seine zänkischen Allüren und die dogmatische Besessenheit seiner Anhänger.[70]

Vielleicht am größten ist der Schock über den Hitler-Stalin-Pakt bei Jacob Walcher, seinen Freunden und engeren Gefolgsleuten in der

SAP. Aller Kritik am Stalinismus und seinen bürokratischen »Entartungen« zum Trotz hatte Walcher bis zum Abschluß des Pakts Mitte August 1939 immer noch Hoffnung in die Sowjetunion als einzigen Staat gesetzt, in dem der Kapitalismus überwunden sei. In einem Brief an »Willy und Trudel« vom März 1938 bezeichnete er die Prozesse gegen Rykow und Bucharin zwar als ein »Stück aus dem Tollhaus«, hielt zugleich aber daran fest, daß Stalin wie seine Widersacher auf dem Boden der Oktoberrevolution stünde. Die Sowjetunion, schrieb er den Freunden in Oslo, stehe in unversöhnlichem Gegensatz zur kapitalistischen Umwelt – »eben darum sind wir weiterhin mit ihr schicksalsverbunden. Das dürfen wir gerade jetzt keinen Augenblick vergessen.« Brandt scheint ihm in seiner Antwort da noch zuzustimmen, denn Walcher zeigt sich in einem Brief nach Oslo vom 19. April 1939 mit dessen Auffassung einig: Man dürfe zu den Vorgängen in Moskau »nicht im Sinne einer kommunistischen Opposition Stellung nehmen«, sondern müsse das Einzigartige in der russischen Entwicklung verstehen.

Nach der Schreckensnachricht vom deutsch-sowjetischen Zusammengehen packt indes auch den alten Revolutionskämpen das kalte Entsetzen: Er sei noch »ganz benommen von dem Schlag, den uns gestern die Russen versetzt haben«, schreibt er Brandt am 23. August, den »schwer geprüften Freunden der SU« bleibe offenbar wirklich nichts erspart.[71] Soweit sein Mentor damals.

Sein Jünger, der schon bald keiner mehr ist, weil er seinen Ablösungsprozeß von Walcher beinahe beendet hat, sieht dies nicht viel anders. Wichtig für sein eigenes Sozialismus-Verständnis wird vor allem die Erkenntnis, daß die Abschaffung des Kapitalismus allein nicht das Vademecum ist, von dem sich sein Mentor Walcher das große Heil verspricht. Weil das Beispiel Sowjetunion zeigt, daß eine radikale Änderung der Wirtschaftsverfassung und die Abschaffung des Privateigentums an den Produktionsmitteln durchaus mit Terror, Unterdrückung, ja Tyrannei einhergehen kann, folgert Brandt in seiner Broschüre über die sowjetische Außenpolitik: »Der Sozialismus muß auf Freiheit und Demokratie aufbauen«, anders sei eine Politik nicht berechtigt, »diesen Namen zu führen«.[72] Später verhehlt er keineswegs, daß die Einsicht in den wahren Charakter der Sowjetunion, dieses Landes ohne Kapitalismus, das beeindruckende Wirtschaftserfolge vorzuweisen habe, schmerzlich für ihn gewesen sei und etliche Zeit in Anspruch genommen habe. Erschütterung führe leicht zur Verdrängung, schreibt er in »Links und frei«, lange hätten er und seine Freunde sich gesträubt, »uns die ganze schreckliche Wahrheit ›einzugestehen‹, die schon damals [zur Zeit der Moskauer Prozesse] zu erfahren gewesen wäre, auch wenn man sich weigerte, der nazistischen Propaganda auf den Leim zu gehen«. Kein Zweifel: Der »Teufelspakt«, wie er das Bündnis in den »Erinnerungen« einmal nennt, bekam der »Klärung in der linken Emigration« gut.[73]

Je größer seine Enttäuschung über die eigene, von Abspaltungen, ideologischen Flügelkämpfen und bitteren persönlichen Fehden geplagte politische Sekte, desto intensiver seine Hinwendung zur Norwegischen Arbeiterpartei. Weil diese Rechte wie Linke integriert, den demokratischen Diskurs pflegt und Spaltungen damit vorbeugt, prägt sie weitgehend die Vorstellungen von einer demokratischen und einigen Arbeiterpartei, die den späteren SPD-Vorsitzenden Brandt leiten werden. Statt Klassenkampf, wie die SAP ihn predigt, praktiziert die DNA eine Politik der klassenübergreifenden Zusammenarbeit, sie sucht den Ausgleich zwischen Arbeit und Kapital ebenso wie den zwischen Stadt und Land. Die Gewerkschaften verzichten während der Laufzeit von Tarifverträgen auf jeden Streik, die Regierung schützt und fördert die Bauern durch Zölle und Subventionen, das Schwergewicht der Politik wird nicht auf Umverteilung, sondern auf Erhöhung der Produktion und damit des Güterangebots gelegt. Wahlerfolge bei den Parlamentswahlen 1936 erweisen, daß die Norweger diesen pragmatischen Kurs der Arbeiterpartei honorieren. Rückschauend wirkt dies alles auf Brandt wie die teilweise Vorwegnahme von Godesberg: »Die Festlegung auf ›den Marxismus‹ kam nicht mehr vor«, schreibt er zum neuen Programm der Arbeiterpartei von 1939. »Man stützte sich auf die gemeinsamen Interessen von Arbeitern, Bauern und Fischern. Der Wille zur ›gesellschaftlichen Regulierung und Planung‹ des Wirtschaftslebens verband sich mit der Absage an Diktatur in jeglicher Form.«[74]

Theoretisch allerdings – und das mag Brandt, der ja vom revolutionären Sozialismus herkam, die Zustimmung zur Politik der DNA erleichtert haben – gilt bis zum Ende des Krieges auch für die norwegischen Genossen noch der Sozialismus als Ziel: Sind erst einmal die Folgen der Krise gebannt und ist die wirtschaftliche Erholung erreicht, soll im Zuge einer »Zweiphasenstrategie« die alte Politik wieder in ihr Recht eingesetzt werden. Und die alte Politik heißt eben mehr Staat in der Wirtschaft, heißt Vergesellschaftungen, Zurückdrängung der Privatunternehmen, Stärkung der Stellung der Arbeiter in den Betrieben. Daß diese sozialistische Option nie Anwendung fand und die DNA, wie Knut Kjelstadli[75] betont, sich erst nach dem Krieg programmatisch von einer sozialistischen zu einer sozialliberalen Partei wandelte, steht auf einem anderen Blatt. Brandt jedenfalls datiert seine Wandlung vom Linkssozialisten zum freiheitlichen Sozialisten oder sozialen Demokraten skandinavischer Prägung auf jene späten dreißiger Jahre in Norwegen, in denen er lernte, »das große Programm sozialer Reformen und der Wirtschaftsplanung zu würdigen, das die skandinavischen Arbeiterparteien zu verwirklichen suchten und wofür sie auch die Unterstützung breiter Schichten des Bürgertums und der Bauernschaft gewannen«.[76]

Hätte Brandts politische Entwicklung diesen Verlauf genommen, wenn Jacob Walcher mit der Parteileitung aus Paris nach Oslo übergesiedelt wäre? Angesichts des großen Einflusses der Persönlichkeit Walchers auf den jungen Brandt scheint ein klares Ja auf diese Frage schwierig. So wie die geographische Distanz zwischen Oslo und Paris dem jungen Brandt den Abnabelungsprozeß vom großen Vorbild erleichtert hat, wäre Walchers persönliche Präsenz in Oslo seiner Hinwendung zum skandinavischen Reformismus wahrscheinlich hinderlich gewesen oder hätte zumindest verzögernd gewirkt. Die Frage stellt sich, weil Walcher, als er den Krieg unausweichlich kommen sah, Brandt im August 1939 gebeten hatte, durch seine guten Kontakte zur Arbeiterpartei sich für ihn um eine Einreiseerlaubnis für Norwegen zu bemühen.[77]

Kaum geäußert, wird seine Bitte durch den Kriegsausbruch gegenstandslos, weil die Franzosen ihn und Paul Frölich sofort als »Verdächtige« internieren und Walcher, als er wieder frei kommt, im Dezember 1939 über Lissabon in die USA reisen kann. Aus der geplanten Übersiedlung der Pariser SAP-Leitung nach Oslo wird also nichts, statt dessen soll Brandt nach dem Willen der Parteileitung nun die Leitung übernehmen: »Wir haben uns vor Ausbruch des Krieges«, schreibt Walcher nach seiner Freilassung und vor seiner Abreise nach Amerika, »... für O. (Oslo) und damit für Dich als den Federführenden entschieden.« Es soll nur noch Monate dauern, dann fällt nach dem SAP-Zentrum Paris mit dem Einmarsch der Deutschen auch der SAP-Stützpunkt Oslo aus.

Mit Carlota hat Brandt inzwischen eine gemeinsame Wohnung in der Nähe der Universitätsbibliothek, er lebt nicht länger unter deutschen Emigranten, sondern in einem überwiegend norwegischen Milieu. Aus dem Komitee für humanitäre Spanien-Hilfe, »Spaniahjelpen«, bei dem er jetzt als festangestellter Sekretär arbeitet, ist nach Ende des spanischen Bürgerkrieges inzwischen ein Komitee für Norwegische Volkshilfe, »Norsk Folkehjelp«, geworden, das in etwa die Funktionen eines deutschen Arbeiter-Samariter-Bundes und der Arbeiterwohlfahrt in sich vereint. Als der finnische Winterkrieg beginnt, übernimmt es zusätzlich die Aufgabe eines Solidaritätskomitees für Finnland und leistet humanitäre Unterstützung.

Daß die Sowjets mit dem Vorwand in Finnland einmarschieren, sie brauchten mehr Raum, um die militärische Sicherheit Leningrads zu garantieren, bringt die Rangfolge der Feindbilder völlig durcheinander. Erscheint der Kampf gegen Stalin vielen jetzt nicht wichtiger als der Kampf gegen Hitler, den bisherigen Weltfeind Nummer eins? Erwägen die Westmächte nicht, den Finnen, die sich verbissen und zunächst mit Erfolg gegen den sowjetischen Überfall wehren, mit einem Expeditionskorps zu Hilfe zu kommen? Zwar bleiben die Norweger peinlich auf ihre Neutralität bedacht, aber ihre ganze Sympathie gilt dem kleinen skandinavischen Nachbarvolk, das sich auf der karelischen Landenge so tapfer verteidigt. Selbst die radikalsten Sozialisten machen jetzt Front gegen die Sowjetunion. Norwegische Freiwillige kämpfen auf eigene Verantwortung in den finnischen Reihen, das Land schickt Sanitäter, und Brandts Solidaritätskomitee sammelt Geld- und Sachspenden, die freilich nicht mehr sein können als ein Tropfen auf den heißen Stein.

Vor dem sowjetischen Überfall hat Brandt eine Untersuchung veröffentlicht, die sich kritisch mit der sowjetischen Okkupation Lettlands und dem Regime der sowjetischen Geheimpolizei auseinandersetzt. In einem Memorandum über Finnland untersucht er jetzt die Vorgeschichte des Winterkrieges, sieht ungerechten sowjetischen Druck auf Finnland als die alleinige Ursache und verweist die sowjetische Propaganda-These vom »faschistischen Staat« Mannerheims ins Reich des Märchens: Finnlands Linke, die Sozialdemokraten und die Mittelparteien hätten 189 von den 200 Sitzen des finnischen Parlaments inne. Aber so sehr sich Brandt mit Finnland und seinen Sozialdemokraten solidarisiert, die voll zum Abwehrkampf gegen die Sowjets stehen, macht ihn Sympathie für die Finnen doch nicht blind. Hartnäckig hält er daran fest, daß die Hauptfront der Weltdemokratien diejenige gegen Hitler bleiben müsse.

Ein wenig von der alten Feindschaft der SAP gegen den Völkerbund als Instrument des bourgeoisen Imperialismus scheint bei ihm durchzuschimmern, wenn er in einem »Informationsbrief« im Januar 1940 schreibt, die Genfer Versammlung der Völker entwickle nach Jahren jämmerlichster Senilität plötzlich wieder jünglingshafte Triebe: »Die Verräter an Abessinien, China, Spanien und der Tschechoslowakei erinnerten sich mit einemmal [im Fall Finnlands] an die Grundsätze der kollektiven Sicherheit.« Im Jahre 1982 nennt er, was er da geschrieben hat, einen »Ausbruch«, der nur verständlich sei, wenn man an die »kümmerliche« Appeasement-Politik der Briten und Franzosen erinnere. Für den starken Mann der finnischen Sozialdemokratie aber, Väinö Tanner, hat Brandt wenig Sympathien. Daß Tanner den ersten [Verteidigungs-] Krieg gegen die Sowjets mitgetragen und als Außenminister einen von Moskau diktierten, für Finnland ungünstigen Friedensvertrag schließen mußte, findet er zwar richtig. Daß Tanner dann im zweiten Krieg der Finnen gegen die Sowjets zum Bündnispartner der Deutschen und Hitlers wird, findet er dagegen unverständlich. Seine Sympathien liegen eindeutig bei der »Friedensopposition« in den Reihen der finnischen Sozialdemokratie, deren Vertreter er in Stockholm trifft und »die allen Schwierigkeiten zum Trotz zum Ausgleich mit dem großen Nachbarn gelangen« wollten. Sie verfügen in seinen Augen über »die besseren Argumente« als Väinö Tanner[78].

Operation »Weserübung«, die Besetzung Dänemarks und Norwegens durch deutsche Truppen, treibt Brandt von Norwegen nach Schweden in sein zweites Exil. Sie überrascht ihn, als er von einem

Vortrag vor einer Gruppe deutscher und tschechoslowakischer Emigranten im Volkshaus nach Hause kommt: Plötzlich wird Luftalarm gegeben, den er zunächst für eine Übung hält. Carlota hatte tagsüber einen Arzt aufgesucht, der feststellte, daß sie guter Hoffnung sei. Nun teilt sie Brandt die Tatsache, daß er Vater werde, ausgerechnet während des Fliegeralarms mit – eine Nachricht, die er, der ja den festen Vorsatz hat, eine Familie zu gründen, freudig begrüßt.[79]

Aber kommt die Invasion, die alle privaten Pläne erst einmal über den Haufen wirft, für Brandt wirklich so unerwartet? An Meldungen, daß sich die Lage für das neutrale Norwegen bedrohlich zuspitze, hatte es nicht gemangelt: Weder deutsche noch britische Kriegsschiffe respektierten die norwegischen Territorialgewässer, die britische »Cossack« brachte innerhalb der norwegischen Hoheitszone das deutsche Handelsschiff »Altmark« auf, deutsche U-Boote suchten Schutz in norwegischen Fjorden, und britische Schiffe legten Minen entlang der norwegischen Küste, um den Mißbrauch der norwegischen Gewässer durch die Deutschen zu verhindern. Auch die Westalliierten erwogen Pläne für eine Landung im Norden, denen die Deutschen, wie sie behaupteten, mit ihrer »Weserübung« nur hatten zuvorkommen wollen. Für Brandt bedeutet der Einmarsch der Deutschen höchste Gefahr, denn mit den Truppen der Wehrmacht kommen auch die Kommandos der Gestapo. Zwar hatte es lange gedauert, bis sie dahinterkam, daß es sich bei Willy Brandt und Herbert Frahm um ein und dieselbe Person handelte. Aber einer ihrer Spitzel konnte sich im Mai 1937 Zugang zu einem Postfach verschaffen, über das der Pariser Volksfrontausschuß seine Korrespondenz abwickelte. Weil ihm dabei Brandts alter deutscher Reisepaß in die Hände fiel, verfügte die deutsche Botschaft in Paris über eine Personenbeschreibung des »Kuriers« Herbert Frahm, der für Emigrantenorganisationen »zwischen Frankreich und den nordischen Ländern« reiste. So zu lesen in dem Bericht des Pariser Gesandtschaftsrats Kühn an das Auswärtige Amt vom 27. Mai 1937. Der deutsche Gesandte in Oslo wiederum, Heinrich Sahm, hatte vom norwegischen »Centralpasskontoret« Auskünfte über Frahm erhalten und sie für das Ausbürgerungsverfahren nach Berlin weitergereicht. Informationen für die Gesandtschaft Sahms lieferten auch norwegische Nationalsozialisten, allen voran die Redakteure von Quislings Kampfblatt *Fritt Folk*, das den »Kurier« und »Agenten« Brandt mehrfach denunzierte. Auf der Liste der »feindlichen Elemente«, mit der die Gestapo nach Norwegen kam, stand Herbert Frahm aus Lübeck also ganz obenan.[80] Doch wie fremd Brandt jeder Gedanke an Sippenhaft war, läßt sich daraus ersehen, daß der Sohn des Gesandten Heinrich Sahm – eines NSDAP-Mitglieds seit November 1933 –, der Ministerialbeamte Ulrich Sahm, später unter Brandt im Kanzleramt arbeitet und sogar in eine Schlüsselposition für Brandts neue Ostpolitik aufrücken kann: Er wird 1972 als Botschafter nach Moskau geschickt.

Bald wird der Boden im besetzten Oslo zu heiß, denn der Emigrant aus Deutschland kann nicht damit rechnen, daß er auf Dauer unentdeckt bleibt. So bringt er Carlota zunächst bei einem befreundeten Arztehepaar unter und mischt sich unter die gen Osten und Norden fliehenden norwegischen Freunde und Genossen. Hofft er, wenn er nicht gleich über die Grenze nach Schweden geht, daß die inzwischen gelandeten Briten zusammen mit restlichen norwegischen Verbänden die Deutschen zurückschlagen könnten? Das sind Wunschträume, die er mit fast allen Norwegern hegt, die sich von der mächtigen Royal Navy und dem britischen Landemanöver wahre Wunder versprachen. Sie wurden bitter enttäuscht, weil die Briten sich nach kurzen Kämpfen wieder einschifften und nach England dampften. Die verbündeten Engländer machten keinen imposanten Eindruck auf Brandt, und als er nach ihrem Abzug eines der englischen Versorgungslager sah, meint er zu wissen, warum ihr Einsatz keinen Erfolg hatte: »Es war, als seien die Tommys für einen größeren und recht fröhlichen Betriebsausflug an Land gegangen ... Der Vorrat zum Beispiel an Tennisschlägern war eindrucksvoll.«[81]

Als die Engländer abzogen, befand er sich praktisch in einer Falle – in einem Tal nördlich Andalsnes, aus dem nur eine einzige Straße herausführte. Die Frage stellte sich, wie er, der nur einen Fremdenpaß besaß und den die Gestapo als Ausgebürgerten auf ihrer schwarzen Liste führte, die deutschen Kontrollen passieren könnte, ohne aufzufallen? Das Vernünftigste wäre gewesen, auf Skiern über die Berge nach Schweden zu fliehen, aber da er sich in der Gegend nicht auskannte, riet man ihm davon ab. Am unauffälligsten war da schon, sich einfach unter eine norwegische Militäreinheit zu mischen, die nach der Kapitulation der Norweger in deutsche Gefangenschaft ging, und sich als norwegischer Soldat auszugeben. In dieser Einheit stieß er auf seinen Freund Paul Gauguin, den er in Barcelona kennengelernt hatte und der sich in Zivil auf eigene Faust zu Freunden durchschlagen wollte. Was lag da näher als ein Kleidertausch? Brandt zog Gauguins Uniform an, die ihm ein bißchen zu eng saß, warf dessen Gewehr auf den von den Deutschen angegebenen Sammelplatz und wurde mit den norwegischen Soldaten in ein Gefangenenlager in einer Schule in Dombas bei Dovre transportiert.

Nun führte die deutsche Besatzungsmacht unmittelbar nach dem Überfall ein verhältnismäßig mildes Regiment. Mit seinen Kameraden durfte Brandt unter Bewachung die umliegenden Bauernhöfe besuchen, um Lebensmittel einzuhandeln. Auf einem der Höfe wurden sie nicht nur freundlich bewirtet, sondern konnten den Londoner Rundfunk abhören, indes die deutschen Bewacher brav auf der Türschwelle saßen und sich Brot und Milch schmecken ließen, das ihnen die Bäuerin anbot.[82] Natürlich ist er brennend daran interessiert zu erfahren, wie diese jungen Soldaten denken. Haben sieben Jahre NS-Herrschaft, haben Hitlers unbestrittene innen- wie außenpolitische Erfolge genügt, aus ihnen fanatische Nationalsozialisten zu machen? Die Wachmannschaft besteht aus Rheinländern, mit denen er mit seinem radebrechenden Deutsch, das er schon für den Berliner Untergrund geübt hat, Kontakte sucht. Sein Eindruck: Den meisten ist der Nationalsozialismus Fassade geblieben – »oder eine Naturgewalt, der man sich am besten nicht entgegenstellte. Politik war für sie etwas, mit dem sich ›die da oben‹ befassen und auf das man keinen Einfluß hat: Man tut gut daran, sich auf die eigene private Welt zurückzuziehen und sein Denken und Hoffen auf die geplante Heirat nach dem Kriege zu richten, auf den Küchenschrank und die Schlafzimmereinrichtung, die sich die Braut wünschte.«

In der Hoffnung, die Norweger als »Germanen« für die nationalsozialistische Sache zu gewinnen, wurden die meisten Gefangenen von den Deutschen korrekt, gelegentlich sogar wohlwollend behandelt und bald nach Hause geschickt. Auch Willy Brandt in seiner aus allen Nähten platzenden Uniform entließen die Deutschen schon Mitte Juni aus der Kriegsgefangenschaft – unerkannt, aber versehen mit einer Bescheinigung des deutschen Kommandanten, wonach er Gefangenensold und Verpflegung bis zu seiner Entlassung nach seinem »Heimatort Oslo« erhalten habe. Damit hat er, als er sich in den Zug setzt, seinen Trenchcoat überzieht und die norwegische Militärmütze in den Rucksack packt, endlich ein Papier in der Hand, mit dem er sich bei möglichen deutschen Kontrollen ausweisen kann.

In schmutzigen Wahlkämpfen wird die Tatsache, daß er sich auf der Flucht vor den Deutschen als norwegischer Soldat tarnen mußte, später eine Rolle spielen: Die Rechte wirft ihm vor, in norwegischer Uniform gegen deutsche Soldaten gekämpft, auf sie geschossen und Vaterlandsverrat geübt zu haben. Weder entspricht dies der Wahrheit, denn Brandt hat mit der Waffe nicht gekämpft, noch kann der Vorwurf des Verrats auf einen Ausgebürgerten zutreffen, dem die Ausbürgerer sein Vaterland ja ausdrücklich entzogen hatten. Was er hätte verraten können, gab es nicht mehr. In einem der Prozesse, die Brandt gegen die Verleumder anstrengt, wird Paul Gauguin bezeugen, daß sein deutscher Freund, ehe er seine, Gauguins, Uniform überstreifte, unbewaffnet gewesen ist. Allerdings war es Brandt selbst, der mit einigen Äußerungen nach dem Krieg Anlaß zu Mißdeutungen gegeben hatte. »An jenem Morgen, als Hitlers Flugzeuge über die Dächer Oslos strichen«, schrieb er in einer Broschüre, die 1948 in Hamburg erschien, »empfand ich es als selbstverständliche Pflicht, der gerechten norwegischen Sache nach Kräften zu dienen.«[83] Sätze wie diesen, dazu die Tatsache der norwegischen Uniform, konnten böswillige politische Gegner in den Wahlkampagnen gegen den Spitzenkandidaten der Sozialdemokratie genüßlich ausschlachten. Doch wie im spanischen Bürgerkrieg beschränkte sich Brandt bewußt darauf, Kämpfer und Soldat nur im übertragenen Sinn zu sein, der Kampf gegen Hitler blieb auf publizistische Mittel beschränkt. Nicht zum militärischen, aber zum politischen Kriegführenden sei er als Antinazi geworden, betont er in seinen »Erinnerungen«, zu einem Gegner Nazi-Deutschlands, der ganz sicher nicht dessen Sieg wünschen konnte, aber auch nicht, daß Deutschland »als Ergebnis des Krieges untergehe«.[84]

Wenn Brandt damals nicht zur Waffe gegriffen hat, entsprach

dies sicher seinem Naturell, das harten Konfrontationen zeitlebens aus dem Weg zu gehen suchte. Aber wer möchte ausschließen, daß er in auswegloser Lage, inmitten norwegischer Soldaten, die sich gegen einen Angriff deutscher Truppen verteidigten, hätte mitkämpfen oder mitschießen wollen oder müssen? Und welcher fair und rechtschaffen Denkende wollte es wagen, ihm daraus einen Vorwurf zu machen? Insofern hat Brandt bei Andalsnes wieder einmal sein sprichwörtliches Glück gehabt – und er weiß sehr wohl darum: Er sei dem Schicksal dankbar, heißt es in »Links und frei«, daß es ihn nicht in die gleiche Lage wie die eines Freien Franzosen unter General de Gaulle gestellt habe, der in bewaffnete Auseinandersetzungen mit seinen Landsleuten vom Vichy-Regime geriet. Doch macht er am Beispiel der französischen Vichy-Gegner ebenfalls klar, daß aus seiner Sicht für einen antinazistischen Deutschen »ein Kampf mit allen Mitteln« keinesfalls unehrenhaft gewesen wäre: »Niemand konnte ihnen« – diesen Freien Franzosen, die zur Waffe griffen und den General Pétain bekämpften – »ihre patriotische Gesinnung absprechen.«[85]

Nach Oslo entlassen, trifft er Carlota wieder und wohnt in einem Vorort einige Tage mit ihr bei einem befreundeten Ehepaar. Um sie nicht zu gefährden, sucht er Zuflucht in einem Sommerhaus am Oslofjord, in dem er so unauffällig wie möglich als Einsiedler lebt. Im Radio hört er viel BBC und faßt wieder Hoffnung, als er eine Stimme vernimmt, die Blut, Schweiß und Tränen verkündet, aber den Glauben an die eigene Kraft erweckt, Hoffnung auf eine Kriegswende und den Sieg über die Kräfte des Bösen. Es ist die Stimme Winston Churchills, der im Mai 1940 die britische Regierung übernimmt und das Land in seiner schwersten Zeit, als es nach dem Zusammenbruch Frankreichs praktisch allein gegen einen überall siegreichen Hitler steht, für den Widerstand bis zum letzten mobilisiert. Hoffnung gibt ihm auch, als er am Radio die Nominierung Roosevelts für seine dritte Präsidentschaft verfolgt – jenes Politikers, den Brandt wegen seines *New Deal* für eine Art Sozialdemokraten hält und der Amerika, das riesige Arsenal der Demokratien, mit seiner Rüstungsindustrie den damals allein kämpfenden Briten zur Verfügung stellt. Es sind norwegische Freunde, die ihn unterstützen, dafür sorgen, daß er rechtzeitig untertaucht, und der norwegische Habitus, den er nahezu perfekt angenommen hat, hilft ihm, sich zu tarnen. Doch kennen ihn bereits zu viele, als daß er auf Dauer unerkannt untertauchen könnte, und mindestens ein deutscher Emigrant in Oslo ist inzwischen für die Gestapo tätig. So raten seine Freunde zur Flucht nach Schweden, wo er die norwegische Sache besser unterstützen könne als im norwegischen Untergrund.

Ende Juni 1940[86] macht Willy Brandt sich zur Grenze auf, nimmt erst einen Fjorddampfer, dann die Eisenbahn bis Björkelangen und geht die letzten Kilometer zu Fuß zu einem Bauernhof, der in etwa 400 Metern Höhe inmitten der Hügel im Grenzgebiet zu Schweden liegt.[87] Dem Bauern, einem demobilisierten Hauptmann der Reserve, ist er avisiert. Er bewirtet den Deutschen, gibt ihm Ratschläge, wie deutsche Patrouillen zu vermeiden sind und zeigt ihm den Weg. Nach einer langen Wanderung von mehreren Stunden gelingt es Brandt, unbemerkt von deutschen Streifensoldaten schwedisches Territorium zu erreichen. In der Nähe von Skillingmark stellt er sich am 30. Juni dem ersten schwedischen Posten, dem er begegnet und wird zu einem Offizier zum Verhör gebracht, dem er erklärt, daß er ein deutscher Flüchtling sei. Weil er das in fließendem Norwegisch vorbringt, hält ihn der Schwede zunächst für einen Norweger, den er nach der geltenden schwedischen Praxis ohne viel Aufhebens wieder über die Grenze abschieben müßte. Aber Brandt, nicht mehr Deutscher und noch nicht Norweger, ist staatenlos. Unsicher, was er mit dem Fremden machen soll, weist ihn der Schwede erst einmal in ein militärisches Sammellager ein. Von dort wird Brandt in ein Haus auf dem Bahnhof von Charlottenberg gebracht, in dem sich schon andere Flüchtlinge befinden und wo der Status des Flüchtlings und sein Gesuch auf Asyl in Ruhe geprüft werden können.

Norwegen, das erste Exil, das dem Lübecker Herbert Frahm so viel gegeben hat, liegt hinter ihm. Mit Schweden beginnen seine zweiten Lehr- und Wanderjahre, in denen er das schwedische Modell der Sozialdemokratie kennenlernt. Mit seinem Konzept vom »folkhem«, dem sozialen Volksheim, das Brandt einmal als »Heimstätte des Volkes« übersetzt[88], wird es für seine späteren Vorstellungen von sozialdemokratischer Zielsetzung und praktischer Politik große Bedeutung gewinnen.

Als Deutsch-Norweger in Schweden

Mitarbeit in der »Kleinen Internationale«

Mit all den Annehmlichkeiten seines Volksheims wirkte Schweden auf viele Emigranten wie ein einziges großes Sanatorium, gepflegt, erholsam und die Nerven beruhigend – mit schalldichten Wänden, durch die nur das Nötigste von draußen drang. So beschreibt Hans-Joachim Schoeps seinen ersten Eindruck von Schweden, in das er sich Ende 1938 mit Hilfe eines deutschen Diplomaten hatte retten können.[1] Willy Brandt, der nach einem Verhör durch die schwedische Polizei 1941 einige Tage festgehalten wurde, lobt selbst das Essen, das ihm hinter schwedischen Gardinen serviert wurde: »Viele Menschen aus anderen Ländern hätten diese Gefängniskost als Luxusmenu betrachtet.«[2] Und Bruno Kreisky meint, die meisten Emigranten aus Mitteleuropa hätten als besonderes Zeichen des hohen schwedischen Lebensstandards die vielen Aufzüge in schwedischen Häusern beeindruckt, die mit großen Spiegeln verkleidet waren: Neu angekommene Flüchtlinge, die in ihren zunächst ärmlichen Lebensumständen nicht über einen Spiegel verfügten, seien im Lift auf und ab gefahren, um sich dabei zu rasieren.[3]

Im Windschatten der Geschichte gelegen und seit Generationen nicht mehr in militärische Händel verwickelt, steht das Land ganz unter dem Primat der Innenpolitik, die sich unter sozialdemokratischer Führung auf soziale Reformen konzentriert. Nicht revolutionären Zielen, aber doch revolutionären Wegen hatte die schwedische Sozialdemokratie schon Anfang des zwanzigsten Jahrhunderts unter Hjalmar Branting abgeschworen. Zwar hielt der *grand old man* der schwedischen Sozialdemokratie an einer radikalen Transformation der Gesellschaft fest, aber der Pfad, der zu diesem Ziel führte, sollte, im klaren Gegensatz zum ursprünglichen Konzept der revolutionären Genossen in Norwegen, nur über das allgemeine Stimmrecht und friedliche politische Zusammenarbeit führen. War es dieser moderaten, reformistischen Einstellung zuzuschreiben, wenn Branting als erster Sozialdemokrat schon 1920 eine Regierung unter einem gekrönten Staatsoberhaupt bilden konnte? In Schweden, so die Beobachtung des deutschen Emigranten Otto Friedländer, war das Wort Kompromiß eben nicht mit jenem Makel behaftet, »den ihm gern an einseitige Befehlsgewalt gewohnte Völker beilegen« – etwa die Deutschen. Er rühmt den balancierten Menschen als nordisches Idealbild und die Demokratie der Schweden als den »Friedensbezirk einer Gesetzlichkeit aus Passion«: In ihrem Land habe der Mensch noch Seltenheitswert und könne seinen Anspruch auf Menschenwürde erfolgreich geltend machen.[4] Und Egon Koetting, ebenfalls ein deutscher Emigrant, rühmt am schwedischen Exempel, daß Demokratie nicht nur stattfinde, sondern daß sie obendrein »funktionieren« könne.

Als Brandt nach Schweden kommt, steht Brantings Nachfolger, der populäre Sozialdemokrat Per Albin Hanson, an der Spitze der Regierung. Zusammen mit Ernst Wigforss und Gustav Möller war es ihm gelungen, seit seiner Amtsübernahme 1932 die Wirtschaftskrise mit Hilfe eines wirtschaftspolitischen Instrumentariums zu meistern, welches zwar in seinen Grundzügen an die Lehren des britischen Nationalökonomen Keynes erinnerte, indes von den schwedischen Sozialdemokraten unabhängig von ihm entwickelt worden war. Die sogenannte Stockholmer Schule nahm Abschied vom bisherigen wirtschaftspolitischen Fatalismus marxistischer Prägung, nach dem Krisen zu den angeborenen Erbübeln des kapitalistischen Systems gehörten und deshalb wenig gegen sie auszurichten sei – es sei denn, der Kapitalismus werde in toto abgeschafft. Die Stockholmer dagegen, zu denen neben Wigforss und Möller auch Gunnar und Alva Myrdal und der damals noch ganz junge Dag Hammarskjöld zählen, suchen durch erhöhte Staatsausgaben und eine gezielte Sozialpolitik die Konjunktur anzukurbeln und die Krise durch Vollbeschäftigung zu überwinden.

Wigforss' Finanzpolitik folgte einem egalitären Konzept und zielte auf einen Staat der Gleichen, Brandt nennt den schwedischen Finanzpolitiker einmal einen der »bedeutendsten Denker der europäischen Sozialdemokratie«, dem internationale Beachtung gewiß gewesen wäre, hätte er nicht »in der Sprache eines kleinen Volkes« und in dem »durch die Nazis verdunkelten Europa publiziert«.[5]

Bruno Kreisky sieht in Wigforss sogar einen überzeugten sozialistischen Theoretiker, der ihn in vielem an den österreichischen Linkssozialisten Otto Bauer erinnert und der das hergebrachte Klischee von den ausschließlich pragmatisch orientierten schwedischen Reformern in Frage stellt.[6] Den eigentlichen Architekten des schwedischen »folkhemmet« oder Volksheim sieht er in Sozialminister Möller – jenes Gesellschaftsmodells, das nach einer Formulierung von Hanson weder Privilegierte noch Hintangesetzte, weder Hätschel- noch Stiefkinder kennen soll und in dem Gleichheit und Umsicht, Zusammenarbeit und Hilfsbereitschaft zu herrschen haben.

In der Tat leisteten die schwedischen Reformer Erstaunliches: Sie verhalfen Schweden, das noch Anfang des 20. Jahrhunderts eines der ärmsten Länder Europas gewesen war, zu beachtlichem Wohlstand, verwandelten das Land aus einem Agrar- in einen Industriestaat und setzten sozialpolitisch Beispiele, die ihre Wirkung weit über Schweden hinaus entfalteten – etwa mit der Volkspension, die sie 1935 einführten, oder mit jenem Abkommen zwischen Arbeitgebern und Gewerkschaften aus dem Jahre 1938, das zu einem beinahe dreißig Jahre währenden Arbeitsfrieden führen sollte.

Die dröhnenden Marschtritte deutscher Soldaten auf den Straßen von Kopenhagen und Oslo hatten die Schweden aufgerüttelt und sie der Gefahren bewußtgemacht, die an ihren Grenzen lauerten. So führt Per Albin Hanson im Jahr 1940 eine Regierung des Burgfriedens, eine Koalition der nationalen Einheit, in der alle Parteien, ausgenommen die Kommunisten, vertreten sind. Daß man in großen Krisen über Parteigrenzen hinweg zusammenstehen muß, ist für die Schweden mit ihrem hochentwickelten Sinn für Konsens selbstverständlich, und Brandt wird die Lehre aus seiner schwedischen Zeit später beherzigen: Der Aufmarsch der Nationalen Volksarmee und der Betriebskampfgruppen an der Sektorengrenze in Ostberlin lassen auch ihn nach dem Bau der Mauer 1961 nach einer Allparteienregierung rufen.

Die Schweden des Jahres 1940, bald von allen Seiten von deutschen Truppen umgeben, rüsten fieberhaft auf, um nicht Opfer deutscher Erpressungen zu werden und ihre Neutralität zu verteidigen. Aber wahrhaft unabhängig zu bleiben, ist leichter gesagt denn getan. Flexibilität scheint der Regierung in Stockholm geboten, um den deutschen Tiger ja nicht zu reizen: Schwedische Kriegsschiffe fahren Geleit für Erzfrachter, die über die Ostsee zu deutschen Häfen dampfen, deutsche Soldaten können als Urlauber unbewaffnet mit der Bahn über schwedisches Gebiet von Nordnorwegen nach Dänemark reisen; und im Sommer 1941 folgt die königlich-schwedische Regierung einem gemeinsamen deutsch-finnischen Wunsch und genehmigt den Transport der Division Engelbrecht, insgesamt 13 000 Mann mitsamt schweren Waffen, von Norwegen über schwedisches Territorium an die deutsch-finnische Front gegen die Sowjetunion. So sind die Tatsachen, aber sie lassen beinahe vergessen, wie umstritten die Frage, wie man sich den Deutschen gegenüber verhalten solle, bis tief in die schwedische Allparteienregierung hinein eigentlich ist: Haben die Sozialdemokraten Bedenken, den deutschen Forderungen zu weit entgegenzukommen, scheinen die Konservativen und die Bauernpartei, unterstützt von dem alten König Gustav V., eher geneigt, die deutschen Forderungen zu erfüllen – teils weil sie, wie der König und die Agrarier, besonders deutschfreundlich sind, teils um eine drohende deutsche Invasion, die Hitler unter dem Codewort »Silberfuchs« zeitweise erwägt, durch politische Elastizität abzuwenden. Diese schwedische Flexibilität, welche die Neutralität des Landes wahren soll, wird von erhöhten Verteidigungsanstrengungen flankiert, welche eine Besetzung zu einem kostspieligen Unternehmen machen sollen. Erst 1943, nach El Alamein und Stalingrad, kommt es zu einem Umschwung in der offiziellen schwedischen Appeasement-Politik, wenn auch nicht ohne alliierte Nachhilfe, wie Helmut Müssener meint.[7]

Das große Volksheim Schweden ist aber alles andere denn ein Emigrantenparadies, vor allem für Juden und Kommunisten nicht. Unter den politischen Flüchtlingen mißtraut man vor allem den Kommunisten, was angesichts der politischen Einstellung des schwedischen Bürgertums, aber auch mit Blick auf den sowjetisch-finnischen Winterkrieg kaum Wunder nimmt. Politische Flüchtlinge, die sich als solche ausweisen können, werden zwar aufgenommen, aber noch vor dem Angriff der Deutschen auf Dänemark und Norwegen richten die Schweden Internierungslager in Langmora und Smedsbo ein, in denen fast ausschließlich Kommunisten, Linkssozialisten und Spanienkämpfer festgehalten werden.

Juden wollen die schwedischen Behörden nicht als politische Flüchtlinge anerkennen. Sie zeigen sich vielmehr erfreut und erleichtert, als im Ergebnis der deutsch-schweizerischen Verhandlungen das Deutsche Reich Pässe von »Nichtariern« mit einem J-Stempel versieht, weil dies die Identifizierung unerwünschter jüdischer Zuwanderer und ihre Zurückweisung erleichtert: Inhaber solcher Pässe sollen nach einer Anweisung vom 27. Oktober 1938 nur dann die Reise fortsetzen dürfen, wenn kein Zweifel über ihre Rückkehr nach Deutschland besteht. Daß Juden nicht wieder zurück nach Deutschland wollen, weil dies gleichbedeutend mit Verfolgung, Konzentrationslager und, ab 1941, auch sicherem Tod ist, wollen die meisten Schweden lange nicht wahrhaben. Ihr Land, so der Sozialminister, solle »nicht das Tor werden, durch das Deutschlands Nichtarier den Weg nach draussen suchen«. Selbst die jüdische Gemeinde, allen voran ihr Oberrabiner Ehrenpreis, befürwortet diese restriktive Politik, weil sie durch die Aufnahme jüdischer Flüchtlinge eine »Intensivierung der antisemitischen Strömung im Lande« befürchtet.[8]

Bis in die vierziger Jahre bleibt das schwedische Bürgertum am deutschen Kulturkreis orientiert, Ängste vor Kommunisten und Linkssozialisten, dazu ein latenter Antisemitismus läßt Flüchtlinge aus Deutschland in den Augen vieler Schweden nahezu automatisch zu verdächtigen Individuen werden. Müssener kleidet die Vorurteile der bürgerlichen schwedischen Mehrheit gegenüber Flüchtlingen aus Deutschland in die Frage: Warum wollten diese Deutschen eigentlich nicht in einem Lande wie Deutschland bleiben, das doch so viele berühmte Männer hervorgebracht hatte und in das »Ruhe und Ordnung« wieder eingekehrt waren?[9] Ein Mann wie Schoeps widerspricht dem nicht, betont allerdings, daß keiner der Emigranten aus Mitteleuropa in Schweden verhungerte, sondern »Humanität und Karitas des Gastlandes« zu spüren bekam und deshalb zu tiefem Dank verpflichtet sei. Allerdings schreibt er über das Dasein des Emigranten in Schweden auch: »Gerade weil er ein Gast war, blieb er auch ein Fremder; für die schwedische Sprache, die häufig bäuerliche Umweltbeziehungen des alten Nordens widerspiegelt, ist beides auch synonym.«[10]

Wie bei seiner Ankunft in Norwegen, wird Willy Brandt auch in Schweden von einem sozialistischen Netzwerk aufgefangen: Die Freundschaften, die er als SAP-Jugendfunktionär auf seinen zahllosen Reisen quer durch Westeuropa hat schließen können, bewähren sich in der schwedischen Not. Kaum von der Polizei in ein Lager gesteckt, alarmiert er über einen hilfsbereiten Oberkonstabel den Eisenbahner August Spångberg in Stockholm, den er aus der Zeit der Mai-Unruhen in Barcelona kennt. Und Spangberg, Abgeordneter der zweiten Kammer des schwedischen Parlaments, reist auch sofort nach Charlottenberg und bürgt für den Freund und Genossen aus der Etappe hinter der katalonischen Front. Seine Intervention hat Erfolg. »Auf dem Weg über ein recht komfortables Flüchtlingslager – Bagga, ein altes ›Schloß mit den sieben Hütten‹, in dem Ernst Paul, Parteisekretär der sudetendeutschen Sozialdemokraten, sich verständnisvoll um uns kümmerte –, konnte ich nach wenigen Tagen als freier Mann nach Stockholm fahren«, schreibt Brandt.[11]

Am 22. Juli 1940 kommt Brandt in der schwedischen Hauptstadt an, das Schicksal des verlorenen, vereinsamten, in fremder Umgebung ganz auf sich allein gestellten Flüchtlings bleibt ihm also auch in Schweden erspart, doch sind es nicht so sehr schwedische, als vielmehr norwegische Genossen, die ihm in Stockholm unter die Arme greifen. Zwar sind Norwegens König und seine Regierung mit den abziehenden britischen Truppen nach England ausgewichen, doch Martin Tranmæl, die unbestrittene Führungsfigur der Norwegischen Arbeiterpartei, ist mit einigen Freunden nach Schweden geflüchtet und hält von Stockholm aus Kontakt zur Regierung in England, vor allem aber zum norwegischen Widerstand. Sein kleines Büro wird von Inge Scheflo, einem der engsten Freunde Brandts aus der Osloer Zeit, geleitet, und auch Brandts Verhältnis zu Tranmæl selbst ist hervorragend. Mit ihm zusammen floh er vor den einrückenden Deutschen nach Hamar[12], und 1938 hatte er ihm, der den erfolgreichen Regierungskurs der Norwegischen Arbeiterpartei wesentlich mitbestimmte, geradezu überschwenglich zum Geburtstag gratuliert: »Hab' Dank dafür, daß Du vielen von uns die Hoffnung wiedergegeben hast.«[13] Ist es auch seiner Nähe zu Tranmæl zuzuschreiben, wenn sein erneuter Antrag auf die norwegische Staatsbürgerschaft nun beschleunigt bearbeitet wird?

Außer Tranmæl setzt sich Brandts Freund Halvard Lange, der spätere langjährige Außenminister Norwegens, für die Einbürgerung ein. Brandt hat ihn als Chef der norwegischen Parteijugend kennengelernt und trifft ihn in Stockholm wieder.[14] Schon am 26. Juli, wenige Tage nach Brandts Eintreffen in Schweden, erhält die norwegische Legation in Stockholm die Anweisung der norwegischen Exilregierung in London, dem in Lübeck geborenen Willy Brandt einen norwegischen Paß auf dessen Geburtsnamen Herbert Frahm auszustellen. Das geschieht dann am 2. August, und damit ist Willy-Herbert Brandt-Frahm nicht länger ein staatenloser Deutscher in Schweden, sondern Norweger und Angehöriger einer zur skandinavischen Familie gehörenden Nachbarnation, was gegenüber anderen deutschen Emigranten, die in Schweden leben, ein unerhörtes Privileg bedeutet. Als die schwedische Polizei Brandt im Frühjahr 1941 unter Spionageverdacht verhaftet, setzt sich pflichtgemäß nicht nur die norwegische Legation bei den schwedischen Behörden für den neuen norwegischen Staatsbürger ein, Tranmæl wird auch bei seinem schwedischen Genossen und Freund, dem Sozialminister Gustav Möller vorstellig.

Warum wird Brandt verhaftet? Unter Decknamen und illegal war er mit Inge Scheflo kurz vor Weihnachten 1940 über die Grenze nach Norwegen gegangen, um Kontakte zur Widerstandsbewegung zu knüpfen, vor allem aber, um Frau und Kind zu besuchen und ihre Übersiedlung nach Schweden vorzubereiten. Im Oktober Vater geworden, hatte er seine Tochter Ninja noch nie sehen können.

Offenbar erfuhr die schwedische Polizei von seiner Reise. Schwedens Neutralität wie einen Augapfel hütend, suchte sie damals – und bis zur Kriegswende bei Stalingrad auch sehr entschlossen – jede gegen die Deutschen in Norwegen gerichtete Aktion, die von schwedischem Boden ausging, zu unterbinden. »Das Polizeigefängnis war blitzsauber, es stank vor Sterilität«, schreibt Brandt, »die Zelle blieb auch nachts hell erleuchtet.« Mit der Drohung, ihn nach Deutschland abzuschieben, wollen ihn die Beamten der Säpo, der schwedischen Sicherheitspolizei, zum Sprechen bringen: Wen hat er in Norwegen getroffen, hat er sich für Truppenstärken und Flugplätze interessiert und militärische Spionage getrieben? Doch auch in diesem Fall erfolgte die Reaktion auf Tranmæls Intervention prompt: Brandt wurde nach einigen Tagen nach Hause geschickt.

Sieht man von einer kurzen Festnahme im Sommer 1941 ab, als ein eher treuherziger Beamter von ihm wissen wollte, ob der Herr

Redakteur – in Schweden hielt man es damals mit der Anrede in dritter Person – sich nun auch wirklich neutral verhalte, war dies die einzige wirklich kritische Situation, der er sich in seinem zweiten, dem schwedischen Exil ausgesetzt sah.[15] Erst viele Jahre später, Ende 1966, als er gerade Außenminister der Großen Koalition geworden ist, wird er erfahren, daß er während seiner ganzen Zeit in Schweden von der Säpo überwacht wurde, weil man ihn der Ostspionage verdächtigte. Seine Karteikarte aus dem Register der »Suspekten« war einer konservativen Zeitung zugespielt worden.[16]

Wer aber hatte der Polizei von Brandts gefahrvoller Reise berichtet, wer ein Interesse daran, von den Gesprächen im norwegischen Untergrund, die er in Oslo geführt hatte, zu erfahren? Die Tatsache, daß die schwedische politische Polizei einige Monate nach dem Besuch in Norwegen auch Genaues über jene Schweden wissen will, welche die Norweger durch das Sperrgebiet an der Grenze gelotst hatten, zeigt die gespaltenen Sympathien der Schweden jener Jahre. Da gab es einerseits freundliche und hilfsbereite Militärs an der Grenze, die den Illegalen Geleitschutz bis auf norwegisches Gebiet boten, und andererseits eine Sicherheitspolizei, die mit der Gestapo zusammenarbeitete und mit ihr auch Informationen über Flüchtlinge austauschte. Daß die schwedische Polizei ihm, dem Norweger, mit der Auslieferung nach Deutschland gedroht hatte, läßt ihn vorübergehend daran zweifeln, ob er bei den Schweden wirklich sicher ist.

Schon *pro forma*, weil nämlich eine geplante Weiterreise in ein anderes Land die Bewilligung einer schwedischen Aufenthaltsgenehmigung erleichterte, hatte Brandt sich nach seinem Eintreffen in Stockholm um ein Einreisevisum in die USA bemüht. Kaum hat er den norwegischen Paß in der Tasche, schwankt er freilich, ob er in die USA weiterreisen oder in Schweden bleiben soll. Als es ihm gelingt, von Stockholm aus den Kontakt zu Jacob Walcher in New York herzustellen, schreibt er ihm im Februar 1941, er habe es nicht mehr so eilig mit seinen ursprünglichen Reiseplänen.[17] Dann wieder, nach der kurzen Festnahme durch die Säpo, gewinnt der Gedanke an eine Zukunft im fernen Amerika erneut an Attraktivität. In seinen von der Sicherheitspolizei abgelichteten Briefen findet sich mehrfach der Hinweis, daß man ihn gern loswerden wolle. Nach dem Urteil Klaus Misgelds behandelte Schweden

Willy Brandt, »wie auch andere deutsche Flüchtlinge vor allem aus der deutschen ›Linken‹, zunächst nicht nur gut«.[18]

Überhaupt – wo steht denn geschrieben, daß die Deutschen den neutralen Status Schwedens auf die Dauer respektieren würden? So versucht Gertrud Meyer, seine Freundin aus Lübecker und Osloer Tagen, von New York aus für Brandt ein Visum zu bekommen. Andere Freunde haben die Idee, Brandt nach England zu bringen und meinen, im Kreis um die norwegische Exilregierung sei er sicherer aufgehoben. Nach dem Angriff auf die Sowjetunion sucht der Neu-Norweger vorsorglich Versteckmöglichkeiten auf dem Lande – für den Fall, daß die Deutschen auch Schweden nicht verschonen. Doch es bleibt, wie er selbst später schreibt, bei vagen Erörterungen.[19] Brandt spürt, daß er in Schweden nützliche Arbeit für Norwegens Freiheitskampf leisten kann; auch will er Schweden bald aus persönlichen Gründen nicht mehr verlassen. Und wieder einmal ist das Glück ihm wohlgesonnen.

Wie er in seinem zweiten Exil lebt? Materielle Sorgen hat er nicht, da er mit zwei schwedischen Kollegen ein »Schwedisch-Norwegisches Pressebüro« gründet, welches die schwedische Presse mit Nachrichten und Artikeln über das besetzte Norwegen versorgt; von dieser Arbeit kann er bequem leben. Er spricht und schreibt weiter norwegisch und übernimmt schwedische Wortwendungen dort, wo es Mißverständnisse zu vermeiden gilt. Vor allem nutzt er seine hervorragenden Kontakte zum Büro Tranmæl, das ihm Exklusivinformationen liefern kann, weil es durch Kuriere ständig über die Lage in Norwegen unterrichtet wird. Schweden ist ja nicht nur ein ganz angenehmes Asyl, wie er in seinen Erinnerungen schreibt, sondern auch »Hinterland für den Widerstand«.[20] Bald gilt er, der doch aus Lübeck stammt, als der beredteste publizistische Anwalt, über den Norwegen in der schwedischen Presse verfügt. Voller Stolz vermerkt er 1982 in »Links und frei«, seine publizistische Arbeit »für das besetzte und sich tapfer wehrende Norwegen« sei nicht ohne Anerkennung geblieben.

Daß er in der Tat einer der »wichtigsten Sprecher für Norwegen« in Schweden gewesen ist, bescheinigt ihm das Osloer »Arbeiderbladet« im Dezember 1947, als er sich endgültig für Deutschland entscheiden wird. Es habe kaum einen Norweger gegeben, schreibt das Parteiblatt über seinen fleißigen Mitarbeiter, »der so effektive

Propagandaarbeit für unsere Sache« leistete wie Brandt.[21] Sein Pressebüro beliefert 70 schwedische Tageszeitungen, dazu kommen laut Lorenz »Berichte und politische Analysen über die Verhältnisse in Norwegen, die an wichtige Exilpolitiker in Schweden, England und den USA geschickt wurden«, sowie Vorträge in Schweden. Er veröffentlicht eine Vielzahl von Broschüren und Büchern, die, wenn auch in kleiner Auflage, meist im Bonniers-Verlag erscheinen. Es sind vorwiegend aktuelle Reportagen und Analysen, literarisch anspruchslos, stilistisch nicht besonders ausgefeilt, aber auf die jeweilige politische Situation gezielt: »Der Krieg in Norwegen« heißen sie, »Norwegen setzt den Kampf fort« oder »Die Osloer Universität im Kampf« – schon die beliebige Auswahl einiger seiner Titel zeigt, daß er häufig über norwegische Themen, vor allem aber über den Freiheitskampf der Norweger gegen die deutsche Besatzung schreibt.

In Stockholm wohnt er zunächst in einer Pension, doch mietet sich die Familie – Carlota und Ninja wurden im Frühjahr aus Oslo über die Grenze geschleust – dann in einer kleinen Neubauwohnung ein. Die Hochzeit wird im Frühjahr 1941 nachgeholt. Carlota Thorkildsen heißt jetzt amtlich Frahm, ein Name, unter dem Carlota ihren Willy Brandt nie gekannt hat, und so macht es ihr einige Schwierigkeiten, sich an ihn zu gewöhnen. Da sie bald in der Presseabteilung der norwegischen Gesandtschaft Arbeit findet, kann das Paar sich regelmäßig Sommerurlaub und zu Ostern auch Skiferien leisten. Warum Schweden verlassen, wenn man in Stockholm, dieser neutralen Nachrichtenbörse zwischen den Fronten, interessante Arbeit und ein gutes Auskommen hat?

Willy Brandt in Schweden geht also auf im norwegischen Milieu, er ist ein »Bestandteil des norwegischen Exils«, wie Einhart Lorenz einmal treffend formuliert. Norwegisch habe er wie ein Norweger gesprochen und sei deshalb von ihnen als einer der Ihren betrachtet worden, meint auch Bruno Kreisky, der als Emigrant von Österreich nach Schweden gekommen ist. Er schildert den Brandt der Stockholmer Zeit als einen sehr gutaussehenden jungen Mann, der über eine starke Ausstrahlung verfügte und überall sofort Freunde fand, auch bei Briten und Amerikanern. »Er hatte es schon deshalb leicht in Skandinavien, weil er ein sehr geselliger Mensch ist«, so der spätere österreichische Bundeskanzler in seinen Erinnerungen;

er habe mit seinem ganzen Habitus in die »skandinavische Landschaft« gepaßt. »Es wird dort am Abend gern gelacht und gern gesungen und natürlich auch getrunken.«[22] Durch seine Tätigkeit für die schwedische Presse schließt Brandt Freundschaft mit schwedischen Genossen, gehört deshalb bald auch zur schwedischen Parteifamilie und erhält Zutritt selbst zu streng vertraulichen Funktionärssitzungen.[23]

Und doch reißen seine Beziehungen zu deutschen Landsleuten nicht ab, denn der norwegische Genosse, der aus Lübeck stammt, versteht sich weiter als deutscher Sozialist und hält engen Kontakt zu deutschen Emigranten. Da ist einmal der Kreis der Freunde aus der Zeit, als die SAP noch Brandts Leben bestimmte – allen voran Stefan Szende und August und Irmgard Enderle; mit ihnen war Brandt schon zu seiner Osloer Zeit befreundet, traf sie auf internationalen Konferenzen und wechselte viele Briefe mit ihnen. Der alte Gewerkschaftsredakteur August Enderle, bei der SAP meist »Antonius« genannt, hält in Schweden Kontakte vor allem zu den Gewerkschaften, Stefan Szende arbeitet für die schwedische Erwachsenenbildung. Rund 20 ehemalige SAP-Genossen leben im schwedischen Exil. Wenn sie keine feste organisatorische Gruppe bilden, sondern eine eher lockere Gemeinschaft, die sich in wechselnder Zusammensetzung zu politischen Diskussionen trifft, hat dies sicher auch mit dem Verbot politischer Betätigung zu tun, das die schwedische Polizei nach Kriegsausbruch für alle politischen Flüchtlinge verhängt und das erst nach der Wende bei Stalingrad 1943 gelockert wird.

Doch hat der Krieg allem, was an noch so brüchigem organisatorischen Zusammenhalt vorhanden war, ein Ende gesetzt. Selbst als die kleine, über verschiedene internationale Zentren verstreute elitäre Exil-Partei gibt es die SAP seit Herbst 1939 nicht mehr, und weder Brandt noch die Enderles scheinen gewillt, ihre kümmerlichen Reste in Schweden am Leben zu halten oder gar neu zu konstituieren. »Die eigene Gruppe hielt nicht nur mich immer weniger in Atem«, schreibt er in den »Erinnerungen«. Zwar ist er, nachdem Frankreich überrannt und Walcher in die USA geflüchtet war, mit allen Vollmachten für eine Art Geschäftsführung der Gesamt-SAP ausgestattet gewesen, aber Gebrauch hat er davon nicht gemacht.[24] Brandt verfolgt in seinem zweiten Exil weiter, was er schon im ersten begonnen hat – die Konzentration sozialistischer Kräfte, und die Enderles, aber auch Szende folgen ihm auf diesem Weg. Am Ende treten die meisten früheren SAP-Mitglieder der sozialdemokratischen Landesgruppe bei – ein Prozeß, von dem später noch die Rede sein wird. So mutet es fast ironisch an, daß die Schweden das Kürzel SAP für die »Socialdemokratiska Arbetareparti« verwenden, also für ihre heimische Sozialdemokratie.

Doch zweitens gibt es da, völlig unabhängig von den Kontakten zu den alten Freunden von der SAP, jene »Kleine Internationale«, zu der sich norwegische, schwedische, österreichische, sudetendeutsche und reichsdeutsche Sozialisten in Stockholm zusammenfinden und in der Brandt eine zentrale Rolle spielt. Möglich durchaus, daß dieses Wort »Kleine Internationale« ein wenig hoch gegriffen ist – Brandt selbst schreibt einmal, der Begriff sei irreführend gewesen, und die Beteiligten hätten ihn selbst nie gebraucht.[25] Gewiß handelt es sich nicht um eine Organisation, eher um einen lockeren Diskussionskreis von Sozialisten verschiedener Länder, der im alten Geist des Internationalismus Gegenwartsprobleme behandelt, aber auch eine sozialistische Strategie für die Nachkriegszeit entwerfen will.

Ursprünglich auf die norwegischen Sozialisten um Tranmæl begrenzt, die trotz der deutschen Besetzung Norwegens ihre internationalistische Gesinnung nicht aufgegeben haben, nennt sich das Grüppchen bescheiden »Studienzirkel für Friedensziele«, bis es, Brandts Anregung folgend, sich zu einem internationalen Gesprächskreis weitet und nun als »Internationale Gruppe demokratischer Sozialisten« firmiert. Vorsitzender ist der sudetendeutsche Sozialdemokrat Ernst Paul, der nach dem Kriege Bundestagsabgeordneter und Führer der Seliger-Gemeinde in der SPD werden soll. Von den Schweden stoßen unter anderen Alva und Gunnar Myrdal sowie Richard Sterner dazu, Österreich ist mit Bruno Kreisky vertreten, Ungarn mit Wilhelm Böhm, die Tschechoslowakei durch den Ingenieur Jírí Jackerle, Polen schließlich durch den Rechtsanwalt und Minister für Skandinavien der polnischen Exilregierung in London, Maurycy Karniol, welcher der Polnischen Sozialistischen Partei angehört. Auch ein Däne und ein Franzose sind unter den Diskussionsteilnehmern – Henry Grünbaum und Jules Guesde, ein Enkel des gleichnamigen marxistischen Gegenspielers von Jean Jaurès, gelegentlich nimmt auch ein amerikanischer Gewerkschafter, der an der Gesandtschaft der USA tätig ist, an den Gesprächen teil.

Die wichtigsten deutschen Vertreter, die sich freilich selten einig sind, wenn es um die Zusammenarbeit zwischen Sozialdemokraten und Kommunisten oder die der Westalliierten mit der Sowjetunion geht, heißen Fritz Tarnow und Kurt Heinig. Tarnow, ehemals Reichstagsabgeordneter und Chef der Holzarbeitergewerkschaft, ist nun Vorsitzender der Auslandsvertretung der Deutschen Gewerkschaften. Bei allen Linken gilt er als rechter Flügelmann, seit er auf dem Leipziger Parteitag 1932 das zentrale wirtschaftspolitische Referat gehalten und die Rolle der SPD als die eines »Arztes am Krankenlager des Kapitalismus« bezeichnet hat. Im Exil tritt er für praktische Zusammenarbeit mit Kommunisten ein und ist, so Willy Brandt, um einen »konstruktiven Sozialismus« bemüht, der das reformistische wie das revolutionäre Stadium der sozialistischen Entwicklung hinter sich lassen will.[26] Kurt Heinig wiederum, der ebenfalls als rechter Flügelmann der Sozialdemokraten gesehen wird und sich geradezu wütend als solcher aufführt, wo immer er erste Schritte zu einer Einheitsfront oder gar Einheitspartei mit Kommunisten wittert, ist der Vertreter des Londoner Exilvorstands in Schweden. Die Schlüsselrolle in diesem internationalen Kreis aber liegt bei Willy Brandt, der als ehrenamtlicher Sekretär die Diskussionsvorlagen erstellt und sie nach der Diskussion in ihre Endfassung bringt. Bei dieser Arbeit, so Kreisky, hat sich Brandt dadurch ausgezeichnet, daß er immer wieder »mit seinem Einfühlungsvermögen sondergleichen das Ergebnis der Diskussionen in sehr brauchbare Formulierungen zusammenfaßte«. Da es »sehr divergente Strömungen in diesem divergierenden Kreis« gegeben habe, will er dies als besondere Leistung gewürdigt wissen. Brandts Engagement bei der »Kleinen Internationale« widerlege auch alle – später von seinen Gegnern vorgebrachten – »böswilligen Behauptungen«, er habe sich »noch nie konzeptiv und programmatisch betätigt«, meint Kreisky über seinen Freund aus Stockholmer Jahren: Damals sei er »zu der Überzeugung gelangt, daß Brandt auf diesem Gebiet Bedeutendes geleistet hat«.

Zu den überzeugten Marxisten zählt er Brandt nicht – im Gegenteil: »Ich hatte auch das Gefühl, daß er sich gar nicht sehr mit der marxistischen Literatur befaßt habe.« Sein Gefühl hat ihn nicht getrogen, denn so sehr sich Brandt auch auskannte in den großen strittigen Fragen der sozialistischen Bewegung mit ihren verschiedenen Flügeln und Positionen, war ihm doch jeder Streit der Sektierer und Fanatiker spätestens seit seiner Rückkehr aus Spanien zutiefst zuwider. So stimmt wohl der Eindruck, den Kreisky vom jungen Brandt in Stockholm gewann: daß dieser zwar im Ruf stand, zum linken Flügel zu zählen, selbst aber keinen Zweifel daran aufkommen ließ, daß er Sozialdemokrat sei und allem Dogmatischen kritisch, ja ablehnend gegenüberstehe.

Ist das Urteil Kreiskys über Brandt, das teilweise geradezu euphorische Züge trägt, etwa durch nostalgische Erinnerungen an jene Zeit im Exil verklärt, in der die beiden zu echten Freunden wurden? Für Kreisky, der aus gutbürgerlichen Verhältnissen stammte, wurde die sozialistische Bewegung nie zu jener großen Heimat, ja zum Familienersatz, die sie dem Proletarierkind aus Lübeck gewesen ist. Aber Kreisky hatte die Revolutionäre Jugend Österreichs mitbegründet, und so verband beide ein radikaler Ansatz von ihrer Jugend her. Bedenkt man, daß Brandt wie Kreisky nach dem Krieg in ihren Ländern zu Parteiführern und Bundeskanzlern aufsteigen und einige skandinavische Teilnehmer, etwa Halvard Lange und Torsten Nilsson, norwegischer bzw. schwedischer Außenminister werden, erscheint die Kleine Internationale in Stockholm im nachhinein geradezu als sozialdemokratische Kaderschmiede. Kreisky und Brandt bleiben auch nach dem Krieg politische und persönliche Freunde, vor allem auf außenpolitischem Gebiet sucht der Regierende Bürgermeister die Vermittlung des neutralen Kreisky nach Osten, und das Zusammenspiel beider – in Verbindung mit Olof Palme – wird ein gutes Jahrzehnt den politischen Kurs der Sozialistischen Internationale bestimmen.

In Stockholm sahen die beiden sich oft privat, ein Foto zeigt sie wie im vertrauten Familienkreis – Kreisky mit Frau Vera, Brandt mit Frau Carlota und Tochter Ninja auf einer typisch schwedischen Holzterrasse. In seinen Memoiren jedenfalls meint Bruno Kreisky, sein Freund und Genosse Willy sei in jenen Stockholmer Jahren der »Inbegriff des politischen Verstandes« gewesen, und in betonter Selbstbescheidung läßt er ihm den Vortritt als dem »hervorragendsten Exponenten der deutschsprachigen politischen

Emigration« in Schweden, zu der er, Kreisky, doch immerhin auch gehörte.[27]

Wie soll Europa nach dem Kriege aussehen? Geradezu endlos seien die Gespräche gewesen, die im Rahmen ihres internationalen Diskussionszirkels um diese Frage geführt worden seien, meint Kreisky, aber alle beteiligten Genossen seien sehr unvoreingenommen gewesen und hätten »gute Arbeit geleistet«. In seinem Buch »Efter segern«, das bei Bonniers in Schweden erschien, habe Brandt praktisch die Summe dieser Diskussionen wiedergegeben. Das wichtigste Dokument, das die »Kleine Internationale« verabschiedet und das weitgehend von Brandt entworfen wurde, sind »Die Friedensziele der demokratischen Sozialisten« aus dem Jahre 1943[28], welche dem im Westen wachsenden Deutschenhaß entgegentreten, dem sogenannten Vansittartismus, der mit der Kriegswende auch im liberalen Lager in Schweden grassiert. Der Krieg, warnen die internationalen Sozialisten von Stockholm in ihren »Friedenszielen«, drohe trotz des sicheren militärischen Sieges der Alliierten politisch verloren zu werden, wenn es nicht gelinge, einen gerechten und dauernden Frieden zu schaffen. Die demokratischen Sozialisten müßten dagegen ankämpfen, daß die »Demokratien durch die Haßgefühle verwirrt werden, die als eine verständliche Folge des barbarischen Vorgehens der Nazis wachsen«.

Das ist deutlich gegen die Tendenzen Vansittarts gerichtet, jenes britischen Lords, der den Deutschen eine pathologische Aggressivität unterstellte und als Ahnherr von Roosevelts Freund und Mitarbeiter Morgenthau gelten muß, der Deutschland deindustrialisieren und in ein Ackerland verwandeln wollte – Überlegungen, die allerdings bei Kriegsende nicht mehr Leitlinie der amerikanischen Politik für das eroberte und besetzte Deutschland waren. Doch im Bewußtsein der Deutschen, die Amerika als den eigentlichen Sieger des Zweiten Weltkrieges akzeptierten, hat jener Morgenthau die Erinnerung an seinen britischen Wegbereiter fast völlig verdrängt. Dabei denunzierte Lord Robert Gilbert Vansittart, bis 1939 Unterstaatssekretär im britischen Foreign Office, in seinen geschliffenen Pamphleten sehr viel früher als Morgenthau alle Deutschen als »die Störenfriede der Zivilisation seit Tacitus«. Kriegslust und Eroberungsdrang, Unterwürfigkeit und Willfährigkeit gegenüber Diktatoren, so der Lord, seien den Deutschen angeboren.

Weil Grausamkeit und Barbarei ihnen in den Genen lägen, hätten sie nach seiner Meinung im Kreis zivilisierter Völker nichts mehr zu suchen. Daß seine Propaganda bis tief in die britische Linke hinein Wirkung zeitigte, erweist jene von der Labour Party im März 1945 einberufene Konferenz von 13 sozialistischen Parteien, die das ganze deutsche Volk kollektiv schuldig sprach. »Als ganzes«, so die damals gefaßte Resolution, sollte es deshalb aus dem Kreis der zivilisierten Völker ausgeschlossen werden.

Für die deutsche sozialdemokratische Emigration, deren Zentrum ja seit Kriegsausbruch in London lag, ist es nicht leicht, gegen diesen »Vansittartismus« anzukämpfen und den alten internationalistischen Geist zu beschwören, zumal abgrundtiefer Deutschenhaß in den letzten Kriegsjahren auch in der Labour Party immer mehr Anhänger findet. Da die polnische Exil-Regierung in London inzwischen offen die Abtretung deutscher Gebiete bis zur Oder/Neiße fordert, kommt in den Diskussionen um die Nachkriegsordnung der Grenzfrage im Osten besondere Bedeutung zu.

Nun gelingt es zwar Hans Vogel und Erich Ollenhauer zusammen mit Harold Laski, einem führenden Kopf der »Fabian Society« und Mitglied des Exekutiv-Komitees der Labour Party, in einer Erklärung von 23 führenden Sozialisten verschiedener Länder vom Mai 1944 die humanen Kriegsziele der Atlantik-Charta in den Vordergrund zu rücken. Laski und seine Freunde haben sich zu einem »International Socialist Forum« zusammengeschlossen, ihre Erklärung »Germany and the Atlantic Charta« verweist ausdrücklich auf den zweiten Punkt der Deklaration, in der es heißt, daß Gebietsabtrennungen und Bevölkerungsumsiedlungen gegen den Willen der Beteiligten nur neue Kriegsrisiken heraufbeschwören würden. Doch einmal befindet sich Laski mit dieser Haltung innerhalb der Labour Party in einer Außenseiterposition, zum anderen macht kein geringerer als Winston Churchill klar, wie gering die Bedeutung solcher Erklärungen für die einmal Besiegten zu veranschlagen ist. Nach der Konferenz von Teheran spricht er im Februar 1944 im Unterhaus den Deutschen jegliches Recht ab, bei der künftigen Kapitulation so zu verfahren wie beim Ende des Ersten Weltkrieges und sich etwa auf die Atlantik-Charta zu berufen wie 1918 auf Wilsons 14 Punkte – vor allem nicht auf das Selbstbestimmungsrecht, das doch Churchill höchstpersönlich in dieser

Charta zusammen mit Roosevelt für alle territorialen Veränderungen festgeschrieben hatte.

Auch die Stockholmer »Kleine Internationale« unterstreicht das Selbstbestimmungsrecht, weil es »zu den erklärten Friedenszielen der Vereinten Nationen« gehöre. Der Vansittartismus, schreibt Brandt einmal, sei von ihm und seinen Freunden als »Rassenpolitik mit umgekehrtem Vorzeichen« bekämpft worden: nicht Haß und Rache, sondern Vernunft und der Wille zum gemeinsamen Wiederaufbau hätten das bestimmende Prinzip für die neue Friedensordnung werden sollen.[29] Deutlich wird in der Erklärung über die Friedensziele auf die Atlantik-Charta verwiesen, nach der territoriale Veränderungen »mit den frei ausgedrückten Wünschen der davon berührten Bevölkerung übereinstimmen« müßten. Und doch zeigt sich der Stockholmer Diskussionskreis in der Grenzfrage weitaus flexibler als das »International Socialist Forum« um Laski in London, vielleicht auch, weil ihm Vertreter jener Länder angehören, die von Deutschland besetzt sind. Das Nationalitätenprinzip darf nach ihrer Ansicht bei der Festsetzung der neuen Staatsgrenzen in Mittel-, Ost- und Südosteuropa schon deshalb nicht allein bestimmend sein, weil es angesichts der vielen dort gegebenen, historisch bedingten ethnischen Enklaven stets nationale Minderheiten geben werde, ganz gleich, wie die Grenzen künftig gezogen würden.

Statt auf Massenumsiedlungen und Bevölkerungsaustausch setzten die internationalen Sozialisten von Stockholm deshalb auf föderative Ordnungen als der alleinigen vernünftigen Lösung des Minderheiten- wie des Grenzproblems. Minderheiten sollten sich künftig selbst verwalten und ihre wirtschaftlichen, sozialen, nationalen und kulturellen Interessen wahrnehmen können, und ihr Recht auf Selbstverwaltung sollte institutionell garantiert und gesichert werden – durch »effektive internationale Organe«, die eigens dafür zu schaffen waren. Man denkt auch an den Wiederaufbau der Internationale – und zwar so, daß sie ihre europäische Begrenzung durchbrechen und Parteien in Afrika, den beiden Amerikas, in China, Indien und im Nahen Osten einbeziehen solle. An einige der Stockholmer Vorschläge wird Brandt später als Präsident der Sozialistischen Internationale anknüpfen können.[30] Durch die ganze Erklärung der Stockholmer internationalen Sozialisten zieht sich ein Hauch von *one world*, sie ist von internationalem Optimismus bestimmt und damit sicher auch nicht frei vom *genius loci*. Denn die Hoffnung auf eine neue Weltordnung der kollektiven Sicherheit, wie sie auch die britische Labour Party fordert, findet damals begeisterten Anklang in kleinen und neutralen Ländern wie Schweden, die zwischen den Machtblöcken stehen.

Willy Brandt ist etwa dreißig Jahre alt, als die kleine Internationale diese weitgehend von ihm ausgearbeitete Erklärung über ihre Friedensziele beschließt. Auf der Abendkundgebung am 1. Mai 1943 in Stockholm, auf der er sie in einer öffentlichen Versammlung von Sozialisten aus 14 Nationen vorstellt, tritt er als Norweger auf. Als Suchenden kann man ihn wohl kaum mehr bezeichnen, von einem langjährigen Jugendfunktionär und politischen Journalisten, der sich der Politik mit Haut und Haaren verschrieben hat, ist in diesem Alter ein einigermaßen gefestigtes politisches Weltbild zu erwarten.

Wer nun versucht, die Essenz seiner damaligen Vorstellungen aus den vielen von ihm verfaßten Artikeln, Broschüren und Büchern zu destillieren, dazu aus den von ihm durch Entwurf oder Redaktion geprägten Erklärungen und Resolutionen jener Zeit, der stößt immer wieder auf eine seltene Mischung von Idealismus und Realismus, Optimismus und einer auf dem Boden der Tatsachen stehenden Nüchternheit. Ist es diese Mischung, die sich auch beim späten Brandt findet und zum Erfolg führt – beim Kanzler der Ostpolitik und Träger des Friedensnobelpreises, der Realpolitik und große Ziele auf einen Nenner zu bringen und seine Politik damit zum Erfolg zu führen weiß?

Wer genau hinsieht, erkennt allerdings, daß beim jungen Willy Brandt im schwedischen Exil die beiden Elemente noch nicht nahtlos und erfolgversprechend zueinander passen wollen. Der Optimist Willy Brandt setzt damals ganz auf eine von den »Vereinten Nationen« gestaltete Nachkriegsordnung, die von den Alliierten in Ost und West gemeinsam getragen werden soll. Wenn er damals von »Vereinten Nationen« spricht, meint er alle am Krieg gegen Hitler beteiligten Staaten, die sich zwar seit 1942 als »United Nations« bezeichnen, aber erst 1945 die »Vereinten Nationen« als Nachfolger des Völkerbunds konstituieren werden.

Voraussetzung für Brandt ist also das Überleben des angelsächsisch-sowjetischen Bündnisses, das jedoch 1944 schon bedenkliche Risse zeigt. Der Bruch zwischen den Partnern der Allianz beginnt sich abzuzeichnen, Brandt ist in Schweden wahrlich nicht abgeschnitten von Informationen und Analysen aus dem Westen, und doch hält er unbeirrt daran fest, daß die Siegermächte in Ost und West ihre Politik gemeinsam und gemäß den vier Freiheiten der Atlantik-Charta gestalten werden. Zwar schließen die »Friedensziele« eine andere Entwicklung – die Gefahr eines neuen Krieges bei einem Ende der Zusammenarbeit – nicht völlig aus. Rainer Behring meint in seiner Untersuchung über die außenpolitischen Vorstellungen deutscher Sozialdemokraten im Exil[31], Brandt und die Stockholmer Kleine Internationale verhielten sich nach dem Motto von Morgenstern – daß nicht sein kann, was nicht sein darf. Konsequent, »wenn auch gewissermassen mit einem blinden Fleck in der Optik«, sei man davon ausgegangen, daß es zum Bruch der Kriegskoalition nicht kommen werde. Weil Brandt keine Alternativen für den Fall konzipierte, daß die von ihm optimistisch erwarteten globalen Rahmenbedingungen sich anders entwickeln würden, habe dessen »eindimensionales« Denken zu »Illusionen« geführt.

Folgt man Behring, dann finden sich Idealismus und beinahe sträflicher Optimismus, der unstreitig die Grenze zum Illusionären überschreitet, vor allem in Brandts damaliger Einschätzung der Sowjetunion, denn was die Kleine Internationale in ihren »Friedenszielen« zur UdSSR anmerkt, nennt er eine »wenig angemessene, an einstige linkssozialistische Lobpreisungen erinnernde Interpretation der sowjetischen Politik«. In den »Friedenszielen« wird nicht nur dem Kampf der Roten Armee und des ganzen russischen Volkes Bewunderung gezollt, die ihm sicher gebührt; es wird da auch Respekt vor dem »großartigen Aufbau« seit der russischen Revolution bekundet, und selbst die alte SAP-Formel von der Verpflichtung des internationalen Proletariats zur Verteidigung der Sowjetunion klingt, wenn auch in zeitgemäß-artiger Form, wieder an. Früher, liest man da, sei die sozialistische Arbeiterbewegung entschlossen gewesen, sich wirtschaftlichen, politischen und militärischen Maßnahmen zu widersetzen, welche die Sicherheit der UdSSR hätten schädigen können. Jetzt müßten alle aufrichtigen Demokraten und Freunde des Friedens dem russischen Volk beim Wiederaufbau helfen, und die demokratischen Sozialisten seien gewillt, »für die Erreichung der in der demokratischen Verfassung von 1936 niedergelegten Ziele« Unterstützung zu gewähren.[32]

Von dieser sowjetischen Verfassung, in die nach ihrer Verkündung schon ein Jacob Walcher Hoffnungen gesetzt hatte und die bis zum Ende des roten Kreml-Reichs doch nur ein Stück Papier bleiben soll, scheint in dieser Zeit auch Willy Brandt sich zuviel zu versprechen. Könnte ihre Anwendung nicht den Prozeß einer schrittweisen Demokratisierung der Sowjetdiktatur einleiten? Und würde ein Klima internationaler Entspannung es der Sowjetunion nicht erleichtern, sich auf diesen Weg zu begeben? Steckt darin etwa ein Vorgriff auf spätere Konvergenz-Theorien?

Es mag übertrieben sein, wenn Wolfgang Schmidt in seiner ebenso verdienstvollen wie kenntnis- und detailreichen Studie »Kalter Krieg, Koexistenz und kleine Schritte« schreibt: »Der Wandel (Brandts) zurück zu einem Anhänger der Sowjetunion war komplett vollzogen.« Getreu seinen alten SAP-Positionen war und blieb Brandt stets ein überzeugter Gegner des Stalinismus. Aber sein Bild von der Sowjetunion, die sich ja nach Brandts eigenem Urteil 1939 mit dem Todfeind verbündet und damit selbst aus den Reihen der internationalen sozialistischen Bewegung ausgestoßen hatte, gewann plötzlich wieder positivere Züge – daran kann nicht der geringste Zweifel bestehen. Der Hitler-Stalin-Pakt galt ihm jetzt als politischer Schachzug, der wertvolle Zeit für den Aufbau einer wirkungsvollen Verteidigung gebracht hatte, und Stalins Winterkrieg in Finnland, auch die Annexion der baltischen Staaten werden nun als »territoriale Sicherheitsmaßnahme« gerechtfertigt, die notwendig gewesen sei, um sich für einen deutschen Angriff zu wappnen. Brandt lag zwar damit auf einer Linie mit so manchen im Westen, besonders in Amerika, die im Tyrannen Stalin plötzlich den guten alten »Uncle Joe« entdeckten. Doch selbst wenn die gewaltigen Opfer der Sowjetunion, wie Schmidt vermutet, in Brandts Augen den Verrat von 1939 wiedergutgemacht hätten, waren diese »Elogen« auf die sowjetische Politik »für einen ansonsten kritisch Denkenden doch kein Ruhmesblatt«.[33] Zum Teil mag die positive Haltung zur Sowjetunion auch von den Norwegern, vor allem von Tranmæl beeinflußt sein, der bei aller Kritik an den inneren Verhältnissen respektierte, was in seinen Augen eine sozialistische Wirtschaftsverfassung war, und der als Angehöriger einer kleinen

Nation zugleich ein gutes Verhältnis zur benachbarten, erstarkenden, ja übermächtigen Großmacht suchte.

Wer nach den Ursachen für Brandts plötzlich wiedererwachte Sympathie für die Sowjetunion fahndet, stößt freilich noch auf ein anderes Motiv; es hat mit der hergebrachten Distanz des Linkssozialisten zu den kapitalistisch verfaßten westlichen Demokratien zu tun. Mehrfach hatte Brandt ja die Außenpolitik der Westmächte, ihre Furchtsamkeit und Wankelmütigkeit gegenüber Hitler kritisiert. Die Kräfte mit dem »eiskalten Einfluß« im Westen hätten nicht nur Abessinien, Österreich und die Tschechoslowakei geopfert, sondern, ideologisch fixiert und nach dem Motto »Lieber rechts als links«, auch die Nichtinterventions-Politik im spanischen Bürgerkrieg durchgesetzt und zum Sieg Francos beigetragen.[34] Wenn es in der Erklärung zur »Nachkriegspolitik der deutschen Sozialisten« heißt, das deutsche Volk trage nicht die Alleinschuld am Kriege, weil dieser »ein Resultat engstirniger kapitalistischer Interessenpolitik war«, besagt dies nichts anderes, als daß die Westmächte, genauer: die Politik der herrschenden Schichten in Großbritannien und Frankreich, getreu den alten linkssozialistischen Vorstellungen über die Ursachen imperialistischer Kriege, für den Zweiten Weltkrieg mitverantwortlich zeichneten.[35] In »Links und frei« schreibt er, der Kreis um die Kleine Internationale habe sich Anfang der vierziger Jahre gegen den »ökonomischen Imperialismus« gewandt und gemeint, »daß ihm durch internationale Planung beizukommen sei«.[36]

Grundsätzlich werden die Westmächte von den Stockholmer Sozialisten, die sich als Freunde der nationaldemokratischen Befreiungsbewegungen in den Kolonien verstehen, gleich zweifach kritisch beäugt: einmal als Kolonialmächte, zum zweiten als Staaten mit einer Wirtschafts- und Gesellschaftsordnung, die sie nicht akzeptieren, sondern überwinden wollen. Brandt bewundert an den Amerikanern ihre Freiheitsliebe, ihre wissenschaftlichen und kulturellen Leistungen, rügt aber zugleich, daß die überwiegende Mehrheit auf »den privaten Besitz als höchstes Prinzip« vertraue. Auch wenn er die Sowjetdiktatur eindeutig ablehnt, beeindruckt ihn an der Sowjetunion doch die Planwirtschaft, die zu erstaunlichen Aufbauerfolgen geführt habe. Er will, wie er in seinem Buch »Der Zweite Weltkrieg« schreibt, »die politische Freiheit mit der kollektiven

Gestaltung des Wirtschaftslebens vereinen« und glaubt, dies sei – im klaren Gegensatz zu Amerika – der dritte, eben der europäische Weg.[37]

In der Sowjetunion, erklärt er im Februar 1945 vor dem Philosophischen Diskussionsklub in Stockholm, seien »wesentliche ökonomische und soziale Voraussetzungen ... für größere politische Freiheiten geschaffen worden«, was freilich keine Garantie bedeute, daß es dort automatisch zu einer »Synthese der beiden Hauptelemente der Demokratie« kommen werde. Umgekehrt freilich gebe es auch keine Garantien, daß in den westlichen Demokratien an die Stelle der Wirtschaftsfreiheit die »Forderung nach sozialer und wirtschaftlicher Sicherheit« gesetzt werde.[38] Lebt er im sozialdemokratisch regierten, neutralen Schweden vielleicht in einer Äquidistanz zu den großen Mächten, wenn er einen Weg zwischen ihnen sucht, oder steht er einer der großen Mächte gar ein wenig näher als den anderen?

Willy Brandt träumt auch von einer europäischen Föderation, und er kann sie sich – wie später Kurt Schumacher – kaum anders denn sozialistisch vorstellen. Föderative Ordnungen spielen im Denken Brandts seit den vierziger Jahren in Stockholm eine herausragende Rolle – schon in den »Friedenszielen« wurden sie als »einzig vernünftige Lösung« des Grenzproblems in den ethnisch durchmischten Gebieten Mittel-, Ost- und Südeuropas genannt. Eine künftige europäische Föderation, wie er sie wünscht, darf weder in Frontstellung gegen die Sowjetunion noch gegen England entstehen; beide Staaten müßten, ohne selbst Mitgliedsländer zu sein, in eine gesamteuropäische Nachkriegslösung einbezogen werden – so zu lesen in der »Nachkriegspolitik deutscher Sozialisten«, einer Erklärung der ehemaligen SAP-Mitglieder in Schweden, deren außenpolitischer Teil von Brandt entworfen wurde. Der neue Zusammenschluß darf auch nicht den Charakter eines gegen die Sowjetunion geschlossenen regionalen Bündnisses erhalten – um dies sicherzustellen, müsse die Föderalisierung Europas »im Sinne der Arbeiterbewegung und der radikalen Demokratie« gestaltet werden.

Zwar wird in dieser Erklärung ausdrücklich die Bedeutung einer möglichst engen und freundschaftlichen Zusammenarbeit mit den Kräften der amerikanischen Demokratie betont, auch wenn die

Einbeziehung der Vereinigten Staaten schon geographisch gegenstandslos sei. Doch für ihre Verfasser haben – jedenfalls im Juli 1944, als die Erklärung veröffentlicht wird – die künftigen Beziehungen zur Sowjetunion höheren Stellenwert: »Als Sozialisten«, heißt es da, »haben wir ein besonderes Interesse daran, mit der Sowjetunion in engen und freundschaftlichen Beziehungen zu stehen. Solche Beziehungen sind eine der entscheidenden Voraussetzungen für die Zukunft des deutschen Volkes und für die Stabilisierung des Friedens in Europa.«[39] Ist hier vielleicht ein später Nachhall jener zahllosen Erklärungen Jacob Walchers und der Pariser SAP-Zentrale zu spüren, in denen der Sowjetunion eine überragende Bedeutung für die Sache der Arbeiterklasse in der ganzen Welt bescheinigt wurde? Das sozialdemokratische Exil in London jedenfalls schätzte die Sowjetunion weniger naiv und weit illusionsloser ein.

Wie würde der Sturz Hitlers vor sich gehen? Würde es noch demokratische und sozialistische Kräfte geben, die sich gegen Ende des Dritten Reiches erheben, sein Ende beschleunigen und die Weichen für einen demokratischen Neubeginn stellen? Es waren dies Fragen, die gegen Kriegsende alle deutschen Emigranten bewegten, auf die es jedoch realistische Antworten schlechterdings nicht geben konnte. Was dennoch an Prognosen versucht wurde, stellte sich im nachhinein fast durchweg als falsch heraus, weil keiner vorhersehen konnte, daß die Deutschen – im Würgegriff des Tyrannen – bis zum Schluß kämpfen und die Niederlage, erschöpft, gelähmt, ja völlig passiv hinnehmen würden wie ein Gottesgericht. Auch der internationale sozialistische Kreis in Stockholm, für den Brandt gedankliche Vorarbeit leistete, rechnete nicht mit dieser Passivität, sondern hegte die Illusion, daß sich die Arbeiterschaft am Ende des Dritten Reiches erheben und den Sturz des Tyrannen beschleunigen werde.

Schon in den »Friedenszielen« der Kleinen Internationale war davon die Rede gewesen, daß diese erhoffte Revolution sich nicht auf das politische Gebiet beschränken dürfe: Die Arbeiterklasse müsse die »verhängnisvolle Allianz zwischen Großindustriellen, Junkern und Generalen« brechen, hieß es da, und sie müsse die Demokratie durch »Maßnahmen sozialistischer Art« verankern.

Ein Jahr später präzisiert die Gruppe ehemaliger SAP-Mitglieder in Schweden diese Überlegungen, und dabei wird deutlich, daß ihr die deutsche Revolution von 1918 als negatives Beispiel dient. Man hofft, die Fehler von damals ließen sich vermeiden. Für die Stockholmer Linkssozialisten, die ja stets die Halbherzigkeit der Sozialdemokraten am Ende des Ersten Weltkrieges kritisiert hatten, wird die nur in ihrer Phantasie existierende künftige Revolution zur Projektionsfläche historisch unerfüllt gebliebener Wünsche: Von einer »unbändigen Raserei« ist da die Rede, die sich gegen Naziführer und Gestapoleute richten werde. »Beamte, Richter und Polizisten werden in beträchtlicher Zahl fortgejagt, eingesperrt oder getötet werden. Solche Maßnahmen sind Attribute einer konsequent demokratischen Revolution, wie sie 1918/19 leider nicht durchgeführt wurde [...] Schreckt man vor diesen Konsequenzen zurück, gefährdet man die demokratischen Errungenschaften.«[40]

Aber revolutionäre Forderungen ohne Revolution bleiben leere Worte. Der Hauptirrtum der Stockholmer, und gewiß nicht nur der ihre: Es gibt bei Kriegsende eben nicht die Bevölkerung, die in ihrer Wut spontan mit den Nazis und den am Krieg Verantwortlichen abrechnen, die Bonzen an die Laternenpfähle knüpfen und die Beamten aus den Ämtern jagen möchte. Man mag dies bedauern, weil damit versäumt wurde, einen entscheidenden ersten Schritt zu einem deutschen Selbstreinigungsprozeß zu tun. Aber Hitler wurde nun einmal nicht von innerdeutschen Kräften, sondern von den Alliierten gestürzt. Was die Stockholmer als »Abrechnung« wünschten, übernehmen, sehr viel geordneter, bürokratischer, wenn man will auch zivilisierter, die Besatzungsmächte mit den Nürnberger Prozessen und der Entnazifizierung – ebenjene Alliierten, welche die Stockholmer in ihrer Erklärung noch glaubten warnen zu müssen, dem zornigen Volk, »den Kräften der revolutionären Demokratie« nur ja keine Steine in den Weg zu legen.

Sicher bilden sich nach dem Krieg hier und dort »antifaschistische Ausschüsse«, die von den Besatzungsmächten am Wirken gehindert werden, weil die Alliierten jeder deutschen Initiative mißtrauen, die von ihnen nicht kontrolliert und gesteuert wird. Aber von einer Volkserhebung, einer Revolution, einem Aufstand der Massen, den die Sieger hätten verhindern, verbieten oder unterdrücken können, ist 1945 weit und breit keine Spur. Es kann deshalb auch nicht jene provisorische deutsche Regierung geben, die nach den Vorstellungen der ehemaligen SAP-Mitglieder in Stockholm aus der deutschen Revolution hervorgehen soll und die, unter führender Beteiligung der Sozialisten, eine »neue, wenn auch arme, eine wirklich soziale Demokratie« aufbauen soll. In »Draußen« spricht Brandt später den Irrtum offen an: Er habe sich im schwedischen Exil nicht vorstellen können, daß Deutschland einen totalen Zusammenbruch erleben werde. »Wir gingen einfach davon aus, dass die Formung des neuen Staates wesentlich [und zwar im sozialistischen Sinne] durch eine Volkserhebung gegen die bisherigen Machthaber mitgeprägt werden würde.«[41]

Vieles, was auch die unter Schumachers Führung wiedererstehende SPD nach dem Kriege fordern wird und was zum damals selbstverständlichen sozialistischen Gedankengut gehört, findet sich in den Überlegungen zur Nachkriegspolitik – dazu manches, was nach dem Einmarsch der Roten Armee später in der Sowjetzone geschieht. Da wird etwa ein wesentlicher Teil der Bodenreform gedanklich vorweggenommen, ohne daß damit die Brutalität, mit der die sowjetischen Behörden und die deutschen Kommunisten sie durchführen werden, geahnt oder gar gebilligt worden wäre. Doch wörtlich heißt es: »Eine der ersten Forderungen wird sein, den Junkern die Güter wegzunehmen.«[42]

Daß die Stockholmer und Brandt diese Forderung, die sie der von ihnen antizipierten deutschen Revolution unterstellen, auch billigen, daran kann kein Zweifel bestehen. Wichtiger vor allem für den politischen Werdegang Willy Brandts aber scheint die klare und unmißverständliche Festlegung auf die parlamentarische Demokratie zu sein, die für die ehemaligen SAPler ja den Abschied von der linkssozialistischen Revolutions-, Räte- und Sowjetromantik bedeutet. Ein Parlament, von dessen Vertrauen die Regierung abhängig ist, das sich auf Parteien stützt und aus allgemeinen und freien Wahlen hervorgeht, wird als »demokratischer« bezeichnet »als ein, von manchen Sozialisten erstrebtes, politisches Delegiertensystem, das von den Arbeitsstätten ausgeht und in einen Rätekongreß ausmündet«. Zwar wird den Räten in der Erklärung zur Nachkriegspolitik noch einige Bedeutung für die »Aktivierung der arbeitenden Bevölkerung und für die soziale Verankerung der Demokratie« zugebilligt, doch die Passagen über den Primat des

Parlaments lassen an Unzweideutigkeit nichts zu wünschen übrig: »Für die politische Willensbildung im neuen Staat sind [...] Parteien und eine Vertretung der wesentlichen politischen Gruppierungen unter der Wählerschaft in einem Reichstag unentbehrlich.«

Wenn zugleich betont wird, daß der Parlamentarismus den Erfordernissen einer modernen Demokratie angepaßt werden müsse, wird deutlich, daß man mit der Bekehrung zum Parlamentarismus keine Rückkehr zu Weimarer Verhältnissen ins Auge faßt, ganz im Gegenteil: Dieser moderne Parlamentarismus soll »verbunden werden mit einer wirklich demokratischen Neugestaltung der sozialen Verhältnisse und einem dementsprechenden Aufbau des Wirtschaftslebens«.[43] Auch hier verblüfft die Nähe zu den Vorstellungen – und dem großen Irrtum – Kurt Schumachers, der ja einmal apodiktisch formulierte, die deutsche Demokratie werde sozialistisch oder gar nicht sein.

Nun hat Rainer Behring darauf aufmerksam gemacht, daß dieser Wandlungsprozeß der Stockholmer SAP-Gruppe, »die Abwendung vom Vorbild eines modifizierten Sowjetstaates« nämlich und die Wendung hin zu einer parlamentarischen Demokratie, allein eine Sache der Linkssozialisten gewesen ist, weil sie auf einen Weg zurückfanden, »der von der SPD im Exil nie verlassen worden war«. Haben einige Linkssozialisten diesen Weg nur zögerlich, ja mit inneren Vorbehalten eingeschlagen? Als Beispiel dafür nennt er Willy Brandt, der damals nie von einer parlamentarischen Demokratie *westlicher* Prägung gesprochen habe, weil diese für ihn gleichbedeutend »mit dem Vorwalten von kapitalistischen Herrschaftsstrukturen« gewesen sei – Strukturen, in denen »Interessengruppen oder privilegierte Schichten die Macht usurpieren«.

In der Tat finden sich diese Formulierungen in einem Vortrag Brandts, den er im Februar 1945 in Stockholm gehalten und in dem er ebenfalls gesagt hat, daß »wahre Volksherrschaft« noch »kaum irgendwo verwirklicht worden« sei.[44] Dort begegnet man auch dem Satz, »die parlamentarische Regierungsform (stelle) keine endgültige Lösung« dar. Betrachtet Brandt Anfang 1945 also die parlamentarische Demokratie immer noch – und nur – als eine Durchgangsstation zur »wahren Volksherrschaft« mit sozialistischen Institutionen, wie Behring argwöhnt – Institutionen, deren Umrisse er, wie andere Linkssozialisten auch, damals bewußt im Dunkeln läßt?

Wahrscheinlicher ist, daß Willy Brandt auch damals kein Mann der abrupten Brüche, sondern eher der des Sowohl-als-auch und der langsamen Übergänge gewesen ist, bei denen es durchaus eine Phase von einander überlappenden Vorstellungen gegeben haben mag. Aber eines ist ganz klar: Er will, wie er in seinem Vortrag vom Februar 1945 unmißverständlich sagt, »dass die Prinzipien der Freiheit und Gleichheit von der politischen auf die ökonomische Ebene ausgeweitet werden«. Für einen demokratischen Linkssozialisten ist dies so erstaunlich nicht. Schließlich bewegte sich Brandt in Schweden im Exil-Milieu der Norwegischen Arbeiterpartei und war von deren pragmatisch-reformistischer Praxis ebenso beeindruckt wie von ihrem Programm. Offiziell und per Programm aber verabschiedeten seine norwegischen Genossen sich erst nach dem Kriege von jeder revolutionär-sozialistischen Option.

Doch nicht nur Optimismus oder Illusionen, welche die Geschichte widerlegen wird, auch viele realistische Gedanken finden sich damals im Kreis der Kleinen Internationale und bei Brandt. So wird in den wirtschaftspolitischen Passagen der »Friedensziele« unter dem Einfluß Gunnar Myrdals eine der heiligsten Kühe des klassischen Sozialismus geschlachtet – die Vorstellung nämlich, daß eine sozialistische Wirtschaft ohne eine Änderung der Eigentumsverhältnisse nicht denkbar sei. Im norwegischen Entwurf der »Friedensziele«, schreibt Brandt, sei noch die Sozialisierung der wichtigsten Betriebe verlangt worden. Aber was heiße schon Sozialisierung, habe Gunnar Myrdal in der Diskussion daraufhin gefragt: »Können wir nicht darin einig sein, daß die Verfügungsgewalt wichtiger ist, als es die Eigentumstitel in großen Zusammenhängen je wieder sein werden? Wissen wir nicht auch, was wir – zusätzlich zur Rahmenplanung – mit den Mitteln der Steuer, Familien- und Sozialpolitik bewirken können?« Nach Brandt ist es allein »dem durchdachten Reformismus« Myrdals zu danken, wenn sich manches vom schwedischen Modell in den »Friedenszielen« wiederfindet.[45]

Zwar steht dort neben dem Wort von der »Sicherung des Bestimmungsrechts des Volkes« über die Wirtschaft auch das Wort »Sozialisierung«, aber es wird einschränkend so interpretiert, daß auch Kontrolle genügt und keiner mehr eine Verstaatlichung darunter verstehen muß. Sozialisierung im Sinne der »Friedensziele«

meint, »daß die Gesellschaft durch demokratische Organe und freie Organisationen die wichtigsten Zweige der Produktion, des Finanzwesens und der Verteilung übernimmt oder in gesicherter Weise reguliert«. Manches erscheint hier als ein Vorgriff auf Godesberg. Der Schwerpunkt der wirtschaftlichen Forderungen liegt eindeutig auf Planung und Kontrolle, Verfügungsgewalt wird wichtiger als Besitz an den Produktionsmitteln, vom Schreckgespenst der staatlichen Zwangswirtschaft, aber auch von einem Verstaatlichungsprogramm, wie es die Labour-Regierung Attlee nach dem Krieg umsetzen wird, ist die Kleine Internationale damit weit entfernt.[46]

In seiner Broschüre zur »Nachkriegspolitik« schreibt der Kreis früherer Funktionäre der SAP diese Gedanken fort. Zwar sei es im Zuge der »Abrechnung mit den für Nazismus und Krieg Verantwortlichen« notwendig, bestimmte Teile der Wirtschaft in die Hände der Gesellschaft zu überführen. Aber wichtiger als ein Dogmenstreit um »Vollsozialisierung oder freie Initiative« sei die Frage, wie man den Menschen Brot, Arbeit und Wohnungen schaffen könne: »Und das geht nicht anders als mit Hilfe umfassender planwirtschaftlicher Maßnahmen.«

Besonderer Realismus aber zeichnet Brandt schon damals in der heiklen Frage der deutschen Nachkriegsgrenzen im Osten aus. In der Erklärung zur Nachkriegspolitik, die er mit seinen SAP-Freunden, August und Irmgard Enderle und Ernst Behm, verfaßte und deren außenpolitischer Teil von ihm stammt, wird ausdrücklich der Behauptung widersprochen, daß Deutschland »nach einer ungünstigen Grenzregelung im Osten« nicht mehr existieren könne. Als die Erklärung veröffentlicht wird, ist zwar die genaue Grenzziehung noch nicht bekannt – sie wird ja erst auf der Potsdamer Konferenz im Sommer 1945 endgültig beschlossen –, doch sind ihre Grundzüge seit der Konferenz von Teheran Ende November 1943 nach den Berichten westlicher Zeitungen durchaus erkennbar: Vorkriegspolen soll nach Westen verschoben und für die Abtretung seiner östlichen Gebiete durch Erweiterung seines Territoriums im Westen, also auf Kosten Deutschlands, entschädigt werden. Wie weit die deutschen Gebietsverluste gehen werden, ist damals noch strittig – die polnische Exilregierung in London verlangt seit langem die Abtretung Ostpreußens und von Teilen Oberschlesiens –, aber es mehren sich bei den Exilpolen in Moskau wie in London Stimmen, die extremere Forderungen stellen und zusätzlich die Abtretung von ganz Schlesien und Teilen Pommerns fordern.

Entgegen Verleumdungen seiner Gegner in den späteren Wahlkämpfen hat Brandt solche extremen Forderungen nie unterstützt, im Gegenteil. »Kurzsichtige Aussiedelungspogramme« – die Vertreibung der Sudetendeutschen – nannte er »verhängnisvoll«, die geplante Abschiebung von neun Millionen Deutschen aus den Gebieten östlich der Oder-Neiße ein »soziales und nationales Unruheelement erster Ordnung«. Es werde den wirtschaftlichen und politischen Wiederaufbau Europas erschweren, das neue Deutschland unerhört belasten und Tendenzen zu einem neuen, unduldsamen Nationalismus Auftrieb verleihen. Vom demokratischen Standpunkt aus, heißt es in der Erklärung zur Nachkriegspolitik, dürfe es »keine Fortführung der Methoden der nazistischen Zwangsumsiedelung geben«.

Ebenso unstreitig ist allerdings, daß für Brandt und seine ehemaligen SAP-Genossen ein Deutschland, das etwa in den unversehrten Grenzen von 1937 hätte weiterleben können, nicht mehr vorstellbar erscheint. Zumindest der Verlust Ostpreußens wird ins Auge gefaßt, schon weil die Versailler Grenzregelung mit dem Korridor unglücklich gewesen sei. Warum könne nicht Polen befriedigenden Zugang zur See und Deutschland eine geschlossene Ostgrenze erhalten? Freilich setzte eine solche gebietliche Neuregelung, deren Details vage bleiben, einen »grosszügigen Bevölkerungstausch« voraus – eine Maßnahme, die mit Massenaussiedlungen verbunden ist, welche man zwar prinzipiell ablehnt, die aber »in gewissen Fällen« – eben der Beseitigung des Korridors – »von Vorteil sein kann«.[47] Es sind dies Ideen, die bei Brandt in Vorträgen, aber auch Gesprächen gegen Kriegsende immer wiederkehren. Deutschland werde kaum ohne territoriale Einbußen aus dem Krieg herauskommen, erklärt er am 9. Februar vor der SPD-Ortsgruppe Stockholm: »Die Frage Ostpreußens dürfte entschieden sein«, offen bleibe nur, welche weiteren Gebietsverluste gegenüber den Weimarer Grenzen sich für Deutschland im Osten ergeben würden.[48]

Damit haben nach dem Urteil Behrings Brandt und seine Freunde in der heiklen Frage der Außenpolitik, die in weiten Kreisen des sozialdemokratischen Exils und auch in der Nachkriegs-SPD die

Politik von Emotionen und starr verteidigten Rechtsstandpunkten bestimmt sein ließ, »als einzige von vornherein einen nüchternen, von Rationalität bestimmten und deshalb der Idee einer demokratischen Außenpolitik entsprechenden Standpunkt« eingenommen. Mit den tatsächlich vorhandenen Realitäten rechnen, um von ihnen ausgehend Politik zu machen – dieser von Brandt bereits 1942 formulierte Leitgedanke habe ein konstitutives Merkmal sozialdemokratischer Außenpolitik gekennzeichnet. »Er sollte sich Jahrzehnte später in der von Brandt geleiteten Politik der Bundesrepublik als fruchtbar erweisen.«[49]

Präziser und detaillierter finden sich solche Gedanken zur Grenzziehung im Osten in Telegrammen wieder, die der amerikanische Gesandte Herschel V. Johnson über Gespräche und Memoranden Brandts aus Stockholm an das State Department schickte. Spätere Gegner Brandts haben diese Depeschen zu Geheimdienstkontakten aufgebauscht, sie bewußt in die Nähe konspirativer, antideutscher Beziehungen gerückt und Brandt verdächtigt, er sei Agent gleich mehrerer Dienste gewesen. Doch Verbindungen zu den westlichen Alliierten, aber auch zu den mit ihnen seinerzeit verbündeten Sowjets waren für Emigranten und erklärte Hitler-Gegner in Stockholm durchaus nichts Ungewöhnliches.

Vergleichbar nur anderen neutralen Hauptstädten oder Metropolen wie Lissabon oder Ankara, Bern oder Genf, ist die schwedische Hauptstadt damals Horchposten und Beobachtungsstation, Nachrichtenbörse und Agentenparadies in einem. Alle kriegführenden Mächte sind hier vertreten, auch zunächst neutrale wie die Sowjetunion oder die USA, die erst ab Juni oder Herbst 1941 vom Krieg überzogen werden. Man belauert einander und spioniert sich gegenseitig nach, über das neutrale Stockholm schleusen Sowjets wie Briten Agenten ins Reich, Herbert Wehner wird 1941 von Moskau mit dem Auftrag nach Schweden geschickt, ein kommunistisches Widerstandsnetz in Deutschland aufzubauen, aber auch die deutsche Abwehr weiß den neutralen Boden weidlich für ihre Zwecke zu nutzen. Schwedische Diplomaten und Kaufleute, ja selbst schwedische Pastoren, die ins Reich reisen, gelten den Alliierten als Gewährsleute für erstklassige Hintergrundinformationen, und deutsche Diplomaten tasten im Auftrag des Kreisauer Kreises bei den Westmächten ab, ob und wenn ja, wie weit sie der deutschen Militäropposition nach der Beseitigung Hitlers entgegenkommen wollen.

Bei der schwedischen Polizei, schreibt Lorenz, sei Brandt früh in den Verdacht geraten, nachrichtendienstlich für den britischen Geheimdienst tätig gewesen zu sein, zumal die Schweden norwegische Flüchtlinge, welche die englische Gesandtschaft besuchten, ziemlich willkürlich verhaftet und verhört hätten. Allerdings sei der Umfang derartiger Kontakte durch Quellen so gut wie nicht belegt, und selbst der schwedischen Sicherheitspolizei sei das tatsächliche Ausmaß unbekannt geblieben. Verwirrend scheint heute vor allem die Tatsache, daß sich in den schwedischen Archiven keine Anhaltspunkte über Brandts Ost-Kontakte finden, über die das schwedische *Aftonbladet* – freilich keine sehr seriöse Quelle – noch 1966 berichtet hatte. Brandt selbst zeigt sich in seinen Büchern zu dem ganzen Sachverhalt äußerst wortkarg. Doch scheint sicher, daß er von Mitarbeitern der britischen, amerikanischen und sowjetischen Gesandtschaften angesprochen wurde, in denen es – schon wegen der besonderen Situation Stockholms – von Nachrichtendienstlern geradezu wimmelte, auch wenn sie sich natürlich stets als Diplomaten tarnten.

Seine journalistische Arbeit im Schwedisch-Norwegischen Pressebüro, vor allem seine Kenntnisse über die norwegische Widerstandsszene, über die er als Freund Inge Scheflos und Martin Tranmæls verfügte, machten ihn zu einem gesuchten Gesprächspartner. Schon in der Kleinen Internationale kam es nahezu automatisch zu Begegnungen Brandts mit Mitarbeitern von mindestens einem auswärtigen Dienst, denn amerikanische Gewerkschafter, die an den Diskussionen teilnahmen, arbeiteten für das »Office of Strategic Services« (OSS), der Vorgängerorganisation der CIA. Und Kontakte unterhielt er in Zusammenarbeit mit den Enderles, wie schon in Norwegen, auch in Schweden zu Edo Fimmen und Walter Auerbach von der Internationalen Transportarbeiter-Föderation (ITF) in London, die über Seeleute illegale Druckschriften nach Deutschland einschmuggeln konnte. Die Enderles, so Lorenz, werteten deutsche Zeitungen und Zeitschriften, aber auch Gespräche aus, die sie mit deutschen Matrosen in schwedischen Häfen führten und leiteten ihre Berichte an die ITF-Zentrale nach London weiter, die ihrerseits engen Kontakt mit dem britischen Geheimdienst SIS hielt.[50] Von Interesse mögen auch Gespräche mit deutschen Deserteuren in schwedischen Internierungslagern gewesen sein. Von aktiven Einsätzen, etwa britischen Sabotageaktionen gegen schwedische Erzlieferungen nach Deutschland, die seinem Mit-Exilanten und SAP-Genossen Arno Behrisch dreieinhalb Jahre Zwangsarbeit in Schweden einbrachten, hielt sich Brandt jedoch, wie seinerzeit in Spanien, auch in Schweden konsequent abseits.

Folgt man dem *Spiegel*, der im Herbst 1999 bis dahin unbekannte schwedische Säpo-Akten über Willy Brandt auswertete, war der Stockholmer Emigrant kein Agent, wie er im Buche steht – »weder ein James Bond des Sozialismus noch ein finsterer Spion«, sondern er sammelte als Journalist Informationen aus allgemein zugänglichen Quellen, aber auch aus vertraulichen Gesprächen mit Flüchtlingen und anderen Exilanten. Allerdings ging er, kaum daß er sich frei in Schweden bewegen konnte, zunächst in britische Dienste. Zusammen mit Bruno Kreisky arbeitete er im Pressebüro des von Churchill neugeschaffenen britischen Geheimdienstes »Special Operations Executive« (SOE), wertete Zeitungen aus und befragte deutsche Flüchtlinge. Mit der typischen Vorstellung vom Geheimdienstmitarbeiter alias Schlapphut hat dies alles in der Tat wenig zu tun, und SOE-Offizier Peter Tennant, damals in Stockholm für den Dienst verantwortlich, nannte die Arbeit Brandts und Kreiskys denn auch »offene Nachrichtentätigkeit«.[51] Tennant wird dann später als Presseoffizier bei den britischen Behörden in Berlin tätig sein, als Brandt seinen schwierigen Aufstieg gegen Franz Neumanns Keulenriege in der Berliner SPD beginnt.

Allerdings hält es den Deutsch-Norweger nicht lange beim Pressebüro des SOE. Als er im Dezember 1940 die Lizenz bekommt, journalistisch zu arbeiten, eröffnet Brandt sein Schwedisch-Norwegisches Pressebüro – zusammen mit zwei schwedischen Kollegen, Olof Janson und Einar Stråhle. Aber auch hier besteht enger Kontakt zum SOE, denn die beiden Schweden sollen sich gegenüber Peter Tennant verpflichtet haben, im Fall einer deutschen Invasion Sabotageakte hinter den deutschen Linien zu begehen.[52] Nebenbei schreibt Brandt Artikel und Meldungen für die »Overseas News Agency« (ONA) in New York. Nach dem Urteil Axel Frohns und Klaus Wiegrefes[53] bewegt er sich mit seinen Beiträgen für die »kleine Agentur« in Amerika, wie Brandt sie selbst einmal apostrophiert, in der »Grauzone zwischen Spionage und Journalismus« – manches liefert er in Artikelform, anderes als Meldungen, die so kaum für den Abdruck in Zeitungen bestimmt sein konnten. Zu den Themen, die er behandelt, gehören die Wirtschaft und ihre Schwachstellen in dem von deutschen Truppen umstellten Schweden, Menschenrechtsverletzungen der Gestapo im besetzten Norwegen und die Einschätzung des deutsch-sowjetischen Verhältnisses durch sowjetische Diplomaten in Stockholm vor dem Überfall auf die Sowjetunion.

Der *New York Times*-Korrespondent H. R. Wishengrad meint, Brandt sei der erste Journalist überhaupt gewesen, der Nachrichten vom Holocaust an die Öffentlichkeit brachte. Obschon in unbeholfenem Englisch abgefaßt, hätten die meisten dieser »Karl Frahm« gezeichneten und per Luftpost an die Agentur geschickten Berichte erstaunlich informativen und gelegentlich sogar spektakulären Charakter gehabt, erinnert sich Wishengrad im August 1972. Im Kriege Redakteur der »Overseas News Agency«, hatte er Material aus Stockholm zu bearbeiten. Seinen Stringer Karl Frahm kannte er nur vom Bild her, das sich in dessen Akte fand: »Ein gutaussehender, hagerer junger Kerl«, wie er schreibt. Einer der spektakulärsten Beiträge, die Frahm lieferte, habe von der Existenz der Vernichtungslager im Osten gehandelt. Zuerst habe niemand diese Meldung vom Massenmord an den Juden glauben wollen – erst als ähnliche Berichte aus dem Reich über Lissabon und Genf durchsickerten, habe man die Existenz der Todeslager schließlich als Tatsache akzeptiert und die erste Veröffentlichung Frahms für wahr gehalten.

Als Robert W. Kempner, einer der amerikanischen Ankläger in Nürnberg, nach der Veröffentlichung in der *New York Times* vom damaligen Bundeskanzler nähere Einzelheiten wissen will, schreibt ihm Brandt: Die ersten Berichte »über Vergasungen (in Kraftwagen)« seien ihm 1942 von Dr. Maurycy Karniol, einem Mitglied der Polnischen Sozialistischen Partei und der Kleinen Internationale, zugegangen. In »Links und frei« meint er dann, Karniol habe ihm im Herbst 1942 »einen knappen, aufwühlenden Bericht über Vergasungen« gezeigt, den er von der polnischen Untergrundbewegung über London erhalten hatte. Er, Brandt, habe daraus eine kleine Meldung für die New Yorker Agentur gemacht. Sein

Freund Fritz Tarnow, Genosse aus der Kleinen Internationale, habe all dieses zunächst nicht glauben wollen und vermutet, es handele sich um das Wiederaufleben der Greuelpropaganda aus dem Ersten Weltkrieg: »So etwas machen Deutsche denn doch nicht...«[54] Als Brandt und seine Freunde in Stockholm gegen die unglaublichen Verbrechen des Nazireiches protestierten, kannten sie Details des nationalsozialistischen Ausrottungsfeldzuges gegen die Juden natürlich noch nicht. Von dem erschreckenden Ausmaß des Holocaust soll Brandt erst in Nürnberg erfahren, von wo er als Korrespondent für norwegische Zeitungen über die Kriegsverbrecherprozesse berichten wird.

Die »Overseas News Agency« wird vom britischen Geheimdienst finanziert und hat den Auftrag, die öffentliche Meinung des noch neutralen Amerika wachzurütteln und auf Kriegsbereitschaft einzustimmen. Einige von Brandts Berichten gelangen an den amerikanischen OSS in Washington, der besonders seine Einschätzung über die Oppositionsgruppen in Deutschland, so Christof Mauch, für »reliable«, also verläßlich hält.[55] Wie sehr die Meinung des linken jungen Deutsch-Norwegers Brandt von den Amerikanern beachtet wird, geht aus den zahlreichen Depeschen Herschel V. Johnsons hervor, der lange Exzerpte sowohl aus den »Nachkriegszielen deutscher Sozialisten«, aber auch aus Brandts Buch »Efter segern« – Nach dem Sieg – an das State Department nach Washington schickt. Er lobt den linksorientierten, ebenso überzeugten »Antinazi und Anti-Quisling« als »klugen und gewissenhaften Beobachter der deutschen Szene«, der nach dem Krieg in Deutschland eine wichtige Rolle spielen werde.[56]

Manche Depeschen Johnsons über die Vorstellungen Brandts stützen sich auf Äußerungen aus zweiter Hand – Quelle sind Gespräche mit amerikanischen Journalisten oder gar schriftliche Ausarbeitungen Brandts, die diese dann als Vorlage für ihre eigenen Artikel nutzen können. So fertigt Brandt seine Analyse der oppositionellen Kräfte in Deutschland, welche die Amerikaner beeindruckt, offenbar für einen befreundeten amerikanischen Journalisten – für John Scott von *Time* und *Life*. Er stützt sich dabei auf Nachrichten vom deutschen Untergrund, die schwedische Pastoren herausgeschmuggelt haben, aber auch auf Gespräche mit zwei Mitgliedern des Widerstands, die er in Stockholm führen konnte.

Da kam einmal aus Oslo der Oberstleutnant Theodor Steltzer, Chef des Transportwesens im Stabe des deutschen Befehlshabers in Norwegen, Generaloberst Falkenhorst. Steltzer gehörte zu einer Widerstandsgruppe deutscher Offiziere in Norwegen, hatte Kontakte zum Kreisauer Kreis und mußte gelegentlich nach Stockholm reisen, um die Transporte deutscher Urlauber über schwedisches Gebiet zu organisieren. Da Steltzer, der christliche Konservative und einstige Landrat von Flensburg, den Kreisauer Julius Leber gut kannte, vermochte Brandt den in Lübeck abgerissenen Kontakt zu seinem früheren Mentor neu zu knüpfen. Leber ließ Brandt dann auch fragen, ob er sich – nach einem erfolgreichen Aufstand gegen Hitler – der neuen Regierung zur Verfügung stellen und »einstweilen für eine noch näher zu bestimmende Aufgabe in Skandinavien bleiben würde«.

Und da kam zweitens Adam Trott zu Solz, Legationsrat im Auswärtigen Amt, der im Auftrag der Verschwörer Kontakt zu den Alliierten suchte, um abzuklären, wie sie sich nach einem Sturz Hitlers zu einer deutschen Regierung des Widerstands stellen würden. Trott überbrachte auch die Anfrage Lebers, und bei zwei seiner Stockholm-Besuche kam es zu langen Gesprächen mit Brandt, die um die Chancen einer Aktion gegen Hitler und eine mögliche deutsche Nachkriegsordnung kreisten. Unter anderem versuchte der junge Emigrant dem konservativen Diplomaten, der natürlich ein völlig anderes Nachkriegsszenario als Brandt im Auge hatte, die »Nachkriegsziele« seines sozialistischen Kreises nahezubringen. Der Legationsrat bat Brandt, ihm ein Gespräch mit Alexandra Kollontai, der sowjetischen Gesandtin und alten Kampfgefährtin Lenins, zu vermitteln, damit er bei ihr sondieren könne, wie sich die Sowjets für den Fall eines gelungenen Umsturzes in Berlin verhalten würden. Da Martin Tranmæl Frau Kollontai noch aus einer Zeit kannte, da es noch ein zaristisches Rußland gab und sie sich im Exil befand, traute sich Brandt die Vermittlung durchaus zu – wurde jedoch von Trott in letzter Minute gebeten, den Plan fallen zu lassen, weil er die sowjetische Botschaft in Stockholm von der Gestapo unterwandert glaubte.[57]

Beide Konfidenten Brandts, Theodor Steltzer wie Adam Trott, werden nach dem mißglückten Putsch zum Tode verurteilt. Trott wird von den Nazis gehenkt, Theodor Steltzer kommt nur durch glückliche Umstände – die Fürsprache von Himmlers Masseur Kersten – mit dem Leben davon. Nach dem Krieg wird er Mitbegründer der CDU und erster kommissarischer Ministerpräsident von Schleswig-Holstein. Bei Brandts Besuch in Kiel 1946 bietet er ihm die Stelle des freiwerdenden Lübecker Bürgermeisters an.[58]

Es sind jedoch ausgerechnet ein Buch sowie Artikel über die deutsche Opposition, die Brandt bei seinen eigenen Genossen dann in Schwierigkeiten bringen und die Sympathie des amerikanischen Gesandten kosten sollen. Zusammen mit seinem Freund Stefan Szende veröffentlicht er eine Broschüre über den 20. Juli – eine publizistisch reißerische und brandaktuelle Schrift, die zwar alle in Stockholm verfügbaren Informationen zusammenfaßt, aber mit mehr als nur Schönheitsfehlern behaftet ist. Offensichtlich hatten Brandt wie Szende die Gelegenheit nutzen wollen, schnell zu Geld zu kommen. Das Buch trägt den Titel »Misslyckad revolt« – zu deutsch: mißglückte Revolte – und erscheint im Stockholmer Bonniers-Verlag. In Form von zehn Briefen, die von einem angeblich führend am 20. Juli beteiligten linken Mitglied der deutschen Opposition stammen, zeichnen die Autoren ein Bild der Revolte nach.

Willy Jesse, der zum weiteren Kreis der Verschwörer zählte, aber sich nach Stockholm hat retten können, bezeichnet die Berichte und Briefe schlicht als »Fälschungen«. Das Buch habe nicht den geringsten dokumentarischen Wert, denn die Meinungen, die den am Aufstand beteiligten deutschen Sozialdemokraten unterstellt würden, seien von den Autoren frei erfunden. Wo das Buch echte Informationen enthalte, stützten sich die Verfasser dagegen auf seinen, Willy Jesses, Bericht von den Ereignissen, den er dem Genossen Fritz Tarnow von der Kleinen Internationale gegeben habe. Da Tarnow seinerseits keineswegs abstreitet, daß er Brandt über Jesses Erzählungen informierte, befinden sich die Autoren in keiner beneidenswerten Lage.

Man einigt sich auf ein Schiedsgericht, dem drei Genossen der sozialdemokratischen deutschen Emigration angehören. »Der von uns im Buch genannte linke Oppositionsmann und Briefeschreiber ist eine imaginäre Persönlichkeit, die wir frei erfunden haben«, räumt Brandt ein, betont jedoch, so zu handeln sei das gute Recht eines jeden Schriftstellers. Statt Schadenersatz zu zahlen, wie von

Jesse ursprünglich gefordert, erklären sich Brandt und Szende freiwillig bereit, je 500 Kronen »für antinazistische Zwecke« von ihrem Honorar abzuzweigen und der schwedischen Arbeiter-Flüchtlingshilfe zur Verfügung zu stellen. So scheint es, als ob das Buch »Mißglückte Revolte« vor allem ein mißglückter Schnellschuß gewesen ist. Wie es um die Seriosität dieser Veröffentlichung bestellt ist, zeigt die Tatsache, daß Hitler-Attentäter Stauffenberg darin als Werkzeug der Gestapo porträtiert wird, die das Attentat mit dem Ziel inszeniert hat, die ganze deutsche Opposition auf einen Schlag auszuschalten. Kaum ein Zufall also, wenn sich keine Passagen aus dem Buch in der Auswahl seiner Emigrationsschriften finden, die Brandt nach der verlorenen Wahl von 1965 unter dem Titel »Draußen« auszugsweise – und wohl zum Zweck der Selbstverteidigung – veröffentlichen läßt.[59]

Auch Herschel Johnson nimmt Anstoß an dem Werk über den 20. Juli, weil es Indiskretionen enthalte, die dem Widerstand angeblich Schaden zufügten. Vor allem findet ein Artikel sein Mißfallen, den Brandt am 12. September veröffentlicht. Darin beschreibt er den Besuch Trotts, die Pläne der Widerständler, über die er von ihm erfahren hat, und er nennt obendrein Namen von Verschwörern. Zwar sind alle bereits von den Nazis zum Tode verurteilt worden; dennoch meint der amerikanische Diplomat, Brandt habe mit seiner Darstellung großen Schaden angerichtet – Grund genug jedenfalls, seine bisher so vorteilhafte Einschätzung des jungen Deutsch-Norwegers, die er ja unentwegt nach Washington gekabelt hatte, entsprechend zu korrigieren.

Eine seiner Depeschen, das Dokument 4027 vom 2. September 1944, wird übrigens geradezu groteske Spätfolgen zeitigen. Sie handelt von Brandts Einstellung zur Grenzfrage und dient der Landsmannschaft Ostpreußen dazu, Brandt noch im Wahlkampf 1980 als »Erfinder der Vertreibung« anzuprangern. Denn Johnsons Kabel, das offensichtlich auf Aufzeichnungen eines amerikanischen Journalisten in Stockholm beruht, gibt Brandts Idee von einer geschlossenen Ostgrenze gegenüber Polen wieder, die durch gegenseitige Abtretung und Bevölkerungsaustausch zustande kommen sollte. Dieser Grundgedanke fand sich ja bereits in den Überlegungen »Zur Nachkriegspolitik deutscher Sozialisten«. Brandt spinnt ihn mit der Überlegung fort, Ostpreußen mit Königsberg könne polnisch werden, die früher westpreußischen Teile des Korridorgebiets würden dafür an Deutschland gehen, die jeweils polnischen und deutschen Bewohner würden ausgetauscht. Die Bundesrepublik würde sich heute glücklich schätzen, hätte sich die Grenzziehung im Osten auf einen solchen Gebietsaustausch beschränkt. Neu ist an diesem Dokument 4027 vor allem, daß Brandt seinem Gesprächspartner erklärte, der Verlust Ostpreußens sei für Deutschland wirtschaftlich zu verschmerzen, und weiter, daß er selbst keinerlei nationalistische Gefühle hege noch eine gefühlsmäßige Beziehung zu Grenzfragen habe. Herbert Kremp, gewiß kein besonderer Freund Brandts, berichtet darüber für seine Verhältnisse relativ sachlich bereits in der *Welt* vom 10. Mai 1974.[60]

Erich Mende, Alfred Dregger und die Landsmannschaft der Ostpreußen versuchen jedoch, die Johnson-Depesche im Wahlkampf 1980 erneut hochzuspielen. Doch ist Brandt wohlberaten, wenn er 1986 in den *National Archives* ein Dokument hinterlegen läßt, in dem er bestreitet, sich je entsprechend geäußert zu haben? Daß er sich so weder gegenüber Johnson noch einem Diplomaten der Gesandtschaft direkt eingelassen haben kann, stimmt zweifellos. Der Inhalt des Kabels stützt sich ja auf einen Bericht aus zweiter Hand, und das mag auch manche mißverständliche Formulierungen erklären. So scheint die Feststellung, er habe keinerlei gefühlsmäßige Beziehung zu Grenzfragen selbst für einen internationalistisch denkenden Linkssozialisten einigermaßen übertrieben. Doch die so blindwütig ihren Verleumdungsfeldzug gegen den vermeintlichen »Erfinder der Vertreibung« führen, machen Brandt mit ihrem Übereifer die Verteidigung eher leicht. Beispielsweise fragt Alfred Dregger am 1. Oktober 1979 unter Bezugnahme auf einen Leserbrief Erich Mendes in der *Welt am Sonntag* bei Willy Brandt an, ob es denn stimme, daß dieser vorgeschlagen habe, *die* Ostgebiete aus dem Reich auszugliedern, den Polen zu geben; auch will er wissen, ob Brandt für die Aussiedlung der *gesamten* (Hervorhebungen vom Autor) deutschen Bevölkerung aus den abgetretenen Gebieten eingetreten sei.

Abtretung statt Gebietsaustausch, Aussiedlung statt gegenseitiger Umsiedlung – das hatte Brandt natürlich nie im Sinn gehabt. Dregger erhält deshalb die – wohlverdiente – Antwort durch den Referenten Klaus-Henning Rosen, »dass in den Überlegungen, die

Herr Brandt im Exil für eine Gestaltung Deutschlands nach dem Ende des Hitler-Krieges angestellt hat, Gedanken nicht vorkommen, wie sie Herr Dr. Mende zitiert«. Der im Leserbrief von Mende erwähnte Bericht könne im übrigen schon deshalb nicht stimmen, weil sich Brandt in der fraglichen Zeit in Schweden in Artikeln und Schriften gegen die extreme Veränderung der deutsch-polnischen und polnisch-russischen Grenzen ausgesprochen habe.[61] Das stimmt alles, gegen extreme Grenzänderungen hat sich Brandt stets gewandt – doch der politisch keineswegs unsinnige Grundgedanke der Grenzkorrektur am sogenannten Korridor ist damit nicht dementiert. Drei Jahre nach dem Briefwechsel mit dem konservativen CDU-Abgeordneten Dregger räumt Brandt seine Überlegungen von 1944 ein, allerdings in nebulöser Form und ohne Hinweis auf die Stockholmer Erklärung der früheren SAP-Mitglieder zur Nachkriegspolitik, die ja sehr viel präziser war: »Je näher das Kriegsende kam, umso deutlicher war für uns zu spüren, daß Deutschland ungewöhnlich glimpflich davon käme, wenn – anders als nach dem ersten Weltkrieg – eine begrenzte Gebietsregulierung bei beiderseitigem Bevölkerungsaustausch stattfände.«[62]

Der Schlagabtausch Dregger–Brandt vom Herbst 1979 zeigt in aller Deutlichkeit, wie vergiftet das innenpolitische Klima in jenen Jahren noch immer ist – Grund genug für Brandt, einmal mehr taktisch mit der eigenen Vergangenheit umzugehen. Verweist Rosen nicht zu Recht auf die Versuche, Brandts Einsatz gegen die Hitler-Diktatur – »zum Teil unter Verwendung von Fälschungen und Verdrehungen« – zu diffamieren? Der SPD-Vorsitzende, schreibt er, werde seinen Gegnern auf der Rechten nicht den Gefallen tun, sich in langwierige Zivilprozesse locken zu lassen, auf daß sie »während der zeitraubenden rechtlichen Klärung« Schlagzeilen produzieren könnten.

Brandt hat stets abgestritten, nachrichtendienstlich tätig gewesen zu sein, und betont, seine Kontakte hätten sich auf journalistische Beiträge und Gespräche mit Berichterstattern für andere Zeitungen beschränkt. Vor allem mit militärischen Nachrichten, schreibt er in »Links und frei«, habe er »nun wirklich nichts im Sinn« gehabt. Ob das immer den Tatsachen entsprach, steht dahin. Manche seiner Informationen, die auf Untergrundkanälen Stockholm und das Büro Martin Tranmæls erreichten, betrafen auch die Gruppierung deutscher Einheiten entlang der norwegischen Küste, die Moral der Soldaten und die Stationierung deutscher Kriegsschiffe – etwa des Schlachtschiffs Tirpitz – in den norwegischen Fjorden. Brandt selbst bestätigt Kontakte zur sowjetischen Gesandtschaft in Stockholm und zu Madame Kollontai, die ihn einmal zu einem Interview empfangen habe. Er versäume »keine Gelegenheit des direkten Kontaktes mit den hiesigen SU-Leuten«, scheibt er Walcher am 26. August 1946 nach New York, denn er wolle neue Eindrücke gewinnen und das persönliche Verhältnis »so gut wie möglich« normalisieren.[63]

In seinen Korrespondenzakten aus der Stockholmer Zeit finden sich Einladungen der sowjetischen Botschaft zu Empfängen und Cocktailparties, darunter eine zum 27. Jahrestag der Roten Armee am 23. Februar 1945. Nun gehörte es zu den selbstverständlichen Gepflogenheiten des politischen Exils, daß politische Flüchtlinge, zumal die Journalisten unter ihnen, Kontakt zu den Alliierten hielten. Die formelle Einladung des sowjetischen Militärattachés wäre deshalb kaum der Erwähnung wert, hätte nicht ein Oberst des KGB, der sich 1992 mit einem Bündel heimlich gefertigter Notizen über Dokumente aus der Registratur des KGB-Zentralarchivs nach Großbritannien absetzte, Material auch über Willy Brandts Stockholmer Zeit aus Moskau herausgeschmuggelt. Der KGB-Veteran behauptet, Brandt sei damals von sowjetischen KGB-Residenten in Stockholm angesprochen worden und habe zugesagt, über die Overseas News Agency Artikel sowjetischer Autoren an amerikanische Zeitungen zu lancieren. Außerdem habe er Informationen über Truppenbewegungen der Wehrmacht in Norwegen liefern wollen.[64]

Daß Brandt bei den Amerikanern damals als ein Mann galt, der über enge Kontakte zur sowjetischen Gesandtschaft verfügte, geht zweifelsfrei aus Depeschen Johnsons an das State Department hervor. Und Berichte, daß es 1962 Versuche der Sowjets gegeben habe, den Regierenden Bürgermeister Brandt mit einer Quittung über 500 schwedische Kronen zu erpressen, scheinen nicht völlig abwegig zu sein. Ein so seriöser und zuverlässiger Journalist wie der Amerikaner George Bailey, der damals für das amerikanische Magazin *Reporter* in Deutschland arbeitete, beteuert, er habe eine Kopie dieser Quittung gesehen. Zusammen mit dem damaligen Leiter der CIA in Berlin, Murphy, habe er jedoch gemeint, daß sie nichts über Brandts Einstellung in den 60er Jahren habe aussagen können: »So what«, sagte Bailey – »wir haben nur mit den Schultern gezuckt. Waren die Sowjets zu dieser Zeit etwa nicht unsere Verbündeten?«[65] Einhart Lorenz meint, die Informationen, die Brandt nach den Erzählungen des KGB-Überläufers geliefert haben soll, wären angesichts der engen Bindungen an die norwegische Legation höchstwahrscheinlich vorher abgesprochen worden, denn ein »Alleingang« hätte »leicht seine Existenz gefährden können«.[66]

Brandt, der Deutsche, Brandt der Norweger – die Tatsache, daß er beides ist, zieht ihm, wie könnte es im Kriege auch anders sein, Mißtrauen und Feindschaft von beiden Seiten zu. Trygve Lie in London, der damalige Außenminister der norwegischen Exilregierung, verfolgt die Aktivitäten des Kreises um Martin Tranmæl in Stockholm mit tiefem Mißtrauen – eines Tranmæl, der auch mitten im Krieg noch internationalistisch denkt und für Deutschland einen gerechten Frieden will. Haben diese Norweger in Schweden nicht viel zuviel Verständnis für den schlingernden Kurs, den das Land fahren muß, um seine Neutralität zwischen den kriegführenden Parteien zu behaupten? Entschuldigen sie nicht die finnische Sozialdemokratie unter Tanner, die mehrheitlich den finnischen Kampf gegen die Sowjetunion an der Seite Hitlers billigt und Revanche für den Winterkrieg von 1940 will? Zeigen die »Friedensziele« der Kleinen Internationale nicht viel zu viel Deutschfreundlichkeit? Der Außenminister und sein Berater, der Historiker Arne Ording, meinen, den Einfluß von Brandt in dem norwegischen Kreis in Stockholm deutlich zu spüren. Blut sei eben doch dicker als Wasser, schreibt Lie in Anspielung auf Brandt. Es gehe einfach zu weit, wenn diese Norweger »mehr an Deutschland zu denken schienen als an die Interessen Norwegens und daran, den Krieg zu gewinnen.«[67]

Gleichzeitig gerät Brandt ins Feuer der norwegischen Kommunisten, die ihn in ihrer Presse als den »Deutschen von Stockholm« angreifen. Warum? Die Kommunisten fordern, ohne Rücksicht auf ein Eingreifen der Alliierten sofort zum Kampf gegen die deutsche Besatzungsmacht überzugehen. Dagegen hatte Brandt in seinen Büchern über Norwegen im dritten Kriegsjahr und über den Guerillakrieg die These vertreten, daß zwar das norwegische Gelände für einen Partisanenkampf geeignet sei, Kampfhandlungen nach jugoslawischem Vorbild aber erst dann aufgenommen werden sollten, wenn gleichzeitig reguläre Streitkräfte von außen eingreifen würden. Ohne ein solches Zusammenwirken von Invasionsarmee und Untergrund hätte ein Guerillakrieg in Norwegen keine Aussicht auf Erfolg und würde nur unschuldige Zivilisten den sicher grausamen Vergeltungsaktionen der Besatzungsmacht ausliefern. Brandt wird wegen dieser Haltung von den norwegischen und schwedischen Parteiblättern der Kommunisten einmal als der »deutsche« Denunziant bezeichnet, welcher der Besatzungsmacht Hinweise auf die »aktivistische« Linie der Kommunisten gegeben habe, dann wieder als Gestapo-Agent oder Trotzkist.[68]

In einem offenen Brief weist er die Vorwürfe nicht nur zurück, sondern geht seinerseits zum Angriff über, indem er die Politik der norwegischen Kommunisten zur Zeit des Hitler-Stalin-Pakts an den Pranger stellt. Bis zum deutschen Überfall auf die Sowjetunion, schreibt er im August 1943, hätte die Kommunistische Partei in Norwegen die norwegischen Alliierten als »imperialistischen Hauptfeind« abgestempelt, eine Arbeiter- und Bauernregierung unter dem Schutz deutscher Bajonette propagiert und an die Dauerhaftigkeit des deutsch-russischen Pakts geglaubt.

Ins Fadenkreuz gerät Brandt auch bei einigen deutschen Exil-Sozialdemokraten, die ihm ob seiner revolutionären Vergangenheit, aber auch wegen seiner norwegischen Staatsbürgerschaft den Weg von der SAP zurück zur deutschen Sozialdemokratie verlegen möchten. Als die 14 ehemaligen SAP-Mitglieder in Schweden, an ihrer Spitze Willy Brandt, die beiden Enderles und Ernst Behm, um ihre Aufnahme in die SPD Stockholm ersuchen, weist der Vertreter des Londoner Exilvorstandes der SoPaDe, Kurt Heinig, Willy Brandt zunächst ab. In Briefen an Hans Vogel und Erich Ollenhauer in London hatte Heinig, ein ehemaliger Reichstagsabgeordneter und Experte für Haushaltsrecht, Brandt als »merkwürdige Gestalt«, als »Neunorweger, als früheren deutschen SAP-Mann« und »Zerstörer unserer Arbeiterjugend in Lübeck« bezeichnet. Zwar verfüge dieser Brandt über viel Einfluß in einem »Internationalen Studienkreis«, ließ er seine Londoner Freunde wissen – aber dieser Einfluß gehe leider »in ganz bestimmter, natürlich gegen uns gerichteter Linie«.

Wer den Briefwechsel zwischen der Londoner Zentrale und ihrem Vertreter in Stockholm liest, dem erscheint Heinig eindeutig als alter Rechts-Sozialdemokrat, der den SAP-Mitgliedern weder den Abfall von der Weimarer Sozialdemokratie noch ihre revolutionäre Vergangenheit vergibt, als Mann auch, der ihrer demokratischen Wandlung zutiefst mißtraut. Treten die Brandt und Behm und Enderles nicht für die Zusammenarbeit mit Kommunisten ein? Erstreben sie nicht eine Einheitspartei?[69] Auf Brandt wiederum wirkt dieser Heinig, der sich in die Kleine Internationale für kurze Zeit »hineingezwungen« habe, als rechthaberisch und streitsüchtig: »Wenn man jemanden hätte engagieren wollen, um antideutsche Ressentiments zu verstärken, so wäre man bei ihm an der richtigen Adresse gewesen.«[70] Heinig dagegen sieht in Brandt den »jungen Ehrgeizling« und »Stänker« und unterstellt ihm fälschlich, er wolle Deutschland an die Sieger aufteilen. Ganz offensichtlich nimmt er Anstoß an der starken Präsenz der früheren SAPler im Kreis der Kleinen Internationale, mokiert sich über sie als »eifrige Kasper« und sieht in der Landesgruppe deutscher Gewerkschafter in Schweden, die von seinem ehemaligen, einst doch kaum minder »rechtsorientierten« Reichstagskollegen Fritz Tarnow geführt wird, vor allem »verkappte Kommunisten« am Werk.[71]

Auf die volle Unterstützung Londons kann er allerdings nicht zählen: Hans Vogel hatte sich von Heinig distanziert, denn was dieser treibe, schrieb er nach Stockholm, das komme ihm »etwas reichlich autokratisch und unduldsam vor«. Auch Ollenhauer deckt Heinig nicht, als dieser die Aufnahme der SAP-Mitglieder auf dem Umweg über London hintertreiben will, schon weil er selbst in London eine »Union deutscher sozialistischer Organisationen in Großbritannien« mit dem Fernziel geschaffen hatte, die früheren Abspaltungen von der SPD wieder zu integrieren. »So geht es nicht«, rügt deshalb Ollenhauer seinen Freund und Vertreter in Stockholm. Muß die starre Haltung Heinigs nicht jede Wiedervereinigung auch mit anderen Abgefallenen von einst gefährden? Da es sich um den ersten Fall handelt, »daß eine andere sozialistische Gruppe fast geschlossen einen Wiederaufnahmeantrag in die Partei« stellt, wünscht Ollenhauer ein flexibleres Vorgehen, das Signalwirkung auf andere Gruppen haben könnte.

Auch das Argument Heinigs, Brandt sei Norweger und vertrete nicht deutsche Interessen, findet kein Gehör bei ihm: »Hier in London haben wir den Standpunkt vertreten, dass ein ausländischer Sozialist, der durch seine Vergangenheit in Deutschland und durch seine Verbundenheit mit der deutschen Arbeiterbewegung in der deutschen Partei die einzige politische Vertretung in der Emigration sieht, Mitglied unserer Emigrationsgruppe werden kann. Das gilt vor allem für die Fälle, in denen politische Flüchtlinge aus irgendwelchen Notgründen eine andere Staatsangehörigkeit erhielten.« Auf lange Sicht allerdings müsse sich Brandt wohl entscheiden, »ob er seine politische Zukunft als Norweger oder als deutscher Sozialist sehen will«.[72]

Was sich da zwischen Heinig auf der einen, Brandt und seinen Freunden auf der anderen Seite abspielt, scheint typisches Emigrationsgezänk zu sein – je kleiner die Gruppen und Kreise, desto verbissener streiten die Genossen miteinander, desto häufiger vermengen sich persönliche Aversionen und politische Argumente. Und Willy Brandt, kein Zweifel, ist ein Mann, der polarisierend wirkt. An ihm scheiden sich die Geister. Doch müssen Außenstehenden die Stockholmer Verhältnisse besonders verwirrend erscheinen, denn die Exil-Sozialdemokratie hat sich wegen des Starrsinns von Heinig in zwei Lager gespalten. Da gibt es eine Landesgruppe der deutschen Sozialdemokraten, die sich um Männer wie Fritz Tarnow schart, der auf gewerkschaftlicher Ebene mit KP-Funktionären zusammenarbeitet und 1941 eine Denkschrift über eine sozialistische deutsche Einheitspartei nach London schickte, die im befreiten Deutschland einmal entstehen soll. Und da gibt es eine kleinere Gruppe, die in Treue zu Heinig steht, der wieder Tarnows Haltung gegenüber den Kommunisten vehement bekämpft. Beide Gruppen halten unabhängig voneinander Konferenzen und Gegenkonferenzen ab; die Schar um Tarnow zählt etwa 70, die um Heinig etwa 30 Mitglieder, was Letzteren freilich nicht daran hindert, von der doch viel stärkeren Landesgruppe verächtlich als »Rumpfortsgruppe« zu sprechen. Brandt und die große Mehrheit seiner SAP-Freunde stoßen natürlich zum Zirkel um Tarnow, werden aber in Anwesenheit des Londoner Vorstandsvertreters Heinig – und mit dessen Stimme – schließlich am 18. Oktober 1944 in die SPD aufgenommen.

Für Brandt hat sich der Kreis damit geschlossen, der »Spalter«, der er für den zornigen Julius Leber im Herbst 1930 geworden war, hat nach 14 Jahren und im Zuge jenes Prozesses der »sozialistischen Konzentration«, den er seit der späten Osloer Zeit für notwendig und richtig hielt, wieder zur Mutterpartei zurückgefunden – unter Verzicht auf Revolutionslyrik und Rätestaatsgedanken, der diesem Beitritt selbstverständlich vorausgehen mußte. Nur soll ja keiner seiner alten Freunde von der SAP in London oder gar New York, wo der alte Mentor Walcher sitzt, bitte auf den Gedanken kommen, bei der Partei, der er beigetreten ist, handele es sich um jene alte Tante SPD, mit der er einst gebrochen hat! Der Anschluß an die SPD wird vielmehr als logische Folge einer Entwicklung dargestellt, die eine beiderseitige Wandlung voraussetzt – die Brandts und seiner Stockholmer Genossen hin zur parlamentarischen Demokratie ebenso wie die der klassischen Sozialdemokratie, die sich früheren Kritikern öffnet.

Wer die hektographierte Erklärung studiert, mit der die Stockholmer SAP-Gruppe ihren Schritt begründet, wird deshalb belehrt, daß dieser Beitritt zur SPD »die heute mögliche Etappen-Lösung des Einheitsproblems« darstelle. Natürlich halte man am alten Ziel der Arbeitereinheit fest. Weil aber damit zu rechnen sei, daß in Deutschland Sozialdemokratie und KP auf absehbare Zeit unabhängig voneinander existieren würden und eine dritte Gruppierung zwischen beiden keine Chance habe, sei eine Entscheidung für die Einordnung in eine der beiden großen Parteien nötig geworden. Daß für diese Einordnung nur die Sozialdemokratie und nicht die Kommunistische Partei in Frage kommt, rechtfertigen die Stockholmer SAP-Ehemaligen mit dem Mangel an innerer Demokratie bei der KP: Sie biete keine Gewähr, daß ein demokratischer Prozeß der Klärung und Meinungsbildung in ihrem Rahmen möglich sei.

Die Sozialdemokratie, heißt es in der Erklärung, habe große Chancen, zur führenden Partei der neuen deutschen Republik zu werden – vorausgesetzt, sie werde eine fortschrittliche demokratische und sozialistische Politik betreiben und sich »gründlich erneuern«.[73] Mit Hilfe dieser Konstruktion kann Brandt mit gutem Recht behaupten, er habe sich keineswegs der alten SPD Weimarer Typs angeschlossen, sondern einer Sozialdemokratie, die sich im Prozeß einer Wandlung befinde, eines Prozesses, den er und seine

Freunde in ihrem Sinne zu beeinflussen hoffen. So und nicht anders ist es zu verstehen, wenn die Enderles in Briefen an ihre Freunde darauf beharren, sie seien Mitglieder einer Art Vorstufe einer künftigen einheitlichen sozialistischen Partei geworden. Willy Brandt bekräftigt in seiner Antwort an den alten SAP-Briefpartner Theo Hacke in New York, *die* SPD gebe es heute nicht: Wir haben es hier, schreibt er am 22. Juni 1945, mit einer Landesgruppe zu tun, »die mit den PV-Vertretern in London ernste Auseinandersetzungen hat und von ihnen bis auf den heutigen Tag nicht anerkannt ist« – dieser Gruppierung seien sie beigetreten, keinesfalls der alten SPD.

Sowohl in der hektographierten Erklärung Brandts, Szendes und Behms, vor allem aber in den Briefen auf die kritischen Reaktionen alter SAP-Kampfgefährten wird deutlich, daß Brandt, aber auch die Enderles innerhalb einer Sozialdemokratischen Partei, die sich neu formiert und diesen Prozeß noch nicht abgeschlossen hat, für das Hauptziel der SAP – eine einheitliche Arbeiterpartei – weiter kämpfen wollen. Im sozialdemokratischen Lager, schreibt Brandt, gebe es viele Tendenzen, deshalb sei wichtig, daß sich »diejenigen Kräfte durchsetzen, die jene Zusammenführung der Elemente des Westens und Ostens wollen, die im Interesse des arbeitenden deutschen Volkes und ganz Europas liegt. Es kommt darauf an, dass die Sozialdemokratie – oder wie dieser Sektor der Bewegung dann heissen wird – eine positive Ausrichtung erhält.« Auch gelte es zu verhindern, »dass der SP-Sektor unter reaktionäre Führung gerät«.[74] Boris Goldenberg und Fritz Lamm auf Kuba bezeichnen den Übertritt der Stockholmer Genossen empört als »verdeckten Übergang zum Klassenfeind«, Jacob Walcher kritisiert die Liquidierung der SAP kurz vor Toresschluß und zeigt sich »peinlich überrascht« von Brandts Schritt. Brandt hält dagegen, er habe »nichts anderes preisgegeben als eine Fiktion«, welche die SAP letzthin gewesen sei, doch will er die Brücken auch nicht völlig abbrechen und betont, daß er sich den alten SAP-Genossen weiterhin eng verbunden fühle. Haben einige der früheren SAP-Mitglieder gehofft, durch den Beitritt zur SPD von den alliierten Behörden schneller eine Einreisebewilligung für Deutschland zu erhalten? Walcher unterstellt dies, denn er weiß, daß die Enderles mit britischer Hilfe früh nach Bremen übersiedeln konnten. Daß sein

Ziehsohn von einst den Schritt zur SPD hin getan hat, wundert ihn deshalb um so mehr, »denn für Dich«, schreibt er an Brandt, »haben ja jene opportunistischen Rücksichten, die bei August (Enderle) und den anderen eine Rolle gespielt haben dürften, keine praktische Bedeutung. Du hast Dein Wirkungsfeld ja vorerst in Norwegen und konntest ruhig abwarten, wie sich die Lage innerhalb Deutschlands gestalten wird.« Brandt darf diesem halb mahnenden, halb rügenden Brief entnehmen, daß sein Übervater von einst noch immer oder schon wieder ganz den sowjetischen Kurs steuert: Die Moskauer Führung, schreibt Walcher, habe sich »in mancher Hinsicht weitsichtiger als ihre Kritiker (wir selbst nicht ausgeschlossen) erwiesen« und die denkbar schwerste Prüfung »über alles Erwarten glänzend bestanden«. Sie müsse heute »von jedem, der zur SU steht, als solche anerkannt, respektiert und wenn es darauf ankommt, auch unterstützt werden«.

Der Krieg dauert etwa ein Jahr länger, als Brandt nach Stalingrad angenommen hatte. Doch am Abend des 1. Mai 1945, auf einer Versammlung der Kleinen Internationale mit ein paar hundert Teilnehmern, kann er endlich verkünden, daß der Schrecken und die nationalsozialistische Tyrannei bald ein Ende haben werden. Irgendwann kam Willy, erinnert sich eine der Zuhörerinnen, »er rannte beinahe zum Rednerpult und bat ums Wort. Er las von einem Blatt Papier, daß Hitler am 30. April Selbstmord begangen habe.«[75]

Die das schreibt, hieß damals Rut Bergaust, war eine geborene Hansen aus Hamar in Norwegen, ein einfaches Arbeiterkind, aber eine strahlende, dunkelblonde Schönheit voller natürlichem Stolz, ungekünsteltem Charme und einer fröhlichen Herzlichkeit – Eigenschaften, die sie später wie selbstverständlich zur First Lady West-Berlins und der Bundesrepublik werden lassen. Norwegische Jungsozialistin wie einst Willy Brandt, hatte Rut eine illegale Widerstandszeitung verteilt, sich nach ihrer Entdeckung im Frühjahr 1942 vor den Deutschen aber auf abenteuerlichen Wegen rechtzeitig nach Schweden absetzen können. Die damals 22jährige und der acht Jahre ältere Willy waren einander beim Tanzen auf einer der vielen fröhlichen Parties nähergekommen, welche damals in der norwegischen Kolonie in Stockholm an Samstagabenden gegeben wurden. Unterkühlt wie immer, wenn es um Persönliches geht, schreibt Brandt von einem »Umbruch in seinem privaten Leben«, der mit dem Kriegsende zusammengefallen sei. Die Zeit um seinen dreißigsten Geburtstag, im Dezember 1943, habe er mit einer schweren Gelbsucht im Bett verbracht und sich in jener Zeit in Rut Bergaust verliebt. Er und seine Frau Carlota hätten daraufhin beschlossen, sich ohne Groll voneinander zu trennen.[76]

Hat der Druck der äußeren Verhältnisse, etwa die »harte Belastungsprobe« des Lebens in der Emigration, die Entfremdung zu Carlota beschleunigt? War es sein Engagement für die Politik, die bekanntlich den Menschen mit Haut und Haaren frißt? Hätte er unter solchen Umständen überhaupt einen anderen Menschen an sich binden und heiraten dürfen? So fragt er ein andermal und verweist – beinahe entschuldigend – darauf, daß es damals in Stockholm schließlich »um weltpolitische Entscheidungen« gegangen sei: Die letzten Monate des Krieges hätten viel von jedem einzelnen gefordert, private Sorgen seien, daran gemessen, unbedeutend gewesen.[77] Das alles liest sich fast so, als ob das Auseinandergehen mit der neun Jahre älteren Carlota und die Anknüpfung der Beziehungen zu Rut völlig undramatisch und ohne persönliche Krisen verlaufen sei. Brandt-Biograph David Binder zitiert einen Freund von Brandt, der meint, Willy habe die intellektuelle Carlota, die ihn zu sehr forderte, mit der proletarischen Rut getauscht, weil er bei ihr Nestwärme erhielt, die er bei Carlota nicht fand.[78]

Doch die Trennung verläuft keineswegs undramatisch, zumal sie sich im relativ engen norwegischen Milieu in Stockholm abspielt, wo jeder jeden kennt. Das Ehepaar Carlota und Willy Brandt lernt die jüngere Rut erstmals bei deren Hochzeit mit Ole Olstadt Bergaust kennen. Es gibt Labskaus, Bier und Branntwein, Willy Brandt ist umschwärmt von Damen und hat offenbar nichts dagegen. Carlota arbeitet bei der norwegischen Legation, in deren Pressebüro auch Rut beschäftigt wird. Schon im Sommer 1944, Ruts Tbc-kranker Mann weilt zur Kur im schwedischen Falun, gehen Rut und Willy miteinander aus, essen gemeinsam zu Abend, sind verliebt und verheimlichen es nicht. Folgt man Rut Brandt, dann war die Angelegenheit keineswegs so einfach, wie Willy Brandt sie in seinen Büchern dargestellt hat: Er war verheiratet und hatte ein Kind, sie war verheiratet – »eine Kriegsehe zwischen Flüchtlingen«, hastig und hektisch geschlossen. Nicht nur, weil ihr Mann krank war, machte sie sich seinetwegen natürlich Gewissensbisse. Er verlangte, daß sie zu ihm nach Falun ziehe – was nicht möglich war und was sie nicht wollte.

Willy wiederum wußte zunächst nicht, was tun – erst zog er bei Carlota aus, dann wieder ein, bis er schließlich ein Zimmer in der Innenstadt für sich suchte. »Für Carlota«, schreibt Rut in ihren durchweg sehr nobel und fair gehaltenen Erinnerungen, »war es verständlicherweise nicht leicht, und zunächst wollte sie mich nicht sehen.« Aber schon in ihren ersten Berliner Jahren hatten sie dann Briefkontakt. In einem ihrer Briefe habe sie geschrieben: »Und wenn es nun so gehen mußte, daß Ninja eine ›Stiefmutter‹ haben sollte, so war mir niemand lieber als Du.«[79] Nach der Trennung von Carlota festigt sich die Beziehung zwischen Willy und Rut. Beide ziehen in eine Pension am Strandweg in Stockholm – hausen also »vornehm«, wie Rut schreibt. Und sie fahren, wie es sich für junge Verliebte geziemt, nach Gripsholm, besuchen das Grab von Tucholsky und legen dort Blumen nieder. Ab Herbst 1945 wieder in Oslo, quartieren sie sich in einer Pension in der Pilestredet ein. Beide sind sie in der Arbeiterbewegung groß geworden und hängen nicht an bürgerlichen Konventionen. Rut respektiert Willy Brandts Bedürfnis nach Unabhängigkeit und seine Furcht, nicht für eheliche Verhältnisse geschaffen zu sein.

Ruts Mann Ole stirbt Weihnachten 1946, Carlota und Willy trennen sich im Herbst 1946, formell wird die Ehe erst Anfang 1948 geschieden. Den dramatischen Umständen der Trennung zum Trotz halten beide freundschaftlichen Kontakt. Carlota eröffnet eine literarische Agentur in Oslo, und Brandt bemüht sich, ihr deutsche Leseexemplare zu vermitteln. Wer seine Interessen kennt, wird verstehen, daß er ihr vorwiegend politische oder historisch relevante Sachbücher oder Romane empfahl – etwa Eugen Kogons »SS-Staat«, Ludwig Renns »Adel im Untergang« oder Paul Serings (i.e. Richard Löwenthals) »Jenseits des Kapitalismus«, das Brandt einmal selbst ins Norwegische zu übersetzen erwägt.[80] Rut Bergaust und Willy Brandt werden erst 1948 während der Blockade in Berlin heiraten – da ist Sohn Peter schon sechs Monate unterwegs.

Am Ende von Brandts Stockholmer Zeit steht erst einmal der Jubel über den Sieg gegen die Hitler-Tyrannei. Auf Kungsgatan brodelt und schunkelt es, man umarmt einander, lacht und weint zugleich – die Freude, notieren Beobachter, ist überwältigend und grenzenlos. Brandt wohnt ab Sommer 1945 wieder in Oslo, hält aber viele Vorträge in Stockholm. Er pendelt also im Zug zwischen den beiden Hauptstädten, bis er im September das Angebot erhält, für die norwegische Arbeiterpresse vom Kriegsverbrecherprozeß in Nürnberg zu berichten – eine Offerte, die er sich nicht zweimal machen läßt, denn so bietet sich die Chance, schneller mit der deutschen Nachkriegswirklichkeit konfrontiert zu werden, als er je gehofft hatte.

Brandt wird später sagen, er sei stolz auf seine skandinavischen Lehr- und Wanderjahre. Aus Schweden bleibt ihm die Erfahrung einer Sozialdemokratie, die »drastischer noch als die norwegische«[81] undogmatisch und freiheitlich ist, volkstümlich, machtbewußt und – dogmenfrei. Ihn beeindruckt, daß die schwedischen Genossen schon früh die Bauern als Verbündete gewinnen wollten und deshalb deren Eigentum nie in Frage stellten. Früher als andere, betont er, hätten die schwedischen Reformer erkannt, das sozialistische Glück auf Erden hänge nicht primär von der Verstaatlichung ab. Vor allem aber, das wird er als Außenminister 1969 an den Schweden rühmen, sei Gerechtigkeit in Schweden besser als anderswo in praktische Politik umgesetzt worden.[82] Gerechtigkeit, »Rättvissa«, sei das Maß und das Schlüsselwort, das überall im Norden Europas in den Gesprächen auftauche, »wo es um Mißbrauch der Macht oder Mißachtung der Persönlichkeit geht, wo Hochmut und Ungleichheit Antworten herausfordern«.

Der Sozialist mit den zwei Vaterländern

Entscheidung für Deutschland

Wird er sich für Norwegen oder für Deutschland entscheiden – oder gar, in seiner Eigenschaft als Norweger, für eine internationale Karriere in einer der neuen Organisationen der Vereinten Nationen? Gut zwei Jahre lang bleibt die Frage offen; der 1945 gerade einmal Zweiunddreißigjährige schwankt. Da gibt es, die Trennung von Carlota betreffend, eine Version, die behauptet, seine geradezu grimme Entschlossenheit, nach dem Krieg nach Deutschland zu gehen und dort eine führende Rolle am demokratischen Aufbau zu übernehmen, zu der er sich durch Widerstand und Arbeit in der Emigration berufen fühlt, habe die Entfremdung und schließlich die Trennung zwischen beiden beschleunigt – denn sie, Carlota, habe weder für sich und schon gar nicht für sie beide, Carlota und Willy, eine Zukunft in Deutschland gesehen.[1]

Überzeugend ist diese Version nicht. Einhart Lorenz meint, Brandt habe in der Zeit vom Mai 1945 innere Zweifel gehabt[2], und Rut Brandt schreibt in »Freundesland« sehr offen, Willy sei unsicher gewesen über sich und seine Zukunft, »unsicher darüber, was er tun wollte und konnte, unsicher, wo und woran er sich binden sollte. Er hatte sich durch seine Arbeit einen Namen als Norweger gemacht, aber seine Gedanken kreisten um Deutschland, wie in den ganzen Jahren davor.« Sie schildert Willy als einen leidenschaftlichen Briefeschreiber, der manchmal mehrfach am Tag numerierte Briefe schickte und das gleiche von ihr erwartete – »was er nicht ganz erhielt«.[3] Zwischendurch habe sie mit ihrer Numerierung etwas schummeln müssen, »um nicht zu weit zurückzufallen«.

Seine Haltung ist ambivalent, und es kann kein Zweifel daran bestehen, daß Willy Brandt nach Kriegsende seine Chancen wägt. Aber warum hätte er, dem man die deutsche Staatsbürgerschaft entzog, dies auch nicht tun sollen? Gibt es ein gutes Angebot in

Deutschland, am Wiederaufbau in einer einigermaßen führenden Position teilzunehmen, oder soll er lieber seine Zukunft in Norwegen suchen, das er als zweite Heimat schätzen und lieben lernte und das ihm obendrein Avancen macht? Er hat die Wahl, schließlich ist er norwegischer Staatsbürger und Genosse der unangefochten regierenden Partei, deren wichtigste Männer er fast alle gut kennt – aber zugleich auch Genosse eines deutschen Exilverbandes, der Landesgruppe Schweden der SPD. Im seinem tiefsten Inneren spürt er deutlich eine Vorgabe für Deutschland, aber er ist nun einmal kein Mann übereilter Entscheidungen – er kann warten und ist nicht auf die erstbeste Chance angewiesen. Außerdem scheint es, als hätten die westlichen Alliierten ihre Zonen für heimkehrwillige Emigranten hermetisch abgeriegelt – viele müssen bis 1949 warten, ehe sie die Bewilligung zur Rückkehr nach Deutschland erhalten.

Das Angebot der norwegischen Arbeiterpresse enthebt ihn zunächst einer Entscheidung, denn plötzlich ist er in die Lage versetzt, weit früher als die meisten anderen Emigranten nach Deutschland zu reisen und das zerbombte Land mit seinen vielen Wunden kennenzulernen, aber auch das *non-fraternization*-Regiment der Sieger. Er wird in Nürnberg das kriminelle Gesicht des Dritten Reichs auf der Anklagebank studieren und die Männer beobachten, die für Ausrottung und staatlich organisierten Massenmord verantwortlich sind. Da Norwegen sich nach dem deutschen Überfall als kriegführendes Land auf seiten der Alliierten gestellt hatte, schloß es sich der Konvention über die Errichtung des Internationalen Militärtribunals von Nürnberg an und reichte selbst eine Anklageschrift gegen die deutschen Militärs und die Männer der nationalsozialistischen Regierung ein, die sich nun vor dem internationalen Gericht verantworten müssen. Was liegt für das sozialdemokratische *Arbeiderbladet* und die norwegische Gewerkschaftspresse näher, als jenen langjährigen Mitarbeiter nach Nürnberg zu entsenden, der sich in deutsch-norwegischen Fragen besonders gut auskennt, der Bücher über die Besatzungspolitik und den Widerstand veröffentlicht und von Schweden aus die Lage im besetzten Norwegen besonders aufmerksam verfolgt und kommentiert hat? Die Eröffnung des Verfahrens gegen die 24 angeklagten Hauptkriegsverbrecher ist auf den 20. November 1945 anberaumt – einige Wochen vor Prozeßbeginn landet Willy Brandt in einer Transportmaschine der Royal Air Force auf dem Flughafen Bremen und betritt, erstmals seit seinem illegalen Aufenthalt in Berlin 1936, wieder deutschen Boden.

Nicht zufällig ist Bremen die erste Station auf seinem Weg nach Nürnberg. Die Enderles waren illegal schon im Juni nach Deutschland zurückgekehrt und arbeiten jetzt, unter Chefredakteur Felix von Eckardt, dem späteren Pressechef Konrad Adenauers, als Journalisten beim Bremer *Weserkurier*, der seit September zweimal wöchentlich erscheint. Mit Hilfe der Internationalen Transportarbeiterföderation und schwedischer Seeleute hatten sie von Stockholm Kontakt zu einer Restgruppe der SAP, die sich im Untergrund des traditionell linken Bremen bis Kriegsende hielt – darunter zu Adolf Ehlers, einem ehemaligen Werftarbeiter, der von der KPO zur SAP gestoßen war. Der baumlange Ehlers strahlt, so Brandts Eindruck nach der ersten Begegnung, Vertrauen aus, als Senator ist er für Wohlfahrt und Soziales im Senat von Wilhelm Kaisen zuständig, jenes Mannes, der als »Kaisen von Bremen« bald einen legendären Ruf als Bürgermeister gewinnen wird.

Ehlers ist es, der Brandt zu Kaisen führt. Der sechzigjährige Präsident des Senats verfügt schon damals über seinen charakteristischen Hängeschnurrbart, Brandt nennt ihn einmal weise und gutmütig.[4] Was die Weisheit angeht, die er Kaisen zu Recht bescheinigt – lobt Willy Brandt da ein wenig auch sich selbst? Im Jahr 1950 werden sie in ihrer Kritik an dem bedingungslosen Nein, das Kurt Schumacher dem geplanten Beitritt der Bundesrepublik zum Europarat entgegenschleudert, weitgehend übereinstimmen. Doch liefert Kaisen gleich nach Brandts Ankunft einen Beweis großzügiger Hilfsbereitschaft: Er stellt ihm, was damals einiges bedeuten will, seinen eigenen Dienstwagen, einen alten Horch, samt Fahrer und etlichen, bei den Amerikanern »organisierten« Benzinkanistern zur Verfügung, damit Brandt die Mutter in Lübeck besuchen kann.

»Da stand plötzlich vor mir ein Mann in Uniform – ich bekam einen richtigen Schock. Was wollte der fremde Soldat, der da vor der Tür stand?« So erinnert sich Günther Kuhlmann, Brandts Halbbruder an die erste Begegnung in Lübeck.[5] In der Tat hatte der 17jährige Günther Willy das letzte Mal gesehen, als er fünf Jahre alt war. Brandt mußte schon deshalb wie ein Fremder wirken, weil er, mit norwegischem Paß und britischer Travelorder versehen, in der norwegischen Uniform eines in Nürnberg akkreditierten Kriegskorrespondenten reiste. Anders als in dieser Eigenschaft war die Berichterstattung vom Kriegsverbrechertribunal für seine Zeitungen gar nicht möglich. Auch seine Mutter habe den Sohn in der Uniform nicht auf Anhieb erkannt – aber dann, sagt Kuhlmann, »ging alles ruck-zuck: Man lag sich in den Armen, und Mutter sagte immer nur: Herbert, mein Herbert«. Brandt brachte Lebensmittel, Kaffee und Zigaretten mit, Gastgeschenke, die er dank seines alliierten Status im amerikanischen PX-Laden in Bremen hatte kaufen können und die für Deutsche damals von unschätzbarem Wert waren. Das Gespräch geht zunächst um die unterschiedlichen Erfahrungen, die Brandt draußen, die Kuhlmanns drinnen sammeln konnten. Auch der Freitod des Großvaters, bei dem Herbert Frahm aufgewachsen war, ist ein Thema – verzweifelt über die Verfestigung der Hitler-Herrschaft, aber auch aus Enttäuschung über seine zweite Ehe mit »Tante« Dora, gab er sich im Juni 1935 mit einer Kugel in der Badewanne den Tod. Nur einmal hatte Brandt ja seine Mutter in all den Jahren in Kopenhagen treffen können – und das war vor dem Krieg gewesen. Sein Stiefvater Emil Kuhlmann, ein hochaufgeschossener, kräftiger Maurerpolier, war einmal zu Besuch in Oslo – als er 1938 mit einem KdF-Schiff nach Norwegen fahren konnte. Emil Kuhlmann schied damals, so sein Sohn Günther, mit dem Eindruck aus Oslo, dieses »wilde Leben« des Stiefsohns »mit einem Anstrich von Bohème und Diskussionen bis tief in die Nacht« sei nicht das Rechte für ihn. Nun sitzt man sich gegenüber und tauscht die Erlebnisse der letzten Jahre aus.

Emil Kuhlmann ist übrigens so fest im sozialistischen Milieu verwurzelt wie die Mutter, die einstige Verkäuferin in der Konsumfiliale in der Hansestraße 136. Als die Marschkolonnen der Braunen durch die Straße zogen und sein Sohn Günther noch klein war, hat er ihn stets auf die Schultern genommen, damit er die Fahne nicht grüßen mußte. Mehrmals ist das bescheidene Haus in der Vorrader Siedlung, in dem die Kuhlmanns wohnen, von der Gestapo durchsucht worden. Einmal kam sie und wollte ein Radio beschlagnahmen, mit dem angeblich Feindsender abgehört wurden, konnte es aber nicht finden, da es gerade zur Reparatur gegeben war. Statt des Radios nahm sie Bücher und Schulhefte von Herbert mit. Seit die Identität von Herbert Frahm und Willy Brandt der Gestapo bekannt wurde, hat die NS-Obrigkeit die Familie Kuhlmann-Frahm argwöhnisch überwacht. Einmal wurde der Maurer Kuhlmann in Sicherungsverwahrung genommen, zweimal verhaftete die Polizei Brandts Mutter – so nach dem großen Bombenangriff am Palmsonntag 1942 auf Lübeck, bei dem das historische Zentrum der Stadt mit den sieben Türmen in Schutt und Asche versank.

Sieht man von solchen gezielten Einschüchterungsversuchen und Schikanen einmal ab, sind sie heil durch den Krieg gekommen – auch der Halbbruder, der in den letzten Kriegsmonaten noch als Luftwaffenhelfer an das Flakgeschütz mußte. Das Leben der Kuhlmanns im »Tausendjährigen Reich« scheint typisch für zahlreiche ehemalige Sozialdemokraten, die keine Widerstandskämpfer waren, aber doch versuchten, nicht mitzumachen, nicht mitschuldig zu werden. Um nicht Verfolgung auf sich zu ziehen, blieben sie unauffällig, schlugen sich so redlich wie möglich durch und hofften inständig, die schreckliche Zeit des Hitler-Regimes sei möglichst kurz bemessen. Als das Gespräch über die Kriegsjahre schließlich auf jene kritische Frage kommt, die Brandt um so brennender interessiert, je mehr er von den Verbrechen der Nazis erfährt – wer hat was über die Exzesse des Naziregimes gewußt? –, stößt er selbst in seiner Familie »unbezweifelbarer und unerschütterlicher Nazigegner« auf eine Mauer der Ablehnung und des Schweigens.[6] Von den Massenvernichtungen, sagen die Kuhlmanns, hätten sie keine Ahnung gehabt – eine Einlassung, die durchaus der Wahrheit entsprechen mag, denn wie viele Deutsche wußten schon Genaues von Auschwitz oder Treblinka?

Die Situation, in der sich der Sohn seiner Mutter, dem Stiefvater und dem Halbbruder gegenübersieht, ist in vieler Hinsicht exemplarisch für die erste Nachkriegszeit. Die draußen gelebt hatten, das ganze Ausmaß der unglaublich kriminellen Energien des Regimes genauer kannten und nicht verstehen konnten, wie alles dies möglich wurde, stellen, kaum daß sie wieder in Deutschland sind, aus ihrer Sicht ganz selbstverständliche Fragen. Aber die Kollektivschuldthese der Alliierten hat dazu geführt, daß jene, die sie mit diesen Fragen konfrontieren, sich instinktiv gegen den Vorwurf wehren, alle Deutschen seien Mörder. Erschrocken über das Ausmaß der Anklage flüchten viele in Ausreden und versuchen vor sich selbst, den Umfang der Verbrechen herunterzureden: »Das war zuviel, das wollten sie nicht tragen«, schreibt Brandt über die erste Begegnung mit der Familie, der er im Laufe des Krieges über Deckadressen nur selten hatte Nachrichten zukommen lassen können – ein Brief, den er über Prag schickte, hatte einmal ein Bild von Tochter Ninja enthalten. Das Verhalten der Familie bestätigt seine Vorbehalte gegen die alliierte Kollektivschuldpropaganda, er versteht, daß seine Mutter, »wie andere Antinazis, sich nicht für mitschuldig an Untaten erklären lassen wollte, die sie nicht begangen hatte«. Erst nachdem diese psychologische Barriere überwunden ist, kommt es zu einem freien und offenen Gespräch, in dem die Familie von dem Schrecklichen berichtet, was sie bei einem Massentransport ausländischer Gefangener mit eigenen Augen hat ansehen müssen; oder von dem, was man eher vom Hörensagen wußte und was Fronturlauber andeutungsweise von den Massenerschießungen der Einsatzkommandos hinter der deutschen Front berichtet hatten.

Die ersten Erfahrungen im verwüsteten Deutschland machen ihn skeptisch gegen die Entnazifizierung. Zwar bezeichnet er sie einmal als notwendige »politische Entlausung«, aber die Praxis wirkt auf ihn wie ein »bürokratisierter Hexenprozeß«, der als bedrückende Farce endet. Für einen guten Freund aus den Lübecker SAP-Zeiten, auf den er sich auch nach 1933 verlassen konnte und den er in Kopenhagen konspirativ getroffen hatte, muß er einen Persilschein ausstellen, weil dieser nach dem Erwerb einer Tankstelle bedrängt worden war, dem Nationalsozialistischen Kraftfahrkorps (NSKK) beizutreten und man ihn danach kollektiv in die NSDAP überführt hat.[7] Einen weiteren Persilschein erhält sein alter SAP-Freund Emil Peters, der daraufhin Lübecker Senator werden kann.

Die Trümmerwüsten sind größer, als er nach den Wochenschauen, die er in Stockholm und Oslo sah, sich je hat vorstellen können. Er vergleicht seine erste »Begegnung mit dem zerbombten Deutschland« einem »gespenstischen Traum« und einer jener »schrecklichen Visionen, die einen manchmal zwischen Schlaf und Wachsein überfallen«.[8] Kaisen hatte ihm von Bremen als einem »ausgebrannten Kraterfeld« gesprochen, Lübeck sieht nicht viel anders aus. Die einst so stolzen sieben Türme und die Innenstadt sind zerstört, Brandt muß nach dem Weg fragen, weil er sich nicht mehr zurechtfinden kann. Er sieht das Elend und die Not der Menschen, die vielen Kriegskrüppel auf den Straßen, die Flüchtlingslager für die Vertriebenen. In Süddeutschland notiert er den tiefen Fall der einstigen Herrenmenschen: junge Männer, die Kippen auflesen und »Fräuleins«, die sich für Schokolade prostituieren. Er berichtet von einem Schaffner, der zwei junge deutsche Frauen im amerikanischen Militärzug von Nürnberg nach Frankfurt mitfahren läßt – unter der Bedingung, daß sie als »gute Freundinnen« für die GIs im abgedunkelten Abteil Platz nehmen, und er zitiert eine Stellenanzeige für 25 hübsche »Servierdamen«, die für das Clubhaus des Roten Kreuzes in München gesucht werden.[9]

Trotz all der zerstörten Häuser und Fabriken sieht er jedoch die Chance des Neuanfangs, und er sucht zu helfen, wo ihm das möglich ist. Für viele Emigranten, die sich noch in Skandinavien befinden, betreibt er, der mit seinem halbmilitärischen alliierten Status sich in Deutschland zwischen den Okkupationszonen frei bewegen kann, eine Art privaten Such- und Postdienst, indem er nach Angehörigen forscht, Nachrichten weitergibt oder Briefe und Päckchen übermittelt. Den Enderles, die ja in Bremen mit den erbärmlichen deutschen Rationen auskommen müssen, schickt er über das Schwedische Rote Kreuz Pakete, von denen offenbar viele beim Transport über Hamburg gestohlen werden.[10] Sie haben zwölf Kilometer außerhalb der Stadt ein halbmöbliertes Zimmer als Bleibe gefunden. August muß Holz hacken und im Garten Wasser pumpen, es fehlt ihnen offenbar an allem. Brandt möge bitte Cervelatwurst, Butter und Öl schicken, Feuerzeuge und Zigaretten, und ja nicht vergessen, Schuhcreme und Schnürsenkel beizulegen.[11]

Brandt empfiehlt den Genossen der schwedischen Landesgruppe, sich an der in Schweden gestarteten Hilfe für deutsche Kinder und Kranke zu beteiligen, aber er denkt auch über praktische Hilfe für den Wiederaufbau der SPD nach, die aus Skandinavien geleistet werden könnte. Kurt Schumacher läßt er im Januar 1946 wissen, die deutschen Genossen in Schweden warteten auf konkrete Hinweise, wie der Neuaufbau der Bewegung durch »Lieferung bestimmten technischen Materials« unterstützt werden könne. In einem Brief an Erich Ollenhauer vom April 1946 faßt er nach und will sich erneut für praktische Hilfe bei den sozialistischen Organisationen in Skandinavien verwenden – vor allem denkt er an die

Lieferung von Vervielfältigungsapparaten und Papier, das damals rationiert ist und nicht ohne weiteres nach Deutschland eingeführt werden kann.[12]

Nimmt Brandt in Nürnberg an einem Ereignis teil, das nach einem Wort Alexander Mitscherlichs den Anbruch einer neuen Gerechtigkeit in der Welt anzuzeigen schien? Manchmal, gesteht er, habe er dieses Gefühl gehabt. Wie die anderen akkreditierten Berichterstatter auch, wohnt er in Nürnberg-Stein im *Faber-Castle*, wie die Amerikaner das Schloß der Bleistift-Dynastie Faber-Castell bezeichnen. Doch aristokratischen Glanz hat die Behausung nicht: Man schläft in Sälen, die mit Schlafsäcken und Feldbetten ausgestattet sind. Es gibt üppige amerikanische Verpflegung, dazu eine Bar, an der man sich abends trifft. Einmal begegnet er dort Erika Mann und ärgert sich, weil sie vorgibt, nicht mehr deutsch sprechen zu können. Einer der gerade einmal fünf deutschen Journalisten, die in Nürnberg akkreditiert sind, ist als deutscher Offizier aus dem Krieg heimgekehrt, heißt Rüdiger von Wechmar, arbeitet für die amerikanische Agentur UPI und wird später einmal sein Pressesprecher als Bundeskanzler in Bonn. Deutsche Kritiker des Verfahrens, meist übrigens überzeugte Gegner Hitlers, haben von Anfang an hervorgehoben, daß man gegen die Nationalsozialisten auch nach dem geltenden Strafgesetzbuch der Weimarer Republik hätte verhandeln und nicht minder drakonische Strafen verhängen können. Brandt geht mit seiner Kritik nicht so weit. Ausdrücklich erkennt er an, der Prozeß, so wie ihn der englische Lordrichter Lawrence leitete, habe einen »entscheidenden Fortschritt in der Entwicklung des internationalen Rechts« dargestellt. Und doch: Es wurmt ihn, den deutschen Hitler-Gegner der ersten Stunde, daß kein Weg gefunden wurde, die deutschen Antinazis mit zu Gericht sitzen zu lassen. Und wenn schon nicht dies – hätte man ihnen nicht wenigstens die Chance geben sollen, als Mitankläger aufzutreten, damit die deutschen Verfolgten mit ihren Peinigern abrechnen konnten? Schließlich haben die Verbrechen der Nazis lange vor dem Krieg in Deutschland begonnen – mit der Verfolgung ihrer politischen Gegner, der Errichtung der Konzentrationslager, den Nürnberger Gesetzen und den staatlich verordneten Pogromen der Reichskristallnacht 1938.

Er übersieht, trotz des positiven Gesamturteils, zu dem er kommt, auch nicht die problematischen Teile des Verfahrens: Das Münchner Abkommen, in dem die Westmächte Hitler weit entgegen kamen, sei nur gestreift, das Schicksal der spanischen Republik, die in seinen Augen von den Briten geopfert wurde, kaum erwähnt worden. Er moniert, daß man, um die sowjetischen Militärrichter nicht in Verlegenheit zu bringen, einen Teil der Besatzungsschrecken in Polen während der ersten Kriegsphase falsch – nämlich den Deutschen – zugeordnet habe. Und als einem, der aus der Weimarer Arbeiterbewegung kommt und mitverfolgen mußte, wie Hitler der Weg zur Macht vom deutschnationalen und konservativen Bürgertum geebnet wurde, bleibt ihm unverständlich, daß die alliierten Richter Franz von Papen, der Hitler ja die Tür zu Hindenburg geöffnet, oder Hjalmar Schacht, der die Finanzierung der deutschen Aufrüstung möglich gemacht hatte, bei der Urteilsverkündung frei ausgehen ließen. Das Mittelmaß der Jedermänner auf der Anklagebank ist unübersehbar, er spürt jene »Banalität des Bösen«, von der Hannah Arendt später beim Eichmann-Prozeß schreiben wird. Von den Angeklagten macht nur Albert Speer Eindruck auf ihn, weil er sich zu seiner Verantwortung bekannte. Im Schlußwort habe er etwas von dem »gefährlichen Mechanismus« erklärt, »der den Technokraten zu Werkzeug des schlechthin Bösen werden läßt«.[13]

Brandt schreibt und schreibt, zu seinen Abnehmern gehören bald auch die sozialdemokratischen Zeitungen in Schweden. Das ganze Ausmaß des Schreckens, die Unterdrückung der »minderwertigen« slawischen Völker, die Menschenversuche, die bestialischen Quälereien und Grausamkeiten, der fabrikmäßig betriebene, staatlich geplante Massenmord an Millionen Juden, welche die SS wie lästige Insekten vertilgt – das also, was man Jahrzehnte später zu Recht als Zivilisationsbruch bezeichnen wird, kommt Stück um Stück ans Licht. Die Zeugenaussagen und Dokumente hätten auch die stärkste Natur an den Rand des seelischen Zusammenbruchs geführt, erinnert er sich später . Mehr als einmal sei er nahe daran gewesen, zu handeln wie ein amerikanischer Kollege, der über eine sehr robuste Natur verfügte, aber eines Tages seiner Redaktion kabelte: »Ich kann nicht mehr, habe keine Worte mehr.«[14]

Den Berichterstatter für die skandinavische Arbeiterpresse läßt in diesen Monaten die Frage nicht los, wie solche systematischen Greuel in einer der führenden Kulturnationen, die sich selbst so gern als Volk der Dichter und Denker sah, hatten geschehen können. Immer drängender stellt sich für ihn die Frage nach Verantwortung und Schuld, und er greift sie in seinem Buch »Forbrytere og andre tyskere« auf, das er auf Reisen durch Deutschland und während des ersten Teils des Prozesses auf Norwegisch schreibt und das im Frühjahr 1946 außer in Norwegen auch in Schweden erscheint. Korrekt übersetzt lautet der Titel »Verbrecher und andere Deutsche«, was Brandts Wahlkampfgegner vom rechten Rand später zu der infamen Verdrehung »Deutsche und andere Verbrecher« nutzen werden.

Eine systematische Darstellung des Prozesses will und kann das Buch schon deshalb nicht sein, weil das Verfahren zum Zeitpunkt des Erscheinens noch nicht beendet ist. Doch der Journalist Brandt weiß bei seinen skandinavischen Lesern geschickt das besondere Interesse zu nutzen, welches das Nürnberger Tribunal an der physischen wie moralischen Verfassung eines okkupierten Deutschland geweckt hat, das nur noch als geographischer Begriff, nicht mehr als Staat existiert. So wirft er dieses aktuelle, schnell geschriebene Manuskript auf den Markt, von dem er im Vorwort einräumt, die Dokumentation sei an einigen Punkten vielleicht weniger dicht geraten, als sie hätte sein sollen. Er mischt Eindrücke von dem großen Tribunal mit Reisereportagen, bringt seine Einschätzung der Chancen einer demokratischen Entwicklung Deutschlands, durchleuchtet die Politik der Alliierten und erzählt vom Wiederaufbau der Wirtschaft. Er analysiert die Haltung der Deutschen zum Nürnberger Prozeß, berichtet über die Entnazifizierung und das Profil der neu entstandenen Parteien, meist baut seine Darstellung auf Gesprächen auf, die er selbst geführt, auf Dingen, die er selbst gesehen hat. Es handelt sich also, wie er in der Einführung schreibt, um einen authentischen Versuch, »die Aufräumarbeit zwischen den Ruinen zu schildern«, und zwar »die auf den Straßen und in den Hirnen«.

Selbst wenn es sich um ein eher eiliges Oeuvre handelt, scheinen im Rückblick doch drei oder vier Problemkreise wichtig, die Aufschluß über sein damaliges Denken geben. Einmal geht es ihm keineswegs darum, alles Deutsche zu verdammen, wie seine Gegner ohne Kenntnis des Inhalts später behaupten werden – im Gegenteil, in den Augen der Deutschenhasser und Vansittartisten macht sich Brandt wieder einmal der Sünde der Differenzierung schuldig, indem er deutlich das andere Deutschland in Erinnerung ruft, das leider Hitler nicht habe verhindern und später nicht stürzen können. Er sucht, zweitens, klar zwischen Schuld und Verantwortung zu trennen, und zwar derart, daß auch jener, der sich von Mitschuld freisprechen kann, in die Gemeinsamkeit von Verantwortung eingebunden ist. Die Vorstellung, es habe sich beim nationalsozialistischen Rückfall in die Barbarei »gewissermaßen um eine Naturkatastrophe« gehandelt, deshalb könne man nach der mentalen Aufräumarbeit wieder zur Tagesordnung übergehen – die will er nicht dulden. Zwar sollten sich Gegner Hitlers keine falsche Schuld andichten lassen, schreibt Brandt, aber sie müßten wohl »von allen guten Geistern verlassen sein, wenn sie nicht ihren Teil der Mitverantwortung für den Nazismus eingestünden – abgesehen davon, daß sie sich nicht den Konsequenzen der nazistischen Kriegs- und Mordpolitik entziehen können«. In diesen Passagen ist deutlich der alte SAP-Genosse wiederzuerkennen, der die Spaltung der Arbeiterbewegung als eine der Ursachen für Hitlers Aufstieg benennt, »einen klaren Bruch mit der Vergangenheit« anmahnt und die Hoffnung auf eine Einheitspartei zu diesem Zeitpunkt noch nicht aufgegeben hat.[15]

Drittens sieht er die Lasten, die Deutschland von den Siegern aufgebürdet wurden, eher vom objektiven Standpunkt eines auswärtigen Beobachters als des betroffenen Deutschen aus: Die Reparationen seien zwar hoch im Verhältnis zu dem, was das Land besitze, aber niedrig im Verhältnis zu dem Schaden, den andere durch Deutschland erlitten hätten. Und er folgert daraus, das Argument deutscher Politiker, sie könnten keine Verpflichtungen auf Kosten kommender Generationen auf sich nehmen, könne nicht akzeptiert werden. Interessanterweise handelt es sich dabei um eine Passage, die 1966, als er seine Schriften aus der Emigration auszugsweise in »Draußen« vorlegt, innerhalb des veröffentlichten Texts gestrichen wurde. Die Kürzung erscheint verständlich, wenn man das Klima jener Jahre bedenkt – als Wahlkampfmunition für die Verleumdungsfeldzüge der äußersten Rechten in den sechziger Jahren hätten solche Äußerungen leicht herhalten können.

Dagegen läßt er in »Draußen« Sätze über die Grenzfrage wiedergeben, über die er sich in »Forbrytere og andre tyskere« im Sinne einer deutschnationalen Rechten sehr viel radikaler und negativer einläßt als in der »Nachkriegspolitik« der Stockholmer späten Jahre oder etwa in Briefen gegenüber Jacob Walcher und den Enderles. An Walcher hatte er noch im August 1945 geschrieben, er halte die Grenzen »in ihrer jetzigen Form für unvernünftig«, und den Enderles in Bremen teilte er etwa um diese Zeit mit, die Grenzregelung im Osten gehe nach seiner Meinung viel zu weit, man müsse deshalb versuchen, auf der Friedenskonferenz zumindest einige Modifizierungen zu erreichen.[16] Doch in »Verbrecher und andere Deutsche« heißt es ein Dreivierteljahr später lakonisch, die deutschen Demokraten sollten die Parole der Dänen von 1864 aufgreifen. Diese hatten nach dem Krieg gegen Österreicher und Preußen die Herzogtümer Schleswig, Holstein und Lauenburg abtreten müssen, sich mit dem Verlust abgefunden und mit der Parole getröstet: »Was draußen verloren ging, soll drinnen neu gewonnen werden!«

Der Verlust nach außen, das will Brandt mit diesem Beispiel wohl sagen, könne kompensiert werden, wenn man eine stärkere, einigere Gesellschaft nach innen schaffe. Grenzen haben für ihn nun einmal nichts Sakrosanktes oder Heiliges an sich, und doch gibt es auch für ihn eine »Grenze auch bei den Grenzen«, wie er betont: »Einengung ist eine Sache, Zerstückelung eine andere«. Darin steckt eine deutliche Stellungnahme gegen Pläne, Deutschland in zwei oder gar mehrere Staaten aufzuspalten oder, wie sich aus dem Kontext klar ergibt, gegen eine Herauslösung oder Internationalisierung des Ruhrgebiets, wie sie damals von Frankreich angestrebt wird. Wichtig auch, daß Brandt – und darin ist er schon damals ein Visionär – Grenzfragen immer in den größeren Zusammenhang einer europäischen Föderation eingeordnet wissen will, die manchen Gebietsverlust später erträglich machen kann.

Tritt in solchen Passagen der Realist Brandt hervor, ist auch der Optimist nicht weit, denn er geht – viertens – davon aus, daß es nicht zu einem Bruch zwischen der Sowjetunion und den angelsächsischen Mächten kommen werde, »weil keine Seite daran interessiert ist, daß der zweite Weltkrieg durch den Auftakt eines dritten abgelöst wird«. Er hält also fest an der *one-world*-Konzeption. Er vertraut darauf, daß die Allianz, die den Krieg gewonnen hat, weiterleben wird und meint, dies müsse im deutschen Interesse liegen: »Deutsche Demokraten, die die Sache durchdacht haben, müssen sich darüber im klaren sein, daß ihre außenpolitische Orientierung in der Annahme und der Hoffnung begründet sein muß, die Vereinten Nationen würden zu einer arbeitstüchtigen Organisation.« Nur, wenn die Allianz der Kriegspartner hält, nur, wenn der Neuaufbau »im Einvernehmen und in Zusammenarbeit mit ›sowohl dem Osten wie dem Westen‹ vollzogen« werde, könne Deutschland als einheitlicher Staat aus seiner Existenzkrise hervorgehen.

Weil er von den Gesprächen weiß, die es damals an deutschen Stammtischen gibt – daß man mit den Westmächten zusammen gen Osten ziehen und die verlorenen Gebiete zurückerobern könne –, warnt er eindringlich vor jeder einseitigen Orientierung. Als ob er Jahrzehnte des Kalten Krieges voraussähe, schreibt er von der Gefahr, eine Entscheidung für West oder Ost werde Deutschland zu einem Kolonialgebiet machen oder, im schlimmsten Fall, »die Elbelinie zur Ausgangsposition einer neuen kriegerischen Auseinandersetzung«. Besondere Beachtung verdient dabei, wie er die Rolle der Sowjetunion im Verhältnis zu Deutschland sieht: Daß sie nun als eine der führenden Weltmächte hervortritt, bewertet er als einen »Faktor von allergrößter Bedeutung, nicht nur für Deutschlands außenpolitische Stellung, sondern auch für die Ausformung seiner inneren Struktur«.[17]

Seiner inneren Struktur? Wer dies liest, muß unwillkürlich stutzen – was kann damit wohl gemeint sein? Brandt betont, Moskau sei nun einmal mißtrauisch gegen alles, »was Länder in der Nähe ihrer Grenzen in feindliche Konstellationen geraten lassen könnte«. Hat er mit diesen Sätzen, die sich ebenfalls in »Draußen« nicht finden, nur die Einbindung angrenzender Staaten in andere Bündnissysteme im Sinn, oder hebt er auf demokratische Reformen wie die Entmachtung der Junker, die Beseitigung des Militarismus und die Zähmung der Macht des Großkapitals ab, wie sie seinen sozialistischen Vorstellungen ohnehin entsprechen? Wäre letzteres der Fall, ergäbe sich hier eine Kontinuitätslinie zu seinen Überlegungen aus den späten dreißiger Jahren – daß nämlich ein Westeuropa, das von sozialistischen, aber von Moskau völlig unabhängigen Parteien geführt werde, den wahren Interessen der friedlichen Entwicklung und des inneren Aufbaus der Sowjetunion entgegenkäme. Seine rhetorische Frage, ob Deutschland sozialistisch werde, beantwortet er in »Verbrecher und andere Deutsche« mit den Worten: »Es wird jedenfalls nicht privatwirtschaftlich [privatkapitalistisk].« Den Staat, den er später fünf Jahre lang regieren wird – die Bundesrepublik Deutschland mit ihrem rheinischen Kapitalismus, der Massenwohlstand produziert, und einem Führungspersonal, das sich weitgehend aus den früheren bürgerlichen Eliten rekrutiert –, hatte der norwegisch-deutsche Genosse 1946 wahrlich nicht im Sinn. Aber wer sonst hätte ihn sich im Jahre 1946 träumen lassen?

Seine Reisen von und nach Nürnberg führen Brandt kreuz und quer durch Deutschland, er sucht Kontakte mit den alten Genossen in Lübeck, aber auch mit der Führungsgarde der neu entstehenden SPD zu knüpfen und auszuloten, welche Chancen für seine Mitarbeit am deutschen Wiederaufbau es gibt. In Lübeck spricht er am 20. Mai 1946 erstmals wieder in einer öffentlichen Versammlung – wozu es freilich erst einmal einer besonderen Erlaubnis der Briten bedarf, sich als Ausländer in lübische Auseinandersetzungen »einzumischen«. Sein Thema heißt »Die Welt und Deutschland«, und er freut sich, daß er mit seinen betont nicht-nationalistischen Tönen Beifall findet. In der alten Heimatstadt trifft er auch erstmals mit Annedore Leber zusammen, der Witwe von Julius Leber, die in Berlin lebt und in Lübeck zu Besuch weilt – eine Begegnung, aus der sich in Berlin dann, wenn nicht Freundschaft, so doch eine enge Zusammenarbeit und ein politisches Zusammengehörigkeitsgefühl ergeben wird.

Die alten Lübecker Freunde wollen ihn für die politische Arbeit in ihrer Stadt gewinnen. Das versucht auch Theodor Steltzer, jener Kreisauer, den Brandt in Stockholm kennenlernte, der sich trotz Freislers Todesurteil hatte retten können und nun in Kiel als Oberpräsident, später als erster Ministerpräsident des Landes Schleswig-Holstein amtiert. Der konservative Steltzer gehört der CDU an und war einer ihrer Mitbegründer in Berlin. Er will Otto Passarge, den früheren Lübecker Reichsbannerführer, als Polizeichef des neuen Landes verpflichten und versucht Brandt in einem Gespräch in Kiel zu überreden, als Passarges Nachfolger Bürgermeister in

Lübeck zu werden und so einen politischen Neuanfang in Deutschland zu machen.[18] Was lag näher als der Gedanke, daß der aus Lübeck in die Emigration Gegangene, wenn er am Wiederaufbau in Deutschland teilnehmen will, möglichst schnell in seine Heimatstadt zurückkehrt und dort die führende politische Position übernimmt? Einige Lübecker Genossen scheuen selbst die Reise nach Hannover nicht, um die Unterstützung der SPD-Zentrale für ihren Ruf »Brandt als Nachfolger unseres Julius Leber« zu gewinnen.

Der Posten eines Lübecker Bürgermeisters, wahrscheinlich auch der des Parteivorsitzenden in der Hansestadt, liegt für Brandt zum Greifen nahe, und ein Mann mit seinen langjährigen Funktionärs- und Auslandserfahrungen hätte diese Position sehr wohl nutzen können, um sich eine politische Basis für eine spätere Rolle in Bundespartei und Bundespolitik zu schaffen. Aber er kann sich nicht entschließen – einmal, weil er die relative Unabhängigkeit des Journalisten nicht gegen die Abhängigkeit von der Partei und ihrer Bürokratie eintauschen mag, zum zweiten, weil ihm, der in den Jahren der Emigration und durch die Tätigkeit in der Kleinen Internationale gelernt hat, in internationalen Kategorien zu denken, der Rahmen der Lübecker Kommunalpolitik doch recht eng vorkommt. Auch will er, wie er in einem Brief an seinen Freund Stefan Szende in Stockholm schreibt, Schwierigkeiten aus dem Weg gehen, die ihn mit Sicherheit erwarten: »Ich frage mich, ob ich nicht gerade in einer öffentlichen Stellung viel Ärger mit denen haben werde, die mir trotz Rückkehr die langen Jahre des Exils – oder sogar Renegatentum wegen der norwegischen Staatsbürgerschaft – vorwerfen werden.«[19]

Daß er jedoch Interesse daran hätte, eine wirklich lohnende Aufgabe in Deutschland zu übernehmen, steht außer Frage. Schon im November 1945, kaum daß Schumacher auf der Konferenz in Wennigsen als »Beauftragter der SPD für die drei westlichen Besatzungszonen« bestätigt worden ist, übermittelt er ihm in einem Brief aus Nürnberg-Stein die Grüße der Auslandsgruppe der SPD in Schweden. Er stellt sich als Nürnberg-Korrespondent der skandinavischen Arbeiterpresse sowie als ehemaligen SAJ- und SAP-Funktionär vor, der in Schweden in die SPD eingetreten ist, bittet um einen Gesprächstermin und schreibt: »Ich bin entschlossen, im Frühjahr [1946] zurückzukommen, um meinen Beitrag zum Neuaufbau leisten zu können.« Mitte Januar 1946, ein Echo auf seinen ersten Brief liegt noch nicht vor, bringt er sich bei Schumacher in Erinnerung: Ihm wäre viel daran gelegen, wenn er ihn in nächster Zeit sprechen könne. Ollenhauer läßt er vor dem ersten SPD-Parteitag im April 1946 in Hannover wissen, es sage ihm nicht länger zu, in Deutschland als »Ausländer« herumzufahren: Er möchte »doch in absehbarer Zeit aktiv in die Arbeit einsteigen«. Sollte die »Bewegung« daran interessiert sein, ihn für eine Presseaufgabe oder auf einem anderen in Frage kommenden Gebiet einzuspannen, werde er sich dem nicht entziehen.[20]

Erstmals trifft er Schumacher und Ollenhauer am Rande einer Regionalkonferenz Ende Februar in Offenbach, zu der er als norwegischer Berichterstatter kommt. Für ein längeres, gründliches Gespräch über Brandts Zukunft und seine Mitarbeit am Wiederaufbau bleibt nicht viel Zeit. Es wird dann im Mai nachgeholt, als Brandt zum ersten SPD-Parteitag nach Hannover reist. In einem Gespräch im damaligen SPD-Büro in der Jacobstraße gewinnt Schumacher einen durchaus positiven Eindruck von Brandt, meint freilich, der begabte und interessante junge Mann sei »für uns in Deutschland« verloren. So jedenfalls kommentiert er die Unterhaltung gegenüber seiner Sekretärin Annemarie Renger, die sich angelegentlich erkundigt, wer denn der hübsche junge Besucher in der norwegischen Uniform gewesen sei. Wenn Schumacher so denkt, hat dies seinen Grund vielleicht darin, daß Brandt sich ungern in die Rolle des drängenden Bittstellers begibt – zwar unterstreicht er sein Interesse an einer Aufgabe in Deutschland, aber betont immer wieder seine materielle Unabhängigkeit und die Tatsache, daß er warten könne. Er bittet Ollenhauer um einen Einstieg in die »aktive Arbeit in Deutschland«, sagt aber zugleich, daß er auf einen neuen Job nicht angewiesen sei: »Ich habe hier meine Staatsbürgerschaft und mein Auskommen und kann auch von hier aus manche Dinge tun, die sich von Drinnen aus nicht erledigen lassen.«[21]

Wenn er später schreibt, bei seinen ersten Kontakten mit Schumacher und Ollenhauer habe er nicht den Eindruck gewonnen, »daß meine rasche Mitarbeit gefragt war«[22], scheint dieses Urteil nicht gerecht. Er wiederholt es in seinen Erinnerungen, wo er meint, man habe ihm auf dem Hannoveraner Parteitag im Mai 1946 weder eine Perspektive gezeigt noch das Gefühl gegeben, er werde erwartet.[23] Nur: Die Einwirkungsmöglichkeiten der Hannoveraner Zentrale auf Personalentscheidungen in den Städten und Ländern waren um diese Zeit gering, die Besatzungsbehörden hielten ein Vetorecht, und die neue Demokratie wurde von der kommunalen und regionalen Basis her aufgebaut. Anders als sein SAP-Genosse Behrisch, der nach Hof gegangen war und dort mühelos eine Nachkriegskarriere beginnen konnte, anders auch als seine Freunde, die Enderles, die in Bremen einen Neuanfang machten, hat Brandt die Lübecker Avancen ausgeschlagen – so fehlt es ihm an einer örtlichen Basis, die ihn notfalls auch gegen eine kritische Zentrale stützen könnte. Und für eine administrative Funktion in einem der neuen Länder, sei es als Staatssekretär oder gar Minister, brachte er, der langjährige Jugendfunktionär und Parteijournalist, kaum Voraussetzungen mit.

Fritz Heine, Mitglied des Exil-Parteivorstands und ab Mai 1946 hauptamtliches Vorstandsmitglied der SPD, versucht spätestens seit dem Hannoveraner Parteitag, zu dem Brandt als Berichterstatter reist, den Journalisten Brandt als politischen Vertrauensmann der Sozialdemokraten auf eine wichtige Presseposition zu hieven. Da ergibt sich einmal die vage Chance, ihn als leitenden Redakteur der Deutschen Allgemeinen Nachrichtenagentur DANA, der Nachrichtenagentur der amerikanischen Zone, zu berufen. Heine bemüht sich, einflußreiche Chefredakteure und Verleger für diese Idee zu gewinnen, auch der alte SAP-Genosse Arno Behrisch, inzwischen im bayerischen Hof Leiter der *Oberfränkischen Volkszeitung*, wird in die Kampagne eingespannt. Alle sollen ihren Einfluß bei der DANA zugunsten der Anstellung Brandts in einer führenden Position geltend machen. Brandt selbst, der an der Idee offenbar Gefallen findet, schreibt an den Kommunisten Dr. Agricola in Heidelberg, den Vorsitzenden des DANA-Ausschusses, einen Bewerbungsbrief, dessen Zustellung sich – vielleicht wegen der komplizierten Postwege zwischen den verschiedenen Besatzungszonen und dem Ausland – allerdings verzögert. Eine Reaktion darauf bleibt jedenfalls lange aus. Und er läßt Johannes Müller, einem früheren Mitarbeiter des *Vorwärts*, der inzwischen gleichsam als Direktor der DANA amtiert, seine Unterlagen zugehen.

Rund dreieinhalb Monate nach seinem Brief an Agricola wird er schließlich zu einem Vorstellungsgespräch nach Bad Nauheim geladen. Dem amerikanischen Captain, der ihm prüfende Fragen stellt, ist er merkwürdigerweise gegenüber den Sowjets zu kritisch eingestellt und zu »rechts« orientiert[24], wie Brandt rückblickend meint. Ausschlaggebend kann dies nicht gewesen sein. Wahrscheinlicher ist, daß die Amerikaner, wie Fritz Heine an Brandt schreibt, einen Kandidaten wünschten, den sie zuvor in ihrer Zone als Chefredakteur hatten erproben können, und unproblematisch waren wohl auch die Bedingungen nicht, die Brandt in seinem Brief an Müller für seine mögliche Beschäftigung genannt hatte: daß er auf einem Mindestmaß an Selbständigkeit bestehen müsse und seine norwegische Staatsbürgerschaft in der gegenwärtigen Lage nicht aufzugeben wünsche.

Ähnliches hatte er auch Heine geschrieben: Solange es noch keinen deutschen Staat gebe, der mit den Alliierten Frieden geschlossen habe, wolle – und müsse er mit Rücksicht auf seine Familie – norwegischer Staatsbürger bleiben.[25] Ganz so entschieden, welchem seiner beiden Vaterländer er sich zuwenden will, ist er damals keineswegs. Nach dem Fehlschlag bei der DANA versucht Heine, der für die Öffentlichkeitsarbeit im SPD-Vorstand zuständig ist, Brandt nun als Chefredakteur der Nachrichtenagentur der britischen Zone unterzubringen – beim Deutschen Presse Dienst DPD, aus dem später die Deutsche Presse Agentur hervorgehen wird. Aber tut er dies bestenfalls halbherzig, »ohne besonderen Nachdruck«, wie Wolfgang Schmidt vermutet?[26]

Vorausgegangen ist den Anstrengungen Heines eine Erkundigung Kurt Schumachers bei Fritz Bauer, der später zum hessischen Generalstaatsanwalt avancieren wird. Schumacher kennt Bauer aus seiner Stuttgarter Zeit, der damalige Amtsrichter und ehemalige Reichsbannerkamerad hatte mit ihm zusammen im Frühsommer 1933 im Konzentrationslager Heuberg eingesessen. Will sich der Parteichef bei einem Mitglied der sozialdemokratischen Emigration in Skandinavien, dem er vertraut, selbst ein Bild von Brandt machen, weil es Vorbehalte Ollenhauers und Heines gibt und er auch mit Brandts Intimfeind Kurt Heinig gesprochen hat? »Ich glaube«, antwortet Bauer, »dass *Du* Recht hast« und bestätigt damit ganz offensichtlich Schumachers andere, nämlich positive

Meinung zu Brandt: »Er [Brandt] ist nicht nur sympathisch, sondern auch sehr tüchtig. Er schreibt gewandt ... Er ist ein Mann, der in internationalen Kreisen leicht Freunde gewinnt und unter oft schwierigen Verhältnissen in Stockholm die 2. Internationale zu einigen verstand.« Natürlich sei Brandt ein Mann eigener Gedanken, aber er habe mehrfach mit ihm über Schumacher gesprochen und dabei nie etwas gehört, was »kritisch« hätte gewertet werden können. Interessant an Bauers Beurteilung seines Freundes Brandt ist sein Hinweis, es gebe Genossen, die ihn für einen Windhund hielten, weil er manchmal smart sei wie ein Amerikaner: »Daran ist etwas Richtiges«, urteilt Bauer, »er ist in der Emigration ein an den Westen, insbesondere Amerika assimilierter Journalist geworden.« Sicherheitshalber schließt er mit dem Hinweis, daß 99% der Stockholmer Sozialdemokraten mit Kurt Heinig »verfeindet sind«.[27] Im Juli teilt Heine mit, der zuständige britische Leiter von DPD, Bermann, sei nicht abgeneigt, Brandt als Chefredakteur anzustellen[28], und Ende Oktober kommt tatsächlich ein Telegramm in Oslo an, in dem Brandt zur Übernahme von DPD in Hamburg aufgefordert wird.[29] Da freilich hat der Deutsch-Norweger sich bereits für sein zweites Vaterland entschieden.

Daß Schumacher, der ja zielstrebig die Integration früherer Dissidenten von SAP und ISK, auch die ehemals führender Kommunisten wie Herbert Wehner betreibt, dem jungen Emigranten aus Norwegen nicht negativ gegenübersteht, belegt auch ein Brief Fritz Heines an Fritz Bauer, den er im Auftrag Schumachers schickt. Brandt wird da als »ungewöhnlich begabter Journalist« bezeichnet: »Wir wissen, dass er uns in manchen Dingen noch sehr kritisch gegenüber steht«, so Heine, »wir wissen auch, wie berechtigt vieles an kritischen Äusserungen ist, die über uns gemacht werden und gemacht werden können, und ich bin durchaus nicht dagegen, vorausgesetzt freilich, dass sie nicht aus einer prinzipiell feindlichen Haltung kommen oder rein verleumderisch sind...« Bauer setzt umgehend Brandt von Heines Brief in Kenntnis: »Parteimässig klingt das sehr erfreulich«, schreibt er Brandt. »Und was Dich anbetrifft, habe ich keine Einwendungen.«[30]

Gegenüber seinen Freunden verhehlt Brandt allerdings die große Skepsis nicht, mit der er den neuen Parteiapparat betrachtet, der da in Hannover entsteht. Gegenüber Stefan Szende äußert er sich

Ende Mai 1946 verächtlich über die »Apparatleute« in Hannover, zu denen er ausdrücklich Schumacher nicht zählt, spricht von den »Ollenhauers«, die ihn loswerden wollen und ihre Feindschaft ihm gegenüber nur zu deutlich an den Tag gelegt hätten: »Die grosse Gefahr besteht, dass Schumacher die Reden hält, während die Ollenhauers und Kriedemänners die Partei beherrschen werden.«[31] Er respektiert die Person Schumacher und ihren Leidensweg, nennt den gequälten, einarmigen, ausgemergelten und leidenschaftlichen Volkstribun einmal das »Symbol des geschundenen und schwer geprüften Deutschland«, ein andermal ein Exempel dafür, daß der Geist über den Körper triumphiere. Seine erste Begegnung mit Schumacher habe ihn sehr beeindruckt, heißt es bei Lania.[32]

Schumachers eiserner Wille hat seine Achtung, auch der Versuch, die von Hitler zerschlagene Partei größer und mächtiger als vor 1933 wieder auferstehen zu lassen – als eine Organisation voller Tatkraft, ausgestattet mit dem Willen zur Macht, die sie nach seinen Vorstellungen zum Instrument der nationalen Rettung machen soll. Er bejaht Schumachers Ansatz zur Erneuerung der SPD von Grund auf, vor allem ihrer Öffnung für jene, die nicht vom Marxismus oder dem kommunistischen Manifest herkommen, sondern aus christlichen, ethischen oder moralischen Motiven. Zwar nimmt er Anstoß an den überspitzt nationalen Tönen des SPD-Chefs, doch verteidigt er ihn gegen den Vorwurf des Nationalismus: Die internationale Verständigung und die europäische Einigung lägen Schumacher am Herzen, nur sei er geradezu besessen von der Angst, Weimar – und damit der Verdacht, die Sozialdemokraten seien national unzuverlässig – könnte sich wiederholen.[33] Er nimmt ihn auch gegen die Kritik einiger ehemaliger SAP-Freunde in Schutz, die neue SPD unter seiner Führung sei nicht genügend auf sozialistische Ziele verpflichtet. Den Enderles schreibt er im Februar 1946 aus Nürnberg, er sei nach der Lektüre von Schumachers Referaten angenehm überrascht davon, daß dieser »die sozialistische Generallinie sehr klar herausarbeitete«.

Allerdings wird in diesem Brief schon erkennbar, was er später deutlicher kritisieren wird: daß der SPD-Chef, der doch eine erneuerte Partei wollte, zum Gefangenen des Apparats geworden ist, den er sich hat schaffen müssen. Ohne die alte Funktionärsschicht, ohne jene Genossen Abgeordnete, Parteisekretäre und Kassierer der Weimarer Zeit war der Aufbau der Partei aus dem Nichts heraus in den meisten Städten einfach nicht zu bewerkstelligen. Doch jetzt dominierten die Alten fast gänzlich, moniert Brandt, und so könne dies bei Strafe der Verkrustung und Vergreisung nicht bleiben. Es müsse Demokratie in der Bewegung entwickelt werden, bei der Besetzung von leitenden Funktionen »dürfe es nicht nach Bäuchen und Bärten«, es müsse »nach den Köpfen« gehen.[34] Der Beobachter Brandt spricht klar aus, was Schumacher übrigens auch sieht – nur muß der Parteichef handeln, und das Reservoir an potentiellen Mitarbeitern ist nach zwölf Jahren Diktatur und den Verwüstungen des Krieges zu seinem eigenen Kummer sehr begrenzt.

Respekt ist eine, Zuneigung eine völlig andere Sache. Unterschiedlichere Naturen als Schumacher und Brandt sind kaum vorstellbar: apodiktisch und leidenschaftlich, autoritär und gestochen klar in seinen Äußerungen der eine, abwägend und moderat, antiautoritär und oft mit vieldeutiger Wortwahl der andere. Brandt findet es nicht leicht, mit dem Parteichef zu diskutieren: »... die an Fanatismus grenzende Unbedingtheit, mit der er an einer einmal gefaßten Entscheidung festhielt, seine Art des Redens und die Überbetonung nationaler Gesichtspunkte – ich könnte nicht behaupten, daß ich mich mit Schumacher wesensverwandt fühlte«, bekennt er in »Links und frei«. Er kritisiert Schumachers Aufritt gegen die »Speckdänen deutschen Geblüts« in Husum, wo der SPD-Chef den dänisch gesinnten, des Separatismus verdächtigen Flensburger Ortsverein kurzerhand auflöst, als überzogenen Nationalismus. Das Apodiktische der Schumacherschen Aussagen oder Ausbrüche widerstrebt ihm, der doch von Skandinavien her die sehr viel moderateren Töne in der politischen Auseinandersetzung gewohnt ist, die Absolutheit des Anspruchs auf Gefolgschaft stößt ihn ab: Schumacher habe sich schöpferische, eigenverantwortliche Persönlichkeiten als Mitarbeiter gewünscht, dann aber in manchen Fällen – allzumenschlich, wie Brandt meint – solche ausgewählt, »die eher von der bequemen Sorte waren«.

Wichtiger zum Verständnis seiner kritischen Haltung ist freilich die Distanz, die er zur damaligen Linie der Hannoveraner SPD-Zentrale in Briefen und Referaten des Jahres 1946 erkennen läßt. Für einen alten SAP-Genossen kaum verwunderlich, kritisiert er vor allem das Verhalten Schumachers gegenüber dem Berliner Zentralausschuß der SPD in der Frage der Einheitspartei. Schumacher hatte die Forderung der Berliner Genossen nach einem Reichsparteitag, auf dem die Einheitsfrage behandelt werden solle, mit dem Argument abgelehnt, solange es keine Reichseinheit gebe, lasse sich auch kein Reichsparteitag einberufen. Daraufhin wollte oder konnte sich die Ostberliner SPD-Führung dem massiven Drängen der Sowjetischen Militäradministration, dann wenigstens in der Sowjetzone die Einheitspartei zu gründen, nicht länger widersetzen. Noch 1982 meint Brandt im Rückblick, er sei nicht sicher, »ob man dies nicht auch anders hätte angehen können«, räumt allerdings ein, »Schumachers Entschluß war ein Faktum für sich selbst, und er konnte sich bald durch den elenden Druck bestätigt fühlen, der in der Sowjetzone eingesetzt wurde, um die ›Arbeiterparteien‹ unter Zwang zu vereinigen«.

Als Brandt im Frühjahr 1946 nach Hannover zum Parteitag reist, sind seine Gefühle »eher verwirrt«.[35] Schon in dem Brief aus Oslo, mit dem er Ollenhauer sein Kommen als Berichterstatter für die skandinavische Presse, aber auch als »Leitungsmitglied der schwedischen Landesgruppe unserer Partei« ankündigt, bittet er um eine gründliche Aussprache und übt, wenn auch vorsichtig, Kritik. Zwar habe er nichts für die im Osten praktizierten Methoden übrig, aber er sei auch nicht überzeugt, daß die Position »unserer Partei« in allem glücklich gewesen sei: »Ich bekam den Eindruck, dass man vielfach geneigt war, auf die KP[D]-Haltung mit einer einseitigen Westorientierung zu antworten und ausserdem zu wenig daran dachte, eine eigene offensive Haltung in der Einheitsfrage einzunehmen.« Außerdem rügt er, daß manche Sprecher der SPD die traditionellen Elemente überbetonten und nicht bereit seien, »die frühere Politik einer kritischen Wertung zu unterziehen«.[36] Daß er damit nicht irgendeinen Parteisprecher, sondern den Parteichef selbst meint, dürfte Ollenhauer kaum entgangen sein.

Ist in dem, was Brandt da aus Oslo schreibt, der Einfluß Gustav Dahrendorfs zu spüren, jenes Überlebenden des Kreisauer Kreises und Freundes von Julius Leber, der im Berliner Zentralausschuß ursprünglich zu den überzeugten Verfechtern des Einheitsgedankens gehörte und dann, als der kommunistische Druck zu groß wurde, noch vor der Zwangsvereinigung in den Westen ging? Im Winter

1945/46 nimmt er von Nürnberg aus Kontakt mit Dahrendorf in Berlin auf und fordert Broschüren und Programmschriften an. Die negative Haltung, die von großen Teilen der SPD in den Westzonen zum Einheitsproblem eingenommen wird, lehne er ab, schreibt Brandt den Enderles Anfang Februar aus dem Faber-Schloß: »Gegen die Begründung, die in der Hannover-Frankfurtschen Entschließung enthalten ist, richtet sich mein Haupteinwand.«

Dies ist nun in der Tat ein Schlüsselsatz, denn er belegt, daß die Vorbehalte Brandts gegenüber Schumacher nicht nur den politischen Stil, sondern auch die Substanz von dessen politischen und zeitgeschichtlichen Auffassungen, daß sie Schumachers geradezu lodernden Antikommunismus betreffen. Zum anderen wird damit auch klar, wie schwer sich Brandt in den ersten Nachkriegsmonaten von einmal liebgewordenen linkssozialistischen Geschichtsbildern trennt. Denn Schumacher, der überzeugte Verfechter der Republik und des Parlamentarismus, hatte dem antifaschistischen Mythos der Arbeitereinheit, mit dem die Ostberliner die Einheitspartei begründen, vehement widersprochen: Weimar sei nicht, wie die Ostberliner behaupteten, an der fehlenden organisatorischen Einheit der Arbeiterparteien gescheitert, sondern an der Haltung der Kommunistischen Partei, welche die Republik nicht habe verteidigen wollen: »Die geschichtliche Schuld der deutschen Arbeiterklasse«, so der Beauftragte der SPD für die Westzonen in der Begründung seiner Absage – ebenjener Begründung, die Brandt so mißfällt –, »beruht darin, daß der kommunistische Teil die klassenpolitische Rolle der Demokratie verkannt und zusammen mit den Nazis, den Deutschnationalen und den anderen kapitalistischen Feinden der Demokratie den Parlamentarismus sabotiert hat. Ohne diese kommunistische Haltung wären die Nazis nicht an die Macht gekommen«.

Schumacher, auch wenn er Fehler auf der sozialdemokratischen Seite stets einräumt, formuliert hier glasklar – er macht die Hauptverantwortlichen aus und trifft den historischen Kern. Die Anspielung auf die Zusammenarbeit von Kommunisten und Nationalsozialisten gegen die geschäftsführende Regierung der Sozialdemokraten Braun-Severing vor und nach den preußischen Landtagswahlen 1932 ist überdeutlich. Zudem argwöhnt er mit gutem Grund, daß die kommunistischen Haupteinpeitscher der Einheit im Osten eine wahrhaft demokratische und parlamentarische Republik auch heute nicht im Sinne haben. Bei Brandt freilich, der 1932 als linker Revolutionär meinte: »Republik, das ist nicht viel, Sozialismus ist das Ziel«, und der 1934 noch in Oslo die SPD als den Hauptschuldigen für den Sieg Hitlers ausgemacht hat, ist offenbar das mythische Wunschbild einer antifaschistischen Einheit lebendig geblieben, wie es vor allem in den Schriften und Aufrufen der SAP beschworen worden war. Es sei mehr als verwunderlich, klagt er den Enderles, »wenn heute der Feststellung widersprochen wird, dass die Spaltung der Arbeiterbewegung und die Zersplitterung der anti-nazistischen Kräfte entscheidend zum Sieg Hitlers beigetragen haben«. Einer so allgemeinen Formulierung hätte wahrscheinlich auch ein Schumacher nicht widersprochen, allerdings sich mit ihr nicht begnügt, sondern präzise die Ursachen benannt, die eine Arbeitereinheit seinerzeit illusorisch machten.

Wenn Brandt Schumachers Linie gegenüber dem Zentralausschuß in Ostberlin kritisiert, welche andere Linie hätte er dann für richtiger gehalten? In seinem Referat über die Krise der deutschen Arbeiterbewegung[37], das er im März 1946 ausgearbeitet hat, geht er von der Überlegung aus, daß ein Aufruf zur Gründung einer Einheitspartei – einer einheitlichen Organisation mit sozialistischer Zielsetzung und innerparteilicher Demokratie – nach dem Zusammenbruch des nationalsozialistischen Regimes im Osten wie im Westen begeisterte Zustimmung gefunden hätte. Zu Recht weist er darauf hin, daß im Osten, wo Parteigründungen sehr viel früher möglich waren als im Westen, die Kommunisten entsprechende Vorschläge von Sozialdemokraten, etwa Max Fechner, im Frühsommer zurückgewiesen hatten. Sie mauserten sich ja erst dann zu Vorkämpfern der Einheitspartei, als sie mit ihrer eigenen Neugründung in der Gunst der Arbeiterschaft, etwa bei Gemeinde- oder Betriebsratswahlen, erkennbar hinter den ostdeutschen Sozialdemokraten zurückblieben. Die KPD sei erst umgeschwenkt, »als sie ihren Apparat in der Ostzone ausgebaut und die Gewähr für die Beherrschung der SED in der Hand zu haben glaubte«, urteilt Brandt im Juli in einem Brief an seinen alten Freund Walcher in New York[38] – daß sie die Vereinigung »mit undemokratischen Mitteln und teilweise sogar mit gewalttätigen Methoden« betrieb, hatte er ihm schon Ende April geklagt.[39]

Wenn er die Zwangsverschmelzung ablehnt, wenn die SED für ihn nicht jene Einheitspartei ist, von der alle Linkssozialisten träumen – was versteht er dann unter einer offensiven Politik der Sozialdemokratie, jener »positiven Linie«, von der er in seinem Referat spricht und auf die sich die Sozialdemokraten im Osten wie im Westen nach seinen Vorstellungen hätte einigen können? Er meint, daß eine Urabstimmung noch im Winter 1945/46 eine große Mehrheit für eine Einheitspartei im Westen ergeben hätte. Legt er deshalb den Gedanken nahe, die Sozialdemokratie hätte sich im Westen der Einheitspartei nicht verschließen sollen, denn im Reichsmaßstab hätte allein ihr Übergewicht für innerparteiliche Demokratie gesorgt, zudem hätte man die Kommunisten im Westen leicht auseinanderdividieren können? Oder denkt er gar an die (Gegen-)Gründung einer westlichen Einheitspartei?

An beide Überlegungen ließen sich interessante, ja spannende kontrafaktische Geschichtsbetrachtungen knüpfen. Wäre es der Einheitspartei Ost überhaupt möglich gewesen, sich dem Sog der größeren, mächtigeren und vor allem demokratischen Einheitspartei West zu entziehen? Aber waren, wie die Politikwissenschaftlerin Helga Grebing einmal skeptisch fragt, auf westlicher Seite im Herbst und Winter 1946/47 »die Handlungsvoraussetzungen dafür tatsächlich gegeben«?[40]

Die Westmächte hatten es nicht eilig mit der Zulassung von deutschen Parteien – formell, daran sei erinnert, erhielt Kurt Schumacher überhaupt erst am 1. Dezember 1945 die Genehmigung zur Gründung eines sozialdemokratischen Ortsvereins in Hannover, und da ist die kommunistisch-sowjetische Offensive für die Sechziger-Konferenz und gegen die Unabhängigkeit der Ostberliner Sozialdemokraten längst im Gange.

Sicher scheint, daß Brandt eine westliche Einheitspartei von Anfang an gewünscht hätte – obschon Kurt Schumacher ja seine Wiedergründung der SPD ebenfalls als sozialistische Einheitspartei betrachtete; als eine diesseits der Kommunisten allerdings, die er ausschließen wollte, solange sie an Moskau gebunden seien und sich nicht zur parlamentarischen Demokratie bekannten. Viele Linkssozialisten wünschten nach dem Krieg schon deshalb eine Einheitspartei, weil sie hofften, mit ihr die Kommunistische Partei spalten zu können. Bei Brandt findet sich nichts von alledem –

jedenfalls nichts Konkretes. Folgt man seinen Überlegungen vom März 1946, hätte man die Ostberliner Sozialdemokraten mit weitaus bescheideneren Maßnahmen aus der Umklammerung durch die KPD befreien können – etwa dadurch, daß man für die »grösstmögliche Geschlossenheit der antinazistischen Kräfte«, für Gewerkschaftseinheit und »eine sachliche, praktische Zusammenarbeit mit der KPD« eingetreten wäre. Auch die Erkenntnis der »Berliner«, »dass die Erreichung einer gesunden Kooperation mit der Sowjetmacht zu den wichtigsten Voraussetzungen deutscher Politik zu zählen war«, erwähnt er als bedeutsamen Bestandteil jener positiven Linie, die er vermißt.

Hätte die Bereitschaft der West-SPD, auf der Basis dieser Vorschläge mit Grotewohl zu kooperieren, die Selbständigkeit der Ost-SPD absichern und die SPD in West wie Ost die Funktion einer gesamtdeutschen Klammer erhalten können? Jede Antwort darauf muß notwendig spekulativ bleiben. Sicher ist, daß Schumacher mit seinem scharfen Trennungsstrich eine wichtige Grundvoraussetzung für den antitotalitären Gründungskonsens der Bundesrepublik und ihre Westorientierung geschaffen hat. Doch ebenso sicher erkennt Brandt, mit seinem im Exil geschärften Blick für Außenpolitik, die der Hannoverschen Defensivstrategie innewohnenden Konsequenzen und Gefahren, und zwar lange vor dem Parteitag der SPD in Hannover, auf dem die Schumacher-Linie von der großen Mehrheit der Delegierten formell eingesegnet wird. Gegenüber Walcher klagt er, die Zwangseinheit, die nicht verhindert werden konnte, trage »zweifellos dazu bei, dass die Zonengrenzen sich versteifen«[41] – daran könnten noch so viele Aufrufe der SED zur deutschen Einheit nichts ändern.

In seinem Referat vom März 1946 meint er, genau das, was zu verhindern gewesen wäre, sei nun eingetreten: »die deutsche Arbeiterbewegung ist in eine Ost- und eine Westpartei gespalten«, die KPD bzw. Einheitspartei nach Osten, die SPD nach Westen orientiert. Und er sieht auch deutlich, daß die »russische Sicherungspolitik« darauf abzielt, die Verhältnisse im Gebiet der Ostzone »an die Verhältnisse in der übrigen sowjetischen Einflußsphäre anzugleichen und ihm eine ›loyale‹ politische Vertretung [mit der Gründung der SED] zu verleihen«.[42]

Ist die sowjetische Haltung als Schritt zur Stabilisierung der zonenmäßigen Zerstückelung und zur andauernden »Kolonisierung« Deutschlands zu verstehen? Er schließt dies nicht aus, hält allerdings für wahrscheinlicher, daß die Sowjets erst einmal versuchen, ihr Ostzonenmodell »als geschlossenes Ganzes mit einer straff ausgerichteten politischen Partei« im Wettbewerb um die Gestaltung der gesamtdeutschen Entwicklung einzusetzen. Damit zeigt er beachtliche Weitsicht, denn *cum grano salis* wird dies ab Frühjahr 1948 mit der Volkskongreßbewegung und der Errichtung eines »Deutschen Volksrats« zum »Kampf für die Einheit Deutschlands« von Ostberlin aus dann auch versucht. Aber noch klammert er sich an einen Gedanken, der nicht viel mehr als ein Strohhalm ist: Der Weltgewerkschaftsbund solle seinen Einfluß beim Alliierten Kontrollrat geltend machen und die Bildung eines Koordinationskomitees anregen, in dem die gewerkschaftlichen Spitzenvertretungen aller vier Zonen zusammenzufassen wären.

Ein letzter Hoffnungsschimmer, daß die erwünschte Nachkriegszusammenarbeit zwischen Ost und West doch noch funktioniert? Wohl kaum. Im Grunde ist das ganze Gedankengebäude, das er und seine Freunde in Stockholm für die Nachkriegsordnung und einen demokratischen Neuanfang in Deutschland errichtet hatten, schon im Frühjahr 1946 vom Einsturz bedroht. Die Erwartung, die Kriegsallianz zwischen den angelsächsischen Mächten und der Sowjetunion werde weiterbestehen, erweist sich zunehmend als unrealistisch, und mit ihr die Annahme, der deutsche Neuaufbau könne im Einvernehmen zwischen Ost und West vollzogen werden – unter Berücksichtigung der wichtigsten Elemente beider Seiten: der demokratischen des Westens, der planwirtschaftlich-sozialistischen des Ostens. Seine ganze Enttäuschung über diese Entwicklung wird spürbar, wenn er in einem Brief an Walcher klagt: »Die Freude über strukturell fortschrittliche Veränderungen in der Ostzone« – er meint zweifellos die Bodenreform und wohl auch die in Sachsen angelaufene Kampagne zur Enteignung der Betriebe von Nazis und »Kriegsverbrechern« – »wird dadurch wesentlich getrübt, dass jene ›Demokratie‹ neuen Typs praktiziert wird, die mit den demokratischen Grundrechten wenig gemein hat und sogar die elementaren Grundforderungen der demokratischen Meinungsbildung innerhalb der Arbeiterbewegung beiseiteschiebt.«[43]

Der Hannoversche Parteitag soll ein Nachspiel haben, das eine Belastung des Verhältnisses nicht so sehr zwischen Brandt und Schumacher als vielmehr Brandt und Ollenhauer zeigt. Es geht dabei eher um Kleinigkeiten, und sie sind auch nur insoweit erwähnenswert, als Verletzlichkeit und Mißtrauen auf beiden Seiten sichtbar werden. Sehr zum Ärger Brandts hatte nämlich Kurt Heinig, der intrigante Feind aus der Stockholmer Emigration, nicht nur die Grüße der dänischen und schwedischen Sozialdemokratie überbracht, sondern auch im Auftrag jener Stockholmer Genossen gesprochen, »die in schweren Jahren treu zum Parteivorstand gehalten« und auch draußen »Stürme« erlebt hätten. Er spielte damit auf die Auseinandersetzung zwischen seiner Minderheitengruppe und der Mehrheit um Fritz Tarnow und Willy Brandt an. Ohne Roß und Reiter zu nennen, bezichtigte er den Kreis um Tarnow, Handlanger der Kommunisten und Spalter der sozialdemokratischen Emigration gewesen zu sein.

Im Auftrag der Landesgruppe teilt Brandt deshalb das »starke Befremden« der Stockholmer Genossen mit, daß Heinig von der Tribüne des Parteitags aus »in sinnentstellender Weise« zu den Stockholmer Emigrationskonflikten Stellung genommen habe. Die Landesgruppe sei auch »verwundert« darüber, heißt es in der offiziell an Schumacher adressierten Beschwerde, daß Heinig mit einer neuen Vollmacht des Parteivorstands für Schweden ausgestattet worden sei. Bedenkt man, daß er sich um die Hilfe der Hannoveraner bei der Suche nach einer sinnvollen Aufgabe in Deutschland bemüht, dann zeigt dieser Brief, geschrieben am 11. Juni 1946 in der Osloer »Pensjon Themis« in der Pilestredet, einen Willy Brandt mit Stolz vor Fürstenthronen: »Ich möchte Sie ... sehr eindringlich darum ersuchen, dass die Haltung des Parteivorstandes zu den Genossen in Schweden nicht weiter durch Konflikte bestimmt wird, die sich während der Emigration zwischen den Londoner Genossen und dem Vorstand in Stockholm herausgebildet hatten. Der Parteivorstand ist meiner ehrlichen Überzeugung nach nicht gut beraten, wenn er sich einseitig auf Heinig festlegt.« Ollenhauer bescheidet Brandt darauf ziemlich knapp, er halte nicht viel davon, die Diskussion um den Stockholmer Konflikt noch einmal zu eröffnen. Seine Vollmacht habe er dem Genossen Heinig nicht in seiner »Funktion als Repräsentant einer sogenannten Minderheitengruppe«

zugestellt, sondern als Vertreter des Parteivorstands, und er habe durchaus den Eindruck, daß Heinig beide Gruppen nun in loyaler Weise zusammenführe.[44]

Doch wie sehr Schumachers Stellvertreter irrt, wenn er meint, das Stockholmer Emigrationsgezänk sei damit beigelegt, erweist eine irritierte Anfrage Heines bei Brandt: Ob es denn stimme, was da aus Stockholm nach Hannover berichtet werde – daß er, Brandt, die Vorstandswahlen in Hannover als nicht demokratisch bezeichnet habe? Hat Heinig da wieder einmal Störfeuer gegen den verkappten Kommunisten und Einheitsfreund geschossen? Brandt räumt das Mißverständnis aus: Er habe in seinem Bericht vor der Landesgruppe in Stockholm nur bedauert, daß weder der Vorsitzende der Bayerischen Landesorganisation noch ein Vertreter der Hamburger Partei in den Landesvorstand gewählt worden seien. Offenbar zeigt er mehr Verständnis für den sich anbahnenden föderalen Aufbau der Bundesrepublik als der Hannoveraner Apparat, der unter dem Einfluß des Zentralisten Kurt Schumacher steht. Er wolle die »grösstmögliche Entwicklung der innerparteilichen Demokratie«, schreibt er Heine. Formell sei natürlich nichts dagegen einzuwenden, daß man, wie in Hannover geschehen, 36 Kandidaten vorschlage und es den Delegierten überlasse, mindestens 11 von ihnen zu streichen. Doch kämen bei diesem Verfahren Zufälligkeiten ins Spiel, die dann zu einer »unzweckmässigen distriktmässigen Verteilung der PV-Mitglieder« führe. Sein Verhältnis zu Ollenhauer, meint Brandt rückblickend 1982, sei »unterkühlt« geblieben und habe sich erst im Laufe der Jahre gebessert.[45]

Einerseits bemüht sich Hannover um eine Position für Brandt, andererseits hat er immer wieder Grund zu der Annahme, die Parteizentrale mißtraue ihm. Ist es da ein Wunder, wenn er sich für Norwegen entscheidet, als dieses ihm ein attraktives Angebot macht? Kaum hat der Brandt-Skeptiker Trygve Lie, zum ersten Generalsekretär der Vereinten Nationen berufen, den Stuhl des norwegischen Außenministers für den Brandt-Freund Halvard Lange freigemacht, wird der Deutsch-Norweger Ende September gefragt, ob er als Diplomat in norwegische Dienste treten würde. Lange denkt zunächst an die Position eines Presseattachés der norwegischen Botschaft in Paris. Seine Aufgabe sollte, wie Brandt seinem Freund Stefan Szende berichtet, vor allem darin bestehen, den

»Kontakt mit der französischen [Arbeiter-]Bewegung wahrzunehmen und dem Botschafter sowie der Regierung über französische und internationale Vorgänge zu berichten«. Die Grenzen zwischen Partei und Staat, meint Einhart Lorenz einmal, seien im norwegischen »Arbeiterpartei-Staat« damals nicht immer eindeutig verlaufen. Brandt findet Langes Idee reizvoll, schon weil er hofft, er könne diese Stellung nach zwei Jahren als Sprungbrett für eine Karriere in den neuen europäischen oder internationalen Organisationen nutzen – ein Gedanke, der viel für sich hat. Könnte er so seinen »beiden Vaterländern« nicht am besten dienen? Noch schwankt er und bittet Stefan Szende um Rat: Soll er ganz auf die deutsche Karte setzen oder das norwegische Angebot annehmen? »Es ist doch wohl so, dass es im Laufe der nächsten 5–10 Jahre zu festeren Formen der europäischen Zusammenarbeit kommt, oder Europa wird zugrundegehen«, schreibt er dem Freund in Stockholm. Bringe er nicht für eine Tätigkeit in den entstehenden europäischen Organisationen Voraussetzungen mit, die er in Paris besser nutzen könne als in Deutschland? Doch in letzter Minute entscheiden der norwegische Regierungschef Gerhardsen und sein Außenminister Lange anders: In derselben Funktion, als norwegischer Presseattaché und »politischer Observatör«, sehen sie Brandt nun lieber in Berlin, weil er von dort, mit den deutschen Verhältnissen von Grund auf vertraut, zuverlässig über die Entwicklung in Deutschland berichten könne.

Lange ist mit Brandt aus der gemeinsamen Zeit in der norwegischen Arbeiterjugend befreundet und schätzt seinen Rat vor allem auf außenpolitischem Gebiet. Im Gegensatz zu seinem Vorgänger Trygve Lie neigt er nicht der Vansittart-Schule zu, sondern will, kaum aus einem deutschen Konzentrationslager zurückgekehrt, die deutschen Sozialdemokraten unterstützen: In seinen Augen brauchen die deutschen Genossen vor allem »moralische Kalorien« für den demokratischen Aufbau – die Hilfe der nordischen Bruderparteien nämlich, die ihre Autorität gegenüber den Westalliierten stärken sollen. Wenn er und andere wichtige Funktionäre der Norwegischen Arbeiterpartei, etwa ihr Generalsekretär Haakon Lie, eine betont freundliche Haltung gegenüber der SPD einnehmen – wie dies in ehemals von Deutschen besetzten Ländern damals keineswegs selbstverständlich ist! –, haben sie natürlich auch die

Eindämmung der kommunistischen Gefahr in Deutschland im Sinn.[46]

Zögerte Brandt noch bei dem Pariser Angebot, willigt er sofort ein, nach Berlin zu gehen. Ist er dort nicht ganz nahe an dem, was in Deutschland vorgeht, kann er die deutsche Entwicklung, wie er Szende begründet, von dort nicht besser verfolgen als aus einer westlichen Provinz oder gar von Lübeck, wohin zu kommen ihn seine Freunde aus der alten Heimatstadt erneut aufgefordert haben? In der Tat ist er in Berlin, solange die Funktion des alliierten Kontrollrats noch einigermaßen intakt bleibt, im Zentrum dessen, was in Deutschland vorgeht, und behält den Überblick über das Geschehen in allen vier Besatzungszonen. Die neue Tätigkeit bedeutet für ihn einen Mittelweg, auf dem er sich weiter für deutsche und skandinavische Belange einsetzen kann; auch bleibt er einer Entscheidung in der leidigen Staatsbürgerschaftsfrage zunächst enthoben. Wäre eine deutsche Staatsbürgerschaft nicht ohnehin »ziemlich fiktiv«, solange ein deutscher Staat gar nicht existiert? So etwa rechtfertigt er seine Entscheidung in einem Rundbrief, den er an alle »Lieben Freunde«, vornehmlich seine früheren SAP-Genossen, verschickt und der Aufschluß gibt über sein damaliges Selbstverständnis: Er sieht sich ganz als unabhängigen demokratischen Sozialisten, der »seit Jahr und Tag« zur Richtschnur seines Handelns gemacht habe, »nicht von einem engen nationalen Standpunkt aus Stellung zu nehmen«.

Das »Schicksal des um seine Lebensgrundlage ringenden Deutschland«, heißt es da ein wenig pathetisch und deshalb eigentlich ungewohnt für den Brandt dieser Zeit, werde auf internationaler Ebene entschieden. Schwingt hier noch die Hoffnung mit, auch von der neuen Position des norwegischen Diplomaten in Berlin könne er eines Tages in die Dienste internationaler Institutionen überwechseln?[47] Manches an dem Rundbrief mag nach Selbstrechtfertigung klingen, die er in den Augen einiger Empfänger gar nicht nötig hat. Annedore Leber schreibt ihm aus Berlin nach Oslo: »Wir freuen uns! In welcher Form Sie zu uns kommen, bleibt sich gleich. Wir wissen ja, als welcher Sie kommen …«[48]

Er kommt in Uniform. Und was, wird er später bitter schreiben, »hat man alles aus dieser Uniform gemacht!« Dabei kommt es doch darauf an, wer in der Uniform steckt – der Freiherr vom

Stein, so Brandt in »Draußen«, sei »seinerzeit als Bevollmächtigter des russischen Zaren nach Deutschland zurückgekehrt«.[49] Da Norwegen beim Alliierten Kontrollrat durch eine Militärmission vertreten ist, bei der alle Uniform zu tragen haben, muß er den bunten Rock der Norweger zum zweiten Mal überstreifen und erhält – allein wegen der Besoldungsgruppe – den Rang eines Majors, obschon er nie Soldat gewesen ist. Doch handelt es sich um einen zivilmilitärischen Rang: Am linken Ärmel der Uniformjacke ist deutlich »Civilian Officer« vermerkt.

Mit einem norwegischen Diplomatenpaß versehen, macht sich der frischgebackene Offizier Weihnachten 1946 auf den Weg zunächst nach Kopenhagen, wo er gute 14 Tage auf sein *military entry permit* und die *travel orders* wartet, die aus London über Oslo an die britische Militärmission in Kopenhagen geschickt werden sollten. Mit Erkältung sitzt er in seinem Hotelzimmer, trinkt Tee mit Rum, geht ins Kino und liest alles, was er auftreiben kann – Upton Sinclair, Aldous Huxley, Jean-Paul Sartre, »ohne Begeisterung«, wie Rut Brandt kommentiert. Warten ist nicht seine Sache, und bald beginnt er eine Verschwörung gegen sich zu sehen: »... es müßten Leute am Werk sein, die gegen ihn bei den britischen Militärbehörden intrigiert hätten, Leute, die ihn nicht auf dem Posten in Berlin haben wollten, und die Briten dazu gebracht hätten, mißtrauisch gegen ihn und seine deutsche Vergangenheit zu werden« – so Rut Brandt in ihrem »Freundesland«.[50]

Nichts von alledem ist wahr, aber das ganze Unternehmen scheint unter einem schlechten Stern zu stehen: Als die Papiere mit den *orders* schließlich kommen und er in den Zug einsteigen will, ist sein Gepäck nicht da – ein mißlungener Start, der aus Rut Bergausts Sicht wenigstens die eine gute Wirkung hat: Willy Brandt beschließt, nicht mehr allein zu sein, sondern setzt alle Hebel in Bewegung, damit seine Gefährtin ihm bald nachfolgen kann. Was unter Beamten und Militärs schwer möglich wäre, fällt unter norwegischen Genossen offensichtlich leichter, zumal dann, wenn den *civilian officer* Brandt und seinen Chef Halvard Lange alte Freundschaft verbindet: Rut kommt ein Vierteljahr später als Sekretärin und Assistentin an die Militärmission nach, auch sie in Uniform – im Rang eines Fähnrichs, weil anders beide nicht zusammen in der Offiziersmesse essen könnten.

Erst einmal scheint die neue Position nicht zu halten, was er sich von ihr versprochen hat: Schon nach einer Woche schreibt er Rut nach Oslo, es sei ein Fehler gewesen, die Stelle anzunehmen – er hätte besser »den schwierigeren Weg zurück nach Deutschland« wählen sollen. Empfindet er, der Sozialist mit den zwei Vaterländern, in seinem tiefsten Inneren eben doch mehr als Deutscher? Ein Wunder wäre dies nicht. Schon seine Beziehung zu Carlota hatte ja angeblich unter seiner Obsession mit Deutschland gelitten. Stört ihn, der sein ganzes bisheriges Leben die Rolle des Journalisten mit der des Parteiaktivisten nahezu bruchlos hatte verbinden können, daß er jetzt auf die Rolle eines auswärtigen diplomatischen Beobachters beschränkt ist? Daß er, der im Exil darüber geschrieben und gestritten hatte, welches Gesicht Deutschland nach Hitler erhalten müsse, in die Diskussionen, die nun sehr viel hautnaher, brennender von Deutschen in Deutschland geführt werden, in seiner neuen Funktion nicht eingreifen, daß er nicht mitwirken kann?

Von solchen inneren Zweifeln merken die Empfänger seiner Berichte nichts, sondern registrieren einigermaßen verblüfft den großen Fleiß ihres neuen Attachés im zerbombten Berlin. Er wertet Tageszeitungen aus, gibt Meinungen der verschiedensten alliierten Gesprächspartner im Kontrollrat oder von deutschen Politikern wieder, schickt politische Analysen über die Entwicklung der Ost-West-Beziehungen oder die wirtschaftliche und gesellschaftliche Umwälzung, die in der sowjetischen Besatzungszone vorgeht. Im ganzen Jahr 1947 verfaßt er allein für den norwegischen Pressedienst 395 »Berichte und Schreiben« aus Berlin, er reist weit und viel durchs Land, um Interesse für norwegische Fragen zu wecken – bei Redaktionen in Hamburg, Bremen, Lübeck und Flensburg oder in Düsseldorf, Frankfurt und Nürnberg.

Daß es dabei nicht um große Politik geht, sondern buchstäblich um kleine Fische, zum Teil allerdings auch um besonders große, mag durchaus zu seiner Ernüchterung über die Möglichkeiten des neuen Jobs beigetragen haben. Die Deutschen wollen die Aufhebung der Kapazitätsbeschränkungen ihrer Trawlerflotte und der Schleppnetzfischerei, die der Kontrollrat angeordnet hat, und sie wollen auch das Walfangverbot aufgehoben wissen, das er über sie verhängte. Schon aus Konkurrenzgründen lehnen die Norweger solche Forderungen ab. Gerät Brandt mit seiner Haltung zum Walfang in Norwegen in die Schußlinie, weil er zuviel Verständnis für die Deutschen hat und sich nicht hart genug für die Wirtschaftsinteressen seines zweiten Vaterlandes schlägt? Das deutsche Motiv für die Aufhebung des Verbots sei eindeutig Fettnot, meint Brandt im Abschlußbericht über seine Tätigkeit als Presseattaché – die Tagesration an Fett betrage gerade einmal 5 Gramm, »und oft nicht einmal dies«.[51] Die konservative *Aftonposten* bezichtigt ihn, kaum daß die Nachricht von seinem Abschied als norwegischer Attaché in Oslo im Dezember die Runde macht, er habe in der wichtigen Frage des Walfangs für sein Land zu wenig getan – ein Angriff von rechts, der vom sozialdemokratisch geführten Außenministerium umgehend zurückgewiesen wird.[52]

Außenpolitisch ist 1947 ein Jahr der Entscheidungen, aber auch für Willy Brandt persönlich, wie sich zeigen wird. Mit Truman-Doktrin und Marshall-Plan werden nach dem Scheitern der Moskauer Konferenz die Weichen zum Kalten Krieg gestellt. Daß Brandt, seinem bisherigen Denken entsprechend, in das Treffen der Außenminister an der Moskwa große Hoffnungen setzt und glaubt, die Siegermächte würden doch noch zur Zusammenarbeit finden, zeigt einer seiner ersten Berichte von Anfang Februar: Viel spreche dafür, heißt es da, daß es im Laufe dieses Jahres eine deutsche Regierung geben und daß die Hauptstadt wieder Berlin heißen werde.[53] Doch die Großmächte können sich im März in Moskau weder über die Reparationsfrage noch über einen einheitlichen Wirtschaftsraum und schon gar nicht über deutsche Zentralbehörden oder eine deutsche Regierung einigen. Beinahe minutiös verfolgt er in seinen Analysen, wie Ost und West eigene Wege gehen und der Kalte Krieg beginnt.

Das Kontrollrats-Berlin dieser Zeit summt und brummt förmlich vor Gerüchten. Anfang März greift er eines davon auf: daß Engländer und Amerikaner einen eigenen westdeutschen Staat vorbereiteten. Er sieht sich dann bald bestätigt, als der Wirtschaftsrat für die Bizone entsteht, der in seinen Grundzügen die spätere Bundesrepublik vorwegnimmt. Einmal übermittelt er eine Behauptung, die eher einer Latrinenparole gleicht: daß es nämlich in der SED einen Flügel gebe, der den Anschluß der Ostzone als Sowjetstaat an die Sowjetunion wolle.[54] Doch fügt er sogleich hinzu, der Vorschlag sei von einem übereifrigen Anhänger der Sowjetunion auf einer Unterbezirkskonferenz in Thüringen gemacht worden – man solle ihm besser keine Bedeutung zumessen. Dann wieder rapportiert er – mit dem Vermerk »Strengt fortrolig« [Streng vertraulich] dem Außenminister weiterzuleiten! – die Einschätzung einer Ostberliner Quelle, nach der die Zustände in der russischen Führung so labil seien wie in Lenins letzten Jahren, als dieser krank im Kreml saß. Der außenpolitische Kurs sei hart umstritten: Molotow folge nicht mehr Stalins Direktiven und kämpfe für einen intransingenten Kurs, der Diktator dagegen wünsche eine Entspannung mit den Westmächten.[55]

Brandt beobachtet, wie die CDU der Westzonen sich langsam um »Konrad Adenauer aus Köln« sammelt, in dem er einen »alten, gerissenen Taktiker« sieht.[56] Er fährt als Gast zum Nürnberger SPD-Parteitag, schreibt von der »unverrückbar führenden Rolle Schumachers«, der praktisch einstimmig wiedergewählt worden sei. Doch in der Schilderung der Schumacherschen Politik werden seine damaligen Vorbehalte deutlich: Zwar wolle auch der SPD-Chef einen Kompromiß mit Rußland, aber er setze alles auf eine Karte, wenn er davon ausgehe, daß sie »nur auf der großen alliierten Ebene« gefunden werden könne und die »Umstände für das, was er als demokratische Entwicklung in Deutschland auffaßt, durch einen Anschluß an das ›antitotalitäre Lager‹ verbessern könne«.[57] Ein andermal meint er, es sei fraglich, ob alle Sozialdemokraten mit der starren und, wie einige behaupteten, »fanatischen Haltung« des Parteivorsitzenden einig seien.[58]

In einem vertraulichen Bericht über die Lage in der sowjetischen Zone, adressiert an den Pressedienst des Außenministeriums, weist er auf die Tatsache hin, daß in der russischen Zone 13 Konzentrations- und Zwangsarbeitslager unterhalten würden. Die Insassen seien »meist ehemalige aktive Nazisten«, doch scheine klar zu sein, »dass auch hunderte und tausende von Personen verhaftet wurden, die der sozialdemokratischen Partei oder anderen nichtnazistischen Gruppen angehören«. Allein in Buchenwald, meldet er nach Oslo, sollen im Mai »800 Sozialdemokraten und ca. 200 ›oppositionelle‹ Kommunisten« eingesessen haben.[59] Da sich diese Zahlen in etwa mit den damals von der SPD verbreiteten decken, scheint Brandts Quelle das Ostbüro in Hannover gewesen zu sein.

Willy Brandt sieht ein Vier-Mächte-Berlin, das durch Bombenangriffe und Straßenkämpfe zu Deutschlands größter Trümmerwüste geworden ist. Krater, Höhlen, Schuttberge, Geröllhalden, Ruinen, die kaum noch erkennen lassen, daß hier einst Häuser gestanden hatten, keine Heizung, kein Licht, jeder kleine Garten ein Friedhof, »und über allem wie eine unbewegliche Wolke der Gestank der Verwesung« – so sein erster Eindruck, wie er ihn Lania schilderte.[60] Von anderthalb Millionen Wohnungen sind nur 370 000 unbeschädigt geblieben, die Einwohnerzahl schrumpfte von viereinhalb auf drei Millionen, und er trifft ein, als eine der eisigsten Kältewellen seit Menschengedenken über die ehemalige deutsche Hauptstadt hereingebrochen ist: Alles Leben schien erstarrt, die Behörden arbeiteten nur halbtags. »Mitte des Monats lagen mehr als tausend Betriebe still«, erinnert er sich 1982. »Alte und Kranke erfroren zu Hunderten in ihren Betten. In Zeitungspapier gehüllte Tote wurden auf Handkarren zum Friedhof gebracht.« Die Kohlezuteilungen sind kümmerlich, die Lebensmittelrationen reichen kaum, um den Hunger zu stillen. Er notiert viele Zeichen des »materiellen und moralischen Verfalls«, die Stadt scheint ihm »im Sterben zu liegen«.[61]

In einem seiner ersten Berichte nach Oslo spricht er die »harten Belastungen« der deutschen Zivilbevölkerung durch den strengen Winter »in den ausgebombten Großstädten und Industrieregionen« an: Die deutschen Behörden wiesen jede Verantwortung für Erfrorene ab, schreibt er: »Zwar war es ja nicht viel, was sie hätten machen können. In einem gewissen Grade erhielt man dennoch den Eindruck, daß größeres Gewicht auf die Proteste und Proklamationen gelegt wurde als auf praktische Hilfeleistungen.« Er beobachtet, daß ein »unangenehm großer Teil der Bevölkerung« den Mangel an Lebensmitteln und Treibstoff als »Strafmaßnahmen der Siegerherren« wertet, ja sie als »Gaskammerersatz« bezeichnet. Nihilismus und Nationalismus sind die vorherrschenden Tendenzen bei den Deutschen, die er in diesen eisigen Wintermonaten notiert: Man könne eben nicht erwarten, daß »eiskalte Versammlungs- und Konferenzsäle dem politisch-demokratischen Leben zugute kämen.[62] In seinen Briefen schildert er Rut die »Grausamkeiten und Merkwürdigkeiten« seiner neuen Umgebung, schon um im voraus den Schock abzumildern, der sich notwendig einstellen muß, wenn sie aus dem relativ heilen Norden in das deutsche Karthago kommen wird.

Aber auch Politik – wie könnte das bei ehemaligen Junggenossen schon anders sein? – spielt in seinen persönlichen Berichten eine Rolle. Man sei in einer merkwürdigen Situation hier in Berlin, schreibt er in einem der ersten vielen und langen Briefe an die Gefährtin: »Einerseits befindet man sich mitten im Brennpunkt, auf der anderen Seite kann man sich isoliert fühlen ... Aber hier sieht man auch deutlicher als in den Westzonen oder in Oslo, daß die Kritik nicht nur in die eine Richtung gehen darf. Abgesehen davon, daß es keine Lösung für dieses Land oder Europa und vielleicht für die Erhaltung des Weltfriedens gibt, wenn es nicht trotz allem gelingt, zu einem *modus vivendi* zu kommen, einer Art des Zusammenlebens in diesem verheerten, mißhandelten, aber dennoch traditionsreichen und wertvollen Kontinent. Ich werde jedenfalls ernsthaft versuchen, an einer solchen Lösung mitzuwirken, und ich denke nicht, daß es aussichtslos ist.«[63] *Modus vivendi* – wie früh wird doch das außenpolitische Leitmotiv des Brandt der reifen Jahre angeschlagen!

In Berlin trifft er viele alte Freunde aus Stockholm wieder, skandinavische und alliierte Korrespondenten, aber auch Peter Tennant, den britischen Nachrichtenoffizier der Gesandtschaft Seiner britischen Majestät in Stockholm, der bei den englischen Militärbehörden jetzt als politischer Controller und für Pressearbeit zuständig ist. Norwegische Journalisten, die über Berlin schreiben wollen, führt er durch die Stadt, einen konservativen Chefredakteur aus Oslo begleitet er einmal zu einem Interview mit dem SED-Vorsitzenden Wilhelm Pieck – der »alte Mann, der stur und phantasielos jede Schwenkung der Parteilinie brav mitgemacht und so dreißig Jahre Krieg, Revolutionen, Krisen und Reinigungen überlebt hatte«, wirkt auf ihn »wie ein kommunistischer Hindenburg«. Der Norweger spricht den späteren Präsidenten der DDR auch auf die Konzentrationslager an, die in der Sowjetzone wieder in Betrieb genommen wurden und in der nun auch demokratische Gegner des Zonenregimes einsitzen. Piecks Antwort: Wenn der Fragesteller nur wüßte, was er da an Briefen von Genossen bekomme, deren Söhne verschwunden seien. Aber die SED habe dort nichts zu sagen, die Verantwortung liege ausschließlich bei den sowjetischen Stellen.[64] Tatsächlich werden die Lager von Berijas NKWD betrieben und unterstehen direkt dessen Moskauer Zentrale.

An einen Besuch Brandts als Major in norwegischer Uniform in Berlin erinnert sich übrigens Karl Mewis. Man kennt einander nicht nur aus dem schwedischen Exil, sondern schon aus der Zeit in Barcelona. Damals residierte Mewis unter dem Namen Fritz Arndt als Vertreter der Komintern im Militärflügel der »Casa Carlos Marx«, und Brandt hatte ihn aufgesucht, um das Schicksal seines verschwundenen – und entführten – Freundes Marc Rein aufzuklären. Jetzt sitzt Mewis als Sekretär in der SED-Parteizentrale in der Berliner Behrenstraße und empfängt einen Brandt, der angeblich begeistert über die Einheitspartei spricht und versichert, er sehe seine Hauptaufgabe darin, »auch in West-Berlin für die Vereinigung zu wirken« – nur, um dann später »zum Vertreter des schärfsten Antikommunismus in der SPD« zu werden.[65]

Weil das Osloer Außenministerium, wie von jedem seiner Diplomaten, von Brandt möglichst umfassende Lagebeurteilungen erwartete, gehörte es zu seinen selbstverständlichen Pflichten, auch die Meinungen führender Vertreter im Osten einzuholen. An dem Besuch wäre also nichts bemerkenswert, es sei denn, Mewis hätten seine Erinnerungen an die Bemerkungen Brandts nicht getrogen. Brandt selbst nennt die Darstellung grotesk, Mewis habe die Dinge auf den Kopf gestellt.[66] Besondere Glaubwürdigkeit verdient Mewis schon deshalb nicht, weil seine Darstellung der Rolle des KP-Funktionärs Wehner in Schweden später selbst vom SED-Politbüro angezweifelt und sein Buch auf Anordnung Honeckers aus dem Verkehr gezogen wird. Daß man einen Gesprächspartner, von dem man Informationen einholen will, nicht unbedingt mit der eigenen gegenteiligen Meinung vor den Kopf stößt, gehört zu den simpelsten Regeln der Informationstechnik. Vielleicht hat Brandt sich auch als alter SAP-Mann vorgestellt, der seit mehr als einem Jahrzehnt prinzipieller Verfechter einer Einheitspartei, wenn auch nicht dieser, gewesen ist, um das Gegenüber freundlicher zu stimmen. Interessant ist allerdings, daß auch Jacob Walcher in dieser Zeit bei Brandt von einer klaren, unzweideutigen Gegnerschaft zur Einheitspartei nichts gespürt haben will.

Der alte KPO- und SAP-Kämpe, der sich im New Yorker Exil in seinem erlernten Beruf als Dreher in verschiedenen kleinen Betrieben durchgeschlagen hat, trifft etwa zeitgleich mit Brandt in Berlin ein. Daß beide inzwischen getrennte Wege gehen, der eine sich für die Sozialdemokraten, der andere für die Zwangseinheitspartei im Osten entschieden hat, führt in den Monaten und Jahren zuvor zu langen schriftlichen Disputen, ausgetragen über den Ozean hinweg. Walcher sieht, trotz der diktatorischen Entartungen und vielen Schwächen des Systems, in der Sowjetunion den »naturgegebenen Verbündeten« aller revolutionären Sozialisten. Das sowjetische System habe die denkbar schwerste Prüfung des Krieges »über alles Erwarten glänzend« bestanden, die sozialistische Wirtschaft sei in »phe(!)nomenalem Ausmass« den geradezu »phantastischen Anforderungen der Riesenarmee« gerecht geworden und habe damit ihre Überlegenheit über den Kapitalismus erwiesen. Allein die Tatsache, daß die kapitalistische Wirtschaftsweise abgeschafft wurde, macht die Sowjetunion in den Augen Walchers zum Hoffnungsträger für eine bessere Welt.

Brandt hält dem entgegen, daß sich genau diese axiomatische Behauptung Walchers als falsch erwiesen hat: daß die kollektive Umformung der Wirtschaft zwangsläufig eine Befreiung der Menschen nach sich ziehe, sei »durch die Entwicklung nicht bestätigt worden«. Verstaatlichung führe eben nicht automatisch zu »höheren Formen der Demokratie«. Walcher behauptet, die geschichtliche Rolle der SPD habe sich nicht verändert: Bei Licht besehen rette sie immer den Kapitalismus vor der sozialistischen Revolution. Brandt setzt dagegen, es sei eine falsche Vereinfachung, »im Westen nichts als Reaktion und kapitalistische Ausbeutung« zu sehen. Müsse man, um den Sozialismus zu schaffen, wirklich erst zurück zu einer »Entwertung uns wesentlicher menschlicher und sittlicher Werte« – also zu sowjetischen Verhältnissen? Könne man nicht von einer »höheren Stufe aus« – will heißen: vom Boden der westlichen Demokratie aus – zum Sozialismus gelangen und »die Elemente des Kollektivismus und der Freiheit vereinen?« Es bedürfe in Deutschland einer unabhängigen sozialistischen Politik, »die dem Osten lässt, was ihm gebührt, die aber keineswegs auf den Anschluss an die sozialistischen und fortschrittlichen Kräfte im Westen verzichtet«. Und um bei Walcher, dem alten Freund der Sowjetunion, Ängste auszuräumen, setzt Brandt ausdrücklich hinzu, mit einer selbständigen Entwicklung des europäischen Sozialismus sei auch der Sicherheit Moskaus am besten gedient. Vielleicht gelinge der sowjetischen Welt dann sogar, was Brandt ihr sehnlichst wünscht: eine »freiheitliche, humanistische Entwicklung« in die Wege zu leiten.

Längst ist das Meister-Jünger-Verhältnis zu Ende, die Meinungen klaffen immer weiter auseinander, aber beide wollen Freunde bleiben und versichern sich ihres großen gegenseitigen Respekts. »Du hast außerordentlich viel für meine politische Entwicklung bedeutet«, schreibt Brandt dem einstigen Mentor. Er hat ihn als Mensch schätzen gelernt und hofft nun, daß die unterschiedliche Beurteilung der Lage »unserm guten Verhältnis keinen Abbruch tut«. Walcher empfindet die politischen Gegensätze zu seinem einstigen Schüler, der als enger Gefolgsmann in den Fraktionskämpfen innerhalb der SAP stets auf seiner Seite gestanden hat, als äußerst »schmerzlich«. Er will Brandt so schnell wie möglich sehen, weil er hofft, »die Dinge wieder auf einen gemeinsamen Nenner zu bringen«.[67] Doch so einfach geht das nicht. »Walchers Beurteilung der SU«, urteilt Rainer Behring, »übertraf an blinder Verehrung sämtliche Äußerungen, die sich 1945 bei Brandt und anderen linken Sozialisten noch gelegentlich fanden.«[68] Daß er sich der SED anschloß, war nur die logische Konsequenz dieser Haltung.

Im ersten Berliner Jahr Brandts halten beide regelmäßig Kontakt. Kaum angekommen, sucht Brandt seinen alten SAP-Gefährten in der Redaktion der *Tribüne* in der Chausseestraße auf, jenes sowjetzonalen Gewerkschaftsblattes, dessen Chefredaktion Walcher nach der Übersiedlung nach Ostberlin und dem Eintritt in die SED übernommen hat. Zweimal erscheint Brandt in der Redaktion in norwegischer Uniform, wie Walcher 1952 der SED penibel zu Protokoll gibt, als er den gegen ihn verhängten Parteiausschluß rückgängig machen will. Drei- oder viermal seien er und seine Frau Hertha bei Brandt danach »in einem auch von anderen Norwegern bewohnten Haus in der Heerstraße« zu Gast gewesen. Zum 60. Geburtstag »Jims«, am 9. Mai 1947, schickt Willy einen telegraphischen Glückwunsch »mit Dank für verflossene Jahre und Hoffnung auf kommende Zeiten«. Walcher überbringt Brandt einmal das Angebot Wilhelm Piecks, er könne sich seine Position im Osten frei wählen, wenn er sich zum Übertritt entschließe – eine

Offerte, die Brandt dankend ablehnt. Er wiederum sendet Walcher ständig Material über die norwegischen Gewerkschaften – Briefkopf: DEN NORSKE MILITAERMISJON – Berlin, Uhlandstraße 7/8.

Bei »allen Zusammenkünften mit mir und meiner Frau« habe Brandt den Eindruck erweckt, »daß er der existierenden SPD mißtrauisch, wenn nicht gar ablehnend gegenüberstand« – das jedenfalls erklärt Walcher, inzwischen im Zuge einer ersten SED-Parteisäuberung seines Postens enthoben und aus der Partei ausgeschlossen, der zentralen SED-Kontrollkommission unter Hermann Matern. »Ich hielt es unter diesen Umständen der Mühe wert, mit Br. zu argumentieren, ihn von der wahren Rolle der Schumacher-Partei zu überzeugen und ihn dahin zu bringen, dass er, wenn er in die deutsche Arbeiterbewegung zurückkehrt, sich ins revolutionäre Lager einreiht.«[69]

Ohne Zweifel dient diese Version Walcher 1952 zur Rechtfertigung seiner frühen Berliner Kontakte zu Brandt. Als er dies schreibt, gilt Brandt im Osten ja längst als ein Anführer der amerikanischen Fraktion in der West-Berliner SPD, eine Wendung, die Walcher in derselben Stellungnahme als »verwerfliche Entwicklung« des einstigen Freunds beurteilt. Eher pflichtgemäß bezeichnet er ihn auch einmal als »skrupellosen Karrieristen«. Doch völlig abwegig ist seine Darstellung der Begegnungen im Jahre 1947 nicht. Daß beide nach sechsjähriger geographischer Trennung miteinander diskutierten, offen und vorbehaltlos wie früher bei den Sitzungen der Parteileitung in Paris, scheint einleuchtend. Es hätte Brandts ausgeprägtem Sinn für Fairneß widersprochen, seinem Respekt vor der Person des Älteren und des Mitstreiters von Rosa Luxemburg, aber auch seiner entschiedenen Abneigung gegen die Unsitte, politische Meinungsverschiedenheiten zum Anlaß für erbitterte persönliche Feindschaften zu nehmen. Wenn Brandt sich dabei skeptisch zu Schumachers Linie gegenüber dem Osten oder gar ablehnend zu dessen vehementem Antibolschewismus geäußert hat, scheint dies nach allem, was über seine Einstellung damals bekannt ist, so unwahrscheinlich nicht. Außerdem war Walcher für den Diplomaten Brandt, der ja die Ost-West-Szene in Berlin im Auge behalten mußte, eine wertvolle Quelle, die man nicht durch überspitze Kommentare vergraulen wollte. Walchers großer Irrtum lag wohl darin, daß er Brandts kritische Äußerungen über das taktische Verhalten Schumachers zur Einheitspartei überbewertet, die grundsätzliche Ablehnung des diktatorischen Wegs der SED dagegen erheblich unterschätzt hat.

Brandt schildert das norwegische Milieu, in dem er sich in Berlin bewegt, sehr zurückhaltend als freundlich und angenehm – »soweit eben etwas angenehm sein konnte in einer Stadt, die aufgehört hatte, die Hauptstadt Deutschlands zu sein«.[70] Seine Gefährtin wird da schon deutlicher: »Wir lebten in beschlagnahmten Häusern mit beschlagnahmten Möbeln und schliefen in beschlagnahmten Betten. Die Verpflegung wurde von auswärts importiert: Wir aßen in alliierten Restaurants, kauften in alliierten Geschäften, zahlten mit alliiertem Militärgeld – britischen BASF-Pfund oder amerikanischen SCRIPT-Dollars – und gingen in alliierte Kinos und Klubs. Das war ein unnatürliches Kolonialleben und eigentlich menschlich ebenso entwürdigend für den, der in relativem Überfluß leben konnte, wie für den, der außenvor stand und Not litt: gleich demoralisierend, aber unleugbar bequemer.«[71] Man erhält britische Militärrationen, jede Woche gibt es 100 britische Virginia-Zigaretten, Woodbines oder Players – die einzige reale harte Währung zwischen Besatzern und Besetzten.

»Major« Willy ist mit drei anderen »Offizieren« in einer Villa in der Heerstraße untergebracht – einem geräumigen Haus mit großem Garten und Tennisplatz, Terrasse und Wintergarten, »Fähnrich« Rut wohnt zunächst in der Offiziersmesse der Mission in der Mecklenburger Allee, einem roten Backsteinhaus, das vom Krieg verschont geblieben ist, umhegt mit einer Hecke aus Rhododendron und Syrenen. »An uns war nichts Militärisches bis auf die Uniform. Aber die machte den Unterschied«, schreibt Rut. »Sie zeigte, wohin wir gehörten. Wir waren Besatzer, und wir sollten auf jede Art von der deutschen Bevölkerung getrennt werden.« Vielleicht weil sie beide dies damals als störend empfanden, zeigen Bilder aus den alliierten Clubs die beiden oft in Zivil – beim Essen oder Tanzen, selbst bei festlichen Anlässen in der britischen Militärmission. Als Rut einige Wochen nach ihrer Ankunft dann zu Willy in die Heerstraße zieht, werden die Blicke des Missionschefs und seiner Frau distanzierter. Schickt sich das? Muß Brandt nicht an seine Karriere denken? Was soll gar der Außenminister davon halten, wenn ihm dies zu Ohren kommt? Doch genau dieser Außenminister hatte ja auf Brandts Bitte dafür gesorgt, daß Rut als Fähnrich die *travel order* nach Berlin bekam. Als Willy Brandt dem General erklärt, Halvard Lange sei ein alter Freund von ihm und wisse von seiner Beziehung zu Rut, werden beide wieder als Paar akzeptiert. »Am selben Abend«, so Rut Brandt, »lud mich die Generalsgattin ein, mit ihr im Garten hinter der Messe Erdbeeren zu pflücken, und alles war wie vorher.«[72]

Mit Rut fährt er zum SPD-Parteitag nach Nürnberg, von dort geht es zum Sommerurlaub nach Prag, wo Eduard Beneš wieder als Präsident auf der Karlsburg residiert und der Kommunist Clement Gottwald an der Spitze einer Allparteienregierung der Nationalen Front steht. Brandt und Rut nutzen den Vorteil ihres alliierten Status. Ist es für Deutsche noch schwer, von einer Besatzungszone in die andere zu reisen, stellt die tschechische Staatsgrenze für Angehörige der norwegischen Mission in Berlin kein Hindernis dar. Die Tschechoslowakei zählt eindeutig zum sowjetischen Einflußbereich, Bergwerke und Großindustrie, Banken und Versicherungen sind schon 1945 verstaatlicht, 2,9 Millionen Deutsche und Ungarn enteignet und vertrieben worden. Gottwald spricht von dem neuerstandenen Staat bereits als einer »Volksdemokratie«, aber es gibt noch Meinungsfreiheit. Gleichgeschaltet ist die Tschechoslowakei noch nicht, auch wenn die Sowjetunion Anfang Juli die Tschechen dazu zwingt, amerikanische Aufbauhilfe durch den Marshall-Plan, der sie bereits zugestimmt hatten, wieder abzulehnen. Was er in Prag sieht, beeindruckt Brandt: »Vermutlich konnte man in Europa nicht viele Orte finden, an denen so lebhaft und engagiert diskutiert wurde, nicht zuletzt auf dem Wenzelsplatz – über Gott und die Welt.«[73] Er spürt, wie das Volk »mit Tatkraft, Frische und Lebendigkeit am Wiederaufbau« arbeitet und glaubt, »ein Stück Sozialismus errungen zu haben«.[74] Ist es die sozialistische Grundstimmung, das Experiment einer Art Volksfront innerhalb der sowjetischen Sphäre – bei noch unangetasteter Freiheit der demokratischen Auseinandersetzung, das ihm gefällt? Walcher meint gar, Brandt habe ihm geradezu »begeistert« von seinen Erlebnissen in Prag berichtet.[75]

Er erledigt seine Aufgaben für die Norweger pflichtgemäß, doch mit vollem Herzen ist er nicht bei der Sache. Die Funktion des diplomatischen Beobachters füllt ihn nicht aus, zu sehr zieht ihn die deutsche Entwicklung in ihren Bann. Immer wieder fragt er sich, ob er von einem »deutschen Standort« aus nicht mehr leisten könne. Als sich im Herbst die Möglichkeit ergibt, die Berliner Vertretung des SPD-Parteivorstandes in Hannover zu übernehmen, schlägt er selbst ein Angebot Gunnar Myrdals aus, der zum Generaldirektor der ECE, der Wirtschaftskommission der Vereinten Nationen in Genf, bestellt worden ist. Myrdal hat angefragt, ob er ihm nicht bei der Presse- und Öffentlichkeitsarbeit helfen wolle und damit genau jene Position in einer internationalen Organisation geboten, die sich Brandt noch vor einem Jahr erträumte. Die Absage Brandts kommentiert er mit Bedauern, aber Verständnis: Brandt täte wohl das Richtige, wenn er für jenes seiner zwei Länder arbeiten wolle, »das am ärmsten ist und Deine Hilfe am nötigsten hat«.[76]

Die Stelle, die Brandt lockt, hat vorerst Erich Brost inne, ein Genosse und gelernter Buchdrucker aus Danzig, der die Hitler-Zeit im Exil in London verbrachte und der nach Essen wechseln will, weil die Engländer ihm die Lizenz für die *Westdeutsche Allgemeine Zeitung* angeboten haben. Er wird aus dieser Lizenz eine wahre Goldgrube machen, zum Multimillionär und größten deutschen Zeitungsverleger nach Axel Springer aufsteigen. Brost und Brandt hatten einander in Berlin näher kennengelernt. Wie Brandt sich erinnern will, hat ihm Brost angeboten, sich in Hannover für ihn als Nachfolger einzusetzen. Wie Brost sich erinnert, ist die Sache genau umgekehrt gewesen: Brandt habe ihn gebeten, für ihn beim Parteivorstand vorzufühlen. Wie auch immer: Brost kennt den Deutsch-Norweger aus vielen Gesprächen in Berlin als klugen, außerordentlich geduldigen Mann voller *goodwill* und verwendet sich für ihn, auch wenn er ihm »ein wenig bohemienhaft und etwas links von ihm stehend« erscheint – eine Sache, die er jedoch nicht als gravierend ansieht. Wichtiger ist ihm, so Brandt-Biograph Peter Koch, daß er schon wegen seines »unabhängigen Charakters« nicht zu den Jasagern zählen würde, von denen es nach Brost im Umkreis Schumachers zu viele gibt.[77]

Anfang November diskutieren Brost und Brandt die Möglichkeit mit Fritz Heine, Brandt spricht selbst ausführlich auch mit Schumacher. Natürlich würde er in dieser Funktion »die Auffassungen der Parteileitung verfechten«, versichert er dem SPD-Chef. So jedenfalls ist es einem Brief zu entnehmen, den er seinem Freund Szende schreibt. Den Kurs des Parteivorstands zu vertreten, würde ihm allerdings leichter fallen, wenn er »die uneingeschränkte Möglichkeit hätte, im gegebenen Fall eine eigene Meinung in den leitenden Parteikörperschaften vorzutragen«. Schumacher habe das »als eine Selbstverständlichkeit bezeichnet« und hinzugefügt, »dass man in Hannover ja nicht die Weisheit mit Löffeln gefressen habe«. Praktisch sei man, immer dem Brief an Szende zufolge, über alles schon einig gewesen: »selbst die Hausfrage konnte rasch und überaus befriedigend gelöst werden«, und Rut habe sich entschlossen, hierzubleiben und sein Los zu teilen.

Doch dann sei die Reise Schumachers, Ollenhauers und Franz Neumanns nach Skandinavien gekommen, und da habe es Leute gegeben, »die Schumacher und den andern früh und abends spät Dreckgeschichten vorerzählt haben«. Für Ollenhauer sei das allerdings nicht überraschend gekommen, habe er doch vorher einem gemeinsamen Bekannten erklärt: »Wenn Heinig davon [von Brandts Berufung] erfährt, erklärt er uns für verrückt.« Der gemeinsame Bekannte war Erich Brost, und er klärte Brandt auch über die »Giftspritzen« aus Stockholm und Oslo auf. Brandt-Gegner aus der skandinavischen Emigration, vor allem aber Kurt Heinig in Stockholm hatten wieder einmal zugeschlagen und Brandt als einen »ganz gemeinen Schieber hingestellt«, als »gerissenen Geschäftsmann, der aus allem Geld machen kann«, vor allem als »Agenten der Kominform« und als »Busenfreund Jacob Walchers«.[78]

Die Reise Schumachers nach Norwegen und Schweden Ende November 1947 zählt wahrlich nicht zu den großen Erfolgserlebnissen des SPD-Vorsitzenden. Wie schon bei seiner ersten Auslandsreise nach Großbritannien wirkt sein Redestil steif, dogmatisch und rhetorisch überladen, der erhebliche Stimmaufwand auf die bedächtigen Skandinavier eher abstoßend-fanatisch. Daß er die norwegischen Kommunisten »Quislinge der Sowjetunion« nennt, muß nur zwei Jahre nach Kriegsende in einem Lande befremdlich klingen, das von den Deutschen besetzt war, seine Befreiung der Anti-Hitler-Koalition verdankt – und damit auch der Sowjetunion.

Für Willy Brandt zeitigt die Reise erst einmal das Resultat, daß seine Berufung auf den Berliner Posten im Parteivorstand auf Eis gelegt wird, um die Vorwürfe gegen ihn zu prüfen. Formell hört er allerdings nichts, nur unter der Hand unterrichtet ihn Brost über die Angriffe Heinigs und Genossen, die in Stockholm erhoben worden sind. Da Brandt bereits bei Halvard Lange gekündigt hat, sieht er sich in einer schwierigen Lage, und sie wird nicht leichter, als Heinig Anfang Dezember den Parteivorstand über Schumacherkritische Artikel aus Berlin unterrichtet, die unter dem Namen eines E. Carlsson in der schwedischen Arbeiterpresse veröffentlicht wurden. Es geht darin um die Auseinandersetzung zwischen dem ehemaligen Reichstagspräsidenten Paul Löbe und Kurt Schumacher um eine »Nationale Repräsentation« für die Londoner Konferenz, an der alle Parteien, mithin auch die SED, beteiligt sein sollen – ein Unternehmen, das Schumacher ablehnt, weil er keine Gemeinsamkeit mit der SED will, das aber Löbe entschieden befürwortet. Die Artikel E. Carlssons nehmen eher für Löbe Partei. Hat Heinig, der gute Kontakte zu Arno Scholz, dem Chefredakteur des sozialdemokratischen Berliner *Telegraf* unterhält, erfahren, daß sich Brandt und Löbe gut kennen und der frühere Reichstagspräsident sich inzwischen als väterlicher Freund des jungen Deutsch-Norwegers betrachtet? Jedenfalls erklärt Brandts Intimfeind in Stockholm, hinter E. Carlsson, der Schumacher politischer Starrheit und fehlender Geschmeidigkeit bezichtige und die Politik des Parteivorstandes verachte, stecke kein anderer als der von ihm mit zunehmendem Haß verfolgte Willy Brandt.

Es ist das erste Mal, daß Brandts Gegner ihn mit Gespenstern aus der Emigration heimsuchen, um ihn an einem Karrieresprung zu hindern, und es wird wahrlich nicht das letzte Mal bleiben. Wie sich gegen soviel Niedertracht und bodenlose Gemeinheit wehren, fragt das verbitterte, enttäuschte und ratlose Opfer dieser Verleumdungskampagne seinen Freund Szende in Stockholm. Er habe sich im Laufe der Jahre eine dicke Haut angeeignet, aber ins Gesicht wolle er sich nicht mehr spucken lassen. »Es muss ja ein Minimum an persönlichem Schutz auch in einer Parteiorganisation geben. Die ist doch schliesslich kein Ganovenclub!« Freunde aus Oslo melden sich daraufhin mit einem Brief, den er bei Bedarf den Hannoveranern zu seiner »Entlastung« einreichen könnte: zwischen der Skylla der faschistischen Reaktion, bescheinigt ihm die Vereinigung deutscher Sozialdemokraten in Norwegen etwas volltönend, und der Charybdis des diktatorischen sowjetischen Rätesystems habe Brandt stets den richtigen demokratischen Kurs gesteuert. Obschon mit Walcher befreundet, sei er diesem die »richtige Antwort nie schuldig geblieben«.[79] Aber er braucht diesen Persilschein gar nicht mehr. Des Wartens müde, verletzt durch das gesammelte Schweigen, mit dem ihn Hannover abstraft, rafft er sich kurz vor Weihnachten zu einem langen Brief an Schumacher auf, in dem er endlich Klarheit fordert und den Erich Brost persönlich überbringt.[80] Beeindruckt den SPD-Chef die kühne Mischung von Angriff und Verteidigung, die Brandt wählt, auch die Direktheit, mit der er die Vorwürfe anspricht und seine Antwort darauf gibt?

■ Die ihn als Geschäftemacher verleumdeten, liest Schumacher, seien vom »blassen Neid« gepackt; Brandt habe im Exil schnell auf eigenen Füßen gestanden und Erfolg gehabt. Genau das werde ihm von einigen weniger glücklichen Emigranten bis auf den heutigen Tag nicht verziehen.

■ Die Brandt seine norwegische Staatsbürgerschaft ankreideten, hätten sich oft genug selbst um die schwedische oder norwegische Nationalität bemüht, seien abgewiesen worden und predigten nur deshalb jetzt »nationale Prinzipienfestigkeit«.

■ Auch ein »verkappter SED-Mann« sei er nicht. Nie habe er verschwiegen, daß er seinerzeit »Anhaenger einer einheitlichen sozialistischen Partei war, die unabhaengig sein und auf demokratischer Grundlage stehen sollte«.

■ Gewiß, er sei ein alter Freund Walchers, aber er habe diesem im vorigen Sommer, als er noch in Amerika war, »klipp und klar geschrieben«, dass er »seinen Weg zur SED nicht mitmachen koennte, sondern Sozialdemokrat sei und bleiben werde«. Zum Beweis legt er eine Kopie dieses Schreibens bei.

■ Die E. Carlsson gezeichneten Artikel stammten nicht von ihm, sondern von seiner Verlobten. Er habe sie natürlich gesehen und beeinflußt, aber sie entsprächen nicht dem, »Was in von mir geschriebenen und signierten Artikeln stehen wuerde«. Wie er selber über Schumacher denke, gehe aus einem Artikel über den Parteitag von Hannover 1946 hervor, den er ebenfalls in Kopie beilegt.

Es ist ein sehr selbstbewußter Brandt, der Schumacher hier entgegentritt. Unmißverständlich bekennt er sich »zu den Grundsaetzen des demokratischen Sozialismus im allgemeinen und zur Politik der deutschen Sozialdemokratie im besonderen«. Aber er behält sich ausdrücklich vor, sich »ueber neu auftauchende Fragen selbst den Kopf zu zerbrechen«, und niemals wird er »im Voraus Ja sagen zu jeder Einzelformulierung, auch wenn sie von dem ersten Mann der Partei gesprochen wird«. Sollten tatsächlich entscheidende Bedenken aufgetaucht sein, dann sei »es besser, wir sprechen nicht mehr von diesem Projekt. Ich zweifle nicht daran, dass ich mich auf einem anderen Gebiet nuetzlich betaetigen kann«.

Auf Schumacher macht der Brief sichtlich Eindruck. Der Parteivorsitzende schätzt Offenheit, und den langjährigen KZ-Insassen ekeln der hinterhältige Kleinkrieg und das Emigrantengezänk langsam an. Als der Parteivorstand Mitte Januar in Hannover zusammentritt, wird Brandt auf dem neuen Posten bestätigt. Nach sehr ausführlichen Überlegungen, so Fritz Heine an Kurt Heinig in Stockholm, habe sich der Vorstand entschlossen, Brandt für die Aufgabe heranzuziehen, für die er vorgesehen war. Er glaube, daß man Menschen eine Chance geben solle. Doch werde man »Dank Deiner vielfachen Warnungen« besonders vorsichtig und kritisch sein.[81] Brandt hat also durchaus recht, wenn er meint, Ollenhauer sei ihm noch auf Jahre hinaus mit Reserve begegnet.

Mitte Januar, als Brandt seinen neuen Posten antritt, hat er nur noch ein Vaterland. Daß er die unmittelbare Verbindung mit einem Gemeinwesen aufgeben muß, als dessen Teil er sich fühlt und das er im Guten wie im Bösen gern hat, empfindet er als schmerzlich. Keine formellen Trennungslinien würden ihn dazu bringen, »Zweifel an der tatsächlichen Zusammengehörigkeit zu hegen«.[82] Und seinem Freund Lange beteuert er, Norwegen habe ihm als politischem Menschen »und auch sonst viel gegeben. Das ist etwas, worüber ich froh und wofür ich auch dankbar bin, und ich gedenke nicht, vor dem Geschehenen zu fliehen«.[83] Über seine künftige Arbeit hegt er wenig Illusionen. Politische Arbeit in Deutschland bedeutet für ihn »Gemeinschaft mit einer ganzen Reihe von Menschen, mit denen man nicht so viel gemein hat«. Sein Ziel umreißt er so: mitzuhelfen, daß Deutschland nach Europa zurückkehrt, und es »zum Teil jener dritten Kraft zu machen«, die notwendig sei, »um der größten Katastrophe aller Zeiten zu entgehen«. Seinem Traum von einer dritten Kraft soll nur zu bald Ernüchterung folgen.

Im Auftrag der Parteiführung

SPD-»Botschafter« beim Alliierten Kontrollrat

Ganz ohne das Land im Norden, das ihm ans Herz gewachsen ist, bleibt er auch künftig nicht – schon durch Rut, mit der er zu Hause vorwiegend norwegisch spricht und die sich zunehmend zu seiner guten Fee entwickelt. Sie bindet den eher Unsteten in Häuslichkeit und bald auch in Familie ein, soweit das bei einem vielreisenden, bis spät in die Nächte tagenden, stets auf Unabhängigkeit bedachten und nicht nur von Junggenossinnen angehimmelten Mann wie Willy überhaupt möglich ist. Der Wechsel vom privilegierten Status der alliierten Sieger und Besatzer zu dem der besiegten Deutschen, die in beengten Verhältnissen hausen und von kärglichen Rationen leben müssen, käme einem Absturz gleich, würde er nicht durch die Bedingungen, welche der eher arme Parteivorstand seinem »Botschafter« beim Alliierten Kontrollrat bietet, aufs Sanfteste abgepuffert. Hannover stellt eine kleine möblierte Dienstvilla in der Trabener Straße 74 zur Verfügung, ein Haus mit Wassergrundstück am Halensee im vornehmen Grunewaldviertel, das als Wohnung und gleichzeitig als Arbeitsplatz dient. Das Büro, dem er vorsteht, firmiert als »Sozialdemokratische Partei Deutschlands – Berliner Sekretariat«, ist ausgestattet mit einer Sekretärin und einem Dienstwagen – einem VW – samt Chauffeur. Das sind Arbeitsbedingungen, die heute als bescheiden gelten würden, Anfang 1948 jedoch einen unerhörten Luxus darstellten. Brandt soll »quasidiplomatische Kontakte« zu den politischen Dienststellen der Alliierten Mächte unterhalten, sich um Auslandskorrespondenten kümmern und bei den Alliierten eine vernünftige Deutschlandpolitik fördern[1] – Aufgaben, die gesellschaftliche Verpflichtungen mit sich bringen und ein gewisses Maß an Repräsentation erfordern.

Wer fragt, warum sich Schumacher trotz so vieler Bedenken, die gegen Brandt vorgetragen wurden, für dessen Anstellung entschieden hat, sollte in Rechnung stellen, daß Willy Brandt ziemlich genau dem entsprach, was Personalchefs heute als Anforderungsprofil bezeichnen: Neben seiner sozialistischen Grundüberzeugung verfügte er über außenpolitische Erfahrungen, Sprachkenntnisse und die nötige weltmännische Gewandtheit, die für seinen neuen Aufgabenbereich notwendig waren. Wer später mit Erstaunen feststellen wird, mit welcher nachtwandlerischen Sicherheit das Lübecker Proletarierkind sich auf diplomatischem Parkett bewegt, sollte weder Brandts Lehrjahre in Stockholm mit ihren Cocktailparties und Empfängen der alliierten Botschaften noch die Tatsache vergessen, daß er sich von 1947 bis 1949 täglich in dem von Offizieren und Diplomaten bestimmten Milieu der Vier-Mächte-Stadt bewegen mußte.

Er habe freiwillig deutsche Rationen gewählt, heißt es einmal bei Brandt – aber wörtlich zu nehmen ist dies kaum. Da er weiter für skandinavische Blätter berichtet, verdient er Devisen und kann sich Pakete schicken lassen. »Wir waren privilegiert«, schreibt Rut Brandt: »Wir hatten eine Hausangestellte [...] Wir erhielten Besteck, Teller und Töpfe von der Arbeiterwohlfahrt. Die Norweger luden uns jeden Sonntag zum Abendessen ein. Sie bestellten Lebensmittelpakete für uns, die zusammen mit ihren diplomatischen Sendungen aus Norwegen kamen. Im Keller legten wir einen kleinen Vorrat an: etwas Kaffee, Konservendosen, Mehl, Margarine, Zucker ...« Hinzu kommt, daß Rut und Willy Zigaretten besaßen, dic sie in der Zeit bei der Militärmission gespart hatten – 6000 lagen im Schlafzimmerschrank gestapelt: »Willy wollte nicht in die Lage kommen, auf die Gäste zu schauen, wenn wir alliierten Besuch hatten. Er wollte ihnen Zigaretten anbieten.«[2]

Überrascht von Brandts Entschluß, für Schumacher zu arbeiten, besucht ihn Jacob Walcher Anfang 1948 in der Villa am Halensee. Es wird das letzte Gespräch zwischen beiden sein, auch wenn es nicht in persönlicher Feindschaft endet. Das wäre Brandts Sache nicht. Aber zu eindeutig sind beide inzwischen beim jeweils feindlichen Lager engagiert, als daß der Dialog über die Fronten des Kalten Krieges hinweg fortgesetzt werden könnte. Walcher mag Brandts Ambiente am Halensee. Als er sich verabschiedet, sagt er zu Brandt: Wenn der Westen abzieht – und nach seiner Meinung wird dies bald geschehen –, möchte er Brandts Haus gern übernehmen.[3]

Eine bessere Startposition für seine Arbeit in der deutschen Partei hätte sich Brandt kaum erträumen können. Ohne daß er über eine solide Unterstützung an der Basis verfügt, steigt er in seiner neuen Funktion gleich ganz oben ein, nimmt an den Sitzungen des Parteivorstands in Hannover, aber auch an denen der Berliner Partei teil, zu der er Kontakt im Auftrag der Parteiführung halten soll. Formell sind die Berliner Genossen ja von der westdeutschen SPD unabhängig, da es noch kein westdeutsches Staatsgebilde gibt, in das der westliche Teil Berlins hätte integriert werden können, und sie beharren lange auf ihrer relativen Selbständigkeit. In beiden Gremien ist er als Leiter des Berliner Sekretariats des Parteivorstandes diskussions-, wenn auch nicht stimmberechtigt, die Vorstandsprotokolle weisen ihn nach dem Vorsitzenden der SPD-Fraktion im Wirtschaftsrat, Erwin Schoettle, als regelmäßigen Gast aus, der nur sehr selten eine Sitzung versäumt. Während Schumachers langer Krankheit und Rekonvaleszenz vom Juni 1948 bis zum Frühjahr 1949 – dem Parteichef mit dem fehlenden rechten Arm mußte das linke Bein eine Handbreit oberhalb des Knies abgenommen werden – übernachtet er, wenn seine Anwesenheit in Hannover erforderlich ist, im Arbeitszimmer des Vorsitzenden in der Odeonstraße. Es steht ja monatelang leer. Was die SPD angeht, ist er also ganz nahe dem Zentrum der Macht, nimmt an den entscheidenden Beratungen teil, in denen der Kurs der Partei festgelegt wird. Zugleich verfolgt er aus nächster Nähe in Berlin, wie die Kriegsallianz, in deren Fortbestehen er einst so große Hoffnungen gesetzt hatte, endgültig auseinanderbricht, denn im Jahr 1948, dem ersten während seiner Amtszeit als »SPD-Botschafter«, fallen die Würfel für die deutsche Zweistaatlichkeit:

- Die Westalliierten beschließen im März in London die Gründung eines föderativen westdeutschen Staatsgebildes, weil sie sich mit den Sowjets nicht einigen können;
- Sowjetmarschall Sokolowski verläßt aus Protest den Kontrollrat, der damit praktisch lahmgelegt ist;
- die Westmächte führen am 21. Juni in den Westzonen die D-Mark ein;
- die Sowjets antworten mit der Blockade Berlins und mit einer Währungsreform für die Sowjetische Besatzungszone, die auch für die Westsektoren Berlins gelten soll;

- die Westmächte richten die Luftbrücke ein und erklären die D-Mark auch in den Westsektoren zum gesetzlichen Zahlungsmittel;
- kommunistische Störtrupps stürmen die Gesamt-Berliner Stadtverwaltung, die SED gründet einen »provisorischen demokratischen Magistrat« in Ostberlin und besiegelt damit die Spaltung der Stadt;
- Ulbricht proklamiert die Sowjetzone zur Volksdemokratie und die Umwandlung der SED in eine Partei neuen Typs nach dem Muster der KPdSU;
- im September beginnt der Parlamentarische Rat in Bonn mit der Ausarbeitung einer Verfassung für den westlichen deutschen Teilstaat und
- im Dezember wird in den Westsektoren ein Berliner Abgeordnetenhaus gewählt.

Mit der Einführung von zwei Währungen werden 1948 auch die Grundlagen für zwei Staaten gelegt. Minutiös hält Brandt in seinen zahllosen Lageberichten die unterschiedlichen Positionen der Alliierten fest, arbeitet Gemeinsamkeiten und Differenzen heraus, gibt Gerüchte wieder und reicht Warnungen weiter. Gelegentlich übernimmt er auch internationale *public relations*-Aufgaben für die Partei, so wenn er – in seiner Eigenschaft als »Berlin Representative/SPD National Committee« – im Dezember 1948 einen langen Leserbrief an die linke britische Wochenschrift *New Statesman and Nation* richtet. Da verteidigt er die SPD und ihren Vorsitzenden gegen den Vorwurf des Chauvinismus, und energisch weist er die Behauptung des *New Statesman* zurück, die Ablehnung der SED durch die Berliner und die Sozialdemokraten habe mehr mit einem Fortleben der alten NS-Feindschaft gegen den Bolschewismus als mit der Stärkung der Demokratie in Deutschland zu tun. Er hilft auch den »Americans for Democratic Action«, einer linksliberalen Organisation in den USA, den Besuch des amerikanischen Gewerkschaftsführers Walter P. Reuther in Berlin zu organisieren, der vor allem ein Gespräch mit Ernst Reuter wünscht.

Brandt beobachtet, registriert und analysiert. Im Auftrag des Parteivorstands klärt er manche SPD-Position bei Amerikanern und Briten ab oder trägt die Bedenken Hannovers gegen alliierte Vorhaben vor. Manchmal wird er auch mit der Lösung damals so kniffliger Probleme wie der Devisenfrage für Schumachers London-Reise beauftragt. Das Foreign Office, teilt er im November 1948 mit, wolle für die Kosten nicht aufkommen. Ist die Situation, daß stets andere die Reisekosten für die arme Verwandte SPD zahlen müssen, auf die Dauer nicht unerträglich? Er schlägt vor, Geld mit der Labour Party zu tauschen, ihr in Deutschland ein DM-Konto einzurichten und den Gegenwert dafür in Großbritannien in Pfund zu erhalten. Seit der Währungsreform sei das deutsche Geld ja wieder etwas wert. Sorgen einer armen Partei, welche die CDU offenbar schon damals nicht hat – sie verfügt, wie ihm ein Brite beim Kontrollrat sagt, »für solche Zwecke über beträchtliche Mittel, die in Belgien deponiert sind«.[4]

Nicht alle seiner Ideen scheinen wohlüberlegt. So rät er in einem Brief an Schumacher, zu einem Volksbegehren an die Vereinten Nationen aufzurufen, damit sie sich für einen Friedensvertrag und die deutsche Einheit einsetzen. Ihre Zustimmung sollen die Deutschen aus allen vier Zonen per Postkarte an ein Büro in Hannover schicken, das der Parteivorstand eigens für diesen Zweck einzurichten hätte. Meint er wirklich, die Deutschen in der Sowjetzone liefen das Risiko, offen eine westliche SPD-Aktion zu unterstützen, und glaubt er gar, die Post zwischen Elbe und Oder würde solche Bekennerkarten auch noch befördern?[5]

Zunehmend rückt in seinen Berichten die Sorge in den Vordergrund, ob die Alliierten sich im Zuge des neuen Nervenkrieges nach der Londoner Konferenz von den Sowjets aus Berlin herausdrängen lassen werden. Schon drei Monate vor Beginn der sowjetischen Blockade sieht er die Gefahr, »dass die Westmächte zunächst fest bleiben, aber hinterher die Versorgung ihrer Sektoren nicht meistern oder gar zu dem Ergebnis kommen, das (!) die isolierte Berliner Position nach Anlaufen des Neubaus im Westen nicht mehr den erforderlichen Einsatz rechtfertigt«. Ihm seien eine Reihe von Äußerungen in dieser Richtung, »sowohl im direkten Gespräch mit Engländern wie über Mittelsmänner zu Ohren gekommen«.[6] Zehn Tage vor Beginn der Blockade, am 14. Juni 1948, gibt er eine britische Quelle wieder, nach der Ulbricht SED-intern erklärt haben soll, die Sowjets würden die Westmächte bis zum 15. Juli zum Verlassen Berlins zwingen.

Im Herbst dann, die Westmächte sind festgeblieben und die

Luftbrücke wird ausgebaut, analysiert er die sowjetische Deutschlandpolitik: Man müsse mit einer Tendenz rechnen, »die auf die Errichtung einer zunächst auf die Ostzone beschränkten neuen Sowjetrepublik visiert. Die andere Tendenz zielt auf etwas ganz anderes ab, nämlich auf die Wiederaufrollung der deutschen Frage.« Es ist derselbe Bericht, in dem er auch die Befürchtungen anspricht, die man damals für den Kriegsfall hegt: Die amerikanische Strategie, registriert er, basiere jetzt darauf, »die Rheinlinie und wohl auch das Ruhrgebiet zu halten, nachdem noch vor einigen Monaten mit der grösseren Wahrscheinlichkeit des anfänglichen Rückzugs auf England und Spanien gerechnet wurde«.[7]

Ohne Einschränkung reicht er die Bedenken der Briten und Amerikaner über die polemische Schärfe, mit der die SPD gegen die anderen Parteien auch im Frankfurter Wirtschaftsrat auftritt, nach Hannover weiter: Die SPD betreibe zuviel Parteipolitik, habe ihm Sir Christopher Steel, der Chef der politischen Abteilung bei den Briten[8], in seiner »sympathisch offenen Art« gesagt und dies »im Besonderen in Bezug auf die Person des Genossen Schumacher« zugespitzt. Die Partei müsse mehr Verantwortung übernehmen. Der Bericht datiert vom 14. März 1948 und läßt erkennen, daß die Westalliierten nach dem Schock der Gleichschaltung der Tschechoslowakei von den demokratischen Parteien und »ihren« Deutschen erwarten, sie sollten »mehr zusammenstehen« – im Sinne einer »einheitlichen demokratischen Front« gegen die totalitäre Bedrohung. Diese Erwartung jedenfalls habe der Militärgouverneur der Briten, General Robertson, gegenüber Ernst Reuter und Brandt ausgedrückt und die schroffe Opposition der SPD im Frankfurter Wirtschaftsrat kritisiert. Brandt wirkt – und versteht sich offensichtlich auch – als Mittler zwischen den Angelsachsen und der Hannoveraner Parteizentrale, die vor allem den amerikanischen Wünschen nach einem föderalen Staatsaufbau skeptisch gegenübersteht. Die Neugestaltung im Westen, so übermittelt er die Meinung der Amerikaner, enthalte für die Deutschen die große Chance, zum »aktiven, mitgestaltenden Faktor« zu werden und die Gegenseite, die Alliierten, zu binden. Nur so ließe sich verhindern, »dass die Deutschen bei weiterer Unsicherheit der internationalen Lage ›herumgeschubst‹ würden«.[9]

Sympathisiert Brandt mit dieser Einschätzung? Wahrscheinlich ja, auch wenn er seine persönliche Meinung dazu in diesem Bericht nicht deutlich werden läßt. Er gerät zunehmend unter den Einfluß Ernst Reuters, des »schweren Manns mit dem großen Schädel und den schütteren Haaren«, an dem ihn das »halb weise, halb spitzbübische Lächeln« fasziniert, das durch seine Augen irrlichtert. Der Remigrant Reuter, der im Westen Berlins der Mittelpunkt jeder deutschen Gesprächsrunde ist und im Gegensatz zu Schumacher eindeutig für die Gründung eines Weststaates plädiert, gewinnt für Brandts Denken »prägende Bedeutung«.[10] Berlin braucht, so Reuters Überzeugung, eine staatliche Struktur im deutschen Westen, auf die es sich in seinem Abwehrkampf gegen den Kommunismus stützen kann. Doch soll nach seinen Vorstellungen dieser starke, lebenskräftige Kernstaat, der von den Deutschen aufgebaut werden muß, in erster Linie dazu dienen, die Ostzone und damit die Einheit wiederzugewinnen. Es ist diese Zielsetzung, die Reuter von Adenauer trennt. Reuter will die volle Integration Berlins in den Bund, schon weil er Berlin als Hebel zur Einheit sieht und die Wiedervereinigung für ihn das zentrale Anliegen aller deutschen Politik bedeutet. Adenauer wendet sich gegen die Vollmitgliedschaft Berlins als gleichberechtigtes Bundesland und setzt kühl andere Prioritäten – die Erhaltung der Duisburg-Meidericher Hütte etwa oder die Stabilität der Währung.[11]

Brandt traf Reuter, den bescheidenen, aber geistsprühenden Mann mit der Baskenmütze und dem Krückstock schon Anfang 1947 im Hause von Annedore Leber in Zehlendorf und ahnte sofort, daß dies »eine lebensentscheidende Begegnung«[12] sei. Beinahe lyrisch vergleicht er ihn einmal mit »einem alten Baum, der vielen Stürmen getrotzt hat und um den man sich gerne lagert, weil man sich da so geborgen fühlte«. Wenn Brandt trotz seiner glänzenden Ausgangsposition in der SPD etliche Jahre keine Karriere machen, sondern im Herbst 1949 sogar eine Zurücksetzung erfahren soll, hat dies damit zu tun, daß er, der ja als Mann Schumachers nach Berlin geschickt wurde, um die Linie des Parteivorstands zu vertreten, der junge Mann Ernst Reuters wird. Junger Mann Reuters in dem Sinne, in dem er viele Jahre zuvor der junge Mann von Jacob Walcher gewesen ist: Beide sind – oder werden – sich einig in Grundpositionen, aus politischer Übereinstimmung wird ein freundschaftliches Verhältnis, wobei der Jüngere stets Respekt zeigt vor der

Erfahrung und dem weiten humanistischen Bildungshorizont des Älteren, in dessen Denken und Wirken »kantischer Idealismus und sozialistische Ideen eine vollkommene Verschmelzung« erfahren hatten.[13]

Der Abstand zu Reuter betrug 24 Jahre, der zu Walcher hat 26, der zu Leber 22 Jahre gemessen, alle drei hätten also seine Väter sein können. Waren sie es im übertragenen Sinne? Brandt wehrt sich einmal, wie schon erwähnt, gegen die Vorstellung, die drei hätten in verschiedenen Lebensabschnitten für ihn die Rolle von Vaterfiguren gespielt: Man habe ihm solche Orientierungen eher angedichtet, schreibt er in seinen Erinnerungen.[14] Aber Leitfiguren, Ziehväter oder Mentoren, die sein Denken formten, dem Suchenden Richtung und Halt geben konnten, waren sie allemal. Im Berlin der ersten Nachkriegsjahre galt dies besonders für Ernst Reuter. Brandt war ja noch als Hoffender nach Berlin gekommen, er hatte das friedliche Zusammenwirken von Ost und West beim Aufbau Deutschlands noch nicht aufgegeben, dann aber miterleben müssen, wie sein ganzes Gedankengebäude, in dem sich die Essenz seiner Stockholmer Jahre widerspiegelte, mit dem Beginn des Kalten Krieges in Trümmer fiel. Reuter nun, der intime Kenner Rußlands und des Bolschewismus, der immer wieder die »totalitäre Wesensverwandtschaft« zwischen Nationalsozialismus und Kommunismus hervorhebt und zum Symbol für den Freiheitskampf West-Berlins wird, übt auf Brandt einen Einfluß aus, der schwerlich zu überschätzen ist. Am politischen Himmel und in der Welt des Geistes, meint Brandt, hätten sie beide dieselben Sterne gehabt.[15]

Auf Versammlungen spricht Reuter ebenso lautstark, wenn auch nicht so schneidend wie Schumacher, an dessen demagogischer Art zu reden Brandt Anstoß nimmt. Der Sohn eines preußischen Kapitäns der Handelsmarine in Leer in Ostfriesland hatte sein Staatsexamen für den höheren Lehrdienst gemacht, war dann aber als Wanderprediger für die Sozialdemokratie über Land gezogen – vor dem Ersten Weltkrieg, zu einer Zeit also, als es noch nötig war, sich ohne Mikrophon in überfüllten Versammlungslokalen Gehör zu verschaffen. »Für moderne Ohren vielleicht schrill, laut, übermäßig pathetisch«[16] – so urteilt Reuter-Biograph David E. Barclay über diesen Redestil. Doch Reuters unerhörtes Charisma, über das er zweifellos verfügte, gab den West-Berlinern Mut und Kraft, auch unter schwierigsten Bedingungen, etwa zur Zeit der Blockade, auszuharren. Sein bewegender, aufrüttelnder, weit über Berlin hinaus gehörter Appell am 9. September 1948 vor der Ruine des Reichstags ist inzwischen Legende: »Ihr Völker der Welt«, rief er den Massen zu, »ihr Völker in Amerika, England, in Frankreich, in Italien! Schaut auf diese Stadt und erkennt, daß ihr diese Stadt und dieses Volk nicht preisgeben dürft und nicht preisgeben könnt! Es gibt nur eine Möglichkeit für uns alle: gemeinsam so lange zusammenzustehen, bis dieser Kampf gewonnen, bis dieser Kampf endlich durch den Sieg über die Feinde, durch den Sieg über die Macht der Finsternis besiegelt ist.«

Brandt bewundert den großen Volkstribunen, der Pathos und Leidenschaft mit Ironie verbindet und als Redner die Massen zu packen weiß. Mehr noch überzeugt ihn, der ja im täglichen Umgang mit den westlichen Alliierten steht, Reuters verbindliche Art im direkten Kontakt mit den Besatzungsherren. Wo Schumacher wettert und protestiert, trachtet Reuter, das Vertrauen seiner alliierten Gesprächspartner zu erringen und ihnen so ein besseres Verständnis der Berliner und der deutschen Situation zu vermitteln. »Auf der einen Seite der sich bis zum Fanatismus steigernde Willensmensch, der ganz in einer Idee und einer Sache aufgeht – auf der anderen Seite der Typ eines Humanisten, der bei aller Unbedingtheit, mit der er seinen Idealen nachstrebt, immer wieder an die Vergänglichkeit und die Beschränkung jeder menschlichen Bemühung erinnert wird«, heißt es über den Wesensunterschied zwischen Schumacher und Reuter bei Lania.[17]

Die klare Frontstellung gegen den Osten erfordert für Reuter im Inneren ein Minimum an Konsens und Harmonie. Wenn er sich dafür einsetzt, daß in Lebensfragen der Nation Männer guten Willens aus allen Lagern zusammenwirken sollten, entspricht dies Brandts Erfahrungen aus dem schwedischen Exil. Und es läuft der Strategie Kurt Schumachers direkt zuwider, der in der Innenpolitik klare Fronten will und deshalb notfalls bewußt polarisiert. Reuter und Brandt verbindet, daß beide die Jahre des Nationalsozialismus in der Emigration verbrachten und Deutschland von draußen zu sehen lernten. Im Unterschied zu Schumacher, der sich völlig darauf konzentriert, seine Partei zur stärksten und gestaltenden Kraft in Deutschland zu machen, richten beide ihren Blick über die Grenzen des Landes hinaus und wissen um die komplexen Gestehungsbedingungen von Außenpolitik. Daß der Westen Berlins ohne westalliierte Unterstützung weder frei noch lebensfähig bliebe, kann ihren Sinn für internationale Zusammenhänge und gegenseitige Abhängigkeiten nur schärfen. Und verbinden mag beide weiter, daß auch Ernst Reuter auf eine sektiererisch-radikale Phase in seiner Biographie zurückblicken kann.

Denn Reuter ist alles andere als der klassische Durchschnittsfunktionär der Sozialdemokratischen Partei. Als Kriegsgefangener in Rußland hatte er Russisch gelernt, sich den bolschewistischen Revolutionären angeschlossen und ein gutes halbes Jahr als Kommissar für deutsche Angelegenheiten in der Wolgarepublik amtiert. Nach Deutschland zurückgekehrt, nahm er dann – wie Brandts früherer Mentor Jacob Walcher – am Gründungsparteitag der KPD teil, rückte – unter dem Decknamen »Friesland« – zum Generalsekretär auf und hielt, wie der junge Herbert Frahm in Lübeck, wenig von der Verteidigung der bürgerlichen Republik. Unter seiner Führung verweigerte die KPD die Teilnahme am Generalstreik gegen die reaktionären Putschisten um Kapp und Lüttwitz. Auf dem Umweg über die Unabhängigen Sozialdemokraten fand er schließlich den Weg zur SPD zurück, wurde 1926 besoldeter Stadtrat für Verkehrswesen in Berlin, 1931 dann sozialdemokratischer Oberbürgermeister von Magdeburg. Nach zweimaliger Inhaftierung im KZ Lichtenburg emigrierte er 1935 mit seiner Familie über London in die Türkei, wo er schließlich als Professor für Kommunalwissenschaften an der Hochschule für Politik in Ankara lehrte. Übrigens hat ihn seine radikale Zeit als Kommissar in Saratow verfolgt, wie später Schriften aus der Emigration Anlaß zu Verleumdungskampagnen gegen Brandt geben werden: Wegen angeblicher Greueltaten an Wolgadeutschen wurde er 1921 in Deutschland kurzzeitig verhaftet, aber bald wieder freigelassen. Die Nationalsozialisten griffen 1933 diese haltlosen Vorwürfe auf und setzten Reuter als »üblen marxistischen Beamten« im KZ besonderen Mißhandlungen aus.[18]

Beide, Reuter wie Brandt, fassen nicht leicht in der Berliner SPD Fuß, denn als sie nach Berlin kommen, ist Franz Neumann, der Held der legendären Urabstimmung am 1. März 1946 im Admiralspalast, längst die unumstrittene Führungsfigur der Berliner Sozialdemokratie. Der gelernte Schlosser, ein Arbeiterführer und waschechter Berliner von motorischer Energie, Mut und Leidenschaft, steht als Symbol für die sogenannte heroische Phase der Partei, die sich in ihrem Abwehrkampf gegen den Kommunismus, gestützt auf Kurt Schumacher in Hannover, als unabhängige Kraft hatte behaupten können. Der dramatische Kampf gegen die Zwangsvereinigung, die Konfrontation mit dem sowjetischen Stadtkommandanten Kotikow, haben die Führungsriege um Neumann, Otto Suhr und Gustav Klingelhöfer so zusammengeschweißt, daß es Spätankömmlinge wie Reuter und Brandt schwer haben, einen angemessenen Platz zu finden. Reuters Qualifikation für das höchste Amt in Berlin, das des Bürgermeisters, wird von der Partei nie bestritten, aber eine wichtige Führungsposition in der Berliner SPD hält er nie – allerdings sei fairerweise notiert, daß er auch nie darum gekämpft hat. Bei den Wahlen zum Abgeordnetenhaus jedenfalls führt nicht sein Name, sondern der Franz Neumanns die SPD-Landeslisten an.

Noch als Major der Norwegischen Militärmission verfolgt Brandt, wie das sowjetische Veto gegen den kommunistischen Renegaten Reuter verhindert, daß dieser, obschon im Juni 1947 zum Bürgermeister des Gesamt-Berliner Magistrats gewählt, sein Amt antreten kann. Er beobachtet, wie die eher zurückhaltende, aber resolute Louise Schröder – er nennt sie einmal die »mütterlich-mutige«[19] – deshalb stellvertretend die Geschäfte führt, indes Reuter als heimlicher König Berlins von seinem Verkehrsdezernat aus die Fäden zieht und im Westen überall als das gewählte und legitime Stadtoberhaupt und der Sprecher Berlins empfangen wird. Und er freut sich, inzwischen schon ganz der Mann Reuters, als dieser im Dezember 1948 einstimmig zum Oberbürgermeister des Westteils der Stadt gewählt wird und sein Amt endlich auch antreten kann – nach Wahlen in den Westsektoren, bei denen die Sozialdemokraten mit 64,5 Prozent aller Stimmen einen überwältigenden Sieg errungen haben.

Schon 1948 sieht man Brandt bei offiziellen Anlässen oft an der Seite des »Türken«, als der Reuter mit deutlich fremdenfeindlichem Unterton von der Ostpresse verspottet wird. So begleitet er ihn im Juni zu jener Besprechung mit Offizieren der amerikanischen Militärregierung ins Harnackhaus in Dahlem, in der die Möglichkeit einer Luftbrücke erörtert wurde. Zweifel an der

Fähigkeit der Westmächte, mehr als zwei Millionen Menschen zu ernähren, mit Kohle zu versorgen und durch den Winter zu bringen, gibt es mehr als genug. In dieser Situation, schreibt Brandt, wollten die Amerikaner »uns Mut zusprechen – vielleicht würde es doch möglich sein, Berlin auf dem Luftwege einigermaßen ausreichend zu versorgen. Reuter lächelte skeptisch. Er konnte nicht recht glauben, daß dies gelingen würde. Aber – und er sprach ohne jede Schärfe – »wir werden auf jeden Fall unseren Weg gehen. Tun Sie, was sie tun können, wir werden tun, wozu wir uns verpflichtet fühlen. Berlin würde alle Opfer auf sich nehmen und Widerstand leisten – komme, was wolle.«[20]

Aber wer sprach hier wem eigentlich Mut zu? Es gibt die Legende, Reuter habe den mächtigen General buchstäblich zum Jagen getragen – indem er ihm versicherte, die Berliner würden ausharren und hinter ihm stehen, habe der Zivilist dem Chef der US-Militärregierung die Pistole auf die Brust gesetzt und ihn zum Handeln gezwungen. Barclay, der amerikanische Zeitzeugen befragt hat und sich in den amerikanischen Quellen auskennt, meint dagegen, die Wirklichkeit sei weniger dramatisch und komplizierter gewesen: Pläne für einen Notfall wie diesen hätten schon seit Monaten in den Schubladen gelegen, zudem hätten die Amerikaner spätestens seit dem Umsturz in Prag erkannt, daß mit einer Aufgabe Berlins die Position der Vereinigten Staaten in ganz Europa ins Rutschen gerate – »ähnlich einer Katze auf einem schrägen Blechdach«, wie Clay-Berater Robert Murphy von Berlin nach Washington kabelte.[21]

Die Februarereignisse in der Tschechoslowakei 1948, die erzwungene Gleichschaltung der bürgerlichen Parteien und der Prager Fenstersturz des tschechoslowakischen Außenministers Jan Masaryk am 10. März 1948 werden auch für Willy Brandt zum Wendepunkt. Nach allem, was er bisher publizierte, hätte eigentlich nahegelegen, daß er nicht die Linie Reuters, sondern eher die eines Ferdinand Friedensburg unterstützt, der sich trotz der Spannungen mit der SED und der sowjetischen Kommandantur um ein »verständiges Verhalten zur UdSSR« bemüht, schon um die Einheit Berlins zu erhalten. Der konservative Christdemokrat Friedensburg war Vertreter des Gedankens einer gesamtdeutschen Repräsentation für die Londoner Konferenz gewesen, der seinerzeit in Rut Brandts – E. Carlsson gezeichneten – Artikeln für die skandinavische Presse betont freundlich gewürdigt wurde, auch scheint der frühere sozialdemokratische Reichstagspräsident Paul Löbe, den Brandt einmal als »väterlich-gütige« Figur beschreibt[22] und zu dem er ein ausgesprochen gutes Verhältnis hat, von manchen Ideen Friedensburgs nicht weit entfernt.

Prag nun als Wendepunkt? Willy Brandts Rede vor Funktionären des Bezirks Wedding läßt kaum einen Zweifel zu, sie liefert den Schlüssel für die Kursänderung, die er vornimmt: vom Anhänger einer antifaschistischen Allianz mit den Kommunisten zum sogenannten Kalten Krieger hin, der er bis in die ersten Jahre nach dem Mauerbau in den Augen der Öffentlichkeit bleiben wird. Beinahe überdeutlich wird in diesem Referat Brandts Enttäuschung darüber spürbar, daß es jene Tschechoslowakei, die im Sommer so großen Eindruck bei ihm hinterlassen hatte, nicht mehr gibt. Fast beschwörend ruft er sie vor den Funktionären noch einmal in Erinnerung: ein Land, in dem die wichtigsten Großbetriebe bereits sozialisiert waren, in dem die arbeitende Bevölkerung deshalb glaubte, »ein Stück Sozialismus errungen zu haben«, aber in dem Meinungsfreiheit herrschte und wo die Menschen offen um den richtigen Weg zur sozialistischen Republik streiten konnten; ein Volk, das sich darin einig war, daß eine gegen die Sowjetunion gerichtete Außenpolitik schon wegen des Schocks von München 1938 nicht in Frage kam, das sich jedoch »weder von der abendländischen Kulturgemeinschaft noch vom Handel mit dem Westen ausschließen« wollte, sondern hoffte, zwischen dem Westen und dem Osten vermitteln zu können«.

War dies nicht auch seine Hoffnung gewesen? Sie ist zerplatzt, ruft ein verbitterter Brandt den Funktionären zu: »Von Brückentheorien ist nichts übriggeblieben. Wir stellen dies ohne Schadenfreude fest. Denn wieviel leichter wäre unsere eigene Lage, wenn es möglich gewesen wäre, solche Brücken zu schlagen! (Sehr richtig!). Seien wir realistisch und schauen der Wahrheit ins Auge, ob wir wollen oder nicht. Heute werden leider nicht Brücken gebaut, sondern gesprengt«. Es bleibe einer späteren Entwicklung vorbehalten, lebendige Verbindungen zwischen der östlichen und westlichen Welt neu herzustellen. Erste Voraussetzung dazu aber sei, »dass wir in unserem Teil Europas und der Welt Ordnung schaffen, dass wir unsere eigenen Reihen ordnen und keinen Schritt zurückweichen«.

Paradigmenwechsel? Wird hier, wenn auch für den Arbeitgeber in Hannover verschlüsselt, auf Reuters Weststaats-Vorstellungen angespielt? »Wenn die Hoffnungen des Sommers 1947 sich in der Tschechoslowakei bestätigen sollten«, heißt es rückblickend einmal bei Lania, »so durfte man auch der Zukunft Berlins, der Wiedervereinigung Deutschlands mit einiger Zuversicht entgegensehen«. Gerade deshalb habe der Coup in der Tschechoslowakei »ein grausames Erwachen für viele Linke und Liberale und eine äußerst wichtige Lehre für die Völker des Westens« bedeutet. Er, der im Kampf gegen den Faschismus das Zusammengehen mit den Kommunisten befürwortet hat, fühlt sich jetzt berufen, die Genossen Funktionäre im roten Wedding vor denen zu warnen, »die das damalige gemeinsame Programm verraten« haben. Hatte es in Prag nicht eine Einheitsfront gegeben? Es sei Zeit, daraus die Lehren zu ziehen, ruft er den Funktionären zu: »Ich sage Ihnen, ... wer sich auf die kommunistische Einheitsfront einlässt, geht daran zugrunde! (Lebhafter Beifall). Und ich füge hinzu: Wer vom Volkskongress frisst, stirbt daran.«[23] Die Versammlung mit Brandt sei zu einem »einzigen Protest gegen jede Form totalitärer Willkürherrschaft geworden«, berichtet Berlins Parteigazette *Sozialdemokrat* am nächsten Tag. Der Redner habe klargemacht, daß die »primäre Bedeutung des Kampfs um die demokratischen Rechte der Menschen und um die persönliche Freiheit« in der SPD unumstritten sei und die SPD in der gegenwärtigen Situation mit allen Demokraten zusammenstehe, »und zwar nicht obwohl, sondern weil sie Sozialdemokraten sind«.

Sein Referat verschafft Brandt den Ruf des begabten Redners, der sich der Nachfrage der Orts- und Kreisverbände bald nicht mehr erwehren kann. Dabei hat sich, verglichen mit den flammenden, aufrüttelnden, unter die Haut gehenden Sätzen seines wortgewaltigen, an antiken Vorbildern geschulten Berliner Mentors, der neue Brandt noch relativ zart geäußert. Der Kalte Krieg ist eine Zeit der schrillen Töne, die führenden Genossen langen kräftiger hin als er. Berlin sei ein »Pfahl im Fleisch des satanischen, teuflischen Systems, das uns und die Welt vom Osten bedroht«, sagt Reuter einmal in einem Vortrag vor Studenten und setzt hinzu: »Diese Stadt, zur Freiheit entwickelt, wird eine Konsolidierung des Systems in der Ostzone ein für allemal unmöglich machen« – eine

Voraussage, die bis zum Tag des Mauerbaus ihre Gültigkeit haben wird.[24] Er vergleicht den Kommunismus einem »Medusenhaupt« und versichert, daß kein Tyrann ewig lebe: »›Tausend Jahre‹ sind vor der Geschichte – wir haben es erlebt – wie ein Tag. Einmal ›tausend Jahre‹ haben wir hinter uns gebracht, und mit den anderen ›tausend Jahren‹ ... werden wir auch noch fertig werden.«[25] Nach dem Urteil des Berliner Stadtkommandanten und späteren militärischen Beraters John F. Kennedys, General Maxwell D. Taylor, hat es in der ganzen westlichen Welt »keinen besseren Kämpfer im Kalten Krieg« als Ernst Reuter gegeben.[26]

Die Luftbrücke schweißt zusammen, Berlin unter Ernst Reuter wird zur Wiege der deutsch-amerikanischen Freundschaft. Noch während der Blockade, im Frühjahr 1949, reist Reuter in die USA, nimmt an der Konferenz der amerikanischen Bürgermeister in Washington teil und wird als erster Deutscher nach dem Krieg nicht als ehemaliger Feind, sondern als Freund und Symbol des Freiheitskampfes West-Berlins gegen den gemeinsamen totalitären Feind im Osten empfangen. Es gibt damals weder eine deutsche Bundesrepublik noch einen Bundeskanzler oder gar einen Außenminister. Reuter ist, was er dann erklärtermaßen bis an sein Ende bleiben wird: sein eigener Außenminister, und er hat Erfolg. Er spricht mit dem neuen Chef des State Department, Dean Acheson, seine Reise durch die Städte des amerikanischen Mittelwestens wird zum großartigen *public relations*-Triumph. Macht er, der auch nach London und Paris reist, etwa Außenpolitik auf eigene Faust? Schumacher, der ihn mißbilligend den »Präfekten« von Berlin nennt, argwöhnt dies, Gegner Reuters in der eigenen Partei in Berlin schüren den Verdacht bewußt, und weil der Vertreter des SPD-Vorstandes in Berlin inzwischen als der Mann Reuters gilt, geht dies alles natürlich auch auf Kosten Brandts.[27]

Zwei-, dreimal monatlich fliegt dieser nach Hannover oder zu anderen Flugplätzen, um an Sitzungen der Parteigremien teilzunehmen. Auf dem Rückweg während der Blockade, in einer Maschine, die oft mit Kohlesäcken beladen ist, hat er ein Hühnchen in der Aktentasche; seine Anzüge, schreibt er, »hätten bald noch weniger gepaßt, wenn die Rationen nicht von norwegischen Freunden aufgebessert worden wären«.[28] Willy und Rut haben sich aus Westdeutschland einen Kerosinofen besorgt, aus Schweden eine Petroleumlampe; den nötigen Brennstoff dazu kaufen sie auf dem schwarzen Markt. Es gibt zweimal zwei Stunden Strom am Tag – eine Periode nachts und eine tagsüber, die Straßenbahnen fahren ab 18 Uhr nicht mehr. »Wir konnten nicht Radio hören, wir konnten nicht lesen. Wir konnten nur darauf warten, daß wir müde wurden«, schreibt Rut – »das Unnormale wurde zur Selbstverständlichkeit«. Doch die Moral der Berliner bleibt ungebrochen. Willy fühlt sich durch die Stimmung in der Stadt an die Haltung der Norweger unter deutscher Besatzung erinnert – an den Widerstand, den sie allen Versuchen entgegensetzten, sie zu brechen oder gleichzuschalten. Er spürt, daß die Berliner sich »auf die gemeinsamen Grundwerte« besinnen, auf das Gefühl des Füreinander-Einstehens und des Sich-aufeinander-verlassen-Könnens, die selbstverständlich gewordene Verteidigung von Rechtssicherheit und Meinungsfreiheit, das Bekenntnis zur individuellen Verantwortung.[29]

Als Rut im April von einem Urlaub in Norwegen mit dem »Schwedenzug« am Ostbahnhof ankommt, hat sie das ganze Abteil voller Lebensmittel, Pfeifentabak, Streichhölzer, Blumen- und Gemüsesamen. Auch Babysachen sind dabei, denn sie erwartet ein Kind. Zeit zum Heiraten, meint Willy, der seit seiner Scheidung von Carlota 1947 nicht mehr gebunden ist. Zwar halten es beide »weder für Sünde noch für Schande«, daß sie ohne Trauschein und Ehering zusammenleben, aber da Rut schwanger ist, wird Ausschau nach einem Pfarrer gehalten. Der norwegische Seemannspastor in Hamburg, den beide kennen, will keine Geschiedenen trauen. Im Herbst schließlich erklärt sich der Feldgeistliche der im Harz stationierten norwegischen Brigade bereit, die Trauung zu vollziehen. Vor dem Kamin in der Messe der norwegischen Militärmission, nach den Regeln der norwegischen Staatskirche, geben sich beide das Ja-Wort – »und wir sangen und weinten vor Freude«, erinnert sich Rut.[30] Aber Frau Brandt wird sie damit noch nicht, sondern erst einmal Frau Frahm. Auch auf der Einbürgerungsurkunde, die Willy Brandt am 1. Juli in Kiel ausgestellt wurde, ist »Karl Herbert Frahm, genannt Willy Brandt« vermerkt – die formelle Änderung in den bürgerlichen Namen Brandt erfolgt erst im August 1949 durch den Berliner Polizeipräsidenten.[31] Einen Monat nach der Trauung – Willy befindet sich auf Dienstreise in Westdeutschland – kommt Sohn Peter zur Welt, ein echtes Blockadekind: bei Stromsperre und Notbeleuchtung in einem Krankenhaus in West-Berlin.

Das Verhältnis zwischen den Reuters und Brandts ist eng, der Oberbürgermeister, der sich nach der neuen Verfassung bald »Regierender« nennt, kommt oft am Sonntagvormittag auf eine Tasse Kaffee zu den Brandts, und diese essen gelegentlich in seinem kleinen Haus am Ithweg in Zehlendorf zu Abend. Reuter sucht in politischen Fragen das Gespräch mit Brandt. Aus politischer Nähe wird persönliches Vertrauen und, wenn es so etwas zwischen stets zweck- und zielorientierten Politikern überhaupt geben kann, auch Freundschaft. Reuter und er, schreibt Willy Brandt, »waren – politisch und persönlich – ganz nahe beieinander, fast ein Herz und eine Seele«.[32] Aber ganz unkritisch sehen die Reuters das junge Paar Willy und Rut Brandt nie – dafür ist schon der Lebensstil viel zu unterschiedlich. Ernst Reuter und Frau Hanna, Tochter aus sozialdemokratischem Hause in Hannover, leben bildungsbürgerlich-bescheiden, die Sphäre der Brandts zwischen Siegern und Besiegten mit Cocktailparties, auf denen man Champagner und Whisky reicht, liegt ihnen fern. Bei aller Herzlichkeit, die sie an Rut schätzen, bleibt ihnen die Eleganz, die diese in Kleidung und Auftreten pflegt, doch eher fremd.

Ein Bild vom Dezember 1948 zeigt Reuter und Brandt auf einer Treppe: Der Mentor, im Zweireiher und ein wenig korpulent, steht da wie einer von vielen besser gestellten sozialdemokratischen Funktionären oder Ministern seines Alters; sein junger Mann dagegen, mit Hut und Mantel angetan, schlank und die Zigarette in der Hand, verbreitet einen Hauch von Welt. Um kein Mißverständnis aufkommen zu lassen: Weltläufig war auch Ernst Reuter, nur legte er auf Kleidung keinen besonderen Wert. Um Brandt dagegen ist im Berlin jener Zeit jenes gewisse Etwas, das ihn heraushebt aus dem eintönigen Grau des deutschen Alltags. Dem jungen Klaus Schütz fällt es sofort auf, als er Brandt das erste Mal sieht: gepflegter Anzug, solide Schuhe und ein leichtes Flair des Ausländischen – sei es nun skandinavisch oder englisch getönt, jedenfalls paßt Brandt in den üblichen, eher kleinkarierten sozialdemokratischen Rahmen nicht so recht hinein.[33]

Aus der Sicht Ernst Reuters gibt es übrigens nicht nur Willy Brandt als Anwärter auf seine Nachfolge. Glaubt man den Berichten von Zeitzeugen, dann schätzt er den jungen Joachim Lipschitz mindestens ebenso, obschon dieser sich in innerparteilichen Auseinandersetzungen meist zur Reuter-Opposition schlägt. Auch Lipschitz kann die Massen rhetorisch fesseln, aber anders als Willy Brandt ist er nicht in politische Sandkastenspiele verliebt und zeigt sich als Bezirksstadtrat für Finanzen als guter Verwaltungsfachmann. Für Reuter zählt Kenntnis der Administration zu den wichtigsten Voraussetzungen einer politischen Karriere. So trägt er Willy Brandt im Mai 1949 das Amt eines Stadtrats für Verkehr an, das er selbst in der Weimarer Republik bekleidet hat und zeigt sich tief enttäuscht, als dieser ablehnt und es vorzieht, als Berliner Bundestagsabgeordneter nach Bonn zu gehen. Er könne »der Bewegung in einer unabhängigen Position wahrscheinlich wertvollere Dienste leisten«, versichert Brandt dem Bürgermeister fiebergeplagt in einem Brief vom Krankenbett. Zwar beteuert er gegenüber seinem Mentor, daß er die »organisatorische und verwaltungsmäßige Ebene« nicht geringschätze, aber macht unverhohlen klar, daß er sich dafür zu schade dünkt: es sei eben »keine gute Menschenökonomie«, wenn er nicht eine Position erhalte, in der er sich parlamentarisch betätigen könne.[34]

Auch Schumacher hat mit seinem Vorschlag, Brandt solle in Schleswig-Holstein für den Bundestag kandidieren, keinen Erfolg. Brandt fühlt sich wohl auf der »Insel im roten Meer«, wie er Freund Szende in Stockholm einmal schreibt[35], er hat nicht die geringste Absicht, Berlin zu verlassen – und das müßte er wohl, wenn er in der schleswig-holsteinischen Provinz kandidieren würde. Berlin steht im Zentrum der Ost-West-Auseinandersetzung und der Deutschlandpolitik, es ist der Schutzschild, wie Reuter einmal sagt, hinter dem sich der Aufbau Westdeutschlands in Ruhe vollziehen kann, und es bleibt nach wie vor Vier-Mächte-Stadt, auch wenn die Westalliierten ihren Hauptsitz schon während der Blockade nach Westdeutschland verlagern. Brandt gelingt es schließlich, eine Tätigkeit in Bonn mit seinem Verbleiben in Berlin zu verbinden – als Berliner Abgeordneter, der nicht direkt gewählt, sondern vom Abgeordnetenhaus entsandt wird.

Hat Willy Brandt als Vertreter des Parteivorstands in Berlin mit den »Aktivitäten des Ostbüros unmittelbar nichts zu schaffen«, wie er rückblickend einmal behauptet?[36] Es scheint fast, als verhalte er sich wie die meisten Sozialdemokraten: Nach der Unterzeichnung des Grundlagenvertrages möchten sie möglichst viel Distanz zwischen sich und jenes Ostbüro legen, das im Licht des neuen Verhältnisses zur DDR plötzlich als ein Schmuddelkind des Kalten Krieges erscheint. Dabei ist das Ostbüro in einer Zeit entstanden, als es durchaus sinnvoll schien, die Verbindung zu ehemaligen Sozialdemokraten in der Sowjetischen Besatzungszone über Untergrundkanäle aufrechtzuerhalten. Nach einem Wort von Klaus Schütz glaubten viele bis tief in die fünfziger Jahre, »daß die deutsche Einheit um die Ecke liege«[37], und die Frage der Wiedervereinigung stand noch 1955 auf der Tagesordnung der Genfer Außenministerkonferenz. »Durchhalten, das bleibt nicht ewig«, lautete das Motto vieler Sozialdemokraten, die inner- oder außerhalb der SED zu überwintern suchten und hofften, daß es mit einer Einigung der Vier Mächte bald »wieder anders kommt«.

Für Schumacher war es eine Frage der Solidarität, daß man sich um die von ihrer Führung im Stich gelassenen Sozialdemokraten in der Zone kümmerte, eine Politik des Abschreibens gab es für ihn nicht. Und bewußt nahm er Risiken in Kauf, weil sich eine zweite Diktatur auf deutschem Boden nach seiner Meinung nicht ohne energischen Widerstand der Sozialdemokraten etablieren durfte. Als Willy Brandt in der Trabener Straße das Berliner Sekretariat des Parteivorstandes leitet, gehört eine Art Oberaufsicht über die Aktivitäten des Berliner Ostbüros mit zu seinem Aufgabenbereich. Zwar arbeitet das Berliner Ostbüro selbständig, und einen direkten organisatorischen Zusammenhang gibt es nicht, aber bei wichtigen Entscheidungen wird der Vertreter des Parteivorstandes meist einbezogen. Sein Haus am Halensee dient als Treffpunkt für prominente Besucher, oft ehemalige Sozialdemokraten aus der Sowjetzone, die Informationen bringen oder nach Westdeutschland flüchten wollen. Mit ihnen spricht Brandt häufig persönlich und bewirtet sie, um danach Lageberichte für Hannover zu verfassen.

Auch Günter Nollau, der Chef des Bundesamtes für Verfassungsschutz zur Zeit der Guillaume-Affäre, über die der Kanzler Brandt stürzen soll, zählt zu den Besuchern der Trabener Straße 47. Er ist damals Rechtsanwalt in Dresden, Mitglied der Ostzonen-CDU, verteidigt Regimegegner und wird später schreiben, er sei durch Kurier zum Besuch Willy Brandts in Berlin aufgefordert worden.

Brandt leugnet nicht, Nollau damals empfangen zu haben, bestreitet aber, daß er ihn je gebeten habe, aus Dresden zu einem Treff nach Berlin zu kommen.[38] Wie immer dies gewesen sein mag: Nollau wäre wohl kaum bei Brandt aufgetaucht, wenn dieser ihm nicht von Mitarbeitern des Ostbüros als Anlaufstelle in West-Berlin genannt worden wäre.

Mit Brandts Hilfe entwickelt das Ostbüro den Plan, der »Rundfunk im Amerikanischen Sektor« (RIAS) – der in den ersten Jahren des Kalten Krieges in der Sowjetischen Zone meistgehörte Westsender – solle die Namen von SED- und KGB-Spitzeln nennen und vor ihnen warnen.[39] Als das Hannoveraner Ostbüro anfragt, ob es sich hinter eine Aktion der Kampfgruppe gegen Unmenschlichkeit (KgU) stellen solle, befürwortet Brandt dies. An den Fassaden sowjetzonaler Gebäude waren im August 1949 riesige Tücher mit dem Zeichen »F« für Freiheit angebracht worden – Brandt schreibt den Hannoveranern, die Aktion habe gut eingeschlagen und ermuntert zur Zusammenarbeit.[40]

An den abenteuerlichen Unternehmungen der Kampfgruppe, die nach Kai-Uwe Merz tendenziell auf den »kältesten Krieg« hinauswill, der vor dem Umschlagen in den heißen überhaupt denkbar ist[41], scheint er keinen Anstoß zu nehmen. Allerdings übt sie sich damals noch nicht in Sabotageakten und Terroranschlägen, sondern propagiert den gewaltfreien Widerstand à la Gandhi, um eine freie Ostzone zu erkämpfen. Noch agiert sie also im Konsens des Kalten Krieges. Als ihr Chef Ernst Tillich, ein Theologe und Neffe des bedeutenden, in Amerika lehrenden Theologen Paul Tillich, sich an Brandt wendet und sondiert, ob sich die Aktionen der KgU mit sozialdemokratischen Intentionen abstimmen ließen, lehnt dieser nicht ab – im Gegenteil. Ein praktischer und »zweckentsprechender Kontakt«, rät er dem Vorstand in Hannover, könne »nicht von Schaden sein«: Es erscheine nämlich nicht aussichtslos, auf die Kampfgruppe maßgebenden Einfluß zu gewinnen. Mit dem Zusatz, daß sich so »vielleicht Unheil verhüten« lasse, gibt er allerdings Distanz zu allzu waghalsigen Unternehmen zu erkennen.[42] Jahre später wird Ernst Tillich dann wegen gewaltsamer Aktionen aus der SPD ausgeschlossen. Doch haben amerikanische Dienststellen in Berlin, so behauptet jedenfalls Peter Koch, anfänglich erwogen, Brandt selbst für die Leitung der Kampfgruppe zu gewinnen.[43]

Wie wichtig es dem Brandt jener Jahre ist, den Widerstand in der Zone vom Westen her zu fördern, geht aus einem Vorschlag hervor, den ein amerikanischer Gesprächspartner bei einem Luncheon macht: Man solle, so Brandt, einen Schwarzsender nahe der Zonengrenze im Westen einrichten, der mit wechselnden Frequenzen und Standorten nahe der Zonengrenze den Eindruck erweckt, er sende aus der Sowjetzone selbst.[44] Der Berliner Vertreter des Parteivorstands vermittelt Kontakte zwischen dem Ostbüro und skandinavischen Nachrichtendiensten[45], und er stellt gleich mehrere Denkschriften des Ostbüros auf internationalen Pressekonferenzen vor. Es handelt sich dabei um Informationen über die Demontagen in der Ostzone, über den Parteiapparat der SED und das »Arbeitsrecht unter Hammer und Sichel«. Im September 1948 präsentiert er die Schrift »Terror in der Sowjetzone«, die er selbst mitverfaßte und die unter anderem »Berichte aus den Folterkammern der GPU«, Informationen über Deportationen nach Rußland, und über die Konzentrationslager enthält, die vom NKWD weiter betrieben werden. Im Februar 1949 gibt er eine Pressekonferenz zu der Broschüre »Zum Spitzel gezwungen« – der NWDR, meldet er stolz dem Parteivorstand, habe das Gespräch mit den Journalisten übertragen und einen Kommentar dazu ausgestrahlt, außerdem hätten die drei westlichen Militärregierungen Exemplare erhalten.[46] Für wichtige Treffs stellt er dem Berliner Ostbüro auch seinen Wagen samt Fahrer zur Verfügung – so dessen Leiter und früherem Chefkurier Heinz Kühne, einem ehemaligen Schiffskoch, der in der Nacht zum 9. Februar 1949 aus einer Wohnung nahe der Grenze im französischen Sektor entführt wird.

Was da gegen Mitternacht geschieht, mag heute wie eine makabere Räuberpistole wirken, aber es handelt sich, wie die spätere Entführung Walter Linses vom Untersuchungsausschuß Freiheitlicher Juristen zeigen wird, nicht um einen Einzelfall im Dschungel der Geheimdienste des damaligen Vier-Mächte-Berlin. In einem geheimen 14-Seiten-Bericht an den Parteivorstand schildert Brandt den Hergang: Danach wartet sein Fahrer Erich Groth, welcher den als Journalist getarnten Kühne alias Alex oder Herbert Hinsche zu einem Treff mit einem Informanten von der sowjetzonalen Wirtschaftskommission gebracht hat, mit dem Wagen eine Ecke weiter, als er plötzlich Schreie hört. Er schaltet die Scheinwerfer an, erkennt unklar einige Gestalten, fährt um das Viertel herum und findet den Hut von Alex. Die Haustür steht offen. Fünfzehn Minuten später stößt die von ihm alarmierte Polizei in der Wohnung, in der Alex seinen Informanten getroffen hat, auf drei leere Wodka- und Likörflaschen, Blutspuren an den Wänden, die Kanüle einer Injektionsspritze liegt auf dem Fußboden. Auch das Treppenhaus ist voller Blutflecken. Vor dem Haus wird einer von Alex' Schuhen, ein Strumpf und ein Handtuch entdeckt. Brandt: »Man hat ihn offenbar in betäubtem Zustand in die Decken gewickelt und die Treppe heruntergeschleppt. Vor der Tür ist er dann nochmal zu sich gekommen und hat einige Schreie von sich gegeben. Er hat wohl auch nochmal versucht, sich zu befreien, wobei ihm der eine Strumpf und Schuh abgerissen wurden, während man das Handtuch wohl verwendet hat, um ihm den Mund zu stopfen.«

Der Fall setzt ihm persönlich zu, denn er ist mit Kühne befreundet. Dennoch wirft er ihm unglaublichen Leichtsinn vor: Der Freund habe gewußt, daß er sich zu einem zweifelhaften Mann begeben würde – dazu in ein isoliertes Haus in der Nähe des Waldes und der Grenze zur Sowjetzone –, und er sei wohl nicht mehr dazu gekommen, sein »Schießeisen« zu ziehen. Weil das ganze Kuriernetz jetzt aufzufliegen droht, gelte es zu retten, was zu retten ist. Der nachrichtendienstliche Kontaktapparat, empfiehlt er, müsse sich künftig »wissenschaftlich-konspirativer Methoden« bedienen. »Eine Kompromittierung meiner Person und meines Sekretariats mit daraus folgenden gesteigertem Interesse der Gegenseite«, schreibt er in seinem Bericht, »kann ebenfalls erwartet werden.«[47]

In der Tat: Etwa zwei Monate nach seiner Entführung klagt Kühne in einem »Offenen Brief an Schumacher, Ollenhauer und andere« die SPD Führung an, »daß Ihr um Eurer eigensüchtigen Interessen willen in verbrecherischer Weise das Leben und das Wohlergehen einfacher Parteimitglieder in der sowjetischen Besatzungszone aufs Spiel setzt. Ihr versorgt sie mit verlogenem Propagandamaterial und zwingt sie, für die Engländer und Amerikaner Spionage zu treiben.«[48] Willy Brandt wird in Kühnes Bericht über die Spionagetätigkeit des Ostbüros als Kontaktmann zu »norwegischen Spionage-Organen« genannt. Der »offene Brief« erscheint im *Neuen Deutschland*, der Parteizeitung der SED, und wurde, wie man später erfährt, dem Entführten durch Mißhandlungen abgepreßt: Man prügelte ihn einfach so lange, bis er kapitulierte und unterschrieb. Vorsorglich fährt Willy Brandt bis zu seiner Wahl als Präsident des Abgeordnetenhauses weder mit dem Wagen noch der Bahn durch die Sowjetzone, weil er eine Verhaftung fürchtet.

Man wird den Willy Brandt jener Jahre nicht ohne die große geistige Auseinandersetzung verstehen, die damals in Berlin zwischen Ost und West geführt wurde. Nicht ohne den *Monat* etwa, jene 1948 von Melvin J. Lasky in Berlin gegründete Zeitschrift, die zur kulturpolitischen Speerspitze des Westens im Kalten Krieg wird und die ihm wie anderen Linken intellektuelle Munition für ihren Abwehrkampf liefert. Daß Autoren wie Arthur Koestler oder Franz Borkenau, Kenner des Kommunismus, die mit ihm gebrochen haben, daß ehemalige Spanienkämpfer wie der POUM-Brigadist George Orwell, daß Bertrand Russell oder Sidney Hook, eine der Leitfiguren der antikommunistischen Linken in Amerika, dort schreiben, ist für eher emotional bestimmte, praktisch orientierte einstige Linkssozialisten wie Willy Brandt von besonderem Gewicht. Bedeutung und Verdienst des *Monat* lassen sich schwerlich überschätzen, er öffnet der jungen Nachkriegsgeneration das Fenster zum Denken der westlichen Welt, führt einem intellektuell ausgehungerten Publikum »neue Regeln eines republikanischen Diskurses vor« und demontiert »ideologische Verblendungen mit den besten verfügbaren Argumenten«, wie Michael Naumann einmal treffend formuliert.[49]

Das Blatt hat kosmopolitische Weite, steht *gegen* einen rein ästhetischen und *für* einen politisch engagierten Kulturbegriff; Max Frisch rühmt an ihm, es strebe »die Verbindlichkeit zwischen Politik und Geistesleben« an. Wolf Jobst Siedler, der spätere Verleger, damals Assistent von Lasky, hatte das Gefühl, in den Redaktionsräumen in Berlin-Dahlem sei die ganze Welt versammelt: »Ernst Reuter und Willy Brandt kamen vorbei, aber auch Theodor Plievier; dieser allerdings unter Polizeischutz, weil er sich als Dissident wohl zu Recht vor einer Entführung in den Ostsektor fürchtete. Das war auch die Zeit der großen Premieren am Hebbel-Theater: Sartre, Camus, Giraudoux und natürlich Thornton Wilders ›Wir sind noch einmal davongekommen‹. Das traf den Geist der Epoche, und in der Tat hatte es den Anschein, als würde im Westteil des zertrümmerten Berlin noch einmal an die große Zeit der Metropole angeknüpft werden können.« Nach einem Wort von Helmut Jaesrich, dem wohl wichtigsten Redakteur nach Lasky, bezieht der *Monat* eine Position »left of the center«, seine Beiträge sind »mit einer beständigen Kritik am Wirtschaftsgewinnlertum der Adenauerzeit und der Hoffnung auf einen adäquaten Umgang des deutschen Volkes mit seiner Vergangenheit verknüpft«.[50] Ohne Zweifel ist der *Monat* die herausragende Zeitschrift im westlichen Deutschland, aus dem Kreis seiner Autoren geht jener Kongreß für kulturelle Freiheit hervor, der einen Tag nach Beginn des Koreakriegs am 26. Juni 1950 im Berliner Titania-Palast eröffnet und der in seiner besten Zeit, den fünfziger Jahren, zum geistigen »Sammelbecken der demokratischen Linken« des Westens wird.[51]

Führender Kopf des Kongresses ist Melvin J. Lasky, dem Willy Brandt seine Freunde Haakon Lie, den Generalsekretär der Norwegischen Arbeiterpartei, den norwegischen Dichter Arnulf Överland, den schwedischen Schriftsteller Eyvind Johnson und Stefan Szende als Teilnehmer aus Skandinavien empfiehlt.[52] Der Kongreß kämpft gegen die Versklavung des Geistes in den totalitären Staaten, für die Freiheit des Erkennens, er engagiert sich gegen jede Zensur, gegen Unterdrückung, Diktatur und Terror, er ist von einer »Walt-Whitmanschen Freiheits-Emphase« im besten Sinne getragen. Ernst Reuter, der in seiner Kriegsgefangenschaft die Russen als Menschen schätzen gelernt hat, betont in seiner Eröffnungsansprache, die Arbeit richte sich nicht gegen das russische Volk, sondern gegen das »große Reich der Tyrannei, das von der Elbe bis nach Wladiwostok« reiche. Wenn später bekannt wird, daß sowohl der *Monat* als auch der Kongreß mit Geldern der CIA finanziert worden sind, ändert das nichts an ihrer damals wahrlich überragenden Bedeutung: Von Einflußnahme habe er nichts gespürt, schreibt Klaus Harpprecht, letzter *Monat*-Chefredakteur, ehe das Blatt sein Erscheinen in den siebziger Jahren einstellte. Niemals habe die Agentur, die sich anderswo in der Welt die schrecklichsten Idiotien leistete, ihr Geld »für einen besseren Zweck ausgegeben«.[53] Als es nach dem Berliner Mauerbau 1961 darum geht, das abgeschnürte West-Berlin vor dem Ersticken im Provinzialismus zu bewahren, beruft Brandt den Komponisten und früheren Generalsekretär des Kongresses für kulturelle Freiheit, Nicolas Nabokov, zum Chef der Berliner Festspiele.

Sozialismus ist im wesentlichen weitergeführte Demokratie – nämlich die Herrschaft der Mehrheit nicht nur auf politischem, sondern auch auf ökonomischem Gebiet. Noch als Vertreter des Hannoveraner Parteivorstands in Berlin schreibt Brandt dies im Februarheft 1949 des *Monat* als Widerpart zu Friedrich Hayek. Der große Wirtschaftsliberale verwirft im gleichen Heft den demokratischen Sozialismus als die große Illusion der letzten Generationen und zitiert Hölderlin: Den Staat habe zur Hölle gemacht, »daß ihn der Mensch zu seinem Himmel machen wollte«.

Wer die Vorstellungen des damals 35jährigen Brandt vom demokratischen Sozialismus im *Monat* nachliest, findet altbekannte, von Gunnar Myrdal beeinflußte Vorstellungen aus seiner Stockholmer Zeit wieder, dazu Hinweise auf den Vorbildcharakter des amerikanischen *New Deal*, der auch Kurt Schumacher beeindruckt hat. Die Mehrheit der Arbeitenden sei abhängig von der Minderheit der Kapitalbesitzer, welche ihr, der Mehrheit, das »Recht auf Arbeit, angemessenen Lohn und gleiche Chancen bei der Gestaltung des Lebens« verwehre – so Brandt. Sonderinteressen blockierten »das verheißungsvolle Gelöbnis Franklin D. Roosevelts: Freiheit von Furcht und Freiheit von Not«. Eine totale Planwirtschaft, in welcher der Markt abgeschafft ist, bezeichnet er als Schreckgespenst, das kein demokratischer Sozialist wünschen könne. Doch wenn selbst das große Amerika zu verhältnismäßig weitreichenden Planungs- und Lenkungsmaßnahmen greife, fragt der Autor des *Monat*, um wieviel größer sei dann erst die Berechtigung zu weiterreichenden Schritten im verarmten Europa?

Auch Brandt geht, ganz wie sein Parteivorstand in Hannover, davon aus, daß Kohle und Stahl, Großchemie und Großbanken selbstverständlich in Gemeineigentum überführt werden müßten, zeigt sich allerdings betont flexibel, was die Formen dieser Vergesellschaftung angeht. Da visiert er eine breite Skala von Möglichkeiten an: Manchmal sei die Überführung in die Hände des Staates, des Landes oder der Gemeinden vernünftig, doch seien in den meisten Fällen selbständigere Formen des Gemeineigentums – etwa Sozialgewerkschaften oder Genossenschaften – vorzuziehen. Er wünscht staatliche Preiskontrollen und Vollbeschäftigung, die ja »ohne Terror« möglich seien, wie die skandinavischen Länder bewiesen hätten. *In toto* will er auf eine »Änderung der gesellschaftlichen Ordnung« durch »Zusammenarbeit, demokratische Kontrolle, Planung und Lenkung sowie durch Mitbestimmung der arbeitenden Menschen« hinaus.[54]

Sein Beitrag im *Monat* zeigt, daß er so wenig wie die Genossen in Hannover erkennt, wie anders Ludwig Erhard mit der Verkündung des Leitsätzegesetzes im Juni 1948 die Weichen der deutschen Wirtschaft inzwischen gestellt hat – in Richtung Liberalisierung nämlich. Mehr als ein halbes Jahr nach Erhards historischem Beschluß glaubt Brandt fälschlich – und befindet sich da im Einklang mit der übergroßen Mehrheit seiner Partei –, »die Entscheidung gegen die alte [kapitalistische] Ordnung scheint bereits gefallen zu sein«. Wenige Monate später, als er auf dem Landesparteitag der Berliner SPD im Mai sein Grundsatzreferat über »Die programmatischen Grundlagen des demokratischen Sozialismus« hält, greift er die wichtigsten Punkte seines Artikels im *Monat* auf.[55]

Er beklagt die »Bastardisierung des Sozialisierungs- und Planungsgedankens in der Ostzone«, die zur psychologischen Verteufelung von Vorstellungen beitrage, welche er und seine politischen Freunde für richtig halten. Gegen die Plandiktatur eines anonymen Apparats, gegen »staatliche Totaldiktatur« setzt er Planentscheidungen, die er im demokratischen Staat auf demokratische Art gefällt wissen will. Wenn er auch hier die Vergesellschaftung der wichtigen Grundstoffindustrien und Großbetriebe, dazu die »straffe soziale Planung der öffentlichen Hand« bei der Wohnungswirtschaft wie dem Geld- und Versicherungswesen, wenn er »regulierende Marktwirtschaft« fordert, befindet er sich in Übereinstimmung mit dem Gros der eigenen Partei. Allerdings macht er Anleihen bei eher unorthodoxen Genossen – etwa bei Fritz Tarnow und den Diskussionen in der Kleinen Internationale, wenn er vom »konstruktiven Sozialismus« spricht. Mit ihm will Brandt den traditionellen Gegensatz zwischen dem reformistischen und dem revolutionären Flügel der Arbeiterbewegung geschichtlich »überholt« und aufgehoben sehen.

Wer da fragt, wie dies, wenn es denn wahr wäre, hätte gelingen können, wird wie folgt belehrt: Der »konstruktive Sozialismus« sei freiheitlich und zugleich revolutionär, »indem er den Weg nach vorn zeigt und zur Neugestaltung aufruft«. Das klingt reichlich nebulös. Etwas kryptisch führt er auch Paul Serings (i.e. Richard Löwenthals) »Jenseits des Kapitalismus« ins Feld, die damalige »Bibel« vieler Parteireformer: Dort sei die Grundfrage unserer Zivilisation angeschnitten – nämlich »die Vereinbarkeit von wirtschaftlicher Planung und persönlich-politischer Freiheit«. Er hoffe, daß diese Frage sich praktisch lösen lasse, »wenn wir uns hüten vor dem Opportunismus administrativer Selbstgefälligkeit einerseits und andererseits vor dem scheinrevolutionären Maximalismus, der alles verspricht und nichts erreicht«. Sind es Formulierungen wie diese, die dem SPD-Parteichef Brandt später bei Kritikern den Spitznamen »Willy Wolke« eintragen werden? Wirtschafts- und Gesellschaftspolitik haben nie zu seinen Stärken gehört.

Klarer sind da schon seine Äußerungen zur Außenpolitik, auch wenn er mit seiner Kritik an der Parteilinie in der Europafrage überaus vorsichtig zu Werke gehen muß. Schließlich ist er Angestellter des Parteivorstands und außerdem dabei, langsam in der Berliner Organisation Fuß zu fassen – ein offener Kollisionskurs ist da nicht angebracht. So ist seine Kritik oft in ein »aber« gepackt, das auf die grundsätzliche Zustimmung zu Verlautbarungen der Parteioberen folgt. Ein Paradebeispiel dafür ist sein Diskussionsbeitrag auf dem Düsseldorfer Parteitag 1948. Da unterstreicht er ausdrücklich Schumachers Vorstellung, daß ein einheitliches Europa nur auf demokratischer und sozialistischer Basis zu erstreben sei. Erst dann kommt sein Aber: Das Aufzeigen dieser »unerläßlichen Voraussetzungen« dürfe nicht bedeuten, die Hände in den Schoß zu legen, »bis diese Bedingungen in aller Reinheit erfüllt sind«. Es gelte vielmehr, von den »heutigen Bedingungen aus für die europäische Einheit zu wirken«, um im Kampf um ihre Verwirklichung soviel sozialistischen Auffassungen zum Durchbruch zu verhelfen, wie immer möglich.[56] Heißt das nicht: anfangen, mit den Franzosen zusammenzuarbeiten, auch wenn sie Kapitalisten und Besatzer sind? Und dann rät er praktische Schritte an: Überall, wo gemeinsame Aufgaben zu lösen sind, sollten die dafür notwendigen Organe geschaffen werden, um daraus eine »lebendige Gemeinschaft erwachsen zu lassen«. Statt auf den »Turm des Gebäudes der Vereinigten Staaten von Europa zu starren«, der nach Schumacher nur bei völliger deutscher Gleichberechtigung entstehen kann, sollte man erst einmal das »funktionelle Arbeitsprinzip zugrunde legen«. So wendet sich, mit geschickt verpackten Argumenten, der pragmatisch und praktisch denkende Brandt gegen Schumacher, den Prinzipiellen, und nimmt, wenn man so will, seine spätere Politik der kleinen Schritte vorweg.

Pragmatisch auch sein Zugriff zum Problem des Ruhrstatuts, das Schumacher als westlich-kapitalistischen Besatzungsoktroi, als Versuch andauernder Kontrolle, aber auch fremder Verwaltung im überheizten Kessel des Ruhrgebiets schlicht ablehnt. Brandt gewinnt dem Statut die eher positiven Seiten ab, aber äußert seine Kritik am Kurs seines Parteichefs wiederum so, daß man sehr genau hinhören muß, um sie überhaupt zu erkennen: Von einer »staatsrechtlichen und besitzmäßigen Ausgliederung des Ruhrgebiets« könne nicht mehr die Rede sein, erklärt er dem Berliner Landesparteitag 1948, und gegenüber den »Reparationen, der SED-Wirtschaft, dem Hennecke-System, der menschlichen und terroristischen Verwüstung« im Osten »sei selbst das, was zu überwinden wir uns im Westen bemühen werden, ein Fortschritt« – eben das Ruhrstatut.[57]

Auf ähnlicher Linie wie 1948 in Düsseldorf argumentiert er dann auch beim Bundesparteitag im Mai 1950 in Hamburg, wo der sogenannte Bürgermeisterflügel gegen die Europapolitik Schumachers Front macht. Es geht um den Beitritt der Bundesrepublik zum Europarat in Straßburg, den Schumacher, Ollenhauer und auch Carlo Schmid ablehnen, solange die autonome Saar, mit Frankreich durch eine Wirtschafts- und Währungsunion verbunden, dort als assoziiertes Mitglied vertreten ist. Kann man etwa die Lostrennung der Saar von Deutschland anerkennen und gleichzeitig die Rückgabe der Gebiete jenseits der Oder-Neiße fordern? Muß das nicht jede politische Glaubwürdigkeit zerstören? Und ist die Teilnahme der Saar am Europarat nicht ein Verstoß gegen den unverzichtbaren internationalistischen Grundsatz der demokratischen Sozialisten, daß Europa nur auf der Grundlage der Kameradschaft und Gleichberechtigung der Völker aufgebaut werden kann?

Hamburgs Erster Bürgermeister Max Brauer beschwört die Gefahr der Isolierung der Sozialdemokratie herauf: Nicht nach Straßburg zu gehen, komme einem Unglück gleich und sei die falsche Politik. Sein Bremer Kollege Wilhelm Kaisen hatte schon vor dem Parteitag gefragt: Wohin sollen wir sonst gehen, wenn nicht nach Straßburg?

Reuter überläßt es Willy Brandt, seine Bedenken gegen den Kurs des Vorsitzenden vorzubringen. Dieser wägt die Argumente, plädiert dann aber doch, wenn auch betont vorsichtig, für den Beitritt zum Europarat. Er spricht von den Chancen, die sich auf politischem Gebiet ergeben könnten, aber auch auf wirtschaftlichem, denn der Plan einer europäischen Montanunion ist von Robert Schuman gerade vor zwei Wochen verkündet worden. Die Formen der europäischen Zusammenarbeit mögen noch unvollkommen und vage sein, aber er will sie nicht blockiert wissen.

Er distanziert sich keineswegs vom Begriff der »unmöglichen Konstruktion« des Europarats, von der auf diesem Parteitag viel die Rede ist. Als Berliner zeigt er, mit Blick auf die Ostgebiete, besonderes Verständnis für Schumachers Saar-Argumentation. Und wie der Führung seiner Partei wäre auch ihm der Aufbau Europas auf der Grundlage »einer sozialistisch-demokratischen Solidarität« lieber als auf kapitalistischer Basis, wie er ausdrücklich betont. Wenn er dennoch von der Lage ausgehen will, wie sie ist, zeigt er sich hier schon als der große politische Realist: Er will jeden Ansatz, auch einen unvollkommenen, zu einem politischen Europa gefördert wissen und stellt deshalb ein sozialdemokratisches Ja über noch so berechtigte Bedenken gegen die Konstruktion des Rats. Lassen die Einwände sich nicht, wie Löbe in seiner großen Gegenrede zu Schumacher gesagt hat, immer wieder in Straßburg selbst vortragen, mit dem Ziel, die Mängel der Konstruktion nach und nach auszuräumen?

Ganz eindeutig ist sein Verhalten allerdings nicht. Als es zur Abstimmung kommt, votieren nur elf Delegierte gegen die Vorstandsresolution, vier enthalten sich der Stimme. Brandt ist einer dieser Vier. »Das war nicht sehr mannhaft«, meint er gut vierzig Jahre später, »aber es machte deutlich, daß ich meinte, man solle diese Sache anders angehen.«[58]

Machtkampf an der Spree

Ernst Reuters junger Mann setzt sich durch

Kaum ist er in den ersten Bundestag gewählt, steht für die Familie ein Umzug an. Willy Brandts Job ist überflüssig geworden, denn die Kontakte zu den Alliierten verlagern sich nach Bonn, wo seit Gründung der Bundesrepublik und der Verkündung des Besatzungsstatuts statt der Militärgouverneure nun die alliierten Kommissare auf dem Petersberg die Deutschen im Westen kontrollieren. Die Mitglieder des Parteivorstands brauchen keinen Mittler mehr, bei den Hohen Kommissaren können sie jetzt Botschafter in eigener Sache sein. Brandt geht zwar als Berliner Bundestagsabgeordneter an den Rhein, aber ein Jahr später wird er auch zum Mitglied des Berliner Abgeordnetenhauses gewählt, taucht tief in die Berliner Landespolitik ein und wird damit endgültig zu Reuters jungem Mann.

Die Umstellung bedeutet zunächst ein einfacheres Leben: Das möblierte Haus am Halensee, der Dienstwagen und der Fahrer müssen aufgegeben werden, nur die Haushälterin zieht mit um in das Reihenhaus am Schlachtensee. Es ist ruhig gelegen – in einer Sackgasse des sogenannten Marineviertels, die Anschrift lautet Marinesteig 9. Möbel müssen angeschafft werden, und die kosten Geld. »Wir mußten auf Raten kaufen«, erinnert sich Rut Brandt, »die ›moderne‹ Sofagruppe mit Nierentisch im Wohnzimmer, ein Eßtisch mit vier Stühlen, ein Regal und einen Schreibtisch, gelbe Gardinen mit schwarzen Schiffchen darauf. Es war nur das unbedingt Notwendige, aber wir hatten viel zu bezahlen.« Im Juni 1951 erblickt der zweite Sohn, Lars, das Licht der Welt.

Die Finanzen machen Brandt Sorgen. Als Bundestagsabgeordneter bezieht er knapp 2000 Mark im Monat, aber er muß 400 Mark an Fraktion und Partei abführen, ein möbliertes Zimmer mieten und während seiner Wochen in Bonn in Restaurants essen gehen. So sucht er nach Wegen, zu Nebeneinnahmen zu kommen. Er arbeitet weiter als Korrespondent für *Morgontidningen* in Stockholm und für sein Stammblatt, das er schon seit 1933 mit Artikeln beliefert: das sozialistische *Arbeiderbladet* in Oslo. »Wie andere Korrespondentenfrauen telefonierte ich häufig den Text durch, wenn er irgendwohin mußte«, schreibt Rut Brandt.[1] Es ist vor allem Rut, die den Kontakt zur Mutter Willy Brandts und ihrem Mann, dem Maurer Emil Kuhlmann in Lübeck pflegt, schon um den Kindern ein Stück Familientradition zu vermitteln. Die Kuhlmanns wohnten außerhalb der Stadt, in der einen Hälfte eines kleinen Zweifamilienhauses. »Ein Ziergarten«, erinnert sich Rut, »mit Blumen und Gebüsch lag zur Straße. Das Haus hatte eine Küche und ein Wohnzimmer unten sowie zwei Zimmer oben. Ein Badezimmer gab es nicht, und der Abort war im Stall, wo man in Gesellschaft mit Schweinen und Hühnern saß – zum großen Vergnügen der Kinder in den kommenden Jahren.« Peter Brandt fand vor allem seinen Stiefgroßvater faszinierend – einen großen, starken Mann, der sein eigenes Gemüse baute, seine eigenen Hühner hielt und sie selbst schlachtete.[2]

Mit Vorlesungen an der Hochschule für Politik, die er auf Einladung Otto Suhrs hält und die ebenfalls seine Kasse aufbessern sollen, hat Willy Brandt allerdings wenig Glück. Er liest über die Entwicklung der westlichen Außenpolitik von der Atlantikcharta bis zur Entstehung der NATO und die Politik der Labour-Regierung in England, aber der Besuch ist so schlecht, daß er die Vorlesungen bald ausfallen läßt.[3]

Zum 1. Januar 1950 übernimmt er die Chefredaktion des Berliner Parteiblatts, das den Namen *Sozialdemokrat* führt und als Tageszeitung erscheint, hat aber auch damit nicht viel Erfolg. Um sie attraktiver zu machen, nennt er sie in *Berliner Stadtblatt* um und versucht, sie gefälliger und gelegentlich selbst ein wenig reißerisch zu gestalten. Plötzlich finden sich in der langweiligen Funktionärszeitung Bilder von Filmstars und Überschriften wie *»Der Neffe griff zum Eisenrohr«* oder *»Das Geständnis der Schwachsinnigen«*.[4] Eine Boulevardzeitung wird freilich nicht daraus, das *Stadtblatt* wird weiter nahezu ausschließlich von braven Genossen gelesen.

Da Brandt und der Reuter-Flügel nicht immer auf Parteilinie liegen, verfolgt der Parteiapparat in Bonn seine journalistische Arbeit zwar nicht mit »inquisitorischem Eifer«, wie Wolfgang Schmidt meint, aber doch mit Argusaugen. Als es im Juni 1950 mit der Aufmacherzeile erscheint: *»Sozialistenkonferenz begrüßt Schuman-Plan – SPD macht Vorbehalte«*, wird dies von Schumacher in einer Sitzung der Bundestagsfraktion, bei der Brandt abwesend ist, ausdrücklich gerügt. Daß der Chefredakteur Brandt die positive Beurteilung des Schuman-Plans durch die Comisco, den Vorläufer der Sozialistischen Internationale, der ablehnenden Haltung der deutschen Sozialdemokratie gleichwertig gegenüberstellt, wertet der Parteichef – wahrscheinlich zu Recht – als subversive Kritik der eigenen Position. Der Parteijournalist Brandt vom *Berliner Stadtblatt* wiederum empfindet die Kritik des ehemaligen Parteijournalisten Schumacher der *Schwäbischen Tagwacht* als unberechtigt. Stets ist er für die Freiheit der Diskussion innerhalb der Arbeiterbewegung eingetreten. Das eine wie das andere habe den Tatsachen entsprochen, schreibt er trotzig seinem Bonner Mitarbeiter Erich Schmidt und empfiehlt ihm, sich bei künftigen Schumacher-Schelten schweigend zu verhalten. Notfalls soll er sich damit begnügen, die Meinung seines Chefredakteurs wiederzugeben.[5]

Nein, zu den großen Blattmachern zählt der Chefredakteur Willy Brandt wahrlich nicht. Die Auflage lag bei etwa 16 000 Stück, als er die Zeitung übernahm; nach einer kurzen Aufwärtsentwicklung im April und trotz Subventionen aus der Bundeskasse, die alle Berliner Zeitungen als Ausgleich für die Spaltungsfolgen erhalten, sackt sie dann bis Mitte 1951 auf eine Auflage von 3500 verkauften Exemplaren ab. Sie wird deshalb in die *Berliner Stimme* umgewandelt, ein wöchentlich erscheinendes Mitgliederblatt, in dem Brandt zwar viele Artikel veröffentlicht, das er aber nicht mehr als Chefredakteur leitet.

In sein Haus am Marinesteig lädt Willy Brandt junge Sozialdemokraten zu nächtelangen Diskussionen ein – darunter viele, die später im Team des Regierenden Bürgermeisters Karriere machen sollen. Hanns-Peter Herz etwa, Journalist beim RIAS, und Klaus-Peter Schulz, beide Anhänger des Reuter-Flügels, oder auch Horst Grabert und Horst Korber. Herz arbeitet später in der Senatskanzlei und steigt danach zum Berliner Pressechef auf, Grabert wird sein letzter Leiter des Kanzleramts, Korber verhandelt als Senatsrat ab 1963 mit Ostberlin über Passierscheine. Es sind Diskussionen im kleinsten Kreis, und bei einem Glas Wein wird über Gott und die Welt geredet, auch gestritten – über die Wiederbewaffnung oder den Schuman-Plan bis hin zu der Frage, wie es in Berlin weitergehen soll.

Brandt zeigt sich dabei offen für Ratschläge und andere Meinungen. Auf Grabert wirkt er frei und nicht gehemmt, souverän und mental nicht so verbogen wie die meisten Deutschen – und: »Er konnte zuhören.« Er fragte: »Horst, was hältst Du davon?« und ließ den Besucher dann erst einmal 20 Minuten reden, denn er wollte erfahren, wie die jungen Leute dachten. Grabert hatte Brandt erstmals im Januar 1948 auf dem Flughafen Gatow getroffen – als Chef der Jungsozialisten von Steglitz und Mitglied eines Empfangskomitees, das den frisch aus Hannover eingeflogenen Vertreter Schumachers im Namen der Berliner Partei begrüßen sollte. Die Sympathie für den Remigranten und Heimkehrer sei damals in der Berliner SPD groß gewesen, erinnert er sich. Aber schon bei dieser ersten Begegnung ist ihm Brandts Fähigkeit aufgefallen, durch Leute, die vor ihm stehen, einfach hindurchzusehen.

In einer nächtlichen Diskussion am Marinesteig im Jahr 1950 fragt Brandt seine Besucher Herz und Schulz, ob er sich den Weg an die Spitze in der Berliner Partei erkämpfen solle. Rut Brandt, so Hanns-Peter Herz, war dabei und bestärkte ihn in seiner Absicht. Überhaupt habe Rut immer versucht, »ihren Mann, der ja manchmal sehr schwankte und zögerlich war, auf manche Haltung festzulegen – nicht im Großen, nicht etwa, was politische Strategie betraf, sondern in seiner Einschätzung von Menschen und seiner Haltung zu ihnen«.[6]

Seine Entscheidung, um die Führung der Berliner Sozialdemokratie zu kämpfen, fällt im Jahr 1950, als der Konflikt zwischen der Berliner Partei und ihrem Oberbürgermeister Reuter sich dramatisch zuzuspitzen beginnt. Und da er sich einmal entschlossen hat, nimmt er auch die kleinsten Anlässe wahr, seinen Weg nach oben freizukämpfen. Seit Dezember 1949 ist er Vorsitzender des Kreisverbandes Wilmersdorf geworden und hat sich seither mit viel Kleinkram herumzuschlagen. Da kommen Hilferufe für die »hungernden und frierenden Filmschaffenden in West-Berlin«, aber auch die West-Berliner Kleingärtner erwarten Unterstützung vom Kreisvorsitzenden der SPD, etwa in ihrem Kampf um die Erhaltung ihrer Kolonie Jagen 84. Möglichkeiten, ihre Lebenshaltung durch den Anbau von Gemüse, Obst und durch Kaninchenzucht zu verbessern, sind für die West-Berliner von großer Bedeutung, da es infolge der Währungsspaltung und der Blockade allein in West-Berlin über 300 000 Arbeitslose gibt. Kein Anlaß ist ihm zu gering, keine Chance zu klein, um nicht in den Abteilungen und Kreisverbänden der Partei zu sprechen, Freunde und Mitstreiter zu gewinnen, selbst Kaffee-und-Kuchen-Nachmittage für Rentner sind als Mittel recht.

Sein wichtigster Helfer in jener Zeit wird Klaus Schütz, ein Sozialdemokrat des Jahrgangs 1926, der als Flakhelfer am Scheinwerfer stand, kurz vor Kriegsende als Soldat in Italien verwundet wurde und im Rahmen des amerikanischen Programms für *Young Political Leaders* ein Jahr lang in Harvard studiert hat. Auch Schütz stand in den ersten Nachkriegsmonaten einmal ganz links und hatte, mit der Niederlegung eines Kranzes namens der Jungen Sozialdemokraten, seine »tiefe Verehrung« für Lenin bekundet. Aus Amerika zurück, bereichert er ab Frühjahr 1950 Brandts Kampf um die Spitze mit politischen Erfahrungen, die er jenseits des Atlantik gesammelt hat: wie man modernes *grassroots campaigning* macht, um in der Partei und der Bevölkerung Anhänger zu sammeln, vor allem aber, daß man vor Härte in der politischen Auseinandersetzung nicht zurückschrecken darf. Mit Schütz zieht Brandt durch rauchgeschwängerte Hinterzimmer und Kneipen, schmeißt Lagen und berichtet über die Arbeit des Bundestags. Er versucht, die Genossen vom Kurs Ernst Reuters zu überzeugen, als dessen Protegé er inzwischen gilt, aber natürlich auch von den eigenen Führungsqualitäten.

Mit harten Bandagen kämpft damals innerhalb der Berliner SPD durchaus nicht nur die sogenannte »Keulenriege«, der Flügel um Franz Neumann, sondern auch die Gruppe um Reuter, Brandt und Schütz, und strittig sind dabei vor allem zwei Fragen: Soll das Berliner Abgeordnetenhaus alle Bundesgesetze übernehmen und damit auf gewisse Reformen verzichten, welche unter sozialdemokratischer Führung nach 1945 in Berlin eingeführt wurden? Und soll, zweitens, die SPD nach den Wahlen vom Dezember 1950, in denen sie die absolute Mehrheit verliert, einen Koalitionssenat mit CDU und FDP bilden oder die Opposition vorziehen? Beide Fragen sind eng miteinander verknüpft, und der Stil der Auseinandersetzung wird gewiß nicht freundlicher dadurch, daß als drittes strittiges Element schließlich die Haltung zur Europapolitik Schumachers und Ollenhauers die Auseinandersetzung der Flügel überlagert.

Da Ernst Reuter die Integration Berlins in den Bund – und zwar als völlig gleichberechtigtes zwölftes Land – anstrebt, ist für ihn die lückenlose Angleichung der Berliner Wirtschafts- und Sozialgesetzgebung an die des Bundes geradezu zwingend. Für den Traditionsflügel der Partei um den charismatischen Arbeiterführer Franz Neumann dagegen bedeutet dies die Aufgabe eines wichtigen Stückes sozialdemokratischer Identität. Der gelernte Schlosser, der sich in der Weimarer Republik zum Jugendfürsorger ausbilden ließ, ist vor allem sozialpolitisch engagiert; die klassenlose Einheitsversicherung aller Berliner in der Versicherungsanstalt Berlin (VAB) wertet er als einen enormen Fortschritt, an dem seine Partei unbedingt festhalten muß. Die Bonner Gesetzgebung kennt, im Unterschied zu Berlin, die Vielfalt von Arbeiter- und Rentenkassen und dazu, abgestuft nach Einkommen und Vermögen, auch noch private Versicherungen. Erschwerend für den Neumann-Flügel fällt ins Gewicht, daß es mit der Übernahme der Bonner Gesetzgebung wieder Beamte geben soll, die in Berlin durch Verwaltungsbedienstete abgelöst worden sind, auch die zwölfklassige säkulare Einheitsschule ohne Religionsunterricht steht plötzlich zur Diskussion.

Mit aller Kraft will Neumann verhindern, daß die Bonner Gesetze, die aus seiner Sicht einen bürgerlich-restaurativen Rückschritt bedeuten, an die Stelle der zeitgemäßeren Berliner Regelungen treten. Reuter dagegen, des Streits mit der widerstrebenden Partei müde, wünscht ein Mantelgesetzverfahren, mit dessen Hilfe Bonner Gesetze quasi automatisch zu übernehmen wären – ohne detaillierte Prüfung und Debatte durch das Abgeordnetenhaus. Daß die SPD, wahrscheinlich wegen ihrer Opposition gegen die Adenauersche Europapolitik, nicht zuletzt aber wegen ihrer inneren Zerstrittenheit, die Wahlen vom Dezember 1950 mit Pauken und Trompeten verloren hat, trägt nur zur Verschärfung des Streites bei.[7] Die SPD blieb zwar stärkste Kraft, büßte aber fast zwanzig Punkte ein und rutschte auf 44,7 Prozent ab.

Haben jetzt CDU und FDP, jene Parteien, die in Bonn die Restauration besorgen, nicht auch in Berlin die Mehrheit, können sie nicht, mit Bonn im Bunde, jeden Einwand der Sozialdemokraten im Abgeordnetenhaus niederstimmen? Neumann will in die Opposition, weil er glaubt, er könne dort das sozialpolitische Profil der Partei für die Wähler rein erhalten und attraktiv aufpolieren. Reuter und Paul Hertz, Brandt und Schütz, auch Neumanns Stellvertreter Kurt Mattick dagegen wollen die Fortführung der Koalition mit den bürgerlichen Parteien. Einmal, weil Berlin in der Abwehrschlacht gegen den Kommunismus die Gemeinsamkeit der Demokraten braucht: Opposition in Berlin, so Ernst Reuter, werde immer gegen den Osten gerichtet sein – »hier steht unser eigentlicher Feind, der Feind unserer Freiheit, der Feind unserer ganzen sozialen Existenz und der Feind unserer sozialen und nationalen Zukunft«.[8] Zweitens aber, weil ein bürgerlicher Regierungspartner in Berlin die bürgerliche Koalition in Bonn vielleicht geneigter stimmen kann, zugunsten des armen Berlin tiefer in den Subventionstopf zu greifen.

Reuter verhehlt nicht, daß er selbst vielen Gesetzen aus Bonn skeptisch gegenübersteht, aber sie zu ändern ist nach seiner Auffassung nicht Sache Berlins, sondern der Sozialdemokraten, die im Bund die Macht erkämpfen müssen, um dann bessere zu machen. Die Berliner mögen die »dämlichen Gesetze« aus Bonn nicht, sagt er einmal im RIAS, aber wenn Berlin zwölftes Bundesland werden wolle, müsse es sich entscheiden: »Entweder, wir nehmen von Bonn Hunderte von Millionen und fügen uns in das Gefüge der Bundesrepublik ein, oder wir sagen unseren westdeutschen Landsleuten: Wir verzichten auf eure Hunderte von Millionen. Wir sitzen hier alleine, ärmlich und bescheiden, wie wir sind, und dann fallen wir langsam in das sowjetische Paradies hinein, denn aus eigener Kraft allein, ohne diesen Strom des Kommens und Gehens vom Westen nach Berlin hin, können wir nicht existieren.«[9]

Mit diesen Argumenten setzt sich Reuter langsam durch, zumal die Bundespartei mit Blick auf den Bundesrat nicht wünschen kann, daß dort die Berliner Stimmen fehlen. Zwar stehen Schumacher und Ollenhauer, das ist wahrlich kein Geheimnis, einem Mann wie Neumann näher, zumal dessen Flügel auf Berliner Parteitagen für die Europapolitik der Bonner Fraktion und nicht für die differenzierenden Meinungen eines Reuter oder Brandt eintritt. Aber mit Blick auf die besondere Lage Berlins spricht Schumacher kein Machtwort und überläßt die Entscheidung dem Landesverband.

Der allerdings zerstreitet sich nur noch heilloser, denn die Konfliktstoffe mehren sich. Neumann, der in der Partei die Mehrheit hinter sich weiß, verficht das Primat der Partei vor der Fraktion, in der Reuter wiederum eine Mehrheit hat; praktisch will der Parteichef mit dem imperativen Mandat den Chef des Stadtstaates, der sich nach der neuen Verfassung jetzt Regierender Bürgermeister nennt, an die Parteikette legen. Dazu kommt, daß der gewählte Präsident des Abgeordetenhauses, Otto Suhr, zwischen Neumann und Reuter schwankt, sich als eine Art Stadtpräsident versteht und dem Regierenden Bürgermeister in einem protokollarischen Kleinkrieg den ersten Rang streitig macht. Für Zündstoff sorgt auch das unterschiedliche Verständnis von der Rolle der Partei: Der Neumann-Flügel sieht die SPD als klassische Arbeiterpartei und will sie als solche konservieren, indes die Genossen um Reuter, Brandt und Mattick, unterstützt vom Parteisekretär Theo Thiele, eine moderne SPD mit zeitgemäßerer Propaganda anstreben, die neue Wählerschichten erschließt – den Mittelstand, die arbeitenden Frauen und vor allem Jugendliche.[10] Der Konflikt nimmt zum Teil handgreifliche Formen an: Theo Thiele, so berichtet Peter Koch, gerät einmal derart in Rage, daß er zur Bierflasche greift und Neumann droht, ihm »den Schädel kaputtzuhauen«.[11] Bedeutsamer ist allerdings, daß Neumann gegen Willy Brandt eine Schmutzkampagne beginnt, die unter sozialdemokratischen Genossen ihresgleichen sucht.

Anlaß ist Brandts Entschluß, gegen Neumann auf dem Landesparteitag im Mai 1952 zu kandidieren. Mehrere Kreise im Westen Berlins haben ihn zu dieser Kandidatur aufgefordert, und auch Reuter wünscht ihn als Gegenkandidaten zu Neumann – nicht, weil er bereits jetzt eine reale Chance zum Sturz des Berliner Parteivorsitzenden sieht, sondern weil er auf eine Klärung der Fronten in der Partei hofft, die ohne eine richtige Gegenüberstellung und die damit verbundene harte Debatte zu Sache und Person nicht möglich ist. Brandt schwankt zunächst und zögert, zumal Schumacher, ohne dies offen auszusprechen, eine Änderung im Landesvorsitz nicht für angebracht hält. In Briefen, die Brandt damals an den Parteivorstand richtet, zeigt er sich weniger als erklärter Neumann-Gegner denn als ein Vermittler, der den Riß quer durch die Partei zu kitten sucht. Als jedoch Neumann und seine Freunde dazu übergehen, Brandt persönlich zu verleumden, stellt er sich zum Kampf, weil »ein Rückzug meiner Kandidatur so ausgelegt werden [könnte], als hätte ich eine offene Auseinandersetzung um meine Person auf dem Parteitag« gescheut. Gegen ihn und Reuter, klagt Brandt bitter in einem Brief an Kurt Schumacher, werde »die Tatsache der Emigration als Argument in Kreisvorstandssitzungen und in anderen verantwortlichen Körperschaften ins Feld geführt«.[12]

Tatsache ist, daß Neumann und seine Freunde damals bei ihren Anhängern ausstreuen, Emigranten wie Reuter oder Brandt, aber auch Wirtschaftssenator Paul Hertz oder Senatspressechef Hans Hirschfeld, beide frühere USA-Emigranten, könnten wegen ihrer jahrelangen Abwesenheit aus Deutschland nicht verstehen, wo die Berliner der Schuh drückt. Beweis: Alle vier Emigranten befürworteten den Verzicht auf die fortschrittlichen Berliner Gesetze. Die Folgerung, Emigranten seien für leitende Positionen in der SPD oder im Senat deshalb ungeeignet, stellt sich bei den so indoktrinierten Genossen nahezu automatisch ein. Lange vor Beginn der Verleumdungskampagne der politischen Rechten gegen Brandt ist es dessen sozialdemokratischer Genosse Franz Neumann, der an dem angenommenen Namen, an der norwegischen Staatsbürgerschaft und der fremden Uniform Anstoß nimmt, die sein Parteifreund Willy als Emigrant getragen hat.

»Giftspritzen«, welche an die Stelle politischer Auseinandersetzungen treten sollen, nennt Willy Brandt die Kampagne zu Recht. In einigen Kreisvorständen sei »von der politischen Emigration im Sinne persönlicher Feigheit« gesprochen worden, auch habe man die Urteilsfähigkeit von Genossen bezweifelt, die »draussen« waren – so zu lesen in einem Brief, den ein aufgebrachter Brandt dem Landesausschuß und dem Landesvorstand schreibt.[13] Weil in der Flüsterkampagne gegen ihn auch die Frage eine Rolle spielt, was es mit seinem Namen auf sich habe, findet sich in diesem Brief die vielleicht klarste und überzeugendste Begründung Willy Brandts dafür, warum er an seinem *nom de guerre* auch nach der Rückkehr festgehalten hat. »Bei der Wiedereinbürgerung« schreibt Brandt, »tauchte dann die Frage meines ursprünglichen Namens auf, mit dem mich fast nichts als eine schwierige Kindheit verband, den meine Mutter nicht mehr trug und den mein Vater nie getragen hatte.« Und dann kehrt er den Spieß gegen jene einfach um, die ihm vorwerfen, er versuche, sich mit dem Namen Willy Brandt von der eigenen Vergangenheit zu distanzieren: Identifiziert er sich, wenn er weiter Willy Brandt heißen will, nicht gerade mit dem, was er seit seinem 19. Lebensjahr unter diesem Namen im Exil getan und geschrieben hat? »Jede andere Entscheidung«, so Brandt, »hätte mich dem Vorwurf aussetzen können, dass ich aus den zurückliegenden Jahren etwas zu verbergen hätte.«

Wer dies heute liest, spürt noch immer die zornige Bestimmtheit, mit der er den Ehrabschneidern in den eigenen Reihen entgegentritt. Doch das Gift tut gleichwohl seine Wirkung, und gezielte Propaganda aus dem Osten stützt die Kampagne gegen Brandt: Die *Freie Presse* des Ostsektors, ein angeblich von Sozialdemokraten für die Genossen im Westen herausgebrachtes, tatsächlich aber von der SED gesteuertes Blatt, ziehe in ihrer letzten Ausgabe, so Brandt an Schumacher, gleich in drei Artikeln und einer Karikatur gegen Brandt als den Mann des amerikanischen Geheimdiensts ins Feld.

Als es schließlich zur Kampfabstimmung kommt, zeigt sich die Partei zutiefst gespalten: Neumann siegt über Brandt mit 196 Stimmen gegen nur 93. Was nach außen wie ein Triumph für Neumann aussieht, ist in Wahrheit eher ein Remis, denn der Koalitionskurs der Reuter-Fraktion wird vom Parteitag bestätigt, und die Mehrheit der Beisitzer im Landesvorstand – darunter Reuter persönlich und auch Willy Brandt – zählen keineswegs zur Neumann-Fraktion. Für Brandt allerdings steht am Anfang seiner Berliner Karriere eine bittere persönliche Niederlage, die schmerzt und die er, wie Klaus Schütz bezeugt, als schwere Belastung empfand. In der winzigen SAP-Gruppe Oslo ist er König gewesen, in Stockholm im begrenzten Kreis der Kleinen Internationale als deren Sekretär die treibende Kraft. Jetzt hat er sich erstmals in einem breiten demokratischen Gremium zur Wahl gestellt und eine klare Abfuhr erhalten.

Reuter tröstet seinen jungen Mann: Er habe eben Pech gehabt und dürfe dies nicht tragisch nehmen.[14] Der Mentor weiß aus langer Erfahrung, daß Kampf um Einfluß und Positionen in demokratischen Parteien zum täglichen Geschäft gehören, daß man dabei nicht nur gewinnen kann und Niederlagen keinen persönlichen Makel bedeuten. Doch Brandt, der empfindliche Gefühlsmensch, erwägt kurze Zeit, das Mandat im Abgeordnetenhaus, in dem er seit den Wahlen 1950 vertreten ist, hinzuwerfen und sich ganz auf die Arbeit im Bundestag zu konzentrieren. Allerdings ist für einen Kritiker am Europakurs des übermächtigen Parteichefs dort das Wirkungsfeld begrenzt.

Der Regierende Bürgermeister braucht einen zuverlässigen und beredten Mitstreiter, der für ihn sowohl an der Spree wie am Rhein eintritt, und Klaus Schütz bestärkt Brandt darin, nun erst recht Flagge zu zeigen. Noch zielstrebiger treiben die beiden die Kleinarbeit in den Abteilungen und Kreisen voran, und als Brandt 1954 zum zweiten Mal gegen Neumann kandidiert, trennt die beiden nur noch ein winziger Abstand. Brandt ist höchst zufrieden, auch wenn er zwei Stimmen hinter dem Konkurrenten liegt: »Persönlich«, sagt er zu Rut, sei das viel besser, »als wenn ich ›gesiegt‹ hätte. Es ging ›fifty-fifty‹ beim Vorsitz, eine Widerspiegelung der Scheidelinie, die quer durch die Partei geht.«[15] Das klingt beinahe so, als ob ein klarer Sieg Brandts die Partei in eine Zerreißprobe gestürzt hätte, die er damals vermeiden wollte.

Immerhin hat zwei Jahre nach seiner Niederlage gut die Hälfte der Partei nicht nur für seine Person, sondern auch für sein Programm gestimmt – und damit für die Politik Ernst Reuters, der am 29. September 1953 gestorben ist und als dessen unbestrittener Erbe er nun auf der politischen Bühne Berlins agiert. Auf diesem Parteitag, so Abraham Ashkenasi, »übernahm Brandt die Führung der [Reuter-]Gruppe mit einer Attacke gegen jegliche neutralistische Politik und der Feststellung, daß es keine andere Wahl gebe als die Anlehnung an die nichtsowjetische Welt«.[16] Hanna Reuter hatte ihn in seinem Anspruch als legitimer Erbe mit dem Wunsch bestärkt, er möge auf der großen Trauerkundgebung der Sozialdemokraten die Abschiedsrede halten. Brandt nutzte die Gelegenheit, die neue Rolle öffentlich zu unterstreichen und nannte sich den Sprecher derer, die Reuter »bei seiner Arbeit nahestanden«. Ausdrücklich dankte er seinem Förderer und Vorbild für das, was er der jungen Generation gewesen sei: »Lehrer, Mahner und guter Freund zugleich«.

Es ist auch der Schock über die vernichtende Wahlniederlage von 1953, die ihm dabei hilft, sich in Berlin schließlich gegen Neumann durchzusetzen. Daß die CDU gut 14 Prozent zulegen konnte und nur knapp die absolute Mehrheit der Sitze im Bundestag verfehlte, die SPD dagegen auf 28,8 Prozent absank und im roten Turm gefangenbleibt, gilt Parteireformern als Alarm- und Aufbruchsignal. Die meisten Kritiker machen den europafeindlichen Kurs in der Außenpolitik, das der Vergangenheit zugewandte Erscheinungsbild der Partei, aber auch die fehlende Klarheit über die eigenen politischen Ziele der SPD als Hauptfehlerquellen aus. Vor lauter Neins, so Reuter einmal, habe der Wähler nicht gewußt, wozu die SPD eigentlich Ja sagen wolle. Pastor Heinrich Albertz, der Ende der fünfziger Jahre einer der engsten Mitarbeiter Brandts werden soll und 1953 Sozialminister in Niedersachsen ist, bringt die Manöverkritik der Reformer im *Neuen Vorwärts* auf den Punkt: Die SPD habe mit ihren Vokabeln an die klassische Arbeiterschaft appelliert, sie müsse jedoch eine Volkspartei werden und in ihrer Sprache Zugang zu den breiten Massen finden, zu jenen, »die keine Proletarier mehr sind und es auch um keinen Preis mehr sein wollen«. Albertz empfiehlt, die traditionellen Symbole der Sozialdemokratie – »Lieder und Fahnen, Anreden und Insignien« – in ihrem Charakter zu überprüfen. Wenn ein Ausbruch aus dem roten Turm gelingen solle, müsse er »notwendigerweise nach rechts gehen«.[17]

Berlin wird zu einem Zentrum der Reformbemühungen, in »Ernst Reuter-Briefen« veröffentlicht ein Kreis um Paul Hertz und Paul Löbe Diskussionsbeiträge zur Erneuerung der Partei, nach einem Bericht der Tageszeitung *Die Welt* zählt auch Willy Brandt zu dieser Gruppe.[18] Einige Berliner SPD- und SDS-Mitglieder veröffentlichen 15 Thesen, die andeuten, in welche Richtung die Erneuerer denken: Die wirtschaftspolitischen Vorstellungen sollen einer Revision unterzogen, die negative Europapolitik geändert und Erich Ollenhauers Rolle auf die eines Generalsekretärs beschnitten werden. Der Gedanke, daß die SPD weniger traditionalistisch und dafür zeitgemäßer, weniger ideologisch und dafür pragmatischer, weniger polemisch und dafür bejahender sein solle, daß sie statt Funktionären bedeutende Persönlichkeiten herausstellen müsse, die über Kredit beim Wähler verfügen, gewinnt mehr und mehr an Boden innerhalb der Berliner Partei.[19]

Zwar distanziert sich Brandt von dem Gedanken, die SPD könne je eine »sogenannte ›Volkspartei‹ im Sinne verschwommener Zielsetzungen« werden, aber im Juni 1954 mahnt er auf dem Landesparteitag ihre Umwandlung in eine »umfassende soziale Volksbewegung« an. Er fordert mehr Klarheit in der Öffentlichkeitsarbeit, um einer »gewissenlosen Agitation den Boden zu entziehen, die uns in die Nähe derer bringen möchten, die sich Kommunisten nennen«. Er verlangt eine »zeitgemäße Aussage, eine moderne Sprache«, aber die traditionellen Symbole will er beibehalten. Im Gegensatz zu Carlo Schmid, der den alten Ballast abwerfen will, spricht er vom Stolz auf die alten Banner der Arbeiterbewegung, wünscht allerdings ihre Einbettung in die Farben der Republik, in die Wahrzeichen des Bundes und der Länder. In der Außenpolitik setzt er sich noch deutlicher als bisher von der Führung der Gesamtpartei ab: Zwar lehnt er, wie schon Reuter, die Europäische Verteidigungsgemeinschaft EVG ab, aber ein Wehrbeitrag der Bundesrepublik im Rahmen der NATO ist für ihn denkbar unter der Voraussetzung, daß die Deutschen Gleichberechtigung genießen und die entsprechenden Verträge keine zusätzliche Erschwernis für die Wiedervereinigung darstellen. Wie bei allen Westverträgen, fordert er auch hier eine Revisionsklausel, damit die Entscheidungsfreiheit einer gesamtdeutschen Regierung offen bleibt.

Der Gegensatz zur Politik des Parteivorstandes ist offenkundig: Ollenhauer will den Verzicht auf die Westverträge, um die Wiedervereinigung nicht zu gefährden, und verlangt ein kollektives Sicherheitssystem unter Einbeziehung der Sowjetunion – eine Politik, die Wolfgang Schmidt zu Recht als »Flucht großer Teile der Sozialdemokratie aus der Wirklichkeit« bezeichnet; dagegen geht Brandt davon aus, daß gesamtdeutsche Politik langfristig anzulegen ist, und er sieht die Notwendigkeit einer westdeutschen Teilnahme am westlichen Bündnissystem in der Phase bis zu einer möglichen Wiedervereinigung. Ob er in einem deutschen Verteidigungsbeitrag ein Instrument erblickt wie Konrad Adenauer, der es im Rahmen seiner Politik der Stärke nutzen will, den Osten für Gespräche über eine Wiedervereinigung gefügig zu machen, bleibt dahingestellt. Aber er besteht – und da unterscheidet er sich deutlich von Adenauer – auf der Möglichkeit eines sofortigen Ausstiegs aus dem Militärbündnis, falls eine Wiedervereinigung in greifbare Nähe rückt und der deutsche Militärbeitrag ihr im Wege stehen sollte.[20]

Anders als im Berliner Landesverband, schafft ihm dies beim Parteivorstand und den meisten Genossen im Bund natürlich keine Freunde. Ollenhauer verfügt nicht über die Autorität Schumachers, er muß einem erstarkenden linken Flügel und dem bei den Genossen verbreiteten Ohne-mich-Ressentiment mehr entgegenkommen, als ihm selbst vielleicht lieb ist. Weil die Mehrheit der Delegierten jeden Gedanken an eine Remilitarisierung kategorisch ablehnt, hält sich Brandt taktisch zurück und wiederholt auf dem Bundesparteitag im Juli 1954 in Berlin nicht sein NATO-Plädoyer. Ihm scheint dies schon deshalb geraten, weil er die eigene Kandidatur für den Parteivorstand nicht behindern will. Aber er sagt doch deutlich, daß die Remilitarisierung längst im Gange ist, daß mit der kasernierten Volkspolizei »in dem einen Teil Deutschlands bereits die Kader einer Satellitenarmee seit Jahren aufgebaut worden sind«. Und er folgert, nun müßten auch die Deutschen im Westen handeln: »... wir können unsere Entscheidung nicht so fällen, daß wir den Kreml gewissermaßen wissen lassen: solange ihr die Zone nicht freigebt, die deutsche Sowjetzone, solange werden wir unter keinen Umständen an die Frage eines Sicherheitssystems [gemeint: an einen Bündnisbeitrag] herangehen.«

Bewußt widerspricht er Ollenhauer, in dessen Rede Finnland als Paradebeispiel für den Erfolg einer Politik der Verhandlungen und gegen eine Politik der Stärke hatte herhalten müssen. Das kleine Finnland, wendet Brandt gegen den Vorsitzenden ein, habe seine Selbständigkeit nur behaupten können, »weil es als ein David gegen Goliath eine hoffnungslos erscheinende Auseinandersetzung auf sich genommen hatte«. An Gedanken seines Lübecker Mentors Julius Leber anknüpfend, mahnt er die Genossen, sie müßten »mit dem Problem des Verhältnisses zwischen demokratischer Ordnung und bewaffneter Macht fertig werden«, andernfalls würden sie mit »den Problemen der Demokratie überhaupt nicht fertig«. Die Linke in Deutschland habe dieses Problem in Weimar nicht zu lösen vermocht und sei, was das Verhältnis zum Staat angeht, mit sich selbst nicht recht ins reine gekommen. Nun warnt er davor, sich wie damals zu verhalten, den Kopf in den Sand zu stecken und darauf zu verzichten, diese »unangenehmen Probleme« im demokratischen Sinne mitzugestalten. Auch wenn Brandt nach dem Urteil Abraham Ashkenasis auf diesem Parteitag der wortgewandteste Sprecher des rechten Parteiflügels ist – es hilft ihm nicht: Der Parteitag, in seiner übergroßen Mehrheit neutralistisch gesonnen, lehnt ihn als Kandidaten für den Parteivorstand ab, und dieses

In norwegischer Uniform und mit norwegischem Paß kehrt Willy Brandt nach dem Ende des Zweiten Weltkriegs nach Deutschland zurück, um als Korrespondent für skandinavische Zeitungen vom Nürnberger Prozeß zu berichten.

1949 kandidiert Brandt, knapp 36jährig, bei den Wahlen zum ersten Deutschen Bundestag, dem er zunächst für zwei Legislaturperioden, bis zu seiner Wahl als Regierender Bürgermeister, angehört.

Das Mandolinenspiel hat Brandt (unten mit seiner Ehefrau Rut) schon in der Sozialistischen Arbeiterjugend in Lübeck gelernt.

Willy Brandt (mit Hut) engagiert sich in der Berliner Landespolitik und wird 1950 Mitglied des Abgeordnetenhauses. Er gilt als junger Mann und später als Erbe Ernst Reuters (Mitte), des großen Berliner Nachkriegsbürgermeisters.

1957 bis 1966 ist Willy Brandt Regierender Bürgermeister von Berlin. Nach dem Chruschtschow-Ultimatum wird er zur Symbolfigur für den Freiheits- und Überlebenswillen der Stadt.

Im Kampf gegen den innerparteilichen Gegner Franz Neumann (rechts nach der Wahl Brandts zum Regierenden Bürgermeister) wird Willy Brandt von der mächtigen Springer-Presse unterstützt. Das Foto unten zeigt Konzernchef Axel Springer 1959 bei der Grundsteinlegung seines neuen Verlags- und Druckereigebäudes mit Willy Brandt und dem Bundesminister für gesamtdeutsche Fragen, Ernst Lemmer (links).

Willy Brandt, die unverbrauchte politische Kraft – ein deutscher Kennedy? Erst nach dem Mauerbau wurde deutlich, daß der amerikanische Präsident und der Berliner Regierende (oben 1962 im Weißen Haus) »in so etwas wie ähnlichen Kategorien dachten«.

Im Wahlkampf 1961 spielt der 47jährige Brandt den Vorteil der Jugend gegenüber dem 85jährigen Bundeskanzler Konrad Adenauer aus (rechts 1960 in Berlin).

Besuch des ersten Bundespräsidenten Theodor Heuss an der Spree. Brandt gewinnt durch solche publizitätsträchtigen Auftritte an Popularität.

BN-NL 71

DEUTSCHER
HELICOPTER
DIENST
ANDERNACH

Nicht einer der prominenten Sozialdemokraten wie Carlo Schmid (oben), Fritz Erler (darunter) oder der Parteivorsitzende Erich Ollenhauer (unten) wird 1961 zum (erstmals ausgerufenen) Kanzlerkandidaten der SPD gekürt, sondern der populäre Kämpfer für das freie Berlin, nachdrücklich unterstützt von Herbert Wehner. Den Wahlkampf organisiert Klaus Schütz nach amerikanischem Vorbild: Mit einem Mercedes-Cabriolet, den Bürgermeister-Stander auf dem Kotflügel, fährt Brandt durchs Land und benutzt schon einmal auch den Hubschrauber, um schnell zu einem Wahlkampfauftritt zu gelangen.

Marlene Dietrich wird beim ersten Besuch in ihrer Geburtsstadt Berlin nach dem Zweiten Weltkrieg im Jahr 1960 unter Brandts »bürgermeisterlichen Schutz« gestellt. Im Rathaus trägt sie sich ins Goldene Buch der Stadt ein.

Im Februar 1959 bricht Brandt mit Ehefrau Rut nach Amerika und Asien auf. Die elegante First Lady Berlins gewinnt die Herzen der Amerikaner. Adenauer finanziert die Reise, weil Brandt für die Berlin-Politik der Bundesregierung werben soll.

Schock und Bewährungsprobe: Am 13. August 1961, dem schwärzesten Tag seiner bisherigen Amtszeit als Regierender Bürgermeister, vollzieht die DDR mit dem Mauerbau die Spaltung Berlins – mit Betonpfählen, spanischen Reitern und Stacheldrahtverhau, mit dem Aufmarsch von Betriebskampfgruppen und Volksarmee entlang der Sektorengrenze. West-Berlin wird nun vollends zu einer Insel im »roten Meer«, wie Ulbricht sagt.

Was die Berliner besonders erbittert, ist die laue Reaktion der Westmächte. Erst der Besuch des amerikanischen Vizepräsidenten Lyndon B. Johnson (rechts bei der Fahrt durch Berlin) vermittelt den Bürgern der Stadt den Eindruck, vom Westen nicht aufgegeben zu sein.

45-50
Wolliner Straße
Straßensperrung
verursacht durch die
Schandmauer

Die Herzen der Berliner erobert der amerikanische Präsident John F. Kennedy im Sturm, als er ihnen bei seinem Besuch im Juni 1963 entgegenruft: »Ich bin ein Berliner!« und damit die Unterstützung Amerikas für den freien Teil der Stadt signalisiert.

Pastor Heinrich Albertz (auf dem linken Foto rechts) und Pressesprecher Egon Bahr (auf dem rechten Foto neben dem Regierenden Bürgermeister) zählen zu Brandts engsten Beratern, nicht nur in der Berlin-Krise.

Rut und Willy Brandt mit den Söhnen Peter, Lars und Matthias Anfang der sechziger Jahre.

Votum gegen Brandt wird sich auf dem Parteitag 1956 in München wiederholen.[21]

In Berlin allerdings schadet dies seinem Aufstieg nicht, im Gegenteil. Die hoffnungslose Lage der SPD im Bund stärkt ja gerade jene Fraktion, die für eine flexiblere Außenpolitik und die Öffnung der Partei eintritt. Als die Sozialdemokraten, nach einem kurzen Intervall in der Opposition, das auf den Tod Ernst Reuters folgte, im Dezember 1954 die absolute Mehrheit der Sitze gewinnen, wird Otto Suhr Regierender Bürgermeister und Willy Brandt rückt als dessen Nachfolger auf den Stuhl des Präsidenten des Abgeordnetenhauses. Vergeblich hatte Franz Neumann dies zu verhindern versucht und Willy Kressmann, den populären Bezirksbürgermeister von Kreuzberg, gegen Brandt ins Rennen geschickt. Die stärkeren Bataillone waren diesmal mit Brandt, der sich bei der Nominierung in der Fraktion mühelos mit 36 gegen 25 Stimmen durchsetzen konnte.

Die ersten öffentlichen Reaktionen auf seine Wahl, die am 11. Januar 1955 einstimmig erfolgt, lassen bereits erkennen, was für seinen weiteren Weg nach oben in Berlin dann entscheidend wird: Die unabhängige und bürgerliche Presse West-Berlins engagiert sich mit Elan auf seiner Seite. So macht der *Tagespiegel* dem neugewählten Präsidenten gleich ein doppeltes Kompliment: Müsse man es nicht als Verlust betrachten, wird da gefragt, wenn ein Mann wie Brandt durch die Wahl auf einen Objektivität und Unabhängigkeit verlangenden Posten »der unmittelbaren politischen Wirkung entzogen« werde? Zugleich rühmt das Blatt ihn als eine jener seltenen Erscheinungen, »bei denen man die Gewißheit haben darf, daß sie im Widerstreit des Staatspolitischen mit dem Parteipolitischen für das erste entscheiden werden«.[22]

Doch wenn seine Anhänger in Berlin befürchten, er sei mit dieser Wahl auf formelle Funktionen beschränkt und auf dem politischen Abstellgleis gelandet, werden sie von Brandt selbst nachdrücklich eines Besseren belehrt. Wer ist der erste Mann der Stadt – dieses politische Spiel auf diplomatischem Parkett hatte sein Vorgänger Suhr gegen Ernst Reuter getrieben, und es war von beider Frauen heftig angeheizt worden. Schon in den ersten Wochen nutzt Brandt das von Suhr bereitete Bett gezielt, sich populär zu machen: Er begrüßt den britischen Parlamentspräsidenten auf dem Flughafen

Tempelhof, spricht bei der Verleihung der Ehrenbürgerschaft für Paul Löbe, verkündet überparteiliche Proteste gegen die Ostberliner »Mordjustiz« und gibt zusammen mit Suhr Essen für Parlamentsabordnungen oder den Bundesrat, der in Berlin tagt. Zur Freude der Pressefotografen zeigt er sich auf Senatsempfängen auch einmal als Beau, das Glas in der Hand, zwischen schönen japanischen Schauspielerinnen in ihren farbenprächtigen Kimonos. Systematisch baut er sich zum Sprecher Berlins auf, doch geht er dabei loyaler vor als sein Vorgänger, denn er sucht den Regierenden Bürgermeister protokollarisch nicht auszustechen, sondern agiert mit und neben ihm.

Daß Otto Suhr kurz nach seiner Wahl zu kränkeln beginnt und oft das Bett hüten muß, gibt Brandt immer häufiger das Flair, der wichtigste Politiker des Stadtstaates zu sein. Er hat wieder eine Sekretärin, einen Wagen mit Fahrer, dazu ein großes Büro mit getäfelten Wänden im Rathaus Schöneberg – einem »monströsen Bau der Kaiserzeit«[23], wie Heinrich Albertz einmal sagt. Wie die Vorgänger sitzt er hinter einem riesigen Schreibtisch, den viele Besucher als pompös empfinden. Er weiß um die Bedeutung eines guten Drahts zur Presse. Nach jeder Sitzung des Ältestenrats lädt er Journalisten zu Kaffee und Cognac in sein Büro zum Informationsgespräch. Und er versteht sich glänzend darauf, große Medienspektakel zu inszenieren. Als im April ein Spionagetunnel entdeckt wird, der den Amerikanern erlaubte, Fernsprechleitungen im Ostsektor anzuzapfen und die Gespräche von Sowjetmilitärs abzuhören, lädt ihn Friedrich Ebert, der Oberbürgermeister von Ostberlin, zu einer Besichtigung ein, damit er sich von dem Mißbrauch, den die Westalliierten mit ihrer Stellung in Berlin betrieben, vor Ort überzeugen möge. Brandt sagt zu, aber zu Bedingungen, die Ebert kaum erfüllen kann – denn dieser soll von vier politischen Häftlingen begleitet sein, die in DDR-Zuchthäusern einsitzen und mithin freigelassen werden müßten.

Beim Eintreffen Brandts am symbolträchtigen Treffpunkt, dem Brandenburger Tor, wird ihm ein Brief Eberts übergeben, demzufolge sein Magistrat für die Freilassung von Kriminellen nicht zuständig sei. Demonstrativ wartet der Ostbürgermeister hundert Meter entfernt in seinem Wagen auf den Westkollegen, aber dieser macht, kaum hat er vom Briefinhalt erfahren, auf der Stelle kehrt. Viele Schaulustige, Journalisten und Bildreporter sind Zeugen, wie der Direktor des Abgeordnetenhauses, Grieß, die Namen der vier Häftlinge laut und anklagend in die Menge ruft. Nicht mehr als ein Spektakel im Kalten Krieg, das dem Osten die Propagandaschau mit dem Spionagetunnel stehlen soll? Ja, aber ein durchweg gelungenes, wenn das westliche Medienecho der Maßstab ist.[24]

An seinem Bundestagsmandat hält Brandt fest, obschon er versprochen hatte, es niederzulegen, um sich ganz auf das neue Amt zu konzentrieren. Daß der Kreisverband Wedding ihn ausdrücklich darum bittet, das Mandat beizubehalten, kommt ihm sehr zupaß, denn so kann er versuchen, sein politisches Profil durch Auftritte im Bundestag zu schärfen, in dem er bislang wenig aufgefallen ist. Zwar rückt er nach der Wahl 1953 in den Fraktionsvorstand auf, aber zu den großen Rednern seiner Partei, den Carlo Schmid oder Adolf Arndt, die mit ihren Diskussionsbeiträgen nationales Aufsehen erregen, zählt er im Bonner Parlament zweifellos nicht. Selbst ein Ollenhauer, an dessen typischer Funktionärsstatur die Partei beim Wähler soviel Schaden nimmt, ist ihm als Parlamentarier an Geschicklichkeit und rednerischer Begabung voraus. Auch verfügt er nicht über die messerscharfe Logik, die Fritz Erlers Beiträge auszeichnet und bald zu Höhepunkten der parlamentarischen Auseinandersetzung werden läßt.

Seine Reden enthalten nicht jene gekonnt zugespitzten, provokativen Formulierungen, die im Gedächtnis haften bleiben und Schlagzeilen machen, doch fällt angenehm auf, daß ihnen auch die öligpenetrante, gebetsmühlenartige Wiederholung des Nein vieler Fraktionskollegen fehlt. Meist verficht Brandt die offizielle SPD-Politik, wenn er sich auch flexibler gibt und nicht den wilden Parteimann spielt. Überhaupt werden die Dissonanzen innerhalb der SPD aus der heutigen Distanz gern überschätzt. Oft handelt es sich nur um Akzentverschiebungen, wie Reuter diese Unterschiede einmal im Parteivorstand bezeichnete und die, wie er hinzufügte, mit Blick auf die besondere Lage Berlins meist unerläßlich seien.[25] Obschon Kritiker des SPD-Neins zu Ruhrstatut, Europarat und Schuman-Plan, hatten Reuter und Brandt der Politik Adenauers wenig abzugewinnen. Reuter empfand schon die Wahl Bonns zum provisorischen Regierungssitz als einen Affront gegen jede ehrliche Wiedervereinigungspolitik und wollte statt dessen einen Ort nahe der Zonengrenze – Kassel oder Hannover schienen ihm besonders geeignet; beide warfen Adenauer vor, er habe für das »heidnische« Berlin weder Herz noch Verständnis; und wenn beide die EVG-Pläne ablehnten, begründeten sie ihre Haltung nahezu parteikonform mit jenem zentralen Argument, das die SPD-Führung gegen Adenauers Integrationspolitik vorbrachte – der fehlenden Gleichberechtigung.

Als »Gangsterstreich«, ausgeführt von den »Verbrechern der kommunistischen Gestapo«, prangert Brandt die Entführung Walter Linses, des Chefs des Untersuchungsausschusses Freiheitlicher Juristen, im Juli 1952 im Bundestag an und begründet den Antrag seiner Fraktion. Die SPD will ein Weißbuch, in dem über alle Verbrechen des Menschenraubs im geteilten Deutschland Auskunft gegeben wird.[26] Seine Fairneß wird gelobt, als er in der Funktion des Generalberichterstatters des Auswärtigen Ausschusses für die abschließende Sitzung des Parlaments unvoreingenommen über das Pro und Kontra zum Deutschland- und zum EVG-Vertrag referiert. Anschließend begründet er allerdings auch die Ablehnung der SPD und macht sich deren Nein zu eigen – ohne polemische Schärfe zwar, aber doch unverkennbar bestimmt: »Vor unserem Volk wird nur Bestand haben, was in erster Linie der Wiedervereinigung in Freiheit dient…« Weil die Verträge dieser Forderung in seinen Augen nicht genügen, weil sie das Ergebnis »versteinerter Besatzungsvorstellungen auf der alliierten Seite und sinnloser Torschlußpanik« auf der deutschen seien, lehnt er sie ab und empfiehlt: In der auswärtigen Politik muß man »warten können«.[27]

Differenzierter ist sein Urteil dann, als nach der Ablehnung der EVG durch Frankreich es um die Pariser Verträge und die Aufnahme der Bundesrepublik in die NATO geht. Da bezieht er die Position, die ihn auf dem Parteitag 1954 in Berlin soviel Sympathien gekostet hat: Divisionen mögen notwendig sein, wenn es nicht anders geht. Doch bleibt ihm Wiedervereinigung wichtiger, und für sie muß ein westdeutscher Wehrbeitrag jederzeit zur Disposition gestellt werden: »die Freisetzung von 18 Millionen unserer Menschen [würde] auch für die Sicherheit der westlichen Welt mehr bedeuten … als 12 westdeutsche Divisionen«.[28] Aufsehen erregt er bei seinen Kollegen Abgeordneten nur, als es in einer deutschlandpolitischen Debatte um den 17. Juni 1953 geht. Adenauer verzögere rasche Verhandlungen, sagt er da, und erklärt – unter den obligaten Pfui-Rufen der Regierungsparteien –, den Sozialdemokraten sei

»die gesamtdeutsche Haut« näher als das »kleineuropäische Hemd«. Damit habe er sich, kommentierte die sonst eher Brandt-freundliche *Welt*, »hart am Rande des Erträglichen bewegt«.[29]

Er spricht zur Pressefreiheit und konstatiert im restaurativen, muffigen Adenauer-Staat eine Tendenz zu bürokratischer Bevormundung, die sich laufend verstärkt. Er verweist auf Maulkorberlasse, die Beamten die Auskunft an Journalisten untersagen, auf Amtsrichter, die sich forsch zur Ausübung von Zensur befugt fühlen und kritisiert den Versuch des Innenministers der vorigen Regierung, »einen der bekanntesten Rundfunkkommentatoren abzuservieren«. Gut gebrüllt, Löwe, möchte man meinen, käme einem da nicht in den Sinn, daß der Redner selbst, offenbar im Wiedervereinigungsüberschwang, einmal die Entlassung Walter von Cubes als Kommentator des Bayerischen Rundfunks forderte. Cube hatte gesagt, *ein* Deutschland gebe es schon lange nicht mehr, man solle deshalb den Eisernen Vorhang dichtmachen – und sich damit den Zorn des *Stadtblatt*-Chefredakteurs Brandt zugezogen. Auch die West-Berliner Reaktionen auf die Blockwahlen in der DDR hatte von Cube »jammervoll« genannt.[30]

»Es geht einfach um die Existenz der Nation«, erklärt Brandt Ende Mai 1956 vor dem Plenum und fordert, ein Höchstmaß von Beziehungen zwischen den Menschen im Osten und Westen aufrechtzuerhalten. Damit spricht er ein Thema an, das ihn seit langem bewegt und das später ein wichtiges Motiv seiner Ostpolitik werden wird: daß der Zusammenhalt der Nation, das Bewußtsein der nationalen Zugehörigkeit über die Grenzen und die erzwungene Teilung hinweg durch möglichst viele Kontakte zwischen den Menschen gefördert oder doch bewahrt werden kann. Er sagt dies, als er die gemeinsame Anfrage aller Parteien zum Problem engerer Bindungen zwischen beiden Teilen Deutschlands begründet: »es geht nicht um das vielzitierte ›brüderliche Gespräch‹ mit irgendwelchen Zonengewaltigen, sondern um das vielfältige Gespräch mit der Bevölkerung, jenes innerdeutsche umfassende Gespräch, das die willkürlichen Grenzen aufweichen soll.« Ein gutes Jahrzehnt später ist er bereit, dafür sogar den Preis der Anerkennung der DDR zu zahlen – im Mai 1956 schließt er dies noch kategorisch aus: »Es geht nicht, kann auch nicht darum gehen, um die völkerrechtliche Anerkennung eines zweiten Deutschland. Aber die Frage steht, was geschehen kann und soll, um unter Beachtung dieser Vorbehalte zu einem Ausbau bisheriger Regelungen und zu neuen Regelungen oder Abkommen zu gelangen, die dem bezeichneten Zweck dienen können.«[31]

Vor den »Gefahren der Verbonnung« warnt er einmal vor dem Landesparteitag im Juli 1952 und meint die wöchentliche Verbannung der Bundestagsabgeordneten in das Provinznest am Rhein. An Wochenenden aus der »Verbonnung« nach Berlin zurückgekehrt, so Brandt, sei man am Sonnabendnachmittag »gern mit der Familie zusammen oder lese ein Buch«, Funktionäre dürften nicht daran gehindert werden, auch einmal Mensch zu sein.[32] Wolfgang Koeppen hat die Bonner Atmosphäre jener Jahre in seinem Roman »Das Treibhaus« beschrieben – den Dunst von Renovation und Restauration, die bedrückende Enge, das stete Einanderbegegnen im öden Ghetto der Regierung, der Beamten, der Abgeordneten und der Sekretärinnen, umgeben von immerzu lustigen, vergnügten Berufsrheinländern. Die Mitglieder des Bundestages hausen in hastig errichteten Appartementhäusern nahe dem Parlament oder, in den ersten Jahren, auch möbliert – so auch Brandt, der ein Mansardenzimmer in der Bonner Hausdorffstraße gemietet hat.

Natürlich sind die Anfechtungen der Verbonnung besonders groß an den Abenden: Nach dem Plenum oder den zahllosen Ausschußsitzungen hängt man in tristen Kneipen oder Bars herum. Da wird es für viele Abgeordnete beinahe zur Norm, ein Doppelleben zwischen Wahlkreis und Hauptstadtdorf zu führen: Man legt sich in Bonn eine feste Freundin zu und schrumpft zum Wochend- oder Sitzungsferien-Ehemann. Der Abgeordnete Willy Brandt, *l'homme à femmes*, macht da keine Ausnahme. Anfang der fünfziger Jahre ist er mit der lebenslustigen, attraktiven, dunkelhaarigen Susanne Sievers befreundet. Sieben Jahre jünger als er, hat sie sich von der Sekretärin im Bundestag hochgearbeitet und gibt mit einem Kollegen einen Bonner Informations-Brief (BIB) mit Hintergrundinformationen heraus. Sie gehen zusammen ins Kino oder ins Weinhaus Streng, essen miteinander im »Adler« in Godesberg, und alles spricht dafür, daß es sich für beide um mehr als eine flüchtige Affäre handelt. Auf beiden Seiten scheint Leidenschaft im Spiel. Jedenfalls widersteht Brandt seinem Hang zum Briefeschreiben nicht, was er im Wahlkampf 1961 dann bitter bereuen wird; er nennt die

Geliebte – wie Remarque seine angebetete Marlene Dietrich – zärtlich »Puma« und unterzeichnet seine Zeilen selbst als »Bär«. Susanne Sievers stammt aus Köln, und entsprechend lustig geht es zur Karnevalszeit in ihrer Wohnung in der Reutersiedlung zu: Da tanzen Abgeordnete verschiedener Parteien, mit Pappnase und Fez ausstaffiert, mit passend kostümierten Damen; neben Willy Brandt zählt Franz Josef Strauß zu den Gästen, auch Abgeordnete der Freien Demokraten und der Bayernpartei finden sich ein.

Was Brandt damals nicht weiß: Seine Geliebte ist – Deckname »Johanna« – Mitarbeiterin des Staatssicherheitsdienstes. Bei einem Besuch der Leipziger Messe hat sie sich im September 1951 zur Zusammenarbeit verpflichtet und schickt seither ihre Informationsbriefe, aber auch andere Berichte, etwa eine Aufstellung aller Beamten des Gesamtdeutschen Ministeriums, an eine Stasi-Deckadresse in West-Berlin. Allerdings spricht viel dafür, daß diese Berichte – ausgenommen der Informationsbrief, der ja ohne weiteres zu abonnieren war – präpariert gewesen sind. War *Madame Scandaleuse*, wie Susanne Sievers später wegen ihrer anrüchigen Verstrickungen einmal genannt wird, Anfang der fünfziger Jahre eine Doppelagentin?

Ihr Mitherausgeber Peter Hinterholzer, ein sozialdemokratischer Redakteur, der Herbert Wehner gut kannte, unterhielt auch Kontakte zum Leiter des Ostbüros, Stephan Thomas. Diesem Hinterholzer aber hatte sie ihre Mitarbeit bei der Stasi gebeichtet, und ausgerechnet von ihm stammten viele der nach dem Osten weitergereichten Informationen. Um welch schillernde Figur es sich bei diesem Hinterholzer handelt, daß dieser sich bestens im Nachrichtenmilieu auskennt und jedermann zugängliche Fakten als höchstgeheime Exklusivberichte aufzubereiten versteht, wird spätestens im November 1964 offenbar, als er sich wegen landesverräterischer Beziehungen vor dem Bundesgerichtshof verantworten muß.[33] Bei einem Besuch Ostberlins im Juli 1952 jedenfalls wird Susanne Sievers alias »Johanna« verhaftet und eingehend verhört. Sie gesteht, daß sie ihre Schweigepflicht gegenüber Hinterholzer gebrochen und auch enge Kontakte zu Willy Brandt unterhalten hat. Daß sie Brandt je von ihrer Stasiverpflichtung erzählt hätte, wird von ihr konstant geleugnet – sie habe dies schon deshalb nicht tun können, erklärt sie den Vernehmern, weil er sich sonst sofort von ihr getrennt hätte. Überhaupt legen die Verhörprotokolle den

Schluß nahe, daß sie Brandt aufrichtig und herzlich zugetan war. Ihre Verbindung zu ihm – so läßt sie sich einmal ein – sei von einer Art gewesen, daß sie diese nicht »für derartige Sachen [i.e. Spionage] ausnutzen wollte«.[34]

Ob nun zu Recht oder nicht – allein wegen seiner Kontakte gilt Hinterholzer den Ostberliner Ermittlern als Ostbüro-Mitarbeiter und damit als feindlicher Agent – wie der Bundestagsabgeordnete Brandt natürlich. Dieser stehe, so zu lesen im »Ermittlungsergebnis«, das als Beweismittel im Prozeß dienen wird, gleichfalls »mit der ›als Ostbüro der SPD‹ getarnten amerikanischen Verbrecherorganisation« und obendrein noch mit der »berüchtigten sogenannten ›Kampfgruppe gegen Unmenschlichkeit‹ in Verbindung«.[35] Dies genügt der DDR-Justiz, um »Johanna« als abtrünnige und vom Feind umgedrehte Agentin zu bestrafen, welche die DDR ausspionieren sollte. Erschwerend fällt ins Gewicht, daß sie die Stasi hintergangen und durch falsche Berichte irregeführt hat. Unter Ausschluß der Öffentlichkeit wird Susanne Sievers vom Obersten Gericht der DDR – den Vorsitz bei der Verhandlung führt die berüchtigte Hilde Benjamin – am 15. Dezember 1952 wegen »Verbrechen gegen die DDR« zu acht Jahren Zuchthaus verurteilt, die sie in der Frauenstrafanstalt Hoheneck verbüßt.

Die Affäre Brandt/Sievers hat damit allerdings nicht ihr Ende gefunden. Als Susanne im August 1956 vorzeitig entlassen wird, sucht sie umgehend Kontakt zu ihrem »Bär« herzustellen, der inzwischen Präsident des Abgeordnetenhauses ist. Daß sie nach vier Jahren Haft Hilfe von ihm erwartet, ist nur zu verständlich. Brandt steckt der früheren Geliebten Geld zu, übernimmt die Kosten für ihr Hotel, sein persönlicher Referent sorgt für eine beschleunigte Abfertigung im Flüchtlingslager Marienfelde. Wenn er ihr gegenüber einmal von der »Gefahr der Rückfälligkeit« spricht, die beide meiden sollten, deutet dies daraufhin, daß er die intime Beziehung nicht erneuern will. Aber entgegen seinen Vorsätzen versucht er dies dann doch, auch wenn ihm nicht ganz wohl dabei ist. Mit Rücksicht auf seine neue Stellung, aber auch die Karriere, die er noch vor sich sieht, scheint ihm besondere Vorsicht geboten: Gemeinsames Auftreten in der Bonner Öffentlichkeit ist nicht mehr angebracht. Übrigens geht er – nach den Briefen zu urteilen, die 1961 veröffentlicht werden – stets davon aus, daß die Partnerin seine andere Bindung und die daraus entstehenden Verpflichtungen respektiert – auch den absoluten Vorrang, den sie für ihn haben.

Nur unter dieser Bedingung, er betont dies ausdrücklich, kann er die Beziehung aufrechterhalten. Rut Brandt ist indes nicht die Ahnungslose, an der die Amouren ihres Mannes spurlos vorübergehen. In ihr Tagebuch notiert sie um diese Zeit, sie und Willy hätten, bei vielem Schönen, was sie zusammen erlebt hätten, auch viele Schwierigkeiten und Krisen meistern müssen – »Von beiden vielleicht mehr als viele andere. Ich weiß nicht, ob es noch eine Chance für uns gibt. Ich weiß nur, daß ich der Kinder wegen alles tun will.«

In den Augen von Susanne Sievers nimmt Brandt allerdings viel zuviel Rücksicht auf seine eheliche Bindung. Als ihr eine wohldotierte Stelle in der Berliner Landesvertretung in Bonn angeboten wird und er, inzwischen Regierender Bürgermeister, dies verhindert, weil es nicht gut sei, wenn sie beide eng zusammenarbeiteten, geht die intime Freundschaft im Winter 1957/58 in die Brüche. Zwar kennt man einander noch, Brandt verkehrt in Susanne Sievers »Salon« und trifft dort andere Politiker, auch Franz Josef Strauß, bei dem die Gastgeberin nun die gewünschte berufliche Unterstützung findet. Was er damals nicht wissen konnte: Dieser »Salon«, den sie in einer gastlichen Wohnung unterhält, wurde von Markus Wolf mit – wie er sagt – bescheidenen Mitteln finanziert.

Susanne hatte, vielleicht als Preis für die vorzeitige Haftentlassung, erneut eine Verpflichtung beim Staatssicherheitsdienst unterschrieben. Ihr neuer Deckname war »Lydia«, und der frühere Chef der DDR-Auslandsaufklärung schließt eindeutig aus, daß die »große, schlanke Frau« mit der »selbstbewußten Ausstrahlung« eine Doppelagentin gewesen sei. Sie habe zuverlässig Informationen geliefert, auch über den erzkonservativen Kampfverein »Rettet die Freiheit«, bei dem sie arbeitete und an dessen Spitze Rainer Barzel stand. Er frage sich oft, schreibt Wolf, was »Lydia« dazu bewogen haben konnte, trotz ihrer offenen Ablehnung der DDR und der Haftjahre regelmäßig zu konspirativen Treffen zu kommen – »Wäre sie Doppelagentin gewesen«, so der Meisterspion Ulbrichts und Honeckers, dann »hätte sie versucht, Einzelheiten über unseren Dienst in Erfahrung zu bringen, aber das war nie der Fall.«

Anfang der sechziger Jahre kündigt sie ihren Auftraggebern in Ostberlin einen Bericht über Strauß und Brandt an, die sich in ihrer Wohnung zu einem Gespräch unter vier Augen verabredet haben. Da dieses Treffen jedoch erst nach dem Mauerbau zustande kommt und »Lydia« nach dem 13. August alle Kontakte zum SSD abbricht, erfährt Markus Wolf, sehr zu seinem Leidwesen, wie er schreibt, von diesem Treffen erst aus den Memoiren Willy Brandts.[36] »Lydia« wechselt die Seiten und arbeitet ab 1962 für den BND. An Brandt aber, den sie offenbar leidenschaftlich geliebt hat und von dem sie sich tief gekränkt fühlt, wird sie im Wahlkampf 1961 Rache nehmen.

Die Auftritte des Abgeordneten Brandt im Bundestag werden zwar registriert, finden aber selten ein ermutigendes Echo. Der Durchbruch zur großen politischen Karriere gelingt ihm erst in Berlin mit seinem Einsatz auf der Freiheitskundgebung nach dem Ungarnaufstand 1956. Da sind am Abend des 5. November Hunderttausende vor dem Rathaus Schöneberg aufmarschiert, Fackeln brennen, die Fahnen der Organisationen und Verbände tragen Trauerflor. Die Kundgebungsteilnehmer führen Plakate mit sich: »Mit Mördern keine Koexistenz«, »Handeln statt reden«, »Protest gegen die Sowjetunion, aber auch gegen Eden und Mollet«. Die Menge ist erregt und aufgebracht – über die Intervention der Sowjettruppen, die den Aufstand in Budapest niederwerfen, aber auch über den britisch-französischen Angriff auf den Suezkanal, der parallel dazu erfolgt und Proteste des Westens gegen das Vorgehen der Sowjets heuchlerisch erscheinen läßt.

Vergebens versuchen die Redner von drei Parteien, die aufgewühlten Massen zu besänftigen – Ernst Lemmer wird ausgebuht, Franz Neumann, der sich mit seiner Ansprache in Parteipolitik verliert, geradezu wütend niedergepfiffen. Nur Willy Brandt, der als Redner gar nicht vorgesehen war, erweist sich der Situation gewachsen. Als man ihm das Mikrophon reicht, ruft er zum Abbruch der Beziehungen zur Sowjetunion und zum Boykott aller sowjetischen Schiffe in deutschen Häfen auf; er verspricht ein Telegramm an die Vereinten Nationen, um dort im Namen der Versammelten gegen das sowjetische Vorgehen in Ungarn zu protestieren. Doch auch wenn er dafür vereinzelt Beifall erhält – der Menge reicht das nicht. Als die Menschen sich in Richtung Sowjetbotschaft Unter den Linden in Bewegung setzen, springt Brandt in einen Lautsprecherwagen der Polizei und setzt sich an die Spitze des Zuges.

Es gelingt ihm, den wilden Marsch in den Osten zum Mahnmal für die Opfer des Stalinismus umzuleiten. Dort, am Charlottenburger Steinplatz, findet er Worte, »die der Situation einigermaßen gerecht werden« und stimmt das Lied vom guten Kameraden an, das alle mitsingen, um danach friedlich auseinanderzugehen.

Zweimal noch ist er, mit Rut an seiner Seite, in dieser dramatischen Nacht im Einsatz. Vom Steinplatz rast er in einem Lautsprecherwagen, dessen Windschutzscheibe zertrümmert ist, zur Straße des 17. Juni, wo sich West-Berliner Polizei mit Gummiknüppeln bemüht, aufgebrachte Jugendliche vom Marsch auf das Brandenburger Tor abzuhalten. Laßt euch nicht auf Auseinandersetzungen mit unserer Polizei ein, beschwört er die Menge, denn damit besorgt ihr das Geschäft der anderen Seite. Wieder stimmt er das Lied vom guten Kameraden an, und einträchtig stimmen Demonstranten und Polizeibeamte ein. Danach geht es zum Brandenburger Tor, auf das ein anderer Demonstrationszug fackelschwingend zumarschiert, um zur Sowjetbotschaft vorzudringen.

Brandt kann die Gefühle der jungen Menschen nur zu gut verstehen, aber er weiß, welches hochexplosive Gemisch sich gerade hier zusammenbraut. »Zwischenfälle an der Sektorengrenze könnten – Bruchteile einer Sekunde genügten, mir darüber klarzuwerden – Krieg bedeuten«, schreibt er in seinen Erinnerungen. »Nicht nur Volkspolizei stand schußbereit, es standen auch russische Panzer in den Nebenstraßen der ›Linden‹.« Er klettert auf ein Auto, nimmt ein Handmegaphon der Polizei und macht den jungen Demonstranten klar, daß eine blutige Schlacht mit der Volkspolizei den Ungarn nicht helfen, wohl aber einen Krieg entfesseln könne. Dann bildet er einen neuen Demonstrationszug und führt ihn vom Brandenburger Tor zum nahegelegenen Sowjetischen Ehrenmal an der Straße des 17. Juni. Von West-Berliner Polizei bewacht, ist es für die Demonstranten ein geeignetes Symbol, ihre ohnmächtige Wut auf das Sowjetsystem kundzutun. Vor diesem Ehrenmal, das zwei ausrangierte T34 flankieren, beginnt er – mit seiner schnarrenden Stimme, wie Rut Brandt liebevoll-spöttisch anmerkt – über Lautsprecher die Nationalhymne zu singen: Einigkeit und Recht und Freiheit. »Mehr und mehr Menschen stimmten ein, und es wurde ein mächtiger Chor. Damit bekam er die Leute endlich dazu, den Rückweg anzutreten.«[37] Doch ist mit dieser Nacht der Keim zu dem gelegt, was der SPD-Abgeordnete Wehner später einen »Brudermord« nennt.[38]

In schwieriger Situation hat Brandt bewiesen, daß von allen Berliner Politikern allein er Macht über die Massen gewinnen und sie zähmen kann, Neumann und die alte Parteiführung versagten dagegen schmählich. So markiert die Ungarnkundgebung den Wendepunkt im Kampf der sozialdemokratischen Erzrivalen. Mit seiner Parteirede, kommentiert der *Tagesspiegel*, »hat sich der SPD-Vorsitzende Franz Neumann aus der Kandidatenliste für den Posten eines Regierenden Bürgermeisters gestrichen und ist aus Spekulationen, falls solche irgendwo bestanden haben sollten, ausgeschieden«.[39]

Der neue Held der öffentlichen Meinung in Berlin heißt fortan Willy Brandt, sein und Ruts beherztes Auftreten haben ihnen die Herzen der Berliner gewonnen. Er wirkt jung und unverbraucht, er steht für eine sozialdemokratische Politik, die sich nicht im ohnmächtigen Nein erschöpft und Berlin den Anschluß an den Staat des Wirtschaftswunders sichert, und – welche Ironie! – ausgerechnet das Proletarierkind aus Lübeck stellt in den Augen der Öffentlichkeit inzwischen das Gegenbild des klassischen Sozialdemokraten dar. So ist dieser Brandt, kommende Berlin-Wahlen werden es erweisen, attraktiv bis tief in das bürgerliche Lager hinein. Dieses wünscht sich ja seit langem einen modernen, dynamischen Repräsentanten Berlins – einen, der eine gute Figur machen und sich artikulieren kann, wenn er für die schwierigen Probleme der Stadt, und deren gibt es ja zu viele, Verständnis wecken soll.

Es ist gewiß kein Zufall, daß Brandts Aufstieg mit dem Beginn der Mediendemokratie und ihrer Bilderflut zusammenfällt. Nach der Wahl zum Präsidenten des Abgeordnetenhauses, auf dem Berliner Presseball, erscheinen Willy und Rut als elegantes Paar – er im Smoking, sie im trägerlosen, weißen Seidenkleid mit einem schwarzen Band um die Hüfte – »die H-Linie«, erinnert sich Rut Brandt, »das war der letzte Schrei«.[40] Die Bilder vom Presseball machen die Runde durch die Zeitungen, Franz Neumann aber reicht sie empört bei seinen Genossen herum: »und sowas nennt sich Sozialdemokrat«. Ablehnung ist in Feindschaft und schließlich in blanken Haß umgeschlagen, der seine Ursache auch in einem Minderwertigkeitskomplex Neumanns haben mag.

Beinahe verzweifelt bemüht Neumann sich um die Emigrationsschriften Brandts, in der Hoffnung, Material gegen den Rivalen in die Hand zu bekommen.[41] Kurt Heinig hat ihn schon 1955 aufgestachelt, als man in trauter Runde mit Arno Scholz im Hotel am Zoo zusammensaß. Hat der Genosse aus Stockholm den Franz Neumann da nicht einen Schwächling genannt, weil dieser den – so wörtlich – »Verbrecher« Brandt nicht als Parlamentspräsidenten verhindert habe?[42] So spricht man in SPD-Kreisen Berlins damals offenbar über die Erzrivalen.

Lieferte Neumann dem Berliner *»Montags«-Echo* etwa Unterlagen für eine Schmutzkampagne gegen den Parlamentspräsidenten, die im Januar 1957 beginnt und gegen die Brandt vor Gericht ziehen muß? In diesem Blatt, das der Freien Volkspartei, einer rechten Abspaltung von der FDP, nahesteht, war behauptet worden, Brandt habe in Spanien in kommunistischen Interbrigaden gedient und in norwegischer Uniform mit der Waffe gegen die Wehrmacht gekämpft. Vor Gericht jedenfalls erklären die von Brandt Beklagten, ihnen sei von Neumann, aber auch von Willy Kressmann Material zugesteckt worden, deshalb wollen sie Neumann sogar als Zeugen vor Gericht zitieren.[43]

Beide Parteifraktionen haben längst die Glacéhandschuhe ausgezogen. Keule bedeutet im Berliner Jargon eigentlich Kumpel, aber die linke Neumann-Gruppe heißt in den Medien immer häufiger deshalb »Keulenriege«, weil sie in der Wahl ihrer Mittel nicht wählerisch ist, eben die Keule schwingt. Mit harten Bandagen kämpft auch der »Pfeifenclub« der führenden Parteirechten, so genannt, weil die meisten Mitglieder Pfeife rauchen. Brandt selbst zählt nicht dazu, wird jedoch vom Club, einer Art »Antikeule«, gefördert und gestützt. In zäher Kleinarbeit, unter Anleitung von Klaus Schütz, schmieden die Rechten ihre Mehrheiten in Abteilungen und Kreisen – meist mittels Sammellisten, die den Gegnern keine Chance lassen, zögernde oder schwankende Delegierte binden sie durch Karriereversprechen ein. Systematisch bereiten die Rechten sich vor und sammeln sich, warten allerdings den richtigen Zeitpunkt für einen Frontalangriff auf die Parteiführung ab.

Der Streit eskaliert nach dem Tod Otto Suhrs im August 1957, als Neumann alles unternimmt, Brandt als Nachfolger zu verhindern. Vergeblich sucht er erst Carlo Schmid, nach diesem Fritz Erler zu gewinnen, bis er schließlich eine Zusage des gesundheitlich angeschlagenen Adolf Arndt erhält. Arndt freilich will nur einem Ruf folgen und nicht um das Amt kämpfen. Als der Fall im Bonner Parteivorstand zur Beratung ansteht, fragt ein entsetzter Carlo Schmid, ob die Genossen, die Arndt befürworteten, denn von allen guten Geistern verlassen seien: Wollten sie – nach Ernst Reuter und Otto Suhr – etwa ein neues Staatsbegräbnis in Berlin?[44] Arndt zieht zurück, weil er nicht gegen Brandt kandidieren will, und Ollenhauer, dessen anfängliche Rolle im Nachfolgespiel unklar bleibt[45], entscheidet schließlich, die Sache den Berlinern zu überlassen. Damit ist der Weg frei für Willy Brandt, zumal in West-Berlin die mächtige Springer-Presse offen für ihn Partei ergriffen hat. »Das ist der richtige Mann für uns« – diese Balkenüberschrift prangte, eine Woche nach Otto Suhrs Tod, mit einem Porträt Willy Brandts auf der Titelseite des populären Boulevardblatts *BZ*.[46]

Nach langem, sechsjährigen Kampf um das erste Amt in der Stadt kommt Willy Brandts Stunde des Triumphs: Am 3. Oktober 1957 wählt ihn das Berliner Abgeordnetenhaus mit 86 gegen 10 Stimmen bei 22 Enthaltungen zum Regierenden Bürgermeister. Ein Vierteljahr später, die Parteirechte nutzt die Gunst der Stunde und wagt den Durchmarsch, siegt er auf einem außerordentlichen Landesparteitag über Franz Neumann mit 163 gegen 124 Stimmen bei sechs Enthaltungen. Brandt hat damit nicht nur die völlige Kontrolle über den Landesverband gewonnen, die Kombination von Parteichef und Regierendem Bürgermeister verhindert in Zukunft alle Konflikte zwischen Regierung und Partei, wie sie zur Zeit Ernst Reuters gängig waren. Neumann, der für die Trennung von Regierungsamt und Parteiführung eingetreten ist, weil er das Profil der Partei vor dem Wähler nicht durch Regierungskompromisse belasten wollte, hatte er entgegnet: »Meiner Meinung nach kann es keine sozialdemokratische Politik geben, die dem entgegengerichtet ist, was wir in der Regierungsverantwortung betreiben, denn sonst würde die Partei mit zwei Zungen sprechen, und sie würde dadurch unglaubwürdig werden.«

Auch wenn sich die historischen Umstände nur schwer vergleichen lassen – beim Kanzler Helmut Schmidt wird der Parteichef Willy Brandt das ganz anders sehen. Aber das ist 16 Jahre hin. Zunächst liegen, nach gelungenem Aufstieg, Zeiten der Bewährung vor ihm. Erst dann kommt der Griff nach der Macht in Bonn.

Aufstieg des Aussenseiters

Der Regierende Bürgermeister wird Kanzlerkandidat

Welches Gewicht bringt ein »Regierender« Bürgermeister auf die politische Waagschale? Der Titel suggeriert Macht, über die er nicht verfügt, dazu befindet er sich in viel zu vielen Abhängigkeiten. Trotz der pompös klingenden Amtsbezeichnung besitzt er in seinem Senat nicht einmal Richtlinienkompetenz wie der Bundeskanzler, sondern muß das Stadtstaat-Kabinett als *primus inter pares* leiten, hat zu überzeugen und Mehrheiten zu finden, was allerdings Willy Brandts Naturell entgegenkommt. Und er weiß die Plattform großartig zu nutzen. In nur zwei Jahren steigt sein Stern zu dem eines Nebenaußenministers der Bundesrepublik auf, schließlich zu dem eines Gegenkönigs zu Adenauer.

An der Wiege seines Erfolgs stehen drei mächtige Männer Pate, die man unterschiedlicher sich nicht denken kann: Nikita Chruschtschow in Moskau, Konrad Adenauer in Bonn und Axel Cäsar Springer, Herr über das größte deutsche Zeitungsimperium. Chruschtschow weist mit seinem Berlin-Ultimatum, das den Abzug der Westmächte binnen sechs Monaten fordert, dem Regierenden Bürgermeister die Rolle des Verteidigers einer belagerten Festung zu. Damit wird Brandt weit über die Funktionen eines gewählten Bürgermeisters und Landesvorsitzenden seiner Partei hinaus zum anerkannten Sprecher des freien Berlin und bekommt nationale Statur.

Kein anderer als Konrad Adenauer verschafft dem »Regierenden« obendrein internationale Bedeutung, weil er ihn – auf Kosten der Bundeskasse – wie einen Sonderbotschafter der Freiheit Berlins und der deutschen Sache rund um die Welt schickt. Damit baut der Kanzler am Rhein sich einen Herausforderer auf, den er drei Jahre später sehr viel ernster nehmen muß als den sozialdemokratischen Spitzenkandidaten Erich Ollenhauer in den Wahlkämpfen davor. Bei den Vereinten Nationen in New York, in Ottawa und Tokio, in

Singapur und Colombo, in Neu-Delhi und Karatschi erläutert Brandt, was auf Länder, die erst kürzlich die Kolonialherrschaft abgeschüttelt haben, zunächst paradox wirken muß: Daß die West-Berliner freiwillig die westliche Besatzungsherrschaft bis zur Lösung der deutschen Frage beibehalten wollen, weil nur diese den Schutz ihrer freiheitlichen Ordnung garantiert, in dem von Chruschtschow anvisierten Status einer freien Stadt dagegen nur Unsicherheit und Gefahren lauern.

Springers Presse schließlich berichtet in großer Aufmachung von Brandts Reisen und bringt Bilder von seinen Begegnungen mit Eisenhower und Hammarskjöld, Hirohito oder Nehru nicht nur in Berlin, sie stützt ihn auch in ihrer überregionalen Presse im Bundesgebiet. So wird, was dem Regierenden fehlt – konkrete Macht – durch stetig wachsende Bekanntheit, durch politischen Einfluß und unerhörte Popularität kompensiert – Erfolge, die schließlich auch Brandts Aufstieg in der Bundespartei ermöglichen, die sich dem Außenseiter über Jahre so beharrlich verweigert hat.

Popularität und wachsendes politisches Gewicht stärken vor allem seine Stellung innerhalb des Berliner Geflechts von Abhängigkeiten, in denen sich jeder »Regierende« gefangen sieht. In der Praxis besitzt er ja weniger Exekutivgewalt als irgendein westdeutscher Landeschef, denn dieser ist wenigstens Herr über die eigene Polizei. Über den Einsatz der Berliner Bereitschaftspolizei dagegen bestimmen die drei westlichen Alliierten als Garantiemächte von West-Berlin. In der Stadt an der Spree tragen ihre Botschafter noch den Hut von Besatzungsherren, die sich in allen wichtigen politischen Fragen ein Vetorecht vorbehalten.

Abhängig ist Brandt nicht nur von ihnen, sondern dazu von Bonn, das Berlin materiell unterstützt und es nach außen vertritt. Nach dem Grundgesetz ist Berlin ja ein Land des Bundes, nur daß die westlichen Alliierten überall da, wo es formal von Gewicht sein könnte – etwa bei der Direktwahl der Abgeordneten und ihrer Stimmberechtigung im Bundestag – diese Zugehörigkeit suspendiert haben. Selbst kleine Schritte, die den Besuch von Berlinern im Westen bei Berlinern im Osten regeln – Brandt wird das Anfang der sechziger Jahre schmerzlich spüren – müssen deshalb zwei-, wenn nicht dreifach genäht sein: Sie bedürfen der Zustimmung der Alliierten in Berlin, der Abstimmung West-Berlins mit dem Bund

und zusätzlich der Einsegnung einer Konferenz der drei Westbotschafter in Bonn mit einem Vertreter des Bundeskanzleramts. In kritischen Fällen müssen die Vertreter der Westmächte in Bonn sich erst mit ihren Regierungen in Washington, London oder Paris abstimmen. Und das Kanzleramt zieht nicht selten das Gesamtdeutsche Ministerium oder das Auswärtige Amt oder gar beide zu Rate.

In diesem dichten, kompliziert geknüpften Netz der Zuständigkeiten als Regierender Bürgermeister politisch etwas zu bewegen, braucht es Phantasie und taktisches Geschick, Fingerspitzengefühl und eine ordentliche Portion Zähigkeit. Wenn Brandt später ein hervorragender Außenminister wird, dem selbst seine politischen Gegner hohes Lob zollen, dann auch deshalb, weil er auf dem »Prüfstand Berlin«[1], wie er die Stadt einmal nennt, diese außenpolitische Meisterprüfung mit Glanz und Gloria besteht. Wer unter so schwierigen Umständen, eingeklemmt zwischen Sowjets, Westmächten und einer vom innenpolitischen Gegner geführten Bundesregierung, auch nur Millimeter oder Zentimeter bewegen kann, der muß sich als Außenminister oder gar Kanzler darauf verstehen, außenpolitische Weichen zu stellen und Kurskorrekturen vorzunehmen.

Er übernimmt sein neues Amt in einer Zeit, in der die Illusionen wuchern. Ist im Herbst 1957 noch ein Nachhall des Geistes von Genf im Jahre 1955 zu spüren – jener Konferenz, die zwar keine Lösung der deutschen Frage gebracht, aber doch mit einem »bekömmlicheren Klima für Ost-West-Kontakte«[2] geendet hatte? Nach Chruschtschows Abrechnung mit Stalin, nach Ungarnaufstand und polnischem Oktober 1956, scheint der Ostblock noch mit sich selbst beschäftigt, und die Disengagementpläne George F. Kennans und Adam Rapackis beherrschen die internationale Diskussion. Läßt sich die Schwächephase im Osten nicht für gesamtdeutsche Vorstöße nutzen?

Selbst ernstzunehmende Politiker und Journalisten werden plötzlich von einer großen Welle gesamtdeutscher Begeisterung erfaßt. »Jetzt oder nie!« schreibt Marion Gräfin Dönhoff im Oktober 1956 in der *Zeit*, »noch in diesem Jahr muß Berlin die Hauptstadt werden«.[3] Die ständige Konfrontation mit den Sorgen der Landsleute im Osten sei für die Regierung notwendig, so die Gräfin, denn »im Glashaus der rheinischen Gartenstadt« gerate die große Aufgabe der Wiedervereinigung in Vergessenheit. Zusammen mit dem CDU-Bundestagsabgeordneten und *Zeit*-Verleger Gerd Bucerius fühlt sich Brandt selbst als Vorreiter dieses Hauptstadtenthusiasmus: Bonn sei eine Art »Nichtstadt« in einem »Nichtstaat«, heißt es in einer Dokumentation »Von Bonn nach Berlin«, die er 1957 veröffentlicht und in der er im einzelnen vorrechnet, welche Regierungsinstitutionen möglichst umgehend vom Rhein an die Spree verlegt werden sollten.[4] Es komme eben darauf an, »noch in der Zeit der Spaltung Deutschlands die Bewegung zurück in die Hauptstadt für alle Welt sichtbar werden zu lassen«, begründet er seine Vorschläge in einem Brief an Erich Ollenhauer.[5]

Daß aus solcher »Balladen-Politik« der Leidenschaften, wie sie Bundespräsident Theodor Heuss einmal warnend nennt,[6] nichts werden kann, versteht sich von selbst. Der stocknüchterne Adenauer wird später in seinen Memoiren zeigen, für wie wichtig er diese Vorschläge hielt: Er erwähnt sie mit keinem Wort. Unter Adenauers Leitung beendet das Bundeskabinett die Debatte zwar mit einem Bekenntnis zu einer Hauptstadt Berlin in einem wiedervereinigten Deutschland, lehnt die Verlegung von Ministerien von Bonn nach Berlin bis dahin aber grundsätzlich ab. Allerdings einigt man sich darauf, einen zweiten Sitz des Bundespräsidenten in Berlin einzurichten und den Reichstag wiederaufzubauen. Der monströse Wallot-Bau ist nicht nur als symbolische Bleibe für ein künftiges gesamtdeutsches Parlament gedacht, sondern auch für den Bundestag, der dort regelmäßig Präsenz demonstrieren soll. Ganz im Sande sind die Aktionen der Berlin-Enthusiasten Brandt und Bucerius also doch nicht verlaufen.

Von den blauäugigen Hoffnungen dieser Monate vor Beginn der großen Berlin-Krise sind die ersten Erklärungen des neuen »Regierenden« durchaus nicht frei. Er fordert die volle Einbeziehung Berlins in den Bund, die Direktwahl der Berliner Abgeordneten und ihr volles Stimmrecht im Bundestag – Verlangen, die schon Ernst Reuter vergebens vorgebracht hatte und die auch jetzt weder bei den westlichen Alliierten noch beim Auswärtigen Amt Verständnis noch gar Unterstützung finden. Und wie Otto Suhr vor ihm, ist auch er voll der besten Vorsätze, technische Kontakte zur Ostberliner Verwaltung anzubahnen, um Erleichterungen für die Menschen in der gespaltenen Stadt zu erreichen: Straßenbahnen und Omnibusse müßten wieder über die Sektorengrenzen fahren, der Telefonverkehr zwischen Ost- und West-Berlin wiederhergestellt werden, West-Berliner Kleingärtner sollten ihre jenseits der Zonengrenze gelegenen Gärten wieder nutzen können.

Aber auch Brandt hat die typischen Berührungsängste jener Zeit, und so kleidet er seine Bereitschaft zu Gesprächen in Formen, welche zwar der im deutschen Westen vorherrschenden Phobie vor Anerkennung östlicher Institutionen, Titel und Führungsfunktionen entsprechen, auf die Gegenseite gerade deshalb hochfahrend wirken und für sie schlicht unannehmbar sind. Als Brandt seinen Vorschlag über technische Kontakte macht, vermeidet er die direkte Anrede des Ostberliner Gegenparts, die korrekte Amtsbezeichnung und selbst die eigene Unterschrift. Sein Brief ist »an die Verwaltung des Ostsektors, z. Hd. von Friedrich Ebert« adressiert und von einem seiner Referenten, einem Regierungsrat Schultze, unterzeichnet. Dazu führt er einen umfangreichen Katalog von Bedingungen auf: Die Begegnung könne stattfinden, falls sich die Verwaltung des Ostsektors in der Lage sehe, einige von zehn ihr gestellten Fragen positiv zu beantworten. Gleich an erster Stelle in Brandts Liste wird die Freilassung oder beschleunigte Begnadigung der Verurteilten des 17. Juni aufgeführt, darauf folgt die Forderung nach erleichterten Genehmigungen für Ostberliner zu Reisen nach Westdeutschland. Für mehr als die Hälfte der Fragen ist zweifellos nicht der Ostberliner Oberbürgermeister Friedrich Ebert zuständig, sondern die Regierung der DDR.[7] Will, wer solche Vorbedingungen stellt und so verletzende Umgangsformen wählt, allen Ernstes Verhandlungen über die Verbesserung der Lage der Menschen in beiden Teilen der Stadt? Oder handelt es sich um ein reines Propagandamanöver? Nicht zufällig erfolgt Brandts Angebot an Ebert am Vorabend des 17. Juni.

Nur keine Kontakte, die je als Anerkennung der Behörden in Ostberlin oder Sowjetzone ausgelegt werden können! Es entspricht seinen damaligen Vorstellungen, daß die Sowjets als die in Ostberlin zuständige Besatzungsmacht auch für menschliche Erleichterungen in Berlin zuständig sind – auf Umwegen natürlich, denn er erwartet, daß sie bei »ihren« Deutschen entsprechend Druck machen und sie zu Zugeständnissen bewegen. Als er dem sowjetischen Stadtkommandanten Generalmajor Tschamow Anfang Januar 1958 einen formellen Besuch abstattet, lenkt er das Gespräch auch auf Fragen, welche die Freizügigkeit des Verkehrs zwischen Ost- und West-Berlin betreffen. Die Begegnung findet in der gleichen Villa statt, in der die deutsche Wehrmacht vor 13 Jahren die Kapitulation unterzeichnet hatte, und sie dauert ungewöhnlich lange. Der sowjetische Kommandant gibt sich als Gastgeber geradezu formvollendet: Volkspolizei salutiert bei der Einfahrt der beiden Senatswagen am Brandenburger Tor, eine sowjetische Eskorte nimmt sie vor dem Schlagbaum des militärischen Sperrgebiets in Karlshorst in Empfang. Die Sowjets kredenzen reichlich Kaviar und Wodka, der für lockere, ja aufgeräumte Stimmung sorgt – sichtlich vergnügt und leicht schwankend, so West-Berliner Reporter, hätten der »Regierende« und sein Senatspressechef Hans Hirschfeld nach der Rückkehr die Stufen zum Schöneberger Rathaus erklommen.[8]

Daß Brandt einen guten Tropfen nicht verabscheut, seit seiner skandinavischen Zeit gern harte Sachen zu sich nimmt und dabei nicht immer Maß zu halten versteht, ist seit langem bekannt. Doch nutzt die Keulenriege die fröhliche Heimkehr aus Karlshorst, um das böse Wort vom »Weinbrand-Willy« in Umlauf zu setzen, so daß sich Brandt auf dem folgenden Parteitag veranlaßt sieht, offiziell Stellung zu nehmen: Er halte es nicht für nötig, sich »in eine Diskussion darüber einzulassen, ob in Karlshorst ein Wodka mehr oder weniger eingeschenkt oder geleert worden ist«.[9]

Das Ergebnis der Begegnung wird unterschiedlich gewertet: Im Senat, wo offenbar der Wunsch der Vater des Gedankens ist, hat man den Eindruck gewonnen, daß die Sowjets Verhandlungen zwischen West- und Ostberlin über Fragen des innerstädtischen Verkehrs positiv beeinflussen würden. Nur vor diesem Hintergrund ist es zu verstehen, wenn Brandt sich bereit erklärt, höhere Beamte mit solchen Gesprächen zu beauftragen.[10] Doch eine Reaktion aus Ostberlin bleibt aus, und nach außen zeigen sich die Sowjets unzugänglich wie eh und je: Die Begegnung habe rein protokollarischen Charakter gehabt, läßt die Kommandantur über die sowjetzonale Nachrichtenagentur ADN verbreiten. Fragen der Beziehungen zwischen den beiden Teilen Berlins gehörten ausschließlich in die Kompetenz der deutschen Behörden. Und deshalb geschieht wieder einmal nichts.

Im Februar 1958 reist Willy Brandt in die USA und wird als »junger Mann mit glänzender Zukunft in der deutschen Politik« begrüßt. Wenn man so will, macht er von dem Immediatrecht Gebrauch, das einen Regierenden Bürgermeister von Berlin vor allen anderen deutschen Länderchefs auszeichnet. Als gewählter deutscher Vertreter jener vorgeschobenen Bastion im roten Meer, in dem die drei Westmächte im Ernstfall die alleinige Verantwortung tragen, kann er zwar nicht Außenpolitik auf eigene Faust betreiben – dazu ist Berlin zu sehr in die Bundesrepublik eingebunden –, aber er kann doch mit den Regierungschefs der drei Besatzungsmächte direkt verkehren. Auch die Westmächte legen auf diese Möglichkeit Wert, weil sie geeignet ist, gegenüber der internationalen Öffentlichkeit, vor allem aber den Sowjets, den besonderen Status Berlins als eines Relikts aus der Zeit des gemeinsamen Sieges über Hitler hervorzuheben.

So trifft Brandt Präsident Eisenhower, Vizepräsident Richard Nixon, Außenminister Dulles sowie dessen Stellvertreter und späteren Nachfolger Herter. Das alles ergibt reichlich Fototermine in trautem *tête-à-tête* – aber keinesfalls besondere Neuigkeiten und Ergebnisse, die sich voller Stolz vorzeigen ließen. Sieht man von der obligaten Erneuerung der Berlin-Garantie einmal ab, fehlt der Reise nach Washington – so das Urteil Diethelm Prowes – »jede weitere Bedeutung für Berlin oder Amerika«.[11] Eine Ausnahme macht vielleicht das Gespräch mit Nixon, in dem beide Einigkeit erzielen, daß der Westen den kulturellen Austausch mit den Ländern des Ostblocks forcieren sollte, weil nicht »wir« befürchten müßten, dadurch »vergiftet« zu werden, wie Brandt nach der Reise feststellt, »sondern die andere Seite muß es fürchten«.[12] Doch werden sich die Kontakte, die er schließt, in den kommenden Krisenzeiten sehr bald auszahlen – vor allem jener zu Eleanor Dulles, der Schwester des Außenministers, die damals im State Department die Berliner Unterabteilung leitet und Brandt seit Jahren in Freundschaft verbunden ist. Nicht zuletzt ihrem Einsatz für Berlin ist es zu verdanken, wenn Amerika sich mit dem Klinikum der Freien Universität und dem Studentendorf, der Kongreßhalle und der Amerika-Gedenk-Bibliothek demonstrativ am Ausbau West-Berlins beteiligt hat.

Gut zwölf Tage fährt er durch die USA, besucht die amerikanischen Gewerkschaften AFL-CIO, spricht vor Studenten in Harvard und erhält den ersten seiner zahllosen Ehrendoktorhüte – in der Universität Philadelphia wird er mit ihm geschmückt. Weil er nicht dem Bild des immerzu ernsten, steifen und humorlosen Deutschen entspricht, der auf Übersetzer angewiesen ist und dem sich kaum ein Lächeln entlocken läßt, macht er einen hervorragenden Eindruck – viele amerikanische Kommentatoren sehen in ihm einen künftigen deutschen Kanzler.[13] Insofern wird der Besuch für Brandt ein unerhörter Publicity-Erfolg, vergleichbar nur dem Konrad Adenauers 1957 : Allein in den ersten acht Tagen gibt er sieben Rundfunk- und sieben Fernsehinterviews, er spricht vor dem Council on Foreign Relations und vor dem National War College – ein Programm, das kaum dem Profil eines Bürgermeisters und Kommunalpolitikers entspricht, wohl aber dem eines Staatsmanns im Werden.

Der Gegenbesuch von Dulles im September 1958, der nur auf das Drängen seiner Schwester Eleanor zustande kommt, fällt allerdings bescheidener aus: Eine Blitzvisite von fünf Stunden mit Fahrt entlang der Sektorengrenze, eine feierliche Erneuerung der Berlin-Garantie vor dem Abgeordnetenhaus, in dem er die Machthaber der Sowjetunion »gottlose Materialisten« nennt, schließlich die Besichtigung der Kongreßhalle.

Im März folgt ein achttägiger Besuch Brandts in England mit Empfang durch Premierminister Macmillan in 10 Downing Street und anschließender Besichtigung Oxfords und Coventrys. Auch an der Themse die obligate, fast schon an Beschwörungsrituale von Schamanen erinnernde Beteuerung, die Regierung Ihrer Majestät werde »die Sicherheit und das Wohlergehen Berlins« gewährleisten – wie ernst sie zu nehmen sind, soll sich bald zeigen: London wird sich als schwächster Punkt in der westlichen Abwehrfront erweisen, aber auch Eisenhower steht keinesfalls als der unerschütterliche Fels in der Brandung da, den die West-Berliner in dem siegreichen General so gern hatten sehen wollen.

In den ersten Monaten seiner Amtszeit herrscht eher Routine vor, auch wenn Brandt schnell den ihm eigenen Stil durchsetzt: Im Rathaus gilt ab sofort nicht mehr das »Du« unter Genossen, und er weiß zu delegieren – im Unterschied zu seinem professoralen, bienenfleißigen Vorgänger Suhr, der angeblich sogar seine Bleistifte selbst gespitzt hat.[14] Akten nimmt er in einem schwarzen Lederkoffer mit nach Hause und sieht sie, nach dem Abendessen mit der Familie, am Schreibtisch durch. Wer sagt da, daß er ein gestörtes Verhältnis zur Macht besäße? Bei Staatsbesuchen werden rote Teppiche auf den Freitreppen der riesigen Empfangshalle ausgelegt, als Dekor stehen zwei Polizisten mit Tschako und weißem Koppelzeug vor dem Amtszimmer des Regierenden. Wo immer er kann, baut Brandt seine Position aus und nutzt gezielt alle publizitätsträchtigen Auftritte – mit den Schöneberger Sängerknaben, mit »Papa Heuss«, dem Bundespräsidenten, bei der Auffangstelle für Spätaussiedler in Zehlendorf oder Conrad Hilton, dem amerikanischen Hotelkönig, als dieser eine Spende für Berliner Kinder überbringt. Aber geschickt nutzt er die gewonnene Stellung auch, um anderen und der Sache der Emigration zu helfen. Als Marlene Dietrich erstmals nach dem Krieg ihre geliebte Geburtsstadt Berlin besucht, kommt es zu Demonstrationen gegen die Schauspielerin. Regisseur Helmut Käutner stellt sie als »Spätheimkehrerin im Widerstreit der Meinungen« vor, denn Berlinerinnen, die ihr Engagement für Amerika während des Krieges nicht vergessen haben, wollen mit Eiern und Tomaten gegen sie demonstrieren. Da setzen sich Willy und Rut Brandt unübersehbar in die erste Reihe des Titania-Palastes, wo Marlene amerikanische Schlager, französische Chansons und Lili Marleen auf Deutsch singt – in rosabeigem Kleid, langer Schleppe und Weißfuchsmantel. »Wir erhoben uns spontan«, erinnert sich Rut Brandt, die ostentative Geste des Bürgermeisterpaares löste die Spannung und führte zu stehenden Ovationen des Publikums. Marlene schickte am nächsten Tag Orchideen mit einem handgeschriebenen Brief, in dem sie sich bei den Brandts für ihr Kommen bedankte: Das habe ihr viel bedeutet – »in herzlicher Zuneigung, Ihre Marlene Dietrich«.

Eine Woche hält sie sich in Berlin auf und wird von Willy Brandt unter seinen bürgermeisterlichen Schutz gestellt: Er empfängt sie im Rathaus Schöneberg, wo sie sich ins Goldene Buch der Stadt einträgt. Seither ist beider Beziehung von Respekt geprägt. Sie schickt ihm eine Schallplatte zum Dank, er versucht, ihr ein Jahr später die Rückkehr in ihre Heimatstadt schmackhaft zu machen. Im Jahr 1971 würdigt der SPD-Vorstand in einem Geburtstagstelegramm nicht nur ihre Darstellungskunst, sondern bewußt auch »Ihre Gewissensentscheidung gegenüber dem Hitlerregime«. Und

Marlene revanchiert sich am 20. September 1985, als Brandt der Einstein-Friedenspreis verliehen werden soll, mit dem Telegramm:

»TAUSAND GRATULATIONEN SIE HABEN ES VERDIENT MARLENE DIETRICH«.[15]

Berliner Bären sind in den sechziger Jahren *en vogue*, und Brandt weiht sie nur zu gerne ein. In fast allen größeren Städten Westdeutschlands stehen sie, die Entfernung nach Berlin am Sockel in Kilometern eingraviert, als Zeichen der Verbundenheit mit der vorgeschobenen Freiheitsbastion. In einem Brandbrief an die Vereinten Nationen beschuldigt er die Behörden der Sowjetzone gröbster Verstöße gegen die UN-Charta und die Deklaration der Menschenrechte: Seit sechs Jahren könnten West-Berliner nur mit Passierscheinen in die Sowjetzone reisen, in jüngster Zeit erhielten sie auch diese nur noch in Ausnahmefällen. Die Neufassung des DDR-Paßgesetzes vom Dezember 1957 stellt er als »willkürlichen Akt« zur Unterbindung jedes menschlichen Kontaktes zwischen den Einwohnern West-Berlins und denen der DDR an den Pranger des Völkerparlaments.[16]

Seine Berliner Partei hält er fest im Griff, als die Kampagne gegen den Atomtod aus Westdeutschland nach West-Berlin überschwappt und der Neumann-Flügel ihn auf einem Sonderparteitag im April 1958 zu einem letzten Gefecht herausfordern will. Die von der Linken geforderte Volksabstimmung gegen die Atombewaffnung der Bundeswehr und die Lagerung von Atomwaffen auf deutschem Boden verhindert er mit einer Rücktrittsdrohung. Brandt ist gewiß kein besonderer Freund atomarer Waffen für die deutsche Armee, aber er möchte die Frage offenhalten, schon um die Rolle der Westdeutschen im Bündnis nicht zu gefährden. Vor allem das Recht der Westmächte, auf deutschem Boden A-Waffen bereitzuhalten, stellt er nicht in Frage, weil er keine Schwächung der Verteidiger West-Berlins wünscht. Deshalb seine Skepsis gegen die Forderung nach atomwaffenfreien Zonen, wie die eigene Partei sie fordert.

Die Nähe der Atomtod-Bewegung zu den Propagandaparolen, die aus Pankow herüberdröhnen, schmeckt ihm nicht, und er sieht die Gefahr, daß die Bundeskampagne der SPD die Atomwaffenfrage zum Knüppel macht, »mit dem die ganze westeuropäische Verteidigungsstrategie zerschlagen« werden könnte.[17] So warnt er auf einer Betriebsversammlung der AEG-Turbinenfabrik davor, denjenigen auf den Leim zu gehen, die einseitig den Westen schwächen wollten: »Der Kampf gegen die Atombomben kann nicht damit begonnen werden, daß Sprengbomben gegen die Berliner Politik geworfen werden.«[18] Sehr viel deutlicher nimmt er am Jahresende, nach dem Chruschtschow-Ultimatum, dazu Stellung, als er den Landesverband vor einer negativen Erklärung zur Atombewaffnung der Bundeswehr warnt: Deutschlands Hauptproblem sei nicht, ob die Bundeswehr irgendwann einmal mit Atomwaffen ausgerüstet werden solle oder nicht – es gehe darum, »daß man uns und der Welt mit bestehenden russischen Atomwaffen droht«.[19]

Im Sommer allerdings – und mit Blick auf den anstehenden Bundesparteitag in Stuttgart – taktiert er in der Atomfrage extrem vorsichtig: Statt die Differenzen herauszustellen, spielt er sie herunter und unterschreibt den Aufruf des Berliner Aktionsausschusses. Die Wahl in den Bundesvorstand, die man dem Vorsitzenden des Berliner Landesverbands und Regierenden Bürgermeister diesmal schwerlich versagen kann, will er nicht in letzter Minute selbst gefährden. Auf kritische Beobachter wie Abraham Ashkenasi macht er in diesen Monaten den Eindruck eines Mannes, »dessen Gesamteinschätzung der gegebenen Situation« mehr der der regierenden CDU als der seiner eigenen Partei entspricht – wenn er dennoch starkes verbales Geschütz gegen Adenauer auffahre, dann vor allem, um in geschickt formulierten Reden jeden Unterschied zwischen dem Bonner SPD-Kurs und den eigenen Ansichten zu kaschieren.[20] Auf dem Stuttgarter Parteitag, der die Entmachtung Fritz Heines und des bisherigen Parteiapparats, dazu eine Reform der Führungsgremien bringt, enthält er sich jeder substantiellen politischen Stellungnahme und macht statt dessen einige blasse Anmerkungen zur Organisationsstruktur.[21] Sein Taktieren zahlt sich aus, denn er wird als einer von insgesamt elf neuen Vorstandsmitgliedern gewählt, darunter Heinrich Deist, Gustav Heinemann, Alex Möller und Helmut Schmidt – eine Wahl, die Fritz Erler als »Erneuerung« bezeichnet, wie sie in der Geschichte der SPD außer nach Kriegen, Revolutionen und Parteiverboten bisher nie vorgekommen sei.[22] Ohne Zweifel macht der Stuttgarter Parteitag den Weg frei nach Bad Godesberg, dem eigentlichen Wendepunkt der SPD-Nachkriegsgeschichte.

Deutschlandpolitisch markiert Willy Brandt bis Mitte 1960 den innerparteilichen Gegenpol zu Herbert Wehner, der mehr und mehr den Kurs der Bonner SPD bestimmt und sich dabei meist der Unterstützung von Fritz Erler, aber auch der von Parteichef Ollenhauer sicher ist. Brandt will die Brücken zur CDU nicht abbrechen und mahnt eine gemeinsame außenpolitische Bestandsaufnahme an. Zwar scheut er sich noch, von »gemeinsamer Außenpolitik« zu sprechen, weil das ja »so verdächtig« klinge, aber eindringlich warnt er davor, in Fragen der nationalen Existenz das letzte gemeinsame Porzellan zu zerschlagen.[23]

Dagegen hält Wehner – bis zu seiner dramatischen Kehrtwende im Bundestag am 30. Juni 1960 jedenfalls – überhaupt nichts von außenpolitischer Gemeinsamkeit, er will eigene Wege gehen und steuert auf direkte deutsch-deutsche Kontakte zu. Als er Ende Februar 1958 den Gedanken einer Konföderation der beiden deutschen Staaten in die Debatte wirft[24], weist Brandt diese Vorstellungen energisch zurück, zumal sie denen Walter Ulbrichts ziemlich nahekommen. Jeder Anerkennung der DDR erteilt der Regierende Bürgermeister eine Absage: Ulbricht sei der bestgehaßte Mann Deutschlands, und Ostberlin habe lediglich das Gewicht, das Moskau ihm zukommen lasse. Müsse deshalb, wer mit Ostberlin verhandeln wolle, nicht besser gleich mit Moskau sprechen? So fragt er bei seinem England-Besuch im März 1958 im Londoner Chatham-House[25] und betont, daß er die Vier-Mächte-Verantwortung für Deutschland als Ganzes nicht aufgegeben wissen will. Gespräche von west- und ostdeutschen Experten sind für ihn nur »unter dem Dach von Viermächtevereinbarungen« vorstellbar.

Als Gustav Heinemann, von Herbert Wehner nach Kräften unterstützt, ein Bundesamt für gesamtdeutsche Regelungen fordert, das Verhandlungen zwischen einem bundesdeutschen »Direktorium« und einer Pankower Gegenstelle über technische Fragen vorsieht, scheint Brandt diese Ebene einer Anerkennung Pankows gefährlich nahezukommen. Er setzt durch, daß die Direktoriumslösung gekippt wird und es bei technischen Kontakten von Verwaltungsbeamten und Experten im Auftrag der Vier Mächte bleibt.[26]

Die Auseinandersetzung Brandt-Wehner spitzt sich zu, als dieser seinen Deutschlandplan veröffentlicht, der einen paritätisch zusammengesetzten Gesamtdeutschen Rat vorsah, aus dem eine Verfassunggebende Versammlung hervorgehen sollte. Nicht nur bei der großen Mehrheit der Berliner SPD, selbst bei Teilen der Bundes-SPD stößt dieser Vorschlag auf Ablehnung, und intern kritisiert Brandt vor allem jene Passagen, in denen Ostberlin als gleichberechtigter Partner anerkannt werden soll. Doch zieht er eine indirekte Form der Opposition der öffentlichen Konfrontation mit der Bonner Parteiführung vor: Wenn Wehners Plan diskutiert werden soll, erscheint er einfach nicht auf Vorstandssitzungen der Gesamtpartei, denn er glaubt, das ganze werde sich von selbst erledigen und lohne deshalb die offene Auseinandersetzung nicht.[27] Damit soll er recht behalten – es dauert nur wenige Monate, und der Plan verschwindet nahezu lautlos in der Versenkung.

Wie Brandt wirklich über ihn denkt, liest man in einem Brief an den stellvertretenden Parteivorsitzenden Waldemar von Knoeringen, den er als Mitstreiter für die Reform der Partei betrachtet: »Der zweite Teil des Deutschlandplans«, schreibt er am 27. August 1959, »führt uns in die Irre, solange ein nicht unwesentlicher Teil unserer Freunde meint, man könnte Ulbricht durch geschicktes Manövrieren oder durch Gutzureden zur Selbstliquidation veranlassen. Den Gefallen wird er uns nicht tun. Er oder seinesgleichen werden dranbleiben, bis die Sowjetunion aus Gründen, die heute leider weniger zu erkennen sind als vor einigen Jahren, einmal grünes Licht für die Wiedervereinigung gibt.«[28]

Wie trügerisch der Friede um Berlin, wie illusorisch alle Hauptstadt- und Wiedervereinigungspläne sind, wird spätestens erkennbar, als Walter Ulbricht am 27. Oktober in einer Rede im Friedrichstadt-Palast West-Berlin als Brückenkopf der NATO bezeichnet. Er bestreitet den Westmächten jede Rechtsgrundlage für ihre Anwesenheit und behauptet, ganz Berlin liege auf dem Territorium der DDR. Hat die »sächsische Lenin-Imitation«, als den ein kriegerisch gestimmter Brandt Ulbricht vor sechstausend Arbeitern und Angestellten der AEG der Brunnenstraße ihn daraufhin verspottet, rechtzeitig einen Wink erhalten, daß Moskau die große Offensive beginnt?[29]

Chruschtschow sitzt seit dem Frühjahr nicht nur als Partei-, sondern auch als Regierungschef fest im Sattel, und er glaubt sich seit dem Start des Sputnik im Oktober 1957 in der Raketentechnik überlegen. Plötzlich ist das ferne, mächtige Amerika nicht mehr unverwundbar, das atomare Patt zwischen den großen Mächten deutet sich an, und der Osten wähnt sich im unaufhaltsamen Vormarsch: Ulbricht hat auf dem V. Parteitag der SED im Sommer 1958 den »Großen Plan des sozialistischen Sieges« verkündet und will Westdeutschland bis 1961 im Pro-Kopf-Verbrauch bei den wichtigsten Lebensmitteln und Konsumgütern einholen, ja übertreffen.[30] Und sein Freund und Genosse Nikita in Moskau, den die eigene Partei 1964 als Abenteurer auf seine Datsche verbannen wird, prahlt öffentlich damit, er werde den Kapitalismus zu Grabe tragen. Wann, wenn nicht jetzt ist die Stunde, das im Krieg gewonnene Terrain zu sichern und jene Lücke zu schließen, welche die Konsolidierung des deutschen Satellitenstaats an der Frontlinie zum kapitalistischen Gegner gefährdet? Denn der Flüchtlingsstrom aus der DDR, der sich über die Schleuse Berlin nach Westdeutschland ergießt, wächst unaufhaltsam an – vor allem Ärzte, Apotheker und Intelligenzler verlassen die Zone, aber auch Handwerker, seit die SED die Umwandlung der kleinen Handwerksbetriebe in Produktionsgenossenschaften forciert.

Als mitten im ersten Wahlkampf des Regierenden Bürgermeisters, ja auf seinem Höhepunkt, am 27. November 1958, die Bombe des ersten Chruschtschow-Ultimatums platzt, sucht Willy Brandt umgehend den Schulterschluß mit der Bundesregierung und den westlichen Alliierten. Plötzlich kennt er keine Parteien mehr und nur noch West-Berliner: Alle innen- und parteipolitischen Streitfragen werden aus dem Wahlkampf ausgeklammert. Nahezu automatisch rückt Brandt in die Rolle eines Sprechers für ganz Berlin, wird zum Symbol seines Abwehrwillens und Freiheitskampfes, den es seit der Blockade nun zum zweiten Mal führen muß. Die »freie, entmilitarisierte Stadt«, wie sie Chruschtschow will und die es zu verhindern gilt, wäre dies nicht eine »vogelfreie« Stadt, wie Brandt sie polemisch nennt? Ein West-Berlin, von westlichen Truppen geräumt, jedoch weiter von sowjetischen Divisionen umgeben und hilflos Drohungen und Erpressungen aus dem Osten ausgeliefert? Würde die rechtliche, die finanzielle und die wirtschaftliche Zugehörigkeit Berlins zur Bundesrepublik Deutschland nicht zerschnitten und durch einseitige Abhängigkeit vom Ostblock ersetzt? Das alles ist für uns untragbar, heißt es lapidar in seiner ersten Stellungnahme.[31]

Schon im Wahlkampf nimmt die Springer-Presse in Berlin Kurs auf eine große Koalition, wenn auch arbeitsteilig zwischen Bonn und Berlin: Willy Brandt sei ein ausgezeichneter Bürgermeister und Adenauer ein vorzüglicher Bundeskanzler, heißt es in einem Leitartikel am Wahltag – »das eine ist so wichtig wie das andere«.[32] Läßt sich dies anders lesen denn als Empfehlung, den Spitzenkandidaten der SPD zu wählen? Sein Wahlsieg jedenfalls fällt überwältigend aus und ist ohne Zweifel als großer persönlicher Erfolg zu werten, nicht als einer der Partei. Schon wegen der außenpolitischen Differenzen hatte er ja davon abgesehen, Vertreter der Bonner Parteiführung zum Wahlkampf an die Spree zu bitten. Das Gesamtergebnis kommt nicht nur einem Plebiszit über Moskaus Freistadtpläne gleich, es setzt auch ein Signal für außenpolitische Gemeinsamkeit in Zeiten der Bedrohung – eines Zusammenstehens, das Brandt anstrebt und seine Partei in Bonn nicht (oder: noch nicht) wünscht. Außer der SPD, die mit 52,6 Prozent und 78 Mandaten die absolute Mehrheit erringt, ist im Abgeordnetenhaus künftig nur noch die CDU mit 55 Sitzen vertreten. Um die Abwehrfront in West-Berlin zusammenzuschweißen, freilich auch mit Blick auf Bonn, wo die CDU regiert, setzt Brandt die Koalition fort, obschon er doch unerhört bequem allein hätte regieren können.

Binnen Tagen sieht sich der unbestrittene Sieger dieser Wahlen durch Chruschtschow auf die Bühne der Weltpolitik katapultiert. Die Außenminister der Westmächte, die in Paris über die Herausforderung aus Moskau beraten, bitten ihn zum 14. Dezember in den Quai d'Orsay. Auf dem Weg nach Paris hat er in Rhöndorf Station gemacht, um sich mit Adenauer abzustimmen. Eine Viertelstunde hält er, in fließendem Englisch, vor den Außenministern dann Vortrag über die Haltung der Bürger von Berlin: Der Westen könne sich selbst dann auf sie verlassen, wenn eine Periode neuer Schwierigkeiten und Bedrängnisse beginnen sollte. Eine Volksabstimmung über die Zukunft Berlins ist nach seiner Meinung nur vertretbar, wenn sie in der ganzen Stadt, also auch im Ostsektor stattfindet. Für Verhandlungen unter dem Druck eines Ultimatums jedoch würden weder er noch die Berliner Bevölkerung Verständnis haben.

Nach Brandts Auftritt schüttelt John Foster Dulles ihm die Hand und versichert: »We wouldn't let you down« – wir werden Sie nicht im Stich lassen. Deutschland, kommentiert eine Pariser Zeitung hellsichtig, sei jetzt nicht mehr allein Bonn und Bundeskanzler

Adenauer, »sondern auch Berlin und Willy Brandt«.[33] Noch nie, weiß der Korrespondent des *Tagesspiegel* in Paris zu berichten, habe sich die französische Massenpresse »mit solchem Schwung auf einen deutschen Politiker geworfen« – Willy Brandt sei der Star der ersten Konferenztage von Paris gewesen.[34]

Daß der Westen nicht mehr Besatzungsmacht sei, die gegen die Interessen der Bevölkerung wirke, sondern Schutzmacht, ist die Hauptthese seines nächsten Auftritts, den der werdende Staatsmann auf der internationalen Bühne hat. Am 19. Januar 1959 spricht er vor der Beratenden Versammlung des Europarats in Straßburg und wendet sich gegen jede einseitige Änderung des Status von Berlin. Die Stadt könne nicht allein existieren, erklärt er den Delegierten, sie müsse an ein größeres Währungs-, Wirtschafts- und Rechtssystem – eben an das der Bundesrepublik – angelehnt sein, oder sie werde »auf niedriger Flamme gargekocht«.[35]

Wenige Wochen später startet er mit Rut zu jener großen, von der Bundesregierung finanzierten Reise, die nach Amerika und Asien führt. Brandt soll bestehende Freundschaften bekräftigen, zusätzliche moralische Unterstützung für Berlin mobilisieren und vor Scheinlösungen warnen. Rut führt sieben Kleider Berliner Modeschöpfer mit – eines für jede Gelegenheit, und kauft eines in den USA dazu. Die Weltumrundung beginnt mit einem Zwischenaufenthalt in Kanada und einem Besuch bei dem dortigen Premier John Diefenbaker, dann geht es weiter nach Washington und New York, von dort über Springfield, Illinois, dem Geburtsort von Abraham Lincoln, wo Willy Brandt die Rede zu dessen 150. Geburtstag hält, nach San Francisco und Los Angeles. Conrad Hilton, dessen Familie aus Norwegen stammt, lädt im Beverly Hilton zum üppigen Dinner mit riesigen Hummern, köstlichen Steaks und erstklassigen Weinen, aber die Blumendekorationen und die Seidenbänder auf der Spitzentischdecke sind von gestern – nämlich schwarzweiß-rot statt schwarz-rot-gold.

Das Programm ist vollgepackt und läßt keine Zeit zum Verschnaufen: Atemlos jagen sie »von einem Ort zum anderen, von Mittagessen zu Cocktailparties, von Abendessen zu Nightcaps«, erinnert sich Rut Brandt – »man holte mich vom Friseur ab, bevor das Haar trocken war, und wir sausten zum Empfang bei Bürgermeister Bob Wagner im Waldorf Astoria, wohin auch der Herzog und die Herzogin von Windsor kamen. Ich erhielt Tabletten, um nachts schlafen zu können, und ich erhielt Tabletten, um am Tage wach zu bleiben. Weder das eine noch das andere glückte richtig.«[36] Presseberichte sprechen von einem »Triumphzug von Küste zu Küste« und lassen keinen Zweifel, daß auch die First Lady Berlins die Herzen der Amerikaner gewann – von der blauäugigen Blondine sei jedermann begeistert, schreibt die *Washington Post*, in ihrem rosa Spitzenkleid habe sie neben der Herzogin von Windsor, bekanntlich einer der bestangezogenen Frauen der Welt, durchaus bestehen können.

Höhepunkte in New York sind ein Treffen mit UN-Generalsekretär Dag Hammarskjöld und die berühmte Konfettiparade, die vom Süden Manhattans bis zum Waldorf Astoria führt. Zwar regnet es in Strömen, aber die New Yorker rufen begeistert: »Willy, Willy!« und: »Bleib weiter fest!«[37] Mit Hammarskjöld bespricht Brandt die Möglichkeiten eines UN-Engagements in Berlin, das nach seiner Auffassung die Garantien der drei Mächte nie ersetzen, sondern nur ergänzen und durch internationale Garantien – etwa für einen Korridor nach Westdeutschland – verstärken könnte. In Washington wird Brandt ein zweites Mal von Eisenhower empfangen, der als Präsident nun mit einer wichtigen Fehlentscheidung leben muß, die er als Oberbefehlshaber im Kriege traf: Weil er im Frühjahr 1945 die Symbolik des Ortes nicht erkannt und in Berlin nur einen beliebigen Punkt auf seiner Generalstabskarte gesehen hatte, überließ er den Sowjets den Triumph des Einmarschs in die deutsche Hauptstadt. Von Brandt darauf angesprochen, gibt der gerade von einem Schlaganfall genesene Präsident freimütig zu: »Die Tragweite des Befehls, nicht bis Berlin vorzurücken, sei ihm verborgen geblieben.«[38] Der Regierende Bürgermeister sieht Kongreßabgeordnete und Senatoren, darunter den einflußreichen Demokraten Mike Mansfield, der die Verantwortung der Westmächte für Berlin durch diejenige der Vereinten Nationen abgelöst wissen will. Und er spricht – ein letztes Mal – mit dem bereits todkranken John Foster Dulles. Das auf eine halbe Stunde begrenzte Gespräch bringt wenig Neues. Alles in allem aber spürt Brandt aus all seinen Unterhaltungen in Washington schon damals heraus, was den Regierenden Bürgermeister in den kommenden Monaten zunehmend beunruhigen wird: daß die Amerikaner die Bedeutung des *free access* – des freien Verkehrs von und nach Berlin – nicht richtig einzuschätzen wissen. Sie verstehen darunter in erster Linie die Verbindungen zwischen ihrer Garnison in Berlin und Westdeutschland und meinen, über den zivilen Verkehr, der über die Lebensfähigkeit West-Berlins entscheidet, sollten sich die Deutschen untereinander den Kopf zerbrechen.[39]

Ist ihm schon im Frühjahr klar geworden, daß es zwischen Washington und Moskau eine stille Übereinkunft gibt, die Einflußsphären des jeweils anderen zu respektieren, mithin den Status quo festzuschreiben? Brandt meint, selbst ein John Foster Dulles, der ja als kältester der Kalten Krieger galt und statt der Anerkennung des Status quo ursprünglich das *roll back* des Kommunismus forderte, habe in seinen letzten Wochen »eine relativ ›weiche‹ Linie der taktischen Anpassung« bezogen.[40]

In Kalifornien trennen sich die Wege von Rut und Willy – sie fährt mit der Frau eines amerikanischen Verbindungsoffiziers, die sie aus Berlin kennt, noch durch das Land, um es besser kennenzulernen, tritt dann aber, weil sie die Kinder nicht zu lange allein lassen will, den Heimflug an – Indianer- und Cowboyausrüstungen samt Friedenspfeifen für Peter und Lars im Gepäck. Er reist über Fernost nach Südostasien weiter und erholt sich von den Strapazen der Amerikatour erst einmal auf Hawaii, wo die Frau des Bürgermeisters von Honolulu den mit Konfetti hochgeehrten und folglich bedeutenden Willy aus Germany auf dem Flugplatz mit einem dicken Kuß empfängt. Protokollarischer Höhepunkt des Asienteils seiner Reise ist zweifellos die Audienz bei Kaiser Hirohito in Tokio, politisch wichtiger und ergiebiger aber sind die Gespräche in Colombo und Rangun, Karatschi und vor allem Neu Delhi.

Es ist ja kein Zufall, daß ihn seine *public relations*-Tour gerade durch Asien führt. Der Wettlauf zwischen Ost und West um die Gunst der Dritten Welt ist damals voll entbrannt und der Einfluß der *Nonaligned*, der bündnisfreien Staaten innerhalb der Vereinten Nationen, schwerlich zu überschätzen. Einer ihrer wichtigsten Sprecher neben Tito in Jugoslawien und Nasser von Ägypten ist zweifellos Jawaharlal Nehru, welcher den Ruf einer moralischen Autorität in der Politik genießt, was seiner Stimme besonderes Gewicht verleiht. Moskau und die DDR verfügen in diesen Ländern über rührige Lobbys, und immer wieder erfährt Brandt aus eigener Anschauung, wie sehr hohe Beamte dort mit dem Gedanken liebäugeln, neben der Bundesrepublik nun auch die DDR anzuerkennen. Nehru beeindruckt Brandt mit seiner »Mischung aus mystisch anmutender hinduistischer Tradition und britisch intellektueller Orientierung«. Doch bleibt ihm schleierhaft, wie er die eigene Oberklasse in ihre Schranken verweisen, die »größte Demokratie der Welt« aufbauen, vor allem aber die Rückständigkeit seines Landes überwinden will, von der er sich selbst hat überzeugen können: Die »Bilder des grenzenlosen Elends in den Straßen von Kalkutta«, notiert er noch 1976, hätten ihn nie verlassen.[41]

Nehru gibt ihm ein Essen in kleinem Kreise, an dem seine Tochter Indira Ghandi teilnimmt, damals Vorsitzende der Kongreßpartei. Und Brandt trägt auch ihm jene These vor, mit der er bisher für die Freiheit Berlins auf seiner Asienreise geworben hat: daß die Unterwerfung Ostdeutschlands unter sowjetische Herrschaft eine neue Form des Kolonialismus sei, die gerade postkoloniale Staaten und Nationen durch Beifall für Chruschtschows Berlin-Offensive nicht unterstützen dürften. Einiges spricht dafür, daß er mit seinen Argumenten überzeugen konnte, denn Tito läßt ihm nach der Heimkehr ausrichten, seine Reise nach Indien sei erfolgreich gewesen: »Den Russen habe sie nicht gefallen.«[42]

Der Kontakt zu Nehru bleibt gut. Als dieser im Frühjahr 1960 zu einer Commonwealth-Konferenz nach London kommt, lädt er Brandt zu einem Essen ins Haus seiner Schwester, Mrs. Pandit, ein, die damals Indien am Hof von St. James vertritt. Über zwei Stunden sitzen die beiden zusammen, das Gespräch wird als privat gewertet, und Nehru hört vor allem zu, wie er anschließend der Londoner Auslandspresse berichtet. Brandt erläuterte ihm die Lage Berlins und betrachtet den Kontakt zu Nehru als »moralische Unterstützung seiner Berliner Aufgabe«.[43]

Es fehlt nicht an weiteren Auftritten auf der weltpolitischen Bühne, die ihm vermehrte internationale Aufmerksamkeit verschaffen. Einerseits heizt Chruschtschow die Berlin-Krise weiter an, andererseits zeigen sich Briten und Amerikaner in einer Weise kompromißbereit, daß ein besorgter Regierender einen *Status quo minus* für seine Stadt heraufdämmern sieht und bei den westlichen Außenministern in Genf zweimal die Notbremse zieht. Da tauchen auf dem Tisch der Genfer Konferenz plötzlich Pläne auf, die entweder die Bindung Berlins an den Bund oder die Freiheit des Berlin-Verkehrs gefährden, einige gehen sogar an das Mark der westlichen Berlin-Garantien, indem sie den Sowjets ein Mitspracherecht bei der Zahl der in West-Berlin stationierten westlichen Truppen und der Art ihrer Bewaffnung zugestehen wollen. In einigen Berichten ist von einer Verringerung auf eine symbolische Zahl von insgesamt höchstens drei- bis viertausend Mann die Rede.[44]

Schon John Foster Dulles hatte mit dem Gedanken gespielt, Sowjetzonen-Beamte als Kontrolleure im Berliner Korridor zu akzeptieren. Wollte er, als er seine »Agententheorie« vorbrachte, damit Chruschtschows Drohung mit einem separaten Friedensvertrag unterlaufen, mit dem alle sowjetischen Berlin-Zuständigkeiten an die DDR übergehen würden? Damals hatte Brandt seine Bedenken öffentlich gemacht: Ulbricht erhielte damit nur einen Hebel, um den Berlin-Verkehr nach Belieben zu stören. Jetzt scheint Harold Macmillan – nach einem überlangen Staatsbesuch in der Sowjetunion – gewillt, Chruschtschow in der DDR-Anerkennungsfrage entgegenzukommen. Keine der Westmächte ist bereit, einen Krieg wegen der Frage zu riskieren, welcher Beamte welchen Stempel in westliche Pässe setzt. Schon gar nicht Eisenhower, der als Militär natürlich weiß, daß die Situation der vorgeschobenen Bastion des Westens im Kriegsfall unhaltbar ist und die Lage in und um Berlin offen als »anomal« bezeichnet: Sie sei durch Beendigung der militärischen Feindseligkeiten entstanden, habe eine ganze Anzahl von freien Menschen in eine sehr unangenehme Situation gebracht – nun müsse man ein »System finden, das wirklich für alle Menschen in jenem Gebiet annehmbar ist, darunter auch für die am meisten Betroffenen – die West-Berliner«.[45]

Generäle wissen, was Krieg bedeutet, und suchen oft intensiver als mancher Politiker nach Möglichkeiten, ihn zu vermeiden. Kenner der amerikanischen Verhandlungsposition unterstellen Eisenhower die Bereitschaft, Amerikas originäre Siegerrechte auf Anwesenheit in Berlin zur Disposition zu stellen und einen neuen Vertrag mit den Sowjets auszuhandeln – ein Interimsabkommen auf eine begrenzte Zahl von Jahren. Dazu denkt der Präsident offenbar an eine internationale Kontrollkommission für den Berlin-Verkehr, an der die Vereinten Nationen, die vier Alliierten und Vertreter beider deutscher Staaten beteiligt sein sollen. Als lockender Preis für soviel Entgegenkommen wird den Sowjets die Verringerung der alliierten Garnisonen in West-Berlin und die Einstellung der antiöstlichen Propaganda in Aussicht gestellt, was wiederum eine UN-Kommission überwachen könnte.

Das alles sind Alarmsignale, und als Brandt am 13. Juni 1959 von Christian Herter zu den westlichen Außenministern nach Genf geladen wird, macht er keinen Hehl daraus, was er von den im Westen angedachten Konzessionen hält: »Ein Leutnant und sechs Mann«, erklärt er auf einer internationalen Pressekonferenz, genügten nicht einmal, »die amerikanische Flagge zu schützen« – sie könnten einfach verhaftet werden. Wenn er anschließend erklärt, die Westmächte dürften sich nicht der Kontrolle einer Gruppe sowjetzonaler Funktionäre unterstellen, weil dies ihre Anwesenheit in Berlin gefährde, macht er erneut gegen die Agententheorie Front. Als Bürgermeister wagt er sich damit weit vor auf dem Felde der internationalen Diplomatie, aber seine Äußerungen sind wohl – unter der Hand – mit amerikanischen Beamten in Berlin abgesprochen, welche die Politik ihrer Administration in Washington mit wachsendem Unbehagen verfolgen.

Das dreieinhalbstündige Gespräch mit den Ministern im Hotel Richemond dient seiner Information, gibt ihm aber auch die Gelegenheit, seine Sorgen und Bedenken vorzutragen. Gefahren lauern für ihn vor allem in der amerikanischen Überlegung, im Rahmen eines Stufenplans zur Wiedervereinigung vor gesamtdeutschen Wahlen erst einmal Berlin zu vereinigen. Zwar wäre dies nur als eine Zwischenstufe gedacht – aber würde damit nicht doch ein drittes Staatswesen auf deutschem Boden etabliert? Und müßte es sich nicht verfestigen, wenn der Stufenplan zur Wiedervereinigung plötzlich ins Stocken gerät? Wie stünde es um die rechtliche, wirtschaftliche und währungspolitische Verbindung zwischen diesem vereinigten Berlin und dem Bund – ließe die sich wirklich auf das ganze vereinte Berlin übertragen? Da seine Stadt ohne die Bundesrepublik schlicht nicht lebensfähig ist, sind solche Denkspiele für ihn überhaupt nur akzeptabel, wenn ganz Berlin für jene festen Bindungen an Bonn optieren könnte, über die jetzt nur West-Berlin verfügt. In Berlin sind Statusfragen weder Petitessen noch juristischer Formelkram, Worte, die er später in anderem Zusammenhang gern benutzen wird.

Für den Fall, daß es zu einem Abkommen nur über West-Berlin kommen sollte, sieht er darin ebenfalls Gefahren lauern. Würde der Ostsektor aus der Verantwortung der vier damit nicht ausgeklammert, erhielten die Sowjets auf dem Umweg über einen Vier-Mächte-Status für die drei Westsektoren nicht ein Mitspracherecht in West-Berliner Angelegenheiten? Die West-Berliner, erklärt Brandt dem amerikanischen Außenminister, seien eher bereit, ein kritisches Zwischenstadium in Kauf zu nehmen als mit Konzessionen leben zu müssen, die als Anfang vom Ende aufgefaßt werden könnten – »und von der anderen Seite sicherlich so dargestellt würden«.[46]

Die Konferenz befindet sich bereits in ihrer Schlußphase, und Brandt macht mit seiner Familie in Fischbachau in Oberbayern Urlaub, da fliegt er erneut nach Genf. Diesmal bittet Heinrich von Brentano um seine Assistenz – wohl um das Schlimmste zu verhindern. So jedenfalls schreibt es die West-Berliner Presse, die gewöhnlich über jedes Flüstern in den Korridoren des Schöneberger Rathauses Bescheid weiß: Man glaube, daß »die Anwesenheit des berufenen Vertreters der West-Berliner Bevölkerung die Delegierten der drei Westmächte daran hindern soll, vielleicht doch noch in einer Torschlußpanik irgendwelche Zugeständnisse zu machen, die mit der Freiheit und Sicherheit der West-Berliner Bevölkerung unvereinbar sind«.[47]

Die Spatzen in Genf, Bonn und Berlin pfeifen von den Dächern, worum es geht: um die Begriffe »feindliche Propaganda« oder »Wühlarbeit«, deren Einstellung die Sowjets im Rahmen eines Interimsabkommens verlangen, aber auch um die Frage, was unter »freiem Zugang« im einzelnen zu verstehen ist. Östliche und westliche Experten haben sich auf eine gemeinsame Definition nicht einigen können, zumal die Sowjets immer fordernder wurden und Westpropaganda zum Schluß in ihren Arbeitspapieren schlicht als »feindliche Tätigkeit« bezeichneten. Brandt wiederum lehnt jede Gleichsetzung von östlicher und westlicher Propaganda ab, und was er von dem Verlangen hält, »feindliche Propaganda« von West-Berliner Boden aus einzustellen, hat er schon vorher klargemacht: »Was soll es heißen, bei uns werde Hetze gegen den Osten betrieben? Es läge viel näher, sich mit der Hetze auseinanderzusetzen, die der Provokateur Ulbricht und seine Trabanten im Zusammenhang mit der Genfer Konferenz betreiben!«[48]

Am 30. Juli trägt der Regierende Bürgermeister den westlichen Außenministern all diese Bedenken vor, anderntags gibt Brentano ein Essen für ihn und die drei Kollegen aus Washington, London und Paris, und danach herrscht wieder – so jedenfalls Brandt vor der Presse – volle Einigkeit zwischen den Schutzmächten und ihren Deutschen in Bonn wie Berlin.[49] Er jedenfalls habe, so Bonns Botschafter Wilhelm Grewe, ein Verfechter der klassischen Adenauer-Positionen, in Genf einen Brandt kennengelernt, »den man eher zu den ›Falken‹ als zu den ›Tauben‹ zu zählen hatte«.[50]

Ohne Einigung gehen Ost und West in Genf auseinander, und weil jede Veränderung des Berliner Status ihre Tücken hat, ist nur allzu leicht nachvollziehbar, warum sich Brandt nach dem Scheitern der Genfer Konferenz in einem Gespräch mit Adenauer erleichtert zeigt: kein Resultat mache sich für Berlin allemal besser, als wenn man ein schlechtes Ergebnis hätte in Kauf nehmen müssen.

Fast wörtlich wiederholt er diese Einschätzung nach dem Pariser Gipfel, der nach dem Eklat um das abgeschossene amerikanische Spionageflugzeug des Typs U2 von Chruschtschow abgebrochen wird: Keine Lösung, so Brandt, »halte er für besser als eine schlechte Lösung«.[51] Und als er im Frühjahr 1961 nach Amerika fliegt und auch Kennedy trifft, macht er diese Position in einem Vortrag vor der Columbia University in New York noch einmal deutlich: Es sei besser, keine neuen Vereinbarungen über Berlin zu treffen, als falsche Entscheidungen zu fällen – wenn man in Berlin Verbesserungen vornehmen wolle, »dann möge man in Ostberlin beginnen«.[52] Da trennt ihn wenig von Adenauer, der nach dem geplatzten Pariser Gipfel seinem japanischen Besucher Shigeru Yoshida sagt: »Man habe großes Glück gehabt, daß Chruschtschow diesen Unsinn gemacht habe, da die drei Westmächte und die Bundesrepublik nicht einig gewesen seien« – nun werde man wenigstens eine Reihe von Monaten Ruhe haben.[53]

Nun kann Zeitgewinn in der Politik viel bedeuten, Ersatz für eine fehlende politische Strategie ist er nicht. Hierin vor allem unterscheiden sich die politischen Ansätze Adenauers und Brandts in der Berlin-Krise, auch wenn beide stets darum bemüht sind, nach außen einig zu erscheinen, schon weil dies mit Blick auf die Sowjets, aber auch auf die nachgiebig wankenden Alliierten geraten scheint. Zwar existiert, allen unterschiedlichen Urteilen und Einschätzungen zum Trotz, ein übergeordnetes deutsches Interesse, das beide in eine gemeinsame Abwehrfront zwingt: Adenauer wie Brandt wollen die Freiheit West-Berlins und seine Zugehörigkeit zum Währungs-, Wirtschafts- und Rechtssystem des Bundes verteidigen; beide treten für die Fortexistenz der westlichen Garantien ein und fordern die Beibehaltung des Vier-Mächte-Status, der ja sichtbarer Ausdruck einer Vier-Mächte-Verantwortung für ganz Deutschland ist – einer Zuständigkeit der vier Sieger, in der allein sich der Schlüssel zur deutschen Einheit finden ließe.

Und doch kommt es zu Konflikten zwischen beiden, weil Adenauer in vielem eher starr-defensiv denkt, indes Brandt die Interessen seiner Stadt politisch sehr viel flexibler, ja offensiver verteidigen will. Wäre die Berlin-Krise auf einem Fußballfeld ausgetragen worden, hätte der Kanzler eher die Rolle des Abwehrspielers übernommen, indes Brandt in der Rolle eines Libero glänzte, der sehr wohl verteidigen konnte, aber als beste Abwehr häufig den Angriff wählte. So lehnt die Bundesregierung den amerikanischen Vorschlag ab, einen gemischten deutschen Ausschuß für technische Verhandlungen zur Normalisierung des Verkehrs zwischen Berlin und der Bundesrepublik zu schaffen, weil sie darin eine Anerkennung Ostberlins erblickt, Brandt sieht eher die Chancen einer solchen Möglichkeit. Käme dies nicht seiner Lieblingsvorstellung von Verhandlungen deutscher Sachverständiger unter dem Vier-Mächte-Dach nahe?

Einmal prescht er selbst mit der Idee von einem unabhängigen »inter-administrativen Ausschuß« vor. Hinter dem bürokratischen Wortungetüm, das politisch so schön neutral klingt, verbirgt sich ein paritätisch zusammengesetztes gesamtdeutsches Gremium – gelegentlich spricht er von einer Kommission – das sich im Auftrag der vier Mächte der »Gesamtheit der zwischen den beiden deutschen Gebietsteilen entstehenden Fragen anzunehmen hätte«. Es geht ihm also nicht nur um den Berlin-Verkehr, sondern sein »inter-administrativer Ausschuß« soll zuständig sein für Fragen des Zahlungsverkehrs, des kulturellen und wissenschaftlichen Austauschs und des Handels zwischen den beiden deutschen »Gebietsteilen«, wie er, der Zeit, ihrem damaligen Denken angemessen und in ihm befangen, die beiden deutschen Staaten betont vorsichtig umschreibt.

Sein Vorschlag erfolgt nach seinem ersten Besuch in Genf und hat deutlich zwei Stoßrichtungen: Einmal will er damit eine isolierte Berlin-Lösung verhindern, die mehr und mehr die Genfer Gespräche zu beherrschen droht – eine Tendenz, gegen die Adenauer offenbar nichts einzuwenden hat. Zweitens meint er, wer ein weiteres Auseinandergleiten der beiden Teile Deutschlands verhindern wolle, müsse erwägen, »ob nicht doch Kontakte zwischen ihnen möglich seien, und zwar als Auftragsangelegenheit der vier Mächte«.[54] Auch amerikanischen Vorstellungen, eine Interimslösung entweder für ganz Berlin oder auch nur für West-Berlin anzustreben, setzt er nicht nur Widerstand entgegen, sondern versucht, durch eigene Vorschläge Einfluß auf die Entscheidungen der Westmächte zu nehmen und ihnen so »die Giftzähne zu brechen«, wie er einmal sagt. Für Adenauer dagegen sind solche Gedankenspiele ein Alptraum, wie Hanns Jürgen Küsters' Studie über Brandt und Adenauer in der Berlin-Krise zu entnehmen ist: Nach Meinung des Kanzlers gefährden sie »die Präsenz der Westmächte in Berlin und können zudem das Fundament seiner Isolierungsstrategie gegenüber der DDR zum Einsturz bringen«.[55]

Ironie der Geschichte: Parallel zu Genf werden im Kanzleramt Überlegungen angestellt, die viel weiter gehen: Kanzleramtschef Globke erwägt die Anerkennung der DDR und die Bildung einer freien Stadt für ganz Berlin, Pressechef von Eckardt schlägt die Neutralisierung der DDR mit ganz Berlin als Hauptstadt vor. Doch die Pläne bleiben in der Schublade, Brandt erfährt erst viel später davon, daß es sie gegeben hat. Adenauer hält an seiner unbeweglichen Position fest, und nach außen sind Kanzler und Regierender um Einigkeit bemüht. Unter der Oberfläche aber gibt es Konflikte, zumal Brandt, wenn er den Westmächten in der Berlin-Frage einen größeren Handlungsspielraum als Adenauer einräumen will, sich von Teilen des Auswärtigen Amts gedeckt sieht. Dort leitet sein Freund und späterer Mitarbeiter Georg Ferdinand Duckwitz die Ostabteilung und gibt ihm manchen wertvollen Insidertip, etwa wenn es zwischen dem Außenminister und dem Bundeskanzler zu Differenzen über Bonner Stellungnahmen kommt. Folgt man Küsters, dann steht Duckwitz für eine Denkrichtung innerhalb des Auswärtigen Amts, die den Freistadtvorschlag, allerdings ausgeweitet auf ganz Berlin, befürwortet, weil sich damit den Sowjets die größten Konzessionen entlocken ließen.

Geschickt nutzt der Regierende seine Plattform in Berlin, um diesen oder jenen »Versuchsballon« steigen zu lassen, wie er seinem Freunde Kreisky einmal sagt, und er fügt hinzu: in »verklausulierter Form«. Scharfsinnigen Beobachtern wie Heinrich Krone fällt schon damals auf, daß der Politiker Brandt gern zu Worten greift, die etliches offen lassen und mehrdeutig sind – er wähle gern eine »schwebende Sprache«, heißt es in Krones Notizen zur Deutschlandpolitik, und Küsters spricht von »allmählichen Positionsverschiebungen Brandts«, mit deren Hilfe er herausfinden will, »welche anderen Berlin-Lösungen für die Alliierten akzeptabel wären«.[56] Vieles an den Brandt-Überlegungen jener Zeit ist aus dem beinahe verzweifelten Versuch zu erklären, um jeden Preis eine Verschlechterung der Lage West-Berlins zu verhindern und gleichzeitig die Funktion der ganzen Stadt als Treffpunkt für Deutsche aus West und Ost zu erhalten. Aber nicht alles ist gründlich durchdacht, etwa wenn Brandt auf dem Höhepunkt des Wahlkampfs die Einberufung einer Konferenz der 52 Kriegsgegner des Deutschen Reiches verlangt, um einen Friedensvertrag für Deutschland auszuhandeln.

Brandt versteht seinen Vorschlag als politische Gegenoffensive zum Griff Chruschtschows nach Berlin, er brächte zweifellos Zeitgewinn und hätte den Vorteil, daß man nicht nur über Berlin, sondern über ganz Deutschland verhandeln würde. Aber käme eine solche Superkonferenz nicht einer babylonischen Sprachverwirrung gefährlich nahe, würde die Hinzuziehung der vielen kleinen Kriegsgegner etwa den Konflikt zwischen den vier Großen Siegermächten beenden können? »Meine Phantasie«, so Konrad Adenauer, »reicht nicht aus, wenn ich so etwas lese, mir vorzustellen, was das geben wird.«[57] Manche politischen Aussagen Brandts erscheinen dem Kanzler ohnehin widersprüchlich – so etwa, wenn der Regierende die volle Einbeziehung Berlins in den Bund verlangt, zugleich aber auf dem Vier-Mächte-Statut und den originären Rechten der Westmächte in Berlin beharrt. Doch sind dies eher Plänkeleien zwischen den beiden, denn am Schulterschluß nach außen halten sie stets fest.

Zu ernsteren Auseinandersetzungen kommt es allerdings um die Frage der Volksabstimmung, welche der Kanzler vor der Pariser Gipfelkonferenz in West-Berlin durchgeführt wissen will, damit er den »etwas weichen« Eisenhower in der West-Berlin-Frage auf mehr Festigkeit und Unnachgiebigkeit einschwören kann. Der Vorschlag will Brandt nicht nur deshalb nicht schmecken, weil er sein Konzept von größerer Beweglichkeit gegenüber den Sowjets durchkreuzen würde. Immerhin ist Berlin eine Vier-Sektoren-Stadt – müßte dann nicht die ganze Bevölkerung über die Beibehaltung des Vier-Mächte-Status abstimmen? Und wäre nicht allein die Fragestellung problematisch, zielte Adenauers Plebiszit im Kern nicht darauf, daß die Besetzten die Okkupanten bitten sollten, ihre Siegerrechte beizubehalten? Aus Brandts Sicht kann es hierum »schon aus Gründen der Kleiderordnung« nicht gehen – das Thema darf nicht allein die Anwesenheit der Westmächte, es muß vor allem die Zugehörigkeit West-Berlins zum Bund sein.[58]

Als die Alliierten energisch abwinken, schon weil sie eine solche »unverbindliche Meinungsäußerung« für wertlos erachten, sieht sich Brandt in seiner ablehnenden Haltung bestätigt. Zwar beschließt der Senat vorsorglich, ein Gesetz für eine Volksabstimmung auszuarbeiten, schon weil man einen »geladenen Revolver auf dem Tisch haben« muß, wie der Regierende erklärt: Immerhin könne es ja einmal Situationen geben, in denen man eine Abstimmung machen müsse, ohne daß die drei Mächte einverstanden seien. An ein Plebiszit vor dem Pariser Gipfel ist nicht mehr zu denken.[59] Doch ruft Brandt zu einer großen Freiheitskundgebung vor dem Reichstag auf, zu der 750 000 Berliner am 1. Mai 1960 zusammenströmen und die als nicht zu überhörende, unmißverständliche Absage an Chruschtschows Pläne für die Freie Stadt gilt.

Immer wieder bricht auch jener große Gegensatz zwischen Adenauer und Berlin auf, der seit den Zeiten Ernst Reuters das Verhältnis von Bundeskanzler und Regierendem Bürgermeister belastet: die Frage der Zugehörigkeit Berlins zum Bund. Um diese Frage geht es unter anderem bei Brandts erstem Besuch in Genf – ob nämlich Berlin, wie vom Bundestagspräsidenten beschlossen, Ort der Bundesversammlung für die Wahl des Bundespräsidenten am 1. Juli 1959 bleiben kann oder man – angesichts der Drohungen aus dem Osten – besser auf einen westdeutschen Tagungsort ausweicht. Die Bundesregierung hat die Verlegung empfohlen, weil sie in der Wahl an der Spree eine unnötige Provokation der Sowjets erblickt und sie die Berlin-Krise von ihrer Seite nicht noch anheizen will. In einem Brief an Eugen Gerstenmaier, der für die Einberufung der Bundesversammlung zuständig ist, versteckt sich Außenminister Brentano allerdings hinter den Westmächten: Zwar räumt er ein, daß diese die Wahl des Präsidenten als rein deutsche Angelegenheit betrachteten, doch versichert er dem Bundestagspräsidenten zugleich, diese ihre Haltung werde von ihnen keinesfalls als »Unbedenklichkeitserklärung« gewertet.[60] Sie teilten vielmehr die Bedenken des Bonner Auswärtigen Amts. Nach dem Urteil des Außenministers läßt sich, wer in der gegenwärtigen Situation die Frage der Bundesversammlung in Berlin hochspielt, nicht von politischer Vernunft, sondern von gefühlsmäßigen Erwägungen leiten.

Nun neigt Brandt auch zu Emotionen in der Politik, was einen großen Teil seiner Anziehungskraft auf die Menschen erklären mag. Aber es ist doch wohl nüchterne Analyse von Berliner Interessen, die ihm nahelegt, sich gegen eine Verlegung nach Westdeutschland zu stemmen. Aus seiner Sicht ist ein Verzicht auf den Tagungsort Berlin das falsche Signal zur falschen Zeit, denn es macht die Sowjets glauben, daß der Westen die Zugehörigkeit West-Berlins zum Bund offen in Frage stellt. Als der amerikanische Außenminister Herter ihm in Genf empört versichert, weder er noch seine westlichen Kollegen seien für eine Verlegung verantwortlich zu machen, geht Brandt an die Öffentlichkeit und erklärt, den von Bonn vorgeschobenen alliierten Widerstand gegen die Bundesversammlung an der Spree gebe es nicht. Ein Alleingang, ein Bruch der Vertraulichkeit gewiß, aber aus Brandts Sicht ein erlaubter Akt von Berliner Notwehr gegenüber Bonn, und er hat Erfolg damit. Von Brandt über die Hintergründe informiert, beruft Eugen Gerstenmaier, der Mann des Widerstands gegen Hitler, die Bundesversammlung nach Berlin und räumt – gegen den Protest von Bundesinnenminister Gerhard Schröder – den Berliner Delegierten das volle Stimmrecht ein, über das sie auch bei der Präsidentenwahl 1954 verfügten. Die Bundesversammlung findet ohne alle Störmanöver der DDR auf den Zugangswegen statt – Brandt und Gerstenmaier, zwei Berlin-Patrioten, haben sich gegen die Bedenken und die Berlin-Abneigung des alten Fuchses am Rhein durchgesetzt – auf Zeit zumindest. Wenn Sowjetunion und DDR die Wahl des Bundespräsidenten an der Spree hinnahmen, obschon sie sie durchaus als Provokation empfanden, dann nur deshalb, weil dem Scheitern von Genf zum Trotz sich die Weltmächte mit

Reisediplomatie weiter um Entspannung bemühten – Nixon fuhr im Juli/August nach Warschau und Moskau, und Chruschtschow besuchte im September die USA.

Aber zahlt sich Härte im Beharren auf Statusfragen, Unnachgiebigkeit im Verteidigen gewachsener Bindungen zwischen Berlin und dem Bund außerhalb der Stadt, für die Willy Brandt sich verantwortlich fühlt, überhaupt aus? Wer will schon, daß Berlin ein zweites Sarajewo wird, Anlaß für einen neuen Weltkrieg? Sterben für Berlin? Bei vielen sozialistischen Linken im Ausland gilt Brandt als Scharfmacher, vor allem die äußerste Linke in der Labour Party greift ihn während seines London-Besuchs im Frühjahr 1959 an und fordert, er solle sich für eine Kompromißlösung einsetzen, statt durch sein Beharren auf dem Status quo die Kriegsgefahr zu erhöhen. Ein entsprechender Brief des Labour-Linksaußen Zilliacus und sieben weiterer Unterhausabgeordneter wird im SED-Organ *Neues Deutschland* veröffentlicht. Daß gerade innerhalb der Labour Party Brandts Position umstritten bleibt, zeigt sich auch Jahre später während seines Besuchs im Frühjahr 1962: Da kommt es zu Tumulten und Störaktionen auf Labourversammlungen in London, Newcastle und Birmingham, auf denen Brandt reden soll. Zwar sind die Störer stets in der Minderheit, aber sie tragen Plakate mit sich, die mit Slogans wie »No war for Brandt or Berlin!« dem Regierenden die Rolle eines Kriegshetzers zuweisen sollen.[61]

Folgt man Wolfgang Schmidt, dann gerät der Regierende Bürgermeister mit seinen harten Positionen auch in der deutschen Partei langsam, aber sicher in die Rolle des Buhmanns.[62] Die Parteiführung setzt, etwa mit dem Deutschlandplan, den Brandt für abwegig und papieren hält, weiter auf Disengagement und Verhandlungen über die Wiedervereinigung, obschon klar erkennbar ist, daß Chruschtschow mit seiner Offensive nicht die Lockerung, sondern die Verfestigung der Fronten in Mitteleuropa will – die Sicherung der territorialen Kriegsbeute und die Anerkennung der deutschen Zweistaatlichkeit. Bewegung will Chruschtschow nur in der Dritten Welt.

Strittig zwischen dem Regierenden von Berlin und seiner Partei in Bonn ist auch das Prozedere. Brandt lehnt Verhandlungen nicht ab, aber meint – wie die Westmächte und Adenauer –, daß vorher das Ultimatum vom Tisch müsse. Die SPD dagegen will sofort und ohne Vorbedingungen verhandeln, um Berlin zu entlasten und einer möglichen Kriegsgefahr vorzubeugen. Als Brandt ein erstes Angebot Chruschtschows zu einem Gespräch in Ostberlin im März 1959 ausschlägt, erntet er deshalb Unverständnis, ja Schelte von den Genossen in Bonn. Carlo Schmid bedauert die Absage, Fritz Erler spricht von einer »Ohrfeige«, die unangenehme Konsequenzen haben könne.[63]

Kritik kommt auch von seinem alten Freund aus der Emigration, Bruno Kreisky in Wien, der inzwischen dort zum Außenminister avanciert ist und das Gespräch eingefädelt hatte. Der Österreicher verfügt über den Vorteil des Neutralen, sowohl Adenauer als auch die Sowjets benutzen ihn gelegentlich, um unverbindlich mögliche Reaktionen auf diplomatische Pläne oder Vorstöße abzutasten, und Kreisky macht keinen Hehl daraus, daß er den gegenwärtigen Status Berlins für anachronistisch hält. Persönlich neigt er einer Freistadtlösung nach dem Danziger Modell mit UN-Beteiligung und garantiertem internationalen Korridor zu. Nach den positiven Erfahrungen, die sein Land mit dem österreichischen Staatsvertrag hat machen können, empfiehlt er Adenauer wie Brandt, das direkte Gespräch mit den Sowjets zu suchen, einmal geht er sogar so weit, Kanzler und Regierendem eine gemeinsame Reise nach Moskau zu empfehlen, um den Sowjets – nach Absprache mit den Amerikanern – »auf den Zahn zu fühlen«.[64] Er hatte einen sowjetischen Diplomaten wissen lassen, daß Brandt nach seiner persönlichen Einschätzung zu einem Gespräch bereit sei, falls Chruschtschow den Wunsch danach verspüre. Die Sowjets werteten dies allerdings fälschlich als ein Ersuchen Brandts um ein Treffen mit Chruschtschow, und so erfuhr Berlins Regierender auf dem Rückweg aus Asien bei einem Zwischenstopp in Wien, daß Chruschtschow gern mit ihm sprechen wolle.

Offenbar hat der neutrale, nach allen Seiten ungebundene Österreicher Kreisky, der seinen Berliner Freund Brandt stets zum direkten Gespräch mit Moskau drängt, in seinem Eifer übersehen, welche engen Grenzen der Handlungsfähigkeit einem Bürgermeister von Berlin nun einmal gesetzt sind. Schon in Schwechat machte Brandt nämlich auf die formellen Voraussetzungen eines solchen Gesprächs aufmerksam: daß eine Einladung an den Regierenden Bürgermeister nach dem komplizierten Protokoll der Vier-Mächte-

Stadt von dem sowjetischen Botschafter in Ostberlin, und zwar in seiner Eigenschaft als Hochkommissar für Berlin und ganz Deutschland, ausgesprochen werden müsse und daß einer Annahme der Offerte zuvor die drei Westalliierten, aber auch Bonn zuzustimmen hätten.

So reich die Geschichte dieses Rendezvous an schimmernden Facetten und unterschiedlichen Interpretationen auch immer sein mag: Als ein Diplomat der sowjetischen Botschaft dem Protokollchef im Rathaus Schöneberg am 9. März übermittelt, die »gewünschte« Besprechung könne am nächsten Tag in der Botschaft der UdSSR Unter den Linden stattfinden, ist schon der erste Mißton in einem Stück erklungen, das schließlich an einer Vielfalt einander widerstrebender Interessen scheitern soll. Hatte Brandt wirklich um ein Gespräch ersucht, fand sich der »Regierende« etwa in der Rolle eines Bittstellers, als den ihn die sowjetische Pressepolitik hinzustellen suchte? In einem Telefongespräch über die verschlüsselte Leitung von Berlin nach Bonn um Rat gefragt, stellt Adenauer dem Regierenden anheim, die sowjetische Offerte anzunehmen, sein Außenminister von Brentano plädiert sehr viel entschiedener für grünes Licht. Doch Freunde Brandts im Berliner Senat, an ihrer Spitze Senator Günter Klein, wittern in Adenauers *plein pouvoirs* eine Falle, und als der amerikanische Gesandte in Berlin, Bernard Gufler, kategorisch und beinahe drohend abrät, wird das Treffen schließlich abgesagt: Wünsche nach einem Zusammentreffen mit Chruschtschow seien vom Senat für Berlin nicht ausgegangen. Hatte Gufler, wie Kreisky in seinen Memoiren erwähnt, sogar damit gedroht, er, Gufler, könne nicht garantieren, daß Brandt den amerikanischen Sektor wieder betreten könne, wenn er einmal in die Botschaft Unter den Linden zu Chruschtschow gefahren sei? Kreisky hat kein Verständnis für die Art, mit der »Brandts Leute« die Absage begründen – er hält sie für schnodderig und verletzend.

Überhaupt liest er dem Freund die Leviten: Die Berliner seien es doch, die immerzu den Vier-Mächte-Status betonten, den er, Kreisky, unhaltbar und anachronistisch finde – wieso könne dann Brandt, der doch die Sache seiner Stadt mit weltweit anerkannter Autorität vertrete, ein Gespräch mit dem mächtigsten Funktionär eines Landes einfach ablehnen, das für diesen Status zuständig sei? Der diplomatisch versierte, gewandte Österreicher fühlt sich zudem persönlich blamiert: Brandts »Refus«, so schreibt er dem Junggenossen der Stockholmer Kleinen Internationale, habe die Angelegenheit zu »einer der peinlichsten seiner öffentlichen Tätigkeit« werden lassen. Natürlich geht die alte Freundschaft wegen der Vorwürfe aus Wien nicht gleich in die Brüche, dafür ist sie viel zu solide, zumal Brandt enge Beziehungen aus Zeiten der Emigration besonders pflegt. Aber in Kreiskys Erinnerungen findet sich ein kritischer Hinweis, daß er sehr wohl auch um die Schwächen Willy Brandts weiß: Offenbar sei sein Freund »abermals das Opfer seiner Bereitwilligkeit« geworden, »auf die Ratschläge vieler zu hören, um am Schluß selber ratlos zu erscheinen«. Wenn man das Abwägen aller Meinungen bis zum Exzeß treibe, so Kreisky, erwecke dies mitunter den Eindruck, daß man zu keiner eigenen Entscheidung fähig sei: »Es kann das als eine durchaus demokratische Tugend angesehen werden, aber sie führt den zur Entscheidung Berufenen gelegentlich in die Irre.«[65] Eine galante österreichische Umschreibung für das, was Mitstreiter wie Helmut Schmidt preußisch-direkt als Führungsschwäche bezeichnen werden? Ob ein Gespräch Brandts mit Chruschtschow damals viel gebracht hätte, steht freilich dahin. Erich Ollenhauer hatte unabhängig von dem geplanten Treffen Chruschtschows mit dem Regierenden zuvor eine Begegnung mit dem mächtigen Kreml-Chef in Ostberlin – »herausgekommen«, meint Brandt in seinen Erinnerungen, »war nichts«. Dennoch hält er es im Rückblick für einen Fehler, dieser Begegnung ausgewichen zu sein.[66]

Doch ist seine Absage, vor allem aber die fruchtlose Begegnung Ollenhauer–Chruschtschow für den persönlichen Aufstieg Brandts keinesfalls negativ zu bewerten. Je mehr nämlich den Bonner SPD-Spitzen bewußt wird, daß ihre deutschlandpolitische Strategie beim sowjetischen Gegenüber ins Leere läuft, desto schwächer wird ihre Kritik an den Brandtschen Positionen in der Außen- und Deutschlandpolitik. Als Carlo Schmid und Fritz Erler ernüchtert von einem Besuch aus Moskau zurückkommen und die Genfer Außenministerkonferenz scheitert, ist endgültig klar, daß sowohl der Deutschlandplan als auch die Disengagement-Strategie der Partei, die Verhandlungen zur Wiedervereinigung ermöglichen sollen, unzeitgemäß geworden sind. Die Großmächte ordnen die Deutschlandfrage der Tendenz zur Entspannung unter, beide Blöcke suchen ein Arrangement auf der Basis des Status quo. Die Demarkationslinie von 1945, schreibt Waldemar Besson in seiner Studie über »Die Außenpolitik der Bundesrepublik«, wird zu einer Grenze, »deren Erhaltung ein Grunderfordernis des Gleichgewichts im internationalen System« darstellt.[67]

Der zu dieser Entwicklung parallel laufende Zusammenbruch der klassischen außenpolitischen Positionen der Sozialdemokratie begünstigt Willy Brandts Griff nach der Führung der Partei, und so gelingt ihm, binnen eines Jahres aus der Rolle des Scharfmachers oder Buhmanns in die des Hoffnungsträgers zu schlüpfen. Schon sein Sieg über die Opposition in Berlin hatte ihn innerhalb der Gesamtpartei zu einer wichtigen Kraft im Sinne einer umfassenden Reform werden lassen.[68] Jetzt nutzt er seine Berliner Plattform, seine außenpolitischen Positionen offensiv zu vertreten und die eigene Kanzlerkandidatur gezielt aufzubauen. Beweist Brandts großer Erfolg vom Dezember 1958 nicht, daß die SPD in Wahlen siegen kann, wenn sie außenpolitische Gemeinsamkeit fordert und von einer populären Figur präsentiert wird, die über charismatische Ausstrahlung verfügt? Dies fragt sich inzwischen selbst ein Herbert Wehner, als die Führungsgremien der SPD im Juli 1959 beraten, wie der Wahlkampf im Jahre 1961 zu führen sei. Ziemlich gnadenlos wird da entschieden, daß Erich Ollenhauer, jener redliche, aber glanzlose Funktionärstyp und Vorsitzende, der 1953 und 1957 zwei vernichtende Wahlergebnisse eingefahren hatte, die Partei nicht ein drittes Mal in die Wahlschlacht führen soll. Wehner schlägt vor, eine Kommission von sieben Genossen, deren Vorsitz allerdings bei Ollenhauer liegt, solle klären, mit welchem Programm, welcher Mannschaft und welchem Spitzenkandidaten die Partei bei den nächsten Bundestagswahlen antreten soll. Der damals aussichtsreichste Anwärter auf die Kandidatur, Carlo Schmid, ist selbst Mitglied dieser Siebenerkommission, auch sein Rivale Willy Brandt, als weiterer potentieller Bewerber muß auch Fritz Erler gelten. Vertreten sind weiter der Wirtschaftsexperte Heinrich Deist, Hessen-Premier Georg August Zinn und Hamburgs Bürgermeister Max Brauer, der sich selbst als Kandidat empfindet.

Ob Brandt schon im Sommer 1959 damit rechnet, daß die Kandidatur auf ihn nahezu automatisch zukommen wird, scheint mehr denn zweifelhaft. Aber als die Partei sich im November 1959 in Bad Godesberg ein neues Grundsatzprogramm gibt, wird er unter der Hand bereits als heißer Tip gehandelt. Nicht, daß er zu den Wegbereitern jenes Unternehmens gezählt hätte, das der alten Tante SPD plötzlich zu einem modernen programmatischen Kleid verhalf – im Gegenteil. Die Hauptarbeit hatten Willi Eichler und Heinrich Deist besorgt, die in mehr als dreihundert Parteiversammlungen für die Durchsetzung ihrer Ideen, oft gegen massiven Widerstand der traditionalistisch orientierten kleinen und mittleren Funktionäre geradezu aufopfernd gekämpft und geworben hatten. Der Vorsitzende der Programmkommission, Eichler, war lange Zeit Sekretär des ISK-Chefs und neukantianischen Philosophen Leonhard Nelson gewesen, er verzichtet auf marxistische Ideologie und rückt Grundwerte und Grundforderungen im Sinne des ethischen Sozialismus in den Mittelpunkt, der Wirtschaftspolitiker Deist ersetzt erstarrte Sozialisierungsvorstellungen durch flexible und ausdeutbare Begriffe wie »öffentliche Kontrolle wirtschaftlicher Macht«, »Mitbestimmung« und »Gemeineigentum«. Um Barrieren abzubauen und religiös gebundene Anhänger zu gewinnen, schreibt Susanne Miller, vermeiden die Autoren jede weltanschauliche oder theoriengeschichtliche Festlegung.[69] Doch wird, bei aller zeitgemäßen Entschlackung von marxistischen Vorstellungen und Begriffen, doch entschieden an den Perspektiven eines demokratischen Sozialismus festgehalten.

Wie andere führende Reformer, etwa Fritz Erler oder Helmut Schmidt, hatte auch Willy Brandt Bedenken gegen ein neues Grundsatzprogramm, weil er in jeder neuen theoretischen Festlegung die Gefahr einer Einschränkung von Spielraum und Handlungsfreiheit der Partei erblickte. Ein Aktionsprogramm, das man von Wahl zu Wahl durch ein aktuelleres, der jeweiligen politischen Lage angemessenes hätte ersetzen können, wäre ihm lieber gewesen. Zu den Vätern von Godesberg, das die große Zäsur in der Nachkriegsgeschichte der SPD markiert, zählt er so wenig wie Carlo Schmid, aber anders als andere führende Genossen nimmt er auch nicht – der Erfolg hat ja bekanntlich viele Väter – nachträglich eine fiktive Mitvaterschaft in Anspruch. Unter seiner Führung hatten die Berliner Sozialdemokraten noch im Mai die Notwendigkeit eines neuen Grundsatzprogramms verworfen, und im September schrieb

Brandt in der Berliner Stimme von Skepsis gegenüber dem Versuch, »haltbare Grundsätze für eine politische Partei in dieser sich wandelnden Welt formulieren zu wollen«. Dabei berief er sich auch ausdrücklich auf Kurt Schumacher, der mit Blick auf die deutsche Teilung alle Versuche, die Grundsätze des demokratischen Sozialismus neu zu fixieren, zurückgestellt wissen wollte. Aber dann, im November, stimmen er und die große Mehrheit seiner Berliner Delegierten auf dem außerordentlichen Parteitag in Bad Godesberg dem vorgelegten Entwurf des Grundsatzprogramms zu, und Brandt begründet auch, warum: Er wertet das Programm als »zeitgemäße Aussage«, die den Sozialdemokraten in ihrer Arbeit helfen und »es unseren Gegnern schwerer machen wird, sich mit einem Zerrbild statt mit der Wirklichkeit der deutschen Sozialdemokratie auseinanderzusetzen«.[70]

Daß die Landesverteidigung bejaht, die Stellung der SPD zur bewaffneten Macht und zum Staat geklärt, das Verhältnis zu den Kirchen entkrampft und dogmatische Vorstellungen aus der Schreckenskammer überlieferter sozialistischer Wirtschaftsvorstellungen fallengelassen werden – das alles kommt seinen Vorstellungen von einer reformierten, sich zeitgemäß artikulierenden Sozialdemokratie entgegen. Zehn Jahre hat der Berliner gegen die Parteiführung im Bund opponiert, jetzt kann er beruhigt feststellen: Der neue Kurs ist weitgehend sein eigener Kurs. So sieht es Abraham Ashkenasi, nennt Godesberg ein »großes Friedensfest zwischen der Berliner SPD und der Parteiführung im Bund« und meint, in der Folge von Godesberg hätten sich viele SPD-Führer veranlaßt gesehen, auch ihre außenpolitischen Vorstellungen denen des Berliner Landesverbandes unter Brandt anzupassen.[71]

Auch die Allianz zwischen Wehner und Brandt, die so entscheidend werden soll für den Aufstieg des Regierenden zum SPD-Spitzenkandidaten, bahnt sich in Godesberg an. Denn anders als von vielen erwartet, stellt sich Wehner, der linke Flügelmann der Partei, der Erneuerung nicht in den Weg, sondern wirbt in einer bewegenden Rede – »glaubt einem Gebrannten!« – für die Annahme. Die an barocke Kantaten erinnernde Einführung, die getragene Fortschrittslyrik des Programms mögen heute penetrant und abseitig wirken, und doch ist Godesberg bis heute, wie Susanne Miller zu Recht bemerkt, *die* internationale Chiffre für die Modernisierung einer alten Partei, für praktischen Erfolg in der Politik durch »ihre Öffnung für bis dahin ferngebliebene kulturelle und soziale Schichten«. Sicher wäre das Programm auch ohne Wehners Plädoyer angenommen worden – aber seine Rede trägt zweifellos dazu bei, daß nur 16 von 394 Delegierten das neue Programm ablehnen.[72]

Hatte es schon vor diesem Programm- und Erneuerungsparteitag Spekulationen gegeben, daß die SPD auf Brandt »als Wahlkanone Nr. 1« zurückgreifen würde, verdichten sich nun die Gerüchte. Zwar nur als Außenminister im Schattenkabinett des Kanzlerkandidaten Carlo Schmid, aber doch als populärster Mann des Wahlkampfteams solle der »Regierende« in den Wahlkampf ziehen, hatte die *Berliner Morgenpost* im Herbst orakelt und sich darüber noch verwundert gezeigt: War die von Brandt seit Beginn der Berlin-Krise vertretene Politik in den Führungsgremien der SPD nicht mehrfach auf scharfe Kritik gestoßen?[73] Wieder einmal erweist sich der Springer-Verlag als treuer Wegbereiter für Brandts Aufstieg, und selbst die Sterne scheinen günstig zu stehen für den Regierenden von Berlin. Um die Jahreswende veröffentlicht der Hausastrologe des Verlegers, Hans Genuit, in der Illustrierten *Kristall* ein Horoskop, das Berlin und seinem Bürgermeister »sehr gute Einflüsse« bescheinigt: »Brandt wird im politischen Leben mehr und mehr eine führende Rolle spielen«, heißt es da.[74] Ist es ein Wunder, wenn der offenbar so vom Glück Begünstigte selbst ein wenig nachhilft? Als Klaus Schütz ihm bei einem ihrer sonntäglichen Spaziergänge rund um den Schlachtensee eröffnet, daß der nächste Kanzlerkandidat der SPD höchstwahrscheinlich Carlo Schmid heiße, bleibt der Regierende unvermittelt stehen, sieht seinen engsten Berliner Mitarbeiter entschlossen an und fragt: »Warum eigentlich nicht Brandt?« So erinnert sich Klaus Schütz, damals bereits Bundessenator und Interessenwahrer Brandts auch in der Bonner SPD-Baracke.[75] Schütz versteht diesen Schlachtenseespaziergang als Signal, Brandts Kandidatur zusammen mit Kurt Neubauer vorzubereiten – und zwar in Bonn, dem Ort, wo deutsche Politik nun einmal gemacht wird und in dem Brandt noch immer als Außenseiter und Paradiesvogel gilt.

Daß dies eine komplizierte Operation werden würde, ist ihm wie Neubauer klar – und doch erhalten sie bald zwei Alliierte, deren

Hilfe schließlich entscheidend wird. Der eine Verbündete heißt Fritz Erler, brilliert im Bonner Bundestag mit Reden und blitzgescheiten Interventionen und gilt als Favorit der sozialdemokratischen Bundestagsfraktion; der zweite ist kein anderer als Herbert Wehner, der nur zu genau weiß, daß er selbst als Kandidat nie eine Chance haben wird und der sich nach langem Widerstreben Mitte 1960 voll zum außenpolitischen Kurs von Willy Brandt bekennt. Erler nimmt sich selbst aus dem Rennen, als im Januar 1960 ein Kreis von Sozialdemokraten im Hause von Annemarie Renger zusammenkommt, um über die Kanzlerschaft nachzudenken. Als die Anwesenden – darunter Helmut Schmidt, Peter Blachstein und Stephan Thomas, der langjährige Leiter des SPD-Ostbüros – ihn zur Kandidatur ermuntern wollen, lehnt er ab: Er käme bei den Wählern nicht an, wirke viel zu unterkühlt und zu intellektuell. Gern würde er Außenminister werden, aber als Kanzlerkandidat käme nur ein Mann in Frage, der bereits Regierungsverantwortung getragen habe – das imponiere den Menschen. Und dann müsse der Bewerber auch einen Stander am Wagen führen, auf solche Insignien der Macht legten die Wähler nun einmal Wert. Erlers Empfehlung: Man nehme Willy Brandt – der habe beides, Erfahrung und den Stander, und populär sei er obendrein.[76]

Danach läuft beinahe automatisch alles auf den Außenseiter in Berlin zu, denn der einzige andere ernstzunehmende Rivale, Carlo Schmid, der lange Zeit als unbestrittener Kandidat und als der Favorit Wehners galt, hat sich mit seinem Eingehen auf Chruschtschows Zweistaaten-Theorie unter den Genossen selbst ins Abseits gestellt. Zudem halten die meisten Sozialdemokraten, so das Urteil der Schmid-Biographin Petra Weber, den massigen »Monte Carlo« Anfang der sechziger Jahre zwar für einen hervorragenden Präsidenten und haben ihn, wenn auch vergebens, gegen Heinrich Lübke ins Feld gestellt – aber einen geeigneten Bundeskanzler sehen sie nicht in ihm. Sie vermissen an dem wortgewaltigen SPD-Schöngeist Fleiß, Beständigkeit, vor allem mißtrauen sie seiner Durchsetzungskraft. Carlo Schmid selbst nährt solche Zweifel: Er wisse, wo die Grenzen seiner Eignung liegen, sagt er abwehrend, wenn Freunde seine Kandidatur ins Spiel bringen.[77]

Vom Sieg des eher gutbürgerlich wirkenden, erst 34jährigen Sozialdemokraten Hans-Jochen Vogel beeindruckt, der die Oberbürgermeisterwahl in München mit 64 Prozent der Stimmen gewann, laden Klaus Schütz und Kurt Neubauer etwa 80 Sozialdemokraten der jüngeren und mittleren Generation, alle zwischen dreißig und fünfzig Jahren, in ein Fußballerheim nach Barsinghausen am Deister ein, um die Wahlkampfstrategie mit Brandt zu erörtern. Es geht darum, den Außenseiter Brandt in der Partei bekannt zumachen und letzte Widerstände gegen seine Kandidatur auszuräumen. Gekommen sind Mandats- und Funktionsträger aus Ländern und Gemeinden, die sich, so der *Spiegel*, selbst als die »jungen Unternehmer der SPD« bezeichnen. Unter den Teilnehmern befinden sich Helmut Schmidt, Berlins Innensenator Joachim Lipschitz und Ulrich Lohmar, Chefredakteur der *Neuen Gesellschaft*, eines Blattes, das in der Diskussion um Reform und Kurs der SPD damals eine wichtige Rolle spielt.

Alle sind sich einig: Alt darf der Kandidat gegen den Patriarchen Adenauer nicht aussehen, Kraft, Jugendfrische und Optimismus sind angesagt, Salzsäuregesichter von Funktionären und Bedenkenträgern im künftigen Wahlkampfteam nicht länger gefragt. Der Herausforderer muß dynamisch und energisch wirken, den Eindruck erwecken, er gehe mit der Zeit, und vor allem: Sein politisches Profil dürfe von den Beschlußkörperschaften der Partei nicht plattgedrückt werden. »Wir müssen von unserem Kanzlerkandidaten«, verlangt Helmut Schmidt im Namen der Versammelten, »richtige Führung fordern, die er sich von niemandem aus der Hand nehmen lassen darf«. Wenn der Spitzenkandidat Erfolg haben solle, müsse die Politik der Partei seine Handschrift tragen.[78]

Weder Ollenhauer noch seine Stellvertreter Wehner oder Knoeringen sind geladen, aber da keiner der drei sich um die Spitzenposition bewirbt, kann man die Tagung kaum als Fronde oder Putschversuch bezeichnen, zumal der persönliche Referent des Parteichefs dabei ist und die Führung über die allfälligen Ketzereien genauestens unterrichten kann. Daß es deren viele gab und es weder an Sottisen noch ironischen Bemerkungen über die gegenwärtige Führung der Baracke mangelte, bezeugt der stets auf Korrektheit bedachte Hans-Jochen Vogel: Zusammen mit Volkmar Gabert, dem damaligen Landesvorsitzenden der bayerischen SPD, erwog er anfänglich, wieder nach München zurückzureisen, weil beiden die Verlästerung der Parteihierarchen, die auf dieser Zusammenkunft offenbar zum guten Ton gehörte, zu weit zu gehen schien.[79] Barsinghausen kann als Beweis für den unerhörten Kampfeswillen gelten, den Brandt in der innerparteilichen Auseinandersetzung um die Spitzenkandidatur zeigt, aber eine ausschlaggebende Rolle hat die zweitägige Zusammenkunft am Deister nicht gespielt. Ollenhauer zürnt zwar, weil er den Beschluß der Siebenerkommission, der ohnehin auf Brandt zuläuft, präjudiziert sieht, aber er kann nicht abstreiten, daß ihn Brandt loyalerweise zuvor von dem Unternehmen unterrichtet hatte.

In Wahrheit fällt die Vorentscheidung über die Kanzlerkandidatur mit der berühmten Rede Herbert Wehners vom 30. Juni 1960, in der sich der bisherige linke Flügelmann der Partei demonstrativ zur Westintegration, zu den Bindungen an die NATO bekennt und erklärt, das geteilte Deutschland könne nicht »unheilbar miteinander verfeindete Christliche Demokraten und Sozialdemokraten ertragen«. Damit schwenkt Wehner auf jenen Kurs ein, den Brandt seit langem mit der Forderung nach einer gemeinsamen Bestandsaufnahme in der Außenpolitik vertritt. Im Grunde faßt der grimme Sachse am 30. Juni vor dem Bundestag nur zusammen, was sich seit der Moskau-Reise Erlers und Schmids im Frühjahr 1959 und dem Scheitern der großen Ost-West-Konferenzen in der SPD Schritt für Schritt vorbereitet und was vor allem der Regierende systematisch vorangetrieben hat. Und ausdrücklich beruft sich Wehner auf sechs Punkte, die Brandt zuvor in einer Rede in Mülheim als Ansatzpunkte für eine gemeinsame Außenpolitik formuliert hatte.

Umwerfend neu war das, was Wehner dem Bundestag sagte, also wahrlich nicht, zumal Brandt fünf Tage zuvor im Bayerischen Rundfunk den alles entscheidenden Passus inhaltlich vorweggenommen hatte: Die Zugehörigkeit der Bundesrepublik zur westlichen Gemeinschaft, erklärte er da, könne keine Sekunde in Zweifel gezogen werden, und selbstverständlich würde sich auch eine sozialdemokratische Regierung an die Verträge halten, »die gültig geschlossen worden sind«.[80] Brandt, der zuvor von Wehner nicht informiert worden war, beglückwünscht ihn telegraphisch zu der »großartigen Rede«: »Du hast der gemeinsamen Sache einen bedeutenden Dienst erwiesen.«[81]

Hätte der Regierende, wie Egon Bahr einmal andeutet, die Rede lieber selbst gehalten und den außenpolitischen Kurswechsel seiner

Partei im Bundestag verkündet? Fühlte er sich von Wehner in dieser Frage überfahren?[82] Vielleicht. Aber Brandt war zu dieser Zeit noch nicht Spitzenkandidat, und Wehner handelte im Auftrag des Fraktionsvorstandes[83], der gerade ihn nach sorgfältiger Überlegung mit dieser Rede beauftragt hatte. Zudem hatte Brandt selbst den Wunsch Ollenhauers, als Regierender Bürgermeister für mögliche Angriffe Adenauers auf die Politik des Berliner Senats während der Debatte verfügbar zu sein, ablehnend beschieden. Die Rolle eines Redners auf der Reservebank dünkte ihn unangemessen. Auch wäre zu fragen, ob das Echo auf die demonstrative Kehrtwende der SPD in der Außenpolitik entfernt so spektakulär gewesen wäre, wenn ein anderer als ausgerechnet der Autor des Deutschlandplans die SPD-Wende vor dem Bundestag vollzogen hätte.

Es steht außer Frage, daß Herbert Wehner über die unerhörte Begabung verfügt, sich Strömungen, denen er sich widersetzt, die jedoch unaufhaltsam sind und deshalb über ihn hinwegzugehen drohen, in letzter Minute anzupassen, sich an ihre Spitze zu setzen und durch spektakuläre Rhetorik vergessen zu machen, wie heftig und verbissen er sie jahrelang bekämpft hat. Schon in Godesberg hatte er sich als Meister in der Kunst gezeigt, in letzter Minute auf das Trittbrett des bereits fahrenden Zuges zur Programmreform zu springen. Und doch ist er mit seiner Rede im Bundestag innerhalb der Partei zum wichtigsten Verbündeten Willy Brandts geworden und kämpft für dessen Griff nach der Spitzenposition. Auf Wehners Anraten benennt der SPD-Vorstand den Regierenden Bürgermeister zum Kanzlerkandidaten, die Bestätigung des Parteirats folgt sechs Tage später, und die Delegierten segnen die Nominierung Ende November 1960 auf dem Parteitag in Hannover ein.

Wehner ist es auch, der Brandt nach Ollenhauers Tod 1964 sofort als Nachfolger vorschlägt und mögliche andere Kandidaturen für das Amt des Parteichefs, etwa die Fritz Erlers, einfach niederwalzt. Aber uneigennützig ist seine Unterstützung Brandts nie, sondern interessebedingt, sie entspricht ureigenstem Machtkalkül. Ein Spitzenkandidat, auch ein Vorsitzender Willy Brandt, der durch seine Funktion als Regierender weitgehend in Berlin gebunden ist, erlaubt ihm, Wehner, den ungestörten Ausbau der eigenen Positionen in Partei und Apparat. Daß er als ehemaliger Kommunist nicht selbst nach dem Spitzenamt greifen kann, ist ihm spätestens klar, seit Kurt Schumacher seinen engsten Mitstreitern als Vermächtnis weitergab, daß ein durch seine Moskauer Vergangenheit, seine Rolle in den stalinistischen Säuberungen belasteter Mann wie Wehner nie Vorsitzender werden dürfe. Um so mehr ist er darauf bedacht, im Hintergrund die entscheidenden Weichen zu stellen. Darauf versteht er sich exzellent, und wie der unermüdliche »Kärrner« und »Werkmeister« der Sozialdemokratie es für sich zurechtlegt, verschmilzt das Wohl der Partei stets mit dem eigenen Ich. Was immer Wehner tut – und Brandt wird es später bitter erfahren –, geschieht ohne Ansehen der Person, des Freundes, des Genossen. Es geschieht im Interesse der Partei, wie er es definiert, und der Sache, der er sich verschrieben hat.

Wie Wehner, der »Gebrannte« und Unerbittliche, denkt – daß der alte Kominternagent zwar mit dem Kommunismus gebrochen hat, nicht aber den stalinistischen Habitus und die Taktiken seiner Jugend verleugnen kann –, Brandt weiß darum, seit er mit Herbert Wehner zur Abschlußkundgebung des Wahlkampfs 1961 nach Lübeck fuhr. »Der muß weg«, sagt Wehner da nach einigem Rotspon zu Brandt, »Du mußt es machen!« Mit »der« ist natürlich Ollenhauer gemeint, den Wehner offenbar »putschartig« loswerden will. Brandt widerspricht nicht heftig, eher gedehnt, denn er ist »erschrocken über den Ton, der einer Partei wie der unseren fremd und nicht würdig war«. Außerdem hat sich sein Verhältnis zu Ollenhauer nach 1958 entspannt, weil dieser seit Stuttgart der Erneuerung der Partei keine Steine mehr in den Weg gelegt und die Entstehung des Godesberger Programms nachdrücklich gefördert hat. Wehner registriert diese Reaktion Brandts genau und wertet sie, so die Vermutung Brandts, als Schwächezeichen. Brandt wiederum merkt sich Wehners Vorstoß »als den eines Mannes, der die Figuren und die Politik nach seinem Belieben verschiebt«.[84] Nur zu verständlich, wenn sich das Vertrauensverhältnis seither in Grenzen hält; aber daß dem Kandidaten Brandt die Unterstützung des stellvertretenden Vorsitzenden Herbert Wehner in dieser Phase seines Aufstiegs zustatten kommt, ja daß er sie braucht und daß dieses Zweckbündnis Früchte trägt, steht außer Frage.

Ehe Brandt sich in den Wahlkampf stürzt, hat er sein Haus bestellt und sich im Schöneberger Rathaus ein Team geschaffen, das Berliner

Insider halb respektvoll, halb spöttisch die »Vierer-Bande« oder die »Heilige Familie« nennen. Genossen wie Fritz Erler, die eifersüchtig darüber wachen, daß über die große Politik der Partei weiter in Bonn entschieden wird, bezeichnen es eher verächtlich als Berliner Küchenkabinett. Zu Klaus Schütz, dem Bundessenator und wohl engsten Mitarbeiter in Brandts Berliner Zeit, gesellt sich im Sommer 1959 Heinrich Albertz als neuer Chef der Senatskanzlei, Anfang 1960 stößt Egon Bahr, früher Chefredakteur, jetzt Bonner Korrespondent des RIAS, als Nachfolger von Senatssprecher Hans Hirschfeld zur Mannschaft dazu. Hirschfeld hatte Anstoß daran genommen, daß er dem neuen Chef der Senatskanzlei hierarchisch unterstellt werden sollte und aus diesem Grund den Dienst quittiert. Vielleicht hatte er auch gespürt, daß Brandt sich nach seiner triumphalen USA- und Asienreise von den Ratgebern aus der Zeit Reuters und Suhrs, die zudem tief in der preußischen Sozialdemokratie der Weimarer Zeit verwurzelt waren, emanzipieren wollte.

Die Wahl von Albertz zum neuen Kanzleichef, urteilt dessen Biograph Jacques Schuster, sei geradezu genial gewesen: Der Pastor und Patriot aus Breslau, ein zurückgenommener, ironischer, zu Sarkasmus neigender Typ, entlastet Brandt von administrativen Aufgaben und hält ihm den Rücken für seine bundespolitischen Ambitionen frei. Albertz hatte der bekennenden Kirche nahegestanden, war im Kabinett des roten Welfen Hinrich Wilhelm Kopf in Hannover Flüchtlings- und Sozialminister gewesen; in der Berliner SPD schlug er nie Wurzeln und stand deshalb über den innerparteilichen Grabenkämpfen an der Spree. Der Preuße aus Breslau versteht »die Treuepflicht gegenüber dem Vorgesetzten als Selbstverständlichkeit«,[85] und die unterschiedlichen Temperamente zwischen Kanzleichef und Regierendem ergänzen sich gut: Brandt ist eher der Typ des nervösen Zigarettenrauchers, Albertz der des ausgeglichenen Pfeifenrauchers.

Im Milieu eines Rathauses, das dem allzeit zu Spott aufgelegten Albertz bald wie eine Mischung von Bahnhofshalle und Hühnerstall vorkommt, wirkt Bahr auf ihn wie »eine seltene Blume in der Mittelmäßigkeit«.[86] Beide respektieren einander und mögen sich, beide werden zu Wegbereitern dessen, was Brandt dann die »Politik der kleinen Schritte« nennen wird. Egon Bahr ist der konzeptionelle Vordenker, Heinrich Albertz geht mit neuen Ideen an die Öffentlichkeit, testet sie und steckt dafür so manche Prügel ein, aber Brandt deckt beide, wenn sie sich – meist mit seiner Billigung – weit vorgewagt haben und ins Fadenkreuz der Kritik geraten. Klaus Schütz, so die Aufgabenverteilung im Brandtschen Team, organisiert nicht nur den Wahlkampf, als Bundessenator obliegt ihm auch die Absicherung der Berliner Tastversuche bei Bundesregierung wie Bundespartei.

Ist Brandt im Wahlkampf 1961 anfänglich mehr als eine Galionsfigur? Schon im Sommer 1960, als der Parteirat seine Kandidatur empfohlen hatte, zweifelten kritische Beobachter, ob er die Autorität, die er beim großen Publikum genießt, auch bei den eigenen Genossen geltend machen könnte. Nach Meinung Fritz René Allemanns zieht der Berliner Regierende zwar als einziger Bannerträger mit Aussicht auf Erfolg in die Schlacht, aber er nennt zugleich sein Handicap: »... daß er nicht nur keineswegs der unbestrittene Führer der SPD ist, sondern als ihr rechter Flügelmann lange Zeit sogar auf die Rolle eines Außenseiters beschränkt war«.[87]

Risse zwischen Kandidat und Partei zeigen sich selbst auf dem Nominierungsparteitag in Hannover, als Brandt bei den Wahlen zum Vorstand nicht so hoch gehandelt wird, wie es einem Kanzlerkandidaten angemessen wäre: Er landet auf Platz 22, und auch ins Präsidium wählen die Genossen ihren Willy nicht, statt dessen erlauben sie ihm großmütig, als Gast an den künftigen Sitzungen teilzunehmen. Dissonanzen gibt es gleich zum Auftakt, denn Erich Ollenhauer verwirft die Atombewaffnung der Bundeswehr in einer Art, welche das vom Kanzlerkandidaten angestrebte Gemeinsamkeitsunternehmen in der Außenpolitik belasten muß. In einem kurzen Beitrag zur außenpolitischen Debatte versucht Brandt, das zerschlagene Porzellan zu kitten und die Tür für alle Möglichkeiten offenzuhalten – auch für eine Atommacht NATO unter Beteiligung der Bundesrepublik, die damals im Gespräch ist: »Absolut verbindlich« sei die Erklärung, daß die Sozialdemokraten »treu mit allen Rechten und Pflichten zum Verteidigungsbündnis stehen und nichts tun werden, was es gefährden könne«.[88]

Klaus Schütz hat den Begriff des Kanzlerkandidaten, den es zuvor in Deutschland nicht gab und der im Grundgesetz nicht vorgesehen ist, aus Amerika importiert – und mit ihm gleich den entsprechenden Medienzirkus: Da Hannover vornehmlich der Kür des

Kanzlerkandidaten gilt und das Wahlprogramm erst Monate später in der Bonner Beethovenhalle beschlossen wird, ist die Regie ganz auf Brandt zugeschnitten: »Andere Zeiten erfordern andere Männer«, heißt es im »Appell von Hannover«, den Carlo Schmid am 25. November 1960 verliest und in dem er Willy Brandt als Kandidaten empfiehlt: »Mit den unverbrauchten Energien der jungen Generation müssen unverbrauchte Kräfte ans Werk. Darum muß Willy Brandt Bundeskanzler werden!« Brandt gibt sich danach staatsmännisch und erklärt, daß er nicht einfach »Willensvollstrecker der Partei« sein könne, sondern daß er »nach ernsthafter Überlegung in eigener Verantwortung jene Entscheidungen werde treffen müssen, die im Interesse des Volkes erforderlich sind«.[89] Wenn er die Worte zitiert, die am Holstentor seiner Heimatstadt Lübeck stehen – »Concordia domi foris pax«: Eintracht im Inneren fördert den Frieden nach außen –, setzt er das Leitmotiv, das sich dann durch seine ganze Wahlkampagne ziehen wird: mehr Gemeinsamkeit in den Lebensfragen der Nation. Er spricht eindrucksvoll im Stil einer amerikanischen *acceptance speech*, für viele innerhalb und außerhalb der Partei ist es zweifellos eine seiner großen Reden. Kurz vor Schluß scheint er ins Stocken zu geraten – aber dann fährt er fort. »Es ist nur ein Satz, den er hinzufügt«, so Hans Ulrich Kempski in der *Süddeutschen Zeitung*. »Doch seine Worte sind dazu angetan, die Teilnehmer des Parteitages von den Plätzen hochzureißen. Sie wissen nicht, daß Willy Brandt in diesem Augenblick einen zuvor schon von John F. Kennedy in Amerika sorgsam erprobten Effekt ausspielt: Er spricht den Amtseid des Bundeskanzlers. Willy Brandt suggeriert dem Parteivolk ein Vorgefühl von Siegestaumel, als er mit den Worten schließt: ›... so wahr mir Gott helfe!‹«[90]

Willy Brandt, die unverbrauchte politische Kraft – ein deutscher Kennedy? Klaus Schütz hatte den Wahlkampf Kennedys in Amerika genau beobachtet und das tiefe Gefühl nationaler Ergriffenheit bemerkt, das Kennedys Eidesformel bei den Fernsehzuschauern hinterlassen hatte. Auf seinen Rat bedient sich der SPD-Kandidat des amerikanischen Vorbilds in seiner Rede, aber die Legende vom deutschen Kennedy im Wahlkampf 1961 weist der Wahlkampfberater energisch zurück.[91] Zwar hätte Brandt gern etwas von der Aura des jugendlichen Präsidenten für seine Zwecke eingesetzt, meint Schütz, doch »in der Praxis gab es da nichts vorzuweisen«. Erst zwei Jahre später, als Kennedy Berlin besuchte, sei deutlich geworden, daß die beiden »in so etwas wie ähnlichen Kategorien dachten« – da, wo es um regionale und weltweite Zukunftsfragen ging.

Schütz hat insofern recht, als der erste Besuch Brandts bei Kennedy im Weißen Haus eher routinemäßig verlief – der junge Präsident mit der zupackenden Intelligenz stellte präzise Fragen zur Berliner Situation und zeigte sich von seinen Beratern hervorragend präpariert. Das Gespräch dauerte fast fünfzig Minuten, und Kennedys Interesse galt mehr dem Spitzenkandidaten als dem Bürgermeister, mehr der außenpolitischen Orientierung der deutschen Opposition als dem Wahlkampf selbst. Brandt versicherte, daß »in den außenpolitischen Grundfragen gegenwärtig keine schwerwiegenden Meinungsverschiedenheiten zwischen Regierung und Opposition bestünden«. In der Außenpolitik, kommentierte ein Journalist aus dem Troß des Regierenden etwas süffisant, habe Brandt sich nicht gerade als der Mann vorgestellt, der Deutschland im Sinne Kennedys zu neuen Ufern führen wolle.[92] Brandt selbst widerspricht übrigens in seinen etwas brav und hölzern geschriebenen »Begegnungen mit Kennedy« der Version, der Präsident und der Bürgermeister seien damals einander »wie Brüder begegnet« – richtig sei eher, »daß zwischen uns von Anfang an freundschaftliche Brücken bestanden«.[93]

Nun mag persönlich durchaus gegenseitige Sympathie aufgekommen sein, politisch aber lagen Brandt und Kennedy damals eher auseinander, wie die Auseinandersetzungen um den Mauerbau wenige Monate später beweisen werden. Die neuen Männer der Kennedy-Administration wollen im Zeichen des atomaren Patts weg von der massiven Vergeltung hin zur Strategie der *flexible response*; um eine atomare Auseinandersetzung zu vermeiden, suchen sie das *rapprochement* und den Dialog mit der Sowjetunion. Deshalb setzen sie auf den Status quo, streben nach einem Interimsabkommen für Berlin und denken dabei, wie sich zeigen wird, vor allem an West-Berlin. Kennedy-Berater wie John Kenneth Galbraith, Walt W. Rostow, Chester Bowles und McGeorge Bundy, Intellektuelle aus dem Spektrum der amerikanischen *Liberals*, sind wenn nicht deutschfeindlich, so doch gegenüber Deutschland weit skeptischer eingestellt als die Republikaner. Eine *de facto*-Anerkennung der DDR, eine Verbesserung des Verhältnisses der Bundesrepublik zu Polen durch Anerkennung der Oder-Neiße-Linie sind Leistungen, welche die Deutschen in ihren Planspielen für die Entspannung zahlen müßten – aber ein Spitzenkandidat der Opposition, der Gemeinsamkeit in der Außenpolitik mit der Regierung Adenauer sucht, kann sie unmöglich erbringen. Zwar hat Brandt auf dem Parteitag in Hannover durchaus erkennen lassen, daß er in ähnlichen Kategorien wie Kennedy denkt, und sich dabei auch auf den Präsidenten berufen: Der Status quo müsse militärisch fixiert werden, »um die notwendige Bewegungsfreiheit zu bekommen für die Überwindung des Status quo«, für eine politische Offensive gegen Immobilismus und ideologische Grabenkriege.[94] Das ist gut gesagt, doch schreckt er mit Blick auf die Wahlen davor zurück, aus solchen Einsichten die Konsequenzen zu ziehen.

Als mageres Ergebnis dieses ersten Besuches bei Kennedy erhält Brandt zwar von neuem die Versicherung, die USA stünden zu Berlin, »durch Vertrag und Überzeugung gebunden« – »*by treaty and conviction*«, eine typische Kennedy-Formulierung, knapp, prägnant und medienwirksam. Aber Kennedy macht vor der Presse klar, daß er sich nur verpflichtet fühlt, die Freiheit des Volkes von West-Berlin zu bewahren. Dagegen beharrt Brandt, wenn von Verpflichtungen gegenüber Berlin die Rede ist, immer auf ganz Berlin. Er will die Stadt als Begegnungsstätte zwischen Ost und West erhalten, sagt er drei Tage nach seiner Visite beim Präsidenten in einem Vortrag im Goethe-Institut in New York: Würden die Tore an der Sektorengrenze geschlossen, wären die Landsleute im Osten der Möglichkeit beraubt, wenigstens besuchsweise und für ein paar Stunden in den Westsektoren einmal wie normale Menschen zu leben – »at least a few hours at a time in order to live, just for once, as human beings among human beings«[95]. In einer »Niederschrift für verantwortliche Stellen« hat er während seiner Reise, wie er später selbst schreibt, die Bedeutung des Vier-Mächte-Status dargelegt, auch die Gefahren von Verhandlungen nur über West-Berlin – vergebens, wie die Entwicklung zeigen wird.[96]

Wenn seine erste Begegnung mit Kennedy also politisch kaum von Erfolg gekrönt ist, sucht Brandt doch im Wahlkampf immer wieder demonstrativ den Schulterschluß, schon weil der Name

Kennedy für Jugend und Aufbruch steht. Heute mag schwer nachzuvollziehen sein, welch magische Wirkung von dem neugewählten Präsidenten ausgegangen ist. Doch nach dem Sputnikschock – die Sowjetunion hatte am 4. Oktober 1957 den ersten künstlichen Satelliten in den Weltraum geschossen –, nach Jahren des scheinbaren Niedergangs der USA, nach zahllosen gescheiterten amerikanischen Raketenstarts und den Krankenhausbulletins über die Schlaganfälle Eisenhowers, verkörpert der neue Präsident endlich wieder Hoffnung. Schien Chruschtschow in den letzten Jahren nicht geradezu unaufhaltsam im Vormarsch begriffen? Jetzt stoppt ihn Kennedy, indem er die amerikanische Nation aufrüttelt, an ihren Patriotismus appelliert, ihr neue Ziele setzt und *new frontiers* verkündet. Inzwischen wissen wir, daß die USA auch unter Eisenhower nie unterlegen waren, weder technologisch noch militärisch und schon gar nicht industriell, aber die öffentliche Wahrnehmung in Deutschland und Europa war eine andere. Mit der neuen Generation, die mit Kennedy ins Rampenlicht drängt, weht plötzlich frischer Wind über den Atlantik nach Europa bis in die stickig-restaurative Atmosphäre der Bundesrepublik. Der junge Präsident umgibt sich mit Ratgebern aus der Wissenschaft, holt namhafte Vertreter von Kunst und Kultur ins Weiße Haus, so daß der Gegensatz von Geist und Macht plötzlich aufgehoben scheint und das Zentrum der amerikanischen Demokratie in ungewohntem gesellschaftlichen wie kulturellen Glanz erstrahlt.

Mit dem Amtsantritt Kennedys sieht der altmodische Adenauer, Herr des rückständigen Bonner Palais Schaumburg, plötzlich aus wie ein Fossil, zum ersten Mal stellt sich für ihn im Wahlkampf jetzt die Altersfrage, und genau bei dieser Schwäche sucht die SPD den Alten vom Rhein zu packen. Beinahe automatisch wird Brandt da mit Jugend, Aufbruch und dem Ende des Immobilismus assoziiert wie Kennedy – hier der sportliche sozialdemokratische Jungsiegfried, der mit der Zeit und der Entspannung gehen will, dort der starr-steife Fünfundachtzigjährige, der zwar immer noch aufrecht ans Rednerpult strebt, von dem aber niemand weiß, wie lange er das noch durchstehen wird, und der sich querlegt, wo immer es den Amerikanern um *détente* und Dialog mit dem Osten geht.

Klaus Schütz sucht diesen Eindruck des frischen, unverbrauchten, flexiblen Kandidaten mit seiner Deutschlandfahrt, die er für

Brandt organisiert, bis ins letzte Dorf zu verbreiten. Das ist ja das eigentlich amerikanische an diesem Wahlkampf: Daß der Kandidat nicht mehr in leeren verrauchten Sälen auf Wähler wartet, sondern daß er selber direkt zu den Wählern geht – oder fährt. Es ist schon erstaunlich, was Brandt da, zum höheren Nutzen der Partei, alles mit sich machen, wie er sich verbiegen läßt: In einem Mercedes-Cabriolet reist er als *smiling Willy* durchs Land, das offene Gefährt in der »Sympathiefarbe« Cremegelb lackiert, »die Polstersessel leuchtend rot wie die Rosen, Nelken und Gladiolen an Windschutzscheibe und Stoßstange«, notiert der *Spiegel.* »Der Berliner Bürgermeister-Stander auf dem Kotflügel strahlt den Glanz staatlicher Hoheit aus und läßt vergessen, daß sich die SPD in Bonn seit zwölf Jahren in der Opposition schier verzehrt.«[97] Brandt trägt einen grauen Homburg, den er grüßend schwenkt , wenn er durch Kleinstädte und Dörfer fährt – vom vielen Winken ist er bald abgewetzt, Schütz muß ihn drei, vier Mal durch neue Exemplare ersetzen. Ein Voraustrupp hat die Strecke zuvor mit der Stoppuhr abgefahren und den Fahrplan für den Kandidaten, Händeschütteln und Ansprachen inklusive, minutiös festgelegt. Abends halten bunte Programme mit Kabaretteinlagen potentielle Wähler bei Laune, falls das Eintreffen des Kandidaten sich verzögern sollte.

Beinahe roboterhaft entledigt sich der Regierende aus Berlin der Pflichten, die ihm die Wahlkampfmanager auferlegen. Selbst für einen Mann seiner Konstitution ist allein die physische Leistung respektheischend: In den ersten 21 Tagen dieser Deutschlandfahrt legt der Kandidat 22056 Kilometer zurück, an jedem Tag besucht er fünf bis sechs Städte und bis zu 15 Landgemeinden und hält bis zu 25 Reden auf Marktplätzen oder in stundenweise angemieteten Kirmeszelten. »Brandt stößt in eine Lücke«, urteilt Springers *Welt*: »Er geht ›auf die Dörfer‹ und spricht zu 50 Menschen genauso ernsthaft wie zu 5000 – und die 50 empfangen ihn genauso herzlich wie die 5000«.[98] Die erste Wahlillustrierte der SPD zeigt auf dem Titelblatt Brandt und Kennedy Schulter an Schulter und durch das Wort Vertrauen vereint.[99] Daß Rut Brandt schwanger wird wie im Jahr zuvor Jaqueline Kennedy, paßt zu der Legende vom Willy im Kennedy-Look: Böse Zungen behaupteten, so Rut Brandt, daß die Schwangerschaft dem Stimmenfang diene – »auch in diesem Punkt würden wir es genau wie die Kennedys machen«.[100]

»Wir sind alle eine Familie« ist der Tenor dieses SPD-Wahlkampfs, welcher der Strategie der Gemeinsamkeit folgt und auf Umarmung des Gegners zielt, mit dem man nach den Wahlen eine Große Koalition zu schmieden hofft. Das hochgegriffene Wahlziel ist ja, eine Regierungsbildung ohne oder gegen die SPD unmöglich zu machen – und ihm ordnen die Sozialdemokraten alles unter. Statt in der Traditionsfarbe Rot wirbt man in dezentem Blaugelb, und die Regierungsmannschaft präsentiert sich in der Bonner Beethovenhalle, wo das Wahlprogramm verkündet wird, vor einem »das Auge beruhigenden blauen Vorhang«, wie die *Süddeutsche Zeitung* vermerkt.[101] Das Motto lautet: »Geh mit der Zeit, geh mit der SPD«, und die es auf den Plakaten verkünden, sind Vertreter der neuen Mittelschicht – Büroangestellte im eleganten Anzug mit Krawatte etwa, von denen einer das Parteibuch in der Hand hält und strahlend verkündet, »ich bin jetzt auch dabei«. Bei vielen SPD-Mitgliedern weicht das brüderliche solidarisch-proletarische »Du« dem distanzierten »Sie«, die Anrede Genosse wird häufig durch »lieber Freund« ersetzt, eine Formel, die der spätere Vorsitzende Hans-Jochen Vogel lange Zeit auch in seinen Briefen an Willy Brandt benutzt. Das Programm allerdings, das der angeblich »deutsche Kennedy« dann verkündet, liest sich alles andere denn *Kennedy-like*. Fragt nicht, was das Land für Euch tun kann, fragt vielmehr, was ihr für Euer Land tun könnt, hatte der Amerikaner seinen Landsleuten zugerufen und sie auf Opfer eingestimmt. Ausgenommen die Großverdiener, denen Steuererhöhungen angedroht werden, verspricht die SPD – und das heißt: ihr Kandidat Willy Brandt – nahezu allen alles: Verdoppelung des Lebensstandards in weniger als einer Generation, schöner Wohnen für Familien, den Rentnern selbst Fernsehgeräte – ihr Erwerb soll »finanziell ermöglicht«, das heißt vom Staat bezahlt werden. Da die Mehrheit der Deutschen Ludwig Erhards Wirtschaftspolitik richtig findet, greifen die Sozialdemokraten selbst Parolen des Gegners auf: »das eigene Heim, der eigene Wagen, die Volksaktie sind berechtigter Anspruch und ehrlich verdient«, heißt es im Appell von Hannover. Neben platter Agitation finden sich durchaus vernünftige Forderungen im Interesse des kleinen Mannes, die Anhebung der Renten etwa, Steuersenkungen und Erhöhung des Kindergeldes.

Es gibt auch Parolen, die der Gegner als Brandt-typische Allerweltsforderungen nach Kräften lächerlich macht, die sich jedoch nach Jahrzehnten als unerhört weitsichtig, ja ökologisch visionär erweisen sollen. So werden reine Luft, reines Wasser und weniger Lärm verlangt: »Der Himmel über dem Ruhrgebiet«, heißt es wörtlich, müsse »wieder blau werden«.[102] Diese Forderung ist Teil jener Gemeinschaftsaufgaben, die Brandt zum zentralen Thema des innenpolitischen Wahlkampfs macht: Volksgesundheit, Stadterneuerung und Förderung aller Begabungen. Doch weist Günter Struve in seiner Analyse der Wahlkämpfe von 1961 und 1965 zu Recht darauf hin, daß der Kandidat unter der Form seiner ersten Wahlkampagne leidet, weil der Vergleich mit Werbefeldzügen für die Einführung neuer Waschmittel nur zu nahe liegt: Vor allem die Meinungsbildner seien des Showeffekts überdrüssig, nähmen Brandts Aussagen nicht mehr ernst und hielten sie für reine Popularitätshascherei.[103] Egon Bahr und Heinrich Albertz haben Zweifel, ob der Kandidat Brandt schon reif für das Amt des Kanzlers ist, denn Rummel und Betrieb können nicht fehlende Inhalte ersetzen. Egon Bahr fehlt die klare, alternative Botschaft zum Kurs der Bundesregierung, wie ein Karussell erschien ihm der Wahlfeldzug seines Chefs – »bunt, klingelnd, dauernd in Bewegung, ohne vom Fleck zu kommen«.[104]

Es ist alles andere denn ein Routinewahlkampf, der da im Zeichen der Berlin-Krise geführt wird, denn die bedrohlichen Nachrichten häufen sich. Der NATO-Rat in Oslo erneuert zwar am 10. Mai 1961 seine Garantien, fügt aber hinzu, man stehe zur Bewahrung der Freiheit West-Berlins und seiner Bevölkerung – vom Vier-Mächte-Status ist nicht mehr die Rede. Die West-Berliner Reaktion darauf hat etwas Schizophrenes an sich: Offiziell feiert man die NATO für ihre feste Haltung, Willy Brandt macht da keine Ausnahme, intern setzt Bahr die Erklärung jedoch hellsichtig einer Einladung an die Sowjets gleich, mit dem Ostsektor zu machen, was immer sie wollen.[105]

Anfang Juni führt Präsident Kennedy mit Chruschtschow in Wien die »düstersten Gespräche« und prophezeit einen »kalten Winter«, weil der Kremlchef seine Drohungen gegen die Anwesenheit der Westmächte wiederholt. Ende Juli formuliert er seine drei Grunderfordernisse – die berühmtem *three essentials*: Anwesenheit der Westmächte, freier Zugang und Aufrechterhaltung der Lebensfähigkeit West-Berlins – und präzisiert damit nur, was Bahr schon nach Oslo als Einladung an Chruschtschow bezeichnet hatte. Was die Verteidigung West-Berlins angeht, zeigt er sich freilich entschlossener als sein Vorgänger Eisenhower: Er kündigt ein Aufrüstungsprogramm für 3,4 Milliarden Dollar und die Verstärkung der amerikanischen Armee um 240 000 Mann an. Die Sowjets antworten demonstrativ mit der Entsendung ihres Kriegshelden Marschall Iwan Stepanowitsch Konjew als Oberbefehlshaber ihrer Streitkäfte in Deutschland.

Steuern die beiden Großmächte wegen Berlin auf einen neuen Weltkrieg zu? Muß Ulbricht, wenn er das Ausbluten der Sowjetzone verhindern will, das Schlupfloch Ostberlin nicht endlich schließen? Das fürchten immer mehr deutsche Landsleute im Osten und verlassen in Torschlußpanik die Sowjetzone – im Monat Juli gelingt, trotz schärferer Kontrollen in U- und S-Bahnen, 30 444 Menschen die Flucht nach West-Berlin, und der Strom schwillt und schwillt: Am 9. August werden 1900 Flüchtlinge, am 12. August schon 2400 gezählt.[106] Und zu allem Überfluß erklärt der amerikanische Senator Fulbright, dessen Stimme als Vorsitzender des Außenpolitischen Ausschusses auf dem Capitol Hill weiß Gott zählt, die Sowjets müßten nicht hinnehmen, daß Flüchtlinge aus Berlin nach Westdeutschland ausgeflogen würden – sie könnten die Grenze schließen, ohne irgendein vertragliches Recht zu verletzen.[107] Nicht *ob* der Osten gegen den Massenexodus vorgehen wird, sondern nur, *wann, wie* und *in welcher Form* ist die Frage, die sich jeder Beobachter stellt. Die Sturmzeichen sind unübersehbar, aber Brandt vermeidet demonstrativ alles, was die Lage dramatisieren könnte, schon weil er die Massenflucht nicht noch verstärken will.

Doch dann kommt ihm am 6. oder 7. August – das genaue Datum läßt sich nicht ermitteln – ein Bericht des Ostbüros der SPD vom 4. August auf den Tisch, demzufolge die Absperrung West-Berlins geplant und allein im Bezirk Potsdam 14 000 Mann der Nationalen Volksarmee dafür bereitgestellt würden. Sämtliche Einheiten der Volkspolizei im Bezirk seien dem Kommando der Nationalen Volksarmee unterstellt worden, das gleiche gelte für die Kampfgruppen in den Betrieben, für Armee und Polizei sei seit dem 4. August Urlaubssperre angeordnet. Die Mitarbeiter des Ostbüros verfügten über eine Quelle im Gesundheitsministerium der DDR, in dem über organisatorische Vorbereitungen beraten wurde. Ihr zufolge beschränken sich diese Maßnahmen nicht auf die Grenze zwischen West-Berlin und der DDR, sie sind auch für die Grenze zwischen dem Ostsektor und den Westsektoren in Aussicht genommen.[108] Brandt schreibt später verschiedentlich, es habe keinen Dienst gegeben, der die Aktion für den 13. August vorausgesagt habe – aber da irrt er sich, denn er selbst hat diesen Bericht des Ostbüros mit dem grünen Stift des obersten Dienstherrn im Rathaus abgezeichnet und ihn dem Chef der Senatskanzlei zugehen lassen.

Als die Volkskammer am 11. August schließlich die DDR-Regierung beauftragt, »Schutzmaßnahmen« gegen den angeblich von Westdeutschland aus betriebenen »Menschenhandel und die Kopfjägerei« durchzuführen und DDR-Ministerpräsident Stoph den Berlinern offen »gewisse Unbequemlichkeiten« in Aussicht stellt – »Ermächtigungsgesetz für den Terror« titeln West-Berliner Zeitungen – schlägt auch er Alarm.[109] Die Sowjetunion, erklärt Brandt geradezu beschwörend mit seiner von zahllosen Wahlreden heiser und rauh gewordenen Stimme in Nürnberg, bereite »einen Anschlag gegen unser Volk« vor, über dessen Ernst sich die wenigsten klar seien. Er sagt dies am 12. August, dem Tag, an dem West-Berlin zum erstenmal 2500 Flüchtlinge innerhalb von 24 Stunden aufnehmen muß, er spricht auf dem Deutschlandtreffen der SPD, das die erste Phase des Wahlkampfs – die Sympathiewerbung für den Kandidaten – abschließen soll. Er ruft es so warnend, so bitter, so eindringlich, innerlich so aufgewühlt in den Saal, als ob er vor sich sähe, was anderntags, am 13. August, geschehen würde: Die Menschen fliehen, weil sie »Angst haben, daß die Maschen des Eisernen Vorhangs zementiert werden. Weil sie fürchten, in einem gigantischen Gefängnis eingeschlossen zu werden. Weil sie die brennende Sorge haben, sie könnten vergessen werden, abgeschrieben werden, geopfert werden auf dem Altar der Gleichgültigkeit und verpaßter Chancen ...«

Es ist ein unerhört beeindruckender, aufrüttelnder Appell, der die Untätigkeit der Bundesregierung anklagt, aber zugleich auch die Westmächte, welche Verhandlungen über die Deutschlandfrage, wie Brandt sie mit der großen Friedenskonferenz vorgeschlagen hatte, auf einer Besprechung in Paris soeben abgelehnt haben. Alle seine Bemühungen, das Berlin-Thema auszuweiten, sind gescheitert. Deshalb schließt er mit einer Warnung, die auch an die drei Westalliierten gerichtet ist, ohne daß er sie beim Namen nennt. Das zeigt freilich nur, welch falsche Hoffnungen er sich in buchstäblich letzter Minute macht: »Wir werden nicht unsere Verfassung brechen, die uns die Wiedervereinigung zur Pflicht macht«, ruft Brandt den versammelten Genossen zu. »Auch unsere Verbündeten... dürfen sich aus der Verantwortung für einen Friedensvertrag mit ganz Deutschland nicht herausdrängen lassen. Sonst gäbe es eine Vertrauenskrise.«

Doch diese Krise kommt nur zu bald. Um 5 Uhr morgens am 13. August 1961 – Brandt ist auf dem Weg nach Kiel, um die zweite Phase des Wahlkampfs mit einer Großkundgebung zu eröffnen –, klopft der Schaffner an seine Schlafwagentür. Er überbringt eine Botschaft von Heinrich Albertz: Der Regierende möge aussteigen und die nächste Maschine nach Berlin buchen, denn der Osten sei dabei, die Sektorengrenze zu schließen. Brandts Stunde der großen Bewährung hat begonnen.

Der Mauerbau

Brandts große Stunde der Bewährung

Zwanzig Stunden vergehen, bis die ersten westlichen Militärstreifen an den Grenzen zum Ostsektor erscheinen, vierzig Stunden verstreichen, bis ein Protest beim sowjetischen Stadtkommandanten auf den Weg gebracht wird, zweiundsiebzig Stunden, bis die drei Westmächte in Moskau Verwahrung einlegen – in einer diplomatischen Sprache, die kaum über die Routine hinausreicht. In bitterem Zorn registriert Willy Brandt das Nichtstun des Westens.[1] Am schwärzesten Tag seiner bisherigen Amtszeit als Regierender Bürgermeister, als die Spaltung Berlins mit Betonpfählen, spanischen Reitern und Stacheldrahtverhau, mit dem Aufmarsch von Betriebskampfgruppen und Volksarmee entlang der Sektorengrenze besiegelt wird, machen die westlichen Regierungschefs Urlaub, als sei nichts geschehen: John F. Kennedy sonnt sich auf seiner Yacht bei Hyannis Port an der Küste von Massachusetts, Harold Macmillan jagt Moorhühner in Schottland und Charles de Gaulle erholt sich ungestört auf seinem Landsitz in Colombey-les-Deux-Églises.

West-Berlin ist aufgewühlt, kocht vor Empörung, fühlt sich verraten und verkauft. In ohnmächtiger Wut, verzweifelt und entsetzt über diese Demonstration brutaler Macht winken Verwandte und Freunde einander über die Absperrungen zu, die da vor ihren Augen hochgezogen werden und gegen die keine westliche Macht etwas unternimmt. Westlich des Brandenburger Tores rotten sich Tausende zusammen, die von West-Berliner Polizei mit Wasserwerfern und Gummiknüppeln in Schach gehalten werden – soll sich etwa ein neues Ungarn wiederholen? Allein und im Stich gelassen fühlt sich vor allem der »Regierende«. Vom Bundeskanzler kein Wort, dafür meldet sich sein Außenminister Heinrich von Brentano und teilt über die verschlüsselte Leitung mit, man müsse jetzt noch enger zusammenarbeiten – was die Deutschen unternehmen, wie sie initiativ werden könnten, sagt er nicht. Einen Augenblick lang spielt Brandt mit dem Gedanken, die Sowjetzone zum Aufstand und das Volk von Berlin zum Sturm auf die Mauer aufzurufen – aber er kann sich nicht dazu durchringen, denn das Risiko unabsehbarer Konsequenzen ist zu groß: »Der Krieg lag auf der Straße«, begründet er später seine Haltung vor dem Landesparteitag der SPD in Berlin.[2]

Erstmals fährt Brandt zur alliierten Kommandatura, die er stets gemieden hat – seine Zusammenkünfte mit den Inhabern der obersten Gewalt im Westteil der Stadt hatten bislang im Rathaus stattgefunden, in deren Residenzen, bei Empfängen oder in privatem Rahmen. Eine halbe Stunde muß er warten, bis er vorgelassen wird, dann stellt er zu seinem Erstaunen fest, daß im mahagonigetäfelten Sitzungssaal noch immer das Foto des Generals Kotikow prangt, jenes Stadtkommandanten der Sowjets, der schon vor dreizehn Jahren, zur Blockadezeit 1948, demonstrativ die Kommandantur verlassen hatte. Auch einen Stuhl hält man für den fiktiven Sowjetvertreter frei, als ob der Vier-Mächte-Status intakt sei, der Russe jederzeit wiederkehren, am Konferenztisch Platz nehmen und an den Beratungen teilnehmen könnte.

Genau diese Illusion hat Walter Ulbricht mit Genehmigung Chruschtschows am 13. August endgültig zerstört: Die DDR, sagt Brandt mit sehr viel lauterer Stimme, als es seine Gewohnheit ist, habe mit dem Einmarsch der Nationalen Volksarmee den Ostsektor annektiert, und er vergleicht dies mit der Rheinlandbesetzung durch Adolf Hitler. DDR-Innenminister Maron habe den Westmächten drei Übergänge zugewiesen, über die sie in den Ostssektor gelangen könnten – akzeptierten die Kommandanten dies, so Brandt weiter, gehorchten sie ostdeutschen Befehlen, und die mächtigen Vereinigten Staaten gäben vor aller Welt das Schauspiel, sich widerstandslos von einem Satrapen der anderen Großmacht bevormunden zu lassen.

Die drei Übergänge schrumpfen bald auf einen: Checkpoint Charlie in der Friedrichstraße. Doch die drei Herren über West-Berlin erweisen sich als kleine, übervorsichtige Beamte, die Order parieren. Und diese Order besagt, daß alles zu unterbleiben habe, was die Lage verschärfen könnte. Kaum je hat Egon Bahr seinen Bürgermeister so grimmig gesehen wie nach dieser Besprechung mit den drei Militärgewaltigen und ihren politischen Beratern: »Diese Scheißer schicken nun wenigstens Patrouillen an die Sektorengrenze«, so Brandt, »damit die Berliner nicht denken, sie sind schon allein.«[3]

Die Vertrauenskrise, vor der er gestern in Nürnberg gewarnt hat, ist da. Die Stunde der Wahrheit hat geschlagen, denn mit der Mauer wird offenkundig, daß die bisherige Deutschlandpolitik endgültig gescheitert ist. Aber es bedarf noch einiger Zeit, bis er die Bedeutung dieser Entwicklung für Berlin, bis er ihr ganzes tragisches Ausmaß in all seiner Bitternis erfaßt, bis er die Motive Washingtons versteht und beginnt, tastend und zögerlich zunächst, für seine Politik die Konsequenzen daraus zu ziehen. Am Abend des 13. August, in einer Erklärung vor dem West-Berliner Abgeordnetenhaus, ist davon noch nichts zu spüren. Beinahe gebetsmühlenartig zählt er all die Abkommen auf, gegen die Ostberlin verstoßen habe – es sind allesamt Vereinbarungen zwischen den Siegermächten aus den Jahren 1944, 1945 und 1949, und nachdrücklich appelliert er an die Westmächte, dafür zu sorgen, daß die rechtswidrigen Maßnahmen rückgängig gemacht werden. Doch was kann schon die Stimme eines deutschen Bürgermeisters bewirken, wenn der Westen die Rechte aus diesen Abkommen nicht wahrnehmen, nicht schützen, wenn er die Grenzsperren nicht, wie die Berliner erwartet haben, unter Einsatz von Panzern niederwalzen will? Kann ein Willy Brandt etwa die Großen dieser Welt, einen Kennedy, de Gaulle oder Macmillan zum Jagen tragen? Letztlich bleiben ihm nur Worte als Waffe, deutliche, kraftvolle, aufrüttelnde Worte, mit denen er gegen die Unmenschlichkeit Ulbrichts protestiert.

Nie war Brandt eindrucksvoller, großartig besteht er in diesen Tagen die schwierige Bewährungsprobe, einerseits der Wut und Verzweiflung der Berliner Ausdruck zu verleihen, andererseits die Empörung so zu kanalisieren, daß die Menschenmenge im Zaum gehalten, vom Sturm auf die Stacheldrahthindernisse abgehalten wird, der ja nur mit einem Blutbad und einer Verschärfung der internationalen Krise enden könnte. Anklage erhebt er gegen »die Spalter Deutschlands, die Bedrücker Ostberlins und die Bedroher West-Berlins«; er spricht von der »Sperrwand eines Konzentrationslagers«, die quer durch die Stadt gezogen wird; von »einer Clique, die sich Regierung nennt«, die kalte Betonpfähle mitten ins Herz der deutschen Einheit rammt, die den lebendigen Organismus der Stadt zerstört und versucht, »ihre eigene Bevölkerung einzusperren«. Wenn er die »Mächte der Finsternis« geißelt, die nicht siegen dürfen, wenn er daran erinnert, daß es noch nie in der Geschichte gelungen sei, Menschen »auf die Dauer in Sklaverei« zu halten, macht er Anleihen beim Pathos eines Ernst Reuter aus der frühen Blockadezeit.[4]

Doch auch die bewegendste, aufrüttelndste, wortgewaltigste Rede verdeckt die Ohnmacht nicht, zumal Nachrichten durchsickern, die Westalliierten hätten von der Abriegelung im voraus erfahren und sich deshalb am 13. August bewußt totgestellt. Das stimmt so zwar nicht, aber um eine bloße Tatarenmeldung handelt es sich auch wieder nicht. Auf vermehrte Truppenbewegungen auf den Autobahnen um Berlin angesprochen, hatte Marschall Konjew den Chefs der westlichen Militärmissionen am 10. August auf einem Empfang in Potsdam versichert, sie könnten beruhigt sein – nichts sei in der Planung, was ihre Rechte beeinträchtige. Auch wenn der Sowjetmarschall, der als Experte für die Einnahme von Städten gilt, keine Einzelheiten verriet – hätte man im nachhinein aus seinen Worten nicht doch eine Art Vorwarnung herauslesen können?[5]

Da gibt es auch den Hinweis, zwei Wochen vor dem 13. August habe John J. McCloy, der frühere Hochkommissar, von Chruschtschow einen Wink über die bevorstehende Aktion erhalten, als er im Auftrag Kennedys den Kremlherrn in Sotschi am Schwarzen Meer besuchte, um über Abrüstungsfragen, vor allem aber um über Berlin zu sprechen. Aber war es nicht vielmehr umgekehrt – daß nämlich Chruschtschow einen Wink bekam, wie er die Berlin-Krise ohne Konfrontation mit den westlichen Alliierten lösen könnte? McCloy hatte den Auftrag, schreibt Manfred Görtemaker, noch einmal Kennedys Position in der Berlin-Frage zu erläutern – daß die Amerikaner sich aus West-Berlin nicht vertreiben ließen, »einseitigen Maßnahmen Chruschtschows im Ostsektor außer Protesten aber nichts entgegensetzen würden«.[6] Die Stimmung in Sotschi war vertrauensselig, der oberste Sowjetmensch lieh dem Besucher aus Amerika selbst eine Badehose, damit sie sich zusammen im Swimmingpool in Entspannung üben konnten. McCloy hörte zwar, der Kremlchef befürchte einen zweiten 17. Juni in seinem Satellitenstaat und müsse etwas unternehmen, um die Massenflucht einzudämmen – aber wann und wie er dies tun wird, will der Abrüstungsbeauftragte Kennedys nicht erfahren haben. Brandt sieht keinen Grund, einer entsprechenden Versicherung McCloys nicht zu glauben[7] – dennnoch schwirren die Gerüchte.

»Vom Westen verraten?« lautet eines der Transparente, das aufgebrachte Berliner zu einer Massenkundgebung vor dem Schöneberger Rathaus mit sich tragen, zu der Brandt zum 16. August aufgerufen hat und auf der er die Menschen seiner Stadt, bei grau verhangenem Himmel und stürmischem Wind, aufzurichten versucht. Andere fordern: »Hau auf die Pauke, Willy!« oder fragen: »Wo sind unsere Schutzmächte?« Bis zur Kundgebung hat sich nicht einmal der Bundestag zu einer Sondersitzung aufraffen können, und die Moral der West-Berliner ist nach drei Tagen westlichen Nichtstuns und der offenbaren Ohnmacht deutscher Behörden sichtbar angeschlagen. Brandt spürt die Enttäuschung, Verbitterung und Verzweiflung, die ihm da entgegenschlägt und sich zu einem gefährlich explosiven Gemisch zu verdichten droht. Vorsorglich stehen Tausende von Polizeibeamten in den Seitenstraßen, um spontane Märsche zum Potsdamer Platz, zum Brandenburger Tor, aber auch zum amerikanischen Hauptquartier in Dahlem zu verhindern.

Das Verhältnis von Redner und Zuhörern ist niemals einseitig, sagen die Massenpsychologen, jeder Redner spürt die Ausstrahlung des Publikums, und um die Menschen zu bewegen und sie in die gewünschte Richtung zu lenken, bedarf es – außer der Kraft der Rede, versteht sich – großer Einfühlung und praktischer Psychologie. In schwieriger Situation muß der demokratische Führer Rollenverhalten zeigen, die Massen davon überzeugen, daß er die gleichen Gefühle, die gleiche Empörung empfindet wie sie, damit der rationale Ausweg, den er ihren Leidenschaften weist, um so überzeugender wirkt. »Ein Wort zuviel oder zuwenig kann Unheil anrichten und den Funken springen lassen, an dem sich unkontrollierbare Reaktionen entzünden«, schreibt Brandt rückblickend, deshalb wünsche er keinem verantwortungsvollen Redner die Schwierigkeiten einer solchen Lage.

Es ist die bis dahin größte Herausforderung, der sich der Volkstribun Brandt gegenübersah, und lange verharren die Berliner, die ihm zuhören, in trotzigem, skeptischem Schweigen. Doch schließlich meistert er die Situation und beweist, daß er seine Berliner im Griff behalten kann. An Volkspolizei und Betriebskampfgruppen richtet er den Appell, der allen in West und Ost aus den Herzen gesprochen ist: »Laßt Euch nicht zu Lumpen machen! Zeigt menschliches Verhalten, wo immer es Euch möglich ist! Schießt nicht auf Landsleute!« Die drei Westmächte fordert er auf, vor dem Weltforum der Vereinten Nationen Anklage zu erheben wegen Verstoßes gegen die Menschenrechte – Anklage gegen »die Urheber jener Unmenschlichkeit, die sich auf dem Boden Berlins und dem Boden des Ulbricht-Regimes vollzieht«. Den West-Berlinern suggeriert er, daß sie nicht völlig ohnmächtig seien, sondern durch kleine, alltägliche Handlungen – durch den Boykott der S-Bahn etwa, die unter sowjetzonaler Verwaltung steht – ihre Verachtung Ulbrichts bekunden könnten. Sollen sie etwa den Stacheldraht für die Grenzsperren mit ihren Westgroschen finanzieren? Und dann zeigt er sich als der Kämpfer, zu dem er in großen Stunden aufläuft, dann endlich fällt der Schlüsselsatz, für den er befreienden, nicht enden wollenden Beifall erhält: »Wir fürchten uns nicht. Ich habe heute dem Präsidenten der Vereinigten Staaten, John Kennedy, in aller Offenheit unsere Meinung gesagt. Berlin erwartet mehr als Worte. Berlin erwartet politische Aktion.«[8]

Es ist ein Brief an Kennedy, von dem er spricht und der ihm viel Ärger mit der Bundesregierung einbringt, denn sie verurteilt ihn als Versuch Brandts zu einer eigenen Außenpolitik. Aber gerade dieser Brief reinigt die Luft und trägt entscheidend dazu bei, die heillos gewordene Lage in West-Berlin psychologisch zu stabilisieren. Gegen jedes Protokoll und an Bonn vorbei, dessen Außenpolitik der Berliner Senat sich ja unterzuordnen hat, schreibt der »kleine Brandt« direkt dem »großen Kennedy«, wie Egon Bahr einmal notiert[9] – ein Wagnis, gewiß, denn ein bloßes Stadtoberhaupt versucht da, von gleich zu gleich mit dem Staatschef der westlichen Supermacht zu reden und sogar Empfehlungen »mit einer letzten Offenheit« zu geben, wie sie »nur unter Freunden möglich ist, die einander vertrauen«. Da Brandts Brief unverhohlene Kritik an den lauen Gegenmaßnahmen des Westens enthält, empfindet Kennedy das telegraphisch vorausübermittelte Schreiben zunächst als forsch, demagogisch und arrogant, zumal die gute Sitte in den USA will, daß nur Staatschefs miteinander schriftlich verkehren. »Dieser Bastard in Berlin« versuche, ihn für seinen Wahlkampf zu mobilisieren, soll er zornig zu seinen Mitarbeitern gesagt haben.[10]

Die Reaktion des Präsidenten ist unverkennbar kühl, auf die Führungsriege im Schöneberger Rathaus jedenfalls wirkt sie wie eine kalte Dusche. Daß der Präsident Brandt nicht ins Weiße Haus bittet, als dieser zwei Monate nach dem Mauerbau nach New York reist, um den *Freedom Award* in Empfang zu nehmen, mit dem man ihn ausgezeichnet hat, mag als Zeichen einer zunächst anhaltenden Verstimmung gelten. Wenn Kennedy überhaupt antwortet, ist dies wahrscheinlich Edward Murrow zu verdanken, dem Direktor der US Information Agency, der sich in diesen Tagen in Berlin aufgehalten hat, auf dessen Urteil Kennedy viel gibt und der spürte, daß die Stimmung der West-Berliner die Lage im Westteil der Stadt zu destabilisieren drohte. Murrow, aber auch der Gesandte der US-Mission in Berlin, Allen Lightner, ermunterten Brandt zu seinem ungewöhnlichen Schritt, denn beide waren überzeugt, das Weiße Haus schätze die Lage in Berlin falsch ein.

Kennedys Antwort ist im Ton zwar freundlich gehalten, aber sein nüchterner Stil hebt sich deutlich von dem kalt-kriegerischen Pathos ab, in dem Brandt sich an ihn gewendet hatte. Mit keinem Wort geht er auf dessen Forderung ein, der Westen solle mit neuer Energie auf eine Friedensregelung für Deutschland drängen, welche die Selbstbestimmung des deutschen Volkes berücksichtige. Streicht die Illusion der Wiedervereinigung aus eurem Forderungskatalog, heißt die ungeschminkte Botschaft, gebt Positionen und Ansprüche auf, die ohnehin nicht durchzusetzen sind, statt euch über amerikanische Untätigkeit zu beklagen.[11] Nicht von »Freunden« schreibt Kennedy, sondern von »Partnern«, und die meisten Vorschläge des Regierenden weist er kompromißlos zurück. Weder will er die Berlin-Frage, wie von Brandt gewünscht, vor die Vereinten Nationen bringen, noch hält er etwas von dem Vorschlag eines Drei-Mächte-Status für West-Berlin, den der Regierende gemacht hat. Brandt befürchtet ja ein Mitspracherecht der Sowjets in West-Berlin, das sich Moskau in kommenden Verhandlungen sichern könnte, und dies will er mit seinem Plan vorsorglich ausschließen; auch zielt er darauf, West-Berlin mit diesem Statut fester an den Bund zu binden. Doch ein solcher Drei-Mächte-Status, argumentiert Kennedy, würde auf eine Schwächung des Vier-Mächte-Status hinauslaufen, auf dem die westliche Opposition gegen die Grenzschließung beruht.

Was der Präsident mitteilt, läuft im Kern darauf hinaus, daß sich die West-Berliner mit der brutalen Abriegelung des Ostsektors abfinden und mehr nach Westen orientieren sollen. Die Mauer will er nicht als Zeichen westlichen Nachgebens und östlicher Stärke gewertet wissen, im Gegenteil: Er bezeichnet sie als »ein schallendes Bekenntnis des Scheiterns und der politischen Schwäche«. Es handele sich um eine grundlegende sowjetische Entscheidung, die nur ein Krieg rückgängig machen könne, den weder er noch Brandt, noch die Verbündeten wegen dieses Streitpunkts beginnen würden. In einem Punkt allerdings kommt er Brandt entgegen, ohne daß er dies jedoch als Entgegenkommen gewertet wissen will. Der Bürgermeister hatte eine demonstrative Verstärkung der amerikanischen Garnison gewünscht, nun bezeichnet auch Kennedy eine »wesentliche Verstärkung« als die »beste sofortige Gegenmaßnahme«. Doch als Chef der Schutz- und Großmacht legt er Wert darauf, daß er sie aus eigenen Erwägungen angeordnet hat und nicht etwa dem Rat eines simplen deutschen Bürgermeisters folgt.

Wie immer – allein die Tatsache, daß eine amerikanische Kampfgruppe von 1500 Mann in voller Kriegsausrüstung über die Autobahn rollt und die amerikanische Berlin-Brigade verstärkt, stabilisiert die labile Stimmung in der Stadt. Die GIs werden mit einem Jubel empfangen, »als kehrten die eigenen Söhne aus einem siegreichen Feldzug heim«, erinnert sich Bahr[12], die West-Berliner überhäufen sie mit Blumen und werfen ihnen Küsse zu. Zum Zeichen amerikanischer Entschlossenheit schickt der Präsident seinen Vize Lyndon B. Johnson, der seinen Brief an Brandt überreicht und vom Rathausbalkon in Schöneberg die amerikanischen Garantien für West-Berlin erneut verkündet. Mit ihm kommt auch Lucius D. Clay, der Held der Luftbrücke, als Kennedys persönlicher Berlin-Beauftragter. Beider Einzug ist geradezu triumphal, etwa 300 000 fähnchenschwenkende Berliner säumen die Straßen vom Flughafen Tempelhof zum Rathaus Schöneberg, und so gerät der Johnson-Besuch unstreitig zu einem riesigen *public relations*-Erfolg. Doch fällt die politische Analyse Brandts und Bahrs nach dem Studium des Kennedy-Briefes, nach den Gesprächen mit Johnson und Clay eher ernüchternd aus.

Daß der Westen den Ostsektor verloren hat, daß Berlin nicht länger Treffpunkt von Deutschen zwischen Ost und West ist und nicht mehr die Funktion einer Fluchtschleuse besitzt, die es Zehntausenden ermöglichte, dem Zugriff Ulbrichts zu entrinnen, wird von ihnen als schmerzlicher Verlust empfunden. Vorbei die Zeiten, in denen Berlin Leuchtturm der Freiheit oder jener Pfahl im Fleische der Sowjetzone war, von dem einst Ernst Reuter hoffte, er werde die Stabilisierung der totalitären Herrschaft in der Ostzone verhindern können. Allein 1959 waren 150 000 Ostdeutsche zur Grünen Woche nach West-Berlin gekommen, 250 000 zur Deutschen Industrie-Ausstellung, und zahllose Ostberliner hatten die Möglichkeit genutzt, zu dem vom Senat subventionierten Kurs 1:1 West-Berliner Kinos und Theater zu besuchen.[13] Das offene Vier-Mächte-Berlin hatte den vielleicht letzten Funken Hoffnung auf eine mögliche Wiedervereinigung symbolisiert – doch all dies ist nun Geschichte und West-Berlin auf das normale Maß einer westlichen Großstadt geschrumpft, wenn man den Zustand eines isolierten und einzementierten, der Grenze zur Bundesrepublik fast zweihundert Kilometer vorgelagerten, von Auszehrung und Abwanderung bedrohten Gemeinwesens mit keineswegs gesicherten Zugangswegen überhaupt als normal bezeichnen kann. Ein Schweizer Korrespondent verglich das seelische Befinden der Stadt mit einem Patienten, der nach einem schweren Autounfall in einem Krankenhaus aufwacht, sich von Freunden umgeben sieht, die ihm fröhlich versichern, wieviel Glück er gehabt habe und dem, kaum sind sie gegangen, bewußt wird: Man hat ihm ein Bein amputiert.[14]

Daß die West-Berliner und auch die Brandt-Mannschaft im Schöneberger Rathaus vom Westen mehr erwartet hatten, führt Kurt A. Shell auf die fehlende Bereitschaft deutscher Politiker und Publizisten zurück, zwischen moralischen und rechtlichen Ansprüchen einerseits und harten, durch Machteinsatz und Kriegsrisiko erzwingbaren Garantien andererseits zu unterscheiden. Doch räumt er ein, daß diese falsche deutsche Einschätzung der westlichen Haltung durch Amerikaner und Briten gefördert wurde, die ihrerseits keine »klare Unterscheidung zwischen ihren Rechten in West-Berlin und im sowjetischen Machtbereich trafen«. Beispielsweise hatten die westlichen Kommandanten, als DDR-Behörden gegen Grenzgänger vorgingen – also Ostberliner, die im Westen arbeiteten – noch am 3. August die unverzügliche Aufhebung der Beschränkungen gefordert. Ihren Protest begründeten sie mit dem Recht auf Bewegungsfreiheit innerhalb Groß-Berlins, das unmißverständlich als grundlegend (*basic*) für die Vier-Mächte-Abkommen über die Stadt bezeichnet wurde. Lag da der Gedanke nicht nahe, sie würden den Bau der Mauer nicht dulden und auf Beseitigung der Sperren an der Sektorengrenze dringen?[15]

Doch was die Deutschen als unerträglichen Verlust nicht hinnehmen wollen, wird von ihren Verbündeten mit Erleichterung quittiert, denn Chruschtschow hat einen Weg zur Lösung der Berlin-Krise gewählt, der aus ihrer Sicht defensiv erscheint und die Anwesenheit der Alliierten in West-Berlin nicht betrifft. Kennedy interpretiert den Schritt des Kremlgewaltigen sogar als Nachgeben Moskaus. Wer seinen Sektor mit einer Mauer abriegele, habe schwerlich die Absicht, die Westmächte mit Gewalt zu vertreiben und West-Berlin zu erobern. Für die »heilige Familie« im Schöneberger Rathaus steckt in dieser Einsicht allerdings das Zugeständnis an den Osten, daß es international nun keine Berlin-Frage mehr, sondern nur noch eine West-Berlin-Frage gibt – eine Entwicklung, die Brandt nahezu verzweifelt zu verhindern versucht hatte. Gewiß ist der Schock über die Haltung der Verbündeten am 13. August eines der Motive, die schließlich zur »Politik der kleinen Schritte« und zu Brandts Ostpolitik führen – ein anderes stellt unstreitig das langsame, qualvolle Sterben Peter Fechters im Juni 1962 an der Mauer in der Kochstraße dar, von dem noch zu reden ist.

Brandt deutet in seinen »Erinnerungen« an, es sei Kennedys Brief gewesen, »der den Vorhang wegzog und eine leere Bühne zeigte«. Ungeschminkt gibt er die eigene Enttäuschung darüber zu, daß der Westen sich als unfähig erwiesen habe, Europa das Monstrum jener »Mauer der Schande« zu ersparen. Erst im nachhinein sei klar geworden, daß man von den Amerikanern gar nicht mehr als den Schutz West-Berlins hätte erwarten und verlangen können. »Wenn es aber keinen Sinn machte, gegen die Berliner Mauer nur anzuschreien«, so beschreibt er den neuen Politikansatz, der aus der Enttäuschung über das Nichtstun des Westens geboren wird, dann »konnte auch nicht vernünftig sein, gegen die Lage in Deutschland nur mit Rechtsverwahrungen und Nationaltrotz anzuprotestieren«.[16] Und Egon Bahr, der zum Pfadfinder der neuen Politik werden soll, fragt: Wenn Amerika den Status quo zur Grundlage der Politik macht, sollten sich dann ausgerechnet die Deutschen dagegen wehren? Das strategische Konzept, das er nun Schritt für Schritt entwickelt, geht von der Anerkennung dieses Status quo aus, so schmerzhaft sie auch immer sein mag – doch erklärtes Ziel ist, ihn durch und mit dieser Anerkennung zu verändern.[17] Allerdings bricht sich die neue Einsicht nur langsam Bahn. In den Wochen nach dem 13. August klafft zwischen Realität und Bewußtsein eine große Lücke, und der laufende Wahlkampf trägt wenig dazu bei, sie zu schließen.

Brandt sagt nach dem 13. August erst einmal alle Wahlkampftermine ab, um als Bürgermeister in dieser »geschundenen, bedrückten, grausam zerrissenen, aber mutigen und herrlichen Stadt« verfügbar zu sein, wie er einmal sagt.[18] Die Lehren, die er aus dem Bau der Mauer für seinen Wahlkampf zieht: Die innenpolitischen Versprechungen rücken in den Hintergrund, dafür verstärkt er seine Kampagne für eine gemeinsame Außenpolitik, weil dies nun wirklich keine Zeit für erbitterte Parteienkämpfe im deutschen Westen sei. In den Fragen der nationalen Existenz gelte es mehr denn je zusammenzustehen, »damit wir nicht von der Geschichte gewogen und zu leicht befunden werden«. Weil jetzt erst die eigentliche Bewährungsprobe für unser Volk begonnen hat, sagt Brandt, dürfe es »keine Zwietracht mehr geben«.[19] Nach zehn Tagen findet er eine neue Arbeitsteilung zwischen dem Bürgermeister, der angesichts der bedrohlichen Lage in seiner Stadt Flagge zu zeigen hat, und dem Wahlkämpfer, der in Bonn eine neue Regierung mit einer Politik anstrebt, die Berlins Lage erleichtern könnte. Vormittags arbeitet er im Rathaus, gegen 14 Uhr fliegt er in einer gecharterten, zweimotorigen Turboprop vom Typ De-Havilland zu seinen Wahlkampfauftritten in Westdeutschland, nachts zwischen 1 und 2 Uhr geht es wieder zurück. Siebzehnmal unternimmt er diese strapaziösen Reisen bis zum Wahltag. Die ihn damals begleitet haben, verweisen die Behauptung, er sei stets der Typ des widerwilligen Aktenlesers gewesen, ins Reich der Märchen: Gründlich und mit großem Fleiß habe er während des Flugs durch die Luftkorridore ganze Aktenberge in sich hineingefressen, die ihm die Senatskanzlei zur Entscheidung mitgegeben hatte. Kein Wunder also, wenn er später schreibt, die Wochen nach dem 13. August hätten zu den anstrengendsten seines Lebens gehört.[20]

Ob ihm die vielen Fernsehauftritte, die er jetzt auf den Mattscheiben in deutschen Wohnstuben hat, im Wahlkampf wirklich helfen, darüber streiten die Wahlforscher so intensiv wie über den Einfluß des 13. August auf die Entscheidung der Wähler, nachdem die Schlacht geschlagen ist. Zehn Stunden flimmerte er über die Fernsehschirme und machte gute Figur, Gegenkandidat Adenauer brachte es nach einer Rechnung von Peter Koch auf gerade einmal ein Fünftel dieser Zeit[21] – aber was sagt das schon, da erst eine Minderheit aller deutschen Haushalte einen Fernseher besitzt? Adenauer spielt die Ereignisse vom 13. August zunächst einmal herunter, offenbar hat er, wie sein Biograph Hans-Peter Schwarz vermerkt, »für die millionenfachen Psychodramen dieser Tage noch keine richtigen Antennen«.[22] Jedenfalls eilt er nicht sofort nach Berlin, um seine nationale Solidarität zu zeigen – was psychologisch geboten wäre und was nicht nur Brandt und die Berliner in dieser emotional aufgewühlten Situation erwartet hätten.

Ruhe bewahren, nur keinen Funken ins Pulverfaß! ist seine Parole, er mahnt zu Festigkeit und Besonnenheit und fährt in seinem Wahlkampf fort, als ob es den 13. August nicht gegeben hätte. Viele seiner politischen Freunde, Gerhard Schröder etwa, Ernst Lemmer, auch Franz Josef Strauß halten das für einen kapitalen Fehler, und der Alte, der sonst immer so blitzschnell und instinktsicher zu reagieren wußte, scheint dies nach einigen Tagen sogar einzusehen. Um die Scharte auszuwetzen, bittet er nämlich Lyndon B. Johnson bei dessen Zwischenstopp in Bonn, ihn nach Berlin mitzunehmen. Aber die Amerikaner wollen sich nicht in den deutschen Wahlkampf einmischen und lehnen ab. Den Triumph, im offenen Wagen an der Seite Johnsons durch das jubelnde Berlin zu fahren, genießt Brandt deshalb allein.

Adenauer kommt nicht vor dem 22. August und wird von vielen Berlinern mit Pfiffen empfangen. Zu seiner Entlastung bringt er später vor, er habe die Lage nicht unnötig anheizen wollen. Nun gab es in jenen Tagen nicht nur in der Bundesregierung, sondern auch in Washington die Befürchtung, die Schließung der Grenzen würde bei Hunderttausenden Fluchtwilliger in der Sowjetzone einen Volksaufstand auslösen, der DDR einen neuen 17. Juni bescheren und sie ins Chaos stürzen. Mit seinem Erscheinen an der Mauer, so Hans-Peter Schwarz, habe der Kanzler nicht das Signal zur Rebellion geben wollen.[23] In einer Besprechung mit Kreml-Botschafter Smirnow am Tag nach dem Mauerbau zeigt sich Adenauer besorgt, in der Zone könne unter Umständen Blut fließen und versichert die Sowjetregierung seiner Dankbarkeit, wenn sie verhindere, »daß dort etwas passiert«. Sieht so ein energischer Protest aus? Hat ihn etwa kalte Staatsräson zu solch »katzenpfötigem« (Schwarz) Auftreten bestimmt? Nein, sagt Henning Köhler und urteilt vielleicht ein wenig zu hart: Hier habe sich »die Unfähigkeit eines Mannes« gezeigt, der nicht begriffen habe, »was vorgefallen war und der nichts anderes als die nächsten Wahlen im Kopf hatte«.[24]

Was der Wahlkämpfer Adenauer dem Wahlkämpfer Brandt verübelt, ist die Tatsache, daß dieser die Sympathien, die gerade nach dem 13. August im westdeutschen Wahlvolk für Berlin mobilisiert werden, auf seine Propagandamühlen leitet, eine Erkenntnis, die den erbosten alten Herrn zu groteskesten Fehlurteilen verführt. Ausgebuffter Wahlkämpfer, der er ist, behauptet er auf einer Wahlkundgebung in Hagen, daß alles, was in Berlin geschehe, nichts anderes als »eine beabsichtigte Wahlhilfe Chruschtschows für die SPD« darstelle.[25]

Schlimmer noch war der Ausrutscher, den er sich am Abend des 14. August, einen Tag nach dem Schock des Mauerbaus, auf einer Wahlveranstaltung in Regensburg leistete. Da hatte er behauptet, ohne ihn, des Kanzlers und der CDU Politik des Anschlusses an den Westen, wäre Berlin schon längst in der russischen Sphäre – und dann gäbe es gar keinen Regierenden Bürgermeister »Brandt alias Frahm«! Von ihm war dies als Antwort auf harte Angriffe Brandts gedacht, der vom Scheitern der Deutschlandpolitik Adenauers gesprochen und den Vorwurf erhoben hatte, der Kanzler habe es an Initiativen fehlen lassen, der Isolierung Berlins entgegenzuwirken. Aber handelt es sich überhaupt um einen Ausrutscher, heizt Adenauer, wenn er die Worte »Brandt alias Frahm« zwei Tage später in Bonn trotzig wiederholt, nicht ganz bewußt jene Verleumdungskampagne der Rechten an, die seit Monaten gegen Brandt im Gange ist? Dieses »alias«, im Polizeijargon gemeinhin für Hochstapler reserviert, zielt es nicht auf Brandts uneheliche Geburt und zugleich auf die latente Emigrantenfeindlichkeit in der deutschen

Öffentlichkeit? Wer sich einen fremden Namen zulegte und mit ihm in die Wahlschlacht zieht, will der nicht etwas verbergen, das nicht ganz koscher ist?

Unverständlich und würdelos nennt Brandt das Verhalten des Kanzlers. Hatte er nicht am 13. August demonstrativ angeboten, alles Persönliche zurückzustellen? Sicher ist er tief verletzt, aber wenn er eine Senatssitzung mit dem Argument abbricht, er sehe sich angesichts solcher Tiefschläge außerstande, sie ordentlich und diszipliniert weiterzuführen, dann stellt sich doch die Frage, ob er dem durchweg negativen Echo, das die Alias-Reden des Kanzlers in der bürgerlichen Presse finden, nicht öffentlich wirksam nachhelfen will. Mehr als sonst ist Politik im Wahlkampf auch Theater. Die *Stuttgarter Zeitung* spricht von »Adenauer alias der Kanzler«, der *Tagesspiegel* meint: »Es wird zu bunt« – unentwegt setze Adenauer seine Husarenritte fort, indes seine Freunde die Hände ringen und befürchten, der Schuß gehe nach hinten los. Die *Berliner Morgenpost* schaudert »vor dieser Kälte, die Weisheit des Alters vermissen läßt«. Selbst christlich-konservative Blätter wie der *Rheinische Merkur* nehmen Brandt in Schutz: Wer ihm seine »Emigration als solche vorwerfe«, schreibt Paul Wilhelm Wenger, appelliert an böse Instinkte und »entlarvt sich als freiwilligen Mitläufer des NS-Regimes«.[26] Und selbst der Bund der Deutschen Katholischen Jugend wendet sich gegen die »persönlichen Verunglimpfungen«, die in letzter Zeit »gegen den SPD-Kanzlerkandidaten Willy Brandt laut geworden sind«. Aber die veröffentlichte Meinung, darauf können die Wahlkampfstrategen der CDU bauen, stimmt mit jener des Wahlvolks nicht unbedingt überein.

Auch wenn die Deutschen sich, bedingt durch Kriegsfolgen und Wirtschaftswunder, damals längst auf die nivellierte Mittelstandsgesellschaft zubewegen, herrschen im kollektiven Bewußtsein doch die Normen des alten Bürgertums und damit überkommene Vorurteile vor, die sich geschickt im Wahlkampf nutzen lassen. Unehelich – welch ein Makel! Soll solch ein Underling etwa Deutschland repräsentieren? Dazu kommt, daß sich in fast jeder deutschen Wohnstube das Bild eines gefallenen oder vermißten Ehemannes oder Verlobten, Vaters, Sohnes oder Bruders findet, die Kriegsdienst hatten leisten müssen – in Armeen, die sie sich nicht aussuchen konnten und welche von den meisten nicht als die Hitlers, sondern als solche des Vaterlandes betrachtet wurden, dem sie sich verpflichtet fühlten. Das Erleiden der Vertreibung, das gemeinsame Erleben der Bombennächte – können Emigranten dies alles nicht verstehen, weil sie sich, wie da polemisch behauptet wird, der deutschen Schicksalsgemeinschaft freiwillig entzogen haben? Sind sie deshalb ungeeignet, an der Spitze einer deutschen Regierung zu stehen?

Auf solche faschistoiden Misthaufen in der deutschen Seele zielt die Kampagne, die an der Basis offensiv, von Spitzenpolitikern in Form hinterhältiger Fragen betrieben wird. Eher kühle Nordlichter geben sich da so wenig fein wie derbere, aufbrausende bajuwarische Mannsbilder. So bekennt sich Kai-Uwe von Hassel, Ministerpräsident des Landes Schleswig-Holstein, in deutlicher Anspielung auf den Emigranten Brandt, freilich ohne ihn beim Namen zu nennen, zur deutschen Schicksalsgemeinschaft, die er nicht verlassen wolle, auch wenn ihm die Zugehörigkeit gefährlich erscheine, um dann wieder beizutreten, »wenn das Risiko vorüber ist«.[27] Und Franz Josef Strauß donnert im Februar 1961 in Vilshofen: »Eines aber wird man Herrn Brandt doch fragen dürfen: Was haben Sie zwölf Jahre lang draußen gemacht? Wir wissen, was wir drinnen gemacht haben.«

Hans-Peter Schwarz deutet an, daß kein Geringerer als der Kanzler selbst hinter der Kampagne steckt, die da betrieben wird. Auf die Idee bringt ihn offenbar der St.-Olafs-Orden, den die norwegische Regierung Brandt für die Verdienste verliehen hat, die er sich während des Krieges um Norwegen erwarb. Wenn keiner daran Anstoß nehme, daß sein Wahlherausforderer norwegische Uniform getragen habe, dann sei er [Adenauer] »erschüttert ... über den Mangel an National- und Selbstwertgefühl des deutschen Volkes«, zitiert Schwarz den Kanzler nach einem Sitzungsprotokoll des CDU-Bundesvorstands. Und weil der Kanzler bekanntlich nicht pingelig ist, vor allem zu Zeiten des Wahlkampfs nicht, folgert er: Man müsse nun überlegen, »was zur Aufklärung über Brandt zu geschehen habe«.[28] Der CDU-Rednerdienst besorgt das Geschäft der Aufklärung dann auf seine Weise und verschickt Zitate aus Brandts Emigrationsschriften, die meist aus dem Zusammenhang gerissen sind.

Dabei hat sich Brandt gleich nach zwei Seiten seiner Haut zu wehren. Während sich die Rechte nämlich bemüht, ihn als spanischen Rotfrontkämpfer für den Sieg des Weltbolschewismus und als Mann in norwegischer Uniform zu verleumden, der auf deutsche Soldaten geschossen habe, läuft im Osten eine Kampagne, die ihn genau des Gegenteils bezichtigt: Nicht Nazigegner, sondern »professioneller Spion« im Auftrag der Gestapo sei er gewesen und für die Inszenierung des Reichstagsbrands eingesetzt worden – wofür er dann den Namen »Brandt« bekommen habe. Diese geradezu abstruse Version, präpariert in der Giftküche des KGB, wird in einem Propagandafilm vorgebracht, den das sowjetische Fernsehen am 2. Juli 1960 ausstrahlt und Brandt in einer Fotomontage zusammen mit Canaris und Himmler zeigt. In Schweden sei »Gestapo-Brandt« zu den britischen Diensten übergelaufen und habe so erfolgreich gearbeitet, daß die Amerikaner auf ihn aufmerksamen wurden und ihm in Berlin den Aufstieg zum Bürgermeister ermöglicht hätten. Die Zeitschrift *Literatur und Leben* setzt diesem dramatisch aufgeputzten Märchen für Rot-Klein-Lieschen in Moskau die Krone auf und stellt Brandt im Juli 1960 gar als »Werwolf« vor, den die Faschisten beauftragt hätten, die Arbeit für das »Tausendjährige Reich« nach dessen Ende in Europa fortzusetzen. Für Moskau ist Brandt eindeutig sowohl Schüler der Gestapo wie von Allen Dulles, »ein Meister der Provokation und Sabotage«.[29]

Es geschieht wahrscheinlich im Auftrag des sowjetischen KGB, wenn ein Professor am Nordischen Institut der Universität Greifswald etwa zeitgleich behauptet, Brandt habe in Norwegen im Auftrag der Gestapo »als Störelement gegen die KP Norwegens gewirkt« – Markus Wolf jedenfalls weist eine Beteiligung der DDR-Staatssicherheit an diesem Unternehmen weit von sich.[30] Das heißt freilich nicht, daß Brandt nicht viel früher ins Visier der Ostberliner Diversionsspezialisten geraten sei. Die ersten Angriffe kamen bereits 1952, als der Reuter-Mann Brandt gegen Franz Neumann kandidierte: Ostberlin schlägt bereits damals das Leitmotiv an, das in vielen späteren Angriffen gegen den Mann mit der dunklen Vergangenheit immer wiederkehren wird: daß er als Trotzkist mit der Gestapo zusammen den POUM-Aufstand in Barcelona angezettelt habe. Im Jahr darauf galt er dem *Neuen Deutschland*, dem Parteiorgan der SED, bereits als »Spezialist auf dem Gebiet der Organisierung von volksfeindlichen Provokationen«, weil er als prominenter Ostbüro-Mitarbeiter angeblich mitgeholfen habe, den 17. Juni zu organisieren.[31] Wiederum ein Jahr später bezeichnet ihn das Blatt als »Stimme Amerikas«, welche die sozialdemokratische Partei in Berlin im

Auftrag des amerikanischen Geheimdienstes »auf den Kurs Adenauers und damit der amerikanischen Imperialisten« bringen solle.

Pikanterweise behauptet dies ausgerechnet Edith Baumann, frühere SAP-Genossin und erste Ehefrau Erich Honeckers, die im Dezember 1954 als Spitzenkandidatin die Liste der SED für die Wahlen zum West-Berliner Abgeordnetenhaus anführt. Von einem »Willi Brandt«, der im antifaschistischen Widerstand gewesen sei, will sie nie etwas gehört haben, wohl aber rückt sie ihn, ganz im Stile der stalinistischen Kampagne gegen den angeblichen Arbeiterverräter Trotzki, in seiner Spanienzeit an die Seite der Faschisten – wie im *Freien Wort* schon 1952 behauptet. Das Interview beweist einmal mehr, daß östliche Propaganda zwecks Verleumdung von Gegnern auch vor den armseligsten und dümmlichsten Parolen nicht zurückschreckt. Was es dennoch interessant macht, ist die Tatsache, daß Brandt hier nicht nur als sozialdemokratischer »Arbeiter-Verräter«, sondern zugleich als »Verräter an der Nation« diffamiert wird. Der norwegische Staatsbürger, der ursprünglich nicht habe nach Deutschland zurückkehren wollen, die norwegische Uniform, in der er dann auf »Anweisung« seines Geheimdienstes doch nach Berlin gekommen sei – all das suggeriert den national Unzuverlässigen in einer Zeit, da die SED sich im »nationalen Kampf« als Bannerträgerin des Einheitsgedankens versteht.[32]

Linke und rechte Diffamierung überlappen im Symbol der norwegischen Uniform, nur daß die eine Begründung, warum sie getragen worden sei, die andere völlig ausschließt. Wenn die Rechte behauptet, er habe sie übergestreift, um gegen Deutsche zu kämpfen, paßt das schwerlich zur linken Verleumdung, er habe sich mit den Faschisten zusammengetan. »Verrat an der Nation *und* an der Arbeiterklasse« ist das Leitmotiv der SED-Kampagne jener Jahre gegen Willy Brandt – beides wird ihm erneut im Februar 1955 von der SED bescheinigt, zusammen mit dem Prädikat, der »schamloseste Heuchler und Verräter« zu sein, der sich jemals in die Reihen der deutschen Arbeiterbewegung habe einschleichen können.[33] Mit dem Abrücken der SED von ihrer nationalen Kampagne schießt sich Ostberlin dann mehr und mehr auf den Bürgermeister und Anführer des rechten SPD-Flügels ein, der mit seinem NATO-freundlichen Kurs quer zur Parteilinie liegt und deshalb als »Adenauers Laufjunge« angeprangert wird.[34]

Eine Aktion zur »Entlarvung« des »Frontstadtbürgermeisters« plant der Chef der Hauptverwaltung Aufklärung des Staatssicherheitsdienstes, Markus Wolf, im Herbst 1959 höchstpersönlich, nachdem die Stasi einen früheren Angehörigen der SAP-Emigration in Norwegen verhaftet hatte. Es handelt sich um den Schriftsetzer Georg Angerer, der während der Rostocker Ostseewochen dolmetschte und nun der Zusammenarbeit mit der Gestapo in Norwegen verdächtigt wird. Ziel der Festnahme des ehemaligen SAP-Genossen ist eindeutig die »Beschaffung kompromittierenden Materials gegen Willy Brandt«, das sich allerdings trotz stundenlanger Verhöre präzise und stichhaltig aus dem Festgenommenen nur schwer herauspressen läßt. Wer die Protokolle dieser Verhöre liest, kommt schnell zu dem Ergebnis, daß dies weniger an der mangelnden Kooperationsbereitschaft Angerers als an der Tatsache gelegen haben muß, daß dieser zu wenig »Belastendes« zu erzählen wußte und sich obendrein nur vage erinnern konnte. Obwohl man ihm offenbar mit Straffreiheit winkt, kommen seine Aussagen über bloßes Hörensagen, Mutmaßungen und pauschale Beschuldigungen wie Karrierist, Opportunist oder Amerikafreund selten hinaus. Eine Ausnahme macht die Einschätzung der Weimarer Sozialdemokratie und Erich Ollenhauers, der laut Brandt als Führer der SAJ völlig versagt hat und den er als politisch impotenten, »verkalkten Organisationsknochen« betrachtet habe.

Aber so neu war ja nicht, daß Brandt in seiner radikalen Zeit die Weimarer SPD auf den »Misthaufen der Geschichte« (Angerer) wünschte und auf äußerst kritische Distanz zu Erich Ollenhauer gegangen war, auch wenn man sich Ende der dreißiger Jahre im Rahmen der von der SAP erstrebten »sozialistischen Konzentration« der Form nach wieder näher kam. Doch Wolf sieht offenbar die Chance, einen Keil zwischen den Berliner Brandt und die Bonner SPD-Führung zu treiben, Brandts Glaubwürdigkeit zu erschüttern und so seinen politischen Aufstieg und die wachsende Zustimmung zu seinem außenpolitischen Kurs zu stoppen. So schlägt er seinem Minister Mielke eine Pressekonferenz mit Max Seydewitz vor, einem der Gründer der SAP, der 1946 zur SED gestoßen ist. Außer Seydewitz sollen auch andere »Belastungszeugen« gegen Brandt aussagen, Karl Mewis zu dessen Zeit in Barcelona und Schweden, allen voran aber Georg Angerer. Wolf selbst macht in seinem Brief an Erich Mielke das ganze Unternehmen freilich davon abhängig, daß die »negativen Äußerungen des B.« über führende Persönlichkeiten der SPD erst noch präzisiert werden müßten.[35] Da dies offensichtlich nicht gelingt, bleibt es bei einem Brief, den Angerer im Sommer 1960 an Erich Ollenhauer schreibt, bei dem die Staatssicherheit ihm die Hand führt und der als klar erkennbarer östlicher Diversionsversuch in den Ablagen des Büros Ollenhauer verschwindet.

Gegen Rufmord von jenseits der Sektorengrenze gibt es keine juristischen Waffen, aber die Akten mit den einstweiligen Verfügungen und Unterlassungsklagen, den Strafanzeigen wegen Verleumdung und übler Nachrede gegen die Betreiber der Kampagne von rechts füllen einen ganzen Stahlschrank in Brandts Schöneberger Senatskanzlei. Allein in der Zeit von 1955 bis 1966 kommt es zu 80 Verfahren, doch zeigt es sich als außerordentlich schwierig, Verleumdungsprozesse zu gewinnen, zumal sie sich meist über Jahre hinziehen. Sie betreffen ja weit zurückliegende Handlungen, Situationen oder Äußerungen, und Zeugen, die in den Verfahren von beiden Seiten in großer Zahl aufgeboten werden, erweisen sich, alter Juristenweisheit entsprechend, meist als problematische Beweismittel. Die Mühlen der Justiz mahlen langsam.

Zwar werden einige Prozesse gewonnen, aber die meisten verlaufen im Sande, und gelegentlich werden Strafanträge zurückgezogen oder Vergleiche geschlossen, schon um die Verfahren des letzten Wahlkampfs nicht in den »neuen hineinrutschen« zu lassen. So begründet dies einmal Hermann Näfke, der mit Otto Uhlitz zusammen für die juristischen Abwehrschlachten des »Regierenden« im Rathaus Schöneberg zuständig ist.[36] Um ein Exempel zu statuieren, zieht Näfke wenigstens einen Prozeß bis zu einem Spruch in letzter Instanz durch: den gegen Lothar Brenner und sein Berliner *Montags- Echo*, der schließlich eine Gefängnisstrafe von einem Jahr verbüßen muß – doch vom Zeitpunkt der Strafanzeige bis zur rechtskräftigen Verurteilung vergehen immerhin vier Jahre! Aber selbst gewonnene Prozesse stoppen die Kampagne nicht, denn die einmal in die Welt gesetzten Verleumdungen beginnen ein Eigenleben zu führen, haben ihren Zweck längst erfüllt, ehe Gerichte oder Ehrenerklärungen Brandt rehabilitieren.[37]

Daß einige der Verleumder Aussagen von Brandt-Feinden in dessen eigenen Reihen bemühen können, gibt manchen juristischen Auseinandersetzungen ein »G'schmäckle«, wie die Schwaben sagen würden. Haben Brandt-Genossen in Bonn ihnen etwa Material zugespielt? Die Frage taucht auf, als sich Hans Frederik wegen des Buches »Die Kandidaten« vor Gericht verantworten muß, das pünktlich zum Wahlkampf 1961 erschien. Darin bezichtigte er Brandt unter anderem, er sei in Barcelona 1938 ein GPU-Agent gewesen, auch habe er in der schwedischen Emigration mit Deutschland nichts mehr zu tun haben und dorthin nach dem Krieg auch nicht zurückkehren wollen. Vor Gericht machen Frederiks Anwälte plötzlich geltend, kein anderer als der alte SAP-Genosse Peter Blachstein habe Brandt wegen seiner Haltung im spanischen Bürgerkrieg bei einer internen Besprechung der Hamburger Delegierten auf dem Düsseldorfer SPD-Parteitag 1948 als GPU-Agenten bezeichnet. Brandt hatte zwar damals davon erfahren, es jedoch als typischen »Emigrationsstunk« zunächst bewußt niedrig gehängt. Erst als ihn Herbert Wehner darauf ansprach, hat er dann dem Parteivorstand eine Stellungnahme zugeleitet und den Fall aus seiner Sicht klargestellt.[38]

Zu seiner Verteidigung kann Frederik auch eine kritische Stellungnahme des SAP-Kameraden Siggi Neumann vorlegen, des ersten Leiters des Ostbüros in Hannover. Darin wird behauptet, in der schwedischen Emigration sei der frischgebackene norwegische Staatsbürger Brandt »fast von allen Emigrantenkreisen als *deutscher* Sozialist abgeschrieben« worden. Wie die Behauptung Blachsteins, ist auch die Neumanns nicht neueren Datums, sie stammt vielmehr aus dem Jahr 1947 und war damals als Votum gegen die Berufung Brandts zum Vertreter des Parteivorstands in Berlin gedacht. Beider Ressentiment gegen Brandt rührt aus jener Zeit in Barcelona, als sie sich vom Volksfrontkurs Brandts und der SAP-Gruppe um Walcher lossagten und eindeutig für die POUM-Taktik der revolutionären Aktion während des Bürgerkriegs entschieden. Nur: Wie hatten diese Papiere den Weg aus den Parteivorstandsarchiven zu Frederik finden können? Sitzen da noch 1960/61 einige erbitterte Brandt-Feinde im sozialdemokratischen Apparat, die seinen Verleumdern zuarbeiten?

Für Rut Brandt gehören jene Intrigen und heimtückischen Angriffe, die bis in die Zeit der Emigration zurückreichen, »zu den dunkelsten Erinnerungen«, die sie an Nachkriegsdeutschland hat: »Es war eine neue, bittere Erfahrung, daß Ränkespiel und Verleumdung Teil politischer Kampagnen waren«, klagt sie in »Freundesland«, niemals in ihrem Leben sei sie so unglücklich gewesen wie in diesen Wahlkampfzeiten. Man schickt ihr anonyme Briefe, Drohungen gegen die Kinder, einmal fährt eine Umzugsfirma am Marinesteig 9 mit dem Auftrag vor, das Haus auszuräumen und die Möbel nach Westdeutschland zu transportieren. Der Höhepunkt dieser Schmutz- und Verunsicherungskampagne wird erreicht, als ihr ein Passauer Verlag »Auszüge aus intimen Briefen und Erinnerungen« zuschickt, »die eine Bekannte von Willy angeblich zum Druck angeboten hatte«.[39]

Es handelt sich natürlich um die zärtlichen Zeilen, die Susanne Sievers und Willy Brandt gewechselt hatten und die Hans Frederik, eine höchst dubiose Figur mit Beziehungen zur CSU-Zentrale *und* nach Ostberlin, unter dem Titel »... da war auch ein Mädchen« in der Endphase des Wahlkampfs auf den Markt wirft. Ursprünglich österreichischer Sozialdemokrat, aber seit Jahren von der eigenen Partei ausgeschlossen, betreibt Frederik einen kleinen Verlag in Inning am Ammersee und versorgt den Verleger der *Passauer Neuen Presse*, Hans Kapfinger, mit belastendem Material. Für den militanten Katholiken und Kommunistenjäger Kapfinger ist Frederik nach England gereist, um die Vergangenheit des Emigranten Ollenhauer zu durchleuchten, für diesen McCarthy aus Niederbayern fuhr er nach Skandinavien, um alte Brandt-Gegner aufzutun, Archive nach »knallroten« Artikeln Brandts zu durchforsten und »christdemokratisches Licht« in dessen Emigrationsjahre zu bringen.[40] In Stockholm versuchte er, im Archiv der Schwedischen Arbeiterpartei den Nachlaß Kurt Heinigs einzusehen – ein Unternehmen, das Fritz Heine mit Hilfe des Sohns von Heinig in letzter Minute verhindern kann.[41] Beide, Kapfinger und Frederik, erscheinen als Hauptdreckschleudern in diesem untergründigen Wahlkampf, der die Emigration zum Makel machen und den Kampf gegen Hitler als Verrat am Vaterland abstempeln soll.

Über Kapfingers Wahlkampfillustrierte *Aktuell* finden die giftigen Essenzen ihres Wahlkreuzzugs Verbreitung in vielen gutbürgerlichen Redaktionsstuben und sickern in zahllose Artikel ein. In der Schnulze »... da war auch ein Mädchen«, das unter dem fiktiven

Autorennamen Claire Mortensen erscheint und Faksimiles der Briefe Willy Brandts an Susanne Sievers enthält, wird der Kandidat mit dem unbürgerlichen Lebenslauf zu einem moralischen Katholikenschreck aufgeblasen: als nikotin- und alkoholsüchtiger Casanova, der seine alte Lebens- und Kampfgefährtin sitzen, sich dann von seiner ersten Ehefrau scheiden ließ und die zweite mit jener Briefpartnerin betrog, für die er nach ihrer Entlassung nicht sorgte, obschon die Stasi-Agentin doch angeblich nur seinetwegen im DDR-Zuchthaus eingesessen hatte.

Frederiks Motto, mit dem er die Veröffentlichung rechtfertigte, könnte auch von den evangelischen Fundamentalisten der amerikanischen Republikaner stammen, die Präsident Clinton durch *impeachment* stürzen wollten: Das private Leben eines im öffentlichen Leben stehenden Menschen, so der Klappentext, interessiere immer, denn die private Sittlichkeit sei »die Grundlage für Bewährung und Wahrhaftigkeit«. Das Mortensen-Pamphlet wird auf Antrag des Regierenden beschlagnahmt und eingestampft, aber die Wirkung auf den Kandidaten, dessen Nerven durch Wahlkampf und Berlin-Krise ohnehin bis zum Reißen angespannt sind, ist niederschmetternd. Er fühlt sich zutiefst getroffen und verletzt, voller Abscheu vor den infamen Methoden der Gegner droht er damit, alles hinzuschmeißen – den Wahlkampf und den Job des Regierenden gleich dazu.

Es ist ein Verhaltensmuster, das sich in späteren Krisen wiederholen soll. Viele Zeitzeugen rühmen Brandts Gedächtnis, das angeblich dem eines Elefanten glich, doch eine Elefantenhaut besaß er wahrlich nicht – im Gegenteil. Heinrich Albertz, hier eher Seelsorger denn Kanzleichef, braucht Stunden guten Zuredens, um ihn aus seinen schweren Depressionen zu lösen. Wie tief der Schlag sitzt, zeigt eine Bemerkung Brandts: Wenn er nur an seine Frau und sich selbst zu denken hätte und nicht durch Amt und Aufgaben gebunden wäre, dann gäbe es nur eine Antwort – »die mit der Hundepeitsche«.[42]

Aber wie gelangen die Briefe Brandts in die Hände Frederiks? Daß der windige Verlegertyp auf mindestens zwei Schultern trug, nicht nur für Kapfinger arbeitete, sondern auch für die Hauptverwaltung Aufklärung des Markus Wolf, wurde zwar schon Anfang der sechziger Jahre vermutet, aber ein sicherer Nachweis konnte erst nach der Wende gelingen. Unter dem Decknamen »Fredy« – sehr einfallsreich waren die Herren von der Sicherheit mit der Wahl von Tarnnamen wirklich nicht! – wurde der Österreicher mit Manuskripten und Dokumenten beliefert, die er weitergab oder im Auftrag der Ostberliner Desinformazia selbst zu Büchern verarbeitete.[43]

Hat Susanne Sievers, die laut Markus Wolf ja als »Lydia« bis zum Bau der Mauer ihren Salon mit Stasi-Zuschüssen betreibt, die Briefe selbst nach Ostberlin gegeben, und sind sie von dort an Frederik weitergeleitet worden? Völlig abwegig wäre ein solcher Verdacht nicht. Wolf räumt durchaus ein, daß er das Material zu dem Mortensen-Buch mitsamt dem Briefwechel zwischen Bär und Puma vor dem Erscheinen von Frederiks Machwerk vorliegen hatte, aber die Veröffentlichung der intimen Zeilen will er nicht veranlaßt haben.[44] Ihm war damals bekannt, daß Frederik auch für rechte Auftraggeber käuflich war, doch hat das die Staatssicherheit offensichtlich an einer Zusammenarbeit mit ihm nicht gehindert, zumal der Verleger aus Inning bereit war, gezielte Desinformations-Aufträge – Veröffentlichungen über Otto John, Herbert Wehner und auch Franz Josef Strauß – zu übernehmen.

Wahrscheinlicher ist, daß Susanne Sievers, die damals bereits für den Verein »Rettet die Freiheit« arbeitete und von Strauß beruflich gefördert wurde, einen Faksimile-Satz ihrer Briefe nicht nur Wolf, sondern auch dem CSU-Chef gegeben hat, der sie dann an seinen Spezi Kapfinger weiterleitete. Der *Spiegel* jedenfalls, der wie Brandt mit Kapfinger prozessiert und mit dessen Rechtsabteilung die Juristen im Schöneberger Rathaus regen Austausch pflegen, will über entsprechende Informationen verfügen. So soll sich Strauß gegenüber Carlo Schmid im Sommer 1961 gebrüstet haben, daß sich in seinem Panzerschrank Briefe Willy Brandts an Susanne Sievers befänden.[45]

Kein Zweifel, daß Brandt das Opfer einer üblen Emigrantenhetze wird, die an postfaschistische Instinkte im Volke appelliert. Es kostet ihn viel Zeit und Energie, »Aggressionen dieser moralischen Erbärmlichkeit abzuwehren«. Oft ist er deprimiert, und gelegentlich will er einen sarkastischen »Gegen-Fragebogen« zu Ernst von Salomons ironischem Rechtfertigungsbuch schreiben: »Warum waren Sie eigentlich nicht Nationalsozialist? Warum waren Sie nicht für Hitlers Krieg? Weshalb haben Sie sich nicht totschlagen lassen?«[46]

Zeit-Verleger Gerd Bucerius wirft seinem Parteifreund Adenauer vor: »Ihr Angriff auf die politische Vergangenheit von Brandt fand besonders Anklang bei jenen, die noch im Nationalsozialismus wurzeln.«[47] Egon Bahr spricht vom »geistigen Gift der Hitlerjahre«, das erst in Form einer Flüsterkampagne, schließlich ganz offen auf Flugblättern und Wahlplakaten gegen den SPD-Spitzenkandidaten eingesetzt worden sei.[48] Und Rut Brandt kann bis heute nicht verstehen, warum diese »üble Stimmungsmache« von den Sozialdemokraten damals nicht offen beantwortet wurde: »Sie wollten die Kampagne totschweigen; so meinten sie, die Gerüchte am besten unterdrücken zu können. Wäre das nicht möglich, sollten die schlimmsten Anschuldigungen durch einstweilige Verfügungen unterbunden werden. Meinten sie, daß eine breite und offene Debatte über die Rolle der Emigranten in der deutschen Politik zu riskant wäre?«[49]

Auf dem Parteitag in Hannover, auf dem er zum Kanzlerkandidaten bestellt wurde, hatte Brandt seine Vergangenheit selbst offen angesprochen: Er habe es nicht nötig, sich etwa deswegen zu rechtfertigen, »daß ich schon in jungen Jahren ein konsequenter Gegner jenes Regimes gewesen bin, das uns den Terror und den Krieg brachte und das den schlimmsten nationalen Verrat bedeutete«.[50] Nein, dazu hatte er wahrlich keinen Grund in einem Land, das seinen Justizapparat nicht von NS-Richtern gesäubert und den neu aufgebauten Auswärtigen Dienst weitgehend aus dem Reservoir früherer NSDAP-Mitglieder der alten Wilhelmstraße rekrutiert hatte; vor allem: dessen Staatssekretär im Kanzleramt einst die Nürnberger Gesetze kommentierte – zusammen mit seinem Vorgesetzten im Reichsinnenmisterium, Wilhelm Stuckart, der auch die 51. Ausbürgerungsliste von Politemigranten unterschrieben hatte, auf der Herbert Frahm aus Lübeck verzeichnet war.

Wenn die CDU Krieg mit verstaubten Manuskripten führen will, wenn mit Hilfe alter Zitate des damals 23jährigen Brandt der SPD-Kandidat als »Roter« mit »Vergangenheit« vorgeführt werden soll, was liegt da näher, als daß auch die SPD in die Archive geht, um mit gleichen Waffen zurückzuschlagen? Fündig würde sie allemal – die »formelhaften Nazi-Bekundungen in Doktorarbeiten und Artikeln unserer Bundesminister«, schreibt Rudolf Augstein, seien gewiß nicht »schätzenswerter«. Zudem habe Brandt im Kampf zwischen Demokratie und Unfreiheit auf der richtigen Seite gestanden, Globke auf der falschen.[51] Wollen wir das wirklich, fragt Brandt, wollen wir Artikel und Bücher aus den Archiven herausnehmen und mit oft flüchtigen, in ganz anderen historischen Situationen für den Tag geschriebenen Satzfetzen einen Wahlkampf austragen, der über die künftige Politik in der Bundesrepublik entscheiden soll? Wenn ja, dann müßte Brandt gar nicht einmal in die NS-Zeit zurückgehen, es genügte, an den Adenauer von 1946 zu erinnern, der das »heidnische« Berlin nicht wieder zur neuen Hauptstadt machen wollte, weil damit »geistig ein neues Preußen« geschaffen werde.

Eine glückliche Hand in diesen Auseinandersetzungen läßt sich leider weder Brandt noch seiner Partei bescheinigen. Von Souveränität, die der Kandidat auf dem Hannoveraner Parteitag vorgegaukelt hatte, ist wenig zu spüren, dafür reagiert er auf alle ehrenrührigen Anspielungen, die seine Vergangenheit betreffen, zu mimosenhaft-empfindlich – als »Boxer mit dem Glaskinn«, wie ein Kommentator spöttisch behauptet.[52] »Er ließ sich in die Defensive drängen und verteidigte sich wie ein Angeklagter«, urteilt Hans Georg Lehmann. »Und wenn er schon einmal zum Angriff überging, dann schoß er in seiner Erregung teilweise über das Ziel hinaus; so, als er z.B., ohne Beweise zu haben, andeutete, daß es Globke sein könne, der die Ausbürgerungsakte gegengezeichnet habe oder die Kampagne gegen ihn mit geheimen Mitteln des Bundeskanzleramts finanziere.« Kritik verdient aus Lehmanns Sicht vor allem Brandts eigener Umgang mit seiner Emigration: Statt in aller Offenheit über sie zu reden und eine Auswahl aus seinen Exilschriften zu veröffentlichen, vermeidet er soweit wie möglich, über seine Vergangenheit zu sprechen und schürt damit den Verdacht, er schäme sich ihrer oder habe etwas zu verbergen. »Es wäre auch am besten gewesen«, meint Lehmann, »die ›angegriffenen‹ Textstellen aus den schwer beschaffbaren Exilschriften in ihrem originären Wortlaut und Kontext zu publizieren und damit langfristig den Zitatenfälschern und -verstümmlern das Handwerk zu legen«.[53]

Ob letzteres wirklich hätte gelingen, ob es zur Versachlichung der Wahlkämpfe 1961 und 1965 hätte beitragen können, steht dahin. Doch stachelt Brandt mit seiner ersten Autobiographie, die er, gerade einmal 47jährig, rechtzeitig vor dem Wahlkampf veröffentlicht, die Neugier feindlicher Zitatenjäger eher an. Denn »Mein Weg nach Berlin«, ein *public relations*-Buch, das vom New Yorker

Verlagshaus Doubleday zeitgleich in Amerika, Skandinavien, Japan, Holland, Italien, Frankreich und Deutschland auf den Markt gebracht wird, stellt eine eher geglättete, purifizierte Version seines Lebenslaufs dar. Ein erklärter politischer Gegner wie der Leitartikler des *Rheinischen Merkur*, Otto B. Roegele, spricht vom »künstlichen Nebel« einer von Brandt inspirierten Darstellung, die dem »unbarmherzigen Licht der Dokumente« kaum standhalten werde. In der Tat ist allein die Form dieses Lebensberichts ungewöhnlich: Nach Erzählungen von Brandt wurde er von Leo Lania aufgezeichnet, einem russischen Exilanten, der vor Mussolini und Hitler nach Amerika geflohen ist und den Brandt während seiner Weltreise 1959 in Amerika kennenlernte. Offiziell hat das Buch also zwei Autoren, aber es ist durchweg in der Ich-Form gehalten, so daß dem Leser letztlich verborgen bleibt, was von Lania stammt und was von Brandt.

Unstreitig ist, daß Brandt bei der Veröffentlichung von Exilschriften bis in seine späte Zeit erhebliche, wohl taktisch bedingte Vorsicht walten läßt und damit genau das Gegenteil von dem tut, was Lehmann sich gewünscht hätte. In »Draußen«, das nach den verlorenen Wahlen von 1965 erscheint und eine repräsentative Auswahl dessen vermitteln will, was er im Exil gedacht und geschrieben hat, sind jene Passagen über die spanische Kirche, aus denen die CDU gegen ihn zitiert hat, nicht enthalten, die veröffentlichten Exzerpte aus dem Referat »Ein Jahr Krieg und Revolution in Spanien« betreffen ausschließlich seine Einschätzung der spanischen KP unter russischem Einfluß und die Möglichkeiten einer spanischen Arbeiter-Einheitsfront.[54] Und als die SPD-nahe *Neue Gesellschaft* diesen Vortrag, den er im Juli 1937 auf einer erweiterten Sitzung der SAP-Parteileitung in Paris gehalten hat, in ihrem Januarheft 1987 veröffentlicht, läßt sich die Behauptung der Chefredaktion, er werde »dokumentiert«, bei genauerem Hinsehen leider nicht halten. Was das Blatt veröffentlicht, ist um ausgerechnet jene Sätze gekürzt, welche die CDU schon im Wahlkampf 1961 gegen Brandt ins Feld führte. Da hatte es ursprünglich geheißen, die katholische Kirche sei nicht nur der erste Grubenbesitzer im Lande gewesen, sondern habe »alle Arten von Unternehmungen, von Banken und Fabriken bis zu Zeitungen und Bordellen« betrieben. Der Satz wurde gestrichen. An anderer Stelle sagte Brandt damals: »Ein reinigender Sturm hat die Kirchen und Klöster gesäubert.«[55] Auch diese Bemerkung sucht man in der *Neuen Gesellschaft* vergeblich. Selbst wer um den Pakt der katholischen Kirche Spaniens mit den Mächtigen weiß, um den unglaublichen Mißbrauch, den vor allem der hohe Klerus mit seiner Machtstellung in Politik und Gesellschaft trieb, wird angesichts der Brutalität, mit der die spanischen Anarchisten 1936/37 Klöster und Kirchen in Brand steckten und Priester, Mönche und Nonnen hinmetzelten, kaum von einem »reinigenden Sturm« sprechen können. Daß sich ein 23jähriger im Übereifer linker Überzeugungen in der Wortwahl vergreift, mag öfter vorkommen. In »Links und frei« spricht ein beinahe schon altersweiser Brandt 1982 vielleicht zu maßvoll-milde davon, daß er damals, »von den ihm eingepflanzten Voreingenommenheiten angestachelt, in seinen Anklagen [gegen die katholische Kirche in Spanien] eher übertrieben« habe.[56]

Kirchenfeindliche Töne des frühen Brandt passen nicht in die sozialdemokratischen Wahlkämpfe der sechziger Jahre, im Gegenteil – in einem *Spiegel*-Interview 1961 betont Brandt seine Nähe zur Kirche, wenn auch zur protestantischen: In Lübeck getauft, sei er nie aus der Kirche ausgetreten, mit Erwerb der norwegischen Staatsbürgerschaft automatisch Mitglied der norwegischen Staatskirche geworden und habe seine zweite Frau Rut kirchlich geheiratet. Er bezeichnet sich, was er wohl bis an sein Lebensende gewesen ist: als einen Agnostiker, aber als Familienvater ist der Willy Brandt der Berliner Jahre ein Folklore- und Festtagschrist. Mit den Söhnen geht er Weihnachten, manchmal auch Ostern in die Kirche, allerdings ohne Rut, der die deutschen Pastoren zu dräuend predigen und zu viele himmlische Strafen von der Kanzel in Aussicht stellen. Der Älteste drängt darauf, konfirmiert zu werden, weil er Mitglied der Evangelischen Jugendschaft Jochen Klepper ist, einer Art christlicher Pfadfindergruppe, und die Konfirmation dort einfach zum guten Ton gehört. Und weil Peter es wünscht, geschieht es für seinen Bruder Lars gleich mit.

Unlieb wird dem Vater dies mit Blick auf den Wahlkampf kaum gewesen sein, hat er sich doch, nach der Nominierung zum Kanzlerkandidaten, um eine Audienz bei Johannes XXIII. bemüht und sie – trotz etlicher Querschüsse aus dem christdemokratischen Bonn – zu guter Letzt auch erhalten. Nur Rut, die bereits das von der Etikette vorgeschriebene schwarze Kleid angelegt und den Hofknicks einstudiert hatte, wurde in letzter Minute ausgeladen. Die Begründung – daß der Papst keine Protestanten in Privataudienz empfange und vor allem keine Geschiedenen – wollte ihr so recht nicht einleuchten: Willy sei doch derjenige, der sich habe scheiden lassen und nicht sie, sagt sie dem deutschen Botschafter spitz.[57] Dennoch: Brandt macht sich im Frack allein auf den Weg in den Vatikan.

Es ist die Zeit, da die Sozialdemokraten den Graben zu den Kirchen zuschütten und sie als politische Kraft neutralisieren wollen. Der Laienprediger Herbert Wehner spricht vor dem Altar der Hamburger Michaeliskirche über das Thema »Mit der Kirche leben«, und der Parteivorstand veröffentlicht eine Broschüre über »Katholiken und das Godesberger Programm«, dessen Umschlag in den Kirchenfarben violett und weiß gehalten ist. Willy Brandt äußert in einem Vortrag die »Überzeugung eines Protestanten«, daß es für Politiker nur ein »vorletztes Handeln gibt und der Staat nicht die Stelle göttlicher Macht beanspruchen darf«.[58] Und als Max Köhler, genannt »Mäcki«, Redakteur des Blättchens *Stimme des Freidenkers* und Vorsitzender des marxistischen Arbeitskreises der SPD in Berlin, in einem Artikel über »Humanismus, die Juden und die Christen« Luthers flammende Feindschaft gegen die Israeliten anprangert, stimmt Brandt ungerührt dem Ausschluß seines alten SAP-Genossen aus den Reihen der SPD wegen parteischädigender Äußerungen zu.

So liberal und großzügig, wie er sich später als der große Integrator und Parteipräside zeigen wird, ist der SPD-Landesvorsitzende und Spitzenkandidat Anfang bis Mitte der sechziger Jahre keineswegs. Sein alter SAP-Genosse hatte im *Freidenker* im Februar 1961 geschrieben, die Bundesrepublik habe sich anstelle der Juden heute offenbar Kommunisten und Sozialisten als Verfolgungsopfer auserwählt. Der Humanismus habe im Kampf gegen die christlichen Kirchen durchgesetzt werden müssen, aber leider habe man von diesen Kirchen bis heute nicht gehört, daß Inquisition, Hexenverbrennungen und die Massenaustreibung Andersgläubiger zur christlichen Lehre im Widerspruch stünden. Gegenüber Chruschtschow, der den Stalinisimus auf dem XX. Parteitag der KPdSU als Verbrechen bezeichnete, hätten sie mithin einen Nachholbedarf.[59]

In einer Antwort an ein SPD-Mitglied, das sich für Köhler verwendet, verteidigt Brandt den Ausschluß: Köhler »... beschimpft die erdrückende Mehrheit unseres Volkes. Er stellt sozusagen Chruschtschow den Kirchen als lobendes Beispiel hin«, belehrt Brandt den Freidenker-Freund. »Diese Partei hat sich durch das Godesberger Programm gerade in ihrer Stellung zu den beiden Kirchen in eindeutiger Weise festgelegt. Sie bindet nicht das Gewissen des einzelnen; aber sie verlangt von jedem Sozialdemokraten, daß er Auftrag und Aufgabe der Kirchen ernst nimmt und daß er die religiöse Überzeugung seiner Mitbürger achtet.«[60] Als der alte Mitstreiter eine Aussprache mit ihm sucht, findet der Regierende keinen Termin. Statt dessen schreibt er Köhler einen Brief, in dem er zwar bedauert, daß es zu diesem Bruch kommen mußte, doch am Vorwurf des parteischädigenden Verhaltens festhält: »Man kann nicht zugleich innerhalb und außerhalb der Partei sein. Eine saubere Trennung ist unter solchen Umständen für alle Beteiligten besser.«[61] Weil der Ausgeschlossene beim Schiedsgericht in Bonn, dem unter anderen Annemarie Renger angehört, mehr Verständnis findet, wird er anderthalb Jahre später wieder in die Partei aufgenommen.

Warum diese harte Gangart bei einem vom Naturell doch eher auf Freiheit der Diskussion und Leben-und-leben-lassen eingestimmten Brandt? Nach ihrem Sieg über den Neumann-Flügel, so die Erklärung von Hans-Jürgen Hess, sucht die nun herrschende Parteirechte in Berlin alles exemplarisch zu bestrafen, was das Bild der Geschlossenheit nach außen trüben könnte. Und daß der sonst doch eher tolerante Brandt sich persönlich bei der Verfolgung von Opponenten engagiert, erklärt er mit dessen Furcht, vor der Bundestagswahl könne der Eindruck entstehen, die Berliner SPD zerfleische sich selbst, und der Kandidat für das Bundeskanzleramt sei nicht einmal in der Lage, sein kleines Haus in Ordnung zu halten.[62]

Klaus Schütz sichert die inzwischen überwältigende rechte Mehrheit im Landesverband durch die Einführung des Blockwahlsystems, das nur Wahlzettel kennt, auf denen genau 23 SPD-Mitglieder für 23 verfügbare Positionen aufgeführt werden – einige wenige Sozialdemokraten der linken Minderheit sind dabei meist auf den hinteren Listenplätzen vertreten. Da Stimmzettel ungültig sind, wenn nicht 23 Kandidaten angekreuzt werden, sind die Oppositionellen in der Berliner Partei also gezwungen, von ihnen bekämpfte Kandidaten der Mehrheit mitzuwählen – ein Verfahren, das nach langem Prozessieren vom Berliner Landgericht als undemokratisch und gesetzwidrig verworfen wird. Der Bundesgerichtshof bestätigt diesen Spruch schließlich in letzter Instanz.[63]

Als die erbarmungslose Rigidität der rechten Berliner Führung auch »Texas-Willy« zu spüren bekommt, der populäre, stets auf Extratouren bedachte Bezirksbürgermeister von Kreuzberg, beschleichen Willy Brandt Zweifel, ob derlei hartes Durchgreifen nicht kontraproduktiv und deshalb für die SPD schädlich sei. Willy Kressmann, der ebenfalls Mitglied der SAP gewesen ist und sich dem *mainstream* der West-Berliner Politik nicht recht einpassen will, hatte auf einer USA-Reise die Mauer als »Ergebnis der Politik des Ostens *und* des Westens« bezeichnet – eine im Rückblick gewiß vertretbare, für das damalige Empfinden allerdings unzeitgemäße Feststellung, die einen Sturm der Entrüstung in West-Berlin entfacht. In manchen seiner Äußerungen eilt er der späteren Politik nur voraus – aber der West-Berliner Landesvorstand straft ihn ab, und die Begründung, mit der er seine drakonische Maßnahme rechtfertigt, spricht Bände über das damalige Rollenverständnis der Berliner Sozialdemokraten: Die Partei fühle sich als »Sprecher für die Berliner Bevölkerung«, und die mache »für die Errichtung der Mauer und die Unterdrückung der Menschenrechte allein die kommunistischen Machthaber verantwortlich ...« Kressmann verliert das Recht, Ehrenämter in der SPD zu bekleiden und wird als Bürgermeister von Kreuzberg abgewählt.

Willy Brandt hatte die Äußerungen des eigenwilligen Genossen mit dem ausgeprägten Hang zur Politshow im Abgeordnetenhaus demonstrativ gerügt. Aber daß ein durch allgemeine Wahlen an die Spitze der Bezirksverwaltung aufgestiegener Bürgermeister schlicht durch den Ukas einer Partei abgesetzt werden kann, führt weit über Berlin hinaus zu heftiger Kritik. Besorgt greift Brandt deshalb im norwegischen Urlaub zur Feder: Die Affäre Kressmann, schreibt er seinem Mitstreiter Kurt Mattick, sei der »ernsteste Rückschlag im Inneren«, den die Berliner SPD seit Jahren erlitten habe. Um künftigen Schaden zu verhindern, müßten die möglichen öffentlichen Reaktionen bei künftigen Parteistrafen vorsorglich einkalkuliert werden. Vor allem mahnt er mehr Verhältnismäßigkeit der Mittel an: nur auf eine akute Gefahr sei mit disziplinarischen oder statutenmäßigen Maßnahmen zu antworten, einer latenten und potentiellen dagegen – wie im Falle Kressmann – würde besser politisch begegnet.[64]

Geschlossenheit der Partei mag mit Blick auf den Wähler wichtig sein. Glaubt man den Analysen der Wahlforscher, dann befand sich »das persönliche Image Willy Brandts im Jahre 1961 zeitweilig auf einem Höhepunkt, wie er nicht besser zu wünschen sein konnte« – nur fehlten weiten Kreisen der Bevölkerung zur gleichen Zeit am Bild der SPD »die Züge der Entschiedenheit, Stärke und Stetigkeit«.[65] Im Ansehen stand der Kandidat als nationale Integrationsfigur weit über dem seiner Partei, der viele Wähler weiterhin mißtrauten. Außerhalb der SPD-Anhängerschaft aber, so sieht es Klaus D. Eberlein vom Bielefelder Emnid-Institut, gab es gegenüber der neuen Parteilinie der SPD ein weitverbreitetes Gefühl der Unsicherheit: Handelte es sich vielleicht doch nur um ein wahltaktisch bedingtes Manöver, als die SPD mit ihrer Oppositionsvergangenheit gebrochen und Brandt, den Verfechter der Gemeinsamkeit, als ihren Kandidaten auf den Schild gehoben hatte?

Wenn das Wahlergebnis 1961 magerer ausfiel, als Willy Brandt und die SPD es sich nach dem 13. August erhofft hatten, mag dies auch damit zu tun haben, daß der Kandidat keine klar erkennbaren Alternativen angeboten hat. Rudolf Augstein beklagte, daß der Wähler nie erfahren habe, warum die Partei ihre Ansichten änderte – die Berater des Kanzlerkandidaten hätten diesem wohl weisgemacht, er müsse als der große Gemeinschaftskandidat auftreten, der, »hoch über dem Politiker-Gezänk, nur noch Deutsche und keine Parteien mehr kennt«.[66]

Klaus von Dohnanyi, damals beim Münchner Umfrage-Institut Infratest, ermuntert Brandt vergebens, sein »fortschrittliches Konzept einer Europa-Politik nach Osten«, die Annäherung an die Satellitenstaaten Moskaus, profilierter vorzulegen. Der Wahlkampf, schreibt Dohnanyi, sei mit dem Mauerbau »politischer« geworden, denn die Begriffe von einer »realistischen Politik« hätten sich verschoben: Die Bevölkerung beginne zu begreifen, daß der »große Realist Adenauer« entweder kein Realist oder unaufrichtig gewesen sei.[67] Das hat Dohnanyi damals gewiß richtig eingeschätzt. Aber selbst, wenn Brandt diesen gut gemeinten Ratschlägen gefolgt wäre, hätten sie 14 Tage vor dem Wahltag kaum noch etwas bewirken können. Als der Regierende am Wahlabend von Berlin nach Bonn fliegt und ihm die ersten Teilergebnisse mitgeteilt werden, zeigt er sich enttäuscht. Und Parteichef Ollenhauer, so weiß Brandt zu berichten, habe ihn in der Baracke mit der abschätzigen Bemerkung empfangen, daß andere eben auch nur mit Wasser kochten.[68]

Aber Grund für Brandt-typische Depressionen liefert das Wahlergebnis von 1961 keineswegs, und im Gegensatz zu dem vier Jahre später läßt es sich auch nicht als empfindliche Niederlage deuten. Wer hätte die hochgespannte Erwartung, gleich im ersten Anlauf Adenauer und die CDU aus dem Regierungssattel zu werfen, je für realistisch gehalten? Zwar hat Brandt sein Ziel, daß eine Regierungsbildung ohne oder gegen die SPD nicht mehr möglich sei, nicht erreicht. Aber er hat der SPD immerhin einen Stimmenzuwachs von 4,4 Punkten gebracht und sie mit 36,2 Prozent deutlich aus dem roten Turm geführt. »Fast vierzig Prozent der Sitze«, meint er stolz, »das war das beste Ergebnis der Sozialdemokratie seit den Wahlen zur Nationalversammlung 1919.«[69] Adenauers falsches Taktieren nach dem 13. August, der mit der Mauer erbrachte steinerne Beweis, daß seine bisherige Deutschlandpolitik endgültig gescheitert ist, vielleicht auch die durch die Kennedy-Welle aufgeworfene Altersfrage – er war immerhin 85 Jahre alt – haben die CDU mehr als die absolute Mehrheit gekostet. Jetzt ist Kanzlerdämmerung angesagt. Die Regierungspartei hat insgesamt 4,8 Prozentpunkte verloren, Gewinn der SPD und Verlust der CDU halten sich somit beinahe die Waage, und Brandt hat – Herbert Wehner betont ausdrücklich dieses Verdienst – den Stimmenvorsprung der CDU gegenüber 1957 halbieren können. Daß Konrad Adenauer das Amt aufgeben muß, scheint nur noch eine Frage der Zeit, zumal die FDP, der große Gewinner der Wahl, zwar mit der CDU, nicht aber unter dem alten Kanzler koalieren will. Wenn es schließlich doch zu einer CDU/FDP-Regierung mit Adenauer an der Spitze kommt, dann nur, weil der Kanzler schriftlich versichert, er werde während der neuen Legislaturperiode sein Amt zugunsten eines Nachfolgers rechtzeitig vor den Wahlen niederlegen.

Die Freien Demokraten waren auf 12,8 Prozent geklettert und hatten die Stimmen all derer sammeln können, welche Adenauer nicht mehr vertrauten und vom Kurswechsel der SPD nicht überzeugt waren. Zumindest rechnerisch bot sich, wenn auch auf hauchdünner Mehrheitsbasis, erstmals eine Chance für eine Regierung von SPD und FDP gegen die CDU. Zwar führte Brandt im Hause eines Industriellen im Ruhrgebiet ein Gespräch mit Erich Mende über eine mögliche Koalition, aber es kam über den freundlich-unverbindlichen Austausch von Meinungen und ein vorsichtiges Abtasten künftiger Intentionen kaum hinaus. Er selbst denkt ja damals nicht an eine fragile kleine Koalition, sondern gibt einer Allparteienregierung den Vorzug, die er durch den nationalen Notstand seit dem 13. August gerechtfertigt sieht – eine Meinung, die vom SPD-Präsidium geteilt wird und die Bundespräsident Lübke nachhaltig unterstützt. Doch der für die Sozialdemokratie denkbare CDU-Kanzler eines solchen Kabinetts der nationalen Konzentration, Eugen Gerstenmaier, scheitert am Widerstand in den eigenen Reihen. Nicht nur Adenauer, sondern auch die führenden Männer der CDU-Fraktion, Erhard, Strauß und Schröder, votieren sowohl gegen eine Allparteien- als auch gegen eine Große Koalition.

In einer Regierung der nationalen Konzentration hätte Brandt Außenminister werden können – wo aber wäre sein Platz, würde er sich für das Bleiben in Bonn entscheiden, auch nachdem die Aussicht auf eine Regierungsbeteiligung der SPD geschwunden ist? Allein die Frage aufwerfen zeigt, daß im Herbst 1961 seine Stellung im Machtapparat der Gesamtpartei institutionell keineswegs abgesichert ist. Formell gehört er nicht einmal dem wichtigsten Gremium, dem Präsidium an, und jene Publizisten, etwa Ulrich Lohmar[70], die meinen, der Kanzlerkandidat sei seinen Wählern schuldig, den Stuhl des Regierenden in Berlin gegen den des Oppositionsführers zu tauschen, scheinen zu vergessen, daß Ollenhauer formell der Fraktion vorsteht und Fritz Erler praktisch ihr Führer ist. »In der Fraktion«, schreibt Hartmut Soell, »war er [Erler] der *Erste.* Niemand hat seit Anfang der sechziger Jahre versucht, ihm diese Position streitig zu machen« – und auch Brandt unternimmt es nicht, zumal er die Aufgabe in Berlin angesichts der sich weiter zuspitzenden Krise zu Recht für wichtiger hält.

Ob dabei auch die Einsicht eine Rolle spielt, daß ihm in dem Bonner Arbeits- und Redeparlament die für einen Oppositionsführer unumgängliche »sachliche Schärfe« fehlt, wie Kritiker anmerken, kann deshalb ruhig offen bleiben.[71] Sicher erstrecken sich seine Vorzüge eher auf intuitives Denken und die »Methode der indirekten Machtausübung«, wie Kurt Klotzbach sie einmal beschreibt; Fähigkeiten dagegen, die Fritz Erler zum herausragenden Oppositionsführer machen, sind seine Sache nicht. Erler hat den nötigen Biß und reagiert blitzschnell, er versteht sich auf die präzis-konkrete Erfassung der jeweils situationsbedingten Möglichkeiten und steht auch die schärfste, direkte Konfrontation mit dem Gegner im Parlament mühelos durch.[72]

Übrigens ist es wiederum Herbert Wehner, der als erster die Notwendigkeit sieht, Brandts Stellung im Machtgefüge der Partei zu festigen. Auf seine Initiative bringt Ollenhauer Brandt als Stellvertretenden Parteivorsitzenden ins Spiel, ein Vorschlag, den der Parteitag im Mai 1962 in Köln dann absegnet. Um den Einfluß Brandts im Parteiapparat einerseits zu sichern, ihn andererseits als Chef des von Krisen bedrohten Stadtstaates Berlin auch nicht mit bürokratischen Parteiaufgaben zu überlasten, wird eine Planungsgruppe geschaffen, deren Leitung Brandt obliegt. Der Regierende erhält als stellvertretender Parteivorsitzender je ein Sekretariat in Berlin und in Bonn, die einander über jeden einzelnen Schritt unterrichten und über denen Klaus Schütz als ehrenamtlicher Leiter schwebt. Brandts Planungsgruppe soll sich soziologischer und propagandistischer Fragen annehmen, die mittel- und längerfristig bedeutsam werden können.

Das Zweckbündnis zwischen Wehner, dem »Werkmeister«, dem »Beherrscher und Kontrolleur der Organisation« hier und dem »wahlpolitischen Zugpferd« Brandt dort (Klotzbach) wird den Aufstieg des Regierenden Bürgermeisters innerhalb der Partei auch künftig befördern. Brandt weiß, daß ihm ohne Wehner der Rückhalt im Apparat fehlt, der eine wichtige Voraussetzung für den politischen Erfolg im Bund darstellt; und Wehner erkennt, daß nur Brandt, der zehn Jahre gegen den offiziellen Kurs der Partei angekämpft hat, ihre Schwenkung beim Wähler glaubwürdig vertreten kann. Zudem wird ein Regierender Bürgermeister, der sich zumeist in Berlin aufhält, ihn beim Ausbau der eigenen Macht in Bonn weniger behindern als ein Genosse aus Westdeutschland, der häufiger in der Baracke präsent wäre. So ist es denn auch Wehner, der nach Ollenhauers Tod andere Kandidaten, etwa Fritz Erler, stoppt und Brandt den Weg an die Spitze der Partei, der Ollenhauer-Nachfolge, und zu einer neuen Kanzlerkandidatur ebnet.

Die Realität als Lehrmeister

Wandel durch Annäherung

Mit Erleichterung wird in der Stadt an der Spree quittiert, daß Brandt Anfang November 1961 auf sein Bundestagsmandat verzichtet und sich vorrangig wieder auf Berlin konzentriert. Überraschend kommt die Entscheidung nicht, hat er doch stets angekündigt, nur dann nach Bonn zu gehen, wenn er dort für Berlin mehr tun könne als in seinem Rathaus in Schöneberg. Die Stadt braucht die Führungskraft eines Willy Brandt um so mehr, als die Krise im Inneren noch längst nicht behoben ist und die internationale Lage sich eher zugespitzt hat. Ende Oktober, als sich amerikanische und sowjetische Panzer einige Tage in der Friedrichstraße gegenüberstehen und drohend ihre Rohre aufeinander richten, scheint der Krieg in den Straßen Berlins greifbar nahe. Ein falscher Schritt, ein unbedachter Befehl, ein Reißen der Nerven kann zu ungeahnten Konsequenzen führen.

Sowjetjäger fliegen im Februar 1962 Störmanöver in den Luftkorridoren, werfen Stanniolstreifen ab, um westliche Radarstationen zu behindern und steuern westliche Passagiermaschinen an, so daß es zu Beinahezusammenstößen kommt. Studenten treiben Stollen und Tunnel nach Ostberlin vor, um Kommilitonen, Freunden und Verwandten die Flucht zu ermöglichen, und dabei werden sie nicht nur von der öffentlichen Meinung unterstützt. Empörung verleitet junge West-Berliner zu Sprengstoffanschlägen gegen die Mauer, die von den West-Berliner Behörden als läßliche Sünden wenn überhaupt, dann höchst milde geahndet werden – zu *Beginn* der Anschlagswelle jedenfalls.

Durften sich die Bombenleger nicht indirekt von ihrem Regierenden ermuntert fühlen? »Wir werden es auf die Dauer niemandem verbieten können«, so Brandt vor dem Landesparteitag der Berliner SPD Anfang Dezember, »das, was er über die Mauer denkt, nicht nur zu sagen, sondern seinem Empfinden auch stärkeren Ausdruck zu verleihen. Es soll niemand glauben, daß es uns leicht fällt, unsere Polizei gegen junge Menschen einzusetzen, wenn sie gegen die Unmenschlichkeit demonstrieren wollen.«[1] Und in seiner Antwort auf die Regierungserklärung Adenauers am 6. Dezember hat der unterlegene Kandidat nicht weniger deutlich erklärt: »Was Berlin angeht: unsere Polizei denkt wie die Bevölkerung. Sie ist zum Schutze der Ordnung in West-Berlin, aber nicht zum Schutz der Mauer da.«[2] Nach englischen Dokumenten, die Anfang der neunziger Jahre freigegeben werden, trug selbst der damalige Innensenator Lipschitz sich mit dem Plan, in der Silvesternacht 1961/62 einen Teil der Mauer in die Luft zu sprengen.[3]

Immer mehr DDR-Bürger werden bei Fluchtversuchen erschossen, immer häufiger gibt es deutsch-deutsche Schußwechsel entlang der Mauer. Zwar dürfen West-Berliner Beamte Mauerflüchtlingen formell keinen Feuerschutz geben, doch die Regeln sind dehnbar – wenn die Kugeln der Grenzpolizisten auf West-Berliner Gebiet einschlagen oder gar gegen Westbeamte gezielt sein sollten, darf das Feuer in Notwehr erwidert werden. Aber wer ist schon bei diesen, meist nächtlichen, Zwischenfällen dabei, um zu beurteilen, ob innerlich empörte West-Berliner Polizeibeamte sich an ihre Order halten oder nicht doch Feuerschutz geben? Sind die Schüsse über die Mauer hinweg der Anfang eines deutschen Bürgerkriegs? Ein DDR-Grenzpolizist kommt am 23. Mai 1962 durch tatsächlich oder vermeintlich in Notwehr abgegebene Schüsse eines West-Berliner Polizisten ums Leben – aber das Gefecht entwickelte sich, weil DDR-Grenzer einen 15jährigen Flüchtling beim Durchschwimmen eines Kanals beschossen und mit sieben Kugeln verletzten.[4] Nicht nur die Berliner Presse verstärkt ihren Ruf nach aktivem Schutz von Mauerflüchtlingen, selbst Mitglieder der »Heiligen Familie« wie Heinrich Albertz oder Egon Bahr scheinen mit dem Gedanken gespielt zu haben, es müsse grundsätzlich Flüchtlingen Hilfe geleistet werden – in der Hoffnung vielleicht, durch eine Zuspitzung der Lage die Einstellung des Schießbefehls auf der anderen Seite zu erzwingen? Da wir die DDR nicht anerkennen, so der luzide Logiker Egon Bahr in einem Memorandum an den Regierenden, akzeptieren wir auch die Mauer als Staatsgrenze nicht. Macht es dann einen Unterschied, »ob jemand durch die Isar oder den Landwehrkanal schwimmt?« Und hat die Polizei, wenn auf diesen Schwimmer geschossen wird, nicht einen Mord zu verhindern? Macht sie sich, wenn sie nichts unternimmt, nicht wegen unterlassener Hilfeleistung strafbar?[5]

Von solchen Argumenten beeindruckt, erwägt Brandt in einem RIAS-Beitrag in der Tat den Einsatz von Schußwaffen, falls wehrlose Flüchtlinge von Grenzpolizisten beschossen würden.[6] Aber er droht dies nur an, überzeugt von einer solchen Politik ist er nicht, weil sie seinem Sinn für Realismus widerspricht. Er weiß, daß die Stadtkommandanten dem zustimmen müßten, aber die Regierungen der Westmächte, deren Weisungen die Berliner Militärs unterliegen, haben nicht das geringste Interesse an erhöhten Spannungen in Berlin, im Gegenteil. Brandt und seine Mitarbeiter sind nicht zu beneiden, denn sie balancieren auf schmalem Grat. Unterbinden sie jede Maßnahme gegen die Mauer, wird der unisono beschworene Ruf »Die Mauer muß weg!« alsbald hohl klingen.

Kleinere Aktionen sind geeignet, den West-Berliner Volkszorn zu kanalisieren. Aber ernstere Mauerzwischenfälle, das wissen sie sehr wohl, können die Gefahr größerer Konflikte heraufbeschwören und dem Osten den Vorwand für neue Abschnürmaßnahmen auf den Zufahrtswegen liefern. Als die Sprengstoffanschläge sich mehren und die Sowjets wegen West-Berliner Provokationen in London, Paris und Washington protestieren, greift der Senat, von den Stadtkommandanten ermahnt, gegen die Attentäter durch. Auch die Feuergefechte entlang der Mauer verringern sich, weil der Osten die Grenzanlagen ausbaut, einen Sperrstreifen anlegt, eine zweite Hinderniskette errichtet und so mehr und mehr Flüchtlinge im Vorfeld abfangen kann. Doch die Beziehungen zwischen der West-Berliner Führung im Rathaus Schöneberg und den Westalliierten bleiben in diesen dramatischen Monaten gespannt. Das Verhalten amerikanischen Militärs beim Tod Peter Fechters führt zu einer ernsten Vertrauenskrise zwischen der West-Berliner Bevölkerung und der amerikanischen Schutzmacht, und es löst die ersten antiamerikanischen Demonstrationen aus, zu denen es in West-Berlin vor den Vietnamprotesten der studentischen Rebellen kommen soll.

Was war geschehen? Am hellichten Tag hatte der 18jährige Bauarbeiter Peter Fechter zusammen mit einem Arbeitskollegen die Flucht über die Mauer an der Ecke Markgrafen- und Zimmerstraße versucht. Dem Kollegen vom Bau gelang der Sprung in die Freiheit, Peter Fechter aber brach mit zwei Lungenschüssen und einem Bauchschuß noch auf Ostberliner Gebiet zusammen. Drei Sowjetzonengrenzposten, die Maschinenpistolen im Anschlag, standen tatenlos neben dem allmählich Verblutenden, indes auf der Westseite hundert West-Berliner zusammenströmten, drohend »Mörder!« und »Banditen!« skandierten und in Sprechchören mit Abrechnung und Rache drohten. West-Berliner Polizei konnte nichts unternehmen, denn Fechter, vor Schmerzen schreiend und immer wieder um Hilfe bittend, lag eindeutig auf Ostgebiet. Ein amerikanischer Leutnant vom nahen Checkpoint Charlie schlenderte herbei – gerade von ihm erwartete die Menge, daß er, der die Uniform der Sieger trug, die Mauer übersteigen und Fechter helfen werde. Aber er unternahm nichts, weil dies »not our problem« war. Allen Mitgliedern der amerikanischen Garnison war eingebleut worden, jede Hilfe bei Fluchtversuchen an der Mauer habe zu unterbleiben. Erst nach einer Dreiviertelstunde wurde der Sterbende von Volkspolizei abtransportiert.

Bei der Krise nun, die diesem Zwischenfall folgt, befindet sich Willy Brandt in genau jener Situation, die seit der Errichtung der Mauer der Alptraum seiner Sicherheitsexperten ist: West-Berliner Polizei steht mit dem Rücken zum Ostberliner Grenzwall und muß West-Berliner Demonstranten mit Gummiknüppeln daran hindern, die »Mauer der Schande« zu stürmen. Mannschaftswagen der Sowjets, die zur Wachablösung an das sowjetische Ehrenmal in West-Berlin fahren, werden mit Steinen beworfen, gegen die Amerikaner wird mit Transparenten wie »Schutzmacht? Morddulder = Mordhelfer!« und »Ami go home« demonstriert. Eine Boulevardzeitung bezichtigt Brandt des Verrats, weil er Polizei eingesetzt habe, um die Mauer zu schützen. Und als er Demonstranten in einer Rede auf dem Platz vor dem Schöneberger Rathaus zu Besonnenheit mahnen will, hat der Volkstribun Brandt erstmals seine Berliner nicht mehr im gewohnten Griff. Rufe wie »Handeln! Handeln! Handeln!« unterbrechen ihn immer wieder. Und als er versichert, es werde gehandelt, aber erst müsse mit Bonn und den Alliierten beraten werden, lacht ihn die Menge einfach aus.

Drei Tage lang kommt es entlang der Sektorengrenze zu straßenschlachtähnlichen Unruhen.[7] Es war eine Situation, schreibt Egon

Bahr, in der sich »die Kluft zwischen Wirklichkeit und Propaganda auftat« und die psychologische Krise, die Vertrauenskrise zu den Amerikanern, die durch den Besuch Lyndon B. Johnsons nach dem 13. August vermieden worden war, sich mit aller Wucht doch noch einstellte: »Jetzt erst wurde den West-Berlinern schlagartig klar, daß die Vier-Mächte-Rechte nur noch Worthülsen waren« und die Kompetenzen der Westmächte an der Mauer endeten.[8] Der späte Brandt spricht mit Blick auf die schwierige psychologische Lage in der Stadt abgeklärt von »ohnmächtiger Erregung, der Stimme zu geben und die doch zu zügeln war«, und man wird ihm zustimmen, wenn er meint, es habe keine Aufgabe gegeben, die einem Redner hätte schwerer werden können. Schon damals, schreibt er, seien die Grenzen, deren Unverletzlichkeit später im Rahmen seiner Ostpolitik in Vertragstexten festgehalten wurde, von den verantwortlichen deutschen und alliierten Stellen respektiert worden. Nur: Es habe damals nicht zum guten Ton gehört, »dies auch klar zu sagen; man ließ die Dinge im Nebel, und man ließ sie treiben«. Und benutzte noch viel zu lange das pathetische Vokabular und die Formeln des Kalten Krieges. Meint er vielleicht auch sich selbst?[9]

Das Jahr 1962 war gewiß keines, das der alten Lassalleschen Forderung »Aussprechen was ist« in West-Berlin entgegenkam, schon weil eine Krise die andere jagte und die öffentliche Meinung sich in gefährlichen Zeiten gern an altbewährte Parolen hält. West-Berlin als vorgeschobene Bastion, so sahen es damals die »Dienste«, war vielfach bedroht. Für eine mögliche kommunistische Machtergreifung durch Massen kommunistischer Demonstranten hätten etwa die S-Bahnhöfe dienen können, die – wie das gesamte Netz der S- und Eisenbahnen – von der sowjetzonalen Reichsbahn betrieben wurde. Zu diesen Bahnhöfen ließen sich mühelos Zehntausende aus Ostberlin heranakarren, um West-Berlin in Besitz zu nehmen – »durch massierte Infiltration unterhalb des militärischen Konflikts«, wie das in den Notstandsplänen der West-Berliner Innenverwaltung hieß.[10] Gerade deshalb versuchen Brandt und der West-Berliner Senat bei den westlichen Stadtkommandanten, den polizeilichen und damit den politischen Hoheitsanspruch der West-Berliner Sicherheitsorgane auf diesen Bahnhöfen gegen die östliche Transportpolizei durchzusetzen. Daß der Osten auf solchen Wegen eines Tages seine Betriebskampfgruppen einschleusen und vollendete

Tatsachen schaffen könnte, läßt auch den Alten Herrn am Rhein nicht ruhen – immer wieder mahnt er Brandt, der Senat solle endlich eine »Miliz« aufstellen, welche im Notfall die 3000 Mann Bereitschaftspolizei und die 9000 Schutzpolizisten in West-Berlin verstärken sollen.[11]

Wenn Willy Brandt und sein Senat im Sommer 1960 darangehen, eine Freiwillige Polizei-Reserve (FPR) aufzubauen, stehen dabei allerdings eigene Überlegungen Pate, die engstens mit den Stadtkommandanten abgestimmt sind. Die zusätzliche Polizeitruppe umfaßt 3500 bis 5000 Mann, rekrutiert sich aus Freiwilligen, die meist aus Behörden und öffentlichen Betrieben kommen und die im Fall erhöhter Spannungen oder gar Massenunruhen den Objektschutz besorgen sollen – die Sicherung von Brücken und öffentlichen Gebäuden, Elektrizitäts- und Wasserwerken. Viele dieser FPR-Männer sind erfahrene Soldaten der Wehrmacht und üben an leichten Infanteriewaffen. Für den defätistischsten Notstandsfall – den militärischen Angriff – ist dieser Truppe die Aufgabe zugewiesen, zusammen mit einer britischen Einheit einen Ring rund um den Fehrbelliner Platz zu verteidigen, unter dem in einem Bunker eine Art West-Berliner Notstandskabinett tagt. Diese »Alarmzentrale« bietet Platz für dreihundert Personen, verfügt über eigene Telefonleitungen zu den Alliierten und ein Rundfunkstudio mit Anschluß an die Sendeanlagen von RIAS und SFB, die wiederum streng bewacht werden. Für damalige Verhältnisse war dieser Notstandsbunker »vom Feinsten«, wie sich der frühere Senatssprecher Herz erinnert: »Selbst eine Krankenstation mit einem Operationsraum war eingebaut.«[12]

Der Illusion, daß sich ein Ring rund um diese Alarmzentrale bei einem militärischen Angriff lange hätte halten lassen, gibt sich allerdings keiner der West-Berliner Politiker oder gar alliierten Militärs hin. Bei einem ernsten militärischen Konflikt wären Teile West-Berlins im besten Fall ein oder zwei Tage, im schlimmsten nur zehn oder zwölf Stunden zu verteidigen. Es geht vor allem um Zeitgewinn – um einen Appell an die UNO vielleicht, um in letzter Minute eine politische Lösung herbeizuführen, aber natürlich auch ums Prinzip: Die rechtmäßige Staatsgewalt darf sich »zu keinem Zeitpunkt selbst aufgeben«, hieß es in den Notstandsplänen, der »politische Wille des freien Berlin muß auch bei äußerst zugespitzter Lage gebildet und in geeigneter Weise der Öffentlichkeit kundgetan werden«.[13] Während des Spätsommers 1962 – Sohn Peter ist 13 Jahre alt – wartet Willy Brandt, bis Rut schlafen gegangen ist und sagt zu seinem Ältesten: »Es kann sein, daß ich längere Zeit nicht nach Hause kommen kann, dann bist Du der Mann und mußt der Mutter in allen Fragen helfen!«[14] Es ist die Zeit vor der Kubakrise; im Lagezentrum der Alliierten am Olympiastadion verfolgt man massive Truppenkonzentrationen der Sowjets rund um Berlin voller Sorge und rechnet mit der Möglichkeit eines Großangriffs.

Kaum ist die Raketenkrise auf der Karibikinsel dann ausgebrochen, scheint West-Berlin noch mehr gefährdet: Würde ein amerikanischer Angriff auf Kuba nicht eine sowjetische Revanche in Berlin geradezu herausfordern? Spielt Willy Brandt für diesen Fall mit dem Gedanken, die »Zone« zum Aufstand zu ermuntern? Verschlüsselt, wie es oft seine Art ist, schreibt er 1976, er habe damals vor Fehlkalkulationen warnen wollen: Wenn etwas gegen Berlin unternommen werde, »könnten wir nicht auch noch unsere Landsleute in der ›Zone‹ beschwichtigen«. Von einigen, die die Zusammenhänge nicht kannten, sei das damals als Spiel mit dem Feuer kritisiert worden – »doch wir hatten Anlaß, den gewichtigeren Warnungen der Weltmacht auch die unsere hinzuzufügen«, und sie sei dort, wo sie verstanden werden sollte, wohl auch verstanden worden. Etwas Ähnliches wie der Aufstand vom 17. Juni 1953 habe gewiß nicht im Interesse der Sowjetunion gelegen. Egon Bahr wird da deutlicher: »Ernsthaft überlegten wir zum erstenmal, ob es in einer solchen Situation, in der es um alles geht, nicht richtig wäre, über alle erreichbaren Sender zum Aufstand in der Zone aufzurufen und die Volksarmee dazu, Befehle zum Einsatz gegen Berlin zu verweigern und die Gewehre umzudrehen. Wir waren 1962 davon überzeugt, ein solcher Aufruf wäre befolgt worden ...«[15]

Wenn eine Krise kathartische Wirkung zeigt, dann ist es die um Peter Fechter. Der Bürgermeister zieht jetzt durch Betriebe und Verwaltungen und versucht, den Berlinern nahezubringen, was möglich ist und was nicht. Nicht möglich ist, die Berliner Mauer wegzureden, wegzufluchen oder wegzubomben – möglich ist vielleicht, sie zu durchlöchern und transparent zu machen, so daß West-Berlin sich mit ihr arrangieren kann und lernt, mit dem verhaßten

Monstrum zu leben. Daß der Regierende in diese Richtung denkt, hat er schon nach den verlorenen Bundestagswahlen im Abgeordnetenhaus angedeutet: Er werde »alles Erdenkliche tun, damit die Mauer, solange sie nicht beseitigt ist, wenigstens durchlässig wird, um ein Minimum sinnlos zerrissener Familienbande wieder zu knüpfen, die sogar zwischen den Angehörigen verschiedener Staaten bestehen«.[16] Was er da sagt, ist nach dem Urteil von Peter Siebenmorgen in die »seinerzeit obligate und der Berliner Gemütsverfassung entsprechende, rundum antikommunistische Rhetorik gekleidet, ja fast bis zur Unkenntlichkeit darin versteckt«.[17]

Nur langsam robben er und sein Team sich an die häßliche Wahrheit heran, daß Gespräche mit den verhaßten Machthabern im Ostteil Berlins nötig sind, wenn die Mauer transparent werden soll. In einem *Spiegel*-Gespräch im Januar 1962 erklärt er sich bereit, mit Ostberlin zu verhandeln, um den Personenverkehr wieder in Gang zu bringen. Der Senat werde einen seiner Beamten dafür abstellen, den Versuch jedoch, der anderen Seite vorzuschreiben, wen sie für diese Verhandlungen benenne, hält er für aussichtslos und umschreibt dies, typisch Brandt, mit dem vieldeutig verklausulierten Satz: »Unsere Kontaktstelle ist die Ost-Berliner Verwaltung. Wenn sich aus den dortigen Gegebenheiten entwickelt hat, daß hier und da die Zonenregierung direkt hineinwirkt in die Ost-Berliner Verwaltung, dann ist das ein Zustand, den wir für falsch halten mögen, aber der nicht in jedem Fall uns daran hindern kann, eine entsprechende Stelle für technische Kontakte zu haben.«[18] Brandt erinnert in diesem Gespräch auch daran, daß der Handel zwischen beiden Teilen Deutschlands schon seit Jahren zwischen der westdeutschen Treuhandstelle für den Interzonenhandel und dem DDR-Ministerium für Außenhandel abgewickelt werde – eine *de facto*-Anerkennung einer hohen DDR-Behörde, an der bislang niemand in Bonn Anstoß genommen habe.

Im Klartext heißt, was Brandt vorsichtig und umständlich umschrieb: Notfalls wird sich sein Senatsbeamter auch mit einem Ostberliner Regierungsvertreter an einen Tisch setzen – was er dann im Winter 1963, als das erste Passierscheinabkommen ausgehandelt wird, auch tut. Daß ihn die Amerikaner ermuntern, in diese Richtung zu denken, geht aus einer Notiz Brandts über ein Gespräch mit General Clay im Oktober 1961 hervor. Da erklärt der

Berlin-Beauftragte Kennedys, zwar gebe es keine »erklärte Politik seiner Regierung, die auf eine faktische Anerkennung hinauslaufe«. Aber der General befürwortet doch »eine Vielzahl von Kontakten zwischen den Menschen in den beiden Teilen Deutschlands«, um das Gefühl der Zusammengehörigkeit wachzuhalten: »Die Amerikaner könnten dies den Deutschen nicht abnehmen.«[19]

Doch die Planspiele für eine »elastische Ostpolitik«, wie man die Ansätze zum Durchlöchern der Mauer im Schöneberger Rathaus erst einmal nennt, bleiben zunächst Sache des engsten Kreises. Teamarbeiter Brandt hat die Angewohnheit, wichtige Fragen mit wenigen, loyalen Mitarbeitern hin- und herzuwenden – in oft endlosen Gesprächen, bei denen jeder unverblümt seine Meinung sagen kann. Dabei wird die Rolle, die Heinrich Albertz damals spielte, heute gern unterschätzt. Denn Albertz ist zusammen mit Bahr ein Avantgardist in diesem Kreis – beide verbindet der Gedanke an die Nation, von der Albertz meint, daß sie nur noch in Form zweier deutscher Staaten zu bewahren sei. Beide wagen sich mit unkonventionellen Gedanken am weitesten vor – Albertz preußisch-direkt oder lutherisch-geradeheraus, ohne viel Sinn für diplomatische Finesse, Egon Bahr mit strategischem Weitblick, aber taktisch unerhört umsichtig und mit einem ausgesprochenen Hang zur Geheimdiplomatie.

Klaus Schütz, den Abraham Ashkenasi einmal treffend als das »praktische Alter ego« Willy Brandts bezeichnet[20], muß als Bundessenator an die Durchsetzbarkeit mancher hochfliegenden Ideen im Bund denken – schon deshalb fällt ihm die Rolle des Skeptikers, manchmal auch des Bremsers zu. »Was Albertz und Bahr in ihren Gesprächen diskutiert hatten«, schreibt Schuster, »wurde in den folgenden Monaten zu einer Strategie geformt. Brandt hielt sich vorerst zurück. Als Regierender Bürgermeister und Chef einer Koalitionsregierung durfte er kein Risiko eingehen. Das Stadtoberhaupt nahm die Rolle des Moderators ein, ließ Albertz vortasten, um herauszufinden, was möglich war. Hielt sich der Protest im Rahmen, sollte Brandt selbst das Wort ergreifen, die neuen Positionen erläutern und weitere Argumente durch seine Mitarbeiter in die Diskussion streuen. Käme es aber zu einem Aufschrei der eigenen Genossen, des Koalitionspartners oder der Bevölkerung, sollte sich der Regierende vorsichtig distanzieren und zur Ruhe mahnen.«[21]

Das Gespräch, das Innensenator Heinrich Albertz Anfang September 1962 mit dem *Spiegel* führte, ist ein Beispiel für diese Aufgaben- und Arbeitsteilung im Kreise der Heiligen Familie. Er halte es nicht für wahrscheinlich, daß die andere Seite »zu irgendeiner Lockerung im Sinne der Transparenz dieser Grenze« bereit wäre, ehe sie nicht ganz oder annähernd »die Anerkennung ihres Staatsgebiets erreicht hat«, sagte Albertz da und bereitete die Öffentlichkeit auf Verhandlungen auf einer Ebene vor, welche die DDR zweifellos als Anerkennung ihrer Staatlichkeit werten müßte. Um Berlin trotz Mauer wieder zum Treffpunkt zwischen Ost und West werden lassen, spielte er auch die Voraussetzungen für einen kleinen Grenzverkehr nicht nur von West nach Ost, sondern in umgekehrter Richtung durch. In der Sache sei da nur weiterzukommen, »wenn wir dafür eintreten, daß Mitbürger drüben auch wieder zurückkehren müssen. ... Und für Ostberliner, die mit einem Stück Papier denkbarerweise durch eine Passierscheinstelle gehen ... käme ein Asylrecht nicht in Frage«.[22] Als daraufhin ein Sturm der Entrüstung durch die West-Berliner Gazetten fegt, bläst Brandt im Abgeordnetenhaus zum Teilrückzug: Der Begriff Asylrecht sei für die Lage in Berlin nicht zutreffend – aber ansonsten stellt er sich voll vor seinen Innensenator. Und daß beide in der Tat daran denken, einen kleinen Grenzverkehr durch Zugeständnisse in der Anerkennungsfrage zu erreichen, machen sie dann als Tandem auf einer Klausurtagung der Berliner SPD in Kladow klar. Da ist übrigens auch wieder vom kleinen Grenzverkehr von Ost nach West die Rede, so utopisch der Gedanke auch lange Zeit bleiben wird, und natürlich fehlt die Mahnung nicht, ihn – falls es ihn denn eines Tages doch geben sollte – nicht als Fluchtweg zu mißbrauchen. Für bestimmte Gruppen, etwa Pastoren, Ärzte oder Rechtsanwälte, meint Albertz, könnten Unterschriftsverpflichtungen zur Rückkehr in Frage kommen – allerdings dürften jene, die im Westen bleiben wollten, von West-Berliner Staatsorganen auch nie zur Rückkehr gezwungen werden.

Präzise und zu Ende gedacht ist das noch nicht, was die Berliner Genossen in Kladow da zu hören bekommen, so manche Illusion schwingt noch mit. Frei von den Fesseln des Amtes, die einen Regierenden Bürgermeister in die außenpolitische Disziplin der Bundesregierung einbinden, frei auch von der Rücksichtnahme auf all die verteufelten Details der Berliner Politik, entwickelt Brandt seine Vorstellungen dann in Harvard, wo er vor akademischem Publikum im Herbst 1962 zwei Vorlesungen hält. Er stellt sie unter das Motto: »Koexistenz: Das unausweichliche Wagnis« und greift, ohne Kennedy beim Namen zu nennen, dessen These von der Mauer als Zeichen kommunistischer Schwäche auf: Bis zum 13. August 1961 sei ganz Berlin ein Modell friedlichen Wettbewerbs gewesen, gleichsam auf Straßenbreite hätten sich hier der kommunistische Osten und der demokratische Westen gegenübergestanden, aber der Kommunismus habe diese Probe wahrer Koexistenz nicht bestanden und sich durch den Bau der Mauer gegen den Wettbewerber im Westen schützen müssen.

Allein die Überschrift war gewagt, wenn nicht provokativ, denn Amerika versteht Koexistenz bestenfalls als eine Kampfvokabel aus dem Reich des Bösen. Brandt besetzt den Begriff nun positiv, definiert ihn nicht als leeres, feindliches Nebeneinander, sondern als Miteinander, das auf gegenseitige Duldung und Achtung der Eigenarten und Auffassungen des anderen gegründet ist. In dieser »wahren« Koexistenz sieht er heute »die einzige Alternative zum Atomkrieg und damit zum Selbstmord der Menschheit«. Er argumentiert aus der Kontinuität westlichen Denkens heraus, übt harte Kritik am Sowjetkommunismus und unterstreicht die Notwendigkeit der Verteidigungsbereitschaft des Westens. Nur in einem »Zustand der Selbstbehauptung« sei ein Leben in wahrer Koexistenz denkbar.

Aber er fordert vom Westen zugleich, er dürfe sich vom Kommunismus nicht lähmen lassen »wie das Kaninchen von der Schlange«. Längst sei der Ostblock kein Monolith mehr, sondern zeige Erscheinungen der ideologischen und politischen Differenzierung – nach Jugoslawien gingen China, Albanien und selbst Polen eigene Wege, und auf Dauer lasse sich kein hochindustrialisierter Staat mit Terror regieren. Weil er den Westen moralisch, technisch und wirtschaftlich für überlegen hält, plädiert er für den Ausbau von Handelsbeziehungen und die Verstärkung des kulturellen Austauschs. Nur so könne er Einfluß nehmen auf den weiteren Differenzierungsprozeß in der kommunistischen Welt. »Wir haben eine Entwicklung ins Auge zu fassen«, sagt Brandt, »die die Politik des Zurückrollens der Sowjets, später des Eindämmens, ersetzt durch die Politik einer friedlichen und dynamischen Transformation.«[23] Koexistenz und Transformation – das sind die beiden Schlüsselworte in diesen Vorträgen, mit denen Brandt, unter den Bedingungen des Kalten Krieges, an eigene Gedanken aus den vierziger Jahren anzuknüpfen scheint, als er noch auf eine Ost-West-Kooperation beim Aufbau Nachkriegseuropas gehofft hatte. Deutlich ist die Handschrift von Richard Löwenthal zu erkennen, der für beide Vorlesungen – wie übrigens auch Harold Hurwitz – einen englisch verfaßten Entwurf geschickt hat. Dennoch sind beide Texte original Brandt. Der Regierende pflegte seine wichtigen Reden und Vorträge stets akribisch zu bearbeiten, Entwürfe von Mitarbeitern wurden von ihm »immer wieder verändert, bis er sie gelungen fand«, meint Wolfgang Schmidt.[24]

Auf dem Weg nach Harvard machte Brandt in New York Station und wohnte – als Gast Adlai Stevensons, des US-Botschafters bei den Vereinten Nationen – im Hotel Carlyle. »Uns wurde der eine Flügel der sogenannten Victoria Suite zugewiesen, die Kennedy zur Verfügung stand, wenn er in New York war«, schreibt er nicht ohne Stolz in seinen »Begegnungen mit Kennedy«. »In den Zimmern befanden sich Telefone, mit denen das Weiße Haus unmittelbar erreichbar war.«

Ein Dreivierteljahr später, in der Evangelischen Akademie Tutzing, greift Brandt die wichtigsten Thesen seiner *Harvard Lectures* wieder auf: daß die Bundesrepublik im Rahmen einer aktiven, friedlichen und demokratischen Politik der Koexistenz mit dem Osten soviel reale Berührungspunkte und soviel sinnvolle Kooperation wie möglich haben solle, vor allem, daß diese Konzeption »zu einer Transformation der anderen Seite« beitragen könne. Und daß dafür eine aktive Ostpolitik, die Annäherung an die osteuropäischen Staaten, vor allem an Polen, notwendig seien. Doch was der Regierende am 15. Juli 1963 vorträgt, geht unter im Sturm um das Wort von Egon Bahr vom »Wandel durch Annäherung«, das ursprünglich nur als Ergänzung, wenn man so will: als Illustration zu den eher abstrakten Thesen seines Chefs gedacht war. Als Erläuterung, mit »brisanten Dingen« gespickt, wie Bahr schreibt, mit »mehr Kanten und nach vorn weisenden Kühnheiten«, die sein Chef sich nicht leisten wollte oder konnte.

Weil Brandt sich verspätet hatte und das Prozedere umgestellt werden mußte, spricht Bahr nun vor dem Regierenden, zudem verteilt er sein Referat später unter der Überschrift »Wandel durch Annäherung« auf dem Briefkopf des Senatspressedienstes, was dem privaten Diskussionsbeitrag einen offiziellen Charakter verleiht. In seinem Beitrag holt er den Gedanken der Transformation aus der Sphäre der großen Politik in die deutschen Niederungen herunter und macht an einigen Thesen klar, was dies für die Deutschen in Ost und West bedeuten könnte. Da er die bisherige Deutschlandpolitik des Alles oder Nichts für gescheitert erklärt – des entweder freie Wahlen oder gar nichts, entweder gesamtdeutsche Entscheidungsfreiheit oder ein hartes Nein –, ist sein Vortrag als Plädoyer für eine Wiedervereinigungspolitik neuer Art zu verstehen. Wiedervereinigung bedeutet für Bahr jetzt nicht einen einmaligen Akt, sondern einen »Prozeß mit vielen Schritten und Stationen«, bei dem auch die Interessen der anderen Seite berücksichtigt werden müssen. Von der Erkenntnis ausgehend, daß die Sowjetunion sich die Zone nicht entreißen läßt, kommt er zu dem Schluß, jede Politik, die auf den Sturz des Ulbricht-Regimes zielt, sei aussichtslos.

Die Konsequenzen, die er aus diesen Einsichten gezogen wissen will, nennt er selbst »rasend unbequem«, aber zwingend: Änderungen und Veränderungen, die Hebung des Lebensstandards in der Zone durch Ausbau der Handelsbeziehungen seien nur mit dem »zur Zeit dort herrschenden verhaßten Regime« erreichbar. Die Treuhandstelle für den Interzonenhandel will Bahr zu einer Behörde ausbauen, die sich mit allen Fragen befaßt, die zwischen den beiden Teilen Deutschlands von Interesse sind, und er sieht darin weder eine juristische Anerkennung noch gar die Bestätigung der Legitimität des Zwangsregimes im Osten. Der Gedanke ist so neu nicht, Brandt selbst hat ihn früher ventiliert, aber er ging stets davon aus, daß es eine solche deutsch-deutsche Behörde unter dem Dach und im Auftrag der Vier Mächte geben sollte – diese Einschränkung fehlt jetzt bei Bahr.

War man bislang im Westen davon überzeugt, daß es die ewige Unzufriedenheit der Landsleute in der Zone sei, welche die Wiedervereinigung erleichtern werde, behauptet das »ideelle alter ego« Brandts in Tutzing nun provozierend das Gegenteil: Nur zufriedene Landsleute würden die Wiedervereinigung erleichtern, denn eine

»Auflockerung der Grenzen und der Mauer« sei nur denkbar, wenn dem Regime zuvor berechtigte Sorgen genommen würden. Aus diesem Grund rät er auch an, die Erleichterungen in homöopathischen Dosen zu verabreichen – nur so lasse sich die Gefahr eines zweiten 17. Juni 1953 vermeiden, der sowjetisches Eingreifen auslösen und damit einen großen Rückschlag bringen würde. Spätere Einwände gegen diesen politischen Ansatz, der ja auf Stabilität der Partner im Ost-West-Prozeß zielt, nimmt er beinahe prophetisch in Frage und Antwort vorweg: »Man könnte sagen, das Regime würde dadurch gestützt, aber ich habe eben zu entwickeln versucht, daß es keinen praktikablen Weg über den Sturz des Regimes gibt …«[25]

Bahrs Konzept ist durch und durch national gedacht, in seinen Erinnerungen nennt er das Ziel dieser Politik ausdrücklich »die Beseitigung der DDR«. Im Grunde ist er auf eine Umarmung aus, in der die Bundesrepublik den ostdeutschen Staat eines Tages langsam, aber sicher ersticken kann, und die erste Reaktion aus Ostberlin zeigt, wie klar die SED die humanitär getarnte mörderische Intention erkennt: »Aggression auf Filzlatschen« nennt DDR-Außenminister Otto Winzer Bahrs Versuch der Annäherung.[26] Daß einige Sozialdemokraten, als ihre Partei die »zweite Phase der Ostpolitik« nach dem Amtsantritt Kohls als eine Art Nebenaußenpolitik und Überholmanöver von links betreibt, den Partner in der Umarmung dann liebgewinnen und eher zärtlich streicheln denn erdrücken wollen, steht auf einem anderen Blatt. Bahrs Rede in Tutzing gilt nicht zu Unrecht als Geburtsstunde der deutschen Ostpolitik.

Heinrich Albertz, genannt auch »der Bekennende« oder »der Streiter«, sattelt wenig später drauf und sorgt dafür, daß beider Chef Willy vor der Presse und der Berliner, aber auch der Bonner Partei in Erklärungsnöte gerät. In einer Sendung zum 2. Jahrestag des Mauerbaus für den Hessischen Rundfunk, die von den Berliner Rundfunkanstalten übernommen wird, prangert Albertz die »Untätigkeit« des Adenauerschen »Rheinbundstaates« an, die den Bemühungen zur Überwindung der Mauer und Kontaktmöglichkeiten mit Menschen jenseits der Grenze im Wege stehe. Die Tonlage, die er wählt, ist für einen Politiker ungewöhnlich offen und direkt: Der Bundesregierung wirft er eine »doktrinäre Haltung« in der Anerkennungsfrage vor, bezichtigt sie des »kleinkarierten Prestigedenkens« und der »provinziellen Ängstlichkeit«. Offensichtlich will er im öffentlichen Bewußtsein eine Bresche schlagen, damit Verhandlungen über einen kleinen Grenzverkehr nicht an formellen Anerkennungsbedenken scheitern.

Der Aufschrei der Empörung in den Reihen der Union, aber auch in der Presse ist entsprechend groß, zumal das politische Bonn sich in Urlaub befindet und der Vorschlag in die Zeit des Sommertheaters fällt. Rainer Barzel, damals Gesamtdeutscher Minister, bezeichnet die von Bahr in die Debatte geworfene Behörde zur Regelung innerdeutscher Fragen zwischen Bonn und Ostberlin als »völlig inakzeptabel«, die CDU-Bundestagsfraktion spricht von einem »schweren Schlag gegen die Lebensinteressen des deutschen Volkes« und wähnt die gemeinsame Frontstellung gegen den Kommunismus aufgegeben, und Berlins CDU-Chef Franz Amrehn sieht einen »gefährlichen Richtungswechsel« beim Regierenden und seinen engsten Mitarbeitern.

Es entspricht dem Stil Brandts, daß er seine Mitarbeiter vor dem Abgeordnetenhaus loyal verteidigt – staatsmännisch, beschwichtigend, eben typisch Brandt, wie Egon Bahr schreibt: geschmeidig, abwiegelnd, relativierend, »aber in der Sache keinen Millimeter zurück«.[27] Wenn Albertz von einem westdeutschen Sender gebeten worden sei, zum 13. August »nicht nur Schmus zu sagen«, dann habe er das Recht dazu gehabt. Und Bahr habe in Tutzing weder für den Senat noch für den Regierenden Bürgermeister gesprochen, sondern ausschließlich für sich. Zwar gebe es Wendungen, die er, Brandt, sich nicht zu eigen machen würde, Passagen auch, »die nur bei näherer Ausführung gegen Mißverständnisse abgesichert gewesen wären«. Aber er verteidigt vehement die Richtung, in die Bahr gedacht hatte – »daß wir nicht bloß auf den Zusammenbruch des kommunistischen Systems warten dürfen«, sondern daß die Wiedervereinigung als Prozeß zu sehen ist und menschliche Erleichterungen die nächste Aufgabe sind.[28]

Die Schöneberger berufen sich bei ihren entspannungspolitischen Denkübungen gern auf jenen Satz, den der Kanzler am 9. Oktober 1962 vor dem Bundestag gesprochen hatte: Die Bundesregierung sei bereit, über vieles mit sich reden zu lassen, »wenn unsere Brüder in der Zone sich ihr Leben so einrichten können, wie sie es wollen. Überlegungen der Menschlichkeit«, hatte Adenauer gesagt,

»spielen hier für uns eine noch größere Rolle als nationale Überlegungen.«[29] Wenn er mit diesem Wink Spielraum für Verhandlungen über einen *modus vivendi* hatte andeuten wollen, blieb das positive Echo aus Moskau allerdings aus. Denkübungen wie den Globke-Plan, der in den Kanzleischubladen des Palais Schaumburg schlummerte und der eine befristete Anerkennung der beiden deutschen Staaten mit dem Ziel einer Wiedervereinigung per Volksabstimmung vorsah, kannten die Sowjets natürlich nicht. Formell hielt der greise Kanzler ja eisern an der bisherigen Deutschlandpolitik fest, die freie Wahlen an den Anfang jedes Wiedervereinigungsprozesses stellte.

Was Bahr und Brandt da tastend vorbringen und ins Unreine denken, bewegt sich ausdrücklich unterhalb der Ebene der Anerkennung der DDR als eines legitimen Staates. Und um ihre Ideen weniger angreifbar zu machen, betten sie sie bewußt in Kennedys Strategie des Friedens ein. Weil ihn der Gedanke an einen Atomkrieg plagt, sucht der junge Präsident ja trotz Kuba- und Berlin-Konfrontation bewußt den Ausgleich mit der Sowjetunion – »die Zusammenarbeit der Großmächte zur Rettung des Menschen als Gattung, da wir sonst vernichtet werden könnten«. So kommt es zur Einrichtung einer ständigen Fernsprechleitung zwischen Weißem Haus und Kreml, jenes »Roten Telefons«, das im Krisenfall die gefährliche Eskalation zum Atomkrieg verhindern soll. Letzte Entschlossenheit, kombiniert mit der Bereitschaft zu Entspannung und Verhandlungen, machen ja die unerhörte Modernität und Anziehungskraft eines Kennedy aus: einerseits Verteidigung der freiheitlichen Gesellschaftsordnung des Westens, notfalls sogar Krieg mit allen Konsequenzen um West-Berlin, aber zugleich der entschiedene Wille zur Kooperation über die Grenzen der Machtblöcke hinweg, um unter ehrenhaften Bedingungen die Apokalypse zu vermeiden. Dieser politische Ansatz, diese Zweigleisigkeit erlauben es Washington und Moskau, ein Abkommen über die gemeinsame meteorologische Erforschung des Weltraums und ein Teststoppabkommen zu unterzeichnen, das Kernwaffenversuche in der Atmosphäre, im Weltraum und unter Wasser untersagt. Kennedy befürwortet den kulturellen Austausch und den Ausbau des Handels, soweit er nicht die strategischen Interessen des Westens beeinträchtigt.

Bedeutsamer als die berühmte »Ich-bin-ein-Berliner«-Rede, die bei seinem Besuch Ende Juni 1963 die Berliner zu Jubelstürmen hinreißt und die eher der klassischen Tonlage des Kalten Krieges entspricht, werden für das Brandt-Team deshalb Kennedys Äußerungen vor den Studenten der Freien Universität: »Es ist wichtig, daß für die Menschen in den stillen Straßen östlich von uns die Verbindung mit der westlichen Gesellschaft aufrechterhalten wird – mittels aller Berührungspunkte und Verbindungsmöglichkeiten, die geschaffen werden können, durch das Höchstmaß an Handelsbeziehungen, das unsere Sicherheit erlaubt ...«[30] Mit diesen Sätzen aus dem Munde des Führers der freien Welt sehen Brandt, Bahr und Albertz die Ansätze zu ihrer Politik der kleinen Schritte gegen noch so wütende Angriffe der Status-quo-Beharrer legitimiert.

Daß Brandt sich weitaus elastischer zeigt als Adenauer, wenn es um eine Interimslösung für Berlin geht, daß er einer internationalen Zugangsbehörde zustimmt, die den Berlin-Verkehr überwachen soll, auch wenn darin Vertreter Bonns wie Ostberlins gleichberechtigt sitzen werden, läßt ihn in den Augen der *best and brightest*, jener Ostküsten-Intellektuellen, die Kennedy um sich versammelt hat, bald als den angenehmeren Partner als Adenauer erscheinen, der diese Ideen schlicht verwirft. Daß der Alte am Rhein sich mit de Gaulle zusammentut, die Sozialdemokraten dagegen helfen, dem deutsch-französischen Vertrag durch eine Präambel die antiamerikanische Spitze zu nehmen, bringt Brandt und Kennedy einander näher. Und wenn Brandt dem Teststopp bedingungslos zustimmt, indes die Bonner erst einmal Bedenken erheben, weil auch Ostberlin den Vertrag unterzeichnet – stellt sich damit nicht das leidige Problem der Gleichwertigkeit zweier deutscher Staaten und der Anerkennung? -, mag dies den Bürgermeister aus Berlin und Kanzlerkandidaten der SPD vielleicht doch als den besseren deutschen Partner für die Kennedysche Strategie erscheinen lassen.

Dies gilt vor allem für die Zeit nach Brandts Besuch bei Kennedy im Oktober 1962 und die Phase nach der Kubakrise. In den *National Security Files* jener Monate ist im Gegensatz zu Brandt viel die Rede von Adenauers »Starrsinnigkeit, seiner politischen Härte« und der Tatsache, daß man »sehr vorsichtig« mit ihm umgehen müsse«. Nach dem Urteil von Raimund Lammersdorf war dagegen der Umgang zwischen Weißem Haus und Regierendem Bürgermeister »von großer Sachlichkeit, gegenseitigem Verständnis für die jeweilige politische Ausgangsposition, Offenheit und Nüchternheit geprägt«.[31] Als Brandt und Kennedy sich erstmals in ihren offiziellen Funktionen als Bürgermeister und Präsident treffen, zu Beginn des deutschen Wahljahres 1961, interessiert Kennedy natürlich die Frage, ob Brandt aus echtem Kanzlerholz geschnitzt ist. Die Antwort der US-Mission in Berlin: »Nach seinen öffentlichen Leistungen Ja«. Zwar habe Brandt deutliche Schwächen als Administrator, aber sie könnten durch das SPD-Team ausgeglichen werden. Entscheidend werde sein, ob Brandt, vom Naturell her impulsiv und Stimmungen unterworfen, selbst größere Entscheidungen treffen könne, denn bislang, so die Einschätzung der Berliner US-Diplomaten, habe er nicht so sehr entscheiden als reagieren müssen – auf sowjetische Vorstöße, auf Vorschläge der Alliierten oder Beschlüsse des Kanzlers. Das freilich habe er oft brillant getan, denn Brandt sei ein erstklassiger Taktiker, der über politische Intuition verfüge.

Das überwiegend positiv gehaltene Porträt Brandts für den Präsidenten hebt die bekannten Vorzüge und Schwächen des Regierenden sehr kühl hervor. Es lobt den Volkstribunen Brandt, weil dieser über Charisma verfüge, die Menge in seinen Bann schlagen könne, aber kritisch erwähnt es auch dessen gelegentlichen Hang zu Zögerlichkeit, Unentschiedenheit und Ambivalenzen – etwa wenn er über ein und dieselbe Sache zu verschiedenen Adressaten in unterschiedlichen Sprachen spreche, zu den Alliierten anders als zur Bundesregierung oder seiner Partei. Dennoch kommt das Memorandum zu dem durchweg positiven Schluß, Brandts bisherige Entwicklung rechtfertige die Annahme, daß er »in die Aufgaben eines Kanzlers hineinwachsen wird wie er in andere gewachsen ist«.[32]

Sichtbares Zeichen dafür, daß sich die Beziehungen zwischen dem 45jährigen Kennedy und dem 48jährigen Brandt nach der anfänglichen Verstimmung im August 1961 wenn nicht freundschaftlich, dann doch enger gestalteten, ist die besondere Aufmerksamkeit, die der Trauergast aus Berlin bei den Beerdigungsfeierlichkeiten für den ermordeten Präsidenten erfährt. Bei der Trauermesse in der St.-Matthews-Kathedrale wird ihm ein Platz unter den Freunden des Präsidenten zugewiesen; Lyndon B. Johnson lädt ihn zu einem Empfang ins State Department, der eigentlich Staatsoberhäuptern und Regierungschefs vorbehalten ist. Und Witwe Jackie bittet ihn durch Kurier zu einem Besuch bei sich im Weißen Haus, bei dem auch ihr Schwager Robert Kennedy anwesend ist.[33]

Zeitlebens als Fehler rechnet sich der Regierende an, daß er den Ostberlin-Besucher Chruschtschow auch bei einem zweiten Anlauf Anfang 1963 nicht sieht, als dieser zum SED-Parteitag nach Ostberlin reist. Die Geschichte dieses Besuchs ist ähnlich verfahren wie die im Jahre 1959, nur daß Brandt diesmal öffentlich unstreitig der Initiator einer Begegnung war, die er dann, nach erneuter Einladung durch Chruschtschow, in letzter Minute wieder abblasen muß. Aber muß er wirklich? Ist das Hin und Her um diese Begegnung nicht der Beleg für die These der US-Diplomaten in ihrem Bericht für Kennedy, daß Brandt in manchen Fällen zu Unentschlossenheit neigt?

Begonnen hatte die Affäre mit der Erklärung des Regierenden in einem dpa-Interview, daß es überhaupt nicht schaden könne, wenn Chruschtschow die Nöte und Sorgen auf der anderen Seite der Mauer kennenlerne. Praktisch lief das auf eine Aufforderung an den Kremlherrscher hinaus, er möge doch auch West-Berlin besuchen. Die Begründung gab Brandt dem Berliner Boulevardblatt *BZ* zu Protokoll: Es könne nützlich sein »dem sowjetischen Ministerpräsidenten darzulegen, wie es in Berlin wirklich aussieht und was die Berliner wirklich denken«. Chruschtschow beißt tatsächlich an, will zwar nicht in den Westen kommen, zeigt sich aber bereit, Brandt in der Residenz des sowjetischen Botschafters in Ostberlin zu empfangen. Mehrmals hatten die Sowjets gegenüber Kreisky ja beklagt, daß sie bisher vom West-Berliner Bürgermeister noch keinen konstruktiven Beitrag zur Lösung des Berlin-Problems vernommen hätten. Offensichtlich will Chruschtschow die Gelegenheit nutzen, Brandt auf den Zahn zu fühlen, ihn vielleicht sogar für eine großzügige Freistadtlösung zu gewinnen.

Eingedenk der rüden Abfuhr, die er von der US-Mission beim ersten Versuch zu einer Chruschtschow-Begegnung erfahren hatte, telefoniert Brandt sicherheitshalber gleich direkt mit dem State Department und holt sich dessen Zustimmung ein. Von den drei Stadtkommandanten erhält er freilich nur ein recht mattes Grün für die geplante Fahrt durch die Mauer: Er könne sagen, so die drei

Inhaber der obersten Gewalt in Berlin, daß sie ihm nicht abgeraten hätten.

Adenauer gibt sich damit zufrieden und sagt am Telefon: »Wenn ich mich in Ihre Lage versetze, glaube ich, Sie sollten hingehen. Wir werden Sie nicht tadeln.« Außenminister Schröder bietet ihm die Hilfe des Chefdolmetschers des Auswärtigen Amts an, der zugleich als Zeuge dienen könnte.

Doch Adenauers und Schröders Parteifreund, Brandts Koalitionspartner Franz Amrehn, schaltet dennoch auf Rot: Eine eigenständige Berliner Außenpolitik dürfe es nicht geben, der Besuch bei Chruschtschow bringe West-Berlin auf eine abschüssige Bahn. Amrehn droht mit dem Bruch der Koalition, und weil Brandt dem mächtigsten Herrn der kommunistischen Welt nicht mit einer zerstrittenen, ja zerbrochenen Regierung im Rücken gegenübertreten will, gibt er Chruschtschow zum zweiten Mal einen Korb.

Die Absage kommt in buchstäblich letzter Minute, und sie kann nur als Verstoß gegen die guten diplomatischen Sitten und als grobe Unhöflichkeit gewertet werden. Chruschtschow zieht sich gerade um, als ihm Pjotr Abrassimow, der Sowjetbotschafter Unter den Linden, die brüskierende Nachricht überbringt. In seiner Überraschung habe der Kremlchef fast die Hose fallen lassen, weiß Abrassimow später zu erzählen. Gilt Brandt, der Cunctator, bei Chruschtschow nun als Schwächling, Hanswurst oder vollends als Marionette der Amerikaner? Rückschauend meint Brandt, es sei unvernünftig gewesen, die Möglichkeit eines Gesprächs ungenutzt zu lassen »und sie in einer Form auszuschlagen, die verletzend wirken konnte«.[34]

Erpreßt und gedemütigt fühlt er sich, vielleicht macht er sich auch Vorwürfe, daß er den Bruch nicht riskiert und sich nicht einfach kühn über Amrehns Einwände hinweggesetzt hat. Auch ohne die CDU hätte er ja über eine bequeme absolute SPD-Mehrheit im Abgeordnetenhaus gebieten können. Zudem wäre er gut vorbereitet gewesen, denn er hatte zwei Vermerke ausarbeiten lassen, um den mächtigsten Mann der Zweiten Welt über die unmenschlichen Konsequenzen der Mauer und die Brutalität des Schießbefehls ins Bild zu setzen.

Nachdem der Schaden einmal eingetreten ist, zeigt sich Brandt allerdings als der politische Judokämpfer, als den ihn Egon Bahr immer wieder bewundert: Aus der Verteidigung heraus fügt er Franz Amrehn und seiner CDU fürchterlichen Schaden zu. Genau einen Monat nach der erzwungenen Absage des Chruschtschow-Besuchs wird in West-Berlin gewählt. Und im Wahlkampf macht Brandt jetzt Amrehns Erpressung zum zentralen Thema, beklagt immer wieder, er sei das Opfer kümmerlicher wahltaktischer Überlegungen geworden, appelliert an die Berliner, daß sich solch üble Manöver nicht wiederholen dürften und fährt einen geradezu triumphalen Wahlsieg ein: Die SPD gewinnt 9,3 Punkte und klettert auf 61,9, in seinem eigenen Wahlkreis gewinnt Brandt sogar 75 Prozent! Dagegen verliert die CDU 8,9 Punkte und fällt auf 28,8 Prozent der Stimmen zurück.

Die Verluste der CDU kommen zum Teil den Liberalen zugute, mit denen Brandt trotz der überwältigenden SPD-Mehrheit nun eine Koalition bildet. Zwar hat er ein Bündnis wahrlich nicht nötig, aber es gibt zwei gute Gründe, warum er es dennoch schließt. Einmal entspricht es seinem grundsätzlichen Verständnis vom Verhältnis von Staat und Partei, wenn er – so Egon Bahr – der Versuchung nicht Vorschub leisten will, »die Stadt als Partei-Eigentum« zu betrachten. Zweitens regiert die FDP in Bonn mit und kann helfen, die nötigen Subventionsgroschen für Berlin in Bonn locker zu machen. »Der gute Willy«, kommentiert Bahr, »ließ seine Gedanken durchaus nicht nur mit Wind und Wolken schweifen.«[35] Wie sich dann gegen Ende des Jahres 1963 herausstellen wird, rechtfertigt noch ein dritter Grund diese Koalition: Brandts Politik der kleinen Schritte, die mit dem Passierscheinabkommen im Dezember erste Gestalt annimmt. Sie wäre mit Franz Amrehn und der Berliner CDU höchstwahrscheinlich unmöglich gewesen. Wenn Brandt das für West-Berlin inzwischen traditionelle Modell der Großen Koalition aufgibt, das mehr als ein Jahrzehnt heftigster Kontroversen zwischen CDU und SPD in Bonn überstanden hat, dann mit der erklärten Absicht, wieder Bewegung in die Deutschlandpolitik zu bringen.

Daß diese Politik vor allem in Berlin festgefahren ist, daß erst im Winter 1963 das erste Passierscheinabkommen ausgehandelt werden kann, hat weitgehend mit den klassischen westlichen Status- und Anerkennungsängsten zu tun, die auch das Schöneberger Rathaus in den ersten Monaten nach dem 13. August beherrschen. Es sind lähmende Ängste, die zu einer Art Selbstblockade führen. Als die DDR auf zwei S-Bahnhöfen Passierscheinstellen errichten will, werden sie von West-Berliner Polizei geschlossen, ein Vorstoß des Ostberliner Bürgermeisters Friedrich Ebert, Filialen des DDR-Reisebüros in West-Berlin zu eröffnen, die Aufenthaltsgenehmigungen für den Ostsektor hätten ausgeben können, werden abgelehnt. Peter Herz meint, der Senat habe später bedauert, daß man das S-Bahn-Angebot nicht angenommen habe. Aber diese ersten Reaktionen entsprachen der aufgeheizten Stimmung in West-Berlin, gegen die auch ein Willy Brandt sich nicht sofort stellen konnte – wenn er es damals schon gewollt hätte, was mehr als zweifelhaft erscheint. Im übrigen gab es auch sachliche Einwände: Der Regierende und seine Senatoren sahen in diesen Vorschlägen Versuche der DDR, sich innerhalb West-Berlins Hoheitsrechte anzumaßen oder gar Konsulate zu eröffnen, und direkte Verhandlungen zwischen Senat und DDR-Regierung, wie die Ostseite sie zur Passierscheinfrage forderte, konnten als Bestätigung der östlichen Kampfthese von West-Berlin als drittem deutschen Staat gewertet werden. Es ist die Zeit vor Tutzing, da sich der Schöneberger *brain trust* ja noch der Illusion hingibt, humanitäre Erleichterungen an der Mauer ließen sich möglicherweise durch Absprachen der Vier Mächte oder durch neutrale Wohltätigkeitsinstitutionen in die Wege leiten.

So wendet sich Brandt Mitte November an die Alliierte Kommandantur wie an die Bundesregierung, um so unter Einschaltung des Roten Kreuzes Verwandtenbesuche in Ostberlin zu ermöglichen. Zwar will er zur Regelung technischer Fragen einen Senatsbeauftragten abstellen, aber direkte Verhandlungen des Senats mit dem Osten, wie sie DDR-Außenminister Winzer fordert, lehnt er ab. Doch die Bemühungen des amerikanischen Stadtkommandanten General Watson bei seinem sowjetischen Kollegen, Oberst Solowjew, bleiben so erfolglos wie die des Roten Kreuzes. Am 14. Dezember 1961 teilt der Ostberliner Polizeipräsident Eickemeyer über den Polizeifernschreiber – die einzige zwischen Ost- und West-Berlin noch intakte Kommunikationslinie – mit, daß es in keinem Staat üblich sei, »Reise- und Verkehrsfragen über das Deutsche Rote Kreuz zu regeln«. Über solche Fragen müsse zwischen Senat und DDR-Regierung verhandelt werden.[36]

Auch verschiedene Vorstöße der Kirche laufen ins Leere. Ein Mann wie Heinrich Albertz ficht da schon ein wenig realistischer für eine Lösung nach koreanischem Muster: Wenn Passierscheinstellen, dann bitte nach Art des berühmten Panmunjon-Zelts am 38. Breitengrad – also direkt an den Grenzübergängen an der Mauer und auf dem Boden von Ost- wie West-Berlin. Aber das lehnt der Osten ab, weil er keinen Menschenauflauf vor seinen Absperrungen wünscht. Bewegung deutet sich erst an, als der stellvertretende Ministerpräsident der DDR, Alexander Abusch, Anfang Dezember 1963 in einem Brief an Brandt seine Bereitschaft zu Passierscheinverhandlungen signalisiert, direkte Verhandlungen zwischen dem Regierenden und ihm vorschlägt, jedoch auch einverstanden ist, wenn Brandt einen Vertreter benennt. Da Abusch in seinem Brief Hauptstadt und Regierung der DDR allein zwölfmal erwähnt hatte, ahnte der Senat, was in den Verhandlungen auf ihn zukommen würde: Mit Hilfe des kleinen Grenzverkehrs gedachte Ostberlin dem Ziel der Anerkennung West-Berlins als eines eigenständigen politischen Gebildes, eines dritten deutschen Staates, aber auch der eigenen Anerkennung näher zu kommen. Dennoch sahen Brandt, Bahr und Albertz die Möglichkeit, zur »gesamtdeutschen Wirklichkeit vorstoßen zu können«, vor allem Albertz, meint sein Biograph Schuster, habe die Chance gesehen, für die gesamte Nation »eine neue Markierung« zu setzen.[37] Aber kann Hallstein-Bonn, die Zentrale aller ängstlichen Ostkontakt-Verhinderer, für solche Verhandlungen überhaupt gewonnen werden?

In dieser Situation erweist sich die neue Berliner SPD/FDP-Koalition von Vorzug, denn was der Senat unternimmt, kommt dem gezielten Unterlaufen möglicher Gegner am Rhein mit Hilfe der kleineren Regierungspartei ziemlich nahe. Da nimmt nicht etwa der Regierende direkten Kontakt mit dem Bundeskanzler auf, wie sich dies eigentlich gehört hätte, sondern Berlins freidemokratischer Finanzsenator Hans-Günter Hoppe bittet in einem mitternächtlichen Anruf seinen Parteifreund Erich Mende, den Gesamtdeutschen Minister und Erhards Stellvertreter, um Unterstützung. Mende sagt ohne Zögern zu, die Berliner Initiative im Kabinett zu verteidigen. Erhard, so die Überlegung der Heiligen Familie, hätte ein solches Begehren von vornherein abgelehnt – und mit dieser Einschätzung irrte sie nicht. In der Tat warf der Kanzler seinem

Vize Mende in einem vertraulichen Gespräch später vor, er sei den Berlinern zu weit entgegengekommen. Doch weil Weihnachten vor der Tür steht und ein Abbruch der Gespräche unpopulär wäre, läßt ein mürrischer Erhard die Berliner schließlich gewähren.[38] Er billigt die Gespräche auf der Verhandlungsebene Senat/DDR-Regierung nicht, aber er duldet sie. Als es im Kabinett darum geht, dem Ergebnis zuzustimmen, enthält er – der Kanzler, der doch die Richtlinien der Politik bestimmen soll! – sich einfach der Stimme. Ein klassischer Fall von Erhardscher Führungsschwäche, der den Berlinern nur recht sein kann.

Das Schöneberger Team hat gleich zu Anfang mit Form- und Formelfragen zu kämpfen, die heute, aus dem Abstand von mehr als einem Vierteljahrhundert – nach Ostverträgen und glücklichem Zusammenbruch der DDR –, wie lächerliche Lappalien wirken, damals indes Scharen von juristischen und diplomatischen Experten in Atem hielten, ganz zu schweigen von dem Gehirnschmalz, das zahllose Leitartikler darauf verwendeten, das Pro und Kontra der schließlich gefundenen Kompromisse des langen und breiten hin- und herzuwenden. Wie soll Brandt antworten? Schon die Entgegennahme des Abusch-Briefes war ein Tabubruch – frühere Schreiben von »drüben«, so hatte es noch Franz Neumann gehalten und rühmte sich dessen voller Stolz, waren ungeöffnet an den Absender zurückgegangen.

Soll er einen Brief an den »Stellvertreter des Vorsitzenden des Ministerrats der Deutschen Demokratischen Republik« schreiben, wie Abuschs endlos korrekter Titel lautet – und wenn ja, wäre ihm dies nicht als Sünde der Anerkennung der DDR-Regierung durch den Senat angelastet worden? Abusch hatte zwar in seinem Brief der Form nach die Höflichkeit gewahrt, aber auch nicht die völlig korrekte Anrede gewählt, denn er schrieb nur an den »Regierenden Bürgermeister Herrn Willy Brandt, Berlin-Schöneberg, Rathaus« und ließ das »von Berlin« im Amtstitel Brandts weg – offenbar, weil er dem darin enthaltenen Anspruch, für das ganze Berlin zu sprechen, nicht seinerseits zustimmen wollte. Wäre es nicht besser, überlegen Brandts Berater, die Antwort in Form einer mündlichen Verlautbarung zu geben – ohne jede Anrede?

Es ist genau dieser heute befremdende, für damalige Verhältnisse aber geschickte Zwischenweg, den Brandt wählt. »Der Regierende

Bürgermeister von Berlin läßt mitteilen ...«, beginnt die Nachricht, die er überbringen läßt. Er stellt als Beauftragten den Senatsrat Horst Korber bereit, der dann mit dem Ostberliner Staatssekretär Erich Wendt verhandelt – jenem Wendt, der im anderen Teil der Stadt als einer der letzten »Nationalen« gilt und der in Moskau mit Herbert Wehner die Frau getauscht hatte. Die Unterhändler tagen abwechselnd in Ost- und West-Berlin und werden sich in der Sache relativ schnell einig: West-Berliner können Anträge zum Besuch ihrer Verwandten in »Berlin (Ost)/Hauptstadt der DDR« in West-Berliner Turnhallen stellen. Ostberliner Postbedienstete, die eigens dafür nach West-Berlin kommen, händigen die Formulare aus und sammeln sie ein – der eigentliche Hoheitsakt, die Genehmigung der Anträge, erfolgt dagegen in Ostberlin, so daß jeder Anschein vermieden wird, die DDR nehme auf West-Berliner Gebiet konsularische Tätigkeiten wahr. Das Ergebnis ist bescheiden: Nur für West-Berliner, die Verwandte im Ostteil der Stadt haben, und nur für die Feiertage werden Aufenthaltsgenehmigungen ausgestellt. Und um ein Haar wäre auch dies an Versuchen Ostberlins gescheitert, der Vereinbarung den Charakter eines Staatsvertrages zwischen West-Berlin und der DDR zu geben. Doch die DDR lenkt ein, und so wird das Protokoll zu einem Meisterstück in der Kunst, nicht anzusprechen, was ist, weil es offiziell nicht existieren darf: Statt von DDR und West-Berlin ist von »beiden Seiten« die Rede, und strittige Fragen werden mit der salvatorischen Klausel ausgeklammert, wonach »eine Einigung über gemeinsame Orts-, Behörden- und Amtsbezeichnungen nicht erzielt werden konnte«. Das war die »erlösende Formel«, schreibt Bahr, die – wie es eben »einem Pastor zusteht« – von Heinrich Albertz gefunden wurde.[39]

Noch die verschlungene Unterschrift der West-Berliner zeigt, welche juristischen Verrenkungen nötig sind, um das Ergebnis zu sichern: Korber hatte ursprünglich nur als Senatsrat unterzeichnen wollen, beauftragt von der West-Berliner Senatskanzlei. Aber das genügte dem Osten nicht, der den Regierenden als Partner demonstrativ und allen sichtbar einbeziehen wollte. So unterschreibt der West-Berliner Senatsrat schließlich »auf Weisung des Chefs der Senatskanzlei, die im Auftrage des Regierenden Bürgermeisters von Berlin gegeben wurde«. Ohne ein kleines Stück Anerkennung, das lehren die ersten Passierscheinverhandlungen, sind humanitäre

Erleichterungen von der DDR nicht zu haben. Daß Bonn dem Verfahren überhaupt zustimmt, hat vor allem mit dem Einfluß der Liberalen im Kabinett Erhard zu tun, die den zögerlichen Kanzler in der Passierscheinfrage buchstäblich zum Jagen tragen, wie Karl Moersch einmal schreibt.[40] Erhard, aber auch Gerstenmaier, Barzel und Strauß hätten in direkten Verhandlungen zwischen Senat und der DDR eine Anerkennung der Chruschtschowschen Drei-Staaten-Theorie gesehen.

Vielleicht spielt auch das Gefühl der Überrumpelung eine Rolle, von der Brandt später einmal sagen wird, sie sei die »erfolgreichste Methode in der Politik überhaupt«.[41] Da Weihnachten immer näher rückt, finden die abschließenden Gespräche unter Zeitdruck statt, und die Zustimmung der Bundesregierung zum vereinbarten Protokoll einschließlich der Unterschriftsformeln wird dem schlaftrunkenen Ludger Westrick, Erhards Staatssekretär im Kanzleramt, morgens gegen drei Uhr am Telefon abgerungen.[42] Ein wenig überrumpelt fühlen sich auch die Stadtkommandanten und die drei westlichen Botschaften in Bonn, die beim Auswärtigen Amt darüber klagen, der Senat habe sie nur informiert, anstatt sie rechtzeitig zu konsultieren. Aber hätte es dafür überhaupt genügend Zeit gegeben? Jedenfalls macht der Kanzler nach den Feiertagen im Bundestag klar, daß Bonn, auch wenn es das ausgehandelte Abkommen nicht mehr in Frage stellen will, an dem ganzen Prozedere Anstoß nimmt. Da spricht er von einer »Art Trojanischem Pferd«, das dieses Abkommen darstelle und die Drei-Staaten-Theorie einschmuggeln wolle, auch habe sich nicht »alles so vollendet« vollzogen.

Es ist die Unterschriftenformel, die Erhard in kleinem Kreise einmal als »nicht so schön« bezeichnet, und es ist die Anwesenheit Ostberliner Bediensteter in West-Berlin, an der die Bundesregierung Anstoß nimmt. Staatssekretär Westrick schickt Anfang Januar ein Fernschreiben an den Senat, in dem er »eine exakte Wiederholung der Weihnachtsregelung ohne Verbesserung« als schlicht »inakzeptabel« bezeichnet – eine Bonner Haltung, die dazu führt, daß die West-Berliner auf Passierscheine Ostern und Pfingsten 1964 erst einmal verzichten müssen. Zwar gelingt es, im Herbst 1964 einige Verbesserungen auszuhandeln, aber in der Substanz geht der Osten hinter die einmal erreichten Positionen nicht zurück. Anders als Erhard und Westrick wertet Walter Ulbricht das Protokoll vom 17. Dezember als »politischen Erfolg« – so in einem langen Telegramm an den »teuren Genossen« Nikita Chruschtschow, der nach Erkenntnissen der CIA ja Druck auf Ostberlin ausgeübt hatte, sich zu einem Abkommen über humanitäre Erleichterungen an der Mauer bereitzufinden. Unter Ausschaltung der Botschaften wird der Kremlherr durch den Chef der Ostberliner Satellitenregierung über jede Phase der Verhandlungen detailliert und telegraphisch auf dem Laufenden gehalten. Das Protokoll beweise, kabelt Ulbricht, daß »durch Annäherung und Verhandlungen eine Verständigung über bestimmte Fragen zu erzielen sei«, und setze ein Beispiel »für Verhandlungen zwischen der Regierung der DDR und der Regierung der Bundesrepublik in Bonn«.[43]

Wenn Ulbricht das Wort »Annäherung« benutzt, hat er sicher nicht die Tutzinger Thesen von Egon Bahr im Sinn – und doch scheint er um die Jahreswende 1963/64 die Bedeutung dieses Passierscheinabkommens für die künftige Deutschlandpolitik realistischer einzuschätzen als Willy Brandt und seine Berater. Die waren sich damals, so das Urteil Peter Benders, »des Exemplarischen ihres Tuns nicht bewußt«; sie hätten zwar nach allgemeinen Veränderungen gestrebt, aber bei den Passierscheinen vor allem aus der Berliner Zwangslage heraus gehandelt und die Abusch-Offerte beim Schopf gegriffen: »Erst später wurde ihnen klar, daß sie mit dem Passierscheinabkommen ein Modell für die spätere Ost-Politik geschaffen hatten.«[44] In der Tat: mehr als einmal beteuert Brandt damals, daß er nicht die Absicht habe, eine neue Politik in die Wege zu leiten. Erst im Laufe der Monate setzt sich die Auffassung durch, »daß kleine Schritte mehr sind als keine Schritte«. Auf dem Parteitag 1964 in Karlsruhe wird Brandt sagen: Politik solle sich zum Teufel scheren, wenn sie nicht dazu da sei, den Menschen das Leben leichter statt schwerer zu machen. »Was gut ist für die Menschen im geteilten Land, das ist auch gut für die Nation«, ruft er den Genossen zu und erhebt die Politik der kleinen Schritte in den Rang einer Meßlatte für seine Deutschlandpolitik.[45] Sie jedoch zum umfassenden Verhandlungsprogramm mit der DDR-Regierung auszubauen – davor schrecken Brandt und die SPD zurück, weil ihr noch immer die alte Angst im Nacken sitzt, in den Augen vieler Wähler nicht national gesinnt und demokratisch integer zu sein.[46]

Der Erfolg der Passierscheinaktion übersteigt alle Erwartungen: Mit 30 000 Anträgen hatte die DDR gerechnet, Brandts Berater gingen von etwa 800 000 aus, am Ende zählt man 1,2 Millionen Besuche im Ostteil der Stadt. Nach einer Trennung von 28 Monaten wurde der Weg frei für »die große und bewegende Begegnung im anderen Teil Berlins – eine Abstimmung nicht nur mit den Füßen, sondern auch mit den Herzen«. So nennt Brandt, was über Weihnachten und Neujahr 1963/64 in Berlin geschieht. Im Rückblick überkommt ihn Zorn »über juristisch getarnte Kleinkariertheiten und ideologisch übertünchte Eifersüchteleien, die uns von Bonn aus die Arbeit erschwerten«, und wenn er später abwertend von »Formelkram« spricht, mag die Ursache hier zu finden sein.[47]

Den 18. Dezember 1963 bezeichnet er einmal als einen »der schönsten Tage in meinem Leben«[48], denn er hat gleich doppelt Grund zum Feiern: Sein 50. Geburtstag ist zugleich der erste Tag, an dem es Passierscheine gibt – eine Aktion, die er als Bestätigung seiner Politik der Transformation, des Durchlässigmachens oder Durchlöcherns der Mauer, auch als Frucht der eigenen Beharrlichkeit werten kann. Es ist ihm gelungen, Bonn in eine Regelung einzubinden, die es eigentlich nicht haben wollte – der David von der Spree hat den Goliath am Rhein ausmanövriert, meint Diethelm Prowe, Brandts *brain trust* gelang ein »in der Form nicht vorausgeplanter, aber dennoch effektiver ›coup‹ über eine nichtsahnende und unvorbereitete Bundesregierung«.[49]

Brandt ist voller Vitalität, steht in der Mitte des Lebens und er hat Erfolg – was will er mehr? Seine hohe Stirn, die Grübchen und die ausgeprägten Backenknochen machen ihn zur idealen Zielscheibe für jeden Karikaturisten. Gewicht hat er mit den Jahren angesetzt, in einem *briefing memo* des State Department zur Unterrichtung Kennedys wird er als »untersetzter Mann« beschrieben, dessen »ausgreifender Torso auf einem Paar etwas kurzgeratener Beine« ruhe. In den ersten Jahren als Regierender Bürgermeister sei er von großer Geschmeidigkeit (litheness) gewesen, habe dann jedoch allmählich den bewußten schweren Gang eines Mannes von der Waterkant angenommen. Besonders entspannt, so der Bericht für Kennedy, wirke Brandt in kleinem Kreise oder in der Gesellschaft von Genossen, wenn nach einem Dinner Kaffee und Drinks gereicht würden – da zeige er sich humorvoll und lache am lautesten über die eigenen Witze. Und natürlich darf in diesem Porträt der berühmte Satz von Rut nicht fehlen: »Willy liebt es, einunddieselbe Geschichte hundertmal wiederzuerzählen, und es ist stets er selbst, der sich über sie am meisten freut.«[50]

Anfang 1964 zieht die Familie Brandt um – aus den beengten Verhältnissen eines Reihenhauses am Schlachtensee in eine 6-Zimmer-Villa in der Taubertstraße in Berlin-Grunewald, wo Brandt Besucher besser empfangen kann. Der Senat hat sie als Dienstwohnung für den Regierenden angeschafft und vermietet sie – gegen 751,65 Mark monatlich – an Brandt weiter, zu viel, wie er laut *Spiegel* findet. Endlich haben die drei Söhne Platz, denn es gibt außer einem Oberstock auch ein ausbaufähiges Dachgeschoß. Durch große Fenster fällt viel Licht, das Eßzimmer ist durch ein weißgestrichenes, schmiedeeisernes Gitter von einer Wohnhalle getrennt, die Möbel sind modern und meist skandinavischen Stils: die Sitzgruppe »superwuchtig und von amerikanischer Bequemlichkeit«, urteilt ein Besucher, ein paar alte Möbelstücke »sind strategisch in den Räumen verteilt. Die Mixtur ist nicht ohne Geschmack, aber ohne persönliche Note«. Zum Hausstand gehören auch ein schwarzer Zwergpudel und Nusse, die Siamkatze.[51] Zusammen mit dem Gästehaus des Senats, das die Stadt für Empfänge nutzt, liegt die Dienstvilla auf einem etwa 7000 Quadratmeter großen, parkähnlichen Grundstück mit Schwimmbad. Zu wichtigen Besuchern, die im Gästehaus absteigen – Ethel und Robert Kennedy etwa, Eleanor Dulles oder Martin Luther King –, sind es für die Brandts nur ein paar Schritte zu Fuß, und sie sitzen mit ihnen beim Dinner oder vor dem Kamin.[52]

Zu den Prominenten, denen die Brandts im Senatsgästehaus ein Essen ausrichten, zählt auch Pjotr Abrassimow, der Herr der Sowjetischen Botschaft Unter den Linden. Daß Brandt 1966 gleich mehrfach mit dem Botschafter zusammentrifft, wird in Bonn, wo man seit Berlin-Krise und Passierscheinverhandlungen stets außenpolitische Alleingänge Berlins befürchtet, mit Argusaugen verfolgt, zumal der erste Kontakt unter beinahe konspirativen Bedingungen zustande kam. Wieder lassen sich die Tricks und Finten, ohne die ein Regierender Bürgermeister anfangs dem Botschafter Moskaus in der DDR nicht begegnen konnte, nur mit der Kontaktangst westdeutscher Hallstein-Doktrinäre, aber auch West-Berliner Leitartikler erklären. Als Abrassimow den Wunsch äußert, Brandt zu sprechen, arrangiert dessen Freund Sven Backlund, der schwedische Generalkonsul in Berlin, als Wirt und Vermittler einen Sonntagsfrühschoppen, bei dem sich beide auf neutralem Boden, nämlich in dessen Dahlemer Villa, treffen.

Um die Begegnung geheimzuhalten, fährt Abrassimow anonym im Wagen seines Protokollchefs über Checkpoint Charlie, parkt bei den Backlunds um die Ecke und geht die letzten Schritte zu Fuß. Der schwedische Konsul serviert Aquavit, Wein und Kaffee, und seine beiden Gäste beschließen, ihre Kontakte unter weniger konspirativen Umständen fortzusetzen – zunächst bei den schwedischen Gastgebern, dann in einem West-Berliner Hotel, wo es nach den Erinnerungen Rut Brandts zu einem »ungewöhnlich feuchtfröhlichen Abend« kommt: »Die russischen Trinksitten nahmen rasch überhand, und die Atmosphäre wurde immer herzlicher... Wir prosteten uns zu, tranken Brüderschaft, und bald hieß es ›Pjotr‹ und ›Willy‹«. Als der Regierende und seine Frau dann zu einem Essen in die Sowjetische Botschaft gebeten werden, zeigt er sich für das gegenseitige Zuprosten mit Wodka und Cognac besser präpariert: »Willy hatte aus der letzten Begegnung gelernt und zu Hause eine ganze Büchse Ölsardinen gegessen.«[53]

Brandt muß darauf bestehen, mit dem Sowjetmenschen nicht als Botschafter in der DDR, sondern in dessen Eigenschaft als Hochkommissar für Deutschland zusammenzutreffen, einer Funktion, die Abrassimow politisch gegenüber seinem sowjetischen Kollegen Smirnow in Bonn aufwertet. Von besonderem Interesse für den Regierenden ist die Tatsache, daß der Herr über die Sowjetische Botschaft Unter den Linden zugleich Mitglied des Zentralkomitees der KPdSU ist, also über engste Beziehungen nicht nur zum Staatsapparat, sondern auch zur Partei verfügt. Nach Klaus Hildebrand weisen diese geheimnisumwitterten Begegnungen Brandts schon auf das »politische und diplomatische Vorgehen seiner noch in der Zukunft liegenden Kanzlerschaft« hin, nämlich den direkten Dialog mit der Sowjetunion aufzunehmen, weil der Lösung der deutschen Frage nur durch Entspannung näherzukommen sei. Auch hätten die Treffen mit Abrassimow es Brandt ermöglicht, die SPD als ost- und deutschlandpolitisch progressive Partei gegenüber einer auf diesen Gebieten bremsenden CDU darzustellen, wie er denn überhaupt geschickt die »Elemente des Bewährten und des Neuen, der Tradition und der Bewegung, der willkommenen Sicherheit und des ersehnten Fortschritts« miteinander zu verbinden wußte, eine Mischung, die Anklang bei der Bevölkerung gefunden habe.[54]

Daß Abrassimow seinerseits den Kontakt mit Brandt pflegt, um die staatliche Selbständigkeit West-Berlins zu unterstreichen, wird spätestens klar, als die sowjetische Regierungszeitung *Iswestija* das fünfstündige Gespräch in der Sowjetbotschaft groß als »politischen Dialog« auf ihrer ersten Seite meldet.[55] Der Botschafter lädt den Vorsitzenden der SPD und den »Vertreter West-Berlins« im Namen seiner Regierung zu einem Besuch nach Moskau ein, aus dem durch Brandts baldigen Wechsel ins Außenministerium allerdings nichts mehr wird. Der konkrete politische Ertrag der Begegnungen ist eher gering, denn der Botschafter bewegt sich auf der offiziellen Moskauer Linie, wonach humanitäre Fragen – und damit auch Absprachen über kleine Schritte – ausschließlich Verhandlungsgegenstand für die beiden deutschen Staaten sind.

Kann der Regierende es wenigstens auf das Konto seiner Vorhaltungen buchen, wenn der Lärm, mit dem sowjetische Düsenjäger in Tiefflügen über West-Berlin hinwegdonnern, um gegen Sitzungen des Bundestags und seiner Fraktionen zu protestieren, allmählich geringer wird? Brandt selbst stellt die Frage, ohne daß er eine klare Antwort darauf geben könnte.[56] Zwar wird West-Berlin, wie der Regierende es gewünscht hatte, kurze Zeit nach dieser Aussprache in den kulturellen Austausch mit der Sowjetunion einbezogen. Doch in dem Botschafter den Urheber dieser Entscheidung zu vermuten, hieße zweifellos, seine Bedeutung und seinen Einfluß zu überschätzen. Allerdings hat er viel dazu beigetragen, daß sich sowjetische Künstler, Orchester und Opernensembles an den Berliner Festspielen beteiligen. Denn Abrassimow ist ein äußerst kunstsinniger Herr, in seiner Botschaft lernen die Brandts den Cellisten Mstislaw (»Slava«) Rostropowitsch kennen, der zu Kaffee und Cognac im Salon Bach und Händel spielt. Vor allem zwischen Rut Brandt und »Slava« entwickelt sich eine Freundschaft, die bis tief in die Bonner Zeit reichen wird.

Interesse an der Kunst verbindet den Botschafter mit seinem früheren Landsmann Nicolas Nabokov, jenem russischen Komponisten und Emigranten mit amerikanischem Paß, den Brandt beim Kongreß für kulturelle Freiheit kennenlernte und den er nach dem Mauerbau zum Leiter der Festspiele berufen hat. Nabokov hatte bisher halb in Paris, halb in New York gelebt, kannte sich in der internationalen Kulturszene aus wie kaum ein anderer und verfügte über beste Kontakte zu den wichtigsten Kreisen in Frankreich, England und Amerika – darunter auch zu Sargent Shriver, Prinzessin Radziwill und Mitgliedern des Kennedy-Clans. Brandt bot ihm eine große Villa, ein Auto, einen Mitarbeiterstab und die Begleichung aller Ausgaben an, die seine Tätigkeit als Direktor verursachten.

Folgt man Julij A. Kwizinskij, der später, in der Zeit der Nachrüstung, den berühmten Waldspaziergang mit Paul Nitze unternehmen wird, Anfang der sechziger Jahre aber an der sowjetischen Botschaft Unter den Linden tätig war, dann hatte Nabokov mit manchen Mitgliedern der Schöneberger Crew die Ablehnung des Bonns der Adenauerzeit gemein: Jedesmal, wenn er in dieser künstlichen Kapitale am Rhein gewesen sei, habe er sich gefühlt »wie unter sehr fetten und selbstzufriedenen Karpfen, die jedoch sehr böse und aggressiv werden könnten, wenn jemand versuchte, ihre Kreise durch irgendwelche Neuerungen zu stören«.[57] Er hoffte auf baldige Wachablösung in Bonn und sah in Brandt den Mann, der die deutsche Politik in Bewegung bringen und Europa den Weg aus der lähmenden Konfrontation der Nachkriegszeit bahnen könnte. Möglicherweise, meint Kwizinskij, wiederholte Nabokov nur, was er damals von amerikanischen Politikern aus der Umgebung Kennedys gehört hatte. Auf jeden Fall war er kein Schwätzer, und Pjotr Abrassimow sah ihn gern zu ausführlichen Gesprächen.

Mit Hilfe von Nabokov gelang es den Sowjets aus Ostberlin, die kulturellen Kontakte zu West-Berlin auf eine solide Grundlage zu stellen. »Er lud unsere Künstler bereitwillig zu den Festwochen ein und unterstützte den Austausch auch außerhalb dieses Rahmens«. Mit Nabokov kam wieder Welt in dieses reduzierte, eingemauerte, preußische Berlin. Daß Brandt, soweit das einem Charakter wie ihm überhaupt möglich war, mit Nabokov Freundschaft schloß, zeigt einen Teil seines »nicht gelebten Ich«, meint Egon Bahr: die Neigung zu Kunst und Künstlern und deren unkonventionellem Leben, Versuchungen, denen er sich als Politiker versagen mußte.[58]

In der Festspielära Nabokov gelingt es, West-Berlin zu dem vielleicht kulturell attraktivsten Ort in ganz Westeuropa zu machen, denn an der Spree wird Kunst aus dem Westen, dem Süden, aber auch dem Osten der Welt auf die Bühnen und in die Museen gebracht. Nabokov zieht alles in die Stadt, so Egon Bahr, »was Namen hatte und teuer war. Wer japanisches Kabuki-Theater bewundern wollte, mußte plötzlich nach Berlin kommen«.

Doch Berlin zielstrebig als Kulturschwerpunkt auszubauen, ist nur eine der Maßnahmen, welche die Folgen des 13. August abpuffern sollen. Amerika hilft dabei, genauer: Shepard Stone, einst Berater McCloys, ein Mitglied der in Washington einflußreichen amerikanischen Berlin-Mafia um John J. McCloy und General Lucius D. Clay. Stone bringt eine Niederlassung des Aspen-Instituts an den Wannsee, die »interessante Gehirne, insbesondere aus Amerika«, zu Gesprächen und Diskussionen holt. Mit ihnen kommen frischer Wind und neue Ideen. Helmut Schmidt mag später spotten, Brandt und seine Berliner Crew könnten eine Million nicht von einer Milliarde unterscheiden, aber als Chef seiner von Auszehrung und Wegzug nach Westdeutschland bedrohten Inselbastion leitet der Regierende in die Wege, was politisch und wirtschaftlich sinnvoll, notwendig und vor allem: was machbar ist.

Um Arbeitsplätze zu schaffen, wird mit dem Bau der Stadtautobahn begonnen, um der Abwanderung entgegenzuwirken, die »Zitterprämie« erfunden. Daß es Brandt gelingt, mit Karl Schiller, dem aufsteigenden wirtschaftspolitischen Star der SPD, den richtigen Mann von Hamburg an die Spree zu holen, ist vielleicht sein größtes Verdienst. Der neue Wirtschaftssenator lockt mit Steuernachlässen und -präferenzen, erhöhten Abschreibungen und unverzinslichen Darlehen verarbeitende Industrien nach Berlin, welche die Stadt zur verlängerten Werkbank Westdeutschlands werden lassen. Der Bau eines Kongreßzentrums bringt internationale Konferenzen in die Stadt, die Aufhebung der nächtlichen Sperrstunde von Gaststätten, Bars und Kneipen macht Berlin attraktiv für Touristen. Das alles reicht zwar nicht entfernt, den wirtschaftlichen Schaden auszugleichen, der durch den Mauerbau entstanden ist, aber mit massiver Hilfe aus Bonn gelingt es doch, die Überlebensfähigkeit der Stadt, wenn auch auf reduziertem Niveau, zu sichern.

Weil es gelegentlich erheblich knirscht zwischen der Bonner SPD und ihrem stellvertretenden Vorsitzenden in Berlin, hat Brandt nach seinem Triumph bei den Wahlen im Februar 1963 Heinrich Albertz mit dem Amt seines Stellvertreters, des Bürgermeisters, betraut, das bis dahin der CDU-Koalitionspartner innehatte. Auch den Vorsitz der Landespartei gibt er an Kurt Mattick ab, so daß er sich, weitgehend befreit von der täglichen Routine der Berliner Administration und den kleinkarierten Auseinandersetzungen in der Berliner Landespartei, vermehrt um seine Aufgaben im Führungstrio der Gesamtpartei kümmern kann. Daß er in Berlin oft viel zu weit vom Bonner Schuß ist, hatte die *Spiegel*-Krise im Herbst 1962 gezeigt: Als Adenauer mit den Sozialdemokraten wegen einer großen Koalition verhandelte, mußte sich Brandt, der das Bett mit Grippe hütete, zunächst von den Genossen in Bonn per Telefon unterrichten lassen. Zwar brachten die Verhandlungen der SPD keinen Erfolg, denn der Kanzler nutzte sie geschickt, um die FDP für eine neue Koalition mit seiner CDU gefügig zu machen – aber für die SPD sprachen Ollenhauer, Wehner und Erler, während Brandt auf den Gang der Dinge bestenfalls marginalen Einfluß hatte. Erst spät kam er nach Bonn, schaltete sich in die Verhandlungen ein und sprach mit Vertretern der FDP, die allerdings nicht ihn, sondern Erler als SPD-Kanzler einer möglichen SPD/FDP-Koalition favorisierten.

Gehört der Spitzenmann für den Wahlkampf also nicht doch nach Bonn, den Ort aller innen- und außenpolitischen Entscheidungen der Republik? Erlers Skepsis richtet sich weniger gegen Brandt als dessen Stab in Berlin, und solange der Spitzenkandidat in Berlin residiert, gibt es eine Art institutionellen Konflikts zwischen den drei Zentren der Partei: dem Kanzlerkandidaten und seinem *brain trust* in Berlin, der Fraktion im Bundestag, die unter Führung Erlers zum eigentlichen Kraftzentrum der Opposition geworden ist, und der Baracke mit ihrem Werkmeister Wehner. So wirft Ulrich Lohmar, Bundestagsabgeordneter und einflußreicher Chefredakteur der *Neuen Gesellschaft*, die Frage auf, ob sich auf die Dauer das Amt des Regierenden Bürgermeisters und des Kanzlerkandidaten kombinieren lasse. Lohmar gilt als erklärter Parteigänger Brandts und drängt in einem Brief an den Spitzenkandidaten darauf, daß dieser möglichst bald die Führung der Opposition in Bonn übernimmt – was freilich einen Mann wie Fritz Erler nicht glücklich machen würde.

Mit ihm gibt es ohnehin Verstimmungen wegen Brandts Harvard-Reden, zum Teil wegen des Inhalts, vor allem aber, weil Brandt damit einen neuen Politikentwurf an allen Beschlußgremien der Partei vorbei formuliert und in die öffentliche Debatte eingebracht hat. Ist die von ihm in Harvard erstmals öffentlich skizzierte Politik, die auf Transformation des Gegners durch Ausbau von faktischen Beziehungen zielt, auf Dauer überhaupt mit der Politik der Nichtanerkennung der DDR und der Oder/Neiße-Linie vereinbar, die Brandt ja ebenfalls vertritt? Wichtiger als dieser nicht unerhebliche Einwand ist für die Genossen in Bonn, allen voran Erler, daß Brandt sich bei der Ausarbeitung seiner neuen Strategie ganz auf sein Berliner Küchenkabinett verlassen und vor Harvard nicht die Aussprache mit der SPD-Spitze gesucht hat. Von Erlers Seite mag Eifersucht im Spiel sein, zumal einflußreiche Genossen, etwa der Landesverband Baden-Württemberg, keinen Hehl daraus machen, daß sie den brillanten Fraktionschef im nächsten Wahlkampf gern als Spitzenkandidaten sähen, weil er gegen einen Kanzler Erhard die besseren Aussichten habe. »Die Dinge werden nicht leichter«, rügt Erler in einem Brief an Brandt, »wenn Du die Sorge derer, die es mit Dir und unserer Sache gut meinen, als unbequeme Krittelei empfindest ... Auch Du bist – Gott sei Dank – kein Monument. Deshalb muß eine Aussprache unter Freunden möglich sein, auch im Präsidium.«[59]

Als Egon Bahr dann in Tutzing seinen »Wandel durch Annäherung« verkündet, verstärkt sich die Kritik an mangelnden Absprachen zwischen der Parteizentrale und dem Brandtschen *brain trust* in Schöneberg. Selbst Herbert Wehner, der Brandt in dieser politischen Phase stets stützt, spricht öffentlich von »Narretei« und »Ba(h)rem Unsinn«, wobei er intern Bahr wissen läßt, daß so neu dessen Gedanken ja auch wieder nicht seien.[60] Der Senatspressechef stört seine Kreise. Daß da bei den Berliner Genossen eine neue Deutschlandpolitik im Entstehen ist, wie die Konservativen zu Recht argwöhnen, paßt schlecht zu dem von Wehner forcierten Umarmungskurs der Sozialdemokraten, der auf das gemeinsame Regieren von CDU und SPD zielt.

Schwierigkeiten bekommt Brandt auch mit dem rechten Flügel

der eigenen Partei in Berlin, weil er es versäumte, dem rechten Freundeskreis die neuen Vorstellungen zu erläutern und sie darauf einzuschwören. Kurt Mattick nennt Egon Bahrs Tutzinger Rede ein »Kuckucksei«[61], und selbst Heinrich Albertz, der inhaltlich nun wahrlich bei Bahr steht, sieht im Vorpreschen des Senatspressechefs eine taktische Ungeschicklichkeit – was Bahr sagte, habe viel zu früh und viel zu unvorbereitet Schlagzeilen gemacht. Es gehöre noch viel Arbeit dazu, notiert Albertz in einem Vermerk für Brandt, »um gerade die nächsten Freunde von der Notwendigkeit einiger nüchterner Erkenntnisse zu überzeugen«. Für den Prozeß des Umdenkens mahnt er mehr Bedächtigkeit an: Fortan müsse gelten, daß der Langsamste das Tempo bestimmt – »jedenfalls soweit es sich um ehrliche und anständige Freunde handelt«.[62]

Bestimmt der Langsamste der ehrlichen Genossen auch das Tempo in der leidigen Frage der Oder/Neiße-Grenze? Und beugt sich Brandt, der doch als Realist schon in seiner Stockholmer Zeit die Grenzen von 1937 im Osten für weitgehend verloren hielt, dem Diktum Wehners und Erlers, die am deutschen Rechtsstandpunkt in Sachen Ostgrenzen geradezu verbissen festhalten – mit Blick auf die Wähler und die angestrebte große Koalition? Als der SPD-Parteitag im November 1964 in Karlsruhe zusammentritt, ist die Stirnseite der Schwarzwaldhalle mit schwarzem Tuch verhängt, auf dem die Umrisse Deutschlands in den Grenzen von 1937 prangen – »einschließlich Ostpreußen und ohne das geringste kartographische Zeichen, daß es eine DDR gibt und eine Stadt Berlin«, wie Theo Pirker kritisch anmerkt.[63] Flankiert von überdimensionalen Bildern der beiden verstorbenen Vorsitzenden Schumacher und Ollenhauer steht dazu unübersehbar: »Erbe und Auftrag«.

Da Brandt im Februar desselben Jahres zum Nachfolger von Ollenhauer gewählt wurde – Fritz Erler rückte neben Wehner in die freigewordene Position eines stellvertretenden Vorsitzenden auf –, wird man kaum seine Mitverantwortung für diese optische Irreführung von Wähler und Öffentlichkeit leugnen können. Daß er in Sachen Oder/Neiße aus taktischen Gründen nicht seine Meinung sagt, ist kein Geheimnis, seit sich seine Unterschrift 1963 unter der Losung »Verzicht ist Verrat« fand – unter einem Grußwort, das der SPD-Vorstand in der Festschrift zum Deutschlandtreffen der Schlesier im Juni in Köln veröffentlichte. Wer seine Memoiren liest, muß annehmen, man hätte ihn, ohne ihn zu fragen, einfach kollektiv als Mitglied des Vorstands für die Unterzeichnung vereinnahmt – wie seinerzeit beim Paulskirchenmanifest, das er innerlich ablehnte[64] und wogegen er bei Ollenhauer Verwahrung einlegte. Überzeugend wirkt diese Lesart nicht, wenn man bedenkt, daß er zur Zeit der Schlesier-Festschrift bereits die Position eines stellvertretenden Vorsitzenden innehatte.

In seiner Rede allerdings, die er vor der Landsmannschaft auf diesem Treffen hielt, ging er die Frage der Grenzregelung sehr viel differenzierter an. Er wolle mit »voller Offenheit« sprechen, sagte er da – seit 15 Jahren werde das Recht auf Heimat proklamiert, aber Schlesien und Pommern, Riesengebirge und Odermündung seien uns dadurch nicht näher gekommen. Wie immer fand er die rechten Worte, um seine Zuhörer einzubinden: »Wer die Oder/Neiße-Linie als eine Grenze bezeichnet, die innerlich vom deutschen Volk akzeptiert ist, der belügt die Polen.« Aber dann setzt er abwiegelnd hinzu: Da weder an Gewalt gedacht noch Gewalt gewollt sei, ergebe sich »nach dem gesunden Menschenverstand, daß wir eine Lösung letzten Endes nur zusammen mit unseren östlichen Nachbarn finden können«. Wer hören konnte, mußte zwar begreifen, daß eine Lösung zusammen mit Polen und Tschechen nie und nimmer die Wiedergewinnung aller verlorenen Gebiete bedeuten würde. Mut zu klaren Worten bezeugt er damit freilich nicht, sein Vorgehen gleicht eher der geschickten Verabreichung der Wahrheit in der einzigen Form, die der Therapeut Brandt Anfang der sechziger Jahre für vertretbar hielt: tröpfchenweise und nahezu homöopathisch dosiert. Und wer seine Rede heute liest, muß sich fragen, ob selbst dieser Versuch nicht in seinem kräftigen Schlußappell unterging. Denn da rief er mit all dem Pathos, dessen er fähig war: »Es lebe das Recht auf Selbstbestimmung! Es lebe das Recht auf Heimat! Es lebe das deutsche Vaterland in Einigkeit und Recht und Freiheit!«

Einige Monate zuvor hat er sich in der *Stuttgarter Zeitung* mit seiner Brandt-typischen »schwebenden Sprache« zur Grenzfrage ähnlich eingelassen: »Wer unbesehen der von anderen diktierten Grenzlinie zustimmt, meint es nicht gut mit den zukünftigen deutsch-polnischen Beziehungen«, schreibt er in der Ausgabe vom 1. März. Darauf folgt sofort der Satz: »Wer auf Aussöhnung und

Freundschaft aus ist, wird nicht mehr versprechen, als er auch halten kann.«[65] Folgt er der alten Weisheit, nach der man zwar nie lügen, sondern die Wahrheit sagen soll, aber nicht unbedingt gleich die ganze? Aus seinen Gesprächen mit Kennedy und den Außenministern der drei Westalliierten weiß er sehr genau, daß die westlichen Partner die Oder/Neiße-Grenze für unabänderlich halten und eine Wiedervereinigung, wenn überhaupt, für sie nur innerhalb der Grenzen von Bundesrepublik und DDR denkbar wäre. Da indes der Block der Heimatvertriebenen und Flüchtlinge am Zerbröseln ist, kommt es der SPD für den Wahlkampf 1965 darauf an, möglichst viel von dessen Wählerpotential für sich zu gewinnen.

So versteckt sich Brandt häufig hinter der Formel, daß die Verfechter der deutschen Zweistaatlichkeit im Osten von der Bundesrepublik etwas forderten, was diese nach den Gesetzen der Logik schlechterdings nicht erbringen könne: Da sie keine gemeinsame Grenze mit Polen habe, vermöchte sie diese auch schlecht anzuerkennen. Noch auf dem Parteitag in Dortmund wird er 1966 in einem Diskussionsbeitrag zur Oder/Neiße-Grenze sagen, es reime sich eben nicht zusammen, einerseits die These von zwei deutschen Staaten zu vertreten und zugleich zu fordern, die Bundesrepublik müsse die Oder/Neiße-Linie garantieren, die ja ihre Grenze gar nicht sei.[66] In Karlsruhe beschränkt er sich auf die Versicherung, die SPD werde keine Politik hinter dem Rücken der Flüchtlinge machen, zudem müßten die Heimatvertriebenen voll in die deutsche auswärtige Politik einbezogen werden.

Es ist Erler, der nach diesen eher vagen Äußerungen die rechte Flanke der Partei mit starken Worten zu sichern sucht, als er die DDR als »Zuchthaus« bezeichnet. Die deutsche Politik, so seine Warnung, dürfe nicht auf die von den Sowjets »eingeseifte schiefe Ebene« des Akzeptierens der Realitäten geraten. Vehement spricht der Fraktionschef sich gegen die Anerkennung der Oder/Neiße-Linie aus, und mit nicht minderer Verve macht er Front gegen die »völkerrechtliche Zementierung des Ulbrichtregimes«: Die Anerkennung Ostberlins bedeute die »Festigung einer unter falscher Flagge segelnden Kolonialherrschaft auf deutschem Boden«.[67] Von einer neuen Politik in der Deutschlandfrage ist vorerst also wenig zu spüren, die neuen Ansätze im Stile der kleinen Schritte werden vielmehr bewußt in die alten Konzepte eingezwängt. Rudolf Augstein schreibt einmal von einem »wahren Veitstanz«, den die SPD aufführe, damit die realistischeren außenpolitischen Vorstellungen Brandts nicht hinter der Gemeinsamkeitsfassade hervorlugten.[68]

Brandt ist gedanklich weiter, als er im Wahlkampf 1965 zu zeigen wagt. So hat er Zweifel an der Notwendigkeit einer multilateralen Atomstreitmacht (MLF), auch wenn der Parteitag in Karlsruhe auf Drängen Erlers für sie votiert. Anhänger dieser Gespensterflotte sehen in ihr die einzig wirksame Sicherung gegen den nationalen Drang nach atomarer Bewaffnung, eine Gefahr, die der SPD-Verteidigungsexperte nach dem französischen Alleingang um sich greifen sieht: »Die wirkliche Alternative [zur MLF] ist der De Gaulle'sche Weg mit seiner Ansteckungskraft auf alle anderen«, sagt Erler in Karlsruhe – da solle ihm niemand damit kommen, daß die Deutschen auf die Dauer als einziges Volk in der Welt auf dem Gebiet der Sicherheit einen minderen Status als alle anderen akzeptieren würden, nämlich den ohne Atomwaffen. Spricht nicht die ganze Geschichte der Weimarer Republik gegen diese Annahme?

Erlers Motiv ist klar: Er optiert für eine multilaterale Lösung, weil er die nationale fürchtet. Brandt, der ohnehin die Notwendigkeit der Deutschen in Rechnung stellt, auf Atomwaffen zu verzichten, fragt dagegen: Sind mit amerikanischen Raketen bestückte Schiffe, die als getarnte Frachter auf dem Atlantik kreuzen und deren Atomwaffen ausschließlich amerikanischem Befehl unterstehen, mehr als ein *face saving device*, ein Unternehmen zur Gesichtswahrung derer, die nicht über eigene Atomwaffen verfügen und dennoch so tun wollen, als säßen sie mit am Drücker? Er neigt der Meinung jener zu, welche die militärische Notwendigkeit einer solchen Streitmacht bezweifeln. Ihm liegt eine Studie Henry Kissingers und Alastair Buchans vor, in der die Tauglichkeit der MLF als bestem Weg zur Verhinderung nationaler Nuklearstreitkräfte bestritten und dafür die Errichtung eines Direktoriums der fünf größten Mächte als Alternative angeboten wird. Die Franzosen sind ohnehin nicht beteiligt, sagt sich Brandt, die Engländer beharren auf ihren eigenen Atomwaffen – warum sollen wir Deutschen auf diesen Frachtkähnen nur die Köche stellen, aber den Großteil der Kosten übernehmen, wenn die Amerikaner sich doch alle Rechte auf Entscheidung vorbehalten?[69] In Karlsruhe stimmt er dennoch für die MLF, einzig Max Brauer, der Hamburger Bürgermeister, wagt öffentlich gegen die Geisterschiffe Front zu machen und fällt bei den Vorstandswahlen prompt durch.

Daß es zwischen Brandts Berliner *brain trust* und den Außen- und Verteidigungspolitikern der Bundestagsfraktion unterschiedliche Einschätzungen der MLF gibt, bleibt auch Ostberlin nicht verborgen. Und weil die SED die multilaterale Flotte mit dem Griff Bonns nach Atomwaffen gleichsetzt, erscheint eines Tages Hermann von Berg, Mittelsmann, Geheimdiplomat und Postillon der DDR-Regierung, in der Schöneberger Senatskanzlei und überbringt Dietrich Spangenberg, deren neuem Chef, ein Konvolut mit Protokollen eines Gestapoverhörs von Fritz Erler. Es handelt sich um einen gezielten Versuch, die Position Erlers innerhalb der SPD-Führung zu unterminieren und die des sonst so ungeliebten »Fronstadtkommandanten« Brandt nicht nur in der Atomwaffenfrage zu stärken; nach dem Parteitag in Karlsruhe sehen die Ostberliner in Erler den eigentlichen *hardliner* der alten, klassischen antikommunistischen Linie und der Nichtanerkennungspolitik im SPD-Führungstriumvirat.

Aus der Sicht der DDR sind die Gestapo-Protokolle für Erler belastend, weil dieser, mit der festen Absicht, seinen Kopf zu retten, sich zu sehr bei den Nationalsozialisten angebiedert hat. Doch für einen, der sich in den Fängen der Gestapo befindet, kann derlei List durchaus legitim sein – wer wirft hier schon den ersten Stein? Daß Erler damit übrigens nicht weit gekommen ist, beweist die 10jährige Zuchthausstrafe, zu der er 1938 wegen seiner Widerstandstätigkeit für die Gruppe »Neu Beginnen« verurteilt wird. Interessant ist in diesem Zusammenhang nur die Frage, warum der Regierende die Fotokopien, die ihm DDR-Generalstaatsanwalt Streit überbringen ließ – Anrede: Werter Herr Brandt! – überhaupt angenommen hat. Über die Antwort kann nur gerätselt werden. Will er, der von sich aus ein gutes Verhältnis zu dem Fraktionschef sucht und ihn wegen seines scharfen Intellekts bewundert, ihn wirklich mit dem Material konfrontieren? Ja, dies hat er getan, sagt Hermann von Berg und behauptet – sich wohl auf eine Aussage Spangenbergs stützend –, Erler habe nach Einsicht der Unterlagen »mit hochrotem Kopf« das Zimmer Brandts verlassen.[70]

Der rotblonde, sommersprossige Hermann von Berg kennt Dieter Spangenberg aus gemeinsamen Studienzeiten, über beide sind die ersten Kontakte für die Passierscheinverhandlungen gelaufen; wann immer es darum geht, vertrauliche Vorschläge »der anderen Seite« zu übermitteln, die Motive politischer Entscheidungen darzulegen oder mögliche DDR-Reaktionen abzutasten, nutzen Brandt und die SPD-Führung den geheimen Berg-Spangenberg Kanal. Gelegentlich werden auch West-Berliner Journalisten, etwa Hans Jakob Stehle, zum Überbringen vertraulicher Botschaften gewählt. Die sorgsam abgeschirmten Verbindungen gewinnen an Bedeutung, als es darum geht, der anderen Seite klarzumachen, was Brandt im Zuge der Passierscheinverhandlungen mit Rücksicht auf Bonn akzeptieren kann und was nicht, und manche dieser Treffen, auch solche zwischen Egon Bahr und Hermann von Berg, finden in der Wohnung eines West-Berliner Journalisten statt. Bahr baut parallel dazu einen Kanal zur sowjetischen Botschaft auf, der auf Initiative Viktor Nikolajewitsch Belezkis, eines Botschaftsrats bei Abrassimow, zustande kommt, um einen informellen Meinungsaustausch zu pflegen und Sachfragen zu klären – etwa die eines möglichen Treffens Chruschtschow–Brandt, das dann nicht zustande kommt. All dies sind Kontakte außerhalb von Amtsstuben, abseits aller von Bonn kontrollierten Kanäle, sie bleiben in Dunkel gehüllt und werden argwöhnisch beäugt, von den Alliierten ebenso wie von Bonn und der konservativen Springer-Presse, für die das meiste freilich im Zwielicht der Gerüchte und Spekulationen bleibt. Bahr nutzt diese Kanäle, um die Gegenseite über die neue Politik, die da in Ansätzen entsteht, aufzuklären und sie auf die Nuancen einzustimmen, deren sich der vorsichtige Brandt bedienen muß, um keine allzugroßen Angriffsflächen zu bieten. Meist treffen sich Bahr und Belezki zum Essen bei einem Chinesen an der Gedächtniskirche, jeder einen Notizzettel neben sich.[71] Später empfängt der Berliner Pressechef Belezki und andere Sowjetdiplomaten auch bei sich zu Hause. Von jeder Besprechung mit Bahr fertigen Abrassimows Mitarbeiter Protokolle, die der Botschafter in Kopie direkt an Walter Ulbricht schickt, in dessen Archivakten sie sich zusammen mit den deutschen Übersetzungen heute finden.

In einem dieser Gespräche kündigt Bahr 1964 Peter Benders Buch »Offensive Entspannung« an, »in dem die von Brandt vertretenen Konzeptionen entwickelt werden«. Der Sowjetdiplomat – wahrscheinlich Belezki – entnimmt Bahrs Äußerungen, daß dieser

»bei der Abfassung als Berater mitgewirkt hat und daß es [das Werk Benders] von Brandt gebilligt wurde«.[72] Bahr verspricht, das Buch umgehend nach Erscheinen der Sowjetbotschaft zuzustellen. Ein Jahr später, im Mai 1965, bittet er den Sowjetdiplomaten, beim Zustandekommen einer Begegnung mit dem Vorsitzenden des Ministerrats, Willi Stoph, behilflich zu sein – dies müsse völlig inoffiziell geschehen ohne Wissen der Öffentlichkeit, weil es sonst im Wahlkampf gegen die SPD ausgeschlachtet werden könnte. Aus der Begegnung wird nie etwas werden. Aber das Gespräch mit dem Sowjetattaché findet am 10. Mai 1965 statt, und da zeigt Bahr sich über die Wahlaussichten äußerst optimistisch: Die Umfragen stünden günstig, die Sozialdemokraten seien von ihrem Sieg überzeugt.

In solchen Hoffnungen, von denen auch Brandt beseelt ist, steckt eine gefährliche Unterschätzung des Gegners, und sie hat viel mit der Blindheit jener zu tun, die über das Bonner Ghetto der politischen Klasse nicht hinausblicken können. Nicht nur bei Sozialdemokraten, auch bei den eigenen politischen Freunden und bei den in Bonn tätigen Journalisten gilt Ludwig Erhard zu Recht als führungsschwach und richtungslos, als Gummilöwe oder Wackelpudding, den man schlecht an die Wand nageln kann.[73] Vor allem in der Außenpolitik scheint der Kanzler unfähig, den Streit zwischen Gaullisten und Atlantikern in den eigenen Reihen zu beenden. So wähnen sich die Sozialdemokraten bereits im Vorhof des Allerheiligsten, der Macht, und dabei gerät dann in Vergessenheit, daß Erhard draußen im Lande immer noch der populäre Vater des Wirtschaftswunders ist, ein »Volkskanzler«, der beinahe über den Parteien steht und gegen Interessenvertreter aller Richtungen kämpft – ein grundanständiger Mann dazu, der, so die öffentliche Meinung, offensichtlich nur das Beste will und dem der Wähler im Kampf gegen die hinterhältigen Kritiker in den eigenen Reihen beispringen muß.

Daß die SPD in den letzten Jahren zu einem Stil gefunden hatte, den ein scharfsinniger Beobachter einmal »Regieren aus der Opposition« nannte, bestärkt Brandt, Wehner und wohl auch Erler nur in der Überschätzung der eigenen Aussichten. So konnten die Zivilschutzgesetze der künftigen Notstandsverfassung nur unter ihrer Mitwirkung zustande kommen, der von Adenauer geschlossene Élysée-Vertrag war auf eine Initiative der SPD-Fraktion mit einer Präambel versehen worden, die den Vorrang der atlantischen Partnerschaft unterstrich und damit die Substanz des von Adenauer und de Gaulle angestrebten Sonderverhältnisses Bonn–Paris in Frage stellte. Dieses Mitregieren aus der Opposition durch »richtiges« Regieren – und sei es in einer großen Koalition – abzulösen, ist das große Ziel Herbert Wehners, der weniger vielleicht als der SPD-Spitzenkandidat auf Platz denn auf Sieg setzt.

Brandt kann gegen den Vater des Wirtschaftswunders nicht wie anno 1961 als Jungsiegfried von der Spree gegen den greisen Patriarchen vom Rhein in die Schlacht ziehen. Deshalb haben die Strategen der Baracke eine »Pluralisierung des Wahlkampfs« beschlossen und stellen die Mannschaft mehr in den Vordergrund. Mit Fritz Erler für Auswärtiges, Karl Schiller für Wirtschaft, Helmut Schmidt für Verteidigung, Gustav Heinemann für Justiz, Carlo Schmid für Kulturelle Angelegenheiten und Herbert Wehner für Gesamtdeutsche Fragen kann sie sich politisch wie intellektuell wahrlich sehen lassen. Außenpolitik bleibt so gut wie ausgeklammert, außer daß Brandt immer wieder betont, die Deutschen könnten sich bei der Lösung ihrer nationalen Frage nicht mehr auf andere verlassen, sie müßten endlich selbst aktiv werden – er deutet dann zart auf seine Berliner »kleinen Schritte« hin. Aber der Schwerpunkt des Wahlprogramms liegt wieder bei der Innenpolitik und den »Gemeinschaftsaufgaben«, wobei diesmal die Gesundheitspolitik deutlich im Mittelpunkt steht, gefolgt von Bildungs- und Familienpolitik, Raumordnung und Stadtsanierung.

Der Kandidat schont sich nicht, fährt erneut gut fünfzigtausend Kilometer durchs Land, diesmal in einem Sonderzug, den die Partei als fahrbares Hotel und Hauptquartier gemietet hat und in dem zwei große Kraftwagen mitgeführt werden. Am jeweiligen Veranstaltungsort ausgeladen, erlauben sie es Brandt, standesgemäß am Versammlungsort vorzufahren. Meist nutzt er einen besonders langen, gemieteten Mercedes, der zuvor die englische Queen bei ihrem Deutschlandbesuch befördert hat. Der Vorteil dieses riesigen Wagens: Er kann von innen voll beleuchtet werden, so daß der Kandidat bei Regen, wenn das Verdeck nicht hochgeklappt wird, auch bei abendlichen und nächtlichen Fahrten gut zu sehen ist. Hubschrauber und Charterflugzeuge bringen den SPD-Vorsitzenden in die entlegensten Ecken der Republik. Das Wahlkampfprogramm stellt ab auf direkten Kontakt mit dem Wähler: Es gibt Tee mit Willy und Tanz mit Willy, Gespräche mit Willy und Kaffee und Kuchen mit Willy. Ein Lautsprecherwagen fährt voraus und holt die Menschen an die Straßenränder, die örtlichen Parteifunktionäre mischen Frauen und Mädchen mit Blumensträußen darunter, die sie artig und mit Küßchen dem Kandidaten überreichen.[74]

Aber kritische Beobachter bemerken doch, wie schwer es Brandt fällt, sich im direkten Kontakt mit dem Wähler unbefangen zu geben und die Maske fallen zu lassen, die er sich als Wahlkämpfer zugelegt hat: »es gelingt ihm nicht, das Unnatürliche einer solchen Situation durch ein paar natürliche Worte zu überspielen«, notiert Dieter Schröder. »Das Weiße im Auge des Wählers zu fixieren fällt ihm schwerer, als den Krebs zu besiegen und den Herzinfarkt abzuschaffen, was er gelegentlich noch verspricht.«[75] Bis zu fünf oder zehn Mal am Tag hält er mit seiner knarrenden, heiseren Stimme Ansprachen in dem ihm typischen Redestil: stakkato, zu dem er mit dem linken Arm den Takt schlägt, Worte ohne Punkt und Komma aneinandergereiht, dazwischen immer wieder lange Pausen, so daß die Zuhörer den Eindruck gewinnen, sie hätten Teil am Denkprozeß dessen, der da spricht. »Er vermied das ›ich‹«, beobachtete Günter Grass, »er sprach oft von sich in der dritten Person, sagte: ›der hier steht, meint‹«, und wertet dies als »ein angestrengtes, bewußtes Zurücknehmen der Person«.[76]

Erstmals in einem deutschen Wahlkampf mischen Intellektuelle mit: Auf eine Initiative von Hans Werner Richter und Günter Grass, tatkräftig unterstützt von Karl Schiller, hat sich in Berlin ein Wahlkontor deutscher Schriftsteller gegründet, die sich gegen 10 Mark pro Arbeitsstunde am Zimmern zugkräftiger Parolen für SPD-Wahlkämpfer versuchen. Klaus Wagenbach, seit drei Monaten Verleger, führt die Kasse, die ihm Parteischatzmeister Nau von Zeit zu Zeit füllt. Mit 35 Jahren fühlt er sich wie ein Greis unter lauter jungen Genies. Friedrich Christian Delius und Peter Schneider zählen zum Kontor, Hans Christoph Buch und Marianne Eichholz, Klaus Roehler und Marianne Regensburger. Gudrun Ensslin, die später im Hochsicherheitstrakt in Stammheim enden wird, tippt die ersonnenen *slogans* ab, und auch ihr Gefährte Bernward Vesper ist mit von der Partie. West-Berlin war damals keineswegs nur eine alte Stadt, in den ersten Jahren nach dem Mauerbau zog es viele junge Leute, Schriftsteller und Intellektuelle an. Und die jungen SPD-Helfer vom Wahlkontor fanden es toll, erinnert sich Klaus Wagenbach, daß sie für ein Schattenkabinett schreiben durften – das erhöhte ihr Selbstwertgefühl.

Wagenbach selbst ersinnt »richtige kleine Giftigkeiten« für Helmut Schmidt, damals Innensenator in Hamburg, und der übernimmt so manche »Gemeinheit gegen Erhard« in seine Wahlkampfreden. Peter Härtling ist für Fritz Erler zuständig, der ihm, dem erklärten Pazifisten, vom Themenbereich Verteidigungspolitik her freilich nicht recht liegt. Friedrich Christian Delius, nach eigenen Bekundungen bar jeglicher volkswirtschaftlicher Kenntnisse, bemüht sich, Reden über die Stabilität des Preisniveaus für Karl Schiller zu verfassen. Die wenigsten dieser jungen Schriftsteller betrachten sich als Parteigänger der SPD, was sie verbindet, ist eher die Gegnerschaft gegen die CDU und die restaurativen Züge der späten Adenauerschen Obrigkeits-Demokratie. Daß nach der Bildung der Großen Koalition ihre Sympathien für die SPD urpötzlich schwinden, entspricht der oppositionellen Grundhaltung, die den meisten gemeinsam ist. Willy Brandts antifaschistische Vergangenheit schafft bei den Autoren des Wahlkontors Vertrauen, daß mit den Reden in Tutzing eine neue Sprache die schroffen Töne des Kalten Krieges verdrängt; daß mit den kleinen Schritten sich, wenn auch erst vage, eine neue Ostpolitik abzeichnet, bringt ihm Sympathien.

Die Mitarbeiter des Wahlkontors leisten Formulierungshilfe, versuchen wirtschaftspolitische oder sozialpolitische Gedanken eingängiger, schlagkräftiger, prägnanter zu formulieren, sie zu einprägsamen *slogans* zuzuspitzen. Einer dieser Werbesprüche lautet: »Wohin man faßt – Erhard paßt. Wohin man greift – Erhard kneift«. Ein anderer, der von den eher biederen Wahlkampfstrategen der Sozialdemokratie als unseriös verworfen wird: »Der Frau treu bleiben – die Partei wechseln: SPD!« Wenn eine Formulierung Brandt offensichtlich Spaß machte und sie ihn in Stimmung brachte, so Günter Struve, damals Redenschreiber des Kandidaten und einer der Betreuer des Wahlkontors, »dann wurde sie auch verwandt«. Daß die Schriftsteller sich engagierten, gleichgültig, wie brauchbar die Formulierungen ausfielen, ließ das Kontor selbst zum Wahlkampfschlager werden.[77]

Natürlich hat diese Wertschätzung auch mit Erhards schlimmer Wahlkampfentgleisung zu tun, als er Rolf Hochhuth, der die Bundesrepublik als Klassengesellschaft bezeichnete, »auf die parterreste Ebene eines kleinen Parteipolitikers« verwies, der »mit dem hohen Grad des Dichters ernstgenommen werden« wolle. »Nein, so haben wir nicht gewettet«, donnerte ein über Hochhuths Kritik aufgebrachter Erhard vor den Sozialausschüssen der CDU: »Da hört der Dichter auf und da fängt der ganz kleine Pinscher an, der in dümmster Weise kläfft.« Das »schlimmste rhetorische Eigentor seiner Karriere« nennt Erhard-Biograph Volker Hentschel diese Bemerkung, »den Pinscher wurde er nicht wieder los, und das Wort war im Wahlgetümmel mit Sprechchören und auf Transparenten nur zu leicht gegen ihn zu wenden«.[78] Erhards Pinscherrede steht fortan für die Intellektuellenschelte und Geistesverachtung der Bonner Mächtigen.

So treten 62 renommierte Prominente aus Literatur und Kunst, darunter Ernst Bloch und Kasimir Edschmid, Tilla Durieux und Alexander Mitscherlich, Marie-Luise von Kaschnitz und Wolfgang Koeppen, Fritz Kortner und Erwin Piscator im September 1965 in einer großen Anzeige für den Wechsel an die Öffentlichkeit und plädieren für eine Regierung der Sozialdemokraten. Die Parteinahme von Literaten und Professoren, Schauspielern und Regisseuren kündet von dem Klimawechsel, der sich seit der *Spiegel*-Krise in der Bundesrepublik *peu à peu* vollzieht: So mancher autoritätsgläubige Bürger mausert sich zum *citoyen*, zum wachsamen Demokraten, der sich einmischt. Langsam bereitet sich jene Aufbruchsstimmung vor, die schließlich zu den *roaring sixties*, zu Jugendrebellion und Umgründung der Republik, führen wird.

Günter Grass, der »Blechtrommler«, ist auch hier wieder der Avantgardist. Er begibt sich in die Niederungen der Politik, zieht, die eigene Popularität vermarktend, durchs Land, um den Bürgern in Versammlungen, für die sie Eintritt zahlen, zu raten, »Es-Pe-De zu wählen«. Manchmal trommelt Karl Schiller mit ihm, der von allen führenden Sozialdemokraten als Intellektueller zu den Intellektuellen der sympathisierenden Szene am leichtesten die Brücke schlagen kann. Grass wird nicht müde, im Stil des Aufklärers sein »Loblied auf Willy« zu singen – »seinen« Regierenden Bürgermeister, der zwar »kein brillanter Redner wie Fritz Erler«, kein

»schnaubendes Kraftwerk wie Herbert Wehner« sei, auch kein Genie – dafür ein verläßlicher, harter Detailarbeiter, der den »unpopulären Anlauf nicht scheut« und dem er, Grass, »skeptisch vertraut«. Wenn Brandt die langsame, realistische Politik der kleinen Schritte betreibe, beweise er damit, »daß unser einziges politisches Konzept« praktizierbar sei.

Bewußt wendet sich Grass an ein Publikum, das sonst zu keiner SPD-Wahlveranstaltung käme, er zielt auf die Wähler des linken Randes, mahnt Ostermarschierer und Linksabweichler, ihre Stimme nicht Parteien und Grüppchen zu geben, die keine Chance haben, die Fünf-Prozent-Klausel zu überspringen: »Laßt Euch nicht isolieren ... denkt an den Umweg, den Willy Brandt machen mußte, bis er wieder zu Julius Leber zurückfand, und tragt Eure Opposition mit weniger Fanatismus und mehr Gelassenheit vor.«[79] Klarer, offener, provokativer, als ein Wahlkreiskandidat der SPD dies je wagen zu dürfen meint, spricht er vom Paragraphen 218 oder von der Anerkennung der Oder/Neiße-Grenze, obschon es dafür keinen SPD-Beschluß gibt. Manche seiner Auftritte enden mit Tumulten, etwa im stockkatholischen Cloppenburg, wo er mit Eiern beworfen wird und seine Worte im Gegröle und Gejohle untergehen.

Beschleicht viele Sozialdemokraten Angst vor solch streitlustigem Bundesgenossen, der den Wahlkampf in der Manier eines intellektuellen Marschalls Vorwärts führt? Angst vor der Nähe zu einem »Verfasser pornographischer Machwerke«, als den Kurt Ziesel, Redakteur des rechtskonservativen *Deutschland-Magazins*, Grass in einer Versammlung in Rosenheim apostrophiert, mit dem »eng befreundet« zu sein ein Mann wie Willy Brandt sich nicht scheue?[80] Was er sagt und wie er es sagt, die Wirkung auf den Wähler lassen es der SPD jedenfalls geraten scheinen, seine Rolle als Brandt-Trommler kraft eigenen Auftrags zu unterstreichen: »Günter Grass ist mit Willy Brandt oder der Sozialdemokratischen Partei nicht identisch«, schreibt die parteieigene *Berliner Stimme* und distanziert sich gleich doppelt – vom Dichter und von dessen kritischem Publikum. Grass frage und konsultiere niemanden, werde nicht zensiert, sondern unterstütze »auf seine Art« den Mann, den er für das Kanzleramt am besten für geeignet halte. »Der Beschenkte hat davon nicht nur Vorteile«, betont das Blatt in einem Kommentar, der sich heute wie ein unfreiwilliges Zeugnis für den Muff, die Spießigkeit und die geistige Enge jener Jahre liest: »Manch braver Wähler hält nämlich den reisenden Blechtrommler für ein ›Schwein‹ und meint, er könne keine Partei wählen, die sich dieser niederen Kreatur bedient.« Natürlich meint der Kommentator selbst nicht im Traum, daß Grass »die Unmoral« verkörpere – »wir denken anders!« –, aber die Argumente seiner Gegner will er doch nicht aus den Augen verlieren: »Günter Grass trägt eine echte politische Verantwortung. Er kennt sie. Deshalb wird er sich darauf beschränken, in erster Linie Schriftsteller zu bleiben, der für Willy Brandt wirbt und dabei doch weiß, daß er kein Mandat hat, offiziell für die Sozialdemokratische Partei zu sprechen.«[81]

Von Willy Brandt selbst allerdings kommt kein Wort der Kritik, im Gegenteil – wenn Grass etwas zur Oder/Neiße-Linie sagt, was die Parteioffiziellen erregt, stellt er sich schützend vor ihn – wie vor einen Albertz oder Bahr: »Ja, das kann man vertreten, das darf man denken, auch wenn ich selbst ...« Brandt ist Feind aller Denkverbote, das macht ja einen großen Teil seiner Liberalität aus; und er weiß um die langfristige Wirkung solchen Engagements, er versteht, daß Intellektuelle Schrittmacherdienste leisten für das, was später einmal Politik werden kann. Schon im Wahlkampf 1961 hat ihm Grass gelegentlich Reden redigiert, er schätzt den Rat eines unabhängigen Sympathisanten oder »kritischen Wegbegleiters«, seine »Assistenz durch Dreinreden«, wie der Dichter dies nennt.

Es ist eine eher scheue Freundschaft, die sich mit der Zeit zwischen beiden bildet, gekennzeichnet durch gegenseitige Zuneigung und Offenheit, eine Freundschaft, bei der Phasen größerer Nähe – etwa zu Wahlkampfzeiten oder den Jahren zwischen 1969 bis 1972 – mit solchen der Distanz – etwa zur Zeit der Großen Koalition oder der Erschlaffung des Kanzlers Brandt 1973 – aufeinander folgen. »Ja Kinder, ich bin mit ihm befreundet«, schreibt Grass in seinem »Tagebuch einer Schnecke«. »Das ergab sich verzögert. Seit Jahren (zwischen Pausen) rede ich mit ihm, schreibe ihm, hören wir einander zu, bilden Sätze gemeinsam, nehmen wir uns Zeit ... Weil wir so verschieden sind, brauchen wir eine Sache, die wir die unsere nennen ...«[82] Ein-, zweimal besucht die Familie Brandt – Rut, Willy und die Söhne – die Familie Grass in der Niedstraße in Friedenau. Die Zuneigung des Dichters zu dem Mächtigen ist unverkennbar, wenn er beschreibt, wie dieser beim Zuhören mit

Streichhölzern zu spielen pflegt: Er legt sie wie Dominosteine aneinander, formt Rechtecke oder Dreiecke, rückt »verschachtelte Refugien« akkurat zurecht. Auf Grass wirkt dies eher melancholisch, er bezeichnet es einmal als »Spiel gegen die Zeit«, das Brandt für ihn liebenswert macht – diesen »zurückgezogenen Mann, den ich Willy nenne und dessen Vergangenheit nicht aufhören kann«.[83]

Daß sie nicht aufhört, dafür sorgen schon die Christdemokraten. Mit Herkunft und Emigration versucht der politische Gegner auch 1965 gezielt zu verletzen, denn damit ist Stimmung zu machen. Eine neue Welle feindlicher Flüsterpropaganda kommt auf Brandt zu, die sich vor allem in den Versammlungen in Süddeutschland, aber auch Teilen Niedersachsens und Bremens bemerkbar macht. Da werden im Sommer, als der Wahlkampf dem Höhepunkt zustrebt, in fast jeder Versammlung Fragen nach der norwegischen Uniform und Brandts Engagement im spanischen Bürgerkrieg gestellt – oft mit gleichlautenden Fragen, die auf geschickte Orchestrierung von Parteizentralen schließen läßt. Die Diffamierungen treiben geradezu groteske Blüten – etwa die, daß er in Moskau auf der Kominternschule gewesen sei oder erklärt habe, es gebe vierzig Millionen Deutsche zuviel auf der Welt.

Hat eine Flüsterkampagne doppelte Wirkung, »wenn sie einen offiziellen Segen bekommt, also direkt oder indirekt von Männern bestätigt wird, deren Amt und Würde für Wahrheit bürgen?« So fragt Egon Bahr in seiner bitteren Abrechnung mit einer Kampagne, die Emigration zum Makel machen und suggerieren wollte, die Legion Condor habe in Spanien auf der richtigen Seite gekämpft. Er spielt auf Äußerungen von Kanzler und Ministern an – etwa die Erhards, der erklärte, er habe sich schon um die deutsche Mark gekümmert, »als Brandt seinen Fuß noch nicht wieder auf deutschen Boden gesetzt hatte« (was auch sachlich falsch ist, denn Brandt war ein Jahr vor der Einführung der D-Mark nach Berlin zurückgekehrt); oder die des Bundesministers Richard Stücklen, der von Brandt mit Vorliebe als dem »Norweger« sprach. Sehr christlich war das nicht. Wer Emigration für einen Makel hält, so Bahr, der dürfte einen Mann wie den Reichsfreiherrn von und zu Guttenberg als möglichen Außenminister für unerträglich halten, weil er während des Krieges im Soldatensender Calais tätig geworden ist; und er müsse Clausewitz als Verräter einstufen, weil er in russischer Uniform gegen seinen König gewirkt habe, »obwohl er glaubte, es für sein Volk zu tun«.[84]

Ob diese Kampagne, diese »demokratische Barbarei« (Egon Bahr) das Wahlergebnis wirklich entscheidend beeinflußt hat, bleibt zweifelhaft – ein Brandt-naher kritischer Beobachter wie Günter Struve verweist auf eine Infas-Erhebung, nach der schon 1963 an Brandts unehelicher Geburt kein Befragter, an seiner Parteinahme für Rotspanien nur 8, an der norwegischen Uniform nur 14 Prozent Anstoß nahmen.[85]

Entscheidend war vielmehr die große Popularität vom Mr. Wirtschaftswunder, der in der Gunst der Wähler weit vor Brandt rangierte. Im August 1965, also auf dem Höhepunkt des Wahlkampfs befragt, wen sie für den fähigsten Politiker hielten, nannten 20 Prozent der Deutschen den »Volkskanzler«, nur 12 Prozent den Regierenden Bürgermeister.[86] Zudem gab es 1965 nicht den Berlin-Bonus, mit dem Brandt 1961 gegen Adenauer angetreten war – im Gegenteil, vermutete Hermann Schreiber im *Spiegel*: Berlin werde in der Bundesrepublik vornehmlich mit Unruhe und Gefahr assoziiert und verhalte sich atmosphärisch und ideologisch zu Bonn »wie Peking zu Moskau«.[87] Der Wahlforscher Werner Kaltefleiter führt den Erfolg Ludwig Erhards bei dieser Wahl auch auf das Versäumnis der SPD zurück, eine für den Wähler erkennbare sachliche Alternative zur CDU zu formulieren: Sie habe sich »in ihren Werbesprüchen so sehr der CDU angepaßt, daß über die Hälfte der Wähler das ›Sicher ist sicher‹ der SPD für einen Werbespruch der CDU hielt«. Hinzugekommen sei, daß Brandt einen deutlichen Vertrauensverlust beim Wähler erlitten habe – möglicherweise wegen der »Angriffe auf seine persönliche wie politische Vergangenheit«, ganz sicher aber wegen der »nicht abreißenden Diskussion, nach der er nur der zweitbeste Kanzlerkandidat seiner Partei [nach Erler] gewesen sei«.[88]

Der Schock über das Ergebnis jedenfalls sitzt beim Kandidaten tief, aber nicht so sehr wegen der Ziffern als wegen der hochfliegenden Hoffnungen, die Brandt selber gehegt und gefördert hat. Ursprünglich war er davon ausgegangen, daß die SPD stärkste Fraktion werde und eine Regierungsbildung gegen sie nicht möglich sei. Einige Tage vor dem Wahlgang, auf einer Pressekonferenz in Bonn, hatte er die überspannten Erwartungen ein wenig zurückgenommen, aber immer noch den größten Wahlerfolg in der Geschichte der SPD prophezeit.[89] Doch wenn die SPD 3,1 Prozentpunkte zulegen konnte und mit 39,3 Prozent aller Stimmen knapp ihr Minimalziel verfehlte, die 40-Prozent-Marke zu überspringen, war das immer noch ein akzeptabler Stimmenzuwachs und das beste SPD-Ergebnis der Nachkriegszeit. Von den drei im Bundestag vertretenen Parteien hatten die Sozialdemokraten den absolut größten Stimmenzuwachs zu verzeichnen. Zwar fuhr Erhard für seine CDU mit 47,6 Prozent der Stimmen das zweitbeste CDU-Ergebnis ein, aber zieht man die gleichzeitigen Verluste der FDP in Betracht, dann bedeutet das, daß die Koalition 12 Mandate verlor, die Opposition dagegen 12 hinzugewann.

Sicher, der angestrebte Machtwechsel ist fehlgeschlagen, aber Kaltefleiter bescheinigt der SPD eine glänzende Ausgangsposition für die nächsten Wahlen: Ihr Stimmenzuwachs signalisiere »einen weiteren Schritt in der Entwicklung der Bundesrepublik zu einem alternierenden Regierungssystem«, und die neue CDU-FDP-Koalition werde nun weit wirksamer durch die Chance des Machtwechsels kontrolliert, als dies bis 1965 der Fall gewesen sei.[90] All dies waren gute Argumente, die den Wahlverlierer Brandt hätten trösten und vor seinem Absturz ins Tal der tiefsten Depressionen retten können. Die Kontrolle, von der Kaltefleiter sprach, wird sich in der Tat so wirksam erweisen, daß Erhard ein Jahr später stürzt und die SPD in die Regierung eintritt.

Aber Brandt ist nicht hart im Nehmen. Die physischen Strapazen eines unerbittlichen Wahlkampfes haben seine Kräfte erschöpft, er fühlt sich durch die Diffamierungen gejagt und tief verletzt. Es gibt eben »eine Mischung aus Gemeinheit, Heuchelei und Infamie«, die jene Menschen hilflos macht, denen Gott eine empfindsame Seele gegeben hat.[91] In der Wahlnacht gesteht er, durch und durch der korrekte, gute Verlierer, die Wahlniederlage umgehend ein: »Ich will um die Dinge überhaupt nicht herumreden. Die SPD hat das Wahlziel nicht erreicht.« Rut spricht ihm über Telefon Mut zu und rät, »nach Hause« zu kommen. Meint sie damit nur Berlin? Terence Prittie behauptet, Brandt habe deutlich durchblicken lassen, »daß er sich vielleicht ganz aus der deutschen Politik zurückziehen werde«.[92] Der späte Brandt spricht von einer Legende, die besage, er habe sich mit der Familie nach Norwegen zurückziehen wollen.[93] Aber wie ernst ist dies Dementi zu nehmen, wenn selbst Heinrich Albertz, der seinen Pappenheimer mitsamt seinen depressiven Anfechtungen und seiner Neigung, alles hinzuschmeißen, bestens kennt, damals die Gefahr eines völligen Rückzugs aus der Politik gesehen hat? »Ich werde die Nacht vom Dienstag zum Mittwoch nach dem Wahlsonntag nie vergessen«, schreibt der Pastor und Bürgermeister. »Eine kleine Gruppe von Freunden war nach Bonn gereist, um den Geschlagenen zu beschwören, daß er nicht aufgeben dürfe. Wir waren überzeugt, daß ein Ausscheiden Brandts aus der Politik, womöglich ein Weggehen in die Heimat seiner Frau, seine zweite Heimat, eine furchtbare Niederlage für die Bundesrepublik und für West-Berlin bedeutet hätte.«[94]

Noch in der Wahlnacht, ohne Rücksprache mit den Getreuen in Berlin oder den Genossen der Parteiführung in Bonn, war der einsame Entschluß gefallen, mit dem Brandt die Öffentlichkeit, aber auch die eigene Partei am nächsten Tag überrascht: Für die Wahlen 1969 stehe er als Kanzlerkandidat nicht mehr zur Verfügung. Mit »brüchiger Stimme«, schreibt Hans Ulrich Kempski, habe der Kandidat vor der Bonner Presse Abschied von seinen Karriereträumen genommen: »Die Zeitungsleute erleben einen Brandt, der mitfühlende Emotionen weckt. Alles Schablonenhafte und Aufgepfropfte ist von ihm abgefallen, als er, einen Ausbruch seiner aufgewühlten Empfindungen nur mit letzter Kraft niederkämpfend, bemerkt: ›Ich bin aus diesem Wahlkampf nicht unversehrt herausgekommen.‹«[95] Er will Regierender Bürgermeister bleiben, auch Parteivorsitzender – zumindest bis zum nächsten Parteitag, der ohnehin die Führung wieder wählen muß.

Es ist ein Abschied, der auch Herbert Wehner bitter stimmt. Der Stratege sozialdemokratischer Machtergreifung hält Brandts Entschluß für falsch. Nach seinen Vorstellungen hätte der Regierende das Amt in Berlin aufgeben, nach Bonn übersiedeln und die Führung der Opposition übernehmen sollen. Damit strebte Wehner nur an, was politischer Sachverstand nach Meinung vieler Kommentatoren in dieser Situation gebot: Der geschwächten Koalition, deren stärkste Partei in sich hoffnungslos zerstritten war, sollte eine geschlossene Opposition unter der kraftvollen Führung durch den populärsten Sozialdemokraten gegenüberstehen. Daß die Beseitigung des institutionellen Konflikts innerhalb der SPD, die Trennung von Parteivorsitz und Führung der Opposition im Parlament, Voraussetzung dafür ist, Erhard möglichst wirksam Paroli zu bieten und die sich abzeichnenden Risse in der neuen Regierung zu ihrem Sturz zu nützen, leuchtet jedem Kenner der Bonner Szene ein. Der geschlagene Kandidat mag deshalb auch einige Zeit geschwankt haben, ob er Wehners Vorschlag nicht doch folgen solle.

Aber Fritz Erler, der geborene Berliner, den Wehner auf seinem personalpolitischen Schachbrett im Austausch mit Brandt als Regierenden Bürgermeister vorgesehen hat, weigert sich geradezu wütend, seinen Platz freizugeben. Er hat in den letzten Jahren die Hauptlast der parlamentarischen Auseinandersetzung getragen und die Bundestagsfraktion zum wichtigsten politischen Instrument der Sozialdemokratie gemacht, zudem sieht er sich nach dem Verzicht Brandts bereits als künftigen Kanzlerkandidaten. Brandt wiederum hat ungemeine Hochachtung vor Erler, und er scheut die direkte Konfrontation mit einem Mann, dessen brillante parlamentarische Fähigkeiten er stets bewundert hat. Erlers Weigerung bestärkt ihn in seinem Entschluß, sich nach Berlin zurückzuziehen. Damit sieht sich die Partei erst einmal mit einer Periode der Unberechenbarkeit und der quälenden Perspektiven für die Zukunft konfrontiert.

Als Heinrich Albertz den geschlagenen Kandidaten am Freitag nach den Wahlen vom Flugplatz Tempelhof abholt, ist er »grau und wie ausgebrannt«. Schweigend fahren sie zum Schöneberger Rathaus, schweigend gehen sie gemeinsam zu seinem Zimmer hinauf. Der Schreibtisch ist leer, nur die Zeitungen liegen auf dem Tisch, ganz so, als hätten auch seine Mitarbeiter in der Senatskanzlei auf Sieg und Übersiedlung nach Bonn gesetzt. Berlin flicht dem resignierten Wahlverlierer nicht gerade Kränze, zeigt sich im großen und ganzen aber erfreut oder doch zufrieden, daß es seinen bewährten Regierenden nicht an Bonn verliert. Die SPD-Fraktion im Abgeordnetenhaus unterstützt seine Absage an Bonn, und die *Berliner Morgenpost* ruft dem »narbenbedeckten Heimkehrer« aufmunternd zu, »Berlin, diese geplagte, geschundene Stadt ist des Schweißes der Edelsten wert!« Weil sich Brandts bundespolitische Ambitionen offenbar erledigt haben, gewinnt der *Tagesspiegel* dem Wahlergebnis besonders angenehme Seiten ab: Berlin brauche einen Mann, »der sich vornimmt, seine politische Leidenschaften und sein politisches Vermögen allein dieser Stadt zu widmen und keinem anderen Ort sonst«.[96]

Dennoch versinkt Brandt im Winter in tiefe Depressionen, die durch flüssigen Trost, den er beim Rotwein sucht, eher verstärkt werden. Das ist mehr als nur jene Melancholie, der er stets »Termine einräumt«, wie Grass einmal schreibt. Mehr auch als die »Grippe«, die er regelmäßig im Herbst nimmt, wenn es draußen düster wird und er in Streik tritt, sich ins Bett verkriecht und für seine Mitarbeiter über Tage einfach nicht zu sprechen ist. Auf Besucher, die ihn von früher kennen, wirkt er aufgedunsen, er scheint gesundheitlich angeschlagen und leidet an Atembeschwerden. Einmal bricht sein Kreislauf zusammen – die Haushälterin findet ihn blau und bewußtlos; mit Verdacht auf Herzinfarkt wird er vom Notarzt in eine Klinik eingewiesen. Aber physische Ursachen für den Zusammenbruch werden nicht gefunden, die Ärzte diagnostizieren nur das Röhmheldsche Syndrom: Beschwerden, verursacht durch Gase im Unterleib, Blähungen, die gegen den Herzmuskel drücken.

Nicht, daß Brandt ein Hypochonder wäre, aber der Gedanke an psychosomatische Gründe liegt in dieser Situation und bei seiner Empfindsamkeit nicht fern. Er sei mit sauberen Händen nach Deutschland zurückgekehrt, hatte er, durch die heimtückische Verleumdungskampagne und den Wahlausgang erschüttert, den Journalisten in Bonn am Tage nach dem Urnengang gesagt. Als wolle er nachträglich den Beweis dafür erbringen, was ein Teil der Wähler ihm nicht hatte glauben wollen – daß der Emigrant Brandt auch im Exil ein guter Deutscher gewesen ist –, veröffentlicht Günter Struve, sein jugendlicher Referent und Redenschreiber, ausführliche Exzerpte aus seinen Emigrationsschriften. Unter dem Titel »Draußen«, 1966 vorgelegt und mit ausführlichen biographischen Einschüben Brandts versehen, soll das Werk Aufschluß geben über das, was Brandt in den Jahren des Exils gedacht, getan und geschrieben hat. Daß Brandt nie gegen Deutschland, aber stets »gegen seine Verderber« gekämpft hat, wie er selbst in einem Nachwort schreibt, wird darin überzeugend belegt. Doch leidet das Buch unter erheblichen editorischen Mängeln, zumal einige der umstrittensten Passagen oder Sätze darin nicht enthalten sind.

Politisch geht es ab Frühjahr 1966 wieder aufwärts, denn der

Vorsitzende seiner Partei zeigt sich entschlossen, die Politik der kleinen Schritte bewußt zu einem neuen politischen Ansatz in der Deutschlandpolitik auszubauen. Da wird, entgegen der bisherigen Praxis, erstmals ein Brief Walter Ulbrichts von der SPD nicht einfach zurückgeschickt, sondern einer Antwort gewürdigt. Es geht um den Redneraustausch: Drei Vertreter der Sozialdemokratie sollen im Juli in Chemnitz und im Gegenzug drei SED-Genossen in Hannover auftreten, um ihren Zuhörern die Argumente und die deutschlandpolitischen Konzeptionen ihrer Parteien vorzutragen. Das Vorhaben scheitert nach langem Hin und Her, weil ein Gesetz, das die SED-Redner von Verfolgung freistellt – die KPD und ihre Nachfolgeorganisationen sind ja in der Bundesrepublik verboten – von der SED als »Handschellengesetz« bezeichnet und zum Anlaß genommen wird, die ganze Aktion wieder abzublasen. Die regierenden deutschen Kommunisten hatten ganz offensichtlich Angst vor der eigenen Courage bekommen. Immerhin setzen die Sozialdemokraten ein erstes Signal: erstmals zeigen sie Dialogbereitschaft gegenüber der DDR-Staatspartei, auch wenn es ihnen dabei eindeutig »um die Lösung einiger praktischer Fragen« geht.[97]

Dem Verwirrspiel um den Redneraustausch war der Parteitag in Dortmund vorausgegangen, in dem Brandt erstmals öffentlich von einem qualifizierten, geregelten und »zeitlich begrenzten Nebeneinander der beiden Teile Deutschlands« gesprochen hatte. Zwar mochte ihm das Wort DDR damals noch nicht über die Lippen kommen, aber Ulbricht griff die Anregung mit seinem Rednervorschlag dann auf. Geschickter Taktiker, der er ist, hatte Brandt das Wort vom Nebeneinander allerdings wohl verpackt – mit der Forderung nach einem Deutschen Rat für die Wiedervereinigung, der die Lösung der deutschen Frage vorbereiten und in dem die tragenden politischen Kräfte der Bundesrepublik, also auch Christ- und Freidemokraten, vertreten sein sollten. Viel Rücksicht auf die alte, staatstragende Gemeinsamkeitsparole, Wortbekenntnisse zu einer Deutschlandpolitik aller Parteien also, und doch sind, wenigstens in groben Umrissen, die Ansätze für eine neue Politik zu erkennen. Brandt, dessen politischer Zenit mit dem Wahlgang 1965 bereits definitiv überschritten schien, widerfährt auf diesem Parteitag eine Art glorioser politischer Auferstehung, denn er wird mit 324 von 326 möglichen Stimmen von der Partei als Vorsitzender bestätigt. Sicher hat dieses triumphale Ergebnis auch mit dem Ausfall möglicher Rivalen zu tun. Einmal gibt es da, was man die biographisch determinierte Selbstbescheidung Herbert Wehners nennen könnte – sein Wissen darum, daß gerade *er* diese Partei nie an der Spitze führen kann. Zweitens ist Erlers Gesundheit bereits angegriffen, die Ärzte haben bei dem möglichen Spitzenkadidaten für die Wahlen 1969 Leukämie diagnostiziert. Drittens ist Helmut Schmidt, ein Kandidat, den die Hamburger Medien *Stern*, *Spiegel* und Springer-Presse in seltener Eintracht gezielt aufbauen, noch zu unerfahren und taktiert offenbar ungeschickt – so jedenfalls das Urteil mancher Pressebeobachter. In einer solchen Lage halten sich die meisten Genossen gern an Bewährtes. Formell wird die Frage der Kanzlerkandidatur zwar offen gehalten, aber einige Gazetten wissen zu berichten, daß die meisten Delegierten in Dortmund für den Bundestagswahlkampf 1969 mit einem Spitzenkandidaten namens Brandt rechnen.[98] In der Politik gibt es eben nichts, was vergänglicher wäre, als das Wörtchen »niemals«. Allerdings bleibt in Dortmund offen, ja zweifelhaft, ob der von diesen Spekulationen Betroffene für einen dritten Anlauf auch zu gewinnen wäre.

Die Bundesrepublik im Umbruch

Außenminister in der Großen Koalition

Es ist, als ob man ihn zum Jagen tragen müsse. Bar aller persönlichen Ambitionen, mit Skepsis und Distanz verfolgt er den Niedergang der Regierung Erhard aus Berlin. Ein Dreivierteljahr nach der Wahlschlacht, als sich der Sturz des Siegers von 1965 abzeichnet, wäre die ständige Präsenz des Chefs der Oppositionspartei in Bonn notwendiger denn je. Zwar hat er das Vorsitzendenzimmer in Bonn nach dem Tod Ollenhauers modern und dem Zeitgeschmack entsprechend neu einrichten lassen und entdüstert. Da findet sich viel Stahlrohr und Teak, weißes Resopal und ein schwarzroter Afghanenteppich. Doch häufiger als vor der Wahl 1965 bleibt sein Zimmer im Bonner Parteivorstand leer und wird von anderen Genossen des Apparats als Besprechungs- und Sitzungsraum genutzt.

Erhard, der Kanzler ohne Fortune, zeigt sich nicht nur unfähig, des Streits zwischen Gaullisten und Atlantikern in den eigenen Reihen Herr zu werden. Er vermag auch nicht die rechte Balance im Verhältnis zu Amerika und Frankreich zu halten, die das unerläßliche Primat jeder bundesdeutschen Außenpolitik darstellt. Und ironisch genug, kommt der unglückliche Mr. Wirtschaftswunder schließlich über Probleme auf genau jenem Gebiet zu Fall, auf dem ihn jeder Meister wähnte: auf dem der Wirtschaftspolitik. Zechenstillegungen im Ruhrgebiet mehren sich, die Kohlehalden wachsen, und eine leichte Rezession führt zu 700 000 Arbeitslosen – bei immerhin 600 000 offenen Stellen. Aus heutiger Sicht keine Ziffern, die Sorgen bereiten könnten, im Gegenteil – Bonner Kanzler der späten siebziger, der achtziger und neunziger Jahre hätten solche Arbeitsmarktdaten überglücklich gestimmt, zumal den Berliner Regierungschef der Jahrtausendwende. Aber damals waren sie ein Alarmsignal, welches das Ende des Wirtschaftswunders, der Vollbeschäftigung und damit des Kanzlers Ludwig Erhard einläutete. Dessen rapider Autoritätsverlust verschafft zudem der rechtsextremen NPD Zulauf beim Wähler, so daß sie bis Ende des Jahres in zwei Landtage einziehen kann.

In der Debatte über den Entwurf eines Stabilitätsgesetzes, den die Regierung im Bundestag einbringt, erklärt Karl Schiller, man müsse ihn so verbessern, daß er mehr als der Notverband für eine nicht mehr gesunde Regierung sei. Herbert Wehner stößt nach und fordert, nun sei ein für dieses Gesetz geeigneter Bundeskanzler zu finden. Monate zuvor, im Juli, hatte Erhard schon den Nimbus der Wahllokomotive eingebüßt, als die CDU Nordrhein-Westfalen verlor und die SPD nur um Haaresbreite die absolute Mehrheit verpaßte. Als die CDU Steuererhöhungen anvisiert, um ein Milliardenloch im Haushalt zu stopfen, treten die FDP-Minister schließlich aus der maladen Bundesregierung aus.

Der Machtpoker um Erhards Nachfolge beginnt, aber der Mann, der bei den Sozialdemokraten unangefochten die Regie führt, ist nicht etwa der Vorsitzende, dem dies obliegen müßte. Er heißt vielmehr Herbert Wehner. Fritz Erler liegt, unheilbar krank, in der Universitätsklinik Freiburg, und Willy Brandt hütet das Bett in Berlin. Bis er, wieder genesen, in Bonn eintrifft, sind die Weichen in Richtung Große Koalition vom Werkmeister der Partei bereits gestellt. Noch einmal, am 24. November, als die entscheidenden Verhandlungen zwischen CDU und SPD geführt werden, verhandelt Wehner, von Helmut Schmidt assistiert, die wichtigsten Stunden ohne seinen Parteichef, weil Nebel Brandt daran hindert, rechtzeitig in Bonn zur Stelle zu sein. Er muß den Wagen nehmen, und als er schließlich am Rhein ankommt, ist sein Vize über die wichtigsten Details mit dem künftigen CDU/CSU-Kanzler Kiesinger so gut wie einig.

Nein, Willy Brandt hat die Große Koalition in Bonn nicht angestrebt und sie nie gemocht, auch wenn er sie dann geschickt als Sprungbrett für die spätere Kanzlerschaft nutzt. Sie schmeckt für die Berliner, wie Egon Bahr es in einem Vermerk für den Regierenden Ende Oktober notiert, »in der heutigen Lage etwas nach widernatürlicher Unzucht«.[1] Wären Neuwahlen nicht die sauberste Lösung? Die Idee scheitert an Bedenken der FDP, die fürchtet, der Wähler werde sie für den Sturz des »Volkskanzlers« verantwortlich machen und beim Urnengang abstrafen. Weil die Auseinandersetzungen um die Passierscheine Brandt gezeigt haben, daß mit den Bonner Christdemokraten mehr Flexibilität in der Deutschlandpolitik und eine ostpolitische Kurskorrektur nur schwer zu erreichen sind, neigt er mit seinen Beratern zunächst einer Koalition mit den Freien Demokraten zu. Hat der Regierende in Berlin nicht gute Erfahrungen mit einem Regierungsbündnis SPD/FDP gesammelt und seit langem Kontakt mit führenden Liberalen im Bund gehalten? Aber in Bonn hätte sich eine Koalition mit ihnen nur auf die hauchdünne Mehrheit von zwei Stimmen stützen können.

Die Verwirklichung seiner alten Lieblingsidee, den Berliner Abgeordneten volles Stimmrecht zu gewähren, könnte zwar den Spielraum auf sieben Stimmen erhöhen, aber die Alliierten melden dagegen Bedenken an. Zudem ist die politische Übereinstimmung mit den Freidemokraten auf den Sektor der Deutschland- und Außenpolitik beschränkt. Als er von einem führenden FDP-Abgeordneten gewarnt wird, wegen unüberbrückbarer Differenzen in der Sozial- und Wirtschaftspolitik seien ihm bei der Kanzlerwahl nicht alle Stimmen der FDP-Fraktion sicher, läßt auch er von der Idee, die Wehner längst als »Kleinstkoalition« und »Prothesenregierung« verworfen hat und von der Helmut Schmidt meint, sie werde nicht in der Lage sein, Rezession und Massenarbeitslosigkeit mitsamt den befürchteten Folgen – Radikalisierung und weiterer Aufstieg der NPD – wirksam zu bekämpfen.[2]

Aber die Distanz in der Sache zu Herbert Wehner bleibt, auch ist eine gewisse Lustlosigkeit bei Brandt zunächst unverkennbar: Der Vize hat seit Jahren auf diese Koalition hingearbeitet und fühlt sich endlich – und glücklich – am Ziel, der Vorsitzende fügt sich nüchterner Arithmetik, aber hält innerlich Abstand. So sehr, daß er in der neuen Regierung zunächst kein Ministeramt oder doch nur ein zweitrangiges anstrebt, das Gesundheits- oder das Forschungsministerium – vielleicht. Als Grund schiebt er vor, so könne er sich besser um die Geschäfte der Partei kümmern, außerdem seien Gesundheit und Forschung Schwerpunkte der eigenen Wahlkampagne gewesen, die Übernahme eines Forschungsministeriums in Kombination mit der Vizekanzlerschaft eröffne die »Chance einer Mitformung der Zukunft«. Einmal erwägt er auch, überhaupt nicht ins Kabinett zu gehen und einfach Regierender und Parteivorsitzender zu bleiben, zumal Rut, die in Berlin Freunde gewonnen hat, wenig Freude darüber bekundet, die Großstadt an der Spree gegen das Hauptstadtdorf am Rhein zu vertauschen. Bei soviel Zaudern und Zögern taucht unwillkürlich die Frage auf, ob er sich bewußt ins Abseits begeben, das in der Partei keineswegs populäre Bündnis lieber aus sicherem Port beobachten will oder ob er noch an den Folgen seines Zusammenbruchs vom Oktober leidet. Wahrscheinlich letzteres, denn er selbst schreibt, er sei damals gesundheitlich nicht in bester Verfassung gewesen.[3]

Erst als die Genossen der eigenen Fraktion, allen voran Helmut Schmidt, darauf bestehen, daß »ihr Vorturner« mit dem Posten des Vizekanzlers auch das wichtigste Ministerium übernimmt, willigt er ein, Außenminister zu werden. Im Grunde ist damit auch seine Entscheidung annulliert, nicht wieder als Kanzlerkandidat ins Rennen zu gehen. Daß der Vizekanzler und wichtigste SPD-Minister im Kabinett die Partei in die nächste Wahlschlacht führt, ist eine Selbstverständlichkeit, und die Frage einer erneuten Kanzlerkandidatur taucht auf dem kommenden Parteitag dann auch gar nicht mehr auf. Im nachhinein erscheint der Gedanke, daß Brandt, der ja als Bürgermeister von Berlin in der Außenpolitik hervorragende Kontakte geknüpft und einen großen Schatz von Erfahrungen gesammelt hat, sich mit einem zweitrangigen Ministerium begnügen wollte, geradezu absurd. War der Regierende Bürgermeister von Berlin nicht längst in die Rolle eines Nebenaußenministers der Bundesrepublik hineingewachsen? Und doch war es Brandt persönlich, der Kiesinger in einem Gespräch am 25. November 1966 bestätigte, er wolle nur ein kleines Ressort übernehmen![4] Selbst ein Mann wie Herbert Wehner muß diese Absicht ernst genommen und unterstützt haben, denn anders läßt sich nicht erklären, daß Kiesinger das Außenministerium Eugen Gerstenmaier zusagte. Erst mit dem Aufstand der führenden Genossen ergibt sich dann eine neue Lage für den künftigen Kanzler. Nach einem Gespräch mit Wehner am 27. November muß Kiesinger seinem schwäbischen Landsmann mitteilen, daß die SPD plötzlich die Führung des Auswärtigen Amtes für Brandt reklamiere, dies zur Koalitionsbedingung mache und er deshalb von seiner Offerte Abstand nehmen müsse. Übrigens gehen die Meinungen über die Rolle Herbert Wehners in diesem Spiel auseinander. Folgt man Reinhard

Schmoeckel, dem einstigen persönlichen Referenten Kiesingers, dann war »Wehner von dem ihm aufgezwungenen Meinungswandel in der SPD peinlich berührt«.[5] Der *Spiegel* behauptet dagegen, neben Helmut Schmidt sei es vor allem Wehner selbst gewesen, der auf der Übernahme des Außenministeriums durch Willy Brandt bestanden habe.[6]

Einmal überzeugt, daß es keine andere Möglichkeit als die Große Koalition gibt, trägt Brandt das Bündnis jedoch entschieden mit und setzt es zusammen mit Wehner und Schmidt bei den murrenden, ja aufbegehrenden Parteigremien durch. Daß er selbst ursprünglich für eine andere Lösung plädiert hat, verschafft seiner Argumentation für die Elefantenhochzeit mehr Durchschlagskraft. Persönlich macht er sich auf den Weg zu Erich Mendes Privathaus, um den FDP-Chef, der ja die Koalition angeboten hatte, von den Beschlüssen der SPD »mit aller Aufrichtigkeit ins Bild zu setzen«, gegenüber der FDP die guten Formen zu wahren und für später im Gespräch zu bleiben. Man kann ja nie wissen. Schließlich ist nicht sicher, daß das Experiment die restliche Legislaturperiode durchhält, und den zuständigen SPD-Gremien ist die Entscheidung nicht leicht gefallen. Nach anderthalb Jahrzehnten erbitterter Opposition empfanden viele Sozialdemokraten das Bündnis mit den Konservativen als Verrat an der Tradition der Partei, »der Groll gegen die Unions-Parteien saß tief, und die Vorbehalte gegen ihre führenden Männer waren stark«.[7] In der Baracke stapeln sich die Protestbriefe und -telegramme von der Basis, auch Günter Grass meldete sich zu Wort: Ihn schaudert bei dem Gedanken, Brandt werde zwischen Kiesinger und Strauß den »Kronzeugen einer falschen Harmonie ... abgeben müssen«, und eindringlich warnt er vor der »großen Kumpanei«. Mit seinem Eintreten in eine solche Regierung »bemäntele« Brandt »zwanzig Jahre verfehlter Außenpolitik«, und seine Vorstellung von einem anderen Deutschland werde »umsichgreifender Resignation Platz machen«. Was an dem Brief des Dichters heute noch beeindruckt, ist die prophetische Warnung vor der Reaktion der Jugend: Sie werde sich »vom Staat und seiner Verfassung abkehren und ... nach links und rechts trennen, sobald diese Ehe beschlossen sein wird«.[8]

Brandt räumt in seiner Antwort bereitwillig ein, »Gefühl und Wille zur Führung« hätten auch ihm einen anderen Weg gewiesen, aber angesichts der »dürren Ziffern« im Bundestag sei dieser leider nicht gangbar gewesen. Doch dankt er seinem Kritiker für »Offenheit und Verbundenheit« und bittet ihn, nicht den Stab zu brechen, solange die SPD nicht die Chance genutzt und bewiesen habe, »was jetzt möglich ist«. Enthusiastisch klingt dies nicht[9], und Begeisterung ist auch nicht aus jenem Brief zu spüren, den er im Dezember als Vorsitzender an alle Parteimitglieder richtet, um ihnen die Motive nahezubringen, welche die Große Koalition unausweichlich gemacht haben. Daß die Sozialdemokraten nicht die Rolle der führenden Regierungspartei übernommen hätten, sei keinesfalls am Mangel an Courage gescheitert, beteuert er da. Natürlich sei er bereit gewesen, Risiken einzugehen, aber eine Kleinstkoalition wäre einem Abenteuer gleichgekommen, auf das man sich nicht hätte einlassen können.[10] All solchen Erklärungsversuchen zum Trotz, im Widerspruch auch zu den unstreitigen Erfolgen, welche die Große Koalition schon bald vorweisen kann, bleibt das Bündnis bei großen Teilen des Parteivolks, bei intellektuellen Sympathisanten und der linksliberalen Presse bis zu seinem Ende zutiefst unpopulär. Noch im März 1968, auf dem Parteitag in Nürnberg, wird die Entscheidung, die Präsidium und Fraktion Ende 1966 getroffen haben, nur mit knapper Mehrheit gebilligt werden. Dabei hatte es sich die Fraktion mit ihrer Entscheidung im Spätherbst 1966 wahrlich nicht leicht gemacht. Zehn Stunden diskutierten die SPD-Abgeordneten, ehe sie um vier Uhr morgens am 27. November mit Zweidrittelmehrheit einem Regierungsbündnis mit der CDU/CSU zustimmten. In einem Brief aus dem Krankenhaus hatte der todkranke Erler das Problem, das zur Entscheidung stand, auf eine klare Alternative zugespitzt: Wer die Chance der Regierungsbeteiligung ausschlage, stelle damit die alte Koalition CDU/FDP wieder her. Seine Folgerung: »Unsere Partei steht nicht vor der Frage, ob sie mit der CDU/CSU koalieren, sondern ob sie überhaupt Regierungsverantwortung übernehmen will.« Glücklich über das Bündnis, das er jahrelang zielstrebig vorbereitet hat, übergibt Herbert Wehner dem Vorsitzenden eine goldene Taschenuhr, die einst Bebel gehörte und dessen Schriftzüge sie trägt – am 18. Dezember 1966 auf einem »kleinen Parteitag«, zu dem die Baracke etwa 700 Funktionäre nach Bad Godesberg gerufen hat, um die Koalitionsvereinbarungen abzusegnen. Helmut Schmidt nennt Bebels Uhr ein

»königliches Geschenk«, das Parteivorstand und Kontrollkommission dem Parteivorsitzenden zu seinem 53. Geburtstag überreichen. Brandt wird sie bis an sein Lebensende verwahren.

Davon, daß er das Außenministerium nur nach anfänglichem Widerstreben übernommen hat, ist schon bald nichts mehr zu spüren; auch kann nach wenigen Monaten keine Rede mehr davon sein, daß sich die Familie nach der Übersiedlung von Berlin nach Bonn nicht wohlfühlt. Mit Rut, Lars und Matthias bezieht er die Dienstvilla des Außenministers auf dem Venusberg, jenes Anwesen im Kiefernweg 12, welches das Land Nordrhein-Westfalen 1949 ursprünglich für den behinderten Oppositionsführer Kurt Schumacher angemietet, das nach seinem Tod die Bundesregierung übernommen hatte und welches CDU-Amtsvorgänger Gerhard Schröder, der ins Verteidigungsministerium wechselt, nun räumen muß. Der 18jährige Peter bleibt in Berlin und bereitet sich dort auf das Studium vor.

Bei dem neuen Domizil handelt es sich um ein langgestrecktes, weißes Haus mit elf Zimmern, einem Fahrstuhl und einem beheizten Außenschwimmbad, das in einem parkähnlichen Garten nahe am Wald gelegen ist. Bonn ist ein Dorf: Das Gelände grenzt an das Grundstück, auf dem Bundespräsident Heinrich Lübke wohnt, und Staatssekretär Klaus Schütz bezieht ein Haus ein paar Schritte entfernt. Die unteren Räume dienen für Repräsentationszwecke und haben eine nüchterne Atmosphäre, die Rut durch behagliche Sofas und Stühle in Dunkelrot und Sonnengelb auflockert und ihr Wärme zu geben sucht. Von der Münchner Pinakothek wird ein großer Gobelin zur Verfügung gestellt, der den größten Teil der langen, tragenden Wand im Salon bedeckt. »Man lieh uns auch Bilder«, schreibt Rut Brandt, »es wurde schön«, und allen ursprünglichen Befürchtungen zum Trotz fühlt sie sich bald in Bonn so zuhause wie früher in Berlin. Zur Villa gehört ein Hausmeisterpaar, dessen Tochter als Stubenmädchen arbeitet, dazu sind stets ein oder zwei norwegische Mädchen beschäftigt, die an einigen Abenden zur Volkshochschule gehen, um Deutsch zu lernen.[11] Wenn Gäste zu bewirten sind, schlüpft der Hausmeister in die Rolle des Butlers und serviert mit weißen Handschuhen die Getränke oder legt Speisen auf.

Brandts Arbeitszimmer befindet sich in der Mansarde, wo er

ungestört Akten studieren oder Redeentwürfe redigieren kann. Für den nicht seltenen Fall, daß er bis tief in die Nacht arbeitet, ist dort auch ein Bett für ihn aufgeschlagen. Er frühstückt in der Regel allein und läßt sich dann ins Amt chauffieren. Wortkarg und eben ganz der sprichwörtliche Morgenmuffel, erscheint er morgens zwischen neun und halb zehn im Büro und verläßt es – vorausgesetzt er muß nicht zu Empfängen oder Diners – selten vor neun oder zehn Uhr abends, meist etliche Akten unter den Arm geklemmt. Mittags gibt er sich bescheiden mit einem Sandwich oder mit dem üblichen Kantinenessen zufrieden, macht danach eine Viertelstunde Pause und döst auf einem schwarzen, ausziehbaren Ledersessel vor sich hin. Auf seinem Schreibtisch im Amt stehen mehrere Telefone, eines davon mit Direktleitung zum Kanzler, ein anderes mit Zerhacker für vertrauliche, als »geheim« klassifizierte Gespräche zu Kollegen in anderen Hauptstädten.

Seine Emigration, die ihm bei Wahlkämpfen in Deutschland soviel zu schaffen machte, darf nun als besonderer Amtsbonus gelten. Willy Brandt ist nicht nur der erste Sozialdemokrat an der Spitze des Auswärtigen Amtes seit Hermann Müller, der im Jahre 1920 einige Monate die Geschäfte in der Wilhelmstraße leitete: Erstmals seit 1945 hat es das Ausland mit einem deutschen Außenminister zu tun, der Antifaschist gewesen ist und Widerstand gegen Hitler geleistet hat. Das macht es ihm leichter als seinen Vorgängern, notfalls hartnäckig deutsche Interessen zu vertreten. Mit seinem ausgeprägten Gespür für historische Situationen ist sich Brandt dessen sehr wohl bewußt: »Wer Sinn für Geschichte hat«, sagt er vor den neuen Mitarbeitern bei der Amtseinführung, »wird nicht leicht darüber hinwegsehen, daß ein Mann meiner Herkunft und meiner Überzeugung der deutsche Minister des Auswärtigen geworden ist.«[12]

Als Amtsvorgänger, auf die er, durch linke Sozialisation und Exil geprägt, sich berufen kann, kommen bestenfalls Walter Rathenau und Gustav Stresemann in Frage, auch wenn er bei letzterem trotz dessen klarer europäischer Orientierung Vorbehalte macht. Der alte Linkssozialist in ihm kann nicht so schnell vergessen, daß Stresemanns Deutsche Volkspartei schwarz-weiß-rot und nicht schwarz-rot-gold gesinnt war, monarchistisch und nicht republikanisch orientiert, und daß sie die neue Staatsform nur mit Vorbehalt akzeptierte. Doch als Person imponiert ihm der nationalliberale Realpoliker Stresemann schon: 1925 hat dieser die Unverletzlichkeit der neuen Westgrenze im Locarno-Pakt unterschrieben, zusammen mit Aristide Briand den Ausgleich mit dem bisherigen sogenannten Erbfeind gesucht und auch mit den Polen einen deutsch-polnischen Gewaltverzicht ausgehandelt. Mit Blick auf die Gebiete jenseits von Oder und Neiße zitiert er gern des Vorgängers spöttisch-abfällige Bemerkung über das konservative Bürgertum der Weimarer Republik, das hoffte, Versailles abschütteln zu können: »Es gibt eine mächtige Partei der Deutschen, das sind diejenigen, die da beten, unsere tägliche Illusion gib uns heute! Wer gegen diese Partei kämpft, der muß Mut zu Unpopularität haben.«[13]

Im eher konservativ gestimmten Beamtenapparat des Amts finden sich gewiß Vorbehalte gegen einen Sozialdemokraten. Gehört der neue Chef nicht einer Partei an, deren Herrschaft der erst vor drei Jahren zurückgetretene Konrad Adenauer stets mit dem Untergang Deutschlands gleichgesetzt hatte? Manche ältere Diplomaten stammen noch aus der Tradition der Wilhelmstraße, die höheren Chargen sind fest in der Denkweise der späten Adenauerzeit verwurzelt, und die CDU hat in den 17 Jahren, die sie regierte, wahrlich eine gezielte Personalpolitik betrieben. Aber Brandt ist durch die vielen Reisen, die er als Berlin-Botschafter unternommen hat, kein Unbekannter, manche haben ihn als Regierenden draußen in einer Botschaft kennengelernt. Als »neugieriges Abwarten« beschreibt Hans Arnold, damals Legationsrat und erster Leiter des Brandtschen Ministerbüros, die Haltung der meisten seiner Kollegen. Der weltmännische, polyglotte, formsichere Brandt beeindruckt mit Offenheit für Diskussion und seiner Fähigkeit zuzuhören.[14] Und er verfügt über ein »intuitives Verständnis« außenpolitischer Probleme, er kann sich in fremde Mentalitäten, Denkweisen und Interessen einfühlen, und das zählt oft mehr als Aktenfleiß und intensives Studium papierener Lageberichte.[15] Arnold ist einer der ganz wenigen Sozialdemokraten im Auswärtigen Dienst und hat Willy Brandt als Angehöriger der Deutschen Botschaft schon bei dessen Besuch in Washington 1958 betreut.

Der neue Minister zeigt Teamgeist, versteht es, das in den einzelnen Referaten angesammelte, nach Umfang und Tiefe oft unterschätzte Expertenwissen über einzelne Länder oder Weltregionen, fremde Parteien und die Eigenheiten führender Politiker abzurufen und für anstehende Entscheidungen nutzbar zu machen, dazu respektiert er die gewachsene Struktur des Dienstes und beschränkt sich auf die allernötigsten Korrekturen. Als zweiten Staatssekretär beläßt er den Karrierediplomaten Rolf Lahr auf seinem Posten, der zahlreiche Handelsabkommen mit osteuropäischen Nationen geschlossen hat. Auf die Stelle der beamteten Spitzenposition eines ersten Staatssekretärs, die durch den Wechsel von Karl Carstens erst zum Verteidigungsministerium, dann als Amtschef zu Kiesinger ins Palais Schaumburg frei wird, beruft er seinen langjährigen Freund, Mitarbeiter und Berliner Bundessenator Klaus Schütz. Und als weiteren unverzichtbaren Getreuen der Berliner Zeit implantiert er Egon Bahr als Botschafter zbV, der zunächst ohne hierarchische Zuordnung arbeitet, bis er nach der Beförderung Günter Diehls zum Chef des Informations- und Presseamts die Leitung der Planungsabteilung im Range eines Ministerialdirektors übernimmt.

Für einen, der politische Sandkastenspiele so leidenschaftlich liebt wie Bahr, bietet diese Position geradezu ideale Möglichkeiten. Sie hält ihn frei von Amtsroutine und gibt ihm Gelegenheit, seine außenpolitischen Fallstudien und Denkübungen auf die Kenntnisse des außenpolitischen Apparats abzustützen, was ihnen eine halbwegs realistische Basis geben kann. Bei der Amtsübergabe lobte Vorgänger Diehl die Freiheiten und Vorzüge, deren sich Bahr in der neuen Stellung erfreut: Er verglich das Auswärtige Amt einer üppigen Torte, die Planungsabteilung sei das Sahnehäubchen darauf.[16] Die Ostpolitik des ersten sozial-liberalen Kabinetts Brandt wird weitgehend jenen Bahrschen Konzepten entsprechen, die während der Jahre der Großen Koalition in seinem Planungsstab entwickelt worden sind. Die Verbindung zur Fraktion, zur Partei und zu anderen Sozialdemokraten im Kabinett hält Gerhard Jahn auf dem Posten eines Parlamentarischen Staatssekretärs – einer von der Großen Koalition eingeführten Institution, die sich bis heute bewährt hat. Die Wahl Jahns macht das Kabinett der Aussöhnung komplett, denn als »Halbjude« im Sinne der Nürnberger Gesetze zählt er zu den rassisch Verfolgten. Bestimmend für seine Berufung ist allerdings seine besondere Loyalität, denn als Jurist von Fraktion und Partei hat er den Vorsitzenden in vielen Verleumdungsprozessen vertreten. Auch im neuen Amt kann Brandt sich also auf die Zuarbeit der wichtigsten Mitglieder seines Berliner Küchenkabinetts und auf getreue Weggefährten verlassen. Und als Schütz nach elf Monaten die Position des gestürzten Heinrich Albertz in Berlin übernehmen muß, folgt ihm Ferdinand Duckwitz nach, der langjährige Leiter der Ostabteilung, mit dem sich schon der Regierende gut verstand und der – als deutscher Diplomat im besetzten Dänemark – führend an der Rettung der dänischen Juden beteiligt war.

Nicht in seinen kühnsten Träumen habe er sich vorstellen können, daß er unter einem ehemaligen NSDAP-Mitglied als Minister dienen werde, meint Brandt einmal zu seinem Mitarbeiter Hans Arnold. Das Verhältnis von Kanzler und Vizekanzler ist höflich und korrekt, aber es bleibt eine kühle Distanz zwischen beiden. Dafür sorgt schon die Tatsache, daß es ein Außenminister unter einem Kanzler schwer haben muß, dessen Neigungen eher der Außen- als der Innenpolitik gelten. Kiesinger war vor seinem Wechsel vom Bundestag nach Stuttgart ins Amt des baden-württembergischen Ministerpräsidenten der außenpolitische Sprecher der CDU gewesen, das Interesse seines Parlamentarischen Staatssekretärs, des Freiherrn von und zu Guttenberg, gilt vor allem der Außenpolitik, und als auch der frühere Staatssekretär im Auswärtigen Amt, Karl Carstens, die Leitung des Kanzleramts übernimmt, wachen gleich drei Augenpaare im Palais Schaumburg voller Argwohn darüber, daß der sozialdemokratische Außenminister in der Koblenzer Straße auch ja nicht den Tugendpfad der Koalitionsvereinbarung verläßt. Noten des Auswärtigen Amtes an die Sowjetunion kommen nicht selten vom Kanzleramt mit Korrekturen zurück – Kiesinger zensiert bis zu Buchstaben und Komma –, »es war entwürdigend«, meint Egon Bahr.[17]

Man hat die Regierung der Großen Koalition gern das Kabinett der historischen Versöhnung genannt, und oberflächlich mag es sich auch so dargestellt haben. Kanzler Kurt Georg Kiesinger, der als »Märzgefallener« den klassischen deutschen Bildungsbürger repräsentiert, welcher den Sirenenklängen der Nazis als Mitläufer nur zu willig erlegen war, ist am Kabinettstisch von zwei Emigranten eingerahmt: Links neben ihm sitzt der Altkommunist Herbert Wehner, nun Gesamtdeutscher Minister; zu des Kanzlers Rechten der Antifaschist und ehemalige Linkssozialist Herbert Frahm. Vornehm spricht Brandt einmal von einer »wahrhaftigen personellen

Repräsentation der deutschen Wirklichkeit«, die erkennbar gewesen sei.[18] Aber hinter der vornehmen, abgeklärten Formel verbirgt sich eher die Tatsache, daß Sozialdemokraten wie Christdemokraten heftigst am Herunterschlucken der Kröten würgen müssen, welche die eine Seite der anderen zugemutet hat.

Neben der Spaltung in das nationalsozialistische und das »andere Deutschland« sind ja auch die Verwerfungen der westdeutschen Nachkriegslandschaft zu überbrücken: Da gibt es Gustav Heinemann neben Gerhard Schröder – der eine Christ der Bekennenden Kirche, der aus Protest gegen die Wiederbewaffnung und die Westpolitik Konrad Adenauers dessen Kabinett verlassen hatte, der andere ehemaliger SA-Mann und Nachfolger Heinemanns als Innenminister unter Adenauer. Und wenn die einen den Hauptmissetäter der *Spiegel*-Affäre, Franz Josef Strauß, im Kabinett dulden, wird dies damit aufgewogen, daß sein wichtigstes Opfer, der frühere *Spiegel*-Redakteur Conrad Ahlers, den Strauß durch einen Anruf beim deutschen Militärattaché in Madrid durch spanische Polizei wegen angeblichen Landesverrats im Herbst der Kuba-Krise hatte verhaften lassen, als stellvertretender Pressechef nun die Regierungspolitik und damit auch die des Finanzministers Strauß gegenüber der Presse zu verkaufen hat. Zudem zieht der Freiburger Professor Horst Ehmke, der Ahlers und den *Spiegel* gegen die Landesverrats-Anklage der Regierung Adenauer verteidigt hatte, als Staatssekretär zu Gustav Heinemann auf die Rosenburg. Kiesinger selbst fühlt sich, so Dirk Kroegel in seiner Studie über die Außen- und Deutschlandpolitik der Großen Koalition, »als Repräsentant all derer, die im Lande geblieben waren, sich mit den Nazis arrangiert hatten, aber für die Verbrechen nicht die Verantwortung trugen«. Um ihrer Versöhnung mit der neuen Republik willen habe er das Amt des Bundeskanzlers übernommen und sei darin von Probst Grüber, aber auch von Karl Marx, dem Herausgeber der *Jüdischen Wochenzeitung in Deutschland,* unterstützt worden. Doch blieb er – die Ohrfeige Beate Klarsfelds spricht eine klare Sprache – wegen seiner NS-Vergangenheit stets verwundbar.[19]

Ein Überkabinett, das an Begabungen, Talenten und Farbigkeit schwerlich zu übertreffen ist, nennt der Bonner Historiker Klaus Hildebrand die Regierung der Großen Koalition.[20] Zweifellos zählt sie, zumindest was die inneren Reformen angeht, zu den erfolgreichsten in der Geschichte der alten Bundesrepublik. Das gelungene Zusammenspiel zwischen den Wirtschafts- und Finanzministern, Karl Schiller und Franz Josef Strauß, die als Paar bald das »doppelte Lottchen« oder »Plisch und Plum« genannt wurden, führte Westdeutschland aus der Rezession. Schiller schuf mit dem Wachstumsgesetz und der »konzertierten Aktion«, die Arbeitnehmer und Arbeitgeber zu einem Konsens der wirtschaftlichen Vernunft zusammenbringen wollte, die Instrumentarien einer modernen Wirtschaftspolitik, in der liberale Marktwirtschaft und Rahmenplanung miteinander versöhnt werden konnten. Franz Josef Strauß schloß die Deckungslücken im Haushalt, führte die Mittelfristige Finanzplanung (Mifrifi) ein und besorgte die längst überfällige Reform der Finanzverfassung. Am Ende der Großen Koalition war die Stagnation der letzten Erhard-Zeit überwunden und von neuem Wachstum abgelöst, die Zahl der Arbeitslosen von 700 000 auf unter 250 000 gesunken und die Vollbeschäftigung damit wieder hergestellt.[21]

Zügig ging man auch daran, eine alte Forderung der SPD-Wahlprogramme von 1961 und 1965 zu erfüllen: Bund und Länder fanden sich zu »Gemeinschaftsaufgaben« zusammen, die unter anderem den Ausbau der deutschen Hochschulen in Angriff nahmen. Vor allem auf dem Gebiet des Rechts- und Justizwesens brachte die Große Koalition unter den Ministern Heinemann und – nach dessen Wahl zum Bundespräsidenten – Horst Ehmke beachtliche Reformen zustande, die mit überkommenen autoritären und patriarchalischen Zuständen aufräumten. So wird die Gleichstellung nichtehelicher Kinder durchgesetzt, die Strafrechtsreform verbannt den Staat – etwa mit dem Verzicht auf die Strafbarkeit von Ehebruch, Homosexualität unter Erwachsenen oder Kuppelei – aus den Schlafzimmern seiner Bürger, und auf dem Weg zu einer fortschrittlichen Kriminalpolitik drängt der Gedanke der Resozialisierung den Rachegedanken zurück. Nicht zuletzt wird das politische Strafrecht durch die Neufassung etwa der Landes-, Hochverrats- und Sabotageparagraphen entrümpelt.

Viele dieser Reformen sind nur durchsetzbar, weil der ehemalige Generalbundesanwalt und CDU-Abgeordnete Max Güde als Vorsitzender des Bundestags-Rechtsausschusses die konservativen Tendenzen innerhalb der Unionsfraktion, besonders den Einfluß des drakonische Strafen fordernden CSU-Abgeordneten Richard (»Kopf ab«-)Jaeger zurückdrängen kann, wie Ehmke einmal fair anmerkt.[22] Ironischerweise ebnen die Erfolge der Großen Koalition auf dem Justizgebiet den Weg für die nachfolgende sozial-liberale Koalition. Weil die meisten Reformen liberalen Geist atmen, wird Heinemann für die Freien Demokraten ein akzeptabler sozialdemokratischer Kandidat für das Amt des Bundespräsidenten, mit dessen Wahl 1969 der Machtwechsel eingeleitet wird. Und die Neugründung der verfassungskonformen Deutschen Kommunistischen Partei erleichtert zumindest klimatisch die Ostpolitk des Kabinetts Brandt/ Scheel.

Hält der Kanzler seinen Außenminister für einen politischen Phantasten, auch wenn er aus seiner Sicht sich stets um einen fairen und respektvollen Umgang bemüht?[23] Tatsache ist, daß beide nur schwer Kontakt zueinander finden. Brandt scheint dem Kanzler »merkwürdig leer« zu sein, er wirkt auf ihn »wie ein Korken in einem Fluß, der sich mit der Strömung treiben lasse«, gesteht er schon im Oktober 1967 einem Interviewer.[24] Umgekehrt erscheint der klassisch geölte bildungsbürgerliche Habitus des Tocqueville-Liebhabers Kiesinger seinem Außenminister bis zur Aufgeblasenheit redselig, ja geschwätzig. Wenn der Kanzler, den man spöttisch »König Silberzunge« tauft, und sein Minister Carlo Schmid am Kabinettstisch ins Philosophieren geraten, mit ihren Kenntnissen von Plato oder Descartes brillieren und einander mit Anspielungen und Zitaten zu überbieten suchen, schaut Brandt gelangweilt in die mitgebrachten Akten. Kiesinger klagt bei Wehner, daß Brandt nicht mit ihm rede – worauf Wehner antwortet: »Lübeck ist eine Stadt, da redet man nicht.« Wehner weiß, wovon er spricht, denn auch sein Kontakt zu Brandt ist seit dem Beginn der Großen Koalition nicht der beste. Wenn es darum geht, etwas mit dem Außenminister zu klären, schickt er häufig seinen Ministerialdirektor Hermann Kreutzer vor, den Brandt aus Berlin gut kennt. Als Brandt, von Kreutzer im Auftrag Wehners angerufen, einmal fragt, ob der Beamte denn keinen Minister habe, antwortet dieser: »Willy, du weißt doch, was mit euch beiden los ist.«[25]

»Wehner führte, Brandt wurde geführt« – so beschreibt Egon Bahr das Verhältnis der beiden Sozialdemokraten in der Großen Koalition und meint, erst das sozial-liberale Bündnis 1969 habe die »volle Emanzipation Brandts von Wehner« gebracht. Auch wenn die sozialdemokratischen Minister sich regelmäßig vor Kabinettssitzungen unter Leitung des Vizekanzlers und Außenministers miteinander abstimmen, bleibt Wehner für den Kanzler ihr wichtigster Mann in der Koalition, ihr Wortführer im Kabinett und die stärkste Figur in seiner Partei. »Im inneren Gefüge der Großen Koalition war jedenfalls das Verhältnis zwischen Wehner und Kiesinger ... fruchtbarer als das zwischen dem Außenminister und seinem Kanzler oder dem Außenminister und seinem Kollegen im Gesamtdeutschen Ministerium, der sich in eine Schlüsselrolle versetzt sah«, urteilt Bahr.[26] Daß Kiesinger die Details der gesamtdeutschen Politik und damit die partielle, freilich halbherzige Öffnung gegenüber Ostberlin zuständigkeitshalber mit seinem Gesamtdeutschen Minister und nicht mit dem Chef des AA abstimmt, kann das Gewicht Wehners nur verstärken. Stundenlang, oft bis tief in die Nacht, parlieren Wehner und Kiesinger unter vier Augen bei einer Flasche Rotspon miteinander, das Mitglied des Exil-Politbüros der KPD in Moskau, das nun die bürgerliche Ehrenerklärung eines bundesdeutschen Ministers besitzt, und der Ex-NSDAP-Parteigenosse, der dem »Kabinett der Versöhnung« präsidiert.

Kiesinger scheint die vertrauensvolle Zusammenarbeit mit Wehner zu genießen, wie denn die autoritäre Aura um den einstigen Bewohner des geheimnisumwitterten Moskauer Hotel Lux auf gestandene Konservative, etwa auf den Freiherrn Guttenberg, eine merkwürdige Anziehungskraft ausübt. Auch schätzt Kiesinger das »freundschaftliche« Verhalten Wehners und nennt es in einem Gespräch mit Giselher Wirsing von *Christ und Welt* einmal »deutlich verehrungsvoll«[27], was der Gefallsucht seines keineswegs uneitlen Ego natürlich sehr entgegenkommt. Wehner wiederum lobt in einem Interview mit Bruno Kaiser, daß er mit Kiesinger über alles ernsthaft reden konnte – »er mit mir und ich mit ihm. Das Verhältnis hatte ich vorher noch nie gehabt mit einem Mann in entsprechender Stellung, noch nachher«.[28] Noch nachher – das zielt natürlich auf die Kommunikationsschwierigkeiten zwischen dem Kanzler Brandt und dem Fraktionschef Wehner. Brandts Verhältnis zum Kanzler ist sehr viel distanzierter. Zwischen ihm und Kiesinger habe kein Graben gelegen, schreibt er in seinen Memoiren, »aber jener Abstand, den die unterschiedlichen Lebenswege und Lebensinhalte geschaffen hatten«. Es ist ein Abstand, der im

Laufe der gemeinsamen Regierungszeit größer wird. Seiner Frau Rut gesteht er nach einigen Monaten im Amt des Außenministers, »daß er sich psychisch und physisch unwohl fühle, wenn er mit Kiesinger zusammen sei«.[29]

Dabei läßt sich die Zusammenarbeit in den ersten Monaten gut an, und soweit es an ihm liegt, ist Brandt jedenfalls bemüht, dem Bündnis zum Erfolg zu verhelfen. Da er mit Kiesinger Einvernehmen über die Grundlinien erzielt hat, gibt es, so Reinhard Schmoeckel, bis auf wenige Ausnahmen zunächst »keine Differenzen zwischen den beiden Politikern über die gemeinsam vereinbarte und gemeinsam zu führende Außenpolitik nach Osten und nach Westen«.[30] Worauf die Große Koalition vor allem zielt, hat der Kanzler in seiner Regierungserklärung deutlich umschrieben: Sie will entkrampfen und nicht verhärten, Gräben überwinden und nicht vertiefen, vor allem aber verhindern, »daß die beiden Teile unseres Volkes sich auseinanderleben«. Wenn der neue Kanzler weiter verlangt, die »menschlichen, wirtschaftlichen und geistigen Beziehungen mit unseren Landsleuten im anderen Teil Deutschlands mit allen Kräften [zu] fördern«, sind dies allesamt Ziele, die auch Brandt als Regierender verfolgt hat. Im Grunde erteilt Kiesinger mit dieser Regierungserklärung im nachhinein den Unionssegen für Brandts Politik der kleinen Schritte bis hin zu »gewissen organisatorischen Maßnahmen zur Verstärkung innerdeutscher Kontakte«, ohne daß dies »die Anerkennung eines zweiten deutschen Staates« bedeute. Doch wird sich nur zu bald zeigen, daß dieser Ansatz der Großen Koalition zu spät kommt und die Uhr für kleine Schritte gen Osten, jedenfalls für solche mit dem Rechtsvorbehalt der Nichtanerkennung der DDR, wie sie ja auch Brandt hatte praktizieren wollen, eindeutig abgelaufen ist.

Auch wenn der außenpolitische Schwerpunkt der Großen Koalition im Osten liegt, führen Brandts erste Auslandsreisen erst einmal zu den beiden wichtigsten Partnern im Westen, um die unter Erhard erheblich gestörte außenpolitische Balance im Verhältnis zu Paris und Washington wiederherzustellen. Es gilt, die verhängnisvolle Alternative zu vermeiden, in welche sich die Regierung Erhard um ein Haar hatte manövrieren lassen: sich entweder für die enge Anlehnung und Freundschaft mit den USA *oder* mit Frankreich entscheiden zu müssen. Worum es in der Westpolitik geht, dafür hat Claudia von Braunmühl die Formel vom »Vertrauensgewinn durch methodische Verhaltensanpassung« geprägt, die praktisch die »Angleichung an die Status-quo-Politik der westlichen, insbesondere des amerikanischen Verbündeten« bedeutet.[31] Denn gerade wegen seines wachsenden militärischen Engagements in Vietnam, wo 1967 bald eine halbe Million amerikanischer Soldaten stehen, sucht die Weltmacht Amerika Entspannung mit der Sowjetunion im Zeichen einer *pax atomica*. Von den Deutschen erwartet sie Wohlverhalten bei der Stützung ihrer Zahlungsbilanz und des durch den Vietnamkrieg geschwächten Dollars. Amerika besteht, und zwar »in anfangs belastender, beinahe verletzender Form«, wie Klaus Hildebrand meint[32], auf Devisenausgleichszahlungen für seine in Deutschland stationierten Divisionen und droht mit Truppenabzügen, falls sich Bonn als renitent erweisen sollte.

Als Brandt im Februar 1967 in heikler Mission nach Washington aufbricht, kommt ihm zugute, daß er die führenden Männer der amerikanischen Administration aus seiner Zeit als Regierender Bürgermeister bestens kennt, Präsident Lyndon B. Johnson ebenso wie dessen Außenminister Dean Rusk und die für Berlin und Deutschland zuständigen Beamten des State Department. Willy Brandt, das ist für Amerikaner das Symbol des deutschen Widerstands im Kalten Krieg gegen die Sowjetunion. Er kommt mit dem Ruf, einer der verläßlichsten deutschen Amerikafreunde zu sein, und er führt eine neue deutsche Politik im Gepäck, die sich besser als die der beiden Vorgängerregierungen in die amerikanischen Entspannungsbemühungen einordnen läßt. So begrüßt ihn Walter Lippman, der eher Deutschland-kritische Starkolumnist, enthusiastisch als Außenminister einer Regierung, die sich die »Liquidierung des Kalten Krieges« zur Pflicht gemacht und seine Doktrinen auf den »Schrotthaufen« geworfen habe.[33] Tatsächlich gelingt Brandt nicht nur ein erheblicher atmosphärischer Vertrauensgewinn. Er setzt auch die Lockerung der engen Bindung von Stationierungskosten und Waffenkäufen für die Bundeswehr in den USA durch und bietet, beraten von Karl Schiller, dem Dirigenten des Wirtschaftsaufschwungs in der Zeit der Großen Koalition, allgemeine monetäre Hilfen für die amerikanische Währung an. Amerikanischem Drängen nach einem direkten deutschen Engagement in Vietnam entzieht er sich geschickt durch das Anerbieten, die

»Helgoland« als deutsches Hospitalschiff in die Gewässer vor Vietnam zu entsenden.

Schwieriger gerät seine Mission in Paris, denn de Gaulle hat 1966 die Politik des leeren Stuhls im europäischen Ministerrat praktiziert, ist aus der militärischen Organisation der NATO ausgetreten, ohne allerdings den Atlantikpakt zu verlassen, und er blockiert den Beitritt Englands zur EWG. Zwischen Erhard und de Gaulle hatte es nicht nur Meinungsverschiedenheiten hinsichtlich der MLF, der einseitig nach Amerika ausgerichteten Politik Bonns, wegen des amerikanischen Engagements in Vietnam und der Frage gegeben, auf welcher Rechtsbasis die französischen Truppen in Deutschland nach dem Ausscheiden aus der militärischen Integration des NATO-Bündnisses verbleiben könnten. Die Chemie zwischen beiden stimmte einfach nicht. Das Gespräch zwischen dem eher schwammig formulierenden, zur Artikulation klarer außenpolitischer Interessen schlicht unfähigen deutschen Kanzler und dem französischen Staatschef mit der schneidenden Logik und cartesianischer *clarté* hatte zunehmend einem Dialog von Tauben geglichen, die »in unablässigen Wiederholungen mit unablässiger Zunahme an Gereiztheit über das Unverständnis des je anderen« aufeinander einredeten.[34] In seiner Verzweiflung soll de Gaulle seinem deutschen Besucher vor dem Kamin in Schloß Rambouillet schließlich Musik vorgespielt haben, der beide stumm lauschten.

Derlei Sprachlosigkeit ist weder in den Kontakten zu dem neuen Kanzler noch zu dessen Koalitionspartner und Außenminister zu befürchten. Kiesinger, der jahrelang »Bevollmächtigter der Bundesrepublik für die deutsch-französischen Beziehungen« gewesen ist, spricht gut Französisch, er kennt und schätzt de Gaulle. Wenn die CDU-Fraktion ihn als Kanzler nominierte, dann auch in der Hoffnung, er könne das zerrüttete Verhältnis zum Frankreich des Generals wieder in Ordnung bringen. Und Willy Brandt, auch wenn er sich persönlich für jene Präambel eingesetzt hatte, die aus französischer Sicht den ganzen deutsch-französischen Vertrag entwertete, achtet und respektiert de Gaulle auf seine Weise zweifach: einmal als den Mann, der mit seiner Entspannungspolitik und seinem Konzept eines Europa vom Atlantik bis zum Ural wertvolle Hilfe, ja Schrittmacherdienste für eine deutsche Ostpolitik leisten kann; und zweitens, natürlich, als die Symbolfigur von Résistance und französischem Selbstbehauptungswillen im Kampf gegen das nationalsozialistische Reich. Wo wäre Frankreich heute, fragt sich Brandt, wenn dieser Mann nicht »durch seinen festen Glauben und starken Willen für das Freie Frankreich honoris causa einen Platz am Tisch der Großmächte« erzwungen hätte?

Freilich ist seine Haltung zwiespältig: De Gaulles Europapolitik erscheint ihm altmodisch und starr, auch ist er nicht unbeeinflußt von jenen amerikanischen und britischen Kommentaren, die das Sendungsbewußtsein des großen Charles mit Spott quittieren und ihn einer Mischung aus Don Quichotte und Parzival gleichsetzen.

Als Brandt im Dezember 1966, noch vor Kurt Georg Kiesinger, zu seiner Antrittsvisite nach Paris reist, steht er dem französischen Staatschef keineswegs als Unbekannter gegenüber. Erstmals ist er ihm im Juni 1959 begegnet, als der Regierende von Berlin auf Einladung des *conseil municipal* von Paris an die Seine kam, danach folgten Gespräche mit de Gaulle in den Jahren 1963, 1964 und 1965. Stets hat er das Gefühl, der große Präsident empfange den kleinen Bürgermeister nicht mit der üblichen routinierten Höflichkeit, sondern zeige echtes sachliches wie persönliches Interesse. Liegt das daran, daß sich beide trotz der gewaltigen Unterschiede nach Rang und Bedeutung doch auch von gleich zu gleich, nämlich von Widerständler zu *résistant* begegnen können? Brandt folgt einem Rat des französischen Gesandten in Berlin und wählt jene Anrede, die de Gaulles Gefährten aus schwerer Zeit bevorzugen und die der stolze Franzose am liebsten hört: »Mon Général«. Und der so angesprochene General befragt den Besucher prompt »in der Art eines Oberbefehlshabers, der Auskünfte von einem Abschnittskommandeur einholt«: Was der Bürgermeister über Berlin zu berichten habe? Was über die Bundesrepublik? Und was schließlich über Preußen, worunter de Gaulle, der in historischen Kategorien denkt, die DDR versteht – eine Kennzeichnung, die treffender gewesen wäre, hätte er das Adjektiv »rot« hinzugefügt.

Schon 1959 zeichnet der Präsident den Besucher aus Berlin damit aus, daß er ihn mit ein paar freundlichen Worten auf Deutsch empfängt. Beide benutzen ihre Muttersprache, de Gaulles Dolmetscher wird nur bei ganz wenigen schwierigen Passagen zu Rate gezogen, und am Schluß der Unterhaltung gibt de Gaulle zu erkennen, daß er den Besucher für einen aufsteigenden Stern am deutschen politi-

Am 15. Februar 1964 wird Willy Brandt zu Beginn des Außerordentlichen Parteitags der SPD in Bad Godesberg zum neuen Vorsitzenden seiner Partei gewählt. Seine Stellvertreter sind Fritz Erler (Mitte) und Herbert Wehner.

Im Herbst 1966 bilden CDU/CSU und SPD eine Große Koalition. Kurt Georg Kiesinger (unten rechts) wird Bundeskanzler, Brandt Außenminister und Vizekanzler, Helmut Schmidt Fraktionsvorsitzender.
Brandts Amt als Regierender Bürgermeister übernimmt nach Heinrich Albertz im Jahre 1967 Klaus Schütz (links).

Der französische Staatspräsident Charles de Gaulle hält Außenminister Brandt für einen aufsteigenden Stern am deutschen politischen Firmament.

Sozialdemokraten in Amt und Würden: Bundespräsident Lübke ernennt Horst Ehmke (zweiter von rechts) zum Nachfolger des Justizministers Gustav Heinemann (links), der erster sozialdemokratischer Bundespräsident wird.

Die Bundestagswahl 1969 bringt den Machtwechsel: links oben die Parteivorsitzenden Strauß (CSU), Mende (FDP), Brandt (SPD) und Kiesinger (CDU) in der Fernsehsendung »Journalisten fragen – Politiker antworten«; unten ein Treffen der künftigen Koalitionspartner SPD und FDP im Garten von Brandts Dienstvilla auf dem Bonner Venusberg.

Am 21. Oktober 1969 wird Willy Brandt von Bundestagspräsident Kai-Uwe von Hassel als Bundeskanzler vereidigt.

Treffen des Bundeskanzlers mit DDR-Ministerpräsident Stoph in Erfurt (unten). Brandt mahnt die begeisterte Menschenmenge mit einer berühmt gewordenen Bewegung am Fenster zur Zurückhaltung.

Ostpolitik wird zunächst und vor allem in Moskau gemacht. Das Foto zeigt die deutschen Verhandlungspartner auf dem Roten Platz in Moskau (von links): Paul Frank, Egon Bahr, Walter Scheel und Willy Brandt; daneben Rüdiger von Wechmar und Sicherheitsbeamte.

»Unter der Last der jüngsten Geschichte tat ich, was Menschen tun, wenn die Worte versagen; so gedachte ich der Millionen Ermordeter.« Am Mahnmal für den Aufstand im Warschauer Ghetto kniet der Antifaschist Brandt stellvertretend für sein Volk und bittet um Vergebung für die Opfer der Hitler-Diktatur und des Zweiten Weltkriegs.

Nicht zuletzt für diese Geste erhält Willy Brandt im Dezember 1971 aus der Hand von Aase Lionæs in Oslo den Friedensnobelpreis.

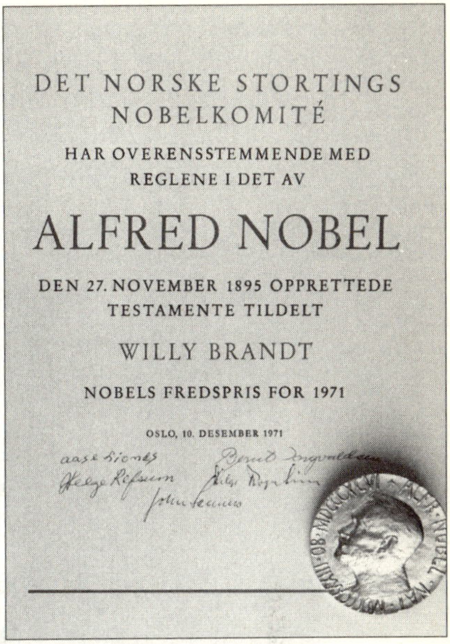

DET NORSKE STORTINGS
NOBELKOMITÉ
HAR OVERENSSTEMMENDE MED
REGLENE I DET AV
ALFRED NOBEL
DEN 27. NOVEMBER 1895 OPPRETTEDE
TESTAMENTE TILDELT
WILLY BRANDT
NOBELS FREDSPRIS FOR 1971
OSLO, 10. DESEMBER 1971

Am 27. April 1972 scheitert das konstruktive Mißtrauensvotum gegen Bundeskanzler Brandt. Der unterlegene CDU/CSU-Fraktionsvorsitzende Rainer Barzel gratuliert Willy Brandt (unten). Im Wahlkampf desselben Jahres erringt Brandt, unterstützt von Intellektuellen (rechte Seite unten Heinrich Böll, Wehner, Thaddäus Troll, Günter Grass und Brandt) einen grandiosen Sieg und kann mit Walter Scheel wieder eine Regierung bilden.

Die SPD-Troika zeigt sich, bei allen persönlichen Aversionen ganz unterschiedlicher Charaktere, im Kampf um die Regierungsmacht vereint: der Dresdner Herbert Wehner, der Lübecker Willy Brandt und der Hamburger Helmut Schmidt.

Zwischen Brandt und dem sowjetischen Generalsekretär Breschnjew entwickelt sich ein besonderes Vertrauensverhältnis: Die Fotos zeigen die beiden im September 1971 bei einer Bootsfahrt vor Oreanda an der Küste der Krim; im Mai 1973 in Bonn im Gespräch mit Walter Scheel (oben) und mit Rut Brandt auf dem Venusberg.

Brandts Ansehen im Ausland ist wegen seiner antifaschistischen Vergangenheit besonders groß. Unten ist er 1973 im »Oval Office« des Weißen Hauses mit Präsident Nixon und Außenminister Kissinger zu sehen, darunter mit Staatspräsident Pompidou 1971 in Paris; rechts mit dem jugoslawischen Staatspräsidenten Tito 1973 auf der Adria-Insel Brioni und mit der Ministerpräsidentin Golda Meir 1973 in Israel.

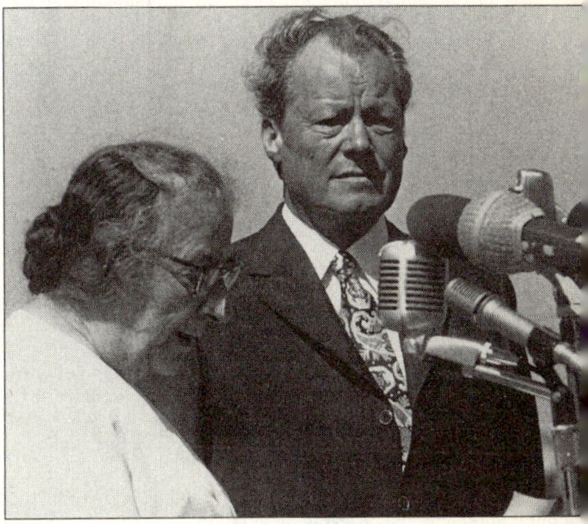

Niedergang nach dem großen Wahlsieg. 1973 war für Kanzler Brandt das Jahr des Mißvergnügens: rechts im Sonderzug durch Deutschland, unten zur Erholung auf der spanischen Kanaren-Insel Fuerteventura.

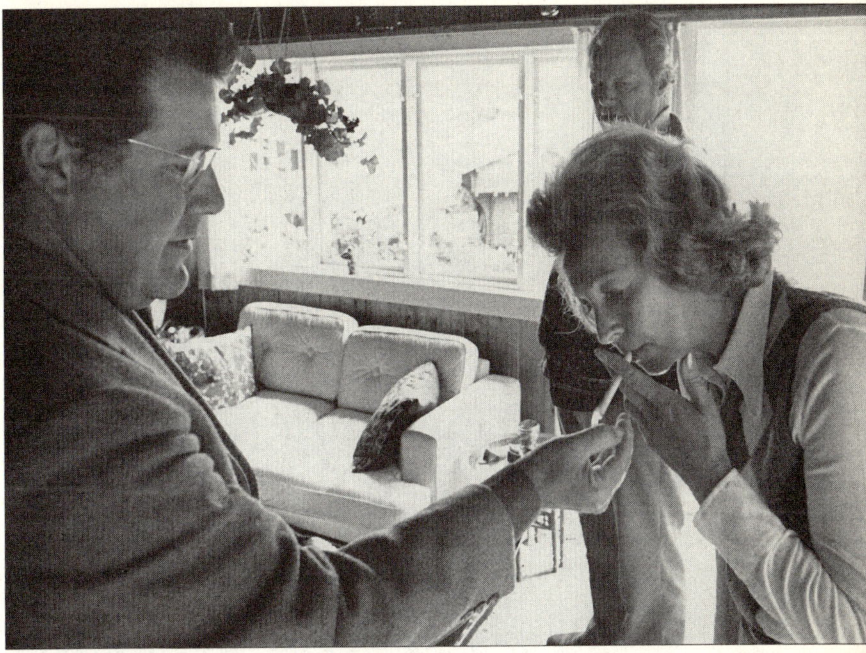

Die Guillaume-Affäre war der äußere Anlaß zum Rücktritt des Bundeskanzlers im Mai 1974. Auf dem Foto oben der Spion Günter Guillaume mit dem Ehepaar Brandt in den Ferien in Norwegen; links Brandts Rücktrittsschreiben an Bundespräsident Heinemann.

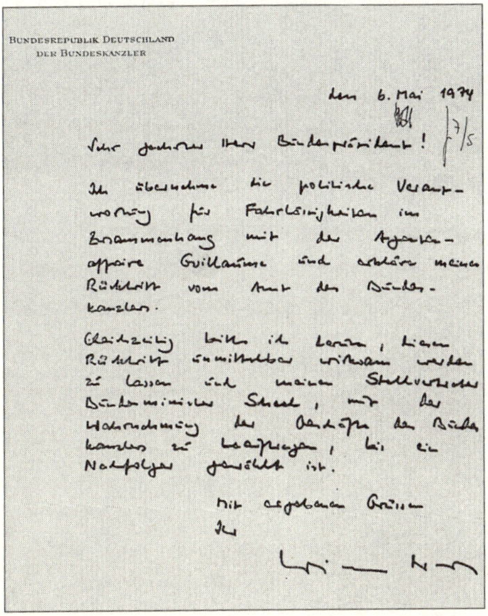

BUNDESREPUBLIK DEUTSCHLAND
DER BUNDESKANZLER

den 6. Mai 1974

Sehr geehrter Herr Bundespräsident!

Ich übernehme die politische Verantwortung für Fahrlässigkeiten im Zusammenhang mit der Agentenaffaire Guillaume und erkläre meinen Rücktritt vom Amt des Bundeskanzlers.

Gleichzeitig bitte ich darum, diesen Rücktritt unmittelbar wirksam werden zu lassen und meinen Stellvertreter, Bundesminister Scheel, mit der Wahrnehmung der Geschäfte des Bundeskanzlers zu beauftragen, bis ein Nachfolger gewählt ist.

Mit ergebenen Grüssen
Ihr

Willy Brandt

Willy Brandt verläßt die Villa Hammerschmidt nach seinem Rücktritt vom Amt des Bundeskanzlers.

schen Firmament hält: Der Berliner Bürgermeister zähle zu den Männern in Europa, von denen man noch mehr hören werde. Als Chef der Frontstadt, der besonders engen Kontakt mit der mächtigsten Schutzmacht pflegen muß, gilt Brandt gemeinhin als der typisch deutsche Anglophile. Darüber gerät dann in Vergessenheit, daß er in der Zeit der Emigration oft für Monate in Paris weilte und mit französischer Sprache und Kultur weitaus vertrauter war als mit der angelsächsischen Welt.[35] Einen Urlaub in Tunesien hatte er Anfang der sechziger Jahre genutzt, seine Französischkenntnisse aufzufrischen, und als er dann bei einem offiziellen Besuch im Sommer 1963 vor der Presse in Paris ein Statement auf Französisch verlas, lobte *Le Monde* »die nicht germanische«, sondern eher burgundische Klangfärbung des Deutschen aus Berlin.[36]

Des Auftrags jedenfalls, die Beziehungen zu Frankreich wieder ins Lot zu bringen, entledigt er sich im Dezember 1966 ebenso elegant wie effizient: Er handelt mit dem Quai d'Orsay ein Abkommen über die Stationierung französischer Truppen in Deutschland aus – eine keineswegs einfache Sache, denn da muß die Klippe umschifft werden, daß Frankreichs Truppen, die nicht mehr dem NATO-Oberkommando unterstehen, sich im Verteidigungsfall in die gemeinsame Front der Bündnispartner einreihen, andernfalls die Legitimation für französische Garnisonen auf deutschem Boden kaum gegeben wäre. Festgeschrieben wird dies allerdings nicht, schon weil die Franzosen nach dem Bruch mit der NATO ihr Gesicht wahren wollen. Statt dessen behelfen sich beide Seiten damit, so Brandt, einfach stillschweigend die »Einigkeit über die beiderseitigen Verteidigungsabsichten« vorauszusetzen. Er beteuert seinem französischen Gegenüber Couve de Murville und später, in einem einstündigen Gespräch, auch dem Staatschef de Gaulle, daß die Regierung Kiesinger/Brandt von der »gebieterischen Notwendigkeit« einer deutsch-französischen Zusammenarbeit überzeugt sei, einer Kooperation, die immer weitere Bereiche umfassen müsse. Und er erklärt die neue Ost- und Deutschlandpolitik der Großen Koalition, welche die Wiedervereinigung nicht mehr als Voraussetzung einer Entspannung betrachtet, sondern eher als deren Resultat.

Weil dieser Wechsel der Abfolge, der einen Abschied von der traditionellen Bonner Denkschule bedeutet, den politischen Grundauffassungen de Gaulles entgegenkommt, fällt es dem General nicht schwer, seinem Besucher aus Bonn ermutigende Worte mit auf den Weg zu geben. Paris geht seit Jahren davon aus, daß eine Wiedervereinigung nur die Folge einer Entspannung in Europa und sehr wahrscheinlich nur das Ergebnis der Bemühungen und Verhandlungen beider deutscher Staaten sein könne. So ermächtigt de Gaulle seinen Besucher zu der Erklärung, die Besprechung sei sehr herzlich gewesen und Paris werte die Regierungserklärung der Großen Koalition als gute Ausgangsbasis für eine engere und vertiefte deutsch-französische Zusammenarbeit.[37] Brandts erste Reise als Außenminister endet also mit einem klaren Erfolg. Als er zusammen mit Kiesinger Mitte Januar 1967 erneut nach Paris fährt, diesmal zu den routinemäßigen deutsch-französischen Konsultationen, erkennt der analytische Scharfblick des Generals sehr bald, daß Kanzler und Außenminister die Entspannung nicht im selben Licht sehen. Zwar verstünden sich beide gut, sagt er dem französischen Botschafter in Deutschland, Seydoux. Aber Kiesinger wünsche sich die Entspannung langsamer, Brandt schneller – ein schlummernder Gegensatz, der eine Quelle künftiger Konflikte sei. Wie richtig er urteilt, wird sich schon bei Brandts nächstem Erfolg, seiner Reise nach Bukarest, erweisen.[38]

De Gaulle, dieser hartnäckigste Verfechter französischer Interessen, schätzt an Brandt, daß dieser nicht nur Gemeinsamkeiten hervorhebt, sondern auch klar und deutlich Meinungsunterschiede und Interessengegensätze benennt, wie sie in außenpolitischen Fragen auch zwischen Verbündeten und Partnern bis zu einem gewissen Grade selbstverständlich sind. Klare Zielansprache erleichtert den Dialog, und Brandt gehört nicht zu jenen deutschen Politikern, die wegen ihrer Schuldkomplexe nationale Interessen verleugnen – für die hat der brillante Techniker der Macht in Paris eher Verachtung übrig. Deutlich wird das im Frühjahr 1963, als Brandt für einen Vortrag nach Paris kommt und de Gaulle ihn in einem Hubschrauber zu einem Gespräch in die Unterpräfektur von St. Dizier holen läßt, wo der Präsident sich bei einer seiner Reisen durch die französische Provinz gerade aufhält. Das Gespräch kreist unter anderem um den deutsch-französischen Vertrag und die Präambel, welche der Bundestag beschlossen hat, um ihm jede anti-amerikanische Spitze zu nehmen. Brandt macht sich zum Sprecher von fast 40 Prozent der deutschen Wähler, die für die SPD gestimmt haben, wenn er den General um Verständnis für die Präambel bittet: Die deutsch-französische Aussöhnung und enge Zusammenarbeit seien von großer Bedeutung, aber er müsse auch offen sagen, »daß man das deutsche Volk nicht unnötig in Konflikte bringen dürfe«. Die Vereinigten Staaten seien nicht nur für die deutsche Nachkriegsentwicklung von entscheidender Bedeutung gewesen, sie seien auch heute der wichtigste Sicherheitsgarant, weshalb die Verbindungen zum Atlantischen Bündnis und insbesondere zu Washington nicht beeinträchtigt werden dürften.[39]

Daß Brandt nicht in die Verteufelung des Generals einstimmt, sondern sich um eine differenzierte Auseinandersetzung bemüht, daß er manche Äußerungen de Gaulles aufgreift und auch Anregungen von ihm übernimmt, wird in Paris aufmerksam registriert. Vor der »Foreign Policy Association« in New York verteidigt er 1964 den französischen Staatschef: Ihn für alle Schwierigkeiten verantwortlich zu machen, denen man im westlichen Bündnis gegenüberstehe, sei weder sinnvoll noch gerecht. Das Gleichgewicht des Schreckens, ausbalanciert von den großen Supermächten, gebe einen Spielraum, um die starren Fronten in Bewegung zu setzen. De Gaulle, der mit Kühnheit und Eigenwilligkeit das Undenkbare denke, mache von diesem Spielraum auf seine Weise Gebrauch. Er, Brandt, frage sich als Deutscher: »Warum eigentlich nur er?«[40]

Ein Jahr später, anläßlich der Verleihung der Ehrendoktorwürde durch die New School of Social Research im April 1965, spricht er, in Berufung auf de Gaulles Vorstellung von einem Europa der Vaterländer, über das nationale Selbstverständnis der Deutschen. »Ohne Stolz kann kein Volk leben«, erklärt er da und verweist auf die vergebliche Hoffnung der Westdeutschen, in einem integrierten Europa eine größere Heimat zu finden. Die politische Union, die Vereinigten Staaten Europas liegen nicht auf den Schreibtischen der Staatsmänner als eine Aufgabe von heute oder morgen oder einem Zeitpunkt in naher Zukunft. Deshalb plädiert er bei den Amerikanern für Verständnis, wenn die »Menschen des geteilten Deutschland nach ihrem Vaterland fragen, das größer ist als die Bundesrepublik«. Wieder stellt er die Frage: »Warum nur de Gaulle?« und fordert ein »wahres Maß des [deutschen] Nationalgefühls«. Nach den nationalistischen Exzessen des Hitler-Regimes, nach der Negation jedes Nationalgefühls in den Nachkriegsjahren müsse ein neues deutsches Nationalgefühl frei sein von Überheblichkeit und getragen »von gutem Willen gegenüber allen Menschen und allen Nationen« – aber es müsse eben gefunden werden. Warum? Weil es in Deutschland um den »bestimmenden gesunden Prozeß der Genesung eines Volkes [geht], das wie jedes andere auf die Dauer nicht ohne Stolz auf sich leben kann«. Dafür Verständnis zu haben, so Brandt zu seinen amerikanischen Zuhörern, sei seine Bitte.[41]

Mit seinen Vorstellungen bezieht er eine, wie er selbst sagt, »nuancierte Haltung« zwischen den Lagern der Atlantiker und Gaullisten, die beide Illusionen nachjagen – die einen dem Traum von einer europäischen Atommacht, die de Gaulle nicht will, die anderen von einer Sonderbeziehung zu Amerika, für welche die Voraussetzungen in den USA fehlen. Es ist nicht nur die Tatsache, daß de Gaulles Konzept der Entspannung Modell steht für die eigenen Schritte, die er später Richtung Osten unternimmt, es ist auch Egon Bahr, der sein wohlwollendes Verständnis für de Gaulle fördert. Daß der große Franzose die Idee eines Europa der Vaterländer propagiert, erleichtert den nationalen Denkkategorien verhafteten Bahr geradezu. Würde nicht auch das eigene Vaterland Platz behalten, solange es bei einem Europa der Vaterländer bleibt? Eröffnete sich damit nicht die Chance, eines Tages das wiedervereinigte Deutschland in dieses Europa einzubringen? Ein Europa der Vaterländer ist ja das Gegenteil von einem politisch integrierten Westeuropa, das Gegenteil auch von den Vereinigten Staaten von Europa, in denen die Bundesrepublik aufgehen könnte und so für immer unfähig bliebe für eine Wiedervereinigung mit dem Rest Deutschlands im Osten – der Zone. »Die Angst, die andere vor Entspannung mit dem Osten hatten«, schreibt Bahr, »hatte ich vor dem Wort Integration; denn die Verschmelzung Westeuropas würde die Zone unverschmelzbar machen ...«

Hat Deutschland dank de Gaulle seine Bewegungsmöglichkeit behalten, bis es sie brauchte – als es seine Einheit fand? Egon Bahr, den viele wegen solcher Gedanken einen sozialdemokratischen Deutschnationalen nannten, scheint davon überzeugt, aber um so sehnlicher wünscht er heute, nach dem Ende der Teilung, die Integration des ganzen Deutschland in Europa. Im Grunde geht nach der Vereinigung ein alter sozialdemokratischer Traum aus der Zeit des Heidelberger Programms und auch Kurt Schumachers in Erfüllung, der ja ebenfalls die Vereinigten Staaten von Europa wollte – aber mit dem ganzen, ungeteilten Deutschland als Partner der anderen Nationen. Brandt stand solchen Gedankengängen Egon Bahrs nie völlig fern, aber er zeigte doch sehr viel mehr Verständnis für den Prozeß der westeuropäischen Einigung, die sich mit dem westlichen Zweidrittel des gespaltenen Deutschland vollzog: »Europa war der einzige Komplex von Bedeutung«, bekennt sein Berater und Freund, »wo wir unterschiedliche Gewichte setzten.«[42]

Die neue Harmonie mit dem Frankreich de Gaulles wird im Frühjahr 1968 jäh gestört, als Berichte aus Ravensburg eintreffen, wo Brandt in einer Rede vor dem Landesparteitag der baden-württembergischen SPD angeblich de Gaulle einen »machtbesessenen Regierungschef« nannte und ihn »uneuropäischer Gedanken« bezichtigte. Hat der bundesdeutsche Außenminister damit nicht den französischen Staatschef beleidigt und seine eigenen Bemühungen um ein freundschaftliches Verhältnis zu Frankreich konterkariert? Wie eine Bombe platzt die Meldung mitten in die festliche Eröffnung der neuen deutschen Botschaft im restaurierten, renovierten Palais de Beauharnais, die von Bundespräsident Lübke vorgenommen werden soll. Ein ungeheurer Skandal scheint sich anzubahnen, zumal die ausländischen Agenturen das, was die deutsche Nachrichtenagentur verbreitet und viel zu spät dementiert, auch noch verschärften: Da wird in der französischen Version bei afp aus dem »machtbesessenen Regierungschef« plötzlich ein »machtdurstiger Staatschef«, und bei Reuters ist sogar von einem »machtdurstigen Greis« zu lesen – was de Gaulle beides nur direkt auf sich beziehen kann.

Als französische Diplomaten davon hören, fragen sie erst einmal im Bonner afp-Büro zurück, ob dies auch der Wahrheit entspräche – zu unwahrscheinlich scheint ihnen, daß ausgerechnet Brandt, der in Paris als Beispiel von Mäßigung, Geschick und Rücksichtnahme gilt, sich einen solchen Affront leisten könnte. Da indes Brandt selbst und die SPD-Zentrale spät und obendrein sehr ungeschickt auf die Falschmeldung reagieren, bleiben die Agenturen bei ihren Versionen. So macht die Nachricht bald auf einem Empfang die Runde, den die Deutsche Botschaft in Paris am Vorabend der Eröffnung gibt und auf dem de Gaulle und sein Außenminister anwesend sind. Kein geringerer als Louis Blanc, der stellvertretende Pressechef des Quai d'Orsay, verbreitet, was in Anlehnung an

Bismarcks kriegerisches Telegramm aus Ems nun plötzlich die Ravensburger Depesche heißt. Couve de Murville liest die Meldung, schüttelt ungläubig den Kopf und sagt: »Machtdurstig? Herr Brandt hat vielleicht ein Glas zuviel getrunken.«[43] Die Krise verschärft sich, als de Gaulle, inzwischen über die Rede informiert und höchst aufgebracht, die Minister Wehner und Schmücker auslädt, die er ursprünglich zusammen mit Heinrich Lübke für den nächsten Tag zu einem Frühstück in den Élysée gebeten hatte.

Natürlich sagte Brandt die Worte nie, die ihm dpa da in den Mund legte, aber der Vorgang spiegelt die Stimmung bei vielen sich fortschrittlich-europäisch dünkenden Deutschen wider und ist insofern typisch für die Erwartungen eines Korrespondenten, der bei einem Sozialdemokraten ganz selbstverständlich Kritik an der »nationalistischen« Haltung des französischen Staatschefs voraussetzt. Dabei hatte Brandt nur gesagt, die deutsch-französische Freundschaft sei inzwischen so tief »in den Herzen unserer Menschen auf beiden Seiten« verankert, »daß auch unvernünftige Regierungen nicht mehr in der Lage sein werden, daran etwas zu ändern«. Doch deutlich hatte er die deutsch-französischen Differenzen in der Frage der Erweiterung der EWG angesprochen, also de Gaulles Blockade des England-Beitritts, klar hatte er dessen strategisches Konzept der nuklearen Rundumverteidigung in Frage gestellt und erklärt: Wenn er in knapp zwei Wochen mit dem Bundeskanzler nach Paris fahre, dürfe nirgendwo der Eindruck aufkommen, als gelte für die deutsche Politik die Losung der »Feigheit vor dem Freund«. Da war mit dem Außenminister zweifellos der Parteichef durchgegangen. Lothar Rühl, der diplomatische Mitarbeiter und Frankreich-Korrespondent der *Welt*, hat wohl recht mit seiner Bemerkung, der Außenminister Brandt sei mit derlei Kritik nicht gut beraten gewesen.[44]

Der Skandal wird durch die Veröffentlichung des Tonbandmitschnitts der Ravensburger Rede beigelegt, welche die Deutsche Presse Agentur der falschen Berichterstattung überführt, und Heinrich Lübke persönlich liest de Gaulle die entsprechende Passage zwecks Richtigstellung vor. Letztlich ein Sturm im Wasserglas, obschon er riesige Wellen schlug und ein Nachspiel im Bundestag zeitigte. Als Brandt 14 Tage später vom General anläßlich der turnusmäßigen Konsultationen begrüßt wird, sagt er ihm, jetzt wisse er, wie schwierig es manchmal sein könne, unschuldig zu sein. De Gaulle, der seine Worte gewöhnlich sehr genau zu wägen weiß, habe keine Miene verzogen, schreibt Brandt, sei jedoch ausgesprochen liebenswürdig gewesen: »Bei Tisch, wo ich wie gewohnt zu seiner Linken saß, ließ er mich besonders gut bedienen und verführte mich, mehr zu essen, als mir der Hunger vorschrieb.«[45]

Golo Mann lobt den neuen Chef der deutschen Diplomatie einmal als den besten Außenminister, den Bonn bisher gehabt habe[46], und in der Tat versteht es Brandt, durch sein geschicktes Auftreten auf internationalen Konferenzen dem Wort der Bundesrepublik vermehrtes Gewicht zu geben. Im Juni und Dezember 1967, auf NATO- und Außenministerkonferenzen in Luxemburg und Brüssel, geht es um die Reform der Allianz, und wenn dort schließlich Verteidigungsbereitschaft und Entspannung als *gleichwertige* Zielsetzungen beschrieben werden, ist dies nicht nur den Vorarbeiten des belgischen Außenministers Pierre Harmel zu verdanken, sondern auch Willy Brandt. Mit dem Gleichklang von *défense* und *détente* wollte die NATO, die sich bisher als reines Verteidigungsbündnis verstand, die militärische Abschreckung zwar beibehalten, gleichzeitig aber sollten Fortschritte zu einem stabileren Verhältnis zwischen Ost und West in Europa angestrebt werden, damit künftig politische Streitfragen friedlich gelöst werden könnten. Im Grunde sind die Thesen des Harmel-Reports verbindliche Leitlinien der sozial-liberalen Entspannungspolitik bis hin zum NATO-Doppelbeschluß: nach Osten Entspannung suchen, aber nach Westen die Verteidigungsbereitschaft sichern, auf die abgestützt Entspannung allein zu realisieren ist und die garantiert, daß die Entspannungspartner im Osten Bonn nicht erpressen können.

Als Ende Juni 1968 die NATO-Minister auf Island tagen, führt Brandt die Verhandlungen und ist maßgeblich an der Formulierung jenes Signals von Reykjavik beteiligt, das Moskau zu Verhandlungen über eine ausgewogene Verminderung der konventionellen Streitkräfte in Ost und West auffordert. Erstmals tritt das Konzept beiderseitiger Rüstungskontrolle und -begrenzung an die Stelle der allgemein gehaltenen Forderung nach Abrüstung, die damit aus dem Bereich des vagen in den konkreter Maßnahmen rückt. Brandt plädiert dafür, mit dem Truppenabbau dort zu beginnen, wo die Truppenstärke am dichtesten sei – in Mitteleuropa. Seit Reykjavik verhandeln Ost und West in Wien im Rahmen der MBFR (Mutual Balanced Force Reductions) über den Abbau der Truppenpräsenz in Ost und West. Wichtige Elemente der Brandtschen Politik nach Osten wurden also schon in der Großen Koalition beschlossen, wie denn ohne die drei Jahre der Großen Koalition nach Meinung Egon Bahrs der Grundriß der Ostpolitik nicht hätte entstehen können. »Die Große Koalition war unentbehrlich, um die Annäherung an die wirkliche Macht zu proben, den Umgang mit großen Apparaten zu lernen ... Es ist schon gut begründet, warum einige Jahre auf großer Fahrt als erster Offizier nötig sind, bevor einer als Kapitän das Kommando auf der Brücke übernehmen darf.«[47]

Nach Osten wird es weit schwieriger, der Politik der Koalition zum Erfolg zu verhelfen, auch wenn bereits zwei Monate nach der Amtseinführung des neuen Kabinetts die Normalisierung der Beziehungen zu Rumänien erfolgt. Brandt gewinnt dadurch als Außenminister schnell an Profil: Sein rumänischer Kollege Corneliu Manescu kommt schon Ende Januar 1967 nach Bonn und unterzeichnet den Vertrag, er selbst erwidert den Besuch Anfang August mit einer Reise zu Präsident Nicolae Ceaucescu nach Bukarest. Mit Pomp und großen Ehren wird Brandt dort empfangen, gut sieben Stunden dauert die *tour d'horizon* der beiden in dem großzügigen, ja prunkvollen, wie eine Festung bewachten Sommersitz des Staatschefs, einer Villa in Mamaia am Schwarzen Meer. Der rumänische Präsident gefällt sich in der Rolle des allgewaltigen Herrschers, bei Egon Bahr bleibt der Eindruck zurück, er kommandiere seinen Außenminister wie einen Diener und erzähle am liebsten obszöne Radio-Eriwan-Witze.[48]

Der Rumäne verfolgt beharrlich sein eigenwilliges Konzept. Durch Kontakte zu China, Jugoslawien und Albanien will er seinen Spielraum innerhalb des Ostblocks erweitern, politischen Spielraum gewinnen und sich der direkten Bevormundung durch Moskau entziehen. De Gaulle dient ihm insofern als Vorbild, als er in betont nationalen Kategorien denkt und aus den Blockzwängen der beiden Supermächte auszubrechen versucht. Auch kann aus rumänischer Sicht der Gedanke eines Europa der Vaterländer das Zusammenwachsen Ost- und Westeuropas, welches Bukarest im Auge hat, nur begünstigen. Gerade weil der Rumäne überzeugt ist, der Gedanke der nationalen Einheit in Deutschland werde sich eines

Tages durchsetzen, ermuntert er seinen Besucher zur Weiterentwicklung der Ostpolitik: Die Anerkennung des zweiten deutschen Staates, rechnet er dem Bonner Außenminister vor, werde die deutsche Einheit nicht blockieren, sondern ihr eher förderlich sein.

Aber für Brandt und die Große Koalition kommen die Aufnahme der Beziehungen mit Rumänien samt den freundlichen Schmeicheleien, die für den Bonner Außenminister bereitgehalten werden, eher einem Pyrrhussieg gleich. Um eine konkrete Klimaverbesserung gen Osten bemüht, hatten Kiesinger und Brandt in ihrer Regierungserklärung die Bereitschaft verkündet, volle diplomatische Beziehungen mit den Ländern des Ostblocks aufzunehmen, ohne indes von dem Recht abzurücken, daß die Bundesregierung allein als legitimer Vertreter für das ganze deutsche Volk sprechen könne. Daß die Rumänen zugriffen und Bonn bei der Regierungserklärung packten, ehe Moskau oder der Warschauer Pakt Einspruch erheben konnten, bringt Peter Bender auf die Formel, Bukarest habe Bonn mit dessen eigenem Angebot förmlich überrannt.[49] In der Tat war die Hallstein-Doktrin ausgerechnet beim »schlimmsten Außenseiter der Ost-Allianz« (Bender) erstmals außer Kraft gesetzt worden, und Budapest und Sofia schienen geneigt, dem rumänischen Beispiel zu folgen.

Ulbricht erkannte sehr schnell, welche Gefahren da auf die DDR zukamen: Daß Bonn diplomatische Beziehungen zu ganz Osteuropa erhielte, ohne seine Rechtsansprüche aufzugeben, die DDR dagegen weiter von Westeuropa ausgeschlossen bliebe und mithin isoliert würde. Genau jene Situation schien zu drohen, die Zbigniew Brzezinski, der amerikanische Ostexperte und spätere Sicherheitsberater Jimmy Carters, sich vom Ausbau der Bonner Kontakte nach Osteuropa einmal erhofft hatte – daß die DDR »zu einem politischen Anachronismus auf der Landkarte Europas«[50] schrumpfen würde. Für die regierenden deutschen Kommunisten muß dies ein bedrohliches Szenario sein, und der Hinweis darauf erleichtert Walter Ulbricht zweifellos die Aufgabe, Moskau von den Gefahren der Bonner Ostpolitik zu überzeugen und eine gemeinsame Abwehrfront der Ostblockstaaten zu schmieden.

Schon Anfang Februar in Warschau und noch einmal im April 1967 in Karlsbad legt Moskau, den Wünschen Ostberlins folgend, seine Satelliten an die Kette, denn es werden Bedingungen für die

Aufnahme diplomatischer Beziehungen formuliert, an denen sich die Ostpolitik der Großen Koalition festlaufen wird. Danach darf kein Mitgliedsstaat normale Beziehungen zur Bundesrepublik aufnehmen, ohne daß die DDR zuvor ihr Verhältnis zu Bonn normalisiert hat. Im Klartext heißt dies: Ohne die vorherige völkerrechtliche Anerkennung der DDR durch Bonn ist die Normalisierung der Beziehungen zu den Ländern des Ostblocks nicht möglich. Erschwerend kommen die Forderungen nach der Anerkennung der Oder/Neiße-Grenze, West-Berlins als selbständiger politischer Einheit, der Verzicht auf Teilhabe an Atomwaffen und die Nichtigkeitserklärung des Münchener Abkommens *ex tunc*, also »von Anfang an«, hinzu. Durch Freundschaftsverträge verpflichtet die DDR zudem die anderen Satellitenstaaten dazu, die Ostberliner Positionen in der Deutschland- und Berlin-Frage zu unterstützen.

Mit dieser »Ulbricht-Doktrin« reagiert der Ostblock auf die Lockerung der Hallstein-Doktrin und riegelt sich ab gegen jene flexiblere Ostpolitik Bonns, in der Ostberlin nichts anderes als Lockerungs-, Aufweichungs- und Diversionsversuche erblickt. Zugleich verschärft die DDR durch die Einführung einer eigenen DDR-Staatsbürgerschaft sowie den Paß- und Visumszwang für Reisende nach West-Berlin ihre Abgrenzungsbemühungen. Nur mit Jugoslawien, das nicht zum Ostblock zählt, gelingt es Brandt noch, diplomatische Beziehungen wiederherzustellen, die Bonn nach der Anerkennung der DDR durch Tito 1957 abgebrochen hatte. Aber Jugoslawien zählt zu den nichtpaktgebundenen Staaten, und als großer diplomatischer Erfolg läßt sich der Austausch neuer Botschafter zwischen Belgrad und Bonn kaum bezeichnen, auch wenn die Jugoslawen, widerwillig zwar, den Bonner Anspruch, allein legitimer Sprecher für das deutsche Volk zu sein, akzeptieren, ohne deshalb ihr einigermaßen korrektes Verhältnis zur DDR in Mitleidenschaft zu ziehen. Mit Prag kommt es gerade noch zum Austausch von Handelsvertretungen mit konsularischer Befugnis, was praktisch nur die Lücke im Netz der bereits im Osten etablierten Handelsvertretungen schließt. Die Ostpolitik der Großen Koalition, urteilt Peter Bender, erreicht das Gegenteil ihres Zwecks, noch ehe sie recht begonnen hat.[51]

Übrigens erntet Brandt in Bukarest die Früchte jener Vorarbeiten, die schon Gerhard Schröder leistete. Mit dem Aufbau von Handelsmissionen in Warschau und Bukarest, Budapest und Sofia hatte dieser eine periphere Umgehung Ostberlins und Moskaus versucht und gegen Ende seiner Amtszeit auch deren Umwandlung in volle diplomatische Vertretungen erwogen. Das hätte natürlich den Bruch der sogenannten Hallstein-Doktrin bedeutet, und um ihn zu rechtfertigen, hatten Beamte im Auswärtigen Amt in ihren Fallstudien vorsorglich die sogenannte »Geburtsfehlertheorie« angedacht. Danach unterstellte das AA den osteuropäischen Staaten im sowjetischen Einflußbereich, daß sie unter sowjetischem Druck, also nicht aus freien Stücken gehandelt hätten, als sie völkerrechtliche Beziehungen zur DDR aufnahmen. Diese Geburtsfehlertheorie wurde schließlich von der Großen Koalition übernommen. Gegenüber Freunden und Staaten der Dritten Welt ließen die Koalitionäre allerdings keinen Zweifel aufkommen, daß sie an der Hallstein-Doktrin festhalten und mithin die Beziehungen abbrechen würden, falls einer dieser Staaten die DDR anerkenne. Besonders in Drittweltstaaten kam diese Haltung die Bundesrepublik teuer zu stehen: Bonn wurde erpreßbar und mußte die Nichtanerkennung der DDR durch das ständige Aufstocken der Entwicklungshilfe buchstäblich erkaufen.[52]

Zu einer grundsätzlich neuen Politik nach Osten hin haben sich CDU und SPD in ihrer Koalitionsvereinbarung eben nicht durchringen können, und wenn ihre Ostpolitik an den Barrieren liegen bleibt, die Ostberlin im Verein mit Moskau im Ostblock errichtete, hat dies vor allem mit der Halbherzigkeit zu tun, mit der die Öffnung zur DDR betrieben wird. Zwar fehlt es, gemessen an der vorangegangenen Bonner Politik, nicht an Tabubrüchen, die da vorgesehen sind. Der Katalog der praktischen Vorschläge, welche die Große Koalition gemacht hatte, um »die Not der Spaltung unseres Volkes zu erleichtern und dadurch die Voraussetzungen für eine Entspannung in Deutschland zu schaffen«, nimmt sich stattlich aus. Er reicht von neuen Passierscheinregelungen, Familienzusammenführung, Reiserleichterungen, Ausweitung des Handels, von der Bereitstellung und Aufstockung von Krediten bis hin zum innerdeutschen Sportverkehr. Briefe aus Ostberlin werden nicht mehr an der Pforte des Kanzleramts zurückgewiesen, sondern Vorschläge Willi Stophs, des Vorsitzenden des Ministerrats der DDR, entgegengenommen, sie werden gelesen und von Kurt Georg

Kiesinger sogar einer persönlichen Antwort gewürdigt. Aber was nützt solcher Fortschritt, wenn dieser Briefwechsel nur erhellt, daß beide Seiten eine Annäherung von grundverschiedenen Voraussetzungen abhängig machen, die der jeweils anderen Seite nicht akzeptabel erscheinen?

Stoph fordert die völkerrechtliche Anerkennung seines Staates und dessen Grenzen, was Kiesinger nicht zugestehen will. Der Bundeskanzler will zunächst nur Kontakte zwischen den eigenen und den »Behörden im anderen Teil Deutschlands«, Kontakte für die Menschen im geteilten Land, die Stoph nicht konzedieren mag – jedenfalls vor der Anerkennung nicht. Gedrängt von seinem Gesamtdeutschen Minister Herbert Wehner, gibt der Kanzler in Formfragen Schritt für Schritt nach, bietet für Verhandlungen seinen Staatssekretär Karl Carstens an und erklärt im Frühjahr sogar seine Bereitschaft, unter Umständen persönlich mit Stoph zusammenzutreffen. Und doch bringt er es nicht über sich, den anderen deutschen Staat wenigstens im Anschreiben an seinen Briefpartner korrekt zu benennen. Krampfhaft vermeidet er die drei Buchstaben DDR im Titel des Briefpartners in Ostberlin, der andere Teil Deutschlands ist ihm kein Staat, sondern ein »Gebilde« oder ein »Phänomen« – Formulierungen, welche die rebellischen Studenten zu Lachkrämpfen reizen werden. Einen »wandelnden Vermittlungsausschuß« hat Conrad Ahlers den Bundeskanzler einmal genannt und dies durchaus nicht negativ gemeint – er wollte damit Kiesingers Talent würdigen, ausgleichend zu wirken zwischen den Bremsern aus den Reihen der CSU und der eigenen Hinterbänkler sowie den eher vorwärtsdrängenden sozialdemokratischen Partnern der Koalition. Doch steckt in Ahlers' Charakterisierung auch der Hinweis auf das Rollenverständnis Kiesingers: Der Kanzler versteht sich eher als Moderator, entschlossene Führung ist seine Sache nicht, zumal ihm viele Freunde in der Union nur sehr zögerlich folgen.

Wie schwer Kiesinger es gelegentlich hat, selbst enge Mitarbeiter und Parteifreunde von seiner Politik zu überzeugen, geht aus den Aufzeichnungen seines Parlamentarischen Staatssekretärs im Kanzleramt, des Freiherrn von und zu Guttenberg, hervor, der als einer der christdemokratischen Väter des Bündnisses mit den Sozialdemokraten gilt. Guttenberg notiert im Herbst 1967, der Kanzler fechte auf zwei Feldern: »Er muß die widerstrebende SPD an seine

Politik binden und zugleich die eigene Partei von dieser Politik überzeugen.« In der Tat bedeute sein Briefwechsel mit Stoph und die Aufnahme diplomatischer Beziehungen zu Rumänien und Jugoslawien ein neues Kapitel in der Ostpolitik der CDU/CSU. Nur in zähen Gesprächen sei es dem Kanzler gelungen, seine Parteifreunde zu überzeugen, daß die bewährten Grundsätze der Unions-Politik nur auf solchen Wegen bewahrt werden könnten. »Auch ich wehre mich zunächst gegen die Aufnahme von Beziehungen zu Belgrad«, schreibt der Staatssekretär im Kanzleramt. »Nicht weil eine ›Doktrin‹ verletzt würde, sondern weil ich den Dammbruch befürchte, der die allgemeine Anerkennung der deutschen Teilung nach sich ziehen könnte. Aber ich werde davon überzeugt, daß Kiesinger recht hat…« Er sei Augenzeuge gewesen, als der Kanzler auf seiner Asienreise seine ausländischen Gesprächspartner davon überzeugt habe, »daß auf dem Weg zu einer Friedensordnung in Europa zwei deutsche Botschafter in Moskau, Bukarest und Belgrad nützlich, in Neu Delhi, Rangun, Colombo und Rawalpindi aber schädlich wären«.

Vor allem die Christsozialen murren gegen die Ostpolitik der Großen Koalition, nachdem der Ostblock seine Ulbricht-Doktrin verkündet hat, und weil die »Geburtsfehlertheorie« gegenüber dem bündnisfreien Jugoslawien schwerlich ins Feld geführt werden kann, machen sie Front gegen die Wiederaufnahme der Beziehungen zu Belgrad. Bei ihrer Kritik verfahren sie allerdings nach der Methode, öffentlich den Sack zu schlagen, auch wenn sie den Esel, nämlich Kiesinger, meinen. So greift der *Bayernkurier*, das Sprachrohr von Franz Josef Strauß, Brandt persönlich an, weil dieser fälschlich den Botschafteraustausch mit Belgrad »als Maßstab für die Fortschrittlichkeit der deutschen Ostpolitik« werte.[53] Dabei ist es der Kanzler selbst, der in mehreren, »stürmischen« Fraktionssitzungen die Mehrheit der Unions-Abgeordneten davon überzeugt, daß die Hallstein-Doktrin im Falle Jugoslawiens nicht mehr angewendet werden solle. Kiesinger hat die Hallstein-Doktrin nie als starres Dogma betrachtet, sondern ihre flexible Handhabung von Fall zu Fall befürwortet. Mit einem Land wie Rumänien diplomatische Beziehungen aufzunehmen, nicht aber mit dem blockfreien Jugoslawien, zu dem die Bundesrepublik einen lebhaften Handels- und Reiseverkehr unterhält, leuchtet ihm nicht ein. Folgt man Reinhard Schmoeckel, dann nimmt Kiesinger die Belgradfrage deshalb selbst in die Hand, weil er in der Öffentlichkeit nicht den Eindruck aufkommen lassen will, hier stünde eine fortschrittliche SPD gegen eine reaktionäre CDU/CSU.[54]

Brandt kann sich zunächst durchaus als »gewissenhafter« Vollstrecker der gemeinsamen Außenpolitik fühlen, wie sie im Regierungsprogramm niedergelegt ist, und beschwert sich deshalb schriftlich bei Kiesinger über die »gehässigen« Angriffe, die sich gegen ihn häufen. Sie finden sich meist in Blättern, die südlich des Mains erscheinen – aber nicht nur dort. Das protestantische Wochenblatt *Christ und Welt* aus Stuttgart, kein Parteiorgan der Union, aber doch mit »führenden Herren der CDU identifiziert«, habe am 26. Juli 1968 seinen Rücktritt gefordert. Der Verteidigungsminister habe sich von der Außenpolitik der Koalition distanziert und in einem Interview mit der Zeitschrift *Echo der Zeit* den Brandtschen »Entspannungsmythos« zurückgewiesen, weil dieser den »eindeutigen Realitäten« widerspreche. Und der CDU-Sprecher Rathke habe dem allem noch die Krone aufgesetzt und erklärt, es sei gut, wenn es Leute gebe, die vor Illusionen warnten.[55]

Weil die ersten Angriffe christdemokratischer Politiker gegen Brandt der gemeinsam vereinbarten Politik gelten, verteidigt der Kanzler seinen Außenminister selbst dann, wenn dieser nach seiner eigenen Auffassung einmal zu weit vorgeprescht ist. So hatte Brandt während seines Besuchs in Rumänien im August 1967 in einem zuvor schriftlich ausformulierten Trinkspruch gesagt, bei den Bemühungen um eine europäische Friedensordnung sei von den »gegebenen Realitäten« auszugehen und dann – aus dem Stegreif – hinzugefügt: »dies gelte auch für die beiden politischen Ordnungen, die gegenwärtig auf deutschem Boden bestehen«. In konservativen Blättern war daraufhin von einer »Ostpolitik mit roten Webfehlern« zu lesen, der außenpolitische Sprecher der Union, Ernst Majonica, sprach gar von Zündstoff, den Brandt mit seinen Äußerungen an die Große Koalition gelegt habe. Allein die Tatsache, daß die beiden deutschen Staaten mit dem Wort »politische Ordnung« einander gleichgesetzt wurden, löste einen Sturm der Entrüstung aus. Da Brandt obendrein in einem Interview im Südwestfunk erklärt hatte, es sei nicht bundesdeutsche Politik, »den anderen Teil Deutschlands auszuklammern aus den Überlegungen und Bemühungen, die auf ein europäisches Sicherheitssystem und eine europäische Friedensordnung abzielen«, wurde die Forderung laut, Kiesinger solle Brandt zurückpfeifen und eine öffentliche Abbitte des Außenministers erzwingen.

Schon um den Koalitionsfrieden zu erhalten, tut der Kanzler nichts dergleichen, sondern sucht die umstrittene Äußerung herunterzuspielen: Brandt habe sich, erklärt Kiesinger auf einer Pressekonferenz, nicht im Widerspruch zu der Regierungspolitik befunden: »Wenn er [der Außenminister] gesagt hat, man müsse von den Realitäten ausgehen, hat er das natürlich anders gemeint«, so Kiesinger in seinem Verteidigungsversuch, der freilich wenig überzeugend wirkt und eher die Schwammigkeit seiner eigenen Thesen belegt: »Seine [Brandts] Realitäten sind nicht die Existenz eines zweiten deutschen Staates, sondern seine Realitäten sind natürlich einfach die gegebene Lage, wie sie ist, wie wir sie vorfinden.«[56] Intern freilich läßt er Brandt einen Tag später seinen Unmut wissen, und da die beiden es inzwischen vorziehen, schriftlich miteinander zu verkehren statt sich einfach auszusprechen, schickt er einen tadelnden Brief. Brandt habe ja sicher der Presse entnommen, daß er, Kiesinger, ihn gedeckt oder, wenn er wolle, »interpretiert« habe. Bisher sei er davon ausgegangen, daß es »in der Substanz unserer Politik keine Meinungsverschiedenheiten zwischen uns« gebe, doch sei er da »heute nicht mehr so sicher«. Brandts Äußerung werde von jenem Teil der deutschen Presse, der die Oder/Neiße-Grenze und die DDR anerkennen wolle, als Bestätigung ihrer Forderungen durch den Außenminister interpretiert. Deshalb scheint es dem Kanzler an der Zeit, reinen Tisch zu machen »und so bald wie möglich der deutschen Öffentlichkeit zu bestätigen, daß auch die Ostpolitik nach wie vor in Übereinstimmung mit meiner Regierungserklärung ist«.[57]

In »Begegnungen und Einsichten« nennt Brandt die Rumänien-Affäre einen der typischen »Bonner Stürme im Wasserglas«. Selbst aus dem Abstand fast eines Jahrzehnts werde es ihm nicht leichter, »die hysterische Reaktion in der Bundeshauptstadt zu begreifen«.[58] Und doch bestätigen seine Äußerungen in Rumänien nur jene Skepsis, die de Gaulle hellsichtig gegenüber seinem Botschafter geäußert hatte: Daß es in Bonn nicht eine, sondern zwei Konzeptionen der Entspannung gebe. Auch zeigt die Stegreiferweiterung des Brandtschen Trinkspruchs in Bukarest, daß es dem Außenminister nicht immer leicht fällt, sich der Kabinettsdisziplin zu beugen. Gemessen an der Position des Regierenden Bürgermeisters, meint Dirk Kroegel, bedeutet das neue Amt eines Ministers unter dem Kanzler Kiesinger für ihn zweifellos einen Freiheitsverlust.[59] Wenn es außenpolitisch sehr bald im Getriebe der Großen Koalition knirscht, dann deshalb, weil ein erheblicher Teil der Christdemokraten und vor allem die bayerischen Christsozialen sich sträuben, »Fiktionen und Illusionen wegzuräumen«. So jedenfalls sieht es rückblickend Willy Brandt. Er betont, die Sozialdemokraten hätten von Anfang an die Einbeziehung der DDR in rechtlich bindende Gewaltverzichterklärungen gewollt, seien damit aber am Koalitionsparter gescheitert, der sich zu einer grundsätzlich neuen Politik nicht habe durchringen können.[60]

Die Konflikte mehren sich, als innerhalb der Union der Streit um den Atomwaffensperrvertrag aufbricht und nach dem Einmarsch der Sowjetunion in die ČSSR im August 1968 der rechte Flügel der Union alle Entspannungsbemühungen gen Osten erst einmal für gescheitert erklärt. Vor allem die Debatte um den Sperrvertrag belastet das Verhältnis zwischen Kiesinger und Brandt, denn der Kanzler steht unter dem Druck seiner rechten Gefolgsleute und wiegelt ab. Der Außenminister befürwortet die Unterzeichnung, weil eine Weigerung die Bundesrepublik erneut in die Isolierung zu führen drohe. Die Johnson-Administration drängt auf den Beitritt der Bundesrepublik, weil für sie der Atomwaffensperrvertrag einen wichtigen Schritt auf dem Weg zur *pax atomica* darstellt. Durch das Verbot der Weitergabe und -verbreitung von Kernwaffen wird die Gefahr atomarer Konflikte zwar nicht ausgeschlossen, aber doch erheblich verringert. Der Preis dafür ist freilich hoch, er bedeutet die »Oligopolisierung« der Atombewaffnung, die Teilung der Staatenwelt in einige wenige Atomwaffenbesitzer und die große Mehrzahl atomarer Habenichtse. Und die Sowjets, sich gut daran erinnernd, daß ein deutscher Verteidigungsminister namens Strauß einmal die atomare Bewaffnung der Bundeswehr gefordert hat, messen der deutschen Unterschrift ausschlaggebende Bedeutung zu, weshalb sie den Vertrag erst nach dem Beitritt Bonns ratifizieren wollen.

Eigentlich hätte Bonn sich dem schon deshalb nicht widersetzen können, weil es bereits 1954, beim Eintritt in die Westeuropäische

Union, auf Herstellung, Erwerb und Besitz von ABC-Waffen verzichtet hatte. Doch gab es da stets die vage Ersatzhoffnung auf Mitbesitz und Mitverfügung im Rahmen einer europäischen Lösung, und deshalb hatten die Diplomaten der Bundesregierung in den Verhandlungen versucht, eine Klausel in den Vertrag einzubauen, welche die Option für eine mögliche Atomstreitmacht eines Vereinigten Europa offenhielt. Dieser Gedanke fand sich auch in einem Kompromiß wieder, den die Parteien der Großen Koalition ausgehandelt hatten. Danach verzichtete die CDU auf den physischen Mitbesitz an atomaren Waffen, indes die SPD den Plan einer nuklearen Streitmacht eines bundesstaatlich organisierten Westeuropa akzeptierte. Egon Bahr hat eindrucksvoll dargelegt, wie illusionär diese Hoffnungen auf eine nukleare Eurostreitmacht waren und bis heute sind, denn sie stehen im elementaren Widerspruch zu der Kernwaffenbesitzern nun einmal immanenten Logik: »Kein Atomstaat wird die Entscheidung über die eigene Existenz, die bei dem Einsatz dieser Waffen steht, delegieren, einem Gremium übertragen, einer Mehrheit unterwerfen. Keiner der fünf Staaten hat sich, seit er über diese Waffen verfügt, anders verhalten. Daß sich diese Einstellung in überschaubarer Zukunft ändert, ist schwer vorstellbar.«[61]

Dennoch schlagen die Wogen in Deutschland hoch, vor allem bei den Christsozialen. Soll die Bundesrepublik mit diesem Verzicht sich für immer auf den Status einer Macht zweiter oder dritter Klasse begeben und selbst auf die Option einer europäischen Nuklearmacht verzichten, in der man künftig doch mitzubestimmen hofft? Kein Geringerer als Konrad Adenauer spricht von einer »verteufelten Neuauflage des Morgenthau-Plans«, Franz Josef Strauß nennt den Atomwaffensperrvertrag ein »Versailles kosmischen Ausmaßes«, und Kiesinger selbst spricht von der Gefahr der »atomaren Komplicenschaft« der beiden Supermächte. Für die rechten Unionskreise ist Opposition gegen den Vertrag zudem gleichbedeutend mit Widerstand gegen eine Entspannungspolitik nach Osten, die sie nicht mehr mittragen wollen. Willy Brandt andererseits sieht sehr klar, daß die Unterschrift unter den Atomwaffensperrvertrag die einzige Eintrittskarte für Verhandlungen mit Moskau ist, solange sich Bonn weigert, die anderen Bedingungen des Ostblocks – Anerkennung der DDR und der Oder/Neiße-

Grenze – zu erfüllen. So empfiehlt er dem Kanzler immer wieder die Unterschrift: »Die Glaubwürdigkeit unserer Entspannungspolitik steht auf den Spiel«, schreibt er am 15. Juli 1968 in einem Brief, den er zwei Tage später überreicht. Wenn Bonn alsbald unterzeichne, so argumentiert Brandt, dann

- schwämme es im Strom der internationalen öffentlichen Meinung,
- schlüge es Ostberlin und Moskau ein bedeutendes Propagandainstrument aus der Hand,
- fände es Unterstützung und Wohlwollen bei den Verbündeten und in der Dritten Welt und
- habe einen wichtigen Punkt aus dem sowjetischen Forderungskatalog aufgegriffen und erleichtere damit seine gesamte Ostpolitik.[62]

Nun ist es keineswegs so, daß Kiesinger sich diesen Argumenten störrisch verschließen würde. Aber der Kanzler ist führungsschwach und gibt nur zu gern dem recht, der zuletzt bei ihm vorgesprochen hat. Weil er zunehmend unter den Druck seiner aufbegehrenden Fraktion gerät und deren Widerstand sich immer mehr versteift, spielt er auf Zeit und nutzt jede Möglichkeit, die Unterschrift zu verzögern. Behindert der Vertrag nicht die friedliche Kernenergieforschung? Kommen die vorgesehenen Kontrollen nicht dem Versuch gleich, die Arbeit an deren Entwicklung und ökonomischer Nutzung auszuspionieren und die deutsche Wettbewerbsfähigkeit einzuschränken? Überhaupt: ist der Vertrag mit Euratom und seinen europäischen Verpflichtungen vereinbar? Und wenn diese Fragen eindeutig nicht jetzt zu klären sind – hilft dann ein zeitlich befristeter Beitritt zum Vertrag auf etwa fünf Jahre, nach denen man dann klarer sieht? Alle diese Einwände werden zwar widerlegt, und doch gelingt es Kiesinger, die Unterschrift solange hinauszuzögern, bis die USA nach der Niederschlagung des Prager Frühlings es mit seinem Inkrafttreten nicht mehr so eilig haben.

Auch Brandts Engagement läßt nach den Prager Ereignissen nach: Er denke nach der tschechoslowakischen Krise nicht im Traum daran, sich die Beine auszureißen, erklärt er dem *Spiegel*, sondern vertraue auf einen, »wenn auch längere Zeit dauernden Prozeß der Klärung der Meinung zu Hause«.[63] Doch macht das Exempel Sperrvertrag nicht nur deutlich, wie sehr sich die Partner der Großen Koalition außenpolitisch auseinandergelebt haben, auch eine wachsende Übereinstimmung der Interessen von Sozialdemokraten und Liberalen wird sichtbar. Daß es eine Mehrheit von SPD und FDP für die Unterschrift unter den Sperrvertrag im Bundestag gäbe, davon geht selbst Kanzler Kiesinger in vertraulichen Gesprächen aus.[64] Nur ahnt er noch nicht, daß damit am Horizont die Möglichkeit eines sozial-liberalen Bündnisses heraufdämmert, das sich auf Gemeinsamkeit in außenpolitischen Fragen stützt.

Es gibt in der Großen Koalition andere Streitpunkte zuhauf. Um Brandt an die Kandare zu nehmen, solle der Kanzler von seiner Richtlinienkompetenz Gebrauch machen, erschallt der Ruf nicht nur von den Hinterbänken der Union im Bundestag. Auch die Ministerpräsidenten Goppel in München und Filbinger in Stuttgart fordern das »Durchgreifen« Kiesingers, um so den verfassungsmäßigen Vorrang der CDU im Kabinett zu garantieren. Aber was bedeutet Richtlinienkompetenz in einer Koalition beinahe gleichstarker Partner? Gerhard Jahn, Brandts Parlamentarischer Staatssekretär, erklärt der *Oberhessischen Presse*, seiner Marburger Heimatzeitung, in einer Großen Koalition habe sie nur für die Minister der eigenen Partei Geltung. Sozialdemokratische Minister könne der Kanzler nicht anweisen, sondern nur in Übereinstimmung mit ihnen regieren.

Von erbosten Fraktionsmitgliedern auf das Interview aufmerksam gemacht, schreibt Kiesinger etwas säuerlich an Brandt, der Staatssekretär Jahn möge ausführlich dazu Stellung nehmen. Doch der bleibt bei seiner Meinung: In einer Großen Koalition, begründet Jahn in dem erbetenen Schriftsatz, sei die politische Basis, von der aus der Kanzler handele, nun einmal vom sachlichen und persönlichen Vertrauen zweier Parteien bestimmt. Deshalb könne der Kanzler die Richtlinienkompetenz nicht allein nach den Vorstellungen seiner Partei ausüben. Grundlage für sein Handeln sei die Politik, auf die sich die Partner geeinigt hätten. Wörtlich: »Es ist unvorstellbar, daß der Vorsitzende der CDU als Bundeskanzler versuchen wollte, Richtlinien gegenüber dem Vorsitzenden der SPD als Vizekanzler durchzusetzen, die allein auf den Vorstellungen der CDU beruhen.« Brandt hält es nicht für sinnvoll, diese Diskussion weiterzuführen, läßt er Kiesinger in seinem Begleitschreiben wissen.[65] Der Kanzler, in seine Schranken verwiesen, nimmt's zur Kenntnis und verfolgt die Sache nicht weiter. Wie könnte er auch? Was Jahn schreibt, mag manche Dissonanzen erklären, die aus dem Kabinett und aus Regierungskreisen nach draußen dringen. Aber mit seinen ganz an der politischen Praxis orientierten Überlegungen hat er durchaus recht, zumal es neben der Regierungsebene auch die der Parteichefs gibt. Und auf der begegnen sich Kanzler und Vizekanzler ohnehin von gleich zu gleich.

Die Aufregung ist erheblich, die Große Koalition scheint plötzlich in einer tiefen Krise und am Abgrund zu stehen, als *Christ und Welt* am 8. März 1968 aufdeckt, daß die Sozialdemokraten geheime Kontakte zu den italienischen Kommunisten unterhalten. »Hinter dem Rücken des Kanzlers« seien diese geknüpft worden, empört sich der *Bayernkurier* über die sozialdemokratischen »Koalitionsfreunde« und deutet an, das Kanzleramt sei erst durch einen Bericht des Bundesnachrichtendienstes über das »Ungeheuerliche« – ein Treffen Egon Bahrs und Leo Bauers mit zwei italienischen Kommunisten Ende März in einem Münchner Hotel – aufmerksam geworden.[66] In der Tat liest man in der amerikanischen Ausgabe der Memoiren Reinhard Gehlens, daß die italienischen Dienste, welche die hohen KPI-Funktionäre systematisch überwachen, die Nachricht von den Treffen deutscher Sozialdemokraten mit Vertretern der KPI an die BND-Zentrale in Pullach weitergaben, welche natürlich prompt ihren Dienstherrn im Kanzleramt unterrichtete. In der für einen Nachrichtenmann typischen Überschätzung vertraulicher Kontakte führt Gehlen fälschlich gleich die Entstehung der ganzen späteren Ostpolitik auf diese »Geheimgespräche« zurück.[67] Und da Geheimdienste gern mit ihren allergeheimsten Erkenntnissen prahlen und sich austauschen, und weil der General Gehlen zu den erklärten Entspannungsgegnern zählt, weiß die *Welt* auch bald von angeblich »höchsten Bedenken« der amerikanischen Regierung über »gefährliche Tendenzen« der Bonner Ostpolitik und Linkstendenzen innerhalb der SPD zu berichten.[68]

Dabei handelt es sich nicht etwa um Verbrüderungsversuche oder das Liebäugeln mit Volksfrontideen der dreißiger Jahre – Verdächtigungen, welche die konservative Publizistik gezielt zu streuen versucht. Es geht bei diesen skandalumwitterten Kontakten um nicht mehr als den Versuch, mittels hoher KPI-Funktionäre die vom Ostblock in Warschau und Karlsbad errichteten Barrieren gegen die Ostpolitik zu unterlaufen und der SED, wie Bauer einmal schreibt, »das Exklusivrecht für die Darlegung und Interpretation der Politik der Großen Koalition gegenüber den anderen kommunistischen Parteien«, mithin die Deutungshoheit über die westdeutsche Ostpolitik im östlichen Lager zu entreißen. Die italienischen Eurokommunisten bieten sich dafür als Mittelsmänner, Dolmetscher und ehrliche Makler an. Den Mächtigen im Ostblock, auch denen in Ostberlin, wollen sie die politische Zielsetzung der Koalition erläutern: daß es den Bonnern eben nicht mehr darum geht, die DDR politisch zu isolieren, sondern daß sie einen gleichzeitigen Dialog mit Moskau, Ostberlin und den Ostblockstaaten, und zwar unter Verzicht auf die Hallstein-Doktrin, in Gang bringen wollen.

Nach Untersuchungen von Heinz Timmermann kommt der Anstoß zu dieser Aktion auch nicht von Sozialdemokraten, sondern von den italienischen Kommunisten, weil diese unter Beweis stellen wollen, daß sie sich im Rahmen der kommunistischen Weltbewegung freigeschwommen haben, daß sie eine eigenständige, autonome nationale Partei geworden sind, bereit zum Dialog mit den sozialdemokratischen und sozialistischen Parteien des Westens, entschlossen aber auch zu Kritik am östlichen Lager, wenn starre, doktrinäre und intransingente Positionen wie die der SED die Entspannung behindern.[69]

Nach einer Diskussion im September 1967 in Bonn zwischen Alberto Jacoviello, dem außenpolitischen Redakteur der KPI-Zeitung *l'Unità*, und Journalisten der westdeutschen Linken, darunter Günter Markscheffel vom SPD-Pressedienst, sowie dem späteren Brandt-Berater Leo Bauer, damals noch Redakteur beim *Stern*, entschließt sich die SPD, die Ernsthaftigkeit des italienischen Angebots zu testen. Als Spürhund wird Leo Bauer nach Rom entsandt, ein ehemaliger Kommunist und Spanienkämpfer, der KPI-Chef Luigi Longo aus gemeinsamer Internierung in einem französischen Lager kennt und sich mit ihm mühelos auf Französisch verständigen kann. Für Gehlens Agenten mag diese Verbindung aus der Zeit des gemeinsamen Kampfes in den Internationalen Brigaden besonderen Verdacht erwecken, aber sie erleichtert es dem Bonner Abgesandten ungemein, herauszufinden, inwieweit die italienischen Kommunisten imstande wären, den deutschen Sozialdemokraten wirklich Hilfestellung zu leisten. Als überzeugende Mittler können sie nur auftreten, wenn sie selbst den ostpolitischen Ansatz der Bonner für einigermaßen überzeugend und realisierbar halten. Bauer ist einer der wenigen Sozialdemokraten, die sich sowohl mit Herbert Wehner wie mit Willy Brandt gut verstehen, ja mit beiden befreundet sind, und beide beauftragen ihn auch mit der Erkundungsmission in Rom.

Er verhandelt vor allem mit Sergio Segre, dem persönlichen Sekretär Longos, einem ZK-Mitglied und Deutschlandexperten, der lange aus Ostberlin für *l'Unità* berichtet hat und mit einer Ostberlinerin verheiratet ist. Als einen Monat später bereits der Besuch einer offiziellen SPD-Delegation in Rom erfolgt, ist schon deren Zusammensetzung geeignet, selbst die geringste Spur eines Verdachts zu zerstreuen, die Deutschen hätten eine Art Volksfront im Sinn. Denn außer Bauer kommen Egon Franke, das Haupt der eher rechten »Kanalarbeiter« in der Bundestagsfraktion, und mit ihm Fried Wesemann angereist, der damalige Informationsdirektor der SPD, der zu den großen Verehrern Kurt Schumachers zählt. Ihre Gesprächspartner sind der spätere Parteichef Enrico Berlinguer, der Sekretär für Internationale Angelegenheiten, Carlo Galluzzi und natürlich Sergio Segre; es geht um Gewaltverzicht und Entspannung, um Atomwaffensperrvertrag und eine Sicherheitskonferenz für Europa, welche Moskau wünscht, aber natürlich auch um die leidige Anerkennungsfrage. Und bald zeigt sich: Die Italiener sind von den Konzepten der Deutschen so beeindruckt, daß sie bei ihren östlichen Bruderparteien Fürsprache für sie einlegen. Sie beginnen, für die Unterstützung jener Kräfte in Westdeutschland zu werben, deren Politik »zur Entspannung und zum Frieden beizutragen imstande ist«.

Am Ende wird auch die SED in die Bemühungen der Italiener einbezogen, den Widerstand gegenüber der neuen Ostpolitik Bonns abzubauen: Auf Einladung Longos reist eine SED-Delegation unter Führung des SED-*hardliners* Paul Verner im Februar 1968 zu ausführlichen, zwölf Tage dauernden Gesprächen nach Rom, ein Unternehmen, zu dem Willy Brandt seine hilfreiche Hand reicht. Denn der deutsche Außenminister bittet seinen italienischen Kollegen Fanfani, den ostdeutschen Kommunisten Diplomatenvisa auszustellen, da sie sonst mit Schwierigkeiten bei der Einreise rechnen müßten. Zwar sind die SED-Politiker nicht geneigt, von den

Karlsbader Bedingungen abzurücken, welche der Ostblock auf ihr Insistieren hin formuliert hatte. Zumindest ein positives Resultat zeigt die italienisch-ostdeutsche Begegnung aber insofern, als die SED sich jetzt bereit zeigt, ihre alte Forderung nach der Wiederzulassung der KPD fallenzulassen und sich mit der Neukonstituierung einer kommunistischen Partei in der Bundesrepublik einverstanden zu erklären, die dann ein halbes Jahr später in der Tat erfolgt. Die Relegalisierung der KPD war eine *conditio sine qua non* nicht nur der SED, sondern aller kommunistischen Parteien, denn die Fortdauer des KPD-Verbots galt ihnen als vermeintlicher Beweis für die von ihnen behauptete revanchistische Grundstimmung der Bundesrepublik, die einer Entspannung angeblich im Wege stand. Doch hatten die Vertreter der KPI in den Gesprächen mit den Sozialdemokraten schließlich einsehen müssen, daß es nach der demokratischen Grundordnung der Bundesrepublik schlechthin unmöglich war, ein Urteil des Verfassungsgerichts, das die KPD 1956 verboten hatte, mit einem politischen Federstrich einfach außer Kraft zu setzen. Eine Neugründung schien mithin der einzig gangbare Weg, das Problem aus der Welt zu schaffen, und die KPI-Genossen nahmen es auf sich, ihre Partner in Ostberlin von dieser Logik zu überzeugen. Ohne die Zustimmung der SED, welche den winzigen Haufen der westdeutschen Kommunisten aus der Ostberliner Ferne ja am festen Bändel führte, wäre es zur Neukonstituierung einer kommunistischen Partei in der Bundesrepublik wahrscheinlich damals nicht gekommen.

Daß die Sozialdemokraten in den Verhandlungen mit den Italienern zugesagt hatten, das Projekt zu unterstützen, soweit ihnen dies überhaupt möglich war, kann kaum bezweifelt werden, schon weil ihnen daran lag, zumindest diese klimatische Entspannungsbarriere aus dem Wege zu räumen. So wendet sich Herbert Wehner zu Beginn des Jahres 1968 an Kiesinger und an den CDU-Fraktionschef Rainer Barzel und bittet, die Frage zu überprüfen, ob man den Kommunisten in der Bundesrepublik Diskussionsfreiheit zubilligen könne. Er zielt damit sowohl auf die Neuzulassung einer kommunistischen Partei als auch auf Freigabe der kommunistischen Agitation innerhalb der Gewerkschaften. Und als frühere Mitglieder der verbotenen KPD den sozialdemokratischen Justizminister 1968 um ein Gespräch über die rechtlichen Möglichkeiten der Neugründung einer kommunistischen Partei bitten, weicht Gustav Heinemann nicht aus. Bereitwillig geben er und sein Staatssekretär Horst Ehmke Hinweise, wie eine Neukonstituierung verfassungskonform erfolgen könnte.[70] Das Exempel lehrt, welches Gewicht das Wort der Italiener damals im Weltkommunismus hat, denn mit 1,5 Millionen Mitgliedern stellt die KPI die stärkste kommunistische Kraft im westlichen Europa dar, und selbst die KPdSU, die an den Italienern immer wieder deren ketzerische Haltung kritisiert, hält multilaterale KP-Konferenzen für wertlos, an denen die italienischen Genossen nicht beteiligt sind.

Ein zweites Gespräch zwischen Sozialdemokraten und italienischen Kommunisten, darunter wieder Sergio Segre, folgt dann im März 1968 in München. Diesmal ist auf der deutschen Seite außer Egon Franke und Leo Bauer auch Egon Bahr mit dabei, der in den italienischen Eurokommunisten nicht nur »potentielle Verbündete für Wandel durch Annäherung« sieht. Wie Leo Bauer hofft auch er, sie würden das Brandt/Bahr-Konzept »unverfälscht durch Ulbricht in den Kreml tragen und dort Interesse wecken«.[71] Daß dabei auch Absichtserklärungen der SPD eine Rolle spielen, die über die in der Großen Koalition abgesprochenen, behutsamen deutschlandpolitischen Grundlinien hinausgehen, ist mehr als wahrscheinlich. Immerhin äußert sich Sergio Segre vor dem ZK seiner Partei positiv über die »Brandt zugeschriebenen Absichten« und fordert die italienischen Regierungsparteien auf, die Politik der SPD, vor allem ihre »mutigen Schritte auf dem Wege der Anerkennung zweier Deutschlands« zu unterstützen.[72] Damit sind im Zweifel Schritte angesprochen, welche der Kanzler der Großen Koalition nicht hätte mitgehen wollen. Manches von dem, was Brandt dann auf dem Nürnberger Parteitag der SPD im Frühjahr 1968 zur Ostpolitik erklärt, mögen Signale an den Ostblock gewesen sein, die mit den Italienern zuvor abgeklärt waren und für die diese bei den Bruderparteien im Osten zuvor Verständnis hatten wecken wollen.

Haben Kiesinger und seine Christdemokraten also recht, wenn sie sich hintergangen fühlen und behaupten, Brandt betriebe neben der offiziellen Außenpolitik der Großen Koalition insgeheim eine zweite Ostpolitik – auf dunklen Kanälen teils der Partei und teils des Auswärtigen Amtes? Wenn stimmt, was Dirk Kroegel behauptet, dann scheint die Empörung zumindest Kiesingers gespielt.

Denn Kroegel schreibt, Herbert Wehner persönlich habe dem Kanzler eine Kopie des Protokolls der ersten Besprechungen der SPD-Delegation in Rom übergeben – und zwar am 31. Januar 1968, also etliche Wochen ehe die erste Meldung über das SPD/KPI-Treffen in *Christ und Welt* erschien. Nur habe Kiesinger die Sprengkraft der Information durch Wehner unterschätzt. Als er dann sah, wie hoch die Wogen der Entrüstung bei seinen Parteifreunden schlugen, habe er sein Wissen gegenüber der eigenen Fraktion verschwiegen und behauptet, er sei erst später durch den BND von den heiklen Kontakten unterrichtet worden.[73]

Von Hintergehen kann auch schwerlich die Rede sein, weil es sich um Besprechungen auf Partei- und nicht auf Regierungsebene gehandelt hat, eine Klarstellung, die Regierungssprecher Diehl persönlich besorgt: Diese Gespräche hätten mit der Regierung nichts zu tun, sie fielen ausschließlich in die Verantwortung der SPD, erklärt er der Deutschen Presse Agentur.[74] Daß sich zwei annähernd gleichstarke Partner, die sich als politische Rivalen verstehen und übers Jahr im Wahlkampf gegeneinander antreten werden und verschiedene politische Kontrastvorstellungen für die Zeit nach dem Ende der vereinbarten Koalition entwickeln, versteht sich eigentlich von selbst. Doch hartnäckig halten sich in der Union Gerüchte von einer heimlichen Sonderaußenpolitik, die Brandt unerlaubterweise mit den Mitteln des Auswärtigen Amtes verfolge und die mit den vereinbarten Leitlinien der Koalition nicht vereinbar sei.

Es ist neben Leo Bauer vor allem Egon Bahr, der ins Kreuzfeuer der Verdächtigungen gerät, die im beginnenden Wahlkampf dann zu einer veritablen Kampagne werden. Als Vordenker und graue Eminenz, die gern aus dem Hintergrund die Fäden zieht, mit seinem Hang zu vertraulichen Kontakten, seiner Vorliebe für verdeckte Kanäle und seiner Freude an Geheimniskrämerei bietet er sich als Zielscheibe geradezu an, zumal der Sonderbotschafter des Außenministers gern auf unkonventionellen Pfaden wandelt. Angeblich besitzen westliche Dienste inkriminierende Tonbandmitschnitte von Treffen Bahrs mit SED-Vertretern und Sowjetdiplomaten. Abgeordnete der CDU/CSU fordern eine hochnotpeinliche Untersuchung, und Kiesinger verlangt schließlich eine Erklärung von Bahr. Nach langem Hin und Her wird zutage gefördert, daß die Briten über ein Band miserabler Qualität verfügen, von dem offensichtlich eine Kopie in die Hände des BND geraten ist. Es handelt sich um die Aufzeichnung eines harmlosen Gesprächs mit sowjetischen Journalisten in einem Haus am Kurfürstendamm im Berlin des Jahres 1963, aus dem angeblich – bei großem Stimmengewirr und hohem Geräuschpegel – die Stimme Bahrs herauszuhören ist. Nichts bleibt übrig von den Anschuldigungen, auch SED-Propagandachef Albert Norden, den er angeblich in Prag konspirativ getroffen hat, ist Bahr nie in seinem Leben begegnet.[75]

Willy Brandt stellt sich schützend vor seinen Mitarbeiter: Alle Gespräche, die der Botschafter und Chef des Planungsstabes geführt habe, hätten der Beschaffung wichtiger Informationen gedient, auch seien sämtliche Bahrschen Kontakte mit seinem Wissen und in seinem Auftrag erfolgt. Aber das Gift tut im Stillen weiter seine Wirkung. Egon Bahr bleibt im Fadenkreuz von rechten Heckenschützen, die nicht nur auf ihn und Brandt zielen, sondern auch Kiesinger nicht weiter als Kanzler wünschen, und Leo Bauer, der ehemalige Kommunist, wird nicht nur von einer ressentimentgeladenen Rechten, sondern auch von seinen verbohrten früheren Weggenossen mit unversöhnlichem Haß verfolgt. Nach einem Wort Brandts läßt man ihn, der erst durch die faschistischen Lager, dann durch den stalinistischen Gulag in Sibirien gezeichnet ist, »bis zum Ende seiner Tage Spießruten laufen«.[76]

Spätestens Mitte März 1968, auf dem sozialdemokratischen Parteitag in Nürnberg, bekennt sich der Vorsitzende Brandt dann in aller Öffentlichkeit zu der längst überfälligen Kurskorrektur in der Ost- und Deutschlandpolitik. Wer heute die Sätze liest, mit denen er in seiner Rede die Tür für eine neue Politik aufstieß, könnte meinen, er habe sie beinahe beiläufig und mit *understatement* vorgebracht. Und doch wirkt es in der damaligen Situation geradezu sensationell, wenn er die »Anerkennung bzw. Respektierung der Oder/Neiße-Linie bis zur friedensvertraglichen Regelung« fordert und die Bereitschaft zu verbindlichen Übereinkünften erklärt, nach denen die bestehenden Grenzen in Europa nicht durch Gewalt geändert werden dürften. Rechtstitel, sagt Brandt, hätten zwar ihre Bedeutung, aber leider würden Ansprüche, die man aus ihnen ableite, keine Wirklichkeit. Zur Begründung einer neuen Politik in der Oder/Neiße-Frage beruft er sich vor den Delegierten auf zwei »Realitäten«: Die erste sei, daß bereits 40 Prozent der

Menschen, die heute in den Oder/Neiße-Gebieten lebten, schon dort geboren wurden. Es werde doch wohl niemand so vermessen sein, an eine neue Vertreibung auch nur zu denken. Als zweite Realität benennt er die Versöhnung, die das deutsche Volk »gerade auch mit Polen will und braucht«, und zu dieser Versöhnung gehöre, daß alle Völker, mithin auch das polnische, »in der sicheren Gewißheit« leben müßten, Grenzen würden »nicht mehr gegen ihren Willen verändert«.

Soweit der Realist Brandt, der allerdings ganz bewußt auch moralisch argumentiert. Denn ausdrücklich bekennt er sich dazu, daß es für »die innere Gesundung unseres Volkes« notwendig sei, den Mut zu unangenehmen Wahrheiten zu haben, und wenn er fordert, sie »miteinander auszusprechen«, ist diese Wahrheitsfindung nicht auf die politische Klasse beschränkt, sondern bezieht den einfachen Bürger und *citoyen* mit ein. Erst in der Gemeinsamkeit von Erkennen und Akzeptieren der Realitäten, soll das wohl heißen, beginnt der Genesungsprozeß der kollektiven Psyche, ohne den sich an der politischen Lage der Deutschen nichts ändern kann.

Was die DDR angeht, bietet er ein Höchstmaß an Kooperation an, damit das geregelte, qualifizierte und zeitlich begrenzte Nebeneinander der beiden Teile Deutschlands, von dem er bereits vor zwei Jahren in Dortmund gesprochen hat, geordnet werden kann. Der Gewaltverzicht auch mit Ostberlin müsse selbstverständlich »verbindlich« sein, aber nicht im Sinne des Völkerrechts, wie Ulbricht fordere, weil die beiden Teile Deutschlands einer Nation angehörten und zueinander nicht Ausland seien. Gemessen an dem Parteitag vor vier Jahren in Karlsruhe, wo die SPD noch die Grenzen von 1937 beschworen hatte, bedeuten seine Äußerungen zur Oder/Neiße-Linie einen geradezu revolutionären Bruch mit der Gemeinsamkeitstradition, die ja auch bei der Gründung der Großen Koalition noch Pate gestanden hatte. In Nürnberg wagt Brandt vor aller Öffentlichkeit endlich den befreienden Schritt weg von der verlogenen Taktik der deutschen Politik, sich der Auseinandersetzung mit der widrigen politischen Wirklichkeit unter Hinweis auf vage Rechtstitel zu entziehen oder Zuflucht hinter akrobatischen Völkerrechtskonstruktionen zu suchen. Daß er mit seinen Forderungen weiter geht als die Regierung, der er angehört, räumt er ausdrücklich mit den Worten ein, »so« stehe die neue Aufgabe

»noch nicht« in der Regierungserklärung, auch wenn sie höchste Priorität genieße.[77]

Wütende Proteste der Vertriebenen, das versteht sich wie von selbst, sind die Quittung für diese unpopulären Einsichten. Des Kanzlers Rüge für den SPD-Vorsitzenden fällt dagegen relativ milde aus. Er weist Brandts Äußerung als »wenig glücklich« zurück, weil die Anerkennungs- und Respektierungsformel im In- und Ausland Mißdeutungen ausgesetzt sein könnte. Kritischere Stimmen im Unionslager klagen da schon, Brandt habe in Nürnberg eindeutig die Basis des bei der Bildung der Regierung Vereinbarten verlassen. Die Grenzen der Koalition würden immer elastischer, je näher der Wahltag heranrücke, heißt es im Blatt des Ministers Franz Josef Strauß: »Immer mehr Probleme«, schreibt sein *Bayernkurier*, »müssen zur Bagatelle gestempelt werden, damit keiner der Beteiligten den Wegfall der Geschäftsgrundlage erklärt.«[78] Erstmals, aber unübersehbar zeigt sich mit Brandts Rede in Nürnberg, daß sich zwei deutlich unterscheidbare »Ostpolitiken« der Bonner Regierungsparteien herausgebildet haben, auch wenn sich dies mehr in Reden, Interviews und polemischen Presseartikeln äußert als im praktischen Verhalten der deutschen Diplomatie, weil der Außenminister sich im Regierungsalltag an das 1966 Vereinbarte hält. Bei den Sozialdemokraten, urteilt Reinhard Schmoeckel, besteht eben grundsätzlich eine größere Bereitschaft, »die durch sowjetische Macht geschaffenen und aufrechterhaltenen Realitäten des Status quo in Europa nicht nur widerwillig zur Kenntnis zu nehmen, sondern auch terminologisch zu akzeptieren und in der Weiterentwicklung der Politik von ihnen auszugehen«. Kiesinger dagegen wehrt sich weiter gegen die Realitäten, weil er darin ein Nachgeben gegenüber den sowjetischen Forderungen nach Anerkennung der Ergebnisse des Zweiten Weltkrieges sieht.[79] Wie sehr dieses zunehmende Auseinanderklaffen der politischen Konzeptionen das Koalitionsklima gerade zwischen dem Außenminister und seinem Kanzler belastet, zeigt sich im Mai 1969, als es um das sogenannte »Kambodschieren« geht. Weil das fernöstliche Königreich des Prinzen Norodom Sihanouk die DDR anerkennt, stellt sich die Frage, wie die Bundesrepublik reagieren soll. Nach der Hallstein-Doktrin müßte Bonn die Beziehungen abbrechen, denn sie erlaubt nur Mitgliedern des Warschauer Paktes, gleichzeitig Beziehungen zu Bonn wie zu Ostberlin unterhalten.

Kiesinger tendiert zu einer harten Reaktion, zumal die Mehrheit der CDU-Bundestagsfraktion nach dem Einmarsch der Sowjets in die Tschechoslowakei dazu neigt, »zur Sicherheitspolitik der fünfziger Jahre zurückzukehren«[80], so Klaus Hildebrand.

Der Kanzler will also den Abbruch der Beziehungen zu Phnom Penh, indes Brandt ihn unter allen Umständen vermeiden will, weil er sich davon keine abschreckende Wirkung mehr verspricht. Sieben Stunden tagt das Kabinett, ohne eine Einigung zu erzielen. Schließlich wird im Kreßbronner Kreis, einem informellen Gremium führender Politiker beider Parteien, ein Ausweg gefunden. Er heißt »Einfrieren« – was soviel bedeutet wie die Einstellung der Botschaftstätigkeit, ohne daß es deshalb zu einem formellen Abbruch der Beziehungen durch Bonn kommt. Die wirtschaftlichen und technischen Hilfeleistungen der Bundesrepublik können danach weiterlaufen, beschränken sich jedoch auf die Abwicklung einmal geschlossener Verträge. Einige Tage später ist es dann Kambodscha, das von sich aus die Beziehungen abbricht.

In der Sache könnte Brandt mit dem Kreßbronner Kompromiß einigermaßen zufrieden sein, denn die Bundesrepublik hat die Hallstein-Doktrin im Fall Kambodscha nicht exekutiert. Doch meint er zu wissen, der erbitterte Streit mit dem zum Abbruch entschlossenen Kiesinger habe nur deshalb stattfinden können, weil Wehner dem Kanzler bedeutete, daß Kambodscha einen Bruch der Koalition nicht lohne. Damit aber habe Genosse Herbert seine einzige Waffe – Brandts Rücktrittsdrohung – von vornherein stumpf gemacht. Grollend zieht er sich auf den Venusberg zurück, legt sich ins Bett, will keinen sehen und ist nicht ansprechbar – nicht einmal für Rut, die weinend Egon Bahr zu Rate zieht: Willy wolle beides niederlegen, Vorsitz und Außenminister. Wehner und Schmidt hätten ihn im Stich gelassen.

Handelt es sich um einen jener depressiven Schübe, die seine Mitarbeiter schon aus der Berliner Zeit an ihm kennen? Da nahm er, meist im Herbst, wenn die Tage grau, naßkalt und neblig wurden, »seine Grippe«, wie Klaus Schütz das einmal nannte. Er zog sich dann einfach selbst aus dem Verkehr, versank in tiefste Melancholie und ließ keinen an sich heran. Diesmal ist es nicht anders, und vorsorglich sagt das Auswärtige Amt die nächsten Termine für Brandt ab. Als Bahr ihn nach ein oder zwei Tagen unangemeldet aufsucht, kommt er nur mühsam mit seinem Freund, Minister und Vorsitzenden ins Gespräch, der noch immer alles verweigern und hinwerfen will: Er habe eine Kraftprobe verloren, sagt Brandt, er müsse im Grunde gegen Wehner ein Verfahren wegen parteischädigenden Verhaltens einleiten, und die mokante Art von Schmidt gehöre sich nicht.[81] Das Beispiel zeigt, wie sensibel und mimosenhaft Brandt auf Kränkungen reagiert, von denen robustere Naturen wie Schmidt oder Wehner oft nicht einmal ahnen, daß sie sie ihm zugefügt haben. Übrigens scheint Brandt, als es im Kreßbronner Kreis um Kambodscha ging, selbst nicht entschieden gekämpft zu haben, indessen Wehner, auf die Verständigungsschwierigkeiten zwischen Kiesinger und Brandt anspielend, lospolterte, wie unmöglich es sei, wenn die Nummer eins und zwei nicht miteinander reden könnten.

Horst Ehmke, 1969 bis 1972 Kanzleramtsminister, wird ähnliche Erfahrungen mit Brandts »Grippe« machen. Naßkaltes Wetter, Erkältung und Depressionen, so schreibt er, kommen meist zusammen, wenn sein Chef »abtaucht« in die »nordisch-düstere« Welt der Melancholie, der Anfechtungen und Selbstzweifel. Brandt ist dann völlig geistesabwesend und stellt jede Kommunikation mit seiner Umwelt ein. Als Ehmke nach einigen Tagen dringend Unterschriften von Brandt braucht, fährt er zum Venusberg, läßt sich von Rut eine Flasche Rotwein und zwei Gläser geben und geht unangemeldet in des Kanzlers abgedunkeltes Zimmer. Der tut so, als ob er den Besucher nicht wahrnähme, worauf der Kanzleramtsminister in seiner fröhlich-forschen Art ruft: »Willy, aufstehen, wir müssen regieren.« Es gelingt ihm, seinen Chef damit auf die Beine zu bringen. Eine ganze Zeit sitzen beide dann erst einmal schweigend beieinander und trinken Rotwein. Schließlich brummt Brandt: »Schmidt und Wehner sind Armleuchter.« Dies sei ihm schon bekannt gewesen, vermerkt Ehmke mit trockener Ironie und fragt: »Hatten Wehner und Schmidt ihn [Brandt] beim Wiedereintritt in die Wirklichkeit als Torwächter empfangen? Oder wollte er mich nur auf eine falsche Fährte lenken? Er war im Geiste weit weg gewesen, irgendwo in den weiten seelischen Räumen des Nordens, jetzt störte ihn meine Neugierde. Wo er gewesen war, ging mich nichts an. Meine Unterschriften bekam ich aber – und er erschien anderntags mit frischer Kraft im Amt.«[82]

Wenn Willy Brandt während der Großen Koalition einmal ganz ernsthaft erwägt, das Amt des Außenministers aufzugeben, hat dies mit der schlechten Großwetterlage für die SPD zu tun. Kiesinger ist ein guter Redner, er gewinnt schnell an Popularität und entpuppt sich als formidabler Wahlkämpfer. Weil seit dem Frühjahr 1967 aus nahezu allen Wahlen nicht die Sozialdemokraten, sondern die Christdemokraten gestärkt hervorgehen, nimmt das Brodeln in den unteren Rängen der SPD, welche die Koalition ohnehin nicht mögen, bedrohlich zu. In der traditionell linken Hochburg Bremen verliert die SPD im Oktober 1967 nicht nur die absolute Mehrheit, sondern büßt mehr als ein Fünftel ihrer Stimmen ein. Einen ähnlichen Absturz erleidet sie ein halbes Jahr später in Baden-Württemberg, wo sie 10 Mandate und 8,3 Prozent der Stimmen verliert, indes die Verluste der weit vor ihnen liegenden CDU sich mit 2 Prozentpunkten in Grenzen halten. Und da der NPD fast überall der Einzug in den Landtag gelingt, scheinen die Gewinner dieser Großen Koalition, entgegen allen Kalkulationen Herbert Wehners, eindeutig auf der Rechten angesiedelt zu sein.

Wenige Wochen nach dem Debakel von Stuttgart, auf einer Klausurtagung des Parteipräsidiums am 19. Mai 1968, bietet Willy Brandt deshalb den Genossen an, sein Ministeramt niederzulegen und sich künftig ausschließlich auf die Parteiarbeit zu konzentrieren. Eine taktische Pflichtübung des Vorsitzenden, die nicht aus vollem Herzen kommt? Eher nein, denn es entspricht seinem Herkommen und Denken, daß ihm im Zweifel das Schicksal der ältesten demokratischen Partei in Deutschland wichtiger ist als ein Regierungsamt, zumal jenes, das er innehat und das ihm unter diesem Kanzler weniger Entfaltungsmöglichkeiten bietet, als er wünscht und für nötig hält. Weil das Präsidium einen solchen Schritt jedoch als »Aufgabe der Regierungsbeteiligung in Raten« wertet, lehnt es Brandts Verzichtsangebot ab.[83] Doch beschließt es, die Parteiarbeit zu straffen und die Position eines Bundesgeschäftsführers zu schaffen, die Brandt dann mit dem bisherigen Entwicklungshilfeminister Hans-Jürgen Wischnewski besetzt. »Ben Wisch« folgt dann dem Rat Horst Ehmkes und entwickelt die Strategie des begrenzten Konflikts innerhalb der Koalition, welche der SPD in der Umarmung durch die CDU wieder zu Profil verhelfen soll. Wie notwendig dies ist, zeigt eine Umfrage, nach der im Frühjahr 1968 rund

70 Prozent der Befragten den erfolgreichsten Ressortminister der Koalition, den Sozialdemokraten Karl Schiller, für einen Christdemokraten halten.[84]

So wird 1968 in der langen Geschichte der SPD zu einem ihrer schwierigsten Jahre. Die Führung unter Brandt und Wehner, zu der sich nach dem Tod Erlers nun offiziell auch Helmut Schmidt als stellvertretender Vorsitzender gesellt, gerät gleich mehrfach unter Feuer: einmal von der rebellischen Jugend an den Universitäten, die den Schlachtruf »Ho-Ho-Ho-Tschi-Minh« skandiert, den Marxismus neu entdeckt, in Massen in die SPD eintritt und sie auf dem Marsch durch die Institutionen wieder nach links zu rücken versucht. Die Anrede Genosse, spätestens seit Godesberg beim Parteiestablishment eher verpönt und durch das neutralere Wort Parteifreund verdrängt, feiert auf dem Parteitag in Nürnberg fröhliche Urständ. Und zweitens formiert sich eine mächtige Gewerkschaftsopposition, die von der IG Metall und ihrem linken Vorsitzenden Otto Brenner angeführt wird, gegen die Notstandsgesetze zu Felde zieht und die Große Koalition lieber heute als morgen beendet sähe.

Angesichts der prekären Stimmung in der Partei ist es Willy Brandt, der auf einem förmlichen Votum des Nürnberger Parteitags für die Große Koalition besteht, damit alle Mitglieder im Lande durch einen Beschluß des höchsten Parteigremiums in den Bündniskurs der Führung eingebunden werden. Vor allem seiner kämpferischen Rede ist es zu danken, wenn die Genossen Delegierten in der Meistersingerhalle die Bahn für die Notstandsgesetze schließlich frei geben. In welch schwierigen Zweifrontenkampf Brandt in der Notstandsfrage verwickelt ist, hat Horst Ehmke in seinen Erinnerungen hervorgehoben: Gegenüber dem Koalitionspartner müssen die Sozialdemokraten in der Regierung die vorhandenen, autoritären Schubladenentwürfe der Vorgängerregierung demokratisieren und liberalisieren, ihnen also die anti-demokratischen Giftzähne ziehen; gegenüber der kritischen Öffentlichkeit – einschließlich großer Teile der eigenen Partei – muß ihr Vorsitzender für die Einsicht kämpfen, daß eine deutsche Notstandsregelung alliierten Notstandsbefugnissen vorzuziehen ist.[85]

Im nachhinein erscheinen die Argumente der Gegner über die Maßen grotesk, doch damals gehen Zehntausende auf die Straße, gründen ein Kuratorium mit dem Kampfnamen »Notstand der Demokratie« und proben in einem Sternmarsch sogar den Sturm auf Bonn. Daß der Kampf so erbittert geführt wird, hat mit den Nachwirkungen der *Spiegel*-Krise zu tun, welche die demokratische Gesinnung der deutschen Behörden nachhaltig erschütterte, auch mit dem Globke-Skandal und der Durchsetzung des Bonner Beamtenapparats mit ehemaligen Nationalsozialisten. Zu Recht spricht Wolther von Kieseritzky von einem Glaubwürdigkeits- und Legitimationsdefizit der bundesdeutschen Demokratie Mitte der sechziger Jahre. Viele Bundesbürger hätten der demokratischen Gesinnung der deutschen Behörden nicht getraut und Sorgen vor einer Diktatur von rechts gehabt.[86]

Nur: Soll im Falle einer Bedrohung von außen wirklich ein alliierter General das letzte Wort haben, der die deutschen Verhältnisse nur ungenügend kennt? Der seine Besatzungsvollmachten vielleicht einer Bundesregierung überträgt, so daß der Ausnahmezustand zur Stunde der deutschen Exekutive werden könnte, die dann ohne gesetzliche Beschränkung zu schalten und walten vermag, wie sie Lust und Laune hat? Mit Dienstverpflichtungen und willkürlichen Verhaftungen, Zensur und Einschränkung der Versammlungs- und Vereinsfreiheit? Ist es da nicht doch besser, die Deutschen geben sich selbst ein Regelwerk für den Notfall und werden durch den Wegfall der alliierten Vorbehaltsrechte ein Stück souveräner nach innen?

Es ist diese Richtung, die Brandt den Delegierten in Nürnberg weist, und in seiner großen Rede im Bundestag am 3. Mai 1968 tritt er dafür ein, »in freiheitlicher Weise« für den Fall der Verteidigung, der Naturkatastrophen oder innerer Aufstände vorzusorgen. Gegen die Zweifler an der demokratischen Gesinnung der Behörden – und deren gibt es noch eine stattliche Truppe um den Gewerkschaftsflügel in der eigenen Fraktion – führt er die »demokratische Verläßlichkeit unserer Parteien« ins Feld. Im Grunde predigt er demokratisches Selbstvertrauen, zu dem die Deutschen endlich finden müßten, parallel dazu betont er die demokratische Wächterrolle der eigenen Partei und stellt den erbitterten Widerstand der SPD gegen jeglichen Mißbrauch der Notstandsrechte in Aussicht: Wer einmal mit dem Notstand spielen sollte, um die Freiheit einzuschränken, der »wird meine Freunde und mich auf den Barrikaden zur Verteidigung der Demokratie finden, und dies ist ganz wörtlich gemeint«.[87] Seine Rede gilt als eine der besten, die im Parlament in dieser Legislaturperiode gehalten werden; sie hat ein erstaunlich großes Echo aus der Mitgliedschaft und der Bevölkerung und trägt wesentlich dazu bei, die durch die Notstandsdebatte kritische Lage innerhalb der SPD zu entspannen.

Der Apfel fällt nicht weit vom Stamm. Das will der *Bayernkurier* des Koalitionsministers Strauß wohl suggerieren, als er im April 1968 vierspaltig und mit einem großen Bild von Peter Brandt berichtet, daß der Sohn des Außenministers von der Polizei bei einer unerlaubten Anti-Vietnam-Demonstration in Berlin festgenommen worden sei.[88] Es geht stürmisch zu in diesen Jahren der Großen Koalition, sie stehen im Zeichen der Vietnam-Diskussion, des Aufstands der studentischen Jugend, auch der sexuellen und kulturellen Revolution, die nicht nur die deutsche Gesellschaft von Grund auf verändern wird. Daß Vater Brandt und sein Ältester in dieser Zeit auf jeweils anderen Seiten der politischen Barrikaden stehen, macht Schlagzeilen in Boulevardgazetten, aber auch in Wochenzeitungen des politischen Gegners, die sich der traditionellen, konservativen Werteordnung verpflichtet fühlen. Zu dem klassischen Vorurteil, Sozialdemokraten könnten mit Geld nicht umgehen, soll sich die negative Vorstellung gesellen, daß eine liberale Erziehung notwendig die politische Verwahrlosung der Kinder bewirkt, also anti-bürgerliche Aggressionen weckt und anarchistisches Verhalten fördert, das auf nichts anderes aus sei als Ablehnung und Zerstörung. Zum Entsetzen der gutbügerlichen Konservativen hat Brandt diese liberale Grundeinstellung schon 1966 bewiesen, als er die Genehmigung gab, seine beiden Söhne Peter und Lars dürften Rollen in der Verfilmung der Grass-Novelle »Katz und Maus« übernehmen. Sie stellen, damals 16- bzw. 14jährig, den älteren und den jüngeren Joachim Mahlke dar, jenen Grass'schen Helden, der als Schüler von seinem Fetisch, einem Ritterkreuz, träumt und mit dem er spielt, als er endlich eines in die Hand bekommt. Als der Film Premiere hat, geht ein Sturm der Entrüstung los. »Was war geschehen?« fragt Rut Brandt. »Ich hatte im voraus den Film gesehen und fand ihn gut. In der Szene, die die unglaubliche Verärgerung auslöste, sah ich nur Lasse [i.e.

Lars], der zu meiner Erleichterung vom Boden eines Schiffswracks auftauchte: Mahlke hatte endlich sein Ritterkreuz gefunden und hängte es sich um den Bauch.« Aber nein, schrieben konservative Kritiker, das Ritterkreuz sei entehrt worden – dieser Lümmel habe es an sein Geschlechtsteil gehängt und damit die höchste deutsche Kriegsauszeichnung des Zweiten Weltkriegs in den Schmutz gezogen.[89] Hat Erich Mende, der FDP-Vorsitzende und Vizekanzler, sein Ritterkreuz nicht bei offiziellen Anlässen damals am Hals getragen? Auch führende SPD-Genossen runzeln besorgt die Stirn und fragen, ob ihr Vorsitzender da nicht besser rechtzeitig hätte einschreiten sollen, um die Reputation der Partei zu wahren.

Dabei spiegelt der Film nur den Zeitgeist jener Jahre. Deutschland nimmt Abschied vom Adenauerschen Biedermeier, das einmal als demokratischer Neuanfang begonnen hatte, sich zum Schluß jedoch zum demokratischen Obrigkeitsstaat verhärtete. *Love ins* und *happenings* machen Front gegen autoritäre und patriarchalische Traditionen in Familie und Schule, in Staat und Gesellschaft, der Protest gegen den Krieg in Vietnam mischt sich mit prinzipieller Gegnerschaft gegen die parlamentarische Demokratie und Kapitalismuskritik, kurz gegen das verhaßte »System«. Der Riß geht quer durch die Generationen und Familien, seit der Vietnam-Diskussion und der Großen Koalition auch durch die von Rut und Willy Brandt. Peter wird mit 14 Jahren Mitglied bei den sozialdemokratischen »Falken«, die zwar erklärte Ulbricht-Gegner sind, sich jedoch als grundsätzliche Feinde des Kapitalismus betrachten und mit dem Jugoslawien Titos liebäugeln. Von da wandert er immer weiter nach links, bis er bei der trotzkistischen Splittergruppe »Spartacus« landet.

In den Debatten in der Familie fällt der Mutter gelegentlich die Rolle zu, Peter in Schutz zu nehmen, denn nur voller Verständnis für die öffentlichen Distanzierungen des Sohnes von seiner Politik ist der genervte Vater, allen liberalen pädagogischen Grundsätzen zum Trotz, keineswegs. Rut erinnert sich an eine Diskussion, bei der Willy aufbraust und ultimativ von seinem Ältesten verlangt: »Entweder mußt du mit deinen Aktivitäten aufhören, oder ich muß als Bürgermeister zurücktreten.« Die Mutter beschwichtigt, fragt leise, aber bestimmt, ob der Vater etwa seine eigene Jugend vergessen habe – und weder tritt Brandt zurück, noch ändert Peter, der hochaufgeschossene, ernste Junge, der zu schnell gewachsen war, seine revolutionären Überzeugungen um einen Deut.

Als Brandt und Wehner in Nürnberg beim Betreten der Meistersingerhalle von aufgebrachten Demonstranten bedrängt werden und Brandt Hiebe auf den Kopf erhält, beschwert sich der Vater telefonisch bei der Mutter: Er sei mit seiner Geduld nun bald am Ende, Peters Gesinnungsgenossen hätten sie tätlich angegriffen und Wehner die Brille von der Nase geschlagen. Auf Anraten der Mutter schickt der 19jährige Peter daraufhin ein Telegramm, in dem er den Vorfall bedauert, politisch vor dem Vater aber nicht zu Kreuze kriecht, sondern im Gegenteil seine abweichende Position noch einmal deutlich macht: »Ich bin empört über die Angriffe gegen Dich vor dem Parteitag«, kabelt der Sohn und betont: »Dadurch wurde die – wie ich meine – berechtigte Demonstration gegen die Politik der SPD entwertet und diskreditiert. Der Marxismus unterscheidet sich vom Anarchismus nicht zuletzt dadurch, daß er den individuellen Terror ablehnt. Abgesehen von den tiefgreifenden und grundsätzlichen Gegensätzen, die uns politisch trennen, finde ich es ungerecht – wenn schon falsche Methoden angewandt werden –, gerade gegen den liberalsten SPD-Führer vorzugehen.« Leicht ist Peter Brandt dieses Telegramm an den Vater gewiß nicht gefallen, aber Willy Brandt hat es voller Stolz, so Rut Brandt, den führenden Genossen gezeigt.[90]

Daß Peter, in revolutionärem Überschwang, gegen die Politik des Vaters öffentlich Front macht, fällt erstmals auf, als er im Sommer oder Herbst einen Anti-Vietnam-Aufruf unterzeichnet und schließlich seine Unterschrift zurückzieht, damit seine Haltung im Bundestagswahlkampf nicht gegen den Vater benutzt werden kann. Im Jahr darauf, Ende November 1966, beteiligt er sich an einer Demonstration gegen die Große Koalition – die »Bonner Einheitspartei« – und verteilt Flugblätter auf dem Wittenbergplatz. Dabei werden Sprüche aus der Weimarer Zeit wieder laut: »Wer hat uns verraten? Sozialdemokraten!«[91] Ein Politregister Berliner Verfassungsschützer von Anfang der 70er Jahre zählt gleich fünf Ermittlungsverfahren auf, die in der Zeit von 1967 bis 1971 gegen den Sohn des Außenministers und späteren Bundeskanzlers eingeleitet wurden – wegen Widerstandes gegen die Staatsgewalt, Aufforderung zum Ungehorsam und Landfriedensbruch. Einmal wird er vom Jugendgericht zu zwei Wochen Dauerarrest verknackt, ein Urteil, das dann in eine Geldstrafe von 250 Mark umgewandelt wird.[92] Die Tatsache, daß in diesem Dossier auch bloßes Mitlaufen bei Demonstrationen aufgeführt wird und manche der verdächtigen Taten noch von einem Minderjährigen begangen wurden, zeigt die geradezu besessene Gründlichkeit, mit der Berlins Behörden den sogenannten Radikalenerlaß praktizieren, den die Regierung Brandt 1972 beschließt, um Staatsfeinde aus dem öffentlichen Dienst fernzuhalten. Um ein Haar wäre der Sohn Opfer dieses väterlichen Dekrets geworden, denn Peter Brandt hat sich als junger Historiker um eine Assistentenstelle an der Freien Universität beworben und wird nun der Regelüberprüfung unterzogen.

Auch Peters Bruder Lars fällt der Berliner Polizei früh durch sein gesellschaftskritisches Engagement auf. Als er sich an einer Diskussion mit Gammlern in der Nähe der Gedächtniskirche beteiligt und die Polizei die Menschenansammlung auflöst, protestiert er energisch wegen Einschränkung seiner Redefreiheit und seiner bürgerlichen Rechte. Mit zehn seiner Freunde auf die Wache am Bahnhof Zoo abgeführt, wird er nach kurzer Diskussion mit den Polizeibeamten entlassen. Auch Lars rebelliert also gegen die selbstgefällige Mentalität jener Wirtschaftswunderjahre, aber im Gegensatz zu Peter schließt er sich nicht Maoisten oder Trotzkisten an. Er hat »am Betrieb der sektiererischen Gruppen wenig Geschmack«, schreibt der Vater, und folgt deshalb eher »den kritischen Impulsen eines Kulturradikalismus«.[93]

Es gibt Spannungen, Konflikte und Kräche wie in jeder Familie, aber die geradezu exemplarische Geschichte von Vätern und Söhnen spielt sich zwischen Willy und Peter Brandt doch nicht ab, weil keiner der beiden es zum echten Bruch kommen läßt. Dabei ist Peter derjenige der drei Söhne, der am stärksten die Auseinandersetzung sucht und dem Vater in den Interessen am nächsten kommt. Beide sind zwar sperrige Charaktere, aber bleiben doch stets miteinander im Gespräch, sie mögen sich eben, auch wenn sie der Weg politisch weit auseinander führt. Von politischem Wohlverhalten jedenfalls macht der Vater die Finanzierung des Studiums nicht abhängig, aber angenehm ist es dem Sohn auch nicht, das Geld vom Alten anzunehmen, obschon er diametral anders denkt. Anfangs gab es heftige Diskussionen und Gespräche, etwa wenn sie um den Schlachtensee spazierengingen. Aber bald spürte der Sohn, daß der Vater, wenn er von der Arbeit nach Hause kam, keine Lust hatte, in leidige politische Grundsatzdiskussionen verwickelt zu werden. Und je älter Peter wird, desto mehr verfestigen sich seine Ansichten. Die Fronten scheinen unverrückbar gezogen, und da haben Diskussionen dann wenig Sinn. Wenn sie doch geführt werden, halten sich beide zurück, um das gute familiäre Klima nicht unnötig zu belasten.

In den späteren Jahren, als Peter die Familie in Bonn besucht, gibt es immer wieder den Ansatz zu einem politischen Disput, aber der Vater entzieht sich ihm nach kurzer Zeit, »brummelt etwas vor sich hin«, und ein richtiges Gespräch kommt kaum mehr zustande. Erst nach dem Rücktritt des Bundeskanzlers, meint Peter Brandt, findet wieder eine begrenzte politische Annäherung statt. Der Sohn hat den Höhepunkt seiner »sektiererischen Tätigkeit« überschritten, der Vater rückt wieder mehr nach links, da steht man sich etwas näher, zumal der Vater jetzt mehr Zeit für Gespräche hat. Rückblickend allerdings, und das ist wohl entscheidend, hat der Sohn nicht das Gefühl, Willy Brandt habe sich nicht um ihn gekümmert. In den frühen Jahren verbrachte die Familie meist die Sommerferien gemeinsam mit allen Kindern, auch Ninja kam dazu oft aus Norwegen angereist. Anfang der Sechziger nahm Brandt dann Sohn Peter mit in einen Urlaub auf der Insel Djerba, wo sie gemeinsam Kamelritte unternahmen. Dann wieder fuhr Brandt mit Peter und Lars nach Sizilien, und mindestens einmal durfte jeder der beiden Älteren ein paar Tage an einer Wahlkampfreise teilnehmen. Zwischendurch, so Peters Erinnerung, war der Vater Brandt also immer wieder präsent.

Dabei fühlt sich jeder der beiden vom anderen belastet: Als ältester Sohn sieht Peter sich mit der »überragenden Gestalt« des Vaters konfrontiert und empfindet dies, nur zu verständlich, nicht als »reines Vergnügen«, auch wenn er das Verhältnis immer als »liebevoll« beschreibt.[94] Und der Vater, tolerant aus Überzeugung, oft auch nur aus Bequemlichkeit, trifft Ende der sechziger Jahre auf Unverständnis bei vielen Mitgliedern der Partei, weil er den Sohn seinen eigenen Weg gehen und offensichtlich gewähren läßt. So teilt ihm der eher linke Bezirksvorsitzende Wilhelm Dröscher aus Kirn Ende Mai 1968 mit, er sei »über die konservative Einstellung« einiger führender Genossen in seinem Bezirk sehr beunruhigt, weil sie den Vorsitzenden für die Haltung seines Sohnes Peter verantwortlich machten. Doch Brandt könne unbesorgt sein, schreibt Dröscher nicht ohne Stolz: »Wir haben die richtige Position verteidigt und kräftig draufgeschlagen. Es macht nur nachdenklich, wenn man sieht, wie leicht selbst alte und schlachterprobte Genossen zu erschüttern sind, wenn der geistige Hintergrund und das Verständnis für die Probleme der Zeit fehlt.«[95]

Nicht nur die einfachen Genossen im Land murren, auch der stellvertretende Vorsitzende Helmut Schmidt ist der Meinung, ein Vater müsse auch einmal ein Machtwort sprechen. Gerade das spricht Brandt nicht und versucht statt dessen, zwischen den Generationen zu vermitteln. Auf der einen Seite will er, daß mit der ganzen Härte des Gesetzes gegen Blutvergießen, Terror und physische Gewalt vorgegangen wird, um die Rechtsordnung aufrechtzuerhalten. Es gibt Belege mehr als genug, die an dieser Entschlossenheit keinen Zweifel lassen. Eine Entschließung des SPD-Präsidiums, unter seiner Leitung gefaßt, verurteilt das Attentat auf Rudi Dutschke, warnt aber eindringlich davor, die Rechtsordnung durch Gewalttaten der Verwüstung, gemeinschaftliche Sachbeschädigung, Brandstiftung und Landfriedensbruch zu verletzen. Eindeutiger kann man sich kaum von dem versuchten Sturm auf das Springer-Hochhaus, der Besetzung von Springer-Filialen und Überfällen auf Zeitungslieferwagen distanzieren. Gelegentlich macht er sich lustig über die Studenten, die mit Plakaten von Ho Tschi Minh werben oder mit Riesenporträts des Guerillaführers Che Guevara über den Kurfürstendamm ziehen, als ob die Idole unterentwickelter, rückständiger Gesellschaften einer entwickelten Industriegesellschaft als politische Leitfiguren dienen könnten. In einer modernen Demokratie, die Meinungs-, Organisations- und Versammlungsfreiheit garantiert, ist derlei Revoluzzertum für ihn eine rückwärtsgerichtete, reaktionäre Kraft. Und so sagt er einmal, die Außerparlamentarische Opposition solle sich lieber OPA statt APO nennen.[96] So drängt Brandt auf scharfe Abgrenzung: Derart linkssozialistische und revolutionäre Gesinnungen mögen teils durchaus ehrenwert sein, doch ist für sie kein Platz in der SPD. Aber das heißt nicht, daß er die echten Überzeugungen junger Menschen und ihre Unzufriedenheit mit der Gesellschaft, in der sie leben, nicht als Ansporn und Herausforderung für die herrschende Politikergeneration respektiert.

Ganz deutlich wird dies, als Willy Brandt Ende April 1968 in den Wahlkampfendspurt in Baden-Württemberg zieht. Da ist sein Sohn Peter auf jeder Wahlveranstaltung unsichtbar fast immer dabei. Die Demonstrationen gegen den Schah und der Tod Benno Ohnesorgs, das Attentat auf Rudi Dutschke und die darauffolgenden Osterunruhen mit Straßenschlachten, wie sie die Bundesrepublik bisher nicht kannte, dies alles hat beim Wähler tiefste Verunsicherung hervorgerufen. Nach dem Urteil der *Frankfurter Allgemeinen Zeitung* beeindruckt Brandt mit Reden, »welche Störer und Pfeifer verstummen, aber auch Hände sinken lassen, die zu eilfertigem Applaus entschlossen sind«. Er fordere Ordnung und Respekt vor dem Gesetz, der notfalls erzwungen werden müsse, aber stets verbinde er dies mit dem Appell, »die Unruhe unter der Jugend politisch aufzunehmen«, und immer werbe er »um Verständnis für die jungen Rebellen«. Die besondere Sympathie vieler Zuhörer gewinnt er nach diesem Bericht, »wenn er auf seine nicht immer einfache Vaterrolle« zu sprechen kommt.

Ähnlich die *Welt*, nach deren Urteil Brandt im Wahlkampf den Brückenschlag zwischen den Generationen versucht. Er wolle die Herausforderung der Jugend annehmen und gemeinsam nach Lösungen suchen. »Wir Älteren«, wird er da zitiert, »messen das, was ist, an dem, was war, an dem Zustand nach dem Krieg. Die Jugend mißt es an dem, was ist und was morgen sein könnte.« Er will die Herausforderung der Jugend annehmen und gemeinsam nach Lösungen für die Zukunft suchen, schreibt *Welt*-Korrespondent Hans-Werner Graf v. Finckenstein. Gerade weil Brandt den Konflikt in der eigenen Familie erlebe, »trifft er das Urteil der Deutschen an seiner empfindlichsten Stelle, am nervus patriarchalicus, dem Vaterproblem«; weil er direkt und persönlich vom Generationenkonflikt betroffen ist, wirkt das, was er dazu sagt, aufrichtig und beeindruckt die Zuhörer.[97] Und oft sagt er in diesen Versammlungen jenen versöhnlichen Satz, den ihm die »Gruppe Grass«, aus der dann die Wählerinitiative hervorgehen wird, aufgeschrieben und mit dem der SPD-Chef schon die Delegierten in Nürnberg beeindruckt hat: »Jugend ist kein Verdienst. Alter ist kein Verdienst. Nach meinen Erfahrungen ist Jugend ein Kredit, der jeden Tag kleiner wird. Die Selbstherrlichkeit junger Leute ist ebenso töricht wie die Besserwisserei der Alten. Das sollte man sich täglich als Vater sagen.« Wenn er dann hinzufügt: »Hoffentlich sagen sich das manchmal auch die Söhne«, erntet er meist Beifall und Heiterkeit.

Hat Peter Brandt recht, wenn er schreibt, es sei ein Glück für Willy Brandt gewesen, daß er Ende 1966 ins Außenministerium wechselte und Berlin verließ, noch ehe die Studenten- und Jugendradikalisierung voll im Gange war? Für den Sohn ist schwer vorstellbar, daß der Vater die Jahre 1967/68, in denen Berlin zum Zentrum der Jugendrevolte wurde und Brandts Nachfolger Heinrich Albertz wegen der harten Polizeieinsätze gegen die rebellierenden Studenten stürzte, unangefochten überstanden hätte – trotz seines Charismas. »Die Veränderung des Brandtschen öffentlichen Images hin zu dem eines wohlwollenden, wenngleich nicht unkritischen Förderers der ›Achtundsechziger‹«, meint Peter, »wäre jedenfalls unter den Belastungen des Berliner Amts nicht glatt verlaufen.«[98]

Nun ist anzunehmen, daß Willy Brandt, schon weil er für junge Radikale mit Blick auf den eigenen Lebensweg mehr Verständnis als andere empfand, sich geschickter als die beiden Nachfolger Heinrich Albertz und Klaus Schütz verhalten hätte. Aber zentral für jeden Regierenden Bürgermeister in Berlin blieb in jenen Jahren immer der Konflikt zwischen der stärksten Schutzmacht und den wütenden Anti-Vietnam-Demonstrationen, die in offenen Antiamerikanismus umschlugen. Berichte über den ersten Zwischenfall dieser Art, der sich in Berlin Anfang 1966, also noch zu Brandts Zeit als Regierendem ereignete, sprechen für die These des Sohnes. Denn damals verurteilte Willy Brandt eine Anti-Vietnam-Demonstration als »Schande für Berlin«, er sprach von »politischen Rowdys«, die das Verhältnis zu den Schutzmächten zerstören, die deutsch-amerikanische Freundschaft besudeln wollten und das große Ansehen der Stadt in Gefahr brächten. Die Demonstranten waren mit Plakaten wie »Johnson = Mörder« vor das Amerikahaus in der Hardenbergstraße gezogen, hatten die amerikanische Flagge auf Halbmast gesetzt und das Gebäude mit Eiern beworfen.

In einem Entschuldigungsbrief an den amerikanischen Stadtkommandanten betonte Brandt, die große Mehrheit der Berliner hätte »mit solchen Elementen und den sie unterstützenden SED-

Leuten« nichts zu tun und bat den General, »zwischen kritischen Studenten und Rowdys« zu unterscheiden. An anderer Stelle verteidigte er zwar das Recht der Studenten auf Demonstrationsfreiheit, machte indes mit der ganzen Autorität des Regierenden Bürgermeisters klar, wie anders er das amerikanische Engagement in Vietnam beurteile: »Erstens erscheint mir«, heißt es in seiner Erklärung, »der Friedenswille der amerikanischen Demokratie unbezweifelbar. Zweitens halte ich es für sicher, daß die umfassenden Verpflichtungen und die begrenzten Ziele der amerikanischen Politik in Südostasien dem gedeihlichen Zusammenleben der Völker dienen. Und drittens kann ich nur nachdrücklich davor warnen, daß wir Deutschen uns in der Weltpolitik als Lehrmeister aufspielen.«[99] Eine kritische Haltung zum Krieg in Vietnam ist hier schwerlich zu erkennen.

An der unterschiedlichen Bewertung der Vietnam-Frage war schon der Konflikt mit den beiden älteren Söhnen in der Familie aufgebrochen, bis zuletzt fällt es Brandt schwer, ein eindeutiges, klares und distanzierendes Wort zu sprechen – was Weggefährten wie Horst Ehmke und Günter Grass immer wieder bedauern. Zwar geht er nie so weit wie manche seiner Parteifreunde, etwa Kurt Mattick, die behaupten, Berlin werde auch in Vietnam verteidigt. Aber mit Blick auf die amerikanischen Berlin-Garantien kann ihm auch nicht gleichgültig bleiben, ob die Vereinigten Staaten in einem anderen Teil der Welt als »Papiertiger« entlarvt werden, wie Mao einmal spottet. Selbst als der Krieg sich in erschreckender Weise ausweitet, weichen Brandt und seine Partei einer kritischen Stellungnahme aus. Als Bürgermeister will er einen Konflikt mit der Schutzmacht vermeiden, denn er weiß, seine Stadt ist nur im vertrauensvollen Zusammenwirken mit den Amerikanern zu behaupten. Und als Außenminister und Kanzler eines Landes, das 25 Jahre zuvor die halbe Welt mit einem mörderischen Krieg überzogen hat, schreckt er davor zurück, der verbündeten Großmacht öffentlich Ratschläge zu erteilen.

Im Rückblick erscheint ihm sein Schweigen allerdings als Fehler, er nennt es einmal ein »gleichsam inneres Denkverbot«, dessen Opfer er geworden sei. Tiefe Zweifel habe er heruntergeschluckt und den Mund gehalten »wo es gegolten hätte, einerseits vernehmlich zu widersprechen, andererseits unterdrückte Sympathie nach außen zu kehren«.[100] Es war allerdings auch sein Sinn für Fairneß, meint Egon Bahr, der ihn bewogen hat, sich mit Kritik zurückzuhalten: Einen Freund in der Not mußte man schonen.[101]

Wenn die kritischen Studenten Brandt trotzdem respektieren und so ziemlich als einzigen Politiker des Establishments nicht als »Arbeiterverräter« oder »liberalen Scheißer« verteufeln, honorieren sie damit sein Bemühen um den Dialog mit dem Osten, um den Brückenschlag zwischen den Generationen und seine antifaschistische Biographie. Sie vor allem verschafft Brandt bei der rebellierenden Jugend eine Ausnahmestellung, und ein beinahe dialektischer Prozeß sorgt dafür, daß sie über die Jahre noch gefestigt wird. Je häufiger und bösartiger ihn nämlich die Rechte als national unzuverlässigen Emigranten, Rotspanienfreund und einstigen Volksfrontbefürworter an den deutschnationalen Pranger stellt, desto mehr wächst eine Art Aura der Unverwundbarkeit, die Brandt in den Augen der Neuen Linken umgibt.

Er bemüht sich ehrlich, mit den jungen Rebellen ins Gespräch zu kommen. Das wird schon nach den Unruhen im Jahr 1968 klar, als die SPD alle AStA-Vertreter zu einer Diskussion mit dem Präsidium ins Erich-Ollenhauer-Haus nach Bonn bittet. Sechseinhalb Stunden, bis tief in die Nacht, dauert die Diskussion. Rund hundert Studenten sind der Einladung gefolgt und setzen sich mit Mitgliedern der SPD-Spitze, mit Herbert Wehner und Helmut Schmidt, Carlo Schmid und Gustav Heinemann, aber auch mit dem Freiburger Professor und Staatssekretär Horst Ehmke und dem Parlamentarischen Staatssekretär Gerhard Jahn auseinander. Mit der Forderung, die SPD solle sich in aller Form vom Vorgehen des Berliner Senats distanzieren, setzen die Studenten gleich zu Beginn einen dramatischen Akzent. Geschehe dieses nicht, erklären sie ihren Gastgebern, sei an eine sachliche Aussprache wohl kaum zu denken. Als Zumutung lehnt Brandt dies zunächst entschieden ab. Er spricht von der gegenseitigen Eskalation des Mißbrauchs von Freiheitsrechten und des Mißbrauchs von Macht und nennt sie einen Teufelskreis, den es zu durchbrechen gelte. Zugleich versichert er, niemand im Präsidium denke daran, »sich mit allem zu identifizieren, was nach der Demonstration gesagt worden sei«. Damit räumt er den Weg frei für eine lange, ernsthafte Diskussion, die mit der Forderung nach der beschleunigten Reform der Hochschulen endet. Kein sehr konkretes Ergebnis, gewiß, zumal in erster Linie die Länder für diesen Reformprozeß zuständig sind; und doch kann das Gespräch als Erfolg gelten, allein weil es in der aufgeladenen Atmosphäre jener Wochen hat stattfinden können.[102] Ein Dialog zwischen Vertretern der APO und zumindest einer Partei des verhaßten Establishments ist damit endlich in Gang gekommen, aber Wahlerfolge, welche die Partei so dringend benötigt, garantiert der Brückenschlag keineswegs.

Als der Chef von Infratest im Herbst 1968 vor Willy Brandt und dem neuen Bundesgeschäftsführer Hans-Jürgen Wischnewski Vortrag hält, malt er ein düsteres Bild der Lage. Daß die Partei ihr Formtief bis zum Wahltag 1969 überwinden könnte, erscheint dem Demoskopen ausgeschlossen. Welche Anstrengungen auch immer die SPD unternähme, sie werde mit an Sicherheit grenzender Wahrscheinlichkeit 1969 aus der Regierung herausgewählt.[103] Für Brandt, aber auch Wischnewski sind die Folgerungen eindeutig: Wenn die Sozialdemokraten bei den nächsten Wahlen aller Voraussicht nach von den Christdemokraten geschlagen werden, gilt es um so mehr, schon jetzt das Verhältnis zu den Freien Demokraten zu pflegen. Nur sie kommen als Partner für eine Koalition in Frage, bei der die SPD den Kanzler stellen kann. Und nur mit ihnen deuten sich Gemeinsamkeiten in der Ostpolitik an, die Brandt besonders wichtig ist und an der es in der Großen Koalition wegen des Widerstands der CDU zunehmend hapert.

Voraussetzung für ein solches Bündnis ist allerdings der Entschluß, das Mehrheitswahlrecht abzuschreiben, dessen Einführung zu prüfen sich CDU und SPD in der Koalitionsvereinbarung 1966 verpflichteten und das für die Freien Demokraten das Todesurteil bedeuten würde. Auf dem Nürnberger Parteitag hatte die SPD die Frage bis in die nächste Legislaturperiode vertagt, was zunächst einmal dazu führte, daß beim Wahlrecht 1969 alles beim alten blieb. Zu viele Sozialdemokraten befürchteten – und Klaus Liepelt vom SPD-nahen demoskopischen Institut Infas hatte es ihnen im Fernsehen bis auf Punkt und Komma vorgerechnet –, daß ein Mehrheitswahlrecht nach englischem Muster, wie es der CDU-Innenminister Paul Lücke anstrebte, die CDU strukturell, zumindest mittelfristig, begünstigte und ihr für die nächsten beiden, wenn nicht gar die nächsten drei Legislaturperioden eine satte absolute Mehrheit bescheren würde. Nur: Völlig vom Tisch ist die Frage mit dem Nürnberger Beschluß nicht, denn Anhänger des Mehrheitswahlrechts in der SPD, etwa Helmut Schmidt oder Herbert Wehner, halten prinzipiell an ihrer Position fest. Nur ein grundsätzlicher Verzicht kann den von der Wahlrechtsguillotine bedrohten Liberalen deshalb die Sicherheit geben, über die kommende Legislaturperiode hinaus im Bundestag vertreten zu sein.

Die Frage wird entscheidend für die Wahl des Bundespräsidenten, denn die Freien Demokraten sind entschlossen, den Kandidaten jener großen Partei zu unterstützen, die sich »deutlicher, frühzeitiger und glaubwürdiger von der für die FDP tödlichen Wahlrechtsreform«[104] distanziert. Und das ist im Zweifel die SPD. Brandt verhandelt persönlich mit Walter Scheel, und als die Sozialdemokraten die Zusicherung geben, das Mehrheitswahlrecht sei mit der Entscheidung der Liberalen für Heinemann bei der SPD definitiv vom Tisch, votieren die FDP-Wahlmänner schließlich für den sozialdemokratischen Kandidaten Gustav Heinemann, der sich, erst im dritten Wahlgang gewählt, zum Schrecken der Christdemokraten als betont politischer Präsident entpuppt: Mit der Fröhlichkeit des Christenmenschen verkündet er in einem Interview, in Deutschland habe sich mit seiner Wahl auf demokratische Weise ein Stück Machtwechsel vollzogen.[105]

Der Mann der Bekennenden Kirche hat einen langen Marsch durch die Parteien und Institutionen hinter sich, er wanderte von der CDU über die eigene Gesamtdeutsche Volkspartei zur SPD, und als derjenige Politiker, der besonderes Verständnis für die kritische Jugend zeigt, ist er zweifellos der Präsident der Stunde – eine Art Integrationsfigur für eine linke Mitte, die sich anschickt, die Politik in Deutschland zu bestimmen. Heinemann ist zutiefst Bürger, nüchtern, aufrecht, peinlich korrekt. Walter Scheel nennt ihn einmal die Inkarnation der Toleranz und des Freiheitswillens gegenüber jedermann[106], und unvergessen ist jene Rede, in der er Älteren und Jüngeren nach den Osterunruhen 1968 ins Gewissen redete und die er später seine »Kandidatur-Ansprache« nannte: Wer mit dem Zeigefinger auf die vermeintlichen Anstifter zeige, so Heinemann, der solle bitte daran denken, »daß in der Hand mit dem ausgestreckten Zeigefinger zugleich drei andere Finger auf ihn selbst zurückweisen«. Der damalige Justizminister forderte seine Zuhörer auf, sich zu fragen, was sie selbst in der Vergangenheit dazu beigetragen hätten, daß Antikommunismus sich bis zum Mordanschlag steigerte und daß Demonstranten sich in Gewalttaten der Verwüstung bis zur Brandstiftung verloren haben.[107]

Seine Feststellung vom Machtwechsel kommt ein wenig verfrüht, auch wenn er in der Luft zu liegen scheint. Noch sind die Freien Demokraten ja auf eine Koalition mit der SPD nach den kommenden Wahlen nicht festgelegt, und noch gibt es Anhänger der Großen Koalition auch in der SPD. Gerade deshalb lohnt es sich, einen genauen Blick auf das Prozedere dieser Präsidentenwahl zu werfen. Es legt nämlich die Frage nahe, ob es nicht Kiesinger mit seinem unglücklichen Taktieren in der Präsidentenfrage gewesen ist, der Willy Brandt den Griff nach der Macht in Bonn erst erlaubte. Früh hatte ja der SPD-Chef beim CDU-Kanzler die Forderung angemeldet, nach jeweils zwei Amtsperioden für den Liberalen Heuss und den Christdemokraten Lübke sei jetzt, schon um die Arbeiterschaft völlig in die Republik zu integrieren, die Sozialdemokratie an der Reihe, den Präsidenten zu stellen. Er hatte dabei auch einen Namen genannt: den Georg Lebers, des katholischen, eher rechten Gewerkschafters. Hätte sich die CDU entschlossen, für ihn zu stimmen, wäre Leber der Kandidat der Großen Koalition geworden, die fortzuführen Sozialdemokraten wie Helmut Schmidt und Herbert Wehner ohnehin entschlossen schienen.

Kiesinger, dem diese Absicht ebenfalls unterstellt wurde, hätte also in seiner Partei für Leber kämpfen müssen, um das eigene Überleben als Kanzler zu sichern. Aber er kämpft nicht, obschon er an der Idee Gefallen findet, und auch mit seinem (und Helmut Kohls) Vorschlag, Richard von Weizsäcker als Kandidaten ins Rennen zu schicken, weil dieser für einen Großteil der Liberalen wählbar sei, kann sich der führungsschwache Kanzler in seiner teils zögernden, teils widerstrebenden Partei nicht durchsetzen. Statt dessen stellen die Christdemokraten Gerhard Schröder auf, den Verteidigungsminister, der im Kabinett zum Störenfried geworden war und den man von der Hardthöhe wegloben will. Den Liberalen indes gilt dieser Schröder als Repräsentant der Adenauer-Zeit, von der sie sich ja lösen wollen. Sie haben sich im Jahr zuvor in Freiburg eine neue Führung gegeben, Erich Mende durch Walter Scheel ersetzt, sie haben sich – mit Ralf Dahrendorf und Hildegard Hamm-Brücher – ein bildungspolitisches Reformprofil zugelegt und damit die alte rechtsliberale Partei mehrheitlich nach links gerückt. Vor die Wahl zwischen Schröder und Heinemann gestellt, jenem SPD-Kandidaten, der als Justizminister auch viele liberale Gedanken in seine Reformen einmünden ließ, fällt ihnen die Entscheidung nicht schwer.

Hier nun lohnt sich, wenigstens einen Augenblick lang die Frage der Bundespräsidentenwahl kontrafaktisch zu betrachten. Hätte der Kanzler die Wahl Lebers in der Union durchgesetzt, wäre es zu einer Kandidatur Heinemanns nicht gekommen, und Kiesinger wäre dann höchstwahrscheinlich Kanzler geblieben. Aber hätte Willy Brandt noch einmal als Außenminister unter einem Kanzler dienen wollen, von dem er sich über Gebühr eingeengt fühlte? Ein neuer Außenminister Brandt in einer Großen Koalition sei unwahrscheinlich, es sei denn, dieser erhalte mehr Spielraum, und es werde ausgeschlossen, »daß aus der Richtlinienkompetenz eine Bürokratenzuständigkeit des Bundeskanzlers für den Außenminister wird«. Das gibt Brandt 14 Tage vor der Wahl dem *Spiegel* zu Protokoll.[108] Doch rechnet er selbst wohl nicht damit, daß der außenpolitisch besonders engagierte Kiesinger seinen Forderungen zustimmen würde. Anders ist kaum zu verstehen, wenn er in diesem Interview die Möglichkeit andeutet, er könnte einem neuen schwarz-roten Kabinett als Minister ohne Portefeuille angehören – als bloßer Vizekanzler also, der »seine Seite« am Kabinettstisch zusammenhält. Das liest sich, als strebe er eine Lösung an, die es Kiesinger verwehren würde, wie bisher in Herbert Wehner den Ansprechpartner der SPD innerhalb des Kabinetts zu sehen. Er geht sogar soweit, einen Sozialdemokraten zu benennen, der an seiner Stelle das Außenministerium übernehmen sollte: Helmut Schmidt.

Seine Stellung innerhalb der SPD ist übrigens keineswegs so unumstritten wie vor den letzten Bundestagswahlen. Vielen erscheint er durch die früheren Kandidaturen verschlissen und abgenutzt, in einigen Zeitungen wird offen gefragt, ob nicht der erfolgreiche Wirtschaftsminister der bessere Kanzlerkandidat wäre. Brandt steht ja im Schatten eines Kanzlers, der als Redner brilliert, ihm an Popularität weit voraus ist und unter dem er seine politische Anziehungskraft nicht entfernt so gut erweisen kann wie als Regierender Bürgermeister von Berlin. Vielleicht leidet er auch an seiner Doppelfunktion, denn der Chef der deutschen Diplomatie ist auch innenpolitisch zur Einhaltung von Formen verpflichtet, an die sich ein bloßer SPD-Vorsitzender nicht unbedingt halten muß. Sich einen polternden, polemischen, wortgewaltig dreinschlagenden Außenminister vorzustellen, fällt nun einmal schwer.

Gerade weil Ulrich Lohmar sich als Freund Willy Brandts fühlt, rät er ihm ab, die Partei zum dritten Mal in die Wahlschlacht zu führen. Nach seiner Einschätzung hat der Vorsitzende keine Chance, »als Gegenpol für Kiesinger die nächsten Wahlen zu gewinnen«. Hätte er aber das Odium einer dritten Niederlage zu tragen, würde seine Freiheit, »ausgleichend und koordinierend in der Partei zu wirken«, erheblich beeinträchtigt. Lohmar steht mit dieser Ansicht nicht allein. Viele Genossen rechnen mit einem sicheren CDU-Sieg und gehen davon aus, daß Brandts Kanzlerambitionen sich damit in der Wahlnacht 1969 für immer erledigen würden. Aber gerade weil Sozialdemokraten wie Lohmar sich einen besseren Parteivorsitzenden als Brandt nicht denken können, gerade weil dessen Liberalität »das einzig wirksame Gegengewicht gegen den Führungsstil Herbert Wehners ist«, möchten sie ihn als Parteichef durch eine dritte Niederlage nicht beschädigt sehen. So schlägt Lohmar vor, entweder Helmut Schmidt als Kennedy-Typ, Karl Schiller als Retter des Wirtschaftswunders oder Georg Leber als Arbeitnehmerkanzler mit katholischem oder liberalen Anflug für den Wähler »aufzubauen«.[109]

Natürlich wird sein Rat nicht befolgt, selbstverständlich führt Brandt die Partei in den Wahlkampf, und es kann keine Rede davon sein, daß er nicht selber der Kanzler werden will. Die Tatsache, daß er 1965 darauf verzichtet hatte, ein drittes Mal anzutreten, wird auf dem Wahlparteitag in Bad Godesberg im April 1969 von ihm selbst mehr oder minder elegant mit der Erklärung umschifft, er sehe sich in seiner Zielsetzung als Außenminister und Vizekanzler voll bestätigt: Die Prinzipien seiner Politik hießen »Friedenspolitik und Reformpolitik«. Fragen seiner Genossen, ob er bereit sei, mit diesen Prinzipien auch die Richtlinien der nächsten Bundesregierung zu bestimmen, so Brandt in seiner Parteitagsrede, habe er deshalb mit Ja beantwortet. Und in deutlicher Distanzierung von Kiesinger fügt er hinzu: Richtlinienkompetenz, wie er sie auszuüben gedenke, sei mehr »als eine Gebrauchsanweisung für das Ausklammern entscheidungsreifer Probleme«.

Doch das Wahlkampfkonzept der Partei stellt nicht so sehr auf die Person Brandts als auf die Mannschaft ab, die in der Regierung große Erfolge vorzuweisen hat.[110] Heißt die Hauptparole der CDU »Auf den Kanzler kommt es an« und will sie damit suggerieren, daß dessen Gegenkandidat Brandt eigentlich nichts zu sagen habe, kontert die SPD mit dem Slogan: »Wir haben die richtigen Männer«. Wieder beeindruckt schon die physische Leistung, die Brandt in diesem Wahlkampf bringt: 40 000 Kilometer reist er durchs Land, spricht in mehr als 250 Versammlungen und erreicht damit etwa eine Million Bürger. Die Farbe Rot verschwindet gänzlich aus der Wahlwerbung, die Partei entscheidet sich für ein leuchtendes Orange, und millionenfach wird ein Stecknadelknopf in orange als Sympathiezeichen am Revers getragen. Umfrageinstitute haben ermittelt, welche Tugenden diese Farbe hat, Günter Grass beschreibt sie in seinem »Tagebuch einer Schnecke«: Orange »ist heiter und sinnlich, wirkt aktiv sportlich modern, zieht jung an, stößt alt nicht ab, leuchtet reif und gesund«.

Es ist der erste Wahlkampf, in dem sich Intellektuelle und Prominente in großer Zahl aus der Deckung trauen, offen für die SPD eintreten und – in deutlichem Unterschied zur Skepsis mancher führender Genossen – auch und gerade für die Person Willy Brandt die Trommel rühren. Fernsehstars wie Hans-Joachim Kulenkampff oder Peter Frankenfeld, Schauspielerinnen wie Inge Meysel oder Grethe Weiser, Kabarettisten wie Lore Lorentz oder Dieter Hildebrandt werben in großen Anzeigen direkt für den Außenminister und Kandidaten. »Wegen seiner Toleranz«, heißt es in einem Flugblatt Kulenkampffs, »[wegen] seiner demokratischen Gesinnung, seiner internationalen Erfahrung und nicht zuletzt wegen seines erwiesenen Verhandlungsgeschicks würde ich mir einen Mann wie Willy Brandt als Bundeskanzler wünschen.«[111] Am wirksamsten ist sicher die Wählerinitiative um Günter Grass, die sich schon im Jahr zuvor in dessen Haus in der Niedstraße in Berlin gegründet hat, ein Kreis von Schriftstellern, Publizisten und Professoren, darunter Arnulf Baring, Günter Gaus, Kurt Sontheimer, Siegfried Lenz und Eberhard Jäckel. Sie wollen ein Bündnis zwischen Geist und Macht, auch wenn Brandt später ihre wirkliche Teilnahme an der Macht nicht zuläßt – Günter Grass jedenfalls, derjenige aus diesem Kreis, der dem Kanzler am nächsten steht, wird nicht das Regierungsamt erhalten, nach dem er drängt. Die Wählerinitiative konzentriert sich auf Jungwähler und Bildungsbürger, berufstätige Frauen und katholische Arbeitnehmer, vor allem will sie die studentische Protestbewegung erreichen und versuchen, Teile von ihr für die SPD zurückzugewinnen.

Wenn gerade Intellektuelle in großer Zahl für Brandt Partei nehmen, hat dies auch mit der Kulturkampfatmosphäre zu tun, welche die Achtundsechziger-Bewegung in das verfettete und muffige, verkrustete und demiautoritäre *juste milieu* des Wirtschaftswunderlands trägt und das sie durch Regelverletzungen und Provokationen bewußt in Frage stellt. Die anti-autoritäre Stoßrichtung der Jugendrebellion bestärkt konservative Christdemokraten wie Franz Josef Strauß, Gerhard Stoltenberg oder Bruno Heck in ihren autoritären Reflexen, zum vermehrten Rufen nach der Polizei wie nach starkem Staat. Symbolisch dafür mag die relativ harte Strafe stehen, die Beate Klarsfeld dafür erhält, daß sie den Bundeskanzler auf dem CDU-Kongreß in Berlin im November 1968 ohrfeigt und ihn wegen seiner NSDAP-Mitgliedschaft einen Faschisten nennt – sie wird noch am Tage der Tat zu einem Jahr Gefängnis ohne Bewährung verurteilt. Das Klarsfeld-Urteil kontrastiert erheblich mit den »zum Teil geringen Strafen im Auschwitz-Prozeß«, und es bestärkt »einen Teil der jüngeren Bevölkerung in der Auffassung, daß zumindest Teile der älteren Generation nichts dazugelernt hätten und trotz allen Lippenbekenntnissen nicht zu wirklichen Demokraten geworden waren«.[112]

Es ist aber nicht nur die Überreaktion der Konservativen, es ist auch die offizielle Verlogenheit in der Grenzfrage und der Deutschlandpolitik, welche viele Intellektuelle der Wählerinitiative zutreibt und für Brandt Partei ergreifen läßt. Seit Jahren mahnen Blätter wie *Zeit* und *Spiegel*, *Frankfurter Rundschau* und die *Süddeutsche Zeitung*, aber auch Kommentatoren und Filmemacher in der ARD zu mehr Realismus in der Grenzfrage, in der Deutschlandpolitik und fordern die Aufgabe des Alleinvertretungsanspruchs. »Nun sag, wie hast Du's mit der Illusion?« fragt immer wieder Henri Nannen, der an der Spitze der publizistischen Anerkennungspartei marschiert. Schon 1961 erklärt der *Stern*-Chef die Oder/Neiße-Gebiete für endgültig verloren und warnt vor »utopischen Trommlern und Fanfarenbläsern«, die dies nicht wahrhaben wollten.[113]

Die Kluft zwischen veröffentlichter Meinung und offizieller Politik wächst, je öfter auch die evangelische Kirche mit Denkschriften zu mehr Realismus mahnt. Schon 1962 rät das Tübinger Memorandum, auf die Gebiete jenseits von Oder und Neiße zu verzichten, die Ostdenkschrift von 1965 empfiehlt, den Anspruch auf die Grenzen von 1937 fallen zu lassen, in der Studie »Die Friedensaufgaben der Deutschen« von 1968 wird schließlich die Kooperation der beiden Teile Deutschlands »in angemessenen Rechtsformen« verlangt. Als »angemessen« erscheint den Autoren der EKD-Kammer für öffentliche Verantwortung etwa eine politische Gemeinschaft mit betont föderativem Charakter, in der alle Parteien legal Gehör finden sollen, die in Bundestag und Volkskammer vertreten sind.[114]

Manche Gedanken dieser Studie finden beinahe wörtlich ihren Niederschlag in Brandts Erklärungen zur Deutschlandpolitik auf dem Nürnberger Parteitag. Es ist ja, als herrsche in der deutschen öffentlichen Debatte Ende der sechziger Jahre eine Art Schizophrenie: Gemessen an dem, was Publizistik und Kirche als ostpolitische Avantgarde seit Jahren über die Notwendigkeit veröffentlichen, sich endlich den Realitäten im geteilten Land zu stellen, erscheint die etablierte Politik wie ein schwerer, unbeweglicher Troß, der im Sumpf der Illusionen von gestern steckengeblieben ist. Während die SPD, sicher zu vorsichtig, den Ausbruch nach vorn versucht, wirken Kiesingers Worte vom »Phänomen« oder dem »Gebilde«, mit dessen Regierungschef er immerhin Briefe wechselt, ebenso lächerlich wie unzeitgemäß, ja eindeutig rückwärtsgewandt.

Bewußt ficht Günter Grass mit seiner Wählerinitiative für eine kleine Koalition mit der FDP, die er wünscht, und sei die Mehrheit noch so klein, weil anders die deutsche Stagnation nicht zu überwinden sei. Und in der Tat müssen die Freien Demokraten ihm als ideale Partner für eine neue Ostpolitik erscheinen, weil sie als Oppositionspartei deutschlandpolitisch klarere Forderungen stellen als die SPD, die nicht ausschließen kann oder will, daß die Große Koalition nach den Wahlen fortgeführt wird. So war die FDP 1967 schon mit dem sogenannten Schollwer-Papier vorgeprescht, das mit den bisherigen Tabus der Deutschlandpolitik brechen und die Grenzen akzeptieren wollte. Anfang 1969 gingen die Liberalen einen Schritt weiter und präsentierten im Bundestag ihren »Entwurf für einen Generalvertrag«. Wo Brandt in seiner

»schwebenden Sprache« noch von einem »befristeten, geregelten Nebeneinander« redet, wird die FDP weitaus konkreter: Sie fordert Erklärungen über einen Gewaltverzicht zwischen Bonn und Ostberlin, sie will die Anerkennung der DDR, wenn auch nur in der Übergangszeit bis zu einer späteren Wiedervereinigung, dazu ständige Beauftragte beider Staaten in Ostberlin und Bonn. Dem Gesamtdeutschen Minister des Kanzlers Kiesinger geht das zu weit – »So nicht und jetzt nicht«, erklärt der Sozialdemokrat, als der FDP-Entwurf im Bundestag zur Debatte steht. *In toto* will Herbert Wehner die Initiative aber auch wieder nicht verwerfen: »Kommt Zeit, kommt Vertrag«, beschließt er einen improvisierten Debattenbeitrag und hält damit die Tür zumindest einen Spalt für später offen.[115]

Wenn die Freidemokraten verlangen, nach Abschluß vertraglicher Regelungen mit der DDR müßten die zwei deutschen Staaten in den Vereinten Nationen vertreten sein, zeigen die Liberalen auch im Wahlkampf wieder das schärfere deutschlandpolitische Profil. In einem Wahlkampfhearing des Fernsehens vertritt Walter Scheel diese These betont offensiv, indes Helmut Schmidt, den fortdauernden Zwang zu einer gemeinsamen Deutschlandpolitik mit der CDU vor Augen, sich betont bedeckt hält.[116] Daß die Wurzeln der Ostpolitik nur bei Egon Bahr und Willy Brandt zu finden wären, muß deshalb ins Reich der Mythen verwiesen werden.

Der freidemokratische Anteil am Aufbrechen der Nachkiegsdenkverbote in der zweiten Hälfte der sechziger Jahre ist groß, aber eine sozial-liberale Ehe, so erstrebenswert sie Willy Brandt auch erscheinen mag, bleibt bis zum Schluß des Wahlkampfs ungewiß. Zwar erörtert Brandt im Mai 1969 bei einem gemeinsamen Mittagessen im Düsseldorfer Industrieclub die Möglichkeit einer Allianz mit Walter Scheel. Weil jedoch keiner der beiden sich dafür der Mehrheit in seiner Partei sicher sein kann, halten sie ihr Gespräch zunächst geheim. Um Spekulationen und Gerüchten vorzubeugen, verzichten sie bis zum Wahltag sogar auf jedes weitere Zusammentreffen.[117] Immerhin gibt es bei den Freien Demokraten noch einflußreiche Kreise, die eine bürgerliche Koalition anstreben, auch wenn diese nur schwer vorstellbar ist, solange Christdemokraten wie Franz Josef Strauß die Ostpolitik der Liberalen, speziell die Anerkennung der Oder/Neiße-Linie, als Landesverrat beschimpfen. Und in der SPD, die auf ihrem Wahlparteitag die Koalitionsfrage zwar offen gelassen hat, für jedes Bündnis aber eine sichere Mehrheit als Voraussetzung forderte[118], hält ein starker Flügel die Fortführung der Großen Koalition für richtig und nötig. Vor allem Herbert Wehner meint, seine Partei bedürfe eines gleichgewichtigen Partners, »um an ihm zu wachsen«, deshalb brauche sie »nicht einen Tropfen liberalen Öls, sie brauche das Kreuz«.[119] Erst drei Tage vor der Wahl bekennt Scheel in der Fernsehrunde der vier Parteivorsitzenden, daß er eine sozial-liberale Regierung anstrebe, wenn die Zahlen dies möglich machten – zwar könne er darüber nicht alleine entscheiden, aber die Stoßrichtung sei immerhin klar. Brandt dagegen vermeidet in derselben Sendung noch jede öffentliche Festlegung.

Seit Karl Schiller ins Zentrum des Wahlkampfs gerückt ist, liegt der Gedanke an ein sozial-liberales Bündnis allerdings näher als bisher, denn im Grunde vertritt er mit seiner Wirtschaftspolitik liberale Positionen. Die großen Volksparteien sind ja in der Frage der Aufwertung der D-Mark gespalten – Schiller wünscht sie, um die überbordende Konjunktur und die Inflation einzudämmen, der Kanzler lehnt sie im Bunde mit Strauß vehement ab, um der deutschen Exportwirtschaft nicht zu schaden. Daß Kiesinger sich in dieser Frage über den unbestrittenen Sachverstand seines Fachministers hinwegsetzt, eines Mannes dazu, der als Meister des Wirtschaftsaufschwungs auf der Beliebtheitsskala längst am Kanzler, an Strauß, aber auch an Willy Brandt vorbeigezogen ist, kostet ihn wahrscheinlich die Kanzlerschaft. Zwar reklamieren den Erfolg stets viele Väter, und natürlich trägt auch die Grass'sche Wählerinitiative zum Stimmenzugewinn der SPD bei. Entscheidend ist aber wohl die Tatsache, daß der brillante Wirtschaftsprofessor die richtigen Ideen in der Form gescheit vereinfachter Thesen und griffiger Parolen unters Volk zu bringen weiß. Erstmals scheint damit die SPD in den Augen der Wähler den Christdemokraten an Wirtschaftskompetenz überlegen zu sein.

Die Wahlnacht vom 28. September bestätigt, was Kenner ihm schon immer bescheinigt haben: Am besten kämpft Brandt, wenn in seinem Rücken nur noch die Wand steht, wenn er zu Härte gezwungen wird und der konfliktscheue Mann gar nicht anders kann, als sich zu wehren und zum Angriff überzugehen. Egon Bahr wird ihm Tage später schreiben, er habe das Gefühl, als ob er »trotz der fast zehn Jahre Zusammenarbeit noch einen oft vergeblich ersehnten Willy Brandt kennenlerne«.[120] Der Mann des Sowohl-als-auch setzt diesmal alles auf eine Karte, der große *cunctator* zögert und zaudert nicht, entschlossen greift er nach dem berühmten Zipfel, als der Mantel der Geschichte an ihm vorüberrauscht. Plötzlich ist Brandt wie verwandelt, alles Sinnende und Zweifelnde hat sich bei ihm verloren, schreibt Hans Ulrich Kempski: »In zwei Jahrzehnten habe ich ihn nie zuvor in einer vergleichbaren Stimmung und ungetrübter Zuversicht gesehen.«[121] Wenn er, der sonst so Bedächtige, nach dem Motto »Jetzt oder nie« den Ritt über den Bodensee wagt, dann weil er weiß: Nutzt er diese Chance nicht, wird es für ihn, der bereits zwei Wahlkämpfe verloren hat, einen vierten Anlauf zur Macht nicht mehr geben. Entweder wird dieser Willy Brandt jetzt Kanzler, oder der Kandidat der SPD in vier Jahren wird ein anderer sein, dann wahrscheinlich Helmut Schmidt oder Georg Leber heißen, indes sein, Brandts, eigener politischer Stern schnell verblaßt. Er müßte sich dann einreihen in die lange Reihe der Gescheiterten, welche die Parteigeschichte vorzuweisen hat. Es ist, als ob ihm diese existentielle Herausforderung die Kraft und den Mut einflöße, die er braucht, das beinahe Unmögliche zu wagen: mit hauchdünner Mehrheit das endlich Zeitgemäße zu tun, die außenpolitische Kurskorrektur durchzusetzen und nach innen das zu beginnen, was Historiker später einmal etwas vollmundig als Umgründung oder Versuch der inneren Neugründung der Republik bezeichnen werden.

Dabei stehen die Zeichen in dieser hochdramatischen Nacht zunächst keineswegs auf Sieg. Die Stimmung in der SPD-Baracke ist eher auf Trübsal gestimmt, und ein Mann wie Günter Grass versucht bereits, sich »einzuschnecken«, wie er schreibt, weil die Hochrechnungen gegen 21 Uhr die CDU mit der absoluten Mehrheit der Mandate weit vorne sehen.[122] Die Junge Union beschert Kiesinger einen Fackelzug, und Präsident Nixon hat ihm bereits telefonisch zum Wahlsieg gratuliert, als sich plötzlich der Auszählungstrend wendet: Erstmals ergibt sich ein Vorsprung von wenigen Sitzen für eine sozial-liberale Koalition, der bis zum Endergebnis kurz nach Mitternacht auf zwölf Mandate wächst. Als sich der Anfangstrend bestätigt, birst der Saal, in dem sich die Journalisten in der Baracke versammelt haben, fast vor Spannung, zumal sich die sozialdemokratische Seite unsicher, ja uneinig zeigt: Vor laufenden Kameras – SPD und FDP haben gerade einmal drei Mandate mehr – befürwortet Karl Schiller eine sozial-liberale Koalition, nur wenig später kontert Herbert Wehner dies mit einer Warnung vor der »alten Pendlerpartei« FDP.

Doch ist dies der Tag, um ein Wort von Arnulf Baring aufzugreifen, weil es ein treffenderes nicht gibt – es ist der Tag, an dem Brandt seinem Ziehvater und Zuchtmeister entläuft und in einem »Akt des Widerstandes« gewissermaßen einen »innerparteilichen Staatsstreich gegen Wehner« wagt.[123] Er telefoniert mit Walter Scheel, der seine politische Karriere schon für beendet hält. Brandt muß ihn erst einmal aufrichten, denn die Freien Demokraten sind von 9,5 auf ganze 5,8 Prozent abgestürzt. Sie haben nach rechts Wähler abgegeben, dafür aber von links kaum Zuzug erhalten und sind damit die großen Verlierer der Wahl. Andererseits ist unumstritten, daß diejenigen Wähler, die der FDP treu geblieben sind, eher für eine sozial-liberale als eine bürgerliche Koalition gestimmt haben. Zu konkreten Vereinbarungen kommt es während dieses Gesprächs nicht, Scheel lehnt aber ein Bündnis auch nicht ab. Als seine Parteifreunde Genscher und Mischnick, vor allem aber die einflußreichen Liberalen um Willi Weyer in Nordrhein-Westfalen eine Koalition mit der SPD befürworten, verkündet ein strahlender Brandt um 23.45 Uhr seinen Anspruch auf die Kanzlerschaft. Mit einem bei ihm gänzlich ungewohnten Elan ist es ihm gelungen, die Gegner einer kleinen Koalition innerhalb der SPD-Führungsriege in dieser Nacht buchstäblich zu überrennen.

Herbert Wehner saugt nur vieldeutig an seiner Pfeife, als das SPD-Präsidium am späten Abend tagt und Brandts Absicht billigt. Erst lange nach Mitternacht, als Brandt sich bereits öffentlich erklärt hat, sagt er ihm telefonisch von zu Hause seine »vorsichtige Rückenstützung«[124] zu, zweifelt indes weiter, ob auf das »Waagscheißerle«, wie Theodor Heuss das zusammengeschmolzene Häuflein Freidemokraten einmal ironisch nannte, wirklich Verlaß sei. Auch Helmut Schmidt wich vor Brandts geradezu wilder Entschlossenheit zurück. Zunächst hatte er Rainer Barzels Erklärung, es sei an der Union als der stärksten Partei, die Koalitionsgespräche zu eröffnen, zugestimmt[125], nach früheren Äußerungen erachtete Schmidt eine Mehrheit von etwa zwei Dutzend Mandaten für notwendig, damit eine SPD-FDP-Koalition sicher regieren könnte. Jetzt sagt er, halb mürrisch, halb resignierend zu Brandt: »Wenn Du's willst, mach's doch!« Folgt man Peter Koch, verspielte Hanseat Schmidt-Schnauze durch »eigenes Fehlverhalten« die Möglichkeit, wirksam gegen Brandt aufzutreten: Auf einer internationalen Konferenz über Mitbestimmung in Dänemark hatte er sich über den »Scheißdemokraten Brandt« lustig gemacht, »der immer erst andere fragen muß, bevor er sich entscheidet« und war von dem Tagungsleiter Otto Wolf von Amerongen deshalb zur Ordnung gerufen worden.[126]

Es ist eine bewegende Szene, als der Vorsitzende den Raum betritt – die umstehenden Wahlhelfer, SPD-Mitarbeiter, Sympathisanten bejubeln ihn schon als den Kanzler von morgen, als er vor den Kameras seine Absicht erklärt, eine sozial-liberale Koalition zu bilden. Die Arme über der Brust gekreuzt, den Blick in die Ferne gerichtet, steht er da, durch und durch stolz und siegesbewußt. Die Stimme ist rauh, wie üblich schieben sich die Sätze ineinander, und der Zuhörer meint, bei seinen Redepausen den Denkprozeß des Sprechenden mitzuerleben. Zwar ist die CDU/CSU stärkste Fraktion geblieben, doch seine Partei hat mit 42,7 Prozent das bisher beste Ergebnis ihrer Geschichte erreicht, und deshalb erklärt er sie schlicht zum eigentlichen Sieger dieser Wahl. Die CDU/CSU habe 1,5 Punkte verloren und sei auf 46,1 Prozent abgerutscht – eine bürgerliche Koalition von CDU/CSU und FDP wäre mithin eine Koalition der Verlierer. Dann trennt er, was er gern nach Wahlen tut, die CDU von der CSU, weil sie doch zwei verschiedene Parteien seien und folgert: »Die SPD ist die größte Partei, die SPD ist die stärkste Partei, die CDU hat nicht gewonnen, sondern sie hat verloren ...« Man habe vor dem Wahltag gesagt: »Wer die FDP wählt, wählt SPD und FDP ... SPD und FDP haben mehr als CDU und CSU. Das ist das Ergebnis.«[127]

Mehrheit ist Mehrheit, so die uralte parlamentarische Regel, und auch wenn Parteien mit Kanzlerkandidaten in die Wahlschlacht ziehen, bestimmt nach der Verfassung nicht der Wähler, sondern noch immer das Parlament den künftigen Regierungschef. Die kommende Koalition kann sich, parlamentarisch völlig korrekt, auf eine Mehrheit der Sitze stützen, nicht aber auf eine Mehrheit der abgegebenen Stimmen im Volk. Brandt hat das Gesetz des

Handelns an sich gerissen und tut recht daran, es die nächsten drei Jahre nicht mehr aus der Hand zu geben. Wer jedoch die Erbitterung verstehen will, mit der um den Kanzler Willy Brandt, seine politischen Vorstellungen und seine Ostverträge in den kommenden drei Jahren gerungen wird, die leidenschaftliche Polarisierung bis hin zur bewußten Vergiftung der politischen Atmosphäre, sollte sich einen Augenblick in die Lage des Verlierers versetzen.

Kiesinger und mit ihm die CDU/CSU haben zwar die Wahlen gewonnen, aber die Herrschaft über den Staat verloren, und sie fühlen sich als Opfer der NPD. Im Wahlkampf haben sie alles versucht, die Rechtsradikalen aus dem Bundestag fernzuhalten und sie unter die Fünf-Prozent-Grenze zu drücken. Das ist ihnen zwar gelungen, aber der Preis für diese Anstrengung heißt Machtverlust. Für eine Regierungsbildung durch die CDU als der führenden Partei erweisen sich die 4,3 Prozent der Stimmen, die für die NPD abgegeben wurden, als entweder zuwenig, oder aber zuviel. Zuwenig, denn hätte die NPD nur 0,7 Prozent der Stimmen mehr erhalten, wäre sie in den Bundestag eingezogen und hätte zusammen mit der CDU/CSU das Entstehen einer sozial-liberalen Koalition verhindern können. Die Fortführung der Großen Koalition wäre dann so gut wie sicher gewesen. Zuviel, denn hätte die NPD weniger Stimmen erhalten, wären diese wahrscheinlich an die CDU/CSU gegangen, die dann womöglich die absolute Mehrheit der Sitze hätte erobern können. Es ist diese Rechnung, welche die Auseinandersetzung zwischen der Regierung Brandt/Scheel und der christdemokratischen Opposition in den kommenden drei Jahren so bitter machen wird.

Mit einem Wort von Peter Bender hat die Große Koalition deutschlandpolitisch den Versuch dargestellt, die schmerzliche Anpassung an die Wirklichkeit auf der Basis von 87 Prozent der Wählerstimmen zu bewältigen, und er war fehlgeschlagen. Jetzt unternimmt die Kleine Koalition, was der Großen nicht gelang – aber nur auf der Basis von 48,5 Prozent der Wählerstimmen. Schon in der Wahlnacht beginnen die Spielchen der beiden Lager, wie welche FDP-Abgeordneten abgeworben oder wie sie bei der Stange der künftigen Koalition gehalten werden können. Von alledem unbekümmert, wird Willy Brandt seinen Weg gehen und ein wichtiges Kapitel deutscher Nachkriegsgeschichte schreiben.

Machtwechsel am Rhein

Willy Brandt im Palais Schaumburg

Mythisch überhöht erscheint aus heutiger Sicht, wie nicht nur Zeitgenossen die Wahl Willy Brandts zum Kanzler damals werteten, sondern auch er selbst. Sicher bedeutet sein Einzug ins Palais Schaumburg eine Zäsur, denn die Bundesrepublik hat erstmals in ihrer Geschichte die demokratische Bewährungsprobe bestanden und einen friedlichen Machtwechsel zwischen Regierung und Opposition vollzogen. Für jede normale westliche Demokratie eine Routineangelegenheit, zu der sie Gott sei Dank heute für die Bundesrepublik längst geworden ist. Nicht so damals, nach zwanzig Jahren, in denen sich die Christdemokratie im Bund als die natürliche Regierungs-, ja Staatspartei fühlen durfte und die Sozialdemokratie in die Rolle entweder der ewigen Opposition oder doch des Helfershelfers und Juniorpartners verdammt schien.

Für viele Anhänger Brandts bedeutet der Machtantritt des Emigranten, der von der Rechten in zwei Wahlkämpfen als Verräter verleumdet worden ist, den Aufbruch zu neuen Ufern – eine Deutung, der er selbst nicht entgegentritt, im Gegenteil. Der Antifaschist greift den Verratsvorwurf auf und wendet ihn, historisch korrekt, gegen die wahren Verderber Deutschlands: Der »nationale Verrat durch das Hitlerregime« ist für ihn die Wurzel deutschen Unheils und der deutschen Spaltung.[1] Wenn er vor ausländischen Journalisten erklärt, mit seiner Wahl habe Hitler endgültig den Krieg verloren, unterstützt er den Mythos einer »zweiten Stunde Null von 1969«, von der Wilhelm Hennis spricht.[2] Das gilt auch für seine Regierungserklärung, die er unter das Motto »Mehr Demokratie wagen« stellt und in der er abschließend dem Parlament zuruft: »Nein: Wir sind nicht am Ende unserer Demokratie, wir fangen erst richtig an!«

Ganz von seiner skandinavischen Erfahrung geprägt, entwirft er die Vision einer Gesellschaft, die mehr Freiheit bietet, mehr Mitverantwortung fordert und in der jeder Bürger die Möglichkeit erhalten soll, an den Reformen von Staat und Gesellschaft mitzuwirken: »Mitbestimmung, Mitverantwortung in den verschiedenen Bereichen unserer Gesellschaft«, verspricht er, »werden wieder eine bewegende Kraft der kommenden Jahre sein.«[3] Durch den Studentenprotest und die neue Linke waren fast totgeglaubte sozialistische Konzepte wiederbelebt und die alte, seit dem Krieg in der Partei schlummernde Hoffnung auf eine Alternative zum Kapitalismus, wenigstens aber auf dessen energische Rückdämmung geweckt worden. Der neue Kanzler gibt solchen Träumen Nahrung, wenn er in einem Fernsehinterview mit Klaus Harpprecht im ZDF davon spricht, er wolle nicht bei Hermann Müller anknüpfen, jenem letzten sozialdemokratischen Kanzler, der im März 1930 abgetreten war. Die Weimarer Sozialdemokratie, wir wissen es, ist seine Sache nicht. Lieber geht er gleich zu den sozialistischen Quellen einer heilen, noch nicht gespaltenen Arbeiterbewegung, zu Bebel, dem Arbeiterkaiser zurück. 1969 sieht er endlich die große Chance, die es in Weimar nicht gegeben hat: Bebels »Vaterland der Liebe und Gerechtigkeit zu gestalten« – soweit man das eben auf Erden zustande bringen kann.

Stilisiert Brandt, durch den Wahlerfolg emotional bewegt – gedrängt vielleicht auch vom intellektuellen Sympathisantenkreis der Bürger- und Wählerinitiativen? –, den knappen Sieg zum Beginn einer neuen Epoche, sich selbst damit zur epochalen Figur? Dazu paßte, daß für ihn – im Gegensatz zu seinem nüchternen Partner Walter Scheel – das Zusammengehen mit der FDP mehr ist als eine Vernunftehe oder Zweckkoalition auf Zeit, er erhebt es bewußt zu einem Bündnis von historischem Rang. Arbeiterschaft und Liberalismus hatten sich in der Epoche Bismarcks weit voneinander entfernt, dann beim Aufbau der Weimarer Republik wieder zusammengefunden. Nach dem Krieg erneut getrennt, weil sich die Liberalen rechts von der CDU ansiedeln, ergibt sich für ihn jetzt, nach wiederholten Schrumpfungskrisen, die Chance zu einem erneuerten, sozial verpflichteten Liberalismus, der die Möglichkeit »eines mehr als taktisch bedingten Zusammengehens« erlaubt.[4]

Zwar wird das erste Kabinett Brandt ganz im Zeichen der Außenpolitik – und das heißt vor allem des Kampfes um seine Ost- und Verständigungspolitik – stehen, aber der SPD-Fraktion verspricht er am 3. Oktober 1969, er werde vornehmlich ein Kanzler der inneren Reformen sein, als der er sich in seinen Memoiren auch am liebsten sieht. Dabei scheitern wirklich wichtige sozialdemokratische Projekte wie die paritätische Mitbestimmung am Einspruch der Liberalen, die ihr politisches Überleben dadurch sichern wollen, daß sie sich als bürgerliche Wirtschaftspartei, als Garant gegen sozialistische Experimente und Umverteilung, in einer neuen Bremserrolle also, profilieren. Es ist der optimistische Glaube an die Möglichkeit zur umfassenden Gestaltung der menschlichen Zukunft, an eine Art gesellschaftlicher, wenn man will: menschheitlicher *planification*, der sich wie ein roter Faden durch seine erste Regierungserklärung zieht. Er huldigt dem Zeitgeist und glaubt, nach den wirtschaftspolitischen Erfolgen der Großen Koalition, an die Chancen moderner Konjunktur- und Wirtschaftssteuerung, an Wachstum nach Maß und die Beherrschbarkeit ökonomischer Krisen. Demokratie, wie Brandt sie versteht, ist mehr als eine Organisationsform des Staates, sie soll als konstitutives Prinzip die gesamte Wirtschaft und Gesellschaft durchdringen und die Menschen von Abhängigen zu Mündigen machen.

Kritiker nennen, was er als Arbeitsprogramm seines ersten Kabinetts verkündet, einen Versandhauskatalog, ein ganzes Füllhorn von Versprechen habe er über dem Wahlvolk ausgeschüttet – die Erhöhung der Kriegsopferrenten etwa und die Verdoppelung des Arbeitnehmerfreibetrags, Steuererleichterungen und Förderung der Vermögensbildung für die kleinen Leute, die Einführung der flexiblen Altersgrenze und ein neues Bodenrecht, den forcierten Ausbau der Hochschulen und die Sauberhaltung der Umwelt, die Erweiterung des Autobahnnetzes, die Gleichberechtigung der Frau und Vorsorgeuntersuchungen zum Kampf gegen die großen Krankheiten wie Krebs. Alles das und noch viel mehr findet sich in seiner Regierungserklärung, aber immer wieder kommen die Worte Modernisierung und Reformen vor, als ob sich ein wenig vom Vorwortpathos des Godesberger Programms eingeschlichen hätte. Manche fühlen sich an den Aufbruch zu den *new frontiers*, den neuen Grenzen von John F. Kennedy, erinnert, den Brandt so bewundert hat. Kein Wunder also, wenn ein Politikwissenschaftler wie Wolfgang Jäger das, was Brandt dem Parlament am 28. Oktober 1969 vorträgt, als »Manifest des Neubeginns« und das »hochfliegendste Regierungsprogramm« in der bisherigen Geschichte der Bundesrepublik bezeichnet.[5] Gegen Adenauers »Keine Experimente« setzt er sein »Keine Angst vor Experimenten«.

Was er ankündigt, sind freilich nicht Reformen des alten Sozialismus, ein kritischer Beobachter wie Jürgen Tern nennt die angestrebten Neuerungen zu Recht ein »Amalgam zwischen Godesberger Reformprogramm und FDP-Modernität«, wobei letztere allerdings im Vagen bleibe.[6] In vielem entspricht, was er erklärt, den Erwartungen der jungen Generation, jener Achtundsechziger, die den Staat der Adenauerzeit *in toto* verwerfen und im neuen Kanzler ihren Hoffnungsträger sehen. Doch hat manche Schwierigkeit der sozial-liberalen Regierung in den kommenden Jahren, manche Konfrontation mit der erstarkenden Linken in der Partei ihre Ursache gerade darin, daß Brandt Hoffnungen weckt, die entweder wegen Geldmangels nicht zu erfüllen sind oder am Nein des Koalitionspartners scheitern werden. Im Rückblick räumt er freimütig ein, die Regierung sei der Versuchung erlegen, sich zuviel auf einmal vorzunehmen: Das Wort Reform sei einigen seiner politischen Freunde zu leicht über die Lippen gegangen, manche seiner Mitarbeiter hätten Wunschlisten für Programme gehalten und jede Art technischer Anpassung als Reform ausgegeben. Vor allem aber: Viel zu viele seien sich nicht bewußt gewesen, welch knappes Mandat der Wähler der neuen Regierung erteilt hatte.[7]

In der Tat: Bedenkt man die brüchige Basis der sozial-liberalen Allianz, die drei Jahre lang durch Verweigerung, Abwerbung oder Parteiübertritte bedroht ist, bis sie schließlich im Frühjahr 1972 ihre Mehrheit im Parlament einbüßt, greift der neue Kanzler sehr, sehr weit. Rein rechnerisch hält, was Kiesinger gern als Mini-Mini-Koalition verspottet, eine Mehrheit von sechs Mandaten. Doch gehören drei dieser Sitze FDP-Dissidenten, die schon vor der entscheidenden Parlamentssitzung angekündigt haben, sie würden Brandt nicht ihre Stimme geben: den Rechtsliberalen Erich Mende, Siegfried Zoglmann und Heinz Starke. Für die Kanzlerwahl braucht Brandt ein Minimum von 249 Stimmen, gewählt wird er von 251 Abgeordneten – das sind gerade einmal zwei über den Durst, wie er sagt. Er tröstet sich damit, dies seien immerhin 200 Prozent mehr, als Konrad Adenauer bei seiner ersten Wahl erhalten hat – der war ja mit nur einer Stimme, seiner eigenen, Kanzler geworden. Und doch führt der Vergleich mit der Wahl Adenauers in die Irre. Wolfgang Jäger rechnet es vor: Brandt erhielt bei der höchsten Anwesenheitsquote aller Kanzlerwahlen die höchste Zahl an Gegenstimmen und die geringste Zahl an Enthaltungen, Indikatoren, die ihn zu dem Schluß zwingen, es habe sich bei dieser Kanzlerwahl um »das am deutlichsten polarisierte Votum« gehandelt, das der Bundestag bis dahin gekannt hatte.[8]

Um so erstaunlicher, daß der neu gewählte Kanzler wahrhaft historische Weichen stellen kann. Auf Adenauers gelungene Versöhnung mit dem Westen folgt mit der Regierung Brandt/Scheel der Ausgleich mit dem Osten, und er ist als Ergänzung gedacht, nicht als Ersatz. Nur die sichere Verankerung im Westen und im westlichen Bündnis, dies ist Brandts feste Überzeugung, erlauben die Öffnung der Bundesrepublik nach Osten hin. Doch gewinnt Bonn mit den Ostverträgen politisch erheblich an Gewicht und Einfluß, es vergrößert seinen außenpolitischen Spielraum und wird, obschon noch immer nicht voll souverän, doch international nach allen Seiten handlungsfähig.

Wenn Brandt dies auf schmalster Mehrheitsbasis erreichen kann, obwohl seine Vertragspolitik nach innen polarisiert wie ehedem nur Adenauers Westpolitik – man denke nur an Kurt Schumachers böses Wort vom »Kanzler der Alliierten«! –, dann hat dies im wesentlichen zwei Gründe. Einmal zeigt er während der Regierungsbildung großes Verständnis für die Profilierungsnöte der in den Wahlen so arg gebeutelten Liberalen. Er weiß, daß die FDP, ohne die er nicht Kanzler werden kann, sich in der Regierung erholen muß, wenn sie den nächsten Wahlgang überleben will, und so kommt er ihr weit entgegen: Er bietet Scheel drei Ressorts an und überläßt ihm die Entscheidung, welche er haben will. »Das war klug und fair«, meint Hans-Dietrich Genscher: Brandt wollte einen starken Partner, und damit seien die Würfel endgültig gefallen.[9] Um wenigstens einen Teil der Rechtsliberalen mit dem neuen Kurs der FDP zu versöhnen und sie einzubinden, regt Brandt zudem an, daß einer der drei liberalen Minister ein gestandenes Mannsbild aus Bayern werde – Josef Ertl, seines Zeichens Oberlandwirtschaftsrat und bislang eher Skeptiker einer Ehe mit den Sozialdemokraten. Der FDP-Chef greift die Idee auf, und so stellen die Liberalen im ersten Kabinett Brandt den Außenminister und Vizekanzler

Scheel, den Innenminister Hans-Dietrich Genscher und den Landwirtschaftsminister Josef Ertl.

Der zweite Grund dafür, daß die Mini-Mini-Koalition relativ lange hält, ist der nahezu völlige außenpolitische Gleichklang zwischen den neuen Bündnispartnern. Die Liberalen waren von der Notwendigkeit einer außenpolitischen Kurskorrektur überzeugt, aber sie wußten, daß »in der Außenpolitik ... etwas wirklich Neues mit der CDU/CSU nicht zu machen« war, weil diese sich nicht aus ihrem ostpolitischen Immobilismus lösen wollte.[10] In der Tat ist es die erbitterte Feindschaft, mit der die CDU/CSU die Ostpolitik der neuen Regierung zum innenpolitischen Schlachtfeld macht und bis hin zum versuchten Regierungssturz bekämpft, welche die Sozialliberalen nur um so fester zusammenschweißt. Das nahezu blindwütige Anrennen der CDU gegen die Außen- und Deutschlandpolitik der neuen Regierung läßt diese selbst dann noch zusammenhalten, als einige Monate nach dem Wahlsieg von 1972 ein Walter Scheel öffentlich darüber sinnt, ob der Vorrat an Gemeinsamkeiten, den jedes parlamentarische Bündnis nun einmal braucht, nicht irgendwann aufgezehrt sei. Deshalb ist, auch wenn Brandt dies gern anders gesehen hätte, die sozial-liberale Koalition vor allem ein Bündnis für die Ostpolitik, er selbst schreibt Geschichte nicht als Mann der inneren Reformen im Geiste Bebels, sondern als Kanzler der Versöhnungspolitik. Allerdings will er später auch diese, seine Friedenspolitik im geweiteten Sinne als »Reformpolitik« verstanden wissen, weil Reformen für ihn grundsätzlich »mit Hoffnung zu tun« haben – der Hoffnung auf mehr Sicherheit zum Beispiel, die junge Menschen hegen, weil sie mit Blick auf die Zukunft Sorge und Angst bewegt: »Angst vor der Vernichtungsgewalt der militärischen Apparaturen, Sorge um Lebensgrundlagen in einer gefährdeten Umwelt« und »Mißtrauen, das durch ein ›Unterangebot‹ an Wahrhaftigkeit« bedingt ist.[11]

Wenn er bewußt jenes Wort in seiner Regierungserklärung meidet, das bislang jeder Kanzler bei seinem Amtsantritt vor dem Parlament beschworen hat – das Wort Wiedervereinigung –, hat dies mit Wahrhaftigkeit zu tun. Und wenn er bei seinem Regierungsantritt erklärt, daß »zwei Staaten in Deutschland existieren«, die füreinander nicht Ausland sein können, gibt er nicht nur zu erkennen, daß er dem Osten entgegenkommen will, er macht auch klar, wo der neuen Flexibilität Grenzen gezogen sind. Die Sprache seiner ersten Reden und Interviews wirkt deshalb so aufrüttelnd und befreiend, weil er endlich das Dickicht der Lügengespinste durchbricht, die von der etablierten Politik und zahllosen Sonntagsrednern zu nationalen Tabus stilisiert worden sind. Seit er von der Vormundschaft Kiesingers befreit ist, bricht es geradezu aus ihm heraus, und es ist diese Offenheit des neuen Kanzlers, sein Mut zur Wahrhaftigkeit, welcher die allgemeine Aufbruchstimmung befördert, die seit dem Regierungswechsel herrscht.

»Patriotismus verlangt die Erkenntnis dessen was ist, ... den Mut zum Erkennen der Wirklichkeit«, sagt er im ersten »Bericht über die Lage der Nation im gespaltenen Deutschland«. Wer das Wort Wiedervereinigung 1969 im Munde führt, ohne zu sagen, sie sei auf absehbare Zeit unerreichbar, ist für ihn schlicht unwahrhaftig. »Wir müssen ... zur Kenntnis nehmen, daß eine Wiedervereinigung im ursprünglichen Sinne nicht mehr möglich ist ...«, antwortet er der *Welt am Sonntag* auf deren Fragen und fügt hinzu, »der Bundeskanzler hat die Pflicht, seinem Volke die Wahrheit zu sagen, auch wenn sie bitter ist.«

Zwar gibt es auch für ihn einen vagen, fernen Hoffnungsschimmer: das Recht des deutschen Volkes nämlich, frei über sein Schicksal zu entscheiden, und vielleicht sei dieses Selbstbestimmungsrecht eines Tages in einer europäischen Friedensordnung zu verwirklichen, immer vorausgesetzt, die Weltmächte und die europäischen Nachbarn stimmten zu. Aber der Weg dahin sei weit, wahrscheinlich bleibe eine solche Friedensordnung künftigen Generationen vorbehalten; jedenfalls sei derzeit keine der Weltmächte daran interessiert, die Überwindung der deutschen Spaltung auf die Tagesordnung zu setzen. Wo gäbe es denn, fragt er, außerhalb unseres Volkes Menschen, »die sich angesichts der Eventualität begeistern, daß die 60 Millionen und die 17 Millionen, das eine und das andere Wirtschaftspotential, von den Armeen nicht zu sprechen, zusammenkommen?« Er bezweifelt, ob es je wieder einen deutschen Nationalstaat alter Prägung geben werde – dazu habe sich die politische Entwicklung »in unserem Teil Europas von dem Denken in überwiegend nationalstaatlichen Vorstellungen entfernt«, wie er denn überhaupt glaubt, daß es in Zukunft keine politischen Lösungen von Wichtigkeit geben kann »außerhalb von Bündnissen, Sicherheitssystemen oder Gemeinschaften«.[12] Wer solche Sätze heute liest, mag einwenden, Brandt sei von der Geschichte widerlegt worden, weil die Deutschen seit 1990 wieder in einem, diesmal in seinen Grenzen saturierten, Nationalstaat leben. Aber ist er damit wirklich widerlegt? Wird die Vereinigung 1990 nicht nur deshalb möglich, weil die wichtigsten Voraussetzungen, die er selbst genannt hat – der Zustand des Friedens in Europa, die Zustimmung der Weltmächte und der Nachbarstaaten – gegeben waren? Und ist der Staat, in dem wir heute leben, etwa ein Nationalstaat klassischer Prägung? Handelt es sich nach dem treffenden Wort von Heinrich August Winkler nicht vielmehr um einen postklassischen Nationalstaat, fest eingebunden in das Atlantische Bündnis wie in die Europäische Gemeinschaft, an die ein großer Teil der Souveränität abgetreten ist und weiter abgetreten werden muß?

Gewiß, da gibt es später das Brandt-Wort von der »Wiedervereinigung als der spezifischen Lebenslüge der zweiten Deutschen Republik«, von der Brandt gelegentlich ab 1982 spricht und das er bewußt am 11. September 1988 bei einer »Berliner Lektion« gebraucht, die er »Deutsche Wegmarken« überschreibt. Gut ein Jahr später bricht die Mauer, und es kommt dann doch zur deutschen Einheit, auch wenn diese keine Anknüpfung an das Bismarck-Reich darstellt. Doch wer in diesem Wort von der Lebenslüge ein unumstößliches, ehernes Bekenntnis zur deutschen Zweistaatlichkeit sieht, geht fehl, denn Brandt betont zugleich, daß die Geschichte »ein letztes Wort nicht kennt«. Auch versäumt er nicht, einige Sätze weiter darauf hinzuweisen, »daß der Wunsch der Deutschen nach Selbstbestimmung mit den Verträgen und durch den sonstigen Ablauf des Geschehens nicht untergegangen« und in der Präambel zum Grundlagenvertrag ausdrücklich festgehalten sei. Wenn er in Berlin 1988 die Wiedervereinigung als Lebenslüge bezeichnet, will er den Realitätsverlust beschreiben, den die deutsche Politik seit Mitte der fünfziger Jahre erlitten hatte. Es sei dieser Realitätsverlust, so Brandt in seiner »Berliner Lektion«, den er mit der Ostpolitik der sechziger und siebziger Jahre habe »reduzieren« wollen. Klaus-Henning Rosen, sein Referent in damaliger Zeit, meint, Brandt habe das Wort von der Lebenslüge »nach vorn« gedacht: Er sei davon ausgegangen, daß es nicht eine Wieder-Vereinigung im alten Sinn, sondern eine Neu-Vereinigung geben werde, die damals nur unter Mitwirken der DDR in einer europäischen Friedensordnung denkbar gewesen sei.[13]

Nun kann man sich nur schwer vorstellen, wie die beiden deutschen Staaten sich zueinander entwickelt hätten, wäre die Deutschlandpolitik des ersten Kabinetts Brandt im Immobilismus der Vorgängerregierungen verharrt. Wären West- und Ostdeutschland weiter auseinandergedriftet, hätten die Gräben sich noch vertieft? Wäre es nach Jahrzehnten der forcierten Abkapselung doch zur Herausbildung einer sozialistischen deutschen Nation gekommen, aus dem deutschen Nationalverband herausgelöst und als neue, eigenständige gebildet? Die SED wollte sie ja bewußt heranzüchten, Honecker sprach schon 1971 von der Existenz zweier Nationen auf deutschem Boden – einer kapitalistischen und einer sozialistischen.

Genau gegen diese Tendenzen stemmt sich Brandt mit der These von den zwei Staaten einer Nation. Seine Ostpolitik hat einen durch und durch nationalen Ansatz: Er will tun, was hier und heute möglich ist, um die Einheit der Nation zu wahren – dadurch, daß er »das Verhältnis zwischen den Teilen Deutschlands aus der gegenwärtigen Verkrampfung« löst. Daß dabei für die Menschen »etwas Sichtbares und Fühlbares herauskommen muß«, ist für den früheren Regierenden Bürgermeister, der die menschlichen Nöte der Teilung kennt wie kein anderer, eine Selbstverständlichkeit. Gewiß, wie mit der Politik der kleinen Schritte in Berlin will er in erster Linie »etwas für die Menschen tun«; aber er kalkuliert sehr genau ein, daß menschliche Begegnungen zwischen Ost und West, die seine Politik erst wieder möglich macht, das Bewußtsein lebendig erhalten, einer Nation anzugehören.[14] Später spricht er von der Kulturnation, die es ja lange vor der kleindeutschen Bismarcklösung gegeben hat, deren Grenzen nie identisch waren mit dem ganzen Gebiet, in dem man deutsch fühlte, schrieb und sprach.

Natürlich mag auch Taktik im Spiel sein, wenn er statt des Begriffs der damals unerreichbaren Wiedervereinigung den Begriff der Nation ins Zentrum der deutschlandpolitischen Debatte rückt: Dies erlaubt ihm ja, gegen den Vorwurf, er verrate nationale Interessen, mit dem Argument anzutreten, er verteidige sehr wohl die Interessen der Nation, allerdings mit moderneren, zeitgemäßeren Mitteln und deshalb um so wirksamer. Doch ist Nation in seinem Denken konstitutiv. Wolfgang Schmidt hat darauf hingewiesen, wieviel ihm die Begriffe Nation und nationale Selbstbestimmung schon im skandinavischen Exil bedeuteten, auch dachte und handelte Brandt als Regierender Bürgermeister von Berlin durch und durch national. Nation – das ist für den Willy Brandt der Ostpolitik das Band um das gespaltene Deutschland, das mehr als gemeinsame Sprache, Kultur und Geschichte eint, Nation gründet sich für ihn »auf das fortdauernde Zusammengehörigkeitsgefühl der Menschen eines Volkes«.[15]

Wenn seine Politik nicht gewesen wäre – welche andere hätte die Grenzen zwischen den beiden Staaten durchlässig und Begegnungen möglich gemacht, am Anfang wenigstens von West nach Ost? Nur Grenzen, die unbestritten sind, können durchlässig werden – auch für Liberalisierungstendenzen. Denn so sehr sich das herrschende System seiner auch zu erwehren versucht – bei durchlässigen Grenzen wird es des liberalen Gifts nicht Herr, es schleicht sich ein, und mit vermehrtem Handel und Modernisierungszwängen der Wirtschaft wächst die Abhängigkeit.[16]

Sein Regieren werde kein Zuckerschlecken, gibt er Walter Henkels zu Protokoll, dem Bonner Hofchronisten der *F.A.Z.*[17] In der Tat überrascht er gleich zu Beginn durch Tempo und straffe Führung, reduziert den Umfang des Kabinetts um vier Ministerien und setzt damit auch politische Signale nach Osten: Das Vertriebenenministerium wird aufgelöst, ein Teil seines Apparats geht als Abteilung im Innenministerium auf, das Gesamtdeutsche Ministerium läßt den Alleinvertretungsanspruch, wenn er denn im Titel steckt, fallen und firmiert jetzt als Ministerium für innerdeutsche Beziehungen, dessen Aufgabe die Pflege der Kontakte zwischen beiden Teilen Deutschlands ist. Die Grundzüge der Regierungserklärung legt er im nahegelegenen Münstereifel fest, wo er sich auf dem Landsitz der Industriellenfamilie derer von Schnitzler einquartiert, aus der übrigens auch »Sudel-Ede«, der vom Volksmund so genannte Chefkommentator des DDR-Fernsehens (Der Schwarze Kanal), stammt. Der Entwurf, an dem Egon Bahr, Leo Bauer und Horst Ehmke mitarbeiten, entsteht also in entspannter Urlaubsatmosphäre und wird Walter Scheel zum Korrekturlesen zugeleitet. Wenn man so will, steht der Eifelkurort damit symbolisch für Anfang und Ende der Kanzlerschaft Willy Brandts, denn 1974 wird hier auch die Entscheidung über seinen Rücktritt fallen.

Die Regierungsbildung geht schnell und ohne große Krämpfe über die Bühne, die meisten sozialdemokratischen Minister der Großen Koalition bleiben im Amt. Aber Herbert Wehner wechselt in den Fraktionsvorsitz, und obschon er gegen die Bildung dieser Koalition Vorbehalte hatte und, wie einige Genossen zu wissen meinen, sehr viel lieber Minister geblieben wäre, sorgt der alte Zuchtmeister und Kärrner an der Spitze der Fraktion rabiat, aber zuverlässig für Disziplin und Effizienz. Daß die Freien Demokraten Wolfgang Mischnick zu ihrem Fraktionsvorsitzenden machen, einen Landsmann von Herbert Wehner, erleichtert die Zusammenarbeit zwischen den Koalitionsfraktionen. Die beiden Dresdner verstehen sich bald bestens, tauschen Rezepte für echt Dresdner Christstollen und die jeweiligen sächsischen Leibgerichte. Beiden gelingt es, die hauchdünne Mehrheit, über die das Kabinett Brandt/Scheel im Parlament verfügt, bis in das Frühjahr 1972 zusammenzuhalten. Selbst wenn die persönliche Entfremdung zwischen Brandt als dem typischen Antiautoritären auf der einen, Wehner als dem klassischen Autoritären auf der anderen Seite wächst, kann sich der Kanzler in diesen Jahren seines ersten Kabinetts über Mangel an Rückhalt und Unterstützung durch den Fraktionschef und Stellvertreter im Parteivorsitz nicht beklagen.

Helmut Schmidt, der dritte Mann im sozialdemokratischen Führungstriumvirat, der seinen Sessel für Wehner freimacht, wechselt ins Verteidigungsministerium. Mit seinem großen Engagement für Bundeswehr und NATO garantiert er gleichsam als Person, daß die Ostpolitik die Westbindung nicht beeinträchtigt, sondern die feste Verankerung im Westen die Öffnung nach Osten erst möglich macht. Mit ihm kommen neu ins Kabinett Alex Möller als Finanz-, Gerhard Jahn als Justiz- und Walter Arendt als Sozialminister, dazu der parteilose Hans Leussink. Wenn Brandt gerade ihn mit dem Bildungs- und Wissenschaftsressort betraut, unterstreicht er den besonderen Stellenwert, den Bildungspolitik nach seinem Willen parteiübergreifend haben soll. Leussink ist als Vorsitzender des Wissenschaftsrats ja nicht nur ein weithin anerkannter Bildungspolitiker, als Professor für angewandte Mechanik scheint er auch besonders geeignet, eine Brücke von der Wissenschaft zur Wirtschaft zu schlagen und die Industrie für die Unterstützung von Hochschulen und Forschungsvorhaben zu gewinnen. Conrad Ahlers rückt zum Leiter des Presse- und Informationsamts auf, als sein Stellvertreter kommt Rüdiger Freiherr von Wechmar aus New York, wo er das German Information Center leitete. Brandt bildet eine Regierung der »qualitativ besten, unabhängigsten Köpfe«, meint Hans-Dietrich Genscher, nie wieder habe er Kabinettsdiskussionen auf so hohem Niveau erlebt.[18]

Die wohl wichtigste Ernennung ist freilich die Horst Ehmkes, des bisherigen Justizministers, zum Chef des Bundeskanzleramts, und mit ihr sind Konflikte vorprogrammiert. Daß der beherzt zupackende, energiegeladene, durchsetzungsfähige Ehmke seinen Ministerrang beibehält, alarmiert einige Kabinettsgenossen, allen voran Helmut Schmidt, der keinen »Unterkanzler« oder »Oberminister« zwischen sich und Willy Brandt dulden will. Auch Karl Schiller mag keinen Minister als »Vorgesetzten« im Kanzleramt, zumal er seinen wirtschaftspolitischen Spielraum schon durch die Berufung des »Genossen Generaldirektor«, des politisch schwergewichtigen Alex Möller, an die Spitze des Finanzressorts eingeschränkt sieht. Die Auseinandersetzung eskaliert, so daß Brandt auf Wunsch Schmidts schließlich schriftlich versichern muß, sein Hausmeier Ehmke, der im Kabinett stimmberechtigt ist, werde weder den Kanzler noch den Vizekanzler in deren Abwesenheit vertreten.

Der neue Chef gliedert das Amt neu und stockt den Personalbestand erheblich auf. Zielstrebig baut er es zur Schaltzentrale der Regierungsgewalt aus und installiert modernste Technik, um zu ermöglichen, woran es in Bonn früheren Regierungen gefehlt hat – die mittelfristige politische Planung aller Regierungsaktivitäten. Seine Gesellschaftsplaner sollen unter Leitung des »linken« Professors Reimut Jochimsen, eines Volkswirts aus Kiel, der Bildungspolitik, der Sanierung der Städte und der Beseitigung von Zivilisationsfolgen wie Luft- und Wasserverschmutzung Vorrang sichern. Auch übernimmt Horst Ehmke jene »Drecksarbeit«, die Willy Brandt zwar als ein naturnotwendiges Übel des politischen Geschäfts begreift, womit er sich selbst aber höchst ungern die Hände schmutzig macht: Er säubert das Amt von denen, die in den letzten 20 Jahren ihre Partei mit dem Staat gleichgesetzt haben. Einem jener losen Worte zufolge, die in Bonn damals gern Conny Ahlers in den Mund gelegt werden, geht er einmal mit der Maschinenpistole durchs Palais Schaumburg: Ra-ta-ta-ta-ta – und schon stimmt die Chose.

Wenn das erste Kabinett Brandt auf kritische Beobachter anfangs den Eindruck einer hervorragend organisierten und straff geführten Regierung macht, dann hat dies viel damit zu tun, daß sich der eher kontemplative Kanzler und das forsche Willensbündel Ehmke glänzend verstehen. »So regierte kein Kanzler seit Konrad Adenauer«, urteilt ausgerechnet Springers *Welt* in einem Kommentar über die ersten 101 Tage der neuen Regierung Brandt/Scheel: »Erhard und Kiesinger waren Kompromisse, Brandt ist Konsequenz.« Der große Zauderer vom ehedem habe sich schnell »eine große und unbestrittene Autorität« verschafft.[19] Ehmke schätzt die Gelassenheit, wenn man so will: das Skandinavische an Brandt, er meint, in ihm dem »ersten nichtautoritären Deutschen« zu begegnen, der dennoch über unangefochtene Autorität verfügt.[20] Was viele Genossen Brandt als Schwäche auslegen – das Wartenkönnen, die Scheu vor schnellen Entscheidungen und Konflikten, seine nichts verbauende Offenheit –, wertet er als Brandts außenpolitische Stärken.[21] Dabei kennt der Freiburger Strafrechtslehrer die Schwachstellen seines Chefs und erspart ihm lästige Amtsroutine und Administration.

Ganz ohne Zweifel verfügt Ehmke über intellektuelle Brillanz, analytische Tiefenschärfe, Erfindungsgeist und Vitalität, aber er polarisiert innerhalb der Regierung schon wegen seines fröhlich-unverfrorenen Drangs zur Selbstdarstellung. Seine Feinde nennen ihn einen Hans-Dampf-in-allen-Gassen, dessen Schnoddrigkeit, Taktlosigkeit und Besserwisserei die Regierungsmaschinerie weder reibungs- noch lautlos funktionieren lasse. Helmut Schmidt bezeichnet die von Ehmke ausgebaute Planungsabteilung einmal boshaft als »Kinderdampfmaschine«.[22] Vieles von der Kritik an Ehmke scheint maßlos überzogen, denn wie sehr dieser dem Kanzler Brandt in dessen zweiter Amtszeit fehlen wird, beweist der grob fahrlässige Umgang mit dem Fall Guillaume.

Außenpolitik beherrscht die Schlagzeilen während des ersten Kabinetts Brandt. Sie wird weitgehend im Kanzleramt gemacht, und in der Rückschau folgen die Ereignisse aufeinander, als fielen sie Schlag auf Schlag: Knapp vier Wochen nach Willy Brandts Wahl zum Bundeskanzler geschieht, was Kiesinger so lange verhindert hat: Die Regierung Brandt unterzeichnet den Atomwaffensperrvertrag und räumt damit eines der wichtigsten Hindernisse für ihre neue Ostpolitik aus dem Weg. Anfang Dezember beginnen die ersten Gespräche über einen deutsch-sowjetischen Gewaltverzicht in Moskau, Anfang Februar 1970 nimmt Bonns Staatssekretär Georg von Duckwitz in Warschau Verhandlungen über einen Grenz-, Normalisierungs- und Gewaltverzichtsvertrag mit Polen auf. Gut eine Woche später erklärt sich Willy Brandt zu einem Treffen mit Willi Stoph in Ostberlin bereit. Weil der Bonner Kanzler über West-Berlin einreisen will, die DDR dies aber nicht wünscht und jeden Anschein der Zugehörigkeit West-Berlins zum Bund zu vermeiden sucht, wird die Begegnung nach Erfurt verlegt, wo erstmals seit ihrer Gründung vor gut 20 Jahren die Regierungschefs der beiden deutschen Staaten dann miteinander sprechen werden.

Die Abfolge entspricht der Logik jenes ostpolitischen Masterplans, den Egon Bahr in den letzten drei Jahren im Auswärtigen Amt in aller Ruhe hat ausarbeiten können. Danach liegt der Schlüssel zur deutschen Frage in Moskau, selbst der zur Regelung eines *modus vivendi*, bei dem die beiden deutschen Staaten zwar Beziehungen zueinander aufnehmen, aber eben Beziehungen besonderer Art. Die neue Regierung will die DDR nicht nur nicht als Ausland anerkennen, sie darf es gar nicht, weil die Verfassung dies untersagt. Und sie ist auch deshalb nicht befugt dazu, argumentiert Bahr gegenüber Gromyko, weil sich die Alliierten die Rechte auf Deutschland als Ganzes vorbehalten haben, die Deutschen unter sich mithin ohne den Segen der Vier Mächte Endgültiges über Deutschland nicht beschließen können. Falls die DDR »besondere« Beziehungen jedoch verweigert und partout auf der vollen völkerrechtlichen Anerkennung besteht, ist die Ausarbeitung einer solchen Regelung nur möglich, wenn die Sowjets sich nicht nur bereit finden, sie selbst zu akzeptieren, sondern obendrein entsprechenden Einfluß und Druck auf Ostberlin auszuüben.

Bahrs Masterplan gleicht deshalb einem komplizierten mehreckigen Beziehungsgeflecht, in dem alle Punkte einander bedingen und zueinander in die rechte Balance gebracht werden müssen. Daß Brandt sich mit Stoph treffen und mit ihm über einen Gewaltverzicht sprechen, daß Bonn Kiesingers »Phänomen« endlich als Staat bezeichnet und mit einem auszuhandelnden Gewaltverzicht dessen territoriale Integrität und Grenze respektieren will, ist geeignet, Moskau von der Ernsthaftigkeit der Bonner Entspannungsbemühungen zu überzeugen. Und wenn die Bundesrepublik mit Warschau über Gewaltverzicht, Normalisierung und Grenzfragen, also auch über die Oder/Neiße-Linie verhandeln wird, ist damit eine weitere der Vorbedingungen erfüllt, welche die Sowjets stets für die Verbesserung der Beziehungen Moskau-Bonn genannt haben. Gelingt es der neuen Koalition dann noch, sowohl mit Moskau als auch mit Warschau Verträge abzuschließen, wird sich Ostberlin um den Preis der Isolierung im eigenen Lager kaum mehr verweigern können. Letztlich geht es Brandt darum, die DDR aus ihrer Riegelstellung herauszudrängen, die sie als Antwort auf die Ostpolitik der Großen Koalition bezog, als es ihr gelang, den Ostblock auf ihre Maximalforderungen festzulegen.

»Unter die Grenze der vollen Anerkennung ... können wir ... nicht hinuntergehen«[23] – unverrückbar und stur bleibt Ulbricht bei dieser These. Und solange Brandt nicht bereit ist, auf sie einzugehen, hält dieser aus Ostberliner Sicht an der Bonner »Alleinvertretungsanmaßung« fest. Den SED-Propagandisten gibt auch der neue Kanzler damit Gelegenheit, die Bundesrepublik als Pfuhl des Revanchismus, Faschismus und Militarismus hinzustellen – eine Taktik, die Erhard Eppler treffend auf die Formel brachte, die vorgebliche »Verruchtheit« der Bundesrepublik sei »zur raison d'être der DDR geworden«.[24] Daß die SED an dieser Taktik auch nach der Regierungserklärung Brandts festhält, belegen Papiere, mit denen sich die SED-Führung für die Aussprache mit den Spitzen der KPdSU Anfang Dezember 1970 in Moskau rüstet, wo es darum geht, die nach dem Amtsantritt Willy Brandts entstandene neue Lage zu analysieren.

Aus Sicht der SED hat der Machtwechsel in Bonn wenig verändert: Die neue Regierung, heißt es in einer Gesprächsunterlage Walter Ulbrichts, habe sich zwar ein neues, verschleierndes Vokabular zugelegt, aber sein Hauptziel habe der rechte reformistische Führer der Sozialdemokratie unverändert beibehalten: Brandt versuche, »ideologisch und ökonomisch in die sozialistischen Länder einzudringen und zwischen ihnen zu differenzieren«. Über Scheinzugeständnisse wolle auch der neue Kanzler nicht hinausgehen. Wenn Brandt vor »unabdingbaren völkerrechtlich verbindlichen Entscheidungen unter Berufung auf einen irgendwann einmal zu erwartenden Friedensvertrag« ausweiche, wolle er damit einer westdeutschen Regierung die Möglichkeit offenhalten, eines Tages alle provisorischen Grenzanerkennungen vom Tisch zu wischen. Ulbrichts Folgerung, die er als harte Forderung seinen Moskauer Genossen präsentiert: Die Staaten des Warschauer Pakts müssen bei der bisherigen Politik bleiben und die Regierung Brandt/Scheel »unter Ausschaltung aller Zweideutigkeiten« zu »völkerrechtlich verbindlichen Entscheidungen« zwingen.[25]

Folgten die Sowjets Ulbrichts Logik, änderte sich nichts – die Bonner Ostpolitik bliebe im Sperrfeuer der SED liegen wie jene der Regierung Kiesinger/Brandt zuvor. Kompliziert wird Bahrs ohnehin filigranes Geflecht durch Berlin, das nach dem Willen der Sowjetunion und der DDR eine politisch selbständige Einheit werden soll, indes Bonn die Bindungen der Stadt an den Bund akzeptiert und möglichst ausgebaut wissen will. Offiziell allerdings fehlt es Bonn an jeder Zuständigkeit, mit den Sowjets über Berlin zu verhandeln, weil der Vier-Mächte-Status der Stadt, mit wie vielen Füßen getreten auch immer, rechtlich fortexistiert und die Westalliierten für West-Berlin nach altem Besatzungsrecht die politische Verantwortung tragen. Gerade für die Berliner, die jetzt in Bonn am Ruder sind, bleibt eine echte Entspannung im Verhältnis zu Moskau und Ostberlin jedoch »ohne eine qualitative Verbesserung der Lage in und um Berlin« undenkbar.[26] So drängt Brandt die westlichen Verbündeten, parallel zu den eigenen Verhandlungen mit Moskau, Warschau und Ostberlin Gespräche mit den Sowjets aufzunehmen – und hat Erfolg damit. Das Vier-Mächte-Abkommen über Berlin wird schließlich zum krönenden Schlußstein des ostpolitischen Vertragswerks, das der Mitte Europas bis zur Wende 1989 seine Ordnung geben wird.

Der neue Kanzler versteht sich gut mit seinem Stellvertreter, sie passen zusammen und »können miteinander«, wie Scheel einmal sagt. Sie freunden sich miteinander an, obschon sie nie Du zueinander sagen. Als enge Vertrautheit und respektvolle Nähe könnte man das Verhältnis vielleicht charakterisieren. Der Rheinländer und der Norddeutsche, die heitere, leichtfüßige Frohnatur Scheel und der oft in düsteres Grübeln und nordische Nebel abdriftende Brandt, ergänzen einander trefflich. Beide wohnen nur wenige hundert Meter voneinander entfernt auf dem Venusberg – die Scheels sind in der Schleichstraße 6 zu Hause, die Brandts am Kiefernweg 12, und sonntagvormittags schaut der Außenminister oft beim Kanzler auf ein Glas Wein vorbei, um Koalitionsprobleme auszuräumen und die anstehenden Entscheidungen der kommenden Woche vorzubesprechen.[27] Da die Scheels ihr Haus gerade haben renovieren lassen, verspüren sie wenig Lust, in die Dienstvilla des Außenministers zu ziehen – was vor allem Rut Brandt freut, denn so bleibt ihr der Umzug in jenen unwirtlichen, modernen Bungalow erspart, den Ludwig Erhard im Garten des Palais Schaumburg von dem Architekten Sep Ruf hatte errichten lassen.

Er wird nun für andere Zwecke genutzt: Die Brandts geben dort Abendessen für Schauspieler und laden andere Menschen dazu, als es in Bonn bisher üblich war: »Maler, Schriftsteller und Journalisten kamen aus Hamburg und Berlin, aus München, Stuttgart und Frankfurt«, schreibt Rut Brandt. »Es waren lange Abende mit guten Gesprächen und interessanten Diskussionen.« Im Park des Kanzleramts werden jetzt Sommerfeste veranstaltet, bewußt gedacht als »Fest für jedermann«. Auf der Einladungsliste stehen nicht nur Politiker und Diplomaten, sondern auch Künstler und Krankenschwestern, Gemüsehändler und Bauarbeiter – im Park und im Bungalow wird bis tief in die Nacht getanzt.[28] Brandt will damit ein Zeichen der Öffnung setzen, die sozial-liberale Regierung soll sich betont volksnah präsentieren.

Die Atmosphäre im Kabinett ist die eines englischen Clubs, schreibt die *Süddeutsche Zeitung* über die ersten Wochen der neuen Regierung – entspannt und zuweilen fröhlich, es sei die »vergnügteste Clique«, die jemals am Rhein regierte.[29] Die Einschätzung ist typisch für den Vertrauensvorschuß, den die neue Regierung bei den linksliberalen Medien genießt. Brandt führt als *leader* eines *teams*, das überwiegend aus Mittvierzigern besteht und das Hermann Schreiber im *Spiegel* einmal das »stilbildende Element dieser Regierung« nennt oder als »manchmal nüchterne, manchmal funktionslustige Gemeinschaft der happy few« bezeichnet, »die den Laden schon schmeißen werden«. Vorträge sind im Kabinett nicht mehr erwünscht, denn die Kenntnis der Vorlagen wird vorausgesetzt. Eine Rede von zehn Minuten ist nach den neuen Maßstäben schon Filibuster. Und wenn in einer Diskussion sachlich, das heißt für den Entscheidungsprozeß, nichts mehr drin ist, bricht Brandt sie ab. Im Kabinett, meint Schreiber, gibt es keine Zweifel daran, wer der erste Mann ist: »Hier regiert der Chef.«[30] So die betont wohlwollend geschilderte Aufbruchstimmung der Anfangszeit.

Aber aller Kabinettsmitglieder scheint sie sich auch damals nicht bemächtigt zu haben, von Verwerfungen, Konflikten und erbitterten Hahnenkämpfen im Kabinett Brandt der kommenden Monate und Jahre ganz abgesehen. Anders jedenfalls ließe sich kaum erklären, daß Willy Brandt schon Ende Dezember 1969 einen Brief an den Verteidigungsminister richtet, in dem er Bezug darauf nimmt, daß dieser offenbar »sehr unzufrieden von der letzten Kabinettssitzung weggegangen« sei. Hatte Helmut Schmidt Anstoß daran genommen, daß nicht anhand von Vorlagen im Kabinett verhandelt worden war? Wenn ja, dann solle dies künftig die Ausnahme bleiben, versichert ihm Brandt, aber das entscheidende Kriterium bleibe, »ob aus dem Kabinett auch nur Annäherungswerte in Richtung auf ein Team entwickelt werden können. Bei dem Bemühen hierum kommt es auf Dich ganz entscheidend an«.[31]

Damit sind schon wenige Wochen nach dem »Machtwechsel« die Bruchstellen angedeutet, an der die Regierung nur zu bald kranken wird. Regieren heißt auch verwalten. Und keiner aus Brandts Berliner Crew, allen voran Brandt selbst, hat nach Schmidts Meinung gelernt, was zu einer ordentlichen Administration gehört; als Verwaltungschefs verdienten sie allesamt die Note ungenügend, zumal sie mit Geld nicht umgehen könnten.[32] Das abfällige Urteil mag für die besserwisserische Arroganz des Hamburger Hanseaten stehen, doch steckt auch ein Körnchen Wahrheit darin. Vor allem im Kalten Krieg hat Bonn fast jeden Wunsch West-Berlins erfüllt, ein Regierender Bürgermeister mußte nicht, wie andere Länderfürsten, sich um die Balance von Einnahmen und Ausgaben mühen. Das züchtete eine Subventionsmentalität heran, die nach der Vereinigung dem Land Berlin zum Verhängnis werden wird.

Dabei bemüht sich Willy Brandt wirklich ernsthaft. Der notorische Nachtmensch und Morgenmuffel erscheint schon kurz nach neun Uhr morgens im Büro und begrüßt seine Sekretärinnen mit Handschlag. In seinem Amtszimmer hat er fast nichts verändert, seit der Vorgänger es verließ. Zwei Telefone stehen auf seinem Tisch, über die er direkt mit Ehmke, mit dem Außenminister und mit Helmut Schmidt auf der Hardthöhe sprechen kann. Die Büste Abraham Lincolns, die sein Zimmer im Außenministerium schmückte, hat er im Vorzimmer untergebracht. Er diktiert ungern und schon gar nicht auf Tonband, sondern bedient sich eines grünen Filzstifts, mit dem er Briefe entwirft oder Vorlagen der Referenten korrigiert. Kaum eine von ihnen bleibt unverändert, wie eine seiner Sekretärinnen berichtet. Sie hat ihn als ungemein freundlichen Chef in Erinnerung, der nie von oben herab mit seinen Vorzimmerdamen spricht, aber gleichzeitig immer zurückhaltend bleibt – ganz im Gegenteil zu dem eher kumpelhaften Ehmke, der in der Kantine gelegentlich für das Büro eine Runde spendiert. Zu Weihnachten schenkt Brandt seinen Sekretärinnen Bücher und Schallplatten, und er vergißt nie, ihnen mit Blumen zum Geburtstag zu gratulieren.

Oft biegt er auf seinem Schreibtisch Büroklammern auseinander und legt sie dann zusammen, oder er spielt sein altes Streichholzspiel – Zeichen angestrengten Nachdenkens oder innerlicher Unruhe.[33] Im Gegensatz zu seinem Amtsvorgänger Kiesinger brüllt er nicht, aber er kann ausgesprochen verärgert sein – etwa wenn seine eigenen Vorlagen nicht pünktlich zwei Tage vor den Kabinettsitzungen den Ministern zugestellt werden. Den Ärger bekommt dann jeweils zu spüren, wer gerade vor ihm sitzt. Zwar ist der Regierungschef, den die Damen seines Büros erleben, immer um äußerste Selbstkontrolle und Disziplin bemüht, aber er bleibt doch Stimmungen unterworfen. Spitzbübisch wirkt er und gelöst, wenn er Witze erzählt, aber er kann auch tief beleidigt, ja wehleidig erscheinen – dann kommt er mit einem maskenhaft-leeren Gesicht zur Arbeit, das Bände spricht. Er ist unerhört fleißig und studiert Akten, und doch ist er nicht der Mann, der bis Mitternacht, über die Papiere gebeugt, im Amt verbringt. Zumindest anfänglich, so wieder Hermann Schreiber, kommt er, vom ungläubigen Staunen seiner Frau empfangen, am frühen Abend heim. Dann zieht er sich sogleich eine bequeme Jacke und bequeme Schuhe an, liest allein in seinem Arbeitszimmer Wochenzeitungen und Bücher oder sieht mit der Familie fern. Und wenn sich für abends Besuch anmeldet auf dem Kiefernweg 12, handelt es sich meist um Mitarbeiter aus Partei, Regierung oder Ministerialbürokratie. Es ist die Zeit, in der Willy Brandt mit dem neunjährigen Matthias noch an einer Dampfmaschine spielt und ihm zum Geburtstag eine elektrische Eisenbahn schenkt. Sohn Lars, der inzwischen wie Peter studiert, nimmt

Rücksicht auf den Vater: »Ich bin manchmal freundlicher zu Leuten, als ich es sein möchte«, sagt er zur *Bonner Rundschau* und fürchtet offenbar, wenn er zu schroff reagiere, könne dies auf den Vater zurückschlagen.[34]

Brandts vertrauensvolles Verhältnis zu Walter Scheel hilft, institutionelle Konflikte zu überspielen, die unter anderen Umständen nicht hätten ausbleiben können und die er mit Kiesinger selbst ausgetragen hat. Denn natürlich ist er ein Kanzler der Außenpolitik, und natürlich wird die Ostpolitik konzeptionell wie operativ vom Kanzleramt aus betrieben. Gegen die Versuchungen eines Kiesinger, unter denen er selbst als Minister so gelitten hat, ist er keineswegs gefeit. Der frühere Außenminister hat die wichtigsten persönlichen Mitarbeiter aus dem Auswärtigen Amt mit ins Palais Schaumburg gebracht, allen voran Egon Bahr als Staatssekretär, der zugleich die Position eines Berlin-Beauftragten erhält. Als die Moskauer Sondierungsgespräche zwischen Außenminister Gromyko und dem Bonner Botschafter Helmut Allardt sich nach drei Unterredungen festfahren, will der Kanzler die Verhandlungsführung seinem langjährigen Weggefährten übertragen. Scheel stimmt diesem Vorschlag freudig zu – einmal, weil er Bahr schätzt, den er von einer langen, gemeinsamen Reise durch Afrika her kennt. Zweitens, weil er selbst sich in außenpolitischen Fragen noch nicht ganz sattelfest weiß, drittens vielleicht, weil Moskau nach den Erkundungen des deutschen Botschafters von seinen Maximalbedingungen, die nahezu identisch sind mit den Vorstellungen Ostberlins, nicht abgehen will. Ein Scheitern der Verhandlungen wäre danach nicht auszuschließen, und mit einem Unterhändler Bahr fiele der Mißerfolg nicht dem Auswärtigen Amt, sondern dem Kanzler selbst zur Last.

Die FDP-Fraktion im Bundestag allerdings grollt, als die Verhandlungsführung in Moskau auf das Kanzleramt übergeht, klagt über mangelndes Profil ihres ersten Mannes im Kabinett und behauptet, nicht ganz zu Unrecht, Scheel sei Wachs in den Händen des Kanzlers. Zu einem Aufstand bei den Liberalen kommt es schließlich, als Brandt eine Art *good will*-Brief an den polnischen Parteichef Gomulka schreibt, den Staatssekretär Duckwitz in Warschau überbringt. Der Brief soll die Verhandlungen, die Duckwitz ja führt, voranbringen, auch hat ihn Brandt als Partei- und nicht als Regierungschef verfaßt. Aber weil Scheel ungehörigerweise davon nicht informiert worden ist, hat er dem Parlament eine falsche Auskunft gegeben. Eine schlimme Desavouierung, die nach Meinung der Opposition belegt, wie wenig der Minister sein Amt im Griff hat und die zu einem parlamentarischen Eklat führt. Selbst überzeugte Anhänger der sozial-liberalen Koalition wie der FDP-Schatzmeister Rubin geraten da in Rage und erwägen, Scheel als Vorsitzenden durch Hans-Dietrich Genscher abzulösen. Zwar lehnt dieser loyalerweise ab, aber er drängt seinen Parteifreund Scheel um so energischer, sich im Kabinett »fester zu positionieren« und endlich mehr Profil als bisher zu zeigen.[35]

Übrigens wird selbst für Brandt wohlgesinnte Kritiker in der Auseinandersetzung um die Rolle Scheels als Außenminister eine alte Schwäche des Brandtschen Führungsstils offenbar. Günter Gaus liest dem Kanzler die Leviten: Brandt habe schon immer die Angewohnheit gehabt, einen kleinen Kreis enger Mitarbeiter um sich zu versammeln, dessen Einfluß weit über die Kompetenzen und Ämter seiner Mitarbeiter hinausreiche, und genau dies werde »derzeit im Palais Schaumburg über jedes bekömmliche Maß hinaus institutionalisiert«.[36] Da ist er wieder, der alte Vorwurf vom Küchenkabinett, den schon Fritz Erler erhoben hatte. Daß die Mitarbeiter Brandts, die ja meist aus dem Auswärtigen Amt kommen, engen Kontakt zu ihren früheren Kollegen halten, daß Scheels Staatssekretär ein alter Vertrauter des Regierungschefs ist, hilft zwar, den schon traditionellen Konflikt zwischen Kanzleramt und Auswärtigem Amt zu vermeiden. Anders als zu Erhards Zeit oder in der Großen Koalition läuft die Politik beider Ämter jetzt reibungslos synchron.

Aber es kann auch zuviel Nähe geben. Nicht nur nimmt Duckwitz an der täglichen kleinen Lage im Kanzleramt teil, er wohnt auch – Bonn ist eben eng! – auf dem Venusberg in der Nachbarschaft Brandts. Beide schätzen einen guten Tropfen, sehen sich auch außer Dienst und sprechen dann natürlich nicht zuletzt über außenpolitische Fragen. Scheels oberster Beamter, dessen ganze Loyalität eigentlich dem Außenminister gehören müßte, zählt damit praktisch zum Küchenkabinett des Kanzlers. Ist es da ein Wunder, wenn Karikaturisten den Vizekanzler als winziges Männlein zwischen den Beinen des großen Brandt oder aus dessen Jackentasche lugend zeichnen?

»Right or wrong – my Scheel« hatte die *Zeit* einmal Brandts Haltung gegenüber dem Vormann der Liberalen genannt, ohne den er nie Kanzler geworden wäre. Und es spricht für Brandts Fairneß, daß er seinen Fehler einsieht und seinem Partner aus der mißlichen Lage heraushilft, in die dieser, wenn auch nicht ohne eigene Mitwirkung, geraten ist. »Verlassen Sie sich darauf, so etwas wird nie wieder passieren«, sagt er zu Scheel und entschuldigt sich in aller Form dafür, daß er den Außenminister nicht über seinen Brief an Gomulka informiert hat.[37] In einem Handschreiben an den Außenminister räumt er ein, er habe »einige Schwächen der Zusammenarbeit in Regierung und Koalition nicht frühzeitig genug erkannt«. Dafür, daß das Auswärtige Amt seine offene Flanke gegenüber dem Kanzleramt schließen muß, damit Scheel sich künftig als Herr im Hause profilieren kann, zeigt er volles Verständnis und hilft damit dem Chef der FDP, sich auf dem für ihn schwierigen Parteitag der Liberalen am 22. Juni in Bonn zu behaupten. Der dem Kanzler so nahe Duckwitz darf zwar noch einige Zeit weiter in Warschau verhandeln, wird als Staatssekretär aber in Pension geschickt.

An seine Stelle tritt der mißtrauische, erfahrene und beinharte Paul Frank, ein diplomatischer Profi, der die Zuständigkeit des Auswärtigen Amts in der Öffentlichkeit zäh verteidigt, auf dessen Rechte pocht und ohne dessen Zustimmung nun kein Papier die Behörde verläßt. Frank wird zum wichtigsten Berater des neuen Außenministers und verschafft dessen Ansehen wieder Gewicht. Im Grunde ist damit nur jener Zustand wiederhergestellt, den Artikel 65 des Grundgesetzes verlangt. Danach bestimmt zwar der Kanzler die Richtlinien der Politik, aber innerhalb dieser Richtlinien leitet jeder Bundesminister seinen Geschäftsbereich selbständig und unter eigener Verantwortung.

Als die Sondierungen Bahrs beendet sind und es darum geht, den eigentlichen Vertrag auszuhandeln, übernimmt Scheel persönlich die Leitung der deutschen Delegation. Egon Bahr, nun in der zweiten Reihe, muß zwar in Moskau mindestens zweimal helfen, die stockenden Gespräche wieder flottzumachen, doch der große Koalitionspartner überläßt dem kleineren bewußt den Erfolg, den man der Opposition zu Hause vorweisen kann. In der Präambel wird nun auf die UN-Charta verwiesen, die das Selbstbestimmungsrecht postuliert, und auf das Adenauer-Bulganin-Abkommen von 1955, bei dessen Abschluß der damalige Bundeskanzler in einem Briefwechsel auf dem Recht der Deutschen zur Wiedervereinigung bestand. In groben Zügen hat der Staatssekretär im Kanzleramt ihn mit Gromyko vorbesprochen, doch ist es Scheel, der sich nun rühmen darf, jenen Brief zur deutschen Einheit im Detail auf Gromykos Datsche mit dem grimmen Sowjetmenschen ausgehandelt zu haben, der eine Option auf eine wenn auch noch so ferne Wiedervereinigung enthält.

In diesem Schreiben betont die Bundesregierung, das Moskauer Abkommen stehe nicht im Widerspruch zu ihrem Ziel, »auf einen Zustand des Friedens in Europa hinzuwirken, in dem das deutsche Volk in freier Selbstbestimmung seine Einheit wiedererlangt«. Da der Brief zur deutschen Einheit Teil des Vertragswerks wird, ist die deutsche Frage zumindest theoretisch offengehalten. Wer genau hinsieht, wird feststellen, daß Scheel nicht viel mehr als marginale oder kosmetische Änderungen an jenem Papier durchsetzen konnte, das Bahr Monate zuvor aus Moskau mitgebracht hatte. Und doch ist die Korrektur am Image des Außenministers mit seiner Moskaureise gelungen: Für die Öffentlichkeit kehrt Walter Scheel als Held aus Moskau heim. Wenige Tage später werden die Freien Demokraten nach einer Serie herber Niederlagen bei den Wahlen zum Hessischen Landtag belohnt, wo sie sich mit rund zehn Prozent Stimmenanteil gut behaupten können.

Im Rückblick erscheint es, als sei Willy Brandt mit seiner ersten Regierung in atemberaubendem Tempo Achterbahn gefahren. Auf und ab, Triumph und Scheitern, außenpolitische Erfolge und erbitterte innenpolitische Schlachten liegen dicht beieinander. Der Bruch mit den Tabus der Deutschlandpolitik peitscht die Emotionen hoch.

Es sind Jahre der großen Gefühle und des inneren Aufruhrs, dramatische Jahre voller Geheimnisverrat, Bestechung und Korruption. Jahre der Polarisierung, in denen die feindlichen Lager morgens jeden Tag die Häupter und Mandate ihrer Lieben zählen. Die Opposition führt sich auf, als wäre sie die legitime Regierungspartei, welche nur noch ein oder zwei Überläufer braucht, um dem sozial-liberalen Spuk endlich ein Ende zu machen; nicht selten spricht ihr Fraktionschef im Parlament, als ob er schon morgen der Kanzler sei. Konservative Überzeugungstäter im Beamtenapparat füttern die »Kampfpresse« Springers, der sich vom einstigen Förderer Brandts zum gnadenlosen Gegner gewandelt hat. Sie spielen Illustrierten Verhandlungsdokumente zu, etwa Egon Bahrs Moskauer Vertragsentwurf, die angeblich den Ausverkauf deutscher Interessen durch die Regierung Brandt belegen. Es sind Jahre, in denen der Terror der RAF sein Haupt erhebt – mit der Befreiung Andreas Baaders durch Ulrike Meinhof und Genossen, mit Bombenanschlägen gegen Bundesrichter, das Springer-Hochhaus in Hamburg und amerikanische Einrichtungen. Die Inflation steigt, und so kommt es zu erbitterten Kämpfen innerhalb des Kabinetts um die Finanz- und Konjunkturpolitik, die mit dem Rücktritt zweier sozialdemokratischer Starminister enden. Die Geiselnahme israelischer Sportler durch palästinensische Terroristen führt, wegen Dummheit, wegen peinlicher, schierer Unfähigkeit der deutschen Polizei zu einem Blutbad bei der Münchner Olympiade. Es gibt Zerreißproben auf SPD-Parteitagen, in denen die Linke, wie so oft ohne jegliches Augenmaß, die Grenzen der Belastbarkeit der Wirtschaft erproben will und den Zusammenhalt der Koalition gefährdet. Nicht zuletzt sind es Jahre des Zitterns für die Freien Demokraten, denen sich die Frage von Sein oder Nichtsein stellt – und damit letztlich der Regierung Brandt in Bonn. Mit jeder Wahl, bei der die FDP aus dem Landtag katapultiert wird wie im späten Frühjahr im Saarland und in Niedersachsen, oder mit Niederlagen wie in Nordrhein-Westfalen, wo sie knapp oberhalb der Fünf-Prozent-Grenze entlangschrammt, steigt die Gefahr von Überläufern im Bundestag, die ihr politisches Überleben, ein künftiges Mandat, bei der CDU sichern wollen.

Weil die Koalition stets zwischen Bangen und Hoffen schwebt, wächst der Erfolgsdruck. Der Kanzler Brandt muß Ergebnisse vorzeigen, um den Wähler zu beeindrucken, und dieser Zwang erhöht das Tempo, in dem die politischen Entscheidungen fallen und Verträge zustande kommen. Gerade schnell genug, um das Überleben der Regierung zu sichern, sagen die Befürworter, zu schnell, zu hastig und zu liederlich genäht, meinen Kritiker. Ein gewisser Zeitdruck erklärt sich schon aus der Überlegung, daß sich die Anerkennung der DDR durch Länder der Dritten Welt und selbst befreundete Nationen nur noch befristete Zeit aufhalten läßt. Daß man gewisse Dinge wie die Hallstein-Doktrin weggeben müsse,

»solange man noch etwas dafür bekommt«, hatte Bundeskanzler Adenauer schon am 17. Juni 1963 zum Regierenden Bürgermeister gesagt. Der »Alte«, meint Brandt in seinen Memoiren, sei eben in vielem flexibler gewesen, als es nach außen erschien.[38]

Aber wie lange bekommt man etwas dafür? Das Ende der Isolierung der DDR, völlige internationale Gleichberechtigung bis hin zur Aufnahme in die Vereinten Nationen, das ist einer der Preise, mit denen Bonn Ostberlin winken und ein Entgegenkommen honorieren kann. Wie aber kann die Bundesregierung, die doch erstmals selbst erklärt hat, die Existenz der DDR anzuerkennen, eine vorzeitige Anerkennungswelle in der Dritten Welt und selbst bei befreundeten Nationen verhindern, damit sie einen Trumpf für die Verhandlungen mit Ostberlin in der Hand behält? Damit Anerkennung ein Preis bleibt, sucht die Regierung Brandt mit der sogenannten Scheel-Doktrin, mit Einflußnahme über Entwicklungshilfe und Kredite, die Anerkennung wenigstens so lange hinauszuzögern, bis ein Grundvertrag ausgehandelt und ratifiziert wird. Aber Eile ist geboten, der Zeitrahmen begrenzt. Brandt, Scheel und Bahr wissen nur zu gut, daß dieser Damm so oder so nicht mehr lange halten wird.

Schon Willy Brandts Fahrt nach Erfurt und die nachfolgende Begegnung in Kassel enthalten den Stoff für ein deutsches Drama. Im Grunde sei die Reise in die thüringische Bezirkshauptstadt nur Ausdruck deutscher Realpolitik, ein Gebot der politischen Vernunft, sagt Brandt zu Hans Ulrich Kempski von der *Süddeutschen Zeitung* vor Antritt der Fahrt in einem Sonderzug der Bundesbahn. Nur insoweit sie dem Wunsch eines Deutschen entspreche, die Situation in Deutschland zu verbessern, sei auch »die Gefühlswelt« beteiligt.[39] Es ist die Untertreibung des Jahres und ein frommer Wunsch dazu, denn er weiß, daß er eine historische Reise unternimmt. Die ganze Nation, Ost wie West, schauen wie gebannt nach Erfurt, und Gefühle überkommen den keineswegs hartgesottenen Kanzler spätestens nach dem Überschreiten der Grenze. Da sind Volkspolizisten mit Maschinenpistolen in den Dörfern und Städten entlang der Bahnstrecke aufgezogen, und doch sieht er überall erhobene, ausgestreckte Hände, aus Fenstern winken die Menschen, verhalten oder enthusiastisch, mit Tisch- und Bettüchern.[40] Wer kann da noch Zweifel daran haben, wieviel Hoffnung in ihn gesetzt wird, wie stark der Wunsch ist, seine Fahrt zu Willi Stoph möge der erste Schritt zur Linderung der Teilung, der Anfang vom Ende jener brutalen Abschnürung und damit all der Nöte sein, die das ungeliebte Regime den Menschen im anderen Teil Deutschlands auferlegt. Später wird er sich fragen, ob es je einen Tag in seinem Leben gegeben habe, der »emotionsgeladener gewesen wäre« als dieser 19. März 1970.[41]

Er reist in ein deutsches Kernland nicht nur der Reformation, es berührt ihn tief, durch Städte zu fahren, deren Namen für verschiedene Programme und Flügel in der Geschichte der deutschen Arbeiterbewegungen stehen: Eisenach, Gotha, schließlich Erfurt, wo sich die vereinte Sozialdemokratie 1891 ihr erstes konsequent marxistisches Programm gegeben hat. Wollen die Gastgeber mit der Wahl des Ortes ihre These unterstreichen, daß sie die wahren Hüter des gemeinsamen Erbes sind? Rot ist die Farbe, mit der ihn der SED-Staat der Arbeiter und Bauern empfängt: Rote Wimpel und roter Teppich auf dem Bahnsteig, rote Fahnen und wieder rote Wimpel am Erfurter Hof, dem Konferenzort fünfzig Meter vom Bahnhof entfernt, rot selbst die Farbe der Rosen in den Zimmern für die kleine westdeutsche Delegation. Auf seinen Wunsch war ein einfacher Arbeitsbesuch ausgehandelt worden, deshalb verzichtet die SED auf den pompösen Empfang mit Preußens Glanz und Gloria, den man sonst Staatsbesuchern angedeihen läßt. Mit Brandt kommen Egon Franke, der Minister für innerdeutsche Beziehungen, Pressechef Conrad Ahlers und drei weitere Mitarbeiter. Willi Stoph, der Vorsitzende des DDR-Ministerrats, begrüßt Brandt auf dem Bahnsteig, höflich, knöchern und ein wenig steif. Willy-Willy-Rufe werden laut, die beiden Regierungschefs hätten gelten können. Auf dem Bahnhofsvorplatz haben sich Tausende Erfurter eingefunden, durchbrechen den Polizeikordon und lassen nun keinen Zweifel, welchen der beiden Willys sie meinen: »Willy Brandt! Willy Brandt!« Und wenig später, deutlicher, drängender und im Sprechchor: »Willy Brandt ans Fenster!«

Brandt zögert, wägt ab: Einerseits gibt es die Pflicht, den Gastgeber nicht zu verletzen, auch mag er die Atmosphäre der kommenden Gespräche nicht belasten; andererseits will er die erregte Menge nicht enttäuschen, die sich fast tollkühn vorwagt und nach ihm verlangt. Schließlich kommt es zu jener berühmtem Szene, die zum Symbol wird für den schwierigen Auftakt seiner Ostpolitik. Soll sie Erfolg haben, braucht sie Behutsamkeit, langen Atem und darf die Herrschenden nicht direkt herausfordern. Er geht zum Fenster seines Erkerzimmers im ersten Stock des Erfurter Hofs, zeigt sich und mahnt durch eine Bewegung seiner Hände zur Zurückhaltung. Die Menge versteht und verstummt.

Diese beschwörend abwiegelnde Geste, so Rudolf Augstein im *Spiegel*, sei das Äußerste gewesen, was ein westdeutscher Staatsmann der SED habe zumuten können.[42] »Ich war bewegt und ahnte, daß es ein Volk mit mir war«, heißt es rückblickend bei Brandt beinahe pathetisch: »Wie stark mußte das Gefühl der Zusammengehörigkeit sein, das sich auf diese Weise entlud! Aber es drängte sich auch die Frage auf, ob hier nicht Hoffnungen aufbrachen, die nicht – so rasch nicht – zu erfüllen waren.« Einige seiner Mitarbeiter hatten in der Tat Tränen in den Augen.[43] Am Nachmittag organisiert die SED als Antwort eine Gegendemonstration mit Sprechchören, die Willi Stoph hochleben lassen und die Anerkennung fordern. Doch es sind die Bilder vom Vormittag, die wirkungsmächtig bleiben und ihren Weg um die Welt machen wie später die vom Kniefall in Warschau.

Der Versuch ist gemacht, der Anfang gewagt, er kann sich mit dem Ansatz seiner Politik voll bestätigt fühlen. Und weil die Emotionen auch in Westdeutschland hochgehen, ist es kein Wunder, wenn er britische Regierungschefs beneidet, die das Parlament ohne verfassungsrechtliche Schwierigkeiten auflösen können. Hätte er die Vollmachten eines Premierministers in 10 Downing Street, erklärt er auf der Rückreise ihn begleitenden Journalisten, würde er jetzt Neuwahlen ausschreiben und wäre sicher, eine bequeme Mehrheit zu bekommen.

Dabei haben die Verhandlungen im Erfurter Hof nicht viel mehr als das Verlesen der beiderseitigen, nach wie vor unvereinbaren Standpunkte gebracht: Stoph fordert volle völkerrechtliche Anerkennung, den umgehenden Austausch von Botschaftern und den gemeinsamen Antrag beider deutscher Staaten, Mitglieder der Vereinten Nationen zu werden. Erst danach könne man über humanitäre Regelungen reden. Brandt verlangt praktische Erleichterungen für die Menschen und räumt ein, daß für ein vertraglich geregeltes Nebeneinander die allgemein anerkannten Prinzipien des zwischenstaatlichen Rechts gelten müßten. Aber eine völkerrechtliche Anerkennung schließt er aus und verlangt, beide deutsche Staaten hätten »die Verpflichtung zur Wahrung der Einheit der Nation«.[44] Immerhin ist man sich einig, daß von deutschem Boden nie wieder Krieg ausgehen dürfe, eine durchaus ehrenwerte Überzeugung, die freilich später zur Formel gerinnt, sich in der Honecker-Zeit bis zum Überdruß in deutsch-deutschen Kommuniqués wiederfinden wird und nur zu oft verdecken muß, daß man einander nicht viel anderes zu sagen hat. Von einem völligen Scheitern der Begegnung kann deshalb nicht die Rede sein, weil man vereinbart, sich demnächst in Kassel wiederzusehen.

Übrigens macht Brandt einen Abstecher nach Buchenwald und legt am Turm der Gedenkstätte einen Kranz nieder. Worauf die DDR auf dem Erfurter Bahnhof verzichten mußte, weil der Kanzler es sich verbeten hatte – ein Empfang mit militärische Ehren –, wird nun ausgerechnet hier nachgeholt. Das DDR-Protokoll überrumpelt ihn, Volksarmee trägt die Kränze heran, ein Musikzug spielt die Nationalhymnen. Aber nicht nur ihm will das nicht schmecken, auch wenn er keine Staatsaffäre daraus macht. Hanna Wolf, Mitglied des ZK der SED, beschwert sich in einem bitteren Brief bei Walter Ulbricht, daß man einen »der gefährlichsten und einflußreichsten Führer der internationalen Sozialdemokratie«, den »Chef der aggressivsten imperialistischen Regierung in Europa« in Buchenwald geehrt und für ihn – ausgerechnet »vor Thälmanns (und Breitscheids) Grab« – das Deutschlandlied gespielt habe.[45] Hanna Wolfs Stimme ist nur eine von vielen einflußreichen Falken in Ostberlin.

Was sich in Erfurt abzeichnete, wird beim Gegenbesuch Willi Stophs in Kassel Mitte Mai zur Gewißheit: Willy Brandts Versuche, mit Ostberlin Verhandlungen aufzunehmen, laufen sich am Widerstand der DDR fest, die von ihren Maximalforderungen nicht abgehen will. Zudem steht das Kasseler Treffen unter einem schlechten Stern, denn diesmal bekommt der Osten die wirkungsmächtigen Bilder, die er für seine Propaganda braucht. Heimatvertriebene, Mitglieder der Jungen Union und der NPD nutzen die westdeutsche Demonstrationsfreiheit und machen gegen das Treffen mobil. Sie sind mit Mauer- und Mördertransparenten aufgezogen, ein 30jähriger Gauführer der Wiking-Jugend aus Schleswig-Holstein, in Kniebundhosen und Windjacke gekleidet, wirft sich vor die gepanzerte Staatskarosse, in der Brandt und Stoph sitzen. »Brandt an die Wand!« lautet einer der Sprechchöre, ein anderer: »Volksverräter Hand in Hand – Willi Stoph und Willy Brandt«. Es kommt zu Krawallen und Handgreiflichkeiten mit Gegendemonstranten der DKP, Rote marschieren gegen Braune, »der Geruch von Weimar lag in der Luft«, erinnert sich Brandt.[46]

Die hessische Polizei zeigt sich so schlecht vorbereitet wie die Volkspolizei vor dem Erfurter Hof, und so gelingt es drei Fanatikern der »Deutschen Jugend des Ostens«, die DDR-Flagge vor Schloß Wilhelmshöhe, dem Tagungsort, herunterzuholen und in Stücke zu schneiden. Eine für den frühen Nachmittag vorgesehene Kranzniederlegung am Mahnmal für die Opfer des Faschismus muß verschoben werden, weil der Polizeipräsident meint, er könne für die Sicherheit der Gäste nicht garantieren. Kaum ist sie am Abend nachgeholt, schneiden unbekannte Täter die Schleife mit dem DDR-Wappen an Stophs Kranz einfach ab. Es sind Zwischenfälle, für die Brandt in aller Form sein Bedauern aussprechen muß und die Stoph Gelegenheit geben, ausführlich von Mordhetze zu sprechen und zu beklagen, daß die Bundesregierung die neonazistischen Kräfte nicht tatkräftig bekämpfe.

Überhaupt weicht er den präzisen Sachthemen aus, mit denen ihn Brandt am Verhandlungstisch konfrontiert. Der Kanzler hat seine Vorstellungen über »Grundsätze und Vertragselemente für die Regelung gleichberechtigter Beziehungen« in einem 20-Punkte-Katalog zusammengefaßt. Viele davon bleiben für Stoph unannehmbar – Punkt 10 etwa, der wieder von der Existenz zweier Staaten einer Nation spricht; Punkt 11, der die beiderseitigen Verpflichtungen gegenüber den Rechten der Siegermächte betont, und natürlich Punkt 12, welcher das Fortbestehen der Vier-Mächte-Verantwortung für Berlin bestätigt. Der Gast aus Ostberlin wertet Brandts 20 Punkte als verschleiertes, aber eindeutiges Nein zur Herstellung gleichberechtigter, völkerrechtlicher Beziehungen. Bei so vielen prinzipiellen Unterschieden in den Positionen scheint die Aufnahme von Vertragsverhandlungen ausgeschlossen. Um jedoch die Möglichkeit offenzuhalten, den Dialog später wieder aufzunehmen, einigt man sich auf den Begriff der Denkpause, ehe beide Seiten auseinandergehen – ohne Kommuniqué und ohne eine konkrete Vereinbarung, die Verhandlungen fortzusetzen.

Ist damit der Höhenflug der sozial-liberalen Regierung in Kassel zu Boden gegangen, wie der *Stern* urteilt – an einem windigen Maitag bei Regen in nur zwölf Stunden und 32 Minuten gegenseitiger Gespräche? Haben Brandt und Stoph einander gegenübergesessen, als ob ein Stummer und ein Tauber hätten miteinander reden wollen? Muß die Regierung Brandt sich in der nun eintretenden Denkpause die Einsicht abringen, daß die volle völkerrechtliche Anerkennung konzedieren muß, wer von der DDR Normalisierung mit menschlichen Erleichterungen will, wie Sebastian Haffner meint?[47] Wie er denken viele Befürworter von Brandts Ostpolitik. Der Unterschied zwischen staats- und völkerrechtlichen Beziehungen sei nicht haltbar, schreibt Rudolf Augstein und gibt damit ausdrücklich der Einschätzung des Oppositionschefs Rainer Barzel recht. Allerdings meint er, die Regierung werde wider bessere Einsicht zu diesem »Eiertanz« von einer Opposition gezwungen, die über dem Strohfeuer ihrer eigenen Versäumnisse ihr Parteisüppchen koche.[48]

Es sind dies vorschnelle Urteile, und sie zeigen, daß selbst Freunde der Koalition das vielschichtige Konzept nicht völlig verstehen, welches der Politik Willy Brandts zugrunde liegt. Denn die Unterhändler der Bundesrepublik in Moskau sind an eine Auflage der drei Westalliierten gebunden, die Rechte der Vier Mächte für ganz Deutschland zu respektieren und das innerdeutsche Sonderverhältnis aufrechtzuerhalten. Das aber heißt: Endgültiges über Deutschland können die Deutschen allein gar nicht beschließen, weil es einem Friedensvertrag vorbehalten bleibt – eine Tatsache, die einer völkerrechtlichen Einschränkung der Bonner Handlungsfähigkeit gleichkommt und die sich geschickt nutzen läßt, um »die extremen Anerkennungsforderungen der sowjetischen Regierung als rechtlich unerfüllbar abzulehnen«.[49] Was für das Verlangen Moskaus gilt, trifft natürlich auch auf jenes der DDR zu.

Brandt meint zu Recht, er habe in Kassel bei Stoph ein Gefühl der Unsicherheit über Egon Bahrs Verhandlungen in Moskau gespürt. Wenn es zwischen den Deutschen nicht weitergeht, dann vor allem, weil das SED-Politbüro auf Zeitgewinn spielt und erst einmal abwarten will, ob und, wenn ja, worauf sich Bonn und Moskau eigentlich verständigen können. Auch steht das Ergebnis der Vier-Mächte-Verhandlungen über Berlin aus, die Ende März 1970 aufgenommen wurden. Der eigentliche Durchbruch, der schließlich auch die DDR zu Konzessionen im späteren Grundlagenvertrag zwingen wird, gelingt schließlich in Moskau. Denn dort hat sich der Wind gedreht, das alte Feindbild von Brandt – die Klischees vom Agenten Trotzkis in Barcelona, vom Kalten Krieger und Agenten der Amerikaner in Berlin – ist schon während der Großen Koalition einer realistischeren Einschätzung gewichen.

Der Außenminister Brandt war Gromyko erstmals im Oktober 1968 in New York am Rande einer Vollversammlung der Vereinten Nationen begegnet, beide hatten ein »gutes und nützliches« Gespräch miteinander geführt und vereinbart, künftig über »praktische Fragen« zu sprechen.[50] Der bissige Mr. Njet mit dem phänomenalen Gedächtnis entpuppte sich als angenehmer Gesprächspartner – »freundlich, gelassen, kontrolliert, fast angelsächsisch zurückhaltend«, mithin weit weniger grimmig, als Brandt befürchtet hatte.[51] Das deutsch-sowjetische Klima besserte sich daraufhin schon Anfang 1969, denn der Meinungsaustausch zum Gewaltverzicht, den schon die Regierung Erhard angestoßen hatte, wurde wieder aufgenommen.

Die sowjetisch-chinesischen Spannungen taten dann das übrige. Im März 1969 informierte Botschafter Zarapkin Brandt über die Zwischenfälle am Ussuri, wo Chinesen und Sowjets sich mit Artillerie, Minenwerfern und schweren MGs regelrechte Schlachten geliefert hatten. Seit China eine Revision der Grenze am Amur verlangt, plagt Moskau das Trauma von der »gelben Gefahr«. Einkreisungsängste werden wach, die den Wunsch verstärken, die Westgrenze des Imperiums durch Verträge festzuschreiben und eine europäische Sicherheitskonferenz anzustreben, welche die Ergebnisse des Zweiten Weltkrieges einsegnen soll. Brandt ist sich dieses Motivs für das Einlenken Moskaus wohl bewußt. Als er zur Unterschrift unter den deutsch-sowjetischen Vertrag nach Moskau kommt, bringt ihn die Sowjetregierung im Gästehaus auf den Leninhügeln unter, von wo der Blick weit über Moskau und den Kreml schweifen kann. Wenige Stunden, ehe er seine Unterschrift leistet, erzählt er einen Witz, über den er, wie üblich, selbst am dröhnendsten lacht. Peter Koch, der im Troß der Journalisten den Kanzler nach Moskau begleitete, hat ihn festgehalten:

Das Politbüro tagt unter Breschnjew, als Kossygin zum Fenster geht und dort nachdenklich stehenbleibt. Auf Breschnjews Frage, warum er so angestrengt nach draußen schaue, sagt Kossygin: Auf dem Roten Platz essen Dutzende von Leuten zu Mittag. Breschnjew meint nur: Laß sie doch! Kossygin geht zum Tisch zurück. Nach einer weiteren Viertelstunde zieht es ihn wieder ans Fenster. Jetzt sind es schon hundert, die da essen, meldet er dem Generalsekretär. Breschnjew setzt ungerührt die Sitzung fort. Doch er wird unruhig, als es Kossygin eine halbe Stunde später wieder zum Fenster treibt. Warum dieser die Arbeit des Politbüros immer wieder störe, will er ungehalten wissen. Daraufhin Kossygin: »Jetzt ist schon der ganze Rote Platz voll von Menschen, die essen.« – »Na und«, gibt Breschnjew gereizt zurück. Darauf Kossygin: »Aber sie essen mit Stäbchen, Genosse Generalsekretär.«[52]

Zumindest symbolisch ist der Durchbruch geschafft, als Brandt und sein sowjetisches Gegenüber Kossygin, Scheel und sein Gegenpart Gromyko ihre Unterschriften unter das Vertragswerk setzen, das aus fünf relativ kurzen Artikeln und einer Präambel besteht. Als historische Kulisse des Geschehens dient der Katharinensaal des Kreml, ein mit korinthischen Säulen aus grünlichem Malachit geschmückter, langer, rechteckiger Saal, der mit zaristischem Prunk nicht spart – schweren Portieren und goldenen Ornamenten, rotem Damast und klassischen Reliefs. Ein Foto zeigt Leonid Breschnjew in der Mitte der Delegationsmitglieder – wie ein Notar steht er da, die Hände über dem Schoß gefaltet, und schaut Brandt und Gromyko beim Unterzeichnen über die Schulter. Genießt er die Stunde eines sowjetischen Triumphs? Auf den ersten Blick spricht viel dafür. Fünfzehn Jahre hatte die Sowjetunion vergeblich nach der westdeutschen Anerkennung ihres mitteleuropäischen Imperiums gestrebt, mit diesem Abkommen ist ihr altes Ziel endlich erreicht.

Es ist dieser Vertrag mit der Vormacht des ganzen Blocks, nicht mit der DDR, in dem die Bundesrepublik erstmals ihre Anerkennung des anderen deutschen Staates ausspricht und die Grenze, die Deutschland teilt, als »unverletzlich« bezeichnet. Das gilt auch für Polen, denn erstmals gibt die Bundesrepublik ihre Anerkennung der polnischen Nachkriegsgrenzen zu Protokoll. Zwar wünscht die polnische Führungsriege nichts sehnlicher als dies, und doch nimmt sie, wie Timothy Garton Ash zu Recht bemerkt, die Tatsache übel, daß dies zuerst in einem deutsch-sowjetischen Abkommen geschieht.[53] Denn wieder einmal, wie so oft in der Geschichte, haben sich Deutsche und Russen über die Köpfe der Polen hinweg geeinigt, wenn auch diesmal nicht zum Schaden Polens. Warschau hätte es vorgezogen, wenn die Anerkennung der Oder/Neiße-Linie als Westgrenze Polens in einem deutsch-polnischen Abkommen vorweggenommen worden wäre – wenn es die Bestätigung seiner Grenze selbst in Verhandlungen mit den Deutschen »erworben« hätte, wie Peter Bender einmal schreibt.[54]

Aber was hat der Bundeskanzler mit seiner Unterschrift wirklich weggegeben? »Mit diesem Vertrag geht nichts verloren, was nicht längst verspielt worden war«, sagt er in einer kurzen Ansprache am Abend und spricht vom »Mut, ein neues Blatt in der Geschichte aufzuschlagen«.[55] In Warschau wird er diesen Passus wiederholen und hinzufügen, von wem dies verspielt worden sei: Nicht von uns, »die wir in der Bundesrepublik politische Verantwortung tragen und getragen haben. Sondern verspielt vom verbrecherischen System des Nationalsozialismus.« Seine Rede wird in einem Moskauer Fernsehstudio aufgezeichnet, ihr Text liest sich nüchtern, aber in dieser historischen Stunde, da Bonn und Moskau praktisch Frieden miteinander schließen, wirkt sie auf die »Lieben Mitbürger« im fernen Deutschland unglaublich bewegend, schon weil sie aus dem geheimnisumwitterten Zentrum jener Macht kommt, unter deren brutalem *octroi* ein Drittel Deutschlands leben muß. Seine Stimme ist rauh, rauchig und tief; er gibt sich aufs äußerste konzentriert, das Gesicht ist zur Maske erstarrt, er vermeidet jeden Schnörkel, jedes überflüssige Wort. Wenn er auf den Bau der Mauer eingeht, der sich am andern Tag zum neunten Mal jährt, gibt er zu erkennen, wieviel er sich von diesem Vertrag für die kommenden Verhandlungen mit der DDR verspricht: »Heute haben wir, so hoffe ich zuversichtlich, einen Anfang gesetzt, damit der Zerklüftung entgegengearbeitet wird, damit Menschen nicht mehr im Stacheldraht sterben müssen, bis die Teilung unseres Volkes eines Tages hoffentlich überwunden werden kann.«

Moskau fühlt sich wie im siebten Himmel und feiert den Vertrag als großen Sieg der sowjetischen Außenpolitik. So beschreibt Julij Kwizinskij, ein sowjetischer Diplomat, der schließlich als letzter Botschafter der Sowjetunion in Bonn amtieren wird, die Hochstimmung jener Tage in der Hauptstadt des Riesenreichs. *Do ut des*, geben und nehmen, stünden nach Meinung führender Sowjetapparatschiks in Partei und Außenministerium in keinem Verhältnis zueinander, denn Moskau habe Bonn nichts gegeben, dafür aber Brandt die Endgültigkeit der europäischen Nachkriegsgrenzen einschließlich der Grenze zwischen der DDR und der Bundesrepublik an der Elbe sowie der Oder/Neiße-Linie anerkannt. Der »deutsche Revanchismus sei eingesargt« und der Sargdeckel geschlossen, es komme nun nur noch darauf an, die »Schrauben fest anzuziehen«. Freilich wird, meint Kwizinskij mit dem geübten analytischen Blick des Diplomaten, dabei eine entscheidende Kleinigkeit übersehen: Im Vertragstext ist nicht von Unabänderlichkeit, sondern nur von der Unverletzlichkeit der Grenzen der Rede, und genau diese Formel »ebnete den Weg für Helsinki, Grenzveränderungen mit freiheitlichen Mitteln vorzunehmen«[56] – wobei »freiheitlich« hier wohl für friedlich und einvernehmlich steht.

In der Tat hatte Gromyko im Gespräch mit Scheel zugestanden, daß Staaten als Ausdruck ihrer Souveränität auch freiwillig ihre Vereinigung beschließen, Grenzen korrigieren oder gänzlich aufheben können – die Sowjetunion habe dies ja selbst mit Norwegen gemacht. Das waren Äußerungen, die dann, mit sowjetischem Einverständnis, von der Bundesregierung beim formellen Ratifizierungsantrag des Moskauer Vertrages in offiziellen Dokumenten verwendet werden. Und der britische Historiker Timothy Garton Ash meint, die Grenzanerkennung nur als Konzession der deutschen Seite zu werten, schätze die Intentionen von Brandt und Bahr völlig falsch ein. Beide gedachten vielmehr, die real existierende sowjetische Dominanz auszunutzen, um den zögerlichen deutschen Satellitenstaat zu engeren Verbindungen mit der Bundesrepublik zu zwingen und um lebenswichtige Verbesserungen für Berlin zu erreichen: Wie beim Judo »wollte Bonn seinem wesentlich größeren Gegenspieler Hilfestellung beim Umschwung in die Richtung leisten, in der er sich selbst bewegen wollte, um dann das Gewicht der Sowjetunion zum Nutzen Deutschlands einzusetzen. Berlin und die DDR waren die Pokale«.[57]

Wichtig sind diese Tage im August 1970 vor allem, weil sich eine persönliche Beziehung zu Breschnjew anbahnt, die auch über den Sturz Brandts als Regierungschef hinaus anhalten wird. Kaum nämlich hat der Kanzler seine Unterschrift im Katharinensaal geleistet, kaum sind die Gläser zum Toast auf den Vertrag geleert, entführt Breschnjew den Besucher zu einem Gespräch unter vier Augen in sein Arbeitszimmer, das gut vier Stunden währt. Zu Brandts stärksten Eindrücken von dieser ersten Begegnung gehört, wie sehr Breschnjew – und nicht er allein – dazu neigt, das Potential und den Spielraum der Bundesrepublik zu überschätzen.[58] Die Sowjets denken an die Rapallozeit der frühen Weimarer Republik, erhoffen deutsche Hilfe bei der Modernisierung und dem Ausbau ihrer Industrie und visieren Milliardengeschäfte an, aus denen oft schon deshalb nichts wird, weil sie selbst nicht genug liefern können und der deutsche Kreditrahmen begrenzt bleibt. Doch ist, was sich in diesen vier Stunden abspielt, keine Diskussion nach dem Geschmack Brandts, keine freie Aussprache, sondern eher ein Austausch von Monologen. Es bleibt einer kommenden Gelegenheit vorbehalten, um festzustellen, wie sehr die »Chemie« zwischen beiden stimmt.

Hat Moskau den Durchbruch gebracht, wird Warschau zum Symbol für die neue Ostpolitik – weniger für ihr lang geplantes, rationales Kalkül als für den moralischen Kern, für die Wahrhaftigkeit, die Willy Brandt mit seiner Person einbringt. Nachdem die Oder/Neiße-Frage zuvor durch den großen Bruder in Moskau geregelt wurde, enthält der Warschauer Vertrag mit seinen fünf Artikeln ja nicht soviel Neues, außer daß, auf Wunsch der Polen, die Grenzfrage und nicht der Gewaltverzicht an der Spitze steht: Die Bundesrepublik stellt – in Übereinstimmung mit Polen – fest, daß die bestehende Grenzlinie von der Ostsee westlich Swinemünde entlang der Oder und der Lausitzer Neiße bis zur Tschechoslowakei »die westliche Staatsgrenze der Volksrepublik Polen bildet«. Wie schon in Moskau bestätigt man die Unverletzlichkeit der bestehenden Grenzen, verpflichtet sich, die gegenseitige territoriale Integrität zu achten und die Beziehungen zu normalisieren. Die Bundesrepublik versichert darüber hinaus, keinerlei Gebietsansprüche zu haben und auch in Zukunft solche nicht zu erheben. Wie um zu dokumentieren, daß Polen diese deutschen Konzessionen nicht durch sein Entgegenkommen erkauft habe, stellt nicht dieser Vertrag, sondern eine unabhängige »Information« die Ausreise der in den Gebieten jenseits der Oder und Neiße verbliebenen Volksdeutschen in Aussicht. Da deren Zahl zwischen Deutschen und

Polen allerdings strittig bleibt, spricht die Opposition von einem unausgewogenen Vertrag, und in der Tat werden schon 1972 Nachverhandlungen nötig.

Die polnische Führung ist zufrieden und unzufrieden zugleich. Zufrieden, denn der Warschauer Vertrag wurde ein Grenzvertrag, was der Moskauer Vertrag formal nicht ist. Das Land hat schon immer engere Kontakte zum Westen gesucht und gewinnt nun an politischem Spielraum, weil es für die Garantie seiner Grenzen nicht mehr allein auf die Sowjetunion angewiesen ist. Beziehungen zum westlichen Deutschland, zu den »richtigen« Deutschen sind auch deshalb erwünscht, weil sich jene zur stalinistischen DDR Ulbrichts seit dem Machtantritt Gomulkas, der einen Kurs begrenzter Reformen und einer vorsichtigen Liberalisierung steuert, zunehmend verschlechtert haben. Die DDR kann sich eine Liberalisierung à la Polen nicht leisten, spielt sich als Hüter der reinen Lehre auf und schaut voller Argwohn über die Oder. Nach dem Wort eines polnischen Diplomaten leben in der DDR die Deutschen, »die wir [Polen] nicht gern haben, während die Westdeutschen Deutsche sind, die wir [Polen] nicht gern haben dürfen«.[59]

Unzufrieden sind Parteichef Gomulka und Ministerpräsident Cyrankiewicz dagegen, weil die Gültigkeitsdauer durch den Friedensvertragsvorbehalt der deutschen Seite problematisch bleibt: Bonn besteht darauf, es könne ein späteres vereintes Deutschland, das ja ein neuer Staat wäre, mit dem Warschauer Vertrag nicht vorweg binden und lediglich im Namen der Bundesrepublik Deutschland handeln. Die Festschreibung der Oder/Neiße-Grenze ist also keine endgültige, wie Warschau sich erhofft hatte, und das Wort »Anerkennung« fehlt denn auch in dem Vertrag. Eine Weigerung, von übertriebenen Rechtserwägungen diktiert, meint Peter Bender.[60] Aber da Bonn versichert hat, auch in Zukunft keinerlei Gebietsansprüche zu erheben, sind mögliche Forderungen bei Friedensvertragsverhandlungen praktisch ausgeschlossen. Die Polen haben keinen Grund, sich beunruhigt zu fühlen. Schließlich sind sich ganz Europa und die USA darin einig, daß ein Friedensvertrag und die deutsche Einheit ohne Anerkennung der bestehenden polnischen Westgrenze unvorstellbar wären.

Es ist eine schwere Reise, die Brandt nach Warschau unternimmt. Zu tief sind die Wunden, die Deutsche den Polen geschlagen haben, in keinem anderen Land hat die Barbarei der Nationalsozialisten so gewütet wie hier: Auf polnischem Boden befanden sich die Todesfabriken des Holocaust, in Warschau kämpften erst die Juden des Ghettos, dann Soldaten und Offiziere der polnischen Untergrundarmee ihren Todeskampf; ingesamt haben die Polen sechs Millionen Opfer zu beklagen. Wenn Brandt mit militärischen Ehren empfangen wird, dann erklingt das Deutschlandlied, das viele ehemalige KZ-Häftlinge zusammenzucken läßt. Von ihnen finden sich einige in der polnischen Führung, nicht zuletzt Ministerpräsident Józef Cyrankiewicz, den die Deutschen erst nach Mauthausen schleppten und der Auschwitz überlebte. Umgekehrt sind Millionen Deutsche auf brutale Weise entrechtet, deportiert und vertrieben worden – aus drei einst blühenden deutschen Provinzen, einem Viertel der Fläche des Reichs in den Grenzen von 1937, die nunmehr zu Polen gehören und auf die Anspruch zu erheben die deutsche Seite mit der Unterschrift unter diesen Vertrag verzichtet.

Das ist schmerzlich selbst für Anhänger von Willy Brandts Ostpolitik. Sie schaffe das einfach nicht, schreibt die Ostpreußin Marion Gräfin Dönhoff von der *Zeit* dem Kanzler, der sie gebeten hatte, ihn auf der Reise zu begleiten: »Ich wünschte, Sie würden mich nicht für so feige halten, wie ich vielleicht bin – und es ist das erste Mal in meinem Leben.«[61] Vehement streitet sie in ihrem Blatt für Brandts Vertragspolitik, aber in Warschau nach der feierlichen Unterzeichnung auf den formellen Verzicht ihrer Heimat mit einem Glas Sekt anzustoßen – das meint sie nicht durchstehen zu können. Als habe er das Volk an der Vertragsunterzeichnung beteiligen wollen, hat Brandt stellvertretend Männer und Frauen des öffentlichen Lebens eingeladen, zur deutschen Delegation zu stoßen, darunter die Schriftsteller Günter Grass und Siegfried Lenz sowie *Stern*-Herausgeber Henri Nannen und Krupp-Chef Berthold Beitz. Seine Regierung nehme die Ergebnisse der Geschichte an, sagt er in seiner Tischrede, und abends, in seiner Fernsehansprache an die Deutschen, unterstreicht er, daß der Vertrag nicht nachträglich die Vertreibung legitimieren solle. »Uns schmerzt das Verlorene«, versichert er den Vertriebenen, »und das leidgeprüfte polnische Volk wird unsere Schmerzen respektieren.«

Auch bei diesem denkbar schwierigsten Anlaß versteht er es, die richtigen Worte zu wählen: »Namen wie Auschwitz«, sagt er, »werden beide Völker noch lange begleiten und daran erinnern, daß die Hölle auf Erden möglich ist.« Das Ja zu diesem Vertrag, zur Aussöhnung, zum Frieden, sei ein Bekenntnis zur deutschen Gesamtgeschichte, und ein klares Geschichtsbewußtsein dulde weder »unerfüllbare Ansprüche« noch »geheime Vorbehalte«. Jetzt gehe es darum, den Blick in die Zukunft zu richten, die Kette des Unrechts zu durchbrechen und die »Moral als politische Kraft zu erkennen«. Brandts Auftreten in Warschau ist ernst, würdig und gefaßt, Heiterkeit, Unbefangenheit oder Gleichgültigkeit liegen ihm ohnehin nicht, und nach allem, was im Krieg geschehen ist, wären sie hier wahrlich fehl am Platz.

Bei einer von zwei im Programm vorgesehenen Kranzniederlegungen macht er jene Geste, die zeigt, wie tief ihn dieser Besuch innerlich aufwühlt. Er legt den Kranz am Mahnmal für den Aufstand im Warschauer Ghetto nieder, zupft die schwarz-rot-goldene Schleife zurecht, tritt drei oder vier Schritte zurück und fällt plötzlich auf die Knie. Etwa eine halbe Minute verharrt er so, steht mit einem Ruck wieder auf, indes seine Begleitung die Szene in ungläubigem Staunen verfolgt. Sein Gesicht ist nahezu bewegungslos, der Ausdruck starr, der Blick weit in die Ferne gerichtet. Niemandem hat er dies angekündigt, nicht einmal seinem *alter ego* Bahr, den er doch sonst stets ins Vertrauen zieht. Am Morgen dieses Tages habe er gewußt, daß nur den Kopf zu neigen vor dem Ghetto-Monument nicht so einfach gehen werde wie bei anderen Kranzniederlegungen, meint er später: »Unter der Last der jüngsten Geschichte tat ich, was Menschen tun, wenn die Worte versagen; so gedachte ich der Millionen Ermordeter.«[62] Da er nicht zu den Tätern, den Mitschuldigen oder Mitläufern zählt, kniet der Antifaschist Brandt stellvertretend für sein Volk – »für alle die, die es nötig haben, aber nicht knien – weil sie es nicht wagen oder nicht können oder nicht wagen können«.[63]

Bei seinen Gastgebern herrscht zunächst Betroffenheit, bis Cyrankiewicz ihn am nächsten Morgen am Arm nimmt und gesteht, seiner Frau sei die Geste sehr nahegegangen: Sie habe mit einer Freundin in Wien telefoniert und bitterlich geweint.[64]

Für antisemitische polnische Nationalisten hat Brandt ohnehin vor dem falschen Denkmal gekniet. Doch das Bild vom Kniefall vor dem Ghetto-Mahnmal macht seinen Weg um die Welt, es behauptet sich neben der Szene vom Hochamt mit Adenauer und de Gaulle in der Kathedrale von Reims, es steht für ein Deutschland, das man so bisher nicht kannte, und für einen Politiker und Staatsmann Brandt, der weit über sein Land hinaus moralische Maßstäbe setzt. Um so gespenstischer wirkt die Debatte, die in Deutschland entbrennt. Die Unterzeichnung des Vertrags im Palais Radziwill gilt vielen Konservativen ohnehin als Requiem für Schlesien, Pommern und Ostpreußen. Brandt, schreibt die *Berliner Morgenpost*, habe die »Rechte der Ostdeutschen auf Heimat und Selbstbestimmung auf den Müllhaufen der Geschichte« befördert.[65]

Durfte der Kanzler knien? Das Institut für Demoskopie in Allensbach ermittelt in einer Blitzumfrage, daß 41 Prozent der befragten Deutschen das Verhalten Brandts am Ghetto-Ehrenmal für angemessen halten, 48 Prozent es dagegen als übertrieben bezeichnen. 41 gegen 48 – der Moralist Brandt spaltet die Nation[66], und in der Gruppe der Ablehnenden sind die 30- bis 59jährigen, unter ihnen vor allem die Kriegsteilnehmer, besonders stark vertreten. Doch der jüngeren Generation prägt sich das Bild vom Kniefall ein als Symbol für Moral in der Politik, welche sie oft so schmerzlich vermißt. Im westlichen Ausland hilft die dramatische Geste von Warschau, des Kanzlers Ansehen weiter zu steigern. »Brandts Presse in England war immer gut«, schreibt Michael Ratcliffe, der Literaturredakteur der Londoner *Times*, »aber jetzt nähert es sich der Vergötterung (*idolatry*). Auf eine Art hat er Kennedy als den so lange entbehrten und notwendigen Helden ersetzt, und die Tatsache, daß er ein Deutscher ist, macht dies um so erfreulicher.«[67] Das amerikanische *Time*-Magazin kürt ihn zum Mann des Jahres 1970 – als dritten Deutschen nach Adolf Hitler (1938) und Konrad Adenauer (1953). Warum die Wahl der Redakteure auf Brandt gefallen ist? Sie bescheinigen ihm, er habe »die interessantesten und hoffnungsvollsten Visionen eines neuen Europa ins Auge gefaßt, seit der Eiserne Vorhang fiel«. Im Gegensatz zu den meisten anderen Politikern habe er nicht auf Ereignisse reagiert, sondern sie geprägt und geformt. Das Auswahlkriterium der Redakteure lautet, einen Mann zu wählen, »der die Nachrichten beherrschte« und »einen unauslöschbaren Eindruck in der Geschichte hinterlassen hat – sei es zum Guten oder zum Bösen«.[68]

Gut ein Jahr nach seinem Regierungsantritt hat Brandt immerhin zwei von drei Verträgen, die er anstrebt, abgeschlossen, und über den dritten – den Grundvertrag mit der DDR – wird zäh verhandelt, seit die deutsch-deutschen Unterhändler Egon Bahr und Michael Kohl am 27. November 1970 erstmals zusammengetroffen sind. Was noch aussteht und auch die deutsch-deutschen Gespräche voranbringen kann, ist das Dach, das sich am Ende über alle drei Verträge wölben soll: das Abkommen der Vier Mächte über Berlin. Weil hier die Berlin-Verhandlungen nur stockend vorankommen und die Amerikaner keine Eile zeigen, schickt Brandt noch vor Weihnachten Horst Ehmke zu Henry Kissinger, der den Sicherheitsberater Nixons aus einem gemeinsamen Jahr in Harvard gut kennt. Ein Blitzbesuch von Professor zu Professor sozusagen, und in der Tat gelingt es Ehmke am 23. Dezember im Weißen Haus, das Interesse der Amerikaner an zügigen Verhandlungen zu wecken. Ein positiver Abschluß der Vier-Mächte-Gespräche, argumentiert Ehmke, würde die Sowjets ihres außenpolitischen Berlin-Hebels berauben, mit dem sie Amerika nach Belieben unter Druck setzen können – also müsse ein Erfolg in Berlin dem Wahlkämpfer Nixon zu seinem Vorteil gereichen.[69] Unabhängig davon versucht auch Egon Bahr, Kissinger vom Nutzen eines schnellen Erfolgs in Berlin zu überzeugen.

Anfang 1971 gewinnen die Berlin-Verhandlungen an Fahrt, und wenn sie schon im September desselben Jahres zum Abschluß gelangen, wenn ein strahlender Sowjetunterhändler Abrassimow schließlich sein berühmtes »Ende gut, alles gut« in die Mikrofone westdeutscher Fernsehteams sprechen kann, ist dies nicht zuletzt stiller, aber kräftiger Bonner Nachhilfe zu verdanken. Parallel zu den offiziellen Verhandlungen der Vier Mächte konstituiert sich in Bonn nämlich ein vertraulicher Kreis um Egon Bahr, Valentin Falin und Kenneth Rush, der auf der Grundlage eines deutschen, von Bahr erarbeiteten Papiers in Englisch verhandelt. Schon in Moskau haben Falin und Bahr zusammengewirkt, als es galt, die festgefahrenen Verhandlungen zwischen Scheel und Gromyko wieder flottzumachen. Inzwischen hat Breschnjew seinen Vertrauten Falin als Botschafter an den Rhein geschickt. Kenneth Rush, Botschafter der Vereinigten Staaten in der Bundesrepublik, ist ein energischer amerikanischer Geschäftsmann, der zu pragmatischen Formulierungen neigt, als Geldgeber für Nixons Wahlkampf die volle Unterstützung des Weißen Hauses genießt und über Durchsetzungsvermögen gegen Bedenkenträger im State Department verfügt. Diese »drei Musketiere«, wie Bahr sie einmal nennt, lösen in ihren Geheimverhandlungen Probleme, »wo am offiziellen Verhandlungstisch gleiche Intelligenz und Kompetenz versagen«.

Die ersten drei Jahre der Regierung Brandt, das ist auch die hohe Zeit der Geheimdiplomatie, wie übrigens die ersten Amtsjahre Richard Nixons auch, als dieser erste Fühler nach Rotchina ausstreckt. Nach Abschluß des Moskauer Vertrages, als er bemerkt, daß die Deutschen auch ernst machen mit dem Konzept, das ihm Egon Bahr noch vor der Regierungserklärung im Auftrag Brandts erläutert hat, installiert Henry Kissinger einen geheimen Kanal, einen *back channel,* über den Geheimdienst der US-Marine im Mittelmeer, dem er besonderes Vertrauen entgegenbringt. Auf ihm tauschen Kissinger und Bahr geheime Informationen, Botschaften und Anregungen. Beide kommen sich in ihrem Hang zu Konspirativem, ihrer Liebe zu sogenannten verdeckten Operationen und ihrer Scheu vor der Öffentlichkeit entgegen. Bahr verfügt auch über einen *back channel* nach Moskau, der unter Umgehung des Außenministeriums direkt ins Politbüro zum Generalsekretär führt.[70] So glaubt er damals. Erst später wird er erfahren, daß sein Kanal bei KGB-Chef Andropow endet, der wiederum direkt Breschnjew informiert. Nur noch einmal wird es zu einer vergleichsweise engen deutsch-sowjetisch-amerikanischen Zusammenarbeit kommen: bei den Zwei-plus-Vier-Verhandlungen unter Helmut Kohl, bei denen es um die deutsche Einheit geht.

Über Bahrs Draht nach Moskau wird auch vorgeklärt, daß Brandt sich erstmals schriftlich mit einem Hilferuf an Breschnjew wenden kann, ohne Gefahr zu laufen, mit seiner Bitte abgewiesen zu werden. Seit er bei seinem Besuch in Moskau vier Stunden mit dem Kremlchef gesprochen hat, weiß er um dessen Verständnis für innenpolitische Interessen und Schwierigkeiten. Als die sowjetische Seite sich in den Verhandlungen hartnäckig weigert, den West-Berlinern Bundespässe zuzugestehen und damit die Außenvertretung West-Berlins durch Bonn anzuerkennen, schreibt er dem Kremlchef, er sehe die Lage bei den Berlin-Verhandlungen als alarmierend an. In direktem Stil und undiplomatischem Ton führt er dem Generalsekretär vor Augen, daß er, Brandt, »wie keiner seiner Vorgänger schwere Verpflichtungen übernommen habe«. Er zeigt sich entschlossen, sie »trotz aller hartnäckigen Angriffe durchzuhalten« – aber er fordert einen Lohn dafür. Die Paßfrage, schreibt er, sei für ihn eine essentielle Sache, zumal Bonn ja bereits Entgegenkommen gezeigt und den sowjetischen Wunsch nach Einrichtung eines Generalkonsulats in West-Berlin unterstützt habe. Generalkonsulat gegen Pässe heißt das Geschäft, welches Brandt anvisiert, und geschickt spielt er dabei auf das Junktim an: keine Ratifizierung des Moskauer Vertrags ohne einen Erfolg in Berlin. Sein Brief hat die erwünschte Wirkung, und Gromyko, der in der Paßfrage sich zunächst unbeweglich zeigt »wie ein Stein«, schwenkt auf Geheiß Breschnjews ein.[71]

Nach dem Urteil Kissingers verschwindet Berlin mit dem Vier-Mächte-Abkommen »aus dem Kreis der internationalen Krisenherde«[72], weil die Sowjets erstmals die Nabelschnur, die West-Berlin und die Bundesrepublik verbindet, den zivilen deutschen Verkehr, garantieren. Egon Bahr handelt die entsprechenden Regelungen mit der DDR aus, und als Transitvertrag werden sie in das Schlußprotokoll inkorporiert. Klaus Schütz, der Regierende Bürgermeister, spricht daraufhin im Abgeordnetenhaus von einem »status quo plus« und nennt das Abkommen über die Verkehrsverbindungen den ersten sichtbaren Fortschritt für West-Berlin seit 25 Jahren.[73] Erstmals auch akzeptiert die Sowjetunion die gewachsenen Bindungen und Verbindungen West-Berlins zur Bundesrepublik – wenn auch in den Grenzen des besatzungsrechtlichen Status, der aufrechterhalten wird. Dafür leistet Bonn den schmerzlichen Verzicht auf demonstrative Akte der Bundespräsenz, für die sich Brandt als Regierender Bürgermeister ehedem immer stark gemacht hatte: Die Bundesversammlung zur Präsidentenwahl, Sitzungen des Bundestages, des Bundesrats, selbst die gleichzeitige Tagung mehrerer Bundestagsfraktionen sind künftig untersagt.

Der Berlin-Konflikt ist nicht gelöst, aber man hat sich zumindest auf Regeln geeinigt und ihn damit entschärft, so daß West-Berlin einen Grad von Sicherheit genießt, den es vorher nie gekannt hat.[74] Möglich wurde dies, weil beide Seiten davon Abstand nahmen, ihre juristischen Positionen zu rechtfertigen und sich statt dessen auf ihre praktische Verantwortung und pragmatische Lösungen konzentrierten. Der Vorschlag war von Bahr gekommen, Henry Kissinger fand ihn geradezu »genial«. Im Grunde handelte es sich um die alte salvatorische Klausel, die Heinrich Albertz einst für die Passierscheinverhandlungen erfunden hatte. Einen Schönheitsfehler hat das Berlin-Abkommen allerdings: Die Texte in Englisch, Französisch und Russisch sind verbindlich, eine zwischen Bonn und Ostberlin unstrittige deutsche Fassung gibt es nicht. Wie etwa ist das englische *ties* und das russische *swasi* zu übersetzen – im Deutschen bieten sich sowohl die Wörter »Bindungen« als auch »Verbindungen« an. Bonn wählt die letzte, Ostberlin die erste Möglichkeit. Im Laufe des Jahres 1973 wird dieser Auslegungsstreit zu einer erheblichen Belastung im innerdeutschen Verhältnis führen.

Brandts internationale Statur wächst weiter, als Breschnjew ihn nach Unterzeichnung des Vier-Mächte-Abkommens einlädt, ihn auf seinem Sommersitz in Oreanda am Schwarzen Meer zu besuchen. Vorausgegangen war eine Anfrage über Bahrs geheimen Kanal, ob Breschnjew zu einer informellen Aussprache bereit wäre, die um Fragen der Abrüstung kreisen würde. Der Kanzler hat das lange Moskauer Gespräch nach der Vertragsunterzeichnung als einen unfruchtbaren Schlagabtausch von beiderseitigen Monologen in Erinnerung und sucht nach einer Möglichkeit, mit dem mächtigen Kremlchef in eine echte Diskussion zu kommen, bei der beide Seiten sich bewegen.[75] Breschnjew sagt zu, und so kommt es zu einer Begegnung, wie es sie zwischen einem Generalsekretär der KPdSU und einem westlichen Regierungschef bis dahin noch nicht gegeben hat.

Brandt und Bahr fliegen zu Breschnjew auf die Krim, sechzehneinhalb Stunden dauern die Gespräche zwischen Generalsekretär und Bundeskanzler, parallel dazu tauschen Egon Bahr und Breschnjews Sicherheitsberater Alexandrow ihre Meinungen über das Verhältnis Bonn/Ostberlin, Abrüstung und europäische Sicherheit aus. Die Atmosphäre ist informell, Gastgeber und Besucher gehen gemeinsam schwimmen, Breschnjew zeigt dem deutschen Kanzler während einer Bootsfahrt die reizvolle Küstenlandschaft der Umgebung, und schnell stellt sich heraus, daß die »Chemie« zwischen ihnen stimmt: Beide lieben Wein, Weib und Gesang, beide erzählen Witze und beide lachen gern. »Der oberste Kommunist«, meint Egon Bahr, »begann für den obersten deutschen Sozialdemokraten persönliche Gefühle zu entwickeln, und seine positive Empfindung entsprach weder dem, was er von seinen deutschen Genossen [in

Ostberlin] vorher gehört, noch den Warnungen vor diesem gefährlichen Brandt, die er ihnen selbst gegeben hatte. Willy Brandt war kein Feind. Der Abbau von Feindbildern, gegenseitig, war mit Händen zu greifen.« Wahrscheinlich, meint Bahr, hätte Breschnjew Brandt gern umarmt, ja sogar geküßt, wenn er dessen Begleitung nicht klargemacht hätte, daß Brandt Küsse nicht mochte – »jedenfalls nicht von Männern«.[76]

Es ist Brandts beharrliches, sachliches Engagement für Abrüstung, Entspannung und Frieden, das den Generalsekretär überzeugt. Überrascht scheint der Sowjetmensch, daß dieser Sozialdemokrat nicht jeden Morgen zum Frühstück einen leibhaftigen Kommunisten verspeist. Auch gewinnt er Geschmack daran, mit einem Mann im Westen Informationen auszutauschen, der die Mächtigen der anderen Seite kennt und ihm deren Vorstellungen begründen und ihre Eigenheiten erläutern kann. Das verschafft ihm mehr Selbstbewußtsein gegenüber Gromyko, der die Jahre seit Stalin im diplomatischen Dienst überdauert hat, auf seine Kenntnisse pocht und in internationalen Fragen so gern den Schulmeister spielt. Umgekehrt avanciert Brandt nach dieser Reise ans Schwarze Meer zum Breschnjew-Spezialisten im westlichen Lager: Bis zur Reise Nixons nach Moskau sei »Brandt der führende Experte für die sowjetische Führung« gewesen, meint Henry Kissinger, zumal er auch lange mit Ministerpräsident Kossygin und Staatspräsident Podgorny gesprochen habe. Als Brandt im Dezember 1971 Richard Nixon in Key Biscayne in Florida trifft, entwirft er dem Präsidenten ein politisches Psychogramm Breschnjews, der bis dahin für die Amerikaner »ein Rätsel war«.[77]

Die Bonner Opposition rügt, daß Oreanda ein Vorort von Jalta sei, und das ist es in der Tat: Der Sommersitz Breschnjews liegt nur wenige hundert Meter von dem Zarenschloß entfernt, in dem die Großen Drei im Februar 1945 das Deutsche Reich geteilt hatten. Giftig kommentiert der *Rheinische Merkur*, Brandts »Jalta-Reise« habe den deutschen »Stempel auf die Preisgabe« gebracht.[78] Mag sein, daß die Wahl des Ortes ein Schönheitsfehler war – aber wenn Brandt schon den »Stempel« auf die Teilungspläne setzte, hat er dies in Moskau und Warschau und nicht in Oreanda getan.

Der Flug auf die Krim bringt kein sensationelles Ergebnis, denn die bestehenden Gegensätze werden nicht ausgeräumt, zumal Brandt immer wieder betont, daß er loyal zu seinen Partnern im Westen und zum Bündnis steht. Aber nach den Verträgen, nach der *politischen* Entspannung also, rückt nun die *militärische* Entspannung ins Blickfeld, es geht um die Verminderung von Truppen und Waffen in Europa. Brandt stößt die Frage an, und im Gespräch mit Breschnjew wird die Grundlage zu dem gelegt, was ein Jahr später dann zwischen den Großmächten in Moskau als MBFR-Prozeß vereinbart wird – Verhandlungen über eine Mutual Balanced Force Reduction, über den gegenseitigen Truppenabbau »ohne Nachteile für die Beteiligten«, wie es im Kommuniqué von Oreanda hieß. Wenn man so will, hat er mit dieser Begegnung auf der Krim seine zentrale Rolle gefunden: die eines Schrittmachers der europäischen Entspannung, und er wird sie auch nach seinem Rücktritt vom Kanzleramt beibehalten. Darüber hinaus kommt es zu einem »vertrauensbildenden Verständlichmachen«[79] der unterschiedlichen Positionen, was vor allem im Hinblick auf die Verhandlungen mit Ostberlin über den Grundvertrag wichtig ist. Brandt und Breschnjew beginnen einen Briefwechsel, in dem sie – schnörkellos und ohne jede diplomatische Verrenkung – Informationen und Meinungen austauschen. Für den Verkehr westlicher Staatsmänner untereinander ist dies längst Routine, im Ost-West-Verhältnis dagegen kommt es einer Revolution gleich.

Brandt war nach Oreanda gefahren, ohne die westlichen Alliierten zuvor zu konsultieren – sie wurden lediglich informiert. Im Binnenverhältnis Bonns zu den großen Verbündeten bedeutet dies eine neue Qualität. Seine Regierung tritt selbstbewußter auf als die Vorgängerkabinette, ganz wie Egon Bahr es Kissinger schon bei seinem Blitzbesuch am 21. Oktober 1969 – noch vor der Wahl Brandts zum Kanzler – angekündigt hatte: Weder Brandt noch Heinemann hätten die üblichen deutschen Schuldgefühle, sie fühlten sich als Repräsentanten nicht des besiegten, sondern des befreiten Deutschland. Helmut Sonnenfeldt, der engste Mitarbeiter Kissingers, vermutete nach diesem ersten Gespräch, die Brandt-Regierung würde ihre Interessen klarer formulieren und sie offensiver vertreten als die Vorgängerregierungen, kurz: sie würde unbequemer werden.[80]

Kissinger selbst hat anfänglich Bedenken gegen das, was die neue Bonner Equipe versucht. Nicht, daß er Brandts Grundsatztreue zur Westbindung und zum Bündnis mißtraut, vielmehr fürchtet er, die

Kontrolle könnte dem Kanzler aus der Hand geraten, »Deutschlands innere Stabilität erschüttern und seine internationale Position aus den Angeln heben«. Gelegentlich agiert ihm Brandt zu schnell und zu stürmisch, und ihn plagt die Angst, die Brandtsche Politik, von weniger gewissenhaften Politikern betrieben, könne eines Tages die Form des klassischen deutschen Nationalismus annehmen, der schon immer eine unabhängige Stellung Deutschlands zwischen West und Ost angestrebt hatte. Übrigens hält er Egon Bahr für den klassischen deutschen Nationalisten – einen hochintelligenten zwar, mit einer enormen Begabung für Kompromißformeln, die aus diplomatischen Sackgassen herausführen können, aber doch für einen Mann, der keine gefühlsmäßigen Bindungen an Amerika hat, dem die westliche Einheit weniger bedeutet als den Beratern früherer Kanzler und dem in erster Linie an der Besserung des innerdeutschen Verhältnisses gelegen ist.

Doch ist ein Mann wie Kissinger viel zu klug, um nicht die Schwierigkeiten zu sehen, denen Brandt mit seiner Politik entgegenwirken will und muß. Er weiß um die Gefahr, daß die Bundesrepublik, wenn sie dem alten Adenauer/Hallstein-Kurs treu bliebe, international in die Isolation geriete und einer Konfrontation mit dem Osten entgegenginge, in der sie von ihren Verbündeten allein gelassen würde. So ringt er sich zu dem Urteil durch, das »historische Verdienst« Brandts sei, daß dieser »die Lasten und die Schmerzen auf sich nahm«, welche die historische Notwendigkeit Deutschland auferlegt hätte. Es braucht eine Weile, bis er dies erkennt, aber dann versucht er, so eng wie möglich mit Brandts Team zusammenzuarbeiten, um das »Unvermeidliche« aus seiner Sicht in eine konstruktive Richtung zu lenken.[81] Ihm wird jener berühmt-berüchtigte Satz zugeschrieben, der von der Arroganz der Großmacht zeugt: »Wenn schon Entspannung, dann machen wir sie«, und das Berlin-Junktim, das ihn praktisch zum Schiedsrichter über das Gelingen von Brandts Ostpolitik bestellt, ist ihm ein willkommener Anlaß, den gewünschten Einfluß zu nehmen. Doch geschieht dies keineswegs wider den Willen oder gar im Gegensatz zu Brandt – ganz im Gegenteil. Daß die Sowjets einen Preis für die Ostverträge in Form einer befriedigenden Berlin-Regelung entrichten müßten, war ja von Anfang an Teil des Bonner Konzepts, das sich bewußt in die westliche Entspannungsstrategie einfügen wollte.

Ein gewisser Vorbehalt in Washington aber bleibt, nicht nur beim Sicherheitsberater, sondern vor allem beim Präsidenten. Kann man diesen Deutschen trauen? Nixon soll Brandt einmal gewarnt haben: Gib Deine alten Freunde nicht auf, bevor Du nicht ganz sicher bist, daß Du neue Freunde hast und Dich auf sie verlassen kannst.[82] Führt Brandts Flirt mit den Sowjets nicht doch zu dem, was offenbar Kissingers Angsttraum ist: zur Finnlandisierung Deutschlands? Nach außen wahrt man die guten Formen und zeigt besonderes Entgegenkommen: Als Brandt im April 1970 Washington besucht, stellt ihm Richard Nixon als Zeichen seiner Wertschätzung die *Presidential Lodge*, die Blockhütte auf seinem Urlaubssitz in Camp David, zur Verfügung. Der Kanzler soll sich vor Beginn der offiziellen Gespräche ein paar Tage erholen, und voller Stolz trägt er die blaue Marinejacke mit dem Präsidentensiegel und seinem Namenszug, die jeder Ehrengast in Camp David erhält.

Aber Nixon zählt zu jenen Republikanern, denen alles zutiefst verdächtig ist, was links steht und von der Linken kommt. Im Grunde hält er Brandt für einen jener *damned socialists*, jener verdammten Linkssozialisten, wenn nicht gar Kommunisten, vor denen man grundsätzlich auf der Hut sein muß, und wenn es nicht der Zwang der Staatsgeschäfte gewesen wäre, der sie zusammenführte – freiwillig hätte gewiß keiner der beiden den anderen zum Partner gewählt. Als Brandt den Präsidenten Ende Dezember 1971 in Key Biscayne trifft und er seine Dankbarkeit für die Unterstützung seiner Politik durch die NATO bekundet, wird er von Nixon frostig zurechtgewiesen: Die Allianz erhebe lediglich keine Einwände gegen seine Politik, aber sie unterstützte sie nicht. Die Bundesrepublik müsse die Entscheidung über ihre Schritte allein fällen und selbstverständlich auch allein die Verantwortung dafür übernehmen.[83] Das entspricht der Haltung Washingtons, Brandt zwar allgemeine, in der Form unverbindliche Unterstützung für die Normalisierung der Beziehungen zum Osten zu geben, sich aber strikt jedes positiven oder negativen Kommentars über die Mittel zu enthalten, mit welchen der Kanzler sein Ziel erreichen will. »Methode und Taktik sind ausschließlich Sache der Deutschen«, heißt es in einem Memorandum Kissingers für den Präsidenten.

Weil die Nixon-Administration in der innerdeutschen Auseinandersetzung zwischen Regierung und Opposition strikte Neutralität wahren will, versucht sie lange, jede öffentliche Festlegung zugunsten der Ratifizierung der Ostverträge zu umgehen. Aber das ist schon deshalb kein leichtes Unterfangen, weil Nixon – nach dem erfolgreichen Abschluß – persönlich mit dem Berlin-Abkommen identifiziert wird und er selbst dieses als einen großen Durchbruch in den amerikanisch-sowjetischen Beziehungen gefeiert sehen will. Seit die Sowjets das Junktim umgekehrt und die Ratifizierung der Ostverträge zur Bedingung für das Inkrafttreten des Berlin-Abkommens gemacht haben, bleibt den Amerikanern keine Wahl, als die Ratifizierung zu befürworten. So jedenfalls argumentiert Helmut Sonnenfeldt in einer Notiz an Kissinger.[84] Kein Zweifel: Nixons Sicherheitsberater, der ursprünglich Einfluß auf die Richtung der Ostpolitik hatte nehmen wollen, ist zum Gefangenen der eigenen Logik geworden und trägt, wenn auch ohne Begeisterung, Brandts Vertragspolitik mit.

Unverhohlen offene Gegnerschaft zu seiner Politik findet Brandt in Amerika ausgerechnet unter den guten alten Freunden aus Berliner Tagen: Sowohl General Clay als auch John J. McCloy und Dean Acheson halten seinen Kurs für falsch und sprechen von einem »irren Wettlauf« nach Moskau, selbst die alte Freundschaft zu Eleanor Dulles leidet Schaden an seiner Ostpolitik. Und wie tief das Mißtrauen noch immer im Weißen Haus nistet, zeigt Richard Nixons Kommentar zu einer polemischen Analyse der deutschen politischen Entwicklung. Anfang März 1973 bezichtigt Hans Habe, einst amerikanischer Major und Mitbegründer der *Neuen Zeitung* in München, inzwischen ein extrem konservativer Kolumnist von Springers *Welt am Sonntag*, den Bundeskanzler in einem Brief an Kissinger, Brandt verfolge eine anti-amerikanische Politik. Wie Bismarck träume er den Traum von der deutschen Einheit, wolle die Neutralität Deutschlands zwischen Ost und West und spiele damit den Russen in die Hände. Nixon liest das Pamphlet und gibt es seinem Sicherheitsberater mit dem Bemerken zurück: »Eine scharfsinnige und sehr beunruhigende Analyse – ich denke, er [Habe] kommt der Wahrheit nur zu nahe.«[85]

Große Vorbehalte des Präsidenten gegenüber Brandt gehen auch aus jenem Gespräch hervor, das er vor des Kanzlers Besuch im Juni 1971 mit seinem Sicherheitsberater führte. Es wurde damals – wie jedes Wort in Nixons Weißem Haus – auf geheimen Tonbändern aufgezeichnet, aber erst im Januar 2000 veröffentlicht. »Guter Gott, wenn das [Brandt] Deutschlands Hoffnung ist, dann hat Deutschland nicht viel Hoffnung«, lästert der Präsident über seinen Besucher und fügt hinzu: »Ich will nicht sagen, daß wir von der Ostpolitik begeistert sind.« Gewohnt, dem »eigenwilligen« Nixon, wie er später sagt, nicht offen zu widersprechen, schon um seinen Einfluß zu behalten, stimmt der geschmeidige Kissinger zu. Und als der Herr des Weißen Hauses sich nach einem Dinner zu Ehren Brandts beschwert, der Deutsche, der »uns doch soviel verdanke«, habe sich in seiner unterkühlten Tischrede zu Vietnam zwiespältig geäußert und sich für liebenswürdig gewährte Gastfreundschaft nicht gebührend bedankt, greift Kissinger zum Telefon und bittet Bahr, sein Kanzler möge diesen Eindruck Nixons in einer Pressekonferenz, die er ohnehin gleich geben wird, doch bitte korrigieren. Brandt werde sich schon zu »benehmen« wissen, beruhigt er seinen vom Cäsarenwahn befallenen Herrn nach diesem Gespräch und meint herabsetzend: »Das Hauptproblem ist, daß er [Brandt] nicht sehr helle ist.« Darauf Nixon: »Dieser Bursche ist wirklich ein bißchen dumm.« Kissinger bestätigt's und setzt noch einen drauf: »Dumm und faul ... und er trinkt.« Später versichert er, Brandt stets respektiert zu haben; wer den Dialog genau lese, könne wohl zu dem Schluß kommen, er hätte zwischen Nixon und Brandt nur vermitteln wollen. Wenn er behauptet, die Tonlage habe der damaligen Atmosphäre im Weißen Haus entsprochen, distanziert er sich vorsichtig von seinem Herrn, der für seine unflätigen Zornesausbrüche bekannt gewesen ist.[86]

Staatsmänner unter sich oder: geht es so in den intimen Gemächern der Macht wirklich zu? Nicht viel anders soll sich Mrs. Thatcher über Helmut Kohl geäußert haben – nur, daß es dabei um dessen Vorliebe für Süßes ging. Brandts Liebe zu Alkohol war für die Amerikaner stets ein Problem, schon der freilich puritanisch orientierte General Lucius D. Clay, nach dem Mauerbau von Kennedy nach Berlin entsandt, hat daran Anstoß genommen.[87] Und in einem *fact sheet*, das Nixon vor einem weiteren Besuch des Bundeskanzlers im Frühjahr 1973 in seinen Gesprächsunterlagen findet, heißt es, Brandt sei in den letzten Jahren von seiner Vertrauensseligkeit abgerückt und sehr viel verschlossener und reservierter geworden: »Eine Phase konsequenten Trinkens, die auf seine früheren Wahlniederlagen folgte, ist vorüber, er wirkt jetzt selbstdiszipliniert und zurückhaltend.«[88] Brandt selbst hält in seinen Memoiren vornehmen Abstand zu Nixon, der vor Ende seiner zweiten Amtszeit, als Gauner und Lügner entlarvt, Abschied von der Macht nehmen muß. Daß der frühe Nixon seinen Flirt mit dem Hexenjäger McCarthy hatte, will er ihm nicht nachsehen, und zu den kritiklosen Bewunderern Kissingers hat er nie gezählt – dafür erschien ihm dessen Gedankenwelt zu altmodisch und vorgestrig, zu sehr an Metternich und Bismarck ausgerichtet. Aber wenn er schreibt, es sei oft behauptet – wenn auch nie belegt – worden, daß Kissinger sich in seiner, Brandts, Anwesenheit in anderen Nuancen geäußert habe als in seiner Abwesenheit, rückt er ihn in die Verdachtszone der Doppelzüngigkeit.[89]

Daß die Motive, von denen sich Partner leiten lassen, nicht wichtig sind, wenn sie nur zu Ergebnissen führen, die im deutschen Interesse liegen, ist ein Credo des Außenpolitikers Brandt. Wenn zum Beispiel die Sorge in Paris grassiert, die Deutschen könnten durch ihre Ostpolitik zuviel Gewicht gewinnen, kann dies dem Kanzler recht sein, immer vorausgesetzt, diese Furcht bewegt den französischen Präsidenten Pompidou dazu, das französische Veto gegen einen Beitritt der Briten zur EWG zurückzuziehen. Brandt dringt, wie es sozialdemokratischer Tradition seit Anfang der fünfziger Jahre entspricht, auf die Aufnahme Großbritanniens, Dänemarks und Norwegens, weil er das urdemokratische Element der Briten, aber auch das wohlfahrtsstaatlich-demokratische der Skandinavier in einem vereinten Europa nicht missen möchte. Auf der europäischen Gipfelkonferenz in Den Haag im Dezember 1969 gelingt es ihm, sich mit Pompidou über die Aufnahme der Beitrittsverhandlungen zu verständigen. Nach den langen Jahren des französischen Vetos bedeutet dies den entscheidenden Schritt, der schließlich zum britischen Beitritt im Jahre 1972 und zur Erweiterung des Europa der Sechs zu dem der Neun führen wird: Die europäische Stagnation ist dank der Einigung mit Pompidou überwunden.

Warum dies gelingen kann, deutet er selbst, wenn auch etwas umständlich, in seiner Rede in Den Haag an: »Wer befürchtet, daß sich das wirtschaftliche Gewicht der Bundesrepublik Deutschland zum Nachteil der Ausgewogenheit innerhalb der Gemeinschaft auswirken könnte, der sollte auch deswegen für die Erweiterung sein.«[90] In der Tat ist es die Sorge vor dem deutschen Machtzuwachs in Europa, der in Paris als bedrohlich empfunden wird und die Öffnung der EWG für die Briten nahelegt. Denn Brandts Ostpolitik beschwört bei vielen Franzosen den Mythos von Rapallo herauf, die Angst grassiert, mit der Unterschrift unter die Verträge von Moskau und Warschau werde die Bundesrepublik sich eines Tages den Russen in die Arme werfen und sich vom Westen wieder abkoppeln. Umgekehrt werten Skeptiker in Deutschland die Bereitschaft Pompidous als Wiederbelebung der alten *Entente cordiale* zwischen Franzosen und Briten, die Deutschland in seine Schranken verweisen soll.[91]

Beide Befürchtungen sind irrational und entbehren jeder Grundlage. Und doch entwickelt sich, folgt man Alfred Grosser, die deutsch-französische Ehe zu einem Dreiecksverhältnis mit London, »bei dem die durch den Élysée-Vertrag aneinander gebundenen Partner sich gegenseitig beargwöhnen«. Dabei unterstützt Pompidou offiziell die Brandtsche Ostpolitik, und er kann auch gar nicht anders, will er nicht mit der bisherigen Logik des Quai d'Orsay brechen. Schon de Gaulle hatte ja die Oder/Neiße-Linie anerkannt und die These vertreten, wenn es je zur deutschen Einheit komme, dann nur in Form einer Einigung zwischen den beiden deutschen Staaten innerhalb ihrer jetzigen Grenzen. Dem deutschen Oppositionsführer Rainer Barzel malt Pompidou die Konsequenzen einer Nichtratifizierung der Ostverträge schwarz in schwarz, er spricht von einem gefährlichen Rückschlag der Entspannungspolitik und befürchtet, die Russen würden das Berlin-Abkommen nicht in Kraft setzen, das Paris als Fortschritt zur Beruhigung der Lage in Europa wertet.[92]

Daß er sich voll und ganz hinter die deutsche Ostpolitik stellt, sieht zuweilen schon wie eine Einmischung in innere deutsche Angelegenheiten aus. Und doch hat er zugleich Bedenken wegen der deutschlandpolitischen Dynamik, die untergründig in dieser Entwicklung steckt. Könnten die beiden Deutschland sich eines Tages doch so nahe kommen, daß sie sich einig würden? Schmerzlich wird sich Pompidou der Tatsache bewußt, daß Brandts Politik des begrenzten Bilateralismus gegenüber der Sowjetunion und Osteuropa Frankreichs Rolle schrumpfen läßt. Bonn verdrängt Paris vom Platz des privilegierten Gesprächspartners der Sowjets in

Europa, einfach weil es über die größere Wirtschaftskapazität verfügt und die Anerkennung etwa der Oder/Neiße-Grenze durch die Deutschen mehr wiegt – schließlich ist die Oder/Neiße-Linie eine deutsch-polnische, nicht eine französisch-polnische Grenze.

Das persönliche Verhältnis Pompidou–Brandt bleibt kühl, der Deutsche fühlt sich gegenüber dem klassisch gebildeten Franzosen, der als Gymnasiallehrer eine Anthologie französischer Gedichte veröffentlicht hat, stets ein wenig gehemmt – wie er überhaupt bei Menschen befangen ist, die gern mit ihrer umfassenden humanistischen Bildung prahlen wie Carlo Schmid. Ist es Neid, wenn Pompidou sich verärgert zeigt über die Lobgesänge, welche die französische und ausländische Presse auf den deutschen Kanzler anstimmt? Der »Ruhm, der Brandt umgibt«, beruhe auf dem wirtschaftlichen Erfolg der Bundesrepublik »und ansonsten lauter Nichtigkeiten«, sagt er seinem Minister Michel Jobert. Und er nimmt »Anstoß an den öffentlichen Kniefällen Willy Brandts«, die er als *public relations coups* wertet, denen »nicht alles zum Opfer fallen« dürfe.[93] Er verkennt damit völlig, worum es dem Kanzler damals in Warschau gegangen ist. Aber Pompidou, der zynische Realist, und Brandt, der moralische Realist, das will eben nicht nahtlos zusammenpassen – so wenig wie Brandt, der Moralist, und Nixon, der Amoralist, dem jedes Mittel, buchstäblich jedes, recht ist, seine Macht zu behaupten – selbst der Einbruch beim politischen Konkurrenten in Watergate.

Brandt hat es in seiner Kanzlerzeit mit drei für die deutsche Politik entscheidenden Partnern zu tun: mit Nixon, Pompidou und Breschnjew. Seine Amtszeit läuft der von Nixon und Pompidou fast parallel – der Amerikaner hat im Januar 1969 sein Amt übernommen und tritt im August 1974 zurück, der Franzose wird im Juni 1969 zum Staatspräsidenten gewählt und stirbt im April 1974, Brandt amtiert vom September 1969 bis zu seinem Rücktritt im Mai 1974. Doch das einzige Verhältnis, in dem die »Chemie« zwischen den Beteiligten stimmt, scheint das mit Breschnjew zu sein.

Er wollte ein Kanzler der inneren Reformen sein, aber der Kampf um die Ostpolitik läßt die Innenpolitik in den Hintergrund treten. Zwar muß er sich mit dem, was das Kabinett verwirklicht, nicht unbedingt verstecken: Das Wahlalter wird auf 18 Jahre herabgesetzt, im Strafrecht der Gedanke der Resozialisierung gestärkt, mit einer Steuerreform, die höhere Einkommen be- und niedrigere entlastet, mehr soziale Gerechtigkeit angestrebt, und ein Sofortprogramm gegen Umweltschäden führt das Vorsorge- und Verursacherprinzip in die deutsche Gesetzgebung ein. Der wachsende Terrorismus erzwingt eine Art innere Aufrüstung: den Ausbau des Bundeskriminalamts, das mit seinen modernen Methoden – Computern und Rasterfahndung – bald führend in Europa ist. Ein neues Betriebsverfassungsgesetz, »das Prunkstück der Koalition«[94], verstärkt die Mitwirkungsrechte der Arbeitnehmer und ihrer Vertretungen innerhalb der Betriebe. Reformen der Großen Koalition werden mit dem Ausbau der Hochschulen fortgeführt oder ergänzt – etwa durch Abbau der Ordinarienuniversität und die Einführung universitärer Mitbestimmung, welch letztere wohl zum problematischen Teil des Reformprogramms jener Jahre zählt. Am Ende der Legislaturperiode werden die Renten erhöht und die flexible Altersgrenze eingeführt – zwei Gesetzesvorlagen, denen mit Blick auf den Wahlkampf allerdings auch die Oppositionsfraktion zustimmt.

Die Liste erhebt keinen Anspruch auf Vollständigkeit, aber von Anfang an leidet die innere Reformpolitik an der »Achillesferse«[95] der Finanzierbarkeit und den Ungewißheiten einer Finanzpolitik, die weitgehend durch internationale Faktoren bedingt sind. Weil die USA wegen des Vietnamkriegs einen riesigen Schuldenberg ansammeln, die Golddeckung des Dollars aufgeben und weil ihr Zahlungsbilanzdefizit ständig wächst, kommt es immer wieder zu spekulativen Dollarzuflüssen nach Europa. Sie heizen die Inflation an, erzwingen Aufwertungen und konjunkturdämpfende Stabilitätsprogramme, welche den Spielraum für innenpolitische Reformen drastisch vermindern. Und im Kabinett führen sie zu bitteren Verteilungskämpfen zwischen dem Finanzminister und den Ressorts, denen Willy Brandt nicht energisch genug Einhalt gebieten kann. Er selbst spricht einmal davon, daß es nicht seine Art sei, sich durch eine Diskussion im Kabinett in seiner vorgefaßten Meinung bestätigen zu lassen. Seinen Ministern sei er nicht oft ins Wort gefallen und nur in seltenen Fällen habe er abstimmen lassen: »So hatte ich es schon als Bürgermeister gehalten und als Vorsitzender meiner Partei praktiziert: es ist nahezu immer fruchtbarer, eine Übereinstimmung im Führungsgremium herbeizuführen.«[96] Das mag so sein, doch wird dieser kollegiale Führungsstil da zum Problem, wo sich Übereinstimmung partout nicht einstellen will.

Die schlimmsten Hahnenkämpfe im Kabinett toben zwischen Karl Schiller und Helmut Schmidt, die einander nicht grün sind, seit Schmidt nach Abschluß der Studien als Referent für Verkehrspolitik unter dem Senator Schiller in Hamburg gearbeitet hat. Schiller fühlt sich als eigentlicher Gewinner der Wahl und spielt sich als Kabinetts-Callas auf, aber Schmidt steht ihm an Allüren kaum nach, zumal er damals an einer Schilddrüsenerkrankung laboriert, die ihn schnell ausrasten läßt. Ein- oder zweimal, als der Kampf zwischen beiden Primadonnen gar zu heftig tobt, steht der Kanzler einfach auf, verläßt den Kabinettsaal und spielt resigniert mit dem Gedanken an Rücktritt, wie Conrad Ahlers schreibt.[97] Derlei Auseinandersetzungen sind ihm zuwider, sie durch ein Kraftwort zu beenden, was dieser Lage einzig angemessen wäre, entspricht nicht seinem Naturell. Da wird selbst der verständnisvolle Walter Scheel ungeduldig. Die Zusammenarbeit zwischen den Koalitionspartnern verlaufe reibungslos, läßt er den Kanzler vertraulich wissen, aber er mache sich ernstlich Sorgen über die zunehmenden »Schwierigkeiten innerhalb der SPD-Ministermannschaft«. Brandt möge doch darauf hinwirken, daß die Streitereien zwischen den wichtigsten Kabinettsmitgliedern der Sozialdemokraten unterblieben, vor allem, daß sie nicht öffentlich ausgetragen würden.[98]

Wo Brandt straff führt, in der Außenpolitik, gibt es keine Konflikte, Scheel und er sind sich in fast allen Fragen einig. Im Bereich der Innen- und Wirtschaftspolitik verläßt er sich ganz auf seine Fachminister, aber er trifft keine klaren Entscheidungen, wenn deren Empfehlungen einander widersprechen. Die Bonner Regierungsarbeit, mahnt Günter Grass in einem Brief an den Kanzler schon Mitte März 1970, komme ihm vor wie die Aufführung eines recht guten Stückes, das überbesetzt sei: Jeder Mitspieler, auch der Chargenschauspieler, wolle »nur an der Rampe spielen. Jeder will möglichst vor dem anderen auftreten; jeder nennt den anderen eine Diva«.[99]

Die These vom »Teilkanzler«, von dem »die Hinwendung zur Innenpolitik« nicht mehr zu erwarten sei, macht die Runde – in die Welt gesetzt hat sie Günter Gaus Mitte Februar 1971 im *Spiegel*, als er einen Superminister für Konjunktur und Finanzen forderte. Dieser Superminister, so Gaus, wäre wohl »kraft Amtes der Bundeskanzler, der heute fehlt: der Mann fürs Innere, für Konjunkturpolitik samt Steuerplanung, für das Wächteramt über die Bonner Bäume ebenso, die nicht in den Himmel wachsen können, wie über die Angst der Unternehmer, die derzeit aus Furcht vorm Tod zum Selbstmord neigen«.

Bitter beschwert sich Brandt – »auf die Gefahr hin, dass auch Sie mich für mimosenhaft empfindlich halten«, – bei Gaus, daß ihm seit langem nichts so geschadet habe »wie Ihr böses Wort vom Teilkanzler«.[100] Aber es dauert nicht lange, und dann gibt es diesen Superminister oder »Kanzler fürs Innere«, weil Finanzminister Alex Möller entnervt das Handtuch wirft. Er ist des nicht endenwollenden Gezänks mit Ministerkollegen überdrüssig, die sich der Haushaltsdisziplin nicht beugen wollen, und er grollt dem Kanzler, daß dieser ihm nicht entschieden genug die Stange gehalten hat.

Streit bleibt freilich auch weiter programmiert, obschon der neue Supermann des Kabinetts nun Karl Schiller heißt, dem Brandt die Verantwortung für beide Ressorts, Wirtschaft und Finanzen, überträgt. Eine typische Brandt-Lösung, denn in Fragen, in denen er nicht sonderlich bewandert ist, setzt er ganz auf Personen, die er kennt und schätzt. Und mit Schiller hat er schon in Berlin gut zusammengearbeitet. Weil ihm der neue Sparkommissar namens Schiller eine Planungsreserve von mehreren Milliarden aus seinem Haushalt streicht, verläßt als nächster Minister Hans Leussink das Kabinett. Auch Philip Rosenthal, der Porzellanunternehmer aus dem Oberfränkischen, der als Parlamentarischer Staatssekretär bei Schiller angeheuert hat, zieht sich verärgert von seinem Posten zurück. Seine Pläne, das »Jahrhundertproblem der gerechteren Vermögensbeteiligung« zu lösen, sind im ersten Anlauf an Alex Möller gescheitert, im zweiten bleiben sie am Veto Karl Schillers liegen, dem sie »konjunkturpsychologisch« nicht in die politische Landschaft passen. Danach, meint Horst Ehmke, sei die eigentliche Frontlinie nicht zwischen Reformpolitik und Finanzpolitik, sondern nur noch zwischen Karl Schiller und Helmut Schmidt verlaufen.[101]

Da im Bundesdorf Bonn grundsätzlich nichts geheim bleibt und Schiller, aber auch seine Gegenspieler befreundete Journalisten gezielt mit Informationen spicken, wird der Streit nahezu öffentlich ausgetragen. So kommt es, um noch einmal Günter Grass zu zitieren, daß im Gegensatz zur geschlossenen, »wagemutigen und konsequent geführten Außen- und Entspannungspolitik« sich das Bild von der »schlingernden Konzeptionslosigkeit im Bereich der Innenpolitik« verfestigt.[102] Manches also, was dem zweiten Kabinett Brandt zum Verhängnis werden wird, scheint bereits im ersten angelegt.

Eine nicht minder gefährliche Front für den Regierungschef tut sich mit der Reideologisierung der eigenen Partei und dem Erstarken der Linken auf. Der Steuerparteitag der SPD im November 1971 in der Bonner Beethovenhalle verwirft nahezu alle Konzepte des Superministers Schiller und beschließt, den Spitzensteuersatz auf 60 Prozent anzuheben. Vergeblich halten Brandt, Wehner und Schiller die Delegierten zur Mäßigung an. Wehner befürchtet, der Parteitag arbeite der »gesellschaftspolitischen Rechten« in die Hände, Brandt mahnt, die Vertrauensgrundlagen der Partei für die Wahlen 1973 nicht zu schwächen, Schiller ruft entsetzt: »Genossen, laßt die Tassen im Schrank!« Ihre Einwände verhallen so gut wie ungehört. Viele Beschlüsse des Parteitags sind nur zu gut geeignet, die Sozialdemokratie in den oppositionellen Massenmedien als linken Bürgerschreck zu verteufeln, zumal Schiller offen den Verdacht äußert, die Mehrheit der Delegierten wolle »eine andere Republik«. Das fürchtet offenbar auch ein Teil der deutschen Industrie, der mit einer Anzeige Stimmung gegen die Regierung macht. Es ist dies nur ein Vorgeschmack auf den Wahlkampf, den das große Geld gegen die sozialdemokratische Regierung im Sommer und Herbst 1972 führen wird: Die Pläne der Regierungspartei für eine verschärfte Steuerprogression und für eine gesellschaftliche Neuordnung hätten eben verunsichernd gewirkt, erfährt Brandt, als er 35 Unternehmer zum Gespräch in den Kanzlerbungalow lädt.[103]

Besonders verunsichernd wirken die Debatten um die Jungsozialisten, die systemüberwindende Reformen fordern und sich zu einer Doppelstrategie bekennen: Konkrete Mißstände sollen gezielt genutzt werden, um die gesellschaftliche Basis zu mobilisieren und durch außerparlamentarischen Druck den eigenen Einfluß innerhalb der Partei zu verstärken. Um dies zu erreichen, gehen die Jungsozialisten Aktionsbündnisse mit Bürgerinitiativen, aber auch kommunistischen oder von der DKP gesteuerten Organisationen ein.

Brandt setzt sich gegen derlei »kalkulierte Illoyalität« auf dem Juso-Kongreß 1970 in Bremen zur Wehr, als er erklärt, eine Doppelstrategie sei mit dem Charakter der deutschen Sozialdemokratie unvereinbar. Es ist einer der wenigen Fälle, meint Emil-Peter Müller, in denen der Parteichef »gegenüber den Jusos eine deutliche Sprache« gebraucht: »Es kann keine Partei in der Partei geben, und man kann auch nicht in zwei Parteien zugleich sein.«[104]

Um die Flanke von Regierung und Koalition nach rechts zu sichern, um sich gegen die falsche Behauptung zu verteidigen, Ostpolitik nach außen führe notwendig zu einer Volksfrontpolitik nach innen, faßt die Sozialdemokratie im November 1970 einen Abgrenzungsbeschluß, den Richard Löwenthal, ihr Cheftheoretiker, auf Bitten Willy Brandts formuliert. Darin heißt es, keine Friedenspolitik, keine außenpolitische Annäherung könne den Gegensatz der Systeme beseitigen oder die Unvereinbarkeit von freiheitlicher Demokratie und kommunistischer Parteidiktatur übersehen. Und als deutliche Absage an die Bündnispolitik der Jungsozialisten wird die Respektierung des Beschlusses über die Unvereinbarkeit von Aktionsgemeinschaften »mit kommunistischen Organisationen, welcher Richtung auch immer« angemahnt.[105]

Als Flankenschutz gegen die Volksfrontangriffe der Rechten ist auch jener Radikalenerlaß gedacht, den Brandt später als einen seiner kardinalen Fehler werten wird, denn er kostet ihn Glaubwürdigkeit bei der jungen Generation. Es ist schon fatal, wenn gerade er, der ja den größeren, nicht zu Gewalt bereiten Teil der rebellierenden Jugend in den demokratischen Prozeß integrieren will, seine Unterschrift unter jenen Erlaß setzt, der Andersdenkende mit beruflicher Repression bedroht. Wo bleibt da das große Versprechen aus der Regierungserklärung, mehr Demokratie zu wagen?

Was ursprünglich dazu gedacht ist, im Rahmen des deutschen Nachkriegskonzepts der wehrhaften Demokratie Verfassungsfeinde aus dem Staatsapparat fernzuhalten, führt durch deutsche Regelungswut und juristischen Perfektionswahn dazu, daß Verdächtige nicht einmal Referendare werden können. In Berufen, in denen der Staat Ausbilder ist, wie bei Lehrern oder Juristen, kommt die Ablehnung eines Bewerbers, der als Student maoistischen oder trotzkistischen Gruppen angehörte, seinem Ausschluß vom Berufsweg gleich. Und da Lehrer, Postboten und Lokomotivführer in

Deutschland nun einmal Beamte sind, »werden sie mit Staatssekretären, Polizeichefs und Generälen über einen Kamm geschert«, meint rückblickend selbst Brandts damaliger Kanzleramtschef, der an diesem Sündenfall Brandts nicht ganz unschuldig ist: »Das Schlagwort von den ›Berufsverboten‹ wurde zwar propagandistisch genutzt, traf aber doch das Problem.«[106] In einem Hintergrundgespräch mit Journalisten im August 1973 beneidet Brandt zu Recht andere westliche Demokratien, etwa Frankreich, weil sie solche Probleme nicht juristisch, sondern pragmatisch lösen. De Gaulle sei mit kommunistischen Volksschullehrern zu Rande gekommen; das habe den General nicht daran gehindert, Kommunisten den Schlüsselpositionen von Polizei, Militär oder Verwaltung fernzuhalten.[107] Der Ärger, den Brandt sich mit dem Radikalenerlaß einhandelt, ist vor allem bei den befreundeten westeuropäischen Genossen groß. Als François Mitterrand 1976 die Gründung eines Komitees zur »Verteidigung der beruflichen und bürgerlichen Rechte in der Bundesrepublik Deutschland« ankündigt, schreibt Brandt ihm erzürnt, die französischen Sozialisten sollten Verantwortliche seiner Partei benennen, damit sie nach Deutschland kämen, um sich erst einmal sachkundig zu machen. Um die gleiche Zeit fragt die Vorsitzende der Sozialistischen Partei Luxemburgs, Lydie Schmid, wo die deutschen Sozialdemokraten denn stünden – ob sie etwa einen Staat der Bespitzelungen, Verdächtigungen und ausgehöhlter Verfassungsrechte wollten. »Gerade dies nicht«, antwortet der SPD-Chef und weist daraufhin, daß die Ministerpräsidenten seiner Partei den Beschluß nicht mehr als Grundlage ihrer Verfahrenspraxis in den einzelnen Bundesländern heranziehen.[108] Mit allzu vielen unsinnigen Folgen des Beschlusses konfrontiert, hat die SPD in der Tat einen späten Kurswechsel vorgenommen.

Übrigens ist ausgerechnet der »Rechte« Helmut Schmidt von Anfang an ein ausgesprochener Gegner dieses Radikalenerlasses. Ihm will geradezu widersinnig erscheinen, daß Brandt einerseits »ziemlich radikalen Forderungen von links weit entgegenkommt«, zugleich aber der außerparlamentarischen Opposition eine »offene Flanke zur gefälligen Benutzung zur Verfügung stellt«. Der ehemalige Hamburger Innensenator, der sich mit den gesetzlichen Vorschriften für den öffentlichen Dienst auskennt, hält die vorhandenen gesetzlichen Grundlagen für völlig ausreichend, um den öffentlichen Dienst von Staatsfeinden freizuhalten.[109] Nach seiner Erinnerung handelt es sich dabei um die einzige Streitfrage, in der Brandt und Wehner *gemeinsam* gegen ihn entschieden haben.

Als ob er nicht Ärger genug und Feinde im Überfluß hätte, sieht Brandt sich plötzlich auch noch in eine Auseinandersetzung um die Pressefreiheit verwickelt, weil sein Sprecher Conrad Ahlers die Blätter Springers, allen voran die *Bild*-Zeitung, als »Kampfpresse« bezeichnet. Der Begriff ist nicht schlecht gewählt – daß der Hamburger/Berliner Großverleger seine Zeitungen aus allen Rohren gegen die Regierung feuern läßt, ist wahrlich kein Geheimnis. Die verbale Attacke des allseits beliebten, kampfeslustigen Ahlers, den manche zärtlich Conny nennen, jenes »alten Parachutisten, der das Schießen nicht lassen« kann, wie *Welt*-Chefredakteur Herbert Kremp schreibt[110], hätte indes kaum jenen Sturm im Blätterwald hervorgerufen, wenn er nicht leichtfertig das Grundgesetz ins Spiel gebracht hätte. Denn Kampfpresse ist für Ahlers eine, welche »Nachrichten verfälscht« und »eine Art von Polemik betreibt«, die nach seinem Eindruck »mit dem, was wir in Artikel 5 unter der Meinungsfreiheit im demokratischen Staat verstehen, kaum noch zu vereinbaren ist«.

Als Beispiel verweist er auf die *Bild*-Zeitung, die am Tage seines umstrittenen Interviews mit Radio Bremen auf Seite 2 unter dem Titel »So hetzte der *Spiegel* gegen Brandt« alle hämischen Invektiven, Verbalinjurien und Häßlichkeiten aufgreift, die Augsteins Blatt einmal gegen Brandt gedruckt hat, bevor er sich entschloß, die Politik des Außenministers und des Kanzlers Brandt zu unterstützen. Eine stattliche Liste ist da zusammengekommen, die Zitate haben es in sich und reichen von »Weinbrand-Willy« und »Gummilöwe«, von »Fronstadt-Kapitän« und »Ku-Damm-Kennedy« bis zu einem Kanzlerkandidaten, der als »fußkranker Bittsteller« bezeichnet wird. Ahlers trifft zwar den Kern, wenn er *Bild* vorwirft, die Zeitung setze sich nur formal mit dem *Spiegel* auseinander, in Wirklichkeit betreibe sie eine miese Kampagne gegen Brandt, die von »blankem Haß« gegen diesen Bundeskanzler« zeuge. Nur sagt er auch, der studentische Protest gegen den Springer-Verlag, mit dessen Formen er vor zwei Jahren nicht einverstanden gewesen sei, werde heute durch das Verhalten des Springer-Konzerns »gerechtfertigt«.

Klug beraten war er da nicht, bei Licht besehen hat er der Opposition eine Steilvorlage gegeben. Doch Brandt wiegelt ab: Ahlers sei eben der Gaul durchgegangen, weil man ihm vorgeworfen habe, er ließe eine schwarze Liste von Journalisten führen. Natürlich fragt die Opposition, was das eigentlich für ein Pressesprecher sei, der die Gewalt gegen die Springer-Verlagshäuser während der Osterunruhen von 1968 im nachhinein rechtfertige. Franz Josef Strauß, maßlos wie so oft, geht nach vorn und behauptet gar, Ahlers habe an »außerdemokratische Elemente« appelliert, »sich mit Brandstiftung und Gewalt in Zukunft an Personen zu rächen, die von der Regierung für vogelfrei erklärt werden«. Und der frühere Innenminister Benda zeigt sich im Bundestag besorgt, daß die Tätigkeit gewisser Verlage und Zeitungen durch »Vertreter staatlicher Instanzen« »außerhalb des Schutzbereichs« von Artikel 5 des Grundgesetzes gestellt würde. Solches zu tun, sei allein Sache des Verfassungsgerichts. Da muß der Bundeskanzler als Dienstherr des Pressesprechers persönlich in die Bütt und dem Bundestag versichern, daß die Regierung nicht den törichten Versuch machen werde, die Meinungsfreiheit einzuengen. Wie er sich in Berlin stets vor Albertz und Bahr gestellt hat, wenn diese einmal zu weit vorgeprescht waren, nimmt er auch Ahlers in Schutz – allerdings müsse dieser künftig präziser formulieren, »als es einem manchmal in einer polemischen Abwehr gelinge«. Brandt spricht auch ein Thema an, bei dem Springer besonders empfindlich reagiert: Die wirtschaftliche Konzentration bei der Presse und den Massenmedien dürfe nicht tabu bleiben. Damit unterstreicht der SPD-Chef, was schon sein Bundesgeschäftsführer Wischnewski in der *Welt der Arbeit* geschrieben hat – daß Pressefreiheit »nicht die Freiheit für den unbeschränkten Einfluß eines Mannes« sein dürfe. Die Meinung des Herrn Springer, so Wischnewski, sei eine Sache, »und die Meinungsmanipulation und Gleichschaltung eines Presseimperiums, vieler Organe, vieler Journalisten und Redakteure eine andere«. Droht der SPD-Bundesgeschäftsführer mit gesetzlichen Maßnahmen, wenn er fordert, jetzt sehr sorgsam zu beobachten und zu analysieren, was sich im Hause Springer tut? Schließlich handele es sich ja nicht um ein beliebiges Unternehmen, sondern »um ein Großunternehmen, das nahezu marktbeherrschend ist«. Für einen Gesetzesvorstoß, der etwa auf die Herstellung von Meinungspluralismus innerhalb eines Presseimperiums zielte, fände er allerdings schwerlich eine Mehrheit im Bundestag. Doch es ist die Zeit der Redakteursstatute, und allein die Tatsache, daß der Hamburger Senator Heinz Ruhnau sich auf dem SPD-Parteitag im Novemer 1971 in der Beethovenhalle für Redaktionsausschüsse ausspricht, die in den Verlagen im Rahmen von Tarifvereinbarungen entstehen sollten, muß von Springer als Bedrohung empfunden werden.

Eine besonders glückliche Hand im Umgang mit der oppositionellen Presse zeigt die erste Regierung Brandt keineswegs. Als geheime Dokumente, darunter das Bahr-Papier über seine Gespräche mit Gromyko, veröffentlicht werden, veranlaßt das Kanzleramt Durchsuchungen der Staatsanwaltschaft bei Bonner Korrespondenten, die selbst den Protest des Regierungspressesprechers und dessen Stellvertreters auslösen. Als etwa ein Jahr darauf Kölner Staatsanwälte im Rahmen einer Steuerfahndung in den Redaktionsräumen der Illustrierten *Quick* erscheinen, liegt der Verdacht nur zu nahe, daß Redaktionsgeheimnisse eines Blatts ausgespäht werden sollen, das wiederholt vertrauliche Papiere veröffentlicht hat.[111]

Zwar attackiert Springer den Kanzler auch höchstpersönlich in seinen Blättern, etwa, wenn er in der *Welt* zum Warschauer Vertrag schreibt, Brandt habe Frieden mit dem polnischen Regime, nicht aber mit dem polnischen Volk geschlossen. In einem Beitrag für den *Daily Telegraph* bezichtigt er den früheren Regierenden sogar, mit den Konzessionen, zu denen er sich für das Vier-Mächte-Abkommen bereit erklärte, habe er »Berlin verraten«.[112] Dennoch bleiben beide im Gespräch, Brandt empfängt den »hochbegabten und überaus erfolgreichen Verleger« im Februar 1970 auf dem Venusberg, man spricht sich offen aus, und der Kanzler hält es nach der Begegnung nicht für ausgeschlossen, daß von diesem Gespräch »eine mäßigende Wirkung ausgeht«. Darin irrt er sich zwar, auch ein zweistündiges Gespräch zwischen beiden im August 1971 auf Sylt wird die Haltung des Verlegers nicht entkrampfen, im Gegenteil: Die Fronten versteifen sich. Springer beschuldigt die Regierung, sie wolle mit ihren Mitbestimmungsplänen einen schrecklichen Sozialismus einführen, außerdem befürchtet er die Abkehr der Bundesrepublik von der Schutzmacht USA. Noch immer geprägt von Einsichten und Haltungen aus der Zeit des kältesten Kalten Krieges, ignoriert der Verleger den strategischen Ansatz in Brandts

Konzept, durch eine Politik der Verständigung den Zusammenhalt der Nation, wenn auch in anderer Form, zu bewahren und eine Auflockerung des kommunistischen Systems herbeizuführen.[113]

Doch gibt es bei wachsender politischer Distanz stets einen beachtlichen Restvorrat an gegenseitigem persönlichen Respekt – beide kommen aus kleinen Verhältnissen und haben sich hochgearbeitet, beide wollen aus ihrer Erinnerung jene Jahre in Berlin nicht streichen, in denen sie sich bestens verstanden haben und politisch einig waren. So wie Springer einst Brandts Aufstieg gefördert hatte, so hatte Brandt ja Springer als mutigen Unternehmer gepriesen, als dieser den Sitz seines Konzerns von der Elbe an die Spree verlagerte. Daß der Hamburger dabei mit Hilfe Brandts Steuervorteile für sich erstritt, war eine Selbstverständlichkeit, die andere ermuntern sollte, es ihm gleichzutun. Brandt schätzt auch das Engagement des Verlegers für die Aussöhnung zwischen Deutschen und Juden und den Beitrag, den seine Blätter nach dem Krieg im Kampf gegen den Antisemitismus geleistet haben.[114]

Schaden nimmt das gute Verhältnis erstmals, als Springer im Schöneberger Rathaus mit der Bitte vorstellig wird, der Berliner Senat möge einem regionalen Verlegerfernsehen zustimmen – ein Ansinnen, das Brandt zurückweist, weil er den Sonderstatus West-Berlins nicht als »Büchsenöffner für den Bund« gebrauchen will, aber auch, weil seine Partei privates Fernsehen grundsätzlich ablehnt. Meinungsdifferenzen über die Ostpolitik hätten den Bruch dann verhärtet, schreibt Brandt in seinen Erinnerungen.[115]

Schwingt auch enttäuschte Liebe mit, wenn Springer nach diesem Bruch den »neuen« Brandt nur zu oft mit Zitaten des »alten« Brandt bekämpft? Als der Bundeskanzler im Oktober 1971 den Friedensnobelpreis erhält, zeigt sich der Pressezar nur vordergründig erfreut über diese Ehrung eines deutschen Bundeskanzlers: »Frieden im Zusammenhang mit unserem neuen Deutschland, das unterschreibe ich mit ganzem Herzen …« Doch fügt er einschränkend hinzu, er könne nicht glücklich sein, wenn der Preis wegen der neuen Ostpolitik gegeben worden sei, denn er halte diese Politik für »dem Frieden nicht dienlich«.[116] Dieses »wenn« ist natürlich pure Heuchelei, Springer weiß sehr gut, daß der Kniefall von Warschau für die Wahl des Friedenspreisträgers den Anstoß gegeben hat.

Renommierte ausländische Blätter begrüßen die Wahl, die Glückwunschtelegramme führender Staatsmänner stapeln sich im Kanzleramt, doch die deutschen Rechten quittieren die Nobelehrung mit ungläubigem Erstaunen, Mißtrauen und einem Gefühl der Überrumpelung. Zwar unterbricht Bundestagspräsident von Hassel die Bundestagssitzung, als die Nachricht eintrifft, gibt sie persönlich bekannt und gratuliert dem Kanzler. Stehend applaudieren die Abgeordneten der Koalitionsfraktionen, Barzel beglückwünscht den Ausgezeichneten, auch eine Minderheit der Christdemokraten erhebt sich und spendet Beifall. Doch die Mehrheit der Oppositionsfraktion verharrt in trotzigem Schweigen und bleibt auf ihren Sesseln kleben.

Irritiert fragen sich manche, ob sich eine Nobeljury so sehr irren konnte, daß sie den Kanzler des »nationalen Ausverkaufs«, dessen Politik angeblich die Sicherheit des ganzen Westens gefährdet, mit der Gloriole des Friedenspreises, der höchsten Ehrung umgeben hat, die einem Mann in politischer Verantwortung zuteil werden kann? Und die ihn in den Augen der Wähler plötzlich so unangreifbar macht. Ist da etwa einiges nicht mit rechten Dingen zugegangen? Wenn die *Wirtschaftswoche* bewußt Fragezeichen hinter die Preisvergabe setzt, zeigt dies nur, wie sehr die Politik Brandts damals in Deutschland polarisiert, und es belegt, daß seine haßerfüllten Gegner auch vor den schmutzigsten Mitteln nicht zurückschrecken. Das Blatt beruft sich auf Hinweise westlicher Geheimdienste und behauptet, zwei der fünf Stimmen des Nobelkomitees, das sich einstimmig für Brandt aussprach, seien gekauft gewesen.[117] Chefredakteur Claus Jacoby muß sich umgehend schriftlich beim Bundeskanzler für die falsche Berichterstattung entschuldigen.

Den ehrenwerten Mitgliedern des Nobelkomitees des norwegischen Parlaments Bestechlichkeit vorzuwerfen, grenzt an eine Ungeheuerlichkeit, immerhin gehören ihm außer der sozialdemokratischen Präsidentin des norwegischen Oberhauses der konservative Präsident des Storting an, dazu kommen ein politisch ungebundener Richter am Oberlandesgericht, weiter der liberale Vorsitzende des Sozialgerichts und schließlich ein sozialdemokratischer Professor. Der ganze Vorgang zeigt nur: Zu einem ungelegeneren Zeitpunkt hätte den Gegnern Brandts, deren Kampagne auf dessen Sturz hinarbeitet, die Preisverleihung in Oslo nicht kommen können. Gezielt werden Gerüchte gestreut, die Bundesregierung habe auf dem Umweg über den Berliner Bundessenator, Brandts späteren Kanzleramtschef Horst Grabert, eine *public relations*-Agentur in New York damit betraut, Lobbying für die Nobelpreisverleihung an Brandt zu betreiben. Ein letzter Niederschlag derlei übelster Nachrede findet sich noch in der Brandt-Biographie Peter Kochs, der behauptet, Leo Bauer, Sonderberater des Kanzlers »für heikle Missionen«, sei in dieser Angelegenheit im Auftrag des Kanzleramts mehrfach nach New York geflogen.[118] Wahr daran ist lediglich, daß der Chef der von Koch genannten Agentur, Roy Blumenthal, im Auftrag West-Berlins für den Stadtstaat-Senat seit 1958 in den USA Werbung macht. Er war ein Freund und begeisterter Anhänger Willy Brandts geworden und sucht nun, im Alleingang und völlig unabhängig von seinen Berliner Auftraggebern, möglichst viele ihm bekannte prominente Amerikaner dafür zu gewinnen, sich beim Nobelpreiskomitee des Storting für Brandt einzusetzen.[119]

Das aber haben auch viele andere in Europa getan, etwa FDP-Staatssekretärin Hildegard Hamm-Brücher oder der dänische Sozialdemokrat Jens Otto Krag, später Ministerpräsident seines Landes. Da Brandt, ausgezeichnet mit dem St.-Olafs-Orden für Verdienste um Norwegen, im Land der Fjorde über zahlreiche Freunde mit Amt und Einfluß verfügt, hätte es eines außerskandinavischen Werbefeldzugs, wie er für Nobelpreisverleihungen üblich ist, zu seiner Nominierung auch gar nicht bedurft. »Bundeskanzler Brandt hat als Chef der westdeutschen Regierung und im Namen des deutschen Volkes die Hand zu einer Versöhnung zwischen alten Feindländern ausgestreckt«, heißt es in der Begründung des Komitees, das als seine besonderen Verdienste die Verträge von Moskau und Warschau, aber auch seine Bemühungen aufzählt, »der Bevölkerung von West-Berlin Grundrechte wie persönliche Sicherheit und volle Bewegungsfreiheit« zu garantieren. Nach Gustav Stresemann (1926), nach Ludwig Quidde (1927), einem Reichtagsabgeordneten und Vorkämpfer für Abrüstung, und nach Carl von Ossietzky (1935), für den Brandt Mitte der dreißiger Jahre in Norwegen die Trommel gerührt hatte, ist er selbst nun der vierte deutsche Träger des Friedensnobelpreises. Der deutliche Bezug zu Stresemann ist unübersehbar: Der Weimarer Außenminister hatte die Ehrung – zusammen mit dem Franzosen Aristide Briand – für den Locarno-

Pakt und die Aussöhnung Deutschlands nach Westen erhalten. Brandt wird jetzt ausgezeichnet als derjenige, der die Versöhnung nach Osten sucht.

Aase Lionæs, die Vorsitzende des Nobelkomitees, hatte im Frühjahr 1933 die ersten Reden des frisch aus Lübeck nach Norwegen geflüchteten Willy Brandt vor einer Jugendkonferenz der Norwegischen Arbeiterpartei gedolmetscht. Jetzt rühmt sie in ihrer Laudatio auf den Preisträger die Ostpolitik als Versuch, »den Haß zu begraben und im Geiste des guten Willens Versöhnung über die Massengräber des Krieges hinaus zu finden«. Wenn sie davon spricht, sein Kniefall bezeuge seine Bereitschaft, dieser Versöhnungsaufgabe zu dienen, und dann den jungen Brandt zitiert, betont sie eine Kontinuitätslinie in seinem Denken. Denn 1944, in seinem zweiten Exil in Schweden, hatte Brandt in seinem Buch »Efter segern« geschrieben: »Der Tag wird kommen, an dem der Haß vergessen ist. Einmal muß ein Europa Wirklichkeit werden, in dem wir als Europäer leben können.« In seiner großen Nobelpreisrede vor der Universität Oslo bezeichnet der Kanzler Brandt den Krieg dann nicht mehr als eine *ultima ratio*, sondern als die »ultima irratio«.[120] Ohne Bismarck beim Namen zu nennen, setzt er sich bewußt von dessen Realpolitik des Blutes und des Eisens ab und bezeichnet »den Frieden als wahre Realpolitik dieser Epoche«.

Für die unvergleichliche Dramatik der ersten tausend Tage der Regierung Brandt, die zu aller Überraschung mit seinem überwältigenden Wahlsieg enden wird, sorgen nicht nur die Brüche mit den tief im Bewußtsein vieler Wähler verwurzelten Tabus der bisherigen Deutschlandpolitik. Es ist auch der Kampf um die Behauptung der winzigen parlamentarischen Basis, welcher Regierung und Koalition in Atem hält. Je weiter die Ostpolitik vorankommt, desto mehr droht die knappe Mehrheit unter dem Druck der oppositionellen Presse, aber auch der Macht des Geldes zu zerbröckeln. Es beginnt damit, daß die drei FDP-Parlamentarier, die ihm schon bei der Kanzlerwahl ihre Stimmen versagten, im Herbst 1970 als Hospitanten zur CDU/CSU abwandern. Ihnen folgen zwei Abgeordnete der SPD, Klaus-Peter Schulz, ein alter Freund Brandts, und Franz Seume. Ihr Verlust ist als schmerzliches Symptom zu werten, hält sich für Brandt aber in Grenzen, weil beide vom West-Berliner Abgeordnetenhaus gewählt und deshalb nicht voll stimmberechtigt sind. Empfindlicher trifft da schon der Austritt des Vertriebenenfunktionärs und Schlesiers Herbert Hupka. Seit er sich aus Protest gegen die Vertragspolitik im Januar 1972 der CDU/CSU-Fraktion angeschlossen hat, würde der Übertritt zwei weiterer Abgeordneter genügen, und die Koalition wäre handlungsunfähig.

Nun zählt das Frühjahr 1972 gewiß nicht zu den Sternstunden des deutschen Parlamentarismus. Längst pfeifen es in Bonn die Spatzen von den Dächern: Materielle Beweggründe, nicht zuletzt die Angst um die persönliche Zukunft spielen bei einigen Abgeordneten eine entscheidende Rolle, und so ist es kein Zufall, wenn die CDU alle, die zu ihr stoßen, für die kommenden Wahlen mit sicheren Listenplätzen versorgt und etlichen mit »Beraterverträgen« winkt. In ihrer Not greift die Koalition zu ähnlichen Mitteln: Um ihn bei der Stange zu halten, wird dem »rechten« bayerischen SPD-Abgeordneten Günther Müller, der in München Schwierigkeiten mit seiner linken Basis hat, der sichere SPD-Wahlkreis Nürnberg-Süd in Aussicht gestellt. Verdient unscheinbare Hinterbänkler begrenzten politischen Verstandes rücken da plötzlich ins historische Rampenlicht, um jede einzelne Seele wird gerungen, vor allem um jene des FDP-Bundestagsabgeordneten Wilhelm Helms, Landwirt aus dem niedersächsischen Bissenhausen, den sein FDP-Fraktionsmitglied Walter Peters mit einer hohen Summe vom Übertritt zur CDU abhalten will; aber auch um die der FDP-Abgeordneten Gerhard Kienbaum und Knut von Kühlmann-Stumm, zwei Kritikern der Finanz- und Wirtschaftspolitik, denen Willy Brandt und Karl Schiller bei einem Gespräch im Kanzleramt die Verringerung der Nettokreditaufnahme im Haushalt für 1972 in Aussicht stellen.[121] Doch die Bemühungen um die drei sind allesamt vergeblich.

Die Entscheidung bringt der 23. April 1972, der Tag der Landtagswahlen in Baden-Württemberg: Mit dem großen Wahlsieg der CDU, die fast 53 Prozent der Stimmen für sich gewinnen kann, verliert die Bonner Koalition nicht nur ihre Mehrheit im Bundesrat, sondern der Bauer Helms kündigt, kurz vor Schließung der Wahllokale, telegrafisch und definitiv seinen Übertritt zur CDU an. Damit geht die Regierung auch ihrer hauchdünnen Mehrheit im Bundestag verlustig, und das seit Monaten von parlamentarischer Auszehrung bedrohte erste Kabinett Brandt steuert seiner Existenzkrise zu. Denn jetzt ist die Stunde gekommen, auf die Brandts

Widersacher Rainer Barzel seit langem gewartet hat: Er probt den Kanzlersturz mittels konstruktivem Mißtrauensvotum. Am 23. April hat Baden-Württemberg gewählt, am 24. April wird der Antrag im Bundestag gestellt und für den 27. April 1972 zehn Uhr morgens anberaumt. So gewiß ist der Herausforderer seines Sieges, so sicher sieht er sich bereits als neuen Kanzler amtieren, daß er das Bundespräsidialamt bitten läßt, die Ernennungsurkunde im voraus zu drucken. Das Ergebnis der Abstimmung wird um 14 Uhr erwartet; noch am selben Tag um 17 Uhr will er ins Palais Schaumburg einziehen, wo Kanzleramtschef Ehmke vorsorglich die wichtigsten Akten in Kisten verstauen läßt. Für ihren Transport in die Baracke mietet SPD-Geschäftsführer Holger Börner, so berichtet Peter Koch, eigens einen Lastwagen an.

Aufgeregtheit entspricht nicht seinem Naturell, und so gibt sich Brandt nach außen gelassen, obschon er, wie die meisten seiner Freunde, nicht mit einer plötzlichen Wendung zum Guten rechnet. Es sind Tage und Stunden knisternder Hochspannung, und »draußen im Lande«, wie Politiker aller Parteien nur zu gern das Geschehen außerhalb ihres Bonner Raumschiffs bezeichnen, schlagen die Wogen hoch. Zwar ist das Mißtrauensvotum im Grundgesetz vorgesehen und folglich ein legitimes parlamentarisches Kampfmittel jeder Opposition, gleich welcher Couleur. Auch kennt die Verfassung keinen Fraktionszwang und kein imperatives Mandat, sondern nur den Gewissensentscheid jedes einzelnen Abgeordneten. Aber nicht nur den erklärten Anhängern der Regierung fehlt das Verständnis dafür, daß die Opposition die Regierung mittels »Überläufern« – gekauften, wie offen vermutet wird – stürzen und den Friedensnobelpreisträger auf so heimtückische Weise aus dem Amt jagen will. Gut achtzig Prozent der Deutschen, so ermitteln Umfrageinstitute, sprechen sich für Brandts Ostpolitik aus – ein Wort, das er selbst nicht mag, weil es Rapallo-Anklänge hat, und das er, spätestens seit der Preisverleihung in Oslo, gern durch »Friedenspolitik« ersetzt.

Aus Solidarität und Sympathie mit ihm, dem von »Heckenschützen« Gejagten, kommt es zu symbolischen Arbeitsniederlegungen, Demonstrationen und Kundgebungen. Drohen für den Fall eines Sieges Barzels »bürgerkriegsähnliche Zustände«, wie Marion Gräfin Dönhoff in der *Zeit* argwöhnt? Haben selbst CDU-Abgeordnete vor den möglicherweise fatalen Auswirkungen des Volkszorns Angst, hoffen sie insgeheim, Barzel werde scheitern, weil sein Vorhaben kein gutes Ende nehmen werde – »weder für die CDU/CSU noch für unser Land«, wie Arnulf Baring einmal andeutet?[122] Ist dies die Erklärung für die Niederlage Barzels, der wie vom Donner gerührt das Ergebnis vernimmt und sich mit beiden Händen an den Kopf faßt, als verstehe er die Welt nicht mehr?

Ein verblüffter, in den ersten Minuten beinahe ungläubiger, aber doch überglücklicher, strahlender Willy Brandt dagegen wird von jubelnden Anhängern, die ihm begeistert auf die Schulter klopfen und die Hände schütteln, nahezu erdrückt. Plötzlich ist wahr geworden, was er in der Debatte vor dem Votum, der Pflicht genügend und im eher gespielten Brustton der Überzeugung, verkündet hatte und woran er selbst so recht nicht glauben wollte – daß »wir [...] nach der heutigen Abstimmung weiterregieren« werden. Dem Herausforderer, der sich schon Kanzler wähnte, fehlten zwei Stimmen zur Mehrheit, und die Fama will zunächst, daß ihm zwei Dissidenten in der eigenen Fraktion diese Stimmen verweigerten – weil in ihren Augen entweder dieser Rainer Candidus Barzel zum Kanzler nicht taugte oder sie insgeheim Anhänger von Brandts Ostpolitik waren, vielleicht auch, weil sie den putschartigen Kanzlersturz ablehnten und einer ordentlichen Ablösung der Regierung bei den nächsten Wahlen den Vorzug gaben. Allerdings sorgt der so unverhofft geschlagene Oppositionsführer schon anderntags dafür, daß Brandt sich nicht lange im Glanz seines Sieges sonnen kann. Der Bundeshaushalt 1972 wird bei Stimmengleichheit abgelehnt, ein klares Signal dafür, daß Willy Brandt trotz des gescheiterten Mißtrauensvotums seine Mehrheit im Bundestag verloren hat.

Regierung und Opposition sind nun gleich stark oder gleich ohnmächtig, und was aus dieser paralysierenden Pattsituation folgt, kann wahrlich nicht als Beispiel glänzender Brandtscher Regierungskunst gelten, allerdings auch nicht als Beweis einer ihr etwa überlegenen Oppositionsstrategie – es gleicht eher einem zähen Gefeilsche in einem orientalischen Bazar um die Ratifizierung von Brandts Lebenswerk, den Ostverträgen. Egon Bahr hat es einmal mit einer Kriminalkomödie verglichen,[123] einem recht makabren Stück allerdings, in dem der sowjetische Botschafter Falin sich nach einem Wort Rudolf Augsteins plötzlich in der Rolle eines »schiedsrichterlichen Gouverneurs« findet, der mit »zwei feindlichen Stämmen« über den Wortlaut einer gemeinsamen Entschließung verhandeln muß, die alle Parteien dem Vertragswerk voranstellen wollen.[124] Ende schlecht, alles gut? Schlecht, weil Falin und somit Moskau über die Zukunft der Ostpolitik und der Regierung entscheiden, gut, weil die Verträge, mit welcher Resolution auch immer, letztlich passieren können und Brandt der historische Durchbruch weg von der Illusion und hin zur Realität gelingt?

So weit, so gut. Doch daß es zu einem für das Ansehen von Parlament, Regierung und Opposition entwürdigenden Schauspiel kommen kann, hat mit der mangelnden Risikobereitschaft der beiden Koalitionsparteien, aber auch der Opposition zu tun. Brandt will nicht riskieren, von Barzel aus Anlaß der Ostverträge doch noch gestürzt zu werden, und die FDP scheut Neuwahlen zu diesem Zeitpunkt, weil sie sich ihres Überlebens noch nicht sicher ist. Die sauberste und ehrlichste Lösung – die Verknüpfung der Vertrauensfrage mit der Ratifizierung und, für den Fall des Scheiterns, Auflösung des Parlaments und Neuwahlen – scheidet danach aus. Barzel wiederum zeigt Gespür für die Gefahren, die eine Ablehnung des Vertragswerks mit sich brächte: Sie hätte in der ganzen Welt wie ein Schock gewirkt und Stillstand und Lähmung in anderen Bereichen – etwa dem Berlin-Abkommen – bewirkt. So kommt schließlich zustande, was Brandt zutiefst zuwider ist, weil es einen Schatten auf all das wirft, was er unter widrigsten Umständen in den letzten zweieinhalb Jahren so zäh, mutig und zielstrebig durchgesetzt hat: Eine große Koalition gleich Mächtiger oder gleich Ohnmächtiger, die in einem Geschiebe und Gezerre ohnegleichen eine Entschließung zusammenbastelt, in welcher der Sinn der Abkommen mit Moskau und Warschau zum Teil wieder in Frage gestellt wird und die obendrein Rainer Barzel bescheinigt, daß die Krönung der Brandtschen Ostpolitik – die Ratifizierung der Verträge – ohne ihn eben doch nicht möglich ist.

Wer Entschließung und Verträge vergleicht, dem drängt sich zudem der fatale Eindruck der Doppelzüngigkeit auf, denn wo es im Warschauer Vertrag eindeutig heißt, daß die Oder/Neiße-Linie die »westliche Staatsgrenze der Volksrepublik Polen bildet«, hält die Resolution am Friedensvertragsvorbehalt fest und erklärt, die Abkommen von Moskau und Warschau schüfen »keine Rechtsgrundlage für die heute bestehenden Grenzen«. Nach den Vorstellungen der Opposition muß die Bundestagsresolution auch ein Dokument der Bundesrepublik Deutschland sein, das die Sowjetunion ohne Widerspruch zur Kenntnis nimmt, das dem Obersten Sowjet vorgelegt wird und – nach Barzels Auffassung – damit ein Teil des Vertragswerks wird. Unter Mitwirkung Falins werden schließlich Formulierungen gefunden, denen Moskau – nach einem Appell über Bahrs *back channel* an Breschnjew – zwar nicht zustimmt, aber gegen die es keine Einwände vorbringt.

Nach Brandts Meinung liegen sie hart an der Grenze dessen, was er, »in der Abwehr von Illusionen, verantworten konnte«,[125] laut Ehmke nannte er die Entschließung einmal »Quatsch« und empfand es als unwürdig, »die historischen Verträge mit solchen Girlanden verzieren zu müssen«.[126] An den Texten des Moskauer Vertrages ändern sie ohnehin nichts, zumal sie den Verträgen untergeordnet bleiben, Moskau sie als eine einseitig deutsche Auslegung betrachtet und auf seiner eigenen Interpretation beharrt. Zwar bringt der Kanzler, wenn auch unter Hängen und Würgen, mit diesem unschönen Kompromiß die Verträge durch das Parlament, aber als strahlender Sieger verläßt er das Schlachtfeld keineswegs – »richtig freuen«, erinnert sich Egon Bahr jener Tage, »konnten wir uns nicht«.[127] Weit blessierter allerdings steht Brandts Gegenspieler Barzel da, weil die Unionsfraktion sich seiner Empfehlung versagte, mit Ja zu stimmen, und das Vertragswerk mit Stimmenthaltung passieren ließ.

Wie fernes Wetterleuchten einen anziehenden Gewittersturm ankündigt, werden im letzten halben Jahr des ersten Kabinetts Brandt Probleme deutlich, die den Kanzler in seinem zweiten plagen und ihm zum Verhängnis werden. Da ist einmal der Rücktritt Karl Schillers, des Superministers, der sich vom Kanzler und vom Kabinett im Stich gelassen sieht, als er Zuflüsse neuer Dollarmillionen, welche die überschäumende Konjunktur und die Inflation anheizen, durch Freigabe des Wechselkurses der Mark begegnen will. In der Sache hat Schiller zweifellos recht, sein Nachfolger wird wenige Monate später exekutieren, was der Vorgänger vergeblich angeraten hat; aber mit Blick auf den Wahlkampf und die Einwände der Industrie, die eine neue Aufwertung der Mark unter allen Umständen vermeiden will, stimmt das Kabinett geschlossen gegen den Fachminister Schiller – ein Novum in der Geschichte deutscher Regierungskabinette. Statt dessen folgt es dem Rat des Bundesbankpräsidenten Klasen, der Kapitalimporte durch dirigistische Maßnahmen, durch die Anwendung des Außenhandelsgesetzes einschränken will.

Brandts Fehler ist nicht so sehr, daß er den Egozentriker und Superstar gehen läßt, auf den er bislang große Stücke gehalten hat, dessen professorale Belehrungen und Extravaganzen jedoch alle Kabinettsmitglieder inzwischen leid geworden sind – er selbst sagt einmal, Solidarität sei das einzige Fremdwort, das Schiller nicht versteht. Als der Regierungschef Helmut Schmidt die Nachfolge Schillers anträgt und ihm – offenbar fröhlich und in völliger Verkennung der grundsätzlichen Bedenken Schmidts – in Aussicht stellt: »Dann machen wir beide die nächsten vier Jahre zusammen«, wiegelt dieser erst einmal ab: »Nein, nur die nächsten vier Monate«. Das aber hieß: bis zur Wahl im Herbst. Schmidts Begründung: »Weil ich nicht verantwortlich sein will, wenn Du [Willy Brandt] zuläßt, daß aus unserer Partei eine [linkssozialistische] Nenni-Partei gemacht wird.«[128] Schmidt überlegt damals ernsthaft, die Regierung zu verlassen und in die Wirtschaft zu wechseln.

Wenn der Regierungschef in nicht einmal drei Jahren zwei Finanzminister verschleißt, ist das nicht gerade ein Vertrauensbeweis für eine solide Finanz- und Wirtschaftspolitik, es belegt eher eine immanente Schwäche seiner innenpolitischen Führungsfähigkeit, die der dritte Finanz- und Superminister, den er bemühen muß, denn auch kaltblütig nutzt, Bedingungen für seine Mitarbeit im kommenden Kabinett zu diktieren. Die wichtigste ist, daß Willy Brandt nach den Wahlen auf Horst Ehmke als Kanzleramtsminister zu verzichten hat – eine Forderung Schmidts, die der Kanzler angesichts des Patts und der Schwäche der eigenen Position offensichtlich akzeptiert.[129] Und wenn er zu verstehen gibt, Helmut Schmidt werde die Nummer eins aller Minister der Sozialdemokratie im Kabinett nach der Wahl, ein sozialdemokratischer Obmann also in der eigenen Regierung, erhebt er damit den Hauptkritiker seines Führungsstils zum geborenen Nachfolger.

In diesem Frühjahr und Sommer der Lähmung steht Willy Brandt keineswegs unangefochten da – vor allem nicht in den eigenen

Reihen. Als man sich mit der Union im Spätsommer auf Neuwahlen am 19. November einigt, geht kaum einer der Genossen von einem Wahlsieg aus. Nur Brandt selbst, innerlich zutiefst überzeugt, daß der Wähler seine Politik der Versöhnung honorieren wird, glaubt fest an den eigenen Erfolg, steht damit aber ziemlich einsam da. Das Überleben der Freien Demokraten scheint ungewiß, die Umfragen stehen schlecht, und einflußreiche Sozialdemokraten spielen insgeheim wieder mit dem Gedanken an eine Neuauflage der Großen Koalition. Helmut Schmidt war nie ein Gegner seiner Ostpolitik, im Gegenteil. Aber daß Brandt es nicht verstanden hat, die Opposition oder zumindest Teile der Christdemokraten einzubinden, hatte er schon kritisiert, als die Existenz der Regierung nach der Serie von Wahlniederlagen im Frühsommer 1970 das erste Mal gefährdet war: Er hätte die Ostpolitik, hieß es damals, taktisch anders gespielt und versucht, notfalls in abendelangen Gesprächen mit der Opposition eine gemeinsame Linie zu finden.[130] Ob das angesichts der zunehmenden Polarisierung möglich gewesen wäre, steht dahin, doch wird derlei Kritik nach dem Verlust der Regierungsmehrheit, als sich herausgestellt hat, daß es ohne die Opposition eben doch nicht ging, wieder lauter.

Besorgt, daß weitere Übertritte erfolgen könnten und ein neues Mißtrauensvotum möglich würde, lädt Schmidt im August 1972 einige »Rechte« in sein Ferienhaus an den Brahmsee – Hans-Jochen Vogel, aber auch Hermann Schmitt-Vockenhausen und den Gewerkschaftsführer Adolf Schmid. Dabei wird nicht nur überlegt, wie man den Vormarsch der Linken in der Partei stoppen könne, es geht, wie Vogel sich erinnert, auch um die Frage, »was im Falle des Verlusts der Regierungsmacht in der Partei geschehen sollte«.[131] Wichtig ist das Treffen nicht nur, weil es die Geburtsstunde des Seeheimer Kreises markiert, jenes lockeren Zusammenschlusses führender Parteirechter, der sich als Gegengewicht zum Frankfurter, später Leverkusener Kreis der Linken versteht und mit dem der SPD-Vorsitzende Brandt künftig zu rechnen hat. Am Brahmsee wird deutlich, daß führende SPD-Mitglieder die sozialdemokratische Sache bereits so gut wie verloren geben. Nicht zufällig findet Willy Brandt am Tage nach den Wahlen auf seinem Schreibtisch ein Dossier vor, in dem Helmut Schmidt alle die taktischen und strategischen Fehler auflistete, die der Kanzler seiner Meinung nach begangen hat. Brandt erwähnte dieses Treffen später als Beispiel sozialdemokratischen Defätismus nur mit Bitterkeit, meint Hans-Jochen Vogel: Während die einen mit ihm zusammen den Wahlkampf vorbereitet hätten, klagt er einmal vor der Fraktion, beschäftigten sich die anderen bereits mit den Folgen einer möglichen Niederlage.[132]

Ist es ein Wunder, wenn dieser sensible und komplizierte Charakter da zwischendurch die Lust verliert und sich wieder einmal in Depressionen flüchtet? Er wolle Schluß machen und den ganzen Kram los werden, notiert Egon Bahr, der wohl treueste seiner Freunde und Mitarbeiter über die Stimmung seines Chefs: Die Partei sei nicht regierungsfähig, mit Wehner ginge es nicht, und Schmidt habe ihm scheißfreundlich geschrieben, in der Fraktion gebe es Widerstände, weil er, der Kanzler, nicht führe. Er sei gescheitert mit seiner Art, »die eben keine Befehle austeilt und Menschen wie Menschen behandelt«.

Erst der Abgang Schillers weckt seine Kampfgeister wieder.[133] Als kaum einer mehr auf das Überleben der Regierung bis zum Herbst wettet, als jeder fragt, wie viele Schiller-Wähler nun der Opposition zugute kämen, als Erhard und Schiller gemeinsam in einer Anzeigenkampagne »Für Freiheit und Stabilität« gegen die Regierung Brandt/Scheel Front machen und sie des Klassenkampfs bezichtigen, vergißt er alle inneren Zweifel und wird der entschlossene, harte Wahlkämpfer, der in der Hitze des Gefechts schon mal »holzen« kann, wie er die von ihm geführten Tiefschläge gern umschreibt.

Dabei schießt er beinahe ein Eigentor, als er in einem *Spiegel*-Gespräch gefragt wird, ob beim Überwechseln von Abgeordneten der Koalition zur Opposition Korruption im Spiel gewesen sei. »Daran kann für mich kein Zweifel sein«, antwortet er, nennt auf Nachfrage jedoch keine Namen, sondern begnügt sich mit dem Hinweis: »Das wird alles noch rauskommen.«[134] Seine Äußerung schlägt hohe Wellen, zumal er, von der Opposition im Parlament aufgefordert, Roß und Reiter zu nennen, den Beweis schuldig bleiben muß – eine Tatsache, die selbst Juristen in der eigenen Fraktion, etwa der sozialdemokratische Abgeordnete Günther Metzger, bedenklich finden. Von der CDU immer wieder zur Rede gestellt, hatte Brandt schließlich einen Rückzieher machen müssen und seinen Vorwurf in einer Pressekonferenz zur »subjektiven Überzeugung« herabgestuft. Objektiv, das gibt er damit zu, kann er seinen Vorwurf also nicht belegen. Damit aber, rügt Metzger in einem Brief an Brandt, gebe der Kanzler nicht nur der Opposition Gelegenheit, mit geheuchelter Entrüstung und Empörung zu reagieren, er enttäusche auch die eigenen Anhänger, wenn er die Beweise schuldig bleibe. Und Metzger setzt hinzu, bisweilen habe er den Eindruck, daß Brandt von seinen Juristen nicht gut beraten werde.[135]

Das mag zwar so sein, doch zeugt Metzgers Reaktion von beachtlicher Naivität, denn bei dem, was er moniert, handelt es sich um eine bewußt und sehr genau kalkulierte Einlassung Brandts, die klar darauf zielt, die Empörung über das Mißtrauensvotum und seine Vorgeschichte, jene der Überläufer, Fraktionswechsler und Mandatsüberträger wiederzubeleben und für den Wahlkampf zu mobilisieren. Es ist eine Erinnerung, die der Kanzler »unter Risiko« auffrischt, wie Albrecht Müller schreibt – eben mit jenem *Spiegel*-Interview.[136] Müller muß es wissen, denn als Leiter der Abteilung Öffentlichkeitsarbeit der SPD war er 1972 für Konzept, Planung und kommunikative Umsetzung des Wahlkampfes verantwortlich. Übrigens deutet Willy Brandt dieses Motiv in einer Tagebuchaufzeichnung selbst an, wenn er den – mit Blick auf die Lage der FDP gewählten – späten Zeitpunkt der Wahlen beklagt und schreibt: »Nun könnte es passieren – dieses ist unser Risiko – dass viele sich auch schon nicht mehr an das erinnern, was uns im Frühjahr eine klare Mehrheit gebracht haben würde, und daran, was unvermindert auf dem Spiel [steht].«[137] Selbst wenn die Sozialdemokraten sich nur derselben Mittel bedient hätten, um den Angriff abzuwehren: Wenn ein halbes Jahr später mit der Steiner-Affäre offenbar wird, daß Abgeordnetenkauf und Bestechung zum Scheitern des Mißtrauensvotums geführt und Willy Brandt an der Macht gehalten haben, kommt dies für viele Anhänger des Kanzlers, die ihn zum Inbegriff der politischen Moral erheben und eine Art politischen Heiland in ihm sehen, einem Sturz aus dem Himmel der Illusionen ins Bodenlose gleich.

Doch den Wahlkampf können solche peinlichen Eröffnungen noch nicht stören, und so zählt die Kampagne von 1972 zu den erfolgreichsten in der Geschichte der Sozialdemokratie – professionell geführt und ganz auf einen Kanzler ausgerichtet, dessen eines, immergleiches Foto den ganzen Wahlkampf prägt. Er hat sonnige, sehr erholsame Wochen mit seiner Frau und dem Jüngsten in Hamar verbracht, für einige Tage war die ganze Familie in Ruts Ferienhaus, diesem »gar nicht so kleinen Reich«, versammelt, mit Tochter Ninja und den Söhnen Peter und Lars. Herbert Wehner war von seinem Sommerhaus auf Öland herübergekommen, um mit ihm die Wahlplattform zu besprechen, was für Brandt ungewohnte Arbeit bedeutete. Denn vor Besuchen Wehners räumte er die Wohnung stets sorgfältig auf und schnitt sogar die Hecken, erinnert sich Peter Brandt: »Herbert sollte den Eindruck haben, daß bei den Brandts Ordnung herrschte.« Der Vater habe großen Respekt vor dem Fraktionschef gehabt, meint der Sohn, die beiden seien sich keineswegs nur spinnefeind gewesen: »Das war komplizierter, da war auch was von menschlicher Nähe da.«[138]

Als der Wahlkampf beginnt, blickt ein entschlossener Willy Brandt, sonnengebräunt und erfrischt, kraftvoll und vertrauenerweckend von allen Plakaten und appelliert an den Nationalstolz der Wähler: »DEUTSCHE wir können stolz sein auf unser Land. Wählt Willy Brandt«. Ein Geheimnis des Erfolgs dieser Wahlkampagne ist zweifellos, daß die SPD-Strategen die Angst- und Einschüchterungskampagnen der Union offensiv beantworten. Wenn die CDU gezielt Angst um das Eigentum und vor dem Sozialismus schürt, den sie mit Kommunismus gleichsetzt, hält die SPD mit einer Anzeigenserie dagegen, in der die Erfolge von 109 Jahren demokratischem Sozialismus gepriesen werden. Motto: Von der Kinderarbeit zum Kindergeld, von der Arbeit bis ins hohe Alter zur flexiblen Altersgrenze, von unmenschlichen Wohnverhältnissen zum Mieterschutz, von Krieg und Haß zur Friedenspolitik. In einer eindrucksvollen Grundsatzrede zum 20. Todestag Kurt Schumachers bekennt sich Brandt bewußt zum Auftrag des demokratischen Sozialismus, zum »langen Marsch der Reformen«, zum Ausbau der Mitbestimmung und zur »zunehmenden Verwirklichung der sozialen Demokratie«.[139] Und wenn Wirtschaft und Industrie eine Fülle von Anzeigen gegen die SPD und für Barzel finanzieren, kontert die SPD mit kleinen Inseraten gegen das große Geld, fragt: »Warum einige Großindustrielle Barzels Wahlkampf finanzieren« und antwortet: »Ganz einfach. Die Regierung Brandt gibt den Arbeitnehmern mehr Rechte.«

Und doch ist es die Ostpolitik, welche in diesem Feldzug um die Gunst der Wähler durchgängig als »emotionale Basis« dient – als ein Symbol für eine andere, neue Art von Politik, »welche die eingefahrenen Gleise verläßt, die Ängste der anderen Seite zu verstehen sucht und abgeht von den Mitteln der Drohung und der Demonstration der Stärke« – ebenjene Politik, die der Friedensnobelpreisträger Willy Brandt als eine des Friedens und der Versöhnung bezeichnet. »Dieser neue Zugang zur Lösung politischer Konflikte«, meint Albrecht Müller, einer der entscheidenden *spin doctors* der damaligen SPD-Kampagne, »dieser Versuch, das alttestamentarische ›Auge um Auge‹ abzulösen durch einen eher der Bergpredigt verbundenen Ansatz des Umgangs miteinander, mußte Menschen und Gruppen weit jenseits des traditionellen SPD-Milieus ansprechen: gerade ältere Frauen z.B., bei denen noch die bittere Erfahrung des Krieges lebendig war, Teile des christlichen Bürgertums und der katholischen Arbeitnehmerschaft, viele junge Leute, die von der Politik mehr erwarten als die Befriedigung materieller Bedürfnisse.«[140]

Die Sozialdemokratische Wählerinitiative um Günter Grass und seine Freunde mobilisiert Anhänger auch in kleinsten Städten und Gemeinden, Bekenneranzeigen Prominenter, sogenannte *testimonials* von Hardy Krüger oder Inge Meysel, Sebastian Haffner oder Walter Schmieding beeindrucken die unpolitischen Bürger, es kommt zu einem nie gekannten Werbefeldzug von Schriftstellern und Wissenschaftlern, Schauspielern und Künstlern. All das sind zweifellos wichtige Faktoren für den Wahlsieg Willy Brandts. Der Kanzler versteht es wie kein anderer, Politiker, Intellektuelle und Künstler an sich zu binden, die in seiner Person den Unterschied zwischen Macht und Moral aufgehoben wähnen. Auf dem Dortmunder Wahlparteitag umreißt Heinrich Böll, was nach seiner Meinung auf dem Spiel steht: Der »Übergang von einer Unternehmer- zu einer Arbeitnehmer-, von einer von Vorurteilen bestimmten zu einer aufgeklärten Gesellschaft«.

Böll, so urteilt der Beobachter Hans Ulrich Kempski von der *Süddeutschen Zeitung*, wird von den Delegierten wie ein Prophet aufgenommen, der sich mit der reinen Lehre besser auskennt als jeder Genosse: »Kämpft und kämpft und kämpft gegen die gottlosen Industriemilliarden«, sei sein *ceterum censeo*[141], und in Industriemilliarden sieht der Gewaltgegner Böll natürlich nur eine andere, nicht minder bedrohende und häßliche Form der Gewalt. Der Einsatz der Schriftsteller wirkt polarisierend, denn wer »den Wahlkampf zur Schlacht gegen das Reich der Schatten erklärt, wer den Kanzler zum Inbegriff der politischen Moral erhebt, der zeichnete den politischen Gegner geradezu als Symbol des Bösen«, schreibt Wolfgang Jäger: »Ebenjene, die meist so sensibel auf Verletzungen des politischen Stils reagierten, hatten oft keine Skrupel, selbst äußerst polemisch zu werden.«[142]

Anfang November beginnt die Dreckphase des Wahlkampfs, Brandt notiert in seinem Tagebuch: »Offizielle und – vor allem – camouflierte Anzeigen der Union schlagen einen immer rüderen Ton an. [...] Im Zusammenhang mit dem Wahlkongreß der CSU erscheint ein ›Rotbuch‹ als Schmähschrift gegen Wehner und mich. Wie gehabt, mit gefälschten und aus dem Zusammenhang gerissenen Zitaten. Auch sonst mit mancherlei ›Quatsch‹: Rut [Brandt] sei in der norwegischen KP gewesen, ich hätte kein Abitur gemacht etc. Strauß nennt mich ›der Partisan von Norwegen‹ ...«

Daß Egon Bahr einige Tage vor den Wahlen melden kann, der Grundlagenvertrag mit der DDR sei endgültig ausgehandelt, ist sicherlich hilfreich – immerhin hat das Gebäude der Brandt/Scheelschen Ost- und Deutschlandpolitik jetzt seinen krönenden Schlußstein erhalten. Entscheidend für den Wahlgang aber ist, was Elisabeth Noelle-Neumann die »Schweigespirale« nannte – daß die Parteigänger der CDU verstummen, die der SPD aber das Meinungsklima beherrschen, häufiger bereit sind, über Politik und ihre eigene Überzeugung zu reden als die Anhänger der Opposition. Neben der beinahe totalen Mobilisierung der eigenen Anhängerschaft ist vor allem dieser Tatsache, diesem plötzlichen Bekennermut der Deutschen zu verdanken, wenn sich eine Flut von *buttons*, Autoaufklebern und Kleinanzeigen über das Land ergießt, in denen für Willy Brandt geworben wird – »Willy wählen«, »Bürger für Brandt«, »Ich bin für Willy«, »Willy Brandt – wer denn sonst?«.

Waren die Wahlen 1969 vor allem Schiller-Wahlen, sind die von 1972 eindeutig und unbezweifelbar Willy-Wahlen, und Brandt ist sich dessen nur zu bewußt. Nie zuvor, seit er Wahlkämpfe zu führen hatte, so Kempski, ist ihm der Kandidat in vergleichsweise zuversichtlicherer Verfassung erschienen. »Er hatte sich vorgenommen, die größten Plätze des Landes, die größten Stadien, die größten Messehallen zu füllen«, er wollte die Wahlen zu einem Plebiszit über sich selbst und über seine Versöhnungspolitik machen. In den letzten Tagen vor dem Wahltag, dem 19. November, legt Willy Brandt gut 25 000 Kilometer im Sonderzug zurück, der fast immer verspätet ist, weil der Wahlkämpfer Brandt im Tagesdurchschnitt fünf bis acht Großkundgebungen zu bestreiten hat und pro Versammlung nur 25 Minuten Redezeit vorgeplant sind. »Sich derart kurz zu fassen«, meint Kempski, ist Brandt »vom Naturell her schwer möglich«. Um auszudrücken, was er den Wählern sagen will, braucht der Kanzler »auf seine gemächliche Art« jedesmal eine gute Stunde.[143] Der Wahlkämpfer Brandt schont sich nicht, kommt vor zwei Uhr morgens fast nie ins Bett und raucht Zigarillos im Kettensystem, so daß seine Stimme immer rauher wird.

Wenn er auf dem Parteitag in Dortmund, in den Stil des Predigers fallend, eine gänzlich neue Tonlage anstimmt, trägt das nur zu jener moralischen Überhöhung bei, die er in den Augen vieler Anhänger jetzt genießt. Plötzlich ist da ein idealistisches Pathos zu spüren, von dem man meint, es halle aus Amerika herüber und erinnere an die Wahlkämpfe der Brüder Kennedy. Der Schriftsteller und Journalist Klaus Harpprecht, Mitarbeiter, Freund und Berater Brandts, der wenige Monate nach den Wahlen die »Schreibstube« im Kanzleramt übernehmen wird, hat dieses Pathos in die Rede des Wahlkämpfers eingeschmuggelt. Von Lebensqualität spricht der Kanzler, die mehr ist, als höherer Lebensstandard, denn sie setzt Freiheit voraus, vor allem »Freiheit von Angst«, eine Formulierung, die an die Deklarationen eines Franklin D. Roosevelt erinnert. Und der schwer übersetzbare Begriff der *compassion* fällt, jenes Schlüsselwort, »in dem sich ihre [der Kennedys] politische Leidenschaft sammelte«, ein Wort, das von ihren amerikanischen Landsleuten, die ihre Trauer um den Tod dieser beiden Männer nicht abgeschüttelt hätten, wieder und wieder zitiert werde. Die Übersetzung, sagt Brandt, sei nicht einfach Mitleid, »die richtige Übersetzung ist die Bereitschaft, mitzuleiden, die Fähigkeit, barmherzig zu sein und ein Herz für den anderen zu haben. Liebe Freunde, ich sage Ihnen und ich sage den Bürgern und Bürgerinnen unseres Volkes: Habt doch den Mut zu dieser Art Mitleid! Habt Mut zur Barmherzigkeit! Habt Mut zum Nächsten! Besinnt euch auf diese so oft verschütteten Werte! Findet zu euch selbst!«[144]

Das ist ein aufrüttelnder Appell, der weit über die traditionellen Wähler der Sozialdemokratie hinausgreift ins linksliberale Bürgertum und den Weg bereitet für das, was der Bundeskanzler später die »neue Mitte« nennen wird. »Das Publikum«, registriert Kempski, »hat sich im Vergleich zu früheren Jahren verändert. Überwiegend junge Paare sind da, die keine besondere Schicht repräsentieren. Viele haben ihre Kinder mitgebracht, viele auch die Großmama; ganz besonders auf ältere Damen scheint der Kanzler eine starke Wirkung zu haben. Auf ihren Gesichtern liegt verehrungsvolle Aufmerksamkeit, wenn sie ihn zu berühren versuchen, ihm Amulette und Rosenkränze zuschieben.« Manche, meint der Starreporter der *Südeutschen Zeitung*, trieben einen wahren Kult mit Brandt und behandelten ihn wie ein »von der Aura der Geschichtlichkeit umstrahltes Denkmal«.

Am Abend des großen Sieges geben Jungsozialisten Brandt einen Fackelzug vor dem Kanzlerbungalow: Mit 45,8 Prozent der Zweitstimmen zieht die SPD erstmals als stärkste Fraktion in den neuen Bundestag, das Ergebnis dieser Willy-Wahl kommt einem Plebiszit über die Person des Kanzlers und seiner Ostpolitik gleich, und es ist ohne Zweifel der größte persönliche Triumph, den er in seiner Laufbahn feiern kann. Ted Kennedy, der Senator aus Massachusetts, der wegen einer Parlamentarierkonferenz der NATO nach Europa gekommen ist, gratuliert mit der Bemerkung »Willy, I like winners« und stellt seiner Frau diesen Wahlsieger mit den Worten vor: »This is the greatest man.« So jedenfalls will es die Anekdote.

Es gibt ein Foto aus jener Wahlnacht, das eine glücklich lächelnde Rut Brandt zeigt, den Kopf zufrieden an die Schulter ihres Mannes gelehnt, indes er, den Blick in die Weite gerichtet, vor innerer Zufriedenheit strahlt, als wolle er sagen: Jetzt habe ich's geschafft. Ist damit das Exil endgültig beendet, wie Ehmke seinem Chef ins Ohr flüstert, als er ihn voller Freude zum ersten und letzten Mal in seinem Leben umarmt?

Mit diesem Tag wird der Machtwechsel am Rhein erst richtig vollzogen. Doch Siege können zerrinnen, wie sich zeigen wird.

Kanzler in der Krise

Wehner, Guillaume und der Rücktritt

Die zweite Amtszeit als Kanzler ist kurz, ihr Ende im Frühjahr 1974 geheimnisumwittert und von Legenden umrankt. Anhänger und Gefolgsleute sehen Heimtücke und Verrat am Werk oder wähnen gar Königsmord im Spiel. Als ob es am biederen republikanischen Hof zu Bonn Shakespearesche Dramen gegeben hätte, werden Gegenspieler zu Brutusgestalten dämonisiert, die den Dolch im Gewande führen, zu düsteren Nibelungenrecken gar, welche nichts anderes im Sinn hatten, als die Lichtgestalt des Kanzlers hinzumeucheln. Doch Politik ist meist schrecklich banal, man kann, was auf den Triumph des 19. November 1972 folgt und sich zunächst als schleichender, aber unaufhaltsamer und schließlich rasant beschleunigter Prozeß des Verfalls von Macht, Ansehen und Autorität darstellt, auch mit der simplen Logik des Bildes erklären, wie Egon Bahr dies tut: Die sozial-liberale Koalition hatte den Gipfel erreicht, und »von nun an ging's bergab«. Das geschah zwar so, aber das war keineswegs unausweichlich oder gottgegeben. Willy Brandt hätte sich mit seiner Regierung auch auf einem Hochplateau nahe dem Gipfel halten können. Aber dazu hätte es eines Kanzlers bedurft, der gesundheitlich nicht angeschlagen, nicht nach drei Jahren härtester, kräfteverschleißender Kämpfe um Ostpolitik und -verträge physisch erschöpft und psychisch ausgelaugt gewesen wäre, eines Mannes, der die Zügel an wichtiger Stelle nicht schleifen ließ und andere damit geradezu zwang, sie aufzunehmen.[1] Eines Kanzlers auch, der in der Lage gewesen wäre, die Winkelzüge seiner politischen Gegenspieler mit gebotener Härte zu parieren.

Doch »mit der Gabe, hart – hart gegen Menschen – zu sein«, so Brandt über sich selbst, war er »nun einmal nicht gesegnet«.[2] Als Herbert Wehner ihn Mitte Oktober 1973 ausgerechnet von Moskau aus geradezu wütend attackierte, die Handhabung der Ostpolitik durch den Kanzler rügte, ihn öffentlich als »entrückt« und »abgeschlafft« schalt und behauptete, der Regierung fehle ein Kopf, hätte Willy Brandt ihn stellen, zum Rücktritt vom Fraktionsvorsitz samt öffentlicher Entschuldigung zwingen müssen.[3] Weil er, konfrontationsscheu wie eh und je, dies unterließ, beschleunigte er den Verfall der eigenen Autorität. Nicht zufällig datieren viele seiner Mitarbeiter oder Freunde den Anfang vom Ende seiner Kanzlerschaft auf den Tag, an dem er Wehner nicht schroff in seine Schranken verwies. Hans-Dietrich Genscher rief damals Walter Scheel an und forderte, der Kanzler müsse die SPD-Fraktion jetzt vor die Wahl stellen: Wehner oder Brandt. Wenn Brandt seine Demontage weiter hinnehme, drohe die Autorität des Regierungschefs noch mehr zu zerfallen. »Jetzt ist Brandt noch stark genug«, so Genscher zu Scheel, »bald nicht mehr!«[4]

Es gibt viele Faktoren, die zu jenem anderthalbjährigen Erosionsprozeß führen, bei dem die Enttarnung des Kanzlerreferenten Günter Guillaume als Stasi-Spion nur den dramatischen Schlußpunkt setzt – die Ölkrise mit ihren Folgen: galoppierende Inflation und Arbeitslosigkeit; die Steiner-Affäre, welche Brandt und seine Sozialdemokraten vom hohen Roß der Moral holt, denn plötzlich stehen sie – in Umkehrung der bisherigen Optik – selbst als diejenigen da, die gegnerische Abgeordnete bestochen haben sollen; der Bummelstreik der Fluglotsen, der monatelang zu chaotischen Zuständen auf deutschen Flughäfen führt und die Ohnmacht der Staatsautorität gegenüber einer kleinen, elitären Gruppe unverzichtbarer technischer Spezialisten zeigt; wilde Streiks, Ärger mit den Jungsozialisten, die nach Ausbruch der Energiekrise die uralten Konzepte von Verstaatlichung und Zwangswirtschaft aus ihrer marxistischen Mottenkiste holen; das Einknicken der Regierung vor absurd überzogenen Lohnforderungen des öffentlichen Dienstes, das Wahldebakel von Hamburg schließlich, welches die Sozialdemokraten im jähen Sturzflug zeigt.

Am Anfang dieses Erosionsprozesses aber steht die Furcht Brandts, er sei an Kehlkopfkrebs erkrankt. Schon bei Ende des Wahlkampfs hatte er an einer Stimmbänderentzündung laboriert, das Reden war ihm schwergefallen, nach den Wahlen muß er sich jetzt in der Hals-Nasen-Ohrenklinik der Bonner Universität eine Geschwulst entfernen lassen. Sie befinde sich an »an der Grenze zur Bösartigkeit«, diagnostiziert Professor Walter Becker vor der Operation, doch stellt sie sich, zu Brandts Erleichterung, schließlich als gutartig heraus. Während des Eingriffs kommt es jedoch zu einem Zwischenfall, der ihn, nach jenem Zusammenbruch vor Jahren in Berlin, zum zweiten Mal die Nähe des Todes spüren läßt. Zwar spricht er selbst untertreibend von einem »technischen Malheur«, denn wegen einer plötzlichen Atemlähmung droht er zu ersticken, und er nimmt seine Atemnot wie die Bemühungen der Ärzte, ihn zu retten, trotz Narkose deutlich wahr.[5] Aber werden angesichts einer so existentiellen Erfahrung nicht alle anderen Fragen zweitrangig – auch die Koalitionsverhandlungen über das zweite Kabinett, die er, nach gelungener Operation tagelang am Reden gehindert, aus der Distanz der Klinik verfolgen muß? Zwei Wochen darf er nicht sprechen, bestenfalls 10 Minuten pro Tag in Ruts Ohr flüstern. Becker verbietet ihm auch strikt das Rauchen, worunter er zwei Jahre lang »wie ein Hund« leiden wird, wie er Egon Bahr gesteht: »Jeden Tag habe er zwei Fehler gemacht, es gewußt und sei nicht fähig gewesen, es zu ändern.«[6] Später, als Brandt mit sich über den Entschluß zum Verzicht auf das Amt hadert, wird er behaupten, daß er nicht hätte abtreten müssen, wenn er damals nur beim Rauchen geblieben wäre.[7] Zum Nikotinentzug kommt der selbstauferlegte Verzicht auf harte Alkoholika, auf Whisky, den er stets gern getrunken, auch auf Aquavit, den er seit skandinavischen Tagen vor allem unter Genossen an der Basis, gern zum Bier genommen hat – jetzt beschränkt er sich tagsüber auf einen gelegentlichen Sherry, dazu ein paar Gläser Rotwein am Abend.

All dies zusammengenommen, dazu die üblichen herbstlichen Depressionen, führen zu einem beachtlichen Formtief, das wiederum erklären mag, warum er, der unbestrittene Wahlsieger vom 19. November, schließlich einem Kabinett vorsitzt, dessen Ressortverteilung er so nicht wollte, warum er mit einem Kanzleramtschef regieren muß, den er ursprünglich nicht wünschte, und einen Pressechef bekommt, der nicht seine Wahl gewesen ist. Zwar versucht er, auf die Koalitionsverhandlungen schriftlich Einfluß zu nehmen und läßt über den noch amtierenden Kanzleramtschef Ehmke einen Vermerk an Wehner übermitteln, der seine Anweisungen und Wünsche enthält. Daß dieser sonst eher pedantische Mann, der bei jeder Sitzung des Bundestages aus Pflichtgefühl, wie er sagt, brav auf seiner Bank ausharrt, diese Weisung – samt den für Schmidt gedachten Durchschlägen – angeblich in seiner Aktentasche einfach vergißt, dürfte kaum Zufall gewesen sein.

Wehner und Schmidt verhandeln in Brandts Abwesenheit allein und auf eigene Rechnung, vor allem Helmut Schmidt nutzt die Chance, die eigene Position zu sichern. Im Ergebnis kommt ein von Brandt so nicht gewollter Machtzuwachs der Freien Demokraten heraus. Schon um die rechte Balance im Kabinett wiederherzustellen, hatte der Bundeskanzler ursprünglich Schmidts Superministerium entlang der klassischen Scheidelinien zwischen den Ressorts trennen und das ungeschmälerte Wirtschaftsministerium Hans-Dietrich Genscher antragen wollen, so daß ein Sozialdemokrat – gedacht war an Horst Ehmke – für Genscher im Innenministerium hätte nachrücken können. Den Freien Demokraten, die als Liberale auf dem Gebiet der Wirtschafts- und Finanzpolitik schon immer nach Verantwortung drängten, kam diese Idee sehr entgegen. Weil Schmidt jedoch nach angelsächsischem Muster das Amt eines Schatzkanzlers anstrebt und durchsetzt, daß seinem Finanzministerium wenigstens die Abteilung Geld und Kredit zugeschlagen wird, zeigt sich Genscher nicht mehr interessiert und beharrt auf seinem Innenministerium. Das geschwächte Wirtschaftsministerium fällt dennoch den Freien Demokraten zu, die dafür den eher rechten Wirtschaftsliberalen Hans Friderichs nominieren, einen Staatssekretär in der Landesregierung Helmut Kohls in Rheinland-Pfalz. Der kleinere Koalitionspartner hat damit nach dem Außen- und dem Innenministerium ein drittes klassisches Ressort inne, dazu besitzt er das Landwirtschaftsministerium sowie einen Minister ohne Portefeuille, den linksliberalen Professor Werner Maihofer.

Selbst Willy Brandt, der sich der FDP gegenüber stets großmütig zeigt, scheint dies überzogen, zumal die Liberalen auch noch das einflußreiche Amt des Pressechefs besetzen. Conrad Ahlers, der in den Bundestag gewählt wurde, darf als Abgeordneter eine Bundesbehörde nicht leiten. Wenn jetzt sein Stellvertreter Rüdiger von Wechmar nachrückt, der auf einem liberalen Ticket läuft, ist dies allerdings auf Willy Brandts eigene Unschlüssigkeit zurückzuführen. Eine Zeitlang hat der Kanzler an Günter Gaus gedacht, den Rudolf Augstein jedoch aus einem lange laufenden *Spiegel*-Vertrag nicht freigeben will, weil er selbst sein Debüt im Bundestag versucht – ein kurzes Gastspiel nur, wie sich bald herausstellen wird. Gaus ist umstritten – bei den Sozialdemokraten ebenso wie bei den meisten Bonner Journalisten, Wechmar hätte unter ihm, wie er dem FDP-Chef schriftlich versicherte, keinesfalls als zweiter Mann gedient, auch nicht unter etlichen anderen sozialdemokratischen Anwärtern, die damals gehandelt wurden. Da Brandt selbst entweder keinen anderen überzeugenden Kandidaten hat oder ihn gegen Widerstand nicht durchsetzen mag, wird schließlich Wechmar Pressechef, zumal er gegen dessen korrekte Amtsführung wenig einzuwenden weiß – es sei denn, daß er sich nicht energisch genug für die sozialdemokratische Sache engagiert. Doch wird Wechmar in seiner neuen Stellung immer darunter leiden, daß führende Sozialdemokraten ihm mißtrauen und ihn von wichtigen Informationen fernhalten wollen – wahrlich nicht die beste Voraussetzung für die Effizienz des Bundespresseamts, auf dessen gutes Funktionieren die Regierung in der Öffentlichkeit angewiesen ist. Und natürlich kreiden die Genossen ihrem Vorsitzenden an, daß er seine Koalitionstreue zu weit getrieben und eine sozialdemokratische Schlüsselposition ohne Kampf preisgegeben habe, wie Brandt selber schreibt.[8]

Man kann nicht anders, als dies Treiben-lassen zu nennen. Fehlten dem frisch Operierten Wille und Durchsetzungsvermögen, durch ein Machtwort die Absprachen außer Kraft zu setzen, die in seiner Abwesenheit – und zudem mit dem Vorbehalt seiner Zustimmung – getroffen waren? Er fühlt sich von Wehner und Schmidt und, beinahe schlimmer, auch von dem fröhlich-frechen, aber knallhart auf liberalen Vorteil spielenden Scheel hintergangen, begehrt zornig dagegen auf, geradezu wütend kündigt er Holger Börner und seinem persönlichen Referenten Reinhard Wilke an, er werde als Bundeskanzler bald nicht mehr zur Verfügung stehen. Aber kaum hat er diese Drohung ausgestoßen, gibt er wieder klein bei und meint, aus den einmal getroffenen Absprachen könne er »doch nicht mehr heraus«.[9] Als er Ende 1973 der Kandidatur Scheels für das Amt des Bundespräsidenten zustimmt, ohne dafür den Freien Demokraten eines der klassischen Ressorts – etwa das Außenministerium – wieder abzuhandeln, beginnt die SPD-Basis zu murren. Und der Genosse Bruno Friedrich, Vorsitzender des Bezirks Franken, macht den SPD-Vorstand auf die schiefe Machtbalance in der Regierung aufmerksam: Gemessen an den Wählerstimmen, so ein Gutachten Friedrichs, räume Brandt den Freien Demokraten zu viele Ressorts ein: Das Verhältnis von Wählermacht und Regierungsgewalt betrage bei der FDP 1:3, und wenn Scheel auch noch Bundespräsident würde, käme es zu einem »kaum verantwortbaren Mißverhältnis von legitimer und tatsächlicher Regierungsmacht«.

Selbst FDP-Mitglied Rudolf Augstein, der, vom Politikbetrieb enttäuscht, sein Bundestagsmandat niedergelegt hat und nach Hamburg retiriert ist, findet unverständlich, daß Brandt nicht entweder auf einem SPD-Kandidaten als Nachfolger Heinemanns besteht oder aber den Freien Demokraten für das Präsidentenamt wenigstens das Außenministerium nimmt. Im übrigen rät er Brandt zu »desertieren«, wie Walter Scheel das nennt: Der »führungsschwache Kanzler« solle besser selbst Präsident werden und sich einen ehrenhaften Abgang sichern – schon der große Adenauer habe bedauern müssen, daß er den Weg »ins Oberstübchen« nicht gegangen sei.[10] Im Rückblick wäre Brandt viel erspart geblieben, wenn er statt Scheel – der ihm ja bereitwillig den Vortritt lassen wollte – die Villa Hammerschmidt gewählt hätte. Doch Brandt empfand damals solche Ratschläge nicht als hilfreich, wie er später in seinen »Erinnerungen« bemerkt. Als der mögliche Amtswechsel zur Debatte steht, feiert er gerade seinen sechzigsten Geburtstag und hält sich weder »für alt« noch »im Vorsitz seiner Partei für abkömmlich genug, um in das hohe repräsentative Amt überzuwechseln«.[11]

Ihm, dem die Arbeiterbewegung schon in frühester Jugend Heimat und Familie ersetzte, erscheint die Führung der Partei allemal wichtiger als ein Amt, im Zweifel selbst als die Kanzlerposition, von der ehrenvollen, aber politisch machtlosen Präsidentschaft gar nicht erst zu reden. »Keine vierzehn Tage wäre ein Sozialdemokrat Regierungschef geblieben, hätte ich als Parteivorsitzender ihn für untragbar gehalten« – diese etwas vollmundige Äußerung findet sich ebenfalls in seinen Memoiren. Sie ist klar auf Helmut Schmidt gemünzt und entspricht den Gewichtungen innerhalb der Partei wahrscheinlich nur zur Zeit der Nachrüstungsdebatte. Aber sie beweist, wie sehr er das Parteiamt über das des Kanzlers stellt.[12] Daß Wehner ihm zurät, Präsident zu werden, wertet er deshalb nicht als Freundschaftsdienst. Man ist einander eben nicht grün – beiderseits. Denn so wie Wehner ihn im Spätherbst 1973 hoch- und wegloben möchte, hat Brandt selbst ein Jahr zuvor, bei der

Postenverteilung nach dem großen Wahlsieg, den Fraktionschef auf das weitgehend repräsentative Amt des Bundestagspräsidenten abschieben und damit kaltstellen wollen. Wehner wäre nicht Wehner, hätte er den Tort, den ihm Brandt in seinen Augen damit antun wollte, vergessen und später nicht dafür Rache genommen. Er vereitelt den Plan mit der Forderung, auf den Stuhl des Parlamentspräsidenten gehöre endlich eine Frau. Gewählt wird schließlich Annemarie Renger, eine Wahl, der Brandt nach Wehners Absage zustimmt, weil er damit wenigstens ein anderes Übel zu vermeiden wähnt: die erste Dame der Sozialdemokratie, welche den Kanalarbeitern um Egon Franke, der Speerspitze der rechten Parteifronde nahesteht, in seinem Kabinett vertreten zu sehen.

Zwei Ursünden der Regierungsbildung machen Brandt-Freunde nach dem Rücktritt des Kanzlers aus, ja orten sie als eine der Ursachen für dessen Niedergang: Einmal die Aufgabe der Schlüsselposition des Staatssekretärs im Informations- und Presseamt, von der bereits die Rede war, und zweitens die Besetzung des Chefs des Kanzleramts. Brandt tut sich unerhört schwer, Ersatz für Horst Ehmke zu finden, der ihm viel Unnützes vom Leibe gehalten hatte, vor Energie strotzte, über analytischen Scharfsinn verfügte und stets bereit war, »sich kopfüber für den Kanzler in den Kampf zu stürzen«.[13]

Zunächst fordert er Egon Bahr auf, von dem Ehmke freilich abrät, denn »die Leitung des Amtes, die Planungsfragen, die Kontrolle über den BND, die Koordinierung der Ressorts, die Abstimmung mit Herbert Wehner und in der Koalition, die Innenpolitik insgesamt waren seine [Bahrs] Sache nicht«. Arnulf Baring wird da deutlicher und meint, Ehmke habe die Bestellung Bahrs glatt mit dem Hinweis hintertrieben, der Architekt der Ostpolitik sei ein »Akten-Chaot«. Gewiß ist Bahr eher ein Ideengeber denn ein Organisator, und er selbst weist den Gedanken, er habe nach dem Amt gestrebt, weit von sich: Dieser Versuchung sei er nicht erlegen, weil die Aufgabe ihn zu sehr von der europäischen Entwicklung weggeführt hätte, die er nach der Ratifizierung der Ostverträge nun beginnen sah.[14]

Wie dem immer gewesen ist, am Ende übernimmt Horst Grabert das Amt, ein gelernter Bauingenieur und alter Berliner Weggefährte, vertraut mit der Bonner Szene als Berliner Bundessenator – ein loyaler, fleißiger, intelligenter und nachdenklicher Administrator mit politischem Fingerspitzengefühl, der geräuschloser amtiert als Ehmke – aber das Kanzleramt verliert unter seinem neuen Chef innerhalb der Regierung bald an Gewicht, vor allem gegenüber den einzelnen Ressorts. Es gelingt Grabert nicht, das neue Team, das zweifellos aus hervorragenden Köpfen besteht, zu einer geschlossen operierenden Mannschaft zusammenzuführen, zumal es Probleme mit der hierarchischen Konstruktion gibt, die als Geburtsfehler der neuen Lösung gelten kann: Egon Bahr, außen- und sicherheitspolitischer Ratgeber Brandts, sitzt jetzt als Minister ohne Portefeuille im Kanzleramt und regiert, ranghöher als Grabert, diesem gelegentlich hinein; und der neue Parlamentarische Staatssekretär Karl Ravens, der die Verbindung zur Fraktion und zum Bundestag halten soll, ist nun formal direkt beim Kanzler angebunden und meint oft, er allein habe die Sachkompetenz für alle innenpolitischen Fragen gepachtet.

Zu diesen drei stoßen als engere Berater Brandts Günter Gaus und Klaus Harpprecht. Gaus, den Augstein nach seinem mißglückten Debut im Bundestag nun doch nach Bonn gehen ließ, wird mit der Aufgabe eines Ständigen Vertreters der Bundesrepublik in Ostberlin betraut und ist Grabert nicht unterstellt, denn er hat zugleich die Position eines zweiten beamteten Staatssekretärs im Kanzleramt inne. Klaus Harpprecht wird Chef der »Schreibstube«, zieht unters Dach im Palais Schaumburg, wirkt als Redenschreiber und, wie er selbst im Rückblick schreibt, als Berater Brandts für europäische Fragen, das Verhältnis zu Frankreich, Israel und für deutsch-amerikanische Beziehungen. Auch er untersteht Grabert formell nicht, denn er kommt mit persönlicher Sekretärin auf der Basis eines Honorarvertrags, der mit dem Bundespresseamt geschlossen wird, und ist in der Hierarchie des Kanzleramts nirgendwo eingebunden. Zum engeren Kreis zählt selbstverständlich Reinhard Wilke, seit Ende 1970 Persönlicher Referent Willy Brandts und Leiter des Kanzlerbüros, ein Jurist, der für Horst Ehmke im Justizministerium tätig war und ihm 1970 dann ins Kanzleramt gefolgt ist.

Zwischen einigen von ihnen kommt es bald zu Grabenkämpfen – Gaus, der erst im Frühjahr 1974, nach Eröffnung der Ständigen Vertretung, nach Ostberlin gehen kann, nörgelt an der Amtsführung

Graberts, so daß beide bald tiefe Abneigung verbindet. Auch zwischen Harpprecht und Gaus gibt es Konflikte. Harpprecht findet die »Selbstbesessenheit« und die »pueril unkontrollierte Eitelkeit des erwachsenen Mannes« Gaus unbegreiflich[15], Gaus wiederum kritisiert die »blumigen Formulierungen« Harpprechts und hält den Einfluß des zweifellos »hochbegabten Feuilletonisten« auf Brandt insgesamt für negativ: Er habe zwar gefördert, was Brandt für einige anziehend machte, aber nicht gedämpft, »was an Selbstversuchungen in ihm steckte« und so »Brandts Fluchtbedürfnis geadelt«.[16] Bahr urteilt vorsichtiger, scheint in der Sache aber nicht weit von Gaus entfernt: Als der schwer aus dem Englischen zu übersetzende Begriff *compassion* in den Reden des Kanzlers auftaucht, empfindet er ein kaum definierbares Gefühl des Unbehagens. Er bescheinigt Harpprecht zwar Brillanz, aber der »Meister geschliffener Formulierungen« sei mit der Welt der Literatur vertrauter als mit der Politik gewesen.[17]

Der schwäbische Pastorensohn und Brandt kennen sich seit langem, Harpprecht hat schon die Biographie, die Brandt 1960 zusammen mit Richard Löwenthal über Ernst Reuter verfaßte, redigiert und gekürzt; sie duzen sich. Der Chef der Schreibstube bestärkt Brandt in seiner Absicht, ein neues Buch zu veröffentlichen und lenkt ihn damit – so die Kritiker – viel zu häufig von täglichen, dringenden Regierungsgeschäften ab, ja hilft, ihn den Niederungen des täglichen Kampfes zu entrücken. Sie vermissen das »Ringende, Schwere, Stockende«, eben Willy Brandts typische Sprache, seit Harpprecht seine Reden schreibt. Daß gerade diese Art des Vortrags einen Teil der Glaubwürdigkeit des Kanzlers ausmacht, bestreitet auch der Chef der Schreibstube nicht, doch ist ihm »die klar vorausformulierte, die klar durchdachte Rede« ein nicht minder wichtiger Bestandteil Brandtscher Überzeugungskraft.[18]

Die neuen Akzente, die er in den Reden des Kanzlers setzt – Barmherzigkeit, vom *bourgeois* zum *citoyen*, Verklärung der Koalition zum historischen Entwurf einer »neuen Mitte«, das Pathos des Alltags, das er pflegt – all das wird von den auf Soziologie und Kampf nackter Interessen gedrillten Politprofis in der Baracke als politische Poesie oder Versuche einer sozialdemokratischen Bergpredigt belächelt, in der gegnerischen Presse als vages Gemisch von polit- und kulturphilosophischen Gedanken abgetan.[19] Aber bei großen Teilen des aufgeklärten Bürgertums, auf das er mit seinen Reden zielt, finden sie Gehör, und dem Kanzler scheint an seinem neuen Redenschreiber gerade zu gefallen, daß dieser über den »Pragmatismus der Bonner Dunstglocke« hinausdenkt. Glaubt man Wilke, dann lockert Brandt sich im Gespräch mit ihm auf, denn er scheint endlich einen Partner gefunden zu haben, mit dem er sich auf der gleichen Wellenlänge unterhalten kann – einen emotionalen Ersatz für den verstorbenen Leo Bauer vielleicht.[20] Noch der späte Brandt wird seinem Schreibstubenchef in Freundschaft verbunden bleiben.

Im neuen Kanzleramt gibt es viele kluge Stimmen, aber ohne Dirigenten vereinigen sie sich nicht zum Chor. Sehr bald spricht die Presse von Wirrwarr und Durcheinander, die im Palais Schaumburg herrschten. Von Theodor Eschenburg stammt die These, daß Führung eine hohe Qualität der Apparatur erfordere, eine Voraussetzung, für die Brandt nach Meinung des Tübinger Politikwissenschaftlers das rechte Verständnis fehlt. Als er ihn einmal in Berlin besuchte und auf die Qualität der Berliner Verwaltung ansprach, habe der Regierende Bürgermeister »nur mit den Schultern gezuckt«. Eschenburg: »Ich glaube nicht, daß ihn Verwaltung überhaupt interessierte …«[21] Gerade deshalb braucht ein Mann wie Brandt, den der Altmeister der deutschen Politikwissenschaftler den »Stimmungspolitikern« zuordnet, als Kanzler ein *alter ego*, das sich mit diesem Apparat auskennt, ihn beherrscht, einen Amtschef, der über Autorität verfügt, über Sachverstand und Energie, der keine Angst vor den »Niederungen der Durchsetzung« (Wilke) verspürt und keine Scheu vor Konfrontation. »Ich hätte«, so Brandt in seinen Erinnerungen »mich nach diesem Wahlausgang, an die [Helmut Schmidt] gegebene Zusage besser nicht gehalten und Ehmke belassen, wo er hingehörte – in die Zentrale.«[22]

Weil er das nicht getan hat, wird 1973 zum Jahr des großen Mißvergnügens, und ein großer Teil des Frusts, an dem er so offensichtlich leidet, erklärt sich aus dem Wissen um das eigene Unvermögen: Zwar erkennt er sehr früh, welche Fehler er begangen hat, aber es fehlen ihm Mut oder Kraft, sich zu der nötigen Korrektur aufzuraffen. Jetzt die ganze Konstruktion zu ändern, würde mit Sicherheit neuen Ärger bringen, und so schiebt er die Sache wieder einmal vor sich her. Das Ergebnis sind Pannen im Kanzleramt. In dem Maße, in dem sie sich häufen, wächst seine Unlust an der Regierungsarbeit. Der neue Amtschef verbringt ausgedehnte Wochenenden in Berlin, Egon Bahr bricht mit einem Kreislaufkollaps zusammen und fällt einige Monate gänzlich aus. Immer häufiger beschwert sich Brandt bei Horst Ehmke, dem jetzigen Technologieminister, über die neue Mannschaft, immer öfter findet er die tägliche Routine im Palais Schaumburg »zum Kotzen«, immer wieder wird kolportiert, er drohe, alles hinzuschmeißen – im Parteipräsidium etwa, wo Anfang Dezember die neue Regierungserklärung kritisiert wurde, sogar mit dem Bemerken, Helmut könne das ja weitermachen.

Der Verzicht auf das Rauchen läßt ihn fülliger werden, Bilder aus jener Zeit zeigen ihn leicht aufgequollen hinter einer dicken schwarzen Brillenfassung. Zu allem Überfluß ist er einem modischen Medizinmann in die Hände gefallen, der ihn mit Ozonspritzen traktiert, um seine Lebensgeister zu wecken. Dr. Varro heißt der Homöopath, den Schulmediziner wohl eher zu den Quacksalbern zählen würden. Einer von Brandts damaligen Mitarbeitern will zudem beobachtet haben, daß dem Kanzler längere Aufenthalte auf dem Venusberg nicht guttun – er lese dort wohl zu viele Zeitungen und rege sich über Kritik schrecklich auf. Und Rut, der einzige Mensch, der seinem Hang zum Selbstmitleid steuern und ihm den Kopf waschen könnte, ist immer häufiger auf Reisen. Daß es in der Ehe nicht mehr zum besten steht, registriert Peter Brandt sehr genau, wenn er zu den Feiertagen oder in den Ferien von Berlin herüberkommt: Da läuft nicht mehr viel zwischen den beiden. Gespräche zwischen dem Vater und der Mutter kommen kaum mehr auf, man hat sich nicht mehr viel zu sagen. Nach dem gemeinsamen Essen nimmt Willy sein Buch und verschwindet.[23] Er zieht sich dann in sein Arbeitszimmer im ersten Stock zurück, das zusammen mit seinem Schlafzimmer praktisch ein Miniapartment im Hause Kiefernweg 12 darstellt.

Mißstimmung und Depressionen also – alle ärgern ihn, und er, der doch das Leben so sehr liebt, hat das Gefühl vergeudeter Zeit, – »als verschwende er sein Leben«.[24] Dabei ist seine Popularität ungebrochen. Willy-Broschüren kommen heraus, die den Privatmann Brandt den Bürgern nahebringen – daß er mit seinen 179,5 Zentimetern angeblich Gardemaß besitzt und mit durchschnittlich 90 Kilo ein leichtes Übergewicht verzeichnet, daß sein

Privatschreibtisch aus alten Schiffskisten zusammengezimmert ist; daß Grünkohl mit Rauchfleisch zu seinen Leibgerichten zählt, aber auch Linsensuppe und Kartoffelpuffer, Hummer und Farikal, ein norwegisches Stew aus Hammelfleisch und Weißkohl; daß er Rut, die ihn seit 1944 durchs Leben begleitet, als »seinen besten Freund« bezeichnet. Und daß der Privatmann saloppe, bequeme Kleidung liebt – Sporthemden, handgestrickte Jacken, Pullover und Trachtenjoppen. Nicht selten wird dabei geschönt, denn er, der Marschmusik liebt und aus der Jugendzeit auch die Klänge der Mandolinenorchester, wird nun als besonderer Liebhaber klassischer Musik geschildert, der Beethoven, Grieg und Mozart schätzt und am liebsten das Klavierkonzert Köchelverzeichnis 467 hört.

Dabei läßt sich das Jahr 1973 für den Politiker Brandt zunächst so schlecht nicht an. Im Mai kommt Breschnjew zu Besuch, bringt den Glanz der großen Politik und unterstreicht Brandts internationale Statur. Im April, auf dem SPD-Parteitag in Hannover, hat sich der Vorsitzende erneut als der große Integrator und charismatische Dompteur gezeigt, der die Linke in ihre Schranken verweist und die Flügelkämpfe mit einer seiner besten Parteitagsreden zu überspielen versteht. Und Anfang Januar waren Willy Brandt und Walter Scheel die wichtigsten Passagen der kommenden Regierungserklärung bei einem gemeinsamen Kurzurlaub auf Fuerteventura durchgegangen, wo der deutsche Regierungschef allerdings in einem Hotel wohnte, das sein liberaler, Firstclass-Service gewohnter Partner eher mit Verachtung strafte. Die Kanzlerfamilie hatte nämlich mit Hund Bastian, Leibwächtern, Technikern und einem Referenten das Penthouse des TUI-Vertragshotels Janidia Playa bezogen, was dem *Spiegel* zufolge nur durch sanften Druck des Reiseunternehmens auf deutsche Urlauber möglich geworden war. TUI fand sie mit Ersatzreisen nach Lateinamerika und Ostafrika ab.[25]

Ein Foto zeigt den Regierungschef und seinen Vize am Strand der kanarischen Insel entlangspazierend, Brandt etwas bieder gekleidet und mit schweren Schuhen, Scheel weltmännischer, nämlich barfuß und mit hochgekrempelten langen Hosen; auf einem anderen Bild ist der Kanzler auf einem Esel reitend zu sehen. Brandt hat stets Dienstliches mit privaten Urlauben zu verbinden gewußt, schon als Regierender schloß er freie, erholsame Tage nach Erledigung seiner Pflichten in meist südlichen Ländern an; wenn es so viele Fotos eines sonnengebräunten Brandt gibt, dann hat dies mit seiner Vorliebe für Urlaub in wärmeren Gegenden zu tun – zum Kummer von Rut übrigens, die oft Ferien im Schnee bevorzugt hätte. Auf Fuerteventura beschließen die Koalitionäre, das politische Geschäft etwas ruhiger als bisher anzugehen – so jedenfalls der Vorschlag Scheels: Das Jahr 1973 solle mehr Erholung als Neues bringen, vor allem sollten sie sich Zeit nehmen, der Bevölkerung zu interpretieren, was sie eigentlich bisher gemacht und geleistet hätten.[26]

Die Regierungserklärung legt den Schwerpunkt auf den Kampf gegen Bodenspekulation und mehr Lebensqualität im Sinne von Umweltschutz, auf Reformen des Paragraphen 218 und des Steuerrechts, dazu auf den Ausbau der Mitbestimmung. Da allerdings scheinen Auseinandersetzungen mit den Freien Demokraten programmiert, denn einer paritätischen Lösung, wie sie die Sozialdemokraten anstreben, will die FDP nicht zustimmen.

Im außenpolitischen Teil wird an erster Stelle das Ziel einer Europäischen Union genannt, welche die Pariser Gipfelkonferenz im letzten Herbst ins Auge gefaßt hatte. Die deutsch-französische Partnerschaft nennt der Kanzler ausdrücklich »entente élémentaire«, eine Wortwahl, die Pompidous Begriff der »base essentielle« entspricht, welche der Franzose als wesentliche, wenn auch nicht einzige Grundlage Europas versteht.[27] Brandt und Pompidou hatten schon auf dem Haager Gipfeltreffen 1969 Einigung darüber erzielt, bis Ende 1970 einen Stufenplan für den Aufbau der Wirtschafts- und Währungsunion vorzulegen, eine Absicht, die schließlich zur Gründung der europäischen Währungsschlange führt. In Ansätzen war in Den Haag auch eine gemeinsame europäische Außenpolitik durch die politischen Direktoren der Außenministerien, die sogenannte Europäische Politische Zusammenarbeit (EPZ) aus der Taufe gehoben worden. Für Brandt war die westeuropäische Einigung stets Herzenssache, wie er denn meinte, die Öffnung nach Osten sei nur möglich, wenn die Bundesrepublik fest im westlichen Bündnis und in Europa verankert bleibe. In seiner zweiten Kanzlerschaft fallen seine guten Vorsätze zum Weiterbau Europas, zur währungspolitischen Verzahnung und der Stärkung der EPZ, weitgehend der Ölkrise, den Währungsturbulenzen und dem amerikanisch-französischen Gegensatz zum Opfer.

Daß der Friedensnobelpreisträger wiederum kein klares, kritisches Wort zu den verstärkten Bombenangriffen der USA in Vietnam findet – weder in der Regierungserklärung noch zuvor in seiner Neujahrsansprache –, handelt ihm Ärger mit der SPD-Linken ein, zumal selbst der bayerische Ministerpräsident Goppel (CSU) sich in eine von linken Vietnamgegnern aufgelegte Protestliste eingetragen und 40 Mark für Bombenopfer gespendet hatte. Zwar sind die Amerikaner für derlei Rücksichtnahme dankbar, Kissinger läßt über Bahr ausrichten, Brandts Haltung habe Nixon sympathisch berührt.[28] Doch selbst der *Vorwärts*, das Parteiblatt fragte aufsässig: »Warum schwieg Brandt?«, und Heinrich Böll appelliert zusammen mit 150 Professoren und Schriftstellern an den Kanzler, sich am Versagen der Amerikaner in Vietnam nicht mitschuldig zu machen. Vor dem Parlament begnügt Brandt sich trotz dieser Proteste mit dem Hinweis, die Bundesrepublik sei bereit, in beiden Teilen Vietnams humanitäre Hilfe zu leisten und wolle »beim Aufbau dieses gequälten und verwüsteten Landes … helfen, wenn endlich die Waffen schweigen«.

Daß er nicht deutlicher wird, rechtfertigt er mit dem Hinweis, als Bundeskanzler habe er sich nicht »lautstarken Protesten« anschließen wollen, »von denen manche auch einen falschen Klang hatten«. Doch geht seine Zurückhaltung auch auf einen Einspruch Walter Scheels und Helmut Schmidts zurück, die einen mahnenden Passus an die Adresse der USA verhinderten. Unzählige Opfer in Vietnam, hatte es da ursprünglich heißen sollen, seien »ein zu hoher Preis für die Erkenntnis, daß revolutionäre Entwicklungen im Bereich fremder Zivilisation nicht der Aufsicht unter die Normen unterworfen werden können, die man für westliche Orientierungsbegriffe gehalten haben mag«.[29] Ob eine so nebulös formulierte Distanzierung die Radikalen unter den aufbegehrenden Jungsozialisten je hätte befriedigen können, steht dahin. In einem sogenannten Strategietreffen am Schliersee hatten sie erklärt, die Totschweigetaktik Brandts mache die Bundesregierung objektiv zum »Handlanger imperialistischer Aggressoren«, und auf dem Hannoveraner Parteitag fordern sie, treu der Parole »Ami go home«, den sofortigen Zahlungsstopp für den Devisenausgleich, der ja den USA die Lasten ihrer Truppenpräsenz in Europa erleichtern soll.

Der unverhohlene Anti-Amerikanismus der Jusos ist nur ein Thema, das den SPD-Kongreß vom 10. bis 14. April 1973 zur großen Kraftprobe zwischen Führung und einer erstarkten linken

Phalanx werden läßt und die Integrationskraft des Vorsitzenden Brandt auf die Probe stellt. Wie sehr die Linke nach dem grandiosen Wahlsieg endlich die Zeit des sozialistischen Heils, die Umsetzung ihrer gesellschaftspolitischen Konzepte, gekommen sieht, macht schon der Antrag Nr. 32 der Jungsozialisten des Bezirk Westliches Westfalen deutlich: Die SPD, heißt es da, müsse in eine konsequent sozialistische Partei umgewandelt werden, die »ihre Rolle als Grenzträger der kapitalistischen Herrschaft verliert und sich die Bedingung ihres Handelns weder vom Monopolkapital noch von dessen politischer Agentur, der CDU/CSU diktieren läßt«.[30]

Daß der Club of Rome im Jahr zuvor mit seinem Meadows-Bericht die »Grenzen des Wachstums« proklamiert hatte, um den Raubbau an den Ressourcen des Planeten zu stoppen und die Menschheit vor einer ökologischen Katastrophe zu bewahren, führt zu einer wenn auch heterogenen Allianz von Neuer (meist akademischer) Linker, marxistischer Altlinker und ökologiebewußten linken Reformern um Erhard Eppler, denen sich – allerdings nur, soweit es Fragen des Bodenrechts und der Grundstücksspekulation betrifft – auch zur Mitte und zur Rechten gehörende Kommunalpolitiker und sogar der neue Städtebauminister Hans-Jochen Vogel anschließen. Ziel ihrer Kritik ist der unter Leitung von Helmut Schmidt erarbeitete Entwurf eines Langzeitrahmens, der sozialdemokratische Politik nach altem Muster aus erhöhten Staatseinnahmen durch Wachstumsgewinne finanzieren will.

Vor allem die Jungsozialisten machen, unterstützt von einigen Gewerkschaftern, Front gegen Pläne zur Vermögensbildung in Arbeitnehmerhand: Öffentliche Investitionen in Schulen und Nahverkehr, Krankenhäuser und Universitäten, seien wichtiger als der Versuch, durch eine ohnehin unzulängliche Vermögensbildung Arbeitnehmer zu Kleinkapitalisten zu machen, die als Eigentümer obendrein ein konservatives Bewußtsein entwickeln und der SPD davonlaufen würden. Finanziert werden sollen diese Investitionen durch Steuererhöhungen, mit denen der massige und mächtige Gewerkschaftsboß Heinz Kluncker Unternehmen und Unternehmer zu schröpfen gedenkt. Viele Jusos wollen die Verstaatlichung der Banken, Werbeverbote für Automobile und Medikamente und die Sozialisierung selbst von Klein- und Mittelbetrieben. Auch wenn die meisten radikalen Anträge abgelehnt werden, mag doch als typisch für die antikapitalistische Stoßkraft dieser linken Parteitagskoalition jener Beschluß gelten, welcher die Abschaffung des »Gewerbes zur Vermittlung von Grundstücken und Wohnungen« fordert. Vom traditionell linksgestrickten Bezirk Hessen-Süd initiiert, zielt er auf öffentliche, vor allem kommunale Vermittlungsstellen und kommt praktisch einem Berufsverbot des Maklers gleich.

Selbstverständlich hat er nie praktische Folgen und wird nirgendwo umgesetzt, schon weil dies mit dem Grundgesetz nicht vereinbar wäre. Die Frage bleibt, warum Brandt sich nicht mit seinem ganzen persönlichen Gewicht gegen die Annahme des hessischen Antrags gestemmt und so das Signal für einen Linksruck der Partei verhindert hat, das den ganzen Mittelstand verschreckt? Hat er den Linken, um die Partei besser zusammenzuhalten, wenigstens ein Erfolgserlebnis zugestehen wollen? Noch im November 1982 wird Helmut Schmidt Brandt zum Vorwurf machen, daß der Vorsitzende des Gewährenlassens jungsozialistischer Arroganz sich damals dem Maklerbeschluß nicht energisch genug widersetzt, sondern ihn wie anderen ökonomischen Unfug einfach hingenommen habe.

Dabei hatte Brandt aus Furcht, die SPD hebele sich in die Opposition zurück, schon Wochen vor Hannover versucht, Dämme gegen den befürchteten Ansturm vor allem junger Ideologen zu errichten, die darauf zielten, weit hinter Godesberg zurückzugehen. Vor dem Parteirat griff er am 17. März sogar zu seiner schärfsten Waffe und drohte mit Rücktritt, falls in Hannover etwas beschlossen würde, »was im Widerspruch stünde zu dem, wofür [er] mit anderen die breite Zustimmung der Wähler gefunden habe«. Natürlich wirkt dies disziplinierend, zumal es ihm in Hannover gelingt, mit einer großen, faszinierenden Parteitagsrede die verschiedenen Flügel und Freundeskreise auf einen Konsensus einzupendeln, den Peter Glotz einmal als »linken Reformismus« charakterisiert – ein Konsensus auf Zeit allerdings, der immer wieder von neuen Konflikten bedroht sein wird.[31] Brandt zeigt Toleranz gegenüber Richtungskämpfen, stellt sich als einer dar, der in seiner Jugend selbst eine Linksaußenposition bezog und keinen Nachholbedarf hat, »wenn es um einen proletarischen Adelsnachweis geht«. Um so klarer seine Absage an die jungen Radikalen, deren »revolutionäre Gesinnung

[in] erloschene Vulkane pustet« und nur Staub aufwirbelt, wie er Wochen zuvor schon in seiner Rede über Otto Wels gesagt hat.

Nachdrücklich verteidigt er den Kurs von Godesberg, ohne ihn zum Dogma zu erheben, und doch bestreitet er den Linken nicht das Recht, sich mit dem Programm von damals kritisch auseinanderzusetzen.[32] Wenn er sich in dieser Rede zur Integration verschiedener Richtungen innerhalb der linken Volkspartei SPD bekennt, wird darin auch die Erfahrung des norwegischen Exils deutlich, wo er offene programmatische Auseinandersetzungen in einer norwegischen Arbeiterpartei erlebt hat, die alles tat, um die Einheit der Organisation zu erhalten und Abspaltungen zu vermeiden. »Der Kanzler war völlig da«, notiert der Beobachter Klaus Harpprecht, »er argumentierte, er hatte leise Töne, er sprach entschieden … er scheute die Schärfe nicht, er akzentuierte mit Reserve, akzentuierte beiläufig, akzentuierte mit Robustheit. Es standen ihm in dieser Rede alle Töne zur Verfügung, die er brauchte.« Es gelingt Brandt, die divergierenden Stimmungen »in einem ungeheuerlichen Energieakt« zu integrieren, als habe er die Partei während dieser drei Tage »in Hypnose« gehalten.[33] Andere merken an, er sei gleichsam in die Rolle des Unparteiischen geschlüpft, »der allen ins Gewissen reden konnte und keinerlei Zweifel am eigenen Standort aufkommen ließ …«[34]

Für die Rebellen ist Brandt nicht mehr gegen Kritik gefeit, nach einem Wort des Linken Jochen Steffen sollen sie Gottvater »auch mal kräftig auf den Schlips spucken«. Aber selbst sie schließen sich voller Respekt den stehenden Ovationen an, mit der ihn der Parteitag nach dieser Rede bedenkt. In der Berichterstattung werden, bei aller Bewunderung der Brandtschen Leistung, aber auch schon die ersten spöttischen Töne laut. Hermann Schreiber etwa verzeichnet Brandts neues, abgehobenes Erscheinungsbild, seine »monumentale Manier dazusitzen«: ein Brandt, der die Arme über der Brust kreuzt wie weiland Napoleon, hoheitsvoll und abweisend zugleich; der sich, den Kopf himmelwärts erhoben, so weit in seinem Sessel zurücklehnt, daß man bangen muß, gleich werde er hintenüber kippen: »Cäsarische Körpersprache. Willy Imperator.«

Aber so sehr er sich auch anstrengt, der Vorsitzende, der nach dem größten Wahlsieg der SPD-Geschichte in die Rolle eines unangreifbaren Patriarchen gerückt ist – einen erheblichen Linksruck kann er nicht verhindern. Zwar wird er selbst mit einem Traumergebnis – 404 von 428 Stimmen –wieder gewählt, aber im neuen Vorstand ist die Linke mit mindestens 10 von insgesamt 38 Sitzen jetzt stärker als die Rechte vertreten, und in der mittleren Gruppierung zählt die Mehrzahl zu Mittelinks.[35] Für Herbert Wehner, der nicht wieder kandidierte, rückt Heinz Kühn als stellvertretender Vorsitzender auf – keine glückliche Wahl, wie sich bald zeigen wird. Der Landeschef von Nordrhein-Westfalen, der so gern und häufig in exotische Länder reist, läßt es als zweiter Stellvertreter neben Helmut Schmidt an Fleiß, Präsenz und Effizienz merklich fehlen.

Ist der Verzicht des großen Kärrners Wehner als Protest gegen den laxen Führungsstil eines Brandt zu sehen, der die Fraktionierung der Partei zugelassen hat? Ist er etwa deshalb nicht erneut angetreten, weil er sich nun freier fühlt, seinen »großen Vorsitzenden«, wie er ihn oft spöttisch nennt, zu kritisieren? Peter Koch vermutet dies.[36] Willy Brandt meint in seinen »Erinnerungen«, die Absicht »einer gewollten Distanznahme« sei nicht zu verkennen gewesen und erwartete seither vermehrt Schwierigkeiten.[37] Aber Wehner kann überzeugende persönliche Gründe angeben: Er ist gesundheitlich nicht auf der Höhe, leidet seit sieben Jahren an Zucker, was manche seiner Explosionen erklären mag, dazu laboriert er an Bandscheibenschäden. Wie sehr die Partei ihn schätzt, macht sein Wahlergebnis zum einfachen Vorstandsmitglied deutlich: Da erhält er sogar 15 Stimmen mehr als Willy Brandt bei der Wahl zum Vorsitzenden.

Im übrigen ist der Frieden, den Brandt in Hannover stiftet und der sein öffentliches Ansehen noch einmal steigert, nicht von langer Dauer, denn die Gruppenkämpfe nehmen ab Herbst wieder zu. Als Gegengewicht gegen die Jungsozialisten und den linken Leverkusener Kreis baut die Parteiführung eine Arbeitsgemeinschaft für Arbeitnehmerfragen auf – eigentlich eine Groteske für die klassische Arbeiter- und Arbeitnehmerpartei SPD, zumal die Parteiführung damit praktisch den Prozeß der Fraktionsbildung, den sie stets bedauert hat, selbst vorantreibt. Bleibt ihr keine andere Wahl, weil Jusos und junglinke Akademiker in den großen Städten eine Abteilung und einen Ortsverein nach dem anderen erobern und nach Ausbruch der Energiekrise offener denn je gegen das Godesberger Programm Front machen? Jedenfalls sehen sich Brandt und das Präsidium im Frühjahr 1974 gezwungen, in einer »10-Punkte-Erklärung an die Mitglieder und Freunde der SPD« klarzustellen, daß die Partei kein Debattierklub sei. Das Wahlprogramm von 1972 und die Regierungserklärung, heißt es in diesen April-Thesen, gälten unverändert fort, und wer den Boden des Godesberger Programms verlasse, dem wird mit Ausschluß gedroht. Nur ein Jahr nach Brandts großartiger Integrationsleistung von Hannover macht die SPD nun erst recht den Eindruck einer heillos zerstrittenen Partei. Bedenklich vor allem ist, daß nach dem Gutachten des Franken Bruno Friedrich in der Öffentlichkeit der Eindruck herrscht, daß selbst die SPD-Spitze nicht mehr in der Lage sei, »sich innerhalb ihrer Führungsorgane auf eine gemeinsam zu vertretende Parteilinie zu verständigen«.[38]

Das Frühjahr 1973 allerdings ist noch vom Nachhall des Wahlsiegs und vom positiven Echo über sein Auftreten in Hannover bestimmt. Als Brandt Mitte Mai Leonid Breschnjew empfängt, tritt er ihm, anders als in Oreanda, auf dem Höhepunkt seines Erfolgs entgegen – nicht mit bröckelnder, sondern mit sicherer Mehrheit im Parlament, nicht mit gefährdeten, sondern ratifizierten Verträgen. Innenpolitisch völlig unangefochten, steht Brandt in den Augen der internationalen Öffentlichkeit als jener Staatsmann da, der mit seiner Versöhnungspolitik gen Osten die Entspannung in Europa einen entscheidenden Schritt vorangebracht hat. Zwar kann er den prestigesüchtigen ersten Mann der Sowjetunion auf dem Flugfeld in Köln-Wahn nicht, wie er gewünscht hatte, mit donnerndem Salut aus Bundeswehr-Haubitzen begrüßen, weil sein eigener Außenminister dem Rat des Protokolls folgt, das ein solches Begrüßungsschießen für Staatsoberhäupter reserviert. Zu denen gehört der sowjetische Gast nun einmal nicht. Und doch empfängt Bonn den Parteichef wenigstens mit militärischen Ehren und ist groß beflaggt, wie sonst nur bei Staatsbesuchen.

Das spektakuläre Ereignis wird aufwendig gefeiert, denn besser als alle papierenen Kommentare oder parlamentarischen Kanzelreden ist ein leibhaftiger sowjetischer KP-Generalsekretär am Rhein der Beweis dafür, daß Brandts Politik, fast dreißig Jahre nach Ende des Zweiten Weltkriegs, Früchte getragen hat und der Kalte Krieg beendet ist. Gibt es ein besseres Beispiel für Versöhnung als jenen Abend bei Brandts auf dem Venusberg, wo beim privaten Herrenessen der sowjetische Besucher und der deutsche Finanzminister Fronterlebnisse austauschen – Breschnjew ausführlich, stockend und in vielen Einzelheiten über seinen Einsatz gegen die Deutschen bei der Artillerie, Helmut Schmidt, leise und eindringlich, über seine Erfahrungen als deutscher Flakoffizier in den Kämpfen gegen die Rote Armee? Andere deutsche Gäste Brandts schließen sich Schmidt an. »Die Offenheit der Diskussion war erstaunlich«, erinnert sich Rüdiger von Wechmar, Teilnehmer an diesem Abendessen: »Der fröhliche Ton der Abendunterhaltung war verflogen, das tragische Schicksal beider Völker wurde allen Teilnehmern durch die sehr persönlichen Erlebnisse der einzelnen Gäste fast dramatisch bewußt.«

Der Herrscher aller Reußen wohnt hoch über Bonn auf dem Petersberg, genießt einen der schönsten Blicke auf den Rhein und erhält einen nagelneuen Mercedes 450 SLC mit Automatikschaltung, den Daimler-Benz ihm aus Werbegründen zum Geschenk macht. Der Wagen steht vor dem Hotelportal, der Schlüssel steckt, da passiert zum Entsetzen der Sicherheitsbeamten das Malheur. Denn Breschnjew setzt sich völlig unerwartet ans Steuer, kutschiert die kurvige Straße den Berg hinunter und landet schon bei der dritten Biegung prompt an einem Baum.[39] Der Kremlherr bleibt unverletzt, auch wenn der Blechschaden beachtlich ist.

Von diesem glimpflichen Unfall einmal abgesehen, verläuft die Begegnung am Rhein ohne Reibungen oder Zwischenfälle. Allerdings gewinnt Brandt schnell den Eindruck, daß die Sowjets – vielleicht ein Zeichen traditionellen russischen Respekts vor deutscher Leistungsfähigkeit – die wirtschaftlichen Möglichkeiten der Bundesrepublik maßlos überschätzen, auch wenn diese zweifellos die bedeutendste ökonomische Potenz in Europa darstellt. Vielleicht schwingen da alte Träume aus den frühen zwanziger Jahren mit, als die Zusammenarbeit zwischen der Weimarer Republik und dem jungen Sowjetstaat, beide Gegner von Versailles und in gemeinsamer Front gegen den Westen, eng war und deutsche Ingenieure mithalfen, sowjetische Industrien aufzubauen. Breschnjew lockt mit einem gewaltigen deutsch-sowjetischen »Wirtschaftspakt«, mit Großprojekten über eine Laufzeit von zwanzig bis fünfzig Jahren, denn die rohstoffreiche UdSSR scheint sich von der Zusammenarbeit mit der entwickelten Technologie der Bundesrepublik am ehesten den Anschluß an westliche Wohlstandsstandards zu versprechen.

Angesichts der gespannten Lage in Nahost hat der Gast aus Moskau einiges zu bieten, die Bundesrepublik sorgt sich ja um die Sicherheit ihrer Energiezufuhr und würde erhöhte Öl- und Gaslieferungen begrüßen. Aber der Kanzler hält sich bedeckt, zumal ihm seine Experten Zurückhaltung empfahlen, weil Geschäfte mit Staatshandelsländern bekanntlich ihre Tücken haben. Man dürfe die hemmenden Probleme nicht übersehen, antwortet er Breschnjew, die Bundesrepublik sei »unter den gegebenen Verhältnissen nicht an besonderen Exportsteigerungen interessiert«.[40] Zu konkreten Abmachungen kommt es also kaum, statt dessen werden in Bonn lediglich die Voraussetzungen für einen späteren verstärkten Wirtschaftsaustausch geschaffen: Ein Regierungsabkommen über die Entwicklung für wirtschaftliche, industrielle und technische Zusammenarbeit soll die Rahmenbedingungen verbessern und Hindernisse aus dem Weg räumen, welche die deutsche Wirtschaft beklagt.

Atmosphärisch bringen die vier Tage am Rhein viel, das Vertrauensverhältnis zwischen Brandt und Breschnjew, das in Oreanda entstand, wird gefestigt, aber die politischen Ergebnisse bleiben mager. Brandt versucht, im Kommuniqué die Schwierigkeiten bei der Auslegung des Vier-Mächte-Abkommens über Berlin auszuräumen, ohne daß es ihm gelingt, einen Durchbruch zu erzielen. Wenn beide Seiten, auf sein Insistieren, die »strikte Einhaltung und volle Anwendung des Berlinabkommens« als wesentliche Voraussetzung für dauerhafte Entspannung und bessere deutsch-sowjetische Beziehungen bezeichnen, läßt dies weiterhin völlig abweichende Interpretationen zu der kniffligen Frage von »Bindungen« und »Verbindungen«, *ties* oder *swasi* zu. Schon mit Blick auf ihren Verbündeten in Ostberlin scheint die Sowjetunion nicht gewillt, ihren Berlin-Hebel wegen der besonderen Beziehungen Breschnjew–Brandt oder aus Freundschaft zur Bundesrepublik gänzlich aus der Hand zu geben, und schon gar nicht will sie darauf verzichten, West-Berlin als »besondere Einheit« zu betrachten. Im Zusammenhang mit Wehners Moskau-Reise wird auf diesen Problemkreis bald zurückzukommen sein.

Differenzen gibt es übrigens auch wegen Europa. Breschnjew besteht geradezu demonstrativ auf bilateralen deutsch-sowjetischen Wirtschaftsbeziehungen und knüpft dabei bewußt an die deutsch-russische Geschichte an. Willy Brandt dagegen gibt sich als Sprecher Europas, er will den Generalsekretär davon überzeugen, daß die europäische Integration keine antisowjetische Speerspitze enthält und nicht als Vorstufe eines Kreuzzuges des Abendlands gegen den Osten zu verstehen ist. Seinen sowjetischen Gast zu überreden, die traditionell antieuropäische Politik Moskaus zu ändern, gelingt ihm freilich nicht.

Das Frühjahr 1973 hält noch andere Höhepunkte bereit – Besuche bei Tito im April, Nixon im Mai und Golda Meir im Juni. Wie immer, wenn er dem »provinziellen, dumpfen Bonn mit seinen Fallstricken« entrinnen kann, bessert sich seine Laune sofort, er gibt dann nicht mehr seinem Hang zum Grübeln nach, sondern beginnt, Anekdoten zu erzählen.[41] Was der Reisebegleiter von Wechmar notierte, wird von vielen Mitarbeitern bestätigt: Kaum hat Brandt den Sitzgurt im Flugzeug geschlossen, das ihn in ein anderes, möglichst fernes Land bringen soll, hellt sich seine Miene auf, er wird fröhlich, genießt die Abwechslung, es ist, als breche sich die Neugier des alten Journalisten auf Fremdes, Unvorhergesehenes Bahn.[42]

Brandt ist Tito schon als Außenminister begegnet, doch nun kommt er, in Begleitung von Rut, als erster westdeutscher Regierungschef nach Belgrad, und beide werden von Tito und dessen fülliger Frau Jovanka auf die Insel Brioni gebeten – in eine Villa mit Meerblick, die eher einem Château gleicht und in einem weitläufigen Park gelegen ist, welcher Brandt schon bei seinem ersten Besuch 1968 an venezianische Gärten aus romantischen Bilderbüchern erinnerte. Der einstige Revolutionär, bemerkt der Besucher über seinen Gastgeber, residiert hier »wie ein Fürst aus alten Zeiten, freilich ein Herrscher von besonderer Jovialität«. Beider Verhältnis zueinander ist unverkrampft und herzlich, man verhandelt mit Dolmetschern, doch im inoffiziellen Teil spricht Tito deutsch. Er hat ja nicht nur als Korporal in der k.u.k. Armee gedient, sondern ist vor dem ersten Weltkrieg durch Süddeutschland gezogen – als wandernder Handwerksgeselle, der in Betrieben wie Daimler-Mannheim arbeitete, doch auch – er erzählt darüber 1973 zum Staunen seiner Besucher – als kleiner Handlungsreisender, der in einem Bauchladen Schnürsenkel und Nähgarn feilbot und mit Kunden um den Preis gefeilscht hat.

Es herrscht große Offenheit auf beiden Seiten, die es erlaubt, die leidige Frage der Wiedergutmachung auf elegante Weise zu erledigen, auch wenn es darüber zunächst zu einem heftigen Wortwechsel kommt. Denn Tito wünscht eine Summe von zwei Milliarden Mark, eine Forderung, die Brandt empört ablehnt. »Er habe seinem Volk schon viel zumuten müssen«, schildert Rüdiger von Wechmar die Reaktion des Bundeskanzlers: »Die Deutschen lebten schon gegen ihren Willen in zwei Staaten. Wenn auch Belgrad jetzt Wiedergutmachungszahlungen verlange, dann gehe das zu weit.« Bonn werde damit in eine unmögliche Situation gebracht. Man einigt sich schließlich auf die sogenannte Brioni-Formel, nach der die Bundesrepublik eine Art Entwicklungshilfe für die jugoslawische Wirtschaft leistet und Kredite zu besonders günstigen Zinssätzen zur Verfügung stellt.

Doch der wichtigste Teil der Gespräche kreist um die Gefahr eines neuen Nahostkriegs, die schon zwischen Brandt und Breschnjew ausführlich in Bonn erörtert worden ist. Die Araber, so Tito, bereiteten sich auf den totalen Krieg gegen Israel vor, und diesmal würden sie sich nicht wie 1967 schnell geschlagen geben: Die Ägypter seien hervorragend ausgerüstet, der Krieg könne jeden Moment losbrechen. Damit gibt er Eindrücke aus seinen Gesprächen mit Anwar as-Sadat wieder, zu dem er als Sprecher der Blockfreien gute Beziehungen unterhält und der erst vor zwei Monaten zu einem Besuch nach Belgrad gekommen war. Und er bittet Brandt, bei seinem anstehenden Besuch in Washington Richard Nixon seine, Titos, große Sorge zu übermitteln: Wenn die Großmächte nicht bald etwas unternähmen, um eine politische Lösung zu finden, lasse sich eine militärische Auseinandersetzung nicht mehr vermeiden. Da in der Konfliktregion 65 Prozent der Weltölversorgung konzentriert seien, könne dies mit einer Katastrophe enden.[43]

Als der Kanzler im Mai nach Washington reist, trägt er diese Sorgen vor, die ja nicht nur die Titos, sondern auch die Pompidous und seine eigenen sind. Wieder ist die Aufnahme am Potomac demonstrativ herzlich, Nixon bittet zum Dinner ins Weiße Haus, in seiner Rede unterstreicht er die Parallelen zwischen Präsident und Kanzler – daß beide »experts in comeback« seien[44] –, er läßt eine Band der Marines aufspielen und bittet Rut zum Tanz. Doch bei aller offiziell zur Schau getragenen deutsch-amerikanischen Brüderlichkeit überwiegen die Unterschiede, sei es in gewichtigen Nuancen, etwa in Sachen Europa, sei es im Prinzipiellen, etwa bei Nahost. So war in Nixons Rede das Wort Europa überhaupt nicht vorgekommen, obschon Henry Kissinger das Jahr 1973 zum Jahr Europas proklamiert und ebenso voreilig wie großspurig eine neue Atlantikcharta in Aussicht gestellt hatte, bei der Japan merkwürdigerweise einbezogen sein sollte. Bewußt deutlich betont Brandt deshalb in seiner Antwort, er sei nicht nur als deutscher Kanzler, sondern auch als ein Sprecher *für* die Europäische Gemeinschaft gekommen – »keiner von uns«, berichtet er später über seinen Washington-Besuch und meint dabei die Staatsmänner der EG, »begegnete dem amerikanischen Präsidenten ... nur mehr als der Beauftragte seines Staates«.[45] Aber die deutsche und die amerikanische Vorstellung, welche Rolle dieses Europa spielen soll, liegen weit auseinander. Kissinger weist ihm den Status einer bloßen Regionalmacht mit regionalen Interessen zu, die sich selbstverständlich der globalen Weltmachtpolitik und den globalen Interessen der USA einzufügen habe, ein Konzept, das praktisch auf die »Unterordnung der EU unter die Atlantische Allianz« hinausläuft. Brandt wehrt sich gegen die Zumutung, daß eine europäische Union, auch wenn sie noch im Werden ist, für immer auf eine regionale Funktion innerhalb eines globalen amerikanischen Konzepts beschränkt sein soll, nutzt die Begriffe »emanzipierte Partnerschaft und »weltpolitische Mitverantwortung« für seine Gegenargumentation und wünscht, die Amerikaner gingen mit der Gemeinschaft um, als sei sie schon der *eine* große Partner. Doch Nixon und Kissinger, Realisten und Pragmatiker, wollen von einer europäischen Mitsprache nichts wissen, sie ziehen es vor, weiter mit den einzelnen europäischen Staaten bilateral zu verhandeln. Sie übergehen Brandts Vorschlag einer *Politik des als ob*, der den Positionen des französischen Präsidenten sehr nahekommt, und gehen lieber von den Realitäten aus – und das ist immer noch die Pluralität der europäischen Staaten.[46]

Eine glatte Abfuhr holt sich der Kanzler, als er seine Vorstellungen zum Nahen Osten entwickelt, denn sie sind eher geeignet, die unterschwelligen Vorbehalte des mißtrauischen Nixon in die Motive seiner Ostpolitik zu stärken. Nach seinen Gesprächen mit Tito und Breschnjew geht Brandt ja davon aus, daß die UdSSR bereit ist, einen mäßigenden Einfluß auf die Araber auszuüben und eine politische Lösung im Verein mit den USA zu garantieren. Der unerläßliche Dialog zwischen den Konfliktparteien, meint er, könne durch die Beteiligung der beiden Supermächte erleichtert werden. Nixon indes wertet diesen Vorschlag geradezu als Einladung an Moskau, seinen Einflußbereich auszudehnen und im Nahen Osten Fuß zu fassen, was Kissinger mit allen Mitteln zu verhindern sucht. Seine Strategie zielt darauf, die Russen fernzuhalten und die Amerikaner als die einzig denkbaren Vermittler zwischen Arabern und Israelis zu etablieren – mit dem Argument, daß nur amerikanischer Einfluß auf Israel groß genug sei, um es zum Einlenken zu bewegen.

Ist der Kanzler in den Augen der Amerikaner wegen seiner besonderen Beziehungen zur Person Breschnjew allzu blauäugig, was die Sowjetunion angeht? Golda Meir urteilt ähnlich wie die Administration in Washington, obschon sie Brandt von vielen Tagungen der Sozialistischen Internationale (SI) her kennt und ihn persönlich außerordentlich schätzt. Als er ihr während seines Israel-Besuchs seine Vorstellungen entwickelt, reagiert sie kühl ablehnend, weil sie seine positive Beurteilung der Sowjetunion und ihrer Interessen nicht teilt und lieber auf direktes Verhandeln mit den arabischen Nachbarstaaten vertraut.[47] Die spätere Entwicklung wird nicht dem Friedensnobelpreisträger recht geben, der sich den Ideen Breschnjews und Titos für einen amerikanisch-sowjetischen Garantiepakt angenähert hat, sondern Kissinger und Golda Meir, da schließlich selbst Sadat auf die Amerikaner als die alleinigen Vermittler setzt. Brandts These, seine entschlossene Friedenspolitik in Europa könne »ein Faktor weltweiter Entspannung« werden, seine Hoffnung, nicht nur Spannungen, auch Entspannungen übertrügen sich, nicht nur der Unfriede, auch der Friedenswille könne ansteckend sein, erscheinen angesichts der harten Interessengegensätze im Nahen Osten nicht nur illusionär, sie zeugen auch von Selbstüberschätzung. So einfach sind die Erfahrungen, die er in der besonderen Lage einer gespaltenen Nation, eines vom Kalten Krieg zerrissenen Deutschland zwischen den großen Mächten gewonnen hat, auf andere Konflikte nicht zu übertragen.

Dabei hat er große Hochachtung vor der eisernen Großmutter Israels, respektiert »ihre Kraft des Willens und auch des Gefühls«, obschon beide auf SI-Konferenzen durchaus nicht immer einer Meinung sind. Als die sechs EWG-Staaten im Frühjahr 1971 im

Rahmen der neuen Politischen Zusammenarbeit sich der Nahost-Problematik annahmen, bestritt sie gegenüber Brandt das Recht der Europäer, sich mit dieser heiklen Frage überhaupt zu befassen, zumal europäische Nahost-Resolutionen unter französischem Einfluß oft eine proarabische Schlagseite bekämen. Brandt erinnert sich ihrer tief pessimistischen Haltung auf dieser SI-Tagung in Helsinki »als einer Mischung von Militanz und Verzweiflung«: Israel stehe allein, habe Golda Meir immer wieder betont, »es habe keine Freunde mehr und werde notfalls bis zum letzten Mann kämpfen«.

Als er im Juni 1973 nach Tel Aviv und Jerusalem reist, begrüßt ihn also eine alte Bekannte und Genossin, und es ist auch nicht seine erste Begegnung mit dem jungen jüdischen Staat – den hat er, anläßlich einer Tagung des Internationalen Gemeindeverbandes in Tel Aviv, bereits im Herbst 1960 kennengelernt. Doch handelt es sich um den ersten Besuch eines deutschen Bundeskanzlers auf israelischem Boden, und da will jeder Satz, jedes Wort dreimal überlegt sein. Golda Meir erleichtert Brandt seine schwierige Mission, indem sie bei der Begrüßung auf seinen Kampf gegen Hitler anspielt und seine »Haltung in der dunkelsten Stunde der Menschheit« würdigt. Wie für Warschau, wo er auf die Knie sank, hat der Kanzler auch für seinen Besuch in Yad Vashem, der Gedächtnisstätte für die Opfer des Holocaust, nach einer besonderen Geste gesucht. Sein sicherer Instinkt sagte ihm, daß es beim Besuch eines deutschen Regierungschefs an dieser Stätte nicht mit der üblichen Kranzniederlegung und einer Minute stillen Gedenkens getan sei. Mit seinen Beratern ist er schließlich fündig geworden. Er liest aus dem Alten Testament die Verse 8 bis 16 des 103. Psalms – ruhig und klar, »jedes Wort nach seinem Rang betonend« – eine Szene, welche die Herzen ergreift.

Barmherzig und gnädig ist der Herr, geduldig und
von großer Güte.
Er wird nicht immer hadern noch ewiglich Zorn halten.
Er handelt nicht mit uns nach unseren Sünden und
vergilt uns nicht nach unserer Missetat.
Denn so hoch der Himmel über der Erde ist, läßt er
seine Gnade walten über die, die ihn so fürchten.

So ferne der Morgen ist vom Abend läßt er unsere Übertretungen von uns sein.
Wie sich ein Vater über Kinder erbarmt, so erbarmet sich der Herr über die, die ihn so fürchten.
Denn er erkennt, was für ein Gebilde wir sind, er gedenkt daran, daß wir Staub sind.
Ein Mensch ist im Leben wie Gras, erblühet wie eine Blume auf dem Felde;
wenn der Wind darüber geht, so ist sie nimmer da, und ihre Stätte kennet sie nicht mehr.

»Man vergißt das Surren der Kameras«, notiert der Beobachter Harpprecht. »Es ist kein Mensch in diesem Raum, der sich nicht dem Zwang, ja der Gewalt von Anspruch und Bitte in der Objektivierung des biblischen Textes unterwirft.«[48]

Brandt besucht einen Kibbuz, wo man auf kargen Stühlen an Holztischen hockt, deutsche und israelische Lieder singt, ein Erlebnis, das ihn als »Wiederbegegnung mit einer ganz spezifischen Ausformung des demokratischen Sozialismus« beeindruckt. In Jerusalem besucht er die Grabeskirche, die Erlöserkirche, den Felsendom, die El Aqsa-Moschee und die Klagemauer und erlebt »die unmittelbare Nachbarschaft der drei großen Weltreligionen«. Er fährt zum Angeln an den Tiberias-See und fängt einen mageren Petrusfisch, von dem ein Reisebegleiter argwöhnt, israelische Kampfschwimmer hätten ihn – im Auftrag ihrer Regierung, die ihren Gast bei Laune halten will – unter Wasser am Haken seiner Angel befestigt. Er trifft mit allen führenden Politikern Israels zusammen, mit Ygal Allon und Abba Eban, mit Mosche Dayan und selbst mit Ben Gurion, der inzwischen zurückgezogen in der Negev-Wüste lebt und nicht mehr von Politik spricht, sondern sich nur noch mit den Propheten der Heiligen Schrift beschäftigt.

Als der Kanzler schließlich zur Besichtigung der Bergfeste Massada fliegt, jenem mythischen Ort, an dem Hunderte von aufständischen Juden in die Tiefe sprangen, um nicht lebend in die Hände der römischen Legionäre zu fallen, kommt es zu einem Zwischenfall, der ihn um ein Haar das Leben gekostet hätte. Beim Anflug gerät der Hubschrauber in eine stürmische Bö und wird gefährlich nahe an den Rand des Plateaus gedrängt. Der Leibwächter Ulrich

Bauhaus schreit: »Alles raus!«, und die Begleiter des Kanzlers springen aus dem Fluggefährt, dessen Rotoren sich noch drehen und das dem Abgrund entgegenrollt. Nur zwei bleiben sitzen: Willy Brandt, stoischen Gesichts, und Susi von Wechmar, die Bauhaus nicht gehört hat und in der Maschine bleibt, weil ja auch der Bundeskanzler nicht ans Aussteigen denkt. Der Hubschrauber kommt schließlich knapp einen Meter vor dem Abgrund zum Stehen, die Ausstiegsklappe öffnet sich, beide werden auf festen Boden gezogen. Eine Nachrichtenagentur hat bereits gemeldet, Brandt sei mit ihm abgestürzt. Ungerührt wischt der Kanzler sich den Staub von der Windjacke, und als ein Reporter ihn fragt, ob seine Rettung nicht ein Wunder gewesen sei, spricht er mit gespieltem Erstaunen ins Mikrofon: »Ich weiß nicht, von welcher Rettung Sie sprechen. Ich weiß nur eines: Wunder gibt es nur in Israel. Und jetzt will ich die Führung durch die Festung …«[49]

Als sich im Oktober 1973 die Krise in Nahost zuspitzt und der Jom-Kippur-Krieg die Existenz Israels gefährdet, wird Nixon den Europäern eine herrische Lektion erteilen, wie er jene Arbeitsteilung zwischen globaler Verantwortung und regionalen Interessen versteht, von der er gegenüber Brandt im Mai gesprochen hat. Auf dem Höhepunkt des Krieges setzt das Weiße Haus die amerikanischen Streitkräfte weltweit in Alarmbereitschaft, weil es befürchtet, die Sowjets planten zur Entlastung der Ägypter eine Intervention mit Luftlandetruppen am Suezkanal. Eine Fehleinschätzung, wie sich sehr bald herausstellen wird – aber die Europäer werden von der amerikanischen Aktion weder informiert noch jene Länder, in denen amerikanische Truppen stehen, gar konsultiert. Bei den Stützpunkten der Amerikaner auf deutschem Boden handelt es sich zweifelsfrei um NATO-Basen, und der Nahe Osten zählt nicht zu jenen Gebieten, auf die sich die Schutzgarantien der Allianz erstrecken. Und doch werden die amerikanischen Garnisonen und Flugplätze – und zwar ohne Rücksprache mit Bonn, das ja offiziell als gleichberechtigter NATO-Partner gilt – vom US-Militär als Umschlagplatz für Rüstungsgüter benutzt, die über eine Luftbrücke nach Israel gehen – als handele es sich um Kastelle und Depots in unterworfenen Provinzen des Römischen Reiches. Die Bundesrepublik wird von den Amerikanern behandelt, als sei sie ihre europäische Kolonie.

In Bremerhaven, der amerikanischen Nachschubbasis für Europa, beladen amerikanische Truppen Schiffe unter israelischer Flagge am hellichten Tag mit militärischem Material – ein Vorgang, gegen den das Auswärtige Amt offiziell in Washington protestiert. Schließlich nimmt die Bundesregierung offiziell, wie die anderen europäischen Staaten, im Nahostkonflikt eine neutrale Haltung ein. Aber das State Department antwortet auf die diplomatische Demarche des Auswärtigen Amtes nun seinerseits mit Empörung: Bonn kapituliere, wie die übrigen Europäer, vor der Ölwaffe der Araber, und es werde »katastrophale Folgen haben ..., wenn der Westen angesichts einer von der Sowjetunion unterstützten militärischen Aktion gegen Israel Schwäche und Uneinigkeit zeige«. Deutschen Diplomaten, erinnert sich Brandt, sei damals erklärt worden, »aus amerikanischer Sicht verfüge die Bundesrepublik nur über begrenzte Souveränität, und die Vereinigten Staaten behielten sich das Recht vor, Maßnahmen zu ergreifen, die im Interesse der internationalen Sicherheit als angemessen und notwendig erschienen«.

Ist es Einsicht in die realen Machtverhältnisse, wenn Brandt in einem Brief an Nixon die Amerikaner schließlich der deutschen Unterstützung versichert? Er betont die Bonner Bündnistreue, rechtfertigt aber zugleich die Proteste seines Auswärtigen Amtes gegen die Beladung israelischer Schiffe: Die Bundesregierung habe nicht hinnehmen können, »daß man uns zunächst nicht die Wahrheit sagte, als wir Waffenlieferungen feststellten, von denen nicht einmal feststand, aus welchen Beständen sie kamen«. In seiner Antwort lenkt Nixon zwar ein, wie Brandt meint, denn er verspricht für einen Wiederholungsfall wenigstens Konsultationen; aber die Trennung von NATO hier und Nahost dort will er nicht gelten lassen: Er glaube nicht, »daß wir eine so feine Trennlinie ziehen dürfen, wenn die Sowjetunion so stark beteiligt war und ist und wenn die Krise sich auf das ganze Netz der Ost-West-Beziehungen auszudehnen drohte«. Der amerikanische Präsident sieht also die Bündnisfrage auch im Nahen Osten gestellt, und er bezichtigt die Europäer des Versuchs einer »differenzierten Entspannung«, die das Bündnis nur spalten und zu schlimmen Konsequenzen für Europa führen könne. Ob er Kenntnis davon hatte, daß es während des Jom-Kippur-Krieges einen regen Meinungsaustausch zwischen Moskau und Bonn gab, ist nicht sicher, aber doch wahrscheinlich, denn erneut schimmert bei ihm Mißtrauen gegen Brandts Beziehungen zu Breschnjew durch. Anders als der deutsche Regierungschef wertet der Historiker Werner Link deshalb Nixons Antwort keineswegs als Einlenken, sondern behauptet, der Herr des Weißen Hauses habe mit dem Vorwurf der Spaltung des Westens gerade die deutsche Ostpolitik treffen wollen.[50]

Wenn Kissinger in diesen Tagen gleich mehrfach den Vorwurf erhebt, Bonn lasse es an der gebotenen Solidarität mit Israel fehlen, empört das jenen kleinen Kreis von Eingeweihten, die um eine besondere, geheime Hilfsaktion Brandts für das bedrängte Israel wissen. Denn der Kanzler ließ, entgegen dem deutschen Gesetz, das Waffenlieferungen in militärische Spannungsgebiete verbietet, ein elektronisches Gerät, das für die militärische Operationsfähigkeit des Landes von vitaler Bedeutung ist, nach Israel transportieren. Die Israelis hatten es bei feindlichen Luftangriffen verloren, die Amerikaner sahen sich außer Stande, es schnell zu ersetzen, aber es befand sich im Besitz der Bundeswehr. Handelte es sich etwa um eine jener fliegenden Radarstationen, welche in der Lage ist, die gesamte Luftaktivität im Umkreis von Hunderten von Meilen zu erfassen? Die Aktion bleibt bis heute geheimnisumwittert, doch »kriegsentscheidend« nennt eine der zwei oder drei im Kanzleramt damals mit der Sache befaßten Personen das Gerät.

Der sonst stets auf die strenge Wahrung der Verfassung bedachte Brandt hat damals entweder den Bundessicherheitsrat bewußt umgangen oder aber einen Beschluß nicht abwarten wollen oder können, weil Eile geboten war. Klaus Harpprecht, der den Vorgang 27 Jahre später erstmals in der *Zeit* bekanntmacht, plädiert auf übergesetzlichen Notstand, in dem Brandt einer höheren Pflicht genügen mußte: Der Kanzler habe sich bewußt über Recht und Gesetz hinweggesetzt, weil er es »als dominierende Pflicht des deutschen Regierungschefs« betrachtete, »das Seine zur Rettung des Staates zu tun«, der zur Zuflucht der Überlebenden des Holocaust geworden war.

Um Kissingers laut hinausposaunte Vorwürfe von der mangelnden deutschen Solidarität mit Israel zu widerlegen und den amerikanischen Medien entgegenzutreten, die sich »in eine trommelnde Polemik gegen Bonn verrannten«, wird der Redenschreiber und Ratgeber übrigens vom Regierungschef nach New York beordert.

Auf einer »stillen Konferenz« setzt er die wichtigsten Repräsentanten der jüdischen Organisationen über das Engagement des Kanzlers ins Bild. Die Angriffe der jüdischen Lobby und der New Yorker Presse verstummen, und nach außen dringt nie ein Wort – bis die *Zeit* schließlich den Schleier der Geheimhaltung lüftet.[51]

Kanzler Brandts Westpolitik steht im Herbst und Winter 1973 nicht unter dem glücklichsten aller Sterne, denn der Nahostkrieg führt nicht nur zu Spannungen zwischen Bonn und Washington. Seine wichtigste Folge, der arabische Ölboykott, bringt auch die Beziehungen zwischen der Bundesrepublik und Frankreich dem Gefrierpunkt nahe. Wenn sich der klassische Spagat zwischen Paris und Washington, den die deutsche Außenpolitik stets versucht, zu jener Zeit nicht durchhalten läßt, gibt es dafür mehrere Gründe. Einmal versucht Frankreich, im europäisch-amerikanischen Dialog, den Kissinger und Nixon ja suchen, die Mitgliedsländer der Europäischen Gemeinschaft auf eine gemeinsame Linie festzulegen, so daß die USA – was ihnen widerstrebt – es nicht mehr mit einzelnen Staaten, sondern nur noch mit Europa zu tun hätten. Zweitens gelingt es Paris, auf einer Gipfelkonferenz in Kopenhagen bei seinen europäischen Partnern die eigene, von den USA unabhängige Linie durchzusetzen, wonach die Europäische Gemeinschaft direkt mit den arabischen Staaten verhandeln soll, um ihre Ölversorgung zu sichern. Die Bundesrepublik stimmt dem zu, obschon Brandt selbst kritisch anmerkt, daß die europäischen Deklarationen es gegenüber Israel an Ausgewogenheit fehlen ließen und sich die EG »nicht mit Ruhm bedeckt« habe. Die Außenminister einiger EG-Staaten führen am Rande dieser Konferenz in der dänischen Hauptstadt schon improvisierte Verhandlungen mit ihren arabischen Kollegen. Wo Frankreich also auf einen von den USA unabhängigen europäisch-arabischen Dialog zielt, versucht Washington eine gemeinsame Front aller erdölverbrauchenden Länder zu zimmern, die auf einer Energiekonferenz im Februar in Washington eine gemeinsame Position erarbeiten und damit eine geschlossene Gegenmacht gegenüber den Erdölproduzenten aufbauen soll. »Als einer, der sich seit Jahr und Tag über ein geordnetes Verhältnis zwischen der Europäischen Gemeinschaft und den Vereinigten Staaten eingesetzt« hat, empfindet Brandt die »Querelen aus und mit Washington« als besonders deprimierend, zumal er sich an den Widersprüchen der amerikanischen Politik in Sachen Europa stößt. Was Kissinger praktiziert – sein Bestehen auf Verhandlungen mit den verschiedenen europäischen Klein- und Mittelstaaten –, steht ja in einem schreienden Gegensatz zu wiederholten amerikanischen Erklärungen, die USA erhofften sich von der europäischen Integration ein einiges Europa als einen stabilisierenden Faktor der Weltpolitik.

Um die wichtigste Macht im Bündnis nicht vor den Kopf zu stoßen, verfolgt der Kanzler erst einmal eine Politik des Sowohl-als-auch, die seinem Temperament entgegenkommt, im Ausland allerdings oft als unschlüssiges Schwanken gesehen wird. Er versucht zu vermitteln, kommt dabei jedoch in Gefahr, am Ende zwischen allen Stühlen zu sitzen. Schließlich verlangt Nixon von den europäischen Staatsmännern eine klare Entscheidung: entweder getrennte Wege zu gehen und sich immer weiter voneinander zu entfernen, oder aber wirtschaftliche und politische Konflikte gemeinsam zu lösen. Weil der amerikanische Präsident damit indirekt die amerikanische Sicherheitsgarantie für Europa zur Disposition stellt, bleibt Brandt schon mit Blick auf Berlin gar keine andere Wahl, als auf die amerikanische Linie einzuschwenken. Auf der Energiekonferenz in Washington unterstützt Helmut Schmidt – in Abstimmung mit Brandt – die amerikanische Position und wird prompt von Frankreichs Außenminister Jobert vor der Presse »des Verrats an der gemeinsamen europäischen Sache« bezichtigt.

Währungspolitische Turbulenzen, die im Verfolg der Energiekrise die Weltmärkte schütteln – diesmal sind es Petrodollars, die in die europäischen Kassen strömen – tragen zum Auseinanderdriften der beiden wichtigsten europäischen Partner weiter bei. Weil es die Wechselkurs-Bandbreiten nicht mehr halten kann, muß Frankreich im Januar 1974 aus der europäischen Währungsschlange ausscheiden, welche das Finanzministerduo Karl Schiller und Giscard d'Estaing im März 1972 aus der Taufe gehoben hatte. Für Brandt, der die Europäische Union in seiner Regierungserklärung als wichtigste Aufgabe deutscher Außenpolitik benannt hatte, bleibt die europäische Bilanz seiner zweiten Kanzlerschaft deshalb zutiefst unbefriedigend: Der ganze Zeitplan für das engere Zusammenrücken ist über den Haufen geworfen, die Wirtschafts- und Währungsunion zum fernen Ziel entrückt.[52]

Seine Ostpolitik dagegen erlebt 1973 ihren krönenden Abschluß – mit der Ratifizierung des Grundlagenvertrages im Mai und dem Beginn des KSZE-Prozesses im Juli, als die Außenminister der dreiunddreißig europäischen Staaten sowie der USA und Kanada erstmals in Helsinki zusammentreffen. Auch daß die MBFR-Verhandlungen über eine beiderseitig ausgewogene Verminderung der Streitkräfte Ende Oktober in Wien zwischen den zwölf NATO-Staaten und sieben Mitgliedern des Warschauer Pakts beginnen – ein Vorhaben, worüber Brandt mit Breschnjew in Oreanda gesprochen hatte –, darf als ein, wenn auch indirektes Resultat der Brandtschen Entspannungsbemühungen gelten. Seine Ostpolitik hat zweifellos Früchte getragen, eine Tatsache, die selbst Richard Nixon unterstreicht, als der Kanzler ihn im September 1973 ein letztes Mal im Weißen Haus besucht: Da würdigt der amerikanische Präsident die »staatsmännische Leistung« seines Gastes und drückt den Wunsch aus, in Zukunft so eng wie möglich mit ihm zusammenzuarbeiten. Brandt war nach Amerika gekommen, um nach der Aufnahme der beiden deutschen Staaten vor der Vollversammlung der Vereinten Nationen zu sprechen. Trotz ihrer Zweistaatlichkeit, führt er vor dem Völkerparlament aus, bildeten die Deutschen weiter *eine* Nation, und die Bundesrepublik sei fest entschlossen, am Ziel der deutschen Selbstbestimmung und der staatlichen Einheit festzuhalten.

Doch sind bei diesem letzten *tête-à-tête* von Kanzler und Präsident beider Sterne schon im Sinken begriffen. Der Republikaner Nixon ist schwer angeschlagen durch den Einbruch im Wahlkampfhauptquartier seines demokratischen Konkurrenten im Hotel Watergate am Potomac, und zusehends verstrickt er sich in Lügen, mit denen er seine Komplizenschaft zu vertuschen sucht. Aber auch Brandts Ansehen als der unangreifbare, moralisch überlegene Friedenskanzler und Nobelpreisträger hat Schaden genommen, und zwar durch die Affäre Steiner, welche das christdemokratische Waterloo beim Mißtrauensvotum 1972 in ein sozialdemokratisches Watergate am Rhein zu verwandeln droht. Erste mysteriöse, offenbar vom britischen Geheimdienst gestreute Gerüchte, daß Julius Steiner, ein keineswegs charakterfester CDU-Bundestagsabgeordneter aus dem schwäbischen Biberach, gegen Honorar Rainer Barzel seine Stimme verweigert habe, machen Mitte Mai 1973 in Bonn die Runde. Die Briten wollen vom Nachlaß eines kürzlich verstorbenen Deutschen wissen, in dem sich Hinweise darauf gefunden hätten, daß Steiner den Betrag von 100 000 Mark erhalten habe.

Was darauf folgt, liest sich wie ein Dreigroschenkrimi: Erst berichtet ein schwäbisches Provinzblatt, die Ulmer Südwest Presse, der SPD-Geschäftsführer Karl Wienand habe mit Steiner Ende März 1972, also Wochen vor dem Mißtrauensvotum, im schwäbischen Schelklingen darüber diskutiert, was wohl die Stimme eines CDU-Abgeordneten für die Ostverträge wert sein könne. Wienand habe dabei die Summe von 250 000 Mark genannt. Nach einer anderen Version ist Steiner für sein Votum mit einem Versorgungsposten bei der Treuhandstelle für den Interzonenhandel entgolten worden. In einem langen Gespräch mit der Bonner *Spiegel*-Redaktion weist er zwar alle Verdächtigungen zurück, gibt am Ende aber zu, er habe Barzel seine Stimme verweigert – jedoch nicht um materieller Vorteile willen, sondern aus politischer Überzeugung: »Ich glaube, daß der Mann nicht in der Lage ist, eine Bundesrepublik zu regieren. Ich habe seine Schwächen kennengelernt.«

Recherchen ergeben, daß Steiner, einst Novize in einem Franziskanerkloster bei Sigmaringen, dann Angestellter bei einem Finanzamt, schließlich CDU-Funktionär, schon immer Kontakte zu Geheimdiensten hatte: in der Besatzungszeit zur französischen Sûreté in Südwürttemberg, danach für den BND, der ihn zur Ausspähung der sowjetischen Botschaft am Rolandseck ermunterte, während die Sowjets parallel dazu von Steiner CDU-Interna zu erfahren suchten. Seit der Jahreswende 1972/73 ist Steiner nach eigenen Angaben als Doppelagent für Ostberlin und Bonn tätig, wobei er in der Bundesrepublik offenbar vom Landesamt für Verfassungsschutz in Stuttgart geführt wird, dem er seine Zuträgerrolle für die Stasi offenbarte und das ihn aufforderte, sie weiterzuführen. Ein windiger, schillernder Typ also, dieser Steiner; er trägt die Maske eines behäbigen Biedermanns, führt allerdings einen aufwendigen Lebenswandel, trägt einen Brillanten am Finger und hat einen Mercedes 300 SL in seiner Garage stehen.

In Bonn, dieser offenen Stadt, verdichten sich die Gerüchte. Was als Affäre Steiner beginnt, wird zunehmend zur Affäre Wienand. Und weil dieser als parlamentarischer Geschäftsführer der Sozialdemokratischen Bundestagsfraktion praktisch die rechte Hand Herbert Wehners ist, wird sie auch zu einer Affäre Wehners und der Sozialdemokratischen Partei. Denn der Schelklinger Bürgermeister Hans-Joachim Baeuchle, in dessen Wohnung das Gespräch Wienands und Steiners über die monetäre Evaluierung der Steinerschen Bundestagsstimme am 29. März 1972 stattgefunden hat, behauptet steif und fest, Wienand sei damals mit einer Vollmacht des Parteischatzmeisters Alfred Nau und des stellvertretenden Vorsitzenden Wehner erschienen. Und Steiner wiederum, den die Illustrierte *Quick* der Öffentlichkeit entzieht, um ihn in Ruhe und Abgeschiedenheit und zweifellos gegen Honorar in ständig wechselnden Hotels am Alpenrand zu verhören, gesteht schließlich den Redakteuren der rechten Kampfillustrierten, er habe von Wienand 50 000 Mark erhalten. Der Bundestag setzt darauf einen Untersuchungsausschuß ein, der die Frage des Kaufs von Abgeordnetenstimmen untersuchen soll. Er tagt 51mal, aber fördert, da Wienand alles leugnet und Aussage gegen Aussage steht, kein eindeutiges, konkretes Ergebnis zutage.

Seit Markus Wolf seine Memoiren veröffentlicht hat, wissen wir, daß er es gewesen ist, der aus seiner Kasse 50 000 Mark zur Verfügung stellte, um Steiner »zur Stimmabgabe gegen das Mißtrauensvotum zu bewegen«. Und weil der Vorwurf gegen Wienand nie richtig aufgeklärt wurde, läßt er bewußt offen, »ob der CDU-Mann möglicherweise zweimal kassiert hat« – von der Stasi *und* von der SPD. Da der Ex-Spionagechef seine früheren Agenten deckt, sofern sie noch am Leben sind, verschweigt er allerdings, daß die Hauptverwaltung Aufklärung des Staatssicherheitsdienstes damals nicht nur eine, sondern gleich zwei CDU/CSU-Stimmen gekauft hat: auch die des CSU-Bundestagsabgeordneten Leo Wagner, einst parlamentarischer Geschäftsführer der CSU, der ein langjähriger Vertrauter von Franz Josef Strauß war und unter dem Decknamen »Löwe« als inoffizieller Mitarbeiter über CSU-Interna berichtete. Nach Angaben der Bundesanwaltschaft wurde der hochverschuldete, als Verschwender bekannte Wagner enttarnt, als die Gauck-Behörde einen Teil der ihr von der CIA überlassenen Rosenholz-Datei entschlüsselte, auf der die Klarnamen aller Agenten von Wolfs Hauptverwaltung Aufklärung verzeichnet sind. Die Befragung eines früheren Stasi-Offiziers durch die Bundesanwaltschaft ergab, daß Wagner alias »Löwe« für eine Stimmabgabe gegen Barzel seinerzeit Geld gegeben worden ist.

Wegen Betruges wurde Wagner 1980 vom Bonner Landgericht zu einer Haftstrafe mit Bewährung verurteilt, doch stellte sich während des Prozesses heraus, daß auf seinem Konto just Ende März/Anfang April 1972 aus unbekannter Quelle 50 000 Mark eingegangen waren – ein Betrag, den auch Steiner für sein Votum gegen Barzel kassiert hatte. Wagner dementiert zwar, aber er hat alle CSU-Ämter niedergelegt. Ein Verfahren gegen ihn wäre zwecklos: Spionage ist längst verjährt, und Abgeordnetenkauf war zum Zeitpunkt der Tat noch nicht strafbar.[53] So kann heute als gesichert gelten, daß Willy Brandt sein Überleben als Regierungschef im Frühjahr 1972 dem DDR-Staatssicherheitsdienst verdankt – ebenjenem Markus Wolf, der für den Spion im Kanzleramt verantwortlich ist, über den Brandt zwei Jahre später stürzen wird.

Damit stellt sich nicht nur die Frage, in welchem Ausmaß der Staatssicherheitsdienst die westdeutsche Republik unterwandert hatte. Auch Wienand, einer der engsten Vertrauten Herbert Wehners, berichtete ja an Wolf, und zwar so umfassend, daß dieser einen »beneidenswerten Einblick in die unterschiedlichen Vorstellungen, Absichten und Grabenkämpfe innerhalb der SPD-Troika Brandt-Wehner-Schmidt« erhielt.[54] Daß Wienand alias »Streit« die Kontakte zu seinem Führungsoffizier, der sich ja als Mitarbeiter des DDR-Ministerrats tarnte, mit Wissen des SPD-Fraktionschefs unterhielt, kann vermutet, jedoch nicht bewiesen werden. Glaubt man Wolf, dann zählte Wienand, der »im Geruch außergewöhnlicher materieller Interessiertheit stand«, nicht nur zu seinen teuersten, sondern auch zu seinen umsichtigsten und vorsichtigsten Informanten: Nur einmal sei er in eines der Berliner Stasi-Objekte gekommen und habe sich sonst mit dem speziell für den Kontakt mit ihm abgestellten Alfred Völkel nur im Ausland getroffen. Zwar bestreitet auch Wienand, je von Völkel direkt Geld genommen oder auf andere Weise bekommen zu haben. Doch hat ihn das Oberlandesgericht Düsseldorf 1996 rechtskräftig als Stasi-Informanten zu zweieinhalb Jahren Gefängnis und einer Geldstrafe von einer Million Mark verurteilt – einer Summe, die in etwa seinem Agentenlohn entsprechen soll. Der naheliegende Gedanke allerdings, es sei Wienand gewesen, der Steiner das Wolf-Geld aushändigte, scheidet wohl definitiv aus.

Wäre die Geschichte sehr viel anders verlaufen, wenn der Chef der Hauptverwaltung Aufklärung nicht Schicksal gespielt, wenn das konstruktive Mißtrauensvotum nicht zu Barzels schwärzester Stunde geworden, sondern das Parlament ihn zum Kanzler gewählt hätte? Auch wenn kontrafaktische Geschichte immer spekulativ bleiben muß, seien doch zwei Überlegungen erlaubt. Einmal läßt sich aus dem Taktieren des Oppositionsführers um die Ratifizierung der Ostverträge der Schluß ziehen, daß ein Kanzler Barzel auf der Basis der Verträge wahrscheinlich noch einmal Verhandlungen mit den Sowjets gesucht hätte. Ob dabei viel mehr als kosmetische Korrekturen zu erreichen gewesen wären – etwa die Hinnahme einseitiger Willensbekundungen der Deutschen durch die Sowjets, wie sie ja in der Gemeinsamen Erklärung des Bundestages zu den Ostverträgen enthalten sind –, scheint fraglich. An der Substanz der einmal geschlossenen Abkommen hätte auch er wohl nicht rütteln können. Doch hätten kosmetische Veränderungen einem *Kanzler* Barzel vielleicht ermöglicht, was er als *Oppositionsführer* vergeblich versuchte: seine Fraktion schrittweise von einem Nein zu einem Ja zu bringen.

Eine totale Ablehnung der Verträge, das war ja auch dem Chef der Oppositionsfraktion klargeworden, wäre riskant gewesen, weil sowohl das Warschauer als auch das Moskauer Abkommen durch Junktim und Gegenjunktim mit der Vier-Mächte-Einigung über Berlin wie bei einem Reißverschluß unauflöslich miteinander verknüpft waren. Zudem drängte Paris, dessen Stimme für Barzel stets besonderes Gewicht besaß, auf die Ratifizierung, weil es bei einem deutschen Nein einen erheblichen Rückschlag für die Entspannung in Europa befürchtete. Und Washington zeigte sich am Inkrafttreten des Berlin-Abkommens als wichtiger Station auf dem Weg zur sowjetisch-amerikanischen Detente interessiert – eines Weges, den Kissinger und Nixon entschlossen weiter beschreiten wollten. Größeren Spielraum für Barzel hätte es dagegen bei den Verhandlungen über einen Grundvertrag mit Ostberlin gegeben, die so richtig erst nach der Ratifizierung der Ostverträge in Gang kamen. Auch hier allerdings scheint zweifelhaft, ob der Bevollmächtigte eines Kanzlers Barzel der DDR mehr hätte abhandeln können als Egon Bahr als Beauftragter Willy Brandts.

Die zweite Überlegung gilt der Frage, ob Barzel zu alledem genügend Zeit gehabt, wie lange er sich nach einer Abwahl Brandts mit

Hilfe von »Überläufer«-Stimmen überhaupt hätte halten können. Schon zur Zeit des Mißtrauensvotums war ja eindeutig, daß Brandt wenn nicht mehr über die Mehrheit im Parlament, dann doch über die im Volk gebot, das mit Arbeitsniederlegungen und Massendemonstrationen wahrscheinlich baldige Neuwahlen erzwungen hätte. Für die Wahl Barzels zum Kanzler, so legitim das Verfahren parlamentarisch auch immer gewesen wäre, hätte die Mehrheit der Bevölkerung wenig Verständnis gezeigt und sie in der aufgeladenen Atmosphäre jener Monate als Putsch betrachtet. Durchaus möglich also, daß ein erfolgreicher Kanzlersturz nur zur Vorverlegung jenes Plebiszits über die Ostpolitik geführt hätte, das Willy Brandt dann im November so triumphal in seinem Amt bestätigte. Doch alles dies bleibt, wie gesagt, im Bereich der Spekulation.

Tatsache dagegen ist, daß nach dem gescheiterten Mißtrauensvotum erst einmal lange gerätselt wurde, und zwar auf beiden Seiten des Parlaments, wer aus dem Lager der Union Barzel die zwei Stimmen wohl verweigert hatte. Heimliche Anhänger der Ostverträge wurden da als Abweichler gehandelt, etwa Ernst Majonica (CDU) oder Ingeborg Geisendörfer (CSU), aber auch Abgeordnete, welche die Methode des angestrebten Kanzlerwechsels ablehnten, zum Beispiel Richard von Weizsäcker oder Hermann Höcherl. Daß zwei Stimmenthaltungen – beim konstruktiven Mißtrauensvotum also Voten *gegen* Barzel – jeweils mit einem Bleistiftstrich auf dem Stimmzettel gekennzeichnet waren, galt schon damals als denkbares Erkennungszeichen gegenüber Dritten oder heimlichen Auftraggebern; es wurde indes nie aufgeklärt, zumal Barzel, sehr darauf bedacht, die in der Fraktion nach dem gescheiterten Antrag vorherrschende Stimmung des Mißtrauens und der Verdächtigungen nicht noch zu befördern, auf eine Untersuchung verzichtete. Der SPD-Abgeordnete Claus Arndt behauptete im Februar 1975, Steiner habe mit seiner Aussage gegen Wienand glatt gelogen, denn am Vorabend der Abstimmung hätten sich ihm zwei CDU-Abgeordnete zu erkennen gegeben, die am nächsten Tag nicht für Barzel stimmen wollten. Roß und Reiter nannte er damals nicht und will – unter Berufung auf die Schweigepflicht eines Abgeordneten – auch heute die Namen nicht bekanntmachen.[55]

Erste Gerüchte, ein Dienst aus dem Ostblock habe seine Hände im Spiel gehabt, gab es übrigens auch schon damals. So schrieb ein Drei-Sterne-Anonymus in der *Zeit*, Steiner sei für sein Votum gegen Barzel nicht von Wienand, sondern vom DDR-Staatssicherheitsdienst oder vom KGB mit 50 000 Mark entlohnt worden. Weil der Stil dieses Artikels der Diktion Günther Nollaus verblüffend ähnlich war, tippte der *Spiegel* damals auf den Präsidenten des Bundesamts für Verfassungsschutz als Autor des *Zeit*-Thrillers.[56] Doch die Regierung Brandt tat sich mit dieser These begreiflicherweise schwer: Zwar war sie geeignet, den parlamentarischen Geschäftsführer Wienand und damit die Sozialdemokraten zu entlasten. Aber sollte sie sich dafür etwa zu eigen machen, was die Opposition zu orgiastischen Freudenschreien veranlaßt hätte: daß ein Retter Brandts im Auftrag Moskaus oder Ostberlins gehandelt habe, weil dessen Politik klar die Interessen des Ostblocks beförde-re? Da war es schon besser, mit zusammengebissenen Zähnen den öffentlichen Verdacht zu ertragen, daß ein Sozialdemokrat Stimmenkauf betrieben habe – in dem Bewußtsein, nur gleiches mit gleichem zu vergelten, auch wenn es peinlicherweise nie gelungen war, Stimmenkauf durch die CDU/CSU eindeutig nachzuweisen.

Auf die Idee, der ins Kanzleramt entrückte Willy Brandt persönlich habe sich mit solchen Geschäften die Hände schmutzig gemacht, wäre ohnehin niemand gekommen, denn daß der Vorsitzende anrüchige Sachen grundsätzlich anderen überließ, war bekannt. Der Kanzler, zitiert Hermann Schreiber den Verdächtigen Karl Wienand im *Spiegel*, sitze »in sich erstarrt« im Palais Schaumburg, wenn ein parlamentarisches Patt seine Ostpolitik an den Rand des Scheiterns bringt, »und wartet außer auf Historisches schließlich auch auf *handfeste* Nachrichten über die schwankenden Gestalten in den Reihen der Opposition« [Hervorhebung vom Autor].[57] Als der spätere SPD-Geschäftsführer Peter Glotz einmal seinen Vorsitzenden darüber informieren wollte, daß ein Koffer mit Geld vom DGB für den Wahlkampf Hans-Jochen-Vogels im Erich-Ollenhauer-Haus angekommen sei, sagte Brandt nur: »Peter, es ist besser, ich weiß nichts davon.«[58]

Acht Jahre später, in einem Interview mit Jürgen Kellermeier vom Norddeutschen Rundfunk, gibt Wehner indirekt zu verstehen, er habe damals zusammen mit Wienand dafür gesorgt, daß Willy Brandt beim Mißtrauensvotum gerettet wurde. Schließlich müsse ein Fraktionsvorsitzender wissen, wenn der Regierung der Boden unter den Füßen weggezogen werden solle. Als Kellermeier fragt, ob damals alles mit rechten Dingen zugegangen sei, antwortet der Fraktionschef: »Was sind rechte Dinge? Daß man Leute bezahlt, nicht? ... Nein, nein, dies war schmutzig, und das mußte man wissen.« Die Regierung nimmt er von der Verantwortung betont aus und unterstellt, er habe ohne Kenntnis Brandts gehandelt: »einer muß der Dumme sein, und das war immer ich«, sagt Wehner und fügt hinzu: »Ich kenne zwei Leute, die das wirklich bewerkstelligt haben. Der eine bin ich, der andere ist nicht mehr im Parlament.« Mit dem anderen ist zweifellos Wienand gemeint,[59] der wegen zahlreicher Affären, unter anderem um unversteuerte Beraterhonorare von der dilettantisch betriebenen Fluglinie Paninternational, 1974 aus dem Parlament ausgeschieden war.

Hat Wehner nur so getan als ob, hat er wie ein Winkelried die Speere auf sich gezogen, um andere Gerüchte ein für allemal zum Verstummen zu bringen? Oder war Wienand doch zusätzlich zu Wolfs Agenten tätig gewesen? Karl Wienand deutet das Wehner-Interview später so, als habe Wehner nur die Abwerbungsversuche der Opposition schmutzig genannt. Sobald sein Chef und er von einem solchen Abwerbeversuch Kenntnis erhielten, hätten sie den Betroffenen angesprochen und ihn zu überzeugen versucht, »der gemeinsamen Sache treu zu bleiben, nicht immer mit Erfolg. Geld ist dabei in keinem Falle eingesetzt worden«.[60]

Aber wie glaubwürdig ist Wienand? Daß der Kanzler selbst eine monetäre »Nachhilfe« Wehners und Wienands weder ausschließt noch sie prinzipiell verwirft, dafür steht eine Bemerkung, die er im Sommer 1973 gegenüber Wibke Bruhns fallenläßt, die der Familie Brandt im Sommer in den Urlaub in Norwegen gefolgt ist – Rut Brandt hat ihr eine Hütte in der näheren Umgebung Hamars besorgt. Als beide, die *Stern*-Reporterin und der Kanzler, im Laufe eines Gesprächs auf den Fall Steiner zu sprechen kommen, verteidigt Brandt die Möglichkeit des Stimmenkaufs, wenn auch nur theoretisch: »Wenn ich der Überzeugung bin, das richtige zu vertreten«, so erinnert Wibke Bruhns die Äußerung des Kanzlers, »ist es dann nicht ein Gebot der Stunde, mit gleichen Mitteln zu antworten?« Brandt argumentiert hier ganz als Praktiker und Pragmatiker, als der erfahrene alte Fuhrmann der Politik, aber für die damalige *Stern*-Journalistin wirkt, was er sagt, doppelzüngig und zynisch.

Sie hat sich in der Wählerinitiative engagiert und zählt zu Brandts uneingeschränkten Bewunderinnen, für sie wie für so viele andere ist ihr Held eine Art Lichtgestalt weit über den Niederungen üblicher Politik, und so fühlt sie sich plötzlich, »als stürze der Himmel über ihr ein«.[61]

Daß die Affäre Wienand/Steiner dem Ansehen der Regierung unerhörten Schaden zufügt, steht außer Frage, zumal Herbert Wehner lange an seinem engsten Mitarbeiter, Ratgeber und politischen Kopf Wienand festhält. Und weil die Regierung an einer rückhaltlosen Aufklärung offenbar nicht interessiert ist und so tut, als ginge sie die ganze Sache gar nichts an, gerät sie »in den Verdacht, selbst in sie verstrickt zu sein«.[62]

Mehr noch als diese Affäre schadet Brandt der öffentliche Streit mit Herbert Wehner, und er wird auf des Kanzlers ureigenstem Feld ausgetragen: dem der Ostpolitik. Denn da zeichnet sich nach der Ratifizierung des Grundlagenvertrages Stillstand ab, der verschiedene Ursachen hat: Einmal drängt Moskau die Regierung in Ostberlin nicht zur Eile, im Gegenteil. So sehr Breschnjew die westdeutsch-sowjetische Entspannung auch begrüßt und sie weiter fördert, hat er doch zugleich Bedenken gegen zuviel deutsch-deutsche Nähe; er möchte seinen deutschen Satelliten weiter von sich abhängig sehen und fürchtet, er könne in den wirtschaftlichen Sog der Bundesrepublik geraten. Zweitens ergeben sich mit der DDR Probleme bei der Familienzusammenführung und beim Häftlingsfreikauf. Drittens kommt es zu Streitigkeiten zwischen Bonn auf der einen, Ostberlin und Moskau auf der anderen Seite um die Auslegung des Berlin-Abkommens.

Egon Bahr hatte in den Verhandlungen mit seinem DDR-Gegenüber Michael Kohl die bisherige Praxis beenden wollen: Familienzusammenführung und Häftlingsfreikauf sollten »auf eine geordnete staatliche Basis«, etwa auf die Ebene der beiderseitigen Ständigen Vertretungen, gehoben werden. Bisher funktionierten beide auf der sogenannten Anwaltsebene nach der eher mafiösen Praxis »Menschen gegen Kasse«, und »Weltniveau«, meinte Bahr, »sei das jedenfalls nicht«.[63] Statt an das übliche Kopfgeld, das die Bundesrepublik für jeden Ausreisenden zu zahlen hatte, dachte er an die Festsetzung einer offiziellen Ausreisequote und eine pauschale Entschädigung, und er scheint, in einem Gespräch mit Politbüromitglied Paul Verner, über ein neues Verfahren zumindest im Prinzip auch einig geworden zu sein.

Als Wehner von der neuen Regelung Bahrs erfährt, explodiert er und sieht die bereits laufende Freikaufaktion gefährdet. In der Tat stockt plötzlich alles, Menschen, denen die Ausreise schon bewilligt wurde, die Arbeitsplätze und Wohnungen aufgegeben hatten, sitzen auf ihren gepackten Koffern und dürfen nicht in den Westen. Es sind diese sogenannten Kofferfälle, die Herbert Wehner dann den offiziellen Grund für seine Reise nach Ostberlin geben und die er im Gespräch mit Erich Honecker in dessen Jagdhaus in der Schorfheide auch löst – und zwar so, daß die Problemfälle weiter über Listen und gegen Bezahlung, vor allem aber: auf Anwaltsebene geregelt werden. Nur: Hat er eben diese Kofferfälle vielleicht selbst erst geschaffen, wie Egon Bahr mutmaßt, weil er Ostberlin davon abriet, die Lösung Bahr-Verner in Kraft zu setzen, um sich die Deckung seiner heimlichen Ostkontakte zu erhalten?

Seit seiner Zeit als Gesamtdeutscher Minister erhält Wehner regelmäßig Besuch von dem Ostberliner Rechtsanwalt Wolfgang Vogel, der im Westen als Vertrauter Honeckers gilt. Vogel handelt im Auftrag der DDR mit dem Westen die Liste der Freizukaufenden aus, zur Regelung humanitärer Fragen kommt er häufig an den Rhein und trifft sich mit Wehner – »mit Wissen und im Auftrag Honeckers«, wie Markus Wolf schreibt, instruiert aber wird er von Erich Mielke und dessen Offizier für diese Sonderaufgabe, Heinz Volpert.[64] Der Schutzschild »humanitäre Kontakte« deckt nicht nur offene, sondern auch geheime Treffen der beiden; über Vogel hat Wehner einen direkten Draht zum Generalsekretär der SED, über Vogel tauschen Honecker und Wehner Briefe aus, die mit »Mein lieber Freund beginnen« und mit »herzlichen Grüßen« enden. Insofern ist Bahrs Vermutung nicht gänzlich von der Hand zu weisen: Griffe die zwischen Bahr und Verner ausgehandelte Regelung, wären die meisten Kontakte Vogel/Wehner ihres humanitären Vorwands entkleidet, und die Zahl ihrer Begegnungen würde höchstwahrscheinlich drastisch reduziert. Ebensogut denkbar ist allerdings auch – und das spräche gegen Bahrs Vermutung, Wehner selbst habe die Kofferfälle erst geschaffen –, daß der DDR-Staatssicherheitsdienst eine neue Regelung für die Ausreise torpediert hat, denn nicht nur Wehner, auch Vogel und Mielke müssen ja um die Kontakte zwischen dem SPD-Fraktionschef und Ostberlin besorgt gewesen sein.

Über Wehners Reise ist später viel spekuliert worden, Brandt selbst schreibt, er sei »erst kurz zuvor« unterrichtet worden. Wenn er damit den Eindruck erwecken will, das Vorhaben Wehners habe ihn in seiner Plötzlichkeit überrascht, entspricht dies allerdings kaum den Tatsachen. Spätestens seit dem Frühsommer 1972, als nach der Ratifizierung der Ostverträge über eine Strategie für die Verhandlungen mit der DDR nachgedacht wurde, hatten Brandt, Bahr und Wehner über einen geheimen Besuch des Fraktionschefs bei Honecker diskutiert, die Idee aber mit Blick auf den beginnenden Wahlkampf verworfen. Und der Kanzler selbst hatte gegenüber Leonid Breschnjew bei dessen Bonn-Besuch von der Hoffnung gesprochen, das inoffizielle Gespräch, das »einer seiner Freunde« in Kürze mit Honecker führen werde – und gemeint war hier kein anderer als Herbert Wehner –, könne eine realere Einschätzung der Situation zwischen beiden deutschen Staaten ermöglichen.[65]

Brandt wußte, daß Wehner und Honecker einander aus dem gemeinsamen Kampf gegen den Anschluß des Saargebiets an Hitler-Deutschland kannten, allerdings konnten weder er noch andere führende Sozialdemokraten ahnen, wie eng sich die erst brieflich erneuerte, dann durch das Treffen in der Schorfheide besiegelte Freundschaft zwischen beiden gestalten würde. Der junge Honecker, einst Spitzenfunktionär im Kommunistischen Jugendverband (KJVD), hat laut Wolf den führenden Kommunisten Wehner in den dreißiger Jahren bewundert, weil er im Unterschied zu anderen KPD-Funktionären eine ehrliche Zusammenarbeit mit den Sozialdemokraten des Saargebietes suchte. Der DDR-Meisterspion nennt Wehners wie Honeckers Rückerinnerung an die »heroische gemeinsame Jugend« einen wichtigen Faktor deutsch-deutscher Politik; die Beziehung der beiden sei auch nicht nur taktischer Natur gewesen, sie habe auch eine sentimentale Dimension gehabt. Wer bei ihm liest, Honecker selbst habe das Gebäck ausgewählt, das er dem Gast aus Bonn am Gartentisch anbot, denn der Kuchen sollte schmecken wie das Selbstgebackene, »mit dem Honeckers Mutter den hungrigen Wehner einst im Saargebiet verwöhnt hatte«, wird daran kaum Zweifel haben.

Wehner trifft am Abend des 30. Mai mit Abgeordneten der DDR-

Volkskammer zusammen und konferiert mit Honecker am nächsten Tag zunächst allein; erst am Nachmittag des 31. Mai stößt dann der FDP-Fraktionsvorsitzende Wolfgang Mischnick dazu, der in Dresden Gespräche mit Vertretern der ostdeutschen LDPD geführt hat. Wehner zog ihn hinzu, um dem Eindruck vorzubeugen, es handele sich bei seiner Fahrt um einen Alleingang. Dennoch kommt Argwohn im Westen auf, und er wird bestärkt, als das *Neue Deutschland*, auf der ersten Seite und mit Bild, über das Treffen berichtet – eine nach kommunistischem Reglement völlig unübliche Ehre für einen Abtrünnigen im Glauben, der wenige Jahre zuvor noch als Diversant und Arbeiterverräter unflätig beschimpft worden ist. Doch angeblich hatte die SED schon 1963 herausgefunden, daß die These vom Verrat Wehners in Schweden, die zu dessen KP-Ausschluß geführt hatte, unhaltbar war.[66] Nach dem Abgang Ulbrichts behauptet kein geringerer als Erich Mielke, daß nicht Wehner, sondern dessen Verleumder Karl Mewis höchstselbst der Denunziant gewesen sei. Honecker persönlich gibt vor dem Politbüro eine »feierliche Ehrenerklärung für Wehner ab«, die Memoiren von Karl Mewis wandern in den Giftschrank, und die staunenden Leser in der DDR dürfen den Erinnerungen ihres Staatsratsvorsitzenden plötzlich entnehmen, er habe in früheren Zeiten, 1934/35, von Wehner »gelernt«.

Einigen, etwa dem Exkommunisten Wolfgang Leonhard, der im Gegensatz zu Wehner in Honeckers Memoiren als Verräter und wütender Gegner der SED wie der DDR charakterisiert wird, gibt das damals zu denken. Aber Willy Brandt zeigt sich über die besondere Nähe Honecker–Wehner erst nach der Moskau-Reise des Fraktionschefs im Oktober 1973, vor allem aber bei dessen Verhalten im Fall Günter Guillaume, beunruhigt. Daß Wehner diese erste Reise einer Delegation des deutschen Bundestages in die Sowjetunion zu einer systematischen Kanzlerschelte nutzt, ist nicht nur der Form nach ungehörig, weil er entgegen allen diplomatischen Regeln, nach denen innenpolitischer Streit nicht auf fremden Boden gehört, seine Attacken gegen die Ostpolitik seines Regierungschefs ausgerechnet in der Sowjetunion vorträgt – ein »ungeheuerlicher Vorgang«, wie der damalige CDU-Chef Helmut Kohl kommentiert. Sie zeugen von einer polternden, unverschämten, ja beleidigenden Maßlosigkeit, die all seine bisherige Kritik an Brandt weit in den Schatten stellt: »Der Herr badet gern lau – so in einem Schaumbad«, hieß es da beispielsweise, verächtlich sprach er von der »Nummer eins«, die »entrückt« und »abgeschlafft« sei, der Regierung fehle ein Kopf, der die Ost- und Deutschlandpolitik koordiniere und wirtschaftlich fundiere – in der Berichterstattung wird verkürzt eine »Regierung ohne Kopf« daraus. Damit spricht der Fraktionschef dem Kanzler Brandt öffentlich sein Mißtrauen aus und, schlimmer noch, die Qualifikation als Regierungschef ab, aber selbst die Konsquenzen zu ziehen und sein Amt zur Verfügung zu stellen, daran denkt er nicht im Traum.[67]

Wehner geht, ohne Frage, ganz gezielt vor. Er trifft sich auch mit Boris Ponomarjow, dem Leiter der Internationalen Abteilung des ZK der KPdSU, den er aus seiner Moskauer Zeit kennt. Damals arbeiteten beide unter Kominternchef Dimitroff, und zwar Wehner als Leiter der deutschen Abteilung im Komintern-Sekretariat. Dem Echo aus Moskau zufolge, das wenig später ins Kanzleramt dringt, muß er sich gegenüber dem alten kommunistischen Genossen über Brandt ausführlicher und noch weitaus schlimmer als in der Öffentlichkeit geäußert haben: »Die Mitteilungen des ›Kanals‹«, schreibt Egon Bahr, »gipfelten in der Beurteilung: ›der ist ein Verräter‹.«[68] Brandt will später auch nicht ausschließen, daß bei dieser Gelegenheit Informationen übermittelt wurden, die ein Abgesandter des einschlägigen DDR-Apparats nach Moskau gebracht hatte. In Interviews waren die sachlichen Punkte seiner Vorwürfe – das »Überziehen« des Berlin-Abkommens und die Gefahr des »Ausgelaugtwerdens der Verträge« – von Wehner schon in der Bundesrepublik vorgetragen worden, ohne indes Wirkung zu erzielen. Jetzt lenkt er die Aufmerksamkeit durch seine spektakulären Angriffe bewußt auf seine Kritik an der, wie er behauptet, Unentschlossenheit und Führungsschwäche des Kanzlers, was freilich einer kalten Provokation gleichkommt. Daß Brandt dies nicht hinnehmen kann, ohne der eigenen Demontage tatenlos zuzusehen, darin sind sich nicht nur seine wichtigen Berater, sondern auch politische Kommentatoren fast aller Lager einig.

Der deutsche Regierungschef weilt in Amerika, hat vor der UNO-Vollversammlung und dem Council of Foreign Relations in Chicago gesprochen und befindet sich gerade auf dem Weg nach Colorado Springs, um eine Auszeichnung des Aspen-Instituts entgegenzunehmen, da reicht ihm Wechmar im Flugzeug das Konvolut der Agenturmeldungen über Wehners Ausfälle in Moskau. Während der Lektüre wird der Kanzler aschfahl im Gesicht, beißt sich auf die Lippen und kann, wie der neben ihm sitzende Beobachter Hans Ulrich Kempski vermerkt, seine Wut über diese »atemberaubende Unverfrorenheit« kaum verbergen. Doch auf Kempskis Rat: »Schmeißen Sie ihn raus, auf der Stelle«, schaut er den Reporter nur stumm an und antwortet mit der Gegenfrage: »Und was dann?« Die Antwort gibt Brandt nach kurzer Pause selbst: »Dann kommt Schmidt.«[69] Will der Kanzler damit etwa andeuten, daß ihm Helmut Schmidt als Nachfolger Wehners in der Fraktion größere Schwierigkeiten machen werde? Oder denkt er gar weiter und meint, bei einem Zweikampf Brandt/Wehner werde keiner der beiden siegen, der lachende Dritte könne nur Helmut Schmidt sein, und zwar im Kanzleramt?

Auffällig ist die Zurückhaltung, ja Disziplin, die er sich während des Rückflugs gegenüber der Presse auferlegt: Da ist er wieder ganz der vorsichtige, umfassend nach allen Seiten sichernde Taktiker, der nichts überstürzen und alles gründlich bedenken will. Alles, was er sich vor Mikrofonen und Kassettenrecordern herauslocken läßt, ist der Hinweis, er werde der Sache in Bonn nachgehen. Zwar kann niemand daran zweifeln, daß das Verhältnis Brandt–Wehner nun endgültig zerrüttet ist, aber wie Brandt öffentlich reagieren wird, bleibt erst einmal offen. Entsprechend unterschiedlich sind die Wahrnehmungen: Irgendeine Äußerung des Unmuts über Wehner will Hans Ulrich Kempski während des Rests der Reise nicht vernommen haben. Egon Bahr dagegen erlebt Brandt nach dessen Ankunft in Bonn erregt wie selten: »Er bebte vor Wut. ›Jetzt ist es genug. Er oder ich.‹« Doch als Horst Grabert anbietet, er werde mit einer Sondermaschine der Flugbereitschaft nach Moskau reisen und Herbert Wehner die Rücktrittsforderung des Kanzlers persönlich überbringen, winkt dieser ab.[70] Erst in seinen »Erinnerungen« spricht Brandt von »unerträglicher Sudelsprache«, von der durch »Krankheit verzerrten Gegnerschaft eines Weggefährten« und »fortschreitendem Diabetes in Verbindung mit der seelischen Last, die ein Moskau-Aufenthalt – nach allem, was er dort während des Exils erlebt hatte – für ihn [Wehner] bedeuten mußte«.[71] Auch hier klingt einiges fast exkulpierend, denn wer die Erinnerungen Ernst Fischers kennt, der mit Wehner im Hotel Lux in Moskau Bekanntschaft schloß, wird die Bedeutung der Wehnerschen Zuckerkrankheit kaum so hoch ansetzen. Brüllende Ausbrüche, Explosionen des Zorns waren schon in den dreißiger Jahren in Moskau für den jungen, gesunden, im Auftreten stets grobschlächtigen Wehner typisch: »Er war wie ein Kessel ohne Ventil«, schreibt Fischer, »er mußte, um sich zu befreien, von Zeit zu Zeit in Sprengstücken auseinanderfliegen.«[72]

Wenn Brandt die offene Konfrontation meidet, dann nicht nur, weil dies seinem Naturell entspricht. Er folgt auch dem Rat Egon Bahrs, einem Rat allerdings, von dem sich dieser engste Ratgeber aus Berliner Zeiten bis heute fragt, ob er falsch gewesen sei: »In der ohnehin schwierigen innenpolitischen Lage«, so Bahr damals, solle Brandt besser »keine überstürzte Kraftprobe mit der Fraktion ... unternehmen«.[73] So weist Brandt seinen Vize nicht öffentlich, sondern in einem ersten Gespräch unter vier Augen zurecht, und der Moskau-Reisende erklärt danach, es habe kein gutes Wort zwischen beiden gegeben. Von Wienand gedrängt, zitiert der Kanzler Wehner dann zu einer zweiten Aussprache in seine Villa auf dem Venusberg, in der sich der Fraktionschef am Ende – und nach drei Flaschen Rotwein – demütig gibt und im »flehenden Ton einer Pfarrfrau, die auf Abwege geraten war«[74] Brandt bittet: »Laß es uns noch einmal versuchen.«

Hätte der Kanzler anders gehandelt und die Fraktion gezwungen, sich zwischen Wehner und Brandt zu entscheiden, wären die Abgeordneten wahrscheinlich dem Regierungschef gefolgt, wenn auch eher aus Gründen des Machterhalts denn aus innerer Überzeugung. Aber absolut sicher kann sich Brandt der Mehrheit der Fraktionsgenossen nicht mehr sein, dazu sind zu viele Abgeordnete zwar nicht von der Form – die finden selbst Wehner-Freunde abstoßend –, wohl aber von der sachlichen Berechtigung der Wehnerschen Kritik überzeugt. Peter Koch, der in der damaligen Situation mit Parteigeschäftsführer Holger Börner sprach, meint, daß keiner der beiden, weder Wehner noch Brandt, stark genug gewesen wäre, den anderen völlig auszumanövrieren.[75]

In der Tat hat der Kanzler gerade auf dem Gebiet der Ostpolitik, auf dem er doch bislang so instinktiv sicher reagierte, zuviel schleifen lassen – die Frage des Umweltbundesamtes etwa, das Genscher nach Berlin legen will, während die *Prawda* davor warnt, eine Dienststelle des Bundes »außerhalb des Hoheitsgebietes der Bundesrepublik« an der Spree zu errichten. Die Idee stammt ursprünglich von Egon Bahr, der allerdings sagt, er hätte vor einem entsprechenden Beschluß erst einmal dessen Ost-West-Verträglichkeit über seinen *back channel* in Moskau geklärt.[76] Spätestens am Vorabend der Bonner Entscheidung stand freilich fest, daß ein Bundesumweltamt in West-Berlin zu einer erheblichen Belastung des Verhältnisses Bonn-Ostberlin führen würde. Die DDR will ja Abbau, nicht Ausbau der Bundespräsenz in West-Berlin. Am Tag vor dem Kabinettsbeschluß über das Umweltbundesamt hat sie den künftigen Ständigen Vertreter Günter Gaus eigens zu einem Frühstück nach Ostberlin gebeten, um ihn über diese Lageeinschätzung Ostberlins zu informieren. Gaus gibt die Warnung an Brandt wie Genscher vor der entscheidenden Kabinettsitzung weiter, doch hindert dies den Innenminister nicht daran, die Vorlage einzubringen, und sie wird mit Brandts Segen schließlich verabschiedet.[77]

Wenn Wehner vom »Draufsatteln« und »Überziehen« beim Berlin-Abkommen spricht und davor warnt, die »Belastbarkeit der Verträge« zu erproben, dann übt er nach Meinung der meisten Genossen berechtigte Kritik. Das gilt auch für die Versuche von Klaus Schütz, die Grauzonen des Berlinabkommens zu »testen« und erst einmal die volle Stimmberechtigung für die Berliner Abgeordneten zu verlangen – ein Unternehmen, das nur Staub aufwirbelt, in der Sache aber am alliierten Einspruch scheitert. Es gilt nicht minder für die Verhandlungsführung des Auswärtigen Amtes gen Osten. Denn die deutschen Diplomaten wollen offenbar durchsetzen, daß die im Vier-Mächte-Abkommen beschlossene konsularische Betreuung von West-Berlinern durch die Bundesrepublik auch juristische Personen, etwa West-Berliner Behörden und Gerichte einschließt – eine Forderung, an welcher der Abschluß des ausstehenden Vertrages mit Prag bisher gescheitert ist.[78]

Die Verdoppelung des Mindestumtauschs und die Einbeziehung der Rentner, welche die DDR Anfang November 1973 verfügt, zeigt deutlich den Stimmungsrückschlag, über den Brandt in einem Brief an Breschnjew bewegt Klage führt: Er habe den Eindruck, schreibt er dem Kremlherren am 7. November 1973, als ob die DDR, seit sie Mitglied der Vereinten Nationen geworden sei, vieles erschwere oder blockiere, ihr Verhalten sei zunehmend geeignet, den »Gegnern der Entspannung zum Triumph zu verhelfen«. Ausdrücklich erwähnt er die Verdoppelung der Umtauschquoten, aber im Gegensatz zu früheren Fällen übt Breschnjew keinen Druck auf Ostberlin aus, und so hat Brandts Beschwerde in der Sache keinerlei Erfolg.[79] Im Gegenteil, der Generalsekretär der KPdSU klagt in dieser Phase der Beziehungen zwischen Bonn und Moskau offen über »Erpressungsversuche« Brandts.[80] Erst der Regierung Schmidt wird es, ein gutes Jahr später, unter Nutzung des Wehner-Vogel-Honecker-Kanals und mit Hilfe einer erheblichen Kreditausweitung für die DDR-Wirtschaft gelingen, das Verhältnis zu Ostberlin wieder ins Lot zu bringen.[81]

Daß der Parteivorstand am 5. Oktober, nachdem Herbert Wehner seine Äußerungen verteidigt – und heruntergespielt – hat, mit 11 gegen 10 Stimmen und gegen Brandts Willen eine Resolution verabschiedet, die Wehners Position deckt, zeigt, daß ein müder Kanzler, der zum Kampf nicht entschlossen ist, nicht mehr genügend Bataillone für sich zu mobilisieren vermag. So heißt es in der Entschließung, die Ostpolitik der sozial-liberalen Koalition habe durch die außenpolitische Auseinandersetzung der letzten zwei Wochen »zusätzliche Impulse« bekommen, und der Parteivorstand erwarte, »daß Buchstaben und Geist der Ostverträge und des Berlin-Abkommens voll ausgeschöpft und mit Leben erfüllt« würden. Zu Recht nennt Willy Brandt dies in seinen Erinnerungen eine »Solidarisierung mit der Position Wehners« und stellt resigniert fest: »Im Laufe des Jahres 1973 wurde erkennbar, daß Getreue, an deren Unterstützung mir liegen mußte, auf Distanz gingen.«[82] Die Öffentlichkeit jedenfalls hat den Eindruck, daß Wehner sich durchgesetzt hat, und Baring deutet dessen Sieg so, als sei nun der »innerparteiliche Machtwechsel« rückgängig gemacht, der in der Wahlnacht 1969 mit der Befreiung Brandts von Wehner stattgefunden hatte.[83]

Brandt und Wehner, der Norddeutsche und der Sachse, der ehemalige Kommunist und der frühere revolutionäre Sozialist, der Kärrner, der nur die saure Pflicht kennt, und der Vorsitzende, der das Leben liebt und genießt – das ist eine beinahe unendliche Geschichte mit sehr unterschiedlichen Deutungen. War der sieben Jahre ältere Wehner »die eigentliche Gegenfigur des Kanzlers«, an der sich das Geschick Willy Brandts entschieden hat, wie Klaus Harpprecht meint? Oder war Wehner vor allem der langjährige Mentor, wie David Binder behauptet – der Steuermann, der das »schöne, große Schiff Brandt vor den Untiefen der Selbstgefälligkeit und den Riffen der Unentschiedenheit« bewahrte, vor Gefahren, denen Brandt dann prompt zum Opfer fällt, nachdem er Wehners Abschied vom stellvertretenden Parteivorsitz nicht verhindert hat und sich mit ihm überwarf? Beide seien mächtig gewesen, beide hätten einander gebraucht, so Binder, und doch sei beiden die Tatsache dieses Aufeinander-angewiesen-Seins zuwider, wenn nicht verhaßt gewesen.[84]

Der Chef der Schreibstube im Kanzleramt skizziert Brandts große Gegenfigur als »linken Lutheraner«, einen Mann von »wütender Inbrunst« und einem »fast reißenden Hunger nach Erlösung«. In einer Notiz für den Kanzler rückt er den rhetorischen Grobian Wehner bewußt in die Nähe des deutschen Reformators, der bekanntlich ebenfalls die deftige Rede pflegte, er weist auch auf beider »Obsession des Unterbewußtseins durch einen Analkomplex« hin, der sich in der Sprache zeige: Luther sei der Teufel vor allem als »furzendes Ungeheuer« erschienen, bei Wehner häuften sich die analen und fäkalischen Bilder. Mit einem dieser Bilder – »Ich will doch keine Haufen legen, ohne noch Einfluß zu nehmen, welche Fliegen sich darauf setzen« – bereitete der Fraktionschef offenbar seinen spektakulären Auftritt in Moskau vor.[85] Luther wie Wehner brachen mit einer absoluten Glaubenswelt – der eine mit der katholischen, der andere mit der kommunistischen. Doch der Bruch, den Wehners Persönlichkeit in der Begegnung mit der totalitären Heilswelt erlitten hat, ist nach Meinung des Brandt-Beraters Harpprecht nie verheilt. Und er folgert daraus: »Er [Wehner] wird es Dir [Brandt] nie verzeihen, daß Du diesen Bruch nicht erlitten hast, weil Du – obwohl weit links – nie Gefangener des Totalitarismus warst.«

David Binder, der als langjähriger Deutschland-Korrespondent der *New York Times* zu den wenigen Menschen gehört, die zu Brandt *und* Wehner gute Beziehungen unterhielten, der beide gleichermaßen schätzt und beider Vertrauen genießt, sieht das natürlich gelassener, aber auch er bestätigt die große Bitterkeit, mit der Wehner beide Lebensläufe vergleicht. »Brandt und die älteren

Mitglieder der SAP«, so gab Wehner ihm einmal zu Protokoll, »sie mußten nie irgend etwas begraben. Ich dagegen hatte fast alles zu begraben. Ein Kommunist muß mit allem brechen, oder er ist ein toter Mann. Einige, wie er [Brandt] sind immer im Recht ...«

In der Tat hatte Herbert Wehner eine Menge zu begraben, auch und gerade, was die SAP, Brandts frühere politische Heimat betrifft. Es muß Mitte der dreißiger Jahre gewesen sein, als er in Paris mit Brandts altem Mentor und Chef der SAP-Auslandsleitung, Jacob Walcher, diskutierte und zu ihm sagte: »Für Euch ist der Trotzkismus ein Teil der Arbeiterbewegung, für uns eine Verbrecherbande.« Wenig später, als Bewohner des Hotels Lux in Moskau und das nach Wilhelm Pieck und Walter Ulbricht wichtigste Mitglied des ZK der KPD, schreibt er jenes Pamphlet über die »Wühlarbeit der deutschen Trotzkisten«, dessen entscheidende Passagen sich nach Untersuchungen Reinhard Müllers wörtlich in dem Befehl der Hauptverwaltung Staatsicherheit des NKWD vom 14. Februar 1937 wiederfinden. Die NKWD-Ordre will die »terroristische Diversions- und Spionagetätigkeit deutscher Trotzkisten im Auftrag der Gestapo auf dem Territorium der UdSSR« beenden – und zwar durch Aufspüren, Verhaften, Erschießen.

Wehner hatte in seinem Pamphlet mehrere vemeintliche Trotzkisten namentlich genannt, darunter die SAP-Genossen und Brandt-Freunde Jacob Walcher, Paul Frölich und Max Diamant, aber auch Heinz Epe, ein Mitglied der (in der Tat trotzkistischen) Internationalen Kommunistischen Liga und Brandts Mitarbeiter im Internationalen Büro revolutionärer Jugendorganisationen in Oslo. Max Diamant hätte leicht ein Opfer der Abschlachtung von Linkssozialisten in Barcelona werden können. Zwar geschieht ihm nichts, dafür aber wird sein Vater, der in Leningrad lebt – auch das NKWD kennt Sippenhaft! – festgenommen und erschossen. Nicht anders ergeht es Heinz Epe, der im Mai 1941, von Skandinavien kommend und mit einem Durchreisevisum versehen, mit der Transsibirischen Eisenbahn via Wladiwostok in die USA reisen will. Das NKWD verhaftet ihn auf der Grundlage des Befehls vom 14. Februar 1937 und richtet ihn, wie den Vater Max Diamants, einfach hin. Noch in seinen »Notizen« für Kurt Schumacher wird Wehner seine Verachtung dieser linken Splittergruppen und Sekten, zu denen ja auch Brandts SAP gehörte, offen kundtun. Und daß es sich bei diesem Bericht für den Wiederbegründer der SPD nach dem Krieg um eine sehr geschönte Version seiner Moskauer Jahre handelt, ist spätestens seit der Veröffentlichung jener Wehner-Akten bekannt, welche Moskau den deutschen Kommunisten nach Ostberlin schickte und die sich bei der Gauck-Behörde fanden.

Kein Zweifel, daß Wehner in den Jahren des großen Terrors sich in eine mörderische Maschinerie verstrickt sah, in welcher der Preis für das Überleben oft genug das Mittun war. Aber Reinhard Müller weist in seinen neuen Untersuchungen nach, daß Wehners Kontakte zum NKWD sich keineswegs auf jene legendäre lange Nacht in der Lubjanka beschränkten, in der er verhört wurde und etliche Genossen – einige davon sicherlich in Selbstverteidigung – denunzierte. Offenbar hat er die berüchtigte Zentrale des NKWD, diese Stätte des Grauens, Folterns und Erschießens, mehrfach freiwillig betreten und konnte sie stets freien Fußes wieder verlassen – als hochgeschätzter Trotzkismusexperte, der die Geheimpolizei Stalins, eines der großen Massenschlächter der Geschichte, beriet.[86] Wie hoch man Wehners Fähigkeiten in Moskau schätzte, geht auch aus der Tatsache hervor, daß er an der Moskauer Lenin-Hochschule Vorlesungen über Tarnung und die hohe Kunst der Verstellung hielt.[87] Was muß dieser Mann, der von sich selbst als einem »Gebrannten« sprach, an der eigenen Vergangenheit gelitten haben! Wie mag es inwendig in ihm ausgesehen haben, wenn er einem Willy Brandt gegenübersaß, dessen Freunde und Genossen aus der Jugendzeit er in der Lubjanka des Verrats und Verbrechens an der großen Idee des revolutionären Sozialismus beschuldigte, in deren Dienst sich doch beide damals sahen?

Mit dem Kommunismus hat er gebrochen, aber vieles an seinem Habitus bleibt unverkennbar stalinistisch – sein Verständnis von Disziplin, die er allerdings auch gegen sich selber übt; sein Hang zum Autoritären wie zum Konspirativen; die Hemmungslosigkeit, in der er die Macht des Apparats gegen Abweichler einsetzt und andersdenkende Genossen niederbügelt; die Neigung, Menschen wie Figuren auf dem Schachbrett seiner taktischen Überlegungen hin- und herzuschieben. Was all dieses betrifft, liegen in der Tat Welten zwischen ihm und Willy Brandt. Wehner sieht in Brandt vor allem das Zugpferd, das Stimmen bringt, den Sympathie- und Hoffnungsträger, welcher die Massen mobilisieren, neue Wählerschichten an die Partei binden kann, mit dem es jedoch zu Schwierigkeiten kommt, sobald er eine eigene, von Wehners Linie abweichende politische Handschrift zeigt. Wehners reuige Umkehr zur Demokratie ist nicht zweifelhaft, und doch bleibt er »ein Schüler Lenins«, schreibt sein Biograph August Leugers-Scherzberg: der einzige führende Politiker im Westen, der sich »an der leninistischen Spielart politischer Strategie« orientiert. Auch wenn an diesem Urteil Zweifel erlaubt sein mögen, bleibt er doch, wie kaum ein anderer Politiker, widersprüchlich und in manchem rätselhaft.[88]

Daß die Beziehungen zwischen Willy Brandt und dem Fraktionschef sich, nach ersten Versöhnungsversuchen im Anschluß an die Moskau-Reise, einem neuerlichen Tiefpunkt nähern, hat allerdings auch mit Nachrichten aus Moskau zu tun, welche die Version in Zweifel ziehen, die der Fraktionschef über seine Gespräche mit Ponomarjow gegeben hat. Folgt man Leugers-Scherzbergs Darstellung der Rolle Wehners beim Sturz Willy Brandts, dann handelt es sich um eine Desinformation des KGB, welche gegen die deutsch-deutsche Intimität Honecker–Wehner gezielt ist und den speziellen Kanal des Fraktionschefs nach Ostberlin stören soll.[89] Aber Brandt ahnt dies nicht. Er scheint dem, was ihm über Bahr und den Moskauer Kanal von Wehners Besprechungen mit Ponomarjow berichtet wird, mehr zu vertrauen als den Darstellungen Wehners. Wurzelt hier Brandts Vermutung, Wehner betreibe die Geschäfte der anderen Seite? Sie verdichtet sich zum bohrenden Verdacht nach dem Fall Guillaume, denn da keimt der Argwohn in ihm auf, Wehner habe im Zusammenspiel mit der SED seinen Sturz als Bundeskanzler betrieben. Das ist zwar absurd, aber Wehner-kritische Beobachter wollen dies Brandts »Notizen zum Fall G.« entnehmen, die Brigitte Seebacher-Brandt etwa anderthalb Jahre nach dem Tod ihres Mannes aus seinem Nachlaß veröffentlicht.[90]

Doch die Ursachen für den Konflikt zwischen Wehner und Brandt liegen tiefer. Wenn Wehner Agent ist, dann nicht einer der anderen Seite, sondern stets und beharrlich der seiner selbst und seiner politischen Vorstellungen, mit denen er sich den meisten anderen überlegen fühlt. Um sie durchzusetzen, scheut der für ewig ins zweite Glied Verbannte die verschlungensten Wege, die geschicktesten Lügen und die geheimsten Kontakte nicht, und gelegentlich macht er auch Avancen, von denen man nicht weiß, ob sie ehrlich gemeint oder nur dazu gedacht sind, die andere Seite durch Freundlichkeiten gefälliger zu machen. Er glaubt eben immer, der Stärkere und Intelligentere im politischen Spiel zu sein und die andere Seite manipulieren zu können.

»Wotan« wird Wehner, der »januskŏpfige Renegat«, von der Staatssicherheit getauft. Laut Markus Wolf gibt es seit 1951 regelmäßige Treffen dieses Wotan mit dem Ostberliner Journalisten Ernst Hansch, der natürlich als IM an Wolf berichtet und 1966, als die Verbindung ihren offiziellen Deckmantel bekommt, von dem Rechtsanwalt Vogel abgelöst wird.[91] Es gibt auch Hinweise auf Treffen Wehners in den fünfziger und frühen sechziger Jahren mit dem sowjetischen Diplomaten und Deutschlandexperten Semjonow und dem SED-Funktionär Glückauf, den er aus der schwedischen Emigration kennt, in der Wohnung seines alten Freundes Ernst Jegelka in Berlin-Steglitz.[92] Und der Altkommunist und DDR-Funktionär Kurt Vieweg weiß 1957 nach einem Aufenthalt bei Wehner zu berichten, daß dieser zwar Einwände gegen den Staatsaufbau in der DDR hat und das Fehlen jeglicher parlamentarischen Kontrolle bemängelt, aber das östliche Deutschland doch als sozialistischen Staat betrachtet und den Sturz des Kapitalismus dort als einen »positiven Impuls für ganz Deutschland«. Das hätte so auch von einigen Jungsozialisten Anfang der siebziger Jahre gesagt werden können. Als Ziel hat Herbert Wehner eben, darauf haben schon Freudenhammer und Vater in ihrer Wehner-Biographie hingewiesen, stets ein einiges, ein demokratisches, aber ein sozialistisches Deutschland vor Augen.

Später schickt er – Markus Wolf zufolge – Warnungen, daß Brandt, der schon längst nicht mehr Kanzler ist, die Sowjetunion zur Aufgabe der DDR bewegen wolle und spricht gar prophetisch vom Untergang der DDR und des Sozialismus in Europa. Stand er am Ende, wie Wolf behauptet, seinen Genossen aus den alten KP-Zeiten menschlich näher als den Sozialdemokraten vom Typ Willy Brandts oder Helmut Schmidts? Tatsache ist, daß, anders als Brandt, dieser Herbert Wehner eben nicht ein Mann des Westens ist und ihm jedes Verständnis für Amerika und dessen Politik abgeht. Und im Gegensatz zur Strategie der Berliner Brandt und Bahr sieht der Fraktionschef den Schlüssel zur deutschen Frage nicht in Moskau. Weil er sich von den Russen wenig verspricht, setzt er lieber auf direkte deutsch-deutsche Gespräche, und wenn Erich Honecker ihm und Mischnick in der Schorfheide zu verstehen gibt, daß sich manches besser ohne den großen Bruder direkt regeln lasse, fühlt er sich in seiner Auffassung nur bestätigt. Der Generalsekretär der SED verknüpft diesen Wink mit dem wiederholten Vorwurf der Arroganz gegen Bahr, dessen Moskau-zentrierte Ostpolitik Wehner im Jahr 1973 ohnehin mit Skepsis betrachtet.

Umgekehrt verfolgt Moskau mit Mißtrauen, daß zwischen den Deutschen-West und den Deutschen-Ost über den *back channel* Wehner-Vogel-Honecker Geschäfte abgewickelt werden, die sich sowjetischer Aufsicht entziehen. Und weil Bahrs *back channel*, ähnlich dem Wehners, in Wahrheit bei der Staatssicherheit endet und KGB-Chef Jurij Andropow seine Chancen schwinden sieht, mit seinem »Kanal« Einfluß auf die deutsche Ostpolitik zu nehmen, sucht er seinerseits, den Wehnerschen *back channel* zu torpedieren. Deshalb nährt er über seinen Kanal Zweifel an Wehners Loyalität, läßt Bahr Informationen über Wehners Verhandlungen mit Honecker zugehen, die mit dessen Berichten an Brandt nicht übereinstimmen, und meldet Treffen zwischen Wehner und Honecker, die es gar nicht gegeben hat, die Brandt jedoch, teils mit Fragezeichen, aber mit stetig wachsendem Verdacht, in seinen Notizen vermerkt. Der Kanzler sei »am Ende«, soll Wehner nach Informationen des Moskauer Kanals zu Ponomarjow gesagt haben, »er habe in der Partei keinerlei Ansehen mehr, trinke viel und sei ein rechter Schürzenjäger«. Angeblich teile auch Honecker diese Meinung, und beide, Honecker und Wehner, wunderten sich, »weshalb man in Moskau auf diesen ›politischen Leichnam‹ setze«. Wehner also ein Verräter, wie der »Kanal« insinuiert?

Dieser selbst verbreitet die Version, er habe Ponomarjow klargemacht, daß es keine Alternative zu Brandt gebe, denn der Kanzler verfüge in der Bevölkerung über sehr viel mehr Rückhalt als seine Partei – eine Darstellung, die nicht nur durch das Protokoll, das der außenpolitische Berater der SPD-Fraktion Eugen Selbmann als Augenzeuge des Gesprächs fertigte, gestützt wird, sondern auch durch eine Analyse, die Ponomarjow für das Politbüro der KPdSU lieferte. Wehner, heißt es da, habe betont, »daß die Autorität Brandts äußerst groß sei und es jetzt im politischen Geschehen niemanden gebe, der besser sein könnte als er«.[93] Widersprüche, die der Aufklärung harren. Doch stellt Willy Brandt den Fraktionschef zu den Anwürfen aus Moskau nie offen zur Rede, sondern frißt den Verdacht mitsamt dem tiefen Groll und der Verachtung, die er nun für Wehner empfinden muß, in sich hinein, was seine depressive Grundstimmung und seinen Hang zur Resignation in jenen schwierigen Monaten nur verstärken kann. Er hat Besucher oder Gastgeber schon immer durch lange Pausen im Gespräch irritiert, jetzt verfällt er bei Sitzungen immer häufiger in langes Schweigen, gelegentlich steht er auf, geht ans Fenster und starrt grübelnd in den Park des Palais Schaumburg hinaus. Einige wollen sogar Anfälle von Autismus wahrgenommen haben.

Er hat den Eindruck, selbst Getreue, auf die er sich bisher stets verlassen konnte, wendeten sich von ihm ab, auch wenn ihre Kritik eher als Freundschaftsdienst gedacht ist, der ihn aufrütteln, aus der Entrückung auf den Boden der Tatsachen holen soll. Solche Kritik übt zum Beispiel Günter Grass, der alte Freund, Wahlhelfer und Autor des »Lobliedes auf Willy«. Im Fernsehmagazin »Panorama« bescheinigt er der Koalition ein Jahr nach den Wahlen »Schlafmützentrott«, uninspiriertes Vor-sich-hin-Wursteln und eine »lähmende Selbstgefälligkeit«. Der Regierungschef, sagt Grass, strahle zur Zeit »nicht gerade Tatkraft, eher Lustlosigkeit« aus. Er gebe sich »statuarisch, geschichtsträchtig«, es sehe so aus, als hätten Erfolge und allzu viele Ehrungen »Willy Brandt einsam gemacht und in einen Bereich entrückt, den Karikaturisten gern über den Wolken ansiedeln«.[94] Es ist die Zeit, in der ihm selbst seine Freunde vorwerfen, daß er am Ende des Nahostkriegs und zu Beginn der Energiekrise an der Côte d'Azur Urlaub macht, und die Partei ihm grollt, weil er es dem FDP-Minister Hans Friderichs überläßt, sich als Krisenmanager auf dem Fernsehschirm zu profilieren.

Ausgerechnet zu seinem 60. Geburtstag greift der *Spiegel*, der doch eher zu den Kanzler-freundlichen Wochenzeitungen im Blätterwald zählt, das Grass-Bild vom statuarischen Willy Brandt auf und überreicht dem Jubilar ein reichlich giftiges Geschenk: Da ist Brandt – Titel: »Kanzler in der Krise« – als Denkmalskopf zu sehen, der schon von Rissen überzogen ist und hoch über die Wolken ragt. Offen wird da von Überlegungen sozialdemokratischer Genossen berichtet, den Kanzler ohne Tatkraft bald zu stürzen, was ihn übrigens – sofern man Hermann Schreiber glaubt – so schwer gar nicht ankäme. Denn der *Spiegel*-Kolumnist spricht ironisch von einer »gloriosen Bilanzresignation« des Geburtstagskinds: »Erst sechzig Jahre – und schon alles für die Unsterblichkeit getan! Der Ausgleich mit dem Osten, die erstaunliche Verwandlung vom verunglimpften Emigranten zur nationalen Vaterfigur, der Friedensnobelpreis, der größte Wahlsieg in der Geschichte der deutschen Sozialdemokratie – was kann da noch kommen, das einen Mann vergleichbar faszinieren, das vergleichbare Energien in ihm zu mobilisieren vermöchte? Alles Eigentliche, was Willy Brandt je erreichen wollte – es ist erreicht!« Und bescheinigt dem Sechzigjährigen, daß er auf die Rundumschläge der Kritik, die ihn jetzt träfen, mit einer »private Energiekrise« reagiere: »Ich muß das ja nicht machen«, zitiert er Brandt, »ich muß ja nicht Kanzler sein.«[95] Als Willy Brandt wenige Tage nach seinem Geburtstag auf einer Veranstaltung der Berliner SPD spricht, ist die Enttäuschung unter den Genossen so groß, daß sich kaum einer vorstellen kann, der Kanzler werde bei den Wahlen 1976 noch einmal als Spitzenkandidat ins Rennen gehen. Was ist los mit ihm, fragt deshalb die *Berliner Morgenpost* und behauptet: »Nicht Brandt hat sich gewandelt, sondern die Zeit« – dieser Kanzler sei eben »kein Kapitän der [innenpolitischen] Krise«.[96]

Seine resignative, ja depressive Stimmung bessert sich auch zu Anfang des neuen Jahres nicht. Zwar hat er versucht, über die Festtage mit der Familie neue Kräfte zu schöpfen, seinen Urlaub wegen der Energiekrise nicht an der Sonne, sondern demonstrativ in heimischen Landen verbracht. Da er seit langem nicht mehr skifährt, ist er zu Fuß durch den Schnee des Bayerischen Waldes gestapft. Aber schon wenige Wochen danach steht er vollends als Regierungschef ohne Fortune da: Die mächtige ÖTV und ihr massiger Chef Heinz Kluncker bringen ihm eine schmerzhafte persönliche Niederlage bei, die er allerdings leicht hätte vermeiden können. Gewiß ist die Forderung der Gewerkschafter nach einer 15prozentigen Lohnerhöhung maßlos überzogen, und sicher gehört es zu den Aufgaben einer Regierung, mit Blick auf die schlechten wirtschaftlichen Rahmendaten nach Ausbruch der Ölkrise, auf Mäßigung zu drängen. Wo aber steht geschrieben, daß der Regierungschef selbst in einen Tarifkonflikt eingreifen und sich öffentlich auf eine Zahl festlegen soll, oberhalb derer nicht abgeschlossen werden darf?

Ein Ergebnis mit zweistelligen Ziffern, hatte Brandt vor dem Bundestag erklärt, beschleunige die Gefahr einer entsprechenden Entwicklung bei den Preisen. Die waren im Jahresdurchschnitt um etwa siebeneinhalb Prozent gestiegen und ziehen wegen der Ölknappheit weiter an. Die Gewerkschaften aber beharren ultimativ auf Lohnerhöhungen über zehn Prozent, führen die Urabstimmung durch und beginnen den Streik. Angesichts sich türmender Müllberge scheren die Kommunen aus der Front der öffentlichen Arbeitgeber aus und schließen über zehn Prozent ab. Danach setzt Kluncker auch bei Bund und Ländern einen Abschluß durch, der nominal bei elf Prozent, mit Nebenleistungen aber bei etwa dreizehn Prozent liegt. In den Augen der Öffentlichkeit geht der ohnehin angeschlagene Regierungschef aus dem Duell mit dem mächtigen ÖTV-Boß als klarer Verlierer hervor, worüber er noch in seinen Erinnerungen zürnt – vielleicht weil viele diese Niederlage in der Rückschau als den Anfang von seinem Ende sehen.

Wie dramatisch Ansehen und Autorität des Kanzlers in diesem Frühjahr im Schwinden begriffen sind, wird sich bald bei den Hamburger Wahlen zeigen. Brandt selbst meint, er hätte damals mit seinem Rücktritt drohen müssen, wie ihm von Gustav Heinemann angeraten,[97] und in Kluncker wittert er einen zutiefst illoyalen Sozialdemokraten. Doch eine Rücktrittsdrohung wegen einer Tarifforderung wäre, nicht nur wegen der in der Verfassung garantierten Tarifhoheit, außerhalb jeder angemessenen Proportion gewesen. Und sozialdemokratische Gewerkschaftschefs müssen sich gegenüber einem Kanzler ihrer Partei auch nicht so verhalten, wie Willy Brandt dies – nach einer Bemerkung zu Günter Gaus – damals offenbar gesehen hat: »wie preußische Offiziere gegenüber ihrem König«, weil das die deutsche Sozialdemokratie angeblich schon immer so gehalten habe.[98]

Auch wenn Brandt den Sachverstand in dieser Auseinandersetzung unstreitig auf seiner Seite weiß, bestätigt das Brandt-Kluncker-Duell doch nur, wie wenig er sich auf seine Berater und auf einen Apparat verlassen kann, denen es geradezu eklatant an innenpolitischer Kompetenz fehlt. Denn hier wurden ein oder zwei handwerkliche Fehler begangen, die wohl vermieden worden wären, hätte es einen Egon Bahr für die Innenpolitik gegeben. Einmal durfte der Regierungschef nicht sein persönliches Prestige mit einer

Zahl verbinden, was Verhandlungen für einen Gewerkschaftschef bekanntlich nur erschweren kann. Genau davor hatte ihn Genscher gewarnt und geraten, die Sache ihm und dem Finanzminister zu überlassen. Doch Brandt schlug den Rat seines für die Verhandlungen zuständigen Innenministers in den Wind.[99] Zweitens war es fahrlässig, sich persönlich so stark zu engagieren, obschon frühzeitig abzusehen war, daß die gemeinsame Front mit den Kommunen bald auseinanderbrechen würde.

Zu den Merkwürdigkeiten jenes Frühjahrs zählt eine Allianz Brandts mit Wehner gegen Schmidt, merkwürdig schon deshalb, weil sie angesichts des tiefgehenden Zerwürfnisses zwischen Fraktionschef und Kanzler nach der Moskau-Reise jedermann zunächst unmöglich schien. Wenn sie dennoch zustande kommt, hat das mit dem Ausgang der Wahlen in Hamburg zu tun, bei denen die SPD mit einem Verlust von annähernd zehn Prozent ihrer Stimmen eine katastrophale Niederlage einstecken muß. Der Kanzler strebt offenbar einem neuerlichen Tiefpunkt seines Ansehens entgegen, und die Talfahrt der SPD scheint geradezu unaufhaltsam. Kommunalwahlen in Rheinland-Pfalz und Schleswig-Holstein bestätigen diesen Trend, und Wahlforscher machen die verheerende Selbstdarstellung der Regierung und die Zerstrittenheit, ja Selbstzerfleischung der Partei als Ursache aus. Für die Sozialdemokraten ist also Land in Not. In dieser Ausnahmesituation stellen beide, Brandt und Wehner, das Wohl der Partei über alle persönliche Abneigung, über das zweifellos weiter vorhandene gegenseitige Mißtrauen und über sachliche Differenzen und erweisen sich, wenn man so will, als gute Parteisoldaten, die eine Brücke zueinander finden, mag sie noch so brüchig sein. Zwei lange Besprechungen auf dem Venusberg sind diesem Bündnis vorausgegangen, insgesamt fünfeinhalb Stunden hat Brandt mit dem Besucher gesprochen, etliche Flaschen Rotwein haben beide geleert, bis sie übereinkommen, einen neuen, gemeinsamen Anfang zu machen.

Anlaß für diese neue, sensationell wirkende Zweisamkeit ist der Dritte im Bunde, Helmut Schmidt, der nach der Hamburger Wahl in einer Fernsehsendung kein Blatt vor den Mund nahm und für den Niedergang der SPD die laxe Führung der Partei durch den Vorsitzenden verantwortlich machte.[100] Schon immer ein prononcierter Kritiker des Integrationskurses Brandts, attackierte er jetzt die viel zu großzügige Aufnahme »halbfertiger« Akademiker durch die Partei, den unerträglichen marxistischen Kauderwelsch der Achtundsechziger-Generation und deren radikale Vorstellungen, die kein Normalbürger verstehe und die in der Öffentlichkeit plötzlich für die Meinung der SPD gehalten würden, obschon sie mit deren Programm fast nichts gemein hätten. Den großen Wahlerfolg Brandts 1972 führt Schmidt auf die engagierte Begeisterung für die Ostpolitik zurück, auf Emotionen also, die nicht als Zustimmung zu den programmatischen Forderungen der SPD mißzuverstehen seien. Damit, wie mit manchen anderen Thesen, hat er zweifellos recht, aber seine provokative Art, den Parteichef herauszufordern, die Heftigkeit, mit der er seine Behauptungen im Fernsehen vorträgt und zwei Tage später nahezu bedingungslos im SPD-Vorstand verteidigt, wird von vielen als Putschversuch gewertet, als Beginn seines Sturms auf ein »seines Erachtens kapitulationsreifes Kanzleramt«.[101]

Es sind diese Attacken, gegen die Brandt und Wehner zusammenrücken, schon um die Partei zusammenzuhalten, in der Helmut Schmidt für einen Sturz des Kanzlers, wenn er ihn denn wirklich wollte, natürlich keine Mehrheit gegen die Linken und die linke Mitte fände. Wo Brandt vorher Distanz demonstriert und einen Abstand von mindestens zwei Stühlen zwischen sich und Wehner gelegt hatte, sitzen die Kontrahenten von einst jetzt wieder Stuhl an Stuhl zusammen – »Backe an Backe«, wie viele Genossen die angeblich wiedergefundene Eintracht erfreut kommentieren. Das unerwartete Bündnis zeigt Brandt nicht nur als gewieften Taktiker der Machterhaltung, es widerlegt auch eine Wehner vom späten Brandt unterstellte Verschwörung zum Sturz des Regierungschefs.

Für Herbert Wehner bleibt Brandt als Kanzler zu diesem Zeitpunkt unersetzbar, denkbar wäre bestenfalls sein Rückzug auf den Präsidentenstuhl, der Schmidt einen Weg zum friedlichen Einzug ins Kanzleramt ebnen würde – eine Möglichkeit des Übergangs, die immer noch offen scheint, weil Scheel dem Kanzler immer noch den Vortritt lassen will. Als Präsident könnte Brandt einem Nachfolger im Kanzleramt in Sachen Détente und Ostpolitik notfalls ins Gewissen reden, ans Volk appellieren und ihn sogar mit seiner Autorität stützen, über die er als Außenpolitiker bei großen

Teilen im Volk noch immer verfügt, hat doch er – und darauf richtet sich später sein ganzer Altersstolz – die Begriffe Frieden und Deutschland endlich miteinander versöhnt. In den Gesprächen von Wehner und Brandt auf dem Venusberg wird auch diese Möglichkeit noch einmal erörtert, aber erneut verworfen: Nicht allein, weil er in der zerstrittenen Partei die Mitte verkörpert und keinem Spitzengenossen die Fähigkeit zutraut, sie beisammenzuhalten, ihre widerstreitenden Flügel zu integrieren, sondern auch, weil der Parteivorsitz, wie Gunter Hofmann einmal klug bemerkt, für ihn »*die* Konstante seiner politischen Biographie« bedeutet.[102]

Schmidt freilich zu unterstellen, er habe damals im offenen Streit mit Brandt nach dem Kanzleramt greifen wollen, hieße sowohl seine politische Intelligenz als auch seine Loyalität zur gemeinsamen Sache zu unterschätzen. Er selbst beschreibt das Bild von der Troika, das oft für das Führungsdreieck Brandt-Wehner-Schmidt gebraucht wird, als falsch, denn eine Troika habe drei Zugpferde, aber nur einen einzigen Lenker des Wagens, der die Tiere am Zügel führe. In Anlehnung an das eher ironische Wort Timothy Garton Ashs von der sozialdemokratischen »Trinität« bevorzugt Schmidt deshalb den Begriff des Triumvirats, der Diskussion und Gespräch um Gestalt und Kurs der Partei unter nahezu gleichgewichtigen Partnern nahelegt, die sich nach Herkunft, Temperament und an Jahren allerdings erheblich voneinander unterscheiden: Der eine, zwölf Jahr älter als Schmidt, hat Zucker, der andere, nur fünf Jahre älter, leidet an Schüben von Selbstzweifeln und Depressionen, der dritte an einer Überfunktion der Schilddrüse, später an Herzrhythmusstörungen. Sechzehn Jahre hätten die SPD-Triumvirn kooperativ geführt und miteinander gerungen, schreibt Schmidt als der Jüngste in diesem Dreieck, sie seien keineswegs immer einträchtig gewesen, hätten sich aber – im Unterschied zu Brandts »Enkeln« Oskar Lafontaine, Rudolf Scharping und Gerhard Schröder – immer wieder auf gemeinsames Handeln verständigen können.[103]

Schmidts Fernsehattacke gegen den Zustand der Partei versteht sich beinahe als ein, wenn auch in der Form weit weniger ungehöriges, Gegenstück zu den Moskauer Angriffen Wehners auf den Stillstand in der Ostpolitik: Sie soll aufrütteln, den Vorsitzenden zum Handeln zwingen, der in den Augen Schmidts dem Verfalls- und Zersetzungsprozeß, ja der Verluderung der Sozialdemokratie tatenlos zusieht. Und seine Forderung nach einer Regierungsumbildung, die »tiefer gehen [muß], als ein paar Personen auszuwechseln«, kam nicht nur dem Ruf nach einer Kursänderung gleich, hier wurde deutlich, daß Schmidt, der im Gegensatz zu Brandt mit Apparaten umzugehen verstand, für die lose Art des Brandtschen Regierens am Ende nur noch Verachtung übrig hatte. Daß er selbst sich heimlich als den besseren Regierungschef sieht, ist für niemanden in Bonn ein Geheimnis, aber sich durch einen Putsch an Brandts Stelle zu setzen, liegt wahrlich nicht in seiner Absicht. Was er täglich mitansehen muß, was er für eindeutige Fehler hält, fördert natürlich Frustrationen, läßt ihn offen darüber sprechen, für ihn sei 1976 das Ende der Fahnenstange erreicht. Wie schon im Frühjahr 1972 liebäugelt er mit dem Gedanken, aus dem Parlament auszuscheiden und sein Glück in der Wirtschaft zu versuchen. Selbst beschreibt er sein Verhältnis zu Brandt später als kompliziert und wechselvoll, aber am Anfang der Jahre 1969 bis 1973 scheint es eher von enttäuschter Liebe bestimmt.

Schmidt gehörte ja zu jenen, die Brandt schon 1960 bei der Bewerbung um die Kanzlerkandidatur und auf dem Treffen in Barsinghausen unterstützt hatten, seine Bewunderung für die Leistungen Brandts als Regierender Bürgermeister war groß, für ihn wäre er damals »durchs Feuer gegangen«. Als der Spitzenkandidat Brandt nach der Wahlniederlage 1965 resigniert, versucht er ihn aufzurichten und versichert ihn »tiefer Freundschaft und zugleich großen Respekts«.[104] Wer seine Briefe aus jenen Jahren liest, verspürt echte Zuneigung und einen werbenden Unterton. Freilich werden auch früh die späteren Bruchlinien deutlich – etwa, wenn er in einem Brief vom 10. Januar 1970 Brandt schreibt, auf sein Verständnis und seine freundschaftliche Kooperation sei Verlaß, und das zu sagen, komme ihm aus dem Herzen. Doch fügt er hinzu: »Je mehr man informiert wird, je mehr ist Kooperation möglich; oder, mit anderen Worten: Bitte laß' wichtige politische Entscheidungen nicht im Küchenkabinett zustande kommen.«

Im Dezember desselben Jahres bittet er, Herbert Wehner und ihn nicht »auf die Diskussion im Gesamtpräsidium oder im Gesamtkabinett« zu beschränken, denn beide Gremien umfaßten nicht nur »Genossen von Substanz«, sondern auch solche, welche die Presse bisweilen verfälscht informierten. Was Brandts unautoritäre Art des »Führens durch Team« angeht, schreibt er ein andermal eher mahnend: »Derjenige, der nach außen die Verantwortung trage«, müsse »innerhalb des Führungsteams notfalls (nach Diskussion, versteht sich!) die Entscheidung treffen«. Hier bleibe er, Schmidt, bei seiner Meinung – »trotz Deiner [Brandts] Bemerkung über Deinen Stil«.[105] Manches spricht dafür, daß Schmidt sich in seinem Werben abgewiesen fühlt, weil Brandt zu echten Freundschaften nicht fähig scheint. So sehr er sich als charismatischer Redner darauf versteht, den Kontakt zu Menschenmassen herzustellen, sie zu fesseln und zu begeistern, so sehr hält er die für ihn typische Distanz zu den einzelnen, selbst wenn es sich um seine wichtigsten Genossen, seine Stellvertreter handelt. Menschen, meint Wibke Bruhns, existierten für Brandt nur in der Mehrzahl, Beziehungen zu einzelnen aufzubauen, sei ihm schwergefallen.[106]

Ist Willy Brandt im Frühjahr 1974 dabei, Spannkraft und Spaß am Regieren wiederzufinden, wie Egon Bahr vermutet? Daß auch Adenauer eine lange Zeit des Formtiefs hatte, sie überwand, um schließlich mit gewohnter Energie die Regierungszügel wieder straff zu führen, hatte Walter Scheel Anfang der sechziger Jahre als junger Minister beobachtet. Deshalb war er überzeugt, auch Brandt hätte seine Phase der Erschlaffung und Resignation hinter sich bringen können.[107]

Des Kanzlers letzte Auslandsreise führt ihn nach Algerien und Kairo, wo er noch einmal als der Mann gefeiert wird, dessen Politik Europa verändert hat. Ein letztes Mal genießt Willy Brandt die Insignien der Macht. Algeriens Staatschef Boumedienne begrüßt ihn mit Böllerschüssen und fahnengeschmückten Straßen, umschmeichelt ihn als führenden Staatsmann Europas und weist ihm als Quartier das Palais du Peuple zu, das sonst nur Staatsoberhäuptern vorbehalten ist. Und Ägyptens Sadat feiert ihn als »den Mann, der durch seine klare Sicht und sein geschichtliches Verantwortungsgefühl an die Stelle von Gewalt und Chaos und Haß den Frieden gesetzt hat sowie Wohlstand und Sicherheit«. Das ist Balsam auf Brandts innenpolitische Wunden, zumal Sadat ihn auch noch mit einer deutschen Ansprache begrüßt – sein Deutsch hat er beim Lesen deutscher Kriminalromane erlernt, als er als Offizier, der Kollaboration mit Rommels Geheimdienst verdächtig, während des Krieges in englischen Lagern saß.[108]

Auf dem Rückflug, so Bahr, bastelt Brandt mit ihm an einer Regierungsumbildung, bei der Bahr – was natürlich Wehner verdrießen würde – als Chef des Kanzleramts, Günter Gaus als Chef des Presseamts vorgesehen sind. Schmidt soll wieder die Fraktion, Wehner ein Ministerium übernehmen, um in die Kabinettsdisziplin eingebunden zu werden. Doch als ihre Luftwaffenmaschine in Köln-Wahn ausrollt, werden sie vom Innenminister und dem Kanzleramtschef mit der Nachricht überrascht: »Heute früh haben wir Guillaume verhaftet. Er hat schon gestanden.«

Der Fall Guillaume ist wieder und wieder erzählt, analysiert und durchleuchtet worden, doch scheint sicher, daß er bestenfalls der Anlaß, nicht aber die Ursache für den Rücktritt Willy Brandts gewesen ist. Im Grunde handelt es sich um die empörende Geschichte des Versagens, ja der unglaublichen Inkompetenz der deutschen Abwehrdienste, des fahrlässigen Umgangs mit dem Fall durch die Zuständigen im Kanzleramt, aber auch um eine beinahe leichtfertige Naivität des Kanzlers selbst. Daß ein Mitte der fünfziger Jahre aus Ostberlin nach Frankfurt am Main umgesiedeltes Schläfer-Ehepaar, das sich als Kommunistenfresser tarnt, in der rechten Sozialdemokratie von der Pike auf Karriere machen kann, war, wie wir inzwischen wissen, kein Einzelfall, auch wenn das Vordringen bis in die Zentrale der westdeutschen Macht – für die Auftraggeber – unglaubliches Glück bedeutet.

Daß Genosse Zufall den Agenten des Markus Wolf beim Aufstieg auf der Karriereleiter kräftig nachhilft, ist ja die Kalkulation beim Einsatz solcher Schläfer: Sie werden in die westdeutsche Szene mit der Vorgabe eingeschleust, sich dieser oder jener Organisation anzuschließen, darin ihren Weg nach oben zu machen, bis sie eine Position erreichen, die Einblick ermöglicht, um dort schließlich »aufzuwachen«, aktiv zu werden und ihre Berichte nach Ostberlin zu schicken. Schläfer sind eine bewährte, seit langem praktizierte Methode des unsichtbaren Krieges der Geheimdienste aller Seiten. Daß die Agentin Christel Guillaume vier oder fünf Jahre nach ihrer Ankunft in Frankfurt schon im Vorzimmer eines hessischen Staatssekretärs und Mitgliedes des Bundesvorstandes der SPD sitzt, zeigt besonderen Fleiß und ungewöhnliches Geschick. Aber auf einen kometenhaften Aufstieg Günter Guillaumes –

Deckname: Hansen – bis in das Persönliche Büro des Bundeskanzlers hätte Markus Wolf bei den strengen Sicherheitsprüfungen, denen Übersiedler aus der DDR ausgesetzt sind, in »seinen kühnsten Träumen nicht zu hoffen gewagt«.[109]

Die Ungereimtheiten, die seinem Agenten Günter Guillaume den Weg ins Kanzleramt ebnen, beginnen mit dessen Durchleuchtung durch den zuständigen Abwehrdienst. Da gibt es zwar einen vagen Verdachtshinweis, Guillaume habe Anfang der fünfziger Jahre für einen Ostberliner Verlag gearbeitet, der als Agentur der Staatssicherheit bekannt war. Für einen Mann wie Egon Bahr ist das Grund genug, vor der Einstellung des Bewerbers zu warnen. Doch Guillaume, von Horst Ehmke einem langem Verhör unterzogen, bestreitet die Tatsache nicht und erklärt, die Verteilung von SED-Propagandamaterial in West-Berlin habe zu den ganz normalen Aufgaben eines Mitarbeiters dieses Verlages gehört, zumal er der ostdeutschen Gewerkschaft angehörte. Der Kölner Verfassungsschutz bestätigt ausdrücklich diese verharmlosende Darstellung und gibt grünes Licht für die Anstellung, weil angeblich keine Erkenntnisse gegen Guillaume vorliegen. Anderthalb Jahre später, als dieser innerhalb des Kanzleramts Karriere machen soll, erhebt das Kölner Amt auch keine Bedenken dagegen, daß er mit Verschlußsachen bis einschließlich »Streng geheim« betraut werden kann.

Sorgfältigere Arbeit, besonders systematische Vergleiche mit anderen Agentenfällen, bei denen der Name Guillaume bereits am Rande aufgetaucht war, aber auch eine engere Abstimmung zwischen Verfassungsschutz und BND hätten Guillaume von Anfang an verdächtig erscheinen lassen und seine Einstellung mit Sicherheit verhindert.[110] Statt dessen wird »schlampig recherchiert und milde bewertet«, wie Theodor Eschenburg, Mitglied einer Untersuchungskommission zum Fall Guillaume, später in der *Zeit* schreiben wird.[111]

Natürlich ist dabei auch Parteipolitik im Spiel. Der ehemalige Geschäftsführer des SPD-Unterbezirks Frankfurt, inzwischen Mitglied der SPD-Stadtratsfraktion in der Mainmetropole, hat 1969 den Wahlkampf Georg Lebers organisiert, genießt seither dessen besonderes Vertrauen als effizienter, verdienter und vermeintlich stramm-rechter Sozialdemokrat. Als der Vorsitzende der IG Bau-Steine-Erden 1969 einen Kabinettsposten übernimmt, empfiehlt er

Guillaume an den ihm befreundeten Genossen Herbert Ehrenberg, den neuen Leiter der Wirtschaftsabteilung im Kanzleramt. Er wird dort Hilfsreferent und Verbindungsmann zu Gewerkschaften und Arbeitgebern und steigt schließlich bis ins Persönliche Büro des Bundeskanzlers auf, wo er ab Beginn des Wahlkampfs 1972 als einer von nur drei Mitarbeitern als Referent für die »Verbindung zu Partei und Fraktion« zuständig ist und Willy Brandt auf seinen Wahlkampfreisen begleitet. Eschenburg charakterisiert ihn als clever, fix und findig, als guten Organisator, der keine Arbeit scheut und im Umgang mit Kollegen äußerst umgänglich ist – eine Einschätzung, die den Aufstieg Guillaumes innerhalb des Amtes nur zu verständlich erscheinen läßt.[112]

Fahrlässig, leichtfertig und unverantwortlich ist die Art, wie das Kanzleramt reagiert, als der Verfassungsschutz endlich Guillaume verdächtigt und Präsident Günther Nollau seinen vorgesetzten Innenminister informiert. Es ist dieses Versagen, das Rudolf Augstein zu der Frage veranlaßt: »Seid ihr noch zu retten?«[113] und den Fall Guillaume zu dem größten Spionagespektakel werden läßt, das es in der Geschichte der Bundesrepublik bisher gegeben hat. Als Nollau am 29. Mai 1973 bei Genscher vorstellig wird, ist er zwar so gut wie sicher, daß es sich bei Guillaume um jenen Agenten handelt, der seit Jahren die Führungsebene der Sozialdemokratie ausspäht und nach dem bisher vergeblich gefahndet wurde, doch mangelt es ihm noch immer an Beweisen, die für eine Festnahme ausreichend wären. Bisher verfügt er nur über einige von den Briten aufgefangene und entschlüsselte Funksprüche aus Ostberlin, die auf Guillaume und seine Frau zutreffen könnten.

In der Hoffnung, ihn bei einem seiner Treffs überführen zu können, schlägt er vor, Guillaume auf seinem Posten als Referent zu belassen und seine bisherige Zuständigkeit nicht zu beschneiden. Alles soll weiterlaufen wie bisher, damit der Verdächtige kein Mißtrauen schöpft und er und seine Frau Christel so unauffällig wie möglich von Verfassungsschützern beobachtet werden können. Was der oberste Verfassungsschützer an Gründen gegen Guillaume vorbringt, erscheint Genscher vage, der Innenminister geht nicht unbedingt davon aus, daß dessen Vermutung sich als richtig erweisen wird. Zwar wird Nollau später, schon um sich zu verteidigen, dies anders darstellen und behaupten, er habe schwere Verdachtsgründe ins Feld geführt. Aber wichtiger ist im Zweifel seine Empfehlung, Guillaume in der Nähe des Kanzlers zu belassen. Ihr folgt Genscher, weil er »Respekt vor den Fachleuten« hat, dem Sachverstand der westdeutschen Abwehr vertraut und sich von der Überzeugung leiten läßt, das »operative Handeln« habe »bei den zuständigen Sicherheitsbehörden zu bleiben«.[114]

Als er anderntags den Kanzler informiert, scheint auch dieser von dem Verdacht nicht unbedingt überzeugt, zumal Guillaume dem Kanzleramt als »besonders zuverlässig« empfohlen worden war. Aber auch er ist bereit, dem Rat Nollaus zu folgen. Er entspricht auch dessen Wunsch nach strengster Geheimhaltung und unterrichtet ausschließlich Reinhard Wilke, den Leiter des Kanzlerbüros, sowie den Chef des Kanzleramts. Daß es dem Präsidenten des Verfassungsschutzes vor allem darum geht, den Spionen der anderen Seite das Handwerk zu legen und er deshalb der Agentenjagd den Vorrang vor Sicherheitsinteressen und dem Schutz des Kanzlers einräumt, wie später der Untersuchungsausschuß des Bundestages monieren wird, mag – mit Mühe – nachvollziehbar sein. Aber daß Brandt und sein Chef des Kanzleramts in dieses Verfahren einwilligen und der Kanzler der Bundesrepublik Deutschland damit als Köder oder Fliegenfänger, Lockvogel, Spielmaterial oder »Agent provocateur des Geheimdienstes seines eigenen Landes« mißbraucht wird, wie es ein französischer Beobachter einmal genannt hat, bleibt schlechterdings unbegreiflich.

Wer politisch dachte, hätte der Logik der Fachleute in diesem Falle niemals folgen dürfen. Grabert hätte – notfalls gegen Brandts Einwände – insistieren müssen, den Kanzler zu schützen und Guillaume umgehend auf eine andere, »gut zu observierende Stelle« wegzubefördern, möglichst in gehöriger Entfernung von Brandt.[115] Es ging ja nicht nur darum, eine weitere Ausspähung zu verhindern, sondern die Nähe des Ostpolitikers Brandt zum Ostagenten sofort zu beenden, aus welcher die Opposition nach Aufdeckung des Falles mit Sicherheit Kapital schlagen würde. Hier macht sich bitter bezahlt, daß Brandt weder Horst Ehmke, der ja für die Einstellung Guillaumes verantwortlich zeichnete, noch seinen engsten Berater Egon Bahr einweihte – beide hätten mit Sicherheit abgeraten, Guillaume in der Umgebung Brandts zu belassen.

Als habe sich alles gegen Brandt verschworen, folgt auf diese falsche Grundsatzentscheidung Panne auf Panne. Guillaume begleitet den Kanzler und seine Familie im Juli in den Urlaub nach Norwegen. Er wird dort – entgegen der Annahme Brandts – nicht observiert, obschon Leibwächter der Sicherungsgruppe Bonn mitreisen und auch der BND Mitarbeiter entsendet, um den Fernschreibverkehr mit Bonn aufrechtzuerhalten. Offenbar haben es beide Seiten – Verfassungsschutz und Kanzleramt – an der nötigen Information und Kooperation fehlen lassen. Weder die BND-Leute noch die Kriminalbeamten sind von dem Verdacht gegen Guillaume unterrichtet, so daß dieser – erstmals in seiner Karriere – Einblick in geheime, verschlüsselte Dokumente, darunter einen Brief Nixons, aber auch ein Schreiben Walter Scheels über dessen Gespräche in Washington erhält. Aller Schriftverkehr in diesem Urlaub läuft über Guillaume, er holt die Vorgänge von der Fernschreibstelle des BND ab und bringt sie wieder zurück. Fernsehaufnahmen aus jener Zeit zeigen den Agenten Guillaume an der Chiffriermaschine.

Zu allem Unglück bestreitet Brandt in einer Aktuellen Stunde des Bundestages auch noch, daß der Spion je mit Geheimakten befaßt worden sei – eine nach dem Norwegen-Urlaub falsche Auskunft, die nicht sofort korrigiert wird und in der Wirkung fatal für ihn bleibt. Denn die Opposition erfährt nur zu bald von den wahren Vorgängen und unterstellt, er habe das Parlament bewußt getäuscht. Er selbst begründet seinen Fehler damit, das Gedächtnis habe ihn im Stich gelassen und moniert »unzulängliche bürokratische Begleitung« – womit er nur die in diesem Fall wahrlich unglaublich schludrige Arbeit des eigenen Amtes meinen kann.[116] Die öffentliche Aufregung um den Verrat geheimster Dokumente nimmt beinahe hysterische Ausmaße an, scheint aber im Rückblick kaum gerechtfertigt, auch wenn es in der Anklageschrift gegen Guillaume später heißt, was der Spion aus Norwegen berichtet habe, »konnte in den Augen der Sowjetunion die Abschreckungskraft der NATO mindern …«

Markus Wolf behauptet nämlich, die Fotokopien, die Guillaume von den Norwegen-Dokumenten fertigte, hätten seinen Dienst nie erreicht, weil der Kurier, dem Christel Guillaume sie anvertraute, beschattet wurde. Um sich jedes Beweismaterials zu entledigen, habe er sie von einer Brücke auf Nimmerwiedersehen in den Rhein geworfen. Das widerspricht zwar der Darstellung, die Guillaume in seinen Memoiren selbst gegeben hat, denn da schrieb er, die Fotokopien seien über Schweden nach Ostberlin geschmuggelt worden. Aber diese »Erinnerungen«, Mitte der achtziger Jahre im Militärverlag der DDR erschienen, wurden von der Stasi redigiert, und die mußte damals natürlich daran interessiert sein, die *erfolgreiche* Arbeit ihrer »Kundschafter des Friedens« für das »Wohl der sozialistischen Staatengemeinschaft« herauszustellen.

Warum nicht ausnahmsweise einem Spionagechef vertrauen, der zu seinen Berufsrisiken zählt, »daß einem für gewöhnlich nicht geglaubt wird, wenn man die Wahrheit sagt«? Wie er versichert, wäre jede Suche nach den Norwegen-Papieren in den Stasi-Archiven vergebens, und zwar nicht deshalb, weil sie 1989 vernichtet worden wären, »sondern weil sie nie in unsere Hände gelangten«.[117] Stellt man in Rechnung, daß Wolf 1972 persönlich die Anweisung gegeben hat, zwei Bundestagsabgeordnete zu bestechen, um Barzels konstruktives Mißtrauensvotum zu verhindern, scheint auch seine Einlassung nicht abwegig, daß sein größter Erfolg, Guillaume alias Hansen, sich in die größte Niederlage seines Dienstes verwandelt habe, in ein politisches Eigentor für die DDR, auch seine Beteuerung nicht, Brandts Rücktritt sei keineswegs von ihm gewollt gewesen. Tatsächlich entschuldigt sich Wolf in einem Brief an Willy Brandt im September 1990 dafür, daß der Nachrichtendienst der DDR zu dessen Sturz beigetragen habe.[118]

Naiv wirkt freilich, wenn sich der Kanzler vor dem Bundestag, vor allem aber in seinen Notizen aus jenen Tagen zum arglosen Opfer hinterhältiger Mächte stilisiert, die das Gute, das er getan, heimtückisch mit Bösem vergelten. Da klagt er bewegt, was das eigentlich für Leute seien, »die das ehrliche Bemühen um den Abbau von Spannungen – auch und gerade zwischen den beiden deutschen Staaten – auf diese Weise honorieren«. Und da fragt er allen Ernstes, ob es in der gegenwärtigen Großwetterlage wahrscheinlich sei, daß sich Nixon und Breschnjew der Spitzelei im Vorzimmerbereich bedienten und, falls ja, wie sich das auf die Ost-West-Beziehungen auswirken würde.[119]

Das sind zwar Sätze, die belegen können, daß ein Willy Brandt auch an den Schalthebeln der Macht nie zum Zyniker geworden ist. Doch schimmert in ihnen auch jenes Zartbesaitetsein, jener

Hang zum Selbstmitleid, jene fehlende Härte im Nehmen durch, die Mitstreitern schon in seinen Berliner Jahren, vor allem in den Wahlkämpfen der sechziger Jahre, aufgefallen ist. Daß sich sowohl CIA wie KGB über einen Topspion im Vorzimmer der jeweils anderen Supermacht glücklich schätzen würden, scheint doch ausgemacht, wie denn auch westdeutsche Dienste nicht die geringsten Skrupel hätten, einen Agenten im Politbüro zu plazieren, falls sie es denn könnten. Immerhin ist eine Chefsekretärin des DDR-Ministerpräsidenten Grotewohl Agentin des BND (und des Ostbüros) gewesen und unter dem Fallbeil gestorben – wenn auch in der hohen Zeit des Kalten Krieges.

Interessant wäre allerdings zu wissen, ob der jeweilige Regierungschef stets darüber informiert wurde, wenn sich ein James Bond der eigenen Seite in den allerhöchsten Rängen des Gegners eingenistet, und falls ja, ob er dem Einsatz zugestimmt hat. Stalin wurde bei wichtigen Fällen bis ins Detail eingeweiht, will Egon Bahr von Valentin Falin erfahren haben. Seither sei es in der Sowjetunion bis hin zu Gorbatschow gängige Praxis gewesen, den ersten Mann im Kreml über wichtige Aktionen sowjetischer Agenten und Spione ins Bild zu setzen, ja besonders heikle Missionen mit ihm abzustimmen. Weil die sowjetischen Usancen meist von anderen Ostblockdiensten übernommen wurden, folgert Bahr, daß auch Erich Honecker von Anfang an über den »Schatten des Kanzlers« Bescheid gewußt hat.[120] Dem widerspricht, was der DDR-Staatsratsvorsitzende Brandt selbst 1985 bei dessen erstem Besuch in der DDR dazu sagte: Daß er solche Geschichten auch erst aus der Zeitung erfahre und daß er, als es passiert sei, als Vorsitzender des Verteidigungsrates seine Leute sehr getadelt habe.[121] Hätte er davon gewußt – so versichert Honecker dem Besucher Brandt wie zuvor schon Helmut Schmidt –, dann hätte er gesagt: »Weg mit dem Mann.«

Geheimdienstchef Markus Wolf kann darüber nur staunen: Eine derartige Order Honeckers sei ihm nie zu Ohren gekommen, im Gegenteil – gerade in jener Zeit sei der politische Druck auf seine Hauptabteilung Aufklärung, erstklassiges Material zu beschaffen, besonders groß gewesen. Wer jenes Bild vor Augen hat, auf dem Honecker 1981 – flankiert von Erich Mielke und Markus Wolf – seine im Austausch freigekommenen Kundschafter für den Frieden,

Christel und Günter Guillaume, durch eine Audienz im Staatsrat auszeichnet, wird nicht lange zweifeln, welcher Version er glauben kann.[122] Das Bedauern von Breschnjew dagegen scheint echt gewesen zu sein. Über den Bahrschen Geheimkanal ließ er bestellen, er zürne Honecker, weil dieser nach der direkten Kontaktaufnahme zwischen ihm und dem Kanzler seinen Spion nicht zurückgezogen habe. Wie der Herrscher aller Reußen allerdings gehandelt hätte, wäre es nicht einem Agenten der DDR, sondern einem des eigenen Dienstes gelungen, das Persönliche Büro des westdeutschen Regierungschefs zu infiltrieren, das steht – allen Beileidsbekundungen zum Trotz – völlig dahin.

Das Problem für Brandt ist ja auch weniger der Spion selbst – dieser auch, gewiß –, doch wichtiger sind die Fragen nach dem Verhalten des eigenen Amtes, des Verfassungsschutzes und des aufsichtführenden Innenministeriums, nachdem sie einmal Kenntnis von dem Fall erhalten haben. Dabei versteht sich, daß der Kanzler über den Verrat eines engen Mitarbeiters enttäuscht ist, mit dem er sich spätabends duzte, der ihm ein organisatorisch begabter Adjutant in Parteifragen und Reisemarschall in Wahlkampfzeiten gewesen ist. Fast ein Jahr lang fuhr er mit diesem Judas durch Deutschland, saß mit ihm zu Tisch und leerte so manches Glas mit ihm. Guillaume führte seine Reisekasse und zahlte Rechnungen, Kleinkram, von dem der Kanzler meist nie erfuhr, im Salonwagen legte er Kleider und stellte Schuhe für den nächsten Tag bereit. Bei vielen vertraulichen Parteibesprechungen ist der Verräter dabei gewesen. Das Ausmaß an Verstellung und der Vertrauensmißbrauch treffen Brandt tief, er nennt dies einmal »ungeheuerlich«. Zwar hat er Guillaume nie besonders gemocht, und er wird – wegen der von ihm als »peinlich empfundenen Enge seiner geistigen Interessen« und weil er Langeweile verbreitet – nie ein politischer Gesprächspartner für ihn.[123] Aber das gehört schließlich nicht zu den Aufgaben dieses Referenten. Harpprecht beschreibt ihn als blassen, wohlorganisierten Funktionär mit berlinischem Kumpelton, der geschwätzig und neugierig in den Vorzimmern des Kanzleramts herumlungert und schließlich mit einer der Damen in Bahrs Büro anbändelt.

Ist er ein bißchen dümmlich und beschränkt, hat Brandt an ihm die »vife Intelligenz« vermißt, wie Hermann Schreiber behauptet, hat gar Horst Ehmke recht, der meint, der Kanzler habe seinen dienstbeflissenen Referenten für einen »Domestiken« gehalten?[124] Das mag alles stimmen. Ein Mann seiner Stellung muß mit vielen Menschen umgehen, die nicht ganz nach seinem Herzen sind, und doch stellt sich in der täglichen Zusammenarbeit, vor allem auf den langen Fahrten im Sonderzug, eine gewisse Nähe und Vertrautheit beinahe automatisch ein. Das gilt vor allem für die Einsamkeit der norwegischen Ferienidylle, wo Rut Brandt und Christel Guillaume mit ihren Kindern offenbar gemeinsame Ausflüge unternommen haben.[125] Viel spricht dafür, daß Guillaume zum Schluß zwei Identitäten und eine doppelte Loyalität besaß, daß er zweier Herren Diener war: Er fand Gefallen an der Person Brandt, ja verehrte ihn; insoweit war Beflissenheit, ja seine aufopfernde Fürsorge etwa im Wahlkampf womöglich nicht gespielt, sondern echt, zumal er politisch des Kanzlers Entspannungspolitik schätzte. Ein großer Schauspieler mußte er da wahrscheinlich nicht sein.

Bei alledem aber blieb er seiner DDR treu, in deren Diensten er stand und für die er über Interna aus der Führungsspitze der SPD berichtete, aber auch über die Wünsche und Vorstellungen der Bundesregierung im Vorfeld der Brandt-Stoph-Treffen in Erfurt und Kassel. Nicht so sehr geheime Dokumente – die erhielt Ostberlin über andere Quellen –, sondern politische Einschätzungen wurden von Guillaume erwartet. So sollte er jedes Anzeichen einer möglichen Zuspitzung der internationalen Lage signalisieren und die Haltung der Bundesrepublik zu den Abrüstungsverhandlungen zwischen Moskau und Washington beobachten. Wolf lobt die Wahrnehmungsfähigkeit seines Agenten und dessen »politische Intelligenz«. Er habe tiefere Einblicke gehabt, als er aus dem Inhalt des Kanzlerkoffers gewinnen konnte. Die Stasi habe seinen Meldungen entnommen, daß es sich bei Brandts neuer Ostpolitik »um einen zwar widersprüchlichen, aber dennoch echten Kurswechsel in der bundesdeutschen Außenpolitik handelte«. Der Spion, Dein Freund und Helfer? Die Sottise sei erlaubt, denn was Wolf über die Wirkung der Guillaume-Berichte schreibt, mag zwar objektiv so gewesen sein. Freilich liest es sich bei ihm, als habe sein Mann im Kanzlerbüro unermüdlich dafür gesorgt, daß die Entspannungspolitik Brandts nur ja zum Erfolg geriet.[126]

Aber wie halten Wolf und sein Agent es mit jenen Affären, von denen sie zweifellos Kenntnis hatten und die, nach Meinung der westdeutschen Dienste, den Kanzler der Bundesrepublik deshalb hätten erpreßbar machen können? Wenn ein Referent bei Wahlkampfreisen Tag und Nacht um seinen Vorsitzenden und Kanzler ist, dann versteht es sich, daß er aus dem Effeff auch dessen menschliche Schwächen kennt. Dazu gehört nicht nur dieses oder jenes Glas, das ein erschöpfter und heiserer Willy Brandt – nach mehreren Wahlreden von der Pflicht befreit, immerzu Optimismus zu verströmen, Massen zu begeistern und Hände zu schütteln – am Abend auch einmal über den Durst zu sich nehmen mag. Im Sonderzug fahren Journalisten und auch Journalistinnen mit. Und oft hat der Berichterstatter Hans Ulrich Kempski auf solchen Kanzlerreisen erlebt, »wie stark Brandts Anziehungskraft auf Frauen ist, die ihn überall umschwärmten«. Der Kanzler gehöre, so Kempski, »zu jenem Politikertyp, dessen Vitalität sich bei nicht wenigen Bewunderinnen umsetzt in Sehnsucht«.[127] Das ist ebenso treffend beobachtet wie mit der gebotenen Zurückhaltung beschrieben.

Daß Brandt die eine oder andere Journalistin, die ihn anhimmelt, nicht abweist, mag gelegentlich der Fall gewesen sein. Angehimmelt hat ihn auch eine 19jährige Condor-Stewardeß, der jenes berühmte Collier gehört, das ein Sicherheitsbeamter morgens in Brandts Hotelbett fand. Man hat es fälschlich der *Stern*-Reporterin Wibke Bruhns angedichtet, einer Verehrerin Brandts, die mit ihm auf dem Kanzlerfest getanzt hat, aber auch nicht mehr. In Jerusalem trank sie einmal eine halbe Nacht mit dem Kanzler auf dessen Zimmer im Hotel King David Whisky, weil er ein Gegenüber zum Reden, das Gespräch zum Schlummertrunk brauchte. Natürlich machten neidische Kollegen, die dies beobachteten, mehr daraus. Muß es, wenn Brandt in seiner Suite im Sonderzug mit einer Journalistin spricht, unbedingt anders gewesen sein? Daß der Referent diese Dame zum Kanzler bringt, versteht sich, wer sonst sollte es tun. Aber muß daraus, mit all dem Unterton sittlicher Entrüstung, gleich werden, er habe Brandt »Frauen zugeführt« (ein Ausdruck, der übrigens die Runde macht, weil ihn einer seiner Leibwächter in den Vernehmungen benutzt hatte)?

Das meiste, was da erst gerüchteweise durch die Bundeshauptstadt schwirrt, in Oppositionskreisen geflüstert wird und dann durch die Gazetten geistert, sind Produkte blühender, klebriger

Phantasie, und in Ermangelung von harten Tatsachen tischen *Bild* und *Quick* zunächst einmal die fast 15 Jahre alte Geschichte von Susanne Sievers auf. Zwar hat Brandt, wie man dies am Stammtisch nennt, schon in Berlin nicht zu den Kostverächtern gehört, und er selbst sagt von sich einmal, er sei eben kein Säulenheiliger. Wirklich »Ernsthaftes«, das auch schon einige Zeit dauert, gibt es nur mit einer Bonner Journalistin, erklärt er dem Generalbundesanwalt, als dieser in Gegenwart des Bundesjustizministers am späten Nachmittag des 6. Mai mit ihm spricht. Seine Frau wisse und toleriere dies.[128] Er beschwert sich bei Buback in diesem Gespräch über die Ermittlungen und das seinem »Privatleben zugewandte Interesse«: Da braue sich offensichtlich etwas Unsinniges zusammen, denn Guillaume verfüge nicht über »mich betreffende Informationen, die die Interessen des Staates berührten«.[129]

Doch schon tags zuvor, am 5. Mai, hat er auf dem Venusberg seinen Rücktrittsbrief an Bundespräsident Heinemann geschrieben – mit Datum vom 6. Mai. Horst Grabert überbringt ihn nach einem letzten Koalitionsgespräch, das dem Treffen mit Buback folgt, noch am späten Abend dieses 6. Mai dem Bundespräsidenten persönlich in Hamburg. Brandt begründet seinen Rücktritt mit »Fahrlässigkeiten im Zusammenhang mit der Agentenaffäre Guillaume«, für die er die politische Verantwortung übernähme. Aber dieser offizielle Grund verdeckt den für ihn zweifellos wichtigeren: daß der Fall Guillaume in der gegnerischen Presse mehr und mehr mit seinem Privatleben verknüpft wird. »Ich hatte und habe nichts zu verbergen«, notiert er in seinem Tagebuch am 6. Mai, »aber auch ich habe ein Recht auf den Schutz meiner persönlichen Sphäre.«[130]

Wolf versichert, Guillaume habe nie den Auftrag gehabt, über solche Intimgeschichten, über »Schweinskram«, wie er das nennt, zu berichten, und sein Dienst hätte nie beabsichtigt, Derartiges je gegen Brandt zu verwenden.[131] Das mag auf die damalige Phase der Entspannung zutreffen – was aber, wenn das weltpolitische Klima sich plötzlich verändert hätte, wenn, aus welchen Gründen auch immer, Entspannung wieder in Konfrontation umgeschlagen wäre? Hätte er dann der Versuchung widerstanden, mit dem Wissen Guillaumes gegen Brandt oder die Bundesregierung vorzugehen?

Buback antwortete dem Kanzler auf dessen Beschwerden am

6. Mai, die Feststellungen zum privaten Bereich seien nötig gewesen, um herauszufinden, ob sich Guillaumes Verrat auch hierauf erstreckt habe. Daß die deutschen Ermittler durch systematische Befragung von Brandts Leibwächtern herauszufinden suchten, was der Spion eigentlich alles hätte beobachten, notieren und nach Ostberlin weitermelden können, war zweifellos vernünftig, Affären des Wahlkämpfers und Bundeskanzlers, tatsächliche oder vermeintliche, gehörten da einfach dazu. Allerdings wäre zu fragen, wie Bundeskriminalamt und Bundesanwaltschaft mit diesem Wissen umgingen, das in den Befragungen der Beamten der Sicherungsgruppe Bonn zutage gefördert wurde, wie sie die Angaben einordneten und bewerteten. Da gab es zweifellos Verbindungen zwischen der Bundesanwaltschaft, der Opposition und der oppositionellen Presse; auch führten Brandts Sicherheitsbeamte Klage über die Art, wie Aussagen aus ihnen herausgepreßt worden seien. Ulrich Bauhaus zum Beispiel betrachtete es als Vertrauensbruch, über Brandts Privatangelegenheiten ohne ausdrückliche Einwilligung des Kanzlers auszusagen. Als er sich weigerte, drohte ihm ein Bundesanwalt mit einer richterlichen Vernehmung und mit Beugehaft. Seine Kollegen und er, schreibt er Brandt einige Tage nach dessen Rücktritt, würden das Gefühl nicht los, daß bei den Vernehmungen durch die Kollegen der Abteilung Staatsschutz bewußt gewisse Spielregeln vorsätzlich verletzt wurden und sie unter dem Druck beamtenrechtlicher Pflichten zu Aussagen gezwungen wurden, deren Sinn sie bis heute nicht begriffen hätten. Die Vernehmungen zur privaten Sphäre seien unter »streng geheim« aktenkundig gemacht, aber den am Fall beteiligten Nachrichtendiensten dann in Kopien ausgehändigt worden.

Das so entstandene Dossier enthielt zum Teil groteske Unterstellungen: Einem abendlichen Interview in Kopenhagen – wohin Guillaume gar nicht mitgekommen war – wurde »das Falschbild einer Affäre angeklebt«. Auf der Leporello-Liste, so Klaus Harpprecht, scheinen auch seine Frau Renate und Susi von Wechmar zu stehen – beide hätten den Bundeskanzler in der Öffentlichkeit umarmt, »auf die Wange geküßt, vielleicht auch mit Blicken bedacht. Flirtiv, lustig, herzlich, denn beide sind ihm ja sehr zugetan«.[132] Daß dennoch etwas »übrig blieb«, räumt Brandt allerdings selbst ein, meint jedoch, wenn alles mit rechten Dingen zugegangen wäre, hätte ihn dies nicht ins Zwielicht bringen können: »Aus Pariser Kabinettskreisen hörte ich, es hätte dort allenfalls Gelächter ausgelöst.«[133]

Doch das enge Bonn ist nicht das weltläufige Paris, und daß allein die Existenz eines solchen Dossiers, das in dieser offenen Stadt am Rhein nicht lange geheim bleiben kann, von führenden Genossen der Kleinbürgerpartei SPD nicht mit Gelächter quittiert wird, soll sich bald zeigen. Erstmals erwägt er seinen Rücktritt, als von den privaten Geschichten noch gar nicht die Rede ist: Am 29. April abends auf dem Venusberg, als der Kanzler mit Grabert und Ehmke den Fall durchgeht und ihm der frühere Chef des Kanzleramts, fassungslos über all die Pannen, die ihm Grabert aufzählt, die politische Dimension vor Augen führt. In diesem Nachtgespräch wird sich Brandt offenbar der Schwere des Vorgangs und der denkbaren Folgen bewußt: »Die Möglichkeit des Rücktritts«, schreibt er in sein Tagebuch, »bleibt nicht unerwähnt, aber ich ziehe sie noch nicht in Betracht.«[134]

Hätten sofortige Rücktritte anderer den Kanzler zu diesem Zeitpunkt noch aus der Schußlinie bringen können? Vielleicht oder sogar wahrscheinlich, doch Brandt ist nicht der kaltblütige Krisenmanager, den es dazu braucht. Zudem ist er in diesen entscheidenden Tagen – wie bei den Koalitionsgesprächen im Herbst 1972 – gesundheitlich angeschlagen, leidet seit der Ägypten-Reise an einer Magenkrankheit und muß sich zwei Zähne ziehen lassen. Der sofortige Rücktritt Graberts, Nollaus und Ehmkes hätte nahegelegen, Ehmke hat den seinen in jener Nacht auf dem Venusberg ja auch angeboten. Nur der Genschers scheint ausgeschlossen, weil der Innenminister nach der Bewerbung Scheels um die Präsidentschaft für die Fortsetzung der Koalition unentbehrlich ist.

Einige wenige Tage schwankt Brandts Haltung zwischen Resignation und Kampfeswillen, doch die Stimmung wird düsterer, als ihm am 1. Mai Klaus Kinkel, der damalige Persönliche Referent des Innenministers, in Hamburg einen Vermerk Horst Herolds für Genscher überreicht, in dem die pikanten Reiseerzählungen der Sicherheitsbeamten festgehalten sind. Der telefonischen Empfehlung, die sein Innenminister ihm bei der Ankündigung Kinkels gegeben hat – sich mit dem Generalbundesanwalt in Verbindung zu setzen, die Anwürfe durch einen eigenen Kommentar auszuräumen und ihm zu helfen, die »Dinge richtig einzuordnen«, folgt er nicht. Voller Empörung lehnt er ab, sich überhaupt zu einem solchen Schriftstück zu äußern.[135] Das ist zwar verständlich, aber wiederum scheint er schlecht beraten zu sein. Leugers-Scherzberg ortet hier den »eigentlichen Fehler« Brandts: Hätte ein Anruf bei Buback an diesem 1. Mai und eine gründliche Aussprache nicht Dichtung und Wahrheit in den Aussagen seiner Leibwächter trennen können,[136] wäre die Gerüchtelawine, die erst in den kommenden Tagen niedergeht, so nicht verhindert oder wenigstens eingedämmt worden?

Als er die Liste all der behaupteten Liaisons liest, ist Brandt zwar zunächst amüsiert, einige Momente womöglich stolz auf die Virilität, die man ihm, einem Mann von immerhin sechzig Jahren, da zutraut. Doch bald überwiegt Empörung: Haben die Sicherheitsbehörden, statt alle Mühe darauf zu verwenden, den Agenten zu fangen, nicht statt dessen sein Privatleben ausgespäht? Langsam beginnt ihm, dem durch endlose Diffamierungskampagnen Gebrannten, jetzt zu dämmern, daß die gegnerische Massenpresse ihn mit einer neuen Dreckkampagne, diesmal mit einem spannenden, um Sex angereicherten Agententhriller gnadenlos jagen, zur Strecke bringen, den Friedensnobelpreisträger moralisch hinrichten will. *Stern*-Reporterin Wibke Bruhns, die den Kanzler am nächsten Tag auf seiner niedersächsischen Wahlkampfreise auf der Fregatte »Köln« bei trostlosem Wetter nach Helgoland begleitet, vermerkt Brandts »steinernes Gesicht«. Mitten bei einem Schunkelabend mit viel Alkohol und tapferen Genossen »starrte er plötzlich stumm auf seine Hände: ›Scheißleben!‹, murmelte er.«[137] Ob er damals Suizidgedanken hat, bleibt umstritten, zumal Brandts eigene Darstellungen sich in Jahrzehnten der Erinnerung gelegentlich widersprechen. Arnulf Baring gab er Anfang der achtziger Jahre zu Protokoll, er habe sich das Leben nehmen wollen und bereits einen Abschiedsbrief an seine Familie verfaßt, den er dann wieder zerriß. Im Jahr 1989 heißt es dagegen, das sei »Geschwätz« und eine »beträchtliche Überzeichnung« der Tatsache, daß er sehr deprimiert gewesen sei.[138]

Zwei Tage nach Kinkels Besuch in Hamburg unterrichtet ein ratsuchender und offenbar tief verstörter Horst Herold, der Chef des Bundeskriminalamts, seinen Kollegen Günther Nollau von dem

Sprengstoff, den er mit dem Verhördossier in seinen Händen hält und von dem der Kanzler auf dem Weg über Kinkel/Genscher unterrichtet wurde. Beide sind einig in ihrem Urteil: »Wenn Guillaume ... diese pikanten Details in der Hauptverhandlung auftischen würde, wären die Bundesregierung und auch die Bundesrepublik selbst blamiert bis auf die Knochen. Sage Guillaume dagegen nichts, dann habe die Regierung der DDR – der Guillaume natürlich auch über das Privatleben Brandts berichtet hat – es in der Hand, jedes Kabinett Brandt und die SPD zu demütigen ...« Folgt man Nollaus Memoiren, dann sind beide Herren aufs äußerste um das Ansehen der sozialdemokratischen Bundesregierung besorgt und meinen deshalb, der Bundeskanzler müsse zum Rücktritt gedrängt werden. Nollau schlägt vor, Herbert Wehner zu unterrichten«, damit er als »politische und moralische Autorität« das Notwendige in die Wege leite, und der Chef des BKA stimmt mit den Worten zu: »Genau das hatte ich von Ihnen erwartet.«

Der Präsident des Verfassungsschutzes gilt allgemein als Sozialdemokrat und Protegé Herbert Wehners, kommt aus Dresden, wie der SPD-Fraktionschef auch, und er hat diesen über den Verdacht gegen Guillaume schon frühzeitig informiert – freilich nicht vor dessen Fahrt zu Honecker, wie Brandt in seinen Notizen argwöhnt, sondern erst danach. Daß der oberste Verfassungsschützer dies getan hat, zeigt zwar, auf wie vertrautem Fuß die beiden miteinander stehen, aber es wäre abwegig, darin den Beginn einer Verschwörung zu wittern. Es lag schon deshalb nahe, weil Wehner als Sicherheitsbeauftragter der SPD auch ihr Kontaktmann zu den Nachrichtendiensten war und sich die deutsche Abwehr – mit Hilfe der SPD-Führung – zehn Jahre vergeblich bemühte, einen Agenten in der SPD-Zentrale ausfindig zu machen, von dem sie nicht mehr wußte, als daß sein Name mit einem G. begann. Jetzt endlich schien sie ihn entdeckt zu haben. Als Nollau noch am selben Tag, an dem ihn Herold aufgesucht hat, bei Wehner vorspricht, übergibt er ihm nicht Herolds Dossier – über das verfügt er offenbar selber nicht –, sondern informiert den Fraktionschef mündlich, wenn auch so detailgetreu wie möglich. Die Reaktion des Puritaners aus Sachsen, den Brandts froher Lebenswandel seit Jahr und Tag erbost: »Er sinkt förmlich in sich zusammen und stößt hervor: ›Das bricht uns das Rückgrat‹.« Als der Chef des Verfassungsschutzes schließlich vorschlägt, man müsse den Bundeskanzler dazu bewegen, zurückzutreten, äußert Wehner nur: »Ich sehe ihn morgen in Münstereifel.«[139]

In diesem nahegelegenen, malerischen Eifelkurort beraten am 4. und 5. Mai die Führungsspitzen von Gewerkschaften und SPD über die wirtschaftspolitische Lage und die Folgen der konjunkturellen Krise, über die jüngsten Wahlniederlagen der Sozialdemokraten und den katastrophalen Vertrauensverlust, den die Demoskopen der Regierung Brandt/Scheel bescheinigen. Ort der Tagung ist die Kurt-Schumacher-Akademie, ein nüchterner Zweckbau mit dem Charme eines preußischen Landratsamtes. DGB-Chef Heinz Oskar Vetter wirft in den Beratungen die Frage auf, ob es sich für die Gewerkschaften überhaupt noch lohne, weiter für diese Koalition einzutreten, ob sie sich nicht unnötig verschlissen, »wenn das Desaster der Regierung *doch* kommt«. Auch wenn es in dieser Sitzung nur um Innenpolitik ging und niemand von Guillaume redete, muß sie Willy Brandt doch »tief deprimiert haben« – so erinnert es Helmut Schmidt.[140]

Am Abend dieses 4. Mai, gegen 19.30 Uhr, findet dann jenes etwa einstündige Gespräch zwischen Brandt und Wehner statt, über das verschiedene Versionen im Umlauf sind und über das Einigkeit nur insoweit herrscht, als sein Verlauf für den Entschluß zum Rücktritt wohl den Ausschlag gegeben hat. Folgt man Brandts Darstellung, dann spricht er selbst die Gerüchte um Damenbekanntschaften an, wenn auch eher vage, worauf Wehner ihm dann, freilich nicht minder vage, die »schmerzliche Mitteilung« von einem »ca. 10seitigen Bericht und ›Damenbekanntschaften‹« macht, der inzwischen mindestens 11 Personen bekannt sei. Eine klare Auseinandersetzung um das berüchtigte Dossier, über das Wehner von Nollau informiert wurde, scheint es nicht gegeben zu haben, damit aber auch keine Klarstellung Brandts, was Wahrheit und was Dichtung sei.

Wenn Wehner später erklärt, es gebe gewisse Dinge, die allein Brandt klarstellen, in Ordnung bringen und die ihm andere nicht abnehmen könnten, hat er zweifellos diesen Problemkreis im Blick. Allerdings nimmt der Fraktionschef, den posthum veröffentlichten »Notizen« Brandts zufolge, in diesem Gespräch dazu nicht selbst

Stellung, sondern verschanzt sich hinter Nollau: Er erwähnt dessen Vorschlag, zurückzutreten und betont die Einschätzung des Verfassungsschutzpräsidenten, Brandt bleibe erpreßbar – selbst nach einem Austausch Guillaumes.[141] Wehner wiederum will Brandt in diesem Vier-Augen-Gespräch erklärt haben, er stehe zu Brandt, aber es werde hart werden. Der Kanzler allein müsse wissen, was jetzt zu tun sei – er, Wehner, werde Brandt stützen, wie immer dieser sich entscheide.

Hat Brandt von Wehner, den er doch insgeheim verachtete und schon damals des Verrats und der Konspiration mit Honecker verdächtigt, mehr erwartet, etwa den Rat, in jedem Fall im Amt zu bleiben? Dem weicht Wehner bewußt aus, statt dessen versichert er »uneingeschränkte Treue für jede denkbare Entwicklung«, räumt ihm für seinen Entschluß jedoch beinahe ultimativ eine Bedenkfrist von 24 Stunden ein. Einer schrittweisen Erosion, das wird damit klar, zieht er allemal den klaren chirurgischen Schnitt vor. Wehner rät also nicht ausdrücklich vom Rücktritt ab, was Brandt, wahrscheinlich zu Recht, als Wink wertet, sein Amt aufzugeben.

Mehrere Gründe werden Wehner zu dieser Haltung bewogen haben: Einmal hält er eine öffentliche Diskussion von Brandts Frauengeschichten parteipolitisch für eine Katastrophe[142]; zweitens kennt er natürlich Brandts dünne Haut und hat berechtigte Zweifel, ob dieser in der Lage ist, eine längere Schmutzkampagne psychisch und physisch überhaupt durchzustehen; drittens hat ihn Brandt über Pläne zur Kabinettsumbildung informiert, nach denen er, Wehner, als Minister wieder in die Kabinettsdisziplin eingebunden werden, Helmut Schmidt an seine Stelle als Fraktionsvorsitzender rücken und Egon Bahr die Position Horst Graberts übernehmen sollte. Die Aussicht, er habe es demnächst ausgerechnet mit Bahr als neuem Leiter des Kanzleramts zu tun, mit jenem Ratgeber also, dessen großen, in dieser politischen Phase aus seiner Sicht verhängnisvollen Einfluß auf Brandt er ja gerade ausschalten will, ist nach Leugers-Scherzberg für den Fraktionschef »völlig unakzeptabel«.[143]

Anders als Holger Börner, Karl Ravens, Alfred Nau und vor allem Helmut Schmidt protestiert Wehner nicht, als Brandt am nächsten Tag in größerer Runde in Münstereifel seinen Rücktritt ankündigt und die Gründe dafür nennt. Wehner schweigt und zieht nur vielsagend an seiner Pfeife, indes Schmidt die *contenance* verliert und Brandt sogar anschreit: »Wegen dieser Lappalien kann ein Bundeskanzler sein Amt nicht aufgeben!« Er meint es ehrlich, auch wenn man ihm seit langem Ambitionen auf die Kanzlerschaft nachsagte und er sich das Amt durchaus zutraut – *so* Kanzler werden, das wiederum will Schmidt nicht. Zu tief verabscheut der ehemalige Hamburger Innensenator die »kleinbürgerliche Moralität«, welche die Sozialdemokraten der Hansestadt vor Jahren dazu bewogen hat, ihren geachteten Bürgermeister Paul Nevermann davonzujagen, dessen Ehe an einem Verhältnis zu einer Freundin zerbrochen war. Wie Schmidt sich an die Szene an diesem Sonntag in Münstereifel erinnert, haben alle darin übereingestimmt – auch Wehner –, daß Brandt wenigstens Parteivorsitzender bleiben müsse. Der Kanzler sei fest bei seinem Entschluß zum Rücktritt geblieben, wiewohl er deprimierter und resignierter Stimmung gewesen sei: »Zweimal rief er aus: ›Gescheitert!‹ – so, als wolle er sagen: Hier ist nichts mehr zu machen.«[144]

Ob alle Spitzengenossen, die Brandt in Münstereifel umstimmen wollten, davon innerlich auch überzeugt gewesen sind, darf getrost offenbleiben, aber Zweifel sind doch angebracht. Fraktion wie Parteiführung waren damals zutiefst verunsichert, und in den Notizen Gerhard Jahns finden sich Anzeichen dafür, daß einige zwar vordergründig Treue zeigten, insgeheim aber der Wehnerschen Skepsis zuneigten. Natürlich fehlt es bis zuletzt nicht an Versuchen, Brandt zum Bleiben zu bewegen, auch auf Seiten der FDP, die sich von dem strengeren Regiment eines Kanzlers Schmidt weniger politischen Spielraum für sich selbst verspricht. So ist es kein Zufall, wenn Walter Scheel, fröhlich auch in dieser Situation, in der letzten Koalitionsrunde sagt: »Herr Bundeskanzler, das sitzen wir doch auf einer Backe ab.«

Aber wäre Brandt wirklich der Mann dazu, besitzt er das nötige Nervenkostüm? Getreue Ratgeber im Kanzleramt bestürmen ihn, seinen Entschluß rückgängig zu machen, reden von Fahnenflucht, einige befürchten von Brandts Abgang Gefahr für Europa oder gar Weimarer Verhältnisse in der Bundesrepublik. Am Tag nach Münstereifel scheint Brandt noch einmal einige Stunden zu schwanken, um dann, bestärkt von seinem *alter ego* seit der Zeit in Berlin, doch zu seinem Entschluß zu stehen. »Sie werden Dich jagen und in sechs oder acht Wochen zum Rücktritt zwingen«, legt ihm Bahr dar, »nur jetzt bestimmst Du noch das Gesetz des Handelns.« Seine Empfehlung zum Rücktritt entspringt der Überzeugung, daß der Freund nur durch diesen Schritt »vor der Zerstörung oder Selbstzerstörung« bewahrt werden kann.[145] Auch Rut zweifelt, ob Willy Brandt genügend Kräfte haben wird, diesen Kampf durchzustehen. Am Morgen nach Münstereifel ist er in ihr Zimmer gegangen, hat sich ans Fußende ihres Bettes gesetzt und gesagt, daß er an diesem Tag zurücktreten werde. Sie zeigt sich weder erstaunt noch widerspricht sie ihm, eine Tatsache, die er ihr – wie Wehner – jahrelang verübeln wird. Vielleicht die Schmutz- und Verleumdungskampagnen ahnend, die nun auf sie zukommen würde, sagt Rut nur: »Das finde ich richtig. Einer muß die Verantwortung auf sich nehmen.«[146]

Um 23.35 Uhr dieses Tages übergibt Horst Grabert den Brief Willy Brandts an Bundespräsident Gustav Heinemann, der sich in Hamburg befindet. Um Null Uhr morgens am 7. Mai meldet der NDR den Rücktritt von Bundeskanzler Willy Brandt. Wenig später stellen SPD-Mitglieder eine rote und sieben weiße Kerzen auf die Sockel des schweren Gittertores der Villa Venusberg 12, ein- bis zweihundert Jungsozialisten versammeln sich mit brennenden Fackeln zu einer Sympathiekundgebung vor dem Hause und fordern, Willy Brandt müsse Kanzler bleiben. Um halb drei Uhr nachts erscheint SPD-Bundesgeschäftsführer Holger Börner und bittet sie, nach Hause zu gehen: »Leute, ich verstehe Euch ja völlig, aber laßt ihn jetzt schlafen.«[147]

Die Republik reagiert wie betäubt und hält den Atem an. Doch die besten Kommentare kommen aus Amerika. James Reston spricht von einem *touch of class* und meint, Brandts Schritt zeige Größe. Und Anthony Lewis vergleicht das Verhalten des deutschen Bundeskanzlers mit dem des amerikanischen Präsidenten. Richard Nixon ziehe Täuschung, *public relation tricks*, parteipolitische Manöver und sogar kriminelle Akte der Wahrheit vor. Brandt dagegen bringe Geradheit und Integrität in die deutsche Politik. Er stelle die Intaktheit der demokratischen Institutionen über die Person und zeige, daß es wichtigere Dinge im Leben gebe, als ein öffentliches Amt innezuhaben.[148]

Die vierte Karriere

Comeback als »elder statesman«

Ist der von den Sachzwängen des täglichen Regierens befreite *elder statesman* vielleicht der unverfälschte, souveräne, wahre Willy Brandt? Der Mann, der keiner Rolle mehr genügen, keine Maske mehr tragen, keinen innenpolitischen Erwartungen mehr entsprechen muß und wieder in großen Zusammenhängen denken und leben kann? Es hat ihn nie vor der Macht geekelt, wie Grass ihm einmal im »Butt« unterstellt, wohl aber haßte er die mit ihr beinahe naturnotwendig einhergehenden Ränke und Intrigen, Hintertreppenkonspirationen und Diadochenkämpfe.[1] Jetzt fechten sie ihn nicht mehr an, und es wird keine zwei Jahre dauern, bis Willy Brandt auf der Weltbühne präsenter ist denn je zu seiner Zeit als Kanzler: Als Präsident der Sozialistischen Internationale, eines ursprünglich europäisch zentrierten Zusammenschlusses sozialistischer und sozialdemokratischer Parteien, den er durch die Aufnahme von Drittweltparteien und enge Kontakte zu mittelamerikanischen Befreiungsbewegungen zum globalen Instrument weitet. Es ist ein Club ohne feste Organisation und ohne Weisungsbefugnis an die einzelnen Mitglieder, aber der persönliche Einsatz Brandts, seine Stimme verschafft ihm weltweites Gehör und politisch-moralische Autorität.

Vollends in globalen Perspektiven denkt Brandt als Chef der Nord-Süd-Kommission, die in zweijähriger Arbeit im Auftrag der Weltbank und unter der Schirmherrschaft der Vereinten Nationen einen Bericht über die Notlage der Entwicklungsländer verfaßt: »Das Überleben sichern« wählt er als plakative Überschrift für dieses umfangreiche Memorandum, das die Ausplünderung des Planeten anprangert, eine Änderung der Weltwirtschaftsordnung, wenn auch in kleinen Schritten, fordert und das Ende von Hunger und Elend, ohne das in der Welt kein Friede herrschen kann. War das

Denken des Entspannungsrealisten Brandt bisher ganz vom Ost-West-Konflikt beherrscht, wird es jetzt vom Nord-Süd-Konflikt überwölbt, der neuen, großen Herausforderung unserer Zeit. Hier kann der Visionär Brandt globale Entwicklungskriterien entwerfen, das Modell einer Weltgemeinschaft etwa, die sich »auf Verträge gründet statt auf Rang, auf Konsensus statt auf Zwang«.[2]

Auf eine Art sieht sich Willy Brandt wieder in seine frühe Lebensphase zurückversetzt, als er fast dauernd auf Reisen war – nur daß er nicht mehr als Jugendfunktionär in der Holzklasse fährt, sondern als *elder statesman* First Class oder Business fliegt, daß die Gesprächspartner nicht mehr die Gesinnungsgenossen einer winzigen Splitterpartei sind, sondern zu den Großen dieser Welt zählen, daß die Stationen nicht mehr auf Europa beschränkt sind, nicht nur Barcelona und Paris, Brüssel und Letchworth, Oslo und Stockholm heißen, sondern auch Vancouver und Nairobi, Kuala Lumpur und Peking, Bamaco in Mali oder Kingston auf Jamaika, Lima in Peru oder Caracas in Venezuela. Er kann an die antikolonialistische Tradition der alten Arbeiterbewegung anknüpfen, auch an die frühe Erfahrung des Neunjährigen, der auf einem Ausflug der Kindergruppe des Lübecker Arbeitersportbundes miterlebte, wie Léon Blum aus Frankreich, Torwald Stauning aus Dänemark und Hjalmar Branting aus Schweden in Hamburg die alte Internationale mit neuem Geist erfüllen wollten.[3] Aber der Neubeginn auf der internationalen Bühne braucht seine Zeit.

Denn leicht sind die ersten Monate nicht, die seinem Rücktritt folgen, obschon es an tröstenden Sympathiebekundungen wahrlich nicht fehlt. Eine kommt von Leonid Breschnjew, der ein Fünfundzwanzig-Kilo-Fäßchen Kaviar schickt, sich über den Rücktritt bestürzt zeigt und betont, die Zusammenarbeit mit Brandt, »einem Mann, der in großen politischen Dimensionen wirkt und sich durch Gedankenkühnheit auszeichnet«, habe ihm immer »Genugtuung« gebracht. Natürlich sei er auch künftig bereit, mit ihm »zu diesen oder jenen sich ergebenden Fragen Meinungen auszutauschen«.[4] Eine andere Sympathiebezeugung wirkt indes wie purer Hohn – als ihm nämlich Herbert Wehner am Tag danach in der Fraktion in Cellophan eingewickelte rote Rosen präsentiert – jenen an Geburtstagen wie Todesfällen obligaten Strauß, und dazu beinahe schreiend versichert: »Wir fühlen Schmerz über das Ereignis,

Respekt vor der Entscheidung und Liebe zur Persönlichkeit und zur Politik Willy Brandts miteinander.« Es ist jene berühmte Szene, da Egon Bahr beim Wort »Liebe« das Gesicht in den Händen verbirgt und wie ein Schloßhund weint – »über die Gemeinheit und die Heuchelei«, die er in den Worten des Fraktionschefs zu spüren meint.[5]

Zum erstenmal seit fast zwanzig Jahren hat Willy Brandt kein Staatsamt inne, der Exregierungschef muß sich umgewöhnen, auf die große Klaviatur des Regierungsapparats verzichten und lernen, mit der kleineren, bescheideneren der Partei auszukommen. Zwar bekommt er auf Wunsch weiter Expertisen des Auswärtigen Amtes, und der Nachfolger hält ihn über wichtige außenpolitische Vorgänge durch Aufzeichnungen auf dem laufenden. Geheimberichte vermißt er nicht, weil seine Regierungserfahrung ihn gegen die Dossiers und Lagemeldungen der Dienste skeptisch gestimmt hat. Die aufmerksame Lektüre guter in- und ausländischer Zeitungen bringt nach seiner Überzeugung allemal mehr Erkenntnisse als »geheim« gestempelte Papiere der Diplomaten oder des BND.

Doch es gilt, die Amtswohnung aufzugeben und umzuziehen – in »eine Behausung ohne Geister, die von Amts wegen dienstbar sind«,[6] und das ist nicht einfach für ihn, der sich seit dem Bezug der Berliner Dienstvilla 1964 nie um Wohnungssuche hat kümmern müssen. Für den Umzug nimmt er sich zwar einen Tag frei, »aber das einzige, das er tat, war, seinen Wintermantel von dem einen Haus in das andere zu tragen«. So erinnert Rut Brandt die Schwierigkeiten des Staatsmanns, wieder Privatmann zu werden, und kommentiert dies mit dem befreienden Satz: »Wenigstens konnten wir darüber lachen.« Das neue Haus am Paulshof 15-17, ein stattliches Anwesen mit Swimmingpool und 6500 Quadratmeter großem Grundstück, liegt ebenfalls auf dem Venusberg, aber nicht Willy Brandt, sondern Parteischatzmeister Alfred Nau hat es besorgt. Um den Sturz des ersten sozialdemokratischen Kanzlers seit Hermann Müller in der Weimarer Republik so weich wie möglich abzupolstern, kauft er die 12-Zimmer-Villa für die Partei, die sie ihrem Vorsitzenden dann weitervermietet.

Gestrichen, instandgesetzt und mit einer Alarmanlage samt Fernsehüberwachung versehen, wird sie zum neuen Zuhause der Familie Brandt – für etwa fünf Jahre. Denn intakt läßt sich die bald dreißigjährige Ehe nach dem Fall Guillaume nicht mehr nennen, wenn sie es denn zuvor noch gewesen ist. Daß Willy Brandt sich selbst gegenüber Rut verschließt, daß er sich mit ihr nicht aussprechen will oder kann, hilft gewiß nicht, sie zu retten. Es versteht sich ja, daß die Berichte der Zeitungen über Frauengeschichten im Hause Brandt eine Belastung sind. Willys »Neigungen in diese Richtung« waren Rut nicht unbekannt, wie sie selbst einmal schreibt, und doch ist sie überrascht, weil sie geglaubt hat, die ständige Anwesenheit von Sicherheitsbeamten um den Kanzler hätten flüchtige Affären verhindern oder doch erschweren müssen. Vollends schockiert zeigt sie sich über die Art, wie diese Dinge öffentlich hochgespielt werden. So nimmt sie Matthias für einige Tage aus der Schule und bittet Willy, die Zeitungen selbst aus dem Briefkasten zu holen und auf sein Zimmer zu tragen: Sie will nichts mehr davon lesen, und erst recht nicht, daß Matthias sie zur Kenntnis nimmt.

Von dem »ernsten Verhältnis«, das über zwei Jahre währte, das Brandt im Gespräch mit Generalbundesanwalt Buback am 6. Mai erwähnte und von dem er behauptet hatte, seine Frau wisse darum, erfährt Rut tatsächlich erst am selben Tag und Stunden nach dem Bundesanwalt – als sie, Willy ist gegen 23 Uhr nach Hause gekommen, von ihm wissen will, ob an diesen Frauengeschichten etwas Wahres sei. Da geht er, typisch Mann, über ihre Frage hinweg und meint, daß dies alles völlig unwichtig sei, beichtet dann aber seine ernsthafte Affäre – mit dem Zusatz, daß sie jetzt beendet sei. Ruts erste Reaktion geht dahin, ihn sofort zu verlassen, doch dann gewinnt die Vernunft die Oberhand: »Jetzt durfte ich nicht gehen und es für ihn noch schwerer machen. Und wir hatten Matthias, der erst zwölf Jahre alt war und Vater und Mutter brauchte.«[7] Eine Schlüsselsituation, die zeigt, wie es um beider Beziehung steht: Vielleicht schweigt Willy Brandt ja aus Scham; entscheidend ist schlicht seine bis zum Extrem gesteigerte Unfähigkeit, sich gegenüber anderen zu öffnen. Er will sich auf einzelne Menschen nicht einlassen, mag Leute am liebsten in Gruppen, wo die Gefahr nicht besteht, daß ihm jemand mit Persönlichem zu nahe tritt; selbst Witze, meint eine Beobachterin, dienen ihm dazu als Waffe: Indem er den Menschen Anekdoten erzählt und sie zum Lachen bringt, hält er sie sich vom Leibe und der Seele, muß nichts, aber auch gar nichts über das eigene Ego oder, verhüte es Gott, über seine Gefühle preisgeben.[8] Daß er sich nicht einmal mit der Gefährtin aussprechen kann, mit der er seit Stockholm, seit 1944, zusammenlebt, hat gewiß mit den Verletzungen zu tun, die er in seiner unbehausten Jugend erfuhr. Weil sie das ahnt, versucht Rut, die von ihm selbst doch so Verletzte, ihn in den schwierigen Tagen und Wochen nach dem Rücktritt öffentlich zu stützen. Wie Hillary Clinton Jahrzehnte später, zeigt sie, daß sie trotz allem zu ihrem Manne steht und fliegt mit nach Berlin, wo Brandt am 12. Mai bei einer Gedenkveranstaltung zum Tag der Luftbrücke sprechen soll.

Es ist ausgerechnet jene Rede, in der er betont, daß er bekanntlich kein Säulenheiliger sei. Hat er nicht bedacht, daß Rut unter den Zuhörern sitzt? Denn was er sagt, trifft sie wie ein Schlag – nicht, weil es neu für sie ist, sondern weil er damit ein ungeschriebenes Abkommen zwischen beiden bricht, daß über solche Sachen öffentlich zu schweigen sei.[9] Ihr gegenüber bleibt er bei seiner Weigerung. Wochen später, bei einem Waldspaziergang in Norwegen, unternimmt sie einen letzten Versuch, ihn zum Sprechen zu bringen, und bittet ihn, endlich zu sagen, was geschehen sei. Als er mit einem entschiedenen Nein antwortet, beschließt sie, ihn nie wieder zu fragen. »Das war der Anfang vom Ende«, schreibt sie rückblickend, »aber es sollte noch mehrere Jahre dauern.«[10]

Glücklicher als der private agiert der öffentliche Brandt. Daß er durch seinen Entschluß den Weg zu einem Kanzlerwechsel freigemacht hat, der sich beinahe natürlich vollzieht, ohne die Intrigen und Fraktionskämpfe, wie sie dem Abgang Adenauers oder Erhards vorausgegangen waren, rechnen ihm die Kommentatoren hoch an. Sein offensiver Rücktritt – »Übernimm Du, Helmut!« –, diese Art des Wechsels, wie ihn Wehner gewünscht hatte, erlaubt es Sozial- und Freidemokraten, in Rekordzeit eine neue Regierung zu bilden. Nach nahezu anderthalb Jahren rapiden Ansehensverfalls des letzten sozial-liberalen Kabinetts vermag die neue Regierung Schmidt/Genscher die Lage zu stabilisieren und strahlt bald ein Bild von Kompetenz und Sachverstand aus. Sie vermittelt den Bürgern das Gefühl, nach dem Visionär und Entspannungspolitiker, der gewohnt war, in großen Zusammenhängen zu denken, nach Willy Brandt, der für Veränderung stand, sei jetzt mit Helmut Schmidt jener Mann an die Spitze gelangt, den die schwierigen wirtschaftlichen Zeiten erforderten: der Typ des Krisenmanagers, der dem Bedürfnis der Wähler nach Stabilität und Sicherheit entgegenkommt.

Möglich, daß Brandt es als Kränkung empfindet, wenn der Nachfolger im Amt von der Notwendigkeit einer »realistischen Entspannungspolitik« spricht. Ist die seine etwa unrealistisch gewesen? Doch er sieht auch den Zwang Schmidts, sich abzuheben vom Vorgänger, neue Akzente zu setzen, und nimmt es folglich hin. Wenn es zwischen dem neuen Kanzler und dem Parteivorsitzenden zu Spannungen und Friktionen kommt, bleibt dies einer späteren Zeit vorbehalten und ist in unterschiedlichen Grundüberzeugungen zu Sachfragen, der Öffnung der Partei zu Grünen und Alternativen hin, vor allem aber zum sogenannten Doppelbeschluß begründet. Zwar rät Brandt dem Nachfolger einmal in bitterer Ironie, er solle ja nicht mit der These hausieren gehen, von ihm einen »Scheißladen« übernommen zu haben. Doch sein ehrliches Bemühen, der neuen Regierung zu helfen, ihr nicht im Weg zu stehen, sondern den Neuanfang zu ermöglichen, den Regierungs- und Fraktionschef, Schmidt und Wehner, gemeinsam versuchen, ist schwerlich zu übersehen.

Beinahe unverhofft, möchte man meinen, haben sich die Sozialdemokraten wieder auf ihre uralte Tugend der Solidarität besonnen, und Brandt ist der letzte, der sie nicht demonstrativ übt, vielleicht gegen seine innersten Gefühle, aber doch mit harter, beinahe unerbittlicher Disziplin. Nur wird sich bald zeigen, daß allzu betonte Zurückhaltung, daß bewußte Schonung innerparteilicher Gegenspieler und das Verschweigen von persönlichen Konflikten eher das Gegenteil bewirken. Er arbeitet in seinem langen Urlaub im norwegischen Ferienhaus in Vangsäsen bei Hamar an seinem neuen Buch, der *Spiegel* vom 9. September 1974 zeigt ihn als Autor vor einem Birkenwald in Cordjacke, mit zwei Fingern tippt er in seine Schreibmaschine. »Über den Tag hinaus« heißt das Werk, und es enthält Beiträge zu vornehmlich innenpolitischen Themen, will also jenen Willy Brandt vorstellen, der meint, daß man ihn über dem erfolgreichen Außenpolitiker so gern vergessen und verkannt habe. Aber es enthält auch Brandaktuelles, nämlich Tagebuchnotizen aus den letzten 31 Tagen, die dem Rücktritt vorausgegangen sind – Aufzeichnungen, in denen sich nicht das geringste kritische Wort zu Herbert Wehners Rolle, geschweige denn zu Herolds Dossier über die Vernehmung der Leibwächter findet.

Brandt war sicherlich nicht gut beraten, diese parteigeschönte oder, wie er selbst sie etwas ironisch nannte: diese »jugendfreie« Version seines Rücktritts nur vier Monate nach dem tatsächlichen Geschehen auf den Markt zu werfen; sie fordert Widerspruch von allen, die über das wahre Geschehen einigermaßen Bescheid wissen, geradezu heraus. Eine Flut von Geschichten erscheint, in denen plötzlich alles zu lesen steht, was man sich in Bonner *couloirs* über die pikanten Abenteuer und den Königsmord unter Genossen zuflüstert. Unter Berufung auf Brandt wird da behauptet, Wehners Rolle sei viel schlimmer gewesen, als »draußen« bekannt – er fühle sich vom Fraktionschef direkt »verraten«.

In der Tat weitet sich Brandts Verdacht, Wehner habe womöglich im Zusammenspiel mit Ostberlin seinen Sturz betrieben, zu einer *idée fixe*, an der er bis an sein Lebensende festhalten wird. Daß beide Männer einander nahezu eisern anschweigen, bei Sitzungen wieder möglichst großen Abstand zwischen sich wahren, in die verschiedensten Richtungen blicken und mit Vorsatz aneinander vorbei, das ist für jeden Beobachter unübersehbar und widerlegt alle Versuche Brandts, in seinem Buch ein Bild solidarischer Harmonie zu entwerfen. Sie seien eben Männer unterschiedlichen Temperaments, sagt er abwiegelnd in einem Fernsehinterview, sie schwiegen sich nicht eisern an, sondern stünden in einer »gemeinsamen, eisernen Verantwortung« gegenüber der Sache, der »wir gemeinsam zu dienen haben«.[11] Das stimmt insofern, als beide zur sachlichen Zusammenarbeit gezwungen sind, wie denn das SPD-Führungstriumvirat aus Genossen besteht, von denen jeder über seine eigene Legitimation und über seine Bataillone in der Partei verfügt – vor allem Wehner, das »Urgestein«. Aber das Dementi, es gebe keinen Bruch zwischen ihm und Wehner, bleibt eine dürftige Pflichtübung, die ihm keiner abnimmt, zumal er selbst mit dieser oder jener Stichelei bei Journalisten dafür sorgt, daß sein wachsender Grimm und alle seine Vorbehalte gegen den Kärrner mit dem stalinistischen Führungsstil in Erinnerung bleiben.

Offiziell freilich herrscht Harmonie, und als Paradebeispiel für das Bemühen Brandts, in den ersten Jahren der Regierung Schmidt dem Nachfolger den Rücken freizuhalten, aber auch der Fraktion, die den Kanzler trägt, muß der Mannheimer Parteitag von 1975 gelten. Er gerät zu einer Demonstration der Einigkeit, die nach den vielen verlorenen Zwischenwahlen den Sturzflug der SPD beenden und ihre Regierungsfähigkeit unter dem neuen Kanzler beschwören soll. Bei den Vorstandswahlen liegen Brandt und Schmidt, der Vorsitzende und sein Stellvertreter, erstmals gleichauf: Jeweils 407 Delegierte votieren für sie, Herbert Wehner muß sich – als einfaches Vorstandsmitglied – diesmal mit nur 355 Stimmen begnügen. Doch ist es nicht zuletzt dessen geschickter Regie hinter den Kulissen zu verdanken, wenn sich im Mannheimer Rosengarten eine gezähmte und disziplinierte Linke präsentiert, die viele ihrer Anträge widerspruchslos niederbügeln läßt, als habe sie allen Träumen und Hoffnungen auf SPD-Alleinherrschaft abgeschworen.[12] In plötzlicher Selbstbescheidung akzeptiert sie nicht nur den Spar- und Konsolidierungskurs Schmidts, sondern selbst den Mitbestimmungskompromiß mit der FDP, obschon dieser nicht die von der Partei angestrebte volle Parität beinhaltet.

Im Wahlkampf 1976 bieten Schmidt und Brandt ein Bild völliger Eintracht: Der Parteivorsitzende zieht als Trommler für einen Kanzler in die Wahlschlacht, dem er bewußt den Vortritt läßt – als dem »erfahrenen, international angesehenen« Staatsmann, der »überall Vertrauen genießt« und dessen Rat weltweit Gehör findet, wie es in der SPD-Wahlplattform heißt. Wie schon 1972 geben sich die Sozialdemokraten auch diesmal betont national: Hatte es damals geheißen, die Deutschen könnten stolz sein auf ihr Land, wirbt Schmidt 1976 mit dem »Modell Deutschland« und hofft damit, den Angriff Helmut Kohls abzuwehren, dessen Wahlkampfparole »Freiheit oder Sozialismus« lautet. »Es hat«, schreibt Hans Ulrich Kempski über den Willy Brandt des Dortmunder Wahlparteitags, »geradezu etwas von Selbstverleugnung an sich, wie dieser Mann sein Prestige voll einbringt, um Schmidt zu einem deutlichen Wahlsieg zu verhelfen ... Nicht wie ein abgehalfterter, sich etwa heimlich grämender Held tritt Brandt dabei auf, eher wie ein Souverän, der durch freiwilligen Verzicht einen nur ihm möglichen Schöpfungsakt leistet.«[13] Innerhalb des Triumvirats läßt Brandt den beiden anderen eine Zeitlang bewußt den Vortritt. Daß ihm die Weltbank und die Sozialistische Internationale den Weg auf die Weltbühne ebnen, kann dabei nur hilfreich sein.

Auf manche Besucher wirkt er in den ersten Wochen nach dem Rücktritt wie von einer Last befreit. Doch die Frage, warum er das Kanzleramt räumen mußte, beschäftigt, ja quält ihn innerlich weit mehr, als er zu erkennen gibt, und mit den Jahren ändern sich jeweils die Ursachen, die er selbst dafür verantwortlich macht. In Norwegen, als er an dem Buch »Über den Tag hinaus« schreibt, schließt er Fehler und Konditionsschwächen als Ursache nicht aus, betont aber, daß ihn in erster Linie Respekt vor den ungeschriebenen Regeln der Demokratie bewogen hätten, sein Amt niederzulegen.[14] Zehn Jahre später, als er den Rückschlag überwunden und an internationaler Statur noch dazugewonnen hat, räumt er in einem *Spiegel*-Gespräch bereitwillig ein, er sei psychisch am Ende gewesen. Natürlich hätten damals auch andere die Verantwortung übernehmen, die Konsequenzen ziehen und er im Amt bleiben können. Allerdings wäre er dann »gejagt« und »seines Lebens nicht mehr froh geworden«, und »mit dieser Art von Kampagne« fertig zu werden, habe ihm damals die nötige Kraft gefehlt. Als Kronzeugen nennt er einige seiner besten Freunde – gemeint ist wohl vor allem Egon Bahr.[15]

In seinen Erinnerungen schließlich widerspricht er entschieden der verbreiteten Lesart, seine Zeit als Regierungschef sei ohnehin abgelaufen gewesen, der »Spion, der aus dem Hinterzimmer kam«, habe ihm deshalb »nur den Rest« gegeben. Er nennt diese Version »billig« und weist sie als falsch zurück. Meint er aus der Sicht seiner späten Jahre, er hätte doch den Mut und die Energie finden können, »die Widerwärtigkeiten, die dem großen Wahlerfolg folgten, zu überwinden und in der Innen- wie in der Außenpolitik neue Seiten aufzuschlagen«?[16] Was er da schreibt, deutet darauf hin, daß er den damaligen Entschluß bereut, und es klingt wie ein vorweggenommenes Dementi zur These Helmut Schmidts, der 1991 den Guillaume-Komplex mit seinen denkbaren Implikationen als Rücktrittsgrund ausschließt und eher innenpolitische Gründe, nämlich den »allgemeinen Zustand des Landes und der eigenen Partei«, für Brandts Abgang verantwortlich macht.[17] Ist auch Schmidts Blick verengt, weil eben, wie meist, ein ganzes Bündel von Motiven für Brandts Entschluß ausschlaggebend waren? Zur Wahrheit gehört, daß Brandt auch Opfer der eigenen Resignation, Opfer eines durch eigenes Verschulden unzulänglich besetzten Kanzleramts, nicht zuletzt Opfer seines mißratenen Krisenmanagements in der Guillaume-Affäre geworden ist. Wenn man so will, ist Willy Brandt letztlich an Willy Brandt gescheitert – eine Wahrheit, zu der er schwer findet, weil sie bitter ist.

Zu seinen großen Verdiensten zählt zweifellos die Stützungsaktion für die portugiesischen Sozialisten Mitte der siebziger Jahre, die Portugal für das westliche Lager gerettet hat, und sie zeigt, daß ein Willy Brandt nicht eines Regierungsamts bedarf, um außenpolitisch von Einfluß zu sein oder die pessimistischen Prognosen des mächtigen Henry Kissinger zu widerlegen. Denn der amerikanische Außenminister hatte Portugal nur ein Jahr nach der friedlichen Nelken-Revolution als Mitglied der NATO bereits abgeschrieben. Weil die sozialrevolutionären Offiziere der Militärjunta in Lissabon immer enger mit der gut organisierten Kommunistischen Partei Álvaro Cunhals zusammenarbeiteten, geisterte durch amerikanische Zeitungen bereits die düstere Vision von einer ersten Volksdemokratie in Westeuropa, welche die portugiesischen NATO-Stützpunkte im Atlantik den Amerikanern aufkündigte und den Sowjets zur Verfügung stellte. Daß die portugiesischen Kommunisten ihre Einsatzbefehle direkt aus Moskau erhielten, daran zweifeln selbst Amerika-kritische Beobachter der damaligen Szene nicht. Und was eine portugiesische Volksdemokratie im Ernstfall für den NATO-Nachschub aus den USA bedeuten würde, wagten sich die Militärs im Brüsseler NATO-Hauptquartier kaum auszumalen: Das gesamte geostrategische Gleichgewicht der beiden Supermächte wäre aus der Balance gekippt. Weder Kissinger noch sein Präsident Gerald Ford dementierten deshalb Berichte, daß die USA eine bewaffnete Intervention ihrer *marines* in Portugal vorbereiteten.[18] Kissinger sprach offen von der Sorge, der ganze südeuropäische NATO-Bogen würde unter kommunistischen oder – in Italien – eurokommunistischen, in jedem Fall jedoch marxistischen Einfluß geraten. Und Mário Soares, dem Führer der portugiesischen Sozialisten, prophezeite er eine Zukunft im Exil – als zweiter Kerenski werde er seine Tage als Professor an einer amerikanischen Universität beenden.[19]

Dieser Mário Soares, ein nach Frankreich geflüchteter Gegner der portugiesischen Diktatur, hatte seine Partido Socialista im April 1973 in Bad Münstereifel gegründet – mit kräftiger Unterstützung der SPD und der ihr nahestehenden Friedrich-Ebert-Stiftung, und dies, obschon das Selbstverständnis seiner Partei bei der Gründung eher als linkssozialistisch gelten mußte. Vom Klassenkompromiß, wie er für die deutschen Sozialdemokraten ja typisch ist, hielt

Soares damals nichts. Aber seine Partei stand für Freiheit, Pluralismus und Demokratie, und das ließ sie, kaum daß die jungen Offiziere die autoritäre Herrschaft in Portugal beendet hatten, zur wichtigsten demokratischen Kraft im Lande werden. Nicht zufällig war Soares der letzte ausländische Besucher, den Willy Brandt noch als Kanzler, am 3. Mai 1974, empfing. Es ist Willy Brandt, der im Herbst 1974 zum ersten Kongreß der Partido Socialista nach Lissabon reist und ihr, mit dem ganzen Prestige, über das er im Ausland verfügt, in ihrer Auseinandersetzung mit den Kommunisten zu Hilfe eilt. Es ist Willy Brandt, der bei einem Besuch in Mittelamerika im März 1975 die Präsidenten Pérez von Venezuela und Echeverría von Mexiko dazu bewegt, sich an Breschnjew zu wenden, um ihn davon abzuhalten, auf der iberischen Halbinsel Fuß zu fassen. Es ist Willy Brandt, der im Frühsommer auf Einladung Breschnjews nach Moskau reist, einen Brief von Mário Soares überbringt und den Kremlchef »vor einer verhängnisvollen Fehleinschätzung der Lage im europäischen Süden« warnt. Und es ist schließlich Brandt, auf dessen Anregung die Stockholmer Konferenz sozialdemokratischer Parteiführer und Regierungschefs im Sommer 1975 ein Komitee zur Verteidigung der Demokratie in Portugal gründet – eine internationale Absicherung, ohne die der kommunistische Putschversuch vom November 1975 nicht so leicht verpufft wäre.

Die Hilfe der deutschen Sozialdemokraten beschränkt sich indes nicht auf gute Ratschläge, es wird auch organisatorisch Unterstützung geleistet. Wenn schließlich – über die Ebert-Stiftung – Hunderttausende an deutschen Steuergeldern an die demokratischen Kräfte unter Mário Soares fließen, empfindet dies Brandt ausdrücklich als »wünschens- und lobenswert«.[20] Operation »Polyp« hieß jene Aktion, die nicht zuletzt auf seinen Vorschlag vom Bundesnachrichtendienst organisiert wurde und an der schließlich alle demokratischen Parteien beteiligt waren: Koffer voll Geld wurden aus Pullach ins Kanzleramt gebracht und dort verteilt. »Die Kuriere kamen immer diskret, blieben nicht lange und verließen das Kanzleramt wieder unauffällig«, schreibt der *Spiegel.* »Sie nahmen bündelweise Bares mit, abgezählt und ausgegeben von Kanzleramtschef Manfred Schüler.« Über camouflierte Konten oder direkt, in dicken Couverts im Reisegepäck, wurden die Gelder dann an die jeweiligen Schwesterparteien in Portugal und Spanien weitergeleitet.[21] Er sei noch heute stolz, so Brandt 1989, daß unter seiner Führung die SPD den iberischen Sozialdemokraten auf die Beine geholfen hat, denn »an einem Überangebot an europäischer Solidarität« habe das 20. Jahrhundert wahrhaftig nicht gelitten.[22]

Mit der tatkräftigen Hilfe der SPD gelingt es der Partido Socialista, einen Keil in die Streitkräfte zu treiben, eine starke demokratische Oppositionsbewegung aufzubauen und eine kommunistische Machtergreifung zu verhindern. Aus den ersten Parlamentswahlen im April 1976 gehen die portugiesischen Sozialisten als stärkste Kraft hervor, und Soares wird Chef einer Minderheitenregierung. Erstmals, schreibt André Malraux, sei damit einer sozialistischen Partei der Nachweis gelungen, »daß es auch Menschewisten möglich ist, Bolschewisten zu schlagen«.[23]

Natürlich weiß Soares, was er dem Vorsitzenden der deutschen Sozialdemokraten verdankt, beider Verhältnis ist eng, auch wenn es sich an Herzlichkeit kaum dem Brandts mit dem Spanier Felipe González vergleichen läßt, für das damals oft das Bild von Vater und Sohn gebraucht wird. Brandt selbst macht keinen Hehl daraus, wie sehr er an dem jungen Anwalt Gefallen findet, der 1974 im französischen Exil an die Spitze der Sozialistischen Arbeiterpartei Spaniens (PSOE) gewählt wurde. Er lernt ihn erstmals im Herbst 1974 in Lissabon kennen, wohin González illegal aus Spanien herübergekommen ist, um seinen Rat zu suchen. Wenn der SPD-Chef sich gerade den spanischen Sozialisten besonders verbunden fühlt, schwingen natürlich Erinnerungen an sein eigenes Engagement im Bürgerkrieg mit, zumal er der Überzeugung ist, daß die Republik damals hätte siegen können, falls sie nicht von Briten und Franzosen im Stich gelassen worden wäre.

Schon während Francos langem Siechtum Mitte der siebziger Jahre mehren sich die Anzeichen dafür, daß die autoritäre Herrschaft in Spanien ihrem Ende entgegengeht. Juan Carlos, der Kronprätendent aus dem Hause Bourbon, wächst mit dem Segen Francos langsam in die Funktionen eines Staatsoberhaupts hinein, er hat sich zum Ziel gesetzt, das rückständige Spanien zu modernisieren und zu demokratisieren. Daß es diesmal nicht an europäischer Unterstützung mangelt, wenn sich die Sozialistische Arbeiterpartei im Lande neu etabliert, dafür sorgt Brandt persönlich, aber natürlich läßt er auch seine Verbindungen zu anderen sozialdemokratischen und sozialistischen Parteien spielen, zu Briten, Österreichern, Schweden und Franzosen. Die spanischen Genossen agieren noch im Untergrund – in »geduldeter Illegalität«[24] –, da werden ihre Funktionäre längst von deutschen Sozialdemokraten und Gewerkschaftern geschult und auch mit dem nötigen Geld für den Aufbau von illegalen Zellen versorgt. Als González wegen subversiver Tätigkeit der Prozeß gemacht wird, entsendet Brandt seinen früheren Justizminister Gerhard Jahn als Beobachter. Das Verfahren wird unterbrochen und schließlich eingestellt. Die PSOE darf noch nicht legal agieren, da lädt Brandt Felipe González zum SPD-Parteitag in Mannheim ein. Und als die spanische Regierung ihm kein Visum für die Ausreise geben will, bittet er den deutschen Botschafter, bei Juan Carlos zu intervenieren, obschon dieser noch nicht Staatsoberhaupt ist. González erhält sein Visum und wird in Mannheim stürmisch gefeiert.[25] Bei den ersten freien Parlamentswahlen in Spanien 1977 erhält er mit seinen Sozialisten immerhin 28 Prozent aller Stimmen, fünf Jahre später gewinnt er die Mehrheit und bildet die erste sozialistische Regierung Spaniens seit 64 Jahren.

Als Mann der Ostpolitik, der Versöhnung und des Friedens, als moralische Autorität ist Willy Brandt längst in die Rolle des weltweit führenden Sozialdemokraten hineingewachsen, noch ehe ihn die Mitglieder der Sozialistischen Internationale zu ihrem Präsidenten wählen. Er zögert lange, dieses Amt anzunehmen, zumal sich der sozialistische »Traditionsclub«, der nach dem Krieg in Frankfurt wiederbegründet wurde, in einem »miserablen Zustand« befindet, wie er seinen alten Freund Bruno Kreisky in Wien wissen läßt. Die Londoner Zentrale sei »schlechter ausgestattet als ein Bezirkssekretariat der SPD«. Doch Kreisky bedrängt ihn heftig, und François Mitterrand, Harold Wilson und Olof Palme unterstützen den Vorschlag des Österreichers. Schließlich willigt Brandt ein, nachdem er seine Vorstellungen für eine bessere organisatorische und finanzielle Ausstattung durchgesetzt hat, und so wählen ihn die internationalen Genossen im Herbst 1976 im Genfer Gebäude der Internationalen Arbeitsorganisation zum Präsidenten der Internationale. Das Londoner Sekretariat, dem der Schwede Bernt Carlsson vorsteht, wird von Brandt über ein Internationales Büro beim SPD-Parteivorstand am langen Zügel geführt.

Eine seiner Bedingungen für die Übernahme des Amtes hat er zuvor in einem Brief an Kreisky formuliert: Die Mitgliedsparteien müßten seinen Versuch unterstützen, »genügend flexible Formen der Zusammenarbeit mit dafür geeigneten und offenen Parteien und Bewegungen in Afrika und der arabischen Welt, in beiden Teilen Amerikas und in Asien« zu entwickeln.[26] Er bezieht sich hier auf Vorstellungen, die er bereits im Briefwechsel mit Olof Palme und Bruno Kreisky Anfang der siebziger Jahre entwickelt hat: Da forderte er, mehr zu tun, um das Gewicht der sozialdemokratischen Parteien »auf wesentlichen Gebieten in eine gemeinsame Waagschale zu werfen«. Aus Brandts Sicht sind die Parteien seiner Internationale ja damals die stärkste Kraft in Westeuropa: Immerhin führen Sozialdemokraten und demokratische Sozialisten sieben von fünfzehn westeuropäischen Regierungen an, in drei weiteren sind sie in den Regierungen vertreten.[27] Bestimmend für das sozialdemokratische Jahrzehnt der Siebziger sind die drei Musketiere Kreisky, Brandt und Palme, denen sich der Franzose Mitterand anschließt, und zu diesen vier stoßen schließlich der Italiener Craxi, der Portugiese Soares und der Spanier González.[28] Um das europäische Gewicht dieser Parteien global ins Spiel zu bringen, fordert Brandt Unterstützung für seinen Versuch, auf internationalen Konferenzen Gespräche zwischen sozialdemokratischen und »mit ihnen verwandten fortschrittlichen Parteien aus aller Welt« in Gang zu bringen, damit »offen, frei und freundschaftlich darüber beraten« werde, was sie miteinander tun könnten.[29]

Besonders eng sind natürlich die Beziehungen zu Kreisky, dem Freund aus der schwedischen Zeit, und zu Olof Palme, jenem Sproß der schwedischen Oberschicht, der einst als junger Mann für Dag Hammarskjöld arbeitete und den Brandt als persönlichen Referenten des schwedischen Premiers Tage Erlander kennenlernte. Palme ist ein Mann von »festverankerten Überzeugungen« und er hat »wachen Sinn für die Internationalität der politischen Verantwortung in unserer Zeit«, wie Brandt einmal schreibt.[30] Als Nachfolger Erlanders und Ministerpräsident eines neutralen Landes, befürwortet er bewußt einen dritten Weg zwischen Ost und West. Allerdings ist er nicht frei von eifernden Zügen: Den Vietnamkrieg verurteilt er in derart scharfen Tönen, daß Richard Nixon seinen Botschafter aus Stockholm abberuft. Palme kämpft für Gerechtigkeit in der Dritten

Welt, in der Internationale engagiert er sich für die Staaten im südlichen Afrika. Seine sicherheitspolitischen Vorstellungen, vor allem die Idee einer Sicherheitspartnerschaft, in einer von ihm geleiteten, nach ihm benannten Kommission erarbeitet, werden großen Einfluß auf die deutsche Sozialdemokratie der achtziger Jahre haben.

Vertrautheit wächst, wenn auch spät, zwischen Brandt und François Mitterrand, für den der Deutsche einer der ganz wenigen Politiker wird, die er respektiert (wie übrigens auch Helmut Kohl) – nicht nur wegen Brandts antifaschistischer Biographie. Sicher hat dies auch mit dem Stellenwert zu tun, den Europa in beider politischen Konzeptionen einnimmt. Pflegt Mitterrand zu anderen Politikern und Staatsmännern selten Beziehungen über die konventionell gebotenen Formen diplomatischer Höflichkeit hinaus, fährt er mit Brandt gemeinsam den Fluchtweg ab, den er genommen hat, als er aus der deutschen Gefangenschaft floh und zu Fuß nach Frankreich wanderte. Kurz danach wird er zum Präsidenten gewählt, und Brandt, als Präsident der Internationale und wichtigster ausländischer Gast, zieht mit ihm, die rote Rose in der Hand, unter dem Jubel der sozialistischen Anhänger über die Champs-Élysées zum Panthéon. Daß der Franzose im Nachrüstungsstreit dann Kohl unterstützt und vor dem Bundestag für die Nachrüstung plädiert, stört die Freundschaft nicht: Beide wissen unterschiedliche nationale Interessen und persönliche Beziehungen sehr wohl auseinanderzuhalten.

Wie viele Divisionen hat der Papst?, fragte Stalin einst, und da bietet sich ein Vergleich zur Sozialistischen Internationale (SI) geradezu an. Was kann dieser lockere Zusammenschluß linker, sozialistischer und sozialdemokratischer Parteien bewegen, über wieviel politischen Einfluß verfügt er, ist er wirklich mehr als eine papierene Resolutionsmaschine oder ein unverbindliches Diskussionsforum, das sich neben den Blockfreien etabliert – und ein von den Supermächten in Ost und West äußerst mißtrauisch beäugtes dazu? Im Zweifel ist die Internationale mehr Mythos als Macht, eine »rhetorische Großmacht« vielleicht – das Wort soll von Václav Havel stammen –, aber nicht immer erschöpft sich ihre Wirkung in fortschrittlichen Entschließungen, die nicht zu Konsequenzen führen. So unterstützt die SI den Transformationsprozeß in Osteuropa, lädt etwa die ungarischen Kommunisten zu Foren und Kongressen ein und hilft ihnen, sich zu sozialdemokratisieren.

Zu den Erfolgen der SI zählen beispielsweise jene *fact finding missions*, die nach dem Jom-Kippur-Krieg im Nahen Osten gegen den Widerstand der Israelischen Arbeiterpartei ins Leben gerufen werden, die Bruno Kreisky leitet und welche die Möglichkeiten für ein friedliches Nebeneinander von Israelis und Palästinensern ausloten sollen. In Wien treffen sich Shimon Peres und Anwar as-Sadat 1978, unter dem Schirm Kreiskys finden dann auch die ersten Gespräche zwischen Peres und Palästinensern statt, die schließlich den Oslo-Prozeß ermöglichen. Die Lateinamerika-Kommission, 1977 auf einer Tagung des SI-Büros in Madrid gegründet, erarbeitet Vorschläge für die »demokratische und sozialistische« Umgestaltung in der Region. Dafür bedient sie sich der Zeitschrift *Nueva Sociedad* und des Zentrums für demokratische Studien über Lateinamerika (CEDAL), die beide finanziell von der Friedrich-Ebert-Stiftung gefördert werden. Es geht darum, nationalen und sozialen Befreiungsbewegungen Unterstützung anzubieten, meist mit dem erklärten Ziel, kubanischen und sowjetischen Einflüssen zuvorzukommen oder sie zurückzudämmen. In einer Zeit der Bipolarität gibt die Sozialistische Internationale solchen Parteien, die zwischen den Blöcken stehen und oder nicht völlig auf Moskau fixiert sind, eine Ankermöglichkeit.

Doch dieses anti-imperialistische Engagement der europäischen Sozialdemokraten für die buntscheckigen Befreiungsbewegungen Mittelamerikas bringt auch Konflikte mit den USA, speziell der Reagan-Administration, die rechte Militärdiktaturen stützt und in jedem lateinamerikanischen Sozialrevolutionär einen Agenten Moskaus wittert. Seit der Monroe-Doktrin betrachten die USA die Karibik, aber auch den ganzen südlichen Kontinent ja als ihren Hinterhof, schaffen durch zahlreiche Militärinterventionen Ordnung auf ihre Art und messen mit der Elle des Ost-West-Konflikts, was vernünftigerweise in den Kontext des Nord-Süd-Gefälles gehört. Soziale Umwälzungen, die ihre Wurzeln oft genug in brutaler Klassenherrschaft und Ausbeutung haben, werden als von Moskau ferngesteuerte Unterwanderung angeprangert und mißdeutet. Auf ihrem »historischen«, nämlich ersten Kongreß in Lateinamerika, in Lima 1986, kritisiert Willy Brandt die Militärhilfe der USA für die Contras, die in Nicaragua gegen die Sandinistas kämpfen: Sie führe die Gefahr eines allgemeinen militärischen Konflikts in der gesamten Region herauf.

Nötig sei dagegen die Einstellung aller ausländischen Unterstützung für »irreguläre Kräfte und Gruppen« in Mittelamerika.[31] Die SI sucht im nicaraguanischen Konflikt zu vermitteln, aber Versuche, »auf die Regierung der USA mäßigend einzuwirken«, bleiben ohne Erfolg.[32]

Bewußt bietet sie den Lateinamerikanern die Möglichkeit eines Dritten Wegs, und ihre Hilfe – die sich auf Rat, Schulung und gelegentlich bescheidene finanzielle Unterstützung beschränkt – wird mehr und mehr akzeptiert. Gehörten der Internationale im Jahr 1971 nur zwei lateinamerikanische Parteien an, sind auf dem SI-Kongreß 1978 in Vancouver (Kanada) bereits 21 lateinamerikanische Organisationen vertreten, darunter der MNR, die National-Revolutionäre Bewegung reformorientierter Offiziere El Salvadors, die gerade die Romero-Diktatur gestürzt haben.[33] In welchem Maße sich Brandt persönlich für die Befreiungsbewegungen engagiert, wird auch auf dem SPD-Parteitag in Münster 1988 deutlich: Da bittet er, inzwischen nurmehr Ehrenvorsitzender der Partei, »unsere Freunde und Verbündeten in den Vereinigten Staaten inständig«, vom Kurs »der Unterstützung derer abzulassen, die viel zusätzliches, vermeidbares Unglück über Zentralamerika und auch über Chile gebracht haben«.[34]

Im Manifest von Albufeira 1983 hat die SI die »primitive frühkapitalistische Wirtschaftsideologie« einiger Industriestaaten angeklagt – gemeint waren natürlich die USA Ronald Reagans und das Großbritannien Margaret Thatchers –, sich aber auch betont von den ökonomischen Steuerungsmechanismen der kommunistischen Staaten abgesetzt. Mit dieser Erklärung versuchen die Mitglieder der Internationale »eine sozialistische Antwort« auf eine »Welt in der Krise« zu finden, sie fordern einen neuen Geist globaler Solidarität, der allerdings Respekt vor dem jeweiligen nationalen Erbe haben müsse.[35] In Afrika solidarisiert sich die SI mit den Frontstaaten gegen das Südafrika der Apartheid. Bei einem Besuch in Pretoria 1986 kann Brandt zwar Winnie Mandela treffen, doch die Bitte, den Gefangenen Nelson Mandela im Pollsmoor Prison zu sehen, wird ihm von Präsident Botha abgeschlagen. Beide werden sich erst 1990, nach Mandelas Freilassung, in Bonn treffen – Mandela als »Symbol der Versöhnung und des Friedens«, wie Brandt ihn nennt, und dieser als »einer meiner größten Helden«, wie Mandela von Brandt sagt.

Der internationale Terminkalender Brandts in jenen Jahren hat etwas Atemberaubendes, er jagt von Land zu Land und Kontinent zu Kontinent, es gibt kaum einen führenden Politiker von internationaler Statur, den er nicht besucht, heiße er nun Indira Ghandi oder Jomo Kenyatta, Fidel Castro oder Oscar Sánchez Arias von Costa Rica. Castro läßt ihn mit einem seiner überalterten Flugzeuge aus Managua abholen, empfängt ihn an der Gangway, hält lange Monologe und bietet ihm in sieben Stunden gerade einmal eine Tasse Kaffee an. Der kubanische Staatschef zeigt sich ganz auf die USA fixiert, ist aber Realist genug, um von Glasnost und Perestroika nichts Gutes für Kuba zu erwarten: Er rechnet mit einem schnellen Nachlassen des sowjetischen Engagements für seine Zuckerinsel. Zu Besuch bei den Sandinisten, billigt Brandt keineswegs alles, was sich unter deren Verantwortung in Nicaragua vollzieht, aber meint: »Wenn die alle Marxisten-Leninisten sind, dann bin ich ein Ameisenbär.«

Für fünf Tage reist er 1984 nach Peking, weil Hu Yao-bang, der Generalsekretär der KP Chinas, Kontakte zu den deutschen Sozialdemokraten aufnehmen will. Und natürlich trifft er in Peking auch Deng Xiaoping, speist mit ihm auf Geschirr aus der Kaiserzeit und läßt sich erzählen, wie der mächtigste Mann Chinas, der kurzgewachsene, energiegeladene Chef des Militärkomitees, in französischen Fabriken den Weg zum Kommunismus fand. Und der zypriotische Präsident Spyros Kyprianou bittet ihn um Weihnachten 1981 als Friedensvermittler nach Zypern. Herzblut, schreibt Brandt, hätten er und seine Internationale vor allem in drei Weltgegenden investiert: Zentralamerika, Südafrika und Nahost[36], und es ist letzteres, das die meisten Schlagzeilen produziert.

So hagelt es nicht nur Kritik aus Israel, als Bruno Kreisky im Juli 1979 den PLO-Vorsitzenden Jassir Arafat nach Wien einlädt und Willy Brandt zu den Gesprächen mit dem Palästinenserchef hinzuzieht. Daß der österreichische Kanzler den PLO-Führer in protokollarisch-zeremonieller Weise fast wie einen Staatsgast empfängt, war zuvor nicht mit Brandt abgesprochen und wohl nicht ganz nach dessen Geschmack. Aber beide, Kreisky wie Brandt, gewinnen bei diesem Treffen den Eindruck, Arafat sei erstmals bereit, über einen Frieden zu verhandeln, der eine gesicherte Existenz Israels einschließt. Doch nicht dieses – mit der bei Arafat-Versicherungen stets gebotenen Vorsicht – eher positiv einzuschätzende Ergebnis des Gesprächs findet Aufmerksamkeit, es ist vielmehr der Beitrag, den Brandt mit dieser Begegnung in Wien zur Aufwertung des »Mörderchefs« Arafat leistet, der ihm von vielen Israelis angekreidet wird, zumal diese in dem SPD-Vorsitzenden wegen seiner »weißen Vergangenheitsweste« eher einen natürlichen Verbündeten sehen. So urteilt Yohanan Meroz, der langjährige Botschafter Israels in Bonn[37], und meint, mit der Zeit sei das Bild eines Triumvirats von Kritikern Israels innerhalb des sozialdemokratischen Lagers entstanden, »in dem der damalige österreichische Bundeskanzler und der Schwede Olof Palme ... Brandt allmählich zu einer ›kritischeren‹ Haltung [gegenüber Israel] bekehrten«.

In der Tat steuert die Sozialistische Internationale in der Nahost-Frage einen betont unparteiischen und neutralen Kurs, der zwar immer das Existenzrecht Israels anerkennt und unterstreicht, zugleich aber einen Staat für die Palästinenser verlangt. Sowohl Kreisky als auch Palme sind die Regierungschefs neutraler Staaten, und weit mehr als Brandt stehen sie in jener alten sozialistischen Tradition, welche die zionistische Landnahme eher mit Skepsis betrachtet und die Ausdehnung Israels durch gezielte Siedlungspolitik definitiv ablehnt: Israel wird von der bei Sozialisten gängigen Imperialismuskritik eben nicht ausgenommen. Wenn die Israelische Arbeiterpartei sich weigert, mit den Terroristen der PLO zu verhandeln, versäumt Palme den Hinweis nicht, daß einige Führer der Arbeiterpartei, etwa Ygal Allon, selbst Terrorakte gegen die britische Mandatsmacht begangen hätten.[38] Und als die israelische Luftwaffe 1985 das Hauptquartier Arafats in Tunesien bombardiert und damit den nordafrikanischen Staat in eine militärische Auseinandersetzung einzubeziehen droht, wirft Kreisky die Frage auf, ob eine Israelische Arbeiterpartei, deren Regierung diesen Angriffsbefehl gegeben hat, überhaupt noch Mitglied der Sozialistischen Internationale bleiben dürfe. Israels Ministerpräsident Peres, Vorsitzender der Arbeiterpartei, beschimpft Kreisky daraufhin als den »abstoßendsten Ausdruck der Erscheinung des antisemitischen Juden«, worauf ein empörter Kreisky auf einer formellen Entschuldigung besteht.[39]

Wer die Berichte über die damaligen Sitzungen liest und bedenkt, daß die SI wegen der Haltung der französischen Sozialisten im

Algerienkrieg die Mitgliedschaft der SFIO sogar zeitweise suspendiert hat, gewinnt den Eindruck, daß in diesem sozialistischen Traditionsclub auch unter Brandts Präsidentschaft offener und ehrlicher diskutiert worden ist, als heute unter dem Diktat der *political correctness* möglich, zumal man sich dazu bekannte, Konflikte offen auszutragen. Daß nicht nur die Sozialistische Internationale, sondern auch Brandt persönlich, bei allem Verständnis für die Nöte Israels, manche militärischen Operationen des jüdischen Staates, etwa Sharons Invasion in den Libanon 1982, für überzogen halten, geht aus einem Fernschreiben hervor, welches der SI-Präsident Brandt an Mário Soares schickt – als Leitfaden für die Gespräche, die der portugiesische Genosse in Israel führen soll. Darin heißt es wörtlich, die SI »verurteilt die Invasion im Libanon«, denn sie habe »mit großer Bestürzung und Trauer Kenntnis nehmen müssen von den schrecklichen Opfern und Leiden der libanesischen Zivilbevölkerung«. Die Aktivitäten der israelischen Armee, so Brandt in seinem Memorandum an Soares, gingen weit über das hinaus, »was mit den verständlichen Sicherheitsbedürfnissen des israelischen Staates und der nordisraelischen Bevölkerung gerechtfertigt werden könnte«. Schließlich schreibt er: »Es wird im Nahen Osten so lange keinen Frieden geben, bis nicht eindeutig und unmißverständlich auch die Rechte des palästinensischen Volkes anerkannt und seine Mitwirkung durch eine von ihm bestellte politische Führung gegeben ist. Diesem Grundsatz müßte Israel Rechnung tragen, gerade auch bei der jetzt in Beirut entstandenen Situation.«[40]

Ein führendes Mitglied der SI, Olof Palme, wird von Brandt auch in seine Nord-Süd-Kommission berufen, die aus 21 Mitgliedern besteht, Linken wie Konservativen, Bankern wie Gewerkschaftern, Zeitungsherausgebern wie Politikern. Sorgfältig achtet der Kommissionsvorsitzende darauf, daß sich die Angehörigen der Entwicklungsländer nicht in der Minderheit befinden und nicht eine politische Farbe vorherrschend ist. Zu den Mitgliedern zählen Latein- und Nordamerikaner, Afrikaner, Asiaten und natürlich Europäer, Christdemokraten sind ebenso vertreten wie Sozialisten und Konservative. Da sitzen der chilenische Rechtsanwalt und ehemalige Präsident Eduardo Frei Montalva neben der amerikanischen Verlegerin Katharine Graham, der indische Gouverneur Lakshmi Kant Jha neben dem indonesischen Bankier Adam Malik, der japanische Diplomat Haruki Mori neben dem kanadischen Gewerkschafter Joe Morris, der algerische Diplomat Layachi Yaker neben dem französischen Senator Edgar Pisani und der ehemalige britische Premier Edward Heath neben dem kolumbianischen Verleger und Volkswirt Rodrigo Botero Montoya.

Es handelt sich zweifellos um ein hochbesetztes Gremium, das sich Anfang Dezember 1977 in Schloß Gymnich bei Bonn konstituiert, danach mehrfach in der Schweiz, aber auch in Afrika, den USA und Asien tagt. Der Anstoß zur Gründung dieser Kommission war von der Weltbank gekommen, deren damaliger Präsident und langjährige US-Verteidigungsminister Robert McNamara sich neue Anregungen zur Entwicklungspolitik erhoffte. Aber um wirklich unabhängig zu bleiben, nimmt die Brandt-Kommission auch von der Weltbank keine Geldzuwendungen an – die Mittel, die für Tagungen und ein Sekretariat nötig sind, werden von einigen Regierungen gestiftet, allen voran von den Niederlanden.[41]

Was Brandt schließlich am 12. Februar 1980 dem Generalsekretär der Vereinten Nationen überreicht, ist mehr als eine schonungslose Bestandsaufnahme des Elends der Dritten Welt, es bezeugt wieder einmal seinen Weitblick und seine Fähigkeit zu politisch-strategischem Denken. Da in einem »atemberaubenden Tempo« der ganze Erdball von denselben Problemen betroffen ist – der Energieverknappung, der Verstädterung, der Verschmutzung der Umwelt und einer immer komplizierteren Technologie –, fordert er eine »Globalisierung der Politik«, eine Art Weltinnenpolitik, und wie am Ende seiner schwedischen Emigration setzt er seine Hoffnungen in die Vereinten Nationen als jene internationale Gemeinschaft, »die durch Ausgleich und Gerechtigkeit geprägt« sein sollte.[42] Das steht in merkwürdigem Gegensatz zu der Tatsache, daß die Staaten des Ostblocks für diese Problematik »verstopfte Ohren« haben, wie er einmal schreibt, und er deshalb Experten oder Politiker der Warschauer-Pakt-Staaten gar nicht erst in seine Kommission geladen hat. Erst in nachfolgenden Kommissionen, die unter Vorsitz von Olof Palme über Abrüstung und von Gro Harlem Brundtland über Umweltfragen arbeiten, ist der Osten dann vertreten.[43]

Nach seinem Bericht scheint die südliche Halbkugel in einem Armutskreislauf von Unterernährung und Analphabetismus, Bevölkerungsexplosion und Unterbeschäftigung gefangen. Entrinnen daraus gibt es nur, wenn die Industriestaaten des Nordens die Länder des Südens als gleichberechtigte Partner anerkennen – so Brandts wichtigste Empfehlung. Durch massive Geldtransfers von Nord nach Süd soll den Entwicklungsnationen unter die Arme gegriffen, die Nachfrage gesteigert und der Welthandel stimuliert werden. Vor allem ist an zweckgebundene internationale Abgaben gedacht, an eine Art Globalsteuer, die sich am Nationalprodukt orientiert und nach einem bestimmten Schlüssel und nach einer gleitenden Skala erhoben wird. Die Gelder, meint Brandt, müßten in einen *World Development Fonds* fließen, der Kapital für die Entwicklungsländer bereitzustellen hat. Durch Rohstoffabkommen will die Brandt-Kommission die Preise auf einem für die Erzeugerländer akzeptablen Niveau stabilisieren, durch Eindämmung von Wechselkursschwankungen den Weltfinanzmarkt ordnen helfen.

Viele Vorschläge, etwa die Verpflichtung des Nordens auf einen bestimmten Prozentsatz des Nationalprodukts an Entwicklungshilfe pro Land und Jahr, werden nur selten oder gar nicht in die Praxis umgesetzt, sind indes vorbildliche Zielvorstellungen geblieben. Für eine globale Steuer, etwa die Tobin-Tax auf weltweite Finanztransaktionen, kämpfen die Entwicklungspolitiker noch heute und noch immer mit wenig Aussicht auf Erfolg. Die härtesten Gegner einer solchen internationalen Steuer finden sich im amerikanischen Kongreß, der auf sein Steuermonopol nicht verzichten will. Das Presseecho auf den Brandt-Bericht und seine Empfehlungen ist beträchtlich, vor allem scheinen die vorgeschlagenen Maßnahmen praktikabel, denn da werden statt einer Revolution viele kleine Schritte anempfohlen.

Doch der »Niederschlag im praktischen Handeln« fällt eher bescheiden aus, wie Brandt einmal selbstkritisch meint. Zum Teil ist dies darauf zurückzuführen, daß sein dicker Bericht, der mit zwei Anhängen immerhin 362 Seiten umfaßt, zu politischer Unzeit vorgelegt wird: Washington ist durch die Geiselnahme in Teheran gelähmt, der sowjetische Einmarsch in Afghanistan gibt der Entspannung den Todesstoß, und auf Jimmy Carter, der für die Problematik zweifellos Verständnis hätte, folgt Ronald Reagan im Weißen Haus. Ihm und seiner wichtigsten wirtschaftspolitischen Verbündeten, Margaret Thatcher, atmen die Empfehlungen des Brandt-Berichts zuviel vom Geiste des John Maynard Keynes,

Bundespräsident Richard von Weizsäcker richtete dem 75jährigen Willy Brandt im Januar 1989 ein Geburtstagsfest in der Villa Hammerschmidt aus, zu dem er Freunde, Weggenossen, aber auch führende Politiker einlud, mit denen Brandt in den vergangenen Jahrzehnten zusammengearbeitet hatte.
Das Foto zeigt (von links nach rechts) oben Björn Engholm, Peter Glotz, Holger Börner, Shepard Stone, Walter Scheel, Oskar Lafontaine, Bruno Kreisky, Ernst Breit, Karel van Miert, Kurt Scharf, Egon Bahr, Friedbert Pflüger, Basil Mathiopoulos, Hans Katzer.
Mitte: Johannes Rau, Helmut Kohl, Layachi Yaker, Jacques Delors, Ingvar Carlsson, Hans-Jochen Vogel, Shridath Surendranath Ramphal, Franz Vranitzky, Alan Boesek, Georg Leber, Valentin Falin, Rainer Barzel.
Unten: Marianne von Weizsäcker, François Mitterrand, Gro Harlem Brundland, Brigitte Seebacher-Brandt, Mieczyslaw Rakowski, Brandt, Mário Soares, Hans-Dietrich Genscher, Shimon Peres.

Sozialdemokratische Mitstreiter in der Sozialistischen Internationale: der Franzose François Mitterrand (oben), der Österreicher Bruno Kreisky und der Schwede Olof Palme (unten rechts).

Für den Spanier Felipe González, der 1974 im französischen Exil an die Spitze der Sozialistischen Arbeiterpartei Spaniens gewählt wurde, war Willy Brandt eine Art Vaterfigur. 1982 wurde González zum Ministerpräsidenten von Spanien gewählt.

Willy Brandt war der dritte SPD-Vorsitzende seit dem Zweiten Weltkrieg nach Kurt Schumacher (rechts Blick in eine Ausstellung über Schumacher in der Bonner Parteizentrale) und Erich Ollenhauer.

Gerhard Schröder (links unten) zählt – neben Björn Engholm, Herta Däubler-Gmelin, Heidi Wieczorek-Zeul und Rudolf Scharping – zu den politischen Enkeln Willy Brandts. Besonders verbunden fühlte er sich eine Zeitlang Oskar Lafontaine, dem Saarländer mit der rhetorischen und demagogischen Begabung.

Am 14. Juni 1987 wählt die SPD auf einem Sonderparteitag in Bonn Hans-Jochen Vogel (oben links) zum neuen Vorsitzenden. Stellvertreter werden Johannes Rau (rechts) und Oskar Lafontaine (dahinter). Willy Brandt wird zum Ehrenvorsitzenden auf Lebenszeit ernannt.

Begegnung auf Distanz: 1985 betritt Brandt zum ersten Mal seit seinem Rücktritt wieder den Boden der DDR zu einem Besuch bei Erich Honecker.

Vier Jahre später, am 9. November 1989, fällt die Mauer, und Brandt erlebt, daß »zusammenwächst, was zusammengehört«.

Im September 1990 vereinigen sich SPD-Ost und SPD-West zur gesamtdeutschen SPD. Hans-Jochen Vogel, Willy Brandt, Wolfgang Thierse und Oskar Lafontaine präsentieren die Urkunde über die Vereinigung.
Am 3. Oktober 1990 ist die deutsche Teilung beendet. Auf dem Platz vor dem Reichstag feiern Lafontaine, Brandt, Genscher, Kohl (mit Frau Hannelore) und Weizsäcker (mit Frau Marianne) mit begeisterten Bürgern die Einheit.

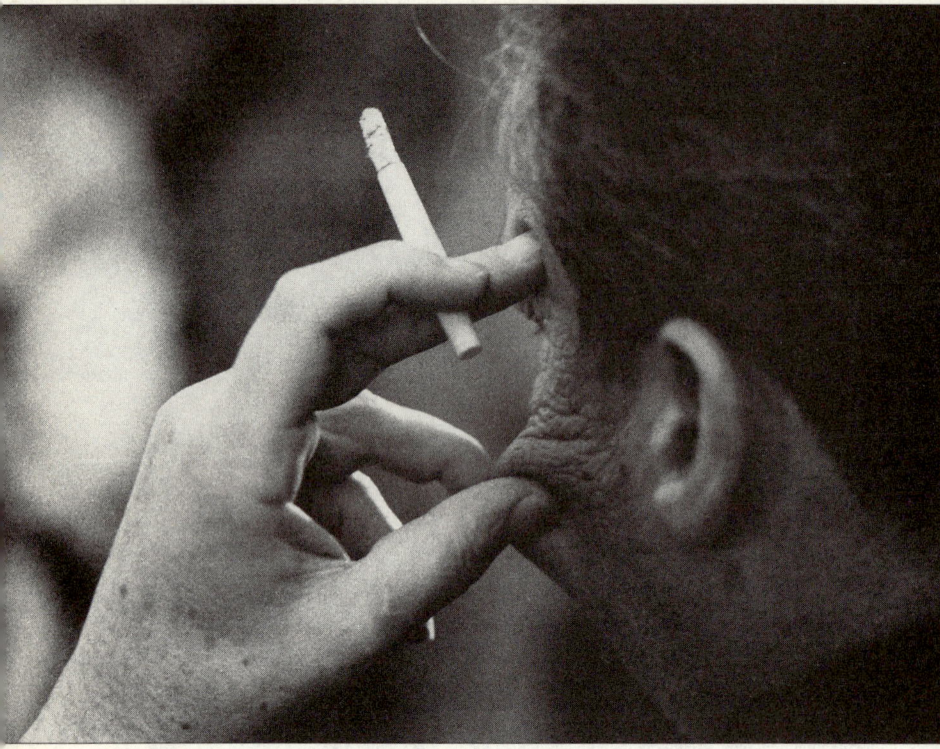

Willy Brandt – Visionär und Realist.

beide suchen nicht den Dialog zwischen Nord und Süd, sie wollen nicht den Versuch einer globalen Umsteuerung zugunsten der armen Länder, sondern setzen allein auf den Markt, und das bedeutet: Die »Kontrolle über alle wichtigen Hebel in der Weltwirtschaft [liegen] immer noch in den Händen des Nordens«, und dieser Norden tut auch alles, um seine Kontrolle aufrechtzuerhalten.[44] Zu seinem Kummer zeigt auch die vom Sozialdemokraten Helmut Schmidt regierte Bundesrepublik wenig Bereitschaft, die bestehende Weltwirtschaftsordnung zu verändern.

So wird zum einzig greifbaren Ergebnis politischen Handelns jener Nord-Süd-Gipfel im mexikanischen Cancún, auf dem, wie Michael Hofmann schreibt, Präsident Nyerere und andere Habenichtse aus dem Süden dem amerikanischen Präsidenten und europäischen Staatsmännern unmittelbar Paroli bieten können. Sie bewirken wenig, weil Cancún ohne Fortsetzung bleibt und die zentrale Empfehlung des Brandt-Berichts, nämlich den Nord-Süd-Dialog durch informelle Gipfeltreffen der verantwortlichen Politiker der Industrie- und Entwicklungsländer längerfristig zu beleben, bereits nach dem ersten Treffen der Staatsmänner von Nord und Süd begraben wird. Willy Brandt, der von den *like-minded* Gipfelinitiatoren, den Regierungschefs Mexikos, Kanadas und Österreichs, nach Cancún eingeladen wird, verzichtet von vornherein auf seine Teilnahme, wohl »weil er das bittere Ende« vorausgesehen hat.[45] Als er von der britischen »Dritte-Welt-Stiftung« für seine Leistungen mit dem Brandt-Bericht einen Preis von 100 000 Dollar erhält, ruft er – zusammen mit dem Land Nordrhein-Westfalen – die »Stiftung Entwicklung und Frieden« ins Leben.

Mit seinem großen Anlauf auf der Weltbühne beginnt seine neueste Karriere – die des *elder statesman*, und es ist seine vierte, wenn nicht fünfte nach der ersten des Sektierers, Jungfunktionärs und Journalisten, nach der zweiten des Bundestagsabgeordneten, der dritten des Regierenden Bürgermeisters und schließlich der des Außenministers und Bundeskanzlers. An ihrem Anfang steht ein Umbruch in seinem privaten Leben, doch als Helmut Schmidts Bündnispolitik von der Parteilinken attackiert wird und der Stern des neuen Kanzlers und Nachfolgers zu verblassen beginnt, rückt Willy Brandt auch wieder ganz ins Zentrum der deutschen innenpolitischen Auseinandersetzung.

Privat sieht man ihn seit 1977 immer häufiger mit einer zierlichen jungen Blondine, die zunächst in der Pressestelle der SPD arbeitet, aber bald von ihm als Redenschreiberin engagiert wird. Sie heißt Brigitte Seebacher, hat Germanistik und Geschichte studiert und war eine Zeitlang Chefredakteurin der Wochenzeitung *Berliner Stimme*, ebenjenes SPD-Parteiblättchens, das Willy Brandt Anfang der fünfziger Jahre, damals ebenfalls als Chefredakteur, vergeblich als Tageszeitung hatte retten wollen. Brandt findet an Brigitte Seebacher Gefallen, holt sie in sein persönliches Büro, und zwischen beiden entwickelt sich weit mehr als eine jener üblichen Affären, welche langjährige Mitarbeiter des Vorsitzenden von ihrem Chef zu kennen meinen. Bald schreibt Brigitte Reden für ihn und begleitet ihn auf dieser oder jener Reise – nach Washington und New York etwa, wo er 1978 im Rahmen seiner Arbeit für die Nord-Süd-Kommission um einen Marshallplan für die Dritte Welt wirbt. Als er von der Ostküste an die Westküste weiterreist, um an dem SI-Kongreß in Kanada teilzunehmen, wird er krank, glaubt, eine fiebrige Grippe zu haben, und schleppt sich in Vancouver nur mit Mühe zu seinem Referat ans Rednerpodium. Zurück in Bonn, stellen die Ärzte der Universitätsklinik auf dem Venusberg einen schweren, seit Wochen verschleppten Herzinfarkt fest und verordnen ihm eine lange Pause von der Politik.

Es wäre nicht das erste Mal, daß eine schwere Krankheit zu der Einsicht führt, es sei an der Zeit, sein Leben grundsätzlich umzustellen. Willy Brandt hat schon länger mit dem Gedanken gespielt, sich von Rut zu trennen. Der Entschluß, ihn in die Tat umzusetzen, reift während einer sechswöchigen Kur in der Rehabilitationsklinik »Léon Bérard« im südfranzösischen Hyères, wo er bei viel Gymnastik und nahezu salzloser Kost von Direktor Maurice Roux persönlich betreut wird. In Hyères wird er wieder physisch fit gemacht: Durch viel Bewegung und kontrollierte Belastung des Körpers wird sein Kreislauf gestärkt, für lange Spaziergänge gibt ihm Roux vorsorglich einen Assistenzarzt mit. Der Direktor, ein renommierter französischer Kardiologe, spricht ein wenig Deutsch und lädt seinen prominenten Patienten gelegentlich zu sich nach Hause ein. Er stehe unter strenger Kontrolle, schreibt Brandt von der Côte d'Azur, er mache große Fortschritte und werde wahrscheinlich gesünder zurückkommen, als er es lange gewesen sei. Egon Bahr reist nach Hyères, Klaus Harpprecht fährt mehrmals aus dem nahen La Croix Valmer herüber, aber als Rut ihn besuchen will, lehnt er dies ab.

Statt dessen macht er in seinen Briefen Andeutungen, daß Veränderungen erforderlich würden, »wo es um politische Verantwortung und persönliche Ambitionen geht«. Er, der sich um der Politik und der Karriere willen so vielen Zwängen hat beugen müssen, will wenigstens sein »zweites Leben«, genauer: was ihm vom Leben bleibt, frei gestalten können. Rut liest es mit Interesse, wundert sich, daß er seinen Beschluß so lange in Watte gepackt hat und empfindet »eine gewisse Komik bei diesem Tanz um den heißen Brei«. Natürlich weiß sie längst Bescheid, schon in Bonn in der Klinik hatte sie ihn stets bestens versorgt gefunden, wenn sie zu Besuch gekommen war – mit roten Rosen, Weintrauben und anderen Kleinigkeiten, die man Patienten ans Krankenlager bringt. Brigitte Seebacher, Jahrgang 1946, zwei Jahre älter als Sohn Peter und sechs Jahre jünger als Tochter Ninja, erledigt Brandts Post in Hyères, begleitet ihn beim Promenieren und entscheidet darüber, wer zu ihm vordringen darf.

Zurück in Bonn, führt er erstmals seit langer Zeit ein langes, offenes Gespräch mit Rut und schlägt ihr zwei Möglichkeiten vor: »Wir könnten unter demselben Dach wohnen«, so erinnert sich Rut, »und jeder seiner eigenen Wege gehen, oder wir könnten uns jeder eine Wohnung nehmen.« Freunde Brandts bestätigen, daß nicht er, sondern sie in dieser Situation auf der Scheidung bestand und er es lieber bei einer bloßen Trennung belassen hätte. Aber Rut will nicht länger eingesperrt sein – nicht mehr gefangen »in der Stellung, der Position und der Rolle, die mir zugeteilt war, durch Rücksichten, die man nehmen sollte, und Worte, die man abwägen mußte«. Wenn Brandt sich mit Brigitte zusammentut, dann will sie nicht mehr den Pflichten und Formen einer formellen Exkanzler- und Vorsitzendengattin gehorchen müssen, sondern Freiheit gewinnen für ein eigenes, unabhängiges Leben, die sie in einer bloßen Trennung nie gefunden hätte. Es dauert auch nicht lange, und sie lebt mit Niels Nørlundt zusammen, einem dänischen Journalisten und alten Freund Willy Brandts. Beide Männer hatten sich 1946 im Faber-Schloß bei Nürnberg kennengelernt, als sie über den Kriegsverbrecherprozeß berichteten.

Zum letzten Mal sehen sich Willy und Rut nach ihrer Scheidung am 16. Dezember 1980, wenige Tage vor Willy Brandts 67. Geburtstag. Man trifft sich bei Sohn Lars, zusammen mit den Anwälten beider Seiten. Rut war von Heiner Senft, einem renommierten Advokaten aus Hamburg, vertreten worden, Brandt hatte sich mit einem Parteianwalt begnügt und zeigt sich großzügig. Rut erhält die Hütte in Norwegen zugesprochen, die einst für 25 000 Mark erworben wurde, dazu etwa 8000 Mark netto im Monat, etwa die Hälfte des damaligen Einkommens eines Exkanzlers, Bundestagsabgeordneten und SPD-Vorsitzenden. Später fühlt er sich, vielleicht unter dem Einfluß Brigittes, übervorteilt, obschon er erhebliche Zusatzeinnahmen durch Bücher hat, die in hoher Auflage und auch im Ausland erscheinen, und auch durch Vorträge, die ebenfalls nicht schlecht entlohnt werden.

Man sitzt nach vollzogener Scheidung bei Lars, trinkt ein Glas Wein zusammen, jeder erzählt eine lustige Episode, und doch haftet dem allem etwas Beklemmendes an. Über die 33 Jahre, die Rut und Willy zusammengelebt haben, »über die wichtigsten Jahre unseres Lebens«, so Rut Brandt, fällt kein Wort. Sie glaubt, die gemeinsamen Jahre, drei Kinder und seine Karriere, bei der sie an seiner Seite gestanden und ihm geholfen hatte, müsse trotz allem die Basis für eine gemeinsame Freundschaft bilden. Doch es sollte ihre letzte Begegnung mit Willy Brandt sein – sie wird ihn nie wiedersehen.[46] In den zwei großen Büchern, die Brandt nach der Trennung schreibt, erwähnt er sie nur in »Links und frei«, das seinen Lebensweg von Lübeck bis zum Berlin des Jahres 1952 beschreibt, in seinen »Erinnerungen« kommt sie mit keiner Zeile vor, allerdings auch seine Kinder nicht und auch nicht die neue Gefährtin an seiner Seite. Die Erklärung dafür ist nicht nur in dem bewußten Versuch zu sehen, ein von Grund auf neues Leben zu beginnen und deshalb mit der Vergangenheit zu brechen. Eine Rolle spielt wohl auch Brandts Loyalität gegenüber der neuen Bindung, die er eingegangen ist, eine Loyalität, die er beinahe demonstrativ bekunden will. Denn leicht hat es Brigitte Seebacher wahrlich nicht.

Die Nachricht von der Scheidung löst eine Woge der Anteilnahme für Rut Brandt aus. Beinahe 25 Jahre hat sie mit Willy im politischen Rampenlicht gestanden, in guten wie in schlechten

Zeiten; ohne diese Frau, ohne ihre bedingungslose Liebe, Loyalität und Kameradschaft hätte er so manchen Rückschlag nicht überstehen können in einer Karriere, die voller Verletzungen war. Die meisten Sozialdemokraten spüren das, und Helmut Schmidt bringt es in einem Brief an Rut auf den Punkt: Sie habe sich »innerhalb der deutschen Sozialdemokratie und im deutschen Volke ungezählte Freunde erworben«, und er selbst bekennt sich offen zu ihnen. Genau das wird der neuen Frau an der Seite des Vorsitzenden noch zu schaffen machen: Die strahlende Rut mit all ihrer Schönheit, Herzlichkeit und ihrem gewinnenden Lachen war und bleibt in den Augen der meisten Genossen der Liebling der Partei, fast als sei sie – das Bild sei erlaubt, der republikanischen Tradition der Sozialdemokratie zum Trotz – die legitime Königin, die zu Unrecht vom Thron verstoßen wurde.

Wer fragt, was einen Mann wie Willy Brandt empfänglich macht für den eher spröden friesischen Charme einer Brigitte Seebacher, sollte nicht nur die Attraktion ihrer Jugend in Rechnung stellen. Sicher, der Altersunterschied beträgt immerhin 33 Jahre. Aber wichtig ist, daß nicht Brandt auf Frauen zugeht, sondern Frauen auf Brandt. Annemarie Renger, die ihn zum erstenmal in Hannover 1946 sah, meinte damals, ihr Typ sei er nicht – dazu sei er zu schüchtern, kein Eroberer, sondern eher einer, der Schutz – und Wärme – bei Frauen sucht.[47] Wenn die Diagnose stimmt, dann sind Positionen von Einfluß eher geeignet, einen solchen Typ Mann zu isolieren, seine Kontaktschwäche zu verstärken und ihn um so dankbarer und aufgeschlossener zu machen, wenn sie von einer Person durchbrochen wird, die sich von seiner persönlichen Ausstrahlung, der Aura seiner Macht oder beidem angezogen fühlt.

Beobachter im Parteihauptquartier sprechen von einer zielbewußten, kühlen Strategie, mit der sich Brigitte Seebacher in die Nähe des Vorsitzenden vorarbeitet, um schließlich seine volle Aufmerksamkeit zu gewinnen. Daß Brandt in ihr den intellektuellen Partner findet, der Rut nicht gewesen ist, spielt eine wichtige Rolle. Die studierte Sozialdemokratin Seebacher kennt sich bestens aus in der Theorie und Geschichte der Arbeiterbewegung, sie arbeitet an einer Dissertation über Erich Ollenhauer, mit der sie schließlich bei Ernst Nolte in Berlin promoviert, und veröffentlicht danach eine Biographie über August Bebel, den Arbeiterkaiser der Vorkriegssozialdemokratie – den »Künder und Kärrner«, wie sie ihn nennt. Ist sie nicht ein idealer Gesprächspartner für einen späten Brandt, der sich zunehmend mit dem eigenen, in der Arbeiterbewegung verwurzelten Lebensweg beschäftigt, der ihn mal nach ganz links, mal nach rechts – als Kalten Krieger –, dann in die Mitte und danach wieder eher nach links geführt hat?

Dazu kommt, daß die kluge und intelligente Genossin die Sprache der jungen Generation spricht, die er in die Partei integrieren will, und daß sie die Brücke zu den »Enkeln« schlägt. Sie lädt junge Leute in die neue Wohnung in Unkel, die beide beziehen – ein Penthouse mit fünf Zimmern und einer großen Dachterrasse. Und um Brigitte nicht immer nur mit Freunden und Weggefährten zusammenzuführen, die ja für sie allesamt alte Herren sind, müht sich Brandt um Nähe zu Jüngeren wie Oskar Lafontaine. Als er mit Brigitte ins Elsaß reist, bittet er Oskar und seine Frau aus Saarbrücken zum Essen herüberzukommen – nicht nur, um über Parteiprobleme zu sprechen, sondern um Brigitte »zur Abwechslung einmal Jüngeres zu bieten«, wie Lafontaine vermutet.[48] Zwischen Brigitte und der damaligen Frau Lafontaines entwickelt sich so etwas wie eine Freundschaft. Die Lafontaines besuchen das Paar im Urlaub auf Zypern, schwimmen gemeinsam mit ihm im Meer und bereisen die Insel. Und als sie Brandt und Brigitte im Sommer 1984 in Gagnières besuchen, wo Brandt ein 100 Jahre altes Bauernhaus erworben hat, stellen die Brandts ihren Besuchern sogar ihr großes Doppelbett zur Verfügung, weil das Gästebett für drei Lafontaines – sie waren mit Sohn Fréderic gekommen – zu klein gewesen wäre.[49]

Bei dem Refugium in Gagnières handelt es sich um ein geräumiges Steinhaus am südlichen Rande der rauhen, aber großartigen Landschaft der Cevennen. Für deutsche Verhältnisse wohl zu einem Schnäppchenpreis erworben, ist es nach einigen Umbauten Weihnachten 1983 bezugsfertig. Ein Abteilungsleiter in der Bonner SPD-Zentrale, der für sich zuvor ein Haus ganz in der Nähe kaufte, hat es für die Brandts aufgetan, und wenn der Exkanzler später einmal allein in Gagnières weilt, um an einem Buch zu arbeiten, sieht dessen Familie nach dem Vorsitzenden und sorgt für ihn.[50] Es gibt sicher schönere Gegenden in Frankreich. Gagnières im Departement Gare ist ein schmuckloses, einfaches Grubenstädtchen, im

Tal und auf den Hängen wird Steinkohle abgebaut, und die Bürgermeister dieser Gegend gehören damals fast sämtlich der Kommunistischen Partei an. Doch Brandts Haus mit fünf Zimmern, Terrasse, Schwimmbad und großem Grundstück liegt etliche hundert Meter vom Ortskern entfernt in einem Wald – ideal für den, der sich neugierigen Blicken entziehen will und einsame Spaziergänge liebt. Wenn er durch den Garten geht, ein paar Stufen höher zu einem schattigen Aussichtsplatz klettert, kann er über die Obstbäume und den Wald hinweg auf einige sanfte Hügelketten blicken. Hier hindert ihn niemand, zu sich selbst zu finden. Rund vier Monate wird er nach seinem Rücktritt vom Parteivorsitz hier im Jahr verbringen.

Die Bewohner des Städtchens fühlen sich durch den prominenten Zuzug geehrt und begrüßen Brandt mit Willy-Willy-Rufen, wenn er einmal durch den Ort spaziert oder mit Brigitte in eines der einfachen Restaurants essen geht. Hier kann er ausspannen oder in Ruhe arbeiten, in den Ferien kommt Tochter Ninja, inzwischen längst erfolgreiche Pädagogin in Oslo, mit Mann und Enkelin Janina zu Besuch. Im Gegensatz zu den Söhnen versteht sich Ninja mit Brigitte gut, und Brandt findet Gefallen an der Rolle als Großvater, aber auch als Landmann. Zwar gibt es einen Gärtner, der nach dem Anwesen sieht, aber gelegentlich spaltet Brandt selbst ein paar Klötze Holz für seinen Kamin, erntet Tomaten oder fegt Laub zusammen, das er im Herbst verbrennt. Brigitte hat einen kleinen Renault in Gagnières stehen, in dem beide zu den Märkten der Umgebung fahren. Die Personenschützer, für die ein Haus nebenan angemietet wird, loben Brandt als einen der wenigen Politiker, der sie nicht als Belästigung empfindet – oder es sie doch nicht spüren läßt. Sie fühlen sich von ihm als Partner akzeptiert, die ernst genommen werden. Ohne Murren folgt der Schützling ihren Anweisungen, wenn »Gefährdungsmitteilungen« vorliegen, wie das im Amtsjargon der Sicherungsgruppe heißt.[51]

Im Dezember 1983, kurz vor Brandts 70. Geburtstag und wenige Tage, ehe das renovierte Haus in Gagnières bezugsfertig wird, heiraten Willy und Brigitte in Unkel, und der Bürgermeister persönlich nimmt die standesamtliche Trauung vor. Es gibt nicht wenige alte Freunde des SPD-Vorsitzenden, die Brigitte Seebacher-Brandt vorwerfen, daß sie ihn abschirme, alten Freunden entfremde, den

Zugang zu ihm kontrolliere, beschränke oder gar verhindere. Aber teilt sich der Freundeskreis erfahrungsgemäß nicht immer nach einem Partnerwechsel? Andere rühmen, sie habe Brandt das Leben wenn nicht gerettet, dann doch verlängert, denn geradezu rührend ist sie um seine Gesundheit besorgt. Sie achtet auf strenge Disziplin beim Essen und auf die Einhaltung des Rauchverbots, das die Ärzte ihm verordnet haben, auch wird der Alkoholkonsum unter ihrem Einfluß auf ein Mindestmaß reduziert – nur noch wenige Gläser Rotwein am Abend sind erlaubt. Natürlich raucht Brandt hier und da dennoch eine Zigarette oder trinkt einen Schluck Wein am späten Nachmittag im Büro. Doch wie groß der Einfluß ist, den die junge Frau auf den an ihr gemessen geradezu überlebensgroßen Willy Brandt ausübt, bezeugen enge Mitarbeiter: Hat er im Büro eine Zigarette geraucht oder einen Schluck Rotwein schon am Nachmittag getrunken, sucht er dies zu verheimlichen, putzt sich auf der Toilette die Zähne, ehe er nach Hause fährt, und schiebt sich eine ordentliche Portion Lakritze in den Mund.[52]

Es ist Brigitte, die ihn langsam aus jenem Kokon herausholt, den Beamte, Referenten, Sekretärinnen und die anderen dienstbaren Geister der Macht um ihn gesponnen und damit dem Alltag entfremdet haben. Burschikos, wie sie ist, geht sie mit ihm in Fußballstadien, vor allem wenn Werder aus ihrem heimischen Bremen spielt, sie bringt ihm bei, morgens Brötchen zu holen, den Müll hinunterzutragen, wieder Geld in der Tasche zu haben und damit richtig umzugehen. Glaubt man der Geschichte, die sie in der *Bild-Zeitung* unter dem Titel »So ist Willy als Ehemann« schreibt, hüllt er sich in eine große Schürze, putzt Gemüse und zieht auf der Dachterasse in Unkel sogar Möhren und Tomaten, Lauch und Salat – nur um den Abwasch macht er einen großen Bogen.[53]

Die Kur in Hyères und Brigittes Einfluß wirken verjüngend auf ihn. Als er im Oktober 1981 aus offiziellem Anlaß nach New York reist, macht er einen privaten Besuch bei Christo und Jeanne-Claude, deren Studio sich in einem Haus ohne Fahrstuhl in Manhattan befindet. Er klettert die Treppen zum fünften Stock empor und versichert sie seiner Unterstützung für ihr Projekt, den Reichstag zu verhüllen: »Sie dürfen nicht aufgeben, zu viele Deutsche zählen auf Sie!« Wäre er ohne Brigitte auf diese Idee gekommen? Fast alle anderen führenden Politiker zählen damals zu den Bedenkenträgern gegen ein Kunstwerk, das erst 1995 verwirklicht werden kann und sich als Publikumsmagnet für Hunderttausende erweisen wird.

Er ist schlanker und straffer geworden, das Gesicht markanter und weniger aufgequollen als zuvor, seine Jacken sitzen besser, er bevorzugt buntgestreifte Hemden und modische Krawatten. »Mann, oh Mann, sehen Sie fabelhaft aus. Ganz zu schweigen von Ihrer Konstitution, die ich zu spühren (sic) bekam, als ich mit meiner Tochter [...] hinter ihnen herstob«, schreibt eine Verehrerin aus dem Wahlkampf in Württemberg 1980. »Ich gratuliere Ihnen zu Ihrer wiedergewonnen Kraft und Gesundheit und auch zu Ihrer neuen Lebensgefährtin, die das hat bewirken helfen.« Die dies dem »lieben, verehrten Genossen Brandt« am 3. September 1980 schreibt, ist Kammermusikerin und Inhaberin eines Schönheitssalons in Stuttgart. Auf dem Hubschrauberlandeplatz auf dem Hohenneuffen hat sie trotz Warnungen den Zaun übersprungen und ist bis zu ihm vorgedrungen: »Sie lächelten mich an und nickten aufmunternd. Sie gaben mir die Hand, und ich habe sie an dem Tag nicht gewaschen.«[54]

Nein, an Charisma hat er in seinem neuen Leben, das er gern sein »zweites« nennt, gewiß nicht eingebüßt. Auch nutzt er die Chance und zeigt Brigitte die Welt. Seit 1979 werden bei vielen Auslandsreisen Tickets für eine »zweite Person« gebucht. Im Dezember 1988 reisen sie privat nach Luxor, besichtigen die Pyramiden, das Tal der Könige und das Ägyptische Museum in Kairo. Die ägyptische Regierung läßt es sich nicht nehmen, das prominente Paar zwei Tage als Staatsgast nach Scharm-el-Sheik einzuladen, fliegt es mit einem Regierungsflugzeug an den Golf von Akaba und richtet Brandt zum 75. Geburtstag eine Feier aus: Ein Konvoi von Geländewagen bringt Willy und Brigitte in die Wüste Sinai, etwa 80 Kilometer von Scharm-el-Scheik entfernt, wo ein von einem Luxushotel arrangiertes Buffet aufgebaut ist. Man speist unter freiem Himmel zu den Klängen klassischer Musik.[55] Anschließend fliegt das Paar über Kairo und Tunis nach Marseille, wo der Mercedes des Vorsitzenden mit seinem Fahrer Simon wartet, um die beiden abzuholen. Weihnachten und das Jahresende werden in Gagnières verbracht.

Sein Comeback auf der innenpolitischen Bühne hat mit den zunehmenden Schwierigkeiten der Regierung Schmidt zu tun.

Diese kämpft ja nicht nur mit den Folgen eines zweiten Ölpreisschocks, vermindertem Wachstum, sechs Prozent Inflation, steigender Arbeitslosigkeit und viel zu hoher Staatsverschuldung. Die Linke in der Partei begehrt auf, weil Schmidt U-Boote an das Militärregime Pinochets in Chile und Panzer an Saudi-Arabien liefern will und sie die friedliche Nutzung der Kernenergie in Frage stellt. Der Streit um die Stationierung zusätzlicher Raketen wird schließlich zur Zerreißprobe für eine Partei, die im Wahlkampf 1980 noch erfolgreich mit ihrer Friedens- und Entspannungspolitik geworben hat.

Losgetreten hat diesen Streit um die Dislozierung der Pershing II auf deutschem Boden, einer Rakete, die angeblich die sowjetischen Führungsbunker zerstören und die Sowjetunion damit enthaupten könnte, kein anderer als der deutsche Bundeskanzler persönlich, als er in einem vielbeachteten Vortrag Ende Oktober 1977 in London völlig zu Recht auf die Disparität hinwies, die auf dem Gebiet der Mittelstreckenraketen in Europa herrschte. Helmut Schmidts Denken ist von der Kategorie des militär- und sicherheitspolitischen Gleichgewichts bestimmt. Weil die Großmächte dabei sind, sich über SALT II zu einigen – und damit eine rüstungskontrollpolitische Balance bei Interkontinentalraketen anstreben, mit denen sie sich gegenseitig direkt bedrohen –, fordert er vergleichbare Maßnahmen für Europa, um das sowjetische Übergewicht bei Mittelstreckenraketen abzubauen, speziell der Bedrohung durch die moderne SS 20 entgegenzuwirken. Er sieht eine auf die Weltmächte USA und Sowjetunion begrenzte strategische Rüstungsbeschränkung als Gefahr für das Sicherheitsbedürfnis der westeuropäischen Bündnispartner, wenn es nicht gelingt, das in Europa bestehende Ungleichgewicht parallel zu den SALT-Verhandlungen abzubauen.

Es ist hier nicht der Ort nachzuzeichnen, wie es schließlich zu jenem NATO-Doppelbeschluß kam, der die Sozialdemokraten spaltet und an der für etliche Jahre das gute Verhältnis zwischen Helmut Schmidt und Willy Brandt zerbricht. Nur soviel sei zur Ehre Schmidts gesagt: Er suchte nach einem Hebel, um den Rüstungswettlauf anzuhalten und Europa einen mit strategischen Mittelstreckenwaffen geführten Atomkrieg zu ersparen. Dabei dachte auch er zunächst an eine seegestützte Nachrüstung, an Raketen-U-Boote unter dem Kommando der NATO oder raketenbestückte

Schiffe. Erst im Laufe der Debatte wird er dann zum Gefangenen sogenannter militärischer Expertenlogik, aber auch der Entschlossenheit der neuen Reagan-Administration, nach dem Einmarsch der Sowjets in Afghanistan und dem Scheitern der Entspannung die Chance zu nutzen und eine neue, modernere Raketengeneration in der Bundesrepublik zu stationieren, die von europäischem Boden aus erstmals das Territorium der UdSSR erreichen kann.

Dabei bleibt von Anfang an strittig, wie dieser Doppelbeschluß auszulegen ist. Keine Stationierung vor gründlichen Rüstungskontrollverhandlungen – so interpretiert der Rüstungskontrollflügel der SPD die NATO-Entscheidung, die durch ein Treffen der Regierungschefs der USA, Englands, Frankreichs und der Bundesrepublik auf Guadeloupe im Januar 1979 vorbereitet worden ist. Im Brüsseler NATO-Hauptquartier hingegen neigt man der These zu, durch die Vorbereitung der Pershing-II-Stellungen und schließlich deren Stationierung den Verhandlungen erst den rechten Nachdruck zu verleihen. Und Washington mißt dem Verhandlungsteil des Beschlusses ohnehin weniger Bedeutung zu als der Entwicklung und Aufstellung seiner Raketen. Es ist schließlich die Zeit, in der Ronald Reagan vom Kreuzzug gegen das »Reich des Bösen« spricht und der Rückfall in den kältesten aller Kalten Kriege droht.

Horst Ehmke weist darauf hin, daß die Intentionen der SPD schon von Anfang an keineswegs deckungsgleich waren mit denen der NATO: Die SPD sieht die Rüstungsoption als »Treibsatz« für Verhandlungen über Rüstungskontrolle, die NATO dagegen betrachtet die Rüstungskontrolle als »bloße Ergänzung der Nachrüstung«.[56] Doch Helmut Schmidt steuert vor der SPD-Fraktion einen mittleren Kurs: Im idealen Fall könnte das Ergebnis lauten, so der Kanzler im November 1979 vor der SPD-Fraktion, daß auf westlicher Seite nicht nachgerüstet werden müsse. Allerdings setze dieses ideale und optimale Szenario voraus, daß die Sowjetunion vieles von dem wieder abwrackt, was sie produziert hat[57] – eine Voraussetzung, die zu diesem Zeitpunkt als ziemlich irreal gelten muß. Ein einflußreicher Beamter und Europa-Experte des State Department, Larry Eagleburger, behauptet, er könne mit dem Begriff *double track decision* (Doppelbeschluß) nichts anfangen, und die Deutschland-Experten in Washington halten Brandt zunehmend für zu sowjetfreundlich und verdächtigen ihn, auf neutralistischen und pazifistischen Pfaden zu wandeln.[58] Es sind amerikanische Waffen in einer amerikanisch geführten NATO, um die es geht, in den Augen mancher ausländischen Beobachter erinnert die Politik der Sozialdemokraten an den Versuch eines nichtnuklearen mittelgroßen Zwerges, zwei atomar bewaffnete Riesen bei den Hörnern zu nehmen, sie zusammenzuführen und ihnen ein Konzept aufzuzwingen, das sie eigentlich nicht wollen. Übernimmt sich das sozialdemokratisch geführte Deutschland, wenn es die Supermächte zur Entspannung zwingen will?

Welche Position bezieht Willy Brandt im Nachrüstungsstreit? Von den Raketengegnern wird er zu den ihren gerechnet, auch wenn er die Regierung offiziell stützt. Das gilt übrigens auch für Herbert Wehner, der in der *Neuen Gesellschaft*, als deren Chefredakteur er 1979 zeichnet, offen den Kanzler Schmidt kritisiert: Es entspreche nicht der realen Lage der Bundesrepublik, »mit der vorgeblichen Notwendigkeit zusätzlicher Waffensysteme zu argumentieren«, schrieb der Fraktionsvorsitzende und forderte statt dessen, die Bundesrepublik solle ihre Kräfte »in die Waagschale von Rüstungsbegrenzung und Rüstungsabbau« bringen.[59] Wenn Wehner später diese Kritik zurücknimmt, dann vor allem, weil er die Regierung und ihren sozialdemokratischen Kanzler Schmidt nicht gefährden will.

Beide, Brandt und Wehner, halten sich bedeckt, als Helmut Schmidt die Spitzen von Partei und Fraktion Mitte Mai 1979 zu einer Diskussion über die Nachrüstung ins Kanzleramt bittet. Wehner schweigt und saugt wieder einmal vielsagend an seiner Pfeife, Willy Brandt meint zu den Ausführungen Schmidts, daß ja nicht er, sondern Helmut Schmidt in militärtechnischen und strategischen Fragen der Fachmann sei. Für alle, die Brandt kannten, so deutet dies Horst Ehmke, habe er damit sagen wollen, daß er den Doppelbeschluß für einen »politischen Fehler von Militärexperten« hielt.[60]

Auf dem Berliner Parteitag im Dezember 1979 setzt sich Schmidt mit einer Sicherheitsresolution durch, welche den Beschluß zur Nachrüstung mit einem Verhandlungsangebot an Moskau koppelt. Nach »reiflicher Überlegung« stimmt auch Willy Brandt diesem Antrag Nr. 11 zu, betont jedoch dabei: »Dies mit Begeisterung zu tun, würde mir schwerfallen.« Er begründet sein zögerliches Ja mit dem Hinweis, die Annahme von Schmidts Widersachern, eine Ablehnung des Parteitags könne die Beschlußmechanismen der NATO außer Kraft setzen, sei wirklichkeitsfremd. Im übrigen sei in der SPD schon seit Ollenhauer unumstritten, daß politische Entspannung ein militärisches Gleichgewicht voraussetze.[61] Daß seine Unterstützung für Schmidt und den Doppelbeschluß nicht von innerer Überzeugung getragen ist, daß auch sie ihren Grund vor allem im Willen zum Machterhalt hat, daran zweifeln die meisten Genossen nicht.

Irgendwie plagt den Vorsitzenden, und nicht nur ihn allein, der Zweifel, ob Entspannungspolitik »auf eine militärische Gleichgewichtsphilosophie« herunterbuchstabiert werden könne, wie Gunter Hofmann einmal meint.[62] Und wenn man Hans Ulrich Kempskis Urteil glaubt, dann nährt Brandt in Berlin auf diesem Parteitag geradezu die Vermutung, daß er in der Raketenfrage heimlich auf der Seite der Gegner stehe. Ist es dieser innere Zweifel, den die Genossen aus seiner Eröffnungsrede herauszuhören meinen – einer Ansprache, die Beobachter als schwach bezeichnen, denn erstmals in den 16 Jahren, die Brandt die SPD führt, habe er »das Herz der Partei« nicht erreicht?[63] Bei den Wahlen zum Vorstand schneidet er sogar schlechter ab als Helmut Schmidt: Für den Kanzler als Stellvertreter stimmen 365, für den Vorsitzenden nur 360 Delegierte, aber wieder gilt die Liebe der Partei vor allem Herbert Wehner, der mit dem Traumergebnis von 407 Stimmen in den Vorstand einziehen kann.[64]

Auch wenn der Parteitag im April 1982 in München in der Nachrüstungsfrage noch einmal dem Kanzler Helmut Schmidt die Stange hält, ist es doch kein Geheimnis, welch tiefer Riß inzwischen durch die Partei geht: Die SPD ist in einen ökologisch-pazifistischen und einen gewerkschaftlich-ökonomischen Flügel gespalten. Genossen wie Erhard Eppler und Oskar Lafontaine machen an der Isar offen Front gegen den Doppelbeschluß, weil sie überzeugt sind, daß Verhandlungen die neuen Raketen nicht verhindern werden. Überall in der Partei macht sich Unbehagen über den amerikanischen Verbündeten breit, Lafontaine empfiehlt, die Organisation der NATO zu verlassen, die SPD-Bundestagsabgeordneten Heide Simonis, Klaus Thüsing und Manfed Coppik schließen sich dem Bielefelder Appell zur Aufhebung des Doppelbeschlusses an.

Brandt selbst war zuvor, und zwar im Lauf des Jahres 1981 gleich zweimal, mit Schmidt wegen des Doppelbeschlusses aneinandergeraten. Im Sommer meinte er, in Moskau Entgegenkommen bei Breschnjew gefunden zu haben. Für den Kremlchef ist Brandt noch immer der glaubwürdigste deutsche Entspannungspolitiker, deshalb empfing er ihn Ende Juni mit großem Pomp: Der SPD-Vorsitzende wurde im sowjetischen Gästehaus auf den Leninhügeln hoch über der Stadt einquartiert und mit Ehren überhäuft, als ob er im Auftrag seiner Regierung gekommen sei. Aber Brandt reiste namens der SPD und als Vorsitzender der Sozialistischen Internationale. Zwar sprach Breschnjew theoretisch in Moskau auch über eine sogenannte Null-Lösung: Nämlich über alles zu verhandeln, was von Westeuropa aus sowjetisches Territorium erreichen könne, und dafür dann über das gesamte SS-20-Potential mit sich reden zu lassen.

Aber das waren theoretische Gedankenspiele – als einzigen praktischen Vorschlag bringt Brandt eine neue Moratoriumslösung mit, die weit entfernt ist von dem großen Schritt nach vorn, als den er seine Gespräche noch in einem *Spiegel*-Interview in Moskau gepriesen hat. Weder Hans-Dietrich Genscher noch Helmut Schmidt oder gar die Amerikaner können einen Durchbruch sehen. »Auf der Fahrt vom Flughafen Bonn in die Baracke«, so erinnert sich Ministerpräsident Wolfgang Clement, damals Sprecher des SPD-Vorstandes, »hörten wir im Radio die Stellungnahme von Regierungssprecher Kurt Becker, wonach das Kabinett die neue Moratoriumslösung ablehne. Wir schauten uns entgeistert an, vor Schreck fiel uns fast der Kinnladen herunter.«[65] In Bonn wird diese Einschätzung der Regierung als Absage nicht nur an die Sowjets, sondern auch an den Parteidiplomaten Brandt gewertet.

Hat der SPD-Vorsitzende sich in Moskau gegenüber dem Regierungschef Schmidt so verhalten wie seinerzeit Herbert Wehner gegenüber dem Kanzler Brandt? Die Parallele ginge zu weit, aber die Amerikaner fürchten damals das Abdriften der Deutschen in Neutralismus und Pazifismus. Da ist es für Schmidts Gespräche mit Washington kaum hilfreich, wenn sein Parteivorsitzender in einem *Spiegel*-Interview auf sowjetischem Boden die Verhandlungsbereitschaft der amerikanischen Administration heftig kritisiert, die des Kreml dagegen in höchsten Tönen lobt. »Wir haben ja alle schon mit republikanischen Administrationen zu tun gehabt«, sagt Brandt den Reportern des Nachrichtenmagazins in Moskau. »Die waren nach relativ wenigen Wochen klar durchschaubar. Und jetzt vergehen Monate und es dauert und dauert.« Im krassen Gegensatz dazu steht sein Lob Breschnjews: »Er zittert, wo es um den Weltfrieden geht.« Daß er auf die Frage der *Spiegel*-Reporter: »Brandt als Vorsänger der Friedensbewegung?« antwortet, das sei nicht so weit von dem, was viele heute dächten, und er verstehe die Anhänger der Friedensbewegung ganz gut, können die erklärten Gegner des Doppelbeschlusses in der Partei nur als Ermunterung auffassen.[66]

War Brandt selbst damals nicht mehr vom ehrlichen Verhandlungswillen der neuen Administration in Washington überzeugt? Unter führenden Sozialdemokraten grassieren Befürchtungen, die USA strebten unter Reagans Führung nicht ein rüstungspolitisches Gleichgewicht, sondern klare Überlegenheit an, zumal der amerikanische Kongreß das SALT-II-Abkommen zur Begrenzung der Interkontinentalraketen nicht ratifizieren will. In der SPD-Fraktion mehren sich deshalb die Stimmen, daß mit dem Fortfall von SALT-II auch die Geschäftsgrundlage für den Doppelbeschluß entfalle.

Dabei irrt Brandt, wie wir heute wissen, gewaltig in seiner Einschätzung der Kremlposition: Die sowjetischen Marschälle, die auf den physisch rapid verfallenden Breschnjew immer größeren Einfluß ausübten, wollten um diese Zeit die Zahl der SS-20 unter keinen Umständen reduzieren, sondern eher aufstocken, weil sie sich schon bei den konventionellen Waffen qualitativ gegenüber den Amerikanern erheblich im Rückstand fühlten. So urteilt Julij Kwizinsky, der mit Paul Nitze jenen berühmten Waldspaziergang unternahm, der das Wettrüsten mit Raketen beinahe beendet hätte. Doch die Sowjetmilitärs fürchteten, die hochpräzisen konventionellen Waffen der Amerikaner könnten einen großen Teil der sowjetischen Atomwaffen außer Gefecht setzen; deshalb drängten sie auf eine Vergrößerung, nicht etwa Reduzierung des eigenen Atomwaffenarsenals. Allerdings wurde auch Nitze von seiner Kommandozentrale zurückgepfiffen.[67] Doch steht außer Frage, daß sich Brandt mit seinen Warnungen vor einer sowjetischen Nach-Nachrüstung für den Fall der Dislozierung der Pershing II vorsichtig, aber doch deutlich erkennbar, von der Regierungslinie distanziert.

So ist es denn kein Wunder, wenn es mit Schmidt zu einer zweiten Auseinandersetzung im Oktober kommt, als Erhard Eppler, immerhin Mitglied des Präsidiums der SPD, auf der ersten großen Kundgebung der Friedensbewegung im Bonner Hofgarten, gegen den Doppelbeschluß spricht – und damit gegen das, was zumindest formell noch die alle führenden Mitglieder verpflichtende Parteilinie darstellt. Schmidt hatte Brandt schriftlich gebeten, dafür zu sorgen, daß Eppler an dieser »anti-amerikanischen Aufputschung« nicht teilnehme und einen Präsidiumsbeschluß gefordert, nach dem alle Sozialdemokraten sich von dieser Veranstaltung fernzuhalten hätten. Brandt folgt dem nicht, sondern unterstützt Epplers Absicht zur Teilnahme, indem er sich in der Fraktion ausdrücklich zur Leistung der Sozialdemokratie bekennt, Ende der sechziger Jahre die APO integriert zu haben: »Hat die Partei doch nicht langweiliger gemacht!«[68] Und nach der Kundgebung lobt er Eppler im Parteivorstand demonstrativ dafür, daß dieser »die Partei ohne Anbiederung ... für neue Entwicklungen, für die Bestrebungen bei jungen Menschen« offengehalten habe.[69]

In seinen »Erinnerungen« fragt Brandt mit – gespielter? – Empörung, woher der Ruf gekommen sei, er wäre der Gegner von Helmut Schmidt in der Raketenfrage gewesen, sei ihm ein Rätsel geblieben.[70] Natürlich kann er sich auf die Tatsache berufen, daß er auf dem Münchner Parteitag im April 1982 noch einmal empfiehlt, am Doppelbeschluß festzuhalten, weil ein Abrücken den Verhandlungspartnern – also den beiden Supermächten – das Alibi liefern könnte, die Genfer Abrüstungsverhandlungen nicht ernsthaft weiterzuführen. Aber daß nach allem, was er früher geäußert hat, die meisten Genossen dies bestenfalls als halbherzige Unterstützung werten können, liegt auf der Hand, zumal er auch in dieser Rede den Gegnern des Beschlusses kräftig Futter gibt: Da betont er seinen Respekt und sein Verständnis für große Teile der Friedensbewegung, warnt ausdrücklich vor einer Kreuzzugsmentalität und dem Versuch, die Sowjetunion und ihr Bündnissystem kaputtzurüsten. Der Berichterstatter der *Süddeutschen Zeitung* kommt zu dem Schluß, für Brandt stehe die Partei über der Regierung: »Mit keinem Wort« habe Brandt die Delegierten des Parteitages dazu aufgerufen, »die Regierung zu stützen und zu unterstützen. Und selbst die Warnung an die Adresse jener Sozialdemokraten, die ihr Heil in der Opposition suchen, klingt nicht gerade so, als ob er in einer vorübergehenden Oppositionsrolle für die SPD ein Unglück sähe«.[71]

Wenn sich die Rivalität Brandt/Schmidt nun zuspitzt, hat dies nicht ausschließlich mit dem Doppelbeschluß zu tun – die Frage der Öffnung der SPD für die ökologische Bewegung spielt eine wichtige Rolle, aber auch die Unzufriedenheit in der Partei gegenüber dem wirtschaftspolitischen Sparkurs der Regierung, die im Wachsen ist. Weil Schmidt kein Beschäftigungsprogramm gegen die Arbeitslosigkeit vorlegt – oder es gegen die Liberalen im Kabinett, die im Ansatz eine neoliberale Politik vertreten, nicht durchsetzen kann –, weil ihm die Ankurbelung der stagnierenden Konjunktur nicht gelingen will, verliert er viel vom Glanz des Machers. Auch die Gewerkschaften, bislang seine zuverlässigsten Verbündeten innerhalb der SPD, kündigen ihm die Freundschaft auf und demonstrieren im November 1981 in Stuttgart gegen die »soziale Demontage« durch seine Regierung.

Seine Machtbasis innerhalb der Partei zerbröckelt: Nach dem Landesverband Schleswig-Holstein, der schon im September 1981 die Aufhebung des Nachrüstungsteils des Doppelbeschlusses fordert, sprechen sich immer mehr SPD-Bezirke gegen die Schmidtsche Sicherheitspolitik aus, die Hamburger SPD, aus der er ja kommt, fordert sogar die Errichtung einer atomwaffenfreien Zone in Mitteleuropa. Die heillose Zerstrittenheit der Partei spiegelt sich in schlechten Wahlergebnissen wieder, die fast schon der Talfahrt in den letzten Monaten der Regierung Brandt gleichen: Berlin geht verloren, in Niedersachsen erringt die CDU die absolute Mehrheit der Sitze im Landtag, sogar in Hamburg hat die CDU bei den Bürgerschaftswahlen die Nase vorn.

In dieser Situation ergreift panische Existenzangst Besitz von der FDP: Weil die Liberalen befürchten, die Sozialdemokraten würden sie mit in die Tiefe reißen, bereiten sie die Wende vor und stellen stabilitäts- und haushaltspolitische Forderungen, welche Helmut Schmidt nicht mehr erfüllen kann. So beendet der Kanzler – im Einvernehmen mit Brandt und der Führungsspitze der SPD – die Koalition, fordert vergeblich Neuwahlen und gibt praktisch selbst den Weg für ein Konstruktives Mißtrauensvotum frei, das ihn am 1. Oktober 1982 stürzt. Nach drei Jahren des Mitregierens unter

Kiesinger und dreizehn Jahren sozialdemokratischer Kanzlerschaft nimmt die SPD wieder auf den harten Bänken der Opposition Platz. Im Herbst 1983, frei von der Last, einen Kanzler stützen zu müssen, der eine ungeliebte Sicherheitspolitik verfolgt, spricht Brandt schließlich selbst auf einer zweiten Friedenskundgebung in Bonn – gegen den Doppelbeschluß, aber für Verteidigungsbereitschaft, Bundeswehr und NATO-Mitgliedschaft, eine Position, die ihm bei den bedingungslos pazifistisch eingestellten Kundgebungsteilnehmern Buhrufe und einen Hagel von Feuerwerkskörpern und Eiern einbringt. Als Helmut Schmidt Mitte September 1983 als Bundestagsabgeordneter noch einmal für den Doppelbeschluß eintritt, erklärt Brandt, er habe nie an ihn geglaubt.[72] Wenige Wochen darauf, am 18. November, stimmt er den Parteitag der SPD in Köln schließlich auf das Nein zur Nachrüstung ein. Von den 400 Delegierten wenden sich nur 14 gegen den Leitantrag des Bundesvorstands, der die Stationierung der Pershing II verwirft – einer von ihnen ist der frühere Kanzler Helmut Schmidt. Daß die Geschichte den Streit um die Nachrüstung eindeutig zugunsten von Helmut Schmidt und seinem Nachfolger Helmut Kohl entschieden hat, steht inzwischen außer Frage, auch wenn ohne Michail Gorbatschow und dessen Neues Denken die Null-Lösung, die schließlich zwischen Moskau und Washington vereinbart wird, kaum zustande gekommen wäre. Aber davon wird im Schlußkapitel zu reden sein.

Zunächst stellt sich die Frage: Hätte das Schicksal der Regierung Schmidt einen anderen Verlauf genommen, wenn der neue Kanzler nach der Parteiführung gegriffen und die Ämter des SPD- und Regierungschefs vereint hätte, wie das bei allen Kanzlern vor und nach ihm üblich war und ist? Anfangs hat er die Arbeitsteilung zwischen ihm und Brandt, zwischen Kanzler und Parteichef, gutgeheißen, ja sogar darauf gedrängt, daß Brandt weiter SPD-Vorsitzender bleibe, weil er sich mit beiden Ämtern überfordert fühlte. Erst gegen Ende der Kanzlerschaft, als er sieht, daß Brandt die auseinanderstrebende Partei nicht mehr auf die bedingungslose Unterstützung des Regierungschefs einschwören kann, bedauert er seinen Entschluß. Daß Brandt ihm den Weg an die Spitze der Partei nach seinem eigenen Rücktritt als Kanzler 1974 nicht freigegeben hätte, ist eher unwahrscheinlich, physisch und psychisch angeschlagen, wie er war. Im Spätherbst 1982 deutet er an, daß an ihm eine andere Zuordnung der Verantwortlichkeiten nicht gescheitert wäre. Wenn er allerdings zugleich betont, wie in seinen Memoiren, daß ohne einen Vorsitzenden Brandt der Kanzler Schmidt kaum länger, sondern wohl eher kürzer und vielleicht mit weniger Erfolg im Amt geblieben wäre, definiert er die eigene Rolle als die eines Förderers und Helfers des Kanzlers, der diesem den Rücken freigehalten hat.

Schmidt dagegen verhehlt nicht, daß er sich von der Parteiführung – und damit von Brandt – im Stich gelassen fühlt: Seit 1980 hätten viele Genossen ihre Unzufriedenheit über die sich objektiv verschlechternde Lage an der Bundesregierung und an ihm, Helmut Schmidt, »abreagiert«; wer so handelte, habe zumindest mit dem stillschweigenden Verständnis der Parteiführung rechnen können. Er glaube nicht, daß es die Parteiführung ähnlich gelassen hingenommen hätte, wenn Eppler oder Lafontaine oder Gaus in gleicher Form den Parteivorsitzenden öffentlich beleidigt hätten. Nur: Wäre es Helmut Schmidt gelungen, diese Partei mit ihrer »Diskussionssucht und Programmwut«, jene SPD, in der inzwischen die Achtundsechziger-Generation viele Positionen erobert und die sich an der Basis reideologisiert hat, in einen Kanzlerwahlverein umzuwandeln?

Natürlich zielt Schmidt auf mehr als nur eine Hilfstruppe des Regierungschefs, auf mehr als eine sozialdemokratische Kopie der alten Adenauer-CDU, er will »die Vorteile der alten Milieu-Partei mit den Vorzügen der modernen Volkspartei« verbinden. Aber ist er, der kühle, rationale, auf Kant und dessen Imperativ eingeschworene Pragmatiker auch der Mann, die selbstzerstörerischen Flügelkämpfe zu beenden, die damals die Partei zerreißen? Das sozialdemokratische Spektrum, meint Wolfgang Jäger, ist inzwischen ja viel zu breit geraten, die Gegensätze zwischen »dem bulligen Gewerkschaftsfunktionär alten Schlages und dem ethisch argumentierenden Ökosozialisten, zwischen dem verbürgerlichten Facharbeiter und dem klassenkämpferischen Jungakademiker« sind zu groß.[73] Was Schmidt vorschwebt, ist eine entschlackte, klassische Kern-Sozialdemokratie alten Typs, eine Partei der Arbeiter und Facharbeiter, erweitert um Beamte und Angestellte des öffentlichen Dienstes, technische Intelligenz, freie und Dienstleistungsberufe sowie liberales Bürgertum; dazu kommt die Zurückdämmung von Sonderinteressen verschiedener Organisationsteile und die Konzentration auf das Machbare; vor allem ist er »für Integration im Sinne von innerer Bindung von Personen an das Totum des Wesens der Sozialdemokratie«, wie er das gegenüber Brandt einmal formuliert – und er weiß, daß in seinem Sinne nicht jedermann, der sich für links hält, in die Partei integriert werden kann.

Sicher: Unter einem Vorsitzenden Schmidt hätte es eine klarere Parteilinie gegeben als das Brandtsche »Sowohl-als-auch«, mit dem dieser die auseinanderstrebenden Kräfte beieinanderhalten will – einer Politik, die nach Meinung Jägers die Lage nur verschlimmert, weil keine Seite sich in ihr wiedererkennen kann. Auch Helmut Schmidt spricht von Verständnis für das Suchen und Sehnen der Jugend, aber diese brauche Festigkeit, nicht bloßes Gewährenlassen, nicht eine Einladung zum Marsch durch die sozialdemokratischen Institutionen oder zur Koalition mit den Grünen. In den Grün-Alternativen sieht er eine dritte Wiederkehr einer bürgerlich-deutschen Jugendbewegung, gekennzeichnet von idealistischem, realitätsfernen Romantizismus, wie er auch die früheren Jugendbewegungen der bündischen Jugend gekennzeichnet hatte. Den Preis von Abspaltungen hätte Schmidt in Kauf genommen, eben weil er nicht die Umgestaltung der Partei in Richtung auf einen Dachverband wünscht. Ob die verbleibende Kernmitgliedschaft allerdings ausgereicht hätte, ihn länger an der Regierung zu halten, bleibt zweifelhaft. Allein, die Frage zu stellen bleibt müßig, denn in Wahrheit hat Helmut Schmidt die Kraftprobe um die Führung der Partei nie gesucht – oder doch nie gewagt.

In dem Maße, in dem sein Stern innerhalb der Partei sinkt, steigt der Brandts als Hoffnungsträger, als Dialogpartner für die Jugend, der sich offen zeigt für die Probleme der Umwelt und für die Bedenken gegen die Kernenergie. Im Gegensatz zu Schmidt sieht Brandt die Volkspartei SPD als Integrationspartei, anders als der Kanzler geht der Vorsitzende auf die Friedensbewegung zu und betrachtet die Teilnehmer der Kundgebung im Bonner Hofgarten »nicht [als] Gegner, sondern Freunde (oder solche, die es werden können)«: Die Partei dürfe nicht austrocknen, sagt er in einer Rede über »Sozialdemokratische Identität«, sie dürfe sich niemals damit abfinden, »daß einige engagierte Jungen sich dauerhaft außerhalb der Partei für Ziele organisieren, die den unseren nicht widersprechen«. Und natürlich hat er neben den Friedensbewegten die Grün-Alternativen im Sinn, wenn er behauptet, daß sie nichts anstrebten, was den Zielen des demokratischen Sozialismus fremd sei: »Sie wehren sich gegen den ungesteuerten Triumphzug einer Technik, die Natur und erhaltenswerte Wohnformen zerstört ... Sie suchen neue Formen des Zusammenlebens, neue Formen des Zusammenhangs zwischen Arbeit und Freizeit, der Zusammenführung von Arbeit und Kultur. Ich sagte und sage dazu noch immer: Sind solche Ziele uns fremd? Sind es nicht auch unsere eigenen Ziele?«[74]

Brandt sieht, daß die erwähnten »gesellschaftlichen Strömungen« stark auf die SPD einwirken, zugleich aber Wähler von ihr abziehen, deshalb will er sie, wie die frühe Welle kritischer Jugend nach der Studentenrevolte, in die Partei integrieren. Hat die Wahl zum Berliner Abgeordnetenhaus im Mai 1981, bei denen die Grünen ins Parlament einziehen, nicht gezeigt, daß Abwanderungen in das Lager der Grünen nicht »durch Gewinne aus dem konservativen Potential« auszugleichen waren, wie Peter Glotz, der neue Bundesgeschäftsführer der SPD, erklärt? Heftiger Widerspruch zu Brandts Konzept kommt ausgerechnet aus Berlin und von einem alten Weggefährten, von dem Brandt ihn gewiß nicht erwartet hatte: von seinem Freund Rix Löwenthal, der meint, Brandts Vergleich mit der Öffnung zur Achtundsechziger-Generation stimme nicht, weil der Gegensatz zwischen der heute abdriftenden Jugend und der Masse der Stammwähler größer sei als angenommen. In der Zeit der Studentenrevolte sei die SPD mit ihrer Kritik am verkrusteten CDU-Staat historisch im Aufwind gewesen und habe selbst ein »Element nachgeholter Aufklärung, von Erschütterung überlebter traditioneller Autoritäten (einer Grundlage der Jugendbewegung)« zu diesem Aufbruch beigetragen. Den entscheidenden Unterschied sieht er darin, daß die Achtundsechziger-Jugend den Marsch durch die Institutionen antrat, um die Gesellschaft zu verändern, große Teile der heutigen Jugend dagegen die Gesellschaft nicht verändern, sondern sich aus ihr, der arbeitsteiligen Industriegesellschaft, einfach zurückziehen wollen. Sie verweigerten ökonomische Rationalität, für sie sei moderne Technik des Teufels und die Industriegesellschaft ein Irrweg der Geschichte. Folgt man Löwenthal, dann kann die SPD, die selbst ein Produkt der Industriegesellschaft ist und die Masse der Berufstätigen vertritt, keine Kompromisse mit Aussteigern schließen, die Nullwachstum wollen, gegen moderne Kerntechnik protestieren und den Umweltschutz für absolut setzen. Die Sozialdemokratie müsse vielmehr klar sagen, daß die menschenwürdige Versorgung der Milliarden Menschen, die heute die Erdbevölkerung ausmachte, ohne die Industriegesellschaften und ihre berufliche Arbeitsteilung nicht möglich sei. »Alle Alternativen dazu« nennt Löwenthal schlicht »reaktionär«.

Erstaunt registrieren Brandt-Freunde innerhalb der Partei auch, daß der Berliner Professor, den manche als Chefideologen der SPD betrachten, in Sachen Nachrüstung Schmidts Kritik an Brandts Haltung teilt: Der Vorsitzende hätte Eppler von der Teilnahme an der großen Kundgebung im Bonner Hofgarten abraten müssen, weil die Sozialdemokratie »bei aller gemeinsamen Friedensliebe die von dieser Demonstration propagierten Vorstellungen über den besten *Weg* zum Frieden nicht teilt«. Daß Brandt dies unterließ, hat nach Löwenthal nicht etwa integrierend gewirkt, sondern die Spannungen innerhalb der Partei nur verschärft. Überhaupt zürnt der Professor seinem alten Freund, daß dieser lange Zeit nichts gegen die Behauptung unternahm, er, Brandt selbst, neige angeblich einer »pazifistisch-neutralistischen Haltung« zu. Damit habe er Gegnern des Doppelbeschlusses die Berufung auf den Parteichef, der angeblich einer der ihren sei, nur erleichtert.[75]

Der Gegensatz zwischen den beiden Positionen wird die Sozialdemokratie noch lange beschäftigen. Einem Kritiker wie Horst Ehmke sind sie beide zu pauschal: Löwenthal berücksichtige nicht, daß nur eine Minderheit der Grünen, die sogenannten Fundis, aus der modernen Welt aussteigen wollten, Brandt dagegen unterschätze das anti-parlamentarische Potential, das in der grünen Bewegung stecke und physischen Widerstand gegen die Kerntechnik legitimiere.[76] Zu Recht moniert er die Aufkündigung der Demokratie durch Eiferer, die sich im Besitz der Wahrheit wähnen und ein Recht auf »Widerstand«, ja auf Gewaltanwendung gegen demokratische Entscheidungen in Anspruch nehmen.

Löwenthals Artikel stellt eine volle Breitseite gegen Brandts Vorstellung dar, sowohl die Friedens- als auch die ökologische Bewegung ließen sich in die Partei integrieren, und sie hätte so auch von

Schmidt selbst abgeschossen werden können. Wenn der Berliner Professor seinen Artikel aus der *Neuen Gesellschaft* dann in sechs knappe Thesen zusammenfaßt, die von prominenten rechten Sozialdemokraten wie Hermann Rappe oder Annemarie Renger, Egon Franke oder Herbert Ehrenberg, aber auch von Herbert Wehner unterschrieben werden, kann dies der Vorsitzende nur als einen Rebellionsversuch der Parteirechten werten.[77] In der nächsten Fraktionssitzung rechnet er deshalb mit den Anhängern der sechs Thesen ab, apostrophiert seinen alten Freund Löwenthal spöttisch als »Metallarbeiter« und Annemarie Renger als »Textilarbeiterin«.

Wenn Brandt diesen Aufstand beinahe im Keim ersticken kann, zeigt sich damit, wie sehr sich das Kräfteverhältnis unter den Triumvirn inzwischen wieder verschoben hat – und sich weiter verschieben wird. Herbert Wehner, einst die große Gegenfigur, geht inzwischen auf die 75 zu, mischt sich immer weniger in Streitfragen ein und fällt als Verbündeter für Helmut Schmidt weitgehend aus. Und der Kanzler selbst ist streckenweise durch Herzrhythmusstörungen behindert. Mit den Neuwahlen im Frühjahr 1983 scheidet Herbert Wehner endgültig aus dem Parlament. Ein halbes Jahr nach dem Kölner Parteitag 1983 legt auch Helmut Schmidt sein Amt als stellvertretender Parteivorsitzender nieder, zieht sich damit aus der aktiven Politik zurück, wird Mitherausgeber der *Zeit* und verdient, nach dem Vorbild von Henry Kissinger, mit Reden vor internationalem Publikum ein Vermögen.

Als einziger der großen sozialdemokratischen Drei – der Dinosaurier, wie Johannes Rau sie einmal nannte – bleibt Willy Brandt, der nun seine Renaissance als unangefochtener Parteichef erlebt. Aber ist er deshalb unter den dreien *der* Machiavellist, wie Gunter Hofmann einmal meint?[78] Gewiß hat er sich stets kühl die Chancen ausgerechnet, seine lange politische Erfahrung hat ihn zum Taktiker werden lassen, der Fehler der anderen geschickt für sich zu nutzen weiß. Als zum Beispiel Nixon nach den Wahlen 1969 vorschnell Kiesinger zum Wahlsieg gratulierte, war Brandt nicht verärgert, sondern meinte eher gelassen: Dieser Irrtum werde den Präsidenten bald eine Gefälligkeit kosten. Brandt betreibt Politik nach dem Judoprinzip: aus der Defensive heraus stets die notwendige Rückwärtsbewegung des Gegners nach dessen Angriff verstärkend, wie Egon Bahr einmal vermerkt.[79] Peter Glotz versteht ihn als den »nach allen Seiten sichernden, langfristig denkenden, ›Macht‹ sorgfältig kalkulierenden Politiker«, ein Teil seines Erfolgsgeheimnisses sei das des »alten Fuhrmanns«, der vor jeder größeren Fahrt vorsichtig und skeptisch »die Witterungsverhältnisse des politischen Horizontes« prüft.[80] Für den positiven Ausgang des Kräftemessens mit Schmidt mag aber auch jener Unterschied im Charakter ausschlaggebend gewesen sein, den Klaus Harpprecht auf die Formel von Schale und Kern bringt. Schmidt habe eine rauhe Schale und einen weichen Kern, sei aggressiv und schneidig im Auftreten, aber im Konfliktfall weiche er ohne langen Kampf zurück. Brandt dagegen: weiche Schale und harter Kern, nach außen entgegenkommend und taktisch flexibel, doch ein innerer Kompaß gebe ihm einen stetigen Kurs vor, an dem er beharrlich festhalte und für den er kämpfe.[81]

Ist vielleicht wichtig zur Erhellung des Gegensatzes Brandt-Schmidt, daß der eine sich eher als demokratischer Sozialist, der andere mehr als Sozialdemokrat begreift? Je älter er wird, desto mehr rückt Brandt ja wieder nach links, erinnert sich der eigenen Jugend als Linkssozialist und zeigt für junge Menschen Verständnis, die nicht nur gegen die vorgegebenen Programme, die Bürokratie und Hierarchie der Älteren aufmucken, sondern auch gesellschaftspolitische Alternativen einklagen – so illusorisch deren Realisierung auch immer sein mag. Schmidt dagegen scheint mehr in der Tradition der alten Sozialdemokratie zu stehen, die in Hamburg vielleicht präsenter ist als anderswo in der Bundesrepublik; nicht zufällig gelangte mit Herbert Weichmann einer ihrer Vertreter an die Spitze des Hamburger Stadtstaates. Sein Einfühlungsvermögen für die Zwänge, unter denen die verantwortlichen Sozialdemokraten 1918/19 handeln mußten, scheint größer als bei Brandt, auch der Respekt gegenüber einem Mann wie Friedrich Ebert, der nach Brandts Meinung den demokratischen Staat nicht »militant« genug, nicht unter deutlichem Bruch mit den Kräften des Vergangenen begründet hat.[82] Wichtig vor allem: Brandt, der Mann mit den vielen Schichten, wittert Veränderungen des Zeitgeists, versteht es, seine Politik neuen Gegebenheiten anzupassen und die Bühne neu zu arrangieren, auf der er agiert. Diese für ihn charakteristische Fähigkeit wird die Politik des Vorsitzenden in den kommenden Jahren bestimmen.

Gelegentlich holen Willy Brandt die Schatten der Emigration oder seiner frühen Berliner Jahre ein. Noch in seiner Zeit als Kanzler hatte die *Süddeutsche Zeitung* über Behauptungen eines früheren CIA-Mitarbeiters berichtet, denen zufolge der amerikanische Nachrichtendienst Anfang der fünfziger Jahre Gelder an den jungen Berliner Sozialdemokraten Brandt gezahlt hat. Ziel sei gewesen, ihn gegen den als anti-amerikanisch geltenden Kurt Schumacher aufzubauen. Die Meldung wurde ursprünglich von der amerikanischen Wochenzeitung *New Republic* gebracht. Handelt es sich vielleicht um ein gezieltes Leck, fragt man sich im Kanzleramt, soll mit dieser Falschmeldung »Brandt als zentrale Figur europäischer Selbständigkeit«, als der Politiker getroffen werden, der in der Entspannungspolitik auch eigene Wege wagt?[83] Die Meldung wird mit der nötigen Schärfe in Bonn dementiert. Doch damit ist die ärgerliche Angelegenheit nicht aus der Welt. Ähnliche Vorwürfe tauchen 1974 – in Bonn regiert schon Helmut Schmidt – in einem Buch von Victor Marchetti und John D. Marks über die CIA auf, und der deutsche Botschafter erreicht, nach einer energischen Intervention des Kanzleramts, daß die Behauptungen vom State Department zurückgewiesen werden.

Als im Februar 1977 die *Washington Post* wiederum meldet, der junge Brandt habe auf der Gehaltsliste der CIA in Berlin gestanden, wendet sich ein erzürnter Willy Brandt an Jimmy Carter und bittet – in einem Brief, den Egon Bahr persönlich überbringt und den Sicherheitsberater Zbigniew Brzezinski als »ziemlich hart« bezeichnet – um ein eindeutiges Dementi des Weißen Hauses. In der Tat verlangte Brandt ziemlich barsch, Carter möge »die zuständige Stelle ihrer Regierung zu der gebotenen Klarstellung veranlassen«. Das wird zwar abgelehnt. Zu einem förmlichen Dementi sehen Carters Mitarbeiter keinen Anlaß, weil die Behauptungen von einer Zeitung ausgehen. Aber der Präsident antwortet Brandt persönlich, bedauert die »rücksichtslose Beschuldigung« und zeigt Verständnis für Brandts Empörung. »Ich wünschte«, schreibt Jimmy Carter, »daß es in meiner Macht stünde, diese grundlosen Anschuldigungen ihrer Person gegenüber zu verhindern«; aber daß ihm dies nicht möglich ist, sei wohl der Preis, »den wir für die Form der Regierung, der wir uns beide verbunden fühlen, zu entrichten haben«.[84] Im übrigen war Brandt nicht allein als Empfänger von

CIA-Geldern genannt worden, sondern befand sich laut *New York Times* in Gesellschaft von Chiang Kai-shek (Taiwan), Syngman Rhee (Südkorea), Eduardo Frei (Chile) und Ngo Dinh Diem (Südvietnam).

Wie sich Carter unabhängig von dem Brief an Brandt zu der Affäre einließ, war allerdings nicht geeignet, letzte Zweifel auszuräumen. Denn er erklärte, daß von den »kontroversen Enthüllungen« einige »ganz falsch, andere bis zu einem gewissen Grade« richtig seien und lehnte es ab, zu den Einzelfällen Stellung zu nehmen. Grund: Die USA brauchten ein gewisses Maß an Geheimhaltung.[85]

In regelmäßigen Abständen tauchen ab 1974 Vorwürfe auf, Brandt habe in seiner Zeit in Stockholm für den amerikanischen Geheimdienst Berichte geschrieben, der *Bayernkurier* etwa zitiert aus den Exilschriften Willy Brandts und den Telegrammen Herschel Johnsons. Und das CDU-nahe und extrem rechtslastige *Deutschland-Magazin* Kurt Ziesels fragt 1979: »CIA: Hand in Hand mit Brandt?«, weist in dem Artikel aber auch auf Brandts Beziehungen zur Stockholmer Sowjetbotschaft hin.[86] Noch im Wahlkampf 1980 spielt jene Expertise, in der Willy Brandt, wie früher erwähnt, einen deutsch-polnischen Gebietsaustausch zur Beseitigung des Korridors erwog, eine Rolle: Alfred Dregger und die Landsmannschaft der Ostpreußen leiten daraus den Vorwurf ab, er habe Ostpreußen preisgeben wollen. Um Klarheit über die Aktenlage zu gewinnen, schickt Brandt seinen Mitarbeiter Klaus-Henning Rosen in die National Archives nach Washington. Bis in seine späten Tage fürchtet er, daß man neue Dokumente, etwa aus Moskauer Archiven, ausgraben könnte – nicht, weil er etwas zu verbergen hätte, sondern weil man ihn wieder mit aus dem Kontext gerissenen Dokumenten oder Zitaten jagen könnte.[87]

Natürlich ist das wichtigste Ziel des Vorsitzenden Brandt nach der Wende 1982, die SPD im Bund wieder mehrheitsfähig zu machen. Aber die Partei dahin zu bringen, ist ein Prozeß, der lange Zeit in Anspruch nimmt und dessen positives Ende er nicht mehr erleben wird, auch wenn er die Grundlagen dafür legen hilft. Er ist jetzt der unangefochtene Mittelpunkt der Partei, er verkörpert zugleich Kontinuität und Wandel und kümmert sich um Einzelheiten noch weniger als früher, wie Horst Ehmke dies einmal beschreibt. Dafür beschäftigen ihn ganz die großen Linien, etwa Tendenzen in der CDU, die er als reaktionär empfindet, vor allem aber das Verhältnis zu den Grünen, um das er sich jetzt verstärkt bemüht.[88] »Wie kämen wir dazu, uns nicht auch um das zu kümmern, was aus Friedensbewegung und aus Bürgerinitiativen kommt«, so Brandt in seiner Rede vor dem konstruktiven Mißtrauensvotum gegen Schmidt: »Ob es einem schmeckt oder nicht, hier ist ein neuer, nicht bequemer, auch noch nicht klar zu erkennender, zu beschreibender Faktor unseres politischen Lebens sichtbar geworden ... wir werden uns um die Themen und um die Menschen kümmern und bereit sein, mit uns zu verbinden, was vernünftigerweise mit uns zusammengehört.«[89] Als nach der Abwahl Schmidts die SPD vorübergehend Aufwind spürt und die Wahlen in Hessen ein relativ glimpfliches Ergebnis bringen, spricht er von einer Mehrheit »diesseits der Union«. Die Äußerung erregt Aufsehen, weil Christdemokraten und Freie Demokraten sich beharrlich weigern, die Grünen wegen ihres Bekenntnisses zu einem »legitimen« ökologischen Widerstandsrecht als demokratische Kraft zu akzeptieren und sie ausgrenzen wollen. Brandt dagegen handelt nach der Devise, in der Politik zu bleiben heiße auch, die Bedenken der Bevölkerung anzunehmen. Deshalb weigert er sich, die Grünen als Aussätzige zu betrachten, er will vielmehr sehen, was aus diesem Bereich der Friedens- und Umweltbewegung »vernünftigerweise« bei den Sozialdemokraten »oder angelehnt an sie, Platz finden kann«.[90] Die Christdemokraten sind in Hessen zwar mit 45,6 Prozent die stärkste Partei geblieben, die Freien Demokraten aber als Wendehälse und »Verräter« an Schmidt mit 3,1 Prozent abgestraft worden, und die SPD hatte immerhin 42,8 Prozent erreicht.

Weil die Grünen den Einzug in den Landtag mit acht Prozent der Stimmen schafften, stellt sich Holger Börner als Ministerpräsident nicht zur Neuwahl, sondern amtiert einfach weiter und regiert, geduldet von den Grünen, mit einem reinen Minderheitenkabinett. Erst 1984 wagt die SPD den Schritt zu einer offiziellen Koalition: Börner läßt sich jetzt mit den Stimmen der Grünen neu zum Ministerpräsidenten wählen, und Joschka Fischer gibt, aller traditionellen graugestreiften Ministermode zum Trotz, sein Debut an deutschen Kabinettstischen in Jeans und Turnschuhen. Doch das erste rot-grüne Bündnis in einem Landtag, die Koalition zwischen den in Hessen auf Ökonomie orientierten Sozialdemokraten und den grünen Ökologen bleibt fragil. Was als Probelauf für eine neue Konzentration linker Kräfte auch im Bund gedacht war, endet schon nach 16 Monaten am Streit um eine Hanauer Plutoniumfabrik, welche die SPD weiter betreiben, die Grünen aber verbieten wollen.

Zudem mehren sich seit 1983 die schlechten Wahlergebnisse für die Sozialdemokraten auf Bundesebene: Hans-Jochen Vogel, Spitzenkandidat 1983, fährt mit 38,2 Prozent aller Stimmen das schlechteste Ergebnis seit 1961 ein – das ist ein Verlust von immerhin 4,7 Prozent gegenüber den letzten Schmidt-Wahlen 1980. Zwar gibt es inzwischen einen Konsens in der Sicherheitspolitik, der von einer breiten Mehrheit in der SPD getragen wird – das *Nein* zu Doppelbeschluß und Nachrüstung. Aber auf anderen Gebieten fehlt es an konzeptioneller Klarheit, vor allem auf dem Energiesektor zeigt sich die Partei lange uneins – entsprechend der bissigen Formel: »Mit Helmut Schmidt und Erhard Eppler für und gegen die Kernenergie«, die Brandt mit seinem Hang zur Selbstironie einmal als »neue Auslegung des Sowohl-als-auch« und als »sozial und demokratisch« bezeichnet.[91] Erst auf dem Parteitag 1986 in Nürnberg scheint das Umsteuern gelungen, denn die Partei, die unter Brandt Ende der sechziger und Anfang der siebziger Jahre den forcierten Ausbau der Kernkraft gefordert hatte, beschließt nun, innerhalb von zehn Jahren alle Atomreaktoren abzuschalten – gegen einen kleinlaut gewordenen Gewerkschaftsflügel. Immer deutlicher wird die Handschrift Erhard Epplers, jenes Pietcong aus dem Schwabenland, wie ihn Wehner nannte, der seit Jahren beharrlich und zäh nicht nur für eine andere Sicherheitspolitik, sondern auch für eine Wende in der Energie- und Wachstumspolitik ficht.

Auch wenn mit dem Beschluß über die Kernenergie der Grundstein für ein kommendes Bündnis mit den Grünen gelegt ist, bleibt das Thema Rot-Grün für die Sozialdemokraten erst einmal kontrovers, und dies nicht nur, weil der Konflikt zwischen Fundis und Realos um die Führung bei den Grünen noch schwelt: Gerhard Schröder zieht mit dem Konzept eines rot-grünen Bündnisses in die niedersächsischen Landtagswahlen und verliert, wenn auch knapp, indes Johannes Rau, der in dem industriellen Kernland Nordrhein-Westfalen antritt, mit Blick auf die Wähler jede Andeutung einer

Koalition mit den Wachstumsgegnern meidet und die absolute Mehrheit mit 52,1 Prozent aller Stimmen gewinnen kann. Ähnliches gelingt auch Oskar Lafontaine an der Saar, dessen Stern in der SPD damit zu strahlen beginnt und der, wegen seiner unstreitigen rhetorischen wie demagogischen Begabung, bald als Lieblingsenkel Willy Brandts für dessen Nachfolge gehandelt wird.

Als der Spitzenkandidat Rau, eher der Typ des freundlich-fürsorglichen, versöhnlichen Landesvaters denn der eines programmatisch zuspitzenden, aggressiven Wahlkämpfers, dann im Januar 1987 in die Schlacht gegen Helmut Kohl zieht, versucht er das Rezept seines Sieges von Nordrhein-Westfalen zu wiederholen und setzt ganz auf die absolute Mehrheit. Was soll er, da sich die FDP dieser SPD mit ihrem neuen Sicherheits- und Energieprogramm verweigert, der Streit unter den Grünen tobt und sie zur Regierung unfähig macht, auch schon anderes tun? Das strukturelle Dilemma der SPD ist schwerlich zu übersehen: Weit und breit noch kein Bündnispartner in Sicht! Auf der anderen Seite wird nicht minder deutlich, daß Rau, wenn er sich in die absolute Mehrheit verrennt, einem Luftschloß nachjagt. Es ist Willy Brandt, der dies in einem Interview mit der *Zeit* im Spätsommer andeutet und meint, 43 Prozent seien ja auch ein schönes Ergebnis.[92] Und er wiederholt dies sinngemäß auf dem Wahlparteitag der SPD Ende Oktober 1986 in Offenburg: Wenn die SPD keine eigene Mehrheit erhalte, müsse sie eben über andere Mehrheiten nachdenken.

So logisch dies auch sein mag: In der gegebenen Situation empfinden dies viele Genossen als Dolchstoß in den Rücken des Kandidaten Rau, und Wolfgang Clement, der zusammen mit Bodo Hombach die Düsseldorfer Wahlkampfzentrale leitet, tritt aus Protest von seinem Amt als Pressesprecher der SPD und stellvertretender Bundesgeschäftsführer zurück. Hat den sonst so sicheren Parteichef der politische Instinkt verlassen? Die Kritik an ihm wird lauter, da es zwischen den beiden Wahlkampfzentren – dem in Düsseldorf und dem in Bonn – immer wieder zu Konflikten kommt und eine einheitliche Wahlkampfstrategie nicht zu erkennen ist. Hans Apel spricht von Pannen, die sich häufen und zum Lachen reizen: »Anfang August wird uns ein Plakat vorgelegt mit einem sympathischen Kohl, der ein Weinglas in der Hand hält mit dem CDU-Slogan ›Weiter so Deutschland – uns geht es gut, so soll es bleiben‹.

Ein Plakat des Parteivorstands«, schreibt Apel, »30000mal ist es an die Organisation gegangen. Da kann man nur den Kopf schütteln. Und in der Baracke will es niemand gewesen sein.«[93]

Es ist nicht nur der schlechte Wahlausgang – Rau erhält noch ein Prozent weniger Stimmen als Vogel 1983 –, es sind Pannen der Wahlkampfführung, die Willy Brandts Position in der Partei untergraben. Statt die Parteiführung rechtzeitig in die Entscheidungen einzubeziehen und für ein klares Konzept zu sorgen, hat er die beiden Wahlkampfleitungen in Düsseldorf und Bonn unabhängig voneinander vor sich hinwursteln lassen. Ein gewisses Murren darüber, daß er über seinen vielen internationalen Reisen und Pflichten die Aufgaben eines Vorsitzenden vernachlässige, hatte es in den letzten Jahren immer wieder gegeben. Er betrachte sich zu wenig als Vorsitzender, der ordnend eingreife, war da zu hören, sehe sich zu sehr als Parteipräsident, der die Dinge treiben lasse.

Die Kritik wird deutlicher artikuliert, als keiner der beiden Kandidaten gewählt wird, die das Präsidium für den Posten des Parteischatzmeisters vorgeschlagen hat, sondern Hans-Ulrich Klose aus Hamburg – denn jetzt entsteht der Eindruck, solche zentralen Entscheidungen würden ohne Beteiligung des Vorsitzenden getroffen.[94] Klose ist der Überraschungskandidat des linken Flügels und Oskar Lafontaines, und die Zeitungen berichten prompt, daß der aufstrebende Saarländer jetzt den Kurs bestimme. Lafontaine übrigens gehört selbst zu den Kritikern des Vorsitzenden: Brandt habe geführt, »indem er eine große Projektionsfläche für alle war«, moniert er, eher als Moderator denn als wahrer Chef der Partei, und er vermißt, daß es unter Brandt – außer in der Außenpolitik – »keine klar umrissene und richtige Strategie« gegeben hat.[95]

Räumt Brandt selbst Fehler ein, wenn er schreibt, ihm habe »die Routine des parteipolitischen Betriebs und dessen intellektuelle Anspruchslosigkeit« nicht behagt, und daß Details einem »mit zunehmendem Alter eben noch weniger wichtig« vorkämen »als in jüngeren Jahren«?[96] Jedenfalls mehren sich die kritischen Stimmen, die ihn 1988 nicht wieder zum Vorsitzenden wählen wollen, und wenn man seinen Erinnerungen glaubt – die allerdings, wie die meisten Autobiographien, dem Anspruch an Genauigkeit oft nicht genügen –, dann hat er selbst schon im Sommer 1986 angekündigt, daß er 1988 nicht wieder antreten wolle.

Eine alte Volksweisheit besagt, daß derjenige, der abtritt, nicht seinen Nachfolger bestellen soll, denn dies gehe meistens schief. Brandt versucht es dennoch, aber es gelingt ihm nicht. Seit langem geht er mit dem Gedanken schwanger, die Nachfolge seinem Lieblingsenkel anzuvertrauen – jenem Oskar Lafontaine, der ein »Naturtalent von Machtinstinkt und Lebensfreude« (Ehmke) ist, die Atlantische Allianz besonders heftig kritisiert, sich aufgeschlossen für Umwelt- wie Friedensfragen zeigt, das kleine Saarland erobert hat, und zudem so aufrüttelnd, so fesselnd und begeisternd zu reden versteht. Lafontaine hat Charisma, ideologisch repräsentiert er die Mehrheit der nach links gerückten, ökologisch bewußt gewordenen, sich sicherheitspolitisch immer weiter vom offiziellen NATO-Kurs in Richtung Pazifismus entfernenden Partei. Allein, er versagt sich auf einem Treffen in Norderstedt, wo Brandt sich mit seinen »Enkeln« – mit Gerhard Schröder, Björn Engholm, Herta Däubler-Gmelin, Heidi Wieczorek-Zeul, Rudolf Scharping und natürlich Oskar Lafontaine – am Vorabend seines Rücktritts trifft. Wahrscheinlich hat der sozialdemokratische Napoleon von der Saar recht, wenn er die Formulierung von den »Enkeln« für einen »listigen Versuch Brandts« hält, die Generation der Söhne – Egon Bahr, Horst Ehmke, Erhard Eppler, Johannes Rau und vor allem Hans-Jochen Vogel – zu überspringen und von der Führung fernzuhalten. Weil er sich jedoch nicht vorstellen kann, daß gestandene Politiker dieser Generation einen viel jüngeren Parteichef ehrlichen Herzens akzeptieren würden, lehnt er Brandts Offerte ab. »Da gab es zu viele alte Leithammel«, begründet Lafontaine seine Haltung, instinktiv spürt er, »daß nur derjenige die Partei führen kann, der aufgrund seiner Erfahrungen und Leistungen von der Mehrheit des Führungspersonals akzeptiert wird«.[97] So ist er lediglich bereit, neben Johannes Rau stellvertretender Vorsitzender eines Parteichefs zu werden, der schließlich doch aus der Söhne-Generation kommt: Hans-Jochen Vogels, der nun das Erbe Brandts antreten wird.

Die Frage der Nachfolge wird unverhofft aktuell, weil Brandt nach dem Ausscheiden Wolfgang Clements als neue Sprecherin für den Parteivorstand Margarita Mathiopoulos vorschlägt, eine dreißigjährige, hübsche, gescheite Politologin, deren Berufung der Vorsitzende als ein Signal für die Öffnung der Partei zum liberalen Bürgertum, zur Intelligenz, zur kritischen jungen Generation, zu den Frauen und auch zum Weltläufigen versteht: Die neue Pressechefin habe ja vor allem nach außen zu wirken, die Innen- und die Außenpolitik der Partei gegenüber einer nicht unbedingt wohlwollenden, kritischen Öffentlichkeit überzeugend zu vertreten und verständlich zu machen. Im Zeitalter des Fernsehens und der Medien verspricht er sich besondere Aufmerksamkeit für Entscheidungen der SPD, wenn ein attraktives Gesicht sie verkündet, und wenn die Sprecherin »noch nicht« Genossin ist, bedeutet dies auch, daß sie wenigstens nicht mit Betriebsblindheit geschlagen ist.[98] Nicht zuletzt wäre eine Margarita Mathiopoulos als Sprecherin der Partei auch ein Versuch, das langweilige Bild, das die SPD bisher geboten hat, endlich einmal bunt aufzumischen. Ihr Vater Basil Mathiopoulos, ein seit langem in Deutschland ansässiger griechischer Journalist, ist mit der Familie Brandt befreundet, ihre Mutter lehrt in Köln und Erlangen Byzantinistik und Archäologie; Margarita ist in Deutschland geboren und aufgewachsen, hat in Florenz, in Harvard und an der Sorbonne studiert, ihren Doktorhut in Bonn erworben und beim WDR erste journalistische Erfahrungen gesammelt.

Bundesgeschäftsführer Peter Glotz sieht den Vorschlag vor allem als Werk Brigitte Seebacher-Brandts, findet an ihm indes Gefallen und macht ihn sich zu eigen. Gewiß, es ist eine ungewöhnliche Wahl, in der man Brandts wachsenden Widerwillen gegen Parteiroutine und Genossenmief, aber auch seine wachsende Distanz zu einer Partei erkennen mag, die sich als Vertreter der großen Mehrheit der kleinen Leute versteht. Die junge Karrierefrau verhehlt Brandt und Glotz nicht, was gegen sie spricht: Sie hat für ihr Studium ein Stipendium der FDP-nahen Friedrich-Naumann-Stiftung erhalten und ist mit dem CDU-Mitglied Friedbert Pflüger verlobt, dem Pressesprecher des Bundespräsidenten Richard von Weizsäcker. Doch sie fühlt sich geehrt, mit einer Persönlichkeit vom Format Willy Brandts zusammenzuarbeiten, und wenn dieser ihr erklärt, er wolle einen neuen Geist in der SPD, ist sie bereit, ihn dabei zu unterstützen.

Brandt muß erleben, daß ihre geplante Berufung einen Sturm der Entrüstung provoziert, wie er ihn bisher als Vorsitzender nie erfahren hatte: Sechs von elf Präsidiumsmitgliedern raten von dem Vorschlag ab, selbst so alte Weggenossen wie Egon Bahr halten

Frau Mathiopoulos als Pressesprecherin für ungeeignet, weil sie sich nicht einmal in den Strukturen der SPD auskenne. Vergebens setzt sich – ein innerlich wohl kaum überzeugter – Hans-Jochen Vogel für ihre Berufung ein, weil Parteivorsitzender und Pressesprecher besonders eng zusammenarbeiten müßten und deshalb in diesem Fall zu tun sei, was der Vorsitzende für richtig halte. Auch würde es Willy Brandt in seinem Amt beschädigen, wenn die Parteiführung nach der Wahl eines von Brandt nicht gewünschten Schatzmeisters ein zweites Mal die Zustimmung versage.[99] Brandt empfindet die Diskussion als spießig und provinziell, er wirft seinen Kritikern »nationale und parteiliche Engstirnigkeit«[100] vor, den Hinweis auf den griechischen Paß seiner Kandidatin wertet der alte Internationalist geradezu als Beleidigung. Vor allem aber trifft ihn, daß sich fremdenfeindliche Briefe auf seinem Schreibtisch häufen – auch »aus der eigenen Partei und deren Umfeld«. Ist die Sozialdemokratie unter seiner Führung nicht schon einmal weiter gewesen? Das stimmt gewiß, aber offenbar hat den späten Brandt der Sinn für das verlassen, was in seiner doch weitgehend kleinbürgerlich bestimmten Partei durchzusetzen ist.

Nach Jahren wird selbst Peter Glotz einräumen, daß der Vorschlag unbedacht war, denn Margarita Mathiopoulos' spätere Karriere belege, daß sie eher rechtsliberaler Gesinnung sei. Ein Mann wie Horst Ehmke hatte so etwas von Anfang an vermutet: Er sagte einen baldigen Zusammenstoß zwischen der ehrgeizigen, zur Selbstüberschätzung neigenden junge Dame und der Baracke voraus: Die neue Pressesprecherin werde »spätestens nach drei Monaten im Krach gehen und dann ein Buch gegen die SPD schreiben«. Den Ausschlag für Brandts Beschluß zum Rücktritt scheint jedoch die Tatsache gegeben zu haben, auf die Vogel hingewiesen hat: Daß die Parteispitze bereits zum zweiten Mal einem Vorschlag des Vorsitzenden nicht folgen wollte, zeigt, wie dünn die Decke des Vertrauens geworden ist. Dazu kommt, daß Vogel im Fernsehen den Satz fallen läßt, Brandt habe Anspruch darauf, daß sich »der Wechsel in Würde vollziehe« – was Brandt zu der Bemerkung veranlaßt, Mitleid brauche er sich nicht gefallen zu lassen.[101] Als Peter Glotz ihm rät, sie beide sollten zusammen »das Handtuch werfen«, erklärt er seinen Rücktritt. Der Abschied sei geboten, erklärt er dem Vorstand, wenn ihm aus nicht einmal vitalem Anlaß soviel

Unverständnis begegne: »Wenn etwas nicht mehr trägt, das lange getragen hat, wenn aus einer Personalfrage eine Haupt- und Staatsaffäre wird und eine einflußreiche Minderheit von Mandatsträgern ausschert, dann ist es in meinem Dienstalter an der Zeit, die Seite umzuschlagen.«[102]

Am Abend vor dem Sonderparteitag Mitte Juni für die Wahl des Nachfolgers zieht er mit Erhard Eppler und den Enkeln Lafontaine, Scharping und Gerhard Schröder singend durch die Bonner Römerstraße zur Großkundgebung der Friedensbewegung in der Innenstadt. Anderntags in der Beethovenhalle gibt es nach seiner fast zweistündigen Rede viele Blumen, minutenlange, stehende Ovationen, die Küsse der zum Podium eilenden Genossinnen wollen schier kein Ende nehmen. Von einem fröhlichen Abschied, der ihm leicht gefallen sei, schreibt er in seinen »Erinnerungen«.[103] Aber war das wirklich so, hätte er sich nicht einen anderen Abgang gewünscht, ist der Blick zurück nicht doch geschönt?

Es sei ein Tag gewesen, an dem Narben sichtbar wurden, schreibt die *Süddeutsche Zeitung*[104], und wer die zweistündige Rede Brandts nachliest, kann nicht übersehen, daß sie nicht nur Vermächtnis ist, sondern daß auch alte Verletzungen präsent sind, andernfalls würde er nicht die Chance nutzen, sich gegenüber Kritikern zu rechtfertigen. Da weist er als »Legende« zurück, der sozialdemokratische Bundeskanzler sei im Herbst 1982 gescheitert, weil ihm die eigene Partei die Gefolgschaft verweigert habe; da verteidigt er seinen oft als Schwäche kritisierten Stil, Führung auszuüben, mit dem Hinweis, er halte eben nichts »von einer teutonischen Pseudo-Autorität«; und die Forderung, die Partei solle endlich »geschlossener« werden, kommentiert er mit dem bitteren Satz, »zur geschlossenen Anstalt« werde die SPD wohl nicht werden wollen.

In »allem Freimut« spricht er in der Beethovenhalle davon, daß ihm ein anderer Abgang lieber gewesen wäre: Es sei noch viel zu tun, die Erneuerung noch nicht weit genug gediehen, das Bündnis Arbeit-Kultur-Wissenschaft noch nicht weit genug geformt. Die Begriffe Friedenspolitik und Freiheit rückt er wie ein Vermächtnis in den Mittelpunkt seiner Rede: Das Ringen um Entspannung, Rüstungsabbau und Zusammenarbeit, um europäische Selbstbehauptung sei ein Markenzeichen der deutschen Sozialdemokratie geworden und müsse es bleiben. Und den freiheitlichen Gedanken will er im demokratischen Sozialismus noch stärker verankert sehen als bisher, spricht vom unternehmerischen, eigenverantwortlichen Wettbewerb, aber auch von der Demokratisierung des Wirtschaftsgeschehens durch humane und soziale Kontrolle des materiellen Fortschritts. »Auf Freiheit zu pochen – zuerst und zuletzt – für uns Europäer und das eigene Volk, Freiheit einzuklagen für die Verfolgten und für die Ohnmächtigen – dies sei, wenn Ihr es erlaubt, meine letzte ›Amtshandlung‹ als Vorsitzender der Sozialdemokratischen Partei Deutschlands.«[105]

Dreiundzwanzig Jahre stand er an der Spitze der Partei, länger als er hat nur August Bebel dieses Amt innegehabt, und er ist der letzte Vorsitzende, der aus der Arbeiterschaft gekommen und in der alten Arbeiterbewegung aufgewachsen ist. Die Genossen schaffen eine Position für ihn, die ihm erlaubt, wann immer er will, in führender Position weiter mitzureden: Er wird Ehrenvorsitzender, eine Funktion, die er nutzen wird, um seine Stimme nach dem Fall der Mauer gegen die Generation der nicht mehr geliebten Enkel zu erheben und sein Gewicht für eine schnelle Vereinigung der beiden deutschen Staaten geltend zu machen. Aber erst einmal verfügt er über viel Zeit für Gagnières, er reist weiter für die Sozialistische Internationale, deren Präsident er bleibt, und er hält gut dotierte Vorträge, die ihn bis nach Australien führen und das nötige Geld für den Bau eines stattlichen, am Rhein gelegenen Hauses in Unkel bringen, das nach dem Geschmack Brigittes teuer und mit viel weißem Marmor ausgestattet wird.

Die goldene Uhr Bebels aber, die Wehner dem frischgebackenen Außenminister der Großen Koalition namens der Partei zum 53. Geburtstag geschenkt hatte und die dem nachfolgenden Vorsitzenden weiterzureichen er versprach, behält er bis zu seinem Ende. Sie ist heute in der Dauerausstellung der Willy-Brandt-Stiftung im Schöneberger Rathaus ausgestellt. Schreibtisch, Stühle und Bücherregale aus Brandts privatem Arbeitszimmer sind dagegen in einem besonderen Raum des Unkeler Rathauses zu besichtigen, den der Bürgermeister zum Andenken an seinen prominenten Ehrenbürger freigemacht hat. Wie so vieles, was an die gemeinsame Zeit mit Willy Brandt erinnert, hat Brigitte das Mobiliar ohne jede Sentimentalität relativ bald nach seinem Tode weggeschenkt.

… WAS ZUSAMMENGEHÖRT

Am Ende die Einheit

Gibt es einen besseren Beweis für den Erfolg von Willy Brandts Ostpolitik, als daß eine Opposition, die sie jahrelang erbittert bekämpft hat, sie ohne Korrekturen übernimmt und fortschreibt? Daß Helmut Kohl den DDR-Staatschef Erich Honecker 1987 in Bonn mit rotem Teppich, Wachbataillon und Hymnen empfängt?

Im Januar 1989 richtet Bundespräsident Richard von Weizsäcker dem 75jährigen Brandt, der nun auch der Last des Vorsitzendenamtes ledig ist und nur noch seiner Internationale präsidiert, ein Geburtstagsfest in der Villa Hammerschmidt aus, zu dem er Freunde, Weggenossen, aber auch führende Politiker geladen hat, mit denen Brandt in seiner Zeit zusammenarbeitete. An wichtigster Stelle wären da Bruno Kreisky und Egon Bahr, Walter Scheel und Holger Börner zu nennen, François Mitterrand und Mário Soares, Shimon Peres und Jacques Delors, aber auch ein alter amerikanischer Freund aus der Berliner Zeit, Shepard Stone, und der Sowjetrusse Valentin Falin, der einstige »Nothelfer« bei der Ratifizierung der Ostverträge, finden sich unter den Gästen. Daß neben Hans-Dietrich Genscher auch Helmut Kohl anwesend ist, steht nicht nur dafür, daß der Kanzler der Wende von 1982 ostpolitische Kontinuität exekutiert, wie er das den Liberalen bei Amtsantritt geloben mußte. Er hat gelernt, die historische Leistung des Staatsmannes Brandt zu würdigen, und schätzt längst auch die Person, die in einer »kälter gewordenen Gesellschaft Wärme ausstrahlt«, wie er sagt.

Brandt ist für den Pfälzer eben kein »Kopfmensch« wie der Vorgänger Helmut Schmidt, gehört nicht zu den Leuten, die sich immerfort im Dienst befinden und bei denen man nicht einmal ein kräftiges Wort fallenlassen kann. An der Verteufelung des Willy Brandt alias Herbert Frahm hatte sich Kohl ohnehin nie beteiligt, und umgekehrt hatte Brandt nicht mitgemacht, als viele Sozialdemokraten den Nachfolger Schmidts tumber Provinzialität bezichtigten und ihn als »Birne« kleinreden wollten. Menschlich sympathisch fand Kohl die Reaktion des SPD-Vorsitzenden, als er diesen einmal wegen des Paragraphen 218 aufsuchte. Da wollte er ausloten, ob die großen Parteien nicht doch eine gemeinsame Lösung finden könnten, mußte jedoch zur Kenntnis nehmen, daß Brandt seinen Einfluß auf die Frauenriege in seiner eigenen Partei gering einschätzte. Aber in dessen persönlicher Reaktion auf die »Mein-Bauch-gehört-mir-Kampagne« meinte er, Skepsis herauszuhören: »Haben Sie einmal darüber nachgedacht«, so der unehelich geborene Brandt zu seinem Besucher Kohl, »was eigentlich aus mir geworden wäre, wenn meine Mutter so [wie meine SPD-Genossinnen] gedacht hätte?«

Gelegentlich besucht Brandt den CDU-Regierungschef im Kanzleramt, dann leeren sie ein oder anderthalb Flaschen Wein zusammen und reden über Gott und die Welt. Und stets bekundet der Kanzler dem Vor-Vorgänger Respekt, indem er ihn nach dem Gespräch persönlich zum Wagen geleitet. Die Begegnungen werden häufiger und die Unterhaltungen konkreter, als es ab Spätsommer 1989 um die Implosion der DDR und um die deutsche Einheit geht. Da wird Brandt sich am Ende Kohl näher fühlen als den meisten Jüngeren in der eigenen Partei, vor allem seinen Enkeln.[1] Aber bis dahin gehen beide, der Exkanzler und der Kanzler, bei aller persönlichen Wertschätzung, politisch doch sehr eigene, sehr unterschiedliche und sehr ferne Wege.

Nähert sich Brandt in jenem zweiten Kalten Krieg, der mit der Aufstellung der SS-20 und der Nachrüstung entbrennt und durch Ronald Reagans Pläne für einen Raketenschirm und seinen Krieg der Sterne zusätzlich angeheizt wird, wieder Positionen seiner Jugend an? Steht er, der so offenkundig um sein Lebenswerk, die Entspannung, fürchtet, der Sowjetunion plötzlich weniger kritisch gegenüber als dem Westen, genauer: den Vereinigten Staaten – und das, obschon er doch Bürgermeister Berlins gewesen ist, das zu Recht als Wiege der deutsch-amerikanischen Freundschaft gilt?

So wie die Reagan-Administration ihm mißtraut, fehlt ihm offenbar das Verständnis für die Person und die Vorstellungen des neuen Präsidenten und seiner Mannschaft. Natürlich steht er damit nicht allein, bis tief in die Reihen der Konservativen wirken der Amtsantritt Reagans und dessen Kreuzzugsrhetorik verunsichernd. Den Vorwurf des Anti-Amerikanismus wischt Brandt stets ärgerlich vom Tisch und fragt, ob die amerikanische Friedensbewegung sich etwa nicht aus Amerikanern rekrutiere, ob erklärte Kritiker der neuen republikanischen Administration wie McNamara oder George F. Kennan keine Amerikaner seien? Wenn Reagans Amerika nicht sein Amerika ist, hat dies auch mit Vorbehalten gegen den neoliberalen Wirtschaftskurs der neuen US-Regierung zu tun, die mit dem Vermächtnis Lyndon B. Johnsons und seiner *great society* bricht. Vor allem aber ist dieses Amerika – jedenfalls bis Reagan und Gorbatschow sich 1986 in Reykjavik näherkommen und sich 1987 schließlich auf eine eurostrategische Null-Lösung einigen – in seinen Augen nicht mehr die berechenbare Vormacht, die es unter Eisenhower und Kennedy gewesen ist, danach unter Johnson, Nixon, Ford und für ihn – im Gegensatz zu Helmut Schmidt – selbst noch unter Jimmy Carter; nicht mehr jenes Amerika, das ein Gleichgewicht des Schreckens und Rüstungskontrolle anstrebt, um das Unvorstellbare, den Atomkrieg, zu vermeiden, sondern eines, das auf Unverwundbarkeit, Überlegenheit zielt und damit apokalyptische Risiken heraufbeschwört.

Es ist kein Zufall, daß Brandt, der doch sonst jedem Herren im Weißen Haus seine Aufwartung gemacht hat, nie bei Ronald Reagan gewesen ist, und der amerikanische Präsident, als er 1985 Deutschland besucht, sich – wenn auch »in plumper und alles andere als konstruktiver Weise«[2] – weigert, Willy Brandt zu treffen. Dessen harsche Kritik an der unglücklichen Versöhnungsgeste Reagans und Kohls über SS-Gräbern in Bitburg mag dafür als Vorwand gedient haben. Der SPD-Vorsitzende hat Verständnis für die Sorge der Sowjets, die Pershing II könnte als Erstschlagswaffe benutzt werden, und wenn sein Freund François Mitterrand der Aufstellung dieses »Teufelszeugs« zustimmt, dann argwöhnt er, der französische Präsident verfolge nur sein nationales Interesse und sehe für kommende Jahrzehnte die Fortdauer der deutschen Spaltung zementiert. Brandts Kritik an der Nachrüstung ist insofern nicht frei von patriotischen Zügen. Daß im Zeichen eines Kriegs der Sterne ein begrenzter Atomkrieg in Europa möglich wird, der Deutschland auslöschen würde, ist eine Sorge, die er mit der Friedensbewegung teilt.

Spannungen zur Reagan-Administration ergeben sich nicht nur aus dem Engagement der Sozialistischen Internationale in Mittelamerika, die etwa die amerikanische Invasion Grenadas vehement verurteilt, sie resultieren vor allem aus der krassen doppelten Moral, die aus manchen offiziellen Resolutionen herauszulesen ist. Verletzungen der Menschenrechte in Lateinamerika oder im südlichen Afrika werden in aller Härte angeprangert, aber die erste Erklärung des SI-Präsidenten Willy Brandt zur Verhängung des Kriegsrechts in Polen vom 18. Dezember 1981 kommt derart samtpfötig daher, daß selbst die französischen und italienischen SI-Mitglieder dagegen aufbegehren und am 29. Dezember eine neue Stellungnahme durchsetzen, in der in scharfer Sprache die »brutale Unterdrückung in Polen« verurteilt wird. In dem ursprünglichen Text Brandts hatte es geheißen, die Internationale nehme zur Kenntnis, »daß die polnischen Machthaber den Prozeß der Reformierung und Erneuerung des Landes nicht unterbrechen, sondern fortsetzen wollen«. Bettino Craxi und auch François Mitterrand war dies so leisetreterisch, daß sie auf der Einberufung einer SI-Sitzung bestanden, die am 29. Dezember in Paris dann die Freilassung aller Inhaftierten und die Aufhebung aller Beschränkungen gegenüber den Gewerkschaften, die Wiederaufnahme des nationalen Dialogs zwischen den Behörden, Solidarność und der katholischen Kirche anmahnte. Und ausdrücklich wurde darauf verwiesen, daß der Protest gegen die systematische Verletzung der Menschenrechte gleichermaßen Polen gelte wie der Türkei, Afghanistan wie El Salvador, womit die bislang fehlende Protestbalance im Ost-West-Verhältnis wiederhergestellt schien.[3]

Brandt, der sich im Urlaub auf Zypern befand, hielt es nach den energischen, zudem in aller Öffentlichkeit gegen ihn vorgebrachten italienischen und französischen Protesten nicht für geraten, selbst an der Sitzung in Paris teilzunehmen, auf der die Korrektur seiner ersten Stellungnahme erfolgt. In einem Brief an General Jaruzelski Mitte Januar macht sich der SPD-Vorsitzende zwar die neuen Forderungen der SI zu eigen, betont aber, daß die Sozialdemokraten sich in den vergangenen Wochen um eine »ausgewogene, Zuspitzungen vermeidende Haltung« bemüht und damit »im eigenen Land und vor allem bei unseren wichtigen Verbündeten, nicht nur Zustimmung gefunden« hätten. Und entschlossen, so versichert er, will er an dieser Position festhalten. Allerdings müßten sich auch die Sozialdemokraten mit ihren westlichen Partnern abstimmen, und deshalb sei dies – so sein beinahe entschuldigend klingender Vorbehalt – wohl nur möglich, »soweit die objektiven Umstände uns dies erlauben«. Daß die damals noch von Helmut Schmidt geführte Bundesregierung zögert, den nach Einführung des Kriegsrechts von den Amerikanern geforderten Sanktionen gegenüber Moskau zuzustimmen, mag aus Rücksicht auf die Beziehungen zur Sowjetunion gerade noch verständlich sein. Aber wenn sich schon eine sozialdemokratische Regierung Zurückhaltung auferlegen muß, gelte dies noch lange nicht für die Partei, kritisiert wieder einmal Rix Löwenthal aus Berlin: Die Haltung der SPD in der Solidaritätsfrage mit Polen sei ihm völlig unverständlich und nur damit zu erklären, daß »im Politikverständnis der Gesamtpartei etwas falsch sein müsse«.[4]

Schon in einer Analyse der Bundestagswahlen von 1980 hatte er Brandt vor der Preisgabe jahrhundertealter sozialdemokratischer Grundsätze gewarnt: »Wir Sozialdemokraten haben mit den sich organisierenden polnischen Arbeitern und den Vertretern der Menschenrechtsbewegung unvergleichlich mehr gemeinsam als mit manchen Organisationen in der Dritten Welt, mit denen die Sozialistische Internationale dennoch, aus guten Gründen, Beziehungen unterhält. Hier öffentlich ideologische Solidarität zu zeigen, ist aber auch eine Frage der Glaubwürdigkeit im eigenen Lande – und ganz besonders gegenüber der jungen Generation.«[5] Aber die SPD-Spitze schätzt die Lage in Polen anders ein als Löwenthal, hält Jaruzelski für einen polnischen Patrioten »bis in die Fingerspitzen«[6], der mit der Verkündung des Kriegsrechts die letzte polnische Karte gezogen und wahrscheinlich das schlimmere Übel, eine sowjetische Intervention, die vielleicht blutiger geraten wäre als die 1956 in Ungarn, verhindert hat.

Als Brandt im Dezember 1985, aus Anlaß des 15. Jahrestages des Warschauer Vertrages einer Einladung der polnischen Regierung nach Warschau folgt, trifft er nicht mit Lech Walesa, dem Führer von Solidarność zusammen, obschon dieser ihn eingeladen hatte, nach Danzig zu kommen. Sieht der Nobelpreisträger Brandt in dem ebenfalls mit dem Friedensnobelpreis ausgezeichneten Führer von Solidarność etwa einen fundamentalistischen katholischen Reaktionär, fürchtet er, statt des friedlichen Reformwandels im Ostblock würden neue Nationalismen aufbrechen, wie das ja im

Rumänien Ceauşescus schon seit Jahren geschieht, ist ihm Solidarność schlicht zu spontan, zu wenig kalkulierbar, zu anarchisch, gibt es in der Bewegung zu viele einander widersprechende Tendenzen für ihn?[7] Ein Mann wie Gert Weisskirchen, einer der wenigen Sozialdemokraten, die schon früh Kontakte zur DDR- wie zur polnischen Opposition unterhielten, schließt nicht aus, daß solche Überlegungen eine Rolle gespielt haben, wenn Brandt sich weigert, die übliche Wallfahrt westlicher Besucher nach Danzig zu unternehmen. (Immerhin ließ sich selbst Großbritanniens Eiserne Lady Margaret Thatcher, die von Gewerkschaften im eigenen Lande bekanntlich überhaupt nichts hielt, bei ihrem Polenbesuch von den Arbeitern in Danzig huldigen.) Dagegen meint Hans Koschnick, der Brandt auf seiner Reise nach Polen begleitete, Brandt sei durchaus zu einem Gespräch mit Walesa bereit gewesen, als der erheblich Ältere habe er jedoch erwarten können, daß der Gewerkschaftsführer zu ihm nach Warschau kommen würde – was dieser abgelehnt habe.[8] Brandt spricht jedoch mit Beratern Walesas, darunter Tadeusz Mazowiecki, der später der erste nichtkommunistische Regierungschef Polens wird. Und er setzt sich bei Jaruzelski für die Reisemöglichkeiten des Professors Bronislaw Geremek ein, der dann 1989 Fraktionsvorsitzender der Solidarność wird.[9]

Aber peinlichst meidet er während seines Besuches genau jene solidarischen Gesten gegenüber der polnischen Opposition, um die Adam Michnik in einem Appell 1984 den Friedensnobelpreisträger gebeten hatte: Er bringt keine Blumen zum Mahnmal der Bergarbeiter, die im Dezember 1981 getötet wurden, und er informiert sich nicht über die Haftbedingungen der eingekerkerten Solidarność-Mitglieder. Statt dessen tut er genau das, was Michnik von ihm nicht gewünscht hatte: »Er schüttelte die Hände der Generäle und Parteisekretäre. Er sprach von Aussöhnung, Frieden, Normalisierung, Stabilität«, schreibt Timothy Garton Ash. »Aber er besuchte keine Gefängnisse. (In einem davon hätte er Adam Michnik vorgefunden.) Er legte keine Blumen auf die Gräber der ermordeten Arbeiter. Auch nicht auf das Grab des Märtyrers Pater Popieluszko.« Garton Ash kommt zu dem Urteil: »Gerade wegen der Moral und des symbolischen Kapitals, die die Sozialdemokraten mit Willy Brandt aufgebaut hatten, wurde sein Besuch 1985 [von Solidarność] als Schlag ins Gesicht empfunden.«[10]

Vieles an dieser Kritik mag überzogen und ungerecht sein, zumal Besichtigungen von Gefängnissen auch einem Besucher Brandt wohl kaum gestattet worden wären. Und natürlich fühlt der SPD-Vorsitzende sich als Deutscher angesichts des Unrechts und Leids, das Deutsche Polen angetan haben, zu größerer Zurückhaltung gegenüber innerpolnischen Ereignissen verpflichtet als Gäste aus anderen westeuropäischen Ländern. Ausschlaggebend aber ist zweifellos, daß er jener sozialdemokratischen Friedens- und Entspannungslogik folgt, nach der eine Destabilisierung Polens das prekäre Gleichgewicht zwischen Ost und West gefährden mußte. Dieses damals bei den Sozialdemokraten vorherrschende, weitgehend vom Architekten der Ostpolitik, Egon Bahr, geprägte Denken geht von der obersten Priorität des Friedens aus, der alles unterzuordnen ist. Wenn die Deutschen im Namen des Friedens ihren Anspruch auf nationale Einheit zurückstellen und der östliche Teil des gespaltenen Landes widerspruchslos die sowjetische Okkupation erträgt, kann man dann von den Polen nicht verlangen, daß sie ihren Anspruch auf Freiheit ebenfalls zurückstellen? Wer so denkt, für den werden Menschenrechte leicht zur Waffe, die auf Destabilisierung zielt.

Auch die nationalen Ambitionen der Polen, erklärte Egon Bahr 1982 mit Blick auf Solidarność, müßten »dem Interesse der Erhaltung des Friedens untergeordnet sein«.[11] Er fand es »schlicht verrückt, wegen der Erhöhung von Zigaretten- und Schnapspreisen den Generalstreik zu proben«. Bahr denkt eben in Staaten, gesellschaftliche Prozesse haben in seinen Vorstellungen keinen rechten Platz. Wie oft wollten die Polen noch lernen, so beschreibt er seine damalige Haltung, »daß die Sowjetunion nicht hinnehmen kann, wenn die Verbindung zu ihren zwanzig Divisionen in der DDR unkontrollierbar wird? Wir trauten Solidarność nicht das Augenmaß zu, die Sehne nicht zu überspannen«.[12] Die SPD-Führung, bestätigt Horst Ehmke, sieht die innenpolitische Radikalisierung des Jahres 1981 in Polen mit Sorge und meint, die Solidarność-Bewegung sei Walesa »offensichtlich aus dem Ruder gelaufen«.[13]

Nach der sozialdemokratischen Bahr-Doktrin, die auch Brandts Verhalten in Polen bestimmt, sind Reformschritte im Ostblock nur möglich, wenn die Machthaber sich nicht gefährdet fühlen: Transformation, so die Grundüberzeugung Egon Bahrs, setzt Stabilität voraus, Reformen lassen sich nur mit und nicht gegen die Machthaber durchführen, kommunistisch regierte Länder des Ostblocks sind »nicht von unten, sondern nur von oben veränderbar«, und dies nur dann, wenn die sicherheitspolitischen Interessen der Sowjetunion berücksichtigt werden. Glaubwürdiger als jeder führende Solidarność-Politiker ist deshalb für die Sozialdemokraten ein Mann wie Mieczyslaw Rakowski, den man von vielen Interviews her kennt, der seither als seriös gilt und als stellvertretender Ministerpräsident zum Reformflügel der PVAP zählt, der Polnischen Vereinigten Arbeiterpartei, auch wenn diese laut Brandt inzwischen schon »völlig abgewirtschaftet« hat.[14] In der Tat haben Männer wie Egon Bahr für Dissidenten oder Bürgerrechtsgruppen, die um Freiheit vom Kommunismus kämpften, sehr viel weniger Verständnis als für die Machtinteressen der Sowjetunion. Sicherheit, Lagerdisziplin und Blockstabilität sind vorrangige Werte, denen die sozialdemokratischen Außenpolitiker Freiheit und Selbstbestimmung allzu bereitwillig unterordnen. Zurecht moniert Karl Kaiser die unverständliche »Ausblendung Osteuropas aus der Menschenrechtsdiskussion der Sozialdemokraten«, und Heinrich August Winkler meint: »Mancher Bürger von Staaten des Warschauer Paktes wird die Ordnung à la Bahr an den Fürsten Metternich erinnern – jenen österreichischen Staatskanzler, den Marx und Engels die ›Kreuzspinne der Heiligen Allianz‹ genannt haben.«[15] Daß Bahr Solidarność unterschätzte, nicht ernst genug nahm, daß deshalb »Polen für Brandt« und, nach seinem, Bahrs, Empfinden »wohl von beiden Seiten eine unerwiderte Neigung geblieben ist«, räumt er 1999 in seinen Erinnerungen ein.[16]

Vor allem gegenüber Moskau bekennt sich Brandt in Menschenrechtsfragen gern zu leisen Tönen und stiller Diplomatie – im Interesse der Menschen, denen er so besser helfen zu können glaubt, aber wohl auch, um sein gutes Verhältnis zu Breschnjew und zur sowjetischen Führung nicht zu belasten. So schließt er sich 1980 nicht einem öffentlichen Appell von Nobelpreisträgern zur Freilassung Sacharows an, den Sartre und Simone de Beauvoir, Heinrich Böll und Samuel Beckett unterzeichnen, und er weigert sich auch, als Jurymitglied an einem Sacharow-Tribunal teilzunehmen, das Michail Stern in den Niederlanden abhalten will. Der Pressedienst der CDU und die Springer-Presse greifen ihn wegen seines vermeintlichen Kotaus vor Moskau an, auch die Veranstalter des Tribunals kritisieren öffentlich das mangelnde Engagement des Friedensnobelpreisträgers für einen sowjetischen Regimekritiker, der Opfer stalinistischer Willkür geworden sei. Doch Brandt hält nichts von den verbalen, schrilltönenden Kraftakten, mit denen Jimmy Carter das Vorgehen der sowjetischen Behörden gegen Sacharow vor der Weltöffentlichkeit anprangert und Freiheit für den Wissenschaftler fordert.

Dies freilich heißt keineswegs, daß er sich für Sacharow nicht verwenden will. Wie er denkt, erläutert sein damaliger Referent Thomas Mirow in einem Brief an Michail Stern: »Die Überlegungen von Herrn Brandt bedeuten ja nicht, wie Sie unterstellen, daß Herr Brandt zu keinem Engagement bereit wäre. Ich kann Ihnen im Gegenteil noch einmal versichern, daß Herr Brandt bereit ist, sich sehr nachdrücklich für Herrn Sacharow einzusetzen, so wie er dies auch schon in den vergangenen Monaten getan hat.« Es gehe ausschließlich um die Sache, erklärt Mirow, und das gemeinsame Ziel dürfe nicht durch »sinnlose Polemik« über den geeigneten Weg in Frage gestellt werden.[17]

Egon Bahr erhält den Auftrag, über seinen »Kanal« in Moskau zugunsten Sacharows vorstellig zu werden. Aber Brandts dringliche Bitten, die bei Lew Kopelew und anderen Fällen erfolgreich waren, die er auf Wunsch etwa von Nahum Goldmann in Moskau vorgebracht hat, versagen bei Sacharow, denn der Fall ist doppelt kompliziert. Einmal sind im Hirn des Wissenschaftlers Geheimnisse der sowjetischen Atomrüstung gespeichert, und dann hat mit Carter »die oberste Instanz des Westens« öffentlichen Druck ausgeübt, dem sich Moskau, um nicht das Gesicht zu verlieren, nicht beugen will.[18] Sacharow kommt nicht durch westliche Proteste frei, sondern wird erst durch Gorbatschow aus der Verbannung in Gorki erlöst.

Der Willy Brandt der achtziger Jahre deckt mit seiner Autorität jenen »gouvernementalen« Zug der sozialdemokratischen Politik gegenüber dem Osten, der von Anfang an umstritten ist, weil er die Kontakte zur Opposition und zu Dissidenten in den Ostblockländern wenn nicht verhindert, dann doch beeinträchtigt. Besonders problematisch wird diese Tendenz mit den Sonderbeziehungen zwischen SPD und SED, wie sie nach der Wende 1982 angebahnt werden. Was da zunächst ganz harmlos mit einem Brief des SPD-Vorsitzenden an Erich Honecker beginnt, führt nämlich zur Entwicklung einer »zweiten Ostpolitik« oder auch Neben-Außenpolitik, die Schrittmacher für eine zweite Phase der Entspannung sein soll, aber schon bald quer zur offiziellen Außenpolitik der Bundesrepublik steht und mit der Bündnisdoktrin der NATO oder gar mit Bündnistreue schwerlich vereinbar ist.

Die SPD, hatte ihr Vorsitzender den SED-Chef in Ostberlin wissen lassen, lege Wert darauf, auch nach dem Regierungswechsel in Bonn die Möglichkeit zu Gesprächen mit kompetenten SED-Partnern zu haben. Daraufhin bekundet Honecker, nach Rücksprache mit Moskau, seinerseits »Interesse an hohen Parteikontakten«[19], und ab 1983 besucht Fraktionschef Hans-Jochen Vogel mindestens einmal jährlich den SED-Chef entweder in Ostberlin oder in dessen Jagdschloß Hubertusstock in der Schorfheide. Schon 1984 nimmt eine Arbeitsgruppe von SPD und SED, geführt von Karsten Voigt, Egon Bahr und Politbüro-Mitglied Hermann Axen, dem Sekretär für internationale Verbindungen im ZK der SED, die Arbeit für die Schaffung einer chemiewaffenfreien Zone in Mitteleuropa auf, die als territoriales Minimum die beiden deutschen Staaten und die ČSSR umfassen soll. Im Grunde ist es eine Politik des Als-ob, welche die SPD da betreibt: Als sei sie noch Regierungspartei, handelt sie mit der SED, die ja im Gegensatz zu ihrem Partner eine sehr reale, diktatorisch und absolut herrschende Partei ist, einen Entwurf für einen völkerrechtlichen Vertrag aus. Doch muß dieser so lange virtuell bleiben, so lange die Sozialdemokraten in Bonn nicht wieder die Schalthebel der Macht in den Händen halten – von den dann anstehenden Komplikationen mit den möglichen Partnern des Bündnisses, in welches die Bundesrepublik eingebunden ist, einmal ganz abgesehen. Vergleichbare Arbeitsgruppen werden auch mit anderen herrschenden Parteien aus der Taufe gehoben: mit den tschechoslowakischen, ungarischen, polnischen und auch sowjetischen Kommunisten. Man führt hochrangige Gespräche, berät über vertrauensbildende Maßnahmen und entwirft gemeinsame Dokumente. »Dadurch, daß wir uns als Regierungspartei gerierten, obwohl wir doch Oppositionspartei waren«, schreibt Horst Ehmke selbstkritisch, »wirkte unsere Politik nun erst recht ›gouvernemental‹. Damit wurde die Einseitigkeit unseres primären außen- und sicherheitspolitischen Herangehens an die Überwindung der europäischen Teilung noch verstärkt.«[20]

Erstmals seit seiner Reise nach Erfurt im Frühjahr 1970 betritt Willy Brandt im Herbst 1985 wieder den Boden der DDR: Er folgt einer Einladung Honeckers, und sein Besuch gerät zu »einer Begegnung auf Distanz«, wie ein Beobachter kommentiert.[21] Was den SED-Staat angeht, ist sein Verhältnis schon seit alten Berliner Tagen unterkühlt, und die Guillaume-Affäre hat ihn in solchen Reserven nur bestärken können. Zwar wird er »formvollendet wahrgenommen«[22], wie er selbst schreibt: Wie einen Staatsbesucher empfängt ihn der Protokollchef der DDR vor dem Eingang des Staatsratsgebäudes, Honecker begrüßt, abweichend vom üblichen Zeremoniell, seinen Besucher schon im Foyer, und die Brandts werden in Schloß Niederschönhausen, dem Gästehaus des DDR-Staatsrats, untergebracht. Auf den ersten Blick geht alles ganz nett und zivil zu, selbst über die Guillaume-Affäre werden, wie schon erwähnt, einige besänftigende Worte ausgetauscht.

Natürlich ist alles sorgsamst geplant: Frei herumlaufen läßt man den Staatsgast nicht, jede spontane Begegnung mit Ostberlinern nach Art der Erfurter Willy-Willy-Rufe 1970 wird vorsorglich ausgeschlossen. Als Brandt mit Frau Brigitte zum Mahnmal für die Opfer des Faschismus fährt, um einen Kranz niederzulegen, empfängt ihn eine Gespensterkulisse. Die Stasi hat eine »erlesene, teilnahmslose Schar« in Sonderbussen herangekarrt, die nun in den Seitenstraßen parken, ganz selbstverständlich rührt sich da keine Hand, und kein Zuruf ertönt.[23] Und als Honecker dem Gast das Ostberliner Neubauviertel Marzahn zeigt, ist auch dies im Programm nicht angekündigt, so daß Ostberliner, welche etwa den in der DDR besonders populären Willy Brandt hätten sehen oder grüßen wollen, überhaupt erst nach dessen Abreise von dem Ausflug in die triste Plattenbauwüste über das Fernsehen erfahren.

Wichtigstes Ergebnis dieser Gespräche zwischen Brandt und Honecker ist die Vereinbarung, nach dem Abschluß der Verhandlungen über eine chemiewaffenfreie Zone nun auch eine SPD/SED-Arbeitsgruppe für den Entwurf zu einem atomwaffenfreien Korridor einzusetzen. Die Grundsätze und Richtlinien, die Egon Bahr und SED-Politbüromitglied Hermann Axen ein Jahr später vorlegen, sehen ein atomwaffenfreies, 150 Kilometer tiefes Gebiet diesseits und jenseits des Eisernen Vorhangs vor, das von den baltischen Sowjetrepubliken bis nach Österreich reichen soll.

Wieder sind die Waffen, um die es bei diesen Verhandlungen geht, nicht im Besitz der Deutschen beider Seiten, aber wieder hat die SED-Seite die Planungen bis ins Detail mit Moskau abgestimmt, indes die SPD ausschließlich auf eigene Rechnung handelt und die Zustimmung der westlichen Bündnispartner, vor allem der Amerikaner, mehr als fraglich ist. Der Unterschied zwischen dem jungen Kanzlerkandidaten Brandt von 1960 und dem alternden Vorsitzenden Mitte der achtziger Jahre könnte nicht größer sein: Damals bemühte er sich um möglichst nahtlose Übereinstimmung der verteidigungspolitischen Vorstellungen seiner Partei mit der NATO, jetzt weicht die Sicherheitspolitik der SPD, die er absegnet, entscheidend von dem ab, was den Kern der NATO-Strategie ausmacht: vom Gleichgewicht der Kräfte und vom Prinzip der atomaren Abschreckung.

Da wird zum Beispiel im Wahlprogramm seiner Partei für 1987 von den Amerikanern der Abbau der Pershing-II und Cruise Missiles gefordert, im Gegenzug dafür von Moskau jedoch nur die Reduzierung der SS-20 auf das Niveau von 1979 verlangt – »das heißt, auf den gleichen Stand, den Helmut Schmidt als inakzeptabel für ein strategisches Gleichgewicht in Europa empfand und was ihn zu einem Urheber des NATO-Doppelbeschlusses machte«.[24] Zwar betont die SPD immer wieder, daß sie fest im westlichen Bündnis verankert sei und ihre Entspannungspolitik ohne diese Bindung jeder soliden Grundlage entbehre, in der Wirklichkeit laufen viele ihrer Vorschläge jedoch darauf hinaus, Strategie und Taktik der Allianz zu konterkarieren oder doch entscheidend zu verändern. So fordern die Sozialdemokraten neben dem atomwaffenfreien Korridor einen Umbau der Bundeswehr und der NATO-Streitkräfte in Richtung auf die sogenannte strukturelle Nichtangriffsfähigkeit: Rüstung soll unverwechselbar der Verteidigung dienen und jeden »grenzüberschreitenden, raumgreifenden Angriff operativ« unmöglich machen.[25] Heißt es, die SPD-Position zum Bündnis betont wohlwollend einzuschätzen, wenn man die Partei als vorwärtsdrängende Friedensavantgarde beschreibt, die um fast jeden Preis Rüstungskontrolle und Entspannung will und jeden, der dagegen Widerstand im eigenen Lager leistet, an den Pranger stellt?

Bitter beklagt Willy Brandt auf dem Wahlparteitag in Offenburg die Hilflosigkeit oder Unwilligkeit der NATO, auf die Vorschläge aus Moskau einzugehen: Es erscheine ihm unerträglich, ruft er den Delegierten zu, daß »weitreichende und seriöse Angebote der östlichen Führungsmacht und ihres Bündnissystems« nicht unverzüglich »und so kooperativ wie möglich« beantwortet würden. Was die Sozialdemokraten mit der SED aushandeln, preisen sie in ihrem Programm als »ein Stück praktizierter Verantwortungsgemeinschaft«[26] und betonen, beide deutsche Staaten hätten eine »besondere Verantwortung für den Frieden, der sie durch ihren besonderen Beitrag in den Bündnissen gerecht werden müssen«.[27] Doch gibt es im Wahlprogramm der SPD auch Forderungen, die sich auf alte amerikanische Vorstellungen aus der Kennedy-Zeit berufen können, von vielen Europäern vertreten werden und die bis heute als ungelöster Tagesordnungspunkt auf der europäischen Agenda stehen: die Errichtung eines zweiten, europäischen Pfeilers in der NATO etwa. Brandt greift die Idee auf und verlangt ihre Realisierung, weil er hofft, in Zusammenarbeit mit Frankreich mehr europäischen Spielraum und eine gewisse Unabhängigkeit von allzu streng ausgeübter amerikanischer Vormundschaft zu gewinnen.

Insgesamt ist das Bild, welches seine SPD sicherheitspolitisch in den achtziger Jahren bietet, einigermaßen diffus, was den Eindruck bestärkt, die Sozialdemokraten seien nicht mehr die verläßlichen Partner, die sie in den siebziger Jahren einmal gewesen sind. Einerseits gelten die Bündnisse als Faktoren der Stabilität, andererseits sollen ihnen umgehend die Zähne gezogen werden. Und als Fernziel taucht am Horizont eine europäische Friedensordnung mit einem kollektiven Sicherheitssystem ohne Blockbindungen und Bündnisse auf, das durch das Erscheinen Gorbatschows auf der Weltbühne in den Augen so mancher auch an Attraktivität und Wahrscheinlichkeit gewinnt.

Frieden ist nicht alles, aber ohne Frieden ist alles nichts – so heißt es am Anfang des Abschnitts zur Sicherheitspolitik im SPD-Wahlprogramm 1987, und dies ist auch das Mantra, die magische Formel, mit der Brandt sich gegenüber der unabhängigen Friedensbewegung behaupten und seinen eigenen Kurs der Entspannung verfolgen will. Es sind vor allem zwei alte Freunde, die ihn neben Erhard Eppler in seiner kritischen Haltung zur offiziellen Politik der Atlantischen Allianz bestärken. Heinrich Albertz bittet ihn schon 1980, als Brandt, wenn auch halbherzig und gegen innere Zweifel, noch die Politik Helmut Schmidts stützt: »Gib' Deine kritische Distanz nicht auf. Lasst Euch [in der SPD-Führung] nicht überschwemmen von dem irrationalen Hass auf allen Seiten.«[28] Und Günter Grass schreibt ihm: »Fast wage ich (mit vielen anderen) zu hoffen, Du könntest Dich an die Spitze einer Bewegung stellen, die, wenn auch diffus und führungslos, immerhin als Friedensbewegung schon da ist, könntest mit Hilfe dieser Bewegung auch den Sozialdemokraten (nicht nur in der Bundesrepublik) wieder ein Ziel setzen und so abermals eine Wende in der Politik datieren.«[29] Zwar folgt Brandt nicht der Bitte seines alten Freundes und Wahlhelfers, aber er versucht doch, eine SPD-Friedenspolitik als Alternative zu entwickeln, so fragwürdig sie in vielem im nachhinein auch erscheinen mag – naiv vielleicht, amerikafeindlich –, und bis zum Machtantritt Gorbatschows ganz sicher auch blind gegenüber der Machtpolitik der Sowjetunion.

Wenn Oskar Lafontaine sich der Blockade von Mutlangen anschließt, mit der die Aufstellung der Pershing II verhindert werden soll, zeigt dies, welch tiefe Einbrüche die pazifistischen Tendenzen in die Partei unter seiner Führung – und letztlich wohl mit seiner Zustimmung – erzielen können. Brandt persönlich wahrt zwar betonte Distanz zum Pazifismus, und seine Haltung zur Friedensbewegung bleibt nicht frei von inneren Widerspüchen. Indem er seine gouvernementale Politik gegenüber den herrschenden Parteien im Ostblock vorantreibt, fördert er ja zugleich den Prozeß der Entfremdung der offiziellen Sozialdemokratie von einer Massenbewegung, die unter Führung der Grünen den direkten Schulterschluß mit osteuropäischen Bürgerrechtsgruppen wie KOR, Charta 77 in Prag oder Solidarność in Polen suchen und auch die Aktion »Schwerter zu Pflugscharen« stützen. Damit fördern sie den Versuch, in der DDR eine von Partei und Staat unabhängige christliche Friedensbewegung zu etablieren, die ihrerseits bald zum Kern einer DDR-Bürgerrechts- und Oppositionsbewegung wird.

Michael Ploetz hat darauf hingewiesen, daß die westliche Friedensbewegung und die Grünen in den Augen der SED jetzt als »spalterische Kräfte« gelten, die angeblich im Auftrag der USA die Friedensbewegung in eine anti-sozialistische Bewegung umlenken sollen. Kein geringerer als Erich Mielke nennt Petra Kelly deshalb eine Agentin der CIA.[30] Die Friedensbewegung setzt eben, und zwar in bewußter Äquidistanz, ganz auf kritische Gruppierungen an der Basis, welche die herrschenden Regime in Ost wie West in Frage stellen, indes die Sozialdemokraten den Kontakt zu den regierenden kommunistischen Parteien im Osten weiter intensivieren, von denen sie sich Sicherheitspartnerschaft und noch immer gesellschaftliche, vielleicht sogar institutionelle Reformen erhoffen. Timothy Garton Ash hat die zwei Grundirrtümer der zweiten Ostpolitik richtig benannt: den Glauben, daß Sicherheit der Schlüssel zu allem sei und die Überzeugung, Wandel in Osteuropa könne nur von denen ausgehen, die bereits an der Macht waren.[31]

Nun ist spätestens seit der Verständigung Ronald Reagans und Michail Gorbatschows über eine Null-Lösung bei den Mittelstreckenraketen in Washington 1987 klar, daß der Streit um die Nachrüstung historisch zugunsten Schmidts entschieden und die sicherheitspolitischen Vorstellungen Willy Brandts in den achtziger Jahren widerlegt worden sind. Stimmt es etwa nicht, daß die Sowjetunion die Kosten eines neuen Rüstungswettlaufs wirtschaftlich nicht mehr aufbringen konnte und letztlich durch Nachrüstung, aber auch durch die amerikanischen Pläne für einen Raketenabwehrschirm zum Einlenken gezwungen wurde? Die Belastung durch eine Rüstung bis an die Zähne ist ohne Zweifel eine der wichtigsten Ursachen des sowjetischen Machtverfalls. Allein die Aufrechterhaltung der Parität mit dem Westen, meint Michael Ploetz, stellt angesichts der viel kleineren ökonomischen Basis eine ungleich größere Belastung als für Amerikaner, Westeuropäer und Japaner dar, deren gemeinsames Bruttosozialprodukt dasjenige der UdSSR und der Länder des RGW um das dreifache übertraf. Und zu den besonderen Ironien der Geschichte zählt er die Tatsache, daß es gerade die *militärische* Potenz und die Vorzüge der SS-20 gewesen sind, die diesen Raketentyp für die Sowjets zu einer *politischen* Katastrophe werden ließen: Weil sie jeden Staat auf der eurasischen Landmasse erreichen konnte, schweißte die neue Waffe so unterschiedliche Länder wie Reagans USA, Mitterrands Frankreich und Deng Xiaopings China zu einer übermächtigen Koalition gegen die östliche Supermacht zusammen.[32]

Aber der Erfolg hat viele Väter. So geboten es ist, das sowjetische Einlenken auf die westliche Entschlossenheit zurückzuführen, der Erpressung durch die SS-20 zu widerstehen, so falsch wäre es, die politischen Faktoren zu unterschätzen, welche den Kurswechsel der Sowjetunion mitbestimmt und wahrscheinlich erst ermöglicht haben. Immerhin hat es auch im Kreml einmal eine Fraktion der Falken gegeben, etwa einen Marschall Nikolai Ogarkow, der Ronald Reagan mit Adolf Hitler verglich, Westeuropa öffentlich mit Vernichtung drohte und auf einen präventiven Schlag gegen die Stationierung der Pershing drängte. Wenn die sowjetische Führung solche selbstmörderischen Pläne verwirft, hat dies viel mit dem Abbau von Feindbildern zu tun, ein Prozeß, der mit Willy Brandts Ost- und Entspannungspolitik beginnt und die Sowjets im Laufe der Jahre davon überzeugt, daß es auch auf westlicher Seite echten Friedenswillen gibt. Ohne Ostpolitik, meint Valentin Falin, wäre der Aufstieg eines Michail Gorbatschow an die Spitze der KPdSU wohl undenkbar gewesen. Daß in Willy Brandts realistischer Entspannungspolitik auch die Vision schlummerte, die überkommene klassische Machtpolitik sei – schon um das Überleben der Menschheit zu sichern – durch neue friedliche Formen des Zusammenlebens zwischen Völkern und unterschiedlichen Gesellschaftssystemen zu ersetzen, hat da einen wichtigen Beitrag geleistet.

Eine These von Michael Ploetz über das »zentrale Paradox des zweiten Kalten Krieges«, der ja mit der Aufstellung der SS-20 begann, besagt: Sowohl Ronald Reagan als auch seine Kritiker hätten entscheidenden Anteil am glücklichen Ende des Ost-West-Konflikts. So wichtig wie die Tatsache, daß der Westen an seinem einmal gefaßten Stationierungsbeschluß festgehalten habe, sei der öffentliche Widerspruch gegen die Militärpolitik der NATO gewesen. Die »polyphone Debatte« um die westliche Strategie und die Nachrüstung habe letztlich für die pluralistischen Strukturen der westlichen Demokratien geworben, in denen politische Entscheidungen eben nicht einfach »nur von irgendwelchen skrupellosen Kreisen und Kräften« hätten dekretiert werden können. Einflußreiche Politologen der Sowjetischen Akademie der Wissenschaften habe diese Tatsache zu der Ansicht bekehrt, die Gefahr einer westlichen Aggression sei gleich null.

Ganz sollte über all dem Streit über die Ursachen der Implosion von DDR, Sowjetunion und Ostblock-Kommunismus auch nicht vergessen sein, daß es Mitte der achtziger Jahre darum ging, die im Zeichen der Nachrüstung drohende Eskalation zwischen Ost und West zu bremsen, eine deutsch-deutsche Eiszeit zu verhindern und das Gespräch zwischen den Deutschen-Ost und den Deutschen-West über den sogenannten Raketenzaun hinweg nicht abreißen zu lassen – Ziele, um die sich damals übrigens auch die Regierung Kohl, nicht zuletzt mittels einer geschickten Kreditpolitik, bemüht hat. Und schien die Hoffnung vieler Sozialdemokraten, der Ostblock könne sich »von oben« reformieren, mit Glasnost, Perestroika und dem Einfluß Gorbatschows nicht in greifbare Nähe gerückt?

Als Egon Bahr im Frühjahr 1985 einen Besuch Willy Brandts bei Gorbatschow vorbereitet – der neue Generalsekretär der KPdSU ist gerade einmal sechs Wochen im Amt –, sitzt er einem Mann gegenüber, dessen dunkle Augen Vertrauen ausstrahlen, der vor Vitalität und geistiger Beweglichkeit sprüht und im Stil eines westlichen Staatsmannes diskutiert. Überrascht zeigt sich der Besucher von Gorbatschows Überlegungen zur Sicherheitspolitik: Überlegenheit, atomar wie konventionell, sei sinnlos geworden, Abschreckung gefährlich – das alles entspricht weitgehend Bahrs eigenen Vorstellungen.[33] Die Erklärung für diese Art »neues Denken« ist relativ einfach: Professor Georgi Arbatow, der Leiter des sowjetischen USA- und Kanada-Instituts, kennt Egon Bahr seit dessen Verhandlungen über den Moskauer Vertrag, und auf Bahrs Vorschlag beruft ihn Olof Palme 1980 in dessen »Unabhängige Kommission für Abrüstung und Sicherheit«, der auch Bahr selbst angehört. Da Arbatow bald zu den einflußreichsten Beratern Gorbatschows zählt, ist es kein Wunder, wenn der neue Generalsekretär sich für das Konzept der Gemeinsamen Sicherheit aufgeschlossen zeigt. Es stammt ja von der Palme-Kommission, geht in seinen Grundzügen auf Entwürfe Bahrs zurück und bestimmt weitgehend die sicherheitspolitischen Leitsätze in der sozialdemokratischen Wahlplattform von 1987.

Schon bei seiner ersten Begegnung zeigt sich Brandt von dem neuen Kremlchef beeindruckt: Er habe einen »ungewöhnlich kompetenten, problembewußten, zielstrebigen und zugleich geschmeidigen Gesprächspartner kennengelernt«, liest man in den »Erinnerungen« – einen, der frei spricht, gut argumentiert und gut vorbereitet ist. Vier Tage werden Brandt, der mit einer SPD-Delegation Ende Mai nach Moskau gekommen ist, Aufmerksamkeiten zuteil, als sei er ein amtierender Staatschef: Seitenlang berichtet die amtliche Nachrichtenagentur TASS über die fünfstündigen Gespräche, zwanzig Minuten widmet das Fernsehen den sozialdemokratischen Besuchern. Brigitte nutzt den Aufenthalt, um in Archiven nach vermißten Dokumenten aus der Hansezeit zu suchen. Das Politbüro gibt ein formelles Essen, bei Kaviar und Lachs toastet man einander zu – ohne Wodka allerdings, denn den hat der neue Herr im Kreml gerade von den offiziellen sowjetischen Tafeln verbannt.

Der Grad an politischer Übereinstimmung ist groß: Die Vorstellungen, zu denen Brandt und seine Partei gelangt seien, so Gorbatschow, stimmten in vielem »mit unseren Vorstellungen von der modernen Welt und den Aufgaben zu ihrer Vervollkommnung überein«. Das schürt natürlich bei Gegnern die alten Ängste, Willy Brandt wolle mit seiner zweiten Ostpolitik die Bundesrepublik aus dem westlichen Lager lösen. Als Kassandra vom Dienst malt deshalb Herbert Kremp in der *Welt* für den Fall eines Regierungswechsels gleich »eine weltpolitische Neuorientierung« der Bundesrepublik an die Wand.[34] Davon kann natürlich keine Rede sein, auch wenn Gorbatschow und Brandt in der Ablehnung des amerikanischen Raketenschilds und in der Frage eines Moratoriums bei Mittelstreckenraketen einig sind. Der SPD-Vorsitzende stößt auf eine überraschende Aufgeschlossenheit gegenüber Nord-Süd-Fragen und eine Bereitschaft zu globaler Verantwortung, etwa im Umweltbereich, die es früher in der Sowjetunion nicht gegeben hat.

Aber so richtig überzeugt ist er von dem neuen Ansatz Gorbatschows noch nicht, weil er dessen Widersprüchlichkeit erkennt: Die lautstarke Forderung nach mehr Demokratie kollidiert mit jener Parole »Zurück zu Lenin« und seiner neuen ökonomischen Politik, mit der Gorbatschow anfangs die stalinistischen Verkrustungen aufbrechen will. Hier Lenin, der Begründer des bolschewistischen Terrors als der Fels, an dem Gorbatschow sein Boot festmachen will, dort Glasnost und Perestroika – sind das nicht Enden, die nicht zusammenpassen wollen?[35] Von grundsätzlicher Neuorientierung, meint auch Bahr, war noch wenig zu spüren bei einem, der hoffte, die Ideen Lenins wieder zum Erblühen zu bringen, wenn nur die Entartungen Stalins beseitigt würden.[36] Vielleicht erfolgt das erste Treffen der beiden zu früh. Das Protokoll ihrer Gespräche zeigt jedenfalls einen Gorbatschow, der zwar guten Willens ist, der sich jedoch von der Logik des eigenen militärischen Apparats – die Sowjetunion ist nicht naiv, sie kann keine einseitigen Schritte machen und bewegt sich erst, wenn die Amerikaner ihr entgegenkommen – noch keineswegs befreit hat.[37] Brandt sieht auch die großen Schwierigkeiten, die dem Reformer Gorbatschow jene »Taiga«-Mentalität der Sowjetrussen bereiten muß – die Tatsache, daß sie über keinerlei Erfahrungen mit Parlamentarismus, der Existenz einer Opposition, einem pluralistischen Parteiensystem, Privateigentum an Grund und Boden und an Produktionsmitteln verfügen, von Marktwirtschaft, Unternehmergeist und Initiative des einzelnen ganz zu schweigen. Aber diese erste Begegnung hat unstreitig zum »besseren Verstehen der Position, der Absichten und der politischen Philosophie der Partner« beigetragen, wie Gorbatschow anderthalb Jahre später in einem Brief an Brandt versichert: Der Meinungsaustausch mit Vertretern der internationalen Sozialdemokratie habe den sowjetischen Reformern bei der Entwicklung ihrer Abrüstungskonzeption geholfen, heißt es da, und Gorbatschow betont, daß dies Brandt persönlich »zum großen Verdienst gereicht«.[38]

Beim zweiten und dritten Besuch Brandts in Moskau, 1988 und 1989, kommt man sich schon viel näher, selbst die Idee, gemeinsam die Geschichte des Bruchs der Arbeiterbewegung zu untersuchen, wird von Gorbatschow versuchsweise ins Gespräch gebracht. Aus dem Plan wird zwar nichts, aber vorübergehend fühlt sich der alte Linkssozialist Willy Brandt vielleicht »im hintersten Winkel uneingestandener Träume angesprochen«, wie Bahr vermutet. Bei ihren Versuchen, das eigene, dogmatisch erstarrte, ökonomisch ineffiziente System aufzubrechen und zu reformieren, interessieren sich Gorbatschow und seine Berater mehr und mehr für das Erfolgsgeheimnis sozialdemokratischer Politik. Als Brandt und Bahr dem Kremlchef bei ihrem dritten Besuch eine russische Übersetzung des Entwurfs zum jüngsten SPD-Programm überreichen und Gorbatschow ihn überflogen hat, sagt er: »Das sind meine Themen.«[39] Deutet sich hier vielleicht an, daß die Kommunisten, auf terroristische Abwege geratene und verirrte Brüder im sozialistischen Glauben, am liebsten in den großen Schoß der sozialdemokratischen Familie zurückkehren wollen? Brandt wäre dies nur recht, auch wenn die Entwicklung in der Sowjetunion solche Hoffnungen nur zu bald enttäuschen soll. Die Gemeinsamkeit zwischen ihm und Gorbatschow bleibt auf Abrüstungsfragen, auf

Überlebensfragen der Menschheit, etwa den Nord-Süd-Konflikt, konzentriert, auch wenn Brandts ganze Sympathie dem Versuch gilt, den Menschen der Sowjetunion Freiheit zu bringen.

Ob dagegen Gorbatschow das Wesen der Sozialdemokratie überhaupt versteht, muß fraglich bleiben. Sozialdemokratie bedeutet ja Zähmung und Humanisierung des Kapitalismus, setzt also voraus, daß es einen solchen gibt, um ihn schrittweise zu verändern. Ein Land wie die Sowjetunion, die vor 70 Jahren den Kapitalismus und das Privateigentum an Produktionsmitteln mit Stumpf und Stiel ausgerottet hat, verfügt da über eine völlig andere Ausgangsbasis. Das hindert den sowjetischen Reformer natürlich nicht, von sich zu behaupten, er sei zu einem Sozialdemokraten des schwedischen Typs mutiert. Noch in einer Besprechung mit Brandt Anfang März 1992 sagt er: »Wir waren dabei, eine sozialdemokratische Partei zu werden. Dann kam der Putsch – sie [die Putschisten] haben alles zerstört – die Partei, das Land, die Zukunft...« Den eigenen Anteil Schuld, seine Führungsfehler, übergeht er dabei geflissentlich und behauptet: Was in der Sowjetunion geschehe, sei keine Niederlage des Sozialismus, sondern eine Niederlage des stalinistischen Modells.[40]

Ironischerweise erlebt die etatistische, von Brandt gedeckte gouvernementale Oppositionspolitik der SPD ihren Höhepunkt, als ihr Scheitern sich bereits abzuzeichnen beginnt: nämlich im August 1987, am Vorabend des Honecker-Besuches in Bonn. Da präsentieren SPD und SED ein Papier über den »Streit der Ideologien und die gemeinsame Sicherheit«, in dem die Sozialdemokraten den Einheitssozialisten Reformfähigkeit bescheinigen, obschon das SED-Regime seine Absetzbewegung von Gorbatschow längst bekundete. Hatte die SED den sowjetischen Parteichef nicht indirekt zensiert, wenn das *Neue Deutschland* zwar dessen Schlußrede vor dem Plenum des ZK im Januar 1987 abdruckte, dabei aber bewußt den Satz ausließ: »Wir brauchen Demokratie wie die Luft zum Atmen«? Hatte SED-Chefideologe Kurt Hager nicht jeden Reformbedarf in der DDR bestritten und sich betont verächtlich gegenüber dem Chef der KPdSU geäußert, als er auf die Frage von *Stern*-Reportern, ob es in der DDR eine Perestroika geben werde, im April 1987 mit dem berühmten Satz anwortete: »Würden Sie, nebenbei gesagt, wenn Ihr Nachbar seine Wohnung neu tapeziert, sich verpflichtet fühlen, Ihre Wohnung ebenfalls zu tapezieren?«[41] Und hatten Polizei und Staatssicherheitsdienst Pfingsten 1987 etwa nicht Tausende DDR-Jugendliche Unter den Linden und in den angrenzenden Straßen entlang der Mauer zusammengeknüppelt, die sich ohne Arg versammelten, um westliche Rockklänge zu hören, die vom Reichstag über die Mauer wehten – allen verzweifelten »Gorbatschow! Gorbatschow!«-Rufen zum Trotz?

Brandt ist schon nicht mehr Parteivorsitzender, als das Ergebnis der Beratungen vorgelegt wird, die seit Sommer 1984 zwischen Mitgliedern der SPD-Grundwertekommission und Vertretern der Akademie der Gesellschaftswissenschaften des ZK der SED stattgefunden haben. Doch hatte er ihren Dialog autorisiert, als er am 40. Jahrestag der Zwangsvereinigung, im April 1986, seine »Sechs Thesen zum Verhältnis von Kommunisten und Sozialdemokraten« vorlegte. Die Sicherung des Friedens, sagte er da, sei wichtiger als der Streit der Theorien, und ausdrücklich zitierte er Kurt Schumacher, der Ende der vierziger Jahre erklärt hatte, der demokratische Sozialismus lasse sich zwar verschieden motivieren, aber gewiß habe auch eine marxistische Begründung ihren Platz innerhalb der Sozialdemokratie.[42]

Die Mitglieder der Grundwertekommission wurden von Erhard Eppler, die SED-Vertreter von Otto Reinhold angeführt. Wenn es in dem Streitpapier heißt, Frieden könne heute nicht mehr gegeneinander errüstet, sondern nur noch miteinander vereinbart werden, entspricht dies der Linie, die Egon Bahr – der an der Erarbeitung übrigens nicht teilgenommen hat – als Leitidee für eine sozialdemokratische Sicherheitspolitik seit langem vertritt. Neu an diesem Papier ist vor allem, daß die zwei feindlichen Brüder der alten Arbeiterbewegung, die einander Jahrzehnte voll Haß und Mißtrauen gegenüberstanden, sich zum Dialog über die Grenzen der Gesellschaftssysteme hinweg bekennen, zu einem kontroversen Dialog zwar, der auch künftig durch die »Spannung von Konsens und Konflikt« bestimmt ist, der jedoch ganz in den Dienst der »Entwicklung einer Kultur des politischen Streits« gestellt werden soll. An die Stelle maßloser Polemik, agitatorischer Beleidigungen und gegenseitiger Verdächtigungen soll also der Austausch von Argumenten und ein Wettbewerb der Systeme treten. Wer etwa leistet »die günstigsten gesellschaftlichen Bedingungen für die Entfaltung von Humanität« – Ost oder West? Wer die wirksamsten Beiträge zur Lösung der »übergreifenden Menschheitsfragen«? Entscheidend aber ist: Keine Seite spricht der anderen die Existenzberechtigung und Friedensfähigkeit ab, beide sichern einander ausdrücklich Entwicklungsfähigkeit und Reformfähigkeit zu.[43]

Über Notwendigkeit, Nutzen und Wirkung dieses Papiers wird bis heute gestritten. Der richtige und wichtige Kern, daß auch weltanschauliche Auseinandersetzungen dem Friedensgebot unterzuordnen seien, »wurde rasch herausgefunden und fand immerhin in das Denken von Exdogmatikern Eingang«, meint Willy Brandt. Insgesamt ist sein Urteil eher geringschätzig: Er nennt das Dokument wenig ergiebig, der Streit zwischen Sozialdemokratie und Kommunismus sei längst durch die Geschichte entschieden.[44]

Aber es wurde von der SED-Zeitung *Neues Deutschland* im vollen Wortlaut veröffentlicht und schuf damit – ähnlich dem Schlußabkommen von Helsinki – für einige wenige mutige Regimekritiker und Bürgerrechtler, ja selbst für kritisch orientierte SED-Mitglieder eine Legitimations- und Berufungsmöglichkeit, um Einwände gegen die Praxis des Regimes, um Reformvorschläge vorzubringen oder gar bescheidene Demonstrationen zu veranstalten. Schließlich ist in dem Streitpapier die Notwendigkeit der offenen Diskussion innerhalb eines jeden Systems postuliert und indirekt die Informationspolitik der DDR kritisiert worden: Der »umfassenden Informiertheit der Bürger in Ost und West«, heißt es da in einer ganz zentralen Passage, komme »im Prozeß der Friedens-sicherung und des Systemwettstreits eine wachsende Bedeutung zu«.[45] Kein Wunder also, wenn der Staatssicherheitsdienst zu der Einschätzung gelangt, das Dokument schaffe für »feindlich negative Personen« Möglichkeiten, ihre anti-sozialistischen Ziele offener als bisher zu verfolgen. Selbst Timothy Garton Ash stellt fest, »die Zeit nach der Veröffentlichung des gemeinsamen Papiers« habe in der DDR »wachsende Kritik von unten hervorgebracht«.[46] Gegner vor allem im Westen wenden allerdings ein, daß Demokraten einem diktatorischen Regime jene Existenzberechtigung bescheinigen, die sie bislang stets bestritten hatten, zudem werde ein Unrechtssystem einer Demokratie gleichgestellt. »Ein schmachvolles Papier«, urteilt *Die Welt*, die Sozialdemokraten hätten sich wieder einmal als »nützliche Idioten erwiesen«, schreibt der *Rheinische Merkur*.[47]

Kritiker des Papiers gibt es in der SPD – etwa Gesine Schwan, nach der äußere und innere Friedensfähigkeit zusammengehören und die selbstverständlich die innere Friedensfähigkeit der DDR als einer Diktatur bezweifelt.[48] Kritik wird auch auf der östlichen Seite geäußert, etwa von Politbüromitglied Alfred Neumann, und es dauert nicht lange, bis Kurt Hager die dem westlichen System bescheinigte »Friedensfähigkeit« öffentlich relativiert – wenigstens, was den sogenannten Imperialismus betrifft.[49] Aber welcher westliche Staat ist nach orthodoxer SED-Lesart schon nicht imperialistisch?

Die nachfolgenden Ereignisse – die Verhaftung von regimekritischen Teilnehmern an der Luxemburg-Liebknecht-Demonstration Anfang 1988, die alljährlich von Berlin-Mitte zu den Gräbern der sozialistischen Patriarchen in Friedrichshain pilgern, die Durchsuchung der Umweltbibliothek in der Zionskirche – deuten auf eine tiefe Verunsicherung der SED-Obrigen, die freilich weniger von dem Streitpapier als von dem aus Moskau ausgeübten Druck auf Reformen ausgeht. Welche Hoffnungen das Dokument über den Streit der Ideologien auch immer geweckt haben mag, durch die brutale Repressionspraxis des SED-Regimes wird deutlich, daß die andere Seite sich an die Verpflichtungen, die sie darin eingegangen ist, nicht im geringsten gebunden fühlt. Sind die Gerontokraten eines Politbüros, das wenige Wochen nach Veröffentlichung des Papiers bereits die Notbremse ziehen muß, überhaupt noch regierungsfähig?

Einen der Autoren, Erhard Eppler, empört ihr Verhalten so sehr, daß er in seiner Rede zum 17. Juni 1989 im Bundestag von der »realitätsblinden Selbstgefälligkeit« der SED-Führung spricht, die sich angstvoll »dem Geist des Wandels« widersetzt, »der über Moskwa, Bug und Weichsel schon das Ostufer der Oder erreicht hat«.[50] Selbst wenn man sich damals gegenseitig Existenzberechtigung bescheinigt habe, so Eppler, könne doch keine Seite die andere daran hindern, »sich selbst zugrunde zu richten«. Als Synodaler verfügt er über gute Kontakte zur Kirche der DDR, hat seine Bundestagsrede mit dem Erfurter Probst Falcke abgestimmt, einem Sprecher der christlichen Friedensbewegung in Ostdeutschland, und verfügt damit über einen unverstellten Blick auf das, was die DDR-Bürger abseits aller SED-offiziellen Propaganda wirklich bewegt. Er sieht sehr deutlich – und er spricht es im Bundestag auch an –, daß die Zahl der DDR-Bürger wächst, deren Hoffnung sich nicht auf Reform, sondern auf das Ende ihres Staates richtet, und beschwört die Gefahr, daß in der DDR – wegen Reformunfähigkeit und Reformunwilligkeit des Politbüros – genau das geschehe, »was die SED-Führung verhindern will, aber durch ihre Ängstlichkeit eben herbeizieht«. Gemeint ist, dies wird geradezu überdeutlich, der Wunsch der DDR-Bürger nach Einheit der Deutschen.

Diese Rede stellt insofern eine Wende dar, als der Zusammenbruch des SED-Staates hier erstmals im Bundestag als Denkfigur vorweggenommen wird. Eppler warnt deshalb davor, das Thema deutsche Einheit endgültig von der politischen Tagesordnung zu streichen: Die Deutschen hätten wie alle Völker ein Recht auf Selbstbestimmung, das auch nicht durch das verwirkt sei, was die Deutschen Europa angetan hätten. Vor dem Präsidium der SPD, dem er nicht mehr angehört und wo er als Gast geladen ist, rechtfertigt er nach der Bundestagssitzung die Position, die er bezogen hat: Eine große Partei wie die SPD müsse eine Alternative oder Option für den Fall haben, daß sich der SED-Staat nicht mehr als lebensfähig erweise.[51] In die lange Schlange der Gratulanten, die dem Redner im Bundestag die Hand schütteln, reihen sich nicht nur Helmut Kohl und Alfred Dregger ein, der Eppler als »Patriot« tituliert und ihn damit eher irritiert; selbst wenn er Patriot sein sollte – will er es ausgerechnet aus dem Munde eines christdemokratischen Rechtsaußen hören, erinnert das nicht zu sehr an das berühmte Bebelsche Lob vom Klassenfeind? Aber auch Hans-Jochen Vogel und Willy Brandt danken ihm – Brandt wie immer verhalten, »er war ja selten enthusiastisch«, meint Eppler, aber der Tenor sei deutlich gewesen: Wir verstehen einander und sind in der Sache weitgehend einig.

Daß sich an Epplers These die Geister scheiden, auch die von Willy Brandt und Egon Bahr, wundert nicht. Galt bisher als beinahe ehernes Gesetz aller Bonner Deutschlandpolitik – und zwar nicht nur für die Sozial-, sondern auch für die Christdemokraten –, daß die ach so ferne deutsche Einheit bestenfalls am Ende der Wiedervereinigung des europäischen Kontinents erreichbar sei, schimmert unversehens die Möglichkeit auf, die Reihenfolge könnte oder müßte sich umkehren – auch wenn dabei vage und offen bleibt, wie im einzelnen auf einen möglichen Zusammenbruch des

SED-Staates zu reagieren wäre. Tatsache ist ja, daß die Unruhe, die von Polen ausgeht, durch Gorbatschow beflügelt wird, als dieser jedem Land einen eigenen Weg zum Sozialismus freistellt und damit das Ende der Breschnjew-Doktrin verkündet.

Der demokratische Aufbruch greift nun im ganzen Ostblock um sich: Ungarn rehabilitiert Imre Nagy, den Führer des ungarischen Volksaufstandes, und baut Anfang Mai 1989 den Eisernen Vorhang zu Österreich ab. Als daraufhin Hunderte von DDR-Bürgern über Ungarn in den Westen fliehen, sperrt die DDR die Ausreise – nur um zu erleben, daß ihre Bürger in Massen Zuflucht in der bundesdeutschen Botschaft in Prag und in der Ständigen Vertretung in Ostberlin suchen. Die Behörden werden der Ausreiseanträge nicht mehr Herr, und seit Juni gibt es, was in der SED-Diktatur bis dahin unvorstellbar gewesen ist: offene Demonstrationen am 7. eines jeden Monats, an denen sich mehr und mehr Bürger beteiligen, um gegen die Fälschung der Kommunalwahlen vom Mai zu protestieren. Und der Mut der Ostdeutschen, das ungeliebte Joch der SED abzuschütteln, wächst mit jedem Tag, mit dem klarer wird, daß Gorbatschow seinen Truppen in der DDR befiehlt, in den Kasernen zu bleiben.

Wie reagieren? Die echten Realpolitiker stehen hier gegen vermeintliche Realpolitiker, denen zusehends die Realität abhanden kommt, auf die ihre scheinbar eherne Logik baut, nach der allein auf die SED als die herrschende Partei zu setzen sei. »Die Lage in der DDR ist gefährlich«, kritisiert Bahr die Eppler-Rede: Die Menschen dort brauchen Unterstützung, »aber kein Gerede über die deutsche Frage«; zudem habe Eppler wie einer gewirkt, »der nicht mehr mit der DDR reden wolle«.[52] Bahr rechnet eben mit Staaten als immerfesten Größen, demokratische Revolutionen kommen in seiner Ostpolitik à la Metternich, wenn überhaupt, dann eher als Störfaktoren vor. Willy Brandt dagegen, instinktsicher und den Zeitgeist witternd wie eh und je, spürt den sich anbahnenden Wandel der politischen Großwetterlage, stellt sich darauf ein und versucht, ihn mitzugestalten, soweit politische Reaktionen im Westen dies überhaupt ermöglichen.

Brandt versteht, was Revolutionen vermögen, daß geschichtliche Umbrüche die intelligentesten, vermeintlich für Ewigkeiten ausgetüftelten diplomatischen Pläne, daß sie Verträge und Verfassungen einfach vom Tisch fegen können, daß sie aber auch große Chancen enthalten, wenn man die Bewegung an der Basis nur geschickt beeinflussen und steuern kann. Wer es gut meint mit seinem Volk, sagt er einmal, muß »zum Eingehen auf veränderte Bedingungen fähig sein«.[53] Schon einen Tag vor der Eppler-Rede hatte er im Bundestag erklärt, die Zeit rücke näher, »in der abzubauen sein wird, was die Menschen – zumal die Menschen *eines* Volkes – willkürlich trennt«. Was er meinte, wurde mit dem Satz deutlich: Im August 1961 sei man – nicht in Berlin, aber sonst – ziemlich allein gewesen mit dem Ruf: Die Mauer muß weg.[54]

Das ist zweifellos eine Reaktion auf die Erklärung, die Gorbatschow und Kohl wenige Tage zuvor abgegeben hatten und in der erstmals vom Recht aller Völker und Staaten die Rede war, ihr Schicksal frei zu bestimmen. Und am 7. Oktober, drei Tage, ehe die Leipziger Montagsdemonstrationen beginnen und unmittelbar nach der Gründung der Sozialdemokratischen Partei (SDP) in der DDR, spricht er davon, daß eine neue Ära der Politik anbreche: »Ich will offen meinem Empfinden Ausdruck geben«, sagt er anläßlich der Aussprache über die Regierungserklärung zum 50. Jahrestag des Kriegsausbruchs, »daß eine Zeit zu Ende geht. Die Zeit, in der es sich in unserem Verhältnis zum anderen deutschen Staat vor allem darum handelte, durch vielerlei kleine Schritte den Zusammenhalt der getrennten Familien und damit der Nation wahren zu helfen.« Er spricht noch nicht ausdrücklich davon, daß der demokratische Aufbruch in Osteuropa jetzt große Schritte erfordere, aber er meint es so.

Zwar sieht er die Komplikationen und die Risiken, die damit einhergehen, daß die deutsche Frage jetzt wieder auf die Tagesordnung kommt: Es gebe ein »historisch zu belegendes und höchst vielfältig gefächertes, keineswegs erst durch den Hitlerkrieg belegtes Interesse der europäischen Nachbarn – auch der halbeuropäischen Mächte – daran ... was aus Deutschland wird«. Aber gerade deshalb erinnert er die Westmächte und Verbündeten nachdrücklich an die Verpflichtungen aus dem Deutschlandvertrag: »Der Wunsch und das Verlangen der Deutschen nach Selbstbestimmung wurde in den Westverträgen bestätigt und ist durch die Ostverträge nicht untergegangen. Sie bleiben Pfeiler unserer Politik.«[55] Offen allerdings bleibt zu diesem Zeitpunkt, wie sich dieser Wunsch nach

Selbstbestimmung verwirklichen läßt: So sicher er sei, daß er seinen Niederschlag finde, so offen bleibe, »in welcher staatlichen Form auch immer«. In seiner Partei steht er damit weitgehend allein, aber das kennt er ja. Außenseiter ist er am Anfang seiner Karriere in Berlin schon einmal gewesen.

Vollzieht Brandt in der Frage der deutschen Einheit damit eine Kehrtwende um 180 Grad? Natürlich wäre gegen ihn einzuwenden, daß er in seinen »Erinnerungen« den Satz geschrieben hat: »Und wer auch wollte glauben, eines Tages vollziehe sich der Anschluß der DDR an die Bundesrepublik, und das sei's dann?« – ein Satz, den die Geschichte nur ein Jahr später widerlegen wird.[56] Aber hat es, als er ihn im Winter 1988/89 niederschrieb, überhaupt seriöse Politiker in Bonn gegeben, die an eine baldige Wiedervereinigung per Anschluß und die Mitgliedschaft des vereinten Deutschland in der NATO glaubten? Wer in Bonn hat schon daran gedacht, daß die mächtige Sowjetunion so bald mit einem Winseln in sich zusammenbrechen und verschwinden würde?

Es stimmt, daß Brandt mit einer langen Phase deutscher Zweistaatlichkeit gerechnet hat, weil ihm unvorstellbar schien, daß Moskau auf den westlichen Eckpfeiler des Warschauer Pakts verzichten würde. Es stimmt weiter, daß er versuchte, die Grenzen für diese lange Phase der Zweistaatlichkeit durchlässiger zu machen und ihnen – soweit wie möglich – den schmerzenden Charakter des Trennenden zu nehmen. Und natürlich hat er das Wort von der »Wiedervereinigung als Lebenslüge der zweiten deutschen Republik« gebraucht, was prompt gegen ihn verwendet wurde – als habe er damit persönlich jede Hoffnung auf die deutsche Einheit fahren lassen. Aber die Vokabel »Lebenslüge«, die Egon Bahr erstmals in den Entwurf einer Brandt-Rede schrieb,[57] ist nicht als Absage an das Streben der Deutschen nach Einheit gedacht, sondern klar auf eine phrasenhafte Wiedervereinigungsrhetorik bezogen, die im Gegensatz zur politischen Praxis steht.

Gebraucht wurde der Begriff »Lebenslüge« von Brandt erstmals im November 1984 in München, als er in einer Rede in der Reihe »Nachdenken über das eigene Land« von »der großen Illusion der deutschen Nachkriegsgeschichte« sprach – der Behauptung Adenauers nämlich, mit seiner Politik der Stärke und der Westintegration werde die Wiedervereinigung Deutschlands in greifbare

Nähe gerückt. Den Streit darüber, wie offen die deutsche Frage damals, Mitte der achtziger Jahre, sei, vergleicht er einem Traum, der viel über die Befindlichkeit des Träumers aussage: über seine Doppelbödigkeit, um nicht zu sagen: seine Schizophrenie. Er nennt die deutsche Frage eine Fiktion, welche keine Berührung mehr mit der Realität habe, und dennoch werde »die Lebenslüge der fünfziger Jahre« noch gepflegt – in »Sonntagsreden«. An den restlichen sechs Wochentagen trage man »den westlichen Interessen der Bundesrepublik Rechnung ...«

Seine Münchner Rede ist nichts anderes als ein Plädoyer, von solchen Sonntagsreden zur Wiedervereinigung Abschied zu nehmen, sich an die Realitäten zu halten und »nach Gemeinsamkeiten trotz und in der Teilung [zu] suchen«. Nach den Überzeugungen, von denen er sich damals leiten läßt, entsprechen diese Gemeinsamkeiten weitgehend den sozialdemokratischen Ansätzen seiner zweiten Ostpolitik: Beide deutsche Staaten sollten sich über Sicherheitsfragen konsultieren, über eine chemiewaffenfreie Zone in Europa etwa, und zu einer realistischen Politik der Rüstungskontrolle und Rüstungsbegrenzung beitragen. Gleichzeitig allerdings will er das Bewußtsein der Zusammengehörigkeit der Deutschen in Ost und West im Sinne der Grass'schen Kulturnation lebendig halten: »durch Austausch, Anregung, vor allem das Einander-Zuhören«. Da könne man zum Beispiel die Erfahrung machen, daß »drüben« manchmal das bessere Deutsch gesprochen wird. Im übrigen betont er an der Isar, wozu er sich schon immer bekannte und stets bekennen wird – zu seiner Überzeugung, daß der historische Prozeß offen sei: Man brauche weder Hegel noch Marx gelesen zu haben, um die Vorstellung für unhistorisch zu halten, »die Geschichte ein für allemal festhalten und festschreiben zu können«.[58]

Fünf Jahre später, in seiner »Berliner Lektion«, die er »deutsche Wegmarken« überschreibt, greift er den Begriff der Lebenslüge wieder auf, aber diesmal bezieht er ihn nicht auf die Illusionen der fünfziger Jahre, sondern pauschaler auf den deutschen Staat im Westen: »Wiedervereinigung« sei die »spezifische Lebenslüge der zweiten Deutschen Republik« – eine Formulierung, die sich in den ein Jahr später vorgelegten »Erinnerungen« wiederfindet.[59] Wenn er, woran nicht zu zweifeln ist, Lebenslüge im Ibsenschen Sinne versteht, als fiktive Formel also, die zur Rechtfertigung der Lebensführung vor sich selbst dient, dann heißt dies: Eine Politik der immer festeren Verankerung der Bundesrepublik im Westen wird von den Verantwortlichen in Bonn mit dem feierlichen Hochhalten des Ziels der Wiedervereinigung verschleiert oder legitimiert, obschon diese mit der von ihnen praktizierten Politik notwendig in immer größere Ferne rückt. Er räumt aber, und das scheint im Rückblick wichtiger, zugleich mit der Vorstellung auf, das Grundgesetz gebiete die *Wieder*-Vereinigung, als ob die Geschichte eine Anknüpfung an das Bismarck-Reich bereit hielte oder Deutschland wieder so hergestellt werden könnte, wie es vor Hitler gewesen ist. In Wirklichkeit, erklärt Brandt in Berlin, spreche die Präambel des Grundgesetzes von der Verpflichtung des gesamten deutschen Volkes, »in freier Selbstbestimmung die Einheit und Freiheit Deutschlands zu vollenden« – eine Formulierung, welche die freiwillige Vereinigung von zwei deutschen Staaten zuläßt, auch wenn er sie nicht erwähnt.

Wieder betont er, daß die Geschichte ein letztes Wort nicht kenne, und wieder weist er darauf hin, daß mit den Briefen zur deutschen Einheit der »Wunsch der Deutschen nach Selbstbestimmung mit den Verträgen und durch den sonstigen Ablauf des Geschehens nicht untergegangen« sei. Doch die deutschen Realitäten für die kommenden Jahre umschreibt er ähnlich wie einst in München: In der Trennung mahnt er deutsch-deutsche Verantwortungsgemeinschaft an, zu der sich die zwei deutschen Staaten bekennen müßten. Zugegeben, wer diese Rede heute liest, gewinnt den Eindruck, Einheit scheine für ihn in sehr ferne Nebel der Geschichte entrückt, zudem wirkt sein Verständnis von Historie zunehmend wolkig, ja es mutet beinahe mystisch an, wenn er sagt, »dann mag die Geschichte die uns Nachfolgenden wissen lassen, was sie ihnen zu vermitteln mag oder wozu es deren Mitwirkung bedarf – aber dazu muß es weiterhin Geschichte geben.«[60]

Positiver und ein wenig klarer hat er sich ein Jahr zuvor, in seiner Rede zur 750-Jahr-Feier Berlins im April 1987 eingelassen: »Die Mauer«, erklärt er da, »hat sich von uns nicht wegrufen lassen, und doch steht sie gegen die Geschichte. Was immer diese in ihrem Schoß tragen mag, das Modell von zwei Städten in einer kann es nicht sein.« Aber selbst hier endet er betont vieldeutig, wie sich denn Brandt trefflich auf die Kunst des Vagen und Unbestimmten versteht: »Die Zukunft sollte und kann davon handeln, daß willkürliche Trennungen nicht vertieft, sondern überwunden werden.«[61] In der Milde des Alters, merkt Helmut Schmidt einmal an, habe Brandt immer häufiger in vieldeutigen Sätzen und Formeln gesprochen, und es sei oft offen geblieben, worauf er abzielte: »Die Zuhörer konnten sich – je nach ihrem eigenen Gefühl – ganz verschiedene Vorstellungen machen.«[62]

Etwas konkreter wird Brandt dann wieder Ende 1988, als er Horst Schättle in einem ZDF-Interview zu Protokoll gibt, daß die beiden Teile Deutschlands ihr Verhältnis im Rahmen einer deutschen Friedensordnung regeln könnten: Das müsse nicht unbedingt »die Rückkehr zum Nationalstaat alter Prägung sein«. Konföderation, Staatenbund, Vertragsgemeinschaft – auch hier verschwimmt das »wie« im Ungewissen.[63] Im März 1990 auf den Satz von der Lebenslüge angesprochen, sagt Brandt dem Reporter Ulrich Rosenbaum: »Wenn ich gewußt hätte, wie er mißbraucht wird, hätte ich denselben Gedanken vermutlich klarer formuliert. Der Gedanke lautet: Es wird nichts wieder, wie es war. Ich bin für Neuvereinigung, es gibt kein Zurück zum Reich oder zu den alten Grenzen. Deswegen zu behaupten, man sei nicht für die deutsche Einheit gewesen, ist eine Zumutung.«[64]

Wer sich jenes Interview in Erinnerung ruft, das Brandt Anfang Februar 1970 der *Welt am Sonntag* gab – er sprach damals davon, ein Kanzler habe die Pflicht, seinem Volk die Wahrheit zu sagen –, wird feststellen, daß sich Willy Brandt über zwei Jahrzehnte erstaunlich treu geblieben ist: Wiedervereinigung im ursprünglichen Sinne war für ihn schon damals nicht mehr möglich, aber an dem Recht eines Volkes, frei über sein Schicksal zu entscheiden, hielt er fest – auch wenn er mit dem Blick des Realisten sah, daß es nur verwirklicht werden könne, wenn die Weltmächte und die anderen europäischen Länder bereit seien, ihre Interessen mit den deutschen auf einen Nenner zu bringen.[65]

Rückt Brandt, wenn er die Verwirklichung der Selbstbestimmung als entscheidenden Faktor nennt, etwa von der Vorstellung der »staatlichen Einheit der Deutschen« ab, wie Jens Hacker einmal argumentiert?[66] Auszuschließen ist dies nicht. Nicht das Nationale oder die Einheit allein seien entscheidend, sagt Brandt in einer Parteivorstandssitzung im Dezember 1990, wichtiger sei die Selbstbestimmung der Menschen. Wenn die Bürger in der DDR – in freier Wahl – einen eigenen Staat gewollt hätten, wäre dies von ihm akzeptiert worden. Er wünscht dies nicht, es bleibt eine theoretische Option für ihn, aber er hätte eine entsprechende Entscheidung hingenommen. Die Frage ist allerdings auch hier, ob er mit dieser Haltung wirklich alleine stand. Gab es nicht auch bei Christdemokraten einmal die Vorstellung, mit der leidigen deutschen Frage werde es seine Ordnung haben, wenn die DDR ein zweites Österreich werde? Brandt sah allerdings schon im Sommer und Herbst 1989 sehr klar, daß diese Option von der Bevölkerung der DDR verworfen wurde. Für den Fall, daß seine Partei – unter dem Einfluß der Enkel – deren Entscheidung für den einheitlichen deutschen Staat nicht akzeptiert hätte, war er denn auch bereit, Konsequenzen zu ziehen: Er hätte die Partei, so sagt er auf dieser Vorstandssitzung Ende 1990, dann bitten müssen, »ihn aus seinem Amt als Ehrenvorsitzender zu entlassen«.

Sieht man einmal von dem strittigen Begriff »Lebenslüge« ab, können nur Übelmeinende Brandt als Verfechter einer dauernden deutschen Zweistaatlichkeit sehen. Allein sein ganzer Ansatz zur Ostpolitik ist vorrangig ein nationaler gewesen, zielte er doch darauf, das Bewußtsein der Nation durch möglichst viele Begegnungen der Menschen, Mauer und Stacheldraht zum Trotz, für bessere Zeiten lebendig zu erhalten. Zudem steht er mit dem, was er in den achtziger Jahren über die deutsche Frage denkt, wahrlich nicht allein. Daß die Verwirklichung des deutschen Selbstbestimmungsrechts bestenfalls am Ende der Einigung Europas kommen kann, ist konventionelle Weisheit quer durch alle Bonner Parteien, und daß eine deutsche Einheit undenkbar bleibt, solange Moskau auf seine deutsche Kriegsbeute nicht verzichtet und die beiden deutschen Staaten in verschiedene Bündnissysteme eingebunden sind, liegt auf der Hand.

Daß er nicht an die Wiederherstellung eines deutschen Nationalstaats glaubte, gab Franz Josef Strauß lange vor Willy Brandt verschiedentlich zu Protokoll. Nicht die Wiederherstellung der staatlichen Einheit Deutschlands, sondern die Wiederherstellung »demokratischer und menschenwürdiger Zustände in diesem Gebiet« sei doch das Herzensanliegen, sagt derselbe Bayer, der später als Ministerpräsident Klage gegen den Grundlagenvertrag erhebt.

Der Satz fällt im März 1958 im Bundestag, und mit »Gebiet« ist natürlich die Sowjetzone gemeint. Der *Zeit* erklärt er im April 1966, daß er »nicht an die Wiederherstellung eines deutschen Nationalstaates, auch nicht innerhalb der Grenzen der vier Besatzungszonen«, glaube.[67] Politiker nahezu aller Couleur schließen damals aus, daß man nach Westeuropa eine Politik der Integration, mit Blick auf Gesamteuropa aber eine Politik der Wiedergeburt des Nationalstaats betreiben könne. Selbst Helmut Kohl, der spätere Kanzler der Einheit und erste Regierungschef eines vereinten Deutschland, das dann unversehens doch ein Nationalstaat wird – wenn auch ein postklassischer, wie Heinrich August Winkler zu Recht bemerkt –, schrieb 1981 in den *Lutherischen Monatsheften*, »daß die verlorene Einheit so, wie sie war, im Sinne eines alten Nationalstaates, nicht mehr wiederherstellbar ist«.[68] Und kein anderer als Rainer Barzel merkte an, wer der SPD vorhalte, die Wiedervereinigung als Lebenslüge verworfen zu haben, dürfe nicht verschweigen, »daß der CDU im Frühjahr 1988 ein Programmentwurf vorlag, in dem die Wiedervereinigung nicht mehr vorkam«.[69]

Der große Unterschied zwischen CDU und SPD besteht allerdings darin, daß führende Politiker der Union sich häufiger und deutlicher zur Einheit der Deutschen bekennen, auch wenn ihre Verwirklichung in noch so großer Ferne liegt. So spricht Helmut Kohl vor britischem Publikum 1985 in Cambridge darüber, daß auch für die Deutschen selbstverständlich bleibe, was für alle anderen Völker genauso selbstverständlich sei: »Wir stehen zur Einheit unseres Vaterlandes, einer Einheit, die nur in einer europäischen Friedens- und Freiheitsordnung vollendet werden kann.«[70] Bei den Sozialdemokraten dagegen rückt das Wort von der Selbstbestimmung als Fernziel, vielleicht auch wegen des Anlaufs zu ihrer zweiten Ostpolitik, immer mehr in den Hintergrund. Schon die erste Ostpolitik beruhte ja neben realistischen und nationalen Motiven und Elementen auf der visionären Einsicht Brandts, daß die alte Machtpolitik, um das Überleben der Menschheit zu sichern, durch neue, friedliche und kooperative Formen des Zusammenlebens zwischen Völkern und Staaten abgelöst werden müsse.[71]

Rückt dieses zweite Element im Lauf der Jahre in den Vordergrund und überlagert das erste? Vor allem jüngere Sozialdemokraten, eine ganze Riege sozialdemokratischer Landesfürsten und die mittlere Funktionärsebene scheinen die deutsche Zweistaatlichkeit zu verinnerlichen und für den inzwischen selbstverständlichen, historisch gegebenen Zustand der deutschen Nation zu halten. Ein Bild von Europa, das man sich fälschlich von föderalen Strukturen nach deutschem Muster malt, aber auch deutsche Dichter und Denker liefern ihnen die ideologischen Versatzstücke für die Legitimation dieser Haltung: Man träumt von einem Europa der Regionen, nicht der Nationen oder Staaten; Historiker bezeichnen den Nationalstaat als die Ausnahme, die Vielstaatlichkeit als Regel, welche die Geschichte für die Deutschen bereithalte; Dichter oder Philosophen sprechen gar von der ewigen Teilung, welche die Nation als Sühne für Auschwitz zu tragen habe. Hier etwa verläuft innerhalb der Sozialdemokratie die Bruchlinie zwischen Willy Brandt sowie älteren Genossen wie Hans-Jochen Vogel auf der einen, der Enkelgeneration der Lafontaine, Schröder, Scharping und Heidi Wieczorek-Zeul auf der anderen Seite.

Daß der ehemalige Berliner Bürgermeister sein nationales Herz wiederentdeckt, daß er, gerade im Einzug in das neu gebaute Haus in Unkel begriffen, Kisten und Kästen stehen läßt, um umgehend nach Berlin aufzubrechen, versteht sich von selbst. Am Abend des 9. November hat er im Bundestag von der Pressekonferenz Schabowskis erfahren und weiß, daß die DDR künftig Reisefreiheit gewähren will. Aber er sieht nicht fern in den späten Abendstunden und erfährt so erst zwischen vier und fünf Uhr morgens vom Ansturm der Berliner auf die Grenzübergänge und vom Fall der Mauer – als ihn ein Redakteur des Hessischen Rundfunks aus dem Schlaf klingelt und ein Interview wünscht. »Er guckt, sagt nichts, steht auf, nimmt den Hörer und lernt nun aus den Fragen, was sich in der Nacht abgespielt hat.« Als er auflegt, huscht ein »vergnügtes, fast spitzbübisches Lächeln« über sein Gesicht. Nie ist er jünger gewesen, als in jenem Augenblick, in dem er sagt: »Das ist es.«[72]

Das ist es in der Tat: Mit dem Erscheinen Gorbatschows auf der Weltbühne, mit dem Umbruch im Ostblock und der friedlichen Revolution scheint unverhofft die Chance gegeben, das ferne Ziel der Einheit und der Selbstbestimmung in greifbare Nähe zu rücken. In einer kleinen, eilig von den Briten geliehenen Maschine entwirft er morgens auf dem Flug nach Berlin jene Rede, die er auf dem

Balkon des Rathauses Schöneberg halten wird. Wieder findet er das richtige Wort zur richtigen Zeit und am richtigen Ort, ebenso populär wie historisch korrekt bannt er, was sich da elementar Bahn bricht, in eine Formel, die in den Schatz der deutschen geflügelten Worte eingehen wird: »Jetzt wächst zusammen, was zusammengehört.« Im Originalmanuskript seiner Rede ist sie übrigens nicht enthalten, er schmuggelt sie erst später ein, als sie gedruckt vorgelegt wird. Doch hat er den berühmten Satz an diesem 10. November gleich mehrfach in Berlin gebraucht, und zwar erstmals in einem Interview vor dem Brandenburger Tor.[73]

Als er an einer Tagung der SPD-Fraktion des Abgeordnetenhauses teilnimmt und viele Abgeordnete davon sprechen, dies sei eine Stunde des Wiedersehens und nicht mehr, als er Walter Momper weiter vom »Volk der DDR« sprechen hört, erbost ihn nicht nur, daß dem Regierenden seiner eigenen Partei offenbar jeder Sinn für die Tragweite des historischen Ereignisses fehlt – und das ausgerechnet in Berlin, das unter seiner Führung so lange die Sache der Einheit hochgehalten hat. Erschüttert spürt er den Kleinmut, das Unvermögen, sich der Situation gewachsen zu erweisen, vielleicht auch jenen Vorsatz, an der Zweistaatlichkeit als gegebener historischer Größe festzuhalten, der zum Graben zwischen ihm und den Jüngeren wird.[74]

Am Nachmittag trifft er mit dem sowjetischen Generalkonsul in West-Berlin zusammen, um mit ihm die alle bewegende Frage zu besprechen, ob das DDR-Regime gegen die Demonstrationen in Leipzig, bei denen inzwischen Zehntausende auf die Straße gehen, mit Gewalt einschreiten wird. Kommt es etwa zu einem Leipziger Massaker wie das auf dem »Platz des Himmlischen Friedens«, das Egon Krenz in Peking gepriesen hat? Würden die Sowjets ein gewaltsames Vorgehen decken? Der Generalkonsul beruhigt und verweist auf Gorbatschows Willen, seine Truppen in den Kasernen zu halten und seine Panzer nicht einzusetzen. Daß ohne Unterstützung durch die »Freunde« Staatssicherheitsdienst und Volksarmee gegen die Demonstranten vorgehen werden, erscheint so gut wie ausgeschlossen. Aber besorgt ist der Kremlchef doch, und zwar wegen Berlin. Er läßt an diesem 10. November, dem Tag nach dem Mauerbruch, Brandt – wie auch Helmut Kohl – in gleichlautenden Schreiben seine Befürchtungen wissen, und Botschafter

Kwizinsky gibt sie mündlich weiter: »In Anbetracht der faktischen Offenheit für Massenbewegungen von Menschen in beide Richtungen [nach Öffnung der Mauer] besteht eine natürliche Gefahr, daß sich eine chaotische Situation mit unvorstellbaren Folgen ergeben könnte.« Gorbatschow bittet Brandt deshalb, seinen guten Willen und seine Autorität einzusetzen, »um jeglichen unerwünschten oder dramatischen Wendungen« vorzubeugen.

Brandt, den dieser Appell aus Moskau aus technischen Gründen erst Stunden nach der Kundgebung vor dem Schöneberger Rathaus erreicht, die Gorbatschow offenbar im Auge hatte, beruhigt den ersten Mann der Sowjetunion am nächsten Tag: Die »von Ihnen befürchteten Verwicklungen« seien nicht eingetreten, statt dessen habe er in beiden Teilen Berlins nur »fröhliche, menschlich bewegende Reaktionen von Hunderttausenden auf die Möglichkeit zu einem freien Verkehr in beiden Teilen der Stadt« erlebt. Er versichert, daß er aufmerksam die neuen Akzente registriere, wie sie von der veränderten DDR-Führung gesetzt würden, läßt jedoch keinen Zweifel, daß diese aus seiner Sicht nicht ausreichen, um der Lage Herr zu werden. Deshalb mahnt er weitergehende Schritte an. Der Dialog der SED-Führung mit den anderen gesellschaftlichen Gruppen, also den Bürgerrechtlern und den neugegründeten Parteien, dürfe nicht lange auf sich warten lassen. Und er schreibt in aller Offenheit: »Freie Wahlen werden folgen müssen.«[75]

Am Abend zuvor ist er im evangelischen Hospiz Albrechtshof in Ostberlin noch mit der Führung der Sozialdemokratischen Partei der DDR zusammengetroffen – einer Gründung von wenigen mutigen jungen DDR-Bürgern, meist aus dem Bereich der Kirche, die von der Bonner SPD bis dahin ziemlich auf Distanz gehalten wurde. Die jungen DDR-Sozialdemokraten hatten in einem Brief an Willy Brandt gebeten, Mitglied der Sozialistischen Internationale zu werden, aber der SI-Präsident war anfangs unschlüssig, ob er ihr Vorhaben unterstützen und die privilegierten Kontakte zwischen SPD und SED gefährden sollte – noch schienen ja, bei allem Zwang zu Veränderung und Reformen, diese aus der Sicht etwa Egon Bahrs nur mit der herrschenden Partei durchsetzbar.

Bei seiner Reise nach Moskau, wo er am 16. Oktober den Ehrendoktorhut der Lomonossow-Universität in Empfang nimmt, wird diese innere Unsicherheit, wie er mit der SDP der DDR umgehen solle, in dem Gespräch deutlich, das Brandt anderntags mit Gorbatschow führt. Da informierte er den Kremlchef über die Gründung der SDP und hob ausdrücklich hervor, daß sie nicht als Anhängsel der SPD zu betrachten sei. Wollte er Gorbatschow versichern, daß die westdeutsche Sozialdemokratie keine subversive Aktion gegen die Machthaber in der DDR, keinen Destabilisierungsversuch im Herrschaftsbereich der Bruderpartei der KPdSU, unternommen habe? Jedenfalls betonte Brandt, daß er nicht seine eigenen deutschen, sondern erst einmal schwedische Genossen bitten werde, Kontakt zu der jungen sozialdemokratischen Partei in Ostdeutschland aufzunehmen. In der Gründung selbst, so der SI-Präsident zum Kremlchef, sehe er kein großes Problem und erwähnt sie, einem deutschen Gesprächsprotokoll zufolge, vor allem »der Offenheit halber«.[76] Ein sowjetischer Bericht bestätigt den Gesprächsverlauf in groben Zügen, allerdings mit einem Unterschied: Nach dem sowjetischen Protokoll soll Brandt gegenüber Gorbatschow gesagt haben, er wisse nicht, was er mit dem Aufnahmegesuch der Ostdeutschen in die SI tun solle. Dieser habe ihm daraufhin geraten, noch etwas zu warten, »um die laufenden Prozesse nicht zu stören«.[77]

Daß sich die SPD anfangs einigermaßen schwertat mit der überraschenden, von ihr nicht initiierten Gründung der DDR-SDP in Schwante, ist wahrlich kein Geheimnis, aber es wird durch die Protokolle der Moskauer Gespräche vom 17. Oktober anschaulich illustriert. Nach der Begegnung im Albrechtshof am Abend des 10. November verdichten sich zwar die Kontakte zwischen SPD-West und SDP-Ost, aber die formelle Anerkennung der ostdeutschen Sozialdemokraten als »Schwesterpartei« erfolgt erst in der Bonner Parteivorstandssitzung vom 17. Dezember 1989. Im Januar tauft sich die SDP Ostdeutschlands dann in SPD um, im Februar ernennt sie Willy Brandt auf ihrem Parteitag in Leipzig ebenfalls zum Ehrenvorsitzenden.

Die Summe seiner Berliner Erfahrungen und Gespräche in diesen anderthalb Tagen nach der Öffnung der Mauer zieht Brandt am 11. November, als in Bonn der Parteivorstand zusammentritt und auch der Ehrenvorsitzende teilnimmt – was inzwischen eher die Ausnahme denn die Regel ist. Es komme jetzt entscheidend darauf an, beschwört Brandt seine Genossen, »daß sich unsere Partei in der Frage der nationalen Einheit nicht verheddere, zumal in Zeiten nicht, wo sich die Menschen in Deutschland überall vereinten«.[78] Doch die Partei verheddert sich, allen seinen Mahnungen zum Trotz, sie findet »in der Phase des schrittweisen Zusammenbruchs des SED-Systems zu keiner klaren Linie«, wie Heinrich Potthoff kritisiert.[79] Der Ehrenvorsitzende reist durch die DDR, wird von Zehntausenden umjubelt und bald mit dem Ruf »Einig Vaterland« gefeiert – ob in Eisenach oder Gotha, Erfurt oder Dresden. Nicht zufällig steht am Anfang seiner DDR-Besuche Rostock, wo er am 6. Dezember 1989, von Pastor Joachim Gauck begrüßt, zu 40 000 Menschen vor der Marienkirche spricht. Im Unterschied zu seinen »Enkeln« hat er eine Beziehung zu diesem Land, nicht nur aus seiner Berliner Zeit. Beinahe sentimental bekennt er, daß er eigentlich einer von ihnen sei: Seine Mutter komme aus Klütz in Mecklenburg, und von Lübeck aus habe er als Jugendlicher Rostock und Schwerin, Malchin und Güstrow kennengelernt – aber es sei eben 53 Jahre her, daß er das letzte Mal den Fuß auf Rostocker Boden gesetzt habe.

Seine Vorstellungen, wie die Deutschen aus beiden Staaten wieder zusammenfinden könnten, sind noch vage – aber das ist der Begriff Vertragsgemeinschaft, den der neu gewählte DDR-Ministerpräsident gerade in die Debatte geworfen hat, ebenfalls, und selbst Helmut Kohls 10-Punkte-Plan, seine Antwort auf Modrow, läßt viele Fragen offen, auch wenn an dessen Ende die vage Möglichkeit der Einheit in Form eines Bundesstaates in einem freien Europa steht. Keiner, sagt Willy Brandt in Rostock, wisse genau, »unter welchem Dach wir Deutschen uns zusammenfinden«. Aber daß es geschehen wird, daran läßt er nicht den geringsten Zweifel: Ihm schwebe eine »neue Art deutscher Bund vor«, und nachdrücklich plädiert er für eine Währungsunion, die schon im nächsten Jahr kommen müsse.[80]

Ende Januar, bei der Wiederbegründung des SPD-Landesverbands Thüringen in Gotha, wird er schon konkreter: Er könne sich keinen deutschen Gesamtstaat vorstellen, der gleichzeitig zwei internationalen Militärbündnissen angehöre, also der NATO und dem Warschauer Pakt, aber daß – »zwischenzeitlich«, folglich nur vorübergehend – zwei deutsche Staaten Mitglieder der europäischen Wirtschaftsgemeinschaft seien, hält er für durchaus realistisch. Er spricht im historischen »Tivoli«, wo sich 1875 einst

Lassalles Allgemeiner Deutscher Arbeiterverein und Bebels Sozialdemokratische Arbeiterpartei vereinigten. Die Einheit von unten, sagt er, die Einheit als »Sache des Herzens, der Hoffnung und des Wollens« sei längst vollzogen – nun komme es darauf an, die (Modrowsche) »Worthülse von der Vertragsgemeinschaft mit Inhalt« zu füllen.

Wenn er auf Tempo drängt und an die Regierungen in Bonn wie Ostberlin appelliert: »Macht endlich Nägel mit Köpfen«, dann gefällt das den Menschen in der DDR, die einer ungewissen Zukunft entgegensehen. Brandt sorge sich, notiert ein Berichterstatter der *Stuttgarter Nachrichten*, daß »die DDR doch noch ins Chaos versinken könnte«.[81] Seine Rede in Gotha schließt er, wie die meisten in der DDR, mit den Lincoln-Worten, daß ein in sich gespaltenes Haus keinen Bestand habe: »A house divided in itself cannot stand.« Ganz offensichtlich genießt der inzwischen 76jährige die späte Willy-Euphorie, schöpft ungeahnte Kräfte aus ihr und wird zum besten Zugpferd der Ost-SPD. Allein in Eisenach entschließen sich nach seinem Auftritt spontan 2000 Menschen, in die ostdeutsche SPD einzutreten.

»Weil den Menschen in der DDR ein Lech Walesa oder ein Václav Havel fehlt«, so der Kommentar eines Beobachters, »haben sich viele Willy Brandt als Leitfigur, Hoffnungsträger und Übervater ausgesucht.«[82] Anfang März läßt er seine Reise nach Erfurt 1970 re-inszenieren: An einen fahrplanmäßigen D-Zug von Frankfurt nach Dresden wird derselbe Salonwagen angehängt, in dem er zu jener Begegnung mit Willi Stoph gefahren ist, welche den Anfang seiner Ost- und Deutschlandpolitik markiert. Selbst der Schlafwagenschaffner von damals ist mit von der Partie, und natürlich übernachtet er in demselben Erkerzimmer im Erfurter Hof, in dem er 1970 ans Fenster trat, um die Willy-Willy-Rufe zu beschwichtigen. Das Bild ging damals um die Welt, statt seiner dämpfenden Geste 1970 kann er den Erfurtern 1990 endlich fröhlich und aufmunternd zuwinken. Eine nostalgische Anwandlung oder eine wohlkalkulierte *public relations*-Aktion? Zweifellos letzteres, denn er nutzt die Gelegenheit am 3. März 1990 in der thüringischen Hauptstadt, um darauf hinzuweisen, daß seine Ostpolitik geholfen habe, »die nationale Substanz zu erhalten, ohne die die Politik der Einheit keinen Boden hätte«. 20 Jahre nach seiner Begegnung mit

Willi Stoph sei der Zug zur deutschen Einheit endlich im Rollen, so Brandt, jetzt komme es darauf an, daß keiner unter die Räder komme.[83]

Wie seine Vorstellung von einem geeinten Deutschland nach und nach Gestalt gewonnen hat, ist an seinen Reden abzulesen: Ende April, in Dresden, lehnt er nicht nur, wie schon vor Monaten in Rostock, die Zugehörigkeit zu zwei Bündnissystemen, sondern auch die Neutralisierung eines künftigen Gesamtdeutschland ab. »Wie käme die Bundesrepublik dazu, ihre Zugehörigkeit zur NATO aufzukündigen«, fragt er da und betont: »Auch bei weitreichender Anpassung an die Weltlage steht die Verklammerung mit den USA nicht zur Disposition.« Nimmt er hier die Zugehörigkeit des ganzen Deutschland zur NATO vorweg, oder hat er jenen Plan im Sinn, den Hans-Dietrich Genscher in Tutzing entwickelt: daß zwar das geeinte Deutschland Mitglied der NATO werde, NATO-Truppen aber auf dem Territorium der ehemaligen DDR nicht stationiert würden und damit jener Teil Deutschlands, der einst zum Warschauer Pakt gehörte, einen Sonderstatus erhielte?

Eine Tagung der Evangelischen Akademie Ende Januar in Tutzing liefert den Schlüssel für jeden, der wissen will, wie Willy Brandt Anfang 1990 über die deutsche Einheit denkt. »Man könnte salopp sagen, die Sache ist gelaufen, die von Deutschland handelt«, sagt er da – jetzt gehe es nur noch um Modalitäten. Seine Rede ist zum Teil als Antwort auf die vorausgegangenen Beiträge von Skeptikern und Bedenkenträgern gegen einen raschen Vollzug der Währungsunion und der Einheit zu verstehen. Nicht ohne Ironie erteilt er Anhängern des Dritten Weges eine Absage. Wer noch von ihm träume, sagt er an die Adresse der Grünen und mancher DDR-Bürgerrechtler gerichtet, müsse erkennen, daß die DDR gegenwärtig »nicht die Option hat, ein schwedischer Wohlfahrtsstaat zu werden, womöglich mit jugoslawischer Selbstverwaltung und ökologischem Weltspitzenniveau«. Bewußt macht er Front gegen jene, die behaupten, die Ostdeutschen riefen zwar nach Einheit, meinten aber Wohlstand: Was daran eigentlich Schlechtes sei, wenn die anderen Deutschen auch einen besseren Lebensstandard erstrebten, fragt er. Und gegen jene gewendet, die stets vor der Gefahr des Überrollens der DDR durch den Westen warnen, ruft er aus: »Wenn ich in die DDR komme, habe ich ... nicht den Eindruck, irgend jemanden zu überrollen. Im Gegenteil, bin *ich* in der Gefahr, überrollt zu werden, und man muß aufpassen, die eigenen Gedanken und Gefühle zu zügeln.« (Hervorhebung vom Verfasser)

Und schließlich plädiert er, der die Einheit von unten durch die Bürger praktisch längst vollzogen sieht, für entschieden mehr deutsches Selbstbewußtsein. Hätten die Deutschen etwa auf Europa zu warten? Nein, »sie müssen ihre Einheit selbst voranbringen«, aber gleichzeitig müsse die Bundesrepublik an der Weiterentwicklung der europäischen Gemeinschaft aktiv mitarbeiten. Sein Petitum: »Man darf Europa nicht proklamieren, um die Deutschen hinzuhalten.« Zwar bestreitet er die Rechte der ehemaligen Siegermächte für Deutschland als Ganzes nicht, doch setzt er zumindest bei zwei von ihnen Fragezeichen: Frankreich und Großbritannien seien mittlerweile enge Partner der Bundesrepublik, sowohl im Bündnis wie in der Europäischen Wirtschaftsgemeinschaft – sind ihre Rechte da wirklich noch zeitgemäß? Indirekt warnt er Paris und London, den Einheitsprozeß aufzuhalten oder zu verzögern: Es gebe nicht nur Verträge, die deutsche Rechte einengen, sondern auch solche, »durch die andere den Deutschen etwas in Aussicht gestellt haben« – gemeint ist die Zusicherung der Westalliierten im Deutschlandvertrag, das Streben der Deutschen nach Wiedervereinigung zu unterstützen.[84]

Auf dem Berliner Parteitag wird er dann deutlicher, zielt auf Mitterrand und Mrs. Thatcher, wenn er von »einigen Staatsmännern oder Staatsfrauen« spricht, die sich schwertäten einzulösen, wozu ihre Vorgänger sich auf geduldigem Papier bekannt hätten. In der Debatte über den Vertrag über die Währungs-, Wirtschafts- und Sozialunion definiert er den im Entstehen begriffenen Staat der Einheit nicht als traditionellen Nationalstaat, sondern als Bundesstaat, »der aus freiem Willen eingefügt ist in die Europäische Gemeinschaft«: Es bleibe bei der alten Bundesrepublik, die quantitativ etwas größer werde, aber ihre Qualität und ihren Charakter nicht ändere – und selbstverständlich auch den Namen nicht. Im übrigen schließt er sich dem Vorschlag des Ostberliner Konsistorialpräsidenten Manfred Stolpe an: Die Vernunft spreche dafür, vom Grundgesetz als gesamtdeutscher Verfassung auszugehen, weil es sich bewährt habe, nur müsse es angepaßt werden. Die Chance einer Weiterentwicklung solle man sich nicht entgehen lassen. Aber als Demokrat, der »die demokratische Legitimierung einer freien Verfassung durch ein freies Volk« wünscht, verlangt er eine Volksabstimmung über ein ergänztes Grundgesetz, damit der Schönheitsfehler des Jahres 1949 – die Genehmigung durch die drei westlichen Hochkommissare – endlich beseitigt werde.[85]

Es liegt auf der Hand, daß ein Ehrenvorsitzender Willy Brandt, der sich so vehement für die deutsche Einheit engagiert, in Konflikt geraten muß mit Enkeln, die postnational denken, keine Beziehung zum einem deutschen Nationalstaat haben und den Einigungsprozeß eher als Belastung empfinden. Als Hans Ulrich Klose und Johannes Rau, die eher Brandts Linie steuern, in der Parteivorstandssitzung am 6. November 1989, drei Tage vor der Öffnung der Mauer, die Sorge ansprechen, der Sozialdemokratie könne der Begriff der deutschen Einheit verloren gehen, ernten sie lebhaften Widerspruch. Vor allem Kloses These, die Einheit Deutschlands sei besser als das Fortschreiben des gegenwärtigen Zustands, stößt auf Widerstand: Björn Engholm, Gerhard Schröder, Oskar Lafontaine und Herta Däubler-Gmelin beharren auf der offiziellen Linie, das vereinigte Deutschland sei erst am Ende der Einigung Europas denkbar. An dieser Reihenfolge, so Gerhard Schröder, sei nicht zu rütteln – auch in einer »denkbaren nationalen Aufwallung« dürfe es keine Abweichung geben, die Einheit Deutschlands sei im Rahmen des europäischen Einigungsprozesses zu belassen.

Oskar Lafontaine sekundiert ihm: Die Wiederherstellung eines Nationalstaates könne nicht das Ziel einer SPD sein, die stets internationalistisch gedacht habe.[86] Ende November fordert Lafontaine im Vorstand sogar, Bürger aus der DDR nicht mehr im Sinne des Grundgesetzes zu behandeln: Da es nicht angehe, daß jeder Übersiedler sofort die westdeutschen sozialen Sicherungssysteme in Anspruch nehme, schlägt er vor, bis zur Verwirklichung der Einheit »für eine bestimmte Zeit zwei Staatsbürgerschaften vorzusehen«. Ziel der SPD müsse sein, die »Leistungsträger« zu ermutigen, in der DDR zu bleiben, statt nach Westdeutschland abzuwandern. Es ist Herta Däubler-Gmelin, die das Durcheinander auf der Führungsebene der SPD treffend beschreibt: Der einzige Konsens, den die SPD in der Deutschlandpolitik hat, ist die Tatsache der Uneinigkeit.[87]

Kein Geringerer als der Vorsitzende Vogel klagt, die Lafontaine-Interviews erweckten den Eindruck, es gehe ihm nicht um Deutschland und Europa, sondern für ihn sei das Hauptthema die Belastungen, die durch den Prozeß der Einheit in der Bundesrepublik entstünden. Lafontaine wehrt sich mit der fragwürdigen These, die Nation sei ein Kampfbegriff des Bürgertums, und sozialdemokratische Politik sei nur auf dem Boden des Internationalismus der Arbeiterbewegung zu formulieren.[88] Das Prinzip der Selbstbestimmung spielt für ihn offensichtlich keine Rolle. Ausweislich der Protokolle zieht sich der Konflikt bis tief in den Februar 1990 hin, als Hans-Jochen Vogel, auch wenn er die Aushandlung eines Vertrags zwischen Bonn und Ostberlin befürwortet, die Möglichkeit darlegt, die Einheit könne durch den Beitritt der DDR nach Artikel 23 des Grundgesetzes hergestellt werden. Da erklärt selbst Gerhard Schröder, die Zeit für eine Konföderation sei vorbei, jetzt müsse man sich auf die staatliche Einheit einstellen.

Welche Illusionen einige Angehörige der Enkelgeneration mit dieser Einsicht begraben müssen, geht aus einer Äußerung von Heide Wieczorek-Zeul hervor: »Es dürfe nicht zu einem einfachen Anschluß der DDR kommen, denn auch unser Grundgesetz sei veränderungsbedürftig. Für sie sei es undenkbar, daß einmal in den Geschichtsbüchern stehen könne, als Ergebnis der Revolution in der DDR habe die NATO obsiegt und Amerika seine Vormachtstellung in Europa ausgebaut. Ein solches Ergebnis widerspreche den tiefsten Grundüberzeugungen ihrer Politik. Solchen möglichen Ergebnissen werde sie sich mit ganzer Kraft widersetzen.«[89]

Die ganze »innere Unsicherheit« der westdeutschen Sozialdemokratie wird auf dem Programmparteitag in Berlin deutlich, der Oskar Lafontaine feiert, aber Willy Brandts ganz auf »die deutsche Einheit und Nation gestimmter Rede fast ebenso stürmisch applaudiert«.[90] Da ist einerseits der Napoleon von der Saar, der neue Liebling der Partei und künftige Kanzlerkandidat, der sich ganz dem ökologischen Umbau der Industriegesellschaft und einem Mehr an sozialer Gerechtigkeit verschrieben hat. Die deutsche Frage scheint für ihn schlicht auf Materielles, auf das Eingemachte zu schrumpfen – hier wie dort: Mehr Übersiedler aus der DDR, so die Logik des Saarländers, gefährden im Osten ganze Versorgungssysteme, so daß die soziale Not dort steigt; und weil diese Neuankömmlinge in der Bundesrepublik zugleich Arbeitslosigkeit und Wohnungsnot erhöhen und die Leistungsfähigkeit seiner Versicherungssysteme gefährden, hat der Westen nicht minder schwere soziale Lasten zu schultern und gerät schließlich selbst in Not.

Messerscharf kalkuliert Lafontaine, mit Blick auf die Wahlen gibt er sich als Verteidiger des Wohlstands auch des kleinen Mannes in der Bundesrepublik, aber er verkleidet diese Absicht mit dem einigermaßen abenteuerlichen Hinweis auf die Tradition seiner Partei: Der Internationalismus der Arbeiterbewegung, so seine verquere Argumentation, gebietet in dieser Situation das vorrangige Eintreten für das »konkrete Wohlergehen der Menschen« hier wie dort. Also, folgert er, gehe es darum, »alle Gelder zusammenzunehmen, um den wirtschaftlichen Aufbau und die demokratische Erneuerung in der DDR zu unterstützen«. Motto: Hilfe ja – aber Hilfe bitte in der DDR, die nach dieser Hypothese lange weiter existieren und unterstützt werden müßte. Die entscheidende Frage, ob die DDR-Bevölkerung, wenn sie demnächst frei entscheiden kann, überhaupt einen eigenen Staat beibehalten will, scheint er nicht zur Kenntnis zu nehmen.

Und da ist auf der anderen Seite der Ehrenvorsitzende Willy Brandt, der die Forderung der Ostdeutschen nach Verwirklichung ihres Selbstbestimmungsrechts ernst nimmt und ausdrücklich sagt, nirgendwo stehe geschrieben, »daß sie, die Deutschen, auf einem Abstellgleis zu verharren haben, bis irgendwann ein gesamteuropäischer Zug den Bahnhof erreicht hat«. Die Hauptverbündeten warnt er, die Deutschen »diplomatischen Finessen« auszusetzen. Gemeint sind feingesponnene juristische Hindernisse etwa von Briten oder Franzosen auf dem Weg zur Einheit, die nach Brandts Überzeugung nur »geeignet wären, die deutsche Szene mit nationalistischen Reaktionen zu belasten«.[91] »Ich war Dir wohl zu national?« fragt Brandt nach seinem großen Auftritt seinen einstigen Lieblingsenkel auf dem Podium in Berlin. Und der sagt einfach: »Ja«.

Auf dem Wahlparteitag Ende August 1990 wird er sich dann über dieses Übersoll an Geschichte lustig machen, das durch die Reden und Erklärungen der Einheitsbefürworter »wabert« und indirekt auch Willy Brandt apostrophieren: »Vor lauter Historie wußten wir gar nicht mehr, was der Alltag war. Und dann stolperten wir von einem Moment der Geschichte in eine geschichtliche Stunde; wir blickten über den Tellerrand der Geschichte, wir erhaschten den Zipfel der Geschichte, der Zug der Deutschen fuhr durch den Bahnhof der Geschichte. Es war soviel von Geschichte die Rede, daß ich leidenschaftlich dafür plädiere, sich endlich der Zukunft und dem Alltag zuzuwenden.« Das klingt amüsant, und der kritische Grundtenor mag ja zum Teil berechtigt sein. Wer die damalige Situation bedenkt, für den kann allerdings nicht zweifelhaft sein, daß sich den Deutschen eine wahrhaft historische Chance bot – und daß der Sozialdemokrat Oskar Lafontaine vor dieser Herausforderung kläglich versagte.

Die Kluft zwischen beiden wird tiefer, weil der gegenüber der staatlichen Einheit betont skeptische Kurs Lafontaines für das schlechte Abschneiden der Ost-SPD bei den ersten freien Volkskammerwahlen am 18. März 1990 zweifellos mitverantwortlich ist. Daß die ostdeutschen Sozialdemokraten in den ursprünglichen Kernlanden der Sozialdemokratie nicht einmal 22 Prozent aller Stimmen erringen konnten, trifft Brandt schwer. Offenbar hat er die Welle der Sympathie und Zuneigung, die er als Person erfuhr, diese Woge von Willy-Willy-Begeisterung, die er in vollen Zügen genoß, mit Zustimmung zur Partei und ihrem Programm verwechselt. Dabei ist das schlechte Wahlergebnis keineswegs allein durch Lafontaine verursacht, auch die Tatsache, daß der Sozialismusbegriff in der DDR nach einem halben Jahrhundert SED-Wirtschaft in Mißkredit geriet, hat eine Rolle gespielt. Fast kommt es zum Bruch zwischen Ehrenvorsitzendem und Kandidat, als Lafontaine von der Bundestagsfraktion verlangt, sie solle im Bundestag den Vertrag über die Wirtschafts-, Währungs-, Sozial- und Umweltunion ablehnen. Da greift der alte Willy Brandt, nun bald schon Parteipatriarch, zum Filzstift, schreibt einen drei Seiten langen Brief an den Enkel und setzt ihm auseinander, daß er dessen Wegweisung für die Schlußrunde in Bundestag und Bundesrat nicht akzeptieren könne – er jedenfalls werde als Abgeordneter nicht gegen den Staatsvertrag stimmen.[92]

Nach dem Willen des Kanzlerkandidaten soll die Ablehnung dem Wähler demonstrieren, daß er die Währungsunion für verfrüht und den Umtauschkurs für falsch hält, ein Votum, das für ihn unerläßlich ist, um die verfehlte Wirtschaftspolitik der Bundesregierung Kohl in der Einigungsfrage zu attackieren. Sein taktischer Vorschlag allerdings, einerseits im Bundestag ostentativ nein zu sagen, andererseits die Verträge im Bundesrat zwar neu zu verhandeln, aber letztlich passieren zu lassen, um den Zug zur Einheit doch nicht aufzuhalten, fordert der Partei einen unmöglichen Spagat ab. Er gilt mit Recht als Schlaumeierei und macht die Haltung der SPD zur Einheit vollends unglaubwürdig. Daß Brandt in seinem Alter nicht mehr die Absicht hat, sich zu verstellen und einer Parteimehrheit zu beugen, macht er in einem *Spiegel*-Gespräch überdeutlich. Auf die Differenzen zu Lafontaine angesprochen, sagt er: »Ich spiele keine von irgend jemandem mir zugedachte Rolle, sondern ich sage in dieser Phase der Entwicklung und meines eigenen Lebens das, was ich für richtig halte, egal, ob es in ein Parteikonzept paßt oder nicht.«[93]

Ob es Willy Brandt insgeheim Genugtuung bereitet, wenn damals Spekulationen aufkommen, nicht Lafontaine, sondern er sei der bessere Kanzlerkandidat für die Bundestagswahl? Die Überlegung macht bei führenden Genossen die Runde, zumal Lafontaine selbst nach dem Attentat vom April 1990 die Kanzlerkandidatur zurückgeben will. Körperlich und seelisch schwer angeschlagen, sieht er, daß die Partei ihm in der für ihn entscheidenden Frage der deutsch-deutschen Wirtschaft die Gefolgschaft verweigert. Der Saarländer persönlich sucht Brandt zu überzeugen: Weil dieser bei den Ostdeutschen in besonders hohem Ansehen stehe, sei allein er der Mann, der die SPD in dieser schwierigen Situation in die Wahlschlacht führen könne. Auch wenn es nie zu einer formellen Offerte an Brandt kommt, findet dieser den bloßen Gedanken doch schmeichelhaft. Ganz zum alten Eisen zählt er doch noch nicht. Es sei schön, bekennt er im *Spiegel*, »erleben zu können, daß man in der Abendsonne mehr aufgescheucht wird als man es sich eigentlich vorgestellt hatte«.[94]

Aber kühles Kalkül gebietet, der Versuchung zu widerstehen. Zu deutlich zeichnet sich ab, daß gegen diesen Helmut Kohl, der so zielstrebig auf die deutsche Einheit zumarschiert und dem Hunderttausende DDR-Bürger auf seinen Versammlungen in Erfurt, Dresden und Leipzig zujubeln, in diesem Wahljahr kein sozialdemokratisches Kraut gewachsen ist – selbst ein Willy Brandt hätte das Blatt, obendrein mit einer innerlich gespaltenen Partei, nicht wenden können. Die sichere Niederlage vor Augen, weigern sich nicht nur Brandt, sondern auch Hans-Jochen Vogel und die anderen Enkel, an die Stelle Lafontaines zu treten. Vogel rechtfertigt dies in seinen Memoiren mit dem Argument, Lafontaine sei der Liebling der Partei gewesen, seine Anhänger hätten seinen Rücktritt von der Kanzlerkandidatur nicht kampflos hingenommen und die Partei in eine schwere Krise gestürzt. Das könnte so gekommen sein. Aber die Bestätigung des Kanzlerkandidaten Lafontaine führt dazu, daß auch dieser in einen Wahlkampf ziehen muß, bei dem ihm ein Teil der eigenen Truppen die Gefolgschaft versagt und so, wie der Kandidat argumentiert, aus tiefster innerer Überzeugung auch versagen muß.

In den Wochen und Monaten vor dem Wahltag nimmt die Entfremdung zwischen Lafontaine und Willy Brandt zu. Daß der Ehrenvorsitzende als Freund der Einheit in einer ARD-Fernsehsendung gemeinsam mit Kohl auftritt und dessen Grundthese von den blühenden Landschaften nicht widerspricht, beschleunigt den Abnabelungsprozeß des Saarländers vom Übervater der deutschen Sozialdemokratie. Muß der Spitzenkandidat es nicht als Dolchstoß in den Rücken empfinden, wenn Brandt da behauptet, in einem halben Jahrzehnt werde »ein wesentlicher Teil der heutigen DDR das modernere Deutschland sein«[95]? Als das Parteipräsidium am 3. Dezember 1990 über das Wahlergebnis diskutiert – mit 35,5 Prozent lag Lafontaine 1,2 Prozentpunkte unter dem Ergebnis, das Willy Brandt 1961 erzielte, und die SPD nähert sich bedenklich dem roten Turm der Ollenhauer-Zeit –, nimmt Willy Brandt kein Blatt vor den Mund. Was er vorträgt, ist nicht nur eine scharfe Abrechnung mit dem verfehlten Kurs des Spitzenkandidaten, vor allem gibt er sich erstaunt, daß bei den Enkeln offenbar in Vergessenheit geraten ist, wie konsequent die Sozialdemokratische Partei unter ihm und seinen Vorgängern Ollenhauer und Schumacher für die Sache der Deutschen eintrat, für die Nation gestritten hat, ja, daß sie die Partei der deutschen Einheit gewesen ist.

Warum, fragt Brandt, hat seine Partei nicht auf ihr Erstgeburtsrecht in der Sache nationaler Einheit durch Selbstbestimmung gepocht? Warum hat sie nicht, wie in früheren Jahren, deutlicher den Zusammenhang zwischen deutscher und europäischer Einheit betont? »Mir liegt«, sagt er an die Adresse von Oskar Lafontaine gerichtet, »an der Klarstellung, daß ich mich nicht taktisch, sondern grundsätzlich äußerte, wenn ich darum bat, das gesamtnationale Thema nicht an der eigenen Partei vorbeiziehen zu lassen.« Und dann rät er, bei der »Vermittlung unserer politischen Inhalte« wieder mehr darauf zu achten, daß Warnung und Hoffnung in einem menschengerechten Verhältnis zueinander stehen. Gewiß sei es richtig gewesen, die Risiken des Einigungsprozesses zu benennen und zu fordern, daß die Kosten einigermaßen gerecht aufgebracht werden. »Doch mehrheitliches Vertrauen«, erklärt der Ehrenvorsitzende, »ist nicht zu gewinnen, wenn der Eindruck entsteht, man sehe in der Einheit und Freiheit eher eine Bürde denn eine Chance, die nicht Aussicht auf eine lohnende und gesicherte Zukunft vermittelt ...«[96] Wenn Norbert Gansel, der eher Brandts Meinung teilt als die des gescheiterten Spitzenkandidaten, dies als »bittere und verletzende Abkanzelung« Lafontaines empfindet und plötzlich eine Schärfe entdeckt, die in Willy Brandts Äußerungen sonst nie zu spüren war, zeigt dies nur, wie sehr dieser Wahlausgang, wie sehr vor allem das Versagen der jüngeren Führungsmannschaft seiner Partei vor der nationalen Frage den früheren Regierenden Bürgermeister von Berlin getroffen haben müssen.[97]

Auch in der Hauptstadtdiskussion, jenem Nachhutgefecht zur deutschen Einheit, das aus heutiger Sicht wie eine gespenstische Farce wirkt, wird der alte Brandt zum Mahner, der den Jüngeren die Verpflichtungen und Versprechungen von Jahrzehnten in Erinnerung ruft. Bis zum November 1989 habe man erklärt, wenn die Teilung Deutschlands zu Ende sei, »gehen wir nicht zurück in das unangenehm preußische, aber in das Berlin, das gelitten und dann auch für die Freiheit gekämpft hat«, redet er den jüngeren Genossen auf dem Parteitag in Bremen im Mai 1991 ins Gewissen. »Jetzt darf doch wohl nicht übrigbleiben, das sei alles nur in der halbwegs sicheren Annahme erklärt worden, es werde nie dazu kommen.« Doch mit der denkbar knappen Mehrheit von 203 gegen 202 Stimmen entscheiden sich die Delegierten für Bonn und gegen Berlin, und selbst in der historischen Abstimmung im Bundestag votiert die Mehrheit der sozialdemokratischen Abgeordneten für Bonn. In Frankreich, sagt Brandt in seinem Plädoyer für Berlin vor dem Parlament, »wäre übrigens niemand auf die Idee gekommen, im relativ idyllischen Vichy zu bleiben, als fremde Gewalt der Rückkehr in die Hauptstadt an die Seine nicht mehr im Wege stand«.[98]

Aber welcher seiner jüngeren Genossen hat noch Sinn für Geschichte? Und wenn ja, dann interpretieren sie Historie eher wie sein langjähriger Vertrauter und Bundesgeschäftsführer Peter Glotz: Bonn ist für ihn Symbol des deutschen Neuanfangs, es steht für den deutschen Föderalismus, ja selbst für die Vision eines europäischen Regionalismus, auch wenn er eigentlich wissen müßte, daß es dazu wenn überhaupt, dann noch sehr lange nicht kommen wird. Eine Stimme für Berlin, ruft er dem Bundeskanzler Kohl, einem Berlin-Anhänger, warnend zu, sei eine Stimme für das Europa der Vaterländer, das er nicht will. Und ein Berlin, das als Metropole auch noch über den Parlaments- und Regierungssitz verfügt, erzeugt für Glotz einen Sog, den er fürchtet wie der Teufel das Weihwasser, denn er werde Berlin so attraktiv und besitzergreifend machen wie London, Paris oder Rom. Er aber wolle kein deutsches Paris, »weil es die regionale Gewaltenteilung in unserem Land zerstören oder jedenfalls stören müßte …«[99] Nur mit den Stimmen der PDS wird die Hauptstadtfrage schließlich zugunsten Berlins entschieden. Wenn Glotz die Schwierigkeiten der alten und neuen Hauptstadt, ihren zutiefst maroden Zustand und ihre fatale Unfähigkeit zur Kenntnis nähme, den größten Teil der Berliner Kulturinstitutionen aus eigener Kraft zu finanzieren, müßte er wohl Abbitte leisten und zugeben, wie sehr man doch irren kann.

Ins Gewissen redet der alte Brandt, der sich als Linker seit seiner Jugend dem Prinzip der kollektiven Sicherheit verpflichtet weiß, den jüngeren Genossen auch, als es um die Beteiligung deutscher Truppen bei UNO-Einsätzen geht. Als die Parteilinke selbst deutsche Blauhelme verhindern will, erinnert er daran, daß es eine Tradition der deutschen Sozialdemokratie sei, für möglichst effiziente internationale Institutionen einzutreten – heißen sie nun Völkerbund oder Vereinte Nationen. »Humanitäre, konfliktausräumende, friedenswahrende Missionen im Auftrag der Vereinten Nationen«, sagt er auf dem Parteitag in Bremen, ließen sich – wenn man denn von kompetenter Seite darum gebeten werde – nicht ablehnen; Blauhelme seien eben mit Atomraketen nicht zu verwechseln. Eindringlich warnt er, vor der Verantwortung zu fliehen. Deutschland müsse seinen Beitrag leisten, denn die »europäische Entwicklung könnte uns, wenn es denn zur Politischen Union kommt, einholen«.[100]

Im Grunde geht es in dieser Debatte darum, ob die souverän und größer gewordene Bundesrepublik sich ihrer internationalen Verantwortung stellt oder abseits steht, und für einen Internationalisten wie Brandt ist die Entscheidung eindeutig. Neben Japan soll künftig auch Deutschland mehr weltpolitische Verantwortung tragen, sagt er dem *Spiegel*, Deutschland müsse darauf drängen, daß es »eine andere Art Vertretung im Sicherheitsrat gibt, bei allem Respekt vor unseren französischen und britischen Nachbarn«. Warum, fragt er, sollten die beiden ständigen Europasitze nicht rotieren? »Warum sollten wir nicht dabei sein? Ich halte dies für angemessen.«[101]

Was er da fordert, ist als klares Plädoyer gegen einen deutschen Sonderweg der Verweigerung zu verstehen, es läuft auf die künftige Beteiligung der Bundeswehr an UNO-Einsätzen hinaus, aber auch auf eine volle Beteiligung der Bundesrepublik an möglichen Operationen etwa einer Eingreiftruppe im Rahmen der Europäischen Union. Brandts Verständnis von Souveränität gebietet es der Bundesrepublik, Verantwortung zu übernehmen, weil sie sonst ein schlechter Partner wäre – auf europäischer wie auf internationaler Ebene. Mitsprache und Mitgestalten sind dem nicht möglich, der nichts zu bieten hat und nicht bereit ist, mitzutun. Bei der Mehrheit seiner Partei allerdings greift diese Erkenntnis nur sehr langsam um sich, die meisten Genossen pflegen weiter den »liebgewordenen Provinzialismus«, nach dem Bonn sich kleiner macht, als es ist.[102] Als die SPD-Fraktion im Bundestag die Entsendung eines deutschen Zerstörers in die Adria ablehnt, der als Teil eines Flottenverbands der NATO und der Westeuropäischen Union das Embargo der UNO gegen Serbien überwachen soll, stößt dies bei ihm auf Unverständnis. Erst als sich die Sozialdemokraten mit der Regierung Schröder ab 1998 endlich voll ihrer internationalen Verantwortung stellen, entspricht dies der Linie, die er vorgezeichnet hat.

Noch einmal gibt es einen großen internationalen Auftritt für den 77 Jahre alten Friedensnobelpreisträger: Es ist Krieg am Golf, Saddam Hussein hat Kuwait besetzt, und eine internationale Allianz marschiert auf, ihm das Öl-Scheichtum wieder zu entreißen. Die militärische und politische Koalition gegen Saddam steht unter amerikanischer Führung, aber hat den Segen der Vereinten Nationen, dessen Sicherheitsrat mit den Stimmen der Sowjetunion und Chinas den Diktator zur Räumung Kuwaits aufgefordert hat. Anfang November 1990 fliegt Brandt, diesmal als Handlungsreisender in Sachen Humanität, mit einem Airbus nach Bagdad, um den Diktator am Tigris zur Freigabe deutscher Geiseln zu bewegen. Saddam hat ja nicht nur zum Heiligen Krieg aufgerufen, sondern auch eine Ausreisesperre über alle Ausländer verhängt – eine Maßnahme, von der er sich fälschlich Schutz vor drohenden amerikanischen Luftschlägen verspricht. Freilich zögert die Bundesregierung, die Reise Brandts zu decken, auch wenn das Auswärtige Amt die Maschine der Lufthansa gechartert hat. Weil sie an der Militäraktion am Golf nicht beteiligt ist und deshalb unter internationalen Druck gerät, erklärt sie die humanitäre Aktion zur »reinen Privatsache«. Und weil sie den Vorwurf fürchten muß, sie schere aus der internationalen Solidarität aus, weist sie ihren Botschafter im Irak an, den Begegnungen Brandts mit irakischen Regierungsvertretern und mit Saddam Hussein demonstrativ fernzubleiben.

Drei Tage hält sich Brandt in Bagdad auf, spricht mit den Landsleuten in der deutschen Botschaft, trifft Außenminister Tarek Aziz, Vizepremier Ramadan und führt zwei längere Gespräche mit Saddam Hussein. Bei der ersten Begegnung versucht er Saddam klarzumachen, daß er sich durch das Festhalten von Ausländern nicht vor einem Krieg schützen könne und die Beibehaltung der Geiselhaft die Kriegsstimmung in den USA eher schüren werde. Am Ende gibt der Diktator 120 Geiseln frei – eine Nachricht, die Brandt als Enttäuschung empfinden muß. Einmal hatte er mit mehr gerechnet – immerhin verfügt der Airbus, mit dem er gekommen ist, über Platz für 300 Personen. Zudem wertet er die Form, in welcher ihn die Verantwortlichen in Bagdad die Entscheidung wissen lassen, als Demütigung: Er erfährt sie aus den Rundfunknachrichten. Brandt selbst, seine Delegation oder die Deutsche Botschaft in Kenntnis zu setzen, hat der absolute Herrscher über den Irak nicht für notwendig befunden. In einem zweiten Gespräch, auf dem Brandt dann besteht, gibt Saddam schließlich weitere 70 Menschen frei.

Am Ende dieser Reise halten sich Erfolg und Mißerfolg die Waage: Daß er mit 194 freigelassenen Geiseln aus Bagdad zurückfliegen kann – 136 Deutschen, dazu einigen Italienern, Niederländern, Briten, Kanadiern und sogar vier US-Amerikanern –, steht zweifellos auf der Habenseite. Viele von ihnen waren als sogenannte »lebende Schutzschilde« für Bohrtürme auf irakischen Ölfeldern und für andere kriegswichtige Ziele mißbraucht worden.[103] *Bild* titelt denn auch: »Danke, Willy!« Aber Willy Brandt wäre nicht Willy Brandt gewesen, hätte er nicht mehr versucht und mit Saddam Hussein auch Alternativen zum Krieg erörtert. Wie er später vor dem Bundestag berichtet, hat der Friedensvermittler Brandt eine Sicherheitsordnung am Golf nach Art der KSZE als Denkmodell ins Gespräch gebracht, doch Saddam war davon offenbar wenig beeindruckt und nicht geneigt, der Aufforderung des Sicherheitsrats Folge zu leisten, sich aus Kuwait zurückzuziehen. Als der Iraker dann im Dezember – die internationale Allianz ist gerade dabei, ihren Aufmarsch am Golf abzuschließen – bei Brandt anfragen läßt, ob dieser nicht einen zweiten Besuch in Bagdad machen wolle, läßt der Ehrenvorsitzende erst einmal seinen Freund Hans-Jürgen Wischnewski die Lage sondieren. Als der herausfindet, Saddam wolle sich in der Kuwait-Frage noch immer nicht bewegen, winkt er ab.

Als Mittler in der großen Politik, zumal in Nahost, ist Brandt zweifellos kein Erfolg beschieden, und am Ende seines politischen Lebens steht er noch einmal gegen die offizielle Politik der Vereinigten Staaten – wie schon in der Nachrüstungsfrage. Daß er die Besetzung Kuwaits und das Festhalten der Ausländer als schwere Verletzungen des Völkerrechts und der Menschenrechte wertet, daran läßt er nie den geringsten Zweifel, und doch ist er ein erklärter Gegner dieses Krieges. Von Hans Magnus Enzensbergers Vergleich Saddam Husseins mit Adolf Hitler hält er nichts, die Wiederherstellung eines feudalen Fürstentums ist ihm keinen Waffengang wert, der nach Prognosen amerikanischer Generäle verlustreich werden und lange dauern könnte, zumal Saddam mit dem Gedanken an den Einsatz seiner Chemiewaffen spielt. Aber klingt nicht utopisch, wenn er im Bundestag von einer friedlichen Lösung spricht, von einer arabischen Streitmacht, am besten unter UN-Ägide, welche nach dem Rückzug der irakischen Truppen das Öl-Scheichtum besetzen soll, damit »möglichst bald unter Beteiligung des Volkes die Legitimität und Integrität von Kuwait« neu begründet werden könne?[104] Wo in der arabischen Welt gibt es denn sonst, was er fordert – Legitimität unter Beteiligung des Volkes, sprich Demokratie? Und steht seine Haltung in der Kuwait-Frage nicht im Widerspruch zu der beschwörenden Mahnung, die er der Sozialistischen Internationale später von seinem Todeslager in Unkel zukommen läßt? »Vergeßt nicht: Wer Unrecht lange geschehen läßt, bahnt dem nächsten den Weg«?[105]

War er früher kein Menschenkenner, wird Willy Brandt es in seinen letzten Jahren mehr und mehr. An die Stelle des guten Menschen, an den der Jungsozialist einmal geglaubt hat, tritt der ambivalente Mensch, der zu allem fähig ist, zum Guten wie zum Bösen. Gelassenheit zeichnet Brandt aus, und er besitzt einen »weisen Überblick« über die Realität, wie Erhard Eppler das einmal nennt.[106] Sein Sinn für Ironie wächst – oft spricht er von seiner »Großmacht SPD« oder »meiner völkerbefreienden Sozialdemokratie«. Viele vermuten, daß er in seinen letzten Jahren zunehmend unter den Einfluß der nach rechts tendierenden Brigitte gerät – ihrer beider Interesse an der Geschichte der Arbeiterbewegung sei zu einer Art Ersatzerotik geworden, meint einmal Oskar Lafontaine.[107] Sicher ist Brigittes Handschrift in den »Erinnerungen« erkennbar, und wenn Brandt dieses letzte Buch ausgerechnet in Axel Springers Propyläen Verlag erscheinen läßt, mag das ihrem Einfluß zuzuschreiben sein. Viele Genossen verstehen dies nicht, weil sie die wütenden Angriffe der Springer-Presse gegen seine Ostpolitik weder vergessen noch vergeben wollen. Doch mit dem Verleger hatte er sich schon 1985 ausgesöhnt, als beide, Brandt und Springer, von Teddy Kollek in Jerusalem zusammengebracht wurden. Um diese Zeit sah Springer selbst längst ein, daß er mit den Attacken seiner Blätter auf den Kurs der Regierung Brandt in der Ost- und Deutschlandpolitik einen Fehler begangen hatte.[108]

Nein, dieser Willy Brandt bleibt sich treu, und wenn er von sich selbst sagt, er sei im Alter wieder mehr nach links gerückt, zeigt dies nur, daß er allen Versuchen einer konservativen Umwidmung vorbeugen will. Dafür spricht manche, auch liebevoll gemeinte ironische Distanzierung von Brigitte – etwa, wenn er einmal erklärt, rechts von seiner Frau sei nur noch die Wand[109], oder wenn er ein Telefonat zwischen Helmut Kohl und Brigitte lachend mit dem Satz kommentiert: »Reaktionäre unter sich.«[110] Journalisten gegenüber rückt er gelegentlich von Meinungen, die er in Gegenwart von Brigitte äußert, wieder ab und bittet, ihn nicht damit zu zitieren – ganz so habe er dies eben doch nicht gemeint.[111]

Wenn Willy Brandt in diesen Jahren nicht mehr jene böse, verleumderische, haßerfüllte Feindschaft entgegenschlägt, mit der ihn die Gegner in Politik und Presse in seinen Tagen als Kanzlerkandidat und Regierungschef verfolgten, hat dies natürlich viel mit zeitlicher Distanz zu tun. Abstand von der Tagespolitik erlaubt selbst Andersdenkenden die Anerkennung und Würdigung dessen, was er geleistet hat – andere erscheinen dann notwendig kleiner. Adenauer hat die Bundesrepublik mit dem Westen versöhnt und dort fest verankert, er hielt an dieser Politik unverrückbar fest, um die Verständigung mit dem Osten zu erreichen – aus beiden Teilen sei, so Richard von Weizsäcker in seiner Gedenkrede auf Brandt, dann ein »kaum noch umstrittenes Ganzes«, ein »kostbares Allgemeingut« geworden.[112] Es brauchte wohl etliche Jahre, bis auch Brandts Gegner begriffen haben, daß erst seine Ostpolitik die Bundesrepublik international voll handlungsfähig machte und zu einem politischen Faktor werden ließ, ohne den europäische Politik bald nicht mehr denkbar war. Spätestens auf dem Gipfel in Guadeloupe 1979 steht dieses nach Ost wie West handlungsfähige Bonn auch ohne Nuklearwaffen gleichauf mit den beiden westeuropäischen Sieger- und Partnerländern, und dies nicht nur wegen seiner Wirtschaftskraft.

Vielleicht kommt dem späten Willy Brandt auch zugute, daß manche seiner einstigen Gegner eine Wiedergutmachung leisten wollen. Seine Popularität beim Volk jedenfalls ist ungebrochen, seine Autorität wächst, obschon er – oder weil er? – kein Regierungsamt mehr inne hat. Es war wohl Johannes Gross, der das Wunder der Zuneigung auch früherer Gegner auf die Formel brachte: Adenauer wurde respektiert, Brandt aber haben die Deutschen geliebt – auch um seiner Schwächen willen, die ihn menschlich so nahe rückten.

Im Oktober 1991 wird bei Willy Brandt ein Darmkrebs diagnostiziert, der anschließend an der Universitätsklinik in Köln operiert wird. Der medizinische Eingriff verläuft ohne große Komplikationen, einige Monate scheint es, als ob der Krebs endgültig ausgeräumt sei und Metastasen nicht hinterlassen hätte. Zu denen, die ihn im Krankenhaus besuchen, gehört Norbert Gansel, der mit ihm an einer Front gegen die Verweigerungshaltung der Parteilinken in der Blauhelmfrage gekämpft hat. Er trifft einen nachdenklichen Willy Brandt, der auf seinem Krankenlager über die zeitgemäße Reform der Partei und ihres Äußeren nachsinnt. Wenn er hier rauskomme, sagt Brandt zu Gansel, werde er sich energisch um die Sozialistische Internationale kümmern. So etwas wie sie müsse es ja geben – aber ob es nicht doch besser ohne rote Fahnen ginge? Spürt er, der die Partei zweieinhalb Jahrzehnte geprägt hat und über ein hochentwickeltes Sensorium für Zeitgeist, Wandel und notwendige Veränderung verfügt, daß die alten Werte sich wieder einmal nur bewahren lassen, wenn man neue Formen dafür findet? Er spricht auch von der Hoffnung, die er 1989 hatte und die sich so recht nicht erfüllen will – daß nämlich die Sozialdemokraten des Ostens, gehärtet durch die Erfahrung des Widerstands gegen die Diktatur, die gute alte Tante SPD zum Positiven verändern könnten.[113]

Brandt wird im Herbst 1991 als gesund aus der Klinik entlassen, aber schon Mitte April 1992, auf einer Tagung des SI-Büros in Madrid, gibt er bekannt, daß er auf dem für den 15. September nach Berlin einberufenen Kongreß der Internationale nicht wieder kandidieren will. Nur zu bald nämlich zeigt sich, daß die optimistische Diagnose aus der Zeit nach der Operation trügerisch gewesen ist. Der Krebs meldet sich zurück, und diesmal kann kein Arzt mehr helfen: Als die Mediziner am 22. Mai in Köln zur zweiten Operation ansetzen, brechen sie nach zehn Minuten ab. Zu weit fortgeschritten sind die Metastasen, als daß auch radikale Chirurgie die tödliche Krankheit noch eindämmen könnte. Brandt wird in sein Haus nach Unkel entlassen, sein Schlafzimmer mit Gerät aus der Universitätsklinik in ein Krankenzimmer verwandelt. Pflegerinnen wechseln sich ab, zweimal täglich schaut ein Arzt vorbei. Seine Frau Brigitte pflegt ihn aufopfernd, eines ihrer großen Verdienste ist zweifellos, daß sie Willy Brandt dieses private Sterben ermöglicht hat. Seine Grußbotschaft an die Sozialistische Internationale in Berlin gleicht einem politischen Vermächtnis, wie es nur einer schreibt, der sich dem Tod nahe weiß: »Nichts kommt von selbst. Und nur wenig ist von Dauer. Darum – besinnt Euch auf Eure Kraft und darauf, daß jede Zeit eigene Antworten will und man auf der Höhe der Zeit zu sein hat, wenn Gutes bewirkt werden soll.«

Ein Freund, der ihn zehn Tage vor seinem Tod besucht, findet ihn gefaßt vor. Brandt ist noch in der Lage, in seinen Hausmantel zu schlüpfen, offensichtlich erhält er hohe Dosen Morphium, die ihm ein schmerzfreies Ende gestatten. Die meisten alten Weggefährten kommen, um Abschied zu nehmen: Egon Bahr, Holger Börner, Hans-Jochen Vogel, Klaus Harpprecht, Hans Koschnick oder Johannes Rau, auch Helmut Schmidt, mit dem er sich 1991 nach einer Veranstaltung in Berlin zum 100. Geburtststag Julius Lebers ausgesprochen hatte. Die Söhne suchen ihn auf. Als Michail Gorbatschow unangemeldet vor der Tür steht, wird er über die Sprechanlage abgewiesen, weil Brigitte meint, da tarne sich ein neugieriger Journalist als ehemaliger Kremlchef. Tochter Ninja läßt sie nicht vor, als diese einmal aus Norwegen kommt. Nahrung in fester Form nimmt er ab September nicht mehr zu sich, einige Wochen später Flüssigkeit nur noch über den Tropf. Der letzte Besucher ist sein Sohn Peter, aber er muß feststellen, daß ein Gespräch schon nicht mehr möglich ist. Kaum ist Peter gegangen, da verlischt Brandts Leben – am 8. Oktober 1992 um 16 Uhr 35. Er hat sich Zeit seines Lebens als Agnostiker bekannt, doch irgendwo, so Erhard Eppler, sei Brandt auch »ein religiöser Mensch« gewesen, der mit seinem Freund Heinrich Albertz über Fragen des Glaubens gesprochen habe. Er könne sich vorstellen, daß Brandt »nicht ohne Neugier« gestorben sei.[114]

Um seinen letzten Willen gibt es kleinliche Auseinandersetzungen, wie sie in Familien oft nicht ausbleiben. Offenbar hat Willy Brandt sehr kurze Zeit vor seinem Tod ein neues Testament aufgesetzt, das seine Frau Brigitte zur befreiten Vorerbin, faktisch also zur Alleinerbin ernennt, die den Besitz nicht zusammenhalten muß, sondern damit schalten und walten kann, wie sie will. Erst nach ihrem Tod sollen die Kinder erben. Tochter Ninja, die ja älter als Brigitte ist, erwägt daraufhin eine Klage, die Peter Brandt, schon weil er keine Schlagzeilen über Streit in der Familie will, schließlich verhindern kann. Praktisch bleiben die Kinder auf das Pflichtteil verwiesen, auf ein Viertel des Vermögens, während sie sonst gemeinsam die Hälfte des Erbes hätten beanspruchen können. Immerhin geht es um stattliche Beträge: Um zwei Häuser, das in Unkel und jenes in Gagnières, um Lebensversicherungen und die vielen Rechte aus Büchern und Artikeln, die Brandt geschrieben hat. Da Brigitte zunächst Gespräche und eine Auseinandersetzung verweigert, müssen die Kinder einen Rechtsanwalt bemühen.

Engherzig auch, daß Brigitte, die alle Einzelheiten des Staatsaktes mit der Bundesregierung vereinbart, die Einladung Rut Brandts in den Reichstag verhindert, obschon diese Willy Brandt mehr als drei Jahrzehnte in Höhen und Tiefen seiner Karriere treu zur Seite stand. Wenn er insistiert hätte, meint Peter, wäre seine Mutter von der Bundesregierung schließlich doch geladen worden – aber er zögerte, sich einzuschalten.[115] Lag es vielleicht im Sinne des Vaters, daß Rut der Beerdigung fern bleiben sollte? Schließlich hatte Brandt selbst Rut seit der Scheidung nicht mehr sehen wollen und stets gesagt: Jetzt sei er mit Brigitte verheiratet, sie und niemand anderes sei nun seine Frau. Dennoch, daß die Geste der Einladung unterblieb, wirkt befremdend und kleinlich. Es bleibt Richard von Weizsäcker vorbehalten, ebenso dezent wie elegant auch Rut Brandt in den Staatsakt im Reichstag einzubeziehen: »Wir trauern mit seiner [Brandts] ganzen Familie«, sagt der Bundespräsident, und setzt ausdrücklich hinzu: – »in allen Lebensabschnitten«. Und Eberhard Diepgen, der damals Berlin regiert, dankt Willy Brandt »für den Glanz, den er Berlin gegeben hat – zusammen mit seiner Frau«. Beide sagen das bei jenen Beisetzungsfeierlichkeiten, die weitgehend Brandts eigenen Wünschen entsprechen.

Um Abschied zu nehmen, aber auch um die Modalitäten seines Begräbnisses festzulegen, hatte der Todkranke am 27. August den Bundeskanzler zu sich gebeten, sich eigens dafür in einen Anzug gezwängt und ins Wohnzimmer gesetzt. Brandt habe vom Sterben geredet, erinnert sich Kohl, von seinen Eltern, seinem Leben, streckenweise habe das eher einem langen Selbstgespräch geglichen – mit der Tendenz: Es sei eben doch nicht alles falsch gewesen. Und in großer Offenheit, sagt der frühere Bundeskanzler, habe er seine Wünsche für das Begräbnis genannt. Als er den Tod näher kommen sah, wollte er offenbar eine »Kanzlerbeerdigung«, ein Staatsbegräbnis im Reichstag mit Bundeswehr, Offiziersehrenwache und all dem Zeremoniell, das für solche Fälle vorgesehen ist. Und er bestand darauf, daß Felipe González eine Rede halten sollte.[116]

Er plante all dies ganz bewußt, warum auch nicht? In diesem Staatsakt, der nach einer verbindlichen Festlegung des früheren Bundespräsidenten Heinrich Lübke nur einer Persönlichkeit gewährt wird, »die sich um das deutsche Volk hervorragend verdient gemacht hat«, steckt ja nicht nur die Anerkennung für die eigene Lebensleistung, sondern auch für den langen Marsch der deutschen Sozialdemokratie. Brandt ist immerhin der erste sozialdemokratische deutsche Kanzler, dem diese Ehre zuteil wird, und vor ihm hat man an diesem Ort, im Reichstag, überhaupt nur zwei Politiker mit Staatsakten geehrt: den 1922 ermordeten Walther Rathenau und den 1929 verstorbenen Gustav Stresemann. Für Friedrich Ebert war der ehrenvolle Abschied 1925 ins Reichspräsidentenpalais verlegt worden. Ist ein Staatsbegräbnis vielleicht die letzte, die definitive Heimkehr des Emigranten? Warum soll die Nation, von der er erst soviel hinnehmen mußte und für die er dennoch so viel getan hat, nicht formvollendet Respekt zollen jener Leistung, auf die er besonders stolz ist und die er als »die eigentliche Genugtuung« seines Lebens beschreibt: Mitgetan zu haben, daß der deutsche Name, der Begriff des Friedens und die Aussicht auf europäische Freiheit wieder zusammengedacht werden?[117]

Der Unterschied zu den Beisetzungsfeierlichkeiten für Kurt Schumacher, die andere große sozialdemokratische Führerfigur der Nachkriegszeit, könnte nicht größer sein. Im August 1952 war es die Partei, die den toten Oppositionsführer, das moralische Gewissen der Nation, im Trauerkonvoi über die Autobahn nach Hannover geleitete. Hunderttausende standen an Auffahrten und Brücken, im Ruhrgebiet läuteten die Glocken, Jungsozialisten in weißen Hemden, Fackeln in der Hand, eskortierten den Sarg des großen Unbestechlichen von der Trauerfeier in Hannover bis zum Grab.

Vierzig Jahre später sind es der Staat und die Bundeswehr, die das Trauerzeremoniell für die »sozialdemokratische Jahrhundertgestalt«[118] Willy Brandt übernehmen. Zwar gedenkt auch die Partei ihres großen Vorsitzenden mit Fackelzügen und Mahnwachen in verschiedenen Städten der Republik, schließlich hat Willy Brandt sie länger geführt als Schumacher, vor allem: erfolgreicher, denn er hat sie an die Macht gebracht. Aber schon in Berlin stand Willy Brandt für mehr als seine Partei, er war der Sprecher aller Berliner, der Anwalt und Verteidiger ihrer aller Freiheit. So nehmen zehntausende Berliner, gleich welcher Parteicouleur, Abschied von ihrem alten »Regierenden« im Rathaus Schöneberg und tragen sich in die Kondolenzbücher ein. Wo seine politische Karriere einst begann, ist sein Sarg für sechs Stunden aufgebahrt, bedeckt mit der Flagge der Bundesrepublik, flankiert von einer Ehrenwache der Berliner Polizei. Trauernde bringen Rosen, einige knien weinend nieder.

Berlin ist die Stadt Willy Brandts, und wenn es die Stätte des Abschieds stellen muß, dann gibt es keinen besseren Ort dafür als den Reichstag – jenen Bau, in dem es »so oft um Krieg und Frieden in Europa ging«, wie er einmal sagte, in dem »soviel von Freiheit und Knechtschaft die Rede war«.[119] Die Großen der Welt, UN-Generalsekretär Boutros Ghali und Frankreichs Staatschef Mitterrand, Prinz Charles und Michail Gorbatschow finden sich ein. Trauerreden sind stets voll des Lobes, auch des verlogenen. Die am 17. Oktober im Reichstag klingen aufrichtig, und einige rühren ans Herz. Richard von Weizsäcker nennt Brandts Abbitte am Eingang zum Warschauer Ghetto »ein tiefes Menschengefühl«, das zum »Zeichen eines Regierenden« geworden sei – »keiner hatte es erwartet. Keiner hat es vergessen. Es hat die Dinge verändert. Es hat den Völkern einen neuen Weg gewiesen.«

Björn Engholm rühmt das Vermächtnis des großen Parteiführers – die Sozialdemokratie müsse bleiben, wie er gewesen sei: »weltoffen, europäisch, patriotisch, reformfreudig, links und frei«. Und er erinnert an die Leistung des Integrators Brandt, der eine unruhige, junge Generation mit ihrem Land versöhnte.

Kanzler Kohl nennt Brandt den Mann, der Brücken gebaut habe – über Mauer und Stacheldraht hinweg, Brücken zu den östlichen Nachbarn, in seinen letzten Lebensjahren Brücken zwischen Nord und Süd. In den zurückliegenden Zeiten der dramatischen Veränderungen, als es um die Einheit ging, habe er sich manchen guten Rat bei Brandt geholt.

Bewegend vor allem die Worte von Felipe González, der in dem langjährigen Präsidenten der Sozialistischen Internationale vor allem den Kämpfer für den Frieden sieht – »bis hin zu dem Paradoxon, ihn mit den Waffen zu verteidigen«. Unvergessen sein letztes Lebewohl für seinen Freund Willy, dieses *adiós amigo*, das er ihm nachruft und das durch den Reichstag hallt. Bundeswehrsoldaten, eskortiert von Brigadegenerälen und Admirälen, tragen den Sarg unter dumpfem Trommelwirbel die Treppen vor dem Reichstag hinab zum Leichenwagen. Ihnen folgen 14 Offiziere mit sieben Blumengebinden. Eine Ehrenformation der Bundeswehr ist aufmarschiert, ein Musikcorps spielt den Trauermarsch aus Händels Oratorium »Saul«.[120]

Es ist, kein Zweifel, der Abschied von einem Großen, der gegen den Nationalsozialismus und den Stalinismus gekämpft hat und der den Abstand zwischen Macht und Moral in seiner Regierungszeit verringerte, Abschied zugleich von einer Epoche und einem Jahrhundert, die durch die Tragödie dieser zwei Totalitarismen gekennzeichnet waren. Seit Friedrich III., dem 99-Tage-Kaiser, und seit Konrad Adenauer hat »kein Deutscher seine Landsleute mit seinem Sterben so tief bewegt« wie Willy Brandt, schreibt Rudolf Augstein.[121] Er ist einer der Letzten jener Generation, die ihr Leben einsetzten für die Sache, die sie vertraten – in Emigration und Widerstand. Nicht zufällig liegt Willy Brandts Ruhestätte auf dem Waldfriedhof in Zehlendorf direkt neben dem Grab des Emigranten Ernst Reuter, jener dritten politischen Vaterfigur in seinem Leben, die seine Vorstellungen entscheidend geprägt hat, dessen Erbe er antrat und der – wie er – ein großer, unvergessener Kämpfer für die Freiheit Berlins gewesen ist. Reuter und Brandt, sie beide waren zutiefst moralische Sozialdemokraten, für die im Zweifel Freiheit an erster, Gerechtigkeit an zweiter Stelle stand. Wenn er sagen solle, was ihm neben dem Frieden wichtiger sei als alles andere, dann laute seine Antwort »ohne Wenn und Aber: Freiheit«, bekannte Willy Brandt in seiner Abschiedsrede als Parteivorsitzender 1987.[122]

Doch wenn dieser Willy Brandt von Freiheit sprach, hatte er stets Freiheit für die Vielen, nicht für die Wenigen im Sinn, Freiheit des Gewissens und der Meinung, aber auch Freiheit von Furcht und Not, wie es einst in der Atlantik-Charta geheißen hatte. Im Grunde ist der Proletariersohn, der zum Staatsmann und zum großen Parteiführer wurde, bei all den Wandlungen seines Politikerlebens stets jener Zielsetzung treu geblieben, die ihn sein Großvater in Lübeck einst gelehrt hatte – und das macht einen großen Teil seiner Glaubwürdigkeit aus. Mit den heute altfränkisch anmutenden Worten August Bebels hatte Ludwig Frahm seinem Enkel die Vision eines »Vaterlands der Liebe und Gerechtigkeit« entworfen. Sie mochte und sie mag naiv sein, und doch bleibt diese Vision ein großes Ziel. Sie schrittweise in die Wirklichkeit zu holen, hat sich Willy Brandt stets bemüht.

Dank

Mein Dank gilt zuerst dem Archiv der sozialen Demokratie in der Friedrich-Ebert-Stiftung, das mich bei dem Projekt unterstützte, allen voran Michael Schneider und Dieter Dowe, aber auch den freundlichen, stets hilfsbereiten Mitarbeitern des Archivs und der Bibliothek. Ohne die tatkräftige Hilfe von Gertrud Lenz und Harry Scholz, den Leitern des Willy-Brandt-Archivs, dessen Akten ich einsehen konnte, wäre das Sichten des schier endlosen Materials nicht möglich gewesen. Dieser Dank erstreckt sich auch auf die Willy-Brandt-Stiftung sowie deren Vorstandsvorsitzenden Gerhard Groß und ihren Geschäftsführer Wolfram Hoppenstedt.

Bei der Suche nach Material über die Jugendzeit Willy Brandts erwiesen sich Antje-Kathrin Grassmann, die Leiterin des Lübecker Stadt-Archivs, ihr Mitarbeiter Otto Wiehmann sowie Jörg Fligge, der Leiter der Lübecker Stadtbibliothek, als große Hilfe.

Dank gebührt, was die wichtige Zeit des Regierenden Bürgermeisters Brandt betrifft, vor allem Jürgen Wetzel und Christiane Schuchardt vom Landesarchiv Berlin und Joachim Zeller, dem Leiter der Zeitungsabteilung der Berliner Staatsbibliothk und ihren Mitarbeitern, die nicht nur Akten, sondern auch schwere Zeitungsbände schleppten, aber auch dem früheren Chef der Berliner Senatskanzlei, Volker Kähne, der geheime Pläne über die Berliner Notstandsregelung zur Zeit des Kalten Krieges entsperren ließ. Besonderes Entgegenkommen zeigten Manfred Rexin und Sieglinde Heppener vom Franz-Neumann-Archiv in Berlin, wichtige Hinweise steuerte Siegfried Heimann von der Historischen Kommission der SPD in Berlin bei.

Über die zahlreichen Prozesse, mit denen sich der Bürgermeister und Kanzlerkandidat Brandt damals gegen eine Flut von Verleumdungen wehren mußte, lieferte Hermann Näfke den zeitgenössischen Hintergrund. Er führte seinerzeit viele dieser Verfahren im Auftrag Brandts und des Senats von Berlin.

Guten Rat und Unterstützung erhielt ich auch von Solveig Nestler von der Abteilung SAPMO des Bundesarchivs in Berlin und von Eva Prause bei der Behörde des Bundesbeauftragten für die Unterlagen des Staatssicherheitsdienstes der ehemaligen DDR.

Dank gebührt nicht zuletzt Stefan August Lütgenau und Maria Steiner von der Stiftung Bruno-Kreisky-Archiv in Wien. Material aus Moskau lieferte Lew Besymenski zu, Raimund Lammersdorf vom Deutschen Historischen Institut in Washington besorgte Unterlagen zur Beurteilung Willy Brandts durch die Kennedy-Administration aus der Kennedy Library in Boston, Holger Löttel suchte nach Einschätzungen Brandts und seiner Politik durch die Nixon-Administration im Nixon Presidential Materials Project der National Archives in Washington.

Ein einigermaßen korrektes Bild des jungen Brandt in der skandinavischen Emigration zu zeichnen, wäre nicht möglich gewesen ohne die grundlegenden Arbeiten von Einhart Lorenz in Oslo, der mir dankenswerterweise in mehreren Gesprächen zusätzliche Informationen geben konnte. Matthias Hannemann in Bonn hat einen wichtigen Beitrag geleistet, indem er Bücher, Broschüren und Artikel Brandts, die auf Norwegisch erschienen, durchsah und die wichtigsten Passagen übersetzte. Uwe Baier gestattete Einblick in den Nachlaß Jacob Walchers beim Bundesarchiv (SAPMO) in Berlin.

Günter Grass ließ mich freundlicherweise seinen umfangreichen Briefwechsel mit Willy Brandt lesen, der sich in seinem Vorlaß bei der Akademie der Künste in Berlin befindet, und er stand auch zu einem Gespräch über seine Wählerinitiative zur Verfügung. Julius H. Schoeps half mit Briefen seiner Mutter über die deutsche Emigration in Schweden, welche die Atmosphäre jener Jahre erhellten.

Mein besonderer Dank gilt Verwandten und Weggefährten, Mitarbeitern und Zeitgenosssen, die mir in Interviews helfen konnten, Charakter und Person Willy Brandts, aber auch die Umstände, unter denen er politisch wirkte, besser zu verstehen. Da wären in erster Linie Rut und Peter Brandt zu nennen, aber auch Willy Brandts Halbbruder Günther Kuhlmann. Bruno Römer berichtete über seinen jungen SAP-Genossen Herbert Frahm in Lübeck, Elisabeth

Fischer-Spanjer (Amsterdam) von dem jungen SAP-Funktionär, der zu Besuch nach Holland kam.

Bundespräsident a.D. Walter Scheel, Bundeskanzler a.D. Helmut Kohl und Außenminister a.D. Hans-Dietrich Genscher gaben wertvolle Hinweise. Ernst Cramer half mit Unterlagen des Axel Springer Verlages, und Friede Springer danke ich für ihre Erläuterung der Position des späten Axel Springer. Klaus Schütz, der älteste Mitstreiter Brandts in Berlin, und Egon Bahr, der ihn politisch die längste Zeit begleitet hat und als *der* Intimkenner von Brandts Berliner wie Bonner Zeit ab 1960 gilt, stellten sich geduldig mehreren langen Interviews. Klaus und Renate Harpprecht boten kluge Interpretationen und gaben freundschaftlichen Rat. Edzard Reuter erläuterte das Verhältnis von Ernst Reuter zu Willy Brandt. Ursula Jahn stellte Gerhard Jahns Tagebuchnotizen aus der Zeit von Brandts Rücktritt zur Verfügung, und Markus Wolf steuerte Einzelheiten aus der Zeit der DDR-Verleumdungskampagnen gegen Willy Brandt und seine Darstellung des Falles Guillaume bei.

Zu den Weggefährten und Mitstreitern, denen ich wichtige Informationen verdanke, zählen Holger Börner, Wolfgang Clement, Klaus von Dohnanyi, Horst Ehmke, Erhard Eppler, Peter Glotz, Günter Gaus, Horst Grabert, Oskar Lafontaine, Dietrich Stobbe und Hans-Jochen Vogel. Greta Wehner danke ich für ihre Deutung der Einstellung Herbert Wehners zu Willy Brandt.

Wolfgang Büsch, Harold Hurwitz, Peter Herz, Egon Erwin Müller, Kurt Neubauer, Claus Sönksen, Winfried Staar, Klaus Wagenbach und Peter Weiß nenne ich als wichtige Zeitzeugen für die Berliner Zeit. Als engen Mitarbeitern in Bonn, die sich ebenfalls zu Gesprächen bereitfanden, sei den Sekretärinnen Marga Sprenger geb. Lenzen, Gaby Hollederer und Rita Linz gedankt, aber auch Hans Arnold, dem einstigen Leiter des Ministerbüros im Auswärtigen Amt, und Reinhard Wilke, dem einstigen Leiter des persönlichen Büros im Kanzleramt, sowie den damaligen Referenten Karl-Heinz Klär, Thomas Mirow, Klaus-Henning Rosen und Klaus Lindenberg. Hans Wolfgang Zeitz ergänzte ihre Berichte aus der Sicht eines früheren Leibwächters von Willy Brandt.

Albrecht Müller, der das Wahlkampfkonzept 1972 entwarf, Günter Kuppe, der Brandts Wahlkämpfe in der Parteizentrale organisierte, nicht zuletzt Hans-Eberhard Dingels, der als Abteilungsleiter für Internationales dem Parteichef und Präsidenten der Sozialistischen Internationale zuarbeitete, sei Dank, ebenfalls Claus Arndt, Helmut Bärwald, Wibke Bruhns, Tilman Fichter, Norbert Gansel, Hans-Joachim Gardain, Hermann Kreutzer, John Kornblum, Dagobert Lindlau, Norbert Pokorni, Rudolf Schmidt, Hartmut Soell und Martin E. Süskind.

Alle namentlich Aufgeführten nahmen sich Zeit für mich und unterstützten damit mein Projekt, wofür ich ihnen zu großem Dank verpflichtet bin.

Last but not least sei als wissenschaftlicher Mitarbeiter Alexander Behrens genannt, der zwei Jahre lang unermüdlich dabei war, mit mir zusammen, aber große Strecken auch allein, den riesigen Berg an Material zu sichten, der im Willy-Brandt-Archiv gesammelt ist. Ohne seine geduldige Hilfsbereitschaft, ohne seine Hartnäckigkeit, seinen Spürsinn und seine Aufopferungsbereitschaft wäre es nicht möglich gewesen, dieses Buch in dem angestrebten Zeitraum fertigzustellen. Dafür sei ihm Dank – aber auch dem Verlag, der seine Mitarbeit erst möglich machte.

Anmerkungen

1 Mutterstadt Lübeck

1 Mann, Thomas: Lübeck als geistige Lebensform, Lübeck 1926
2 Brandt, Willy: Mein Weg nach Berlin, aufgezeichnet von Leo Lania, München 1960, S. 31 (künftig: Lania)
3 Willy Brandt als Primaner des Lübecker Johanneums in einem Geschichtsaufsatz über August Bebel, Stadtarchiv Lübeck
4 Heinrich Böll in einem Artikel, den er Willy Brandt 1972 auf den Venusberg mit der Bitte schickte, etwa für ihn peinliche Stelle zu streichen. Willy-Brandt-Archiv (künftig: WBA), Bundeskanzler, Mappe 3/gekürzt und überarbeitet unter dem Titel »Über Willy Brandt« (1972)« in: Böll, Heinrich: Neue publizistische und historische Schriften, Köln 1973
5 Grass, Günter: Aus dem Tagebuch einer Schnecke, Darmstadt/Neuwied 1972 (künftig: Schnecke)
6 Lania, S. 33
7 Die hier und nachfolgend zitierten Schilderungen Brandts über seine Familienverhältnisse finden sich, soweit nicht anders angegeben, bei Lania sowie in: Brandt, Willy: Links und frei – Mein Weg 1930-1950, Hamburg 1982 (künftig: Links), hier S. 12, und in: Willy Brandt: Erinnerungen, Berlin 1989 (künftig: Erinnerungen)
8 Lania, S. 28f.
9 Erinnerungen, S. 89
10 Links, S. 12
11 Links, S. 21f. und Lania, S. 30
12 Links, S. 22f.
13 Petrowsky, Werner : Lübeck, eine andere Geschichte. Einblicke in Widerstand und Verfolgung in Lübeck 1933 bis 1945, Lübeck 1986 (künftig: Petrowsky)
14 Jürgen Kuczynski: Geschichte des Alltags des Deutschen Volkes 1918-1945, Bd. 5, Berlin (Ost) 1982, S. 331
15 *Lübecker Volksbote*, 18. Dezember 1913
16 Lania, S. 41
17 Lania, S. 33
18 Erinnerungen, S. 86
19 Erinnerungen, S. 87
20 Erinnerungen, S. 86
21 *Bunte*, 38/1989
22 Erinnerungen, S. 86
23 Petrowsky, S. 37
24 Erinnerungen, S. 88; Links, S. 25-32
25 Erinnerungen, S. 98; Links, S. 25-32
26 Harpprecht, Klaus: Im Kanzleramt. Tagebuch der Jahre mit Willy Brandt, Hamburg 2000, S. 175 (künftig: Harpprecht)
27 Erinnerungen, S. 88
28 Links, S. 36f.
29 Lania, S. 34

30 Willy Brandt in seiner Erwiderung auf die Verleihung der Ehrenbürgerschaft der Stadt Lübeck am 29. Februar 1972
31 Links, S. 30
32 Archiv der Hansestadt Lübeck, Abschlußarbeiten des Johanneums April 1932
33 Links, S. 32
34 Lania, S. 36
35 Wie Anmerkung 32
36 Brügge, Bernd: Der junge Politiker auf dem Johanneum, in: *Lübecker Nachrichten*, 2. Februar 1972
37 Brügge, Bernd: Es gibt schwierige Vaterstädte, in: *Lübecker Nachrichten*, 22. Oktober 1969, S. 9
38 Dr. rer. nat. Heinz Neumann am 1. Mai 1970 aus Erlangen-Bruck,WBA, Bundeskanzler, Mappe 15
39 Links, S. 30
40 Lania, S. 35
41 A.a.O., S. 43
42 »Tippelei durch Dänemark«, in: *Lübecker Volksbote*, 17. Juli 1931
43 Die »Roten Falken«, in: *Lübecker Volksbote*, 12. Dezember 1928
44 »Weshalb Pioniergemeinschaften?«, in: *Lübecker Volksbote*, 17. Dezember 1929
45 »Herbst in uns«, in: *Lübecker Volksbote*, 7. Oktober 1931
46 »Anglers Freud und Leid«, in: *Lübecker Volksbote*, 26. August 1931
47 Briefe an die Redaktion: Felix, was hast Du angerichtet, in: *Lübecker Volksbote*, 28. August 1931
48 Horst Ehmke im Gespräch mit dem Autor
49 Dagobert Lindlau im Gespräch mit dem Autor
50 *Das freie Wort*, 29/1930, S. 13f.
51 Links, S. 60
52 Brandt, Willy: Rede zur Namensgebung der Julius-Leber-Akademie (Heimvolkshochschule) in Ahrensburg am 16. Januar 1985, WBA, Publizistische Äußerungen, Mappe 985
53 Leber, Julius: Die Todesursachen der deutschen Sozialdemokratie, in: Schriften, Reden, Briefe, herausgegeben von Dorothea Beck und Wilfried F. Schoeller, München 1976 (künftig: Leber)
54 Grassmann, Antjekathrin (Hrsg.): Lübeckische Geschichte, Lübeck 1989, S. 681f. (künftig: Grassmann)
55 Links, S. 47
56 Bruno Römer im Gespräch mit dem Autor in Lübeck
57 Links, S. 13
58 »Drei Antworten: Selbstverwaltung«, in: *Lübecker Volksbote*, 3. Dezember 1929, und »Kameradschaftlichkeit!«, in: *Lübecker Volksbote*, 24. September 1930
59 *Stern*, 13. Dezember 1973
60 »Skandal in der Lübecker Arbeiter-Jugend!«, von Julius Leber mit J.L. gezeichneter Artikel im *Lübecker Volksbote*n vom 23. Oktober 1931.
61 Seebacher-Brandt, Brigitte: Politik im Rücken, Zeitgeist im Sinn, Berlin 1995
62 Wie Anmerkung 61
63 Beck, Dorothea: Die Sozialdemokratie und der 20. Juli 1944. Materialien zur Geschichte und Politik, herausgegeben von der SPD, Bonn 1984

64 Wie Anmerkung 56
65 So z.B. Prittie, Terence: Willy Brandt, Frankfurt a.M. 1973, S. 23
66 Beck, Dorothea: Julius Leber, Berlin 1938 (künftig: Beck)
67 Erinnerungen, S. 86
68 A.a.O., S. 149
69 Links, S. 38f.
70 Lania, S. 51 und Erinnerungen, S. 93
71 Links, S. 56
72 Brandt, Willy: Zu Julius Leber's 65. Geburtstag, WBA, Publizistische Äußerungen, Mappe 17
73 Ebd.
74 Erinnerungen, S. 95
75 Fest, Joachim: Staatsstreich, Der lange Weg zum 20. Juli, Berlin 1994, S. 159f.
76 Wie Anmerkung 53, S. 193
77 Leber, S. 184
78 Wie Anmerkung 72
79 Erinnerungen, S. 147
80 Leber, S. 184
81 Bei den Wahlen zum Preußischen Landtag am 24. April 1931 verlor die Weimarer Koalition Otto Brauns die Mehrheit. Nationalsozialisten und Kommunisten zusammen gewannen eine negative Mehrheit, die keine Regierung bilden konnte. Das Zentrum erwog bereits eine Regierungsbildung gemeinsam mit den Nationalsozialisten, als Papen per Notverordnung die Regierung Braun-Severing ihres Amts enthob.
82 *Lübecker Volksbote*, 25. Juli 1932
83 Erinnerungen, S. 95
84 Brandt im Gespräch mit dem Autor wenige Monate vor seinem Tode 1992
85 Lania, S. 55
86 *Sozialistische Arbeiter-Zeitung*, 17. Januar 1932
87 Erinnerungen, S. 94
88 Zitiert nach Drechsler, Hanno: Die Sozialistische Arbeiterpartei Deutschlands. Ein Beitrag zur Geschichte der deutschen Arbeiterbewegung am Ende der Weimarer Republik, Meisenheim/Glan 1965 (künftig: Drechsler)
89 A.a.O., S. 114
90 A.a.O., S. 111
91 Links, S. 60
92 Drechsler, S. 276
93 Lania, S. 65
94 Links, S. 65
95 Briefe an einen Jungarbeiter, WBA, Politisches Exil und Nachkriegszeit, (künftig: PEN), ungeordnete Materialien
96 Brügge, Bernd: Flucht aus Lübeck unter neuem Namen, in: *Lübecker Nachrichten*, 10. März 1972
97 Lorenz, Einhart: Willy Brandt in Norwegen. Die Jahre des Exils 1933 bis 1940, Kiel 1989, S. 17f. (künftig: Lorenz I); dazu auch Petrowsky, S. 83
98 Lehmann, Hans Georg: In Acht und Bann, Politische Emigration, NS-Ausbürgerung und Wiedergutmachung am Beispiel Willy Brandts, München 1976, S. 97 (künftig: Lehmann); dazu auch Petrowsky, S. 83
99 Lorenz I, S. 279

100 *Die Welt*, 23. November 1957
101 Lehmann, S. 99
102 Petrowski, S. 83
103 Links, S. 71
104 Willy Brandt an Otto Uhlitz, WBA, Prozesse, Mappe 1 (Klage gegen Frederik)
105 Draußen, S. 63
106 Lehmann, S. 97

2 Norwegische Spuren

1 Tau, Max: Ein Flüchtling findet sein Land, Hamburg 1964
2 Links, S. 82
3 Meyer, Frank: Deutscher und norwegischer Habitus, in: Deutsch-Norwegische Kontraste, Spiegelungen europäischer Mentalitätsgeschichte, Baden-Baden 2001
4 Szende, Stefan: Zwischen Gewalt und Toleranz. Mit einem Vorwort von Willy Brandt, Frankfurt a. M./Köln 1975, S. 241
5 Sachs, Nelly: Kommt einer, in: Späte Gedichte, Frankfurt a. M. 1966
6 Binder, David: The other German. Willy Brandt's Life and Times, Washington 1975, S. 47 (künftig: Binder)
7 Lorenz, Einhart: Exil in Norwegen. Lebensbedingungen und Arbeit deutschsprachiger Flüchtlinge, Baden Baden 1992 (künftig: Lorenz II)
8 Lorenz I, S. 50
9 Zitiert nach Lorenz I, S. 252
10 Lania, S. 68f. sowie Lehmann, S. 101f.
11 Lorenz I, S. 43f.
12 Links, S. 77
13 Koch, Peter: Willy Brandt. Eine politische Biographie, Berlin 1988, S. 82 (künftig: Koch)
14 Binder, S. 47; siehe auch Seydewitz, Ruth: Alle Menschen haben Träume: meine Zeit – mein Leben, 3. Auflage Berlin 1980
15 Links, S. 77 sowie Interview in der *Welt* vom 23. November 1957
16 Brief Willy Brandts an Kurt Schumacher, 23. Dezember 1947, AdsD, Kurt Schumacher, Korrespondenz, Mappe 72 und Lania, S. 69
17 Protokoll der Sitzung der Auslandszentrale (AZ) der SAP, 22. Februar 1935 in Paris, SAP-Archiv, Mappe 6
18 Lorenz I, S. 62
19 Brandt an Walcher, 29. Dezember 1935, SAP-Archiv, Mappe 211/12
20 Lorenz I, S.63
21 Nelles, Dieter: Ungleiche Partner, in: Internationale wissenschaftliche Korrespondenz zur Geschichte der deutschen Arbeiterbewegung 4/1994
22 Links, S. 78
23 Lorenz II, S.35ff.
24 Kjelstadli, Knut: Die norwegische Arbeiterbewegung in Willy Brandts norwegischen Jahren, in: Schriftenreihe der Bundeskanzler-Willy-Brandt-Stiftung, Heft 7, Berlin 2000
25 Lehmann, S. 128

26 Lorenz, Einhart: Mehr als Willy Brandt. Die Sozialistische Arbeiterpartei Deutschlands (SAP) im skandinavischen Exil, Frankfurt a. M. 1997, S. 28 (künftig: Lorenz III)
27 Zur Abschiebepraxis Lehmann, S. 136-139 sowie Lorenz I, S. 45-47
28 Lehmann, S. 99ff.
29 Lorenz I, S. 100
30 Lorenz II, S. 262
31 Walcher an Brandt, 14. November 1933, SAP-Archiv, Mappe 208
32 Links, S. 189
33 Mittenzwei, Werner: Bertold Brecht, Berlin 1965
34 Links, S. 97-111
35 Lorenz I, S. 111
36 Wie Anmerkung 28
37 Wie Anmerkung 18
38 Links, S. 90-93
39 Lorenz I, S. 94f.
40 Lorenz I, S. 104
41 Protokoll der Sitzung der AZ, 26. Februar 1935 in Paris, SAP-Archiv, Mappe 6
42 Wie Anmerkung 28
43 Walcher an Brandt, 30. März 1935, WBA, PEN, Mappe 4a
44 Zitiert nach Links, S. 96
45 Lorenz I, S. 172/73
46 Links, S. 58
47 Links, S. 96
48 Lorenz I, S. 185
49 Wie Anmerkung 3
50 Wie Anmerkung 3
51 Links, S. 87f.
52 Blachstein, Peter: Tagebuch – Manuskript im AdsD, Nachlaß Peter Blachstein.
53 Wie Anmerkung 3
54 Wie Anmerkung 3
55 Lania, S. 48f.
56 Links, S. 105f.
57 Walter, Hilde: Aus der Chronik des Nobelpreises für Carl von Ossietzky, in: *Aus Politik und Zeitgeschichte*, Beilage zur Wochenzeitung *Das Parlament*, B 40/69 vom 4. Oktober 1969
58 Brandt an Reisner, a.a.O.
59 Bericht der Generalversammlung der Gruppe Oslo vom 5. Januar 1937, SAP-Archiv, Mappe 215.

3 Erste Lehr- und Wanderjahre

1 Links, S. 81f. und Lania, S. 74f.
2 Lania, S. 75
3 Lorenz II, S. 132
4 Bremer, Jörg: Die Sozialistische Arbeiterpartei Deutschlands (SAP). Untergrund und Exil 1933- 1945, Frankfurt a. M./New York 1978, S. 106 und 115 (künftig: Bremer)

5 Bericht über die Generalversammlung der Gruppe Oslo vom 5. Januar 1937, SAP-Archiv, Mappe 215; auch WBA, PEN, Mappe 7
6 Elisabeth Fischer-Spanjer im Gespräch mit dem Autor
7 Wie Kapitel 2, Anmerkung 3
8 Wie Anmerkung 6
9 Bremer, S. 151
10 Links, S. 123
11 Links, S. 124
12 Bremer, S. 152
13 Hellmich, Wolfgang: Peter Blachstein. Zur Rekonstruktion des politischen Lebensweges eines Linkssozialisten von der Weimarer Republik bis zum Wiedereintritt in die SPD 1947/48. Schriftl. Hausarbeit für die erste Staatsprüfung für das Lehramt, Universität Münster 1986 (künftig: Hellmich)
14 Willy Brandt: Proletarische Jugendorganisation und Partei, in: Internationales Jugend-Bulletin, Nr. 3, Juli 1934
15 Links, S. 124
16 Lorenz I, S. 154f.
17 Was will die SAP?, Broschüre (1932)
18 Bremer, S. 204
19 Links, S. 189
20 *Marxistische Tribüne*, Nr. 2, Februar 1936
21 Wie Anmerkung 13
22 *Marxistische Tribüne*, Nr. 3, Juli 1936
23 Walcher an Brandt, 6. September 1936, WBA, PEN, Mappe 5a
24 August Enderle an Brandt, 6. September 1936, WBA, PEN, Mappe 5a
25 Tagung Gruppe Oslo, 7. Februar 1937, SAP-Archiv, Mappe 215/16
26 Bremer, S. 200
27 Links, S. 189
28 Links, S. 135 ff.; zu Frankreich und Paris siehe S. 126-140
29 Loth, Wilfried: Geschichte Frankreichs im 20. Jahrhundert, Stuttgart/-Berlin/Köln/Mainz 1987, S. 79-95
30 Links, S. 129
31 Links, S. 135
32 Borkenau, Franz: Der europäische Kommunismus – seine Geschichte von 1917 bis zur Gegenwart, Bern 1952, S. 113
33 Dalby, Louise Elliot: Léon Blum. Evolution of a Socialist, New York/London 1963
34 Links, S. 135
35 Loth, Wilfried, S. 89 (wie Anmerkung 29)
36 Gruber, Helmut: Léon Blum, French Socialism, and the popular Front: A CASE OF INTERNAL CONTRADICTIONS; Western Society Program/ Occasional Paper No. 17. Cornell University, USA, o.J.
37 Links, S. 140-149
38 Jasper, Willi: Hotel Lutetia. Ein deutsches Exil in Paris, München/Wien 1994, S. 108f.
39 Wie Anmerkung 37
40 Bremer, S. 177
41 Lorenz I, S. 190f.
42 Wie Anmerkung 37

43 Bremer, S. 182
44 Lorenz I, 190f.
45 Gertrud Meyer an Walcher, Paris, 21. Februar 1937, SAP-Archiv, Mappe 215
46 Brandt-Brief aus Berlin, 29. November 1936 an »Liebe Freunde« in Paris, SAP-Archiv, Mappe 115.
47 Links, S. 190
48 Links, S. 170-185; Erinnerungen, S. 108-114; Lania S. 84-93
49 Lania, S. 90
50 Hierzu und zum Treffen von Kattowitz siehe Bremer, S. 164, Anmerkung 4, aber auch S. 212-218; sowie Links, S. 191-196
51 Links, S. 194

4 Im spanischen Bürgerkrieg

1 *Sozialistische Jugend*, 4. Jg., Mai 1937
2 Grass, Günter: POUM oder die Vergangenheit fliegt mit – Ein Spiel in einem Akt, in: Werkausgabe in zehn Bänden, Darmstadt/Neuwied 1987, Band 8, S. 390.
3 Lania, S. 90
4 Religion: Sehr gut/*Spiegel*-Gespräch mit Willy Brandt, *Der Spiegel*, 12/1961
5 Lorenz I, S. 178
6 Anlage 6 zum Rundbrief der SAP vom 15. Januar 1938, WBA, PEN, Mappe 8
7 Brandt, Willy: Ein Jahr Krieg und Revolution in Spanien – Referat, gehalten Anfang Juli 1937 auf der Partei-Leitungs-Sitzung der SAP, WBA, PEN, Mappe 6a
8 Links, S. 227
9 Orwell, George: Mein Katalonien. Bericht über den spanischen Bürgerkrieg, Zürich 1975
10 Links, S. 246
11 Borkenau, Franz: The Spanish Cockpit. Ann Arbor Paperback, University of Michigan, 1963, S. 97 (künftig: Borkenau, Cockpit)
12 Wie Anmerkung 1
13 Links, S. 218
14 Links, S. 232
15 Largo Caballero in El Socialista vom 31. Februar 1936, zitiert nach Dahms, Hellmut Günther: Der Spanische Bürgerkrieg 1936-1939, Tübingen 1962, S. 60 (künftig: Dahms)
16 Wie Kapitel 3, Anmerkung 32
17 Brandt, Willy: Draußen – Schriften während der Emigration, herausgegeben von Günter Struve, München 1966, S. 193 (künftig: Draußen)
18 Willy Brandt an Jim, 21. März 1937, SAP-Archiv, Mappe 168
19 Willy Brandt: »An der Aragonfront«, Bericht vom 31. März 1937, in: Zur Spanienfrage, (Aus den Briefen des Genossen Willi), Internes Informationsmaterial Nr. II, WBA, PEN, Mappe 7a (künftig: Spanienfrage)
20 Wie Anmerkung 11
21 Wie Anmerkung 7

22 Spanienfrage, Kritik an der POUM
23 Wie Anmerkung 11
24 Dahms, S. 185
25 Wie Anmerkung 9
26 Gorkin, Julián: Stalins langer Arm. Die Vernichtung der freiheitlichen Linken im spanischen Bürgerkrieg, Köln 1980, S. 80 (künftig: Gorkin)
27 Dahms, S. 187
28 Spanienfrage, S. 25
29 Bremer, S. 191
30 Brief Brandts an die Zentralleitung des SJV vom 31. März 1937, SAP-Archiv, Mappe 168
31 Borkenau, Cockpit, S. 240
32 Gorkin, S. 51
33 Links, S. 248-52
34 Peter Blachstein an Willy Brandt, 22. Mai 1974 und Willy Brandt an Peter Blachstein, 18. Juni 1974, AdsD, Nachlaß Peter Blachstein, Mappe 3
35 Links, S. 247
36 Bremer, S. 186
37 Links, S. 245
38 Links, S. 226
39 Binder, S. 66f. Die Frage an Per Monsen stellte David Binder, und er fragte auch Herbert Wehner, der ihm eine völlig andere Antwort gab: »Wenn es ernst wurde, war Brandt immer Journalist.« Nur: Wehner selbst hatte ebenfalls für Spanien nicht zur Waffe gegriffen, sondern sich im Auftrag der kommunistischen Partei bemüht, in der Pariser Etappe, in der er damals weilte, im Auftrag der Kommunistischen Partei die ersten Interbrigadisten für das Thälmann-Bataillon anzuwerben und nach Spanien zu schicken.
40 Links, S. 246
41 Wie Anmerkung 7
42 Bremer, S. 209
43 Links, S. 250
44 Wie Anmerkung 7
45 Borkenau, Cockpit, S. 292
46 Brief der (Brandt-)Gruppe Oslo an die Parteileitung in Paris, 4. November 1937, SAP-Archiv, Mappe 215/16
47 Eine ausführliche Darstellung des SAP-Konflikts innerhalb der Gruppe Oslo findet sich bei Lorenz I, S. 209-224
48 Buchheister zitiert nach Lorenz I, S. 209-224
49 Lorenz I, S. 222ff.
50 Bremer, S. 224f.
51 Erinnerungen, S. 121
52 Lorenz I, S. 229
53 Lehmann, S. 138
54 Walcher an Brandt am 2. März 1939, und Walcher an Brandt am 19. April 1939, WBA, PEN, Mappe 9
55 Lania, S. 115
56 Lehmann, S. 143
57 Wie Anmerkung 7
58 Links, S. 117
59 Lorenz II, S. 302

60 Links, S. 116f.
61 Szende, Stefan, S. 240 (Wie Kapitel 2, Anmerkung 4)
62 Wilhelm Reich. Das Leben des großen Psychoanalytikers und Forschers, aufgezeichnet von Ilse Ollendorf-Reich, München 1975
63 Lorenz II, S. 305
64 Links, S. 119
65 Schmidt, Wolfgang: Kalter Krieg, Koexistenz und kleine Schritte. Willy Brandt und die Deutschlandpolitik 1948-1963, Wiesbaden 2001, S. 30 (künftig: Schmidt)
66 Draußen, S. 321
67 Schmidt, S. 322f.
68 Lorenz I, S. 232-235. Die Zitate aus den Broschüren stammen, soweit sie sich nicht in Draußen finden, von hier. Die erste Broschüre trägt den Titel »Splittelse eller samling. Komintern og de kommunistiske partiene« – Spaltung oder Sammlung. Die Komintern und die kommunistischen Parteien. Die zweite hat den Titel »Sovjets utenrikspolitikk 1917-1939«. Beide Oslo 1939
69 Deutscher, Isaac: Trotzki, Band 3: 1929-1940, Stuttgart 1963, S. 329
70 Links, S. 167f.
71 Walcher an Brandt – Antwort auf Briefe von Willy und Trudel vom 8. März und 12. März 1938; Walcher an Brandt 2. März und am 19. April 1939 und Walcher an Brandt am 23. August 1939, WBA, PEN, Mappen 8, 9 und 9a
72 Draußen, S. 323
73 Erinnerungen, S. 124
74 Links, S. 95
75 Wie Kapitel 2, Anmerkung 24
76 Lania, S. 112
77 Walcher an Brandt am 31. August 1939, WBA, PEN, Mappe 9a
78 Links, S. 272f.
79 Koch, S. 111
80 Lehmann, S. 118f. sowie 128f.
81 Links, S. 297-308
82 Ebd.
83 Aus: Norwegens Freiheitskampf 1940-45, Hamburg 1948, hier zitiert nach Draußen, S. 228
84 Erinnerungen, S. 123
85 Links, S. 300
86 Brandt, Willy: Zwei Vaterländer: Deutsch-Norweger im schwedischen Exil – Rückkehr nach Deutschland 1940-1947, bearbeitet von Einhart Lorenz, Bonn 2000, S. 10 (künftig: Lorenz IV)
87 Prittie, S. 102
88 Misgeld, Klaus: Willy Brandt und Schweden – Schweden und Willy Brandt, in: Perspektiven aus den Exiljahren, herausgegeben von Einhart Lorenz, Schriftenreihe der Bundeskanzler Willy Brandt Stiftung, Heft 7 (künftig: Misgeld 1)

5 ALS DEUTSCH-NORWEGER IN SCHWEDEN

1 Schoeps, Hans-Joachim: Die letzten dreißig Jahre, Stuttgart 1956, S. 116 (künftig: Schoeps)
2 Links, S. 321
3 Kreisky, Bruno: Zwischen den Zeiten. Erinnerungen aus fünf Jahrzehnten, Berlin 1986, S. 318 (künftig: Kreisky)
4 Zitiert nach Müssener, Helmut: Exil in Schweden. Politische und kulturelle Emigration nach 1933, München 1974, S. 341f. (künftig: Müssener)
5 Links, S. 330
6 Wie Anmerkung 3
7 Müssener, S. 57-60
8 Müssener, S. 64-68 sowie 87
9 Müssener, S. 57
10 Schoeps, S. 120
11 Links, S. 306
12 Links, S. 291
13 Erinnerungen, S. 121
14 Lange kehrt von Stockholm nach Oslo zurück, wurde von den Deutschen verhaftet und ins KZ Sachsenhausen gebracht.
15 Links, S. 321-323
16 Ebd.
17 Brandt an Walcher, 9. Februar 1941, zitiert nach Lorenz IV, S. 20
18 Wie Kapitel 4, Anmerkung 88
19 Links, S. 325 und Lorenz IV, S. 19f.
20 Erinnerungen, S. 130
21 Links, S. 327 und Lorenz IV, S. 23
22 Kreisky, S. 349
23 Links, S. 327
24 Erinnerungen, S. 131
25 Links, S. 344
26 Draußen, S. 284
27 Kreisky, S. 351f.
28 Friedensziele Internationaler Sozialisten, in: Lorenz IV (künftig: Friedensziele)
29 Links, S. 342
30 Links, S. 345
31 Behring, Rainer: Demokratische Außenpolitik für Deutschland. Die außenpolitischen Vorstellungen deutscher Sozialdemokraten im Exil 1933-45, Düsseldorf 1999, S. 582-586 (künftig: Behring)
32 Friedensziele, S. 97
33 Schmidt, S. 40f.
34 Links, S. 224ff.
35 Zur Nachkriegspolitik der deutschen Sozialisten, in: Lorenz IV (künftig: Nachkriegspolitik)
36 Links, S. 343
37 Behring, S. 592
38 Vortrag Brandts vor dem Philosophischen Diskussionsklub Stockholm am 4. Februar 1945, in: Lorenz IV
39 Nachkriegspolitik, S. 191-195

40 Nachkriegspolitik, S. 158f.
41 Draußen, S. 71
42 Wie Anmerkung 40
43 Nachkriegspolitik, S. 196
44 Behring, S. 570-573; der Vortrag Brandts, den Behring zum Beweis seiner These anführt wie Anmerkung 38
45 Links, S. 333
46 Friedensziele, S. 90
47 Nachkriegspolitik, S. 174-177
48 Nachkriegspolitik, S. 231-237
49 Behring, S. 581
50 Lorenz, Einhart: Einleitung zu Lorenz IV, S. 26f.
51 »Ein gern gesehener Agent«, in: *Der Spiegel*, 37/1999
52 Wie Kapitel 2, Anmerkung 21
53 Axel Frohn und Klaus Wiegrefe zeichnen als Autoren für den Artikel »Ein gern gesehener Agent«, in: *Der Spiegel*, 37/1999
54 H. R. Wishengrad: Alias Karl Frahm, in: New York Times, 12. August 1972 und Schreiben Willy Brandts an Dr. Robert M. W. Kempner vom 12. September 1972, WBA, Parteivorsitzender, Persönliche Korrespondenz, Mappe 14, siehe auch Links, S. 351
55 Heideking, Jürgen/Mauch, Christof (Hrsg.): Geheimdienstkrieg gegen Deutschland, Göttingen 1993, S. 76 und S. 88 (Fußnote 102ff.)
56 Herschel V. Johnson an das State Department am 22. Mai 1942
57 Zu Brandts Kontakten mit Steltzer, Trott und Kollontai siehe Links, S. 368-375
58 Lania, S. 202
59 Das Buch erschien anonym, in einer Fußnote in »Draußen« heißt es lediglich, »ein in Stockholm lebender Publizist« – gemeint ist Stefan Szende – habe erklärt, daß er die Verantwortung für das Buch trage und das zugrundeliegende Material u.a. von Fritz Tarnow und Willy Brandt erhalten habe. Diese Darstellung nimmt auf die Tatsache Rücksicht, daß der Fall der »Mißglückten Revolte« von Brandts Wahlkampf-Gegnern publizistisch ausgeschlachtet und ihre Darstellung vor Gericht von Brandt angefochten worden war. So hatte Hans Frederik in seinem Buch »Die Kandidaten«, München/Inning 1961, behauptet, Brandt habe sich vor einem »Ehrengericht der schwedischen Presse« verantworten müssen. Brandt prozessierte wegen dieses Buches und anderer Veröffentlichungen mit Frederik.
60 *Die Welt* , 10. Mai 1974
61 Brief Alfred Dregger an Willy Brandt, 1. Oktober 1979 und die Antwort von Klaus-Henning Rosen, Persönliches Büro Brandt, vom 4. Oktober 1979, WBA, Parteivorsitzender, Persönliche Korrespondenz, Mappe 87
62 Links, S. 361
63 Brandt an Walcher, 26. August 1944, in: Lorenz IV
64 Andrew, Christopher/Mitrochin, Wassili: Das Schwarzbuch des KGB, Berlin 1999, S. 541f.
65 George Bailey [†] im Gespräch mit dem Autor in München, 2001
66 Einhart Lorenz: Einleitung zu Lorenz IV, S. 26f.
67 Links, 356f. sowie Einhart Lorenz: Einleitung zu Lorenz IV, S. 22f.

68 Offener Brief Brandt an die Kommunisten, in: Lorenz IV sowie Einhard Lorenz: Einleitung zu Lorenz IV, S. 22 und Anmerkungen S. 338.
69 Heinig an Vogel-Ollenhauer am 18. Mai 1943 und 30. August 1944; Heinig an Ollenhauer am 13. November 1944, AdsD, SOPADE-Bestand, Emigration, Schweden
70 Links, S. 358
71 Lorenz III, S. 211
72 Ollenhauer an Heinig, 14. Dezember 1943, AdsD, SOPADE-Bestand, Emigration, Schweden
73 Warum Eintritt in die Sozialdemokratie? Hektographierte Erklärung Brandts, Szendes und Behms vom 25. September 1945, in: Lorenz IV
74 Willy Brandt, Svensk-Norsk-Pressbyrã, Vasagatan 38, Stockholm an Theo am 22. Juni 1945 und Jim (Walcher) an Brandt, New York, 14. Juni 1945
75 Brandt, Rut: Freundesland, Düsseldorf 1996, S. 86f. (künftig: Freundesland)
76 Links, S. 383
77 Lania, S. 160
78 Binder, S. 93f.
79 Freundesland, S. 84-86
80 Lorenz IV, S. 346
81 Erinnerungen, S. 131
82 Brandt, Willy: Schwedens Sozialdemokraten – wie andere sie sehen und was sie für andere bedeuten, in: *Die Neue Gesellschaft,* 10/1969, S. 335-443

6 Der Sozialist mit den zwei Vaterländern

1 Lorenz IV, S. 45 und 345
2 Ebd.
3 Freundesland, S. 91-98
4 Draußen, S. 331,
5 Günter Kuhlmann im Gespräch mit dem Autor
6 Links, S. 395
7 Links, S. 396
8 Lania, S. 188
9 »Frobrytere og andere tyskere« – diese Passage ist in »Draußen« in dem auf Seite 173 zitierten Absatz übrigens ausgelassen worden.
10 Inge Enderle an Brandt, 22. Januar 1947, WBA, Berlin, Mappe 1. Mit den Paketen sei es ein Kreuz, nur ein einziges sei im letzten Jahr durchgekommen – dabei habe Brandt doch so viele Kosten gehabt.
11 August und Irmgard Enderle an Willy Brandt, 19. Februar 1946, WBA, PEN, Mappe 14
12 Brandt an Kurt Schumacher am 13. Januar 1946 sowie Brandt an Erich Ollenhauer, 11. April 1946, beide WBA, PEN, Mappe 14
13 Links, S. 402-409
14 Erinnerungen, S. 145
15 Draußen, S. 56f.
16 Brandt an Jacob Walcher, 14. August 1945, WBA, PEN, Mappe 13a; Brandt an August und Irmgard Enderle, 26. August 1945, in: Lorenz IV
17 Draußen, 57f.

18 Erinnerungen, S. 146 und Links, S. 398-400
19 Zitiert nach Koch, S. 149
20 Brandt an Kurt Schumacher, 19. November 1945, in: Lorenz IV
21 Brandt an Ollenhauer, 11. April 1946, in: Lorenz IV
22 Links, S. 422
23 Erinnerungen, S. 147
24 Links, 422f.; zu dem Komplex Brandt/DANA sowie Brandt/DPD auch: Brief Arno Behrisch an Brandt vom 10. Juni 1946; Brief Willy Brandts vom 5. Juli aus Oslo an Fritz Heine; Brief Willy Brandts vom 5. Juli 1946 an Johannes Müller, DANA Bad Nauheim; Brief von Fritz Heine vom 11. Juli 1946 an Willy Brandt, Oslo, alle Briefe WBA, PEN, Mappe 15
25 Brief von Willy Brandt, Oslo, an Fritz Heine vom 29. Juli 1946, WBA, PEN, Mappe 15
26 Schmidt, S. 48
27 Fritz Bauer, damals Kopenhagen, an Kurt Schumacher, 23. Mai 1946, AdsD, Bestand Schumacher, Mappe 64
28 Heine an Brandt, 11. Juli 1946, WBA, PEN, Mappe 15
29 Links, S. 423
30 Fritz Bauer an Willy Brandt, 19. September 1946. WBA, PEN, Mappe 15
31 Brandt an Szende, 25. Mai 1946, in: Lorenz IV
32 Lania, S. 199
33 Zu Brandts Einschätzung und Bewertung der Person Schumachers siehe Lania, S. 194-201 und 212-214; Links, S. 413-422; Erinnerungen S. 25, 147, 150f.
34 Brandt an August und Irmgard Enderle, Nürnberg-Stein, 9. Februar 1946, WBA, PEN, Mappe 15
35 Links, S. 416f.
36 Brandt an Schumacher, 19. November 1945, in: Lorenz IV
37 Willy Brandt: Die Krise der deutschen Arbeiterbewegung, in: Lorenz IV
38 Brandt an Walcher am 10. Juni 1946, in: Lorenz IV
39 Brandt aus Nürnberg an Jacob Walcher, New York, am 30. April 1946, in: Draußen, S. 329
40 Grebing, Helga: Entscheidung für die SPD: Briefe und Aufzeichnungen linker Sozialisten 1944-1948, München 1984
41 Wie Anmerkung 38
42 Wie Anmerkung 37
43 Wie Anmerkung 38
44 Willy Brandt an Kurt Schumacher, Oslo, am 11. Juni 1946 und Erich Ollenhauer an Willy Brandt am 10. Juli 1946, beide WBA, PEN, Mappe 15
45 Willy Brandt an Fritz Heine, Oslo, am 6. Juli 1946, WBA, PEN, Mappe 15
46 Links, S. 422f.; Brandt an Szende, 8. Oktober 1946 und 22. Oktober 1946, in: Lorenz IV; dazu auch Lorenz, Einhart: Vorwort zu Lorenz IV, S. 46-48, sowie Anmerkung 175 ff. Rundschreiben Brandts vom 1. November 1946, in: Lorenz IV
48 Annedore Leber an Willy Brandt, Berlin, 6. Dezember 1946, WBA, PEN, Mappe 15a
49 Draußen, S. 334
50 Freundesland, S. 99f.
51 Bericht über die Tätigkeit des Presseattachés in Berlin in der Zeit vom 17. Januar bis zum 31. Januar 1948, WBA, Berlin, Mappe 54

52 Lorenz IV, S. 345 und 456
53 Willy Brandt an Utenriksdepartementet (Pressetjensten), Pressearbeidet ved Militærmisjonen i Berlin, 6/2-1947, WBA, Berlin, Mappe 54
54 Notat, Berlin 29/9-1947. Fortrolig. [Vertraulich], WBA, Berlin, Mappe 54
55 Russisk Utenrikspolitik, Presseattacheen an UD's pressetjenesten, Berlin, 16. Juni 1947, Strengt fortrolig [Streng vertraulich], WBA, Berlin, Mappe 54
56 Oversikt over de politiske diskusjon i Tyskland ved Mãndesskiftet februar-mars 1947, 4/3-1947, WBA, Berlin, Mappe 54
57 Willy Brandt, Tysk sosialdemokratiks kongress, Presseattacheen an UD's pressetjeneste, Berlin, 14. Juli 1947, WBA, Berlin, Mappe 54
58 Tyske reaksjoner ved opptaken til London-konferansen, WB/Presseattacheen, Berlin 11/11-1947, WBA, Berlin, Mappe 54
59 Vertraulicher Bericht des Presseattachés an der Norwegischen Militärmission in Berlin, Brandt, für den Pressedienst des Norwegischen Außenministeriums, in: Lorenz IV
60 Lania, S. 207
61 Links, S. 425f.
62 Wie Anmerkung 56
63 Freundesland, S. 102
64 Links, S. 425f. und Lania, S. 221f.
65 Mewis, Karl: Im Auftrag der Partei, Berlin (Ost) 1972, S. 308f.
66 Links, S. 428
67 Brandt an Walcher am 10. Juni 1946, in: Lorenz IV, und am 11. Juni 1946, WBA, Mappe 15; Walcher an Brandt am 14. Juni 1945, WBA, PEN, Mappe 13 und Walcher an Brandt am 29. August 1946, WBA, PEN, Mappe 15
68 Behring, S. 611-613
69 SAPMO NY 4087, Vorl 48
70 Links, S. 426 und Erinnerungen, S. 149
71 Freundesland, S. 110
72 Freundesland, S. 111f.
73 Links, S. 427
74 Willy Brandt am 12. März 1948 in einer Rede vor SPD-Funktionären nach dem Prager Februar-Putsch 1948, AdsD, Sammlung Personalia Willy Brandt, Mappe 7475
75 Walcher in einer Befragung durch die SED-Kontrollkommission (wie Anmerkung 69)
76 Gunnar Myrdal an Willy Brandt, Genf, 24. November 1947: »We do not know all the circumstances, but we feel that you are doing the right thing by starting work again for one of your two countries which is the poorest and which is most in need of your assistance«, WBA, Berlin, Mappe 2
77 Koch, S. 156. Er stützt seine Darstellung offenbar auf ein Gespräch, das er mit Erich Brost geführt hat.
78 Willy Brandt an Stefan Szende, 11. Dezember 1947, WBA, Berlin, Mappe 2
79 Kurt Vogel an Willy Brandt namens der Vereinigung deutscher Sozialdemokraten in Norwegen im Dezember 1947, WBA, Berlin, Mappe 2
80 Willy Brandt an Kurt Schumacher, 23. Dezember 1947, in: Brandt, Willy: Auf dem Weg nach vorn. Willy Brandt und die SPD 1947-1972, bearbeitet von Daniela Münkel, Bonn 2000, Berliner Ausgabe Band 4 (künftig: Münkel)

81 Fritz Heine an Kurt Heinig in Stockholm, 12. Januar 1948, SOPADE-Bestand, Emigration, Schweden, Mappe 6133
82 Brandt an Gunnar Myrdal in Genf, 8. November 1947, WBA, Berlin, Mappe 2
83 Schreiben des Presseattachés der Norwegischen Militärmission in Berlin, Brandt, an Außenminister Halvard Lange, Oslo, 7. November 1947, in: Lorenz IV

7 Im Auftrag der Parteiführung

1 Links, S. 428
2 Freundesland, S. 121-123
3 Links, S. 425
4 Bericht 116 des Berliner Sekretariats vom 18. November 1948, WBA, Berlin, 56
5 Willy Brandt an Kurt Schumacher, Berlin 10. Februar 1948, AdsD, Nachlaß Kurt Schumacher, Allgemeine Korrespondenz, Mappe 72
6 Bericht Nr. 30 des Berliner Sekretariats vom 23. März 1948, WBA, Berlin, Mappe 55
7 Bericht Nr. 92 des Berliner Sekretariats vom 3. September 1948, WBA, Berlin, Mappe 56. Steel wird später Botschafter Großbritanniens in Bonn
9 Bericht Nr. 85 des Berliner Sekretariats vom 17. August 1948, WBA, Berlin, Mappe 56
10 Links, S. 433
11 Barclay, David E.: Schaut auf diese Stadt. Der unbekannte Ernst Reuter, Berlin 1999, S. 302f. (künftig: Barclay)
12 Erinnerungen, S. 149
13 Lania, S. 211 und 214
14 Wie Anmerkung 12
15 Lania, S. 216
16 Barclay, S. 194
17 Lania, S. 213
18 Links, S. 432
19 Nach: Brandt, Willy / Löwenthal, Richard: Ernst Reuter, München 1957, (künftig: Brandt/Löwenthal) und Barclay, S. 194
20 Lania, S. 241
21 Barclay, 241f.
22 Links, S. 432
23 Willy Brandt: Die Lehren von Prag, Rede gehalten am 12. März in Berlin, AdsD, Sammlung Personalia Willy Brandt, Mappe 7475; siehe auch Lania, S. 224f.
24 Ernst Reuter: Berlin und das deutsche Schicksal, Vortrag im Außeninstitut der Technischen Universität Berlin am 16. Mai 1950
25 Brandt/Löwenthal, S. 687
26 Barclay, S. 295
27 Links, S. 436
28 Links, S. 437
29 Lania, S. 249f.
30 Freundesland, S. 126-130

31 Lehmann, S. 236f.
32 Erinnerungen, S. 20
33 Klaus Schütz im Gespräch mit dem Autor
34 Brief Willy Brandts an Ernst Reuter vom 16. Mai 1949, in: Münkel
35 Brandt an Szende, Berlin, 11. Dezember 1947, WBA, Berlin, Mappe 2
36 Links, S. 431
37 Klaus Schütz im Gespräch mit dem Autor
38 Erinnerungen, S. 323
39 Bericht 228 des Berliner Sekretariats vom 4. September 1949, WBA, Berlin, Mappe 58
40 Bericht des Berliner Sekretariats 329 vom 24. August 1949, WBA, Berlin, Mappe 58
41 Merz, Kai-Uwe: Kalter Krieg als antikommunistischer Widerstand. Die Kampfgruppe gegen Unmenschlichkeit, München 1987
42 Bericht Nr. 294 des Berliner Sekretariats vom 24. Juni 1949, WBA, Berlin, Mappe 58
43 Koch, S. 166
44 Luncheon with Willy Brandt – confidential – US National Archives, College Parks Maryland, RG 466 – US High Commission, Berlin Sector, Security – Segregated General Records 1848-1952, Box 3 352-35206
45 Heinz Kühne in: »Kuriere, Spitzel, Spione«, Broschüre, herausgegeben vom Parteivorstand der KPD, Frankfurt a. M. 1949.
46 Buschfort, Wolfgang: Das Ostbüro der SPD. Von der Gründung bis zur Berlin-Krise, München 1991
47 Willy Brandt: GEHEIM. Bericht vom 10. Februar 1949 an den Parteivorstand und Ostbüro/Hannover, WBA, Berlin, Mappe 58
48 »Offener Brief an Schumacher, Ollenhauer und andere«, *Neues Deutschland*, 12. April 1949
49 Michael Naumann in: Marko Martin, Orwell, Koestler und all die anderen. Melvin J. Lasky und »Der Monat«, Asendorf 1999, (künftig: Martin)
50 Hochgeschwender, Michael: Freiheit in der Offensive? Der Kongreß für kulturelle Freiheit und die Deutschen, München 1998, S. 172
51 Barclay, S. 331
52 Hannemann, Matthias: Kulturkrieg in Norwegen?, in: Nordeuropa-Forum – Zeitschrift für Politik, Wirtschaft und Kultur, 2/1999, S. 19
53 Martin, S. 19 und 21f.
54 Willy Brandt: Weitergeführte Demokratie, in: *Der Monat,* Heft 5, Februar 1949, S. 29-33
55 Brandt, Willy: Programmatische Grundlagen des demokratischen Sozialismus – Rede auf dem VI. Landesparteitag der Berliner SPD am 8. Mai 1949
56 Diskussionsbeitrag Willy Brandts auf dem Parteitag der SPD vom 11.-14. September 1948 in Düsseldorf, Parteitagsprotokoll S. 58f.
57 Bericht Nr. 137 des Berliner Sekretariats vom 31. Dezember 1948, WBA, Berlin, Mappe 56
58 Willy Brandt in einem Fernsehinterview mit dem Autor einige Monate vor seinem Tod

8 Machtkampf an der Spree

1 Freundesland, S. 144 und 147
2 Freundesland, S. 117f. und Peter Brandt im Gespräch mit dem Autor
3 Brief von Otto Suhr an Willy Brandt, 27. Oktober 1949, WBA, Berlin, Mappe 4
4 Berliner Stadtblatt, 5. September 1950 und 15. Oktober 1950
5 Berliner Stadtblatt, 19. Juni 1950; dazu auch Schmidt, S. 120f.
6 Horst Grabert und Peter Herz in Gesprächen mit dem Autor
7 Ashkenasi, Abraham: Reformpartei und Außenpolitik. Die Außenpolitik der SPD Berlin-Bonn, Köln/Opladen 1968, S. 70 – 97 (künftig: Ashkenasi)
8 4. Tagung des 7. Landesparteitags der Berliner SPD 1951, B 32-52 Franz Neumann Archiv II b – 2/10a Blatt 32-52
9 Barclay, S. 322
10 Willy Brandt auf dem Landesparteitag der SPD am 20. Januar 1949
11 Koch, S. 178
12 Brandt an Kurt Schumacher, 23. Mai 1952, WBA, Berlin, Mappe 27
13 Willy Brandt an den Vorstand und Landesausschuß, Berlin, 19. Mai 1952, Franz Neumann Archiv Ib1/2a
14 Koch, S. 178
15 Freundesland, S. 143
16 Ashkenasi, S. 99
17 Albertz, Heinrich: Der besiegte besinnt sich, in: *Neuer Vorwärts*, 25. September 1953
18 *Die Welt* , 14. Januar 1954
19 Ashkenasi, S. 32f.
20 Brandt auf dem Landesparteitag der Berliner SPD am 12. Juni 1954, in: Münkel; siehe dazu auch Schmidt, S. 162f.
21 Protokoll SPD-Parteitag in Berlin, S. 89f.; Ashkenasi, S. 101; Erinnerungen, S. 29f.
22 *Der Tagesspiegel*, 5. Januar 1956
23 Albertz, Heinrich: Vier Tage und siebzig Jahre, München 1974
24 *Der Tagesspiegel*, 29. April 1956
25 Ernst Reuter laut Protokoll der Sitzung des Parteivorstandes in Berlin am 28. und 29. November 1950, AdsD, PV, Protokolle PV November 1950
26 Stenographische Berichte des Deutschen Bundestages, 1. Wahlperiode, 223. und 224. Sitzung, 16. Juli 1952
27 Stenographische Berichte des Deutschen Bundestages, 1. Wahlperiode, 240. Sitzung, 3. Dezember 1952
28 Stenographische Berichte des Deutschen Bundestages, 2. Wahlperiode, 69. Sitzung, 24. Februar 1955
29 Stenographische Berichte des Deutschen Bundestages, 1. Wahlperiode, S. 13883 und »Mißklang«, in: *Die Welt* , 2. Juli 1953
30 Stenographische Berichte des Deutschen Bundestages, 2. Wahlperiode, 30. Sitzung, 21. Mai 1954 und Brandt, Willy: Eine Münchner Kapitulation, in: Berliner Stadtblatt, 14. September 1950
31 Stenographische Berichte des Deutschen Bundestages, 2. Wahlperiode, 146. Sitzung, 30. Mai 1956
32 9. Landesparteitag der Berliner SPD am 5./6. Juli 1952
33 *Süddeutsche Zeitung*, 9. November 1964 und Der diplomatische Brief, Bonn, 11. November 1964

34 Urteil des 1. Strafsenats des Obersten Gerichts der DDR vom 11. Dezember 1952, AZ 1 Zst (I) 12/52 – AU. Mf.S. 310/52 – BstU
35 Vernehmung vom 31. 7. 1952 /Ermittlungsverfahren MfS 200/52 – BStU AR 8
36 Markus Wolf: Spionagechef im geheimen Krieg. Erinnerungen, München 1998, S. 93f.
37 *Der Tagesspiegel*, 6. November 1956; Erinnerungen, S. 31f.; Freundesland, 152f.; Koch S. 181f.
38 *Der Spiegel*, 9. Oktober 1957, S. 24
39 *Der Tagesspiegel*, 10. November 1956
40 Freundesland, S. 149
41 Brief von Werner Bley an Franz Neumann, 7. November 1959, Franz-Neumann-Archiv, Berlin
42 Franz Neumann an Arno Scholz, 8. Juni 1959, in: AdsD, Nachlaß Arno Scholz, SPD, Zietenstraße, 1.1.1957-31.12.1959
43 Brief Willy Brandts an Franz Neumann vom 27. November 1957 und Brief von Arno Scholz an Neumann vom 22.6.1965, beide Franz-Neumann-Archiv, Berlin.
44 Prittie, S. 201
45 Ashkenasi, S. 143
46 Koch, S. 184

9 Aufstieg des Aussenseiters

1 Erinnerungen, S. 17
2 Waldemar Besson: Die Außenpolitik der Bundesregierung, München 1970, S. 169 (künftig: Besson)
3 Marion Gräfin Dönhoff, *Die Zeit*, 18. Oktober 1956
4 Von Bonn nach Berlin. Eine Dokumentation zur Hauptstadtfrage von Willy Brandt; Berlin-Grunewald 1957, S. 163
5 Brandt an Ollenhauer, 4. Februar 1957, WBA, Berlin, Mappe 16
6 *Der Tagesspiegel*, 27. November 1956
7 *Berliner Morgenpost*, 17. Juni 1958
8 *Der Tagesspiegel*, 11. Januar 1958 und *Berliner Morgenpost*, 11. Januar 1958
9 14. Landesparteitag, 5. Tagung, 12. Januar 1958
10 Prowe, Diethelm: Weltstadt in Krisen. Berlin 1949-1958, Berlin/New York 1973, S. 306 (künftig: Prowe)
11 Prowe, S. 286
12 Brandt, Willy, Vortrag über seine Amerika-Reise im Amerikahaus Berlin, 24. Februar 1958, WBA, Publikationen, Mappe 84
13 The Wall Street Journal, 26. Februar 1958
14 Koch, S. 189
15 Berlin-Chronik der Jahre 1959/60, herausgegeben im Auftrag des Senats von Berlin vom Landesarchiv Berlin, Abteilung Zeitgeschichte, Berlin 1978 (künftig: Berlin-Chronik); Freundesland 204f.; *Frankfurter Allgemeine Zeitung*, Berliner Seiten, 24. Dezember 2001; Filmmuseum Berlin Deutsche Kinemathek
16 *Berliner Morgenpost*, 8. Juni 1958
17 Ashkenasi, S. 157-159

18 *Berliner Morgenpost*, 19. April 1958
19 Protokoll des Außerordentlichen Landesparteitags der SPD Berlin, 28. Dezember 1958, S. 28 sowie Ashkenasi, S. 162
20 Ashkenasi, S. 150 und 157
21 Protokoll des SPD-Parteitags Stuttgart, S. 323-326
22 Hartmut Soell: Fritz Erler. Eine politische Biographie Band I, Bonn/Bad Godesberg 1976, S. 314 (künftig: Soell)
23 Willy Brandt in der Neuen Ruhr Zeitung vom 24. März 1958, WBA, Publizistische Äußerungen, Mappe 85
24 *Süddeutsche Zeitung*, 24. Februar 1958
25 Brandt im Chatham House in London am 13. März 1958, siehe dazu auch Schmidt, S. 228f.
26 Schmidt, S. 236
27 Ashkenasi, S. 166, Anmerkung 116
28 AdsD, Nachlaß Knoeringen, Mappe 34
29 *Berliner Morgenpost*, 6. November 1958
30 *Neues Deutschland*, 11. Juli 1958
31 Willy Brandt: Keine isolierte Scheinlösung der Berlin-Frage, in: *Die Neue Gesellschaft*, 3/1959
32 *Berliner Morgenpost*, 7. Dezember 1958
33 *Berliner Morgenpost*, 16. Dezember 1958
34 *Der Tagesspiegel*, 16. Dezember 1958
35 Wie Anmerkung 30
36 Freundesland, S. 161-163
37 »Triumphzug von Küste zu Küste«, in: *Der Telegraf*, 19. Februar 1959; »Von Kaiser Wilhelm bis Willy Brandt«, in: *Der Kurier*, 19. Februar 1959
38 Erinnerungen, S. 21
39 Landesarchiv Berlin, Bericht des Regierenden Bürgermeisters, Senatssitzung vom 7. März 1959, S. 22 (B Rep. 002, Nr. 3137)
40 Brandt, Willy: Begegnungen und Einsichten. Die Jahre 1960-1975, Hamburg 1976, S. 84f. (künftig: Begegnungen)
41 Begegnungen, S. 212f.
42 Wie Anmerkung 41
43 *Berliner Morgenpost*, 7. Mai 1960
44 Berlin-Chronik 1959/60, S. 287
45 Eisenhower auf einer Pressekonferenz nach seinem Treffen mit Chruschtschow in Camp David am 22. September 1959, Berlin-Chronik 1959/60, S. 365
46 Günter Klein, »2.8.59/bg«, Vermerk, S. 4, WBA, Berlin, Mappe 76
47 *Berliner Morgenpost*, 31. Juli 1959
48 Schmidt, 276f.
49 Wie Anmerkung 47
50 Grewe, Wilhelm G.: Rückblenden 1976-1951, Frankfurt a. M./Berlin 1979, S. 406
51 Vermerk Brandts über ein Gespräch mit Bundeskanzler Adenauer am 30. November 1959, WBA, Berlin, Mappe 23 und Küsters, Hanns-Jürgen: Konrad Adenauer und Willy Brandt in der Berlin-Krise 1958-1963, in: *Vierteljahrshefte für Zeitgeschichte,* 40/1992, S. 516 (künftig: Küsters)
52 Brandt, Willy: Vortrag vor der Columbia-Universität in New York am 17. März 1961, WBA, Publizistische Äußerungen, Mappe 114

53 Schwarz, Hans-Peter: Adenauer. Der Staatsmann 1952-1967, Stuttgart 1991, S. 561 (künftig: Schwarz)
54 Berlin-Chronik 1959/60, S. 262f. und 299f. sowie »Der ›inter-administrative Ausschuß‹«, in: *Frankfurter Allgemeine Zeitung*, 29. Juli 1959.
55 Küsters, S. 512f.
56 Küsters, S. 504f.
57 Schwarz, S. 598
58 Erinnerungen, S. 61
59 Sondersitzung des Senats vom 6. April 1960, S. 21, WBA, Berlin, Mappe 70; Küsters, S. 509f.; Schmidt, S. 311-315
60 Berlin-Chronik 1959/60, S. 246
61 »London bedauert Tumult um Brandt«, in: *Frankfurter Rundschau*, 30. März 1962; »Störaktionen einer Minderheit gegen die Rede Brandts in London«, in: *Basler Nachrichten*, 30. März 1962; »Spießrutenlauf Brandts in England«, in: *Münchner Merkur*, 31. März 1962; »Auch in Birmingham Tumulte um Brandt«, in: *Hamburger Abendblatt*, 31. März 62; »Bürgermeister Brandt in Newcastle freundlich empfangen«, in: *Frankfurter Allgemeine Zeitung*, 31. März 1962
62 Schmidt, S. 245ff.
63 Protokoll Präsidiumssitzung der SPD vom 23. März 1959, AdsD, PV, Protokolle PV, März 1959
64 Vermerk Willy Brandt über Gespräch mit Kreisky am 6. März 1960, WBA, Berlin, Mappe 69
65 Erinnerungen, S. 51f.; Brief Kreiskys an Brandt am 11. März 1959, WBA, Berlin, Mappe 20 und Bruno Kreisky: Im Strom der Politik. Der Erinnerungen zweiter Teil, Berlin 1988, S. 17-24
66 Erinnerungen, S. 51f.
67 Besson, S. 170
68 Pirker, Theo: Die SPD nach Hitler, Berlin 1977, S. 265 (künftig: Pirker)
69 Miller, Susanne: Die SPD vor und nach Godesberg, in: Die zweite Republik, 25 Jahre Bundesrepublik Deutschland – eine Bilanz, Stuttgart 1974
70 Artikel Brandts in der *Berliner Stimme* vom 12. September 1959 und Redebeitrag Brandts in Bad Godesberg, 13. November 1959, in: Münkel
71 Ashkenasi, S. 174f.
72 Miller, Susanne: »Vor 40 Jahren: Godesberg – ein Durchbruch«, in: *Die Neue Gesellschaft*, 12/1999
73 »Große Pläne mit Willy Brandt«, in: *Berliner Morgenpost*, 19. September 1959
74 »Brandt regiert die Stunde«, in: *Der Spiegel*, 6. Januar 1960
75 Klaus Schütz im Gespräch mit dem Autor
76 Renger, Annemarie: Ein politisches Leben, Stuttgart 1993, S. 204f.
77 Weber, Petra: Carlo Schmid 1896-1979. Eine Biographie, München 1996, S. 636
78 *Der Spiegel*, 20. Juli 1960, S. 11-13
79 Hans-Jochen Vogel im Gespräch mit dem Autor
80 Willy Brandt in der Sendereihe »Politik aus erster Hand« des Bayerischen Rundfunks, 25. Mai 1960; SPD-Pressemitteilungen und Informationen, 25. Mai 1960
81 Telegrammentwurf Willy Brandts an Herbert Wehner, WBA, Berlin, Mappe 24

82 Egon Bahr im Gespräch mit dem Autor
83 Protokoll der Sitzung der SPD-Bundestagsfraktion am 21. und 28. Juni 1960, AdsD, SPD-Bundestagsfraktion, Protokolle Fraktionssitzung, Juni 1960
84 Erinnerungen, S. 327
85 Jacques Schuster: Heinrich Albertz. Der Mann, der mehrere Leben lebte. Eine Biographie, Berlin 1997, S. 57 (künftig: Schuster)
86 Albertz, Heinrich: Blumen für Stuckenbrock, Biographisches, Stuttgart 1981
87 Allemann, Fritz René: »Wie ich es sehe«, in: *Berliner Morgenpost*, 28. August 1960.
88 Protokoll SPD-Parteitag Hannover, S. 558
89 Protokoll SPD-Parteitag Hannover, S. 680
90 *Süddeutsche Zeitung*, 27. November 1960
91 Klaus Schütz: Die Legende von einem deutschen Kennedy. Willy Brandts Bundestagswahlkampf 1961, in: Bernd Polster (Hrsg.), Westwind. Die Amerikanisierung Europas, Köln 1995
92 *Der Tagesspiegel*, 15. März 1961
93 Brandt, Willy: Begegnungen mit Kennedy, München 1964, S. 51 (künftig: Begegnungen Kennedy)
94 Rede Willy Brandts auf dem Parteitag in Hannover am 25. November 1969, Parteitagsprotokoll S. 669
95 Brandt, Willy: Rede im Goethehaus New York 18. März 1961, WBA, Publizistische Äußerungen, Mappe 114
96 Begegnungen Kennedy, S. 47
97 *Der Spiegel*, 31/1961
98 Wie Anmerkung 91
99 »Willy Brandt erhebt große Anklage«, in: *Süddeutsche Zeitung*, 29./30. April 1961
100 Freundesland, S. 177
101 Wie Anmerkung 99
102 Brandt, Willy: Das Regierungsprogramm der SPD, Rede auf dem Kongreß der SPD in Bonn, 28. April 1961, herausgegeben vom Vorstand der SPD, Bonn 1961, S. 9
103 Struve, Günter: Kampf um die Mehrheit, Köln 1971, S. 60-65
104 Bahr, Egon: Zu meiner Zeit, Berlin 1998, S. 124 (künftig: Bahr)
105 Bahr, S. 130 und »Wo uns der Schuh drückt«, Ansprache Willy Brandts im RIAS, 14. Mai 1961, WBA, Publizistische Äußerungen, Mappe 116
106 *Berliner Morgenpost*, 1. August 1961 und Berlin-Chronik 1961, S. 153f.
107 Shell, Kurt L.: Bedrohung und Bewährung. Führung und Bevölkerung in der Berlin-Krise, Köln/Opladen 1965, S. 28 (künftig: Shell)
108 Vor Maßnahmen gegen West-Berlin, Berlin, den 4. August, WBA, Berlin, Mappe 75
109 *Berliner Morgenpost*, 12. August 1961

10 Der Mauerbau

1 Begegnungen, S. 11f.
2 Brandts Rede vor dem Landesparteitag der Berliner SPD, 2. Dezember 1961, WBA, Publizistische Äußerungen, Mappe 130
3 Bahr, S. 131

4 Erklärung des Regierenden Bürgermeisters vor dem Abgeordnetenhaus am 13. August 1961, Stenographische Berichte Abgeordnetenhaus von Berlin, 3. Wahlperiode, Bd. 3, S. 251ff.
5 Bahr, S. 134
6 Görtemaker, Manfred: Geschichte der Bundesrepublik Deutschland von der Gründung bis zur Gegenwart, München 1999, S. 364 (künftig: Görtemaker)
7 *Der Spiegel*, 35/1961, S. 43f.
8 Begegnungen, S. 15
9 *Berliner Morgenpost*, 17. August 1961
10 Prittie, S. 256
11 Prowe, Diethelm: Der Brief Kennedys an Brandt, in: *Vierteljahrshefte für Zeitgeschichte* 33/1985; hier sind sowohl Brandts Brief als auch die Antwort Kennedys dokumentiert
12 Bahr, S. 136
13 Wie Kapitel 9, Anmerkung 107
14 Shell, S. 137
15 A.a.O., S. 29
16 Wie Anmerkung 10
17 Erinnerungen, S. 11, 58f. und 63
18 Brandt bei der Eröffnung der Deutschen Oper in Beisein von Bundespräsident Heinrich Lübke laut *Berliner Morgenpost*, 26. September 1961
19 Rundfunkansprache Willy Brandt im NDR, WDR und SR am 14. August 1961, WBA, Publizistische Äußerungen, August 1961
20 Begegnungen, S. 28 und: Winfried Staar, damals persönlicher Referent von Brandt, im Gespräch mit dem Autor
21 Koch, S. 244
22 Schwarz, S. 665
23 Schwarz, S. 661
24 Köhler, Henning: Adenauer. Eine politische Biographie, Berlin 1994, S. 1109
25 *Der Tagesspiegel*, 30. August 1961
26 *Berliner Morgenpost*, 18. August 1961; *Der Spiegel*, 35/1961; *Der Tagesspiegel*, 31. August 1961 und *Rheinischer Merkur*, 10. März 1961
27 *Der Spiegel*, 11/1961
28 Schwarz, S. 596
29 *Literatur und Leben* vom 6. und 10 Juli 1960 sowie »Die seltsamen Wandlungen des Willy Brandt, Sendung von Radio Moskau vom 6. September 1960, beide WBA, Prozesse, Mappe 9
30 Geheimauftrag Rufmord – Tatsachen-Argumente Nr. 6, Dezember 1960, herausgegeben vom SPD-Vorstand in Bonn sowie Markus Wolf im Gespräch mit dem Autor
31 »Ostbüro gesteht Vorbereitung des Tages X ein«, in: *Neues Deutschland*, 1. Juli 1953
32 »Kein Sozialdemokrat wählt die Stimme Amerikas«, in: *Neues Deutschland*, 1. Dezember 1954
33 »Willy Brandt – Ami-Agent, Heuchler und Verräter«, in: *Neues Deutschland*, 26. Februar 1955
34 »Adenauers Laufbursche Willy«, in: *Neues Deutschland*, 11. März 1959

35 BstU, Untersuchungsvorgang Georg Angerer Nr. U 71/59, MfS 4000/65
36 Hermann Näfke am 14. Juni 1967 in einem Brief an Willy Brandt und im Gespräch mit dem Autor
37 Lehmann, S. 257
38 WBA, Prozesse, Mappe 2
39 Freundesland, S. 141f. und 176f.
40 *Der Spiegel,* 21/1960
41 WBA, Prozesse, Mappen 17, 18 und 19
42 *Der Spiegel*, 20. September 1961
43 Bohnsack, Günter / Brehmer, Herbert: Auftrag Irreführung. Wie die Stasi Politik im Westen machte, Hamburg 1992, S. 196-198
44 Markus Wolf im Gespräch mit dem Autor
45 Brief von Klaus Schütz an Willy Brandt über ein Gespräch mit Rudolf Augstein, WBA, Prozesse, Mappe 29
46 Begegnungen, S. 49
47 *Zeit-Magazin*, 30. Januar 1976
48 Bahr, Egon: »Emigration – ein Makel?«, in: *Die Zeit,* 44/1965
49 Freundesland, S. 174f.
50 Rede Willy Brandts nach der Wahl zum Kanzlerkandidaten, Parteitag Hannover 1960, Protokoll S. 661
51 Pfeil, Moritz (i.e. Rudolf Augstein), in: *Der Spiegel*, 11/1961 und 13/1961
52 »Wahlkampf und Wahlkrampf«, *Rheinischer Merkur*, 8. September 1961
53 Lehmann, S. 260f.
54 Draußen, S. 185-220
55 Krieg und Revolution, wie Kapitel 4, Anmerkung 7
56 Links, S. 218f.
57 Freundesland, S. 191f.
58 Koch, S. 224
59 *Stimme des Freidenkers* – Monatsschrift für Freies Denken und Zeitkritik, Februar 1961
60 Brief Willy Brandts an Joachim G. Leithäuser, 23. Februar 1961, AdsD, SPD, Landesverband Berlin, Mappe 3BEAB000124
61 Brief Willy Brandts an Max Köhler vom 16. Februar 1961, AdsD, SPD, Landesverband Berlin, Mappe 3BEAB000124
62 Hess, Hans-Jürgen: Innerparteiliche Gruppenbildung. Macht- und Demokratieverlust einer politischen Partei am Beispiel der Berliner SPD von 1963 bis 1981, Bonn 1984, S. 42.
63 Urteil des 2. Zivilsenats des Bundesgerichtshofs vom 17. Dezember 1973, Aktenzeichen II ZR 47/71 in der Klage von Rudolf Schmidt und Jürgen Vietig gegen den Landesverband Berlin der SPD, vertreten durch seinen Vorsitzenden Klaus Schütz.
64 Brief Willy Brandts an Kurt Mattick, 30. Juli 1962, AdsD, Nachlaß Kurt Mattick, Mappe 29
65 Eberlein, Klaus D.: Die Wahlentscheidung vom 17. September 1961, ihre Ursachen und Wirkung, in: *Zeitschrift für Politik* 9/1962
66 Pfeil, Moritz (i.e. Rudolf Augstein), in: *Der Spiegel*, 36/1961
67 Klaus von Dohnanyi an Willy Brandt, 30. August 1961, WBA, Berlin, Mappe 30
68 Begegnungen, S. 46
69 A.a.O., S. 42

70 Lohmar, Ulrich: Die Chance der SPD, in: *Vorwärts*, 11. Oktober 1961
71 Soell, S. 942f.
72 Klotzbach, Kurt: Der Weg zur Staatspartei: Programmatik, praktische Politik und Organisation der deutschen Sozialdemokratie 1945-1965, Berlin 1982, S. 572-578 (künftig Klotzbach)

11 Die Realität als Lehrmeister

1 *Berliner Morgenpost*, 3. Dezember 1961
2 Brandt, Willy: Antwort auf die Regierungserklärung, Stenographische Berichte des deutschen Bundestages, 4.Wahlperiode, 6. Sitzung, 6. Dezember 1961
3 Rosenbaum, Ulrich: Es wird nichts wieder wie es war – 18 Interviews mit Willy Brandt und zwei Reportagen 1989-1992
4 Berlin Chronik 1962, S. 196f. und Dokumente zur Deutschlandpolitik IV 8, S. 629
5 Vermerk Egon Bahrs für Willy Brandt, AdsD, Depositum Egon Bahr, Mappe 44b
6 Wo uns der Schuh drückt, RIAS, 27. Mai 1962
7 Berlin Chronik 1962, S. 214f.; *Berliner Morgenpost*, 18. August 1962 und *Der Spiegel*, 35/1962
8 Bahr, S. 138
9 Begegnungen, S. 36
10 Landesarchiv Berlin, B. Rep. 002 Nr. 12175
11 Schwarz, S. 598
12 Peter Herz im Gespräch mit dem Autor
13 Wie Anmerkung 10
14 Brandt, Peter: Brand(t)meister. Willy Brandt als Regierender Bürgermeister von Berlin. Im Spiegel der Karikatur in West und Ost, herausgegeben von Dieter Dowe, Landsberg 1996 (künftig: Brand(t)meister)
15 Begegnungen, S. 37f. und Bahr, S. 151
16 Bericht Willy Brandts vor dem Abgeordnetenhaus am 22. September 1961
17 Siebenmorgen, Peter: Gezeitenwechsel. Aufbruch zur Entspannungspolitik, Bonn 1990, S. 353f.
18 Ich bin bereit, mit Ostberlin zu verhandeln, in: *Der Spiegel*, 1-2/1962
19 Notiz Willy Brandts über ein Gespräch mit General Clay am 1. Oktober 1961 im Rathaus Schöneberg, WBA, Berlin, Mappe 71
20 Ashkenasi, S. 203 und Prowe, Diethelm: Die Anfänge der Brandtschen Ostpolitik, in: Benz/Graml, Aspekte der Außenpolitik im 20. Jahrhundert, Stuttgart 1976, S. 252-286
21 Schuster, S. 75
22 *Der Spiegel*, 5. September 1962
23 Brandt, Willy: Koexistenz: Das unausweichliche Wagnis. 1. und 2. Vorlesung im Rahmen der Pollak Series an der Graduate School of Public Administration, Harvard University, am 2. und 3. Oktober 1962, WBA, Publizistische Äußerungen, Mappe 144/145
24 Schmidt, S. 454
25 Vorträge Brandts und Bahrs in Tutzing am 15. Juli 1963, in: Dokumente zur Deutschlandpolitik, Reihe IV, Band 9, Frankfurt a.M. 1978

26 Bahr, S. 154f.
27 Bahr, S. 158
28 Erklärung des Regierenden Bürgermeisters vor dem Abgeordnetenhaus, 5. September 1963, in: Dokumente zur Deutschlandpolitik, Band IV, Band 9, Frankfurt a.M. 1978, S. 679f.
29 Adenauer vor dem Bundestag, 9. Oktober 1962
30 Begegnungen Kennedy, S. 204-208
31 Raimund Lammersdorf vom Deutschen Historischen Institut Washington in einem Brief an den Autor
32 Willy Brandt: A Political Profile – JFK Library NSP Box 91
33 Begegnungen Kennedy, S. 230f.
34 Begegnungen Kennedy, S. 112f.
35 Bahr, S. 166f.
36 Mitteilung des Senats vom 15. Dezember 1961, in: Berlin Chronik 1961, S. 197
37 Schuster, S. 99
38 Mende, Erich: Von Wende zu Wende, München 1986, S. 118f.
39 Bahr, S. 162
40 Moersch, Karl: Kurs-Revision. Deutsche Politik nach Adenauer, Frankfurt a.M. 1978, S. 71
41 Gespräch des Autors mit Klaus Lindenberg, dem langjährigen Büroleiter Willy Brandts
42 Schuster, S. 109
43 Ludwig Erhard im Bundestag, Stenographische Protokolle des Deutschen Bundestages, 4. Wahlperiode, 116. Sitzung, 9. Januar 1964
44 LAB, B. Rep. 2 Nr. 11753
45 Begegnungen, S. 107
46 Pirker, S. 336
47 Begegnungen, S. 106
48 Wie Anmerkung 41
49 Prowe, Diethelm, S. 281f. (wie Anmerkung 20)
50 Wie Anmerkung 32
51 *Der Spiegel*, 33/1965
52 Freundesland, S. 237 und *Berliner Morgenpost*, 1. Februar 1964 und 4. Juni 1964
53 Freundesland, S. 220f.
54 Klaus Hildebrand: Von Erhard zur Großen Koalition, Stuttgart 1984, S. 191 (künftig: Hildebrand)
55 *Berliner Morgenpost*, 15. Oktober 1966
56 Begegnungen, S. 113-122
57 Julij Kwizinskij: Vor dem Sturm. Erinnerungen eines Diplomaten, Berlin 1992, S. 196-198 (künftig: Kwizinskij)
58 Egon Bahr im Gespräch mit dem Autor
59 Fritz Erler an Willy Brandt, 23. Oktober 1962, WBA, Berlin, Mappe 35
60 Bahr, S. 158
61 Kurt Mattick an Heinrich Albertz, 2. August 1963, AdsD, Nachlaß Albertz, Mappe 172
62 Heinrich Albertz an Willy Brandt, 1. August 1963, WBA, Berlin Mappe 38
63 Pirker, S. 317
64 Erinnerungen, S. 217

65 Brandt, Willy: Ostpolitik im Zeichen der Koexistenz, in: H. E. Jahn, Die deutsche Frage von 1945 bis heute, Mainz 1985, S. 290f. sowie die Rede Willy Brandts auf dem Schlesiertreffen am 9. Juni 1963 in Köln; siehe auch die Festschrift zu diesem Treffen
66 Protokoll SPD-Parteitag in Dortmund 1966
67 Protokoll SPD-Parteitag Karlsruhe 1964
68 Rudolf Augsteins Wahlkalender (IV) in: *Der Spiegel*, 28/1965
69 Egon Bahr im Gespräch mit dem Autor; dazu auch Soell, S.464
70 Berg, Hermann von: Vorbeugende Unterwerfung, München 1988
71 Bahr, S. 165
72 SAPMO, DY 30/3498
73 SAPMO, DY 30/3499
74 Lange, Ania: Die Selbstdarstellung der SPD als moderne Volkspartei in den Bundestagswahlkämpfen 1961 und 1966, Köln, Univ., Magisterarbeit 1995 und Hartelt, Susanne: Die Wahlkampfführung der SPD 1949-1969, Düsseldorf, Univ., Magisterarbeit 1977
75 Schröder, Dieter: »Berliner Luft bei Kaffee und Kuchen«, in: *Der Spiegel*, 36/1965
76 Günter Grass im Gespräch mit dem Autor
77 Das Wahlkontor deutscher Schriftsteller in Berlin 1965. Versuch einer Parteinahme, herausgegeben von Klaus Roehler, Berlin 1990
78 Hentschel, Volker: Ludwig Erhard – Ein Politikerleben, München/Landsberg am Lech 1996, S. 572f.
79 Günter Grass: Loblied auf Willy. Rede im Bundestagswahlkampf, Juli 1965, in: Werkausgabe in zehn Bänden, Band 9, Darmstadt/Neuwied 1987
80 Briefwechsel Grass/Brandt, Akademie der Künste Berlin, Vorlaß Grass
81 *Berliner Stimme*, 24. Juli 1965
82 Schnecke, S. 29 (wie Kapitel 1, Anmerkung 5)
83 A.a.O., S. 303
84 Bahr, Egon: »Emigration – ein Makel?«, in: *Die Zeit*, 29. Oktober 1965
85 Struve, Günter: Kampf um die Mehrheit, Köln 1971
86 Jahrbuch der öffentlichen Meinung, 1965-1967, S. 306
87 Schreiber, Hermann: »Bereitsein für alles«, *Der Spiegel*, 33/1965
88 Kaltefleiter, Hans Werner: Konsens ohne Macht? Eine Analyse der Bundestagswahl vom 19. September 1965, in: Verfassung und Verfassungswirklichkeit, Bd. 1, 1966
89 Ruhrnachrichten Dortmund, 16. September 1965, Brandt erwartet größten Erfolg in der Geschichte seiner Partei.
90 Wie Anmerkung 88
91 Bahr, S. 178
92 Prittie, S. 306
93 Begegnungen, S. 169
94 Albertz, Heinrich: Vier Tage und siebzig Jahre, München 1985, S. 186
95 Kempski, Hans Ulrich: »Doch keiner weiß, wohin die Wege führen«, in: *Süddeutsche Zeitung*, 25./26. September 1965
96 *Berliner Morgenpost*, 21. September 1965 und *Der tagesspiegel*, 21. September 1965
97 Bahr, S. 180
98 *Berliner Morgenpost*, 1. Juni 1966

12 Die Bundesrepublik im Umbruch

1 Egon Bahr, Vermerk für Willy Brandt, 27. Oktober 1966, AdsD, Depositum Bahr, Mappe 352
2 Begegnungen, S. 174-176
3 Begegnungen, S. 175
4 Kroegel, Dirk: Einen Anfang machen. Kurt Georg Kiesinger in der Außen- und Deutschlandpolitik der Großen Koalition, München 1997 (künftig: Kroegel)
5 Schmoeckel, Reinhard /Kaiser, Bruno: Die vergessene Regierung. Die Große Koalition 1966 bis 1969 und ihre langfristigen Wirkungen, Bonn 1991 (künftig: Schmoeckel)
6 Wie Anmerkung 5 und *Der Spiegel*, 16. September 1974
7 Begegnungen, S. 174-176
8 Günter Grass an Willy Brandt, handschriftlich, 22. November1966, Akademie der Künste Berlin, Vorlaß Grass
9 Willy Brandt an Günter Grass, handschriftlich, 19. Januar 1967, Akademie der Künste Berlin, Vorlaß Grass
10 Brief des SPD-Vorsitzenden Willy Brandt an alle Partei-Mitglieder vom 6. Dezember 1966
11 Freundesland, S. 238-241
12 Hans Arnold im Gespräch mit dem Autor
13 Willy Brandt auf der Bundeskonferenz der SPD in Bad Godesberg am 13. November, *Die Welt* , 14. November 1967
14 Dollinger, Hans: Willy, Willy. Der Weg des Menschen und Politikers Willy Brandt. Eine biographische Dokumentation, München 1970, S. 92
15 Prittie, S. 321
16 Bahr, S. 224
17 Koch, S. 305
18 Begegnungen, S. 176
19 Kroegel, S. 95
20 Hildebrand, Klaus: Von Erhard zur Großen Koalition 1963-1969, Geschichte der Bundesrepublik Deutschland, Band 4, Stuttgart 1984, S. 268 (künftig: Hildebrand)
21 Görtemaker, S. 453
22 Reform des Strafrechts: Auf dem Weg zu einer fortschrittlichen Kriminalpolitik. Dokumentation von Paul Lersch und Hans Schueler, in: *Die Welt*, 16. Mai 1969 sowie Horst Ehmke: Mittendrin, Berlin 1994, S. 55-59 (künftig: Ehmke)
23 Kroegel, S. 174
24 Interview Kiesinger-Löwe, zitiert nach Kroegel, S. 170
25 Hermann Kreutzer im Gespräch mit dem Autor
26 Bahr, S. 432
27 Görtemaker, S. 446
28 Schmoeckel, S. 65
29 Erinnerungen, S. 169 und Freundesland, S. 252
30 Schmoeckel, S. 64
31 Braunmühl, Claudia von: Kalter Krieg und friedliche Koexistenz. Die Außenpolitik der SPD in der Großen Koalition, Frankfurt a.M. 1973, S. 138 (künftig: Braunmühl)

32 Hildebrand, S. 306
33 *Frankfurter Allgemeine Zeitung*, 8. Februar 1967
34 Hentschel, Volker: Ludwig Erhard, München/Landsberg 1996, S. 504
35 Begegnungen, S. 130-132
36 *Der Spiegel*, 8. Mai 1963
37 *Frankfurter Allgemeine Zeitung*, 17. Dezember 1966 und 20. Dezember 1966
38 Kroegel, S. 97
39 Begegnungen, S. 137
40 *Der Tagesspiegel*, 15. Mai 1965 und Begegnungen, S. 140f.
41 Rede anläßlich der Verleihung der Ehrendoktorwürde durch die New School of Social Research, New York, 19. April 1965, WBA, Publizistische Äußerungen, Mappe 206
42 Bahr, S. 173-176
43 Lothar Rühl in: *Die Welt*, 5. Februar 1968
44 Wie Anmerkung 43
45 Begegnungen, S. 160
46 Golo Mann in einer Fernsehsendung mit Günter Grass am 21. Oktober 1968, WBA, Außenminister, Mappe 77
47 Bahr, S. 193 und 247
48 Begegnungen, S. 229-231 und Bahr, S. 222
49 Bender, Peter: Neue Ostpolitik. Vom Mauerbau bis zum Moskauer Vertrag, München 1986, S. 139f. (künftig: Bender)
50 Brzezinski, Zbigniew: Deutsche Einheit durch europäische Verflechtung, in: Sommer, Theo (Hrsg.), Denken an Deutschland, Hamburg 1966, S. 99
51 Bender, S. 141
52 Oberndörfer, Dieter (Hrsg.): Begegnungen mit Kurt Georg Kiesinger. Festgabe zum 80. Geburtstag, Stuttgart 1984, S. 372f.
53 *Bayernkurier*, 25. November 1967
54 Schmoeckel, S. 175f.
55 Brandt an Kiesinger, Anfang August 1968, WBA, Außenminister, Mappe 13
56 Kroegel, S. 176
57 Kiesinger an Brandt, 22.8.1967, Archiv der Konrad-Adenauer-Stiftung, Kiesinger I-226, D/IV.6. A 001
58 Begegnungen, S. 230
59 Kroegel, S. 171-175
60 Erinnerungen, S. 169f.
61 Bahr, S. 202
62 Brandt an Kiesinger, 15. Juli 1968, WBA, Außenminister, Mappe 13
63 *Der Spiegel*, 9. September 1968
64 Kroegel, S. 240
65 Brandt an Kiesinger, 7. Juli 1967, WBA, Außenminister, Mappe 13
66 *Bayernkurier* 6. April 1968 und 13. April 1968
67 Gehlen, Reinhard: The Service, New York 1972, S. 354-359
68 *Die Welt* , 6. April 1968
69 Timmermann, Heinz: Im Vorfeld der neuen Ostpolitik. Der Dialog zwischen italienischen Kommunisten und deutschen Sozialdemokraten 1967/68, in: *Osteuropa*, 6/1971
70 Kroegel, S. 217 und Ehmke, S. 58f.
71 Bahr, S. 251

72 Wie Anmerkung 69
73 Kroegel, S. 220f.
74 Diehl laut dpa, 3. April 1968
75 Bahr, S. 250f.
76 Begegnungen, S. 292
77 Protokoll des SPD-Parteitags Nürnberg 1968, S. 110f.
78 *Bayernkurier*, 30. März 1968
79 Schmoeckel, S. 183f.
80 Hildebrand, S. 330
81 Bahr, S. 218f.
82 Ehmke, S. 202-204
83 Protokoll der Klausurtagung des SPD-Präsidiums am 19. Mai 1968, AdsD, SPD, PV, Protokolle Präsidium, Mai 1968
84 »Das Dilemma der Sozialdemokraten«, in: *Die Welt*, 22. Mai 1968
85 Ehmke, S. 66f.
86 Brandt, Willy: Mehr Demokratie wagen. Innen- und Gesellschaftspolitik 1966-1974, bearbeitet von Wolther von Kieseritzky, Bonn 2001, Berliner Ausgabe Band 7, S. 30 (künftig: Kieseritzky)
87 Kieseritzky, S. 152
88 *Bayernkurier*, 20. April 1968
89 Freundesland, S. 258f.
90 Freundesland, S. 256 und 262-264 sowie Prittie, S. 284
91 *Berliner Morgenpost*, 29. November 1966
92 *Der Spiegel*, 1. September 1975
93 Berliner »nacht-depesche«, 5. März 1966 und Begegnungen, S. 266
94 Peter Brandt im Gespräch mit dem Autor
95 Wilhelm Dröscher an Willy Brandt, 24. August 1968, WBA Außenminister, Mappe 14/15
96 Koch, S. 308f.
97 *Frankfurter Allgemeine Zeitung*, 22. April 1968 und »Demokratie gibt es nicht auf Lebensmittelkarten – Willy Brandt auf Wahlreise durch Baden-Württemberg«, in: *Die Welt* , 22. April 1968
98 Brand(t)meister, S. 17
99 *Berliner Morgenpost*, 6. und 8. Februar 1966, und *Der Tagesspiegel*, 8. Februar 1968
100 Begegnungen, S. 422 und Erinnerungen, S. 398
101 Egon Bahr im Gespräch mit dem Autor
102 Auswertung des Gespräches des Präsidiums der SPD mit Asta-Vorsitzenden am 14. Juni 1967, AdsD, ZASS II D-W 8-7 g 1 und »SPD: Keine Identifizierung mit Albertz«, in: *Die Welt* , 16. Juni 1967
103 Wischnewski, Hans-Jürgen: Mit Leidenschaft und Augenmaß. Politische Memoiren, München 1989, S. 66
104 Hildebrand, S. 392f.
105 *Die Welt* , 11. März 1969
106 Koch, S. 312
107 Baring, Arnulf: Machtwechsel, Stuttgart 1982, S. 94 (künftig: Baring)
108 *Der Spiegel*, 15. September 1969
109 Ulrich Lohmar an Willy Brandt, 14. März 68, WBA, Außenminister, Mappe, 14/15

110 *Die Welt*, 18. April 1969 und *Frankfurter Allgemeine Zeitung*, 17. April 1969
111 Hartelt, Susanne: Die Wahlkampfführung der SPD 1949-1969, Düsseldorf, Univ. Magisterarbeit 1977, S. 128 (künftig: Hartelt)
112 Glaser, Hermann: Die Kulturgeschichte der Bundesrepublik Deutschland. Zwischen Protest und Anpassung 1968-1989, München/Wien 1989, S. 27
113 *Stern*, 10/1968 und 27/1961
114 Heck, Thomas E.: Die Evangelische Kirche und ihre Bedeutung für die Neuformulierung der Ost- und Deutschlandpolitik bis 1969, Frankfurt a. M. 1996
115 Brauers, Christof: Liberale Deutschlandpolitik 1949-1969. Positionen der FDP zwischen nationaler und europäischer Orientierung, Münster 1992 und: Moersch, Karl: Kurs-Revision. Deutsche Politik nach Adenauer, Frankfurt a. M. 1978, S. 88-90 und 99-101.
116 ARD-Wahlkampfhearing zur Außenpolitik, September 1969
117 Koch, S. 313-315
118 *Frankfurter Allgemeine Zeitung*, 17. April 1969
119 Baring, S. 172
120 Bahr, S. 270
121 Kempski, Hans Ulrich: Um die Macht. Sternstunden und sonstige Abenteuer mit den Bonner Bundeskanzlern 1949 bis 1999, Berlin 1999, S. 145 (künftig: Kempski)
122 Schnecke, S. 329
123 Baring, S. 175
124 A.a.O., S. 172-175
125 *Frankfurter Allgemeine Zeitung*, 30. September 1969
126 Koch, S. 323
127 Bracher, Karl Dietrich/Jäger, Wolfgang/Link, Werner: Republik im Wandel 1969-1974. Die Ära Brandt, Geschichte der Bundesrepublik Deutschland, Band 5/I, Stuttgart 1986, S. 16 (künftig: Bracher/Jäger/Link) sowie Kieseritzky, S. 197-200

13 Machtwechsel am Rhein

1 Willy Brandt: Regierungserklärung im Deutschen Bundestag am 28. Oktober, Stenographische Berichte des deutschen Bundestages, 6. Wahlperiode, 5. Sitzung
2 Begegnungen, S. 296 und Wilhelm Hennis: Machtwechsel – oder der Versuch einer zweiten Gründung in: *Zeitschrift für Parlamentsfragen*, 14. Jg. (1983)
3 Wie Anmerkung 1
4 Begegnungen, S. 301
5 Bracher/Jäger/Link, S. 24
6 *Frankfurter Allgemeine Zeitung*, 29. Oktober 1969
7 Begegnungen, S. 309f. und Erinnerungen, S. 281
8 Bracher/Jäger/Link, S. 23
9 Hans-Dietrich Genscher: Erinnerungen, Berlin 1995, S. 109 (künftig: Genscher)
10 Genscher, S. 110

11 Begegnungen, S. 312 und Klaus-Henning Rosen im Gespräch mit dem Autor
12 Die Zitate stammen aus der *Welt am Sonntag*, 1. Februar 1970, der Regierungserklärung und dem Bericht der Bundesregierung über die Lage der Nation im gespaltenen Deutschland, 14. Januar 1970, Stenographische Berichte des Deutschen Bundestages, 6. Wahlperiode, 22. Sitzung
13 Brandt, Willy: Deutsche Wegmarken, Vortrag vom 11. September 1988, in: Berliner Lektion. Lesung und Gespräche 1988 im West-Berliner Renaissance-Theater, Berlin 1989
14 Wie Anmerkung 1 und Willy Brandt im Bundestag, 30. Oktober 1969, Stenographische Berichte des Deutschen Bundestages, 6. Wahlperiode, 7. Sitzung
15 Schmidt, S. 30f.
16 Bender, S. 164
17 *Frankfurter Allgemeine Zeitung*, 22. Oktober 1969
18 Hans-Dietrich Genscher im Gespräch mit dem Autor
19 *Die Welt* , 2. Februar 1970
20 Horst Ehmke im Gespräch mit dem Autor
21 Ehmke, S. 126
22 Bracher/Jäger/Link, S. 33
23 Walter Ulbricht auf dem VII. SED-Parteitag, zitiert nach Vogtmeier, Andreas: Egon Bahr und die deutsche Frage. Zur Entwicklung der sozialdemokratischen Ost- und Deutschlandpolitik von Kriegsende bis zur Vereinigung, Bonn 1996, S. 111 (künftig: Vogtmeier)
24 Erhard Eppler am 20. Juni 1968, Stenographische Berichte des Deutschen Bundestages, 5. Wahlperiode, 180. Sitzung
25 SAPMO DY 30/3525
26 Baring, S. 276
27 Walter Scheel im Gespräch mit dem Autor
28 Freundesland, S. 316f.
29 *Süddeutsche Zeitung*, 15. Januar 1970
30 *Der Spiegel*, 5/1970
31 Kieseritzky, S. 226f.
32 Baring, S. 173f.
33 Marga Sprenger (geborene Lenzen) im Gespräch mit dem Autor
34 Eltern, 7. Dezember 1970
35 Hans-Dietrich Genscher im Gespräch mit dem Autor
36 *Der Spiegel*, 4. Mai 1970
37 Walter Scheel im Gespräch mit dem Autor
38 Erinnerungen, S. 47
39 *Süddeutsche Zeitung*, 18. März 1970
40 Begegnungen, S. 490-493
41 Erinnerungen, S. 226
42 *Der Spiegel*, 23. März 1970
43 Erinnerungen, S. 226 und Begegnungen, S. 490-493
44 Ausführungen des Bundeskanzlers in Erfurt am 19. März 1970, WBA, Publizistische Äußerungen, Mappe 339 sowie: Begegnungen, S. 492-498
45 SAPMO DY 30/3568
46 Begegnungen, S. 502
47 *Stern*, 23/1970

48 *Der Spiegel*, 23. März 1970
49 Bracher/Jäger/Link, S. 180
50 Begegnungen, S. 256
51 Ebd.
52 Koch, S. 352
53 Garton Ash, Timothy: Im Namen Europas. Deutschland und der geteilte Kontinent, München/Wien 1993, S. 110 (künftig: Garton Ash)
54 Bender, S. 176
55 Willy Brandt, Fernsehansprache am 12. August 1970 aus Moskau, Archiv der Gegenwart, 12. August 1970
56 Kwizinskij, S 229f.
57 Garton Ash, S. 113-115
58 Begegnungen, S. 435
59 Prittie, S. 389
60 Bender, S. 147
61 Marion Gräfin Dönhoff an Willy Brandt, 1. Dezember 1970, WBA, Bundeskanzler, Mappe 4
62 Begegnungen, S. 525
63 Hermann Schreiber in: *Der Spiegel*, 51/1970
64 Wie Anmerkung 62
65 »Requiem«, in: *Berliner Morgenpost*, 8. Dezember 1970
66 *Der Spiegel*, 51/1970
67 Brief von Michael Ratcliff an eine Bekannte, Dezember 1970, WBA, Bundeskanzler Mappe 4
68 *Der Spiegel*, 1-2/1971
69 Horst Ehmke im Gespräch mit dem Autor
70 Egon Bahr im Gespräch mit dem Autor und Bahr, S. 366f.
71 Bahr, S. 365
72 Kissinger, Henry: Die Vernunft der Nationen. Über das Wesen der Außenpolitik, Berlin 1994, S. 813 (künftig: Kissinger I)
73 Berliner Abgeordnetenhaus, 7. September 1971
74 Bracher/Jäger/Link, S. 202
75 Egon Bahr im Gespräch mit dem Autor
76 Bahr, S. 414
77 Kissinger, Henry: White House Years, Boston/Toronto 1979, S. 966 (künftig: Kissinger II)
78 *Der Spiegel*, 39/1971
79 Bracher/Jäger/Link, S. 226
80 Memorandum von Helmut Sonnenfeldt an Henry Kissinger, October, 29, 1969, NARA II, Nixon Presidential Materials Project, National Security Council Files, 1969-1974, Country Files, Europe, Box 682 Folder 1
81 Kissinger II, S. 408-412
82 Helmut Sonnenfeldt in einem (langen Telephon-)Gespräch mit dem Autor
83 Kissinger II, S. 966
84 Nixon Presidential Materials Project, Country Files, Europe, Box 686, Folder 2
85 Nixon Presidential Materials Project, VIP-Visits, Box 917, Folder 1
86 *Frankfurter Allgemeine Zeitung*, 25. Januar 2000
87 George Bailey † im Gespräch mit dem Autor

88 Fact Sheet – Willy Brandt Visit, April 30, 1973, Nixon Presidential Materials Project, White House Files, Subject Files, Countries, Box 31 Folder 5
89 Erinnerungen, S. 191f.
90 Erinnerungen, S. 453
91 Brief Ernst Weisenfelds an Willy Brandt mit Bitte um Gespräch, 7. April 1978, WBA, Parteivorsitzender, Persönliche Korrespondenz, Mappe 84
92 Barzel, Rainer: Die Tür blieb offen – mein persönlicher Bericht über Ostverträge, Mißtrauensvotum, Kanzlersturz, Bonn 1998, S. 93
93 Grosser, Alfred: Frankreich und seine Außenpolitik 1944 bis heute, München/Wien 1986, S. 299-304
94 Ehmke, S. 166
95 Wolther von Kieseritzky in: Kieseritzky, S. 55
96 Begegnungen, S. 303
97 Koch, S. 389
98 Walter Scheel an Willy Brandt, 15. Juli 1971, WBA, Bundeskanzler, Mappe 17
99 Kieseritzky, S. 47
100 WBA, Bundeskanzler, Mappe 6
101 Ehmke, S. 210
102 Günter Grass an Willy Brandt, 21. September 1971, Akademie der Künste Berlin, Briefwechsel Willy Brandt/Günter Grass, Vorlaß Grass
103 *Der Spiegel*, 48/1971 und 52/1971
104 Müller, Emil-Peter: Jungsozialisten zwischen Reform und Revolution, Köln 1974, S. 65-86 (künftig: E.P. Müller)
105 E.P. Müller, S.111 und Baring, 357f.
106 Ehmke, S. 179f.
107 Kieseritzky, S. 416-427
108 Willy Brandt an François Mitterrand, 31. Mai 1976 und an Lydie Schmid, Vorsitzende der Sozialistischen Partei Luxemburgs, 25. Februar 1976, WBA, Parteivorsitzender, Persönliche Korrespondenz, Mappe 19
109 Schmidt, Helmut: Weggefährten. Erinnerungen und Reflexionen, Berlin 1996, S. 442f. (künftig: Weggefährten)
110 *Die Welt* , 5. Februar 1970
111 Koch, S. 371f.
112 Axel Springer in: *Die Welt* , 8. Dezember 1970 und *Daily Telegraph*, 21. Dezember 1971
113 Naeher, Gerhard: Axel Springer. Mensch, Macht, Mythos, Erlangen/Bonn/Wien 1991, S. 306-311
114 Egon Bahr im Gespräch mit dem Autor
115 Erinnerungen, S. 188
116 Wie Anmerkung 113
117 *Berliner Morgenpost*, 13. Juli 1973
118 Koch, S. 372
119 Horst Grabert im Gespräch mit dem Autor
120 Rede Brandts vor der Universität Oslo, 11. Dezember 1971, WBA, Publizistische Äußerungen, Mappe 418
121 Erinnerungen, 289f. und Bracher/Jäger/Link, S. 69-72
122 Baring, S. 418 und Bracher/Jäger/Link, S. 73
123 Bahr, S. 392

124 *Der Spiegel*, 21/1972
125 Begegnungen, S. 570
126 Ehmke, S. 160
127 Bahr, S. 393
128 Weggefährten, S. 444
129 Ehmke, S. 214
130 Augstein, Rudolf: »Helmut und die Große Koalition«, in: *Der Spiegel*, 31/1970
131 Vogel, Hans-Jochen: Nachsichten. Meine Bonner und Berliner Jahre, München 1996, S.19f.
132 Hans-Jochen Vogel im Gespräch mit dem Autor
133 Bahr, S. 394
134 *Spiegel*-Gespräch, *Der Spiegel*, 40/1972
135 Günther Metzger an Willy Brandt, 26. September 1972, WBA, Bundeskanzler, Mappe 70
136 Müller, Albrecht [in Zusammenarbeit mit Hermann Müller]: Willy wählen '72. Siege kann man machen, Annweiler 1997, S. 135 (künftig: Müller)
137 Kieseritzky, S. 477
138 Peter Brandt im Gespräch mit dem Autor
139 Brandt, Willy: Der Auftrag des demokratischen Sozialismus. Zum 20. Todestag von Kurt Schumacher, in: Münkel
140 Müller, S. 137
141 Kempski, S. 188
142 Jäger/Bracher/Link, S. 87
143 Kempski, S. 198f.
144 Protokoll des Wahl-Parteitags der SPD Dortmund 1972

14 Kanzler in der Krise

1 Bahr, S. 427f.
2 Erinnerungen, S. 304
3 *Der Spiegel*, 40 und 41/1973
4 Wechmar, Rüdiger von: Akteur in der Loge – Weltläufige Erinnerungen, Berlin 2000, S. 283 (künftig: Wechmar)
5 Erinnerungen, S. 305
6 Bahr, S. 427
7 Baring, S. 510
8 Erinnerungen, S. 306
9 Reinhard Wilke im Gespräch mit dem Autor
10 *Der Spiegel*, 50/1973
11 Erinnerungen, S. 308
12 A.a.O., S. 363
13 Baring, S. 521
14 Ehmke, S. 225 und Bahr, S. 427
15 Harpprecht, Klaus: Im Kanzleramt. Tagebuch der Jahre mit Willy Brandt, Hamburg 2000, S. 74 (künftig: Harpprecht)
16 Günter Gaus im Gespräch mit dem Autor
17 Bahr, S. 428
18 Harpprecht, S. 428f.

19 *Quick*, 52/1973
20 Wie Anmerkung 9
21 Eschenburg, Theodor: »Letzten Endes meine ich doch«. Erinnerungen, Berlin 2000, S. 232
22 Erinnerungen, S. 306
23 Peter Brandt im Gespräch mit dem Autor
24 Wie Anmerkung 16
25 *Der Spiegel*, 3/1973
26 Bahr, S. 426
27 Regierungserklärung Brandts vor dem Deutschen Bundestag, Stenographische Berichte des Deutschen Bundestages, 7. Wahlperiode, 7. Sitzung, 18. Januar 1973
28 AdsD, Depositum Bahr, Mappe 436
29 Wie Anmerkung 25
30 Protokoll des SPD-Parteitags Hannover 1973
31 Glotz, Peter: Demokratischer Sozialismus als linker Reformismus, in: *Aus Politik und Zeitgeschichte*, 9. Juni 1973
32 Protokoll des SPD-Parteitags Hannover 1973
33 Harpprecht, S. 85 und 94
34 Bracher/Jäger/Link, S. 98
35 *Der Spiegel*, 17/1973; Ehmke, S. 230; Bracher/Jäger/Link ordnen die einzelnen Vorstandsmitglieder offenbar anders zu und nennen 18 Mitglieder der linken, neun der rechten und acht der mittleren Gruppierung, siehe dort S. 100
36 Koch, S. 417
37 Erinnerungen, S. 308
38 Bracher/Jäger/Link, S. 101
39 Wechmar, S. 271
40 Begegnungen, S. 479f.
41 Wechmar, S.278
42 Karl-Heinz Klär im Gespräch mit dem Autor
43 Begegnungen, S. 232, S. 239 und S. 606-608 sowie Wechmar, S. 264
44 Harpprecht, S. 117
45 Begegnungen, S. 413-415
46 Bracher/Jäger/Link, S. 246f.
47 A.a.O., S. 253
48 Begegnungen, S. 590 und 295, Harpprecht S. 183f.
49 Wechmar, S. 278-280, Begegnungen, S. 596f.
50 Begegnungen, S. 420; Bracher/Jäger/Link, S. 254f.
51 Harpprecht, Klaus: Der falsche Verdacht. Eine geheime Episode in der Geschichte der deutsch-amerikanischen Beziehungen, in: *Die Zeit*, 27. April 2000
52 Begegnungen, S. 370-73 und Bracher/Jäger/Link S. 260-265
53 Wolf, Markus: Spionagechef im geheimen Krieg. Erinnerungen, München 1997, S. 261ff. (künftig: Wolf) sowie *Der Spiegel*, 48/2000; *Süddeutsche Zeitung*, 27. November 2000, *Frankfurter Allgemeine Zeitung*, 28. November 2000
54 Wolf, S. 186-189
55 Claus Arndt im Gespräch mit dem Autor sowie Stenographische Berichte des Deutschen Bundestages, 7. Wahlperiode, 152. Sitzung, 27. Februar 1975

56 *Der Spiegel*, 32/1973
57 Hermann Schreiber über den Fall Steiner, in: *Der Spiegel*, 30/1973
58 Peter Glotz im Gespräch mit dem Autor
59 Interview Jürgen Kellermeiers mit Herbert Wehner in der Fernsehsendung »Zeugen der Zeit« des NDR, 5. Januar 1980
60 Karl Wienand in einem Brief an den Autor, 26. Juli 2001
61 Wibke Bruhns im Gespräch mit dem Autor
62 Baring, S. 587f.
63 Bahr, S. 436-438
64 Wolf, S.209; die folgenden Zitate Wolfs finden sich auf den Seiten 209-219
65 Wiegrefe, Klaus / Tessmer, Carsten: Deutschlandpolitik in der Krise. Herbert Wehners Besuch in der DDR 1973, in: Deutschland-Archiv, 6/1994, S. 606 (künftig: Wiegrefe)
66 Freudenhammer, Alfred: Herbert Wehner. Ein Leben mit der deutschen Frage (künftig: Freudenhammer)
67 *Der Spiegel*, 40 und 41/1973
68 Bahr, S. 440
69 Kempski, S. 212-214 und Wechmar, S. 282f.
70 Horst Grabert im Gespräch mit dem Autor
71 Erinnerungen, S. 308f.
72 Fischer, Ernst: Erinnerungen und Reflexionen, Hamburg 1969, S. 358
73 Bahr, S. 440
74 Harpprecht, S. 15
75 Koch, S. 431
76 Egon Bahr im Gespräch mit dem Autor
77 Günter Gaus im Gespräch mit dem Autor
78 *Der Spiegel*, 42/1973
79 Willy Brandt an Leonid Breschnjew, 7. November 1973, AdsD, Depositum Bahr, Mappe 432
80 Wiegrefe, S. 609
81 Potthoff, Heinrich: Im Schatten der Mauer, Berlin 1999, S. 133f. (künftig: Potthoff)
82 Erinnerungen, S. 309f.
83 Baring, S. 624
84 Harpprecht, S. 15 und Binder, S. 310f.
85 Binder, S. 345-349
86 Reinhard Müller im Gespräch mit dem Autor
87 Freudenhammer, S. 262
88 Leugers-Scherzberg, August H.: Die Wandlungen des Herbert Wehner. Von der Volksfront zur großen Koalition, Berlin/München 2002, S. 340-344
89 Leugers-Scherzberg, August H.: Herbert Wehner und der Rücktritt Willy Brandts am 7. Mai 1974, in: *Vierteljahrshefte für Zeitgeschichte*, 2/2002
90 Zastrow, Volker: »Der Verdacht. Brandts Notizen zum Fall G. als historische Quelle«, in: *Frankfurter Allgemeine Zeitung*, 26. Februar 1994
91 Wolf, S. 207-209
92 So Hermann Kreuzer, ein langjähriger Mitarbeiter Wehners und Freund von Jegelka, im Gespräch mit dem Autor
93 Wie Anmerkung 89
94 Günter Grass in der Fernsehsendung »Panorama« (ARD), 29. November 1973

95 *Der Spiegel*, 50/1973
96 *Berliner Morgenpost*, 16. Dezember 1973
97 Erinnerungen, S. 312f.
98 Günter Gaus im Gespräch mit dem Autor
99 Hans-Dietrich Genscher im Gespräch mit dem Autor
100 Helmut Schmidt in der Sendung »Brennpunkt« der ARD, 6. März 1973
101 Baring, S. 702
102 Hofmann, Gunter: Willy Brandt. Porträt eines Staatsmannes, Hamburg 1988, S. 23 (künftig: Hofmann)
103 Weggefährten, S. 449f.
104 A.a.O., S. 441
105 Helmut Schmidt an Willy Brandt, 10. Januar 1970, WBA, Bundeskanzler, Mappe 18
106 Wie Anmerkung 61
107 Bahr, S. 457 und Walter Scheel im Gespräch mit dem Autor
108 *Süddeutsche Zeitung*, 22. und 24. April 1974
109 Wolf, S. 263f.
110 Bericht der sogenannten Mercker-Kommission, in den Drucksachen des Deutschen Bundestages, 7. Wahlperiode, 7/3038
111 *Die Zeit*, 29. August 1975
112 Ebd.
113 *Der Spiegel*, 18/1974
114 Hans-Dietrich Genscher im Gespräch mit dem Autor
115 Erinnerungen, S. 319
116 Erinnerungen, S. 316f.
117 Wolf, S. 273f.
118 Markus Wolf im Gespräch mit dem Autor
119 Brandt, Willy: Über den Tag hinaus. Eine Zwischenbilanz, Hamburg 1974, S. 168f. (künftig: Tag)
120 Wie Anmerkung 76
121 Erinnerungen, S. 340
122 Wolf, S. 287-294
123 Tag, S. 169
124 Ehmke, S. 238; Harpprecht, S. 12; *Der Spiegel*, 40/1975
125 Wolf, S. 270
126 Wolf, S. 266f.
127 *Süddeutsche Zeitung*, 11./12. Mai 1974
128 Tagesnotizen Gerhard Jahn, Eintrag 6. Mai 1974, im Besitz von Ursula Jahn
129 Erinnerungen, S. 324
130 Tag, S. 180
131 Markus Wolf im Gespräch mit dem Autor
132 Harpprecht, S. 546
133 Erinnerungen, S. 320f.
134 Tag, S. 172
135 Erinnerungen, S. 321
136 Wie Anmerkung 89
137 Bruhns, Wibke: Auch im Sieg seltsam allein, in: *Stern*, 25/1998
138 *Der Spiegel*, 5/1994 und Erinnerungen, S. 321f.
139 Aus dem Tagebuch des Ex-Geheimdienstchefs Günther Nollau, in: *Quick*, 13/1987

140 Weggefährten, S. 444f.
141 »Die Aufzeichnungen Willy Brandts«, in: *Frankfurter Allgemeine Zeitung*, 26. Januar 1994
142 Baring, S. 750
143 Wie Anmerkung 89
144 Weggefährten, S. 445f.
145 Bahr, S. 458
146 Freundesland, S. 352ff.
147 *Süddeutsche Zeitung*, 8. Mai 1974
148 *International Herald Tribune*, 10. Mai 1974

15 VIERTE KARRIERE

1 Erinnerungen, S. 325f.
2 Das Überleben sichern. Bericht der Nord-Süd-Kommission mit einer Einleitung des Vorsitzenden Willy Brandt, Köln 1980, S.22 (künftig: Überleben)
3 *Socialist Affairs*, 2/1992
4 Leonid Breschnew an Willy Brandt, 15 Mai 1974, AdsD, Depositum Bahr, Mappe 324
5 Bahr, S. 446
6 Erinnerungen, S. 346
7 Freundesland, S. 351-353
8 Bruhns, Wibke: Auch im Sieg seltsam allein, in: *Stern* 25/1998
9 Rut Brandt im Gespräch mit dem Autor
10 Freundesland, S. 355
11 *Der Spiegel*, 37/1974 und „Panorama" (ARD/NDR), 9. September 1974
12 *Süddeutsche Zeitung*, 15/16. November 1975
13 *Süddeutsche Zeitung*, 21. Juni 1976
14 Tag, S. 177 und 181
15 *Der Spiegel*, 29/1984
16 Erinnerungen, S. 312
17 Weggefährten, S. 464
18 *Der Spiegel*, 23/1975
19 Soares, Mário: Der portugiesische Sozialismus und Willy Brandt, in: Löwenthal, Richard, Demokratischer Sozialismus in den achtziger Jahren, Frankfurt a.M. 1979, S. 195-206
20 Erinnerungen, S. 348
21 *Der Spiegel*, 6/2000
22 Wie Anmerkung 20
23 Wie Anmerkung 19
24 Hans-Eberhard Dingels im Gespräch mit dem Autor
25 Erinnerungen, S. 347f.
26 Willy Brandt an Bruno Kreisky, 26. April 1976, WBA, Parteivorsitzender, Persönliche Korrespondenz, Mappe 52a
27 Olof Palme an Willy Brandt und Bruno Kreisky, 29. April 1974, in: Willy Brandt/Bruno Kreisky/Olof Palme, Briefe und Gespräche 1972-1975, Frankfurt a.M. 1975
28 »Famille recomposée – Les mousquetaires des ›vingt glorieuses‹«, in: Le Monde, 26/27. Mai 2002

29 Willy Brandt an Bruno Kreisky und Olof Palme, 17. September 1972 (wie Anmerkung 27)
30 Begegnungen, S. 207f.
31 *Neue Zürcher Zeitung*, 25. Juni 1986
32 Erinnerungen, S. 441
33 »Die Sozialdemokratie und Lateinamerika«, in: Probleme des Friedens und des Sozialismus, August 1983
34 Protokoll des SPD-Parteitags Münster 1988
35 *Socialist Affairs*, 3/1983
36 Erinnerungen, S. 441
37 Meroz, Yohanan: In schwieriger Mission. Als Botschafter Israels in Bonn, Frankfurt a. M. 1986, S. 69f.
38 Erinnerungen, S. 428
39 *Frankfurter Allgemeine Zeitung*, 16. Oktober 1985
40 Fernschreiben Willy Brandts an Mário Soares, 21. Juni 1982, WBA, Sozialistische Internationale, Mappe 116a
41 Erinnerungen, S. 377f.
42 Überleben, S. 27 und S. 12
43 Erinnerungen, S. 378
44 Erinnerungen, S. 378 und Khor, Martin: Der Brandt-Bericht aus der Sicht des Südens, in: Nuschler, Franz (Hrsg.), Entwicklung und Frieden im 21. Jahrhundert. Zur Wirkungsgeschichte des Brandt-Berichts, Bonn 2000, S. 105 (künftig: Nuschler)
45 Michael Hofmann in: Nuschler, S. 78f.
46 Freundesland, S. 366-383
47 *Bunte*, 9/1978
48 Oskar Lafontaine im Gespräch mit dem Autor
49 Lafontaine, Oskar: Das Herz schlägt links, München 1999, S. 13f. (künftig: Lafontaine)
50 Günter Kuppe im Gespräch mit dem Autor
51 Kriminalhauptkommissar Hans Wolfgang Zeitz im Gespräch mit dem Autor
52 Karl-Heinz Klär im Gespräch mit dem Autor
53 *Bild*, 24. Juni 1985
54 Ursula Herrmann an Willy Brandt, 3. September 1980, WBA, Parteivorsitzender, Persönliche Korrespondenz, Mappe 103
55 Wie Anmerkung 51
56 Ehmke, S. 311f.
57 Helmut Schmidt vor der sozialdemokratischen Bundestagsfraktion am 15. November 1979
58 Peter Glotz über die amerikanische Haltung gegenüber der SPD im Gespräch mit dem Autor
59 *Die Neue Gesellschaft*, 2/1979
60 Ehmke, S. 308
61 *Die Welt* , 6. Dezember 1979
62 Hofmann, S. 66
63 *Süddeutsche Zeitung*, 5. Dezember 1979
64 *Süddeutsche Zeitung*, 4. Dezember 1979
65 Wolfgang Clement im Gespräch mit dem Autor
66 *Der Spiegel*, 28/1981
67 Kwizinskij, S. 312

68 Sitzung der SPD-Bundestagsfraktion, 29. September 1981, AdsD, SPD, Bundestagsfraktion, Protokolle September 1981
69 Sitzung des SPD-Parteivorstands, 15. November 1981, AdsD, SPD, Parteivorstand, Protokolle Parteivorstand, November 1981
70 Erinnerungen, S. 363
71 Protokoll des SPD-Parteitags München 1981 und *Süddeutsche Zeitung*, 20. April 1982
72 Ehmke, S. 318
73 Jäger, Wolfgang / Link, Werner: Republik im Wandel 1974-1982. Die Ära Schmidt, Stuttgart 1987, S. 262
74 Brandt Willy: Sozialdemokratische Identität. Rede im Gedenken an Willi Eichler, Symposion aus Anlaß des zehnten Todestages von Willi Eichler im Erich-Ollenhauer-Haus am 21. Oktober 1981, WBA, Publizistische Äußerungen, Mappe 858
75 Löwenthal, Richard: Identität und Zukunft der SPD, in: *Die Neue Gesellschaft*, 12/1981
76 Ehmke, S. 299
77 Löwenthal Richard: »Sechs Thesen zur Identität der SPD«, in: *Vorwärts*, 10. Dezember 1981
78 Hofmann, S. 73
79 Egon Bahr im Gespräch mit dem Autor
80 Peter Glotz im Gespräch mit dem Autor
81 Klaus Harpprecht im Gespräch mit dem Autor
82 Willy Brandts Rede anläßlich des 100. Geburtstages von Friedrich Ebert am 4. Februar 1971 in Bonn, WBA, Publizistische Äußerungen, Mappe 384
83 Harpprecht, S. 416f.
84 Jimmy Carter an Willy Brandt, 22. Februar 1977, AdsD, Depositum Bahr, Mappe 412 a
85 *Die Welt* , 21. und 25. Februar 1977
86 *Bayernkurier* 22. Mai 75 und Deutschland-Magazin 10/1979
87 Klaus-Henning Rosen und Klaus Lindenberg im Gespräch mit dem Autor
88 Ehmke, S. 327
89 Brandt im Deutschen Bundestag, Stenographische Berichte des Deutschen Bundestages, 9. Wahlperiode, 118. Sitzung, 1. Oktober 1982
90 *Der Spiegel*, 42/1982
91 *Der Spiegel*, 14/1982
92 Erinnerungen, S. 369
93 Apel, Hans: Der Abstieg, Stuttgart 1990, S. 374
94 Vogel, S. 220f.
95 Oskar Lafontaine im Gespräch mit dem Autor
96 Erinnerungen, S. 367
97 Lafontaine im Gespräch mit dem Autor
98 Erinnerungen, S. 370f.
99 Vogel, S. 222
100 Peter Glotz im Gespräch mit dem Autor und Ehmke, S. 336
101 Ehmke, S. 337
102 Erinnerungen, S. 371f.
103 Erinnerungen, S. 373
104 *Süddeutsche Zeitung*, 15. Juni 1987
105 Protokoll des SPD-Sonderparteitags Bonn 1987

16 ... WAS ZUSAMMENGEHÖRT

1 Helmut Kohl im Gespräch mit dem Autor
2 Asmus, Ronald D.: Die zweite Ostpolitik der SPD. Mit Perspektiven aus den USA, in: *Außenpolitik,* 1. Quartal 1987 (künftig: Asmus)
3 Erklärung der Sozialistischen Internationale in Paris, 29. Dezember 1981 sowie *Die Welt* , 21. und 31. Dezember 1981
4 *Die Welt* , 18 Januar 1982
5 Richard Löwenthal an Willy Brandt, 7. Oktober 1980, WBA, Parteivorsitzender, Mappe 105
6 Erinnerungen, S. 472
7 Gert Weisskirchen im Gespräch mit dem Autor
8 Hans Koschnick im Gespräch mit dem Autor
9 Erinnerungen, S. 473f.
10 Garton Ash, S. 484
11 Egon Bahr: Was wird aus den Deutschen?, Reinbek bei Hamburg 1982, S. 23
12 Bahr, S. 343
13 Ehmke, S. 375
14 Erinnerungen, S. 437
15 Kaiser, Karl: Prioritäten sozialdemokratischer Außen- und Sicherheitspolitik, in: *Frankfurter Allgemeine Zeitung*, 6. Oktober 1983 und Winkler, Heinrich August: Wohin treibt die SPD?, München 1984
16 Bahr, S. 343f.
17 Thomas Mirow am 28. August 1980 an Michail Stern
18 Bahr, S. 475
19 Vermerk von Günter Gaus für Willy Brandt und Hans-Jochen Vogel, 14. November 1982, AdsD, Depositum Bahr, Mappe 355
20 Ehmke, S. 350
21 *Die Welt* , 20. September 1985
22 Erinnerungen, S. 465
23 *Süddeutsche Zeitung*, 21./22. September 1987
24 Wie Anmerkung 2
25 Regierungsprogramm der SPD, beschlossen auf dem Wahlparteitag der SPD in Offenburg am 25. Oktober 1986
26 Informationen der Sozialdemokratischen Bundestagsfraktion, 19. Juni 1987
27 Wie Anmerkung 25
28 Heinrich Albertz an Willy Brandt, 31. August 1980, WBA, Parteivorsitzender, Persönliche Korrespondenz, Mappe 98
29 Günter Grass an Willy Brandt, Briefwechsel Grass–Brandt, Akademie der Künste Berlin, Vorlaß Grass (1981)
30 Ploetz, Michael: Wie die Sowjets den Kalten Krieg verloren. Vom Revolutionsexport zur friedlichen Revolution – Der Kampf gegen den NATO-Doppelbeschluß als Anfang vom Ende des sowjetischen Imperiums, Berlin 2000
31 Garton Ash, S. 497f.
32 Wie Anmerkung 30
33 Bahr, S. 515f.
34 *Die Welt* , 29. Mai 1985
35 Erinnerungen, S. 405

36 Bahr, S. 557
37 Protokoll des Delegationsgespräches vom 27. Mai 1985 im Kreml, AsdD, Depositum Bahr, Mappe 281
38 Michail Gorbatschow an Willy Brandt, 1. Oktober 1987, AdsD, Depositum Bahr, Mappe 281
39 Bahr, S. 556-559
40 Protokoll des Treffens Willy Brandts mit Michail Gorbatschow in der Saarländischen Landesvertretung in Bonn, 5. März 1992
41 *Stern*, 10. April 1987
42 Garton Ash, S. 474f.
43 Der Streit der Ideologien und die Gemeinsame Sicherheit. Informationsdienst der SPD Nr. 3, August 1987
44 Erinnerungen, S. 494f.
45 Wie Anmerkung 43
46 Garton Ash, S. 479
47 *Die Welt*, 27. August 1987 und *Rheinischer Merkur/Christ und Welt*, 28. August 1987
48 Gesine Schwan, *Frankfurter Allgemeine Zeitung*, 23. September 1987
49 Garton Ash, S. 478
50 Erhard Eppler, Gedenkrede zum 17. Juni 1953 im Deutschen Bundestag, 11. Wahlperiode, Gedenksitzung, 17. Juni 1989
51 Erhard Eppler im Gespräch mit dem Autor
52 Biermann, Wolfgang: Verlaufsprotokoll der AG Deutschlandpolitik der SPD vom 29. Juni 1989, AdsD, Depositum Bahr, Mappe 280
53 Brandt, Willy: Die Chancen der Geschichte suchen. Vortrag in der Reihe »Nachdenken über das eigene Land«, 18. November 1984, WBA, Publizistische Äußerungen, Mappe 980
54 Willy Brandt am 16. Juni 1989 in der Aussprache über die Erklärung der Bundesregierung zum Besuch Michail Gorbatschows, WBA, Publizistische Äußerungen, Mappe 1057
55 Willy Brandts Rede in der Aussprache über die Erklärung der Bundesregierung aus Anlaß des 50. Jahrestages des Ausbruchs des Zweiten Weltkrieges, 1. September 1989, WBA, Publizistische Äußerungen, Mappe 1057
56 Erinnerungen, S. 492
57 Vogtmeier, S. 287
58 Wie Anmerkung 53
59 Erinnerungen, S. 157
60 Brandt, Willy: Deutsche Wegmarken. Rede am 11. September 1988, WBA, Publizistische Äußerungen, Mappe 1044
61 Rede Willy Brandts anläßlich des Festakts zur Eröffnung der 750-Jahrfeier in Berlin, 30. April 1987, Service der SPD für Presse, Funk TV, Nr. 365/87
62 Schmidt, S. 450
63 Willy Brandt im Interview mit Horst Schättle in »Zeugen des Jahrhunderts« (ZDF), 2. Teil: Konfrontation und Entspannung, 15. Dezember 1988
64 Ulrich Rosenbaum: http://www.ulrichrosenbaum.de.Brandt.html.
65 Hacker, Jens: Der Abschied der SPD von Deutschland, in: *Frankfurter Allgemeine Zeitung*, 8. März 1989
66 AdsD, SPD, PV, Protokolle Parteivorstand und Parteipräsidium,Sitzung vom 3. Dezember 1990

67 Franz Josef Strauß, Stenographische Berichte des Deutschen Bundestages, 3. Wahlperiode, 18. Sitzung, 20. März 1958 sowie *Die Zeit*, 8. April 1966
68 Helmut Kohl in den *Lutherischen Monatsheften* 5/1981
69 Barzel, Rainer: Wiedervereinigungslügen, in: *Die Politische Meinung*, August 1992
70 Helmut Kohl am 27. November in Cambridge, Bulletin der Bundesregierung vom 3. Dezember 1985
71 Peter Brandt über seinen Vater, in: »Brand(t)meister
72 Brigitte Seebacher-Brandt: Und zusammenwachsen wird es doch, *Frankfurter Allgemeine Zeitung*, 18. Dezember 1993
73 Rede von Ehrenbürger Willy Brandt auf der Kundgebung vor dem Rathaus Schöneberg am 10. November 1989, WBA, Reden und Reisen, Mappe 1058
74 Dietrich Stobbe im Gespräch mit dem Autor
75 Michail Gorbatschow an Willy Brandt, 10. November 1989 (mündliche Mitteilung von Botschafter Kwizinskij an Brandt-Referent Klaus Lindenberg) und Willy Brandt an Michail Gorbatschow, 11. November 1989, beide WBA, Reisen und Reden, Mappe 1058
76 Vertraulicher Vermerk von Klaus Lindenberg über das Gespräch Brandt/Gorbatschow am 17. Oktober 1989 in Moskau, AsdD, Depositum Bahr, Mappe 273
77 Bericht in der Moskauer Zeitschrift *Svobodnaja Mysl* (Freier Gedanke) vom November 1992 über das Gespräch Brandt/Gorbatschow am 17. Oktober 1989
78 Wie Anmerkung 66
79 Potthoff, S. 299
80 Willy Brandt in Rostock, WBA, Publizistische Äußerungen, Mappe 1059
81 *Stuttgarter Nachrichten*, 29. Januar 1990
82 *Badische Neueste Nachrichten*, 29. Januar 1990
83 Willy Brandt in Erfurt, WBA, Reisen und Reden, März 1990
84 *Tutzinger Blätter*, 2/1990
85 Willy Brandt im Deutschen Bundestag, Stenographische Berichte des Deutschen Bundestages, 11. Wahlperiode, 217. Sitzung, 21. Juni 1990
86 AdsD, SPD, PV, Protokolle Parteivorstand, 6. November 1989
87 Protokoll der Sondersitzung des Parteipräsidiums vom 11. November 1989, AsdD, SPD, PV, Protokolle Parteipräsidium, November 1989
88 AsdD, SPD, PV, Protokolle Parteivorstand, 10. Dezember 1989
89 AsdD, SPD, PV, Protokolle Parteivorstand, 12. Februar 1990
90 Potthoff, S. 310
91 Protokoll des SPD-Programmparteitags Berlin 1989
92 *Der Spiegel*, 22/1990
93 *Der Spiegel*, 6/1990
94 *Der Spiegel*, 43/1989
95 Lafontaine, S. 21f. und S. 31ff.
96 AdsD, SPD, PV, Protokolle Parteipräsidium, 3. Dezember 1990
97 Norbert Gansel im Gespräch mit dem Autor
98 Deutscher Bundestag, 12. Wahlperiode, 34. Sitzung, 20. Juni 1991
99 Wie Anmerkung 98 und Protokoll des SPD-Parteitags Bremen 1991
100 Protokoll SPD-Parteitags Bremen 1991
101 *Der Spiegel*, 7/1991

102 Willy Brandt im Deutschen Bundestag, 11. Wahlperiode, 235. Sitzung, 15. November 1990
103 *Süddeutsche Zeitung*, 9. November 1990; *Frankfurter Rundschau, Stuttgarter Zeitung, Kölner Stadtanzeiger* vom 10. November 1990; *Der Spiegel* 7/1991
104 Wie Anmerkung 102
105 Willy Brandt in seinem Grußwort an die Sozialistische Internationale, Unkel, 14. September 1992
106 Erhard Eppler im Gespräch mit dem Autor
107 Oskar Lafontaine im Gespräch mit dem Autor
108 Friede Springer im Gespräch mit dem Autor
109 Willy Brandt im Gespräch mit dem Autor
110 Martin E. Süskind im Gespräch mit dem Autor
111 Gunter Hofmann im Gespräch mit dem Autor
112 Richard von Weizsäckers Rede beim Staatsakt für Willy Brandt im Reichstag, 17. Oktober 1992, *Der Tagesspiegel*, 18. Oktober 1992
113 Norbert Gansel im Gespräch mit dem Autor
114 Wie Anmerkung 106
115 Peter Brandt im Gespräch mit dem Autor
116 Wie Anmerkung 1
117 Erinnerungen, S. 500
118 Schwarz, Hans-Peter: Das Gesicht des Jahrhunderts: Monster, Retter, Mediokritäten, Berlin 1998, S. 672
119 Wie Anmerkung 105
120 *Der Tagesspiegel*, 18. Oktober 1992; *Bild*, 18. Oktober 1992; *Die Welt*, 17. Oktober 1992.
121 *Der Spiegel*, 42/1992
122 Protokoll des SPD-Parteitags in Bonn 1987

Auswahlbibliographie

Albertz, Heinrich: Blumen für Stuckenbrock. Biographisches, Stuttgart 1981
Albertz, Heinrich: Vier Tage und siebzig Jahre, München 1974
Ashkenasi, Abraham: Reformpartei und Außenpolitik. Die Außenpolitik der SPD Berlin-Bonn, Köln 1968
Bahr, Egon: Zu meiner Zeit, Berlin 1998
Bahr, Egon: Was wird aus den Deutschen?, Reinbek bei Hamburg 1982
Baring, Arnulf: Machtwechsel. Die Ära Brandt-Scheel, Stuttgart 1982
Barclay, David E.: Schaut auf diese Stadt. Der unbekannte Ernst Reuter, Berlin 1999
Barzel, Rainer: Die Tür blieb offen – mein persönlicher Bericht über Ostverträge, Mißtrauensvotum, Kanzlersturz, Bonn 1998
Behring, Rainer: Demokratische Außenpolitik für Deutschland. Die außenpolitischen Vorstellungen deutscher Sozialdemokraten im Exil 1933-1945, Düsseldorf 1999
Bender, Peter: Neue Ostpolitik. Vom Mauerbau bis zum Moskauer Vertrag, München 1986
Berlin-Chronik der Jahre 1959/60, herausgegeben im Auftrag des Senats von Berlin vom Landesarchiv Berlin, Abteilung Zeitgeschichte, Berlin 1978
Besson, Waldemar: Die Außenpolitik der Bundesregierung, München 1970
Binder, David: The other German / Willy Brandt's Life and Times, Washington 1975
Bohnsack, Günter / Brehmer, Herbert: Auftrag Irreführung. Wie die Stasi Politik im Westen machte, Hamburg 1992
Borkenau, Franz: Der europäische Kommunismus – seine Geschichte von 1917 bis zur Gegenwart, Bern 1952
Borkenau, Franz: The Spanish Cockpit. Ann Arbor Paperback, University of Michigan, 1963
Bracher, Karl Dietrich/Jäger, Wolfgang/Link, Werner: Republik im Wandel 1969-1974. Die Ära Brandt, Geschichte der Bundesrepublik Deutschland, Band 5/I, Stuttgart 1986
Brandt, Peter: Brand(t)meister. Willy Brandt als Regierender Bürgermeister von Berlin. Im Spiegel der Karikatur in West und Ost, herausgegeben von Dieter Dowe, Landsberg 1996
Brandt, Rut: Freundesland, Düsseldorf 1996.
Brandt, Willy / Löwenthal, Richard: Ernst Reuter, München 1957
Brandt, Willy: Auf dem Weg nach vorn. Willy Brandt und die SPD 1947-1972, bearbeitet von Daniela Münkel, Bonn 2000, Berliner Ausgabe Band 4
Brandt, Willy: Begegnungen mit Kennedy, München 1964 (Begegnungen Kennedy)
Brandt: Begegnungen und Einsichten. Die Jahre 1960-1975, Hamburg 1976 (Begegnungen)
Brandt, Willy: Draußen. Schriften während der Emigration, hrsg. von Günter Struve, München 1966.
Brandt, Willy: Erinnerungen, Berlin 1989
Brandt, Willy: Links und frei. Mein Weg 1930 -1950, Hamburg 1982

Brandt, Willy: Mehr Demokratie wagen. Innen- und Gesellschaftspolitik 1966-1974, bearbeitet von Wolther von Kieseritzky, Bonn 2001, Berliner Ausgabe Band 7
Brandt, Willy: Mein Weg nach Berlin, aufgezeichnet von Leo Lania, München 1960
Brandt, Willy: Personalbibliographie, bearbeitet von Ruth Großgart, Hermann Rösch-Sondermann, Rüdiger Zimmermann und Horst Ziska, Bonn-Bad Godesberg 1990
Brandt, Willy: Zwei Vaterländer: Deutsch-Norweger im schwedischen Exil – Rückkehr nach Deutschland 1940-1947, bearbeitet von Einhart Lorenz, Bonn 2000, Berliner Ausgabe Band 2 (Lorenz IV)
Bremer, Jörg: Die Sozialistische Arbeiterpartei Deutschlands (SAP). Untergrund und Exil 1933-1945, Frankfurt a.M./New York 1978
Buschfort, Wolfgang: Das Ostbüro der SPD. Von der Gründung bis zur Berlin-Krise, München 1991
Dahms, Hellmut Günther: Der Spanische Bürgerkrieg 1936-1939, Tübingen 1962
Dollinger, Hans: Willy, Willy. Der Weg des Menschen und Politikers Willy Brandt. Eine biographische Dokumentation, München 1970
Drechsler, Hanno: Die Sozialistische Arbeiterpartei Deutschlands. Ein Beitrag zur Geschichte der deutschen Arbeiterbewegung am Ende der Weimarer Republik. Meisenheim/Glan 1965
Ehmke, Horst: Mittendrin. Von der Großen Koalition zur Deutschen Einheit, Berlin 1994.
Garton Ash, Timothy: Im Namen Europas. Deutschland und der geteilte Kontinent, München/Wien 1993
Gorkin, Julián: Stalins langer Arm – Die Vernichtung der freiheitlichen Linken im spanischen Bürgerkrieg, Köln 1980
Grass, Günter: Aus dem Tagebuch einer Schnecke, Darmstadt/Neuwied 1972
Grass, Günter: POUM oder die Vergangenheit fliegt mit – Ein Spiel in einem Akt, in: Werkausgabe in zehn Bänden, Darmstadt/Neuwied 1987, Band 8
Grebing, Helga: Entscheidung für die SPD: Briefe und Aufzeichnungen linker Sozialisten 1944-1948, München 1984
Grewe, Wilhelm G.: Rückblenden 1976-1951, Frankfurt a.M./Berlin 1979
Harpprecht, Klaus: Im Kanzleramt. Tagebuch der Jahre mit Willy Brandt, Hamburg 2000
Hess, Hans-Jürgen: Innerparteiliche Gruppenbildung. Macht- und Demokratieverlust einer politischen Partei am Beispiel der Berliner SPD von 1963 bis 1981, Bonn 1984
Hofmann, Gunter: Willy Brandt. Porträt eines Aufklärers aus Deutschland, Reinbek bei Hamburg 1988
Jasper, Willi: Hotel Lutetia. Ein deutsches Exil in Paris, München/Wien 1994
Kempski, Hans Ulrich: Um die Macht. Sternstunden und sonstige Abenteuer mit den Bonner Bundeskanzlern 1949 bis 1999, Berlin 1999
Kissinger, Henry: Die Vernunft der Nationen. Über das Wesen der Außenpolitik, Berlin 1994
Kissinger, Henry: White House Years, Boston/Toronto 1979
Kjelstadli, Knut: Die norwegische Arbeiterbewegung in Willy Brandts norwegischen Jahren, in: Schriftenreihe der Bundeskanzler-Willy-Brandt-Stiftung, Heft 7

Klotzbach, Kurt: Der Weg zur Staatspartei: Programmatik, praktische Politik und Organisation der deutschen Sozialdemokratie 1945-1965, Berlin u.a. 1982
Koch, Peter: Willy Brandt. Eine politische Biographie, Berlin 1988
Kreisky, Bruno: Zwischen den Zeiten. Erinnerungen aus fünf Jahrzehnten, Berlin 1986
»Kuriere, Spitzel, Spione«, Broschüre, herausgegeben vom Parteivorstand der KPD, Frankfurt a.M. 1949
Kwizinskij, Julij: Vor dem Sturm. Erinnerungen eines Diplomaten, Berlin 1992
Lafontaine, Oskar: Das Herz schlägt links, München 1999
Lehmann, Hans Georg: In Acht und Bann – Politische Emigration, NS-Ausbürgerung und Wiedergutmachung am Beispiel Willy Brandts, München 1976
Leugers-Scherzberg, August H.: Die Wandlungen des Herbert Wehner. Von der Volksfront zur großen Koalition, Berlin/München 2002
Leugers-Scherzberg, August H.: Herbert Weher und der Rücktritt Willy Brandts am 7. Mai 1974, in: *Vierteljahrshefte für Zeitgeschichte* 2/2002
Lorenz, Einhart: Exil in Norwegen. Lebensbedingungen und Arbeit deutschsprachiger Flüchtlinge, Baden Baden 1992 (Lorenz II)
Lorenz, Einhart: Mehr als Willy Brandt. Die Sozialistische Arbeiterpartei Deutschlands (SAP) im skandinavischen Exil, Frankfurt a.M. 1997 (Lorenz III)
Lorenz, Einhart: Willy Brandt in Norwegen. Die Jahre des Exils 1933 bis 1944, Kiel 1989 (Lorenz I)
Mende, Erich: Von Wende zu Wende, München 1986
Meroz, Yohanan: In schwieriger Mission. Als Botschafter Israels in Bonn, Frankfurt a.M. 1986
Mewis, Karl: Im Auftrag der Partei, Berlin (Ost) 1972
Miller, Susanne: Die SPD vor und nach Godesberg, in: Richard Löwenthal (Hrsg.), Die zweite Republik, 25 Jahre Bundesrepublik Deutschland – eine Bilanz, Stuttgart 1974
Misgeld, Klaus: Willy Brandt und Schweden – Schweden und Willy Brandt, in: Perspektiven aus den Exiljahren, hrsg. von Einhart Lorenz, Schriftenreihe der Bundeskanzler Willy Brandt Stiftung, Heft 7/2000
Moersch, Karl: Kurs-Revision. Deutsche Politik nach Adenauer, Frankfurt a.M. 1978
Müssener, Helmut: Exil in Schweden. Politische und kulturelle Emigration nach 1933, München 1974.
Norwegens Freiheitskampf 1940-45, Hamburg 1948
Orwell, George: Mein Katalonien. Bericht über den spanischen Bürgerkrieg, Zürich 1975.
Pirker, Theo: Die SPD nach Hitler, Berlin 1977
Ploetz, Michael: Wie die Sowjets den Kalten Krieg verloren. Vom Revolutionsexport zur friedlichen Revolution – Der Kampf gegen den NATO-Doppelbeschluß als Anfang vom Ende des sowjetischen Imperiums, Berlin 2000
Potthoff, Heinrich: Im Schatten der Mauer, Berlin 1999
Prittie, Terence: Willy Brandt, Frankfurt a.M. 1973
Prowe, Diethelm: Weltstadt in Krisen. Berlin 1949-1958, Berlin/New York 1973
Renger, Annemarie: Ein politisches Leben, Stuttgart 1993
Schmidt, Helmut: Weggefährten. Erinnerungen und Reflexionen, Berlin 1996
Schmidt, Wolfgang: Kalter Krieg, Koexistenz und Kleine Schritte. Willy Brandt und die Deutschlandpolitik 1948-1963, Wiesbaden 2001

Schoeps, Hans-Joachim: Die letzten dreißig Jahre, Stuttgart 1956
Schütz, Klaus: Die Legende von einem deutschen Kennedy. Willy Brandts Bundestagswahlkampf 1961, in: Bernd Polster (Hrsg.), Westwind. Die Amerikanisierung Europas, Köln 1995
Schwarz, Hans-Peter: Das Gesicht des Jahrhunderts: Monster, Retter, Mediokritäten, Berlin 1998
Seebacher-Brandt, Brigitte: Politik im Rücken, Zeitgeist im Sinn, Berlin 1995
Seydewitz, Ruth: Alle Menschen haben Träume: meine Zeit – mein Leben, 3. Auflage Berlin 1980.
Shell, Kurt L.: Bedrohung und Bewährung. Führung und Bevölkerung in der Berlin-Krise, Köln 1965
Siebenmorgen, Peter: Gezeitenwechsel. Aufbruch zur Entspannungspolitik, Bonn 1990
Soell, Hartmut: Fritz Erler. Eine politische Biographie, Band I, Bonn 1976
Struve, Günter: Kampf um die Mehrheit, Köln 1971
Szende, Stefan: Zwischen Gewalt und Toleranz. Mit einem Vorwort von Willy Brandt, Frankfurt a.M./Köln 1975
Tau, Max: Ein Flüchtling findet sein Land, Hamburg 1964
Vogel, Hans-Jochen: Nachsichten. Meine Bonner und Berliner Jahre, München 1996
Von Bonn nach Berlin. Eine Dokumentation zur Hauptstadtfrage von Willy Brandt, Berlin-Grunewald 1957
Wischnewski, Hans-Jürgen: Mit Leidenschaft und Augenmaß. Politische Memoiren, München 1989
Wolf, Markus: Spionagechef im geheimen Krieg. Erinnerungen, München 1998

Namenregister

Bildnachweis

Archiv der sozialen Demokratie der Friedrich-Ebert-Stiftung, Bonn: 97 (3), 98, 99 u., 100 u., 101 (2), 102 (2), 103 (2), 104, 313, 314, 316, 317 (2), 318 u., 320 o., 321 (4), 328
Bundesbildstelle Berlin: 319, 324, 325 o, 327 (2), 507 o., 509, 510 u., 513 o., 514 o., 516 u. li., 517 (4), 765 o., 767 u.
J. H. Darchinger, Bonn: 508 o., 515 u., 761, 762 o., 764 u.
dpa: 315 o., 326 li., 505, 506 (2), 508 u., 510 o. li., 763
Thomas Höpker/Magnum: 516 u. re.
Keystone Pressedienst, Hamburg: 320 u.
Barbara Klemm, Frankfurt a. M.: 515 o., 516 o., 764 mi., 765 u.
Landesarchiv Berlin: 315u., 322, 323, 326 re.
Robert Lebeck, Berlin: 2, 514 u. re., 518 u., 519 o., 768
Museum für Kunst und Kulturgeschichte der Hansestadt Lübeck: 99o., 100o.
Bilderdienst Süddeutscher Verlag, München: 101 re., 318 o., 510 o. re., 514 u. li.
Sven Simon, Essen: 511, 512, 520, 766 o., 767 (2)
Ullstein Bilderdienst, Berlin: 325 u., 507 u., 513 u., 518 o., 519 u., 762 u., 764 o., 766 (2)